Einführung in die Programmierung mit C++

Bjarne Stroustrup

Einführung in die Programmierung mit C++

ein Imprint von Pearson Education
München • Boston • San Francisco • Harlow, England
Don Mills, Ontario • Sydney • Mexico City
Madrid • Amsterdam

Bibliografische Information der Deutschen Nationalbibliothek
Die Deutsche Nationalbibliothek verzeichnet diese Publikation in der Deutschen Nationalbibliografie;
detaillierte bibliografische Daten sind im Internet über *http://dnb.d-nb.de* abrufbar.

Die Informationen in diesem Buch werden ohne Rücksicht auf einen eventuellen Patentschutz veröffentlicht.
Warennamen werden ohne Gewährleistung der freien Verwendbarkeit benutzt.
Bei der Zusammenstellung von Texten und Abbildungen wurde mit größter Sorgfalt vorgegangen.
Trotzdem können Fehler nicht ausgeschlossen werden. Verlag, Herausgeber und Autoren können für
fehlerhafte Angaben und deren Folgen weder eine juristische Verantwortung noch irgendeine Haftung
übernehmen. Für Verbesserungsvorschläge und Hinweise auf Fehler sind Verlag und Herausgeber dankbar.

Alle Rechte vorbehalten, auch die der fotomechanischen Wiedergabe und der
Speicherung in elektronischen Medien.
Die gewerbliche Nutzung der in diesem Produkt gezeigten Modelle und Arbeiten ist nicht zulässig.

Fast alle Produktbezeichnungen und weitere Stichworte und sonstige Angaben,
die in diesem Buch verwendet werden, sind als eingetragene Marken geschützt.
Da es nicht möglich ist, in allen Fällen zeitnah zu ermitteln, ob ein Markenschutz besteht,
wird das ® Symbol in diesem Buch nicht verwendet.

Authorized translation from the English language edition, entitled PROGRAMMING: PRINCIPLES AND
PRACTICE USING C++, 1st Edition by STROUSTRUP, BJARNE, published by Pearson Education, Inc.,
publishing as Addison-Wesley Professional, Copyright © 2009 Pearson Education Inc.

All rights reserved. No part of this book may be reproduced or transmitted in any form or by any
means, electronic or mechanical, including photocopying, recording or by any information storage
retrieval system, without permission from Pearson Education, Inc.

GERMAN language edition published by PEARSON EDUCATION DEUTSCHLAND GMBH, Copyright © 2010.

Umwelthinweis:
Dieses Buch wurde auf chlor- und säurefreiem PEFC-zertifiziertem Papier gedruckt. Die Einschrumpffolie –
zum Schutz vor Verschmutzung – ist aus umweltverträglichem und recyclingfähigem Material.

10 9 8 7 6 5 4 3 2 1

12 11 10

ISBN 978-3-86894-005-3

© 2010 Pearson Studium
ein Imprint der Pearson Education Deutschland GmbH,
Martin-Kollar-Straße 10-12, D-81829 München/Germany
Alle Rechte vorbehalten
www.pearson-studium.de
Lektorat: Birger Peil, bpeil@pearson.de
          Christian Schneider, cschneider@pearson.de
Fachlektorat: Professor Dr. Michael Leuschel, Düsseldorf
Übersetzung: Petra Alm, Dirk Louis, Saarbrücken
Korrektorat: Katharina Pieper, Berlin, pieper.katharina@googlemail.com
Einbandgestaltung: Thomas Arlt, tarlt@adesso21.net
Herstellung: Monika Weiher, mweiher@pearson.de
Satz: mediaService, Siegen (www.media-service.tv)
Druck und Verarbeitung: Kösel, Krugzell (www.KoeselBuch.de)

Printed in Germany

Inhaltsübersicht

Vorwort zur amerikanischen Ausgabe		27
Vorwort zur deutschen Ausgabe		33
Kapitel 0	Hinweise für den Leser	37
Kapitel 1	Computer, Menschen und Programmierung	53
Teil I	**Die Grundlagen**	**77**
Kapitel 2	Hello, World!	79
Kapitel 3	Objekte, Typen und Werte	93
Kapitel 4	Berechnungen und Anweisungen	119
Kapitel 5	Fehler	157
Kapitel 6	Ein Programm schreiben	195
Kapitel 7	Ein Programm fertigstellen	241
Kapitel 8	Technische Details: Funktionen und mehr	273
Kapitel 9	Technische Details: Klassen und mehr	315
Teil II	**Ein- und Ausgabe**	**351**
Kapitel 10	Ein- und Ausgabestreams	353
Kapitel 11	Die Ein- und Ausgabe anpassen	387
Kapitel 12	Ein Anzeigemodell	419
Kapitel 13	Grafikklassen	447

Kapitel 14	Grafikklassen-Design	489
Kapitel 15	Grafische Darstellung von Funktionen und Daten	519
Kapitel 16	Grafische Benutzerschnittstellen	549

Teil III Daten und Algorithmen 577

Kapitel 17	Vektoren und Freispeicher	579
Kapitel 18	Vektoren und Arrays	619
Kapitel 19	Vektor, Templates und Ausnahmen	653
Kapitel 20	Container und Iteratoren	693
Kapitel 21	Algorithmen und Maps	737

Teil IV Erweiterung des Blickwinkels 777

Kapitel 22	Ideale und Geschichte	779
Kapitel 23	Textmanipulation	821
Kapitel 24	Numerik	861
Kapitel 25	Programmierung eingebetteter Systeme	893
Kapitel 26	Testen	953
Kapitel 27	Die Programmiersprache C	989

Teil V	**Anhang**	1035
Anhang A	Sprachübersicht	1037
Anhang B	Zusammenfassung der Standardbibliothek	1091
Anhang C	Erste Schritte mit Visual Studio	1151
Anhang D	FLTK-Installation	1157
Anhang E	GUI-Implementierung	1163
Glossar		1171
Literaturverzeichnis		1181
Bildnachweis		1185
Register		1187
Farbteil		I

Inhaltsverzeichnis

Vorwort zur amerikanischen Ausgabe 27
    Hinweis an die Studenten 30
    Hinweis an die Lehrkräfte 31
    Unterstützung 31
    Danksagungen 32

Vorwort zur deutschen Ausgabe 33
    Zur Handhabung des Buches 33
    Für Dozenten und Studenten 34
    Companion Website 35

Kapitel 0   Hinweise für den Leser 37
0.1   Die Struktur dieses Buches 37
    0.1.1   Allgemeiner Ansatz 38
    0.1.2   Aufgaben, Übungen usw. 40
    0.1.3   Was kommt nach diesem Buch? 41
0.2   Eine Philosophie des Lehrens und Lernens 42
    0.2.1   Die Reihenfolge der Themen 45
    0.2.2   Programmierung und Programmiersprache 46
    0.2.3   Portabilität 47
0.3   Programmierung und Informatik 47
0.4   Kreativität und Problemlösung 48
0.5   Feedback 48
0.6   Literaturhinweise 49
0.7   Biografien 50

Kapitel 1   Computer, Menschen und Programmierung 53
1.1   Einführung 54
1.2   Software 55
1.3   Menschen 57
1.4   Informatik 60
1.5   Computer sind allgegenwärtig 61
    1.5.1   Mit und ohne Bildschirm 61
    1.5.2   Schifffahrt 62
    1.5.3   Telekommunikation 63
    1.5.4   Medizin 65
    1.5.5   EDV 66
    1.5.6   Eine vertikale Betrachtung 68
    1.5.7   Na und? 69
1.6   Ideale für Programmierer 69

Teil I — Die Grundlagen 77

Kapitel 2 Hello, World! 79

- 2.1 Programme … 80
- 2.2 Das klassische erste Programm … 81
- 2.3 Kompilierung … 84
- 2.4 Linken … 86
- 2.5 Programmierumgebungen … 87

Kapitel 3 Objekte, Typen und Werte 93

- 3.1 Eingabe … 94
- 3.2 Variablen … 96
- 3.3 Eingabe und Typ … 97
- 3.4 Operationen und Operatoren … 99
- 3.5 Zuweisung und Initialisierung … 102
  - 3.5.1 Ein Beispiel: Wortwiederholungen löschen … 104
- 3.6 Zusammengesetzte Zuweisungsoperatoren … 105
  - 3.6.1 Ein Beispiel: Wortwiederholungen nummerieren … 106
- 3.7 Namen … 107
- 3.8 Typen und Objekte … 109
- 3.9 Typsicherheit … 110
  - 3.9.1 Sichere Typumwandlungen … 111
  - 3.9.2 Unsichere Typumwandlungen … 112

Kapitel 4 Berechnungen und Anweisungen 119

- 4.1 Berechnungen … 120
- 4.2 Ziele und Werkzeuge … 122
- 4.3 Ausdrücke … 124
  - 4.3.1 Konstante Ausdrücke … 125
  - 4.3.2 Operatoren … 126
  - 4.3.3 Typumwandlungen … 128
- 4.4 Anweisungen … 129
  - 4.4.1 Auswahlanweisungen … 130
  - 4.4.2 Schleifen … 136
- 4.5 Funktionen … 140
  - 4.5.1 Wozu brauchen wir Funktionen? … 142
  - 4.5.2 Funktionsdeklarationen … 143
- 4.6 Vektor … 144
  - 4.6.1 Einen Vektor vergrößern … 146
  - 4.6.2 Ein Zahlenbeispiel … 147
  - 4.6.3 Ein Textbeispiel … 149
- 4.7 Sprachkonstrukte … 150

Kapitel 5   Fehler   157

- 5.1 Einführung 158
- 5.2 Fehlerquellen 160
- 5.3 Kompilierfehler 160
  - 5.3.1 Syntaxfehler 161
  - 5.3.2 Typfehler 162
  - 5.3.3 Fehler, die keine sind (non-errors) 163
- 5.4 Linkerfehler 163
- 5.5 Laufzeitfehler 164
  - 5.5.1 Der Aufrufer behandelt die Fehler 166
  - 5.5.2 Die aufgerufene Funktion behandelt die Fehler 167
  - 5.5.3 Fehler melden 168
- 5.6 Ausnahmen 170
  - 5.6.1 Ungültige Argumente 170
  - 5.6.2 Bereichsfehler 171
  - 5.6.3 Unzulässige Eingaben 173
  - 5.6.4 Fehler durch Einengung 176
- 5.7 Logische Fehler 176
- 5.8 Abschätzen 179
- 5.9 Debuggen 180
  - 5.9.1 Praktische Debug-Hinweise 182
- 5.10 Vor- und Nachbedingungen 185
  - 5.10.1 Nachbedingungen 187
- 5.11 Testen 188

Kapitel 6   Ein Programm schreiben   195

- 6.1 Das Problem 196
- 6.2 Über das Problem nachdenken 197
  - 6.2.1 Entwicklungsphasen 198
  - 6.2.2 Strategie 198
- 6.3 Zurück zum Taschenrechner! 200
  - 6.3.1 Erster Versuch 201
  - 6.3.2 Token 203
  - 6.3.3 Token implementieren 204
  - 6.3.4 Token verwenden 206
  - 6.3.5 Zurück ans Reißbrett 208
- 6.4 Grammatiken 209
  - 6.4.1 Ein Exkurs: deutsche Grammatik 214
  - 6.4.2 Eine Grammatik schreiben 215
- 6.5 Eine Grammatik in Code umwandeln 216
  - 6.5.1 Grammatikregeln implementieren 216
  - 6.5.2 Ausdrücke 217
  - 6.5.3 Terme 221
  - 6.5.4 Faktoren 222
- 6.6 Die erste Version ausprobieren 223
- 6.7 Die zweite Version ausprobieren 227

6.8	Token-Streams		228
	6.8.1	`Token_stream` implementieren	230
	6.8.2	Token lesen	232
	6.8.3	Zahlen lesen	233
6.9	Programmstruktur		234

Kapitel 7 Ein Programm fertigstellen   241

7.1	Einführung		242
7.2	Eingabe und Ausgabe		242
7.3	Fehlerbehandlung		244
7.4	Negative Zahlen		248
7.5	Rest: %		250
7.6	Aufräumarbeiten		251
	7.6.1	Symbolische Konstanten	252
	7.6.2	Einsatz von Funktionen	254
	7.6.3	Code-Layout	255
	7.6.4	Kommentare	256
7.7	Wiederaufnahme der Programmausführung nach Auftreten eines Fehlers		258
7.8	Variablen		261
	7.8.1	Variablen und Definitionen	261
	7.8.2	Namen einführen	265
	7.8.3	Vordefinierte Namen	268
	7.8.4	Sind wir fertig?	269

Kapitel 8 Technische Details: Funktionen und mehr   273

8.1	Technische Details		274
8.2	Deklarationen und Definitionen		275
	8.2.1	Arten von Deklarationen	279
	8.2.2	Variablen- und Konstantendeklarationen	279
	8.2.3	Standardinitialisierung	280
8.3	Headerdateien		281
8.4	Gültigkeitsbereich		283
8.5	Funktionsaufrufe und -rückgabewerte		288
	8.5.1	Argumente und Rückgabetyp deklarieren	288
	8.5.2	Rückgabewerte	290
	8.5.3	Pass-by-value	291
	8.5.4	Pass-by-const-reference	292
	8.5.5	Pass-by-reference	294
	8.5.6	Pass-by-value kontra pass-by-reference	296
	8.5.7	Argumentüberprüfung und -umwandlung	299
	8.5.8	Implementierung von Funktionsaufrufen	300
8.6	Auswertungsreihenfolge		304
	8.6.1	Auswertung von Ausdrücken	305
	8.6.2	Globale Initialisierung	305
8.7	Namensbereiche		307
	8.7.1	`using`-Deklarationen und `using`-Direktiven	308

Kapitel 9   Technische Details: Klassen und mehr   315

- 9.1   Benutzerdefinierte Typen 316
- 9.2   Klassen und Klassenmember 317
- 9.3   Schnittstelle und Implementierung 318
- 9.4   Eine Klasse entwickeln 319
  - 9.4.1   Strukturen und Funktionen 320
  - 9.4.2   Memberfunktionen und Konstruktoren 321
  - 9.4.3   Halten Sie Details privat 323
  - 9.4.4   Memberfunktionen definieren 324
  - 9.4.5   Objektbezug 327
  - 9.4.6   Fehlerbehandlung 328
- 9.5   Aufzählungen 329
- 9.6   Operatorenüberladung 331
- 9.7   Klassenschnittstellen 332
  - 9.7.1   Argumenttypen 333
  - 9.7.2   Kopieren 335
  - 9.7.3   Standardkonstruktoren 336
  - 9.7.4   Konstante Memberfunktionen 339
  - 9.7.5   Member und „Hilfsfunktionen" 340
- 9.8   Die Klasse `Date` 342

Teil II   Ein- und Ausgabe   351

Kapitel 10   Ein- und Ausgabestreams   353

- 10.1   Ein- und Ausgabe 354
- 10.2   Das E/A-Stream-Modell 355
- 10.3   Dateien 357
- 10.4   Dateien öffnen 358
- 10.5   Dateien lesen und schreiben 360
- 10.6   E/A-Fehlerbehandlung 362
- 10.7   Einzelne Werte lesen 366
  - 10.7.1   Das Problem in handliche Teilprobleme zerlegen 368
  - 10.7.2   Trennung von Kommunikation und Funktion 371
- 10.8   Benutzerdefinierte Ausgabeoperatoren 372
- 10.9   Benutzerdefinierte Eingabeoperatoren 373
- 10.10   Standardlösung für eine Einleseschleife 374
- 10.11   Eine strukturierte Datei lesen 375
  - 10.11.1   Repräsentation im Speicher 376
  - 10.11.2   Strukturierte Werte einlesen 378
  - 10.11.3   Austauschbare Darstellungen 382

Kapitel 11   Die Ein- und Ausgabe anpassen   387

11.1 Regelmäßigkeit und Individualität 388
11.2 Formatierung der Ausgabe 388
    11.2.1 Ausgabe ganzer Zahlen 389
    11.2.2 Eingabe ganzer Zahlen 391
    11.2.3 Ausgabe von Gleitkommazahlen 392
    11.2.4 Genauigkeit 393
    11.2.5 Felder 395
11.3 Dateien öffnen 396
    11.3.1 Öffnungsmodi für Dateien 396
    11.3.2 Binärdateien 397
    11.3.3 Festlegen der Schreib- und Leseposition in Dateien 400
11.4 Stringstreams 401
11.5 Zeilenorientierte Eingabe 402
11.6 Zeichenklassifizierung 403
11.7 Verwendung eigener Trennzeichen 406
11.8 Und es gibt noch so viel mehr 413

Kapitel 12   Ein Anzeigemodell   419

12.1 Wozu Grafik? 420
12.2 Ein Anzeigemodell 421
12.3 Ein erstes Beispiel 422
12.4 Programmieren mit GUI-Bibliotheken 426
12.5 Koordinaten 427
12.6 Formen 428
12.7 Programmieren mit Grafikprimitiven 428
    12.7.1 Die Grafik-Header und `main()` 429
    12.7.2 Ein nahezu leeres Fenster 429
    12.7.3 Achsen 431
    12.7.4 Grafische Darstellung von Funktionen 433
    12.7.5 Polygone 434
    12.7.6 Rechtecke 436
    12.7.7 Füllen 438
    12.7.8 Text 438
    12.7.9 Bilder 440
    12.7.10 Und vieles mehr 441
12.8 Ausführung des Grafikbeispiels 442
    12.8.1 Die Quelldateien 443

Kapitel 13   Grafikklassen   447

13.1 Überblick über die Grafikklassen 448
13.2 `Point` und `Line` 451
13.3 `Lines` 453
13.4 `Color` 456
13.5 `Line_style` 458
13.6 `Open_polyline` 461

13.7	`Closed_polyline`	462
13.8	`Polygon`	463
13.9	`Rectangle`	465
13.10	Arbeiten mit unbenannten Objekten	470
13.11	`Text`	472
13.12	`Circle`	474
13.13	`Ellipse`	476
13.14	`Marked_polyline`	478
13.15	`Marks`	479
13.16	`Mark`	480
13.17	`Image`	482

Kapitel 14 Grafikklassen-Design 489

14.1	Designprinzipien	490
	14.1.1 Typen	490
	14.1.2 Operationen	492
	14.1.3 Namensgebung	493
	14.1.4 Zugriff und Veränderung	495
14.2	`Shape`	496
	14.2.1 Eine abstrakte Klasse	497
	14.2.2 Zugriffskontrolle	498
	14.2.3 `Shape`-Objekte zeichnen	501
	14.2.4 Kopieren und Zugriffskontrolle	504
14.3	Basisklassen und abgeleitete Klassen	506
	14.3.1 Objekt-Layout	507
	14.3.2 Klassen ableiten und virtuelle Funktionen definieren	509
	14.3.3 Überschreibung	510
	14.3.4 Zugriff	511
	14.3.5 Rein virtuelle Funktionen	512
14.4	Vorteile der objektorientierten Programmierung	513

Kapitel 15 Grafische Darstellung von Funktionen und Daten 519

15.1	Einführung	520
15.2	Grafische Darstellung einfacher Funktionen	520
15.3	`Function`	524
	15.3.1 Vorgabeargumente	525
	15.3.2 Weitere Beispiele	526
15.4	Achsen	528
15.5	Approximation	530
15.6	Darstellung von Daten	536
	15.6.1 Einlesen aus Dateien	537
	15.6.2 Allgemeines Layout	539
	15.6.3 Skalierung	540
	15.6.4 Aufbau des Graphen	541

Kapitel 16 Grafische Benutzerschnittstellen — 549

- 16.1 Verschiedene Benutzerschnittstellen — 550
- 16.2 Die Schaltfläche Weiter — 551
- 16.3 Ein einfaches Fenster — 552
  - 16.3.1 Eine Callback-Funktion — 554
  - 16.3.2 Eine Warteschleife — 557
- 16.4 Schaltflächen und andere Widgets — 558
  - 16.4.1 Widgets — 558
  - 16.4.2 Schaltflächen — 560
  - 16.4.3 `In_box` und `Out_box` — 560
  - 16.4.4 Menüs — 561
- 16.5 Ein Beispiel — 562
- 16.6 Umkehrung der Steuerung — 565
- 16.7 Ein Menü hinzufügen — 567
- 16.8 GUI-Code debuggen — 571

Teil III Daten und Algorithmen — 577

Kapitel 17 Vektoren und Freispeicher — 579

- 17.1 Einführung — 580
- 17.2 Vektor-Grundlagen — 582
- 17.3 Speicher, Adressen und Zeiger — 584
  - 17.3.1 Der `sizeof`-Operator — 586
- 17.4 Freispeicher und Zeiger — 587
  - 17.4.1 Freispeicher reservieren (Allokation) — 588
  - 17.4.2 Zugriff über Zeiger — 589
  - 17.4.3 Bereiche — 590
  - 17.4.4 Initialisierung — 592
  - 17.4.5 Der Nullzeiger — 593
  - 17.4.6 Freispeicher freigeben (Deallokation) — 593
- 17.5 Destruktoren — 595
  - 17.5.1 Automatisch generierte Destruktoren — 597
  - 17.5.2 Destruktoren und Freispeicher — 598
- 17.6 Zugriff auf Elemente — 600
- 17.7 Zeiger auf Klassenobjekte — 601
- 17.8 Eingriff ins Typensystem: `void*` und Casts — 602
- 17.9 Zeiger und Referenzen — 604
  - 17.9.1 Zeiger- und Referenzparameter — 605
  - 17.9.2 Zeiger, Referenzen und Vererbung — 607
  - 17.9.3 Ein Beispiel: Listen — 607
  - 17.9.4 Operationen für Listen — 609
  - 17.9.5 Verwendung von Listen — 610
- 17.10 Der `this`-Zeiger — 611
  - 17.10.1 Weitere Anwendungsbeispiele — 613

Kapitel 18   Vektoren und Arrays   619

- 18.1 Einführung 620
- 18.2 Kopieren 621
  - 18.2.1 Kopierkonstruktoren 622
  - 18.2.2 Zuweisungsoperatoren 624
  - 18.2.3 Terminologie 626
- 18.3 Essenzielle Operationen 627
  - 18.3.1 Explizite Konstruktoren 629
  - 18.3.2 Konstruktoren und Destruktoren debuggen 630
- 18.4 Zugriff auf Vektor-Elemente 632
  - 18.4.1 Überladung für `const`-Objekte 633
- 18.5 Arrays 634
  - 18.5.1 Zeiger auf Array-Elemente 636
  - 18.5.2 Zeiger und Arrays 638
  - 18.5.3 Array-Initialisierung 640
  - 18.5.4 Probleme mit Zeigern 641
- 18.6 Beispiele: Palindrom 644
  - 18.6.1 Palindrome mit `string` 644
  - 18.6.2 Palindrome mit Arrays 645
  - 18.6.3 Palindrome mit Zeigern 646

Kapitel 19   Vektor, Templates und Ausnahmen   653

- 19.1 Problematik 654
- 19.2 Die Größe ändern 657
  - 19.2.1 Darstellung 658
  - 19.2.2 `reserve` und `capacity` 659
  - 19.2.3 `resize` 660
  - 19.2.4 `push_back` 660
  - 19.2.5 Zuweisung 661
  - 19.2.6 Aktueller Stand unseres Vektors 663
- 19.3 Templates 664
  - 19.3.1 Typen als Template-Parameter 664
  - 19.3.2 Generische Programmierung 666
  - 19.3.3 Container und Vererbung 669
  - 19.3.4 Integer als Template-Parameter 670
  - 19.3.5 Deduktion von Template-Argumenten 671
  - 19.3.6 Verallgemeinerung von `vector` 672
- 19.4 Bereichsüberprüfung und Ausnahmen 675
  - 19.4.1 Eine Nebenbemerkung: Überlegungen zum Design 676
  - 19.4.2 Eine Beichte: Makros 678
- 19.5 Ressourcen und Ausnahmen 679
  - 19.5.1 Potenzielle Probleme mit der Ressourcenverwaltung ... 680
  - 19.5.2 Ressourcenbelegung ist Initialisierung (RAII) 682
  - 19.5.3 Garantien 683
  - 19.5.4 `auto_ptr` 684
  - 19.5.5 RAII für `vector` 685

Kapitel 20 Container und Iteratoren — 693

- 20.1 Daten speichern und verarbeiten — 694
  - 20.1.1 Mit Daten arbeiten — 695
  - 20.1.2 Code allgemein halten — 696
- 20.2 STL-Ideale — 699
- 20.3 Sequenzen und Iteratoren — 703
  - 20.3.1 Zurück zum Beispiel — 705
- 20.4 Verkettete Listen — 706
  - 20.4.1 Listenoperationen — 708
  - 20.4.2 Iteration — 709
- 20.5 Weitere Verallgemeinerung des `vector`-Typs — 711
- 20.6 Ein Beispiel: ein einfacher Texteditor — 713
  - 20.6.1 Die Zeilen — 715
  - 20.6.2 Iteration — 716
- 20.7 `vector`, `list` und `string` — 720
  - 20.7.1 Einfügen und Löschen — 721
- 20.8 Unseren Vektor an die STL anpassen — 723
- 20.9 Annäherung der integrierten Arrays an die STL — 725
- 20.10 Überblick über die Container — 727
  - 20.10.1 Iterator-Kategorien — 730

Kapitel 21 Algorithmen und Maps — 737

- 21.1 Algorithmen der Standardbibliothek — 738
- 21.2 Der einfachste Algorithmus: `find()` — 739
  - 21.2.1 Einige generische Anwendungsbereiche — 741
- 21.3 Die allgemeine Suche: `find_if()` — 742
- 21.4 Funktionsobjekte — 744
  - 21.4.1 Allgemeine Darstellung des Konzepts der Funktionsobjekte — 745
  - 21.4.2 Prädikate für Klassenmember — 746
- 21.5 Numerische Algorithmen — 747
  - 21.5.1 Akkumulator — 748
  - 21.5.2 `accumulate()` – allgemeine Version — 749
  - 21.5.3 Das innere Produkt — 751
  - 21.5.4 `inner_product()` – allgemeine Version — 752
- 21.6 Assoziative Container — 752
  - 21.6.1 Maps — 753
  - 21.6.2 Maps – ein Überblick — 755
  - 21.6.3 Ein weiteres `map`-Beispiel — 758
  - 21.6.4 `unordered_map` — 761
  - 21.6.5 Sets — 763
- 21.7 Kopieren — 765
  - 21.7.1 Kopieren — 765
  - 21.7.2 Stream-Iteratoren — 766
  - 21.7.3 Mit `set` Ordnung halten — 768
  - 21.7.4 `copy_if` — 769
- 21.8 Sortieren und suchen — 770

Teil IV Erweiterung des Blickwinkels — 777

Kapitel 22 Ideale und Geschichte — 779

- 22.1 Geschichte, Ideale und Professionalität — 780
  - 22.1.1 Programmiersprachen – Ziele und Philosophien — 780
  - 22.1.2 Programmierideale — 782
  - 22.1.3 Stile/Paradigmen — 789
- 22.2 (Kurze) Geschichte der Programmiersprachen — 792
  - 22.2.1 Die frühsten Sprachen — 793
  - 22.2.2 Die Wurzeln der modernen Sprachen — 795
  - 22.2.3 Die Algol-Familie — 800
  - 22.2.4 Simula — 807
  - 22.2.5 C — 809
  - 22.2.6 C++ — 812
  - 22.2.7 Heute — 815
  - 22.2.8 Informationsquellen — 816

Kapitel 23 Textmanipulation — 821

- 23.1 Text — 822
- 23.2 Strings — 822
- 23.3 E/A-Streams — 826
- 23.4 Maps — 827
  - 23.4.1 Implementierungsdetails — 833
- 23.5 Ein Problem — 835
- 23.6 Die Idee der regulären Ausdrücke — 837
- 23.7 Suchen mithilfe regulärer Ausdrücke — 839
- 23.8 Syntax der regulären Ausdrücke — 842
  - 23.8.1 Zeichen und Sonderzeichen — 843
  - 23.8.2 Zeichenklassen — 844
  - 23.8.3 Quantifizierer — 844
  - 23.8.4 Gruppierung — 846
  - 23.8.5 Alternativen — 846
  - 23.8.6 Zeichensätze und -bereiche — 847
  - 23.8.7 Fehler bei regulären Ausdrücken — 849
- 23.9 Abgleich mit regulären Ausdrücken — 851
- 23.10 Literaturhinweise — 856

Kapitel 24 Numerik — 861

- 24.1 Einführung — 862
- 24.2 Größe, Genauigkeit und Überlauf — 862
  - 24.2.1 Numerische Grenzwerte — 866
- 24.3 Arrays — 867
- 24.4 Mehrdimensionale Arrays im C-Stil — 868
- 24.5 Die `Matrix`-Bibliothek — 869
  - 24.5.1 Dimensionen und Zugriff — 870
  - 24.5.2 1D-`Matrix` — 872

	24.5.3	2D-`Matrix`	876
	24.5.4	`Matrix`-E/A	878
	24.5.5	3D-`Matrix`	878
24.6	Ein Beispiel: lineare Gleichungen		879
	24.6.1	Klassische Gauß'sche Elimination	881
	24.6.2	Pivotisierung	882
	24.6.3	Testen	883
24.7	Zufallszahlen		884
24.8	Die mathematischen Standardfunktionen		886
24.9	Komplexe Zahlen		887
24.10	Literaturhinweise		889

Kapitel 25 Programmierung eingebetteter Systeme — 893

25.1	Eingebettete Systeme		894
25.2	Grundlegende Konzepte		897
	25.2.1	Vorhersagbarkeit	899
	25.2.2	Ideale	900
	25.2.3	Mit dem Scheitern leben	901
25.3	Speicherverwaltung		903
	25.3.1	Probleme mit dem Freispeicher	904
	25.3.2	Alternativen zum üblichen Freispeicher	907
	25.3.3	Pool-Beispiel	908
	25.3.4	Stack-Beispiel	909
25.4	Adressen, Zeiger und Arrays		910
	25.4.1	Ungeprüfte Umwandlungen	911
	25.4.2	Ein Problem: dysfunktionale Schnittstellen	911
	25.4.3	Eine Lösung: eine Schnittstellenklasse	915
	25.4.4	Vererbung und Container	918
25.5	Bits, Bytes und Words		921
	25.5.1	Bits und Bitoperationen	921
	25.5.2	`bitset`	926
	25.5.3	signed und unsigned	927
	25.5.4	Bitmanipulation	931
	25.5.5	Bitfelder	933
	25.5.6	Ein Beispiel: einfache Verschlüsselung	935
25.6	Codierstandards		939
	25.6.1	Wie sollte ein Codierstandard aussehen?	940
	25.6.2	Beispielregeln	942
	25.6.3	Konkrete Codierstandards	947

Kapitel 26 Testen — 953

26.1	Worum geht es uns?		954
	26.1.1	Warnung	955
26.2	Beweise		956
26.3	Testen		956
	26.3.1	Regressionstests	957
	26.3.2	Unit-Tests	958

26.3.3 Algorithmen und Nicht-Algorithmen 965
26.3.4 Systemtests 972
26.3.5 Klassen testen 976
26.3.6 Annahmen aufspüren, die nicht standhalten 979
26.4 Testfreundliches Design 981
26.5 Debuggen 982
26.6 Performance 982
   26.6.1 Zeitmessungen 984
26.7 Literaturhinweise 985

Kapitel 27   Die Programmiersprache C   989

27.1 C und C++: Geschwister 990
   27.1.1 C/C++-Kompatibilität 992
   27.1.2 C++-Features, die in C fehlen 993
   27.1.3 Die C-Standardbibliothek 995
27.2 Funktionen 996
   27.2.1 Keine Überladung von Funktionsnamen 996
   27.2.2 Typprüfung von Funktionsargumenten 996
   27.2.3 Funktionsdefinitionen 998
   27.2.4 C von C++ aus und C++ von C aus aufrufen 1000
   27.2.5 Zeiger auf Funktionen 1002
27.3 Kleinere Sprachunterschiede 1003
   27.3.1 Namensbereich des `struct`-Tags 1003
   27.3.2 Schlüsselwörter 1004
   27.3.3 Definitionen 1005
   27.3.4 Typumwandlungen im C-Stil 1006
   27.3.5 Umwandlung von `void*` 1007
   27.3.6 `enum` 1008
   27.3.7 Namensbereiche 1009
27.4 Freispeicher 1009
27.5 C-Strings 1011
   27.5.1 C-Strings und `const` 1013
   27.5.2 Byte-Operationen 1014
   27.5.3 Ein Beispiel: `strcpy()` 1014
   27.5.4 Eine Stilfrage 1015
27.6 Eingabe/Ausgabe: stdio 1015
   27.6.1 Ausgabe 1016
   27.6.2 Eingabe 1017
   27.6.3 Dateien 1018
27.7 Konstanten und Makros 1019
27.8 Makros 1020
   27.8.1 Funktionsähnliche Makros 1021
   27.8.2 Syntax-Makros 1022
   27.8.3 Bedingte Kompilierung 1023
27.9 Ein Beispiel: aufdringliche Container 1024

Teil V Anhang — 1035

Anhang A Sprachübersicht — 1037

- A.1 Allgemein — 1038
  - A.1.1 Terminologie — 1038
  - A.1.2 Programmstart und -beendigung — 1039
  - A.1.3 Kommentare — 1039
- A.2 Literale — 1040
  - A.2.1 Integer-Literale — 1040
  - A.2.2 Gleitkommaliterale — 1042
  - A.2.3 Boolesche Literale — 1043
  - A.2.4 Zeichenliterale — 1043
  - A.2.5 String-Literale — 1044
  - A.2.6 Das Zeigerliteral — 1044
- A.3 Bezeichner — 1044
  - A.3.1 Schlüsselwörter — 1045
- A.4 Gültigkeitsbereich, Speicherklasse und Lebensdauer — 1045
  - A.4.1 Gültigkeitsbereich — 1046
  - A.4.2 Speicherklassen — 1046
  - A.4.3 Lebensdauer — 1048
- A.5 Ausdrücke — 1048
  - A.5.1 Benutzerdefinierte Operatoren — 1055
  - A.5.2 Automatische Typumwandlung — 1056
  - A.5.3 Konstante Ausdrücke — 1057
  - A.5.4 `sizeof` — 1058
  - A.5.5 Logische Ausdrücke — 1058
  - A.5.6 `new` und `delete` — 1059
  - A.5.7 Casts — 1059
- A.6 Anweisungen — 1060
- A.7 Deklarationen — 1062
  - A.7.1 Definitionen — 1062
- A.8 Integrierte Typen — 1063
  - A.8.1 Zeiger — 1064
  - A.8.2 Arrays — 1066
  - A.8.3 Referenzen — 1066
- A.9 Funktionen — 1067
  - A.9.1 Auflösung von Überladungen — 1067
  - A.9.2 Vorgabeargumente — 1069
  - A.9.3 Unspezifizierte Argumente — 1069
  - A.9.4 Bindespezifikationen — 1069
- A.10 Benutzerdefinierte Typen — 1070
  - A.10.1 Überladen von Operatoren — 1070
- A.11 Aufzählungen — 1071
- A.12 Klassen — 1071
  - A.12.1 Memberzugriff — 1071
  - A.12.2 Klassenmemberdefinitionen — 1074
  - A.12.3 Konstruktion, Destruktion und Kopieren — 1075
  - A.12.4 Abgeleitete Klassen — 1078

	A.12.5 Bitfelder	1081
	A.12.6 Unions	1082
A.13	Templates	1083
	A.13.1 Template-Argumente	1083
	A.13.2 Template-Instanzierung	1084
	A.13.3 Template-Membertypen	1085
A.14	Ausnahmen	1086
A.15	Namensbereiche	1087
A.16	Aliase	1088
A.17	Präprozessor-Direktiven	1089
	A.17.1 `#include`	1089
	A.17.2 `#define`	1089

Anhang B Zusammenfassung der Standardbibliothek 1091

B.1	Überblick	1092
	B.1.1 Headerdateien	1093
	B.1.2 Namensbereich `std`	1096
	B.1.3 Notation	1096
B.2	Fehlerbehandlung	1097
	B.2.1 Ausnahmen	1097
B.3	Iteratoren	1099
	B.3.1 Iterator-Modell	1099
	B.3.2 Iterator-Kategorien	1101
B.4	Container	1102
	B.4.1 Überblick	1105
	B.4.2 Membertypen	1106
	B.4.3 Konstruktoren, Destruktoren und Zuweisungen	1106
	B.4.4 Iteratoren	1107
	B.4.5 Elementzugriff	1108
	B.4.6 Stack- und Warteschlangenoperationen	1108
	B.4.7 Listenoperationen	1109
	B.4.8 Größe und Kapazität	1109
	B.4.9 Weitere Operationen	1110
	B.4.10 Operationen für assoziative Container	1110
B.5	Algorithmen	1111
	B.5.1 Nichtmodifizierende Sequenzalgorithmen	1112
	B.5.2 Modifizierende Sequenzalgorithmen	1113
	B.5.3 Utility-Algorithmen	1115
	B.5.4 Sortieren und Suchen	1116
	B.5.5 Mengen-Algorithmen	1117
	B.5.6 Heap-Algorithmen	1118
	B.5.7 Permutationen	1119
	B.5.8 `min` und `max`	1120
B.6	Hilfskomponenten	1120
	B.6.1 Insert-Iteratoren	1120
	B.6.2 Funktionsobjekte	1121
	B.6.3 `pair`	1123

B.7		E/A-Streams	1123
	B.7.1	Hierarchie der E/A-Streams	1124
	B.7.2	Fehlerbehandlung	1126
	B.7.3	Eingabeoperationen	1126
	B.7.4	Ausgabeoperationen	1127
	B.7.5	Formatierung	1128
	B.7.6	Standardmanipulatoren	1128
B.8		Stringmanipulation	1130
	B.8.1	Klassifizierung von Zeichen	1130
	B.8.2	Strings	1131
	B.8.3	Reguläre Ausdrücke	1132
B.9		Numerik	1135
	B.9.1	Numerische Grenzwerte	1135
	B.9.2	Mathematische Standardfunktionen	1137
	B.9.3	Komplexe Zahlen	1137
	B.9.4	Valarrays	1139
	B.9.5	Generische Numerik-Algorithmen	1139
B.10		C-Funktionen der Standardbibliothek	1139
	B.10.1	Dateien	1140
	B.10.2	Die `printf()`-Familie	1141
	B.10.3	C-Strings	1145
	B.10.4	Speicher	1147
	B.10.5	Datum und Uhrzeit	1147
	B.10.6	Weitere Funktionen	1149
B.11		Andere Bibliotheken	1150

Anhang C Erste Schritte mit Visual Studio 1151

C.1	Ein Programm zur Ausführung bringen		1152
C.2	Visual Studio installieren		1152
C.3	Ein Programm erzeugen und ausführen		1152
	C.3.1	Ein neues Projekt anlegen	1153
	C.3.2	Die Headerdatei std_lib_facilities.h verwenden	1153
	C.3.3	Dem Projekt eine C++-Quellcodedatei hinzufügen	1154
	C.3.4	Quellcode eingeben	1154
	C.3.5	Ein ausführbares Programm erstellen	1154
	C.3.6	Das Programm ausführen	1154
	C.3.7	Das Programm speichern	1155
C.4	Später		1155

Anhang D FLTK-Installation 1157

D.1	Einführung	1158
D.2	Das FLTK herunterladen	1158
D.3	Das FLTK installieren	1159
D.4	Das FLTK in Visual Studio verwenden	1160
D.5	Testen, ob alles funktioniert	1160

Anhang E   GUI-Implementierung   **1163**
E.1   Callback-Implementierung 1164
E.2   `Widget`-Implementierung 1165
E.3   `Window`-Implementierung 1166
E.4   `Vector_ref` 1167
E.5   Ein Beispiel: Widgets manipulieren 1168

Glossar   **1171**

Literaturverzeichnis   **1181**

Bildnachweis   **1185**

Register   **1187**

Farbteil   **I**

Vorwort zur amerikanischen Ausgabe

„Verdammte Torpedos! Volle Kraft voraus."

– Admiral Farragut

Programmieren ist die Kunst, Lösungen für Probleme so zu formulieren, dass ein Computer diese Lösungen ausführen kann. Entsprechend viel Mühe verwenden Programmierer darauf, geeignete Lösungen zu finden oder bestehende Lösungen zu verbessern – wobei sie nicht selten feststellen, dass sich so manches Problem erst dann in seiner Gänze erschließt, wenn man sich im Zuge der Programmierung intensiv mit ihm auseinandersetzt.

Dieses Buch wendet sich an alle, die noch nie zuvor programmiert haben, aber bereit sind, hart zu arbeiten, um es zu erlernen. Es soll Ihnen helfen, die Grundsätze der Programmierung zu verstehen und die praktischen Fähigkeiten zur Programmierung mit C++ zu erwerben, damit Sie – so mein Anspruch – am Ende über genügend Kenntnisse und Erfahrung verfügen, um einfache, nützliche Programmieraufgaben mithilfe der besten State-of-the-art-Techniken lösen zu können. Wie lange Sie dafür benötigen? Als Begleitmaterial zu einem Studienanfängerkurs arbeiten Sie dieses Buch in einem Semester durch (unter der Voraussetzung, dass Sie vier Kurse durchschnittlichen Schwierigkeitsgrades belegt haben). Falls Sie das Buch allein durcharbeiten, hoffen Sie nicht darauf, es wesentlich schneller zu schaffen (bei einem Pensum von 15 Stunden/Woche werden Sie wahrscheinlich 14 Wochen benötigen).

Drei Monate mag Ihnen lang erscheinen, aber es gibt auch eine Menge zu lernen und Sie werden bereits nach einer Stunde Ihre ersten eigenen, einfachen Programme schreiben. Ansonsten lernen Sie mit diesem Buch schrittweise, wie es für Lernprozesse typisch ist: Jedes Kapitel führt neue, nützliche Konzepte ein und veranschaulicht diese anhand praxisnaher Beispiele. Im Verlaufe des Buches wird damit Ihre Fähigkeit, Ideen in Code auszudrücken – d.h. dem Computer beizubringen, das zu tun, was Sie von ihm erwarten – langsam aber stetig zunehmen. Den Satz „Lernen Sie erst einmal einen Monat lang Theorie und schauen Sie dann, ob Sie das Gelernte ein- und umsetzen können", werden Sie von mir nie zu hören bekommen.

Was könnte Sie am Programmieren reizen? Unsere Zivilisation fußt mehr und mehr auf Software. Wer von Software keine Ahnung hat, dem bleibt daher nur, an die „neuen Wunder" der Technik zu glauben und sich damit abzufinden, dass er automatisch aus vielen der interessantesten, lukrativsten und gesellschaftlich nützlichsten technischen Arbeitsbereiche ausgeschlossen wird. Wenn ich hier von Programmierung spreche, so meine ich damit das gesamte Spektrum möglicher Computerprogramme, von PC-Anwendungen mit grafischer Benutzeroberfläche (kurz GUI, *graphical user interface*) über technische Berechnungen und Anwendungen für eingebettete Systeme (wie Digitalkameras, Autos und Handys) bis zu kommerziellen Anwendungen und Textbearbeitungssoftware, wie sie in vielen geisteswissenschaftlichen Bereichen, Büros und Verwaltungen verwendet wird. Darüber hinaus ist das Programmieren – sofern es mit dem nötigen Ernst betrieben wird – eine nützliche intellektuelle Übung, die wie die Mathematik unsere Denkfähigkeit schärft, gegenüber Letzterer jedoch den Vorzug besitzt, dass sie Dank des Feedbacks durch den Computer wesentlich greifbarer ist und mehr Menschen anspricht. Schließlich gibt uns die Programmierung die Möglichkeit, etwas zu tun und die Welt zu verändern – im Idealfall zum Besseren. Und last, but not least kann Programmieren sogar richtig viel Spaß machen.

Warum C++? Da Sie das Programmieren nicht ohne Programmiersprache erlernen können, müssen Sie sich für eine Sprache entscheiden. Für C++ sprechen dabei folgende Punkte: C++ unterstützt in direkter Weise die Schlüsselkonzepte und -techniken, wie sie in realer Software zum Einsatz kommen. C++ ist eine der am weitesten verbreiteten Programmiersprachen mit einer unübertroffenen Bandbreite an Anwendungsbereichen. C++-Anwendungen sind so gut wie überall zu finden, von den Tiefen des Ozeans bis zur Oberfläche des Mars. Was genau C++ ist, wird präzise und verständlich durch einen herstellerunabhängigen internationalen Standard definiert. Qualitativ hochwertige Implementierungen, teilweise sogar kostenfrei, sind für so gut wie jede Art von Computer verfügbar. Viele der Programmierkonzepte, die Sie für C++ lernen, sind direkt auf andere Sprachen wie C, C#, Fortran und Java übertragbar. Und ich persönlich mag C++ auch deshalb, weil man mit dieser Sprache eleganten und effizienten Code schreiben kann.

Es gibt ohne Zweifel einfachere Bücher, um in die Programmierung einzusteigen. Aber ein solches Buch zu schreiben, war auch nicht mein Ziel; ich wollte vielmehr das einfachste Buch schreiben, mit dem Sie die Grundlagen der realen Programmierung erlernen können. Das ist ein ziemlich ehrgeiziges Ziel, weil ein Großteil der modernen Software auf Techniken beruht, die vor einigen Jahren noch als weit fortgeschritten galten.

Meine Grundannahme bei der Konzeption dieses Buches war, dass Sie beabsichtigen, Programme für andere zu schreiben, und aus Verantwortungsgefühl gegenüber Ihren Kunden ein angemessenes Qualitätsniveau bieten möchten. Das heißt, ich gehe davon aus, dass Sie einen gewissen Grad an Professionalität anstreben. Entsprechend habe ich die Themen dieses Buchs danach ausgewählt, was Sie für die ersten Schritte in der realen Programmierung benötigen, und nicht danach, was einfach zu lehren und lernen ist. Wenn Sie für die Erledigung einer elementaren Aufgabe eine Technik benötigen, beschreibe ich sie, stelle Konzepte und Sprachmittel vor, die zur Unterstützung der Technik benötigt werden, und runde das Ganze durch passende Übungen ab. Allerdings erwarte ich, dass Sie diese Übungen auch durcharbeiten. Wenn Sie lediglich an netten, kleinen „Spielzeug"-Programmen interessiert sind, brauchen Sie sich nicht die Mühe machen, dieses Buch durchzuarbeiten; für solche Programme bedarf es viel weniger, als ich Ihnen hier präsentiere. Auf der anderen Seite werde ich jedoch nicht Ihre Zeit mit Informationen von nur geringer praktischer Bedeutung verschwenden. Wenn hier eine Idee erklärt wird, können Sie mit großer Sicherheit davon ausgehen, dass Sie sie auch benötigen.

Sollte es Ihr Ziel sein, sich die Arbeit anderer zunutze zu machen, ohne genau verstehen zu wollen, wie deren Code funktioniert, und ohne selbst größere Änderungen am Code vornehmen zu wollen, dann ist dieses Buch für Sie ebenfalls ungeeignet und Sie sollten sich überlegen, ob Ihnen nicht mit einem anderen Buch oder einer anderen Sprache besser gedient ist. Wenn obige Beschreibung in etwa Ihre Vorstellung von Programmierung widerspiegelt, sollten Sie zudem überlegen, woher diese Vorstellung stammt und ob sie Ihren Bedürfnissen tatsächlich gerecht wird. Viele Leute unterschätzen nämlich die Komplexität des Programmierens – und ihren Wert. Ich aber wäre sehr traurig, wenn Sie eine Abneigung gegen das Programmieren entwickeln würden, nur weil sich Ihre Erwartungen und Bedürfnisse nicht mit dem Teil der Software-Realität decken, den ich hier beschreibe. Anders ausgedrückt: Es gibt viele Bereiche in der „Informationstechnologie", für die keine Programmierkenntnisse erforderlich sind. Dieses Buch aber soll all denen ein Begleiter sein, die nicht triviale Programme schreiben und verstehen möchten.

Aufgrund seines Aufbaus und seiner Praxisorientierung eignet sich dieses Buch auch als ergänzendes Programmierbuch für Leser, die bereits über Vorkenntnisse in C++ verfügen oder bisher in einer anderen Sprache programmiert haben und nun auf C++ umsteigen möchten. Wenn Sie zu einer dieser Kategorien gehören, lässt sich allerdings nur schwer vorhersagen, wie lange Sie zum Durcharbeiten dieses Buches brauchen werden. Auf jeden Fall möchte ich Ihnen aber dazu raten, möglichst viele der Übungen zu machen. Dies hilft Ihnen, die neuen Techniken einzuüben und bestimmungsgerecht einzusetzen, statt – wie es häufig vorkommt – in alte Gewohnheiten zurückzufallen und Ihre Programme weiterhin in dem alten, vertrauten Stil zu schreiben. Wenn Sie C++ auf einer der eher traditionellen Arten gelernt haben, werden Sie noch vor Kapitel 7 auf viel Überraschendes und Nützliches stoßen. Sofern Ihr Name nicht Stroustrup ist, ist das, was ich hier diskutiere, nicht das „C++ Ihres Vaters".

Programmieren lernt man, indem man Programme schreibt. In diesem Punkt unterscheidet sich das Programmieren nicht von anderen praktischen Fähigkeiten. Sie können nicht allein anhand eines Buches lernen, wie man schwimmt, ein Musikinstrument spielt oder ein Auto fährt – Sie müssen das üben. Genauso wenig können Sie programmieren lernen, ohne nicht eine Menge Code gelesen und geschrieben zu haben. Dieses Buch legt den Fokus auf Codebeispiele, die jeweils mit erläuterndem Text und Abbildungen versehen sind. Die Codebeispiele sind unerlässlich, um die Ideale, Konzepte und Grundsätze der Programmierung zu verstehen und die dafür benötigten Sprachkonstrukte zu meistern. Doch auch wenn die Beispiele wichtig sind, bedarf es mehr, um praktische Programmiererfahrung zu bekommen. Dafür müssen Sie sich schon an den Übungen versuchen und sich mit den Werkzeugen zum Schreiben, Kompilieren und Ausführen von Programmen vertraut machen. Sie müssen Ihre eigenen Fehler machen und lernen, sie zu korrigieren. Um das Schreiben von Code führt also kein Weg herum. Und außerdem: Im Schreiben eigener Programme liegt doch überhaupt erst der ganze Spaß!

Andererseits erfordert das Programmieren mehr – viel mehr, als nur einige wenige Regeln zu befolgen und das Handbuch zu lesen. Dieses Buch konzentriert sich bewusst nicht nur auf „die Syntax von C++". Nur wer die grundlegenden Ideale, Prinzipien und Techniken verstanden hat, ist das, was man einen guten Programmierer nennt. Nur gut entworfener Code hat eine Chance, Teil eines korrekten, zuverlässigen und wartbaren Systems zu werden. Außerdem sind es diese „Grundlagen", die überdauern: Sie werden auch dann noch wichtig sein, wenn die heutigen Sprachen und Werkzeuge weiterentwickelt oder ersetzt wurden.

Wie sieht es aus mit Informatik, Softwaretechnik, Informationstechnologie etc.? Gehört das alles auch zur Programmierung? Natürlich nicht! Die Programmierung ist eine der fundamentalen Disziplinen, die allen Bereichen, die mit Computer zu tun haben, zugrunde liegt, und sie hat ihren natürlichen Platz in einem ausgeglichenen Informatikstudium. Sie finden daher in diesem Buch zwar kurze Einführungen in die Schlüsselkonzepte und Schlüsseltechniken der Algorithmen, Datenstrukturen, Benutzerschnittstellen, Datenverarbeitung und Softwaretechnik; diese sind aber keinesfalls ein Ersatz für ein gründlicheres Studium dieser Themengebiete.

Code kann auch schön sein. Auch dies möchte Ihnen das vorliegende Buch vermitteln. Und Sie sollen lernen, was eleganten Code ausmacht und wie man selbst solchen Code schreibt. In diesem Sinne: Viel Glück beim Programmieren!

Hinweis an die Studenten

Von den mehr als tausend Studienanfängern, die an der Texas A&M-Universität mit den Manuskripten zu diesem Buch gearbeitet haben, verfügten ungefähr 60% bereits über Programmiererfahrungen, während die restlichen 40% noch nie zuvor in ihrem Leben eine Codezeile gesehen hatten. Die meisten dieser Studenten haben den Kurs erfolgreich abgeschlossen – Sie können es auch.

Sie können dieses Buch begleitend zu einem Kurs lesen, müssen es aber nicht. Ich gehe sogar davon aus, dass die meisten Leser dieses Buch zum Selbststudium nutzen werden. In beiden Fällen aber, ob Sie das Buch nun im Rahmen eines Kurses oder ganz allein durcharbeiten, sollten Sie unbedingt versuchen, mit anderen zusammenzuarbeiten. Das Programmieren steht irrtümlicherweise in dem Ruf, eine einsame Tätigkeit zu sein. Die meisten Menschen jedoch arbeiten besser und lernen schneller, wenn sie Teil einer Gruppe sind, die ein gemeinsames Ziel anstrebt. Zusammen lernen und Probleme mit Freunden zu diskutieren, ist kein Betrug an sich selbst! Es ist nicht nur die effizienteste, sondern auch die angenehmste Art, Fortschritte zu machen. Die Zusammenarbeit mit Freunden zwingt Sie vor allem erst einmal dazu, Ihre Ideen zu artikulieren – der wohl effizienteste Weg, um zu testen, wie viel man verstanden hat, und sicherzustellen, dass nichts vergessen wird. Sie müssen nicht persönlich die Antwort auf jedes unbedeutende Problem der Sprache und der Programmierumgebung finden. Doch bitte betrügen Sie sich nicht selbst, indem Sie sich um die Aufgaben und einen Großteil der Übungen drücken (auch wenn kein Lehrer Sie dazu zwingt). Denken Sie immer daran: Programmieren ist (vor allem auch) eine praktische Fähigkeit, die Sie üben müssen, um sie zu beherrschen. Solange Sie keinen Code schreiben (d.h. mehrere Übungen zu jedem Kapitel durcharbeiten), wird das Lesen dieses Buches nur eine sinnlose theoretische Übung bleiben.

Die meisten Studenten – vor allem die aufmerksamen, guten Studenten – haben Zeiten, in denen sie sich fragen, ob sich die harte Arbeit wirklich lohnt. Wenn (nicht falls) dies auch Ihnen passiert, legen Sie eine Pause ein und lesen Sie noch einmal das Vorwort sowie Kapitel 1 („Computer, Menschen und Programmierung") und Kapitel 22 („Ideale und Geschichte"). In diesen Kapiteln versuche ich zu erklären, was ich am Programmieren so spannend finde und warum ich der Meinung bin, dass Programmieren ein wichtiges Werkzeug ist, mit dem sich positive Beiträge zur Welt leisten lassen. Falls Sie sich über meine Lehrphilosophie und den allgemeinen Ansatz wundern, lesen Sie einfach Kapitel 0 („Hinweise an die Leser").

Falls das Gewicht dieses Buches Ihnen Angst macht, sollte es Sie beruhigen, dass der Buchumfang zum Teil darauf zurückzuführen ist, dass ich lieber eine Erläuterung wiederhole oder ein Beispiel ergänze, anstatt Sie irgendwo nach der einzigen Erläuterung suchen zu lassen. Hinzu kommt außerdem, dass die zweite Hälfte des Buches aus Referenz- und „zusätzlichem Material" besteht, mit dem Sie sich nur beschäftigen müssen, wenn Sie an weiteren Informationen zu einem bestimmten Thema der Programmierung interessiert sind, wie beispielsweise die Programmierung eingebetteter Systeme, der Textanalyse oder der numerischen Programmierung.

Und seien Sie bitte nicht zu ungeduldig. Das Erlernen von wichtigen neuen und wertvollen Fertigkeiten braucht einfach seine Zeit, ist aber auf alle Fälle den Zeitaufwand wert.

Hinweis an die Lehrkräfte

Um es gleich vorweg klarzustellen, dieses Buch ist kein Ersatz für die Vorlesung „Informatik I". Es ist ein Buch über die Erstellung funktionierender Software und verzichtet daher auf viele Themen, mit denen sich Informatikstudenten normalerweise beschäftigen müssen (Turing-Vollständigkeit, endliche Automaten, diskrete Mathematik, Chomsky-Grammatiken etc.). Sogar die Hardware bleibt unerwähnt, da ich davon ausgehe, dass die Studenten bereits seit dem Kindergarten Computer auf die verschiedenste Weise genutzt haben. Dieses Buch versucht nicht einmal, die wichtigsten Themen der Informatik anzusprechen. Der Fokus liegt auf der Programmierung (oder allgemeiner, der Entwicklung von Software), was zur Folge hat, dass im Gegensatz zu normalen Kursen nur wenige Themen intensiv besprochen werden. Das Buch konzentriert sich darauf, nur eine Sache gut zu machen, und Informatik ist eine Wissenschaft, die sich nicht nur mit einem Thema befasst. Wenn dieses Buch im Rahmen des Studiums der Informatik, Computerwissenschaft, Elektrotechnik (viele unserer Studienanfänger hatten als Hauptfach Elektrotechnik belegt), Informationswissenschaft oder Ähnlichem eingesetzt wird, dann am besten in Kombination mit anderen Kursen und Vorlesungen als Teil einer umfassenden Einführung.

Bitte lesen Sie Kapitel 0 („Hinweise für den Leser"), wo Sie eine Erläuterung meiner Lehrphilosophie, meines allgemeinen Ansatzes etc. finden. Versuchen Sie bitte, diese Ideen Ihren Studenten zu vermitteln.

Unterstützung

Auf der Support-Website zu diesem Buch unter *www.pearson-studium.de* sowie unter *www.stroustrup.com/Programming*, finden Sie eine Vielfalt an Materialien, die Sie beim Lehren oder Lernen mit diesem Buch unterstützen und die im Laufe der Zeit vermutlich noch ergänzt und verbessert werden. Konkret finden Sie dort:

- Folien für Vorlesungen auf der Basis dieses Buches
- Ein Handbuch für Lehrkräfte
- Headerdateien und Implementierungen der Bibliotheken, die in diesem Buch benutzt werden
- Code für die Beispiele in diesem Buch
- Lösungen zu ausgewählten Übungen
- Potenziell nützliche Links
- Errata

Danksagungen

Mein größter Dank geht an meinen verstorbenen Kollegen und Kolehrer Lawrence „Pete" Petersen, ohne dessen Ermutigungen ich mich für die Aufgabe, ein Lehrbuch für Programmieranfänger zu schreiben, sicher noch lange Zeit nicht qualifiziert genug gefühlt hätte und der mir die für den Erfolg des Kurses so wichtigen praktischen Lehrerfahrungen vermittelt hat. An den ersten Versionen des Kurses, für den dieses Buch konzipiert war, haben wir noch zusammen gearbeitet. Und wir haben den Kurs mehrmals zusammen gehalten, wobei wir die gewonnenen Erfahrungen direkt wieder zur Verbesserung des Kurses und des Buches nutzten. Wenn ich also in diesem Buch von „wir" spreche, so waren damit ursprünglich „Pete und ich" gemeint.

Dank sagen möchte ich auch den Studenten, den wissenschaftlichen Assistenten und den Tutoren von ENGR 112 (Ingenieurwissenschaften II) an der Texas A&M-Universität, die uns direkt und indirekt geholfen haben, dieses Buch zu erstellen, sowie Walter Daugherity, der diesen Kurs ebenfalls gehalten hat. Ein weiterer Dank geht an Damian Dechev, Tracy Hammond, Arne Tolstrup Madsen, Gabriel Dos Reis, Nicholas Stroustrup, J.C. van Winkel, Greg Versoonder, Ronnie Ward und Leor Zolman für ihre konstruktiven Kommentare zu den Entwürfen zu diesem Buch. Danke Mogens Hansen für deine Erklärungen über Motorsteuerungssoftware. Ebenfalls Dank sagen möchte ich Al Aho, Stephen Edwards, Brian Kernighan und Daisy Nguyen, die mir geholfen haben, mich im Sommer von Ablenkungen fernzuhalten, damit ich mit dem Schreiben vorankam.

Danke auch den Fachlektoren, die mir Addison-Wesley zur Seite gestellt hat. Ihre Kommentare, die meistens auf eigenen Lehrerfahrungen mit C++ und Informatik I auf College-Ebene basierten, waren unbezahlbar: Richard Enbody, David Gustafson, Ron McCarty und K. Narayanaswamy. Ein weiterer Dank geht an meinen Lektor Peter Gordon für seine vielen nützlichen Kommentare und (nicht zuletzt) seine Geduld. Ich bin dem Produktionsteam von Addison-Wesley sehr dankbar; sie haben viel zur Qualität des Buches beigetragen: Julie Grady (Rechtschreiblektorat), Chris Keane (Satz), Rob Mauhar (Illustration), Julie Nahil (Verlagsherstellung) und Barbara Wood (Redaktion).

Zusätzlich zu meinen eigenen unsystematischen Codeprüfungen, haben Bashar Anabtawi, Yinan Fan und Yuriy Solodkyy alle Codefragmente mit Microsoft C++ 7.1 (2003) und 8.0 (2005) und GCC 3.4.4 getestet.

Außerdem möchte ich Brian Kernighan und Doug McIlroy dafür danken, dass sie einen so hohen Standard für das Schreiben von Programmierbüchern gesetzt haben, sowie Dennis Ritchie und Kristen Nygaard für ihre wertvollen Lektionen zum Thema „Praxisbezogener Entwurf von Programmiersprachen".

Vorwort zur deutschen Ausgabe

Mit diesem Buch ist Bjarne Stroustrup ein großer Wurf gelungen. Es liefert einen sanften, aber systematischen Einstieg in die Programmierung mithilfe von C++.

C++ ist eine in der Praxis sehr weitverbreitete Sprache, wird aber manchmal für die Lehre als zu kompliziert angesehen. In diesem Buch wurde dieses Dilemma auf eine elegante Art gelöst: Mithilfe einer gut ausgewählten Headerdatei („std_libfacilities.h") wird der Leser im Anfang des Buches von den komplizierten Aspekten von C++ abgeschirmt.

Im Gegensatz zu vielen anderen Einführungen in die Programmierung deckt dieses Buch auch Themen wie Wartbarkeit, Testen und Professionalismus bei der Softwareentwicklung ab.

Das Buch bietet auch einen sehr guten Einstieg in die Standard Template Library (STL) von C++, welche eine große Anzahl von effizienten Algorithmen und Datenstrukturen zur Verfügung stellt. Das Buch wird von vielen konkreten Anwendungsbeispielen untermauert; die entwickelten Programme sind nicht rein akademischer Natur und bieten dem Leser auch einen ersten Einstieg in Themen wie Parserentwicklung oder Programmierung von grafischen Benutzeroberflächen.

Für jemanden, der sich professionell mit der Programmierung oder Softwareentwicklung auseinandersetzen will, führt kein Weg an diesem Buch vorbei. Auch für erfahrene Programmierer, die sich in den neuesten Standard von C++ oder in die Standard Template Library einarbeiten wollen, ist dieses Buch bestens geeignet.

Zur Handhabung des Buches

Im Vergleich zur amerikanischen Erstausgabe wurden in der deutschen Fassung fast 300 Korrekturen aus der Errata-Liste eingepflegt. Zusätzliche Erklärungen wurden hinzugefügt. Insbesondere haben wir einige Hilfestellungen zur Benutzung von C++ auf einem Rechner mit Mac OS X hinzugefügt.

Bei der Übersetzung des Originaltextes haben wir uns sehr um fachliche Korrektheit, exakte Terminologie, Lesbarkeit und möglichst unverfälschte Wiedergabe der Sprache des Autors bemüht. Jeder dieser Punkte war uns wichtig, doch wo es abzuwägen galt, haben wir fachliche Korrektheit und Lesbarkeit stets vor die Erhaltung des originalen Stils gestellt. (Zumal eine getreue Wiedergabe des Stils eines Autors recht schwierig und für Fachbücher nur von untergeordneter Bedeutung ist.) Keine Kompromisse gab es bei der Lesbarkeit, da ein inhaltlich korrekter Text, der unverständlich formuliert ist, für den Leser meist ebenso wertlos ist wie ein falsch übersetzter Text. In diesem Zusammenhang geht unser Dank allen voran an unseren Lektor Birger Peil für die ausgezeichnete Betreuung im Rahmen dieses Projektes sowie an Bjarne Stroustrup selbst, der uns bei Fragen und Zweifelsfällen stets klärend und beratend zur Seite stand.

Ein besonders heikler Punkt ist bei der Übersetzung von Programmierbüchern die Wahl der „richtigen" Fachbegriffe. Angesichts der vielen unterschiedlichen Schulen und Ansichten zu diesem Thema (von der strikten Beibehaltung der englischen Fachbegriffe bis zur konsequenten Eindeutschung auch des letzten Fremdworts) und der nahezu unüberschaubaren Bandbreite an Übersetzungen für bestimmte Begriffe (beispielsweise findet man in der Literatur für „member variable" unter anderem die Übersetzungen „Elementvariable", „Datenelement", „Membervariable", „Datenmember", „Feld") haben wir uns gleich darauf eingestellt, es unmöglich allen Leserkreisen recht machen zu können. Wir haben uns daher für eine Terminologie entschieden, die möglichst nah an die von Stroustrup verwendeten englischen Begriffe und die Terminologie des Visual C++-Compilers angelehnt ist (letzterer wird im Buch kurz beschrieben). So sprechen wir im Buch beispielsweise nicht von „Methoden" oder „Elementfunktionen", sondern verwenden den Begriff der „Memberfunktion".

Leser, die bisher noch über wenig Programmiererfahrung verfügen, mögen bitte beachten, dass C++ – wie die meisten Programmiersprachen – für Dezimalbrüche die angloamerikanische Notation verwendet. Dezimalbrüche, die sich auf Codelistings oder die Ein- bzw. Ausgabe eines Programms beziehen, sind im Buch daher mit dem Punkt als Dezimal- und dem Komma als Tausendertrennzeichen geschrieben. In den Grafikkapiteln des Buches gibt es einige Abbildungen, bei denen die Farbe als Informationsträger verwendet wird. Diese Abbildungen finden Sie noch einmal im Farbteil des Buches. Anmerkungen der Übersetzer oder des Fachlektors wurden dem Text als Fußnoten hinzugefügt.

Für Dozenten und Studenten

Bjarne Stroustrup sagt zwar, dass dies kein Buch ausschließlich für eine Informatik-I-Vorlesung ist, da theoretische Themen wie Turing-Maschinen, Berechenbarkeit und Komplexität nicht behandelt werden.

Man kann dieses Buch aber sicherlich für einen Teil von Informatik I verwenden und die theoretischen Aspekte der Informatik durch einen anderen Text abdecken.

In der Tat sind fundierte Programmierkenntnisse extrem wichtig und sollten bereits früh im Informatikstudium erworben werden.

Im Vergleich zu vielen anderen Einführungen in die Programmierung legt Stroustrups Werk viel Wert auf professionelle und praktische Aspekte. Dies leitet die Studenten früh an, wartbaren und sauberen Code zu entwickeln.

Anders ausgedrückt, glauben wir, dass dieses Buch vielen Informatikstudiengängen zugute kommen würde.

Bei einer Einbindung in Informatik I wird man höchstwahrscheinlich nicht das ganze Buch abdecken können. Man könnte aber den Studenten anraten zum Beispiel den letzten Teil des Buches in den Semesterferien durchzuarbeiten.

In der Tat eignet sich dieses Buch in höchstem Maße zum Selbststudium.

Als Alternative zu einer Einbindung in Informatik I bietet dieses Buch die Grundlage für ein eigenständiges Modul (am besten im Grundstudium) über professionelle Programmierung anhand von C++.

Auch für Studenten, deren Hauptfach nicht Informatik ist, ist dieses Buch sehr gut geeignet, verlangt dann aber eine intensivere Betreuung bei praktischen Übungen. Schließlich kann man das Buch auch Studenten empfehlen, die schon eine andere Programmiersprache erlernt haben und sich in C++ und die STL einarbeiten wollen.

Companion Website

Auf der Website zum Buch befindet sich eine ins Deutsche übertragene Version der vollständigen Beispielsammlung zu dem Buch. Mit Ausnahme der Boost-Beispiele aus Kapitel 23 wurden alle Programme sowohl unter Windows (mit Visual C++ 9.0) als auch unter Unix (mit dem GNU C++ Compiler) getestet. Weitere Hinweise sind mit speziellen CWS-Logos gekennzeichnet.

Die Website zu diesem Buch finden Sie unter *www.pearson-studium.de*. Am schnellsten gelangen Sie von dort zur Buchseite, wenn Sie in das Textfeld *Schnellsuche* die Buchnummer **4005** eingeben und danach suchen lassen.

Auf der Website finden Sie weitere Hinweise und Dokumente, alle wichtigen Links und eine Fehlerliste.

Wir wünschen Ihnen viel Spaß und Erfolg mit diesem gelungenen Werk von Bjarne Stroustrup.

Michael Leuschel sowie die Übersetzer Dirk Louis und Petra Alm

0. Hinweise für den Leser

„Wenn Ihre Karte nicht mit dem Gelände übereinstimmt, trauen Sie auf jeden Fall nur dem Gelände."

– Schweizer Armee-Sprichwort

Dieses Kapitel bietet einen Fundus an verschiedenen Informationen. Nachdem Sie es gelesen haben, sollten Sie eine Vorstellung davon haben, was Sie vom Rest des Buches erwarten können. Überfliegen Sie es einfach und lesen Sie die Stellen genauer nach, die Sie interessieren. Lehrkräfte dürften wohl fast alles nützlich finden. Wenn Sie dieses Buch ohne Unterstützung seitens einer Lehrkraft lesen, versuchen Sie nicht alles in diesem Kapitel zu lesen und zu verstehen. Beschränken Sie sich erst einmal auf den Abschnitt „Die Struktur dieses Buches" und den ersten Teil von „Eine Philosophie des Lehrens und Lernens". Wenn Ihnen irgendwann das Schreiben und Ausführen von kleinen Programmen problemlos von der Hand geht, können Sie jederzeit zu diesem Kapitel zurückkehren und den Rest lesen.

0.1 Die Struktur dieses Buches

Dieses Buch besteht aus vier Teilen und einer Reihe von Anhängen:

- *Teil I, Die Grundlagen*, präsentiert die grundlegenden Konzepte und Techniken der Programmierung zusammen mit der Programmiersprache C++ und den Bibliothekselementen, die schon von Anfang an zum Aufsetzen von Code benötigt werden. Dieser Themenbereich umfasst das Typensystem, arithmetische Operationen, Kontrollstrukturen, Fehlerbehandlung sowie Design, Implementierung und Verwendung von Funktionen und benutzerdefinierten Typen.

- *Teil II, Ein- und Ausgabe*, beschreibt, wie Sie numerische Daten und Text über die Tastatur oder aus Dateien einlesen und entsprechende Ausgaben auf den Bildschirm oder in Dateien schreiben. Anschließend sehen Sie, wie Sie numerische Daten, Text und geometrische Formen als grafische Ausgaben präsentieren und wie Sie Eingaben aus einer grafischen Benutzerschnittstelle (GUI, *graphical user interface*) in ein Programm übernehmen.

- *Teil III, Daten und Algorithmen*, legt den Schwerpunkt auf das Container- und Algorithmus-Framework der C++-Standardbibliothek (die STL, *Standard Template Library*). Hier erfahren Sie, wie Container (z.B. **vector**, **list** und **map**) mithilfe von Zeigern, Arrays, dynamischen Speichern, Ausnahmen und Templates implementiert und verwendet werden. Ein weiterer Themenbereich ist der Entwurf und Einsatz von Algorithmen der Standardbibliothek (wie **sort**, **find** und **inner_product**).

- *Teil IV, Erweiterung des Blickwinkels*, betrachtet die Programmierung aus unterschiedlichen Perspektiven: durch Diskussion ihrer Ideale und geschichtlichen Entwicklung, durch Beispiele (wie Matrixberechnung, Textaufbereitung, Testen und Programmieren von eingebetteten Systemen) und vermittels einer kurzen Gegenüberstellung der Sprachen C und C++.

- Die *Anhänge* bieten nützliche Informationen, die sich aus didaktischen Gründen nirgends sonst im Buch unterbringen ließen, wie zum Beispiel einen Überblick über die C++-Konstrukte und die Elemente der Standardbibliothek sowie Beschreibungen zu den ersten Schritten mit der integrierten Entwicklungsumgebung (IDE) und einer GUI-Bibliothek.

Leider lässt sich die Welt der Programmierung nicht so sauber in vier separate Teile trennen, wie es unsere Gliederung vielleicht andeutet. Deshalb sind die „Teile" dieses Buches nur als eine grobe Klassifikation der Themen zu verstehen. Wir halten die Klassifikation für sinnvoll (offensichtlich, denn sonst hätten wir sie nicht verwendet), aber die Realität hat die unangenehme Eigenschaft sich einem ordentlichen Klassifikationsschema zu entziehen. So brauchen wir zum Beispiel die Eingabeoperationen schon weit vor der ausführlichen Beschreibung der Standard-E/A-Streams (Ein-/Ausgabestreams) in C++. Dort, wo bestimmte Themen, die zur Erläuterung einer Idee benötigt werden, der allgemeinen Klassifikation zuwiderlaufen, liefern wir gerade so viel Informationen, wie für eine gute Präsentation vonnöten sind, anstatt einfach auf die vollständige Erläuterung an anderer Stelle im Buch zu verweisen. Starre Klassifikationsschemata eignen sich viel besser für Referenzhandbücher als für Lehrbücher.

Die Reihenfolge der Themen richtet sich nach den Programmiertechniken und nicht so sehr nach den Sprachmitteln der Programmiersprache (siehe §0.2). Eine Präsentation der Sprachmittel finden Sie in Anhang A.

Beim ersten Durchlesen der Kapitel entgehen einem oft wichtige Punkte, weil man erst noch herausfinden muss, welche Informationen wirklich wichtig sind. Um Ihnen hierbei zu helfen und die Wiederholung zu erleichtern, setzen wir vier verschiedene „Markierungen" in die Marginalienleiste:

Konzepte und Techniken (dieser Absatz ist ein Beispiel hierfür)

Tipp

Warnung

Companion-Website: Zusatzmaterialien online für Sie!

0.1.1 Allgemeiner Ansatz

In diesem Buch sprechen wir Sie direkt an. Das ist einfacher und klarer als die unpersönlichen Formulierungen, die in wissenschaftlichen Arbeiten üblicherweise vorherrschen. Mit „Sie" meinen wir also „Sie, den Leser", und mit „wir" meinen wir entweder „uns, die Autoren und Lehrer" oder „Sie und uns" gemeinsam an einem Problem arbeitend – als würden wir uns im selben Raum befinden.

Dieses Buch ist so konzipiert, dass es Kapitel für Kapitel von Anfang bis Ende gelesen werden sollte. Oft werden Sie noch einmal zurückblättern wollen, um irgendetwas ein zweites oder drittes Mal durchzulesen. Eigentlich ist das die einzig vernünftige Vorgehensweise, da Sie immer über irgendwelche Detailinformationen hinweglesen, in denen Sie zu diesem Zeitpunkt noch keinen Sinn sehen. In solchen Fällen werden Sie automatisch irgendwann zurückblättern. Doch trotz des Index und der Querverweise ist dieses Buch nicht dafür geeignet, um es irgendwo aufzuschlagen und mit dem Lesen zu beginnen. Die einzelnen Kapitel bauen aufeinander auf und jeder Abschnitt und jedes Kapitel setzen Kenntnisse dessen, was vorher erwähnt wurde, voraus.

Jedes Kapitel ist eine mehr oder weniger abgeschlossene Einheit, die in „einer Sitzung" gelesen werden könnte (theoretisch, wenn auch praktisch nicht immer durchführbar, angesichts des vollen Stundenplans eines Studenten). Die zeitliche Begrenzung war allerdings nur eines der Kriterien für die Aufteilung des Stoffes in mehrere Kapitel. Andere Gründe waren, dass ein Kapitel eine angemessene Einheit für Aufgaben und Übungen ist und dass jedes Kapitel ein bestimmtes Konzept oder eine bestimmte Idee oder Technik vorstellt. Diese Vielfalt an Gründen hat dazu geführt, dass einige Kapitel etwas länger sind als andere, sodass Sie die Vorgabe „in einer Sitzung" nicht zu wörtlich nehmen sollten. Vor allem werden Sie, nachdem Sie über die Kontrollfragen nachgedacht haben, die Aufgaben nachvollzogen und einige Übungen gemacht haben, oft feststellen, dass Sie noch einmal zurückblättern müssen, um einige Abschnitte zu wiederholen, sodass Sie nicht selten feststellen werden, dass über der Lektüre eines Kapitels einige Tage vergangen sind. Die Kapitel selbst haben wir wieder zu „Teilen" zusammengefasst, die sich jeweils mit einem Hauptthema wie zum Beispiel der Ein- und Ausgabe befassen. Diese Teile eignen sich sehr gut zum Wiederholen.

Ein allgemeines Lob für Fachbücher lautet: „Kaum war die Frage aufgetaucht, wurde sie schon beantwortet!" Dies ist die Idealvorstellung für kleinere technische Fragen und die ersten Leser dieses Buches konnten das Lob auch für dieses Werk aussprechen. Doch dieses Ideal allein reicht nicht. Wir werfen Fragen auf, an die ein Anfänger wahrscheinlich noch nicht einmal denkt. Wir wollen Fragen stellen (und beantworten), wie sie beim Schreiben professioneller und hochwertiger Software auftauchen. Wer lernen will, wie ein Programmierer zu denken, muss vor allem erst einmal lernen, die richtigen (oft schwierigen) Fragen zu stellen. Die einfachen und offensichtlichen Fragen vermitteln Ihnen zwar ein gutes Gefühl, tragen jedoch nicht dazu bei, dass Sie ein guter Programmierer werden.

Wir versuchen, Ihrer Intelligenz gerecht zu werden und rücksichtsvoll mit Ihrer Zeit umzugehen. Das Ziel unserer Bemühungen ist professionelle Software und nicht nette Prögrämmchen. Generell untertreiben wir einen Punkt eher als dass wir ihn aufbauschen. Doch auch wenn wir versuchen, die Bedeutung einer Programmiertechnik oder eines Sprachmittels nicht zu übertreiben, sollten Sie eine einfache Aussage wie „Dies ist oft sehr nützlich" nicht unterschätzen. Wenn wir ganz ruhig darauf hinweisen, dass etwas wichtig ist, dann meinen wir, dass es Sie früher oder später Tage kostet, wenn Sie dieses „Etwas" nicht beherrschen. Humor kommt in diesem Buch seltener vor als wir es gerne gehabt hätten, aber die Erfahrung hat uns gelehrt, dass die Menschen ganz unterschiedliche Vorstellungen davon haben, was lustig ist, und dass ein misslungener Versuch, witzig und humorvoll zu sein, oft nur Verwirrung stiftet.

Wir behaupten nicht, dass unsere Ideen oder die von uns vorgestellten Werkzeuge die perfekte Lösung sind. Kein Werkzeug, keine Bibliothek, Sprache oder Technik ist „die Universallösung" zu allen Herausforderungen, denen sich ein Programmierer stellen muss. Bestenfalls können sie Sie dabei unterstützen, Ihre eigenen Lösungen zu entwickeln und auszudrücken. Wir versuchen weitestgehend, „Notlügen" zu vermeiden, d.h., wir enthalten uns allzu einfacher Erläuterungen, die zwar leicht zu verstehen sind, aber im Kontext realer Sprachen und realer Probleme nicht ganz der Wahrheit entsprechen. Andererseits ist dieses Buch aber auch keine Referenz. Wenn Sie eine genauere und vollständigere Beschreibung von C++ suchen, lesen Sie *Die C++-Programmiersprache* (Addison-Wesley, Übersetzung der „Special Edition") von Bjarne Stroustrup und den ISO-C++-Standard.

0.1.2 Aufgaben, Übungen usw.

 Programmieren ist nicht nur intellektueller Zeitvertreib, Programme zu schreiben ist unerlässlich, um Programmierpraxis zu erwerben. In diesem Buch können Sie Ihre Programmierfähigkeiten auf zwei Niveaus erweitern:

- *Aufgaben*: Eine Aufgabe ist eine sehr einfache Übung, die konzipiert wurde, um praktische, fast mechanisch ablaufende Fähigkeiten zu entwickeln. Eine Aufgabe besteht normalerweise aus einer Reihe von Änderungen an einem einzigen Programm. Sie sollten alle Aufgaben erledigen. Eine Aufgabe setzt weder tief gehendes Verständnis voraus noch allzu große Intelligenz oder Eigeninitiative. Wir betrachten die Aufgaben als unverzichtbaren Teil des Buches. Wenn Sie die Aufgaben nicht erledigt haben, haben Sie das Buch nicht „erledigt".

- *Übungen*: Einige Übungen sind trivial, andere sind sehr schwierig, aber die meisten sind so ausgelegt, dass sie Ihnen Gelegenheit bieten, eigene Denkansätze zu verfolgen und Ihrer Fantasie freien Lauf zu lassen. Wenn Sie ernsthaft vorhaben, Programmierer zu werden, sind ein Großteil der Übungen Pflicht. Doch Sie sollten zumindest so viele Übungen machen, dass Sie wissen, welche Ihnen schwerfallen. Wagen Sie sich dann ein paar von diesen. Dadurch lernen Sie am meisten. Die Übungen sollten eigentlich keine allzu kniffligen Rätsel aufgeben, sodass sie auch ohne außergewöhnliche Intelligenz lösbar sind. Wir hoffen aber, dass wir Übungen gewählt haben, deren Schwierigkeitsgrad für jeden eine Herausforderung darstellt und die so umfangreich sind, dass sie die verfügbare Zeit sogar der besten Studenten voll in Anspruch nehmen. Wir erwarten nicht, dass Sie alle Übungen machen, doch scheuen Sie sich nicht, es zu versuchen.

Außerdem empfehlen wir Ihnen (allen Studenten), an einem kleinen Projekt teilzunehmen – oder auch an mehreren, wenn die Zeit es erlaubt. Ziel eines solchen Projekts sollte es sein, ein vollständiges Programm zu erstellen, das einen konkreten Nutzen erfüllt. Im Idealfall arbeiten Sie nicht allein, sondern im Team (z.B. drei Personen) an dem Projekt, für das ungefähr ein Monat veranschlagt ist, vorzugsweise der Zeitraum, an dem Sie die Kapitel in Teil III durchgehen. Die meisten Studenten mögen diese Projekte, finden sogar, dass diese am meisten Spaß machen, und schätzen, dass dabei alles Gelernte noch einmal zueinander in Beziehung gesetzt wird.

Einige Leser ziehen es vor, das Buch zur Seite zu legen und bereits vor Ende des Kapitels mit einigen Beispielen zu beginnen; andere lesen lieber erst einmal das Kapitel zu Ende, bevor sie versuchen, Code zur Ausführung zu bringen. Um die Leser der ersten Kategorie zu unterstützen, haben wir dort, wo es sich in den einzelnen Kapiteln anbietet, einige einfache Vorschläge für praxisbezogene Aufgaben in speziellen Abschnitten namens „Testen Sie Ihr Können" eingestreut. Die Aufgaben in einem „Testen Sie Ihr Können"-Abschnitt haben in der Regel den gleichen Schwierigkeitsgrad wie die Aufgaben am Ende des Kapitels und lehnen sich eng an das im Vorhergehenden Besprochene an. Wenn Sie auf einen solchen Abschnitt stoßen und darüber hinweglesen – sei es, dass kein Computer in der Nähe ist oder dass Sie der Text so fesselt – sollten Sie am Ende des Kapitels, wenn Sie bei dem Aufgabenteil angelangt sind, hierher zurückkehren. Die Aufgaben, mit denen Sie Ihr Können testen können, sind entweder eine Ergänzung zu dem Aufgabenteil am Ende des Kapitels oder Teil davon.

Am Ende jedes Kapitels finden Sie außerdem einen Abschnitt mit einer Reihe von Wiederholungsfragen. Diese sollen Sie noch einmal auf die wichtigsten Gedanken aufmerksam machen, die in diesem Kapitel angesprochen wurden. Sie können die Wiederholungsfragen als Ergänzung zu den

Übungen verstehen: Die Übungen konzentrieren sich auf die praktischen Aspekte der Programmierung, während die Wiederholungsfragen Sie dabei unterstützen, die dahinterstehenden Ideen und Konzepte zu artikulieren. In dieser Hinsicht sind sie guten Interviewfragen nicht unähnlich.

Der Abschnitt „Schlüsselbegriffe" am Ende jedes Kapitels fasst noch einmal das Grundvokabular der Programmierung und von C++ zusammen. Wenn Sie verstehen wollen, was die Leute zu den Programmierthemen zu sagen haben, und selbst Ihre eigenen Ideen vermitteln wollen, sollten Sie die Bedeutung dieser Begriffe kennen.

Lernen heißt Wiederholen. Unser Ziel ist es, jeden wichtigen Punkt mindestens zweimal angesprochen und mit Übungen untermauert zu haben.

Ein persönlicher Hinweis

Die meisten Kapitel enthalten am Ende einen kurzen Hinweis, der versucht, die in dem Kapitel vermittelten Informationen in einen größeren Kontext zu stellen. Wir wollen damit kompensieren, dass die Fülle an Informationen abschreckend sein kann – und oft ist – und erst durch die Übungen, das Lesen weiterer Kapitel (in denen die Ideen des Kapitels in die Praxis umgesetzt werden) und einen späteren Rückblick voll verstanden wird. Doch keine Panik. Entspannen Sie sich, denn das ist nur natürlich und war zu erwarten. Sie werden nicht an einem Tag zu einem Experten, aber Sie können mithilfe dieses Buches ein einigermaßen kompetenter Programmierer werden. Auf dem Weg dahin werden Sie mit vielen Informationen gefüttert, viele Beispiele und Techniken kennenlernen, die unzähligen Programmierern Spaß gemacht haben und ihnen ein Ansporn waren weiterzumachen.

0.1.3 Was kommt nach diesem Buch?

Werden Sie am Ende dieses Buches ein Programmierprofi und Experte in C++ sein? Natürlich nicht! Programmieren auf hohem Niveau ist eine Kunst, die nicht nur diffizil und sehr schwer zu erlernen ist, sondern auch höchstes Fachwissen in vielen technischen Bereichen erfordert. Genauso wenig wie Sie erwarten sollten, in vier Monaten ein Experte in Biologie, Mathematik oder einer natürlichen Sprache (wie Chinesisch, Englisch oder Dänisch) zu sein oder das Geigenspielen zu erlernen, sollten Sie davon ausgehen, dass Sie nach vier Monaten – oder einem halben Jahr, oder einem Jahr – bereits ein Experte im Programmieren sind. Was sie erhoffen sollten und realistischerweise erwarten können, wenn Sie sich ernsthaft mit diesem Buch auseinandersetzen, ist, dass Sie eine richtig gute Ausgangsbasis erhalten, die es Ihnen erlaubt, relativ einfache nützliche Programme zu schreiben, auch komplexere Programme zu lesen sowie aufbauend auf den guten theoretischen und praktischen Kenntnissen höhere Ziele zu verfolgen.

Am besten widmen Sie sich nach diesem Einführungskurs einem konkreten Projekt, das Code entwickelt, der von jemand anderem verwendet werden soll. Danach oder (besser) gleichzeitig zu dem konkreten Projekt sollten Sie entweder ein allgemeines weiterführendes Fachbuch (wie z.B. *Die C++-Programmiersprache* von Stroustrup), ein eher auf die Bedürfnisse Ihres Projekts ausgerichtetes Buch (wie *C++ GUI-Programmierung mit Qt* oder *ACE for Distributed Programming*) oder ein Fachbuch zu den besonderen Aspekten von C++ lesen (wie *Accelerated C++* von Koenig und Moo, *Exceptional C++* von Sutter oder *Design Patterns* von Gamma et al.). Eine vollständige Referenzliste finden Sie in §0.6 oder im Literaturverzeichnis am Ende des Buches.

Und schließlich sollten Sie noch eine weitere Programmiersprache lernen. Wir sind der Meinung, dass sich keiner im Reich der Softwareentwicklung professionell nennen darf – auch wenn er nicht primär als Programmierer arbeitet – der nicht mindestens zwei Sprachen kennt.

0.2 Eine Philosophie des Lehrens und Lernens

Was versuchen wir Ihnen beizubringen? Und wie gehen wir an die Vermittlung des Lernstoffs heran? Wir versuchen, die minimalen Konzepte, Techniken und Werkzeuge vorzustellen, die Sie zur Erstellung von effektiven, praktischen Programmen benötigen, einschließlich:

- Programmorganisation
- Debuggen und Testen
- Klassendesign
- Berechnungen
- Entwurf von Funktionen und Algorithmen
- Grafiken (nur zweidimensional)
- Grafische Benutzerschnittstellen (GUIs)
- Textaufbereitung
- Abgleich regulärer Ausdrücke
- Dateien sowie Streameingabe und -ausgabe (E/A)
- Speicherverwaltung
- Wissenschaftliche/numerische und technische Berechnungen
- Design und Programmierideale
- Die C++-Standardbibliothek
- Softwareentwicklungsstrategien
- C-Programmiertechniken

Im Rahmen dieser Themen besprechen wir Programmiertechniken wie die sogenannte prozedurale Programmierung (wie bei der Programmiersprache C), Datenabstraktion, objektorientierte Programmierung und generische Programmierung. Das Hauptthema dieses Buches ist und bleibt jedoch die *Programmierung an sich*, d.h. die Ideale, Techniken und Werkzeuge, um Ideen in Code auszudrücken. Unser Hauptwerkzeug ist die Programmiersprache C++, sodass wir viele der Sprachmittel in C++ ausführlich beschreiben. Doch denken Sie bitte daran, dass C++ lediglich ein Werkzeug ist und nicht im Mittelpunkt dieses Buches steht. Das Thema des Buches lautet „Programmieren mit C++" und nicht „C++ mit ein wenig Programmiertheorie".

Jedes Thema, das wir anschneiden, verfolgt mindestens zwei Ziele: Es präsentiert eine Technik, ein Konzept oder eine Grundregel sowie ein praktisches Sprach- oder Bibliothekselement. So verwenden wir beispielsweise die Schnittstelle zu einem zweidimensionalen Grafiksystem, um den Einsatz von

Klassen und Vererbung zu veranschaulichen. Dies erlaubt es uns, sparsam mit dem Platz (und Ihrer Zeit) umzugehen und zu verdeutlichen, dass Programmieren mehr ist, als nur Code „zusammenzubauen", um möglichst schnell ein Ergebnis zu erzielen. Die C++-Standardbibliothek ist eine der wichtigsten Quellen für solche Beispiele mit „doppelter Funktion" – viele haben sogar eine dreifache Funktion. So stellen wir zum Beispiel den Standardbibliothekscontainer **vector** vor, veranschaulichen mithilfe des Containers allgemein nützliche Design-Techniken und zeigen viele der Programmiertechniken, mit denen man ihn implementiert. Eines unserer Ziele ist es, Ihnen zu zeigen, wie die zentralen Bibliothekselemente implementiert und auf die Hardware abgebildet sind. Wir sind der festen Meinung, dass ein Handwerker sein Werkzeug kennen und verstehen muss und es nicht einfach für „gegeben" halten darf.

Einige Programmierer werden bestimmte Themen interessanter finden als andere. Wir möchten Sie jedoch davor warnen, sich hinsichtlich Ihrer Bedürfnisse schon im Voraus festzulegen (woher wollen Sie wissen, was Sie in Zukunft benötigen?), und Sie gleichzeitig ermutigen, zumindest jedes Kapitel anzulesen. Wenn Sie dieses Buch als Teil eines Kurses durchnehmen, wird der Kursleiter die Auswahl und Reihenfolge vorgeben.

Wir bezeichnen unsere Vorgehensweise als „zuerst-in-die-Tiefe" (*depth-first*). Man könnte jedoch auch von „zuerst-ganz-konkret" oder „konzeptbasiert" sprechen. Zuerst erwerben wir schnell (bzw. relativ schnell, Kapitel 1–11) eine Reihe von Fertigkeiten, die wir zum Schreiben kleiner praktischer Programme benötigen. Dabei werden eine ganze Menge Werkzeuge und Techniken in aller Kürze vorgestellt. Wir konzentrieren uns auf einfache, konkrete Codebeispiele, da die Leute das Konkrete besser verstehen als das Abstrakte. Das entspricht einfach der Art und Weise, wie die meisten Menschen lernen. Erwarten Sie nicht, dass Sie auf dieser Stufe jedes kleine Detail verstehen. Vor allem, wenn Sie etwas ausprobieren, was auch nur leicht von dem abweicht, was Sie vorher gemacht haben, werden Sie feststellen, dass dies „mysteriöse" Folgen haben kann. Versuchen Sie es trotzdem! Und bitte machen Sie die Aufgaben und Übungen zu den Kapiteln. Denken Sie einfach daran, dass Sie so früh noch nicht genügend Konzepte kennengelernt und Fertigkeiten erworben haben, um genau abzuschätzen, was einfach und was kompliziert ist. Stellen Sie sich auf Überraschungen ein und lernen Sie daraus.

In dieser Anfangsphase werden wir rasch voranschreiten – wir wollen Sie möglichst schnell so weit bringen, dass Sie interessante Programme schreiben können. Mancher wird sagen: „Wir müssen langsam und sorgfältig vorgehen, wir müssen erst gehen lernen, bevor wir laufen können!" Aber haben Sie jemals einem Kleinkind beim Laufenlernen zugeschaut? Im wahrsten Sinne des Wortes laufen Kleinkinder erst einmal, bevor sie die feineren motorischen Fähigkeiten des langsamen, kontrollierten Gehens lernen. Und genauso werden auch Sie vorpreschen, gelegentlich auf die Nase fallen, um ein Gefühl für das Programmieren zu bekommen, bevor Sie dann langsamer werden, um die notwendige feinere Kontrolle und das tiefere Verständnis zu erwerben. Sie müssen laufen, bevor Sie gehen können!

Wichtig ist, dass Sie beim Versuch, „alles" über ein Sprachdetail oder eine Technik zu lernen, nicht irgendwo stecken bleiben. So könnten Sie zum Beispiel alle in C++ integrierten Typen sowie die Regeln für ihren Einsatz auswendig lernen. Das wäre natürlich möglich und Sie würden sich hinterher sicher schlauer fühlen. Aber das macht Sie noch nicht zu einem Programmierer. Das fehlende Wissen durch Überspringen von Details wird Ihnen gelegentlich zum Nachteil gereichen, aber es ist der schnellste Weg, um den Durchblick zu gewinnen, ohne den man keine guten Programme schreiben kann. Beachten Sie, dass sich unser Ansatz eng daran anlehnt, wie Kinder ihre Muttersprache lernen; auch ist es der effektivste Ansatz, um Fremdsprachen zu vermitteln. Bei jedem kommt unweigerlich der Tag, an dem er aus irgendeinem Grunde stecken bleibt. Scheuen Sie sich in einem solchen Fall nicht, die Hilfe von Lehrern, Freunden, Kollegen, Kursleitern, Mentoren usw. anzunehmen. Seien Sie versichert, dass nichts in diesen anfänglichen Kapiteln wirklich schwierig ist. Doch da vieles noch nicht bekannt ist, mag es auf den ersten Blick schwierig erscheinen.

Später werden wir auf diesen Anfangskenntnissen aufbauen, um Ihr Wissen und Ihre Fertigkeiten auszubauen. Mit Beispielen und Übungen werden wir Ihre Kenntnisse festigen und eine konzeptionelle Basis für Ihre weitere Tätigkeit als Programmierer legen.

Wir legen großen Wert auf Ideale und Begründungen. Sie benötigen Ideale, die Ihnen den Weg weisen, wenn Sie nach praktischen Lösungen suchen – um zu wissen, ob eine Lösung gut und prinzipientreu ist. Und Sie müssen wissen, worin diese Ideale begründet sind, um zu verstehen, warum sie so erstrebenswert sind und warum das Streben danach Ihnen und den Benutzern Ihres Codes helfen kann. Niemand sollte sich mit der Erklärung „So ist das nun mal" zufriedengeben. Noch wichtiger jedoch ist, dass ein Verstehen der Ideale und Gründe es Ihnen nicht nur erlaubt, das Gelernte zu verallgemeinern und auf andere neue Situationen zu übertragen, sondern es Ihnen auch ermöglicht, Ideen und Werkzeuge auf neuartige Weise zu kombinieren, um neue Probleme in Angriff zu nehmen. Zu wissen „Warum", ist ein wichtiger Teil beim Erwerben von Programmierkenntnissen. Im Gegensatz dazu ist das Auswendiglernen von jeder Menge nur unzureichend verstandener Regeln und Sprachmittel unökonomisch, Quell vieler Fehler und eine große Zeitverschwendung. Wir halten Ihre Zeit für wertvoll und versuchen sie nicht zu vergeuden.

Viele C++-spezifische Informationen sind in Anhänge ausgelagert oder in Handbüchern zu finden, wo sie bei Bedarf nachgelesen werden können. Wir gehen davon aus, dass Sie imstande sind, sich bei Bedarf selbst Informationen zu beschaffen. Als Hilfe stehen Ihnen dabei der Index und das Inhaltsverzeichnis zur Verfügung. Außerdem sollten Sie die Online-Hilfe Ihres Compilers und das Web nicht vergessen. Denken Sie jedoch daran, die Webinhalte mit Vorsicht zu genießen, bis Sie sicher sind, dass es sich um interessante, korrekte und vertrauenswürdige Informationen handelt. Viele, äußerlich wichtig erscheinende Websites wurden von einem Programmieranfänger oder jemandem, der etwas verkaufen will, ins Netz gestellt. Andere wiederum sind einfach nicht mehr auf dem neuesten Stand. Eine Sammlung von Links und Informationen finden Sie auf unserer Support-Website unter *www.stroustrup.com/Programming*.

Und bitte warten Sie nicht zu ungeduldig auf „realistische" Beispiele. Unser Musterbeispiel ist der kürzeste und einfachste Code, mit dem sich ein Sprachmittel, Konzept oder eine Technik direkt veranschaulichen lässt. Die meisten realen Beispiele sind wesentlich unübersichtlicher als unsere und kombinieren doch lediglich nur das, was wir zeigen. Erfolgreiche kommerzielle Programme mit Hunderttausenden von Codezeilen basieren auf Techniken, die wir in einem Dutzend 50-Zeilen-Programmen zeigen. Der schnellste Weg zum Verstehen von realem Code führt über eine gute Kenntnis der Grundlagen.

Andererseits wollen wir unsere Aussagen auch nicht durch „spaßige Beispiele mit knuddeligen Tieren" veranschaulichen. Wir gehen davon aus, dass Sie am Ende reale Programme schreiben möchten, die von realen Personen benutzt werden. Deshalb ist jedes Beispiel, das keine sprachspezifischen Eigenschaften vorstellt, einem realen Beispiel entnommen. Der Grundton unserer Texte ist daher der von Profis, die sich an (zukünftige) Profis richten.

0.2.1 Die Reihenfolge der Themen

Es gibt viele Wege, jemandem das Programmieren beizubringen. Wir distanzieren uns ganz deutlich von all denen, die behaupten, dass „ihre Methode, mit der sie das Programmieren gelernt haben, die beste ist". Um das Lernen zu erleichtern, führen wir schon früh in Themen ein, die noch vor ein paar Jahren als fortgeschritten galten. Die Reihenfolge unserer Themen ist idealerweise problemorientiert, d.h., die Probleme, wie sie beim Programmieren auftauchen, sollen die Reihenfolge vorgeben. Außerdem sollen die Themen reibungslos ineinander übergehen, während sie Ihre Kenntnisse und praktischen Fertigkeiten ausbauen. Der Aufbau dieses Buches ähnelt somit eher dem Fluss einer Geschichte als einem Wörterbuch oder einer hierarchischen Ordnung.

Es ist unmöglich, alle Grundlagen, Techniken und Sprachmittel, die zum Schreiben von Programmen benötigt werden, auf einmal zu lernen. Folglich müssen wir eine Auswahl treffen, mit der wir beginnen. Oder allgemeiner: Ein Fachbuch (oder Kurs) muss seine Leser an die Hand nehmen und von einer Auswahl zur nächsten leiten. Wir glauben, dass es unserer Verantwortung obliegt, Themen auszuwählen und Schwerpunkte zu setzen. Wir können nicht auf alles eingehen, deshalb müssen wir eine Auswahl treffen. Was wir auslassen ist dabei mindestens so wichtig wie das, was wir beschreiben – auf jeder Stufe unserer Reise.

Als Vergleich ist es vielleicht ganz nützlich, die Ansätze kennenzulernen, die wir nicht verfolgen werden. Im Folgenden finden Sie eine Übersicht mit den (extrem verkürzten) Beschreibungen:

- „*Zuerst C*": Dieser Ansatz, C++ zu lernen, verschwendet nur die Zeit der Studenten und führt zu einem schlechten Programmierstil, da er die Studenten zwingt, sich den Problemen mit weniger Programmbausteinen, Techniken und Bibliotheken zu nähern als notwendig. C++ bietet eine strengere Typprüfung als C, eine Standardbibliothek mit besserer Unterstützung für Anfänger und Ausnahmen zur Fehlerbehandlung.

- „*Bottom-up*": Dieser Ansatz lenkt von einem guten und effektiven Programmierstil ab. Indem er die Studenten zwingt, Probleme mit nur ungenügender Unterstützung seitens der Sprache und der Bibliotheken zu lösen, fördert er einen schlechten und unökonomischen Programmierstil.

- „*Wenn Sie etwas präsentieren, müssen Sie es ganz präsentieren*": Dieser Ansatz setzt einen Bottom-up-Ansatz voraus (indem jedes angesprochene Thema immer tiefer verfolgt wird). Anfänger werden unnötig mit technischen Einzelheiten gelangweilt, die sie nicht interessieren und die sie die nächsten Jahre wahrscheinlich gar nicht benötigen. Wenn Sie erst einmal programmieren können, können Sie diese technischen Einzelheiten in einem Handbuch nachschlagen. Dafür sind Handbücher schließlich da, während sie weniger gut geeignet sind beim anfänglichen Lernen der Konzepte.

- „*Top-down*": Dieser Ansatz, der darauf beruht, dass man sich von den ersten Prinzipien zu den Details vorarbeitet, neigt dazu, die Leser von den praktischen Aspekten der Programmierung abzulenken, und zwingt sie dazu, sich auf höhere Konzepte zu konzentrieren, bevor sie eine Chance haben, deren Bedeutung zu erkennen. So können Sie beispielsweise die Prinzipien ordentlicher Softwareentwicklung erst wertschätzen, wenn Sie gelernt haben, wie schnell man in einem Programm Fehler macht und wie schwer es sein kann, diese zu beheben.

- *„Zuerst abstrakt"*: Wenn der Schwerpunkt auf den allgemeinen Prinzipien liegt und die Studenten vor den unangenehmen Beschränkungen der realen Welt geschützt werden, kann dies zu einer Geringschätzung der realen Probleme sowie der Sprachen-, Werkzeug- und Hardwarebeschränkungen führen. Dieser Ansatz wird oft durch das „Lehren von Sprachen" unterstützt, die später nicht eingesetzt werden und (absichtlich) die Studenten von den Hardware- und Systemproblemen isolieren.
- *„Zuerst softwaretechnische Grundlagen"*: Dieser und der „Zuerst-abstrakt"-Ansatz weisen in der Regel ähnliche Probleme auf wie der „Top-down"-Ansatz: Ohne konkrete Beispiele und praktische Erfahrung können Sie einfach den Wert von Abstraktionen und ordentlicher Softwareentwicklung nicht richtig würdigen.
- *„Objektorientiert ab dem ersten Tag"*: Die objektorientierte Programmierung ist eine der besten Möglichkeiten, Code und Programmieraufwand zu organisieren, aber sie ist nicht der einzige effektive Weg. Vor allem sind wir der Meinung, dass gute Grundkenntnisse in den Grundlagen der Typen und algorithmischen Code eine Voraussetzung ist, um den Entwurf von Klassen und Klassenhierarchien richtig wertzuschätzen. Wir verwenden benutzerdefinierte Typen (was manche Menschen als „Objekte" bezeichnen) ab dem ersten Tag, kommen aber erst in Kapitel 6 zu dem Entwurf von Klassen und erst in Kapitel 12 zu den Klassenhierarchien.
- *„Nimm es hin, wie es ist"*: Dieser Ansatz basiert auf der Vorstellung und Einführung von mächtigen Werkzeugen und Techniken, ohne dem Anfänger die zugrunde liegenden Techniken und Mittel zu erklären. Dann kann der Student nur raten – und häufig liegt er dabei falsch –, warum die Dinge so sind, wie sie sind, was es kostet, sie einzusetzen, und wo sie sinnvollerweise eingesetzt werden können. Dies kann dazu führen, dass man allzu starr an vertraute Arbeitsmuster festhält, und für ein Weiterlernen hinderlich sein.

Natürlich behaupten wir nicht, dass diese Ansätze gänzlich unbrauchbar sind. Genau genommen verfolgen wir sogar selbst einige davon bei bestimmten Unterthemen, wo ihre Stärken voll zum Tragen kommen. Doch als allgemeine Ansätze, um die Erstellung realer Programme zu erlernen, lehnen wir sie ab und greifen lieber auf unsere Alternative zurück: „Zuerst-konkret" und „Zuerst-in-die-Tiefe" mit der Betonung auf Konzepten und Techniken.

0.2.2 Programmierung und Programmiersprache

Programmierung steht bei uns als Lehrstoff an erster Stelle und die von uns gewählte Programmiersprache kommt als Werkzeug erst danach. Für unseren allgemeinen Ansatz kann jede Universal-Programmiersprache verwendet werden. Unser primäres Ziel ist es, Ihnen beim Lernen der allgemeinen Konzepte, Grundlagen und Techniken zu helfen. Diese können allerdings nicht isoliert für sich betrachtet werden. So unterscheiden sich beispielsweise die einzelnen Programmiersprachen in den syntaktischen Details, in der Art der Ideen, die direkt ausgedrückt werden können und in der Werkzeugunterstützung. Viele grundlegenden Techniken zum Erstellen von fehlerfreiem Code, wie das Schreiben von logischem Code (Kapitel 5 und 6), die Einführung von Invarianten (§9.4.3) und das Trennen der Schnittstellen von den Implementierungsdetails (§9.7 und §14.1–2) zeigen jedoch von Programmiersprache zu Programmiersprache kaum Unterschiede.

Programmierung und Design-Techniken können nur anhand einer Programmiersprache erlernt werden. Design, Codeorganisation und Debuggen sind keine Kenntnisse, die Sie rein theoretisch erwerben können. Sie müssen Ihren Code in irgendeiner Programmiersprache aufsetzen und damit praktische Erfahrungen sammeln. Das setzt voraus, dass Sie die Grundlagen einer Programmiersprache lernen müssen. Wir sprechen von „Grundlagen", weil die Tage, in denen Sie alles über eine der bedeutenderen Programmiersprachen in ein paar Wochen lernen, längst vorbei sind. Die Teile von C++, die wir hier vorstellen, wurden ausgewählt, weil sie die Erstellung von gutem Code am direktesten unterstützen. Außerdem präsentieren wir C++-Features, auf die Sie immer wieder treffen werden – sei es, dass sie der logischen Vollständigkeit halber notwendig sind oder in der C++-Gemeinde weite Verbreitung gefunden haben.

0.2.3 Portabilität

Es ist üblich, den C++-Code so zu schreiben, dass er sich auf einer Vielzahl von Rechnern ausführen lässt. Größere C++-Anwendungen werden auf Rechnern ausgeführt, von denen wir noch nicht einmal gehört haben! Deshalb halten wir Portabilität und den Einsatz von einer Reihe von Rechnerarchitekturen und Betriebssystemen für äußerst wichtig. So entspricht nicht nur jedes Beispiel in diesem Buch dem ISO-Standard C++, sondern ist auch portierbar. Sofern nicht anders angegeben, sollte sich der von uns vorgestellte Code mit jeder C++-Implementierung ausführen lassen; er wurde auf mehreren Rechnern und Betriebssystemen getestet.

Die Befehle zum Kompilieren, Linken und Ausführen eines C++-Programms unterscheiden sich dabei von System zu System. Es wäre viel zu mühsam, bei jedem Implementierungsproblem, das wir ansprechen müssen, auf jedes System und jeden Compiler detailliert einzugehen. In Anhang C finden Sie rudimentäre Informationen zu den ersten Schritten mit Visual Studio und Microsoft-C++ auf einem Windows-Rechner.

Wenn Sie Schwierigkeiten mit einer der weitverbreiteten, aber sehr umfangreichen Entwicklungsumgebungen (IDE, *integrated development environment*) haben, versuchen Sie doch einfach einmal, von der Befehlszeile aus zu arbeiten. Es ist überraschend einfach. So sehen z.B. alle Befehle aus, die Sie zum Kompilieren, Linken und Ausführen eines einfachen Programms benötigen, das aus den zwei Quelldateien *meine_datei1.cpp* und *meine_datei2.cpp* besteht, wobei wir **g++**, den GNU C++-Compiler, verwenden und unter Unix oder Linux arbeiten:

    g++ –o mein_programm meine_datei1.cpp meine_datei2.cpp
    mein_programm

Mehr ist nicht nötig.

0.3 Programmierung und Informatik

Beschäftigt sich die Informatik nur mit Programmierung? Natürlich nicht! Der einzige Grund, warum wir diese Frage aufwerfen, ist, dass einige anscheinend immer noch diesem Irrglauben anhängen. Wir streifen zwar einige der Hauptthemen der Informatik, wie Algorithmen und Datenstrukturen, aber unser Ziel ist es, Ihnen das Programmieren beizubringen, d.h. den Entwurf und die Implementierung von Programmen. Das ist auf der einen Seite mehr, auf der anderen Seite weniger als die gängigsten Auffassungen von der Informatik nahelegen:

- *Mehr*, weil beim Programmieren viele technische Fähigkeiten einfließen, die normalerweise nicht als Teil irgendeiner Wissenschaft betrachtet werden.

- *Weniger*, weil wir die Teile der Informatik, mit denen wir uns beschäftigen, nicht von Grund auf systematisch vorstellen.

Ziel dieses Buches ist es, als Begleitmaterial zu einem Informatikkurs herangezogen zu werden (sofern Sie ein Informatiker werden wollen), den Grundstock für den ersten von vielen Kursen in Softwareerstellung und -wartung zu legen (sofern Sie ein Programmierer oder Softwareingenieur werden wollen) und allgemein Teil eines größeren Ganzen zu sein.

Die Informatik zieht sich als Leitfaden durch das ganze Buch (auch weisen wir immer wieder auf deren Leitsätze hin), aber wir lehren Programmieren als eine praktische Fertigkeit, die auf Theorie und Erfahrung basiert, und nicht als Wissenschaft.

0.4 Kreativität und Problemlösung

Das primäre Ziel dieses Buches ist es, Ihnen zu helfen, Ihre Ideen in Code auszudrücken, und nicht Ihnen zu zeigen, wie Sie auf diese Ideen kommen. Im Verlaufe dieses Buches präsentieren wir Ihnen viele Beispiele, wie Sie ein Problem angehen können, wobei in der Regel zuerst eine Analyse des Problems erfolgt und dann eine Lösung gesucht und nach und nach verbessert wird. Wir betrachten Programmieren an sich bereits als eine Form der Problemlösung: Nur wer ein Problem und seine Lösung vollständig verstanden hat, ist in der Lage dafür ein korrektes Programm zu schreiben, und erst durch Erstellen und Testen eines Programms können Sie sicher sein, dass sie es vollständig verstanden haben. So gesehen ist Programmieren inhärent Teil der Bemühungen, etwas besser zu verstehen. Allerdings wollen wir dies anhand von Beispielen demonstrieren, anstatt Ihnen etwas „vorzupredigen" oder ausführliche Anleitungen zur Problemlösung zu geben.

0.5 Feedback

Link

Wir glauben nicht, dass es so etwas wie das perfekte Fachbuch gibt. Die Bedürfnisse des Einzelnen sind einfach zu unterschiedlich dafür. Trotzdem möchten wir, dass dieses Buch und das zusätzliche Material so gut wie möglich sind. Dafür benötigen wir jedoch Feedback. Ein gutes Fachbuch kann nicht isoliert von seinen Lesern geschrieben werden. Bitte informieren Sie uns deshalb über alle Tipp- und sonstigen Fehler, unklare Textstellen, fehlende Erläuterungen usw. Gerne nehmen wir über *info@pearson.de* auch Vorschläge entgegen für bessere Übungen, bessere Beispiele, ob Themen fehlen oder überflüssig sind usw. Konstruktive Kommentare kommen zukünftigen Lesern zugute und die Errata stellen wir auf unsere Support-Website unter *www.pearson-studium.de*.

0.6 Literaturhinweise

Neben den bereits in diesem Kapitel erwähnten Veröffentlichungen finden Sie in diesem Abschnitt Werke, die Ihnen von Nutzen sein könnten.

Austern, Matthew H. *Generic Programming and the STL: Using and Extending the C++ Standard Template Library*. Addison-Wesley, 1999. ISBN 0201309564.

Austern, Matthew H. (Hrsg.). *Technical Report on C++ Standard Library Extensions*. ISO/IEC PDTR 19768.

Blanchette, Jasmin und Mark Summerfield. *C++ GUI Programmierung mit Qt 4*. Addison-Wesley, 2008. ISBN 3827327296.

Gamma, Erich, Richard Helm, Ralph Johnson und John M. Vlissides. *Entwurfsmuster: Elemente wiederverwendbarer objektorientierter Software*. Addison-Wesley, 2009. ISBN 3827328241.

Goldthwaite, Lois (Hrsg.). *Technical Report on C++ Performance*. ISO/IEC PDTR 18015.

Koenig, Andrew (Hrsg.). *The C++ Standard*. ISO/IEC 14882:2002. Wiley, 2003. ISBN 0470846747.

Koenig, Andrew und Barbara Moo. *Accelerated C++: Practical Programming by Example*. Addison-Wesley, 2000. ISBN 020170353X.

Langer, Angelika und Klaus Kreft. *Standard C++ IOStreams and Locales: Advanced Programmer's Guide and Reference*. Addison-Wesley, 2000. ISBN 0201183951.

Meyers, Scott. *Effektiv C++ programmieren: 50 Möglichkeiten zur Verbesserung Ihrer Programme*. Addison-Wesley, 2005. ISBN 3827322982.

Meyers, Scott. *Effektiv C++ programmieren: 55 Möglichkeiten, Ihre Programme und Entwürfe zu verbessern*, dritte Auflage. Addison-Wesley, 2008. ISBN 3827326904.

Schmidt, Douglas C. und Stephen D. Huston. *C++ Network Programming, Volume 1: Mastering Complexity with ACE and Patterns*. Addison-Wesley, 2002. ISBN 0201604647.

Schmidt, Douglas C. und Stephen D. Huston. *C++ Network Programming, Volume 2: Systematic Reuse with ACE and Frameworks*. Addison-Wesley, 2003. ISBN 0201795256.

Stroustrup, Bjarne. *The Design and Evolution of C++*. Addison-Wesley, 1994. ISBN 0201543303.

Stroustrup, Bjarne. *Learning Standard C++ as a New Language*. C/C++ Users Journal, Mai 1999.

Stroustrup, Bjarne. *Die C++ Programmiersprache (Deutsche Übersetzung der Special Edition)*. Addison-Wesley, 2009. ISBN 3827328233.

Stroustrup, Bjarne. *C and C++: Siblings*, *C and C++: A Case for Compatibility* und *C and C++: Case Studies in Compatibility*. C/C++ Users Journal, Juli, Aug., Sept. 2002.

Sutter, Herb. *Exceptional C++: 47 technische Denkaufgaben, Programmierprobleme und ihre Lösungen*. Addison-Wesley, 2000. ISBN 3827317118.

Eine ausführlichere Referenzliste finden Sie im Literaturverzeichnis am Ende des Buches.

0.7 Biografien

Sicher fragen sich einige: „Wer sind diese Leute, die mir das Programmieren beibringen wollen?" Deshalb habe ich hier einige biografische Daten zusammengestellt. Ich, Bjarne Stroustrup, habe dieses Buch geschrieben und zusammen mit Lawrence „Pete" Petersen den Anfängerkurs auf Universitätsniveau konzipiert und gehalten, der parallel zu dem Buch unter Verwendung von Buchentwürfen entwickelt wurde.

Bjarne Stroustrup

Ich habe die Programmiersprache C++ entworfen und ursprünglich implementiert. Seit über 30 Jahren arbeite ich damit – neben vielen anderen Programmiersprachen – und habe sie für eine große Bandbreite an Programmieraufgaben eingesetzt. Ich liebe einfach eleganten und effizienten Code, wie er in anspruchsvollen Anwendungen (z.B. Robotersteuerung, Grafiken, Spiele, Textanalyse und Vernetzung) zum Einsatz kommt. Als Lehrer habe ich Menschen aller Fähigkeiten und Interessen in Design, Programmierung und C++ unterrichtet. Ich bin Gründungsmitglied des ISO-Standard-Komitees und habe dort den Sitz der Arbeitsgruppe Language Evolution inne.

Dies ist mein erstes Anfängerbuch. Meine anderen Bücher wie *Die C++-Programmiersprache* und *The Design and Evolution of C++* richten sich an erfahrene Programmierer.

Ich bin in Århus, Dänemark, als Sohn einer Arbeiterfamilie aufgewachsen und habe meinen Master-Abschluss an meiner Heimat-Universität gemacht. Meine Promotion in Informatik habe ich an der Cambridge-Universität in England abgelegt. Ungefähr 25 Jahre lang habe ich für AT&T gearbeitet, zuerst in dem berühmten Computer Science Research Center of Bell Labs – wo Unix, C, C++ und vieles mehr erfunden wurden – und später in AT&T Labs-Research.

Ich bin Mitglied der amerikanischen U.S. National Academy of Engineering, ACM Fellow, IEEE Fellow, Bell Laboratories Fellow und AT&T Fellow. Als erster Informatiker überhaupt habe ich 2005 den William-Procter-Preis für wissenschaftliche Errungenschaften von Sigma Xi (einer wissenschaftlichen Vereinigung) erhalten.

Ich habe aber auch ein Leben außerhalb der Arbeit. Ich bin verheiratet, habe zwei Kinder, von denen eines Mediziner ist und das andere gerade promoviert. Ich lese viel (Geschichtliches, Science Fiction, Krimis und alles zum aktuellen Zeitgeschehen) und mag die meisten Arten von Musik (einschließlich Klassik, Rock, Blues und Country). Gutes Essen mit Freunden ist ein wichtiger Teil meines Lebens und ich genieße es, interessante Orte und Menschen auf der ganzen Welt zu besuchen. Damit ich wegen des Essens kein schlechtes Gewissen haben muss, laufe ich.

Weitere Informationen zu meiner Person finden Sie auf meiner Homepage *www.research.att.com/~bs* und *www.cs.tamu.edu/people/faculty/bs*. Dort können Sie vor allem nachlesen, wie mein Name ausgesprochen wird.

Lawrence „Pete" Petersen

Ende 2006 hat sich Pete wie folgt selbst vorgestellt: „Ich bin Lehrer. Seit ungefähr 20 Jahren unterrichte ich Programmiersprachen an der Texas A&M-Universität. Ich wurde fünfmal von den Studenten für den Teaching Excellence Award (Preis für herausragende Lehrtätigkeit) ausgewählt und habe 1996 den Distinguished Teaching Award von der Alumni Association für das College of Engineering erhalten. Ich bin ein Fellow des Wakonse Program for Teaching Excellence und ein Fellow der Academy for Educator Development.

Als Sohn eines Armeeoffiziers bin ich an ständig wechselnden Orten aufgewachsen. Nach meinem Abschluss in Philosophie an der Universität von Washington habe ich 22 Jahre als Offizier der Feldartillerie und als Forschungsanalyst für Operationelles Testen in der Armee gedient. Von 1971 bis 1973 habe ich in Fort Sill, Oklahoma, den Fortgeschrittenenkurs für Offiziere der Feldartillerie gehalten 1979 habe ich mitgeholfen, einen Übungskurs für Probeoffiziere aufzubauen, den ich anschließend als führender Ausbilder an neun verschiedenen Orten in den ganzen Vereinigten Staaten gehalten habe (von 1978 bis 1981 und 1984 bis 1989).

1991 habe ich eine kleine Softwarefirma gegründet, die bis 1999 Verwaltungssoftware für Universitätsfakultäten erstellt hat. Meine Interessen gelten dem Unterrichten sowie dem Design und der Programmierung von Software, die von realen Personen genutzt werden kann. Ich habe Master-Abschlüsse in Industrial Engineering an der Georgia Tech und in Education Curriculum and Instruction an der Texas A&M. Außerdem habe ich erfolgreich an dem Master-Programm in Mikrocomputer von NTS teilgenommen. Meine Promotion habe ich in Information and Operations Management an der Texas A&M abgelegt.

Meine Frau Barbara und ich leben in Bryan, Texas. Wir lieben es zu reisen, uns um den Garten zu kümmern und uns zu amüsieren. Und wir verbringen so viel Zeit wie möglich mit unseren Söhnen und deren Familien, vor allem mit unseren Enkelkindern Angelina, Carlos, Tess, Avery, Nicholas und Jordan."

Leider ist Pete 2007 an Lungenkrebs gestorben. Ohne ihn wäre der Kurs nie ein Erfolg geworden.

Computer, Menschen und Programmierung

1.1	**Einführung**	54
1.2	**Software**	55
1.3	**Menschen**	57
1.4	**Informatik**	60
1.5	**Computer sind allgegenwärtig**	61
	1.5.1 Mit und ohne Bildschirm	61
	1.5.2 Schifffahrt	62
	1.5.3 Telekommunikation	63
	1.5.4 Medizin	65
	1.5.5 EDV	66
	1.5.6 Eine vertikale Betrachtung	68
	1.5.7 Na und?	69
1.6	**Ideale für Programmierer**	69

ÜBERBLICK

1

1 Computer, Menschen und Programmierung

„Spezialisierung ist etwas für Insekten."

– R.A. Heinlein

*I*n diesem Kapitel wollen wir ein wenig darüber sprechen, warum das Programmieren unserer Meinung nach so wichtig, interessant und befriedigend ist. Wir werden Ihnen verschiedene grundlegende Ideen und Ideale vorstellen und hoffentlich dazu beitragen, ein paar weitverbreitete Irrtümer über Programmierung und Programmierer aufzuklären. Fürs Erste genügt es jedoch, wenn Sie dieses Kapitel überfliegen. Sie können später hierher zurückkehren, wenn Sie mit einem Programmierproblem kämpfen und sich fragen, ob sich die ganze Mühe überhaupt lohnt.

1.1 Einführung

Das Programmieren zu erlernen ist keine einfache Sache. Angehende Programmierer stehen daher anfangs oft in einem typischen Zwiespalt: Einerseits möchten sie loslegen, andererseits vorab wissen, ob und inwiefern das Gelernte von Nutzen ist. Sie möchten praktische Fähigkeiten erwerben, aber gleichzeitig sicher sein, dass es sich dabei nicht nur um eine kurzlebige Modeerscheinung handelt. Sie möchten die Garantie, dass sie nicht unnötig ihre Zeit verschwenden, hassen es aber, mit den immer gleichen Argumenten und Moralpredigten gelangweilt zu werden. Um diesem Zwiespalt zu entgehen, sollten Sie das vorliegende Kapitel zunächst nur so weit lesen, wie es Sie interessiert. Später können Sie dann jederzeit hierher zurückkehren, um sich in Erinnerung zu rufen, warum Sie sich die Mühe machen, diese ganzen technischen Einzelheiten zu erlernen.

Dieses Kapitel beschreibt, was wir persönlich am Programmieren interessant und wichtig finden. Es gibt Aufschluss darüber, was uns auch nach Jahrzehnten noch motiviert und antreibt. Wer dieses Kapitel liest, soll am Ende eine Vorstellung davon haben, was man mit Programmieren alles erreichen kann und wie vielseitig Programmierer häufig sind. Ein Fachbuch für Anfänger beschäftigt sich zwangsläufig vor allem mit Basiswissen. In diesem Kapitel jedoch möchten wir Ihre Aufmerksamkeit weg von den technischen Details auf das große Ganze lenken: Was macht Programmieren so erstrebenswert? Welche Rolle spielt die Programmierung in unserer Zivilisation? Wo kann ein Programmierer wertvolle Beiträge leisten? Wo ist die Programmierung im größeren Kontext der Softwareentwicklung, -bereitstellung und -wartung einzuordnen? Wenn man von „Informatik", „Softwaretechnik", „Informationstechnologie" usw. spricht, wo kommt die Programmierung ins Spiel? Was macht ein Programmierer? Welche Fähigkeiten zeichnen einen guten Programmierer aus?

Warum beschäftigt sich jemand intensiv mit einer Idee, einer Technik oder dem Inhalt eines Buchkapitels? Für Studenten ist es in der Regel das Streben nach guten Prüfungsnoten, während Angestellte der Softwareindustrie eher daran interessiert sind, etwas zu entdecken, das ihnen beim aktuellen Projekt von Nutzen ist und den Chef zufriedenstellt, der die Gehälter, Beförderungen und Entlassungen kontrolliert – doch es sollte noch andere Beweggründe zum Lernen geben! Unsere Arbeit geht uns in der Regel dann am besten „von der Hand", wenn wir das Gefühl haben, mit unserer Arbeit in irgendeiner Weise dazu beizutragen, die Welt lebenswerter zu machen. Aufgaben, denen wir uns über mehrere Jahre hinweg widmen (allgemein als „Beruf" oder „Karriere" bezeichnet), sollten daher immer von Idealen und abstrakteren Ideen getragen werden.

Unsere Zivilisation würde ohne Software nicht funktionieren. Deshalb sind die Weiterentwicklung von Software und die Suche nach neuen Einsatzbereichen zwei von vielen Möglichkeiten, wie ein Einzelner das Leben von Vielen verbessern kann. Und Programmierkenntnisse spielen dabei eine wesentliche Rolle.

1.2 Software

Gute Software ist unsichtbar. Sie können sie nicht sehen, fühlen, wiegen oder darauf klopfen. Software ist eine Sammlung von Programmen, die auf einem Computer ausgeführt werden. Manchmal können wir den Computer sehen. Oft sehen wir jedoch nur den Gegenstand, in den der Computer eingebaut wurde, z.B. ein Telefon, eine Kamera, eine Brotmaschine, ein Auto oder ein Windkraftwerk. Wir können sehen, was diese Software macht. Wir können verärgert sein, ja es kann sogar zu Verletzungen führen, wenn die Software nicht das tut, was sie tun soll, beziehungsweise wenn das, was sie tun soll, nicht unseren Bedürfnissen entspricht.

Wie viele Computer gibt es auf der Welt? Genau lässt sich das nicht beziffern, doch man schätzt, dass es mehrere Milliarden sind. Es gibt vielleicht sogar mehr Computer auf der Welt als Menschen. 2004 schätzte die ITU (International Telecommunication Union, eine UN-Behörde), dass weltweit über 772 Millionen PCs in Benutzung waren – und die meisten Computer sind noch nicht einmal PCs.

Wie viele Computer werden von Ihnen jeden Tag (mehr oder weniger direkt) genutzt? In meinem Auto gibt es mehr als 30 Computer, zwei in meinem Handy, einen in meinem MP3-Player und einen in meiner Kamera. Dann gibt es noch meinen Laptop (auf dem diese Seite geschrieben wurde) und meinen Computer im Büro. Auch der Regler der Klimaanlage, der dafür sorgt, dass Hitze und Feuchtigkeit im Sommer erträglich sind, ist ein Computer. Und ein Computer steuert den Aufzug im Informatikgebäude. Wenn Sie über einen modernen Fernseher verfügen, befindet sich darin mindestens ein Computer. Und wer im Web surft, nimmt über ein Telekommunikationssystem, das aus vielen Tausend Computern (Telefonvermittlungen, Routern usw.) besteht, direkt Kontakt zu Dutzenden, wenn nicht sogar Hunderten von Servern auf.

Nein, ich fahre nicht mit 30 Laptops auf dem Rücksitz umher! Tatsache ist, dass die meisten Computer nicht aussehen, wie wir uns einen Computer vorstellen (mit Bildschirm, Tastatur, Maus etc.). Es sind kleine „Teile", die in den von uns verwendeten Geräten eingebaut sind. Mein Auto hat nichts, was wie ein Computer aussieht, nicht mal einen Bildschirm, um Karten oder Wegbeschreibungen anzuzeigen (auch wenn diese Spielereien in anderen Autos zunehmend zu finden sind). Doch bereits der Motor enthält einige Computer, die zum Beispiel für die Steuerung der Benzineinspritzung und die Temperaturüberwachung zuständig sind. Die Servolenkung erfordert mindestens einen Computer und das Radio und das Sicherheitssystem ebenfalls. Und wir können davon ausgehen, dass auch das Öffnen und Schließen der Fenster computergesteuert ist. Neuere Modelle verfügen sogar über Computer, die den Reifendruck überwachen.

Wie viele Computer sind Ihnen während eines Tages zu Diensten? Jeder muss essen. Wenn Sie in einer Großstadt leben, ist die Anlieferung von Lebensmitteln eine größere Leistung, die ein kleines Wunder hinsichtlich Planung, Transport und Lagerung erfordert. Die Verteilungsnetze werden natürlich über Computer verwaltet, genauso wie die Kommunikationssysteme, die alle Netze zusammenbinden. Moderne Landwirtschaft ist hoch computerisiert. Neben dem Kuhstall stehen Computer, die die Herde überwachen (Alter, Gesundheit, Milchproduktion usw.), landwirtschaftliche Geräte werden zunehmend über Computer gesteuert und die Anzahl der Formulare, die von den verschiedenen Regierungsstellen angefordert werden, können einen ehrlichen Landwirt zur Verzweiflung bringen. Wenn etwas schiefgeht, können Sie darüber in der Zeitung lesen: Natürlich wurden die Artikel dieser Zeitung auf Computern geschrieben, von Computern gesetzt und – sofern Sie noch die Papierversion lesen – von computerisierten Anlagen gedruckt, wobei die Daten oft elektronisch zur Druckerei übertragen wurden. Auch Bücher werden so produziert. Gehören Sie zu den Pendlern? Der Verkehrsfluss wird von Computern überwacht, in dem (normalerweise vergeblichen) Versuch, Verkehrsstaus zu vermeiden. Oder fahren Sie lieber mit der Bahn? Auch der Zug ist computerisiert. Einige fahren sogar führerlos und ihre Untersysteme wie Ansagesysteme, Bremsen und Fahrkartenentwertung setzen ausnahmslos Computer ein. Doch der größte Nutznießer der Computerbranche ist die heutige Unterhaltungsindustrie (Musik, Filme, Fernsehen, Bühnenshows). Sogar normale Filme ohne Zeichentrick setzen reichlich Computeranimation ein. Musik und Fotografie werden zunehmend digitalisiert, und zwar sowohl bei der Aufnahme als auch beim Abspielen. Und sollten Sie krank werden, sind die vom Arzt angeordneten Tests nur mithilfe von Computern durchzuführen, die Krankenakten werden oft computerisiert und der größte Teil der medizinischen Geräte, die Ihnen bei einem Krankenhausaufenthalt begegnen, setzt Computer ein. Wenn Sie nicht gerade in einer kleinen Hütte mitten im Wald leben – ohne Stromversorgung und elektrisch betriebene Geräte (einschließlich Glühbirnen) – verbrauchen Sie Energie. Die Suche, Förderung, Verarbeitung und Verteilung von Öl erfolgt über ein System, das auf jeder Stufe mit Computern arbeitet, von der Bohrkrone im Erdreich bis zu Ihrer Zapfsäule zu Hause. Wenn Sie dann das Benzin mit Ihrer Kreditkarte bezahlen, verlassen Sie sich wieder auf eine ganze Reihe von Computern. Das Gleiche gilt auch für Kohle, Erdgas sowie für Solar- und Windenergie.

Die bisherigen Beispiele sind alle „operativer" Art, d.h., sie haben damit zu tun, was Sie machen. Davon getrennt ist der so wichtige und interessante Bereich des Designs. Die Kleidung, die Sie tragen, das Telefon, in das Sie sprechen, und die Kaffeemaschine, mit der Sie Ihren Lieblingskaffee brauen, wurden mithilfe von Computern entworfen und hergestellt. Die hervorragende Qualität von modernen Kameralinsen und die exquisiten Formen beim Design alltäglicher Gegenstände und Geräte beruhen fast alle auf computerbasierten Design- und Produktionsmethoden. Handwerker, Designer, Künstler und Ingenieure, die unsere Umgebung gestalten, wurden von vielen physikalischen Einschränkungen befreit, die zuvor als unüberwindbar galten. Wenn Sie krank werden, werden Sie mit Medikamenten geheilt, die am Computer entwickelt wurden.

Und schließlich ist auch die Forschung – die Wissenschaft selbst – stark auf den Einsatz von Computern angewiesen. Die Teleskope, die die Geheimnisse von weit entfernten Sternen erkunden, hätten ohne Computer nicht entwickelt, gebaut oder betrieben werden können und die Menge an Daten, die sie liefern, könnten ohne Computer nicht analysiert und interpretiert werden. Ein in der Feldforschung tätiger Biologe kommt vielleicht ohne Computer aus (sofern er keine Kamera, kein digitales Aufnahmegerät, Telefon usw. einsetzt), aber wenn er dann wieder in seinem Labor ist, müssen die Daten gespeichert, analysiert, mit Computermodellen abgeglichen und an andere Wissenschaftler geschickt werden. Die moderne Chemie und Biologie – einschließlich der medizinischen Forschung – verwendet Computer in einem Ausmaß, wie man es sich vor einigen Jahren nicht erträumt hätte und wie es sich die meisten auch heute noch nicht vorstellen können. Die Sequenzierung des menschlichen Genoms beispielsweise verdanken wir Computern oder genauer ausgedrückt Menschen, die Computer einsetzen. Aus allen diesen Beispielen wird deutlich, dass wir mit Computern Dinge tun können, die ohne Computer kaum denkbar wären.

Und auf jedem dieser Computer wird Software ausgeführt. Ohne Software wären diese Computer nur ein teurer Haufen Schrott aus Silizium, Metall und Plastik: Türstopper, Schiffsanker und Heizgeräte. Die Software, die auf den Computern läuft, wurde Zeile für Zeile von Menschen geschrieben. Jede dieser Zeilen, sofern sie irgendwann tatsächlich zum Einsatz gekommen ist, wurde für korrekt oder zumindest vernünftig befunden. Es ist schon erstaunlich, dass alles so reibungslos funktioniert! Wir sprechen hier immerhin von Milliarden von Codezeilen (Programmtext) in Hunderten von Programmiersprachen. Und damit alles so funktioniert, bedurfte es vorher riesiger Anstrengungen und der Einbindung von Fachleuten aus fast allen Gebieten. Fast jede Dienstleistung und jedes Gerät, auf das wir angewiesen sind, kann optimiert werden. Stellen Sie sich einfach eine Dienstleistung oder ein Gerät vor, das Sie regelmäßig nutzen: Was würden Sie daran gerne ändern? Im Zweifelsfalle wollen wir unsere Dienstleistungen und Geräte kleiner (oder größer), schneller, zuverlässiger, mit mehr Zusätzen, leichter bedienbar, mit höherer Kapazität, besserem Design und billiger. Es ist sehr wahrscheinlich, dass die von Ihnen gewünschte Optimierung die Dienste eines Programmierers erforderlich macht.

1.3 Menschen

Computer werden von Menschen für Menschen entwickelt. Ein Computer ist ein vielseitig einsetzbares Werkzeug, mit dem man unvorstellbar viele Aufgaben lösen kann. Doch damit er von Nutzen ist, benötigt er ein Programm. Mit anderen Worten, ein Computer ist nur ein Stück Hardware, bis irgendjemand – genauer gesagt ein Programmierer – ihn mit Code füttert und einer sinnvollen Nutzung zuführt. Leider wird dies nur allzu oft vergessen, sodass insbesondere den Programmierern nur selten die gebührende Beachtung geschenkt wird.

Hollywood und ähnlich populäre Quellen der Desinformation haben dazu beigetragen, dass das Image des Programmierers stark negativ behaftet ist. So gilt ein Programmierer generell als kontaktarm, fett und hässlich, als Computerfreak ohne jegliche soziale Kompetenz, der entweder spielesüchtig ist oder mit Vorliebe in die Computer anderer Leute eindringt. Er (meistens ist er männlich) ist entweder davon getrieben, die Welt zu zerstören oder sie zu retten. Wir wollen nicht leugnen, dass es unter den Softwareentwicklern tatsächlich Vertreter dieser Spezies gibt, aber die Erfahrung hat uns gelehrt, dass man solche Freaks genauso häufig unter Rechtsanwälten, Polizisten, Autoverkäufern, Journalisten, Künstlern oder Politikern findet. Denken Sie einfach mal an all die Computeranwendungen, die Sie aus eigener Erfahrung kennen. Meinen Sie, diese wurden von einem Einzelgänger in einem dunklen Zimmer programmiert? Natürlich nicht. Die Entwicklung erfolgreicher Software, computerisierten Geräten oder Systemen basiert auf der Zusammenarbeit von Dutzenden, Hunderten oder sogar Tausenden von Personen mit den verschiedensten Rollen, wie z.B. Programmierer, Programmdesigner, Tester, Animatoren, Gesprächsgruppenleiter, Experimentalpsychologen, GUI-Designer, Analysten, Systemadministratoren, Kundenbetreuer, Toningenieure, Projektleiter, Qualitätsprüfer, Sicherheitsbeauftragte, Statistiker, Mathematiker, Verkäufer, Berater, Netzwerkdesigner, Methodologen, Software-Tools-Manager, Bibliotheksverwalter usw. Die Bandbreite der Rollen ist immens und oft recht verwirrend, da viele Unternehmen ihre eigenen Bezeichnungen pflegen: Was bei dem einen der „Softwareingenieur" ist, wird bei einem anderen „Programmierer" genannt, andere wiederum sprechen von „Entwickler", „technischer Fachkraft" oder einfach nur „Architekt". Es gibt sogar Unternehmen, die ihren Mitarbeitern die Möglichkeit bieten, selbst eine Bezeichnung für sich zu wählen. Nicht alle der hier genannten Rollen haben direkt etwas mit der Programmierung zu tun. Doch haben wir im Laufe unseres Lebens persönlich Menschen in diesen Funktionen kennengelernt, die durchaus als Teil ihres Jobs Code gelesen oder aufgesetzt haben. Außerdem ist es sehr wahrscheinlich, dass ein Programmierer (in welcher Funktion auch immer) über kurz oder lang mit vielen Personen aus den unterschiedlichsten Bereichen in Kontakt treten muss: Biologen, Motorentwickler, Rechtsanwälte, Autoverkäufer, Ärzte, Geschichtswissenschaftler, Geologen, Astronauten, Flugzeugingenieure, Holzlager-Verwalter, Raketenwissenschaftler, Kegelbahnbauer, Journalisten und Animatoren (diese Liste basiert auf eigenen Erfahrungen). Andere arbeiten vielleicht sporadisch als Programmierer und übernehmen zu anderen Zeiten ihres Berufslebens Rollen, die nichts mit Programmierung zu tun haben.

Der Mythos, dass ein Programmierer von seiner Umwelt isoliert ist, ist genau das: ein Mythos. Menschen, die lieber allein arbeiten, weichen in der Regel in Aufgabenfelder aus, in denen sie ihre Ruhe haben, und beschweren sich dann immer noch bitterlich über die vielen „Unterbrechungen" und Treffen. Menschen, die gerne mit anderen zusammenarbeiten, haben es in der Softwarebranche dagegen meist leichter, weil moderne Softwareentwicklung Teamarbeit ist. Folglich wird der sozialen und kommunikativen Kompetenz viel mehr Wert beigemessen, als das Klischee vermuten lässt. Auf der Liste der erstrebenswertesten Kompetenzen eines Programmierers (wie auch immer Sie Programmierer definieren) finden Sie mit Sicherheit die Fähigkeit zu kommunizieren, und zwar mit Menschen der verschiedensten Bereiche – zwanglos, schriftlich, bei Treffen und über formale Präsentationen. Wir sind der Überzeugung, dass Sie erst wissen, was wahre Programmierung ist und ob Sie dafür geeignet sind, wenn Sie ein oder zwei Teamprojekte hinter sich haben. Gerade das lieben wir so an der Programmierung, dass wir so viele nette und interessante Menschen treffen und bei unserer Arbeit so viel herumkommen.

All dies zeigt aber auch, dass man für die Entwicklung guter Software Menschen mit einer Vielfalt an Fähigkeiten, Interessen und Arbeitsgepflogenheiten benötigt. Unsere Lebensqualität hängt von diesen Menschen ab – und manchmal sogar unser Leben selbst. Niemand könnte die oben aufgeführten Rollen allein ausfüllen und kein vernünftiger Mensch würde sich anmaßen, alle Rollen gleichzeitig zu übernehmen. Was wir damit sagen wollen, ist, dass Sie mehr Alternativen haben, als Sie sich vielleicht vorstellen – und ohne dass Sie sich notwendigerweise im Vorfeld für etwas entscheiden müssen. Normalerweise „landen" Sie automatisch in Arbeitsbereichen, die Ihren Fähigkeiten, Neigungen und Interessen entsprechen.

Wir sprechen hier von „Programmierer" und „Programmierung", aber offensichtlich ist Programmierung nur ein Teil des Gesamtbildes. Menschen, die ein Schiff oder ein Handy entwerfen, sehen sich nicht unbedingt als Programmierer. Programmierung ist ein wichtiger Teil der Softwareentwicklung, aber eben nur ein Teil. Ebenso ist bei der Produktentwicklung die Softwareentwicklung ein wichtiger Teil, aber eben nur ein Teil der Produktentwicklung.

Wir gehen nicht davon aus, dass Sie – unser Leser – ein professioneller Programmierer werden wollen, um den Rest Ihres Arbeitslebens mit dem Schreiben von Code zu verbringen. Sogar die besten Programmierer – ja vor allem die *besten* Programmierer – verbringen einen Großteil ihrer Zeit, *ohne* Code zu schreiben. Probleme zu verstehen nimmt viel Zeit in Anspruch und ist oft mit erheblicher geistiger Leistung verbunden. Diese intellektuelle Herausforderung ist es, die viele Programmierer an ihrem Job reizt. Viele der besten Programmierer haben sogar Abschlüsse in Fächern, die eigentlich gar nichts mit Informatik zu tun haben. Wenn Sie zum Beispiel an einer Software für die Genom-Forschung arbeiten, sind Sie viel erfolgreicher, wenn Sie tatsächlich etwas von Molekularbiologie verstehen. Und wenn Sie Programme zur Analyse mittelalterlicher Literatur erstellen, fällt Ihnen die Arbeit wesentlich leichter, wenn Sie etwas von der Literatur gelesen haben und vielleicht sogar eine oder zwei der wichtigsten

Sprachen kennen. Jemand mit der Einstellung, dass alles, was zählt, die Computer und das Programmieren sind, wird nicht imstande sein, mit den Kollegen oder Kolleginnen außerhalb der Programmierbranche zusammenzuarbeiten. Dabei entgeht ihm nicht nur das Beste – die zwischenmenschlichen Kontakte, d.h. das Leben –, sondern er wird auch zu einem schlechten Softwareentwickler.

Was schließen wir daraus? Programmieren ist eine intellektuell anspruchsvolle Tätigkeit, die eine ganze Reihe von Fähigkeiten in vielen wichtigen und interessanten technischen Disziplinen voraussetzt. Außerdem ist Programmieren ein wesentlicher Bestandteil des Allgemeinwissens. Keine Grundkenntnisse im Programmieren zu haben ist fast so schlimm, wie ohne Grundkenntnisse in Physik, Geschichte, Biologie oder Literatur dazustehen. Jemand, der absolut keine Ahnung vom Programmieren hat, für den ist Programmieren wie Zauberei. In technischen Rollen sind solche Leute eine potenzielle Gefahr. Vielleicht kennen Sie den ignoranten Boss aus den Dilbert-Comics – wer will schon so einen Chef haben oder (noch schlimmer) selbst so ein Chef werden. Außerdem kann Programmierung tatsächlich Spaß machen.

Doch wozu könnten Sie Ihre Programmierkenntnisse nutzen? Vielleicht wird die Programmierung ein Schwerpunkt Ihrer Untersuchungen und Arbeit, ohne dass Sie dabei zu einem professionellen Programmierer mutieren. Vielleicht kommunizieren Sie beruflich und persönlich als Designer, Schriftsteller, Manager oder Wissenschaftler mit anderen Menschen, sodass Grundkenntnisse der Programmierung von Vorteil sind. Vielleicht programmieren Sie auf fortgeschrittenem Niveau als Teil Ihrer Studien oder Arbeit. Doch selbst wenn Sie ein professioneller Programmierer werden, ist es sehr unwahrscheinlich, dass Sie immer nur programmieren.

Vielleicht werden Sie ja Ingenieur mit Schwerpunkt Computertechnik oder Informatik. Aber selbst dann werden Sie nicht die ganze Zeit programmieren. Programmieren bedeutet, Ideen in Codeform zu präsentieren – und so an der Problemlösung mitzuwirken. Programmieren ist unnütz, ja eine absolute Zeitverschwendung, wenn Sie keine Ideen haben, die der Präsentation lohnen, und keine Probleme, die es wert sind, gelöst zu werden.

Dies ist ein Buch über Programmierung und wir haben versprochen, Ihnen das Programmieren beizubringen. Warum also legen wir so großen Wert auf Bereiche, die nichts mit der Programmierung zu tun haben, und messen der Programmierung so einen kleinen Stellenwert zu? Ein guter Programmierer versteht, welche Rolle Code und Programmiertechnik in einem Projekt spielen. Ein guter Programmierer ist (meistens) äußerst teamfähig und immer bemüht zu verstehen, wie der Code und seine Erstellung dem Gesamtprojekt am besten zugute kommt. Angenommen, ich arbeite an einem neuen MP3-Player und würde mich nur um die Schönheit des Codes und die Anzahl der netten Features kümmern, die ich hinzufügen könnte. Ich würde wahrscheinlich darauf bestehen, meinen Code auf dem größten, leistungsfähigsten Computer auszuführen. Die Theorie der Toncodierung würde ich mit der Begründung ablehnen, dass diese nichts mit Programmierung zu tun hat. Ich würde mein Labor nicht verlassen und somit jeglichen Kontakt zu potenziellen Nutzern verlieren, die sowieso nur einen schlechten Musikgeschmack haben und die neuesten Errungenschaften der GUI-Programmierung nicht zu schätzen wissen. Das Projekt würde sehr wahrscheinlich in ein Desaster münden. Ein größerer Computer würde den MP3-Player verteuern und sehr wahrscheinlich auch die Batteriezeit verkürzen. Codierung ist ein wesentlicher Faktor bei der digitalen Musikübertragung, sodass die Nichtbeachtung von Fortschritten bei den Codierungstechniken zu höherem Speicherbedarf der einzelnen Lieder führen kann (Codierungen unterscheiden sich um bis zu 100% bei gleicher Klangqualitätswiedergabe). Die Missachtung von Nutzergewohnheiten – wie seltsam und archaisch Ihnen das anmuten mag – führt in der Regel dazu, dass die Nutzer sich für ein anderes

Gerät entscheiden. Ein ganz wesentlicher Aspekt des Programmierens besteht daher darin, sich über die Bedürfnisse der Benutzer zu informieren und zu erkennen, welche Einschränkungen diese Bedürfnisse der Implementierung (d.h. dem Code) auferlegen.

Um die Karikatur eines schlechten Programmierers abzuschließen, wollen wir noch erwähnen, dass dieser zu verspäteter Abgabe neigt, weil er detailverliebt ist und extrem der Korrektheit von nur kurz getestetem Code vertraut. Nehmen Sie dies als abschreckendes Beispiel. Werden Sie ein guter Programmierer und seien Sie offen für alles, was zur Erstellung guter Software notwendig ist. Hierin liegen der Wert für die Gesellschaft und der Schlüssel für die eigene Zufriedenheit.

1.4 Informatik

Sogar im weitesten Sinne ist Programmierung nur Teil von etwas Größerem. Man könnte sie als Teildisziplin der Informatik, Computertechnik, Softwaretechnik, Informationstechnologie oder irgendeiner anderen softwareorientierten Disziplin betrachten. Für uns ist Programmierung eine Basistechnologie der oben genannten Computerbereiche von Forschung und Technik sowie der Physik, Biologie, Medizin, Geschichte, Literatur und aller anderen akademischen oder wissenschaftlichen Bereiche.

Nehmen wir einmal die Informatik. 1995 wurde sie im Blaubuch (*Blue Book*) der US-Regierung wie folgt definiert: „Das systematische Studium der Computersysteme und ihrer Programmierung. Das bei dieser Disziplin vermittelte Wissen umfasst Theorien zum Verstehen von Computersystemen und Programmierverfahren, Design-Methodologie, Algorithmen und Werkzeuge, Testmethoden für Konzepte, Analyse- und Überprüfungsmethoden sowie Wissensrepräsentationen und Implementierung." Wie nicht anders zu erwarten, lautet der Wikipedia-Eintrag etwas weniger förmlich: „Informatik oder Computerwissenschaft ist das Studium der theoretischen Grundlagen von Informationsverarbeitung und Berechnungen und deren Implementierung und Anwendung in Rechenanlagen. Informatik hat viele Teildisziplinen, einige beschäftigen sich mit der Berechnung bestimmter Ergebnisse (wie Computergrafiken), während andere (wie die Theorie der Berechnungskomplexität) sich auf die Eigenschaften von Berechnungsproblemen beziehen. Noch andere konzentrieren sich auf die Implementierung von Berechnungen. So beschäftigt sich die Theorie der Programmiersprachen mit den Ansätzen zur Beschreibung von Berechnungen, während bei der Computerprogrammierung bestimmte Programmiersprachen eingesetzt werden, um bestimmte Rechenprobleme zu lösen."[1]

Programmieren ist ein Handwerk, ein Mittel zum Zweck, das dazu dient, Lösungen für grundlegende und praktische Probleme zu formulieren, die dann getestet, experimentell verbessert und verwendet werden können. Beim Programmieren trifft Theorie auf Praxis, werden Ideen zur Realität. Es ist die Nahtstelle, an der die Informatik zu einer experimentellen Disziplin wird und die ganze Welt beeinflussen kann. Beachten Sie aber, dass die Programmierung immer auf beidem beruht: auf der Theorie und auf den praxiserprobten Techniken. Sie darf nie zum reinen Hacken verkommen, bei dem irgendwie irgendwelcher Code geschrieben wird, solange dieser nur den unmittelbaren Zweck erfüllt.

---

[1] Quelle: *http://en.wikipedia.org/wiki/Computer_science*

1.5 Computer sind allgegenwärtig

Niemand weiß alles, was man über Computer oder Software wissen kann. Der folgende Abschnitt beschränkt sich daher auf einige wenige Beispiele. Vielleicht finden Sie etwas darunter, was Sie fasziniert. Zumindest aber werden Sie feststellen, dass es für Computer – und damit für die Programmierung – viel mehr und viel weitere Einsatzbereiche gibt, als man vielleicht annehmen könnte.

Viele stellen sich einen Computer als einen kleinen grauen Kasten vor, der mit einem Bildschirm und einer Tastatur verbunden ist. Diese Computer sind gewöhnlich unter Tischen verborgen und eignen sich zum Spielen, zur Nachrichten- und E-Mail-Übertragung sowie zum Abspielen von Musik. Andere Computer, sogenannte Laptops, werden in Flugzeugen von gelangweilten Geschäftsmännern benutzt, um Tabellen zu bearbeiten, zu spielen oder Videos zu betrachten. Diese Karikatur ist nur die Spitze des Eisbergs. Die meisten Computer erledigen ihre Aufgaben im Verborgenen und sind Teil der Systeme, die unsere Zivilisation am Laufen halten. Einige füllen ganze Räume, andere sind kleiner als die kleinste Münze. Viele der interessantesten Computer interagieren nicht direkt (d.h. über Tastatur, Maus oder einem ähnlichen Gerät) mit dem Menschen.

1.5.1 Mit und ohne Bildschirm

Für die meisten ist ein Computer ein ziemlich großer, rechteckiger Kasten mit Bildschirm und Tastatur – eine Vorstellung, von der sich viele oft nur schwer lösen können. Sehen Sie sich dazu die beiden Computer aus ▶ Abbildung 1.1 an.

Abbildung 1.1: Armbanduhren sind ebenfalls Computer

Beide Geräte (in unserem Falle Uhren) sind primär Computer. Vermutlich handelt es sich in beiden Fällen sogar um den gleichen Computer, der lediglich mit unterschiedlichen Systemen für die Ein- und Ausgabe (E/A) verbunden wurde. Der linke ist mit einem kleinen Display (ähnlich den Bildschirmen herkömmlicher Computer, aber kleiner) ausgestattet und der rechte treibt winzige elektrische Motoren an, die die traditionellen Uhrenzeiger und die Drehscheibe mit den Zahlen für den Tag im Monat bewegen. Die jeweiligen Eingabesysteme bestehen aus vier Knöpfen (die an der rechten Uhr besser zu erkennen sind) und einem Funkwellenempfänger, der für die Synchronisierung mit hochpräzisen Atomuhren sorgt. Die Programme, die diese Computer steuern, sind größtenteils in beiden Uhren gleich.

1.5.2 Schifffahrt

Die Fotos aus ▶ Abbildung 1.2 zeigen einen großen Schiffsdieselmotor und ein möglicherweise davon angetriebenes Riesenschiff.

Abbildung 1.2: Schiffsdieselmotor und davon angetriebenes Containerschiff

Überlegen wir, wo hier Computer und Programme eine wichtige Rolle spielen:

- *Design*: Natürlich wurden das Schiff und der Motor mithilfe von Computern entworfen. Die Liste der Einsatzbereiche ist schier endlos und reicht von den technischen Konstruktionszeichnungen bis zu den allgemeinen Berechnungen, der Visualisierung der Schiffsräume und Bauteile sowie der Simulierung der Leistung der einzelnen Bauteile.

- *Konstruktion*: Moderne Werften sind stark computerisiert. Die Montage eines Schiffs wird mithilfe von Computern zunächst sorgfältig geplant und dann mit Computerunterstützung durchgeführt. Das Schweißen erledigen Roboter. Vor allem die modernen doppelwandigen Tanker könnten ohne die kleinen Schweißroboter nicht gebaut werden, da nur diese die Schweißarbeiten in den kleinen Zwischenräumen zwischen den Doppelwänden ausführen können. Für einen Menschen wäre dort gar kein Platz. Das Schneiden der Stahlplatten für Schiffe war einer der ersten Bereiche für CAD/CAM-Anwendungen (Computer-Aided Design/Computer-Aided Manufacture).

- *Der Motor*: Der Motor verfügt über eine elektronische Benzineinspritzung und wird von mehreren Dutzend Computern gesteuert. Für einen 100.000-PS-Motor (wie auf dem Foto) ist das eine nicht gerade triviale Aufgabe. So müssen die Computer zum Beispiel ständig das Luft-/Kraftstoffgemisch anpassen, damit die Umweltverschmutzung, die ein schlecht eingestellter Motor verursachen würde, auf ein Minimum reduziert wird. Viele der Pumpen, die mit dem Motor (und anderen Teilen des Schiffs) verbunden sind, sind ebenfalls computerisiert.

- *Management*: Schiffe fahren dorthin, wo sie Fracht aufnehmen oder löschen können. Die zeitliche Einsatzplanung für größere Schiffsflotten ist ein kontinuierlicher Prozess (natürlich computerisiert), bei dem die Routen je nach Wetter, Angebot und Nachfrage sowie Raum- und Ladekapazität der Häfen festgelegt werden. Es gibt sogar Websites, auf denen Sie die Position von größeren Handelsschiffen zu jeder Zeit verfolgen können. Bei dem Schiff auf dem Foto handelt es sich um das derzeit weltgrößte Containerschiff (mit 397 m Länge und 56 m Breite). Aber das Management anderer großer moderner Schiffe dürfte nicht anders aussehen.

- *Überwachung*: Ein Seeschiff ist größtenteils autonom, d.h., die Crew kann mit den meisten Eventualitäten fertig werden, bevor das Schiff den nächsten Hafen erreicht. Gleichzeitig ist die Crew Teil eines weltweiten Netzwerks. Die Crew hat Zugriff auf relativ genaue Wettervorhersagen (von und über – computerisierte – Satelliten). Sie verfügt über GPS (globales Positionierungssystem) und computergesteuerten und -verstärkten Radar. Wenn die Crew eine Ruhepause benötigt, können die meisten Systeme (einschließlich Motor, Radar usw.) von einem Kontrollraum der Schiffslinie (via Satellit) überwacht werden. Wird etwas Ungewöhnliches festgestellt oder die Verbindung „nach Hause" unterbrochen, wird die Crew benachrichtigt.

Stellen Sie sich einmal vor, welche Konsequenzen es hätte, wenn auch nur einer der hier erwähnten oder stillschweigend vorausgesetzten Hunderten von Computern ausfallen würde. Kapitel 25 („Programmierung eingebetteter Systeme") untersucht dies etwas ausführlicher. Code für ein modernes Schiff zu schreiben ist eine interessante Tätigkeit, die viel Fachwissen erfordert. Und nützlich ist sie auch, da sie die Kosten für Schiffstransporte weiterhin erstaunlich niedrig hält. Andernfalls könnten Sie Dinge, die nicht vor Ort hergestellt wurden, nicht so günstig kaufen. Der Überseetransport war schon immer billiger als der Transport über Land, und dieser Tage ist das auch auf den starken Einsatz von Computern zurückzuführen.

1.5.3 Telekommunikation

Die Fotos aus ▶ Abbildung 1.3 zeigen eine Vermittlungsstelle und ein Telefon (inklusive Kamera, MP3-Player, UKW-Radio und Webbrowser).

Abbildung 1.3: Eine Telefonvermittlungsstelle und ein Telefon

Wo kommen Computer und Programme hier zum Einsatz? Sie greifen sich ein Telefon, wählen und sprechen, nachdem sich die angerufene Person gemeldet hat. Vielleicht sprechen Sie auf einen Anrufbeantworter oder Sie schicken eine SMS oder ein Foto, das Sie mit der integrierten Kamera aufgenommen haben (d.h., Sie drücken einfach auf „Senden" und überlassen dem Telefon das Wählen). Offensichtlich ist das Telefon ein Computer. Das wird besonders deutlich, wenn das Telefon (wie es bei den meisten Handys der Fall ist) ein Display besitzt und neben den traditionellen „einfachen Telefondiensten" weitere Funktionen wie das Browsen im World Wide Web anbietet. Eigentlich enthalten diese Telefone in der Regel mehrere Computer: einen für die Verwaltung des Displays, einen für die Kommunikation mit dem Telefonsystem und vielleicht noch einige weitere.

Der Teil des Telefons, der für die Verwaltung des Displays, das Web-Browsing und die anderen Funktionen zuständig ist, dürfte dem Computerbenutzer wohl am vertrautesten sein: Über eine grafische Benutzerschnittstelle gelangt er zu „den gewohnten Diensten". Was die meisten Benutzer nicht wissen und auch nicht vermuten, ist, dass es ein riesiges System gibt, zu dem das kleine Telefon spricht, während es seine Aufgabe erledigt. Ich rufe Sie auf Ihrer Nummer in Frankfurt an und, obwohl Sie in New York auf Urlaub sind, klingelt innerhalb von Sekunden Ihr Telefon und ich höre Ihr „Hallo" über dem Lärm des Straßenverkehrs. Viele Telefone beherrschen diese Technik für zwei fast beliebige Orte auf der Erde und für uns ist das alles selbstverständlich. Wie hat mein Telefon Ihres gefunden? Wie wird der Ton übertragen? Wie wird der Ton in Datenpakete codiert? Die Antwort würde Bücher füllen, die viel dicker wären als dieses hier. So viel sei jedoch gesagt, dass dazu eine Kombination aus Hard- und Software auf Hunderten von Computern erforderlich ist, die über die betreffenden geografischen Bereiche verstreut sind. Wenn Sie Pech haben, kommen Telekommunikationssatelliten (ebenfalls computerisierte Systeme) zum Einsatz – „Pech" insofern, als wir den 30.000 km langen Umweg über den Weltraum nicht perfekt kompensieren können. Die Lichtgeschwindigkeit (und damit die Geschwindigkeit Ihrer Stimme) ist endlich (Glasfaserkabel sind viel besser: kürzer, schneller und übertragen mehr Daten). Meistens funktioniert dies erstaunlich gut. Die meisten Telekommunikationssysteme basieren auf einem Backbone-Netz, das zu 99,9999% zuverlässig ist (das entspricht einer Ausfallszeit von 20 Minuten in 20 Jahren – d.h. 20/20*365*24*60). Die Verbindungsprobleme, mit denen wir gelegentlich kämpfen, haben ihre Ursache dagegen fast immer in der Kommunikation zwischen unserem Handy und der nächstgelegenen Vermittlungsstelle.

Software gibt es in diesem System für die verschiedensten Aufgaben: um unsere Telefone zu verbinden, unsere gesprochenen Worte in Datenpakete zu zerlegen, damit sie über Leitungen und Funkverbindungen gesendet werden können, um unsere Nachrichten weiterzuleiten, alle Arten von Fehlern zu beheben, ständig die Qualität und Zuverlässigkeit der Dienstleistungen zu überwachen und natürlich für die Rechnungsstellung. Allein um den Überblick über die physikalischen Komponenten des Systems zu behalten, ist eine umfangreiche und kluge Software erforderlich: Was kommuniziert womit? Welche Teile gehören zu einem neuen System? Wann ist eine präventive Wartung notwendig?

Das weltweite Backbone-Telekommunikationssystem, das aus weitgehend unabhängigen, aber miteinander verbundenen Systemen besteht, ist das wohl größte und komplizierteste von Menschen geschaffene Artefakt. Konkret: Wir haben es hier nicht mit einer Neuauflage der alten langweiligen Telefonie zu tun, aufgepeppt mit ein paar neuen Klingel- und Pfeifentönen. Es geht hier um die Verschmelzung der einzelnen Infrastrukturen zu einem globalen Netz, auf dem auch das Internet (Web) läuft, auf dem unsere Banken- und Handelssysteme laufen und das nebenbei noch unsere Fernsehprogramme zu den Rundfunkstationen überträgt.

Wir können unseren Ausführungen also noch ein paar weitere Fotos hinzufügen. Denn wie der Zufall es so will, greifen wir gerne auf Digitalfotografie und mit Computerunterstützung gezeichnete Karten zur Wissensveranschaulichung zurück (siehe ▶ Abbildung 1.4).

Abbildung 1.4: Parkett der amerikanischen Handelsbörse in der New Yorker Wall Street und Darstellung von Teilen des Internet-Backbones (eine vollständige Karte wäre zu unübersichtlich)

1.5.4 Medizin

Die beiden Fotos aus ▶ Abbildung 1.5 zeigen einen Computertomografen und einen OP-Saal für computergestützte Eingriffe (auch als „Roboterchirurgie" bezeichnet).

 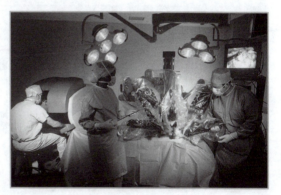

Abbildung 1.5: Computertomograf und computergestützter OP-Saal

Auch hier spielen Computer und Software eine wichtige Rolle. Die Tomografen sind im Grunde genommen Computer. Die von ihnen ausgesendeten Strahlen werden von einem Computer gesteuert und die zurückgelieferten Daten geben erst einen Sinn, nachdem sie mithilfe anspruchsvoller Algorithmen in etwas umgerechnet wurden, was wir als ein (dreidimensionales) Abbild des untersuchten Körperteils erkennen. Für die computergestützte Chirurgie müssen wir noch ein paar Schritte weitergehen. Eine breite Palette von bildgebenden Verfahren steht dem Chirurgen zur Verfügung, um in den Patienten zu schauen und die Stelle des OP-Eingriffs stark zu vergrößern oder besser auszuleuchten, als dies sonst möglich wäre. Mithilfe eines Computers kann ein Chirurg Werkzeuge einsetzen, die für die menschliche Hand zu fein wären, oder an Stellen im Körper operieren, die ohne größere zusätzliche Schnitte ansonsten nicht erreichbar wären. Ein anschauliches Beispiel hierfür ist die minimalinvasive Chirurgie (auch laparoskopische Chirurgie genannt), die den Schmerz und die Genesungszeit für Millionen von Menschen verringert hat. Der Computer kann den Chirurgen auch dabei unterstützen, die Hand ruhiger zu halten, sodass er feinere Arbeiten durchführen kann. Und schließlich kann ein Robotersystem ferngesteuert werden, d.h., ein Arzt kann einer anderen Person über das Internet zur Seite stehen. Die dabei zum Einsatz kommenden Computer und Programme sind unglaublich, äußerst komplex und sehr interessant. Allein die Benutzerschnittstellen, die Gerätesteuerung und die Herausforderungen bei den Bildverfahren werden Tausende von Wissenschaftlern, Ingenieuren und Programmierern für Jahrzehnte beschäftigen.

Wie wir gehört haben, hat kürzlich eine größere Gruppe Ärzte darüber diskutiert, welches der neuen Werkzeuge für sie bei der Arbeit am hilfreichsten ist: Der Computertomograf? Der Kernspintomograf? Die Geräte zur automatischen Blutanalyse? Das hochauflösende Ultraschallgerät? Die PDAs? Nach einigem Hin und Her stand der überraschende „Gewinner" dieses „Wettbewerbs" fest: der sofortige Zugriff auf die Patientendaten. Kenntnisse der Krankengeschichte eines Patienten (frühere Krankheiten, bereits getestete Medikamente, Allergien, Erbkrankheiten, allgemeiner Gesundheitszustand, aktuelle Medikation usw.) vereinfachen die Diagnose und verringern die Fehler.

1.5.5 EDV

Die Fotos aus ▶ Abbildung 1.6 zeigen einen – na ja, eigentlich zwei – handelsübliche PCs und mehrere Server einer Serverfarm.

Abbildung 1.6: Zwei normale PCs und eine Serverfarm

Bisher haben wir uns vor allem aus einem Grund auf „Geräte" beschränkt: Sie können Software nicht sehen, fühlen oder hören. Wir können Ihnen nicht einfach ein Foto von einem netten Programm zeigen, deshalb zeigen wir Ihnen ein „Gerät", auf dem die Software ausgeführt wird. Viele Softwareprodukte haben jedoch direkt mit Informationen zu tun. Deshalb wollen wir auch die „normalen Einsatzbereiche" von „normalen Computern" betrachten, die „normale Software" ausführen.

Eine Serverfarm besteht aus einer Gruppe von Computern, die als Server fungieren und Webdienste anbieten. Mithilfe von Google (einem Suchdienst im Internet) haben wir bei Wikipedia (einer Web-Enzyklopädie) die folgenden Daten zu der Google-Serverfarm von 2004 gefunden:

- 719 Regale
- 63.272 Rechner
- 126.544 CPUs
- 253 THz Prozessorleistung

- 126.544 GB RAM
- 5.062 TB Festplattenspeicher

Ein GB ist ein Gigabyte und entspricht ungefähr 1.000.000.000 Zeichen. Ein TB ist ein Terabyte und entspricht ungefähr 1.000 GB, d.h. ungefähr 1.000.000.000.000 Zeichen. Heutzutage sind die Farmen natürlich viel größer. Dieses Beispiel mag ziemlich extrem klingen, doch jedes größere Unternehmen führt Programme im Web aus, um mit seinen Nutzern/Kunden zu interagieren. Beispiele hierfür sind Amazon (Bücher und andere Artikel), Amadeus (Flugtickets und Autovermietung) oder Ebay (Online-Auktionen). Millionen kleiner Unternehmen, Organisationen und Einzelpersonen haben eine Präsenz im Internet. Und auch wenn die meisten davon keine eigene Software ausführen, gibt es viele, die diese Chance nutzen – und die Programme sind nicht gerade trivial.

Zu den weiteren Bereichen dieses eher traditionellen, aber massiven Computereinsatzes gehören Buchhaltung, Auftragsbearbeitung, Gehaltsabrechnung, Dokumentation, Rechnungsstellung, Bestandsmanagement, Belegschaftsdaten, Studentendaten, Patientendaten usw. – die Daten, die praktisch jede Organisation (kommerziell und nicht kommerziell, staatlich und privat) aufbewahrt. Diese Daten sind das Rückgrat ihrer jeweiligen Organisation. Was den Rechenaufwand angeht, scheint die Verarbeitung dieser Daten einfach: Meistens werden nur ein paar Informationen (Daten) gespeichert und wieder aufgerufen, ohne dass viel damit geschieht. Einige Beispiele:

- Ist mein Flug um 12:30 Uhr nach Chicago noch pünktlich?
- Hat Gilbert Sullivan schon einmal die Masern gehabt?
- Wurde die von Juan Valdez bestellte Kaffeemaschine abgeschickt?
- Welchen Küchenstuhl hat Jack Sprat 1996 gekauft?
- Wie viele Telefonanrufe wurden im August 2006 im Bereich der Vorwahl 212 geführt?
- Wie viele Kaffeekannen wurden im Januar verkauft und zu welchem Gesamtpreis?

Allein das Ausmaß der beteiligten Datenbanken macht diese Systeme hochkomplex. Dazu kommt die Forderung nach schnellen Antworten (oft in weniger als zwei Sekunden für einzelne Anfragen) und nach Korrektheit (zumindest meistens). Heutzutage sprechen die Menschen sogar schon von Terabyte-Daten (ein Byte ist der Speicherplatz, der für ein Zeichen benötigt wird). Dies wird als traditionelle „Datenverarbeitung" bezeichnet, die immer mehr mit „dem Web" verschmilzt, da der Zugriff auf die Datenbanken inzwischen meistens über Webschnittstellen erfolgt.

Diese Art des Computereinsatzes wird oft als *Informationsverarbeitung* oder *EDV* bezeichnet. Sie konzentriert sich auf Daten – oft viele Daten. Dabei liegt die Herausforderung in der Organisation und Übertragung der Daten sowie in der verständlichen Präsentation von riesigen Datenmengen: „Benutzerschnittstelle" ist ein sehr wichtiger Aspekt der Datenverarbeitung. Stellen Sie sich zum Beispiel vor, Sie würden ein älteres literarisches Werk (z.B. Chaucers *Canterbury Tales* oder Cervantes *Don Quijote*) analysieren, um durch Vergleichen Dutzender Versionen festzustellen, was der Autor eigentlich geschrieben hat. Dazu müssen wir die Texte nach einer Reihe von Kriterien durchsuchen, die von der mit der Analyse beauftragten Person vorgegeben werden, und die Ergebnisse so aufbereiten, dass die wichtigsten Aussagen leicht zu erkennen sind. Und da wir gerade von Textanalyse sprechen, fällt uns noch das Verlagswesen ein: Heutzutage wird so gut wie jeder Artikel, jedes Buch, Magazin, Zeitung usw. auf einem Computer erstellt. Software zu entwickeln, die dies gut unterstützt, ist für die meisten immer noch ein Problem, zu dem es keine wirklich gute Lösung gibt.

1.5.6 Eine vertikale Betrachtung

Angeblich sollen Paläontologen dazu in der Lage sein, allein anhand eines kleinen Knochenfragments einen Dinosaurier zu rekonstruieren und seinen Lebensstil und seine natürliche Umgebung zu beschreiben. Das mag zwar etwas übertrieben sein, aber die Idee, ein einfaches Artefakt oder Detail zu betrachten und sich zu überlegen, was es alles impliziert, hat etwas Bestechendes. Betrachten wir z.B. das Foto von der Marslandschaft, das von einer Kamera auf einem der Mars-Rover der NASA aufgenommen wurde (siehe ▶ Abbildung 1.7).

Abbildung 1.7: Die Marslandschaft durch die Kamera des Mars-Rovers betrachtet

Wenn Sie sich in der „Raketenforschung" betätigen wollen, empfehlen wir Ihnen, ein guter Programmierer zu werden. Die verschiedenen Raumfahrtprogramme beschäftigen eine Unmenge von Software-Designern, vor allem solche, die Ahnung von Mathematik, Physik, Elektrotechnik, Maschinenbau, Medizintechnik usw. haben, da diese Disziplinen Grundvoraussetzung für die bemannten und unbemannten Raumfahrtprogramme sind. Dass die beiden Rover seit über vier Jahren (ihre geschätzte Nutzungsdauer war drei Monate) über den Mars fahren, ist eine der größten technischen Errungenschaften unserer Zivilisation.

Das Foto wurde über einen Kommunikationskanal mit einer Zeitverzögerung von nur 25 Minuten zur Erde übertragen. Damit dieses Foto mit der minimalen Anzahl Bits übertragen werden kann, ohne dass auch nur ein Bit verloren geht, bedarf es intelligenter Programmierer mit exzellenten Mathematikkenntnissen. Auf der Erde wird das Foto dann mit Algorithmen gerendert, die die Farbe wiederherstellen und die Verzerrungen minimieren, die auf die Optik und elektronischen Sensoren zurückzuführen sind.

Gesteuert werden die Mars-Rover natürlich mittels Programmen – die Rover fahren selbstständig 24 Stunden lang und folgen dabei den Anweisungen, die ihnen am Vortag von der Erde gefunkt wurden. Die Übertragung wird ebenfalls von Programmen kontrolliert.

Die Betriebssysteme der verschiedenen Computer, die für die Rover, die Übertragung und die Fotowiederherstellung benötigt werden, sind auch wieder Programme, genauso wie die Anwendungen, mit deren Hilfe dieses Kapitel geschrieben wurde. Die Computer, auf denen diese Programme ausgeführt werden, werden mit CAD/CAM-Programmen entworfen und hergestellt. Die Speicherchips, die in diesen Computern stecken, werden auf computerisierten Fertigungsstraßen mit Präzisionswerkzeugen hergestellt, bei denen ebenfalls Computer (und Software) beim Design und bei der Herstellung zum Einsatz kommen. Die Qualitätskontrolle für diese langen Herstellungsprozesse basiert auf umfangreichen Berechnungen. All dieser Code wurde von Menschen in einer höheren Programmiersprache geschrieben und von einem Compiler (ebenfalls ein Programm) in Maschinencode überführt. Viele dieser Programme interagieren über eine Benutzerschnittstelle mit den Benutzern und tauschen über Ein- und Ausgabestreams Daten aus.

Und schließlich gibt es einen großen Programmierbedarf für die Bildverarbeitung (einschließlich der Verarbeitung der Fotos vom Mars-Rover), für Animationen und Bildbearbeitung (es gibt Versionen der Rover-Fotos im Web, die „Marsmännchen" zeigen).

1.5.7 Na und?

Was haben all diese „raffinierten und komplizierten" Anwendungen und Softwaresysteme mit dem Lernen von Programmierung und C++ zu tun? Die Antwort ist einfach, dass viele Programmierer irgendwann an Projekten wie diesen arbeiten werden. Dies sind die Ziele, auf die gute Programmierung hinarbeiten kann. Nebenbei sei bemerkt, dass alle Beispiele in diesem Kapitel auf C++ basieren und zumindest einige der in diesem Buch beschriebenen Techniken einsetzen. Das heißt, es gibt C++-Programme in MP3-Playern, in Schiffen, in Windkraftanlagen, auf dem Mars und im menschlichen Genomprojekt. Weitere Beispiele für in C++ geschriebene Anwendungen finden Sie unter *www.research.att.com/~bs/applications.html*.

1.6 Ideale für Programmierer

Was erwarten wir von unseren Programmen? Was erwarten wir allgemein – also nicht speziell von einem bestimmten Feature eines bestimmten Programms? Wir erwarten *Korrektheit* und damit einhergehend *Zuverlässigkeit*. Wenn das Programm nicht das macht, was es machen soll, und zwar so, dass wir uns darauf verlassen können, ist es im besten Falle ein Ärgernis, im schlimmsten Falle eine Gefahr. Wir wollen, dass das Programm *wohldurchdacht* ist, damit es ein gegebenes Problem gut löst. Wenn ein Programm für uns nutzlos ist, interessiert es uns nicht mehr, ob es korrekt ist; und wenn wir uns über die Arbeitsweise eines Programms ständig ärgern, stimmt es uns auch nicht milde, wenn das Programm wenigstens korrekt arbeitet. Außerdem sollte das Programm *bezahlbar* sein. Ich mag vielleicht davon träumen, meinen PKW durch einen Rolls-Royce oder einen Privatjet zu ersetzen, aber sofern ich nicht gerade Milliardär bin, werde ich bei meinen realen Entscheidungen immer auch die Kosten einbeziehen.

All dies sind Eigenschaften einer Software (Geräte, Systeme), die auch Nicht-Programmierer beurteilen können. Es sind Ideale, denen jeder Programmierer, der erfolgreiche Software produzieren möchte, ständig eingedenk sein sollte – vor allem in der Anfangsphase der Entwicklung. Außerdem müssen wir uns Ideale für den Code selbst setzen: Unser Code muss *wartbar* sein. Das heißt, die Codestruktur muss so sein, dass auch jemand, der nicht an der ersten Version mitgearbeitet hat, den Code versteht und ihn überarbeiten kann. Ein erfolgreiches Programm „überdauert" eine lange Zeit (oft Jahrzehnte) und wird immer wieder geändert. Es wird zum Beispiel auf neue Hardware portiert, es erhält neue Features, es wird geändert, um mit neuen E/A-Ausgängen (Bildschirme, Video, Ton) zu kommunizieren, um mit neuen natürlichen Sprachen zu interagieren usw. Nur schlechte Programme und Ladenhüter werden nie geändert. Damit ein Programm später mit vertretbarem Aufwand gewartet werden kann, muss es im Rahmen seiner

Anforderungen so einfach wie möglich sein und der Code muss die ausgedrückten Ideen direkt widerspiegeln. Komplexität – der Feind von Einfachheit und Wartbarkeit – kann probleminhärent sein (in diesem Fall müssen wir damit umgehen), sie kann aber auch durch schlechte Umsetzung der Ideen in Code entstehen. Dies sollten wir durch guten Codierstil vermeiden – Stil ist wichtig!

Das mag nicht sehr schwierig klingen, ist es aber. Warum? Programmieren ist im Grunde genommen ganz einfach: Teilen Sie dem Rechner einfach mit, was er tun soll. Wo also liegen die Herausforderungen bei der Programmierung? Computer sind ebenfalls im Grunde genommen ganz einfach: Sie beherrschen nur ein paar Operationen wie das Addieren von zwei Zahlen oder das Auswählen der nächsten auszuführenden Anweisung, basierend auf dem Vergleich zweier Zahlen. Doch für solch einfache Aufgaben benötigen wir keinen Computer. Und genau hier liegt das Problem: Obwohl Computer sture, mäkelige und einfältige Maschinen sind, sollen sie für uns Aufgaben erledigen, die so komplex sind, dass wir zu ihrer Bewältigung auf Hilfe angewiesen sind. Hinzu kommt, dass die Welt komplexer ist, als wir es wahrhaben wollen, sodass wir in der Regel nur schlecht beurteilen können, welche Implikationen eine von uns gestellte Aufgabe tatsächlich hat. Wir wollen nur ein Programm, das „ungefähr das macht", und mit den technischen Einzelheiten soll man uns verschonen. Auch gehen wir immer von einem „gesunden Menschenverstand" aus. Leider ist gesunder Menschenverstand nicht sehr weit unter den Menschen verbreitet und bei Computern gar nicht vorhanden (obwohl einige wirklich gut durchdachte Programme dies in bestimmten, wohlverstandenen Fällen imitieren können).

Dieser Gedankengang führt uns zu der Vorstellung, dass „Programmieren gleichbedeutend ist mit Verstehen". Wenn Sie ein Problem mit einem Programm lösen können, haben Sie das Problem verstanden. Umgekehrt lässt sich sagen, dass Sie, wenn Sie ein Problem gut verstanden haben, auch ein Programm dafür schreiben können. Mit anderen Worten, wir können Programmierung als Teil der Bemühungen sehen, ein Thema gründlich zu verstehen. Ein Programm ist demnach ein genaues Abbild Ihres Verständnisses des Problems.

Beim Programmieren verbringen Sie eine ganze Menge Zeit damit, die Aufgabe zu verstehen, die Sie mit dem Programm lösen sollen.

Wir können den Entwicklungsprozess eines Programms in vier Stufen teilen:

- *Analyse*: Wo liegt das Problem? Was möchte der Benutzer? Was benötigt der Benutzer? Was kann sich der Benutzer leisten? Wie zuverlässig muss das Programm sein?
- *Design*: Wie lösen wir das Problem? Wie sollte die Gesamtstruktur des Systems aussehen? Aus welchen Teilen besteht es? Wie kommunizieren diese Teile miteinander? Wie kommuniziert das System mit seinen Benutzern?
- *Programmierung*: Drücken Sie die Lösung zu dem Problem (das Design) in Code aus. Schreiben Sie Code, der allen Anforderungen (Zeit, Speicherplatz, Geld, Zuverlässigkeit usw.) gerecht wird. Stellen Sie sicher, dass der Code korrekt ist und leicht gewartet werden kann.
- *Testen*: Stellen Sie sicher, dass das System unter allen erforderlichen Bedingungen korrekt arbeitet, indem Sie es systematisch testen.

Programmier- und Testphase werden häufig zusammen als *Implementierungsphase* bezeichnet. Die Aufteilung der Softwareentwicklung in vier Phasen ist offensichtlich eine Vereinfachung. Dicke Bücher wurden zu jeder dieser vier Phasen geschrieben und noch mehr Bücher darüber, in welcher Beziehung sie zueinander stehen. Vor allem sollte man sich jedoch merken, dass diese Entwicklungsphasen nicht unabhängig voneinander sind und nicht unbedingt strikt sequenziell aufeinander folgen. Wir beginnen die Softwareentwicklung typischerweise mit der Analyse. Das Erreichen der Testphase muss aber keineswegs der Endpunkt sein. Feedback aus der Testphase kann uns helfen, die Programmierung zu verbessern. Wenn wir Schwierigkeiten damit haben, ein Programm zum Laufen zu bringen, kann dies auf ein Design-Problem hinweisen. Und die Arbeit am Design kann Aspekte zutage fördern, die bisher in der Analyse übersehen wurden. Ja, nicht selten zeigen sich Schwächen in der Analyse überhaupt erst bei der Inbetriebnahme des Systems.

Entscheidend hierbei ist das *Feedback*. Wir lernen aus Erfahrungen und passen unser Verhalten den neuen Erkenntnissen an. Für eine effektive Softwareentwicklung ist diese Vorgehensweise unverzichtbar. Wenn wir ein größeres Projekt beginnen, können wir anfangs unmöglich alles Wichtige über das Problem und seine Lösung wissen. Wir können in der Programmierungsphase Ideen ausprobieren und Feedback ernten, doch zu Beginn des Entwicklungszyklus kommen wir leichter (und schneller) an brauchbares Feedback, wenn wir unsere Design-Ideen schriftlich ausformulieren, sie ausprobieren und mit Freunden Anwendungsszenarien durchspielen. Das beste Design-Werkzeug, das wir kennen, ist eine einfache Tafel (oder ein Whiteboard, falls Sie den Geruch von Chemikalien dem von Kreide vorziehen). Am Design sollten Sie, sofern es sich einrichten lässt, nicht allein arbeiten! Fangen Sie mit dem Eintippen von Code erst an, nachdem Sie Ihre Ideen anderen erläutert und dadurch selbst Klarheit gewonnen haben. Diskutieren Sie die Entwürfe und Programmiertechniken mit Freunden, Kollegen, potenziellen Benutzern usw., bevor Sie sich auf die Tastatur stürzen. Es ist immer wieder erstaunlich, wie viel man lernt, indem man einfach versucht, eine Idee in Worte zu fassen. Denn schließlich ist ein Programm nichts anderes als in Code umgewandelte Ideen.

Und wenn Sie bei der Implementierung eines Programms hängen bleiben, verlassen Sie einfach mal die Tastatur. Denken Sie über das Problem an sich nach und nicht über Ihre unvollständige Lösung. Reden Sie mit jemandem: Erklären Sie, was Sie erreichen wollen und warum es nicht funktioniert. Es ist erstaunlich, wie oft wir auf eine Lösung stoßen, indem wir einfach nur irgendjemandem das Problem eingehend schildern. Auch das Debuggen (die Suche nach Programmfehlern) sollten Sie möglichst nicht allein machen!

Der Schwerpunkt dieses Buches ist die Implementierung und hierbei vor allem die Programmierung. Mit dem Lösen von Problemen beschäftigen wir uns nur insofern, als wir Ihnen viele Beispiele für Probleme und ihre Lösungen an die Hand geben. Problemlösung besteht nämlich zu einem guten Teil daraus, bekannte Probleme zu erkennen und dann mit bekannten Techniken zu lösen. Erst wenn die meisten Teilprobleme auf diese Weise beseitigt wurden, beginnt der aufregendere, kreative Teil der Arbeit. Ziel dieses Buches ist es daher, Ihnen zu zeigen, wie man Ideen klar und ohne Schnörkel in Code umsetzt.

Die direkte Umsetzung von Ideen in Code ist eines der fundamentalsten Ideale der Programmierung. Das klingt selbstverständlich, doch haben wir bisher noch keine positiven Beispiele dazu gesehen. Nun, abgesehen davon, dass wir dies nun nachholen, werden wir im Laufe dieses Buches auch noch verschiedentlich darauf zurückkommen. Wenn wir eine ganze Zahl (Integer) in unserem Code verwenden wollen, speichern wir sie in einem Objekt des Typs **int**, der die grundlegenden Operationen für ganze Zahlen unterstützt. Wenn wir eine Zeichenkette (String) benötigen, speichern wir diese in einem Objekt des Typs **string**, der die grundlegenden Operationen zur Textbearbeitung bereitstellt. Das Ideal ist, um es ganz allgemein zu formulieren, dass wir eine Idee, ein Konzept, eine Einheit, etwas, das wir uns als „Ding" vorstellen können, etwas, das wir auf unsere Tafel zeichnen können, etwas, auf das wir im Gespräch Bezug nehmen können, etwas, das in unserem (Nicht-Programmier-)Fachbuch erwähnt wird, dass dieses „Ding" in unserem Programm als eine benannte Entität (ein Typ) existiert, die uns alle die Operationen zur Verfügung stellt, die für die Arbeit mit dem Ding sinnvoll und nötig sind. Wenn wir mathematische Berechnungen durchführen möchten, benötigen wir also möglicherweise einen Typ **complex** für komplexe Zahlen und einen Typ **Matrix** für die lineare Algebra. Möchten wir Grafiken zeichnen, benötigen wir einen Typ **Shape**, einen Typ **Circle**, einen Typ **Color** und einen Typ **Dialog_box**. Wenn wir mit Datenströmen zu tun haben, beispielsweise von einem Temperaturfühler, benötigen wir den Typ **istream** („**i**" für Input). Und selbstverständlich sollte jeder Typ die zugehörigen Operatoren (und nur diese) bereitstellen. Dies sind nur einige Beispiele aus dem Buch. Daneben stellen wir Ihnen Wege und Techniken vor, wie Sie Ihre eigenen Typen erstellen können, die dann genau die Konzepte repräsentieren, die Sie in Ihrem Programm benötigen.

Programmierung ist teils Praxis, teils Theorie. Wenn Sie zu praktisch denken, werden Sie im Endeffekt nicht skalierbaren und nicht wartbaren Code produzieren. Wenn Sie zu theoretisch an die Sache herangehen, erhalten Sie für die Praxis untaugliches oder unerschwingliches Spielzeug.

In Kapitel 22 („Ideale und Geschichte") werden wir noch verschiedene andere Sichtweisen zu den Idealen der Programmierung präsentieren und Ihnen einige Leute vorstellen, die sich durch ihre Beschäftigung mit den Programmiersprachen um die Softwareerstellung besonders verdient gemacht haben.

Fragen

Der Frageteil soll Sie noch einmal auf die wichtigsten Gedanken des Kapitels hinweisen und ist eine ideale Ergänzung zu den Übungen: Die Übungen konzentrieren sich auf die praktischen Aspekte der Programmierung, während die Fragen Ihnen dabei helfen sollen, die angesprochenen Gedanken und Konzepte in eigene Worte zu fassen. Insofern sind sie guten Interviewfragen sehr ähnlich.

1. Was versteht man unter Software?
2. Warum ist Software wichtig?
3. In welchen Bereichen ist Software wichtig?
4. Was könnte passieren, wenn die Software ausfällt? Nennen Sie einige Beispiele.
5. Wo spielt Software eine wichtige Rolle? Nennen Sie einige Beispiele.
6. Welche Berufe sind mit der Softwareentwicklung verbunden? Nennen Sie einige.
7. Was ist der Unterschied zwischen Informatik und Programmierung?
8. Wo wird beim Planen, Konstruieren und Betrieb eines Schiffes Software eingesetzt?
9. Was ist eine Serverfarm?
10. Welche Art Fragen stellen Sie online? Nennen Sie einige.
11. Welche Einsatzgebiete gibt es für Software in der Wissenschaft? Nennen Sie einige.
12. Welche Einsatzgebiete gibt es für Software in der Medizin? Nennen Sie einige.
13. Welche Einsatzgebiete gibt es für Software in der Unterhaltungsindustrie? Nennen Sie einige.
14. Welche allgemeinen Eigenschaften erwarten wir von guter Software?
15. Was zeichnet einen Softwareentwickler aus?
16. Wie lauten die Phasen der Softwareentwicklung?
17. Was kann die Softwareentwicklung so schwierig machen? Nennen Sie Beispiele.
18. In welchen Bereichen macht Software das Leben für Sie leichter?
19. In welchen Bereichen macht Software das Leben für Sie schwieriger?

Computer, Menschen und Programmierung

Übungen

1 Wählen Sie eine Tätigkeit, die Sie fast täglich machen (z.B. in den Unterricht gehen, Abendbrot essen, fernsehen). Erstellen Sie eine Liste, inwiefern Computer direkt oder indirekt dabei zum Einsatz kommen.

2 Wählen Sie einen Beruf, vorzugsweise einen, der Sie interessiert oder den Sie gut kennen. Erstellen Sie eine Liste der Tätigkeiten in diesem Beruf, für die Computer benötigt werden.

3 Tauschen Sie Ihre Liste aus Übung 2 mit einem Freund, der einen anderen Beruf gewählt hat, und verbessern Sie seine Liste. Wenn Sie beide fertig sind, vergleichen Sie Ihre Ergebnisse. Denken Sie daran: Es gibt keine perfekte Lösung für eine offene Übung. Verbesserungen sind immer möglich.

4 Beschreiben Sie aus eigener Erfahrung eine Aktivität, die ohne Computer nicht möglich gewesen wäre.

5 Erstellen Sie eine Liste von Programmen (Softwareanwendungen), die Sie konkret verwendet haben. Nennen Sie nur Beispiele, in denen Sie direkt mit einen Programm interagiert haben (z.B. als Sie ein neues Lied auf dem MP3-Player gewählt haben), und keine Fälle, in denen nur vielleicht ein Computer zum Einsatz kommt (zum Beispiel das Drehen des Lenkrades im Auto).

6 Erstellen Sie eine Liste mit zehn Aktivitäten, bei denen die Menschen keine Computer einsetzen, auch nicht indirekt. Dies ist unter Umständen schwerer als Sie denken!

7 Nennen Sie fünf Aufgaben, für die heute noch keine Computer benutzt werden, aber für die Ihrer Meinung nach in Zukunft Computer zum Einsatz kommen. Schreiben Sie zu jedem Punkt einige erläuternde Sätze.

8 Erläutern Sie (in mindestens 100, aber nicht mehr als 500 Wörtern), warum Sie Programmierer werden möchten. Wenn Sie sicher sind, dass Sie kein Programmierer werden möchten, geben Sie eben hierzu eine Erklärung ab. Verwenden Sie in beiden Fällen gut durchdachte, logische Argumente.

9 Erläutern Sie (in mindestens 100, aber nicht mehr als 500 Wörtern), welche andere Rolle außer der des Programmierers Sie in der Computerindustrie spielen möchten (unabhängig davon, ob „Programmierer" Ihre erste Wahl war oder nicht).

10 Glauben Sie, dass Computer sich je zu selbstbewussten, denkenden Wesen entwickeln können, die mit dem Menschen konkurrieren? Schreiben Sie einen kleinen Absatz (mindestens 100 Wörter), die Ihre Position stützen.

11 Nennen Sie einige Eigenschaften, die bei den meisten erfolgreichen Programmierern zu finden sind. Nennen Sie dann einige Eigenschaften, die Programmierern allgemein nachgesagt werden.

12 Nennen Sie mindestens fünf Einsatzbereiche für Computerprogramme, die in diesem Kapitel erwähnt wurden, und wählen Sie den Bereich, der Ihnen am interessantesten erscheint und in dem Sie am liebsten eines Tages mitarbeiten möchten. Begründen Sie in einem kleinen Absatz (mindestens 100 Wörter) Ihre Entscheidung.

13 Wie viel Speicher ist erforderlich, um (a) diese Textseite, (b) dieses Kapitel und (c) alle Werke Shakespeares zu speichern? Gehen Sie davon aus, dass ein Byte ein Zeichen enthält, und versuchen Sie, eine Genauigkeit von 20% zu erreichen.

14 Wie viel Speicherplatz hat Ihr Computer? Ihr Arbeitsspeicher? Ihre Festplatte?

Schlüsselbegriffe

Die unter dieser Rubrik aufgeführten Begriffe bilden das Grundvokabular von C++ und der Programmierung im Allgemeinen. Wenn Sie verstehen wollen, was andere zu Programmierthemen erzählen, und selbst Ihre eigenen Ideen artikulieren wollen, sollten Sie die Bedeutung dieser Begriffe kennen.

Analyse	GUI	Programmierer
Benutzer	Ideale	Programmierung
Bezahlbarkeit	Implementierung	Software
CAD/CAM	Kommunikation	Stereotyp
Entwurf	Korrektheit	Tafel
Feedback	Kunde	Testen

> ### Ein persönlicher Hinweis
>
> Aus unserer Zivilisation ist Software nicht mehr wegzudenken. Der Bereich der Softwareentwicklung ist von beeindruckender Vielfalt und bietet unzählige Möglichkeiten für interessante, gesellschaftlich nützliche und lukrative Tätigkeiten. Wenn Sie sich entschließen, in der Softwareentwicklung tätig zu werden, tun Sie dies mit angemessener Ernsthaftigkeit und Idealismus: Schließlich wollen Sie Teil der Lösung sein und nicht noch zu den Problemen beitragen.
>
> Die Palette an Softwareprodukten, die unsere technologische Zivilisation durchdrungen haben, ist beeindruckend. Zweifelsohne sind nicht alle Softwareanwendungen gut und nützlich, doch das ist eine andere Geschichte. Hier wollten wir nur demonstrieren, wie allgegenwärtig Software ist und wie stark unser tägliches Leben von Software abhängig ist. All diese Software wurde von Menschen wie uns geschrieben. All die Wissenschaftler, Mathematiker, Ingenieure, Programmierer usw., die die hier angesprochene Software erstellt haben, waren irgendwann auch mal Anfänger – wie Sie.
>
> Damit beschließen wir das Thema und wenden uns den prosaischeren Dingen zu: dem Erlernen des technischen Rüstzeugs, das für die Programmierung erforderlich ist. Wenn Sie irgendwann zweifeln, ob das Ganze die viele harte Arbeit wert ist (die meisten nachdenklichen Menschen haben diese Phase), kehren Sie hierher zurück und lesen Sie dieses Kapitel, das Vorwort und Teile von Kapitel 0 „Hinweise an den Leser". Und wenn Sie an sich selbst und Ihren Fähigkeiten zweifeln, denken Sie immer daran, dass Millionen es geschafft haben, kompetente Programmierer, Designer, Softwareingenieure usw. zu werden. Sie können es auch.

Tipp

TEIL I

Die Grundlagen

2 Hello, World! 79

3 Objekte, Typen und Werte 93

4 Berechnungen und Anweisungen 119

5 Fehler 157

6 Ein Programm schreiben 195

7 Ein Programm fertigstellen 241

8 Technische Details: Funktionen und mehr 273

9 Technische Details: Klassen und mehr 315

Hello, World!

2.1 Programme 80
2.2 Das klassische erste Programm 81
2.3 Kompilierung 84
2.4 Linken 86
2.5 Programmierumgebungen 87

ÜBERBLICK 2

2 Hello, World!

„Programmieren lernt man, indem man Programme schreibt."

– Brian Kernighan

*I*n diesem Kapitel stellen wir Ihnen das einfachste C++-Programm vor, das etwas tut. Der Zweck dieses Programms ist es,

- Sie mit Ihrer Programmierumgebung vertraut zu machen;
- Ihnen ein erstes Gefühl dafür zu geben, wie Sie einen Computer für sich arbeiten lassen können.

Damit Sie eine Vorstellung davon bekommen, was genau ein Programm ist, zeigen wir Ihnen, wie Programmcode mithilfe eines Compilers aus einer für Menschen lesbaren Form in Maschinenbefehle übersetzt wird und wie diese Maschinenbefehle am Ende ausgeführt werden.

2.1 Programme

Damit ein Computer etwas macht, müssen Sie (oder jemand anderes) ihm genau – d.h. bis ins kleinste Detail – beschreiben, was er tun soll. Diese Beschreibung bezeichnet man auch als *Programm*, und *Programmierung* ist die Tätigkeit, solche Programme zu schreiben und zu testen.

So gesehen haben wir alle schon einmal programmiert. Denn schließlich hat jeder schon einmal in irgendeiner Form Anweisungen gegeben, z.B. „wie komme ich zum nächstgelegenen Kino", „wo befindet sich das Badezimmer im Obergeschoss" oder „wie erhitze ich eine Mahlzeit in der Mikrowelle". Der Unterschied zwischen einer solchen Beschreibung und einem Programm ist der Grad der Genauigkeit: Menschen sind in der Lage, schlechte Anweisungen durch gesunden Menschenverstand zu vervollständigen, Computer können dies nicht. So ist zum Beispiel die Aussage „rechts im Flur die Treppe hoch und dann zur Linken" eine ausreichende Beschreibung, um das Badezimmer im Obergeschoss zu finden. Wenn Sie jedoch diese einfachen Anweisungen genau betrachten, werden Sie feststellen, dass die Grammatik schluderig ist und die Anweisungen unvollständig sind. Ein Mensch versteht das Gesagte trotzdem problemlos. Angenommen, Sie sitzen am Tisch und fragen, wie Sie zum Badezimmer kommen. Dann muss man Ihnen nicht ausdrücklich sagen, dass Sie erst aufstehen müssen, um in den Flur zu gelangen, dass Sie um den Tisch herumgehen müssen (statt über ihn zu krabbeln oder unter ihm durchzukriechen) und dass Sie nicht auf die Katze treten sollen. Sie wissen, dass Sie Messer und Gabel liegen zu lassen haben oder das Licht anknipsen müssen, um die Treppe zu sehen. Auch dass Sie die Badezimmertür öffnen müssen, bevor Sie das Bad betreten, ist Ihnen wahrscheinlich klar.

Computer dagegen sind *wirklich* dumm. Ihnen muss man alles ganz genau im Detail beschreiben. Betrachten wir noch einmal die Aussage „rechts im Flur die Treppe hoch und dann zur Linken". Wo ist der Flur? Was ist ein Flur? Was bedeutet „rechts"? Welche Treppe? Wie gehe ich Treppen hoch? (Eine Stufe auf einmal? Zwei Stufen auf einmal? Das Treppengeländer hochrutschen?) Was ist zu meiner Linken? Wann ist es zu meiner Linken? Um für den Computer „Dinge" genau zu beschreiben und die von uns gewünschten Aktionen ausführen zu können, brauchen wir eine genau definierte Sprache mit einer speziellen Grammatik (die natürlichen Sprachen sind für diese Zwecke viel zu variantenreich und ihre Grammatiken nicht streng genug) und einem wohldefinierten Vokabular, mit dem die auszuführenden Aktionen klar formuliert werden können. Eine solche Sprache heißt *Programmiersprache*. C++ ist eine solche Programmiersprache, die für ein breites Spektrum von Programmieraufgaben geeignet ist.

Wenn Sie sich eher philosophisch mit Computern, Programmen und Programmierung auseinandersetzen wollen, gehen Sie zurück zu Kapitel 1. Hier wollen wir einen Blick auf den Programmcode werfen. Wir beginnen mit einem sehr einfachen Programm und schauen uns auch die Werkzeuge und Techniken an, die Sie benötigen, um das Programm zum Laufen zu bringen.

2.2   Das klassische erste Programm

Im Folgenden sehen Sie eine Version des klassischen ersten Programms. Es gibt „Hello, World!" auf Ihrem Bildschirm aus.[1]

```
// Dieses Programm gibt die Nachricht "Hello, World!" auf dem Bildschirm aus

#include "std_lib_facilities.h"

int main()      // C++-Programme beginnen mit der Ausführung der Funktion main
{
    cout << "Hello, World!\n";     // Ausgabe: "Hello, World!"
    return 0;
}
```

Betrachten Sie diesen Text als einen Satz von Anweisungen, die der Computer für uns ausführen soll, vergleichbar mit einem Rezept, das ein Koch nachkochen soll, oder einer Bauanleitung, mit der wir ein neues Spielzeug in Gang setzen. Lassen Sie uns das Programm Zeile für Zeile durchgehen, wobei wir mit der folgenden Zeile beginnen:

cout << "Hello, World!\n";   // Ausgabe: "Hello, World!"

Diese Zeile erzeugt die eigentliche Ausgabe. Sie gibt die Zeichen **Hello, World!** gefolgt von einem Zeilenumbruch auf dem Bildschirm aus, d.h., nachdem die Zeichenfolge **Hello, World!** geschrieben wurde, wird der Cursor auf den Anfang einer neuen Zeile gesetzt. Ein *Cursor* ist ein kleines blinkendes Zeichen bzw. ein kleiner blinkender Strich, der anzeigt, wo das nächste Zeichen eingetippt wird. Zeichenfolgen werden in der Programmierung oft auch als *Strings* bezeichnet.

In C++ werden String-Literale von doppelten Anführungszeichen (") eingefasst, d.h., **"Hello, World!\n"** ist ein solcher „Zeichenstrang". Das **\n** ist ein Sonderzeichen, das den Cursor in eine neue Zeile setzt. Der Name **cout** bezieht sich auf den Standardausgabestream. Zeichen, die mit dem Ausgabeoperator << „in **cout** gestellt werden", werden auf dem Bildschirm angezeigt. Die Bezeichnung **cout** wird „ssi-aut" ausgesprochen und ist eine Abkürzung für „**c**haracter **out**put stream" (zu Deutsch „Zeichenausgabestrom"). Abkürzungen wie **cout** kommen in der Programmierung recht häufig vor. Für Programmieranfänger, die das erste Mal auf sie treffen und sie sich einprägen müssen, können diese Abkürzungen ein rechtes Ärgernis sein, doch je öfter man sie verwendet, umso selbstverständlicher werden sie. Außerdem sind Abkürzungen ein ideales Mittel, um den Programmtext kurz und überschaubar zu halten.

---

[1] Die Datei *std_lib_facilities.h* muss auf Ihrem Rechner installiert werden. Wir besprechen dies später in diesem Kapitel.

Das Ende dieser Zeile

// Ausgabe: "Hello, World!"

ist ein Kommentar. Alles, was in einer Zeile nach **//** (d.h. zweimal das Zeichen **/**, auch „Slash" genannt) folgt, ist ein Kommentar. Kommentare werden vom Compiler ignoriert und sind für die Programmierer gedacht, die den Code lesen. Der hier eingefügte Kommentar soll Sie darüber informieren, was die Codezeile bewirkt.

Kommentare werden eingefügt, um einzelne Programmschritte zu beschreiben, und bieten allgemein nützliche Informationen, die nicht direkt durch Code ausgedrückt werden können. Die Person, die wahrscheinlich am meisten von den Kommentaren in Ihrem Code profitiert, sind Sie selber – wenn Sie nächste Woche oder nächstes Jahr wieder am Code arbeiten und vergessen haben, warum Sie eigentlich den Code so und nicht anders formuliert haben. Deshalb sollten Sie Ihre Programme gut dokumentieren. In §7.6.4 werden wir erläutern, was einen guten Kommentar auszeichnet.

Jedes Programm hat zwei Zielgruppen. Zum einen schreiben wir den Code natürlich für die Computer, die das Programm ausführen sollen. Andererseits verbringen wir, die Programmierer, aber auch viel Zeit damit, Code zu lesen und zu ändern. Das heißt, eine weitere Zielgruppe für unsere Programme sind die Programmierer. Code zu schreiben ist somit auch eine Form der Mensch-zu-Mensch-Kommunikation. Tatsächlich empfiehlt es sich, die menschlichen Leser sogar als Hauptzielgruppe unserer Programme zu betrachten: Wenn sie (die Leser, uns eingeschlossen) Schwierigkeiten haben, den Code zu verstehen, ist es sehr unwahrscheinlich, dass aus dem Code je ein korrektes Programm wird. Also bitte vergessen Sie nicht: Code ist zum Lesen da. Machen Sie ihn so lesbar wie möglich. Kommentare richten sich übrigens ausschließlich an die Leser; der Computer übergeht den Text in den Kommentaren.

Die erste Zeile unseres Programms ist ein typischer Kommentar, der dem menschlichen Leser einfach mitteilt, was das Programm machen soll:

// Dieses Programm gibt die Nachricht "Hello, World!" auf dem Bildschirm aus

Solche Kommentare sind nützlich, weil sie Sinn und Zweck des Programms beschreiben – während der Code nur ausdrückt, was das Programm macht. Auch können wir in einem Kommentar dem Leser meist viel besser und knapper erklären, was das Programm machen soll – besser jedenfalls als in der expliziten Codeform, die wir für den Computer aufgesetzt haben. Kommentare dieser Art stehen oft ganz am Anfang eines Programms – und wenn sie auch sonst keine Aufgabe erfüllen, so erinnern sie uns zumindest daran, was wir mit dem Programm eigentlich bezwecken wollten.

Die nächste Zeile

#include "std_lib_facilities.h"

ist eine **include**-Direktive, die den Computer anweist, die Hilfsmittel aus der Datei *std_lib_facilities.h* verfügbar zu machen (man spricht hier auch vom Einbinden, Einkopieren oder „Inkludieren"). Wir haben diese Datei geschrieben, um die Verwendung von Klassen, Funktionen und anderen Codeelementen zu vereinfachen, die von allen C++-Implementierungen (in Form der „C++-Standardbibliothek") zur Verfügung gestellt werden. Auf den genauen Inhalt dieser Datei werden wir später noch näher eingehen. Es handelt sich im Grunde um ganz gewöhnliches Standard-C++, aber die Datei enthält Feinheiten, mit denen wir Sie am Anfang noch nicht behelligen möchten.[2] In unserem Programm

---

2 Im Aufgabenteil am Ende dieses Kapitels besprechen wir, wie Sie diese Datei auf Ihrem Rechner installieren können.

binden wir *std_lib_facilities.h* ein, um die Unterstützung für die C++-Streams zur Ein- und Ausgabe verfügbar zu machen – von der wir allerdings lediglich den Standardausgabestream **cout** und den dazugehörigen Ausgabeoperator << benutzen. Die Dateien, die mit **#include** eingebunden werden, tragen in der Regel die Endung *.h* und werden *Header* oder *Headerdateien* genannt. Eine Headerdatei enthält die Definitionen von Begriffen wie **cout**, die wir in unseren Programmen verwenden.

Woher weiß der Computer, wo er mit der Ausführung eines Programms beginnen soll? Er sucht einfach nach einer Funktion namens **main** und beginnt mit der Ausführung der Anweisungen, die er dort findet. Und so lautet die Funktion **main** unseres *Hello, World!*-Programms:

```
int main()      // C++-Programme beginnen mit der Ausführung der Funktion main
{
  cout << "Hello, World!\n";    // Ausgabe: "Hello, World!"
  return 0;
}
```

Jedes C++-Programm muss als Einstiegspunkt eine Funktion namens **main** enthalten. Eine Funktion ist im Wesentlichen eine Folge von Anweisungen, die der Computer in der aufgeschriebenen Reihenfolge ausführen soll. Funktionen bestehen aus vier Teilen:

- Einem *Rückgabetyp*, hier **int** (eine Abkürzung des englischen Begriffs für ganze Zahlen: integer). Der Rückgabetyp gibt an, von welchem Typ das Ergebnis ist (falls es überhaupt eines gibt), das die Funktion demjenigen zurückliefert, der die Ausführung der Funktion angestoßen hat. Das Wort **int** ist in C++ ein reserviertes Wort (*Schlüsselwort*), was bedeutet, dass **int** nicht als Name für irgendetwas anderes verwendet werden darf (siehe §A.3.1).

- Einen *Namen*, hier **main**.

- Eine *Parameterliste*, die von Klammern eingeschlossen ist, hier () (siehe §8.2 und §8.6). In diesem Fall ist die Parameterliste leer.

- Einen *Funktionsrumpf*, der in „geschweiften Klammern" ({}) eingeschlossen ist und die Aktionen (*Anweisungen*) auflistet, die die Funktion ausführen soll.

Das kleinstmögliche C++-Programm lautet damit:

```
int main(){}
```

Dieses Programm ist allerdings ziemlich sinnlos, denn es tut wirklich gar nichts. Die **main**()-Funktion unseres *Hello, World!*-Programms hat dagegen im Rumpf zwei Anweisungen stehen:

```
cout << "Hello, World!\n";    // Ausgabe: "Hello, World!"
return 0;
```

Zuerst wird der String **Hello, World!** auf den Bildschirm geschrieben und dann der Wert **0** (Null) an denjenigen zurückgeliefert, der die Funktion aufgerufen hat. Da **main**() vom „System" aufgerufen wird, werden wir von dem Rückgabewert keinen Gebrauch machen. Auf einigen Systemen (vor allem Unix/Linux) kann anhand dieses Rückgabewertes geprüft werden, ob das Programm erfolgreich war. Eine Null (**0**), die von **main**() zurückgeliefert wird, ist der Garant, dass das Programm erfolgreich beendet wurde.

Der Teil eines C++-Programms, der eine Aktion beschreibt und weder eine **#include**- noch eine andere Präprozessor-Direktive ist (siehe §4.4 und §A.17), wird *Anweisung* genannt.

2.3 Kompilierung

C++ ist eine kompilierte Sprache. Das bedeutet, dass ein Programm, bevor es ausgeführt werden kann, zuerst aus einer für den Menschen lesbaren Form in etwas übersetzt werden muss, was ein Computer „versteht". Diese Übersetzung übernimmt ein Programm, der sogenannte *Compiler*. Was Sie lesen und schreiben, wird als *Quellcode* oder *Programmtext* bezeichnet, was der Computer ausführt, ist der *ausführbare Code*, *Objektcode* oder *Maschinencode*. Normalerweise tragen C++-Quelldateien die Endung *.cpp* (z.B. *hello_world.cpp*) oder *.h* (wie in *std_lib_facilities.h*) und Objektcodedateien die Endung *.obj* (unter Windows) oder *.o* (unter Unix). Nur von *Code* zu sprechen, ist daher doppeldeutig und kann zu Verwirrung führen. Verwenden Sie diesen Begriff also nur, wenn eindeutig ist, was damit gemeint ist. In diesem Buch verwenden wir den Begriff Code – sofern nicht ausdrücklich anders angegeben – im Sinne von „Quellcode" oder „Quellcode ohne Kommentare" (in Hinblick darauf, dass Kommentare eigentlich nur für uns Menschen gedacht sind und vom Compiler, der den Objektcode erzeugt, nicht gesehen werden).

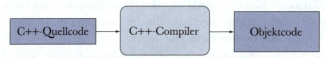

Abbildung 2.1: Die Umwandlung des C++-Quellcodes in Objektcode mittels eines Compilers

Der Compiler liest Ihren Quellcode und versucht zu verstehen, was Sie geschrieben haben. Er prüft, ob Ihr Programm grammatikalisch korrekt ist, ob jedes Wort eine definierte Bedeutung hat und ob der Code irgendwelche offensichtlichen Fehler enthält, die noch vor der Programmausführung als solche erkannt werden können. Sie werden feststellen, dass Compiler in Syntaxfragen ziemlich kleinlich sein können. Wenn Sie irgendetwas vergessen, etwa eine **#include**-Datei, ein Semikolon oder eine geschweifte Klammer, gibt der Compiler eine Fehlermeldung aus. Auch zeigt der Compiler absolut keine Toleranz bei Rechtschreibfehlern. Zur Veranschaulichung betrachten wir eine Reihe von Beispielen zu den am häufigsten vorkommenden Fehlern.

```
// keine #include-Direktive hier
int main()
{
    cout << "Hello, World!\n";
    return 0;
}
```

Wir haben es versäumt, eine Datei einzubinden, die dem Computer die Bedeutung von **cout** erklärt. Folglich beschwert sich der Computer. Wir können dies korrigieren, indem wir eine Headerdatei hinzufügen:

```
#include "std_facilities.h"
int main()
{
    cout << "Hello, World!\n";
    return 0;
}
```

Unglücklicherweise beschwert sich der Compiler erneut. Wir haben *std_lib_facilities.h* falsch geschrieben. Widerstand regt sich beim Compiler auch gegen den folgenden Code:

```
#include "std_lib_facilities.h"
int main()
{
  cout << "Hello, World!\n;
  return 0;
}
```

Hier haben wir den String nicht mit einem " abgeschlossen. Nicht viel besser ist:

```
#include "std_lib_facilities.h"
integer main()
{
  cout << "Hello, World!\n";
  return 0;
}
```

In C++ wird statt des Wortes **integer** die Abkürzung **int** verwendet. Folgenden Code mag der Compiler ebenso wenig:

```
#include "std_lib_facilities.h"
int main()
{
  cout < "Hello, World!\n";
  return 0;
}
```

Wir haben den Kleiner-als-Operator (<) statt des Ausgabeoperators (<<) verwendet. Ebenfalls abgelehnt wird der Code:

```
#include "std_lib_facilities.h"
int main()
{
  cout << 'Hello, World!\n';
  return 0;
}
```

Wir haben für den String einfache statt doppelte Anführungszeichen verwendet. Und schließlich meldet der Compiler auch bei folgendem Code einen Fehler:

```
#include "std_lib_facilities.h"
int main()
{
  cout << "Hello, World!\n"
  return 0;
}
```

Wir haben vergessen, die Ausgabeanweisung mit einem Semikolon abzuschließen. Merken Sie sich in diesem Zusammenhang am besten gleich, dass viele C++-Anweisungen mit einem Semikolon (;) beendet werden müssen. Ohne das Semikolon kann der Compiler sonst nicht erkennen, wo eine Anweisung aufhört und die nächste anfängt. Leider gibt es keine griffige, völlig korrekte und für Laien verständliche Erklärung, wann ein Semikolon zu setzen ist. Fürs Erste reicht es aber, wenn Sie einfach unserem Beispiel folgen und sich als Faustregel merken, dass nach jedem Ausdruck, der nicht mit einer schließenden geschweiften Klammer (}) endet, ein Semikolon zu setzen ist.

Warum verschwenden wir zwei volle Seiten und einen Teil Ihrer wertvollen Zeit, um Ihnen Beispiele von trivialen Fehlern in einem trivialen Programm zu zeigen? Um klarzustellen, dass Sie – wie alle Programmierer – viel Zeit damit verbringen werden, nach Fehlern in Programmen zu suchen. Die meiste Zeit betrachten und bearbeiten wir fehlerhaften Code. Wären wir davon überzeugt, dass der Code korrekt ist, würden wir normalerweise an einem anderen Code arbeiten oder uns frei nehmen. Schon die Pioniere unter den Programmierern waren ziemlich überrascht, dass sie Fehler machten und einen Großteil ihrer Zeit für die Fehlersuche aufwenden mussten. Daran hat sich bis heute nicht viel geändert.

Der Compiler hat schon so manchen Programmieranfänger zur Weißglut gebracht. Vor allem, wenn er über vermeintlich unwichtige Kleinigkeiten (wie ein fehlendes Semikolon) stolpert oder sich über Code, den Sie für „absolut richtig" halten, beschwert. Doch leider hat der Compiler in den meisten Fällen recht. Wenn er eine Fehlermeldung ausgibt und sich weigert, aus Ihrem Quellcode den Objektcode zu erzeugen, stimmt irgendetwas in Ihrem Programm nicht, d.h. das, was Sie geschrieben haben, weicht vom C++-Standard ab.

Der Compiler besitzt keinen Verstand (schließlich ist er kein Mensch), deshalb achtet er so kleinlich auf die Einhaltung syntaktischer Regeln. Gewiss wollen Sie nicht, dass jemand ohne Verstand sich anmaßt, Ihren Code zu interpretieren und etwas zu akzeptieren, dass zwar ganz „O.K." aussieht, aber nicht der C++-Definition entspricht. Täte der Compiler es doch und käme er dabei zu einer Interpretation, die sich nicht mit Ihrer Intention deckt, so wären Sie danach vermutlich ziemlich lange damit beschäftigt herauszufinden, warum das Programm nicht das macht, wofür es geschrieben wurde. Auf seine spezielle Art und Weise bewahrt uns der Compiler also vor vielen Fehlern, die auf unser Unvermögen zurückzuführen sind. Ja, er bewahrt uns vor viel mehr Fehlern, als er selber macht.

Denken Sie also immer daran: Der Compiler ist Ihr Freund; möglicherweise ist der Compiler beim Programmieren sogar ihr bester Freund.

2.4 Linken

Programme bestehen in der Regel aus mehreren Teilen, die oftmals von verschiedenen Menschen geschrieben wurden. So besteht zum Beispiel das *Hello, World!*-Programm aus dem Teil, den wir geschrieben haben, plus Teilen der C++-Standardbibliothek. Diese einzelnen Teile (manchmal auch *Übersetzungseinheiten* genannt) müssen kompiliert und die resultierenden Objektcodedateien zu einem ausführbaren Programm zusammengebunden („gelinkt") werden. Das Programm, das diese Teile „linkt", wird (kaum überraschend) *Linker* genannt.

Bitte beachten Sie, dass Objektcode und ausführbare Dateien nicht von einem System auf ein anderes portierbar sind. Wenn Sie zum Beispiel Ihren Code für einen Windows-Rechner kompilieren, erhalten Sie Objektcode für Windows, der nicht auf einem Linux-Rechner ausgeführt werden kann.

Eine *Bibliothek* ist einfach nur Code, der von anderen geschrieben wurde und auf den wir mithilfe von Deklarationen zugreifen, die wir in einer **#include**-Datei finden. Eine *Deklaration* ist eine Programmanweisung, die angibt, wie ein Codeelement verwendet werden kann. Später (§4.5.2) werden wir noch näher auf Deklarationen eingehen.

Fehler, die der Compiler findet, bezeichnen wir als *Kompilierfehler*, während Fehler, die der Linker findet, *Linkerfehler* genannt werden. Fehler, die erst gefunden werden, wenn das Programm ausgeführt wird, werden *Laufzeitfehler* oder *logische Fehler* genannt. Im Allgemeinen sind Kompilierfehler leichter zu verstehen und zu beheben als Linkerfehler. Und Linkerfehler sind meist leichter zu finden und zu beheben als Laufzeitfehler oder logische Fehler. In Kapitel 5 werden wir das Thema Fehler und Möglichkeiten zu ihrer Behebung näher beleuchten.

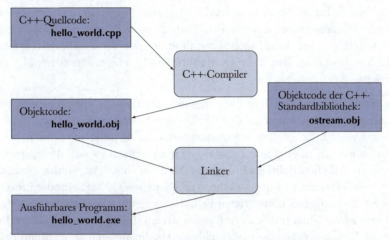

Abbildung 2.2: Die Aufgabe des Linkers ist es, mehrere Übersetzungseinheiten zu einem ausführbaren Programm zusammenzubinden

2.5 Programmierumgebungen

Zum Programmieren verwenden wir eine Programmiersprache, einen Compiler, um unseren Quellcode in Objektcode zu übersetzen, und einen Linker, um unseren Objektcode zu einem ausführbaren Programm zusammenzubinden. Des Weiteren benötigen wir ein Programm, um unseren Quellcode in den Computer einzugeben und zu bearbeiten. Dies wären zunächst einmal die wichtigsten Werkzeuge aus dem Programmierer-Werkzeugkasten – der sogenannten „Programmentwicklungsumgebung".

Wenn Sie von einem Befehlszeilenfenster (Konsole) aus arbeiten, wie es viele professionelle Programmierer tun, müssen Sie die Kompilier- und Linkbefehle selbst abschicken. Wenn Sie stattdessen eine der unter Programmierprofis ebenfalls beliebten integrierten Entwicklungsumgebungen (IDE – *Integrated Development Environment*) bevorzugen, reicht ein einfacher Klick auf den entsprechenden Schalter (siehe Anhang C).

Zu einer IDE gehören in der Regel ein spezieller Code-Editor mit verschiedenen nützlichen Funktionen (beispielsweise eine farbliche Syntaxhervorhebung, die Ihnen hilft, zwischen Kommentaren, Schlüsselwörtern und anderen Teilen Ihres Programms zu unterscheiden), sowie diverse Unterprogramme, mit denen Sie Ihren Code debuggen, kompilieren und ausführen können. Unter *Debuggen* versteht man die Suche nach Fehlern in einem Programm und deren Beseitigung. Im Verlauf des Buches werden Sie mehr hierzu erfahren.

Für die Beispiele in diesem Buch verwenden wir die Visual-C++-Entwicklungsumgebung von Microsoft. Wenn wir von „Compiler" sprechen oder uns auf Teile „der IDE" beziehen, meinen wir damit Visual C++. Sie können jedoch auch jedes andere System verwenden, das eine moderne, dem Standard entsprechende C++-Implementierung zur Verfügung stellt. Der weitaus größte Teil unserer Ausführungen gilt – mit minimalen Abweichungen – für alle C++-Implementierungen und der vorgestellte Code sollte unter allen Systemen lauffähig sein. Bei unserer täglichen Arbeit setzen wir verschiedene Implementierungen ein.

Aufgaben

Bisher haben wir über die Programmierung, den Code und die Werkzeuge (Compiler, Linker etc.) nur gesprochen. Jetzt sollen Sie ein Programm zum Laufen bringen. Damit haben Sie einen entscheidenden Punkt in diesem Buch und in Ihrer Ausbildung zum Programmierer erreicht. Ab hier beginnen Sie, praktische Fähigkeiten zu erwerben und einen guten Programmierstil zu entwickeln. Die Übungen dieses Kapitels zielen darauf ab, Sie mit Ihrer Softwareentwicklungsumgebung vertraut zu machen. Sobald Sie das *Hello, World!*-Programm erfolgreich ausgeführt haben, ist der erste große Meilenstein erreicht.

Der Aufgabenteil soll Ihnen helfen, Ihre Programmierkenntnisse zu erweitern und zu festigen und Ihnen Gelegenheit geben, Erfahrungen mit den Werkzeugen einer Programmierumgebung zu sammeln. Die Aufgaben bauen mehr oder weniger aufeinander auf, d.h., sie umfassen normalerweise eine Reihe von Änderungen an nur einem Programm, das zuerst ganz einfach ist und dann so weit „ausgebaut" wird, dass es auch als Teil eines richtigen Programms sinnvoll eingesetzt werden könnte. Während der weiter unten folgende klassische Übungsteil Ihre Vorgehensweise, Klugheit oder Erfindungsgabe herausfordert, können die Aufgaben ohne großen Erfindungsreichtum gelöst werden. Die meisten Aufgaben sollten Ihnen leicht fallen (manche sind sogar trivial), sofern Sie sich nur an die vorgegebene Reihenfolge halten. Versuchen Sie also nicht, schlauer als die anderen zu sein und Schritte zu überspringen. Am Ende wirkt sich das nur negativ auf Ihr Lerntempo aus oder bringt Sie durcheinander.

Auch wenn Sie überzeugt sind, alles zu verstehen, was Sie gelesen haben und was Ihr Mentor oder Lehrer Ihnen erzählt hat, ist es unerlässlich, dass Sie alles wiederholen und üben. Denn nur so können Sie Programmierkenntnisse erwerben. In dieser Hinsicht unterscheidet sich Programmieren in keiner Weise von anderen leistungsorientierten Hobbys wie Leichtathletik, Musik, Tanzen usw. Stellen Sie sich einmal vor, Sie würden mit anderen in diesen Bereichen wetteifern, ohne regelmäßig geübt oder trainiert zu haben. Sie wüssten, wie Sie abschneiden würden. Nur durch ständiges Üben – und für Profis heißt das, ein Leben lang üben – kann man seine praktischen Kenntnisse auf hohem Niveau halten und weiterentwickeln.

Aus diesem Grunde sollten Sie den Aufgabenteil niemals überspringen, wie stark die Versuchung auch sein mag. Die Aufgaben sind für den Lernprozess sehr wichtig. Beginnen Sie einfach mit dem ersten Schritt und fahren Sie dann fort, wobei Sie jeden Schritt testen, um sicherzustellen, dass Sie alles richtig gemacht haben.

Machen Sie sich keine Gedanken, wenn Sie die verwendete Syntax noch nicht ganz verstehen, und scheuen Sie sich nicht, die Hilfe von Lehrern und Freunden in Anspruch zu nehmen. Machen Sie einfach weiter und bemühen Sie sich, alle Aufgaben und möglichst viele der Übungen nachzuvollziehen. Mit der Zeit werden Sie schon ein Verständnis dafür entwickeln.

Ihre ersten Aufgaben sehen folgendermaßen aus:

1. Blättern Sie zu Anhang C und folgen Sie den dort beschriebenen Schritten zum Anlegen eines neuen Projekts. Legen Sie ein leeres C++-Konsolenprojekt an und nennen Sie es *hello_world*. Unter Linux können Sie zum Beispiel das Kommandozeilenwerkzeug g++ installieren, das Teil der Gnu Compiler Collection (GCC) ist. Unter Mac OS X wird g++ als Teil der Entwicklungsumgebung XCode mitgeliefert.

Aufgaben

2 Geben Sie den Code für *hello_world.cpp* genauso ein, wie er nachfolgend geschrieben steht.

```
#include "std_lib_facilities.h"
int main()     // C++-Programme beginnen mit der Ausführung von main
{
   cout << "Hello, World!\n"; // Ausgabe: "Hello, World!"
   keep_window_open();        // wartet auf die Eingabe eines Zeichens
   return 0;
}
```

Der Aufruf von keep_window_open() wird auf einigen Windows-Rechnern benötigt, um das Betriebssystem daran zu hindern, das Fenster zu schließen, bevor Sie überhaupt die Ausgabe lesen konnten. Dies ist jedoch eine Eigenheit von Windows und nicht von C++. Wir haben in *std_lib_facilities.h* die Funktion keep_window_open() definiert, um das Schreiben einfacher Textprogramme zu erleichtern. Wo finden Sie *std_lib_facilities.h*? Wenn Sie an einem Kurs teilnehmen, fragen Sie Ihren Kursleiter. Ansonsten laden Sie die Datei von unserer Support-Website herunter. Wenn Sie weder einen Kursleiter zurate ziehen können noch über einen Internetzugang verfügen, ersetzen Sie die #include-Direktive durch:

```
#include<iostream>
#include<string>
#include<vector>
#include<algorithm>
#include<cmath>
using namespace std;
inline void keep_window_open() { char ch; cin>>ch; }
```

Damit verwenden Sie die Standardbibliothek direkt und können erst einmal bis Kapitel 5 fortfahren. Später (§8.7) werden wir diese Direktiven noch im Detail besprechen.

3 Kompilieren Sie das Programm *Hello, World!* und führen Sie es aus.[3] Sehr wahrscheinlich wird irgendetwas nicht funktionieren. Dies kommt häufiger vor, wenn man das erste Mal eine neue Programmiersprache oder eine neue Programmierumgebung verwendet. Finden Sie das Problem und beheben Sie es! An dieser Stelle dürfen Sie getrost die Hilfe eines erfahreneren Programmierers hinzuziehen, aber achten Sie darauf, dass Sie alles verstanden haben, was man Ihnen zeigt, damit Sie die Fehler anschließend auch allein beheben können, bevor Sie fortfahren.

4 Inzwischen sind Sie wahrscheinlich schon auf eine Reihe von Fehlern gestoßen, die Sie korrigieren mussten. Damit sind Sie gerüstet, um sich noch besser mit dem Compiler und seinen Fehlerberichten bekannt zu machen! Inkorporieren Sie die sechs Fehler aus §2.3, um zu sehen, wie Ihre Programmierumgebung reagiert. Denken Sie sich mindestens fünf weitere Fehler aus, die Ihnen beim Eintippen des Programms hätten unterlaufen können (z.B. keep_window_open() vergessen, die Hochstelltaste beim Eintippen eines Wortes gedrückt lassen, ein Komma statt eines Semikolons setzen), und schauen Sie, was passiert, wenn Sie Ihre Version mit diesen Fehlern kompilieren und ausführen.

---

3 Unter Linux und Mac OS X geschieht dies z.B. mit **g++ hello.cpp** gefolgt von **./a.out**.

2 Hello, World!

Fragen

 Die grundlegende Idee dieser Wiederholungsfragen ist es, Ihnen die Möglichkeit zu geben abzuschätzen, ob Sie die wichtigsten Punkte des Kapitels erkannt und verstanden haben. Eventuell müssen Sie noch einmal im Kapiteltext nachschlagen, um eine Frage zu beantworten. Doch das ist normal und war zu erwarten. Vielleicht müssen Sie ganze Abschnitte nachlesen; aber auch das ist normal und nicht weiter verwunderlich. Wenn Sie jedoch das ganze Kapitel neu lesen müssen oder Probleme mit jeder Wiederholungsfrage haben, sollten Sie überlegen, ob Ihre Lernmethode effektiv ist. Vielleicht lesen Sie zu schnell? Vielleicht sollten Sie zwischendrin eine Pause einlegen und sich noch einmal die eine oder andere der „Testen Sie Ihr Können"-Aufgaben vornehmen? Oder Sie studieren besser mit einem Freund zusammen, sodass Sie Fragen zu den Erläuterungen im Text direkt besprechen können.

1. Welchen Zweck hat das Programm *Hello, World!*?
2. Nennen Sie die vier Teile einer Funktion.
3. Nennen Sie eine Funktion, die in jedem C++-Programm vorhanden sein muss.
4. Wozu dient die Zeile **return 0;** in dem Programm *Hello, World!*?
5. Welche Aufgabe erfüllt der Compiler?
6. Welchen Zweck erfüllt die **#include**-Direktive?
7. Welche Bedeutung hat die Endung *.h* am Ende eines Dateinamens in C++?
8. Welche Funktion hat der Linker für Ihr Programm?
9. Was ist der Unterschied zwischen einer Quelldatei und einer Objektcodedatei?
10. Was ist eine IDE und welche Funktion hat sie?
11. Warum muss auch jemand, der alles im Buch verstanden hat, üben?

Zu den meisten Wiederholungsfragen gibt es im dazugehörigen Kapitel eine eindeutige Antwort. Dazwischen eingestreut finden Sie aber auch Fragen, die das Wissen aus zurückliegenden Kapiteln auffrischen oder sich sogar auf die Welt außerhalb dieses Buches beziehen. Wir halten das für fair und wichtig, denn um gute Software zu schreiben und sich über deren Bedeutung und Implikationen klar zu werden, bedarf es mehr, als man in einem einzigen Kapitel oder Buch vermitteln kann.

Übungen

Wir haben die Aufgaben bewusst von den Übungen getrennt. Sie sollten immer erst die Aufgaben bearbeiten, bevor Sie sich an einer Übung versuchen. Damit sparen Sie letzten Endes Zeit.

1 Ändern Sie das Programm so, dass es die folgenden zwei Zeilen ausgibt:

Hallo Programmierer!
Es geht los!

2 Setzen Sie das Gelernte in ein Programm um, das virtuelle Anweisungen auflistet, die es einem Computer ermöglichen würden, das Bad im ersten Stock zu finden (siehe §2.1). Fallen Ihnen noch weitere Schritte ein, die für einen Menschen selbstverständlich sind, aber für den Computer nicht? Nehmen Sie diese Punkte in die Liste mit auf. Das bereitet Sie schon einmal darauf vor, wie ein Computer „denkt". Doch bedenken Sie: Auch wenn für die meisten der Befehl „gehe zum Badezimmer" hinreichend genau ist, kann die Liste der notwendigen Anweisungen für jemanden, der nicht weiß, was ein Haus oder Badezimmer ist (zum Beispiel ein Steinzeitmensch, den es zufällig in Ihr Esszimmer verschlagen hat), sehr lang werden. Bitte füllen Sie nicht mehr als eine Seite. Im Interesse des Lesers können Sie eine kurze Skizze Ihres Hauses und der Raumaufteilung hinzufügen.

3 Beschreiben Sie, wie Sie von der Eingangstür Ihres Schlafsaals, Apartments, Hauses usw. zur Tür Ihres Klassenzimmers gelangen (wenn Sie keine Schule besuchen, wählen Sie ein anderes Ziel). Geben Sie Ihre Anweisungen einem Freund und lassen Sie ihn anhand Ihrer Liste den Weg finden, wobei Verbesserungsvorschläge gleich notiert werden sollten. Um der Freundschaft willen sollten Sie die Anweisungen in einem „Feldtest" erst einmal selbst nachvollziehen, bevor Sie sie an einen Freund weiterreichen.

4 Nehmen Sie ein gutes Kochbuch zur Hand. Suchen Sie nach einer Anleitung für Blaubeer-Muffins (wenn Sie in einem Land leben, in dem „Blaubeer-Muffins" eher zu den exotischen Gerichten gehören, wählen Sie ein Ihnen vertrauteres Rezept). Dabei fällt auf, dass mit ein wenig Hilfe und Anleitung die meisten Menschen der Welt leckere Blaubeer-Muffins backen können. (Das Backen von Blaubeer-Muffins erfordert keine höheren Weihen in der Kunst des Kochens und Backens.) Für den Autor gibt es jedoch in diesem Buch kaum eine Übung, die schwieriger ist als diese. Es ist erstaunlich, was man mit ein bisschen praktischer Erfahrung erreichen kann.

- Schreiben Sie die Anweisungen so um, dass jeder Handgriff in einem eigenen Absatz mit Nummer steht. Achten Sie darauf, dass Sie für jeden Schritt die jeweils benötigten Zutaten und Küchengeräte angeben. Achten Sie auch auf wichtige Details wie die erforderliche Ofentemperatur, Vorheizen des Ofens, Vorbereiten des Kuchenblechs, Art der Zeitmessung und die Notwendigkeit, die Hände zu schützen, wenn die Muffins aus dem Ofen geholt werden.
- Betrachten Sie die Anweisungen aus der Perspektive eines Kochanfängers (wenn Sie dieses Niveau bereits hinter sich gelassen haben, wenden Sie sich an einen Freund, der nicht kochen kann). Ergänzen Sie die Schritte, die der Autor des Buches (mit Sicherheit ein erfahrener Koch) ausgelassen hat, weil er sie für selbstverständlich hielt.
- Erstellen Sie ein Glossar der verwendeten Begriffe. (Was ist ein Muffin-Blech? Wozu dient das Vorheizen? Was bedeutet der Begriff „Ofen"?)
- Backen Sie jetzt ein paar Muffins und genießen Sie Ihre Ergebnisse.

5 Schreiben Sie für jeden der Begriffe aus der Rubrik Schlüsselbegriffe eine Definition. Versuchen Sie es zuerst ohne Hilfsmittel, d.h., ohne in das Kapitel zu schauen (so gut es halt eben geht), anschließend dürfen Sie in dem Kapitel nach den Definitionen suchen. Zweifelsohne werden Sie die Unterschiede zwischen Ihrem ersten Versuch und den Definitionen im Buch sehr interessant und erhellend finden. Sie können auch ein geeignetes Glossar zurate ziehen, wie *www.research.att.com/~bs/ glossary.html*. Wenn Sie Ihre Definitionen niederschreiben, bevor Sie irgendwo nachschlagen, verstärkt dies den Lerneffekt, den Sie durch das Lesen erzielt haben. Wenn Sie einen Abschnitt erneut durchlesen müssen, um eine Definition formulieren zu können, fördert dies Ihr Verständnis. Beschreiben Sie die Begriffe ruhig in eigenen Worten und so ausführlich, wie Sie es für nötig erachten. Wenn es sich anbietet, schließen Sie die Definitionen mit einem Beispiel ab. Und wenn Sie die Definitionen in einer Datei speichern, können Sie die Liste später mit den Definitionen zu den Schlüsselbegriffen aus den anderen Kapiteln ergänzen.

Schlüsselbegriffe

Die unter dieser Rubrik aufgeführten Begriffe bilden das Grundvokabular von C++ und der Programmierung im Allgemeinen. Wenn Sie verstehen wollen, was andere zu Programmierthemen erzählen, und selbst Ihre eigenen Ideen artikulieren wollen, sollten Sie die Bedeutung dieser Begriffe kennen.

//	Compiler	Kompilierfehler
<<	**cout**	Linker
Anweisung	Funktion	**main()**
Ausführbare Datei	Header	Objektcode
Ausgabe	IDE	Programm
Bibliothek	**#include**	Quellcode
C++	Kommentar	

Vielleicht möchten Sie nach und nach ein eigenes Glossar aufbauen. Dann wiederholen Sie einfach Übung 5 für alle weiteren Kapitel.

Ein persönlicher Hinweis

Warum ist das *Hello, World!*-Programm so wichtig? Sinn und Zweck dieses Beispiels ist es, Sie mit den grundlegenden Programmierwerkzeugen vertraut zu machen. Wann immer wir ein neues Werkzeug vorstellen, greifen wir auf ein extrem einfaches Beispiel wie *Hello, World!* zurück. Auf diese Weise trennen wir den Lernprozess in zwei Teile: Zuerst lernen wir anhand eines trivialen Programms die Bedienung und Arbeitsweise unserer Werkzeuge kennen. Anschließend widmen wir uns den komplizierteren Programmen, ohne von den Werkzeugen abgelenkt zu werden. Die Werkzeuge und die Sprache gleichzeitig zu lernen, ist wesentlich schwerer, als sich erst mit dem einen und dann mit dem anderen vertraut zu machen. Dieser Lernansatz, eine komplizierte Aufgabe durch Zerlegung in mehrere kleine (und besser lösbare) Teilaufgaben zu vereinfachen, ist nicht nur beim Erlernen des Programmierens hilfreich. Er kann in vielen Lebensbereichen erfolgreich eingesetzt werden, besonders dann, wenn praktische Fähigkeiten gefragt sind.

Objekte, Typen und Werte

3.1	**Eingabe**	94
3.2	**Variablen**	96
3.3	**Eingabe und Typ**	97
3.4	**Operationen und Operatoren**	99
3.5	**Zuweisung und Initialisierung**	102
	3.5.1 Ein Beispiel: Wortwiederholungen löschen	104
3.6	**Zusammengesetzte Zuweisungsoperatoren**	105
	3.6.1 Ein Beispiel: Wortwiederholungen nummerieren	106
3.7	**Namen**	107
3.8	**Typen und Objekte**	109
3.9	**Typsicherheit**	110
	3.9.1 Sichere Typumwandlungen	111
	3.9.2 Unsichere Typumwandlungen	112

3 Objekte, Typen und Werte

„Das Glück bevorzugt den, der vorbereitet ist."

– Louis Pasteur

Dieses Kapitel soll Ihnen die Grundlagen der Datenspeicherung und Datenverwendung in Programmen vermitteln. Zu diesem Zweck konzentrieren wir uns zunächst auf das Einlesen von Daten über die Tastatur. Nachdem wir die Grundbegriffe Objekt, Typ, Wert und Variable geklärt haben, führen wir die ersten Operatoren ein und zeigen Ihnen eine ganze Reihe von Beispielen für die Verwendung von Variablen der Typen **char**, **int**, **double** und **string**.

3.1 Eingabe

Das *Hello, World!*-Programm aus dem vorangehenden Kapitel schreibt lediglich einen Text auf den Bildschirm, d.h., es produziert eine Ausgabe. Es liest nichts ein und übernimmt auch keine Eingaben von seinen Benutzern. Wie langweilig! Richtige Programme produzieren in der Regel Ergebnisse, die auf unseren Eingaben basieren – anstatt bei jeder Ausführung das Gleiche zu tun.

Um etwas einzulesen, benötigen wir einen Ort, wohin wir etwas einlesen können; d.h., wir benötigen einen Platz im Computerspeicher, in dem wir das Gelesene ablegen können. Einen solchen „Ort" nennen wir Objekt. Ein *Objekt* ist ein Speicherbereich mit einem *Typ*, der angibt, welche Art Information im Speicherbereich abgelegt werden kann. Ein benanntes Objekt heißt auch *Variable*. Zum Beispiel werden Zeichenfolgen in Variablen vom Typ **string** abgelegt. („string" ist das englische Wort für „Schnur, Kette". In der Programmierung werden Zeichenfolgen daher oft auch als *Strings* bezeichnet.) Und ganze Zahlen werden in Variablen vom Typ **int** abgelegt. („int" ist eine Abkürzung für „integer" – das englische Wort für ganze Zahlen. In der Programmierung werden ganze Zahlen daher oft auch als *Integer* bezeichnet.) Stellen Sie sich ein Objekt einfach als ein „Kästchen" vor, in das Sie einen Wert vom Typ des Objekts packen.

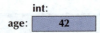

Abbildung 3.1: Ein Objekt mit Typangabe und Wert

▶ Abbildung 3.1 zeigt also ein Objekt vom Typ **int** namens *age*, das den Integer-Wert **42** enthält. Mithilfe einer **string**-Variablen können wir einen String aus der Eingabe einlesen und wie folgt wieder ausgeben:

```
// einen Vornamen einlesen und ausgeben
#include "std_lib_facilities.h"
int main()
{
  cout << "Bitte geben Sie Ihren Vornamen ein (gefolgt von 'Enter'):\n";
  string first_name;    // first_name ist eine Variable vom Typ string
  cin >> first_name;    // lies die Zeichen in first_name ein
  cout << "Hallo " << first_name << "!\n";
}
```

3.1 Eingabe

#include und **main()** kennen wir bereits aus Kapitel 2. Die **#include**-Direktive, die wir für all unsere Programme (bis Kapitel 12) benötigen, werden wir zukünftig nicht mehr extra erwähnen, um nicht vom Wesentlichen abzulenken. Außerdem werden wir fortan des Öfteren Code präsentieren, der nur funktioniert, wenn er in **main()** oder in einer anderen Funktion steht, wie zum Beispiel:

cout << "Bitte geben Sie Ihren Vornamen ein (gefolgt von 'Enter'):\n";

Wir gehen davon aus, dass Sie mittlerweile wissen oder zumindest ohne Schwierigkeiten selbstständig herausfinden können, wie Sie diesen Code zum Testen in ein komplettes Programm einbauen.

Die erste Zeile von **main()** gibt einfach einen Text aus, der den Benutzer auffordert, seinen Vornamen einzugeben. So ein Text wird normalerweise als *Eingabeaufforderung* bezeichnet, weil er den Benutzer zu einer Aktion anhält. Die nächsten drei Zeilen definieren eine Variable vom Typ **string** namens **first_name**, lesen die Eingabe von der Tastatur in diese Variable ein und geben dann einen Gruß auf dem Bildschirm aus. Wir wollen diese drei Zeilen der Reihe nach betrachten:

string first_name;   // first_name ist eine Variable vom Typ string

Mit dieser Anweisung reservieren Sie einen Speicherbereich für einen String und nennen ihn **first_name** (siehe ▶ Abbildung 3.2).

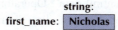

Abbildung 3.2: Eine String-Variable namens **first_name**

Eine Anweisung, die einen neuen Namen in einem Programm einführt und Speicher für eine Variable reserviert, wird auch *Definition* genannt.

Die nächste Zeile liest Zeichen von der Eingabe (hier die Tastatur) in diese Variable:

cin >> first_name;   // lies die Zeichen in first_name

Die Bezeichnung **cin** (ausgesprochen „ssi-in" für „character **in**put", Zeicheneingabe) bezieht sich auf den Standardeingabestream, der in der Standardbibliothek definiert ist. Der zweite Operand des >>-Operators gibt an, wo die Eingabe abgelegt werden soll. Wenn wir zum Beispiel als Vornamen „Nicholas" gefolgt von einem Zeilenumbruch angeben, wird der String **"Nicholas"** zum Wert von **first_name** (siehe ▶ Abbildung 3.3).

Abbildung 3.3: Eine String-Variable namens **first_name** mit dem Wert **Nicholas**

Der Zeilenumbruch, d.h. das Drücken der ⏎-Taste, ist nötig, um den Rechner aktiv werden zu lassen. Bis zur Eingabe des Zeilenumbruchs sammelt der Rechner einfach nur Zeichen. Diese „Verzögerung" gibt Ihnen die Möglichkeit, Ihre Meinung zu ändern, Zeichen zu löschen oder durch andere zu ersetzen, bevor Sie die ⏎-Taste drücken. Der Zeilenumbruch ist nicht Teil des Strings, den Sie im Speicher ablegen.

Nachdem wir den Eingabestring in **first_name** gespeichert haben, können wir ihn verwenden:

cout << "Hallo " << first_name << "!\n";

Die Ausgabe, die diese Anweisung auf den Bildschirm schreibt, lautet „Hallo", gefolgt von „Nicholas" (dem Wert von first_name), gefolgt von einem „!" und einem Zeilenumbruch ('\n'):

Hallo Nicholas!

Wären wir Fans von Wiederholungen und zusätzlicher Tipparbeit, hätten wir auch drei getrennte Ausgabeanweisungen schreiben können:

```
cout << "Hallo ";
cout << first_name;
cout << "!\n";
```

Doch da wir grundsätzlich faul sind und vor allem unnötige Wiederholungen vermeiden wollen (da Wiederholungen nur zu weiteren Fehlern einladen), haben wir diese drei Ausgabeoperationen zu einer Anweisung zusammengefasst.

Achten Sie darauf, dass wir um **"Hallo "** Anführungszeichen setzen, aber nicht um **first_name**. Wir verwenden Anführungszeichen, wenn wir ein *String-Literal* benötigen (d.h. eine Zeichenfolge, die der Compiler als nichts weiter als eben eine Zeichenfolge behandelt). Ohne Anführungszeichen beziehen wir uns auf den Wert von etwas mit einem Namen. Betrachten Sie hierzu:

```
cout << "first_name" << " ist " << first_name;
```

In diesem Beispiel liefert uns **"first_name"** die zehn Zeichen „first_name", während einfach nur **first_name** uns den Wert der Variablen **first_name** zurückliefert, in diesem Fall „Nicholas". Das Ergebnis würde lauten:

first_name ist Nicholas

3.2 Variablen

Im Grunde genommen ist die Arbeit mit einem Computer nur dann interessant, wenn wir Daten, wie den Eingabestring im vorhergehenden Beispiel, im Speicher ablegen können. Die „Orte", in denen wir Daten speichern, werden *Objekte* genannt. Um auf ein Objekt zuzugreifen, benötigen wir einen *Namen*. Ein benanntes Objekt wird als *Variable* bezeichnet und hat einen spezifischen *Typ* (wie **int** oder **string**), der festlegt, was in dem Objekt abgelegt werden kann (z.B. kann eine **int**-Variable den Wert **123** und eine **string**-Variable den Wert **"Hello, World!\n"** annehmen) und welche Operationen damit ausgeführt werden können (z.B. können wir **int**-Variablen mit dem *-Operator multiplizieren und **string**-Variablen mit dem <=-Operator vergleichen). Die Datenelemente, die wir in den Variablen ablegen, werden *Werte* genannt. Eine Anweisung, die eine Variable definiert, wird (logischerweise) *Definition* genannt. Definitionen können (und in der Regel sollten sie dies auch) einen Anfangswert vorgeben:

```
string name = "Annemarie";
int number_of_steps = 39;
```

Abbildung 3.4: Zwei Variablen nach der Definition (inklusive Anfangswert)

Sie können einer Variablen keinen Wert zuweisen, der den falschen Typ hat:

```
string name2 = 39;              // Fehler: 39 ist kein String
int number_of_steps = "Annemarie";   // Fehler: "Annemarie" ist kein Integer
```

Der Compiler merkt sich von jeder Variablen den Typ und stellt sicher, dass Sie die Variable nur gemäß ihrem definierten Typ verwenden.

C++ stellt Ihnen eine ziemlich große Auswahl an Typen zur Verfügung (siehe §A.8). In der Regel bedarf es allerdings nur fünf dieser Typen, um Programme zu schreiben, die allen Ansprüchen genügen:

```
int number_of_steps = 39;          // int für ganze Zahlen (Integer)
double flying_time = 3.5;          // double für Gleitkommazahlen¹
char decimal_point = '.';          // char für einzelne Zeichen
string name = "Annemarie";         // string für Zeichenfolgen (Strings)
bool tap_on = true;                // bool für logische Variablen
```

Die Bezeichnung **double** hat historische Gründe: **double** ist die Kurzform von „double-precision floating point". Gleitkomma ist die Approximation des Computers an das mathematische Konzept der reellen Zahlen.

Beachten Sie, dass jeder Typ seine eigene Form von Literal hat. (*Literale* sind Werte, die für sich selbst stehen – im Gegensatz zu Variablen, die für den Wert stehen, der in ihnen gespeichert ist.)

```
39              // int: ein ganze Zahl
3.5             // double: eine Gleitkommazahl
'.'             // char: ein einzelnes Zeichen in einfachen Anführungszeichen
"Annemarie"     // string: eine Folge von Zeichen in doppelten Anführungszeichen
true            // bool: entweder true oder false
```

Demzufolge repräsentiert eine Folge von Ziffern (wie **1234**, **2** oder **976**) eine ganze Zahl (Integer-Wert); ein einzelnes Zeichen in einfachen Anführungszeichen (wie **'1'**, **'@'** oder **'x'**) repräsentiert ein Zeichen, eine Folge von Ziffern mit Dezimalzeichen (wie **1.234**, **0.12** oder **.98**) repräsentiert eine Gleitkommazahl und eine Folge von Zeichen in doppelten Anführungszeichen (wie **"1234"**, **"Hoppla!"** oder **"Annemarie"**) repräsentiert einen String. Eine ausführliche Beschreibung der Literale finden Sie in §A.2.

3.3 Eingabe und Typ

Die Eingabeoperation >> („holen von") ist typbewusst, d.h., sie liest die Eingabe so, wie der Typ der Variablen, in die Sie einlesen, es verlangt. Zum Beispiel:

```cpp
// liest Name und Alter ein
int main()
{
  cout << "Bitte geben Sie Ihren Vornamen und Ihr Alter ein\n";
  string first_name;     // String-Variable
  int age;               // Integer-Variable
  cin >> first_name;     // lies einen String ein
  cin >> age;            // lies einen Integer ein
  cout << "Hallo " << first_name << " (Alter " << age << ")\n";
}
```

---

[1] C++ verwendet für Dezimalbrüche die angloamerikanische Notation, mit dem Punkt als Dezimal- und dem Komma als Tausendertrennzeichen.

Wenn Sie also „Carlos 22" eingeben, liest der >>-Operator „Carlos" in **first_name** ein und „22" in **age** und erzeugt folgende Ausgabe:

Hallo Carlos (Alter 22)

Warum wird „Carlos 22" nicht (ganz) in **first_name** eingelesen? Das liegt daran, dass per Konvention das Einlesen von Strings durch ein sogenanntes *Whitespace*-Zeichen (dazu gehören Leerzeichen, Zeilenumbruch und Tabulatorzeichen) beendet wird. Ansonsten werden Whitespace-Zeichen von >> standardmäßig ignoriert. So können Sie zum Beispiel so viele Leerzeichen vor einer einzulesenden Zahl einfügen, wie Sie wollen. Der >>-Operator wird sie alle überspringen und nur die Zahl einlesen.

Wenn Sie „22 Carlos" eingeben, werden Sie von dem Ergebnis vermutlich ziemlich überrascht sein, bis Sie etwas genauer darüber nachdenken. Die „22" wird in **first_name** eingelesen, da „22" nicht nur eine Zahl, sondern auch eine Folge von Zeichen ist. Andererseits ist „Carlos" keine ganze Zahl, sodass diese Eingabe nicht eingelesen wird. Die Ausgabe lautet „22" gefolgt von einer Zufallszahl wie „-96739" oder „0". Warum? Sie haben **age** keinen Anfangswert zugewiesen und konnten in diese Variable auch keinen Wert einlesen. Deshalb erhalten Sie einen unsinnigen Wert, der zufällig in dem Teil des Speichers stand, als Sie mit der Ausführung des Programms begannen. In §10.6 untersuchen wir Möglichkeiten, wie Sie mit „Eingabeformatfehlern" umgehen. Im Moment beschränken wir uns darauf, **age** einfach zu initialisieren, sodass wir einen vorhersagbaren Wert erhalten, falls die Eingabe fehlschlägt:

```
// liest Name und Alter ein (zweite Version)
int main()
{
  cout << "Bitte geben Sie Ihren Vornamen und Ihr Alter ein\n";
  string first_name = "???";    // String-Variable
                                // ("???" bedeutet "kenne den Namen nicht")
  int age = -1;                 // Integer-Variable (-1 bedeutet "kenne das Alter nicht")
  cin >> first_name >> age;     // lies einen String gefolgt von einem Integer ein
  cout << "Hallo " << first_name << " (Alter " << age << ")\n";
}
```

Jetzt erzeugt die Eingabe „22 Carlos" folgende Ausgabe:

Hallo 22 (Alter -1)

Beachten Sie, dass wir mehrere Werte in einer einzigen Eingabeanweisung einlesen können, so wie wir auch mehrere Werte in einer einzelnen Anweisung ausgeben können. Beachten Sie weiterhin, dass der <<-Operator wie der >>-Operator den Typ berücksichtigt. Deshalb können wir in einem Zug die **int**-Variable **age**, die **string**-Variable **first_name** und die String-Literale "Hallo ", " (Alter " und ")\n" ausgeben.

Tipp Strings, die mit >> eingelesen werden, enden (standardmäßig) beim ersten Whitespace-Zeichen, d.h., es wird nur ein einzelnes Wort gelesen. Sollen mehrere Wörter eingelesen werden, gibt es dafür verschiedene Möglichkeiten. Eine wäre zum Beispiel einen Namen, der aus zwei Worten besteht, wie folgt einzulesen:

```cpp
int main()
{
  cout << "Bitte geben Sie Ihren Vor- und Nachnamen ein\n";
  string first;
  string second;
  cin >> first >> second;       // lies zwei Strings ein
  cout << "Hallo " << first << ' ' << second << '\n';
}
```

Wir haben einfach >> zweimal benutzt, einmal für jeden Namen. Bei der Ausgabe der Namen müssen wir allerdings darauf achten, dazwischen ein Leerzeichen (das Zeichenliteral ' ') zu setzen.

> ### Testen Sie Ihr Können
>
> Versuchen Sie, das *Name und Alter*-Beispiel auszuführen. Ändern Sie das Programm anschließend so, dass es das Alter in Monaten ausgibt: Lesen Sie dazu die Eingabe in Jahren ein und multiplizieren Sie diesen Wert (mithilfe des *-Operators) mit 12. Lesen Sie das Alter in eine *double*-Variable ein, um Kindern, die stolz darauf sind, bereits fünfeinhalb (5.5) statt fünf Jahre alt zu sein, eine Freude zu machen.

3.4 Operationen und Operatoren

Der Typ einer Variablen gibt nicht nur an, welche Werte in der Variablen gespeichert werden können. Er legt auch fest, welche Operationen wir darauf anwenden können und wie diese auszuführen sind. Zum Beispiel:

```cpp
int count;
cin >> count;              // >> liest einen Integer in count ein
string name;
cin >> name;               // >> liest einen String in name ein

int c2 = count+2;          // + addiert Integer-Werte
string s2 = name + " Jr. "; // + hängt Zeichen an

int c3 = count–2;          // – subtrahiert Integer-Werte
string s3 = name – "Jr. "; // Fehler: – ist für Strings nicht definiert
```

Mit „Fehler" meinen wir, dass Programme, die versuchen, Strings zu subtrahieren, vom Compiler abgelehnt werden. Der Compiler weiß genau, welche Operationen für die jeweiligen Variablen zulässig sind, und kann deshalb viele Fehler verhindern. Allerdings weiß der Compiler nicht, welche Operationen für welche Art von Werten vernünftig sind. Vorbehaltlos akzeptiert er alle zulässigen Operationen, auch wenn Sie über die Ergebnisse nur den Kopf schütteln können, wie zum Beispiel in:

```cpp
int age = –100;
```

Ihnen mag klar sein, dass es kein negatives Alter gibt (warum eigentlich nicht?), aber niemand hat dies dem Compiler mitgeteilt, sodass er anstandslos Code für diese Definition erzeugt.

3 Objekte, Typen und Werte

▶Tabelle 3.1 listet die wichtigsten Operatoren für einige der häufiger benutzten Typen auf. (Ein leeres Feld in der Tabelle weist darauf hin, dass diese Operation für den Typ nicht zur Verfügung steht. Allerdings kann man bestimmte Operationen über Umwege doch ausführen, siehe §3.9.1.)

Tabelle 3.1

Ausgesuchte Operatoren

	bool	char	int	double	string
Zuweisung	=	=	=	=	=
Addition			+	+	
Verkettung (Konkatenation)					+
Subtraktion			-	-	
Multiplikation			*	*	
Division			/	/	
Modulo (Rest)			%		
Inkrement um 1			++	++	
Dekrement um 1			--	--	
Inkrement um n			+=n	+=n	
Anhängen					+=
Dekrement um n			-=n	-=n	
Multiplizieren und zuweisen			*=	*=	
Dividieren und zuweisen			/=	/=	
Modulo und zuweisen			%=		
Von s in x einlesen	s>>x	s>>x	s>>x	s>>x	s>>x
Von x nach s schreiben	s<<x	s<<x	s<<x	s<<x	s<<x
Gleich	==	==	==	==	==
Nicht gleich	!=	!=	!=	!=	!=
Größer als	>	>	>	>	>
Größer als oder gleich	>=	>=	>=	>=	>=
Kleiner als	<	<	<	<	<
Kleiner als oder gleich	<=	<=	<=	<=	<=

Wir werden diese Operationen und alles, was damit zusammenhängt, nach und nach erläutern. Merken Sie sich an dieser Stelle nur, dass es eine ganze Reihe von nützlichen Operatoren gibt und dass ihre Bedeutung für ähnliche Typen mehr oder weniger gleich ist.

Versuchen wir uns noch an einem Beispiel mit Gleitkommazahlen:

```
// einfaches Programm zum Ausprobieren von Operatoren
int main()
{
  cout << "Geben Sie einen Gleitkommawert ein: ";
  double n;
  cin >> n;
  cout << "n == " << n
    << "\nn+1 == " << n+1
    << "\ndreimal n == " << 3*n
    << "\nzweimal n == " << n+n
    << "\nn zum Quadrat == " << n*n
    << "\nHaelfte von n == " << n/2
    << "\nWurzel von n == " << sqrt(n)
    << endl;   // ein anderer Name für Zeilenumbruch ("end of line")
}
```

Offensichtlich unterscheiden sich die einfachen arithmetischen Operationen in Notation und Anwendung nicht von dem, was wir aus der Grundschule kennen. Natürlich gibt es nicht für alle Operationen, die wir mit einer Gleitkommazahl ausführen wollen (z.B. Quadratwurzel ziehen), einen Operator. Viele Operationen gibt es nur als benannte Funktionen. Im obigen Fall verwenden wir **sqrt()** aus der Standardbibliothek, um die Quadratwurzel von **n** zu erhalten: **sqrt(n)**[2]. Die Notation dürfte Ihnen von der Mathematik her bekannt sein, sodass wir es uns erlauben, nebenher bereits Funktionen zu verwenden – auch wenn das Konzept der Funktionen erst in §4.5 und §8.5 ausführlicher behandelt wird.

> ### Testen Sie Ihr Können
>
> Führen Sie das obige kleine Programm aus. Ändern Sie es anschließend so, dass es einen **int**-Wert anstelle eines **double**-Wertes einliest. Beachten Sie, dass **sqrt()** nicht für **int**-Werte definiert ist; weisen Sie also **n** einer **double**-Variablen zu und ziehen Sie daraus die Quadratwurzel. Führen Sie zur Übung auch einige andere Operationen aus. Beachten Sie, dass für **int**-Werte **/** eine Integer-Division ist und **%** eine Modulo-Operation; d.h., **5/2** ist **2** (und nicht **2.5** oder **3**) und **5%2** ist **1**. Die Definitionen der Integer-Operationen *****, **/** und **%** stellen sicher, dass für zwei positive **int**-Werten **a** und **b** die Aussage gilt: **a/b*b + a%b == a**.

Für Strings gibt es zwar wenige Operatoren, dafür aber eine große Anzahl an benannten Operationen (siehe Kapitel 23). Immerhin, die Operatoren, die für Strings zur Verfügung stehen, können Sie wie gewohnt bzw. erwartet verwenden. Zum Beispiel:

```
// liest Vor- und Nachnamen ein
int main()
{
  cout << "Bitte geben Sie Ihren Vor- und Nachnamen ein\n";
  string first;
  string second;
  cin >> first >> second;              // lies zwei Strings ein
  string name = first + ' ' + second;  // verkette die Strings
  cout << "Hallo " << name << '\n';
}
```

---

[2] Der Name „sqrt" steht für den englischen Ausdruck „square root", zu Deutsch Quadratwurzel.

Für Strings bedeutet + Verkettung (Konkatenation), d.h., wenn **s1** und **s2** Strings sind, dann ergibt **s1+s2** einen String, bei dem die Zeichen von **s2** auf die Zeichen von **s1** folgen. Wenn also **s1** den Wert **"Hallo"** hätte und **s2** den Wert **"Welt"**, dann hätte **s1+s2** den Wert **"HalloWelt"**. Besonders nützlich sind String-Vergleiche:

```
// liest und vergleicht Namen
int main()
{
  cout << "Geben Sie zwei Namen ein\n";
  string first;
  string second;
  cin >> first >> second;   // lies zwei Strings ein
  if (first == second) cout << "Zweimal derselbe Name\n";
  if (first < second)
    cout << first << " kommt im Engl. alphabetisch vor " << second <<'\n';
  if (first > second)
    cout << first << " kommt im Engl. alphabetisch nach " << second <<'\n';
}
```

In diesem Beispiel haben wir thematisch etwas vorgegriffen und eine **if**-Anweisung verwendet (die in §4.4.1.1 näher erläutert wird), um mithilfe von Bedingungen zu steuern, welche Anweisung ausgeführt wird.

3.5 Zuweisung und Initialisierung

Der Zuweisungsoperator, der durch das Symbol **=** repräsentiert wird, ist in vielerlei Hinsicht der interessanteste Operator. Seine Aufgabe ist es, einer Variablen einen neuen Wert zuzuweisen. Zum Beispiel:

int a = 3;   // a beginnt mit dem Wert 3

a:	3

a = 4;   // a erhält den Wert 4 ("wird zu 4")

a:	4

int b = a;   // b beginnt mit einer Kopie des Wertes von a (d.h. 4)

a:	4
b:	4

b = a+5;   // b erhält den Wert a+5 (d.h. 9)

a:	4
b:	9

a = a+7;   // a erhält den Wert a+7 (d.h. 11)

a:	11
b:	9

Die letzte Anweisung ist es wert, dass man sie näher betrachtet. Zum einen zeigt sie deutlich, dass **=** nicht „ist gleich" bedeutet, denn **a** ist nicht gleich **a+7**. Es bedeutet Zuweisung, d.h., in eine Variable wird ein neuer Wert geschrieben. Untersuchen wir, was bei der Zuweisung **a=a+7** im Einzelnen geschieht:

1 Ermittle zuerst den Wert von **a**; dies liefert den Integer-Wert 4.

2 Dann addiere zu der 4 den Wert 7; dies ergibt die ganze Zahl 11.

3 Zum Schluss schreibe die 11 in **a**.

Wir können den Zuweisungsoperator auch für Strings einsetzen:

string a = "alpha";   // a beginnt mit dem Wert "alpha"

a: | alpha |

a = "beta";   // a erhält den Wert "beta" (wird zu "beta")

a: | beta |

string b = a;   // b beginnt mit einer Kopie des Wertes von a (d.h. "beta")

a: | beta |
b: | beta |

b = a+"gamma";   // b erhält den Wert a+"gamma" (d.h. "betagamma")

a: | beta |
b: | betagamma |

a = a+"delta";   // a erhält den Wert a+"delta" (d.h. "betadelta")

a: | betadelta |
b: | betagamma |

Oben verwenden wir „beginnt mit" und „erhält", um zwei gleiche, aber logisch verschiedene Operationen zu unterscheiden:

- Initialisierung (eine Variable erhält ihren Anfangswert)
- Zuweisung (eine Variable erhält einen neuen Wert)

Diese Operationen sind so ähnlich, dass C++ uns erlaubt, hierfür die gleiche Notation (d.h. **=**) zu verwenden:

int y = 8;   // initialisiert y mit 8
x = 9;   // weist 9 der Variablen x zu

string t = "hi!"; // initialisiert t mit "hi!"
s = "Guten Tag";   // weist "Guten Tag" der Variablen s zu

Logisch gesehen, stellen Zuweisung und Initialisierung jedoch zwei unterschiedliche Operationen dar. Wenn Sie auf die Typangabe achten (wie **int** oder **string**), können Sie beide leicht auseinanderhalten: Die Initialisierung beginnt immer mit einer Typangabe, der Zuweisung fehlt sie. Eine Initialisierung trifft immer auf eine leere Variable, während bei einer Zuweisung (vom Prinzip her) der alte Wert zuerst aus der Variablen entfernt werden muss, bevor der neue Wert darin abgelegt werden kann. Stellen Sie sich eine Variable als eine Schachtel oder ein kleines Kästchen vor, in das der Wert wie ein konkreter Gegenstand (z.B. eine Münze) hineingelegt wird. Vor der Initialisierung ist das Kästchen leer, doch einmal initialisiert, liegt darin immer eine Münze. Folglich müssen Sie (d.h. der Zuweisungsoperator) immer zuerst die alte Münze herausnehmen („den alten Wert zerstören"), bevor Sie eine neue Münze hineinlegen können. Außerdem dürfen Sie das Kästchen nicht leer lassen. Dies spiegelt zwar nicht exakt die Vorgänge im Speicher des Computers wider, soll uns aber zur Veranschaulichung reichen.

3.5.1 Ein Beispiel: Wortwiederholungen löschen

Zuweisungen dienen dazu, in Objekten neue Werte abzulegen. Denkt man über diesen Satz ein wenig nach, kommt man schnell darauf, dass Zuweisungen vor allem dann benötigt werden, wenn eine bestimmte Aufgabe mehrfach zu verrichten ist, d.h., wenn wir eine Aufgabe mit einem anderen Wert wiederholen wollen. Lassen Sie uns dazu ein kleines Programm betrachten, das zwei aufeinanderfolgende identische Wörter in einer Folge von Wörtern entdeckt. Code wie dieser ist Bestandteil der meisten Grammatik-Prüfprogramme:

```
int main()
{
  string previous = " ";      // vorheriges Wort; initialisiert mit "kein Wort"
  string current;             // aktuelles Wort
  while (cin>>current) {      // lies einen Strom von Worten
    if (previous == current)  // prüfe, ob das Wort das gleiche ist wie das letzte
      cout << "Wortwiederholung: " << current << '\n';
    previous = current;
  }
}
```

Dieses Programm ist sicherlich nicht besonders hilfreich, da es nicht mitteilt, wo im Text die Wortwiederholungen auftreten, aber für unsere Zwecke soll es genügen. Gehen wir das Programm Zeile für Zeile durch:

string current;   // aktuelles Wort

Dies ist die String-Variable, in der wir mit

while (cin>>current)

gleich darauf das aktuelle (d.h. das zuletzt eingelesene) Wort ablegen. Die hier verwendete Konstruktion, eine sogenannte **while**-Anweisung, ist für sich genommen ebenfalls sehr interessant, weswegen wir in §4.4.2.1 noch einmal auf sie zurückkommen. Das **while** besagt hier, dass die Anweisung nach **(cin>>current)** so lange wiederholt wird, wie die Eingabeoperation **cin>>current** erfolgreich ausgeführt wird – und **cin>>current** wird so lange ausgeführt, wie es Zeichen von der Standardeingabe einzulesen gibt. Denken Sie daran, dass der **>>**-Operator für **string**-Variablen Wörter einliest, die durch ein Whitespace-Zeichen getrennt sind. Sie beenden diese Schleife, indem Sie dem Programm mit einem besonderen Zeichen, dem sogenannten EOF-Zeichen (EOF steht für „End-of-File"), das Ende der Eingabe signalisieren. Auf Windows-Computern drücken Sie dazu ⌐Strg⌐+⌐Z⌐ (d.h. ⌐Strg⌐-Taste und ⌐Z⌐ gemeinsam gedrückt) gefolgt von der ⌐↵⌐-Taste. Auf Unix- oder Linux-Rechnern müssen Sie ⌐Strg⌐+⌐D⌐ zusammen drücken.

Was wir also tun, ist Folgendes: Wir lesen ein Wort in die Variable **current** und vergleichen es mit dem vorherigen Wort (gespeichert in **previous**). Wenn die beiden Wörter identisch sind, melden wir dies:

if (previous == current)   // prüfe, ob das Wort das gleiche ist wie das letzte
  cout << "Wortwiederholung: " << current << '\n';

Anschließend müssen wir Vorkehrungen treffen, um diesen Schritt für das nächste Wort zu wiederholen. Dazu kopieren wir den Inhalt von **current** in **previous**:

previous = current;

Damit sind alle Fälle abgedeckt, vorausgesetzt, wir können überhaupt beginnen. Denn noch ist nicht geklärt, was dieser Code mit dem ersten Wort machen soll, für das es ja noch keinen Vergleichswert gibt. Das Problem wird durch die Definition von **previous** gelöst:

string previous = " "; // vorheriges Wort; initialisiert mit "kein Wort"

Die Anführungszeichen " " enthalten nur ein einziges Zeichen, das Leerzeichen (das wir erhalten, wenn wir die Leertaste auf unserer Tastatur anschlagen). Da der Eingabeoperator >> Whitespace-Zeichen überspringt, können wir diese Zeichen unmöglich aus der Eingabe einlesen. Wenn wir also das erste Mal die **while**-Anweisung durchlaufen, schlägt der Test

if (previous == current)

fehl (wie es unsere Absicht war).

> **Testen Sie Ihr Können**
>
> Führen Sie das Programm auf einem Blatt Papier aus. Verwenden Sie als Eingabe den Satz „Die Katze Katze sprang". Sogar erfahrene Programmierer verwenden diese Technik, um sich darüber klar zu werden, was kleinere Codefragmente, deren Bedeutung nicht offensichtlich ist, eigentlich tun.

Eine Möglichkeit, den Programmfluss zu verstehen, besteht darin, „Computer zu spielen", d.h., dem Programm Zeile für Zeile zu folgen und genau das zu machen, was der Code angibt. Zeichnen Sie dazu Kästchen auf ein Blatt Papier und tragen Sie in diese die Variablenwerte ein. Ändern Sie dann die Werte wie vom Programmcode angegeben. `Tipp`

> **Testen Sie Ihr Können**
>
> Führen Sie das Programm zur Erkennung von Wortwiederholungen aus. Testen Sie es mit dem Satz: „Sie sie lachte Er Er Er weil was er sah sah nicht sehr sehr gut gut aus". Wie viele Wortwiederholungen sind in diesem Satz enthalten? Warum? Wie lautet hierbei die Definition von *Wort*? Wie lautet die Definition von *Wortwiederholung*? (Ist zum Beispiel „Sie sie" eine Wortwiederholung?)

3.6 Zusammengesetzte Zuweisungsoperatoren

Eine Variable um einen bestimmten Wert zu erhöhen (zum Beispiel mit 1 addieren), ist eine so häufige Operation in Programmen, dass C++ dafür eine spezielle Syntax anbietet. Zum Beispiel ist

++counter

gleichbedeutend mit

counter = counter + 1

Es gibt viele weitere, häufig verwendete Arten und Weisen, den Wert einer Variablen auf der Basis ihres aktuellen Werts zu ändern. Wir könnten beispielsweise 7 addieren, 9 subtrahieren oder mit 2 multiplizieren. Auch diese Operationen werden direkt von C++ unterstützt:

```
a += 7;   // gleichbedeutend mit a = a+7
b -= 9;   // gleichbedeutend mit b = b–9
c *= 2;   // gleichbedeutend mit c = c*2
```

Im Allgemeinen gilt für jeden binären Operator **oper**, dass **a oper= b** gleichbedeutend ist mit **a = a oper b** (siehe §A.5). Für den Anfang erhalten wir durch diese Regel zusätzlich die Operatoren **+=, -=, *=, /= und %=**. Damit steht uns eine angenehm kompakte Notation zur Verfügung, die unsere Vorstellungen ohne Umschweife wiedergibt. Manchmal schlägt sich dies auch im Sprachgebrauch nieder: Zum Beispiel werden die Operationen ***=** und **/=** in vielen Anwendungsbereichen als „Skalierung" tituliert.

3.6.1   Ein Beispiel: Wortwiederholungen nummerieren

Betrachten wir noch einmal das obige Beispiel, das nebeneinanderliegende Wortwiederholungen erkennt. Wir könnten es verbessern, indem wir angeben, wo die Wortwiederholung in der Reihenfolge aufgetaucht ist. Eine einfache Variation des Programms zählt die Wörter und gibt die Position der Wortwiederholung aus:

```
int main()
{
  int number_of_words = 0;
  string previous = " ";      // kein Wort
  string current;
  while (cin>>current) {
    ++number_of_words;    // erhöht die Wortzählung
    if (previous == current)
      cout << "Wort Nummer " << number_of_words
        << " ist eine Wiederholung: "<< current << '\n';
    previous = current;
  }
}
```

Wir beginnen unseren Wortzähler mit 0. Jedes Mal, wenn wir auf ein neues Wort treffen, inkrementieren wir den Zähler:

++number_of_words;

Auf diese Weise erhält das erste Wort die Nummer 1, das nächste die Nummer 2 und so weiter. Das Gleiche hätten wir durch folgenden Code erreicht:

number_of_words += 1;

oder sogar mit:

number_of_words = number_of_words+1;

aber **++number_of_words** ist kürzer und drückt die Vorstellung der Inkrementierung direkt aus.

Auffällig ist, wie ähnlich dieser Code dem Programm aus §3.5.1 ist. Offenbar haben wir einfach das Programm von §3.5.1 genommen und für unsere Zwecke etwas abgeändert. Diese Technik ist sehr verbreitet. Wenn wir vor einem Problem stehen, suchen wir erst einmal nach einem ähnlichen Problem samt Lösung, die wir dann an unsere Bedürfnisse anpassen. Fangen Sie nur dann ganz von vorn an, wenn es absolut notwendig ist. Das Heranziehen einer bereits vorhandenen Programmversion als Ausgangsbasis für die eigenen Änderungen spart in der Regel eine Menge Zeit und man profitiert beträchtlich von den Anstrengungen, die in das ursprüngliche Programm geflossen sind.

3.7 Namen

Wir geben unseren Variablen Namen, damit wir sie uns merken und aus anderen Teilen eines Programms darauf Bezug nehmen können. Wie sieht so ein Name in C++ aus? Ein Name in einem C++-Programm beginnt mit einem Buchstaben und enthält nur Buchstaben, Ziffern und Unterstriche. Zum Beispiel:

```
x
number_of_elements
Fourier_transform
z2
Polygon
```

Die folgenden Beispiele sind keine Namen:

```
2x              // ein Name muss mit einem Buchstaben beginnen
time$to$market  // $ ist weder Buchstabe noch Unterstrich noch Ziffer
Start menu      // ein Leerzeichen ist weder Buchstabe noch Unterstrich noch Ziffer
```

Mit „keine Namen" meinen wir, dass ein C++-Compiler diese Namen nicht als Namen akzeptiert.

Wenn Sie Systemcode oder maschinenerzeugten Code lesen, stoßen Sie unter Umständen auf Namen, die mit Unterstrichen beginnen, wie _foo. Diese Schreibweise sollten Sie unbedingt vermeiden, denn diese Namen sind für Implementierungs- und Systementitäten reserviert. Indem Sie führende Unterstriche vermeiden, laufen Sie auch nie Gefahr, dass Ihre Namen mit Namen kollidieren, die von der Implementierung erzeugt wurden.

Der C++-Compiler berücksichtigt die Klein- und Großschreibung; das heißt, Groß- und Kleinbuchstaben werden unterschieden, sodass z.B. x und X unterschiedliche Namen sind. Das folgende kleine Programm weist mindestens vier Fehler auf:

```
#include "std_lib_facilities.h"

int Main()
{
    STRING s = "Goodbye, cruel world! ";
    cOut << S << '\n';
}
```

Grundsätzlich ist davon abzuraten, Namen zu definieren, die sich nur in der Groß- und Kleinschreibung eines Zeichens unterscheiden, wie one und One. Den Compiler wird dies zwar nicht irritieren, aber höchstwahrscheinlich den Programmierer.

3 Objekte, Typen und Werte

> ### Testen Sie Ihr Können
>
> Kompilieren Sie das *Goodbye, cruel world*-Programm und untersuchen Sie die Fehlermeldungen. Hat der Compiler alle Fehler gefunden? Wo lagen seiner Meinung nach die Probleme? Hat irgendetwas den Compiler verwirrt, sodass er mehr als vier Fehler gefunden hat? Entfernen Sie die Fehler einen nach dem anderen, wobei Sie mit dem ersten beginnen und jedes Mal neu kompilieren. Beobachten Sie, wie sich die Fehlermeldungen ändern (und weniger werden).

 Die Sprache C++ reserviert viele Bezeichner (über 70) als „Schlüsselwörter". Eine Liste dieser Wörter finden Sie in §A.3.1. Diese Bezeichner dürfen nicht als Namen von Variablen, Typen, Funktionen usw. verwendet werden. Zum Beispiel:

int if = 7;   // Fehler: "if" ist ein Schlüsselwort

Die Namen von Elementen der Standardbibliothek, wie **string**, können Sie verwenden, sollten aber davon Abstand nehmen. Die Wiederverwendung eines solch häufig verwendeten Bezeichners wird nur unnötig Ärger bereiten, wenn Sie jemals die Standardbibliothek verwenden wollen:

int string = 7;   // wird später Probleme bereiten

[Tipp] Wählen Sie für Ihre Variablen, Funktionen, Typen usw. aussagekräftige Namen, d.h. solche, die es anderen leichter machen, Ihre Programme zu verstehen. Sogar Sie selbst werden eines Tages Mühe haben nachzuvollziehen, was Ihre Programme eigentlich tun sollen, wenn Sie sie mit Variablen übersäen, deren Namen vor allem leicht einzutippen sind, wie **x1**, **x2**, **s3** und **p7**. Abkürzungen und Akronyme können zu Verwechslungen führen und sollten deshalb nur sparsam verwendet werden. Die folgenden Akronyme erschienen *uns* logisch, als wir sie in unseren Programmen verwendeten, aber *Sie* werden vermutlich mit einigen von ihnen Schwierigkeiten haben – und in einigen Monaten dürften sogar wir selbst mit ihnen Schwierigkeiten haben.

mtbf
TLA
myw
NBV

Kurze Bezeichnungen wie **x** und **i** sind aussagekräftig, wenn sie wie allgemein üblich verwendet werden; d.h., **x** sollte als lokale Variable oder Parameter zum Einsatz kommen (siehe §4.5 und §8.4) und **i** als Schleifenindex (siehe §4.4.2.3).

Achten Sie außerdem darauf, dass Ihre Namen nicht zu lang werden, denn damit erhöhen Sie die Fehleranfälligkeit, machen die Zeilen nur unnötig lang, sodass sie nicht auf den Bildschirm passen, und erschweren die Lesbarkeit. Die folgenden Beispiele sind mehr oder weniger akzeptabel:

partial_sum
element_count
stable_partition

Diese sind wahrscheinlich zu lang:

the_number_of_elements
remaining_free_slots_in_symbol_table

Wir persönlich verwenden Unterstriche, um die einzelnen Wörter in einem Bezeichner optisch zu trennen (beispielsweise **element_count**). Es gibt jedoch auch alternative Schreibweisen wie **elementCount** und **ElementCount**. Wir verwenden grundsätzlich keine Namen, die vollständig in Großbuchstaben geschrieben werden, wie **ALL_CAPITAL_LETTERS**, da diese Schreibweise normalerweise für Makros reserviert ist (siehe §27.8 und §A.17.2), die wir vermeiden. Typen, die wir selbst definieren (wie **Square** und **Graph**), werden von uns am Anfang großgeschrieben. In C++ und der Standardbibliothek werden keine Großbuchstaben verwendet, deshalb heißt es **int** statt **Int** und **string** statt **String**. Mit unserer Konvention wollen wir einer Verwechslung von unseren Typen mit den Standardtypen entgegenwirken.

Vermeiden Sie außerdem Namen, die zu Tippfehlern einladen, häufig falsch gelesen werden oder sonst auf irgendeine Weise Verwirrung stiften können, zum Beispiel:

Name	names	nameS
foo	f00	fl
f1	fl	fi

Vor allem die Zeichen **0**, **o**, **O**, **1**, **l**, **I** führen häufig zu solchen Fehlern.

3.8 Typen und Objekte

Das Konzept der Typen spielt in C++ und den meisten anderen Programmiersprachen eine sehr wichtige Rolle. Es lohnt daher, sich mit der Thematik und den technischen Details etwas näher zu befassen, vor allem mit den Typen der Objekte, in denen wir unsere Daten speichern. Langfristig gesehen wird Ihnen dies Zeit und so manche unnötige Verwirrung ersparen.

- Ein *Typ* definiert eine Menge von möglichen Werten und einen zugehörigen Satz von Operationen (für ein Objekt).
- Ein *Objekt* ist ein Speicherbereich, in dem ein Wert eines gegebenen Typs abgelegt wurde.
- Ein *Wert* ist eine Folge von Bits im Speicher, der entsprechend seines Typs interpretiert wird.
- Eine *Variable* ist ein benanntes Objekt.
- Eine *Deklaration* ist eine Anweisung, die ein Objekt mit einem Namen versieht.
- Eine *Definition* ist eine Deklaration, die für ein Objekt Speicher reserviert.

Praktisch können wir uns ein Objekt als ein Kästchen vorstellen, in das wir Werte eines gegebenen Typs hineinlegen. Ein **int**-Kästchen kann demnach ganze Zahlen wie **7**, **42** und **–399** aufnehmen und ein **string**-Kästchen Zeichenfolgen wie **"Interoperabilität"**, **"Tokens: !@#$%^&*"** und **"Old McDonald hat 'ne Farm"**. Bildlich können wir uns das folgendermaßen vorstellen:

```
int a = 7;                    a: | 7 |
int b = 9;                    b: | 9 |
char c = 'a';                 c: | a |
double x = 1.2;               x: |    1.2    |
string s1 = "Hello, World!";  s1:| 13 | Hello, World! |
string s2 = "1.2";            s2:| 3 | 1.2 |
```

Die Darstellung einer **string**-Variablen ist etwas komplizierter als die einer **int**-Variablen, da eine **string**-Variable sich die Anzahl der darin enthaltenen Zeichen merkt. Beachten Sie, dass eine **double**-Variable eine Zahl speichert, während eine **string**-Variable Zeichen speichert. So speichert zum Beispiel **x** die Zahl **1.2** während **s2** die drei Zeichen **'1'**, **'.'** und **'2'** speichert. Die Anführungszeichen für Zeichen und String-Literale werden nicht gespeichert.

Alle **int**-Werte sind gleich groß, d.h., der Compiler reserviert für jeden Integer-Wert einen gleich großen Speicherplatz. Auf einem normalen Heimcomputer sind das 4 Byte (32 Bit). Auch **bool**-, **char**- und **double**-Werte haben eine feste Größe. Normalerweise wird auf einem Heimcomputer ein Byte (8 Bit) für einen **bool**- oder einen **char**-Wert reserviert und 8 Byte für eine **double**-Wert. Merken Sie sich also, dass verschiedene Objekttypen unterschiedlich viel Speicherplatz belegen. Dabei fällt auf, dass ein **char**-Wert weniger Platz benötigt als ein **int**-Wert und dass ein **string**-Wert insofern von **double**, **int** und **char** abweicht, als er je nach Stringlänge unterschiedlichen Speicherbedarf hat.

Die Bedeutung der Bits im Speicher hängt vollständig davon ab, über welchen Typ wir darauf zugreifen. Stellen Sie es sich einfach so vor: Der Computerspeicher weiß nichts von unseren Typangaben, es ist einfach nur ein Speicher. Die Speicherbits erhalten erst dann eine Bedeutung, wenn wir entscheiden, wie der Speicherbereich interpretiert werden soll. Genau so verfahren wir täglich, wenn wir Zahlen verwenden. Was ist mit **12.5** gemeint? Wir wissen es nicht. Es könnten **$12.5** sein oder **12.5 cm** oder **12.5 Liter**. Erst wenn wir eine Einheit angeben, erhält die Notation **12.5** eine Bedeutung.

So kann dieselbe Folge von Bits im Speicher, die als **int**-Wert interpretiert für die Zahl **120** steht, **'x'** bedeuten, wenn man sie als **char**-Wert ansieht. Würde der Speicherbereich als **string** interpretiert, würde er überhaupt keinen Sinn ergeben und einen Laufzeitfehler auslösen, wenn wir versuchten, damit zu arbeiten. (Ein Bit ist eine Einheit im Computerspeicher, die entweder den Wert 0 oder 1 hat. Die Bedeutung der *Binärzahlen* wird in §A.2.1.1 erläutert.)

```
00000000 00000000 00000000 01111000
```

Abbildung 3.5: Die Bits des Speichers kann man grafisch als Nullen und Einsen darstellen

Die Abbildung zeigt das Bitmuster eines 32 Bit großen Speicherbereichs (ein *word*), das entweder als **int** (**120**) oder als **char** (**'x'**, wobei nur die ersten 8 Bit von rechts herangezogen werden) gelesen werden kann.

3.9 Typsicherheit

Jedes Objekt erhält bei seiner Definition einen Typ. Ein Programm – oder ein Programmabschnitt – wird als typsicher bezeichnet, wenn seine Objekte nur so verwendet werden, wie es der jeweilige Typ des Objekts vorgibt. Leider ist es auch möglich, Operationen auszuführen, die nicht typsicher sind. So wird zum Beispiel die Verwendung einer Variablen vor ihrer Initialisierung als nicht typsicher bezeichnet.

```
int main()
{
    double x;          // wir haben die Initialisierung "vergessen":
                       // der Wert von x ist nicht definiert
    double y = x;      // der Wert von y ist nicht definiert
    double z = 2.0+x;  // die Bedeutung von + und der Wert von z sind nicht definiert
}
```

C++-Implementierungen sind autorisiert, solchen Code – die Verwendung der nicht initialisierten Variablen **x** – mit einem Hardwarefehler zu quittieren. Achten Sie also darauf, Ihre Variablen immer zu initialisieren! Es gibt einige wenige – sehr wenige – Ausnahmen zu dieser Regel, beispielsweise wenn wir eine Variable sofort danach als Ziel für eine Eingabeoperation verwenden. Grundsätzlich sollten Sie sich aber angewöhnen, Ihre Variablen zu initialisieren. Das wird Ihnen eine Menge Kummer ersparen.

Absolute Typsicherheit ist das Ziel und deshalb die allgemeine Richtlinie für die Sprache. Leider kann ein C++-Compiler absolute Typsicherheit nicht garantieren. Wir können jedoch Verletzungen der Typsicherheit vermeiden, indem wir eine gute Codierpraxis mit Laufzeitprüfungen kombinieren. Ideal wäre es natürlich, nur solche Sprachfeatures zu verwenden, die der Compiler als sicher verifizieren kann: Man spricht in diesem Fall von *statischer Typsicherheit*. Leider ist dieser Ansatz zu restriktiv für die meisten interessanten Programmieraufgaben. Die naheliegende Ausweichlösung wäre, dass der Compiler implizit Code erzeugt, der zur Laufzeit die Typsicherheit prüft und etwaige Verletzungen abfängt. Da dies aber jenseits der Möglichkeiten von C++ liegt, bleibt uns nichts anderes übrig, als (typ-)unsicheren Code durch eigene Überprüfungen abzusichern. Später, wenn wir zu den Beispielen mit typunsicherem Code kommen, werden wir noch einmal auf diese spezielle Problematik hinweisen.

Das Ideal der Typsicherheit ist für die Programmierung von immenser Bedeutung. Aus diesem Grund schenken wir dem Thema bereits so früh im Buch so viel Aufmerksamkeit. Prägen Sie sich die möglichen Fallstricke ein und versuchen Sie, sie zu umgehen.

3.9.1 Sichere Typumwandlungen

In §3.4 haben wir gesehen, dass wir **char**-Werte nicht addieren und einen **int**-Wert nicht direkt mit einem **double**-Wert vergleichen können. Über Umwege ist jedoch beides in C++ möglich. Bei Bedarf kann ein **char**- in einen **int**- und einen **int**- in einen **double**-Wert umgewandelt werden. Zum Beispiel:

```
char c = 'x';
int i1 = c;
int i2 = 'x';
```

Hier erhalten **i1** und **i2** beide den Wert **120** (der dem Integer-Wert des Zeichens **'x'** in dem sehr weitverbreiteten 8-Bit-Zeichensatz ASCII entspricht). Dies ist eine einfache und sichere Möglichkeit, die numerische Darstellung eines Zeichens zu erhalten. Wir bezeichnen diese **char**-zu-**int**-Umwandlung als sicher, da keine Information verloren geht; d.h., wir können den resultierenden **int**-Wert zurück in den **char**-Wert umwandeln und erhalten den ursprünglichen Wert.

```
char c2 = i1;
cout << c << ' ' << i1 << ' ' << c2 << '\n';
```

Die Ausgabe lautet:

x 120 x

In diesem Sinne – nämlich dass ein Wert immer in den gleichen Wert oder (für **double**) zumindest in die beste Annäherung dieses Wertes umgewandelt wird – sind die folgenden Umwandlungen sicher:

bool in **char**
bool in **int**
bool in **double**
char in **int**
char in **double**
int in **double**

Die nützlichste Umwandlung ist **int** in **double**, weil es uns dadurch möglich ist, **int**- und **double**-Werte in Ausdrücken zu mischen:

```
double d1 = 2.3;
double d2 = d1+2;      // 2 wird vor der Addition in 2.0 konvertiert
if (d1 < 0)            // 0 wird vor dem Vergleich in 0.0 konvertiert
   error("d1 ist negativ");
```

Für sehr große **int**-Werte kann es bei der Umwandlung in **double** (auf einigen Computern) zu einem Verlust in der Genauigkeit der Zahlendarstellung kommen. Doch diese Fälle sind sehr selten.

3.9.2 Unsichere Typumwandlungen

Sichere Typumwandlungen sind in der Regel ein Segen für den Programmierer und vereinfachen das Programmieren. Leider erlaubt C++ auch (implizite) unsichere Typumwandlungen. Mit „unsicher" meinen wir, dass ein Wert implizit in einen Wert eines anderen Typs umgewandelt werden kann, der nicht mehr dem ursprünglichen Wert entspricht. Zum Beispiel:

```
int main()
{
   int a = 20000;
   char c = a;      // versuche, einen großen int in ein kleines char zu quetschen
   int b = c;
   if (a != b)      // != bedeutet "nicht gleich"
      cout << "Hoppla!: " << a << "!=" << b << '\n';
   else
      cout << "Wow! Uns stehen grosse char-Werte zur Verfuegung\n";
}
```

Solche Umwandlungen werden auch „einengende" Umwandlungen genannt, weil sie einen Wert in ein Objekt ablegen, das sich als zu klein („eng") erweisen könnte, um den Wert aufzunehmen. Leider geben nur wenige Compiler für die unsichere Initialisierung einer **char**-Variablen mit einem **int**-Wert eine Warnung aus. Das Problem liegt darin, dass **int**-Werte normalerweise viel größer sind als **char**-Werte, sodass es gut möglich ist (und im obigen Beispiel ist dies so), dass eine **int**-Variable einen Wert enthält, der nicht als **char**-Wert dargestellt werden kann. Versuchen Sie herauszufinden, welchen Wert **b** auf Ihrem Rechner hat (**32** ist ein häufiges Ergebnis). Noch besser ist es, wenn Sie mit folgendem kleinen Programm experimentieren:

```
int main()
{
  double d =0;
  while (cin>>d) {   // wiederhole die nachfolgenden Anweisungen,
                     // solange wir Zahlen eingeben
    int i = d;       // versuche, einen double in einen int zu quetschen
    char c = i;      // versuche, einen int in einen char zu quetschen
    int i2 = c;      // ermittle den Integer-Wert des Zeichens
    cout << "d==" << d            // der originale double-Wert
         << " i==" << i           // konvertiert in int
         << " i2==" << i2         // int-Wert von char
         << " char(" << c << ")\n"; // das Zeichen
  }
}
```

Die **while**-Anweisung, die wir hier verwenden, um mehrere Werte ausprobieren zu können, wird in §4.4.2.1 näher erläutert.

> ### Testen Sie Ihr Können
>
> Führen Sie das obige Programm mit einer Reihe von verschiedenen Eingaben aus. Versuchen Sie es mit kleinen Werten (z.B. **2** und **3**), großen Werten (größer als **127** und größer als **1000**), negativen Werten, den Werten **56**, **89**, **128** und reellen Zahlen (z.B. **56.9** und **56.2**). Das Programm veranschaulicht nicht nur, wie die Umwandlungen von **double** zu **int** und **int** zu **char** auf Ihrem Rechner erfolgen, sondern zeigt Ihnen auch, welches Zeichen (falls vorhanden) Ihr Rechner für einen gegebenen Integer-Wert ausgibt.

Sie werden feststellen, dass viele Eingaben „unsinnige" Ergebnisse produzieren. Was nicht weiter verwundert, weil wir im Grunde nichts anderes versuchen, als zwei Liter Wasser in ein 1-Liter-Glas zu gießen. Die folgenden Umwandlungen

double in **int**
double in **char**
double in **bool**
int in **char**
int in **bool**
char in **bool**

werden alle vom Compiler akzeptiert, obwohl sie unsicher sind. Unsicher sind sie insofern, als der gespeicherte Wert vom zugewiesenen Wert abweichen kann. Warum kann dies zu Problemen führen? Weil wir oft gar nicht ahnen, dass die Umwandlung unsicher ist. Betrachten wir hierzu folgenden Code:

```
double x = 2.7;
// viel Code
int y = x;    // y wird zu 2
```

Vielleicht haben wir bei der Definition von y bereits vergessen, dass **x** ein **double**-Wert ist. Oder wir haben nicht daran gedacht, dass die **double**-in-**int**-Umwandlung den hinteren Teil der Zahl abschneidet (immer abrundet), anstatt die übliche 4/5-Rundung durchzuführen. Das Resultat ist klar vorhersehbar, es gibt nur leider in der Anweisung **int y = x;** keinen Hinweis darauf, dass hier Informationen (die **.7**) verloren gehen.

Bei Umwandlungen von **int** in **char** gibt es keine Probleme mit dem Abschneiden von Nachkommastellen, da weder **int** noch **char** Bruchteile von ganzen Zahlen darstellen können. Ein **char** kann jedoch nur sehr kleine Integer-Werte enthalten. Auf einem PC ist ein **char** 1 Byte groß im Vergleich zu einem **int**, das 4 Byte umfasst.

Abbildung 3.6: Speicherbelegung für **char**- und **int**-Objekte

 Folglich können wir große Zahlen wie 1.000 nicht ohne Informationsverlust in einem **char** ablegen. Der Wert wird sozusagen „eingeengt". Zum Beispiel:

```
int a = 1000;
char b = a;    // b wird zu -24 (auf manchen Rechnern)
```

Nicht alle **int**-Werte haben **char**-Äquivalente und der genaue Wertebereich des Typs **char** hängt von der jeweiligen Implementierung ab. Auf PCs liegt der Wertebereich von **char** zwischen [−128:127]. Wenn Sie Ihre Programme portierbar halten wollen, dürfen Sie aber nur [0:127] nutzen, da nicht jeder Computer ein PC ist und verschiedene Computer verschiedene Wertebereiche für ihre **char**-Variablen haben, z.B. [0:255].

 Warum werden einengende Typumwandlungen überhaupt akzeptiert? Der wichtigste Grund ist historisch bedingt: C++ hat die einengenden Umwandlungen von seiner Vorgängersprache C geerbt. Von Tag 1 an existierte also eine Unmenge von Code, der auf einengenden Umwandlungen basierte. Dazu kommt, dass viele Umwandlungen nicht wirklich Probleme verursachen, da die beteiligten Werte innerhalb des Wertebereichs liegen und viele Programmierer Compiler ablehnen, die sie „zu sehr bevormunden". Vor allem erfahrene Programmierer, die es mit kleinen Programmen zu tun haben, bekommen die Probleme mit unsicheren Umwandlungen oft leicht in den Griff. Das ändert allerdings nichts an der Tatsache, dass sie in großen Programmen schnell zu einer Fehlerquelle werden und dass sie Programmieranfänger vor enorme Probleme stellen. Allerdings können Compiler den Programmierer vor einengenden Umwandlungen warnen – und viele tun dies bereits.

Was ist nun zu tun, wenn man vermutet, dass eine Typumwandlung zu einem falschen Wert führt? Prüfen Sie einfach den Wert, bevor Sie ihn zuweisen – so wie wir es im ersten Beispiel dieses Abschnitts getan haben. In §5.6.4 und §7.5 stellen wir Ihnen eine noch einfachere Möglichkeit vor, wie Sie diese Prüfung durchführen können.

Aufgaben

Nach jeder dieser Aufgaben sollten Sie Ihr Programm ausführen, um sicherzustellen, dass es auch das tut, wofür Sie es geschrieben haben. Listen Sie die Fehler auf, die Sie machen, sodass Sie sie in Zukunft vermeiden können.

1. Diese Aufgabe besteht darin, ein Programm zu schreiben, das einen einfachen Serienbrief erzeugt. Tippen Sie dazu zuerst den Code von §3.1 ab, der den Benutzer auffordert, den Vornamen einzugeben, und dann „Hallo first_name" ausgibt, wobei first_name der vom Benutzer eingegebene Name ist. Überarbeiten Sie dann den Code wie folgt: Ändern Sie die Eingabeaufforderung in „Geben Sie den Namen der Person ein, die den Brief erhalten soll" und ändern Sie die Ausgabe in „Lieber first_name,". Vergessen Sie nicht das Komma.

2. Fügen Sie ein oder zwei einleitende Sätze hinzu, wie „Wie geht es Dir? Mir geht es gut. Ich vermisse Dich." Achten Sie darauf, die erste Zeile einzurücken. Fügen Sie weitere Sätze nach Belieben hinzu – es ist Ihr Brief.

3. Fordern Sie jetzt den Benutzer auf, den Namen eines weiteren Freundes einzugeben und speichern Sie die Eingabe in friend_name. Ergänzen Sie den Brief um die Zeile: „Hast Du friend_name in letzter Zeit gesehen?"

4. Deklarieren Sie eine char-Variable namens friend_sex und initialisieren Sie sie mit dem Wert 0. Fordern Sie den Benutzer auf, mit m bzw. w anzugeben, ob der Freund männlich oder weiblich ist. Weisen Sie den eingegebenen Wert der Variablen friend_sex zu. Verwenden Sie dann zwei if-Anweisungen, um Folgendes zu schreiben:

    Wenn der Freund männlich ist, schreiben Sie „Wenn Du friend_name siehst, bitte ihn, mich anzurufen."

    Wenn der Freund weiblich ist, schreiben Sie „Wenn Du friend_name siehst, bitte sie, mich anzurufen."

5. Fordern Sie den Benutzer auf, das Alter des Empfängers einzugeben, und weisen Sie diesen Wert einer int-Variablen age zu. Lassen Sie Ihr Programm folgenden Satz ausgeben: „Ich habe gehört, dass Du Geburtstag gehabt hast und age Jahre alt geworden bist." Wenn age kleiner oder gleich 0 bzw. 110 oder größer ist, rufen Sie error("Du willst mich auf den Arm nehmen!") auf.

6. Ergänzen Sie Ihren Brief um Folgendes:

    Wenn Ihr Freund unter 12 ist, schreiben Sie „Nächstes Jahr wirst Du age+1 sein."

    Wenn Ihr Freund 17 ist, schreiben Sie „Nächstes Jahr darfst Du wählen."

    Wenn Ihr Freund über 70 ist, schreiben Sie „Ich hoffe, Du genießt den Ruhestand."

    Prüfen Sie Ihr Programm, um sicherzustellen, dass es auf jeden Wert angemessen reagiert.

7. Schließen Sie Ihren Brief mit „Liebe Grüße", lassen Sie zwei Leerzeilen für die Unterschrift und geben Sie dann Ihren Namen aus.

3 Objekte, Typen und Werte

Fragen

1. Was bedeutet *Eingabeaufforderung*?
2. Welchen Operator verwenden Sie zum Einlesen in eine Variable?
3. Angenommen, der Benutzer Ihres Programms soll eine ganze Zahl für eine Variable namens **number** eingeben. Wie könnten dann zwei Codezeilen aussehen, die den Benutzer zur Eingabe auffordern und den Wert im Programm abspeichern?
4. Wie wird **\n** genannt und welchem Zweck dient es?
5. Womit wird die Eingabe in eine **string**-Variable beendet?
6. Womit wird die Eingabe einer ganzen Zahl beendet?
7. Wie könnten Sie

   cout << "Hallo ";
   cout << first_name;
   cout << "!\n";

   in einer einzigen Codezeile schreiben?
8. Was ist ein Objekt?
9. Was ist ein Literal?
10. Was für Arten von Literalen gibt es?
11. Was ist eine Variable?
12. Welches sind die üblichen Größen für **char**-, **int**- und **double**-Variablen?
13. Mit welchen Einheiten geben wir die Größe kleinerer Speicherbereiche an (wie sie für **int** und **string** benötigt werden)?
14. Was ist der Unterschied zwischen **=** und **==**?
15. Was ist eine Definition?
16. Was ist eine Initialisierung und inwiefern unterscheidet sie sich von einer Zuweisung?
17. Was ist eine Stringverkettung und wie wird sie in C++ realisiert?
18. Welche der folgenden Namen sind in C++ zulässig? Warum sind bestimmte Namen nicht zulässig?

    This_little_pig   This_1_is fine   2_For_1_special
    latest thing   the_$12_method   _this_is_ok
    MiniMineMine   number   correct?

19. Nennen Sie fünf Beispiele für zulässige Namen, die Sie dennoch nicht verwenden sollten, weil sie zu Verwirrung führen könnten.
20. Nennen Sie einige empfehlenswerte Regeln für die Namensgebung.
21. Was versteht man unter Typsicherheit und warum ist sie so wichtig?

22 Warum kann die Umwandlung von **double** in **int** Probleme bereiten?

23 Definieren Sie eine Regel, die Ihnen hilft zu entscheiden, ob eine Umwandlung von einen Typ in einen anderen sicher oder unsicher ist.

Übungen

1 Wenn Sie die „Testen Sie Ihr Können"-Aufgaben dieses Kapitels noch nicht gelöst haben, holen Sie dies jetzt nach.

2 Schreiben Sie ein C++-Programm, das Meilen in Kilometer umrechnet. Ihr Programm sollte eine angemessene Eingabeaufforderung enthalten, die den Benutzer auffordert, eine Zahl für die Meilen einzugeben. Hinweis: Eine Meile hat 1,609 km.

3 Schreiben Sie ein Programm, das nichts macht außer eine Reihe von Variablen mit zulässigen und unzulässigen Namen zu deklarieren (z.B. **int double = 0;**), sodass Sie sehen können, wie der Compiler reagiert.

4 Schreiben Sie ein Programm, das den Benutzer auffordert, zwei ganze Zahlen einzugeben. Speichern Sie diese Werte in **int**-Variablen namens **val1** und **val2**. Anschließend soll Ihr Programm den kleinsten und größten Wert sowie Summe, Differenz, Produkt und Quotient für diese Werte berechnen und dem Benutzer mitteilen.

5 Ändern Sie Ihr Programm dahingehend ab, dass Sie den Benutzer auffordern, Gleitkommazahlen einzugeben, die Sie in **double**-Variablen speichern. Vergleichen Sie die Ausgaben beider Programme für verschiedene Werte Ihrer Wahl. Sind die Ergebnisse gleich? Sollten sie? Wo liegt der Unterschied?

6 Schreiben Sie ein Programm, das den Benutzer auffordert, drei Integer-Werte einzugeben, und dann die Werte in numerischer Reihenfolge getrennt durch Komma ausgibt. Wenn der Benutzer die Werte 10 4 6 eingibt, sollte die Ausgabe „4, 6, 10" lauten. Wenn zwei Werte gleich sind, sollten sie zusammenstehen; d.h., die Eingabe 4 5 4 sollte „4, 4, 5" ergeben.

7 Führen Sie Übung 6 mit drei **string**-Werten durch. Wenn der Benutzer die Werte „Steinbeck", „Hemingway", „Fitzgerald" eingibt, sollte die Ausgabe „Fitzgerald, Hemingway, Steinbeck" lauten.

8 Schreiben Sie ein Programm, das einen Integer-Wert daraufhin prüft, ob er gerade oder ungerade ist. Stellen Sie wie immer sicher, dass Ihre Ausgabe verständlich und vollständig ist. Mit anderen Worten, geben Sie nicht nur „ja" oder „nein" aus. Ihre Ausgabe sollte in einer eigenen Zeile stehen, z.B. „Der Wert 4 ist eine gerade Zahl." Hinweis: Bedienen Sie sich des Modulo-Operators (Rest) aus §3.4.

9 Schreiben Sie ein Programm, das ausgeschriebene Zahlen wie „null" und „zwei" in Ziffern wie 0 und 2 umwandelt. Wenn der Benutzer eine Zahl eingibt, sollte das Programm die entsprechende Ziffer ausgeben. Schreiben Sie den Code für die Werte 0, 1, 2, 3 und 4 und geben Sie „keine Zahl, die ich kenne" aus, wenn der Benutzer „dummer Computer!" oder Ähnliches eingibt, für das Ihr Programm keine Umrechnung kennt.

3 Objekte, Typen und Werte

10 Schreiben Sie ein Programm, das einen Operator und zwei Operanden einliest, die gewünschte Operation durchführt und das Ergebnis ausgibt. Zum Beispiel:

+ 100 3.14
* 4 5

Lesen Sie den Operator in einen String namens **operation** und stellen Sie anhand einer **if**-Anweisung fest, welche Operation der Benutzer möchte, z.B. **if(operation=="+")**. Lesen Sie die Operanden in Variablen vom Typ **double**. Implementieren Sie dies für Operationen namens +, -, *, /, plus, minus, mul und div (mit den offensichtlichen Bedeutungen).

11 Schreiben Sie ein Programm, das den Benutzer auffordert, die Anzahl seiner Pennys (1-Cent-Münzen), Nickels (5-Cent-Münzen), Dimes (10-Cent-Münzen), Quarters (25-Cent-Münzen), Half-Dollars (50-Cent-Münzen) und Ein-Dollar-Münzen (100-Cent-Münzen) anzugeben. Fragen Sie jede Münzensorte einzeln ab, z.B. „Wie viele Pennys haben Sie?" Die Ausgabe Ihres Programms könnte folgendermaßen aussehen:

Sie haben	23 Pennys.
Sie haben	17 Nickels.
Sie haben	14 Dimes.
Sie haben	7 Quarters.
Sie haben	3 Half-Dollars.
Der Wert all Ihrer Münzen beträgt zusammen	573 Cent.

Die Zahlen rechtsbündig auszurichten, ist nicht ganz einfach. Versuchen Sie es trotzdem, es ist zu schaffen. Nehmen Sie einige Verbesserungen vor: Passen Sie die Ausgabe grammatikalisch an, wenn von einer Sorte nur eine Münze vorhanden ist, z.B. „14 Dimes" aber „1 Dime" (nicht „1 Dimes"). Auch können Sie die Gesamtsumme in Dollar und Cent angeben, z.B. $5.73 statt 573 Cent.

Schlüsselbegriffe

cin	Inkrement	Typsicherheit
Definition	Name	Typumwandlung
Deklaration	Objekt	Variable
Dekrement	Operation	Verkettung
Einengung	Operator	Wert
Initialisierung	Typ	Zuweisung

Ein persönlicher Hinweis

Bitte unterschätzen Sie nicht die Bedeutung der Typsicherheit. Die meisten Vorstellungen davon, was ein korrektes Programm ist, basieren in irgendeiner Form auf Typen, und einige der effektivsten Techniken zur Erstellung von Programmen stützen sich auf den Entwurf und die Verwendung von Typen. In den **Kapiteln 6** und **9** und den **Teilen II**, **III** und **IV** werden Sie noch mehr hierzu erfahren.

Berechnungen und Anweisungen

- **4.1 Berechnungen** 120
- **4.2 Ziele und Werkzeuge** 122
- **4.3 Ausdrücke** 124
  - 4.3.1 Konstante Ausdrücke 125
  - 4.3.2 Operatoren 126
  - 4.3.3 Typumwandlungen 128
- **4.4 Anweisungen** 129
  - 4.4.1 Auswahlanweisungen 130
  - 4.4.2 Schleifen 136
- **4.5 Funktionen** 140
  - 4.5.1 Wozu brauchen wir Funktionen? 142
  - 4.5.2 Funktionsdeklarationen 143
- **4.6 Vektor** 144
  - 4.6.1 Einen Vektor vergrößern 146
  - 4.6.2 Ein Zahlenbeispiel 147
  - 4.6.3 Ein Textbeispiel 149
- **4.7 Sprachkonstrukte** 150

4 Berechnungen und Anweisungen

„Wenn es nicht auf korrekte Ergebnisse ankommt, kann ich beliebig schnell liefern."

– Gerald M. Weinberg

Dieses Kapitel beschäftigt sich mit den Grundlagen der Programmierung. Im Einzelnen werden wir untersuchen, wie aus einer Gruppe von Operanden ein neuer Wert berechnet wird (*Ausdrücke*), wie man zwischen verschiedenen alternativen Aktionen eine Auswahl treffen kann (*Auswahlanweisungen*) und wie man eine Berechnung für eine Folge von Werten wiederholt ausführt (*Schleifen*). Außerdem zeigen wir Ihnen, wie man Berechnungen, die Teilprobleme lösen, mit einem Namen verbindet und separat definiert (*Funktionen*). Es geht uns hier allerdings nicht nur um die reine Syntax, sondern immer auch um die Frage, wie man Berechnungen so formuliert, dass am Ende korrekte und gut strukturierte Programme herauskommen. Zum Abschluss des Kapitels möchten wir Ihnen noch ein wenig mehr Hilfestellung für die Durchführung realistischer Berechnungen geben und führen dazu den Typ **vector** ein, der eine Folge von Werten verwaltet.

4.1 Berechnungen

In gewisser Hinsicht tut ein Programm nichts anderes als Berechnungen durchzuführen, d.h., es nimmt Eingaben entgegen und erzeugt daraus eine Ausgabe. Nicht umsonst bezeichnen wir die Hardware, auf der wir das Programm ausführen, als Computer oder Rechner. Diese vereinfachte Sicht eines Programms ist korrekt und vernünftig, solange wir die Begriffe Eingabe und Ausgabe nicht zu eng definieren (siehe ▶ Abbildung 4.1).

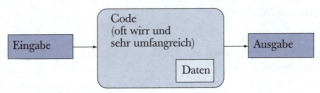

Abbildung 4.1: Vereinfachtes Modell für ein Programm

Eingaben können aus vielen verschiedenen Quellen stammen: von der Tastatur, von einer Maus, von einem Touchbildschirm, aus einer Datei, von einem beliebigen sonstigen Eingabegerät, einem Programm oder auch einem Teil eines Programms. Die interessantesten Eingabequellen verbergen sich dabei hinter der Kategorie „sonstige Eingabegeräte", die so unterschiedliche Gerätschaften wie Keyboards, Videorekorder, Netzwerkverbindungen, Temperaturfühler, Bildsensoren von Digitalkameras und Ähnliches umfasst. Die Liste könnte endlos fortgesetzt werden.

Um die Eingabe verarbeiten zu können, verfügt ein Programm in der Regel über einige Daten, die manchmal auch als seine *Datenstruktur* oder sein *Zustand* bezeichnet werden. Ein Kalenderprogramm könnte z.B. Listen der Feiertage verschiedener Länder und eine Liste Ihrer Termine enthalten. Einige dieser Daten sind von Beginn an Teil des Programms, andere Daten werden nach und nach aufgebaut, während das Programm Eingaben einliest und auf diese Weise nützliche Informationen sammelt. In letztere Kategorie fällt z.B. die Terminliste unseres Kalenderprogramms. Insgesamt gibt es für den Kalender zwei wichtige Eingaben: Zum einem Anfragen, die Sie abschicken, wenn Sie das Kalenderblatt zu einem bestimmten Monat oder Tag einsehen möchten (die Eingabe erfolgt dabei vermutlich in Form von Mausklicks), zum anderen die Termine, die Sie in den Kalender eintragen (wahrscheinlich unter Verwendung der Tastatur). Als Ausgabe werden die Kalenderblätter und Termine plus der Schaltflächen und Eingabefelder des Kalenderprogramms auf Ihrem Bildschirm angezeigt.

So wie die Eingabe aus einer Vielzahl verschiedener Quellen stammen kann, kann die Ausgabe an eine Vielzahl verschiedener Ziele gehen: Die Daten können auf einem Bildschirm angezeigt, in eine Datei geschrieben oder an ein beliebiges anderes Ausgabegerät, ein anderes Programm oder einen anderen Teil eines Programms gesendet werden. Zur Kategorie der oben erwähnten Ausgabegeräte gehören unter anderem Netzwerkschnittstellen, Synthesizer, Elektromotoren, Lichtgeneratoren, Heizungssysteme etc.

Aus Sicht des Programmierers sind die Kategorien „von/an ein anderes Programm" und „von/an einen anderen Teil eines Programms" am wichtigsten und interessantesten. Tatsächlich könnte man den größten Teil dieses Buches als eine Diskussion der letzten Kategorie betrachten: Wie formulieren wir ein Programm als eine Menge von kooperierenden Teilen und wie können diese Teile Daten austauschen und gemeinsam nutzen? Dies sind die Schlüsselfragen der Programmierung. Grafisch ließe sich dies wie in ▶ Abbildung 4.2 darstellen:

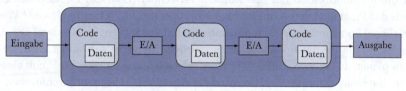

Abbildung 4.2: Ein Programm als eine Menge von kooperierenden Teilen

Die Abkürzung *E/A* in Abbildung 4.2 steht für „Ein- und Ausgabe" (englisch I/O für „Input/Output"). In diesem Fall ist die Ausgabe eines Programmteils die Eingabe für den nächsten Teil. Was diese „Programmteile" verbindet und was sie teilen, sind Daten, die im Arbeitsspeicher oder einem persistenten Speichergerät (wie der Festplatte) liegen oder über eine Netzwerkverbindung übertragen werden. Stellen Sie sich einen solchen „Programmteil" als abgeschlossene Einheit vor, etwa eine Funktion, die auf Basis ihrer Eingabeargumente ein Ergebnis berechnet (z.B. die Quadratwurzel einer Gleitkommazahl), eine Funktion, die eine Aktion auf einem realen Objekt ausführt (z.B. eine Linie auf dem Bildschirm zeichnet) oder eine Funktion, die eine interne Tabelle des Programms verändert (etwa indem sie einen neuen Namen in eine Kundentabelle einträgt).

Wenn wir von „Eingabe" oder „Ausgabe" sprechen, meinen wir in der Regel Informationen, die über die Peripheriegeräte des Computers ein- oder ausgegeben werden. Wie man sieht, können wir die Begriffe aber auch auf Informationen anwenden, die an einen Programmteil übergeben oder von diesem erzeugt werden. Eingaben für einen Programmteil werden oft auch als *Argumente*, Ausgaben eines Programmteils als *Ergebnisse* bezeichnet.

Unter einer *Berechnung* verstehen wir einfach das Erzeugen einer Ausgabe auf der Basis bestimmter Eingaben, also beispielsweise die Erzeugung des Ergebnisses (Ausgabe) 49 für das Argument (Eingabe) 7 mittels der Berechnung (Funktion) **square** (siehe §4.5). Als Gedächtnisstütze hilft es Ihnen möglicherweise, dass man bis in die 50er-Jahre im englischsprachigen Raum unter einem Computer eine Person verstand, die Berechnungen (*computations*) durchführte, also beispielsweise einen Buchhalter, einen Navigationsoffizier oder einen Physiker. Heute delegieren wir die meisten Berechnungen an Computer (Maschinen) jeglicher Façon, von denen der Taschenrechner noch einer der einfachsten ist.

4.2 Ziele und Werkzeuge

Unsere Aufgabe als Programmierer ist es, Berechnungen

- korrekt
- einfach
- effizient

auszudrücken.

Beachten Sie die Reihenfolge: Wenn ein Programm falsche Ergebnisse liefert, spielt es keine Rolle mehr, wie schnell es ist. Und ein korrektes und effizientes Programm kann unter Umständen so kompliziert sein, dass es verworfen oder für eine neue Version (Release) komplett neu geschrieben werden muss. Vergessen Sie also nie, dass gerade nützliche und bewährte Programme ständig überarbeitet werden, um sie an neue Anforderungen, neue Hardware usw. anzupassen. Deshalb sollte ein Programm – ja, jeder Teil eines Programms – seine Aufgabe so einfach wie möglich erledigen. Stellen Sie sich vor, Sie hätten für die Kinder Ihrer örtlichen Grundschule das perfekte Programm zum Erlernen der Grundrechenarten geschrieben – und dass die interne Struktur des Programms schlicht chaotisch sei. Welche Sprache haben Sie für die Kommunikation mit den Kindern verwendet? Deutsch? Deutsch und Englisch? Was wäre, wenn ich das Programm gerne in Finnland einsetzen möchte? Oder in Kuwait? Wie würden Sie dann die (natürliche) Sprache für die Kommunikation mit den Kindern austauschen? Der Austausch der natürlichen Sprache, die für die Kommunikation mit dem Benutzer verwendet wird, ist in der Regel zwar einfach zu planen, in der Praxis aber fast immer sehr schwierig umzusetzen. Fehlt einem Programm dann noch eine durchdachte innere Struktur, wird der Austausch nahezu undurchführbar.

Tipp Sobald wir anfangen, Code für andere zu schreiben, und uns der Verantwortung stellen, diese Arbeit gut zu machen – d.h., sobald wir uns entscheiden, professionelle Programmierer zu werden –, haben wir auch die Pflicht, auf Korrektheit, Einfachheit und Effizienz zu achten. Für die Praxis bedeutet dies, dass wir nicht einfach Code zusammenschustern können, bis dieser zu funktionieren scheint. Wir müssen uns auch mit der Struktur und der Qualität des Codes befassen. Paradoxerweise ist dies oft sogar der schnellste Weg zu funktionsfähigem Code. Und es gibt noch einen weiteren positiven Effekt: Wer sorgfältig programmiert und auf Strukturiertheit und Qualität achtet, macht weniger Fehler und muss später weniger Zeit in das Aufspüren und Beheben verbliebener Fehler investieren; das heißt, er reduziert den Aufwand für den wohl frustrierendsten Teil der Programmierung, das Debuggen.

Unser wichtigstes Hilfsmittel zum Organisieren eines Programms – und zum Ordnen unserer Gedanken während des Programmierens – besteht darin, komplexe Aufgaben in viele kleine Teilaufgaben zu zerlegen. Hierfür gibt es zwei Möglichkeiten:

- *Abstraktion*: Verberge Details, die zur Verwendung eines Programmbausteins nicht benötigt werden (Implementierungsdetails), hinter einer angemessenen und allgemeinen Schnittstelle. Stellen Sie sich zum Beispiel vor, Sie wollten die Einträge in einem Telefonbuch sortieren. Anstatt uns um die Technik des Sortierens zu kümmern (ein Thema, dem bereits ganze Wälzer gewidmet wurden), rufen wir einfach den Sortieralgorithmus aus der C++-Standardbibliothek auf. Alles, was wir wissen müssen, um das Telefonbuch sortieren zu können, ist daher, wie man diesen Algorithmus aufruft, damit wir am Ende **sort(a,e)** schreiben können, wobei **a** und **e** sich auf den Anfang und das Ende des Telefonbuchs beziehen. Ein weiteres Beispiel ist die Art und Weise, wie wir den Computerspeicher nutzen. Die direkte Nutzung des Speichers kann schnell recht unübersichtlich werden, sodass wir über typisierte und benannte Variablen (§3.2), Vektoren der Standardbibliothek (§4.6, Kapitel 17–19), Maps (Kapitel 21) usw. darauf zugreifen.

- *Divide-and-Conquer* („Teile-und-Herrsche"): Bei dieser Technik geht es darum, ein großes Problem in mehrere kleinere zu zerlegen. Stellen Sie sich zum Beispiel vor, Sie wollten ein Wörterbuch erstellen. Diese Aufgabe können wir in drei Teilaufgaben zerlegen: die Daten einlesen, die Daten sortieren und die Daten ausgeben. Jedes dieser Probleme ist erheblich kleiner als das ursprüngliche Problem.

Warum lohnt sich dieser Ansatz? Schließlich ist ein Programm, das aus mehreren Teilen besteht, wahrscheinlich sogar größer als ein Programm, bei dem alles optimal zusammenpasst. Der Grund ist, dass wir nicht besonders gut mit großen Problemen umgehen können. Große Probleme – und dies gilt nicht für die Programmierung – werden von uns in der Regel so lange in kleinere Probleme zerlegt, bis sie so einfach sind, dass wir sie verstehen und lösen können. Soweit es die Programmierung betrifft, werden Sie feststellen, dass ein 1.000-Zeilen-Programm nicht etwa zehnmal so viele Fehler aufweist wie ein 100-Zeilen-Programm, sondern weit mehr. Aus diesem Grund versuchen wir, das 1.000-Zeilen-Programm in Teile zu zerlegen, die jeweils weniger als 100 Zeilen umfassen. Für große Programme, sagen wir 10.000.000 Zeilen, sind Abstraktion und Divide-and-Conquer keine Optionen mehr, sondern eine absolute Notwendigkeit – denn riesige monolithische Programme zu schreiben und zu warten, ist schlichtweg unmöglich. In diesem Sinne können Sie den Rest dieses Buches als eine lange Reihe von Beispielen zu Problemen betrachten, die in kleinere Teile zerlegt werden müssen (wobei wir auch die dafür benötigten Werkzeuge und Techniken nicht zu kurz kommen lassen wollen).

Wenn wir darangehen, ein Programm zu zerlegen, müssen wir uns auch Gedanken darüber machen, welche Werkzeuge uns zur Formulierung der einzelnen Teile und deren Kommunikation untereinander zur Verfügung stehen. Eine gute Bibliothek, die uns viele nützliche Elemente zur Umsetzung unserer Ideen zur Verfügung stellt, kann entscheidenden Einfluss darauf nehmen, wie wir die Funktionalität auf die verschiedenen Teile eines Programms aufteilen. Es genügt nicht, wenn wir uns zurücklehnen und uns „vorstellen", wie wir das Programm am besten zerlegen; wir müssen uns konkret überlegen, welche Bibliotheken uns für Formulierung der Teile und der Kommunikation zur Verfügung stehen. Es ist zwar noch etwas früh, aber nicht zu früh, um Sie in diesem Zusammenhang darauf hinzuweisen, dass Sie sich viel Arbeit sparen können – und zwar nicht nur beim Programmieren, sondern auch beim Testen und Dokumentieren –, wenn Sie bei der Umsetzung ihrer Ideen auf eine bestehende Bibliothek, wie z.B. die C++-Standardbibliothek, zurückgreifen können. Allein die **iostream**-Klassen sind schon eine unschätzbare Hilfe, denn sie ersparen es uns, die Eingabe-/Ausgabe-Ports der Hardware direkt ansprechen zu müssen. Dies wäre dann auch unser erstes Beispiel für die Zerlegung eines Programms mittels Abstraktion; in jedem neuen Kapitel werden Sie weitere Beispiele finden.

Beachten Sie die Betonung von Struktur und Organisation: Sie erhalten keinen guten Code, wenn Sie einfach nur Unmengen von Anweisungen aneinanderreihen. Warum erwähnen wir das hier? Zu diesem Zeitpunkt haben Sie (oder zumindest viele Leser) noch keine richtige Vorstellung davon, was Code ist, und es wird noch Monate dauern, bis Sie so weit sind, Code zu schreiben, von dem das Leben oder der Lebensunterhalt von Menschen abhängt. Wir erwähnen es, um Ihnen zu zeigen, worauf es beim Lernen wirklich ankommt. Es ist sehr verlockend einfach loszulegen, sich auf die Teile der Programmierung zu konzentrieren, die – wie die im Rest dieses Kapitels beschriebenen Dinge – konkret und von unmittelbarem Nutzen sind, und die „weniger greifbaren", konzeptionellen Aspekte der Kunst der Softwareentwicklung zu ignorieren. Gute Programmierer und Systemdesigner wissen (oft nachdem sie es auf die harte Tour lernen mussten), dass gründliches Nachdenken über eine gute Struktur das A und O guter Software ist und dass, wer Struktur vernachlässigt, nur teuren, chaotischen Code erzeugt. Ohne Struktur bauen Sie (metaphorisch gesprochen) mit Lehmziegeln. Es ist zwar möglich, aber Sie werden nie den fünften Stock erreichen (Lehmziegeln mangelt es an Formfestigkeit). Wenn Sie das ehrgeizige Ziel verfolgen, etwas zu erstellen, was länger Bestand hat, sollten Sie von Anfang an Codestruktur und -organisation in Ihre Überlegungen einbeziehen, anstatt sich erst dann damit zu beschäftigen, wenn das Kind in den Brunnen gefallen ist.

4.3 Ausdrücke

Der kleinste Baustein eines Programms ist ein Ausdruck. Ein Ausdruck berechnet einen Wert aus einer Reihe von Operanden. Der einfachste Ausdruck ist ein literaler Wert, wie z.B. **10**, **'a'**, **3.14** oder **"Norah"**.

Die Namen von Variablen sind ebenfalls Ausdrücke. Variablen repräsentieren Objekte und geben ihnen einen Namen. Betrachten Sie dazu folgenden Code:

```
// Fläche berechnen:
int length = 20;          // literaler Integer (zur Initialisierung einer Variablen)
int width = 40;
int area = length*width;  // Multiplikation
```

Hier werden die Literale **20** und **40** verwendet, um die Variablen **length** und **width** zu initialisieren. Anschließend werden **length** und **width** miteinander multipliziert, d.h., wir multiplizieren die Werte in den Variablen **length** und **width**. Somit ist **length** lediglich eine Kurzform für „den Wert, den wir in dem Objekt namens **length** finden". Betrachten Sie auch

length = 99;   // weise length den Wert 99 zu

Als linker Operand einer Zuweisung bedeutet **length** hier „das Objekt namens **length**", sodass der Zuweisungsausdruck wie folgt gelesen werden kann: „Lege **99** in dem Objekt namens **length** ab." Wir unterscheiden, ob **length** als linker Operand einer Zuweisung bzw. Initialisierung („der L-Wert von **length**" oder „das Objekt namens **length**") oder als rechter Operand einer Zuweisung bzw. Initialisierung („der R-Wert von **length**", „der Wert des Objekts namens **length**" oder einfach „der Wert von **length**") verwendet wird. In diesem Zusammenhang ist es meist hilfreich, sich eine Variable als ein Kästchen vorzustellen, das mit dem Namen der Variablen beschriftet ist (siehe ▶ Abbildung 4.3).

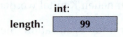

Abbildung 4.3: Kästchen-Modell einer Variablen

Das heißt, **length** ist der Name eines Objekts vom Typ **int**, das den Wert **99** beinhaltet. Manchmal bezieht sich **length** (als L-Wert) auf das Kästchen selbst (Objekt) und manchmal (als R-Wert) auf den Wert in dem Kästchen.

Durch die Kombination von Ausdrücken mittels Operatoren wie **+** und *****, die wie gewohnt verwendet werden, können wir komplexere Ausdrücke erstellen. Falls nötig, können wir Klammern verwenden, um die Ausdrücke in Gruppen einzuteilen:

int perimeter = (length+width)*2;   // erst addieren, dann multiplizieren

Ohne Klammern müssten wir schreiben:

int perimeter = length*2+width*2;

Das wirkt ein wenig sperrig, wäre aber immer noch besser als folgenden Fehler zu begehen:

int perimeter = length+width*2;   // addiere width*2 zu length

Dieser letzte Fehler gehört zur Kategorie der logischen Fehlern und kann nicht vom Compiler abgefangen werden. Alles, was der Compiler hier sieht, ist eine Variable namens **perimeter**, die mit einem gültigen Ausdruck initialisiert wird. Wenn das Ergebnis des Ausdrucks Unsinn ist, so ist das Ihr Problem. Sie wissen, wie man den Umfang berechnet, der Compiler weiß es nicht.

Für die Rangordnung der Operatoren gelten die mathematischen Regeln, d.h., **length+width*2** ist gleich **length+(width*2)**. Ebenso ist **a*b+c/d** gleich **(a*b)+(c/d)** und nicht **a*(b+c)/d**. Eine Übersichtstabelle über die Rangordnung der Operatoren (Priorität) finden Sie in §A.5.

Die oberste Regel für die Verwendung von Klammern lautet: „Wenn unsicher, Klammern setzen." Doch bitte lernen Sie zumindest so viel über Ausdrücke, dass Sie nicht schon bei **a*b+c/d** unsicher werden. Übermäßige Verwendung von Klammern wie in **(a*b)+(c/d)** kann die Lesbarkeit erheblich beeinträchtigen.

Warum sollten Sie sich um Lesbarkeit überhaupt Gedanken machen? Weil Sie und möglicherweise auch andere Programmierer Ihren Code lesen werden und hässlicher Code das Lesen und das Verständnis erschwert. Hässlicher Code ist nicht nur schwer zu lesen, er ist auch viel schwerer zu korrigieren. Oft birgt er logische Fehler und wegen der schlechten Lesbarkeit fällt es viel schwerer, sich – und andere – von der Korrektheit des Codes zu überzeugen. Schreiben Sie also keine unnötig komplizierten Ausdrücke wie

a*b+c/d*(e–f/g)/h+7   // zu kompliziert

und versuchen Sie immer, aussagekräftige Namen zu verwenden.

4.3.1 Konstante Ausdrücke

Programme machen in der Regel häufig Gebrauch von Konstanten. So könnte ein Geometrie-Programm die Konstante **pi** verwenden und ein Programm zur Umwandlung von Inch in Zentimeter den Umwandlungsfaktor **2.54**.[1] Logischerweise ziehen wir es vor, für diese Konstanten aussagekräftige Namen zu verwenden (also z.B. – wie wir es oben getan haben – **pi** statt des Zahlenwerts **3.14159**). Und außerdem möchten wir nicht Gefahr laufen, den Wert dieser Konstanten unabsichtlich zu ändern. Für solche Zwecke gibt es in C++ das Konzept der symbolischen Konstante. Dabei handelt es sich um ein benanntes Objekt, dem Sie nach seiner Initialisierung keinen neuen Wert zuweisen können. Zum Beispiel:

const double pi = 3.14159;
pi = 7;   // Fehler: Zuweisung an const
int v = 2*pi/r;   // O.K.: wir lesen pi nur, wir versuchen nicht, es zu ändern

---

1 C++ folgt der angloamerikanischen Notation und verwendet daher den Punkt als Dezimaltrennzeichen.

Symbolische Konstanten helfen, den Code lesbar zu halten. Vielleicht würden Sie in 3.14159 ja noch unschwer den Näherungswert für **pi** erkennen, wenn Sie beim Lesen eines Quellcodes darauf stoßen, aber was würden Sie mit 299792458 anfangen? Und was wäre, wenn jemand Sie bittet, in einem Programm die Genauigkeit von **pi** auf 12 Nachkommastellen hochzusetzen? Natürlich könnten Sie im Code nach 3.14 suchen, aber wenn einer der Autoren unbedachterweise 22/7 als Näherungswert verwendet hätte, würden Sie diese Vorkommen nicht finden. Wie viel besser wäre es, wenn Sie zur Einstellung der Genauigkeit nur die Definition von **pi** ändern müssten:

const double pi = 3.14159265359;

Deshalb versuchen wir, Literale wo möglich zu vermeiden (außer vielleicht ganz eindeutige Fälle wie **0** und **1**) und greifen lieber auf Konstanten mit deskriptiven Namen zurück. Literale, deren Bedeutung nicht klar ersichtlich ist (und die nicht Teil einer **const**-Definition sind), bezeichnen wir scherzhaft als *magische Konstanten*.

An manchen Stellen, beispielsweise in **case**-Marken (§4.4.1), setzt C++ einen *konstanten Ausdruck* voraus, d.h. einen Ausdruck mit einem Integer-Wert, der ausschließlich aus Konstanten besteht. Zum Beispiel:

const int max = 17;   // ein Literal ist ein konstanter Ausdruck
int val = 19;

max+2   // ein konstanter Ausdruck (ein const int plus ein Literal)
val+2   // kein konstanter Ausdruck, da er eine Variable enthält

Und übrigens, 299792458 ist eine der wichtigsten Konstanten des Universums: die Lichtgeschwindigkeit im Vakuum gemessen in Metern pro Sekunde. Wenn Sie das nicht direkt erkannt haben, wie können Sie dann erwarten, dass andere Konstanten in Ihrem Code Sie nicht ebenso verwirren und Ihnen unnötig Zeit stehlen? Darum: Meiden Sie magische Konstanten!

4.3.2 Operatoren

Bisher haben wir nur die einfachsten Operatoren verwendet. Doch Sie werden bald weitere Operatoren benötigen, um komplexere Operationen ausdrücken zu können. Die meisten Operatoren dürften selbsterklärend sein, weswegen wir hier auf eine ausführlichere Darstellung verzichten und die Operatoren stattdessen nach und nach, so wie wir sie einsetzen, vorstellen. An den betreffenden Stellen können Sie dann jederzeit bei Bedarf nachschlagen und sich eingehender informieren. ▶ Tabelle 4.1 listet die am häufigsten benötigten Operatoren auf. (Operanden, die vom Operator verändert werden, heißen in der Tabelle lval – als Kurzform für „Wert, der auf der linken Seite einer Zuweisung stehen kann".)

Eine vollständige Liste der Operatoren finden Sie in §A.5. Beispiele für den Einsatz der logischen Operatoren **&&** (Und), **||** (Oder) und **!** (Nicht) finden Sie in §5.5.1, §7.7, §7.8.2 und §10.4.

Beachten Sie, dass **a<b<c** gleichbedeutend ist mit **(a<b)<c** und dass **a<b** zu einem der booleschen Werte **true** oder **false** ausgewertet wird. Daraus folgt, dass **a<b<c** entweder äquivalent zu **true<c** oder **false<c** ist. Vor allem sagt **a<b<c** nicht aus, das **b** zwischen **a** und **c** liegt, wie viele Anfänger (nicht ganz

grundlos) vermuten. Folglich ist **a<b<c** im Grunde genommen ein nutzloser Ausdruck. Vermeiden Sie solche Ausdrücke mit zwei Vergleichsoperationen und seien Sie sehr misstrauisch, wenn Sie einen solchen Ausdruck in fremdem Code finden – meistens ist es ein Fehler.

Tabelle 4.1

Die am häufigsten benötigten Operatoren

	Bezeichnung	**Kommentar**
f(a)	Funktionsaufruf	Übergibt **a** als Argument an **f**
++lval	Präinkrement	Inkrementieren und den inkrementierten Wert verwenden
--lval	Prädekrement	Dekrementieren und den dekrementierten Wert verwenden
!a	Nicht	Ergebnis ist **bool**
-a	Unäres Minus	
a*b	Multiplikation	
a/b	Division	
a%b	Modulo (Rest)	Nur für Integer-Typen
a+b	Addition	
a-b	Subtraktion	
out<<b	Schreibt **b** in **out**	Wobei **out** ein **ostream** ist
in>>b	Liest aus **in** nach **b**	Wobei **in** ein **istream** ist
a<b	Kleiner als	Ergebnis ist **bool**
a<=b	Kleiner gleich	Ergebnis ist **bool**
a>b	Größer als	Ergebnis ist **bool**
a>=b	Größer gleich	Ergebnis ist **bool**
a==b	Gleich	Nicht zu verwechseln mit **=**
a!=b	Ungleich	Ergebnis ist **bool**
a&&b	Logisches Und	Ergebnis ist **bool**
a||b	Logisches Oder	Ergebnis ist **bool**
lval=a	Zuweisung	Nicht zu verwechseln mit **==**
lval*=a	Zusammengesetzte Zuweisung	**lval=lval*a**, gilt auch für **/, %, +, -**

Ein Inkrement kann auf mindestens drei verschiedene Arten ausgedrückt werden:

++a
a+=1
a=a+1

Welche Notation sollen wir verwenden? Und warum? Wir bevorzugen die erste Version **++a**, weil sie am direktesten die Idee der Inkrementierung ausdrückt. Sie gibt an, *was* wir machen wollen (**a** inkrementieren), anstatt die Betonung darauf zu legen, wie es zu tun ist (addiere **1** zu **a** und schreibe dann das Ergebnis in **a**). Im Allgemeinen gilt, dass eine Art, etwas in einem Programm auszudrücken, einer anderen Art vorzuziehen ist, wenn sie eine Idee direkter ausdrückt. Der resultierende Code ist knapper und für einen Leser leichter zu verstehen. Wenn wir **a=a+1** schreiben würden, könnte ein Leser sich fragen, ob wir wirklich um **1** inkrementieren wollten. Vielleicht unterlaufen uns auch einfach Tippfehler wie **a=b+1**, **a=a+2** oder sogar **a=a-1**. Der Ausdruck **++a** bietet weniger Gelegenheit für solche Fehler, sodass auch weniger Zweifel bleiben. Beachten Sie, dass wir zur Begründung unserer Entscheidung allein die Lesbarkeit und die Korrektheit angeführt haben, nicht die Effizienz. Entgegen dem allgemeinen Glauben erzeugen nämlich moderne Compiler für **a=a+1** üblicherweise genau den gleichen Code wie für **++a**, sofern **a** einem der integrierten Typen angehört. Aus den gleichen Gründen ziehen wir auch **a*=scale** der Schreibweise **a=a*scale** vor.

4.3.3 Typumwandlungen

Wir können in Ausdrücken verschiedene Typen mischen. So wird zum Beispiel im Ausdruck **2.5/2** ein **double**-Wert durch einen **int**-Wert geteilt. Was bedeutet das? Haben wir es hier mit einer Integer- oder einer Gleitkommadivision zu tun? Bei einer Integer-Division fällt der Rest weg. So ist beispielsweise **5/2** gleich **2**. Eine Gleitkommadivision ist insofern anders, als es keinen Rest gibt, der wegfallen kann; z.B. ist **5.0/2.0** gleich **2.5**. Die Antwort auf die Frage „Ist **2.5/2** eine Integer- oder eine Gleitkommadivision?" muss daher lauten: „Eine Gleitkommadivision natürlich, da wir ansonsten Informationen verlieren." Wir würden also **1.25** als Ergebnis vorziehen und **1.25** ist genau das, was wir erhalten. Als Regel gilt (für die Typen, die wir bisher kennengelernt haben): Wenn einer der Operanden eines Operators vom Typ **double** ist, wird die Gleitkommaarithmetik angewendet und ein **double**-Ergebnis zurückgeliefert. Ansonsten wird die Integer-Arithmetik angewendet und wir erhalten ein **int**-Ergebnis. Zum Beispiel:

5/2 ist **2** (nicht **2.5**)
2.5/2 bedeutet **2.5/double(2)**,[2] d.h. **1.25**
'a'+1 bedeutet **int('a')+1**

Mit anderen Worten: Wo notwendig, wandelt der Compiler **int**- in **double**-Operanden um oder **char**- in **int**-Operanden. Er „befördert" die Operanden sozusagen, weswegen man im Englischen auch von „Promotion" spricht. Sobald das Ergebnis berechnet ist, muss es vom Compiler unter Umständen (erneut) umgewandelt werden, um es als Initialisierer oder für die rechte Seite einer Zuweisung zu verwenden. Zum Beispiel:

double d = 2.5;
int i = 2;

double d2 = d/i;   // d2 == 1.25
int i2 = d/i;   // i2 == 1

d2 = d/i;   // d2 == 1.25
i2 = d/i;   // i2 == 1

---

2 Mit **double(x)** können wir den C++-Compiler explizit beauftragen, einen Wert x in einen **double**-Wert umzuwandeln. Ähnliches gilt für andere Typen, wie zum Beispiel **int(x)**.

Beachten Sie, dass Integer-Divisionen in Ausdrücken, die Gleitkommaoperanden enthalten, leicht übersehen werden. Schauen wir uns dazu die bekannte Formel zur Umrechnung von Grad Celsius in Grad Fahrenheit an: **f=9/5*c+32**. Wir könnten schreiben

double dc;
cin >> dc;
double df = 9/5*dc+32;   // Achtung!

Doch dieser Ausdruck liefert logischerweise keine korrekte Umwandlung der Temperaturskala, da der Wert von **9/5** gleich **1** und nicht wie erwartet **1.8** ist. Damit der Code mathematisch korrekt wird, müssen entweder **9** oder **5** (oder beide) in einen **double**-Wert geändert werden. Zum Beispiel:

double dc;
cin >> dc;
double df = 9.0/5*dc+32;   // besser

4.4 Anweisungen

Ein Ausdruck berechnet einen Wert für eine Kombination von Operanden und Operatoren, wie denen aus §4.3. Was aber, wenn wir mehrere Werte erzeugen möchten? Wie, wenn wir etwas wiederholt tun möchten? Wenn wir zwischen verschiedenen Alternativen wählen möchten? Wenn wir Eingaben einlesen oder Ergebnisse ausgeben möchten? In C++, wie in vielen anderen Programmiersprachen, verwenden wir für solche Aufgaben Konstrukte, die *Anweisungen* genannt werden.

Bisher haben wir zwei Arten von Anweisungen kennengelernt: Ausdrucksanweisungen und Deklarationen. Ausdrucksanweisungen sind einfach Ausdrücke, die mit einem Semikolon abgeschlossen werden. Zum Beispiel:

a = b;
++b;

Dies sind beides Ausdrucksanweisungen. Beachten Sie, dass die Zuweisung **=** ein Operator ist, folglich ist **a=b** ein Ausdruck und wir benötigen ein abschließendes Semikolon, um daraus die Anweisung **a=b;** zu machen. Warum ist das Semikolon erforderlich? Der Grund ist überwiegend technischer Natur. Betrachten Sie dazu folgenden Code:

a = b ++ b;   // Syntaxfehler: fehlendes Semikolon

Ohne das Semikolon weiß der Compiler nicht, ob wir **a=b++; b;** oder **a=b; ++b;** meinen. Diese Art von Problem ist keineswegs auf Computersprachen beschränkt. Nehmen Sie nur den Satz „Ich rate ihm zu helfen". Wer hilft hier wem? Erst die Interpunktion beseitigt das Problem und klärt, ob es „Ich rate, ihm zu helfen" oder „Ich rate ihm, zu helfen" heißt.

Wenn mehrere Anweisungen aufeinanderfolgen, führt sie der Compiler in der Reihenfolge aus, in der sie niedergeschrieben sind. Zum Beispiel:

int a = 7;
cout << a << '\n';

Hier wird die Deklaration, zusammen mit ihrer Initialisierung, vor der Ausgabeanweisung ausgeführt.

Im Allgemeinen möchten wir mit einer Anweisung etwas bewirken. Anweisungen ohne Effekt sind meist nutzlos:

```
1+2;    // eine Addition ausführen, aber die Summe nicht weiterverwenden
a*b;    // eine Multiplikation ausführen, aber das Produkt nicht weiterverwenden
```

Anweisungen wie diese, die keinen Effekt haben, sind meistens logische Fehler, weswegen viele Compiler eine Warnung ausgeben, wenn sie über solche Anweisungen stolpern. Aus diesem Grund sind Ausdrucksanweisungen typischerweise Zuweisungen, E/A-Anweisungen oder Funktionsaufrufe.

Sehen wir uns noch einen weiteren Typ von Anweisung an, die „leere Anweisung":

```
if (x == 5);
{ y = 3; }
```

Das sieht wie ein Fehler aus und mit großer Wahrscheinlichkeit ist es auch einer. Das Semikolon ; in der ersten Zeile sollte dort nicht stehen. Doch leider ist dies in C++ eine legale Konstruktion. Es handelt sich hier um eine *leere Anweisung*, eine Anweisung, die nichts macht. Leere Anweisungen vor einem Semikolon sind selten nützlich. Im obigen Beispiel führt sie unglücklicherweise dazu, dass der Compiler etwas akzeptiert, was nahezu sicher ein Fehler ist. Folglich wird der Compiler Sie auch nicht davor warnen und es wird für Sie viel schwerer, den Fehler zu finden.

Was geschieht nun, wenn dieser Code ausgeführt wird? Der Compiler prüft **x**, um zu sehen, ob es den Wert **5** enthält. Ist die Bedingung erfüllt, wird die folgende Anweisung (die leere Anweisung) ausgeführt – mit dem Effekt, dass nichts weiter geschieht. Dann fährt das Programm mit der nächsten Zeile fort und weist **y** den Wert **3** zu (was für **x** gleich **5** genau das ist, was wir erreichen wollten). Wenn andererseits **x** nicht den Wert **5** hat, führt der Compiler die leere Anweisung nicht aus (wieder kein Effekt) und fährt wie gehabt damit fort, dass er **y** den Wert **3** zuweist (was eigentlich nur geschehen sollte, wenn **x** gleich **5** ist). Mit anderen Worten: Die **if**-Anweisung ist ausgehebelt, **y** wird auf jeden Fall der Wert **3** zugewiesen. Der hier beschriebene Fehler unterläuft vor allem Anfängern. Seien Sie also gewarnt, zumal diese Art von Fehler im Nachhinein meist nur schwer aufzuspüren ist.

Der nächste Abschnitt beschäftigt sich mit Anweisungen, die dazu dienen, die Auswertungsreihenfolge zu verändern, damit wir interessantere Berechnungen durchführen können, als es durch die Ausführung der Anweisungen in der niedergeschriebenen Reihenfolge möglich ist.

4.4.1 Auswahlanweisungen

In Programmen, wie im richtigen Leben, müssen wir uns oft zwischen mehreren Alternativen entscheiden. In C++ verwenden wir dazu entweder eine **if**-Anweisung oder eine **switch**-Anweisung.

4.4.1.1 if-Anweisungen

Die einfachste Form der Auswahl ist die **if**-Anweisung, die zwischen zwei Alternativen entscheidet. Zum Beispiel:

```
int main()
{
    int a = 0;
    int b = 0;
```

```
cout << "Geben Sie bitte zwei ganze Zahlen ein:\n";
cin >> a >> b;

if (a<b)    // Bedingung
    // 1. Alternative (wird ausgeführt, wenn die Bedingung wahr (true) ist):
    cout << "max(" << a << "," << b <<") ist " << b <<"\n";
else
    // 2. Alternative (wird ausgeführt, wenn die Bedingung falsch (false) ist):
    cout << "max(" << a << "," << b <<") ist " << a << "\n";
}
```

Eine **if**-Anweisung wählt zwischen zwei Alternativen. Wenn die Bedingung wahr ist (**true**), wird die erste Anweisung ausgeführt, ansonsten die zweite. Dieses Konzept ist einfach – wie die meisten fundamentalen Programmiersprachenelemente, die häufig nur eine neue Notation für etwas sind, das Sie bereits aus der Grundschule oder von noch früher kennen. So hat man Sie wahrscheinlich schon im Kindergarten gelehrt, dass man eine Straße erst überquert, wenn die Fußgängerampel auf Grün schaltet: „Bei Grün gehen, bei Rot stehen." In C++ wird daraus etwa folgender Code:

if (traffic_light==green) go();

und

if (traffic_light==red) wait();

Das Prinzip der **if**-Anweisung ist leicht zu begreifen. Nahezu ebenso leicht ist es aber auch, **if**-Anweisungen in einer zu einfachen, zu sorglosen Art und Weise einzusetzen. Betrachten Sie dazu das folgende Programm und versuchen Sie herauszufinden, was an diesem Programm falsch ist (abgesehen davon, dass die **#include**-Direktive fehlt):

```
// wandelt von Inch in Zentimeter oder von Zentimeter in Inch um
// ein Suffix 'i' oder 'c' gibt die Einheit der Eingabe an

int main()
{
    const double cm_per_inch = 2.54;    // Anzahl Zentimeter pro Inch
    double length = 1;                   // Länge in Inch oder Zentimeter
    char unit = 0;
    cout<< "Geben Sie eine Laenge gefolgt von einer Einheit ein (c oder i):\n";
    cin >> length >> unit;

    if (unit == 'i')
        cout << length << "in == " << cm_per_inch*length << "cm\n";
    else
        cout << length << "cm == " << length/cm_per_inch << "in\n";
}
```

Grundsätzlich arbeitet dieses Programm wie beabsichtigt: Geben Sie „1i" ein und Sie erhalten „1i == 2.54cm"; geben Sie „2.54c" ein und Sie erhalten „2.54cm == 1in". Probieren Sie das Beispiel ruhig aus, es ist eine gute praktische Übung.

4 Berechnungen und Anweisungen

Der Haken ist, dass das Programm nicht auf ungültige Eingaben achtet. Es geht einfach davon aus, dass der Benutzer stets ordnungsgemäße Eingaben macht. Die Bedingung **unit=='i'** unterscheidet nur zwischen der Einheit **'i'** und allen anderen Fällen. Sie prüft nie gegen **'c'**.

Was wäre, wenn der Benutzer aus Spaß oder Unachtsamkeit „15km" (für Kilometer) eingäbe? Die Bedingung (**unit=='i'**) wäre nicht erfüllt und das Programm würde den **else**-Zweig (die zweite Alternative) ausführen und von Zentimeter in Inch umrechnen. Das wäre mit Sicherheit nicht das, was der Benutzer mit seiner Kilometerangabe erreichen wollte.

> **Tipp** Wir müssen unsere Programme immer gegen „ungültige" Eingaben absichern, da früher oder später irgendein Benutzer – sei es Absicht oder nicht – unzulässige Daten eingeben wird. Ein Programm sollte sich stets vernünftig verhalten, auch wenn man das von seinen Benutzern nicht immer sagen kann.

Die verbesserte Version sieht daher wie folgt aus:

```cpp
// wandelt von Inch in Zentimeter oder von Zentimeter in Inch um
// ein Suffix 'i' oder 'c' gibt die Einheit der Eingabe an
// jedes andere Suffix ist ein Fehler

int main()
{
    const double cm_per_inch = 2.54;   // Anzahl Zentimeter pro Inch
    double length = 1;                  // Länge in Inch oder Zentimeter
    char unit = ' ';                    // ein Leerzeichen ist keine Einheit
    cout<< "Geben Sie eine Laenge gefolgt von einer Einheit ein (c oder i):\n";
    cin >> length >> unit;

    if (unit == 'i')
        cout << length << "in == " << cm_per_inch*length << "cm\n";
    else if (unit == 'c')
        cout << length << "cm == " << length/cm_per_inch << "in\n";
    else
        cout << "Sorry, die Einheit '" << unit << "' ist mir nicht bekannt\n";
}
```

Wir vergleichen den Wert in **unit** zuerst mit **'i'** (**unit=='i'**) und dann mit **'c'** (**unit=='c'**). Wenn keiner der Vergleiche **true** ergibt, sagen wir „Sorry". Auf den ersten Blick könnte man denken, wir verwenden hier eine **else-if**-Anweisung, aber so etwas gibt es in C++ nicht. Stattdessen haben wir zwei **if**-Anweisungen kombiniert. Die allgemeine Form einer **if**-Anweisung lautet:

if (*Ausdruck*) *Anweisung* **else** *Anweisung*

Also ein **if** gefolgt von einem *Ausdruck* in Klammern gefolgt von einer *Anweisung* gefolgt von einem **else** gefolgt von einer *Anweisung*. Was wir nun gemacht haben, ist, eine **if**-Anweisung als den **else**-Teil einer anderen **if**-Anweisung zu verwenden:

if (*Ausdruck*) *Anweisung* **else if** (*Ausdruck*) *Anweisung* **else** *Anweisung*

Für unser Programm erhalten wir damit folgende Struktur:

```
if (unit == 'i')
    ...           // 1. Alternative
else if (unit == 'c')
    ...           // 2. Alternative
else
    ...           // 3. Alternative
```

Auf diese Weise können wir beliebig komplexe Tests schreiben und jede Alternative mit einer eigenen Anweisung verbinden. Doch denken Sie immer daran, dass guter Code sich durch Einfachheit und nicht durch Komplexität auszeichnet. Kluge Köpfe müssen sich nicht dadurch beweisen, dass sie die kompliziertesten Programme schreiben. Kompetenz zeigt sich eher darin, Aufgaben mit möglichst einfachem Code zu lösen.

> **Tipp**

> ### Testen Sie Ihr Können
>
> Nehmen Sie das obige Beispiel als Grundlage für ein Programm, das Yen, Euro und Pfund in Dollar umrechnet. Wenn Sie es gerne realistisch mögen, recherchieren Sie die aktuellen Umrechnungskurse im Internet.

4.4.1.2 switch-Anweisungen

Eigentlich ist der Vergleich von **unit** mit **'i'** und **'c'** ein Beispiel für die wohl häufigste Art, eine Auswahl zu treffen: nämlich durch Vergleich eines Wertes mit mehreren Konstanten. Diese Form der Auswahl kommt so häufig vor, dass C++ dafür eine eigene Anweisung zur Verfügung stellt: die **switch**-Anweisung. Mit ihr lässt sich unser Beispiel wie folgt schreiben:

```
int main()
{
    const double cm_per_inch = 2.54;   // Anzahl Zentimeter pro Inch
    double length = 1;                 // Länge in Inch oder Zentimeter
    char unit = 'a';
    cout<< "Geben Sie eine Laenge gefolgt von einer Einheit ein (c oder i):\n";
    cin >> length >> unit;
    switch (unit) {
    case 'i':
        cout << length << "in == " << cm_per_inch*length << "cm\n";
        break;
    case 'c':
        cout << length << "cm == " << length/cm_per_inch << "in\n";
        break;
    default:
        cout << "Sorry, die Einheit '" << unit << "' ist mir nicht bekannt\n";
        break;
    }
}
```

Die Syntax der **switch**-Anweisung ist zwar archaisch, aber immer noch klarer als eine Folge verschachtelter **if**-Anweisungen – vor allem, wenn wir einen Wert mit mehreren Konstanten vergleichen. Der Wert, den wir in Klammern nach dem Schlüsselwort **switch** präsentieren, wird mit einer Gruppe

> von Konstanten verglichen. Die Konstanten wiederum werden als Teil von **case**-Marken präsentiert – für jede Konstante eine eigene **case**-Marke. Stimmt der präsentierte Wert mit einer der Konstanten aus den **case**-Marken überein, wird die Anweisung für diesen Fall (**case**) ausgewählt. Jeder Fall wird mit einem **break** abgeschlossen. Wenn der Wert mit keiner der **case**-Marken übereinstimmt, wird die Anweisung ausgewählt, die auf die **default**-Marke folgt. Die **default**-Marke ist optional. Sie sollten allerdings nur dann auf sie verzichten, wenn Sie sich absolut sicher sind, alle Alternativen mit **case**-Marken abgefangen zu haben. (Und wie schwer es ist, sich über irgendetwas absolut sicher zu sein, wird Sie spätestens das Programmieren lehren.)

4.4.1.3 Technische Aspekte der switch-Anweisung

Für **switch**-Anweisungen gelten folgende Regeln:

1 Der Wert, nach dem wir verzweigen, muss von einem Integer-, **char**- oder Aufzählungstyp (§9.5) sein. Strings und Werte anderer Typen sind nicht erlaubt.

2 Die Werte in den **case**-Marken müssen konstante Ausdrücke (§4.3.1) sein. Insbesondere können Sie in einer **case**-Marke keine Variable verwenden.

3 Sie können nicht den gleichen Wert für zwei **case**-Marken verwenden.

4 Sie können mehrere **case**-Marken für einen Fall verwenden.

5 Vergessen Sie nicht, jeden Fall mit einer **break**-Anweisung abzuschließen. Leider erhalten Sie vom Compiler keine Warnung, wenn Sie dies vergessen haben.

Ein Beispiel:

```
int main()    // der switch-Wert muss ein Integer usw. sein
{
  cout << "Gehen Sie gerne Angeln?\n";
  string s;
  cin >> s;
  switch (s) {   // Fehler: der Wert muss von einem Integer-, char- oder Aufzählungstyp sein
  case "nein":
    // ...
     break;
  case "ja":
    // ...
     break;
  }
}
```

Soll die Auswahl auf der Basis eines Strings getroffen werden, müssen Sie eine **if**-Anweisung oder eine Map (Kapitel 21) verwenden.

Die **switch**-Anweisung erzeugt optimierten Code für den Vergleich mit einer Reihe von Konstanten. Bei einer größeren Anzahl von Konstanten wird damit oft effizienterer Code erzeugt als durch eine Ballung verschachtelter **if**-Anweisungen. Dafür müssen Sie jedoch die Einschränkung hinnehmen, dass die Werte der **case**-Marken eindeutige Konstanten sein müssen. Zum Beispiel:

```cpp
int main()      // case-Marken müssen Konstanten sein
{
  // definiere Alternativen:
  int y = 'y';       // dies wird Ärger verursachen
  const char n = 'n';
  const char m = '?';
  cout << "Gehen Sie gerne angeln?\n";
  char a;
  cin >> a;
  switch (a) {
  case n:
     // ...
     break;
  case y:       // Fehler: Variable in der case-Marke
     // ...
     break;
  case m:
     // ...
     break;
  case 'n':     // Fehler: doppelte case-Marke (der Wert von n ist 'n')
     // ...
     break;
  default:
     // ...
     break;
  }
}
```

Oft kommt es vor, dass für mehrere Werte einer **switch**-Anweisung die gleiche Aktion ausgeführt werden soll. Da es ermüdend wäre, den betreffenden Code mehrfach zu wiederholen, gibt es eine Möglichkeit, wie Sie eine einzige Aktion mit mehreren **case**-Marken verbinden können:

```cpp
int main()   // Sie können eine Anweisung mit mehreren case-Marken verbinden
{
  cout << "Geben Sie eine Ziffer ein\n";
  char a;
  cin >> a;

  switch (a) {
  case '0': case '2': case '4': case '6': case '8':
     cout << "ist gerade\n";
     break;
  case '1': case '3': case '5': case '7': case '9':
     cout << "ist ungerade\n";
     break;
  default:
     cout << "ist keine Ziffer\n";
     break;
  }
}
```

4 Berechnungen und Anweisungen

Der häufigste Fehler, der in Zusammenhang mit **switch**-Anweisungen gemacht wird, ist die **break**-Anweisung zu vergessen, mit der jeder Vergleich abgeschlossen werden sollte.

```
int main() // Beispiel für schlechten Code (ein break fehlt)
{
  const double cm_per_inch = 2.54;    // Anzahl der Zentimeter pro Inch
  double length = 1;                  // Länge in Inch oder Zentimeter
  char unit = 'a';
  cout << "Geben Sie eine Laenge gefolgt von einer Einheit ein (c oder i):\n";
  cin >> length >> unit;
  switch (unit) {

  case 'i':
    cout << length << "in == " << cm_per_inch*length << "cm\n";
  case 'c':
    cout << length << "cm == " << length/cm_per_inch << "in\n";
  }
}
```

Leider akzeptiert der Compiler diesen Code – mit der unangenehmen Konsequenz, dass Ihr Programm nach Ausführung des 'i'-Falls mit der Anweisung des 'c'-Falls fortfährt. Konkret bedeutet das, dass das Programm bei der Eingabe „2i" folgende Ausgabe erzeugt:

2in == 5.08cm
2cm == 0.787402in

Seien Sie also gewarnt!

> ### Testen Sie Ihr Können
> Schreiben Sie den Währungsrechner aus der vorherigen Aufgabe um und verwenden Sie diesmal eine **switch**-Anweisung. Lassen Sie auch Yuan und Kroner umrechnen. Welche Programmversion ist einfacher zu programmieren, zu verstehen und zu ändern? Warum?

4.4.2 Schleifen

Selten führen wir eine Aktion nur ein einziges Mal aus. Deshalb bieten Programmiersprachen spezielle Konstrukte an, mit denen man einen Code mehrmals hintereinander ausführen kann. Man nennt diese Konstrukte *Schleifen* und den Vorgang eine *Wiederholung* oder – besonders wenn Sie die Aktion auf mehreren oder allen Elementen einer Datenstruktur anwenden – auch *Iteration*.

4.4.2.1 while-Anweisungen

Als Beispiel für eine Iteration wollen wir Ihnen das erste Programm vorstellen, das jemals auf einem Computer mit „gespeichertem" Programm (dem EDSAC) ausgeführt wurde. Es wurde von David Wheeler geschrieben und von ihm am 6. Mai 1949 im Computerlabor der Cambridge-Universität, England, ausgeführt. Die Aufgabe war, eine Reihe von Quadratzahlen zu berechnen und als Liste auszugeben:

```
0    0
1    1
2    4
3    9
4    16
...
98   9604
99   9801
```

In jeder Zeile steht eine Zahl gefolgt von einem Tabulatorzeichen (**'\t'**) und dem Quadrat der Zahl. Eine C++-Version dieses Programms würde folgendermaßen aussehen:

```
// berechnet die Quadratzahlen von 0–99 und gibt sie tabellarisch aus
int main()
{
  int i = 0;   // starte mit 0
  while (i<100) {
    cout << i << '\t' << square(i) << '\n';
    ++i ;    // inkrementiere i (d.h., i wird zu i+1)
  }
}
```

Die Notation **square(i)** steht hier für das Quadrat von **i**. Wieso dem so ist, erklären wir später (§4.5).

Dieses erste Programm einer neuen Ära wurde natürlich noch nicht in C++ geschrieben, aber seine Logik war die gleiche wie in unserem Code:

- Wir beginnen mit 0.
- Wir prüfen, ob wir 100 erreicht haben. Falls ja, sind wir fertig.
- Ansonsten geben wir die Zahl und ihre Quadratzahl getrennt durch ein Tabulatorzeichen (\t) aus, erhöhen die Zahl und starten einen neuen Durchgang.

Um diese Logik umsetzen zu können, benötigen wir:

- Eine Möglichkeit, Anweisungen zu wiederholen (in einer Schleife zu durchlaufen);
- Eine Variable, die kontrolliert, wie oft wir die Schleife durchlaufen haben (eine *Schleifenvariable* oder *Laufvariable*); hier eine Variable vom Typ **int** namens **i**;
- Einen Initialisierer für die Schleifenvariable; hier **0**;
- Eine Abbruchbedingung; hier die Angabe, dass wir die Schleife 100-mal durchlaufen möchten;
- Etwas, das bei jedem Schleifendurchlauf gemacht werden soll (der *Rumpf* der Schleife).

Das Sprachkonstrukt, das wir verwendet haben, heißt **while**-Anweisung. Sie wird durch das Schlüsselwort **while** identifiziert und besteht aus einer Bedingung im „Schleifenkopf" gefolgt vom „Rumpf" der Schleife:

```
while (i<100)   // die Schleifenbedingung prüft die Schleifenvariable i
{
  cout << i << '\t' << square(i) << '\n';
  ++i ;     // inkrementiere die Schleifenvariable i
}
```

Der Schleifenrumpf ist ein Codeblock (in geschweiften Klammern), der eine Reihe der Tabelle ausgibt und die Schleifenvariable **i** inkrementiert. Wir beginnen jeden Durchlauf durch die Schleife mit dem Test, ob **i<100** ist. Wenn ja, sind wir noch nicht fertig und können den Schleifenrumpf ausführen. Wenn wir das Ende erreicht haben, d.h., wenn **i** den Wert **100** hat, verlassen wir die **while**-Anweisung und führen den Code aus, der darunter folgt. In diesem Programm ist dies das Ende des Programms, sodass wir das Programm verlassen.

Die Schleifenvariable für eine **while**-Anweisung muss außerhalb (vor) der **while**-Anweisung definiert und initialisiert werden. Vergessen wir, die Schleifenvariable zu definieren, straft uns der Compiler mit einer Fehlermeldung. Wenn wir die Variable definieren, aber nicht initialisieren, gehen die meisten Compiler so vor, dass sie uns mit einer Meldung der Form „Lokale Variable **i** ist nicht initialisiert" warnen, uns aber trotzdem gestatten, das Programm zu kompilieren und auszuführen. Tun Sie es nicht! Compiler irren sich fast nie, wenn sie Warnungen über nicht initialisierte Variablen ausgeben, und nicht initialisierte Variablen sind eine häufige Fehlerquelle. Glücklicherweise haben wir in unserem Code

int i = 0;   // starte von 0

geschrieben, sodass alles in Ordnung ist.

Eine Schleife zu schreiben, ist im Grunde keine schwierige Aufgabe. Dennoch kann es sich bei realen Aufgabenstellungen als recht knifflig erweisen, alles richtig zu machen. Insbesondere die korrekte Formulierung der Bedingung und die Initialisierung der Variablen (damit die Schleife ordnungsgemäß startet) können Schwierigkeiten bereiten.

> ### Testen Sie Ihr Können
>
> Das Zeichen **'b'** ist gleich **char('a'+1)**, **'c'** ist gleich **char('a'+2)** usw. Verwenden Sie eine Schleife, um eine Tabelle der Zeichen mit ihren zugehörigen Integer-Werten auszugeben:
>
> a   97
> b   98
> ...
> z   122

4.4.2.2 Blöcke

Beachten Sie, wie wir die zwei Anweisungen, die von der **while**-Anweisung ausgeführt werden müssen, zusammengefasst haben:

```
while (i<100)
{
  cout << i << '\t' << square(i) << '\n';
  ++i ;   // inkrementiere i (d.h., i wird zu i+1)
}
```

 Eine Folge von Anweisungen, die zwischen den geschweiften Klammern **{** und **}** steht, wird *Block* oder *Verbundanweisung* genannt. Ein Block ist eine Form der Anweisung. Der leere Block **{ }** ist manchmal ganz nützlich, um auszudrücken, dass nichts gemacht werden soll. Zum Beispiel:

```
if (a<=b) {    // tue nichts
}
else {         // tausche a und b
  int t = a;
  a = b;
  b = t;
}
```

4.4.2.3 for-Anweisungen

Das Iterieren über eine geordnete Folge von Zahlen kommt so häufig vor, dass es in C++ wie auch den meisten anderen Programmiersprachen eine spezielle Syntax dafür gibt. Die for-Anweisung gleicht der while-Anweisung, nur dass die Anweisungen zur Verwaltung der Schleifenvariablen im Schleifenkopf zusammengezogen wurden, wo sie leicht zu sehen und zu kontrollieren sind. Wir hätten das „erste Programm" also auch folgendermaßen schreiben können:

```
// berechnet die Quadratzahlen von 0-99 und gibt sie tabellarisch aus
int main()
{
  for (int i = 0; i<100; ++i)
    cout << i << '\t' << square(i) << '\n';
}
```

Dieser Code lässt sich folgendermaßen lesen: „Führe den Rumpf aus, beginnend mit i gleich 0. Inkrementiere i nach jeder Ausführung des Rumpfes um 1 und ende, wenn 100 erreicht wird." Jede for-Anweisung kann auch als while-Anweisung ausgedrückt. In diesem Fall ließe sich

```
for (int i = 0; i<100; ++i)
  cout << i << '\t' << square(i) << '\n';
```

auch ausdrücken als

```
{
  int i = 0;                                  // Initialisierer der for-Anweisung
  while (i<100) {                             // Bedingung der for-Anweisung
    cout << i << '\t' << square(i) << '\n';   // Rumpf der for-Anweisung
    ++i;                                      // Inkrement der for-Anweisung
  }
}
```

Einige Anfänger bevorzugen while-Anweisungen, andere for-Anweisungen. Allerdings ist der Code von for-Anweisungen leichter zu verstehen und zu warten – vorausgesetzt, die gewünschte Schleife kann durch einfache Initialisierung, Bedingung und Inkrementoperation ausgedrückt werden. Sie sollten daher grundsätzlich die for-Anweisung bevorzugen und nur in Fällen, für die diese Voraussetzungen nicht gegeben sind, auf die while-Anweisung zurückgreifen.

Ändern Sie niemals im Rumpf einer for-Anweisung die Schleifenvariable. Niemand würde ein solches Verhalten von einer for-Anweisung erwarten. Betrachten Sie dazu folgendes Codefragment:

```
int main()
{
  for (int i = 0; i<100; ++i) {    // für i im Bereich [0:100)
    cout << i << '\t' << square(i) << '\n';
    ++i;     // Was passiert hier? Das riecht nach einem Fehler!
  }
}
```

Jeder, der diese Schleife betrachtet, würde davon ausgehen, dass der Rumpf 100-mal ausgeführt wird. Dem ist jedoch nicht so. Das ++i im Schleifenrumpf sorgt dafür, dass i bei jedem Schleifendurchlauf zweimal inkrementiert wird, sodass wir nur für die 50 geraden Werte von i eine Ausgabe erhalten. Wenn wir auf Code wie diesen stoßen, würden wir automatisch von einem Fehler ausgehen – verursacht möglicherweise durch die schludrige Umwandlung einer **while**-Schleife. Wenn Sie eine Inkrementierung um 2 wünschen, sagen Sie es auch:

```
// berechnet die Quadratzahlen gerader Zahlen im Bereich [0:100) und gibt sie
// tabellarisch aus
int main()
{
  for (int i = 0; i<100; i+=2)
    cout << i << '\t' << square(i) << '\n';
}
```

 Bitte beachten Sie, dass die sauber und klarer formulierte Version bezeichnenderweise auch die kürzere ist. Das ist häufig so.

> ### Testen Sie Ihr Können
>
> Schreiben Sie das Beispiel mit den Zeichenwerten aus der vorherigen Aufgabe so um, dass es eine **for**-Schleife verwendet. Erweitern Sie danach das Programm so, dass es auch eine Tabelle der Integer-Werte für Großbuchstaben und Ziffern ausgibt.

4.5 Funktionen

Was verbirgt sich in dem oben vorgestellten Programm hinter **square(i)**? Es ist der Aufruf einer Funktion. In diesem Fall der Aufruf der Funktion **square** mit dem Argument **i**. Eine *Funktion* ist eine Anweisungsfolge, die mit einem Namen verbunden wurde und die ein Ergebnis zurückliefern kann, das als Rückgabewert bezeichnet wird. In der Standardbibliothek finden Sie eine Menge nützlicher Funktionen, wie die Funktion zur Berechnung der Quadratwurzel **sqrt()**, die wir in §3.4 verwendet haben. Viele Funktionen schreiben wir jedoch selber. Eine mögliche Definition von **square** könnte beispielsweise wie folgt aussehen:

```
int square(int x)    // liefere das Quadrat von x
{
  return x*x;
}
```

Die erste Zeile dieser Definition teilt uns mit, dass es sich hierbei um eine Funktion handelt (zu erkennen an den Klammern). Sie wird **square** genannt, übernimmt ein **int**-Argument (hier **x**) und liefert einen **int**-Wert zurück (der Typ des Ergebnisses steht immer am Anfang der Funktionsdeklaration). Wir können sie daher folgendermaßen aufrufen:

```
int main()
{
  cout << square(2) << '\n';    // gibt 4 aus
  cout << square(10) << '\n';   // gibt 100 aus
}
```

Wir müssen das Ergebnis eines Funktionsaufrufs nicht weiter nutzen (was allerdings die Frage aufwirft, warum wir die Funktion dann überhaupt aufgerufen haben), wir sind aber verpflichtet, der Funktion genau die Argumente zu übergeben, die sie benötigt. Sehen Sie dazu folgende Beispiele:

```
square(2);                // wahrscheinlich ein Fehler: nicht benutzter Rückgabewert
int v1 = square();        // Fehler: Argument fehlt
int v2 = square;          // Fehler: Klammern fehlen
int v3 = square(1,2);     // Fehler: zu viele Argumente
int v4 = square("two");   // Fehler: falscher Datentyp des Arguments — int erwartet
```

Viele Compiler warnen bei nicht benutzten Ergebnissen, die aufgeführten Fehlermeldungen geben alle aus. Vielleicht finden Sie, dass ein Computer intelligent genug sein sollte, um zu erkennen, dass Sie mit dem String **"two"** eigentlich den Integer-Wert **2** meinen. Doch der C++-Compiler stellt sich hier absichtlich dumm. Seine Aufgabe ist es sicherzustellen, dass Ihr Code dem C++-Standard entspricht, und ansonsten genau das zu übersetzen, was Sie ihm vorlegen, und nicht etwa zu raten, was Sie gemeint haben könnten. Ansonsten würde der Computer unausweichlich hin und wieder mit seinen Vermutungen falsch liegen und Sie – oder die Benutzer Ihres Programms – wären ziemlich verärgert. Schließlich ist es schon schwer genug vorherzusagen, was Ihr Code macht, ohne dass der Computer Ihnen beim Raten „hilft".

Der *Funktionsrumpf* ist der Block (§4.4.2), der die eigentliche Arbeit macht.

```
{
  return x*x;   // liefert das Quadrat von x zurück
}
```

Die Aufgabe von **square** ist trivial: Wir berechnen aus dem Argument das Quadrat und liefern diesen Wert als Ergebnis zurück. Es ist einfacher, dies in C++ auszudrücken als in Englisch. Doch das ist typisch für einfache Ideen. Und schließlich ist es die Aufgabe einer Programmiersprache, solche einfachen Ideen auch klar und eindeutig auszudrücken.

Die Syntax einer *Funktionsdefinition* kann folgendermaßen beschrieben werden:

Typ Bezeichner (Parameterliste) Funktionsrumpf

Zuerst kommt der Typ (der Datentyp des Rückgabewertes), gefolgt von einem Bezeichner (dem Namen der Funktion), gefolgt von der in Klammern stehenden Liste von Parametern, gefolgt von dem Rumpf der Funktion (die auszuführenden Anweisungen). Die Liste der Argumente, die die Funktion benötigt, wird auch als *Parameterliste* bezeichnet und ihre Elemente heißen *Parameter* (oder *formale Argumente*). Wenn wir keine Argumente benötigen, bleibt die Parameterliste leer. Wenn wir kein Ergebnis zurückliefern wollen, geben wir als Rückgabetyp **void** (d.h. „nichts, leer") an. Zum Beispiel:

```
void write_sorry()   // übernimmt kein Argument; liefert keinen Wert zurück
{
   cout << "Sorry\n";
}
```

Die sprachtechnischen Aspekte der Funktionen werden ausführlich in Kapitel 8 behandelt.

4.5.1 Wozu brauchen wir Funktionen?

Wir definieren Funktionen, wenn wir eine Berechnung oder Aufgabe isolieren und mit einem Namen versehen möchten. Dies bringt uns folgende Vorteile:

- Die Programmieraufgabe wird von anderen Berechnungen logisch getrennt.
- Der Programmcode wird verständlicher (weil wir der Berechnung einen Namen gegeben haben).
- Es ist möglich, die Funktion nicht nur an einer, sondern an mehreren Stellen zu verwenden.
- Das Testen wird erleichtert.

Wir werden im weiteren Verlauf dieses Buches noch etliche Beispiele zu den einzelnen Punkten sehen und manchmal sprechen wir den einen oder andern Grund direkt an – wie z.B. den Umstand, dass praxisnahe Programme aus Tausenden von Funktionen, ja manchmal sogar Hunderttausenden von Funktionen bestehen. Angesichts dieser Dimensionen leuchtet es ein, dass wir niemals imstande wären, solche Programme zu schreiben oder zu verstehen, wenn die einzelnen Teile (d.h. Berechnungen) nicht deutlich voneinander getrennt und benannt wären. Auch werden Sie bald feststellen, dass viele Funktionen wiederholt verwendet werden und dass Sie es schnell leid wären, wenn sie ihre Definitionen wieder und wieder niederschreiben müssten. Gut, vielleicht macht es Ihnen nichts aus, **x*x**, **7*7** oder **(x+7)*(x+7)** anstatt **square(x)**, **square(7)** oder **square(x+7)** zu schreiben. Doch das liegt nur daran, dass sich hinter **square** eine sehr einfache Berechnung verbirgt. Nehmen Sie dagegen die Berechnung der Quadratwurzel (in C++ heißt die Funktion **sqrt**): Auch Sie werden es vorziehen, **sqrt(x)**, **sqrt(7)** und **sqrt(x+7)** etc. zu schreiben, als ständig den relativ komplizierten und viele Zeilen langen Code zur Berechnung der Quadratwurzel eintippen zu müssen. Und es gibt noch einen weiteren Vorteil: Wenn Sie mit der Funktion arbeiten, müssen Sie sich nicht mit der Berechnung der Quadratwurzel befassen, es genügt vollauf zu wissen, dass der Aufruf **sqrt(x)** Ihnen die Quadratwurzel von **x** zurückliefert.

Mit der Definition und Verwendung von Funktionen ist eine ganze Reihe von technischen Aspekten verbunden. Diese werden wir uns allerdings für §8.5 aufheben. Hier schauen wir uns stattdessen ein weiteres Beispiel für ihren Einsatz an.

Wäre es uns darum gegangen, die Schleife in **main()** möglichst einfach zu halten, hätten wir schreiben können:

```
void print_square(int v)
{
   cout << v << '\t' << v*v << '\n';
}

int main()
{
   for (int i = 0; i<100; ++i) print_square(i);
}
```

Warum haben wir unser Programm nicht wie hier gezeigt mit **print_square()** geschrieben? Zum einem ist diese Version kaum einfacher als die Version mit **square()** und zum anderen gilt es auch Folgendes zu bedenken:

- **print_square()** ist eine ziemlich spezialisierte Funktion, sodass wir kaum hoffen können, sie später noch einmal wiederverwenden zu können – wohingegen **square()** ein eindeutiger Kandidat für weitere Einsätze ist.
- **square()** muss kaum dokumentiert werden, während **print_square()** offensichtlich einer Erläuterung bedarf.

Die Nachteile basieren darauf, dass **print_square()** zwei logisch getrennte Aktionen ausführt:

- Sie gibt Daten aus.
- Sie berechnet eine Quadratzahl.

Programme sind in der Regel einfacher zu schreiben und zu verstehen, wenn jede Funktion nur eine logische Aktion ausführt. Aus diesem Grunde hat die **square()**-Version das bessere Design.

Eine letzte Frage ist noch offen: Warum haben wir in der ersten Version des Problems **square(i)** statt einfach **i*i** verwendet? Nun, einer der Gründe für die Definition von Funktionen ist es, den Code zu vereinfachen, indem man komplizierte Berechnungen in benannte Funktionen auslagert. Als die Programmversion von 1949 geschrieben wurde, gab es noch keine Hardware, die selbstständig „Multiplizieren" konnte. Folglich war **i*i** in der Version von 1949 eine ziemlich komplizierte Berechnung, in etwa vergleichbar mit der manuellen Berechnung auf einem Stück Papier. Außerdem war der Programmierer der Originalversion, David Wheeler, der Erfinder des Funktionenkonzepts (damals sprach man von einer Subroutine), sodass es angemessen schien, diese Funktion hier zu verwenden.

> ### Testen Sie Ihr Können
>
> Implementieren Sie **square()** ohne den Multiplikationsoperator. Ersetzen Sie dazu **x*x** durch wiederholte Addition (setzen Sie eine Variable auf **0** und addieren Sie dazu **x**-mal **x**). Führen Sie das „erste Programm" unter Verwendung dieser **square()**-Version aus.

4.5.2 Funktionsdeklarationen

Ist Ihnen aufgefallen, dass alle Informationen, die für einen Funktionsaufruf benötigt werden, in der ersten Zeile der Funktionsdefinition stehen? Zum Beispiel:

int square(int x)

Diese Informationen genügen uns, um schreiben zu können:

int x = square(44);

Wir müssen uns also nicht den Funktionsrumpf ansehen, um die Funktion verwenden zu können. In realen Programmen wollen wir den Code der Funktionsrümpfe meist gar nicht sehen. Warum sollte uns auch der Rumpf der Funktion **sqrt()** aus der Standardbibliothek interessieren? Wir wissen, dass diese Funktion die Quadratwurzel ihres Arguments berechnet. Warum sollte uns der Rumpf unserer **square()**-

4 Berechnungen und Anweisungen

Funktion interessieren? Natürlich könnte es reine Neugier sein. Doch in der überwiegenden Zahl der Fälle sind wir nur daran interessiert, wie eine Funktion aufgerufen wird. Die Funktionsdefinition würde uns davon nur ablenken. Zum Glück bietet C++ eine Möglichkeit, die Informationen, die für den Aufruf benötigt werden, getrennt von der vollständigen Funktionsdefinition bereitzustellen – und zwar in Form der sogenannten *Funktionsdeklaration*.

int square(int);   // Deklaration von square
double sqrt(double);   // Deklaration von sqrt

Achten Sie auf das abschließende Semikolon. Das Semikolon tritt in der Funktionsdeklaration an die Stelle des Rumpfes in der Funktionsdefinition.

int square(int x)   // Definition von square
{
  return x*x;
}

Wenn Sie also eine Funktion nur benutzen wollen, reicht die Angabe der Deklaration – oder, was häufiger der Fall ist, die Einbindung mit **#include**. Dabei kann die Funktionsdefinition ganz woanders stehen. Wo das sein kann, werden Sie in §8.3 und §8.7 erfahren. Die Notwendigkeit, zwischen Deklaration und Definition zu unterscheiden, zeigt sich besonders in größeren Programmen, in denen die Deklarationen dazu dienen, den größten Teil des Codes vor unseren Augen zu verbergen, damit wir uns immer nur auf jeweils einen Teil des Programms konzentrieren können (§4.2).

4.6 Vektor

Wirklich interessant wird die Programmierung eigentlich erst, wenn wir beginnen, ganze Datensammlungen zu verarbeiten – beispielsweise eine Liste von Telefonnummern oder auch die Mitgliederliste eines Fußballteams, ein Kursverzeichnis, eine Liste der im letzten Jahr gelesenen Bücher, ein Katalog von Songs zum Herunterladen, eine Auflistung der Zahlungsmodalitäten für ein Auto, eine Übersicht der Wettervorhersagen für die nächste Woche, eine Liste mit den Preisen verschiedener Internetshops für Kameras etc. Die Möglichkeiten sind schier endlos und Beispiele in Programmen nahezu überall zu finden. Wir werden im Verlaufe des Buches verschiedene Wege zum Speichern von Datensammlungen (sprich verschiedene Datencontainer, siehe Kapitel 20 und 21) kennenlernen. Den Anfang macht einer der einfachsten und wohl nützlichsten Container zur Datenspeicherung: der Vektor, repräsentiert durch den Typ **vector**.

Ein **vector**-Container ist einfach eine Folge von Elementen, auf die Sie über einen Index zugreifen können (siehe ▶ Abbildung 4.4).

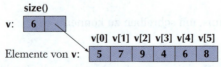

Abbildung 4.4: Beispiel für einen Vektor namens **v**

Das erste Element hat den Index 0, das zweite den Index 1 und so weiter. Angesprochen werden die Elemente durch Indizierung, d.h., hinter dem Namen des **vector**-Containers wird der Index des Elements angegeben. Für den Vektor aus Abbildung 4.4 hätte **v[0]** also den Wert **5**, **v[1]** den Wert **7** usw. Die Indizes für einen **vector**-Container beginnen immer mit 0 und werden um 1 erhöht. Kommt Ihnen das vertraut vor? Der **vector** der Standardbibliothek ist einfach die C++-Standardbibliothek-Version einer alten, weitverbreiteten Idee. In Abbildung 4.4 habe ich für den Vektor eine Darstellung gewählt, die deutlich macht, dass er „seine Größe kennt". Das heißt, ein **vector** speichert nicht nur seine Elemente, er speichert auch seine Größe.

Wir können einen solchen **vector**-Container beispielsweise wie folgt anlegen:

vector<int> v(6);   // Vektor von 6 Integer-Werten
v[0] = 5;
v[1] = 7;
v[2] = 9;
v[3] = 4;
v[4] = 6;
v[5] = 8;

Wie Sie sehen, müssen wir beim Anlegen eines **vector**-Containers den Typ der Elemente und die Anfangsgröße angeben. Der Typ der Elemente wird hinter **vector** in spitzen Klammern (**<>**) angegeben, hier **<int>**. Die anfängliche Anzahl der Elemente steht in runden Klammern hinter dem Namen, hier **(6)**. Hier noch ein weiteres Beispiel:

vector<string> philosopher(4);   // Vektor von 4 Strings
philosopher [0] = "Kant";
philosopher [1] = "Plato";
philosopher [2] = "Hume";
philosopher [3] = "Kierkegaard";

Selbstverständlich akzeptiert ein **vector** nur Elemente des von ihm deklarierten Elementtyps:

philosopher[2] = 99;   // Fehler: versucht, einem String einen Integer-Wert zuzuweisen
v[2] = "Hume";   // Fehler: versucht, einem Integer-Wert einen String zuzuweisen

Wenn wir einen **vector**-Container von einer bestimmten Größe definieren, werden die Elemente im Container mit dem Standardwert ihres Typs initialisiert. Zum Beispiel:

vector<int> v(6);   // Vektor von 6 Integer-Werten initialisiert mit 0
vector<string> philosopher(4);   // Vektor von 4 Strings initialisiert mit ""

Wenn Ihnen der Standardwert nicht zusagt, können Sie einen anderen vorgeben. Zum Beispiel:

vector<double> vd(1000,–1.2); // Vektor von 1000 double-Werten initialisiert mit –1.2

Beachten Sie, dass es zu Fehlern führt, wenn Sie auf ein nicht existentes Element eines Vektors zugreifen:

vd[20000] = 4.7;   // Laufzeitfehler

Im nächsten Kapitel werden wir uns eingehender mit Laufzeitfehlern und Problemen bei der Indizierung befassen.

4.6.1 Einen Vektor vergrößern

Häufig beginnen wir mit einem leeren **vector**-Container, den wir nach und nach auf seine endgültige Größe anwachsen lassen, während wir die von uns benötigten Daten einlesen oder berechnen. Die wichtigste Operation hierfür ist **push_back()**, die ein neues Element am Ende des **vector**-Containers einfügt. Das neue Element wird zum letzten Element. Zum Beispiel:

vector<double> v;   // am Anfang leer; d.h., v enthält keine Elemente

v: | 0 |

v.push_back(2.7);   // fügt am Ende von v ein Element mit dem Wert 2.7 ein
                       // v hat jetzt ein Element und v[0]==2.7

v: | 1 | → | 2.7 |

v.push_back(5.6);   // fügt am Ende von v ein Element mit dem Wert 5.6 ein
                       // v hat jetzt zwei Elemente und v[1]==5.6

v: | 2 | → | 2.7 | 5.6 |

v.push_back(7.9);   // fügt am Ende von v ein Element mit dem Wert 7.9 ein
                       // v hat jetzt drei Elemente und v[2]==7.9

v: | 3 | → | 2.7 | 5.6 | 7.9 |

Beachten Sie die Syntax für den Aufruf von **push_back()**. Man spricht dabei auch von *Memberfunktionsaufruf*. **push_back()** ist eine Memberfunktion von **vector** und muss mit folgender Punktnotation aufgerufen werden:

Aufruf einer Memberfunktion:
    Objektname . Name-der-Memberfunktion (Argumentenliste)

Die Größe eines **vector**-Containers erhalten Sie durch Aufruf einer weiteren **vector**-Memberfunktion: **size()**. Für einen leeren Container liefert **v.size()** den Wert **0**, und wenn Sie dem Container durch Aufruf von **push_back()** drei Elemente hinzugefügt haben, liefert **v.size()** den Wert **3**. Besonders hilfreich ist **size()**, wenn Sie in einer Schleife alle Elemente eines Vektors durchlaufen möchten:

```
for(int i=0; i<v.size(); ++i)
    cout << "v[" << i << "]==" <<v[i] << '\n';
```

Legt man die oben gezeigte Definition von **v** und die dort ausgeführten **push_back()**-Operationen zugrunde, gibt diese **for**-Schleife Folgendes aus:

v[0]==2.7
v[1]==5.6
v[2]==7.9

Wenn Sie bereits Programmiererfahrung haben, werden Sie feststellen, dass Vektoren große Ähnlichkeit mit den Arrays von C und anderen Programmiersprachen haben. Allerdings müssen Sie bei einem **vector**-Container die Größe (Länge) nicht im Voraus angeben und Sie können so viele Elemente hinzufügen, wie Sie wollen. Daneben verfügt der Vektor der C++-Standardbibliothek noch über andere nützliche Eigenschaften – wie Sie im weiteren Verlauf dieses Buches noch herausfinden werden.

4.6.2 Ein Zahlenbeispiel

Kommen wir nun zu einem etwas realistischerem Beispiel. In der Praxis stehen wir häufig vor dem Problem, dass wir Datensammlungen in unser Programm einlesen möchten, um sie dort in irgendeiner Weise weiterverarbeiten zu können – beispielsweise um eine Kurve aus den Werten zu erzeugen, den Mittel- oder Zentralwert zu berechnen, das größte Element festzustellen, die Werte zu sortieren, mit anderen Daten zu kombinieren, nach „interessanten" Daten zu suchen, mit anderen Daten zu vergleichen und so weiter. Die Möglichkeiten zur Weiterverarbeitung der Daten sind praktisch grenzenlos, doch erst müssen wir die Daten in den Speicher unseres Computers bekommen. Das nachfolgende Beispiel stellt ein Standardverfahren zum Einlesen einer unbekannten – möglicherweise großen – Menge von Daten in ein Programm vor. Als Daten verwenden wir Gleitkommazahlen, die Temperaturwerte repräsentieren:

```
// liest Temperaturwerte in einen vector-Container
int main()
{
  vector<double> temps;      // Temperaturwerte
  double temp;
  while (cin>>temp)          // lesen
    temps.push_back(temp);   // in Vektor speichern
  // ... tue etwas ...
}
```

Was passiert hier? Zuerst deklarieren wir den **vector**-Container, der die Daten aufnehmen soll, und eine Variable, in die wir die aktuell eingegebene Zahl einlesen können:

```
vector<double> temps;    // Temperaturwerte
double temp;
```

Hier legen wir fest, welche Art Daten wir als Eingabe erwarten. Wir lesen und speichern **double**-Werte.

Als Nächstes kommt die Schleife zum Einlesen der Werte:

```
while (cin>>temp)          // lesen
  temps.push_back(temp);   // in Vektor speichern
```

Mit **cin>>temp** lesen wir einen **double**-Wert ein, der anschließend mit **push_back()** an das Ende unseres **vector**-Containers angehängt wird. Die einzelnen beteiligten Operationen sind uns bereits bekannt, aber wir hatten bisher noch nicht den Fall, dass die Eingabeoperation **cin>>temp** als Bedingung einer **while**-Schleife verwendet wird. Kurz gesagt ist **cin>>temp** wahr (**true**), wenn ein Wert korrekt eingelesen wurde, und andernfalls falsch. Das bedeutet, dass die **while**-Schleife alle **double**-Werte einliest, die wir eingeben, und bei Eingabe eines anderen Zeichens stoppt. Lautet die Eingabe also

1.2 3.4 5.6 7.8 9.0 |

so nimmt der Vektor **temps** die fünf Elemente **1.2**, **3.4**, **5.6**, **7.8**, **9.0** auf (in dieser Reihenfolge wäre z.B. **temps[0]==1.2**). Wir haben die Eingabe hier mit dem Zeichen '**|**' beendet, aber wir hätten alles nehmen können, was keinen **double**-Wert darstellt. In §10.6 besprechen wir, wie man Eingaben beendet und Fehler bei der Eingabe behandelt.

Haben wir die Daten erst einmal in einem **vector**-Container gespeichert, können wir sie leicht weiterverarbeiten. Als Beispiel wollen wir den Mittel- und den Zentralwert (Median) der Temperaturen berechnen:

```
// Mittel- und Zentralwert der Temperaturen berechnen
int main()
{
    vector<double> temps;        // Temperaturwerte
    double temp;
    while (cin>>temp)            // lesen
      temps.push_back(temp);     // in Vektor speichern

    // Mittelwert der Temperaturen berechnen:
    double sum = 0;
    for (int i = 0; i< temps.size(); ++i) sum += temps[i];
    cout << "Mittlerer Temperaturwert: " << sum/temps.size() << endl;

    // Zentralwert der Temperaturen berechnen:
    sort(temps.begin(),temps.end());   // sortiere temps
                                       // "von Anfang bis Ende"
    cout << "Zentraler Temperaturwert: " << temps[temps.size()/2] << endl;
}
```

Wir berechnen die Durchschnittstemperatur, indem wir einfach alle Elemente in **sum** aufaddieren und dann die Summe durch die Anzahl der Elemente (d.h. **temps.size()**) teilen.

```
// Mittelwert der Temperaturen berechnen:
double sum = 0;
for (int i = 0; i< temps.size(); ++i) sum += temps[i];
cout << "Mittlerer Temperaturwert: " << sum/temps.size() << endl;
```

Beachten Sie, wie praktisch der **+=**-Operator hier ist.

Um einen Zentral- oder Medianwert zu berechnen (ein Wert, bei dem die Hälfte der Werte darunter und die andere Hälfte darüber liegen), müssen wir die Elemente sortieren. Hierzu verwenden wir den Sortieralgorithmus der Standardbibliothek: **sort()**.

```
// Zentralwert der Temperaturen berechnen:
sort(temps.begin(),temps.end());   // sortiere "von Anfang bis Ende"
cout << "Zentraler Temperaturwert: " << temps[temps.size()/2] << endl;
```

Der Sortieralgorithmus der Standardbibliothek, **sort()**, übernimmt zwei Argumente: den Anfang und das Ende der zu sortierenden Elementfolge. Auf die Algorithmen der Standardbibliothek werden wir zwar erst später (in Kapitel 20) zu sprechen kommen, aber glücklicherweise ist es gar nicht nötig, tiefer in die Theorie der Container und Algorithmen einzudringen, denn unser Vektor kennt seinen Anfang und sein Ende, sodass wir die Werte nur mit **temps.begin()** und **temps.end()** abrufen müssen. Beachten Sie, dass **begin()** und **end()** wie **size()** Memberfunktionen von **vector** sind, die wir mittels der Punktnotation für einen konkreten **vector**-Container aufrufen. Sind die Temperaturen erst einmal sortiert, ist es einfach, den Zentralwert zu ermitteln. Wir greifen uns einfach das mittlere Element heraus, das den Index **temps.size()/2** hat. Kritische Leser (und Programmierer sollten kritisch sein) könnten anführen, dass der so gefundene Wert nicht unbedingt ein Zentralwert im Sinne der obigen Definition ist. Dem ist tatsächlich so, und wir werden uns diesem Problem in Übung 2 am Ende dieses Kapitels zuwenden.

4.6.3 Ein Textbeispiel

Als wir uns für das Temperaturbeispiel entschieden haben, geschah dies nicht etwa, weil Temperaturen für Programmierer besonders interessant wären. Meteorologen, Agrarwissenschaftler, Ozeanografen und andere Berufsgruppen sind an Temperaturdaten und den davon abgeleiteten Werten wie Mittel- oder Zentralwert interessiert – wir nicht. Was das Beispiel für uns interessant macht, ist seine Allgemeingültigkeit: Der **vector**-Container und die dafür zur Verfügung stehenden Operationen eignen sich für ein weites Spektrum von Anwendungen. Ja, man kann sagen, dass **vector** (und ähnliche Datenstrukturen, siehe Kapitel 21) überall dort sinnvoll eingesetzt werden können, wo Daten zu analysieren sind – unabhängig von der Art der Daten. Um dies zu veranschaulichen, werden wir im Folgenden ein einfaches Wörterbuch erstellen:

```cpp
// einfaches Wörterbuch: Liste der sortierten Wörter
int main()
{
  vector<string> words;
  string temp;
  while (cin>>temp)              // liest die durch Whitespace getrennten Wörter
    words.push_back(temp);       // speichert sie in Vektor

  cout << "Anzahl Woerter: " << words.size() << endl;

  sort(words.begin(),words.end());   // sortiert "von Anfang bis Ende"

  for (int i = 0; i< words.size(); ++i)
    if (i==0 || words[i–1]!=words[i])  // ist dies ein neues Wort?
      cout << words[i] << "\n";
}
```

Wenn wir dieses Programm mit Wörtern füttern, wird es diese sortiert und ohne Wortwiederholungen ausgeben. Lautet die Eingabe zum Beispiel:

a man a plan panama

so erhalten wir folgende Ausgabe:

a
man
panama
plan

Wie beenden wir das Einlesen der String-Eingaben? Das heißt, wie beenden wir die Eingabeschleife?

```cpp
while (cin>>temp)          // lesen
  words.push_back(temp);   // in Vektor speichern
```

Als wir Zahlen eingelesen haben (§4.6.2), haben wir einfach irgendein Eingabezeichen gewählt, das keine Zahl war. Das geht hier nicht, weil jedes (normale) Zeichen in einen **string** gelesen werden kann. Zum Glück gibt es jedoch Zeichen, die „nicht normal" sind. Wie bereits in §3.5.1 erwähnt, kann man mit `Strg` + `Z` unter Windows einen Eingabestream beenden (unter Unix lautet der Befehl `Strg` + `D`).

Der größte Teil dieses Programms weist eine erstaunliche Ähnlichkeit mit dem Programm zu den Temperaturdaten auf. Was daran liegt, dass wir das Wörterbuch-Programm gar nicht neu aufgesetzt, sondern den Quellcode aus dem Temperatur-Programm kopiert und eingefügt haben. Das Einzige, was wirklich neu ist, ist der Test

if (i==0 || words[i–1]!=words[i])   // ist dies ein neues Wort?

Wenn Sie diese Zeile weglassen, lautet die Ausgabe

a
a
man
panama
plan

Wir wollten aber keine Wortwiederholungen in der Ausgabe und deswegen haben wir diesen Test eingefügt. Was genau macht der Test? Er prüft, ob das zuvor ausgegebene Wort von dem gerade auszugebenden Wort abweicht **(words[i–1]!=words[i])**. Wenn ja, geben wir das Wort aus, andernfalls nicht. Natürlich können wir noch nicht von einem vorherigen Wort sprechen, wenn wir gerade das erste Wort ausgeben **(i==0)**, sodass wir erst diese Bedingung prüfen und dann die beiden Tests mit dem **||**-Operator (Oder) kombinieren:

if (i==0 || words[i–1]!=words[i])   // ist dies ein neues Wort?

Beachten Sie, dass wir Strings vergleichen können. Hier verwenden wir **!=** (nicht gleich); allerdings können für Strings auch die Operatoren **==** (gleich), **<** (kleiner als), **<=** (kleiner gleich), **>** (größer) und **>=** (größer gleich) verwendet werden. Die Operatoren **<**, **>** usw. verwenden die bekannte alphabetische Sortierung, sodass **"Apartheit"** vor **"Apfel"** und **"Chinese"** kommt.

> ### Testen Sie Ihr Können
>
> Schreiben Sie ein Programm, das Wörter, die Sie nicht mögen, „ausstreicht". Lesen Sie die Wörter mit **cin** ein und geben Sie sie mit **cout** wieder aus. Gehört ein Wort zu denen, die in Ihrer Streichliste stehen, so geben Sie anstelle des Wortes **XXX** aus. Beginnen Sie mit einem auszustreichenden Wort wie
>
> **string disliked = "Brokkoli";**
>
> Wenn das funktioniert, erweitern Sie die Liste.

4.7 Sprachkonstrukte

In dem Temperatur- und dem Wörterbuch-Programm haben wir fast alle wichtigen Sprachelemente verwendet, die in diesem Kapitel vorgestellt wurden: Schleifen (die **for**- und die **while**-Anweisung), Auswahl (die **if**-Anweisung), einfache Arithmetik (die Operatoren **++** und **+=**), Vergleiche und logische Operatoren (die Operatoren **==**, **!=** und **||**), Variablen und Funktionen (z.B. **main()**, **sort()** und **size()**). Außerdem haben wir einige Elemente der Standardbibliothek kennengelernt, unter anderem **vector** (ein Container), **cout** (ein Ausgabestream) und **sort()** (ein Algorithmus).

Wenn man darüber nachdenkt, so konnten wir mit nur wenigen Konstrukten eine ganze Menge erreichen. Und genau so soll es sein! Jedes Konstrukt einer Programmiersprache drückt eine einfache, grundlegende Idee aus, die wir mit anderen Konstrukten auf vielfache, ja unendliche Weise zu sinnvollen, nützlichen Programmen kombinieren können. Das ist der Punkt: Ein Computer ist eben kein Gerät mit einer festen Funktion. Ein Computer ist eine Maschine, die wir so programmieren können, dass sie jede erdenkliche Berechnung durchführen kann. Und wenn wir den Computer mit Geräten und Schnittstellen verbinden, die mit der Welt außerhalb des Computers interagieren, können wir nahezu alles erreichen.

Aufgaben

Gehen Sie diese Aufgaben Schritt für Schritt durch. Versuchen Sie nicht, schnell fertig zu werden, indem Sie Schritte überspringen. Prüfen Sie jeden Schritt, indem Sie mindestens drei Wertepaare eingeben – mehr Werte wären noch besser.

1. Schreiben Sie ein Programm, das aus einer **while**-Schleife besteht, die bei jedem Schleifendurchlauf zwei **int**-Werte einliest und diese dann ausgibt. Verlassen Sie das Programm, wenn zum Beenden ein '|' eingegeben wurde.

2. Ändern Sie das Programm so, dass die Ausgabe lautet: „Der kleinere Wert ist: ", gefolgt von der kleineren der beiden Zahlen und weiter „Der größere Wert ist:", gefolgt von dem größeren Wert.

3. Erweitern Sie das Programm so, dass es die Zeile „Die Zahlen sind gleich" ausgibt, wenn die Zahlen gleich sind.

4. Ändern Sie das Programm so, dass es **double**-Werte statt **int**-Werte verwendet.

5. Ändern Sie das Programm so, dass es erst die größere und dann die kleinere Zahl ausgibt und anschließend die Zeile „Die Zahlen sind fast gleich", wenn die beiden Zahlen sich um weniger als 1,0/10.000.000 unterscheiden.

6. Ändern Sie jetzt den Schleifenrumpf, sodass er bei jedem Schleifendurchlauf nur einen **double**-Wert einliest. Definieren Sie zwei Variablen um festzuhalten, welcher Wert bisher der kleinste und bisher der größte war. Geben Sie nach jedem Schleifendurchlauf den eingegebenen Wert aus. Wenn es der bisher kleinste Wert war, schreiben Sie nach der ausgegebenen Zahl „bisher der kleinste Wert", und wenn es der bisher größte Wert war, schreiben Sie nach der Zahl „bisher der größte Wert".

7. Hängen Sie an jeden **double**-Wert eine Einheit, d.h., geben Sie Werte wie **10cm**, **2.5in**, **5ft**, oder **3.33m** ein. Akzeptieren Sie die vier Einheiten **cm**, **m**, **in**, **ft**. Legen Sie folgende Umrechnungsfaktoren zugrunde: **1m==100cm**, **1in==2.54cm**, **1ft==12in**. Lesen Sie das Kürzel für die Einheit in einen String ein.

8. Weisen Sie Werte zurück, die keine oder „unzulässige" Einheiten haben wie **y**, **yard**, **meter**, **km** oder **liter**.

9. Speichern Sie die Summe der eingegebenen Werte, den kleinsten und den größten Wert und die Anzahl der eingegebenen Werte. Wenn Sie auf das abschließende '|' stoßen, geben Sie den größten und den kleinsten Wert aus, die Anzahl der eingegebenen Werte und die Summe der Werte. Beachten Sie, dass Sie sich beim Aufaddieren für eine Einheit entscheiden müssen. Verwenden Sie am besten Meter.

10. Legen Sie alle eingegebenen Werte (konvertiert in Meter) in einem **vector**-Container ab. Geben Sie am Ende des Programms die Werte im **vector** aus.

11. Sortieren Sie die Werte im **vector** in aufsteigender Reihenfolge, bevor Sie sie ausgeben.

4 Berechnungen und Anweisungen

Fragen

1. Was ist eine Berechnung?
2. Was verstehen wir unter den Eingaben und Ausgaben für eine Berechnung? Nennen Sie Beispiele.
3. Welche drei Anforderungen an Berechnungen sollte ein Programmierer immer im Hinterkopf haben?
4. Was macht ein Ausdruck?
5. Was ist der Unterschied zwischen einer Anweisung und einem Ausdruck (soweit in diesem Kapitel beschrieben)?
6. Was ist ein L-Wert? Nennen Sie die Operatoren, die einen L-Wert erfordern. Warum erfordern nur diese und nicht die anderen Operatoren einen L-Wert?
7. Was ist ein konstanter Ausdruck?
8. Was ist eine Literal?
9. Was ist eine symbolische Konstante und warum verwenden wir sie?
10. Was ist eine magische Konstante? Nennen Sie Beispiele.
11. Welche Operatoren können für ganze Zahlen, aber nicht für Gleitkommazahlen verwendet werden?
12. Welche Operatoren können für Gleitkommazahlen, aber nicht für ganze Zahlen verwendet werden?
13. Welche Operatoren können für **string**-Objekte verwendet werden?
14. Wann würde ein Programmierer eine **switch**-Anweisung einer **if**-Anweisung vorziehen?
15. Welche Probleme treten häufig bei **switch**-Anweisungen auf?
16. Welche Funktion haben die einzelnen Teile im Kopf der **for**-Schleife und in welcher Reihenfolge werden sie ausgeführt?
17. Wann sollte eine **for**-Schleife und wann eine **while**-Schleife verwendet werden?
18. Wie geben Sie den numerischen Wert eines Zeichens (**char**) aus?
19. Beschreiben Sie, was die Zeile **char foo(int x)** in einer Funktionsdefinition bedeutet.
20. Wann sollten Sie für einen Teil eines Programms eine separate Funktion definieren? Nennen Sie Gründe.
21. Was können Sie mit einem **int**-Wert machen, das mit einem **string**-Wert nicht möglich ist?
22. Was können Sie mit einem **string**-Wert machen, das mit einem **int**-Wert nicht möglich ist?
23. Wie lautet der Index des dritten Elements eines Vektors?
24. Wie schreiben Sie eine **for**-Schleife, die alle Elemente in einem Vektor ausgibt?
25. Was bewirkt **vector<char>alphabet(26);**?

26. Beschreiben Sie, wie **push_back()** einen **vector** verändert.

27. Welche Aufgaben haben die **vector**-Memberfunktionen **begin()**, **end()** und **size()**?

28. Weshalb sind Vektoren so beliebt/nützlich?

29. Wie sortieren Sie die Elemente eines Vektors?

Übungen

1. Wenn Sie die „Testen Sie Ihr Können"-Aufgaben dieses Kapitels noch nicht gelöst haben, holen Sie dies jetzt nach.

2. Wenn wir den Zentralwert einer Zahlenfolge als die Zahl definieren, für die gilt: „Die eine Hälfte der Zahlen liegt vor und die andere Hälfte hinter dem Zentralwert", wie müssen Sie das Programm aus §4.6.2 dann umschreiben, damit es immer einen Zentralwert ausgibt? Hinweis: Der Zentralwert muss kein Element der Zahlenfolge sein.

3. Lesen Sie eine Folge von **double**-Werten in einen **vector** ein. Stellen Sie sich jeden Wert als die Distanz zwischen zwei Orten entlang einer gegebenen Route vor. Berechnen Sie die Gesamtdistanz (Summe aller Distanzen) und geben Sie den Wert aus. Ermitteln Sie die größte bzw. kleinste Distanz zwischen zwei benachbarten Orten und geben Sie die Werte aus. Ermitteln Sie die Durchschnittsdistanz zwischen zwei benachbarten Orten und geben Sie sie aus.

4. Schreiben Sie ein Programm für ein Zahlenratespiel. Der Benutzer denkt sich eine Zahl zwischen 1 und 100 und Ihr Programm stellt Fragen, um herauszufinden, wie die gesuchte Zahl lautet (z.B. „Ist die gedachte Zahl kleiner als 50?"). Ihr Programm sollte in der Lage sein, die Zahl nach nur sieben Fragen erfolgreich zu raten. Hinweis: Verwenden Sie die Operatoren **<** und **<=** sowie das **if-else**-Konstrukt.

5. Schreiben Sie ein Programm, das sich wie ein sehr einfacher Taschenrechner verhält. Ihr Taschenrechner sollte die vier Grundrechenarten – Addition, Subtraktion, Multiplikation und Division – mit zwei Eingabewerten beherrschen. Ihr Programm sollte den Benutzer auffordern, drei Argumente einzugeben: zwei **double**-Werte und ein Zeichen für die gewünschte Rechenart. Wenn die Eingabeargumente **35.6l**, **24.1** und **'+'** lauten, sollte die Ausgabe des Programms „Die Summe von 35.6 und 24.1 ist 59.7" lauten. In Kapitel 6 werden wir uns mit einem schon wesentlich anspruchsvolleren Taschenrechner beschäftigen.

6. Richten Sie einen **vector** ein, der die zehn Strings **"null"**, **"eins"**, … **"neun"** enthält. Verwenden Sie diesen **vector** in einem Programm, das eine Ziffer in ihren ausgeschriebenen Wert umwandelt – also z.B. die Eingabe **7** in die Ausgabe **sieben**. Wandeln Sie dann mit dem gleichen Programm und der gleichen Eingabeschleife ausgeschriebene Zahlen in ihre Ziffer um – also z.B. die Eingabe **sieben** in die Ausgabe **7**.

7. Ändern Sie den Minirechner aus Übung 5 dahingehend, dass er (nur) einstellige Zahlen entweder als Ziffer oder ausgeschrieben akzeptiert.

4 Berechnungen und Anweisungen

8 Einer alten Geschichte zufolge wollte einst der Kaiser dem Erfinder des Schachspiels danken und bat ihn, eine Belohnung vorzuschlagen. Der Erfinder bat um ein Reiskorn für das erste Feld des Schachbretts, zwei für das zweite, vier für das dritte und so weiter, wobei bei jedem der 64 Felder die Anzahl der Reiskörner verdoppelt werden sollte. Das klingt auf den ersten Blick bescheiden, doch gab es im ganzen Reich nicht so viel Reis! Schreiben Sie ein Programm, das berechnet, wie viele Felder nötig sind, damit der Erfinder mindestens 1.000, mindestens 1.000.000 und mindestens 1.000.000.000 Reiskörner erhält. Dazu benötigen Sie natürlich eine Schleife und wahrscheinlich eine **int**-Variable zum Speichern des Feldes, auf dem Sie sich gerade befinden, eine **int**-Variable für die Anzahl der Körner auf dem aktuellen Feld und eine **int**-Variable, in der die Körneranzahl auf allen vorherigen Feldern gespeichert ist. Wir schlagen vor, dass Sie die Werte aller Variablen für jeden Durchlauf ausgeben, sodass Sie sehen können, was passiert.

9 Versuchen Sie, die Anzahl an Reiskörnern zu berechnen, um die der Erfinder in Übung 8 gebeten hat. Sie werden feststellen, dass die Anzahl so groß ist, dass der Wert nicht in einen **int**- oder **double**-Wert passt. Beobachten Sie, was passiert, wenn die Zahl zu groß wird, um exakt von einem **int**- oder **double**-Wert dargestellt zu werden. Welches ist die höchste Anzahl an Feldern, für die Sie die genaue Anzahl an Reiskörnern berechnen können (unter Verwendung eines **int**-Wertes)? Welches ist die höchste Anzahl an Feldern, für die Sie die ungefähre Anzahl an Reiskörnern berechnen können (unter Verwendung eines **double**-Wertes)?

10 Schreiben Sie ein Programm für das Spiel „Schere, Stein, Papier". Wenn Sie das Spiel nicht kennen, recherchieren Sie im Internet (z.B. über Google). Nachforschungen anzustellen ist das tägliche Brot eines Programmierers. Lösen Sie diese Übung mit einer **switch**-Anweisung. Der Rechner, als Gegenspieler des Benutzers, sollte zufällige Züge machen (d.h. nach dem Zufallsprinzip entweder den Stein, das Papier oder die Schere für den nächsten Zug auswählen). Da echte Zufälligkeit für uns zurzeit kaum herzustellen ist, sollten Sie als Behelf einen **vector** mit einer Folge von Werten einrichten, die als „nächster Wert" verwendet werden. Wenn Sie den **vector** im Programm mit eigenen Werten füllen, wird immer das gleiche Spiel gespielt. Eine bessere Strategie könnte daher sein, den Benutzer einige Werte eingeben zu lassen. Versuchen Sie, die Auswahl der Werte ein wenig zu variieren, damit der Benutzer nicht so leicht errät, welchen Zug der Rechner als Nächstes machen wird.

11 Erstellen Sie ein Programm, das alle Primzahlen zwischen 1 und 100 findet. Eine Möglichkeit besteht darin, eine Funktion zu schreiben, die prüft, ob eine Zahl eine Primzahl ist (d.h. die testet, ob die Zahl durch eine Primzahl kleiner sie selbst geteilt werden kann), wobei ein **vector** von aufeinanderfolgenden Primzahlen verwendet wird (d.h., wenn der **vector** den Namen **primes** erhält, soll gelten **primes[0]==2**, **primes[1]==3**, **primes[2]==5** usw.). Schreiben Sie dann eine Schleife, die die Zahlen von 1 bis 100 durchläuft, für jede Zahl prüft, ob es sich um eine Primzahl handelt, und jede gefundene Primzahl in einem zweiten **vector** speichert. Schreiben Sie eine weitere Schleife, die die gefundenen Primzahlen auflistet. Sie können Ihr Ergebnis prüfen, indem Sie Ihren Primzahlen-Vektor mit **primes** vergleichen. Betrachten Sie 2 als die erste Primzahl.

12 Ändern Sie das Programm aus der vorhergehenden Übung dahingehend, dass es einen Eingabewert **max** übernimmt und dann alle Primzahlen von **1** bis **max** findet.

13 Erstellen Sie ein Programm, das alle Primzahlen zwischen 1 und 100 findet. Hierfür gibt es eine klassische Methode, das sogenannte „Sieb des Eratosthenes". Wenn Sie diese Methode nicht kennen, recherchieren Sie sie im Internet. Nutzen Sie diese Methode in Ihrem Programm.

14 Ändern Sie das Programm aus der vorhergehenden Übung dahingehend, dass es einen Eingabewert **max** übernimmt und dann alle Primzahlen von **1** bis **max** findet.

15 Schreiben Sie ein Programm, das einen Eingabewert **n** übernimmt und dann die ersten **n** Primzahlen findet.

16 Im Aufgabenteil haben Sie ein Programm geschrieben, das für eine gegebene Zahlenreihe das Maximum und Minimum bestimmt hat. Die Zahl, die am häufigsten in einer Reihe auftaucht, wird *Modalwert* genannt. Erstellen Sie ein Programm, das den Modalwert von einer Reihe positiver ganzer Zahlen findet.

17 Schreiben Sie ein Programm, das Minimum, Maximum und Modalwert einer Reihe von Strings ermittelt.

18 Schreiben Sie ein Programm zur Lösung quadratischer Gleichungen. Eine quadratische Gleichung hat die Form

$ax^2+bx+c=0$

Wenn Sie die quadratische Formel zum Lösen dieses Ausdrucks nicht kennen, recherchieren Sie sie. Wie gesagt, Programmierer müssen häufig recherchieren, wie eine Aufgabe zu lösen ist, bevor sie den Computer lehren können, wie er die Aufgabe zu erledigen hat. Verwenden Sie **double**-Variablen für die Eingaben **a**, **b** und **c**. Da es zwei Lösungen für quadratische Gleichungen gibt, geben Sie **x1** und **x2** aus.

19 Schreiben Sie ein Programm, das zuerst eine Reihe von Name/Wert-Paaren der Form **Joe 17** oder **Barbara 22** einliest. Legen Sie von jedem Paar den Namen in einem **vector** namens **names** ab und die Zahl in einem **vector** namens **scores** (wobei die Positionen jeweils gleich sein sollten, d.h., wenn **names[7]=="Joe"** ist, dann sollte **scores[7]==17** sein). Beenden Sie die Eingabe durch die Zeile „Noname 0". Stellen Sie sicher, dass jeder Name nur einmal vorkommt, und beenden Sie das Programm mit einer Fehlermeldung, wenn ein Name zweimal eingegeben wird. Geben Sie die (Name, Punkte)-Paare zeilenweise aus.

20 Ändern Sie das Programm aus Übung 19 so, dass es bei Eingabe eines Namens die entsprechenden Punkte oder „Name nicht gefunden" ausgibt.

21 Ändern Sie das Programm aus Übung 19 dahingehend, dass es bei Eingabe einer ganzen Zahl alle Namen mit diesen Punkten oder „Spielstand nicht gefunden" ausgibt.

4 Berechnungen und Anweisungen

Schlüsselbegriffe

Abstraktion	Divide-and-Conquer (Teile und Herrsche)	Memberfunktion
Anweisung	Eingabe	push_back()
Ausdruck	else	R-Wert
Ausgabe	end()	Schleife
Auswahl	for-Anweisung	size()
Bedingungsanweisung	Funktion	sort()
begin()	if-Anweisung	**switch**-Anweisung
Berechnung	Inkrement	**vector**
Definition	Iteration	**while**-Anweisung
Deklaration	L-Wert	Wiederholung

Ein persönlicher Hinweis

Rein theoretisch sind Sie bereits jetzt in der Lage, alles mit einem Computer zu tun, was man mit einem Computer tun kann – was jetzt noch kommt, sind Details! Was auch immer dies bedeutet, es unterstreicht vor allem den Stellenwert der „Details" und des Erwerbs praktischer Fähigkeiten, denn schließlich hat Ihre Ausbildung zum Programmierer ja gerade erst begonnen. Dennoch meinen wir es ernst. Die Werkzeuge, die wir in diesem Kapitel vorgestellt haben, erlauben Ihnen, jede denkbare Berechnung auszudrücken: Sie können über so viele Variablen verfügen, wie Sie wollen (einschließlich **vector** und **string**), Sie können sich der Grundrechenarten bedienen und Sie können mit Vergleichen, Auswahlanweisungen und Schleifen arbeiten. Mit diesen Grundelementen können Sie jede beliebige Berechnung ausdrücken. Außerdem wissen Sie, wie man Text und Zahlen ein- und ausgibt, was mehr als ausreichend ist, weil jede Ein- oder Ausgabe als Text ausgedrückt werden kann (selbst Grafiken). Ja, Sie wissen sogar, wie Sie Ihre Berechnungen in Sätze benannter Funktionen organisieren. Jetzt müssen Sie „nur" noch lernen, wie Sie gute Programme schreiben, d.h. Programme, die korrekt, wartbar und ausreichend effizient sind. Und – was fast ebenso wichtig ist – Sie müssen lernen, den Aufwand dafür auf ein vernünftiges Maß zu begrenzen.

Fehler

5.1	**Einführung**	158
5.2	**Fehlerquellen**	160
5.3	**Kompilierfehler**	160
	5.3.1 Syntaxfehler	161
	5.3.2 Typfehler	162
	5.3.3 Fehler, die keine sind (non-errors)	163
5.4	**Linkerfehler**	163
5.5	**Laufzeitfehler**	164
	5.5.1 Der Aufrufer behandelt die Fehler	166
	5.5.2 Die aufgerufene Funktion behandelt die Fehler	167
	5.5.3 Fehler melden	168
5.6	**Ausnahmen**	170
	5.6.1 Ungültige Argumente	170
	5.6.2 Bereichsfehler	171
	5.6.3 Unzulässige Eingaben	173
	5.6.4 Fehler durch Einengung	176
5.7	**Logische Fehler**	176
5.8	**Abschätzen**	179
5.9	**Debuggen**	180
	5.9.1 Praktische Debug-Hinweise	182
5.10	**Vor- und Nachbedingungen**	185
	5.10.1 Nachbedingungen	187
5.11	**Testen**	188

5 Fehler

„Ich begriff, dass ich von jetzt an einen großen Teil meines Lebens damit verbringen würde, meine eigenen Fehler zu suchen und zu korrigieren."

– Maurice Wilkes, 1949

In diesem Kapitel beschäftigen wir uns mit der Korrektheit von Programmen, mit Fehlern und der Fehlerbehandlung. Wenn Sie ein absoluter Programmieranfänger sind, werden Ihnen die Ausführungen in diesem Kapitel vielleicht an einigen Stellen etwas zu abstrakt, an anderen viel zu detailliert sein. Und sollten Sie sich fragen, ob die Fehlerbehandlung wirklich so wichtig ist: ja, sie ist es. Sie werden es auf die eine oder andere Art selbst herausfinden, bevor Ihre Programme ein Niveau erreichen, dass andere Leute gerne mit ihnen arbeiten. Was wir mit diesem Kapitel erreichen wollen, ist, Ihnen die Denkweise eines Programmierers nahezubringen, denn diese kombiniert eine einigermaßen abstrakte Strategie mit der akribischen Analyse der Details und Alternativen.

5.1 Einführung

Wir haben in den vorhergehenden Kapiteln bereits mehrmals das Thema Fehler angeschnitten und, nachdem Sie die Aufgaben und einige der Übungen bearbeitet haben, wissen Sie bestimmt auch warum. Fehler lassen sich beim Entwickeln von Programmen einfach nicht vermeiden – und doch muss das endgültige Programm frei von Fehlern sein oder zumindest von Fehlern, die wir für untragbar halten.

Es gibt viele Möglichkeiten, Fehler zu klassifizieren. Zum Beispiel:

- *Kompilierfehler*: Fehler, die vom Compiler gefunden werden. Kompilierfehler lassen sich noch weiter unterteilen, je nachdem welche Sprachregel sie verletzen, zum Beispiel
  - Syntaxfehler
  - Typfehler
- *Linkerfehler*: Fehler, die vom Linker gefunden werden, wenn er versucht, Objektdateien zu einem ausführbaren Programm zusammenzubinden.
- *Laufzeitfehler*: Fehler, die bei Überprüfung des laufenden Programms gefunden werden. Laufzeitfehler lassen sich weiter unterteilen in:
  - Fehler, die vom Computer (Hardware und/oder Betriebssystem) festgestellt werden
  - Fehler, die von einer Bibliothek (z.B. der Standardbibliothek) festgestellt werden
  - Fehler, die vom Benutzercode festgestellt werden
- *Logische Fehler*: Fehler, die vom Programmierer gefunden werden, wenn er nach den Gründen für fehlerhafte Ergebnisse forscht.

Schnell hat man postuliert, dass es die Aufgabe des Programmierers ist, alle Fehler auszumerzen. Doch obwohl dies zweifelsohne die Bestrebung eines jeden Programmierers ist, in der Praxis ist es oft nicht realisierbar. Ja, bei realen Programmen kann es sogar schon Schwierigkeiten bereiten, genau zu definieren, was mit „alle Fehler" gemeint ist. Wenn wir die Stromzufuhr zu unserem Computer während der Ausführung eines Programms unterbrechen, würden wir dann von einem Fehler sprechen, den der Programmierer abfangen muss? In vielen Fällen lautet die Antwort „Natürlich nicht". Doch was ist, wenn es um medizinische Überwachungsprogramme oder das Steuerprogramm für eine Telefonvermittlung geht? In diesen Fällen könnte ein Benutzer zu Recht erwarten, dass das System, von dem Ihr Programm ein Teil ist, einen Notfallplan parat hat, wenn der Computer plötzlich keinen Strom mehr erhält oder kosmische Strahlungen den Speicher mit Ihrem Programm lahmlegen. Die Schlüsselfrage heißt daher: „Wird von meinem Programm erwartet, dass es eine bestimmte Art Fehler entdeckt und behandelt?" In diesem Sinne gilt, sofern nicht anders von uns gefordert, als Richtlinie für Ihre Programme, dass sie

1. für alle zulässigen Eingaben die gewünschten Ergebnisse produzieren,
2. für alle unzulässigen Eingaben vernünftige Fehlermeldungen ausgeben,
3. sich nicht um Fehler kümmern müssen, die durch unerwartetes Hardwareverhalten verursacht werden,
4. sich nicht um Fehler kümmern müssen, die durch unerwartetes Verhalten der Systemsoftware verursacht werden,
5. sich selbst beenden dürfen, wenn ein Fehler auftritt.

Programme, für die die letzten drei Punkte nicht gelten, gehören in der Regel zu den fortgeschrittenenren Anwendungen und können im Rahmen dieses Buches nicht besprochen werden. Unverzichtbar sind die Punkte 1 und 2. Sie bilden die Grundlage jeder professionellen Programmierung und Professionalität ist und bleibt schließlich eines unserer Ziele – auch wenn wir die mit den Punkten 1 und 2 verbundenen Forderungen nicht immer 100%ig erfüllen können.

Wenn wir Programme schreiben, machen wir auch Fehler. Das ist praktisch unvermeidbar. Die Frage ist nur: Wie gehen wir damit um? Unserer Schätzung nach besteht die Entwicklung einer realen Software zu mindestens 90% aus dem Vermeiden, Suchen und Korrigieren von Fehlern. Bei sicherheitskritischen Programmen dürfte der Anteil sogar noch größer sein. Bei kleineren Programmen ist das Verhältnis in der Regel etwas günstiger, es kann sich aber schnell verschieben, wenn Sie schludrig arbeiten.

Grundsätzlich gibt es drei Ansätze, die die Erstellung annehmbarer Software unterstützen und die wir Ihnen hier empfehlen möchten:

- Organisieren Sie den Programmcode, um die Anzahl der Fehler zu minimieren.
- Debuggen und Testen Sie, um das Gros der Fehler vor der Auslieferung zu eliminieren.
- Stellen Sie sicher, dass die restlichen Fehler nicht gravierend sind.

Keiner dieser Ansätze reicht für sich genommen aus, um alle Fehler zu beseitigen; deshalb müssen wir die drei Ansätze kombinieren.

Erfahrung spielt eine große Rolle bei der Entwicklung von vertrauenswürdigen Programmen, d.h. Programmen, die zuverlässig das tun, wofür sie geschrieben wurden, und dies mit einer akzeptablen Fehlerrate. Bitte vergessen sie nicht, dass unsere Programme im Idealfall immer korrekt arbeiten sollten. Dass sich dieses Ideal in der Praxis oft nur annäherungsweise erreichen lässt, ist keine Entschuldigung dafür, sich nicht die größte Mühe zu geben.

5.2 Fehlerquellen

Die folgende Liste zählt einige typische Fehlerquellen auf:

- *Mangelhafte Spezifikation*: Wenn wir es versäumen, im Vorfeld genau zu definieren, was ein Programm tun soll, werden wir später die größte Mühe haben, seine „dunklen Ecken" zu durchleuchten und sicherzustellen, dass alle Fälle behandelt werden (d.h., dass jede Eingabe zu einer korrekten Antwort oder einer entsprechenden Fehlermeldung führt).

- *Unvollständige Programme*: Während der Entwicklungsphase tauchen immer mal wieder Fälle auf, um die wir uns bisher noch nicht gekümmert haben. Das lässt sich nicht vermeiden. Wir sollten allerdings bestrebt sein zu erkennen, wann wir alle Fälle behandelt haben.

- *Unerwartete Argumente*: Funktionen übernehmen Argumente. Wenn einer Funktion ein Argument übergeben wird, das in der Funktion nicht behandelt wird, gibt es ein Problem. Nehmen Sie zum Beispiel den Aufruf der Quadratwurzelfunktion aus der Standardbibliothek mit dem Argument **-1.2**: **sqrt(-1.2)**. Da **sqrt()** für ein **double**-Argument einen **double**-Wert zurückliefert, gibt es keinen vordefinierten Rückgabewert zum Anzeigen des fehlerhaften Aufrufs. Mehr zu diesem Problem in §5.5.3.

- *Unerwartete Eingaben*: Zu den typischen Aufgaben eines Programms gehört auch das Einlesen von Daten (von der Tastatur, aus Dateien, über grafische Benutzeroberflächen, aus Netzwerkverbindungen usw.). Dabei stellen die Programme notgedrungen diverse Annahmen über die Eingaben an, z.B. dass der Benutzer eine Zahl eingibt. Doch was, wenn der Benutzer „Ruhe!" anstelle der erwarteten ganzen Zahl eingibt? Dieses Problem wird in §5.6.3 und §10.6 behandelt.

- *Unerwarteter Zustand*: Die meisten Programme verwahren eine größere Menge Daten (ihr „Zustand"), die von verschiedenen Teilen des Systems genutzt werden können. Beispiele sind Adresslisten, Telefonverzeichnisse und Sammlungen von Temperaturdaten. Was geschieht, wenn diese Daten unvollständig oder ungültig sind? Die einzelnen Teile des Programms dürfen trotzdem nicht versagen. Dieses Problem wird in §26.3.5 behandelt.

- *Logische Fehler*: Hierunter fällt Code, der einfach nicht das tut, wofür er geschrieben wurde. Die Ursachen für diese Probleme müssen wir suchen und beheben. In §6.6 und §6.9 finden Sie Beispiele dafür, wie man solche Probleme aufspürt.

Diese Liste hat auch einen praktischen Nutzen. Wir können sie als Checkliste verwenden, wenn wir bilanzieren, wie weit die Arbeit an einem Programm fortgeschritten ist. Kein Programm ist abgeschlossen, bevor wir nicht jede einzelne der oben aufgeführten potenziellen Fehlerquellen überprüft haben. Am weisesten ist es, die diversen Fehlerquellen gleich von Projektbeginn an im Auge zu behalten. Fehler in Programmen, die ohne Beachtung möglicher Fehlerquellen auf die Schnelle „zusammengeschustert" wurden, lassen sich nämlich nur selten ohne umfangreiche Überarbeitungen korrigieren.

5.3 Kompilierfehler

Wenn Sie Programme schreiben, ist der Compiler Ihre erste Verteidigungslinie gegen Fehler. Bevor der Compiler Objektcode erzeugt, analysiert er Ihren Code auf Syntax- und Typfehler. Und nur wenn er feststellt, dass das Programm vollständig der Sprachspezifikation entspricht, erlaubt er Ihnen fortzufahren. Viele der Fehler, die vom Compiler aufgespürt werden, sind einfach „dumme Fehler", die sich durch Tippfehler oder unvollständige Bearbeitung des Quellcodes eingeschlichen haben. Andere sind darauf zurückzuführen, dass wir die Art und Weise, wie bestimmte Teile unseres Programms interagieren, nur bedingt verstanden haben. Programmieranfänger finden den Compiler oft kleinlich, aber je mehr Sie darüber lernen, wie Sie die Mittel der Sprache – allen voran das Typensystem – zur Umsetzung Ihrer Ideen nutzen können, umso mehr werden Sie zu schätzen wissen, dass der Compiler Sie auf Probleme aufmerksam macht, die Sie ansonsten stundenlanges Fehlersuchen kosten könnten.

Zur Veranschaulichung betrachten wir in den folgenden Abschnitten verschiedene Aufrufe der folgenden einfachen Funktion:

int area(int length, int width);   // berechnet die Fläche eines Rechtecks

5.3.1 Syntaxfehler

Was würde passieren, wenn wir **area()** wie folgt aufriefen:

int s1 = area(7;   // Fehler:) fehlt
int s2 = area(7)   // Fehler: ; fehlt
Int s3 = area(7);   // Fehler: Int ist kein Typ
int s4 = area('7);   // Fehler: nicht beendetes Zeichen (' fehlt)

Jede dieser Zeilen weist einen Syntaxfehler auf, d.h., die Zeilen sind nicht wohlgeformt im Sinne der C++-Grammatik. Folglich lehnt der Compiler sie ab und quittiert sie mit einer Fehlermeldung. Leider sind die Fehlermeldungen zu Syntaxfehlern für den Programmierer nicht immer leicht zu verstehen, was damit zu tun hat, dass der Compiler eventuell erst einige Zeilen über den Fehler hinaus lesen muss, bevor er sicher sein kann, dass es sich wirklich um einen Fehler handelt. Die Folge davon ist, dass die Fehlermeldungen oft unverständlich klingen und sich manchmal sogar statt auf die Zeile mit dem Fehler auf eine der nachfolgenden Zeilen beziehen. Dabei sind die meisten Syntaxfehler absolut trivial (hinterher kann man meist gar nicht glauben, dass man so einen dummen Fehler gemacht hat). Wenn Sie also in der Zeile, auf die der Compiler Sie aufmerksam macht, nichts Auffälliges finden, werfen Sie einen Blick auf die vorangehenden Zeilen im Programm.

Tipp

Denken Sie daran, dass der Compiler keine Vorstellung davon hat, was Sie mit Ihrem Code beabsichtigen. Entsprechend kann er in seinen Fehlerberichten auch nur darauf eingehen, was Sie getan haben – und nicht auf das, was Sie tun wollen. Es ist daher unwahrscheinlich, dass ein Compiler den Fehler in der obigen Deklaration von **s3** mit folgender Meldung kommentieren wird:

„Sie haben **int** falsch geschrieben; schreiben Sie das **i** nicht groß."

Stattdessen wird die Fehlermeldung eher folgendermaßen lauten:

„Syntaxfehler: Fehlendes ';' vor Bezeichner **'s3'**"

„**'s3'**: Fehlender Speicherklassen- oder Typbezeichner"

„**'Int'**: Fehlender Speicherklassen- oder Typbezeichner"

Fehlermeldungen wie diese erscheinen anfangs oft kryptisch, ihr Vokabular ist gewöhnungsbedürftig und unterschiedliche Compiler können für den gleichen Code völlig unterschiedliche Fehlermeldungen ausgeben.[1] Trotzdem werden Sie sich schnell an die Meldungen gewöhnen. Die oben aufgeführten Zeilen kann man beispielsweise wie folgt lesen:

---

[1] Der Compiler g++ gibt zum Beispiel folgende Fehlermeldung aus: „error: 'Int' does not name a type".

„Vor **s3** liegt ein Syntaxfehler vor,
der entweder etwas mit dem Typ von **Int** oder **s3** zu tun hat."

Mit diesem Hinweis sollte es nicht mehr sonderlich schwerfallen, das Problem zu finden.

> ### Testen Sie Ihr Können
> Versuchen Sie, diese Beispiele zu kompilieren, und schauen Sie, wie der Compiler reagiert.

5.3.2 Typfehler

Neben Syntaxfehlern meldet der Compiler auch Typfehler. Das heißt, er gibt Fehlermeldungen aus, wenn er feststellt, dass die Typen, die Sie für Ihre Variablen, Funktionen etc. deklariert haben (bzw. vergessen haben zu deklarieren), von den Typen der Werte oder Ausdrücke abweichen, die Sie ihnen zuweisen, als Funktionsargumente übergeben usw. Zum Beispiel:

```
int x0 = arena(7);          // Fehler: nicht deklarierte Funktion
int x1 = area(7);           // Fehler: falsche Anzahl an Argumenten
int x2 = area("seven",2);   // Fehler: erstes Argument hat den falschen Typ
```

Lassen Sie uns diese Fehler näher betrachten.

1 Im Aufruf **arena(7)** haben wir **area** falsch geschrieben, sodass der Compiler davon ausgeht, wir wollten eine Funktion namens **arena** aufrufen. (Wie könnte er auch etwas anderes „annehmen"? Schließlich ist es das, was wir geschrieben haben.) Angenommen, es gibt keine Funktion namens **arena()**, dann erhalten Sie eine Fehlermeldung, die sich über eine nicht deklarierte Funktion beschwert. Gibt es jedoch eine Funktion namens **arena** und sollte diese Funktion darüber hinaus **7** als Argument akzeptieren, haben Sie ein wirkliches Problem: Das Programm wird sich kompilieren lassen, aber ganz anders verhalten, als Sie es erwarten (ein sogenannter logischer Fehler, siehe §5.7).

2 Für den Aufruf **area(7)** stellt der Compiler fest, dass wir die falsche Anzahl an Argumenten angegeben haben. In C++ muss jeder Funktionsaufruf die erwartete Anzahl an Argumenten mit den richtigen Typen und in der richtigen Reihenfolge vorsehen. Wenn das Typsystem ordnungsgemäß verwendet wird, ist dies ein mächtiges Werkzeug, um Laufzeitfehler zu vermeiden (siehe §14.1).

3 Im Aufruf **area("seven",2)** könnten Sie vielleicht die Hoffnung hegen, dass der Computer **"seven"** von sich aus als den Integer-Wert **7** interpretiert. Dem ist aber nicht so. Wenn eine Funktion einen Integer benötigt, können Sie ihr keinen String übergeben. C++ unterstützt zwar einige implizite Typumwandlungen (siehe §3.9), aber nicht von **string** nach **int**. Der Compiler versucht auch nicht zu raten, was Sie meinen. Wie sollte er sonst **area("Barackenweg",2)**, **area("7,2")** oder **area("sieben","zwei")** interpretieren?

Dies sind nur einige wenige Beispiele für Fehler, die der Compiler für Sie entdeckt.

> **Testen Sie Ihr Können**
>
> Versuchen Sie, diese Beispiele zu kompilieren und achten Sie darauf, wie der Compiler reagiert. Versuchen Sie, sich selbst ein paar Fehler auszudenken, und kompilieren Sie diese ebenfalls.

5.3.3 Fehler, die keine sind (non-errors)

Anfangs wünschen sich die meisten Programmierer, dass der Compiler schlau genug wäre, hin und wieder ihre Intentionen zu erraten, d.h., sie wünschen sich, dass einige der gemeldeten Fehler keine Fehler wären. Das ist verständlich. Überraschend ist dagegen, dass sich diese Einstellung mit der Zeit wandelt und die Programmierer sich mit zunehmender Erfahrung wünschten, der Compiler würde eher mehr als weniger Code ablehnen.

```
int x4 = area(10,-7);      // O.K.: aber was ist ein Rechteck mit der Breite -7?
int x5 = area(10.7,9.3);   // O.K.: aber der wirkliche Aufruf lautet area(10,9)
char x6 = area(100, 9999); // O.K.: aber das Ergebnis wird abgeschnitten
```

Für **x4** erhalten wir keine Fehlermeldung vom Compiler. Aus Sicht des Compilers ist der Funktionsaufruf **area(10,-7)** in Ordnung: **area()** verlangt zwei Integer-Argumente, die Sie der Funktion übergeben haben. Niemand hat gesagt, dass diese Argumente positiv sein müssen.

Im Falle der Initialisierung von **x5** wird ein guter Compiler Sie davor warnen, dass die beiden **double**-Werte **10.7** und **9.3** in die **int**-Werte **10** und **9** umgewandelt werden (siehe §3.9.2) und damit ihre Dezimalstellen verlieren. Da es jedoch nach (uralten) Sprachregeln möglich ist, implizit einen **double**-Wert in einen **int**-Wert umzuwandeln, darf der Compiler den Aufruf **area(10.7,9.3)** nicht zurückweisen.

Die Initialisierung von **x6** weist ein ähnlich gelagertes Problem auf wie der Aufruf von **area(10.7,9.3)**. Der **int**-Wert, der von **area(100,9999)** zurückgegeben wird (wahrscheinlich **999900**), wird einer **char**-Variablen zugewiesen. Das wahrscheinlichste Ergebnis für **x6** ist der „abgeschnittene" Wert **-36**. Auch in diesem Fall würde ein guter Compiler Sie davor warnen, auch wenn die (uralten) Sprachregeln ihn davon abhalten, den Code abzulehnen.

Mit zunehmender Erfahrung werden Sie lernen, wie Sie den Compiler bestmöglich für die Fehlerdetektion nutzen und gleichzeitig seinen bekannten Schwächen ausweichen. Doch wähnen Sie sich nicht zu sicher: „Mein Programm lässt sich kompilieren" bedeutet nicht, dass es sich auch ausführen lässt. Und auch wenn es sich ausführen lässt, liefert es anfangs meist falsche Ergebnisse – so lange, bis Sie die verantwortlichen Fehler in der Logik gefunden haben.

5.4 Linkerfehler

Ein Programm besteht aus mehreren, separat kompilierten Teilen, die *Übersetzungseinheiten* genannt werden. Jede Funktion eines Programms muss in jeder Übersetzungseinheit, in der sie benutzt wird, mit exakt demselben Typ deklariert werden. Um dies sicherzustellen, verwenden wir Headerdateien (siehe §8.3). Außerdem muss jede Funktion genau einmal in einem Programm definiert werden. Wenn eine dieser Regeln verletzt wird, erhalten Sie vom Linker einen Fehler. In §8.3 werden wir zeigen, wie Sie Linkerfehler vermeiden. Im Moment begnügen wir uns mit einem Beispiel für ein Programm, das einen typischen Linkerfehler zur Folge hat:

int area(int length, int width);   // berechnet die Fläche eines Rechtecks

int main()
{
   int x = area(2,3);
}

Sofern wir nicht **area()** in irgendeiner anderen Quelldatei definiert und den aus dieser Datei generierten Code mit unserem Code verbunden haben, wird der Linker sich beschweren, dass er die Definition von **area()** nicht finden kann.

Die Definition von **area()** muss genau die gleichen Typen (Rückgabetyp und Argumenttypen) aufweisen, wie wir sie in unserer Datei verwendet haben – also:

int area(int x, int y) { /* ... */ }   // "unsere" area()

Funktionen mit gleichem Namen, aber unterschiedlichen Typen stimmen nicht überein und werden ignoriert:

double area(double x, double y) { /* ... */ }   // nicht "unsere" area()

int area(int x, int y, char unit) { /* ... */ }   // nicht "unsere" area()

Beachten Sie, dass falsch geschriebene Funktionsnamen üblicherweise nicht zu Linkerfehlern führen, weil der Compiler dem Linker meist zuvorkommt und sich über den Aufruf einer nicht deklarierten Funktion beklagt. Uns kann dies nur recht sein: Kompilierfehler werden vor Linkerfehlern gefunden und sind normalerweise leichter zu beheben.

Die oben angeführten Binderegeln für Funktionen gelten auch für alle anderen Entitäten eines Programms wie Variablen und Typen: Zu jeder Entität mit einem gegebenen Namen muss es genau eine Definition geben. Deklarationen der Entität kann es beliebig viele geben. Aber alle, Definition und Deklarationen, müssen im Typ exakt übereinstimmen.

5.5   Laufzeitfehler

Wenn sich Ihr Programm ohne Fehlermeldung kompilieren und linken lässt, können Sie es ausführen. Die erste Hürde ist damit genommen, doch der Spaß fängt erst richtig an. Solange Sie noch an dem Programm arbeiten, haben Sie die Chance, Fehler zu lokalisieren und zu beheben, doch es ist nicht immer leicht zu entscheiden, wie mit einem Fehler umzugehen ist, der zur Laufzeit gefangen wird. Betrachten Sie dazu folgendes Beispiel:

int area(int length, int width)   // berechnet die Fläche eines Rechtecks
{
   return length*width;
}

int framed_area(int x, int y)   // berechnet die Fläche innerhalb eines Rahmens

```
{
   return area(x–2,y–2);
}

int main()
{
   int x = –1;
   int y = 2;
   int z = 4;
   // ...
   int area1 = area(x,y);
   int area2 = framed_area(1,z);
   int area3 = framed_area(y,z);
   double ratio = double(area1)/area3;   // umwandeln in double-Wert um eine
                                         // Gleitkommadivision zu erhalten
}
```

Wir haben hier die Variablen **x, y, z** verwendet (anstatt die Werte direkt als Argumente zu übergeben), damit die Probleme dem Leser nicht sofort ins Auge springen und der Compiler größere Schwierigkeiten hat, sie zu entdecken. Tatsache ist jedoch, dass diese Aufrufe zu negativen Werten für die Flächen führen, die **area1** und **area2** zugewiesen werden. Sollen wir solche Ergebnisse, die den Vorstellungen der Mathematik und Physik widersprechen, akzeptieren? Wenn nicht, wer soll die Fehler entdecken: der Aufrufer von **area()** oder die Funktion selbst? Und wie sollen solche Fehler gemeldet werden?

Bevor Sie diese Fragen beantworten, betrachten Sie die Berechnung von **ratio** im Codebeispiel oben. Die Berechnung sieht ziemlich harmlos aus. Fällt Ihnen trotzdem etwas daran auf? Wenn nicht, dann sehen Sie noch einmal genauer hin: **area3** wird zu **0** ausgewertet, sodass **double(area1)/area3** eine Division durch null ergibt. Dies wiederum führt zu einem Fehler, der von der Hardware entdeckt wird, und das Programm wird mit einer kryptischen Hardwarefehlermeldung beendet. Dies ist die Art von Fehlern, mit denen Sie – oder Ihre Benutzer – zu tun haben werden, wenn Sie es versäumen, Laufzeitfehler aufzuspüren und vernünftig zu behandeln. Die meisten Benutzer reagieren auf solche „Hardwareverletzungen" äußerst ungehalten, da sie – sofern sie nicht gerade mit den Implementierungsdetails des Programms vertraut sind – letztlich nur die nichtssagende Information erhalten, dass „irgendwo irgendetwas schiefgelaufen ist". Da sich auf der Basis solcher Informationen natürlich keine konstruktiven Maßnahmen ergreifen lassen, steigt in den Benutzern die Wut hoch und sie würden dem Programmanbieter am liebsten gehörig die Meinung sagen.

Wie also gehen wir das Problem mit den **area()**-Argumenten an? Es gibt zwei naheliegende Alternativen:

a Der Aufrufer von **area()** behandelt die ungültigen Argumente.

b **area()** selbst (die aufgerufene Funktion) behandelt die ungültigen Argumente.

5.5.1 Der Aufrufer behandelt die Fehler

Wir beginnen mit der zuerst genannten Alternative („Der Benutzer soll sich darum kümmern!"). Wäre **area()** eine Bibliotheksfunktion, die wir nicht ändern könnten, bliebe uns gar keine andere Wahl, was – ob nun zum Guten oder zum Schlechten – meist sogar der Fall ist.

Den Aufruf von **area(x,y)** in **main()** zu schützen, ist relativ einfach:

```
if (x<=0) error("kein positives x");
if (y<=0) error("kein positives y");
int area1 = area(x,y);
```

Die einzige Schwierigkeit hierbei ist zu entscheiden, wie wir auf eintretende Fehlerbedingungen reagieren wollen. Im obigen Fall haben wir uns dafür entschieden, eine Funktion namens **error()** aufzurufen, von der wir annehmen, dass sie angemessen reagiert. In *std_lib_facilities.h* stellen wir eine **error()**-Funktion zur Verfügung, die das Programm mit einer Systemfehlermeldung zuzüglich dem übergebenen String beendet. Wenn Sie lieber eine eigene Fehlermeldung ausgeben oder andere Maßnahmen ergreifen möchten, fangen Sie **runtime_error** ab (§5.6.2, §7.3, §7.8, §B.2.1). Diese Vorgehensweise dürfte für die meisten Lernprogramme ausreichen und kann auch für ausgeklügeltere Fehlerbehandlungen verwendet werden.

Wenn wir keine individuellen Fehlermeldungen für die einzelnen Argumente benötigen, können wir den Code etwas vereinfachen:

```
if (x<=0 || y<=0) error("area()-Argument ist nicht positiv");  // || bedeutet "oder"
int area1 = area(x,y);
```

Um die Funktion **area()** vollständig vor ungültigen Argumenten zu schützen, müssen wir auch die Aufrufe über **framed_area()** behandeln. Wir könnten Folgendes schreiben:

```
if (z<=2)
   error("Das zweite area()-Argument in framed_area() ist nicht positiv");
int area2 = framed_area(1,z);
if (y<=2 || z<=2)
   error("area()-Argument in framed_area() ist nicht positiv");
int area3 = framed_area(y,z);
```

Dieser Code sieht nicht nur unschön aus, er enthält auch einen fundamentalen Fehler. Wir konnten diesen Code nur schreiben, weil wir genau wussten, wie **framed_area()** die Funktion **area()** verwendet. Wir hätten dies nicht schreiben können, wenn wir nicht gewusst hätten, dass **framed_area()** von jedem Argument **2** subtrahiert. Solche Details sollten wir aber eigentlich gar nicht wissen müssen! Was wäre, wenn jemand **framed_area()** so ändert, dass die Funktion **1** anstelle von **2** subtrahiert? Er müsste alle Aufrufe von **framed_area()** durchgehen und den Code zur Fehlerprüfung entsprechend ändern. Einen solchen Code bezeichnen wir als „brüchig", weil er leicht auseinanderbricht. Außerdem ist es ein Beispiel für eine „magische Konstante" (§4.3.1). Wir könnten den brüchigen Code etwas optimieren, indem wir dem Wert, der von **framed_area()** subtrahiert wird, einen Namen geben:

```
const int frame_width = 2;
int framed_area(int x, int y) // berechnet die Fläche innerhalb eines Rahmens
{
   return area(x–frame_width,y–frame_width);
}
```

Dieser Name kann dann von Code, der **framed_area()** aufruft, zur Fehlerbehandlung benutzt werden:

```
if (1–frame_width<=0 || z–frame_width<=0)
   error("Das zweite area()-Argument in framed_area() ist nicht positiv");
int area2 = framed_area(1,z);
if (y–frame_width<=0 || z–frame_width<=0)
   error("area()-Argument in framed_area() ist nicht positiv");
int area3 = framed_area(y,z);
```

Was soll man von diesem Code halten? Sind Sie sicher, dass er korrekt ist? Finden Sie ihn schön? Ist er leicht lesbar? Wir finden ihn, ehrlich gesagt, ziemlich hässlich (und daher fehleranfällig). Wir haben ein Implementierungsdetail von **framed_area()** offengelegt und der Codeumfang hat sich zudem mehr als verdreifacht. Es muss doch einen besseren Weg geben!

Betrachten wir noch einmal den Originalcode:

```
int area2 = framed_area(1,z);
int area3 = framed_area(y,z);
```

Der Code mag zwar im Einzelfall fehlerhafte Ergebnisse produzieren, aber zumindest können wir ihm direkt ansehen, wofür er geschrieben wurde. Wollen wir ihn beibehalten, müssen wir die Fehlerprüfung in die Funktion **framed_area()** verlagern.

5.5.2 Die aufgerufene Funktion behandelt die Fehler

Die Argumente innerhalb von **framed_area()** auf ihre Gültigkeit zu überprüfen, ist keine Schwierigkeit. Und für die Fehlermeldung können wir weiterhin **error()** verwenden.

```
int framed_area(int x, int y) // berechnet eine Fläche innerhalb eines Rahmens
{
   const int frame_width = 2;
   if (x–frame_width<=0 || y–frame_width<=0)
      error("area()-Argument in framed_area() ist nicht positiv");
   return area(x–frame_width,y–frame_width);
}
```

Dies ist schon besser und wir brauchen jetzt nicht mehr für jeden Aufruf von **framed_area()** einen eigenen Test zu schreiben. Bei nützlichen Funktionen, die wir in einem großen Programm über 500-mal aufrufen, kann das eine große Arbeitserleichterung sein. Und wenn sich irgendetwas im Zusammenhang mit der Fehlerbehandlung ändert, müssen wir den Code nur an einer Stelle ändern.

Ist Ihnen etwas aufgefallen? Wir sind fast unmerklich von dem Ansatz, dass der Aufrufer die Argumente überprüfen muss, zu dem Ansatz übergegangen, dass die Funktion ihre Argumente selbst überprüfen muss. Ein Vorteil dieser letzten Vorgehensweise ist, dass der Code zur Überprüfung der Argumente an einer Stelle konzentriert steht und wir nicht das ganze Programm nach Funktionsaufrufen durchsuchen müssen. Außerdem befindet sich diese Stelle genau dort, wo die Argumente auch verwendet werden. Damit haben wir alle benötigten Informationen für die Überprüfung direkt verfügbar.

Lassen Sie uns diese Lösung auf **area()** anwenden:

```
int area(int length, int width) // berechnet die Fläche eines Rechtecks
{
  if (length<=0 || width <=0) error("area()-Argument ist nicht positiv");
  return length*width;
}
```

Damit werden alle fehlerhaften **area()**-Aufrufe abgefangen. Wir können also auf die Fehlerüberprüfung in **framed_area()** verzichten. Wir können sie aber auch beibehalten, um bessere, spezifischere Fehlermeldungen auszugeben.

Das Überprüfen der Argumente in der Funktion scheint so einfach, dass man sich fragen muss, warum es Programmierer gibt, die darauf verzichten? Manchmal ist es mangelndes Problembewusstsein oder einfach nur Schludrigkeit, manchmal gibt es aber auch handfeste Gründe:

- *Wir können die Funktionsdefinition nicht ändern*: Die Funktion befindet sich in einer Bibliothek, an der – aus dem einen oder anderen Grund – keine Änderungen vorgenommen werden können. Vielleicht wird die Bibliothek auch von anderen Programmierern benutzt, die Ihre Vorstellung von einer guten Fehlerbehandlung nicht teilen. Vielleicht gehört sie jemand anderem und Sie haben keinen Quellcode. Vielleicht wird die Bibliothek regelmäßig aktualisiert, sodass Sie Ihre Änderungen bei jedem neuen Release der Bibliothek erneut vornehmen müssten.

- *Die aufgerufene Funktion weiß nicht, was sie im Falle eines Fehlers machen soll*: Dies ist typisch für Bibliotheksfunktionen. Der Entwickler der Bibliothek kann den Fehler zwar finden, aber nur Sie wissen, was gemacht werden soll, wenn ein Fehler auftritt.

- *Die aufgerufene Funktion weiß nicht, von wo sie aufgerufen wurde*: Die Funktion kann darüber informieren, dass etwas schiefgelaufen ist, aber nicht, wie das ausführende Programm bis zu diesem Punkt gekommen ist. Manchmal benötigt man aber genauere Fehlermeldungen.

- *Leistung*: Bei einer kleinen Funktion kann der Aufwand für die Überprüfung größer sein als der Aufwand zur Berechnung des Ergebnisses. Das ist zum Beispiel bei **area()** der Fall, wo der Funktionsumfang sich durch die Prüfung mehr als verdoppelt hat (d.h. die Anzahl der auszuführenden Maschinenbefehle und nicht nur die Länge des Quellcodes). Bei einigen Programmen kann das kritisch sein, vor allem, wenn die gleichen Informationen bei Aufrufen der Funktionen untereinander wiederholt geprüft werden und Informationen mehr oder weniger unverändert hin- und hergeschoben werden.

 Wie also soll man vorgehen? Sofern es keine guten Gründe gibt, die dagegen sprechen, sollten Sie Ihre Argumente immer direkt in der Funktion prüfen.

In den folgenden Abschnitten werden wir diverse verwandte Themen untersuchen. In §5.10 kommen wir dann auf die Frage zurück, wie man ungültige Argumente behandelt.

5.5.3 Fehler melden

Wenden wir uns einem anderen Aspekt zu: Angenommen, Sie haben eine Reihe von Argumenten überprüft und sind dabei auf einen Fehler gestoßen. Was tun Sie? Manchmal ist es möglich, einen „Fehlerwert" zurückzuliefern. Zum Beispiel:

```
// fragt Benutzer nach einer Ja-oder-Nein-Antwort;
// liefert 'b' zurück, um eine ungültige Antwort anzuzeigen (d.h. kein Ja oder Nein)
char ask_user(string question)
{
    cout << question << "? (Ja oder Nein)\n";
    string answer = " ";
    cin >> answer;
    if (answer =="j" || answer=="ja") return 'j';
    if (answer =="n" || answer=="nein") return 'n';
    return 'b';    // 'b' für "ungültige Antwort"
}

            // berechnet die Fläche eines Rechtecks;
            // liefert –1 zurück, um ein ungültiges Argument anzuzeigen
int area(int length, int width)
{
    if (length<=0 || width <=0) return –1;
    return length*width;
}
```

Auf diese Weise können wir erreichen, dass die aufgerufene Funktion die ausführliche Überprüfung vornimmt, während der jeweilige Aufrufer den Fehler nach eigenem Ermessen behandelt. Dieser Ansatz scheint auf den ersten Blick ganz vernünftig, ist aber mit ein paar Problemen behaftet, die ihn in vielen Fällen unbrauchbar machen:

- Jetzt obliegt es nicht nur der aufgerufenen Funktion, sondern auch allen Aufrufern, die Prüfung durchzuführen. Der Aufrufer muss zwar nur einen einfachen Test durchführen, aber er muss nach wie vor testen und entscheiden, was im Falle eines Scheiterns zu tun ist.
- Ein Aufrufer kann die Überprüfung vergessen. Das kann im späteren Verlauf zu unvorhersehbarem Verhalten des Programms führen.
- Viele Funktionen haben keinen „zusätzlichen" Rückgabewert, den sie zum Anzeigen eines Fehlers verwenden können. So kann zum Beispiel eine Funktion, die eine ganze Zahl aus der Eingabe einliest (wie der cin-Operator >>), offensichtlich jeden beliebigen int-Wert zurückliefern, sodass es keinen int-Wert gibt, den sie zum Anzeigen eines Fehlverhaltens verwenden könnte.

Der oben genannte zweite Fall, dass ein Aufrufer die Überprüfung vergisst, kann leicht zu Überraschungen führen. Zum Beispiel:

```
int f(int x, int y, int z)
{
    int area1 = area(x,y);
    if (area1<=0) error("negative Fläche oder Punkt");
    int area2 = framed_area(1,z);
    int area3 = framed_area(y,z);
    double ratio = double(area1)/area3;
    // ...
}
```

Sind Ihnen die Fehler aufgefallen? Fehler dieser Art sind schwer zu finden, da es sich nicht um „offensichtlich falschen Code" handelt, den man sehen könnte: Der Fehler ist, dass kein Überprüfungscode vorhanden ist.

5 Fehler

> ### Testen Sie Ihr Können
>
> Testen Sie obigen Code mit mehreren verschiedenen Werten. Geben Sie die Werte von **area1**, **area2**, **area3** und **ratio** aus. Fügen Sie weitere Tests ein, bis alle Fehler abgefangen sind. Woran erkennen Sie, dass Sie alle Fehler abgefangen haben? Dies ist keine Fangfrage. In diesem speziellen Beispiel können Sie belegen, dass Sie alle Fehler abgefangen haben.

Es gibt noch eine andere Lösung zu diesem Problem: Ausnahmen.

5.6 Ausnahmen

Wie die meisten modernen Programmiersprachen kennt auch C++ einen speziellen Mechanismus für die Behandlung von Fehlern: Ausnahmen (*exceptions*). Dahinter steckt die Idee, die Fehlererkennung (die in einer aufgerufenen Funktion erfolgen sollte) von der Fehlerbehandlung (die in der aufrufenden Funktion erfolgen sollte) zu trennen und gleichzeitig sicherzustellen, dass ein gemeldeter Fehler nicht übersehen wird. Ausnahmen bieten also einen Mechanismus, der es uns erlaubt, das jeweils Beste der verschiedenen, bisher besprochenen Ansätze zur Fehlerbehandlung zu kombinieren. Nichts nimmt uns die Bürde der Fehlerbehandlung ab, aber dank der Ausnahmen wird die Bürde leichter.

Der Grundgedanke ist, dass eine Funktion, die einen Fehler feststellt, den sie nicht selbst behandeln kann, nicht auf normalem Weg mit **return** zurückkehrt, sondern stattdessen mit **throw** eine Ausnahme auslöst („wirft"), die anzeigt, was fehlgeschlagen ist. Jeder direkte oder indirekte Aufrufer der Funktion kann dann die Ausnahme mit **catch** „fangen" und angeben, was zu tun ist, wenn der aufgerufene Code **throw** verwendet hat. Eine Funktion, die Interesse an den Ausnahmen hat, zeigt dies durch einen **try**-Block an (der nachfolgend noch beschrieben wird) und listet in den **catch**-Teilen des **try**-Blocks auf, welche Ausnahmen sie behandeln will. Wenn sich für eine geworfene Ausnahme kein Aufrufer findet, der die Ausnahme fängt, wird das Programm beendet.

Für fortgeschrittenere Einsatzmöglichkeiten siehe Kapitel 19 weiter hinten im Buch.

5.6.1 Ungültige Argumente

Die folgende Version von **area()** verwendet eine Ausnahme:

```
class Bad_area { };   // Typ, der speziell für das Melden von Fehlern aus area() definiert wurde

                      // berechnet die Fläche eines Rechtecks;
                      // wirft im Falle eines ungültigen Arguments eine Bad_area–Ausnahme
int area(int length, int width)
{
  if (length<=0 || width<=0) throw Bad_area();
  return length*width;
}
```

Wenn die Argumente gültig sind, geben wir wie gewohnt die Fläche zurück; wenn nicht, springen wir mit **throw** aus **area()** heraus und hoffen, dass es irgendwo eine **catch**-Anweisung gibt, die eine entsprechende Antwort bereithält. **Bad_area** ist ein neuer Typ, den wir nur aus einem Grund definiert haben: damit wir in **area()** mit **throw** etwas werfen können, das so eindeutig ist, dass die **catch**-Anweisungen daran erkennen können, dass die Ausnahme von **area()** stammt. Benutzerdefinierte Typen (Klassen und Aufzählungen) werden in Kapitel 9 behandelt. Die Notation **Bad_area()** bedeutet „Erstelle ein Objekt vom Typ **Bad_area**", sodass **throw Bad_area()** gleichbedeutend ist mit „Erstelle ein Objekt vom Typ **Bad_area** und wirf es mit **throw**".

Jetzt können wir schreiben

```
int main()
try {
  int x = –1;
  int y = 2;
  int z = 4;
  // ...
  int area1 = area(x,y);
  int area2 = framed_area(1,z);
  int area3 = framed_area(y,z);
  double ratio = area1/area3;
}
catch (Bad_area) {
  cout << "Hoppla! Ungueltige Argumente fuer area()\n";
}
```

Zum einen fällt auf, dass dieser Code alle Aufrufe von **area()** behandelt, sowohl die in **main()** als auch die beiden in **framed_area()**. Zum anderen zeigt sich deutlich, dass die Behandlung des Fehlers klar von der Erkennung des Fehlers getrennt ist: **main()** weiß nicht, von welcher Funktion die Anweisung **throw Bad_area()** stammt, und **area()** weiß nicht, welche Funktion die von ihr geworfenen **Bad_area**-Ausnahmen fängt (falls es überhaupt welche gibt). Diese Trennung ist vor allem in großen Programmen wichtig, die viele Bibliotheken einsetzen. In solchen Programmen kann man es sich nicht erlauben „mal gerade einen Fehler zu behandeln, indem man irgendwo Code einfügt, wo er gerade benötigt wird". Denn niemand möchte Code sowohl in der Anwendung als auch in allen Bibliotheken ändern müssen.

5.6.2 Bereichsfehler

Die meisten realen Programme haben mit Sammlungen von Daten zu tun, d.h., sie verwenden die verschiedensten Datentabellen, -listen usw., um eine Aufgabe zu erledigen. Im Zusammenhang mit C++ sprechen wir bei Datensammlungen oft von *Containern*. Der am häufigsten verwendete und nützlichste Container der Standardbibliothek ist **vector**, den Sie bereits aus §4.6 kennen. Ein **vector**-Container enthält eine bestimmte Anzahl von Elementen, die wir mithilfe der Memberfunktion **size()** von **vector** ermitteln können. Was aber passiert, wenn wir für den Zugriff auf ein Element einen Index verwenden, der nicht im gültigen Bereich von [**0:v.size()**] liegt? Die Schreibweise [**niedrig:hoch**] gibt an, dass der Index von **niedrig** bis **hoch-1** reicht, d.h., **niedrig** ist eingeschlossen, aber **hoch** nicht.

Abbildung 5.1: Wertebereich eines Vektors

5 Fehler

Bevor wir diese Frage beantworten, sollten wir erst folgende Frage klären:

„Warum sollten Sie das tun?" Schließlich wissen Sie ja, dass ein Index für **v** in dem Bereich [0,v.size()) liegen muss. Sie müssen also nur aufpassen, dem nicht zuwiderzuhandeln!

Doch wie so oft, sagt sich dies zwar einfach, lässt sich aber manchmal nur schwer umsetzen. Betrachten wir dazu folgenden, durchaus realistischen Code:

```
vector<int> v;                          // ein Vektor für ganze Zahlen
int i;
while (cin>>i) v.push_back(i);          // lies Werte ein
for (int i = 0; i<=v.size(); ++i)       // gib Werte aus
    cout << "v[" << i <<"] == " << v[i] << endl;
```

Ist Ihnen der Fehler aufgefallen? Versuchen Sie, ihn zu finden, bevor Sie weiterlesen. Solche Fehler kommen gar nicht so selten vor. Selbst wir sind gegen solche Fehler nicht gefeit – vor allem nicht spät in der Nacht, wenn wir müde sind. Fehler unterlaufen einem am häufigsten, wenn man müde oder in Eile ist. Wir verwenden hier die Grenzen **0** und **size()**, um sicherzustellen, dass **i** immer im Wertebereich liegt, wenn wir **v[i]** aufrufen.

Leider haben wir einen Fehler gemacht. Betrachten Sie die **for**-Schleife: Die Abbruchbedingung lautet **i<=v.size()** – statt **i<v.size()**, wie es korrekt wäre. Dies hat die unangenehme Folge, dass wir nach dem Einlesen von fünf Integer-Werten versuchen, sechs auszugeben. Das heißt, wir versuchen, **v[5]** zu lesen, ein nicht vorhandenes Element, das eine Position hinter dem Ende von **vector** liegt. Diese Art von Fehler ist so häufig und „berühmt", dass es dafür sogar mehrere Bezeichnungen gibt: *off-by-one-Fehler*, *Bereichsfehler* (*range error*), weil der Index nicht in dem für den **vector**-Container gültigen Wertebereich liegt, oder *Out-of-Bounds-Fehler*, weil der Index nicht innerhalb der erlaubten Grenzen (*bounds*) liegt.

Die folgende Version produziert den gleichen Effekt:

```
vector<int> v(5);
int x = v[5];
```

Vermutlich hätten Sie ein solches Beispiel aber als unrealistisch abgetan und ihm keine Beachtung geschenkt.

Was passiert eigentlich, wenn uns ein solcher Bereichsfehler unterläuft? Die Indexoperation von **vector** kennt die Größe des **vector**-Containers, sodass sie auf Bereichsüberschreitung prüfen kann (was bei unserem **vector** der Fall ist, siehe §4.6 und §19.4). Wenn diese Prüfung fehlschlägt, wirft die Indexoperation eine Ausnahme vom Typ **out_of_range**. Wenn also der fehlerhafte Code von oben Teil eines Programms wäre, das Ausnahmen fängt, hätten wir zumindest eine anständige Fehlermeldung erhalten:

```
int main()
try {
    vector<int> v;                          // ein Vektor für ganze Zahlen
    int x;
    while (cin>>x) v.push_back(x);          // lies Werte ein
    for (int i = 0; i<=v.size(); ++i)       // gib Werte aus
        cout << "v[" << i <<"] == " << v[i] << endl;
} catch (out_of_range) {
    cerr << "Hoppla! Bereichsfehler\n";
    return 1;
```

```
} catch (...) {                          // fängt alle anderen Ausnahmen
    cerr << "Ausnahme: irgendetwas ist schiefgelaufen\n";
    return 2;
}
```

Beachten Sie, dass Bereichsfehler im Grunde eine spezielle Art von Argumentfehlern sind (siehe §5.5.2). Weil wir uns nicht darauf verlassen wollten, dass wir selbst immer daran denken, die Gültigkeit unserer Indizes zu überprüfen, haben wir diese Aufgabe der Indexoperation von **vector** übertragen. Aus den angeführten Gründen meldet die Indizierungsfunktion von **vector** (namens **vector::operator[]**) gefundene Fehler durch Werfen einer Ausnahme. Was bleibt ihr sonst auch übrig? Sie kann ja nicht wissen, wie wir auf Bereichsfehler reagieren möchten. (Der Autor von **vector** konnte ja nicht einmal Annahmen darüber anstellen, in welcher Art von Programmen sein Code zum Einsatz kommen würde.)

5.6.3 Unzulässige Eingaben

Die Techniken und sprachlichen Mittel, die wir einsetzen, wenn wir auf unzulässige Eingaben treffen, sind die gleichen wie für die Behandlung von Argument- und Bereichsfehlern. Dessen ungeachtet stellen wir die ausführlichere Behandlung dieses Themas noch etwas nach hinten (§10.6) und konzentrieren uns hier darauf, wie Sie erkennen können, ob Ihre Eingabeoperationen erfolgreich waren. Betrachten wir dazu ein Beispiel zum Einlesen einer Gleitkommazahl:

```
double d = 0;
cin >> d;
```

Durch Überprüfung von **cin** können wir feststellen, ob die letzte Eingabeoperation erfolgreich war:

```
if (cin) {
    // alles ist O.K. und wir können versuchen, weiter einzulesen
}
else {
    // das letzte Einlesen ist fehlgeschlagen und wir treffen andere Maßnahmen
}
```

Es gibt mehrere potenzielle Gründe für ein Fehlschlagen der Eingabeoperation. An dieser Stelle soll der Grund sein, dass es für >> keinen **double**-Wert zum Einlesen gab.

Zu Beginn der Programmentwicklung geht es uns meist nur darum anzuzeigen, dass wir einen Fehler gefunden haben, von dem wir nicht wissen, wie wir ihn auf intelligente Weise behandeln können. Also melden wir den Fehler und beenden das Programm. Später kehren wir vielleicht hierher zurück und schreiben eine angemessenere Fehlerbehandlung.

```
double some_function()
{
    double d = 0;
    cin >> d;
    if (!cin) error("in some_function(): double konnte nicht eingelesen werden");
    // tue etwas Sinnvolles
}
```

Der String, der an **error()** übergeben wird, kann anschließend als Hilfe zum Debuggen oder als Meldung für den Benutzer ausgegeben werden. Wie jedoch muss **error()** aussehen, damit wir die Funktion in möglichst vielen Programmen sinnvoll einsetzen können? Es wäre sinnlos, wenn die Funktion einen Wert zurücklieferte, da wir gar nicht wüssten, was wir mit diesem Wert anfangen sollten. Stattdessen soll **error()** nach Ausgabe der Meldung das Programm beenden. Schön wäre es, wenn sie dies jedoch nicht direkt täte, sondern uns noch die Gelegenheit gäbe, vor der endgültigen Beendigung des Programms die eine oder andere kleinere Aktion ausführen: z.B. ein Fenster so lange geöffnet lassen, dass wir die Meldung lesen können. Das klingt ganz nach einer Aufgabe für eine Ausnahme (siehe §7.3).

> **Tipp**
>
> Die Standardbibliothek definiert verschiedene Ausnahmen, darunter **out_of_range**, die von **vector** geworfen wird, oder **runtime_error**, die sich ziemlich gut für unsere Zwecke eignet, weil sie einen String verwahrt, der später innerhalb einer **catch**-Anweisung verwendet und verarbeitet werden kann. Wir könnten also unsere **error()**-Funktion wie folgt schreiben:

```
void error(string s)
{
    throw runtime_error(s);
}
```

Wenn wir die **runtime_error**-Ausnahme behandeln wollen, fangen wir sie einfach ab. In einfachen Programmen fängt man **runtime_error**-Ausnahmen am besten in **main()**:

```
int main()
try {
                // unser Programm
    return 0;   // 0 steht für "Erfolgreich"
}
catch (runtime_error& e) {
    cerr << "Laufzeitfehler: " << e.what() << '\n';
    keep_window_open();
    return 1;   // 1 steht für "Fehlgeschlagen"
}
```

Der Aufruf **e.what()** extrahiert die Fehlermeldung aus **runtime_error**. Das **&** in

```
catch(runtime_error& e) {
```

ist ein Zeichen, dass wir die „Ausnahme als Referenz übergeben" wollen. Betrachten Sie das bitte zurzeit einfach als Information am Rande, auf die wir in §8.5.4–8.5.6 näher eingehen werden. Dort erfahren Sie, was damit gemeint ist, etwas als Referenz zu übergeben.

Beachten Sie, dass wir für unsere Fehlerausgabe **cerr** und nicht **cout** verwendet haben: **cerr** entspricht im Prinzip **cout**, ist aber speziell für die Ausgabe von Fehlermeldungen gedacht. Standardmäßig erfolgt sowohl bei **cerr** als auch bei **cout** die Ausgabe auf dem Bildschirm, aber **cerr** ist nicht optimiert, sodass es stabiler auf Fehler reagiert; außerdem können auf einigen Betriebssystemen die Fehlermeldungen zu einem anderen Ziel, z.B. eine Datei, umgeleitet werden. Schließlich hat **cerr** den simplen Vorteil, dass man daran leicht erkennen kann, dass die Ausgabe mit Fehlern zu tun hat. Aus diesem Grunde nutzen wir **cerr** für Fehlermeldungen.

Da eine **out_of_range**-Ausnahme etwas anderes ist als eine **runtime_error**-Ausnahme, können wir durch das Fangen von **runtime_error** keine **out_of_range**-Fehler behandeln, wie wir sie möglicherweise durch falsche Verwendung von Vektoren und anderen Containertypen der Standardbibliothek provozieren. Allerdings sind sowohl **out_of_range** als auch **runtime_error** Ausnahmen, sodass wir den allgemeinen Ausnahmetyp **exception** fangen können, um beide zu behandeln:

```
int main()
try {
                    // unser Programm
    return 0;       // 0 steht für "Erfolgreich"
}
catch (exception& e) {
    cerr << "Fehler: " << e.what() << '\n';
    keep_window_open();
    return 1;       // 1 steht für "Fehlgeschlagen"
}
catch (...) {
    cerr << "Hoppla: unbekannte Ausnahme!\n";
    keep_window_open();
    return 2;       // 2 steht für "Fehlgeschlagen"
}
```

Wir haben hier noch **catch(...)** hinzugefügt, um Ausnahmen jeden beliebigen Typs zu behandeln.

Die Behandlung von Ausnahmen der Typen **out_of_range** und **runtime_error** durch nur einen Typ **exception**, der auch als gemeinsamer Basistyp (Supertyp) bezeichnet wird, ist eine äußerst nützliche und allgemein angewandte Technik, die wir in den Kapiteln 13–16 näher kennenlernen werden.

Zur Erinnerung: Der Rückgabewert von **main()** wird an „das System" weitergereicht, das das Programm gestartet hat. Einige Systeme (wie z.B. Unix) verwenden diesen Wert häufiger, während andere (wie Windows) ihn normalerweise ignorieren. Eine Null weist auf eine erfolgreiche Ausführung hin und ein Rückgabewert ungleich Null auf einen Fehlschlag.

Nicht selten werden Sie feststellen, dass Sie **error()** am liebsten zwei Strings zur Beschreibung des Fehlers übergeben würden. In solchen Fällen verketten Sie einfach die beiden Strings ... oder weichen auf die folgende, zweite Version von **error()** aus, die wir zur Verfügung gestellt haben, weil dieses Problem so häufig auftritt:

```
void error(string s1, string s2)
{
    throw runtime_error(s1+s2);
}
```

Diese einfache Fehlerbehandlung reicht fürs Erste, bis wir höhere Ansprüche stellen und unsere Kenntnisse als Designer und Programmierer entsprechend gestiegen sind. Beachten Sie, dass wir **error()** unabhängig davon verwenden können, wie viele Funktionsaufrufe bis zum Auftreten des Fehler erfolgt sind: **error()** wird seinen Weg zum nächsten **catch**-Handler für **runtime_error** finden (der sich typischerweise in **main()** befindet). Weitere Beispiele für den Einsatz von Ausnahmen und **error()** finden Sie in §7.3 und §7.7. Wenn Sie keine Ausnahme fangen, erhalten Sie einen Standardsystemfehler (einen Fehler der Art „nicht gefangene Ausnahme").

Testen Sie Ihr Können

Wenn Sie sehen wollen, wie ein nicht gefangener Ausnahmefehler aussieht, führen Sie ein kleines Programm aus, das **error()** verwendet, ohne die Ausnahmen zu fangen.

5.6.4 Fehler durch Einengung

In §3.9.2 haben wir einen ganz gemeinen Fehler gesehen: Wenn wir einer Variablen einen Wert zuweisen, der für diese Variable „zu groß" ist, wird er implizit abgeschnitten. Zum Beispiel:

int x = 2.9;
char c = 1066;

Hier erhält x den Wert 2 anstelle von 2.9, weil x ein int-Wert ist und ein Integer-Wert eben eine ganze Zahl ohne Nachkommastellen ist. Ein ähnlicher Fall liegt vor, wenn wir den ASCII-Zeichensatz verwenden: c erhält den Wert 42 (entspricht dem Zeichen *) und nicht 1066, weil es keinen char-Wert mit dem Wert 1066 in diesem Zeichensatz gibt.

In §3.9.2 haben wir gelernt, wie wir uns gegen eine solche Einengung durch entsprechende Tests schützen können. Mithilfe von Ausnahmen (und Templates, siehe §19.3) können wir eine Funktion schreiben, die für uns testet und eine **runtime_error**-Ausnahme wirft, wenn eine Zuweisung oder Initialisierung zu einem veränderten Wert führt. Zum Beispiel:

```
int x1 = narrow_cast<int>(2.9);        // wirft eine Ausnahme
int x2 = narrow_cast<int>(2.0);        // O.K.
char c1 = narrow_cast<char>(1066);     // wirft eine Ausnahme
char c2 = narrow_cast<char>(85);       // O.K.
```

Die spitzen Klammern <...> sind die gleichen, wie wir sie von **vector<int>** kennen. Sie werden verwendet, wenn wir einen Typ anstelle eines Wertes angeben müssen, um eine Idee auszudrücken. Die Angaben in den Klammern heißen *Template-Argumente*. Wir können **narrow_cast** verwenden, wenn wir einen Wert umwandeln müssen und nicht sicher sind, „ob er in den Zieltyp passt". **narrow_cast** ist in *std_lib_facilities.h* definiert und wurde mithilfe von **error**() implementiert. Der englische Begriff *cast* steht für „Typumwandlung" und bedeutet im Englischen unter anderem „Gipsverband". (Die Vorstellung dahinter ist, dass der Cast „kaputten" Code kittet, so wie ein Gipsverband ein gebrochenes Bein heilt.) Beachten Sie, dass der Cast seinen Operanden nicht ändert; vielmehr erzeugt er einen neuen Wert vom geforderten Typ, der seinem Operanden entspricht.

5.7 Logische Fehler

Nachdem wir die anfänglichen Compiler- und Linkerfehler behoben haben, können wir das Programm ausführen. Das nächste Problem ist dann üblicherweise, dass das Programm keine Ausgabe erzeugt oder die erzeugte Ausgabe schlichtweg falsch ist. Die Gründe dafür können zahlreich sein. Vielleicht haben Sie die zugrunde liegende Programmlogik nicht richtig verstanden; vielleicht haben Sie nicht das geschrieben, was Sie eigentlich schreiben wollten; vielleicht haben Sie einfach nur irgendeinen dummen Fehler in einer Ihrer Kontrollanweisungen gemacht. Logische Fehler sind in der Regel schwerer zu finden und zu beheben als andere Fehler, weil der Computer zu diesem Zeitpunkt bereits exakt das tut, was Sie ihm vorgegeben haben. Ihre Aufgabe ist es nun herauszufinden, warum dies nicht das ist, was Sie eigentlich wollten. Im Grunde genommen ist der Computer ein extrem schneller Einfaltspinsel. Er tut genau das, was wir ihm befohlen haben – und dies kann unter Umständen recht beschämend für uns sein.

Lassen Sie uns dies anhand eines einfachen Beispiels veranschaulichen. Der folgende Code sucht nach der niedrigsten und höchsten Temperatur in einem Satz von Daten und berechnet die Durchschnittstemperatur:

```
int main()
{
  vector<double> temps;                          // Temperaturen

  double temp = 0;
  double sum = 0;
  double high_temp = 0;
  double low_temp = 0;

  while (cin>>temp)                              // lies Daten ein und lege sie in temps ab
    temps.push_back(temp);

  for (int i = 0; i<temps.size(); ++i)
  {
    if(temps[i] > high_temp) high_temp = temps[i];   // suche Maximum
    if(temps[i] < low_temp) low_temp = temps[i];     // suche Minimum
    sum += temps[i];                                  // berechne Summe
  }

  cout << "Hoechste Temperatur: " << high_temp<< endl;
  cout << "Niedrigste Temperatur: " << low_temp << endl;
  cout << "Durchschnittstemperatur: " << sum/temps.size() << endl;
}
```

Wir haben dieses Programm getestet, indem wir die stündlichen Temperaturen der Wetterstation in Lubbock, Texas, vom 16. Februar 2004 eingegeben haben (Texas verwendet immer noch Fahrenheit):

–16.5,	–23.2,	–24.0,	–25.7,	–26.1,	–18.6,	–9.7,	–2.4,
7.5,	12.6,	23.8,	25.3,	28.0,	34.8,	36.7,	41.5,
40.3,	42.6,	39.7,	35.4,	12.6,	6.5,	–3.7,	–14.3

Die Ausgabe lautete:

Hoechste Temperatur: 42.6
Niedrigste Temperatur: –26.1
Durchschnittstemperatur: 9.3

Ein naiver Programmierer würde davon ausgehen, dass das Programm ordnungsgemäß funktioniert. Ein verantwortungsloser Programmierer würde es sogar an einen Kunden ausliefern. Vernünftig wäre es dagegen, das Programm mit einem zweiten Satz Daten auszutesten – beispielsweise den Temperaturdaten vom 23. Juli 2004.

76.5,	73.5,	71.0,	73.6,	70.1,	73.5,	77.6,	85.3,
88.5,	91.7,	95.9,	99.2,	98.2,	100.6,	106.3,	112.4,
110.2,	103.6,	94.9,	91.7,	88.4,	85.2,	85.4,	87.7

Diesmal lautet die Ausgabe:

Hoechste Temperatur: 112.4
Niedrigste Temperatur: 0.0
Durchschnittstemperatur: 89.2

Hoppla, irgendetwas stimmt hier nicht. Starker Frost (0,0 °F entsprechen ungefähr −18 °C) mitten im Juli in Lubbock hieße, dass das Ende der Welt gekommen wäre! Haben Sie den Fehler gefunden? Die Variable **low_temp** wird mit **0.0** initialisiert und sie behält diesen Wert bei, wenn keine der eingelesenen Temperaturen unter null liegt.

> ### Testen Sie Ihr Können
>
> Bringen Sie dieses Programm zur Ausführung. Prüfen Sie, ob unsere Eingaben tatsächlich die angegebenen Ausgaben erzeugen. Versuchen Sie, das Programm zu „knacken" (d.h. zu falschen Ergebnissen zu zwingen), indem Sie andere Datensätze eingeben. Wie klein muss die kleinste Eingabe sein, damit das Programm fehlschlägt?

Leider gibt es in diesem Programm noch weitere Fehler. Was würde passieren, wenn alle Temperaturen unter null lägen? Die Initialisierung von **high_temp** birgt das gleiche Problem wie **low_temp**: Wenn sich unter den Temperaturdaten keine Temperatur über null findet, bleibt **high_temp** auf **0.0** stehen. Für Winter-Daten vom Südpol würde das Programm also auch nicht funktionieren.

Diese Fehler sind ganz typisch. Sie lösen keine Fehlermeldungen während der Kompilierung aus und sie liefern für „vernünftige" Eingaben auch korrekte Ergebnisse. Nur leider haben wir versäumt, darüber nachzudenken, welche Eingaben für das Programm „vernünftig" sind. Das verbesserte Programm sieht wie folgt aus:

```
int main()
{
  double temp = 0;
  double sum = 0;
  double high_temp = –1000;         // initialisiere mit unrealistischem Minimum
  double low_temp = 1000;           // initialisiere mit unrealistischem Maximum
  int no_of_temps = 0;

  while (cin>>temp) {               // lies temp
    ++no_of_temps;                  // zähle die Temperaturwerte
    sum += temp;                    // berechne die Summe
    if (temp > high_temp) high_temp = temp;   // suche Maximum
    if (temp < low_temp) low_temp = temp;     // suche Minimum
  }

  cout << "Hoechste Temperatur: " << high_temp<< endl;
  cout << "Niedrigste Temperatur: " << low_temp << endl;
  cout << "Durchschnittstemperatur: " << sum/no_of_temps << endl;
}
```

Funktioniert das Programm? Wie können Sie sicher sein? Wie würden Sie „funktionieren" genau definieren? Woher haben wir die Werte **1000** und **−1000**? Erinnern Sie sich, dass wir Sie vor den „magischen Konstanten" gewarnt haben (§5.5.1)? Die Werte **1000** und **−1000** als Literale mitten im Programm zu verwenden, ist schlechter Stil, aber sind die Werte auch falsch? Gibt es Orte, an denen die Temperaturen unter −1000 °F (−573 °C) fallen? Gibt es Orte, an denen die Temperaturen über 1000 °F (538 °C) steigen?

> **Testen Sie Ihr Können**
>
> Recherchieren Sie das. Ziehen Sie verschiedene Informationsquellen heran, um realistische Werte für die Konstanten **min_temp** (die Minimaltemperatur) und **max_temp** (die Maximaltemperatur) unseres Programms zu finden. Diese Werte legen die Grenzen für die Einsatzmöglichkeiten unseres Programms fest.

5.8 Abschätzen

Stellen Sie sich einmal vor, Sie haben ein Programm für eine einfache Berechnung geschrieben, sagen wir für die Berechnung der Fläche eines Hexagons. Sie führen es aus und erhalten als Wert für die Fläche: „−34.56". Sie wissen sofort, dass hier etwas falsch ist. Wieso? Weil keine Form eine negative Fläche aufweist. Deshalb beheben Sie den Fehler (was auch immer es war) und erhalten „21.65685". Ist das korrekt? Das ist schon schwerer zu sagen, weil wir normalerweise die Formel für die Berechnung einer hexagonalen Fläche nicht im Kopf haben. Bevor wir uns aber völlig blamieren, indem wir ein Programm ausliefern, das unsinnige Ergebnisse erzeugt, sollten wir auf alle Fälle prüfen, ob die Antwort stimmen könnte. In diesem Fall ist das nicht schwer. Ein Hexagon ähnelt in etwa einem Quadrat. Wir zeichnen einfach unser regelmäßiges Hexagon auf ein Stück Papier und stellen fest, dass es „über den Daumen gepeilt" der Größe eines 3×3-Quadrats entspricht. Ein solches Quadrat hat die Fläche 9. Schade! Also stimmen die 21.65685 nicht! Erneut überarbeiten wir unser Programm und erhalten „10.3923". Gut, das könnte korrekt sein!

Natürlich geht es uns hier nicht um Hexagone. Der springende Punkt ist, dass wir eine ungefähre Vorstellung davon haben sollten, wie eine korrekte Antwort in etwa aussehen muss – oder wir sind nicht in der Lage abzuschätzen, ob unser Ergebnis vernünftig ist. Stellen Sie sich also immer folgende Frage: | **Tipp**

1 Ist diese Antwort für dieses besondere Problem stimmig?

Zusätzlich sollten Sie sich die ganz allgemeine (und oft viel schwierigere) Frage stellen:

2 Woran erkenne ich ein stimmiges Ergebnis?

Wir fragen also nicht „Wie lautet die exakte Antwort?" oder „Wie lautet die korrekte Antwort?". Denn genau dafür schreiben wir ja das Programm. Alles, was wir wissen wollen, ist, ob die Antwort unsinnig ist oder nicht. Erst wenn wir sicher sind, dass wir eine plausible Antwort erhalten, ist es sinnvoll, mit der Entwicklung des Programms fortzufahren.

Das *Abschätzen* ist eine hohe Kunst, die gesunden Menschenverstand erfordert sowie die Fähigkeit, einfache Berechnungen auf Grundlage ausgesuchter Daten durchzuführen. Wir persönlich machen uns dabei immer Notizen, auch wenn wir dazu Bierdeckel, Briefumschläge oder Ähnliches zweckentfremden müssen. Manchen Leuten mag dies überflüssig erscheinen, weil sie gut im Kopf überschlagen können, aber wir haben festgestellt, dass wir auf diese Weise nicht so schnell durcheinanderkommen und seltener Fehler machen. Was wir hier als Abschätzen bezeichnen, ist eine bunte Mischung informeller Techniken, für die im Englischen wegen der Kombination von Raten und Rechnen der Spitzname *guesstimation* („Schätzraten") geprägt wurde.

> **Testen Sie Ihr Können**
>
> Unser Hexagon war regelmäßig und hatte eine Seitenlänge von 2 cm. War unsere Antwort richtig? Überschlagen Sie die Rechnung auf einem Stück Papier. Keine Sorge – das ist nicht unter Ihrer Würde. Viele berühmte Wissenschaftler wurden sehr dafür bewundert, dass sie immer direkt mit einer ungefähren Antwort aufwarten konnten, obwohl sie nur Stift und irgendein Stück Papier (Briefumschlag, Serviette usw.) zur Verfügung hatten. Dies ist eine Fähigkeit – ja eigentlich einfach eine Gewohnheit –, die Ihnen eine Menge Zeit und Verwirrung ersparen kann.

Viele Schätzungen basieren auf Daten, für die Sie wiederum nur Schätzwerte heranziehen können, weil Ihnen konkrete Daten nicht vorliegen. Angenommen, Sie müssen ein Programm testen, das die durchschnittlichen Fahrzeiten zwischen verschiedenen Städten berechnet. Ist eine Fahrzeit von 15 Stunden und 33 Minuten für die Entfernung von New York nach Denver plausibel? Ist sie es für die Fahrt von London nach Nizza? Warum oder warum nicht? Welche Daten müssen Sie „raten", um diese Fragen beantworten zu können? Oft ist eine kleine Recherche im Internet äußerst hilfreich. So ist zum Beispiel 3.000 km keine schlechte Schätzung für die Strecke New York – Denver. Allerdings dürfte es schwerfallen (und erlaubt wäre es auch nicht), die komplette Strecke mit einer Durchschnittsgeschwindigkeit von 200 km/h zurückzulegen. Deshalb sind 15 Stunden nicht plausibel (15∗200 ergeben exakt 3.000). Sie können das nachprüfen: Wir haben sowohl die Entfernung als auch die Durchschnittsgeschwindigkeit etwas höher angesetzt, aber für eine Plausibilitätsprüfung müssen wir keine absolut korrekten Werte verwenden, wir müssen nur gut genug raten.

> **Testen Sie Ihr Können**
>
> Schätzen Sie die Fahrzeiten für die angegebenen Strecken. Schätzen Sie auch die Flugzeiten, wobei Sie normale Verkehrsflugzeuge zugrunde legen. Versuchen Sie dann, Ihre Schätzungen durch geeignete Quellen, wie Landkarten und Fahrpläne, zu verifizieren. Wir würden dies online recherchieren.

5.9 Debuggen

Fast jedes Programm, das Sie schreiben (konzipieren?), wird am Anfang Fehler enthalten. Ab und zu kommt es vor, dass sich kleine Programme beim ersten Mal anstandslos kompilieren und ausführen lassen. Doch wenn es sich dabei nicht gerade um ein besonders triviales Programm handelt, sollten Sie diesen Programmen gegenüber sehr, sehr misstrauisch sein. Und wenn ein Programm wirklich einmal von Anfang an korrekt läuft, so informieren Sie Ihre Freunde und feiern Sie – denn das wird Ihnen nicht jedes Jahr passieren.

Nachdem Sie also irgendwelchen Code geschrieben haben, müssen Sie zuerst einmal die Fehler darin suchen und entfernen. Diesen Prozess bezeichnet man normalerweise als *Debuggen* und die Fehler als *Bugs* (zu Deutsch: Wanze, Insekt). Es wird oft behauptet, dass der Begriff *Bug* auf einen Geräteausfall zurückzuführen ist, der durch Insekten in der Elektronik verursacht wurde. Damals bestanden Computer noch aus einer Vielzahl von Elektronenröhren und Relais, die zusammen ganze Räume füllten. Mehreren Personen wurde die Entdeckung und die Prägung des Wortes *Bug* für Softwarefehler zugeschrieben. Die wohl bekannteste unter ihnen ist Grace Murray Hopper, Erfinderin der Programmiersprache COBOL (§22.2.2.2). Doch wer auch immer den Begriff vor mehr als 50 Jahren geprägt hat, *Bug* wird unter Programmierern überall auf der Welt verstanden und ist auch im deutschen Computerjargon fest verankert. Die Tätigkeit, gezielt nach Fehlern zu suchen und diese zu beseitigen, wird als *Debuggen* bezeichnet.

Debuggen umfasst im Großen und Ganzen folgende Schritte:

1 Das Programm kompilieren.

2 Das Programm linken.

3 Das Programm das tun lassen, wofür es geschrieben wurde.

Im Grunde genommen gehen wir diese Schritte immer und immer wieder durch: Hunderte, ja Tausende von Malen, und das für richtig große Programme jahrelang. Jedes Mal, wenn irgendetwas nicht funktioniert, müssen wir herausfinden, wo das Problem liegt, und den Fehler beheben. Ich finde, dass Debuggen die langweiligste Arbeit beim Programmieren ist, die außerdem am meisten Zeit kostet. Deshalb gebe ich mir schon beim Entwurf und bei der Programmierung größte Mühe, die Zeit für die Fehlersuche so gering wie möglich zu halten. Es gibt aber auch Programmierer, die die Jagd nach Fehlern richtig spannend finden und der Überzeugung sind, dass Debuggen die Hauptsache beim Programmieren ist. Aus eigener Erfahrung kann ich sagen, dass Debuggen genauso süchtig machen kann wie ein Computerspiel und einen Programmierer für Tage und Nächte an den Bildschirm zu fesseln vermag.

Ein Beispiel, wie Sie *nicht* debuggen sollten:

while (das Programm scheint nicht zu funktionieren) {   // Pseudocode
  Willkürlich das Programm nach etwas durchsuchen, das "seltsam" scheint
  Es ändern, damit es besser aussieht
}

Warum machen wir uns die Mühe, dies zu erwähnen? Der Algorithmus ist eindeutig schlecht und bietet wenig Aussicht auf Erfolg. Leider ist diese Beschreibung nur eine schwache Karikatur dessen, was viele Leute tatsächlich spät in der Nacht machen, wenn sie sich besonders hilflos und ratlos fühlen, nachdem sie „so gut wie alles" ausprobiert haben.

Die Schlüsselfrage, die sich beim Debuggen stellt, lautet:

Woher weiß ich, ob das Programm wirklich korrekt arbeitet?

Wenn Sie diese Frage nicht beantworten können, steht Ihnen eine lange und langweilige Debug-Sitzung bevor und die Benutzer Ihres Programms können wahrscheinlich mit einigen Enttäuschungen rechnen. Wir werden auf diesen Punkt immer wieder zurückkommen, weil alles, was hilft, diese Frage zu beantworten, das Debuggen verkürzt und dazu beiträgt, korrekte und wartbare Programme zu erzeugen. Grundsätzlich sind wir bemüht, unsere Programme so zu konzipieren, dass sich nirgendwo Fehler verstecken können. Diese Ziele sind vielleicht etwas zu hoch gegriffen, aber durch die Strukturierung unserer Programme versuchen wir, die Fehlerwahrscheinlichkeit zu minimieren und die Erfolgsquote beim Aufspüren eingeschlichener Fehler zu maximieren.

5.9.1 Praktische Debug-Hinweise

Tipp Noch bevor Sie Ihre erste Codezeile schreiben, sollten Sie damit beginnen, sich Gedanken um das spätere Debuggen des Codes zu machen. Wenn Sie erst einmal eine bestimmte Menge Code geschrieben haben, ist es zu spät, um das Debuggen noch zu vereinfachen.

Legen Sie fest, wie Sie Fehler melden wollen: „**error()** verwenden und in **main()** alle **exception**-Ausnahmen abfangen" wird in diesem Buch Ihre Standardantwort sein.

Tipp Sorgen Sie dafür, dass Ihr Quellcode leicht zu lesen ist, sodass Sie eine Chance haben, die Fehler zu finden:

- Kommentieren Sie Ihren Code gut. Das heißt jedoch nicht, dass Sie eine Menge Kommentare einfügen sollen. Erklären Sie nicht mit einem Kommentar, was sich besser durch Code ausdrücken lässt. Erklären Sie in Ihren Kommentaren, so klar und kurz wie möglich, was Sie durch Code nicht klar ausdrücken können:
  – Den Namen des Programms;
  – Den Zweck des Programms;
  – Wer den Code wann geschrieben hat;
  – Versionsnummern;
  – Was komplizierte Codefragmente machen sollen;
  – Welche allgemeinen Design-Vorstellungen dem Code zugrunde liegen;
  – Wie der Quellcode organisiert ist;
  – Welche Annahmen über die Eingaben gemacht werden;
  – Welche Codeteile noch fehlen und welche Fälle noch nicht behandelt wurden.
- Verwenden Sie aussagekräftige Namen.
  – Das heißt nicht, dass Sie lange Namen verwenden sollen.
- Verwenden Sie ein einheitliches Layout für Ihren Code.
  – Ihre Entwicklungsumgebung wird Sie dabei unterstützen, aber sie ist nicht unfehlbar und die Verantwortung liegt letztendlich bei Ihnen.
  – Der in diesem Buch verwendete Stil ist ein vernünftiger Ausgangspunkt.
- Zerlegen Sie Code in kleine Funktionen mit jeweils einer logischen Aktion.
  – Vermeiden Sie Funktionen, die länger als ein oder zwei Seiten sind. Die meisten Funktionen sind viel kürzer.
- Vermeiden Sie komplizierte Codefolgen.
  – Vermeiden Sie verschachtelte Schleifen, verschachtelte *if*-Anweisungen, komplizierte Bedingungen usw. Leider lassen sich solche Konstruktionen nicht immer umgehen, aber denken Sie daran, dass sich die Fehler am häufigsten in komplizierten Codeabschnitten verbergen.

- Verwenden Sie wenn möglich Bibliothekselemente, anstatt eigenen Code zu schreiben.
  - Eine Bibliothek ist wahrscheinlich besser durchdacht und sorgfältiger getestet als das, was Sie als Alternative produzieren können, während Sie eifrig damit beschäftigt sind, das Hauptproblem zu lösen.

Im Moment klingt das alles etwas abstrakt, aber wir werden Ihnen noch Beispiele dazu nachliefern.

Das Programm kompilieren. In dieser Phase ist der Compiler ganz offensichtlich Ihr bester Freund. Seine Fehlermeldungen sind meist hilfreich, auch wenn wir uns immer noch bessere wünschen würden, und Sie sollten darauf vertrauen, dass seine Analyse korrekt ist – nur echte Profis, die allerdings nicht zur Zielgruppe dieses Buches gehören, sollten Compiler-Meldungen infrage stellen. Hin und wieder werden Sie das Gefühl haben, dass die Regeln, die der Compiler durchsetzt, unsinnig und überflüssig sind (was selten der Fall ist), und dass alles viel einfacher sein müsste (was zwar wünschenswert wäre, aber nicht der Fall ist). Doch, wie sagt man so schön, „Ein schlechter Handwerker schimpft immer auf sein Werkzeug". Ein guter Handwerker kennt die Stärken und Schwächen seiner Werkzeuge und passt seine Arbeit entsprechend an. Typische Kompilierfehler sind:

> Tipp

- Wurden die String-Literale ordnungsgemäß abgeschlossen?

  `cout << "Hallo << name << '\n';    // Hoppla!`

- Wurden die Zeichenliterale ordnungsgemäß abgeschlossen?

  `cout << "Hallo " << name << '\n;    // Hoppla!`

- Wurden die Blöcke ordnungsgemäß abgeschlossen?

  ```
  int f(int a)
  {
    if (a>0) { /* tue etwas */ else { /* tue etwas anderes */ }
  } // Hoppla!
  ```

- Sind alle Klammerpaare vollständig?

  ```
  if (a<=0    // Hoppla!
    x = f(y);
  ```

  Der Compiler meldet diese Art von Fehlern erst spät. Er weiß nicht, dass Sie nach der 0 eine schließende Klammer setzen wollten.

- Wurden alle Namen deklariert?
  - Haben Sie alle benötigten Headerdateien eingebunden (bisher `#include "std_lib_facilities.h"`)?
  - Wurde jeder Name vor seiner Verwendung deklariert?
  - Haben Sie alle Namen korrekt geschrieben?

    `int count; /* ... */ ++Count;    // Hoppla!`
    `char ch; /* ... */ Cin>>c;    // Doppel-Hoppla!`

- Wurden alle Ausdrucksanweisungen mit einem Semikolon abgeschlossen?

  `x = sqrt(y)+2    // Hoppla!`
  `z = x+3;`

Weitere Beispiele hierzu finden Sie in den Übungen am Ende dieses Kapitels. Vergessen Sie auch nicht die Klassifikation der Fehler aus §5.2.

Nachdem das Programm kompiliert und gelinkt wurde, kommt der üblicherweise schwierigste Part: Herauszufinden, warum das Programm nicht das tut, was es soll. Sie betrachten die Ausgabe und versuchen herauszufinden, wie Ihr Code zu diesem Ergebnis kommen konnte. Möglicherweise sitzen Sie auch vor einem leeren Bildschirm (oder Fenster) und fragen sich, warum Ihr Programm überhaupt keine Daten ausgibt. Ein häufiges Problem, mit dem Programmieranfänger unter Windows zu kämpfen haben, ist nämlich, dass das Konsolenfenster der Windows-Konsolenanwendung so schnell wieder verschwindet, dass man als Anwender keine Chance hat, die Ausgabe (falls vorhanden) zu lesen. Dieses Übel lässt sich durch Aufruf von keep_window_open() aus unserer *std_lib_facilities.h* am Ende von main() beheben. Das so erweiterte Programm fordert Sie vor seiner Beendigung noch einmal zu einer Eingabe auf, was Ihnen die Gelegenheit gibt, die erzeugte Ausgabe in Ruhe zu betrachten, bevor Sie der Aufforderung nachkommen und damit das Fenster schließen.

Wenn Sie nach einem Bug suchen, springen Sie zu der letzten Stelle in Ihrem Code, der Ihrer Meinung nach noch korrekt war, und gehen Sie von dort den Code Anweisung für Anweisung durch. Versetzen Sie sich in die Rolle des Computers, der das Programm ausführt. Entspricht die Ausgabe Ihren Erwartungen? Natürlich nicht, denn sonst würden Sie das Programm ja nicht debuggen.

- Wenn Sie ein Problem nicht sehen, liegt das oft daran, dass Sie das „sehen", was Sie zu sehen erwarten, und nicht das, was Sie geschrieben haben. Betrachten Sie dazu:

```
for (int i=0; i<=max; ++j) {        // Hoppla! (zweimal)
    for (int i=0; 0<max; ++i);      // gib die Elemente von v aus
cout << "v[" << i << "]==" << v[i] << '\n';
```

Dieses letzte Beispiel stammt aus einem realen Programm, das von erfahrenen Programmierern geschrieben wurde (wir nehmen an, dass es schon sehr spät in der Nacht war).

- Wenn Sie ein Problem nicht sehen, liegt das oft daran, dass zwischen dem Punkt, an dem das Programm die letzte korrekte Ausgabe erzeugt hat, und der nächsten Ausgabe (oder fehlenden Ausgabe) zu viel Code ausgeführt wird. Viele Programmierumgebungen bieten Ihnen die Möglichkeit, die Anweisungen eines Programms Schritt für Schritt auszuführen. Sie werden später noch lernen, wie Sie von diesen Möglichkeiten Gebrauch machen, aber für simple Probleme und simple Programme können Sie einfach vorübergehend (mit cerr) einige zusätzliche Ausgabeanweisungen einfügen, die Ihnen helfen zu sehen, was passiert. Zum Beispiel:

```
int my_fct(int a, double d)
{
    int res = 0;
    cerr << "my_fct(" << a << "," << d << ")\n";
    // ... fehlerhafter Code hier ...
    cerr << "my_fct() liefert " << res << '\n';
    return res;
}
```

- Fügen Sie Codeabschnitten, in denen Sie Fehler vermuten, Anweisungen hinzu, die Invarianten überprüfen (d.h. Bedingungen, die immer gelten, siehe §9.4.3). Zum Beispiel:

```
int my_complicated_function(int a, int b, int c)
// Die Argumente sind positiv und a < b < c
{
    if (!(0<a && a<b && b<c))       // ! bedeutet "nicht"; && bedeutet "und"
        error("ungueltige Argumente fuer mcf");
    // ...
}
```

- Wenn das nicht hilft, fügen Sie Invarianten in Codeabschnitte ein, die Sie nicht für fehlerträchtig halten. Wenn Sie keinen Fehler finden, suchen Sie ganz bestimmt am falschen Ort.

Eine Anweisung, die eine Invariante postuliert (*to assert*), wird als *Assertion* bezeichnet.

Interessanterweise gibt es viele effektive Wege zu programmieren und die Leute setzen erfolgreich die unterschiedlichsten Techniken ein. Soweit es das Debuggen betrifft, ergeben sich die unterschiedlichen Techniken zum Teil aus den Anforderungen der verschiedenen Arten von Programmen, an denen die Leute arbeiten; in anderen Fällen sind es die unterschiedlichen Denkweisen der Leute, die sie zu verschiedenen Techniken greifen lassen. Einen Königsweg gibt es beim Debuggen nicht, jedenfalls nicht, soweit wir es beurteilen können. Einen Punkt sollten Sie sich allerdings immer vor Augen halten: In schludrigem Code können sich Fehler leicht verstecken. Indem Sie Ihren Code so einfach, logisch und wohlformatiert halten wie möglich, reduzieren Sie den Aufwand, den Sie später beim Debuggen betreiben müssen.

5.10 Vor- und Nachbedingungen

Lassen Sie uns an dieser Stelle zu der Frage zurückkehren, wie wir mit unzulässigen Funktionsargumenten umgehen. Der Aufruf einer Funktion ist im Grunde genommen der ideale Zeitpunkt, um über korrekten Code nachzudenken und um mögliche Fehler abzufangen, weil an dieser Stelle eine logisch separate Berechnung beginnt (die mit **return** endet). Sehen wir uns dazu noch einmal an, wie wir den Hinweis weiter oben befolgt haben:

```
int my_complicated_function(int a, int b, int c)
                        // die Argumente sind positiv und a < b < c
{
  if (!(0<a && a<b && b<c))      // ! bedeutet "nicht" und && bedeutet "und"
     error("ungueltige Argumente fuer mcf");
                                 // ...
}
```

Zuerst haben wir (in einem Kommentar) festgehalten, welche Anforderungen die Funktion an ihre Argumente stellt. Dann haben wir überprüft, ob diese Bedingungen eingehalten werden (wobei wir bei einem Verstoß eine Ausnahme werfen).

Dies ist eine gute Grundstrategie. Anforderungen, die eine Funktion an ihre Argumente stellt, werden oft als *Vorbedingungen* (*pre-conditions*) bezeichnet: Eine solche Vorbedingung muss erfüllt sein, damit die Funktion ihre Aktion korrekt ausführen kann. Die Frage ist nur, was zu tun ist, wenn die Vorbedingung verletzt, d.h. nicht eingehalten wird. In diesem Falle haben wir zwei Möglichkeiten:

1 Es ignorieren (hoffen/annehmen, dass alle Aufrufer korrekte Argumente übergeben).

2 Es prüfen (und den Fehler irgendwie melden).

So betrachtet sind Argumenttypen nichts anderes als eine Möglichkeit, dafür zu sorgen, dass der Compiler die einfachsten Vorbedingungen für uns prüft und zur Kompilierzeit meldet. Zum Beispiel:

```
int x = my_complicated_function(1, 2, "horsefeathers");
```

Hier fängt der Compiler die Verletzung der Anforderung (Vorbedingung), wonach das dritte Argument ein Integer-Wert zu sein hat. Worüber wir hier aber im Grunde genommen sprechen wollen, sind die Anforderungen/Vorbedingungen, die der Compiler nicht prüfen kann.

Tipp Unser Vorschlag ist, Vorbedingungen immer in Kommentaren zu dokumentieren (sodass ein Aufrufer nachlesen kann, was eine Funktion erwartet). Bei einer Funktion ohne Kommentare geht man davon aus, dass sie jeden möglichen Argumentwert behandelt. Aber sollten wir davon ausgehen, dass Aufrufer diese Kommentare lesen und die Regeln befolgen? Manchmal müssen wir das, aber in allen anderen Fällen lautet die Regel „Prüfe die Argumente in der aufgerufenen Funktion" nun „Sorge dafür, dass eine Funktion ihre eigenen Vorbedingungen prüft". Dies sollten wir stets beherzigen, außer natürlich es gibt gewichtige Gründe, die dagegen sprechen. Die Gründe, die am häufigsten gegen das Prüfen von Vorbedingungen vorgebracht werden, lauten:

- Niemand würde unzulässige Argumente liefern.
- Es würde meinen Code verlangsamen.
- Es ist zu kompliziert zu prüfen.

Der erste Grund kann nur gelten, wenn wir wissen, „wer" eine Funktion aufruft – und in realem Code ist das nur schwer zu sagen.

Der zweite Grund ist viel seltener der Fall, als die Leute glauben, und sollte meistens als ein Beispiel für „vorauseilende Optimierung" ignoriert werden. Sie können Prüfungen jederzeit entfernen, wenn Sie feststellen, dass sie die Ausführung des Codes tatsächlich verzögern sollten. Was Sie nicht so leicht können, ist, auf andere Weise die Sicherheit zu gewinnen, die Ihnen diese Tests geben (oder die fehlende Nacht Schlaf nachzuholen, die Sie mit der Suche nach Fehlern verloren haben, die diese Tests hätten abfangen können).

Der dritte Grund ist der einzige wirklich ernst zu nehmende. Es ist leicht (für einen erfahrenen Programmierer), Beispiele zu finden, bei denen das Prüfen einer Vorbedingung wesentlich mehr Kosten verursacht als die Ausführung der Funktion. Beispielsweise die Suche in Wörterbüchern: Eine Vorbedingung ist, dass die Einträge im Wörterbuch sortiert sein sollen – und die Prüfung, ob ein Wörterbuch sortiert ist, kann wesentlich aufwendiger sein als die Suche selbst. Manchmal besteht die Schwierigkeit aber auch darin, eine Vorbedingung im Code auszudrücken, d.h. korrekt auszudrücken. Wie auch immer, wenn Sie eine Funktion schreiben, überlegen Sie stets, ob Sie eine kurze Überprüfung der zugehörigen Vorbedingungen schreiben können, und tun Sie es, wenn nichts Wichtiges dagegenspricht.

Das Formulieren von Vorbedingungen (und sei es nur als Kommentar) wirkt sich noch auf andere Weise positiv auf die Qualität unseres Programms aus: Es zwingt uns, darüber nachzudenken, welche Voraussetzungen für den Aufruf einer Funktion erfüllt sein müssen. Wenn Sie die Vorbedingungen nicht einfach und präzise in ein paar Kommentarzeilen angeben können, haben Sie wahrscheinlich nicht genau genug über Ihre Arbeit nachgedacht. Die Erfahrung jedenfalls lehrt, dass das Schreiben der Vorbedingungskommentare und der -tests dazu beiträgt, dass viele Entwurfsfehler vermieden werden. Haben wir erwähnt, dass wir das Debuggen verabscheuen? Die explizite Formulierung von Vorbedingungen hilft uns, Entwurfsfehler zu vermeiden und Fehler durch falsche Verwendung von Funktionen früh abzufangen. Auf diese Weise erspart uns der folgende Code viel Zeit und Kummer:

```
int my_complicated_function(int a, int b, int c)
// die Argumente sind positiv und a < b < c
{
    if (!(0<a && a<b && b<c)) // ! bedeutet "nicht" und && bedeutet "und"
        error("ungueltige Argumente fuer mcf");
    // ...
}
```

verglichen mit der scheinbar einfacheren Version:

```
int my_complicated_function(int a, int b, int c)
{
    // ...
}
```

5.10.1 Nachbedingungen

Die Formulierung von Vorbedingungen hilft uns, unseren Entwurf zu verbessern und Fehler durch falsche Verwendung von Funktionen früh abzufangen. Kann diese Idee, Anforderungen explizit zu formulieren, auch anderswo eingesetzt werden? Ja, da fällt einem sofort ein weiterer Kandidat ein: der Rückgabewert! Schließlich gehört es normalerweise zur Beschreibung einer Funktion, das wir angeben, was die Funktion zurückliefert. Mit anderen Worten: Wenn wir aus der Funktion einen Wert zurückliefern, geben wir *immer* auch ein Versprechen über die Art des Rückgabewertes ab (wie sonst sollte ein Aufrufer wissen, was er erwarten darf?). Betrachten wir dazu noch einmal unsere Funktion zur Flächenberechnung (aus §5.6.1):

```
// berechnet die Fläche eines Rechtecks;
// wirft eine Bad_area-Ausnahme im Falle eines ungültigen Arguments
int area(int length, int width)
{
    if (length<=0 || width <=0) throw Bad_area();
    return length*width;
}
```

Die Funktion prüft ihre Vorbedingungen, ohne die Vorbedingungen jedoch im Kommentar zu erwähnen (was für eine solch kurze Funktion okay sein mag). Und sie geht davon aus, dass ihre Berechnung korrekt ist (was für eine solch triviale Berechnung ebenfalls okay sein mag). Wir könnten jedoch auch ein bisschen expliziter sein:

```
int area(int length, int width)
// berechnet die Fläche eines Rechtecks;
// Vorbedingungen: Länge und Breite sind positiv
// Nachbedingung: liefert einen positiven Wert für die Fläche zurück
{
    if (length<=0 || width <=0) error("area()-Vorbedingung");
    int a = length*width;
    if (a<=0) error("area()-Nachbedingung");
    return a;
}
```

Wir konnten nicht die ganze Nachbedingung prüfen, aber wir haben zumindest sichergestellt, dass der zurückgelieferte Wert positiv ist.

> **Testen Sie Ihr Können**
>
> Finden Sie zwei Werte, sodass die Vorbedingung dieser **area**-Version erfüllt ist, die Nachbedingung aber nicht.

Vor- und Nachbedingungen sind elementare Hilfsmittel zur Sicherstellung korrekten Codes. Als solche sind sie eng verbunden mit dem Konzept der Invarianten (§9.4.3), Korrektheit (§4.2, §5.2) und dem Testen (Kapitel 26).

5.11 Testen

Wie wissen wir, wann wir mit dem Debuggen aufhören können? Ganz einfach, wir debuggen, bis wir alle Fehler gefunden haben – oder zumindest versuchen wir es. Wie wissen wir, dass wir den letzten Fehler gefunden haben? Das können wir nicht. Der „letzte Fehler" ist ein Programmiererwitz: Es gibt ihn nicht. In einem großen Programm gibt es keinen „letzten Fehler". Sobald wir meinen, ihn gefunden zu haben, sind wir damit beschäftigt, das Programm für eine neue Aufgabe zu ändern.

Zusätzlich zum Debuggen benötigen wir einen systematischen Ansatz, um nach Fehlern zu suchen. Man bezeichnet das als *Testen* und wir werden darauf in §7.3, den Übungen zu Kapitel 10 und in Kapitel 26 zurückkommen. Im Großen und Ganzen geht es beim Testen darum, ein Programm mit einem großen und systematisch ausgewählten Satz an Eingaben zu füttern und auszuführen und zu überprüfen, ob die Ergebnisse den Erwartungen entsprechen. Ein Durchlauf mit einem gegebenen Satz an Eingaben wird *Testfall* genannt. Systematisches Testen heißt nicht, dass sich jemand hinsetzt und einen Test nach dem anderen eingibt. Wir müssen mit dem systematischen Testen also noch einige Kapitel warten, bis wir die Werkzeuge kennen, die für ein sachgemäßes Testen nötig sind. In der Zwischenzeit sollten Sie sich auf das Testen einstimmen, indem Sie daran denken, dass das Suchen nach Fehlern eine gute Sache ist. Vergleichen Sie dazu folgende Einstellungen:

> Haltung 1: Ich bin schlauer als jedes Programm! Ich werde diesen @#$%^-Code schon knacken!
>
> Haltung 2: Ich habe diesen Code zwei Wochen lang optimiert. Er ist perfekt!

Wer, glauben Sie, wird mehr Fehler finden? Natürlich ist dazu am besten eine erfahrene Person geeignet, die ein bisschen von „Haltung 1" hat, die cool ist, ruhig, geduldig und systematisch die möglichen Fallstricke des Programms durcharbeitet. Gute Tester sind ihr Gewicht in Gold wert.

Wir versuchen unsere Testfälle mit System auszuwählen und testen immer sowohl mit korrekten als auch falschen Eingaben. In §7.3 sehen Sie dazu das erste Beispiel.

Aufgaben

Weiter unten finden Sie 25 Codefragmente, die Sie in nachfolgendes Codegerüst einfügen sollen:

```
#include "std_lib_facilities.h"

int main()
try {
  <<Fügen Sie hier Ihren Code ein>>
  keep_window_open();
  return 0;
}
catch (exception& e) {
  cerr << "Fehler: " << e.what() << '\n';
  keep_window_open();
  return 1;
}
catch (...) {
  cerr << "Hoppla: unbekannte Ausnahme!\n";
  keep_window_open();
  return 2;
}
```

Jedes Codefragment weist null bis mehrere Fehler auf. Ihre Aufgabe ist es, die Fehler in den einzelnen Programmen zu finden und zu entfernen. Wenn Sie diese Bugs alle beseitigt haben, lässt sich das endgültige Programm kompilieren, ausführen und gibt „Erfolg!" aus. Auch wenn Sie glauben, in einem der Programmfragmente einen Fehler entdeckt zu haben, sollten Sie das (ursprüngliche, nicht verbesserte) Programmfragment eingeben und testen. Vielleicht haben Sie sich ja geirrt oder es gibt mehr Fehler in einem Fragment, als Ihnen aufgefallen sind. Außerdem ist es auch Zweck dieser Aufgaben, dass Sie ein Gefühl dafür bekommen, wie Ihr Compiler auf die verschiedenen Fehler reagiert. Geben Sie das Gerüst nicht 25-mal ein, sondern kopieren Sie es über die Zwischenablage (Cut&Paste) oder nutzen Sie eine ähnliche „mechanische" Technik. Beheben Sie keine Fehler, indem Sie einfach eine Anweisung löschen, sondern bereinigen Sie den Code, indem Sie einige Zeichen ändern, hinzufügen oder löschen.

1 `Cout << "Erfolg!\n";`

2 `cout << "Erfolg!\n;`

3 `cout << "Erfolg" << !\n"`

4 `cout << success << endl;`

5 `string res = 7; vector<int> v(10); v[5] = res; cout << "Erfolg!\n";`

6 `vector<int> v(10); v(5) = 7; if (v(5)!=7) cout << "Erfolg!\n";`

7 `if (cond) cout << "Erfolg!\n"; else cout << "Fehlschlag!\n";`

8 `bool c = false; if (c) cout << "Erfolg!\n"; else cout << "Fehlschlag!\n";`

5 Fehler

9 string s = "Affe"; boo c = "Narr"<s; if (c) cout << "Erfolg!\n";

10 string s = "Affe"; if (s=="Narr") cout << "Erfolg!\n";

11 string s = "Affe"; if (s=="Narr") cout < "Erfolg!\n";

12 string s = "Affe"; if (s+"Narr") cout < "Erfolg!\n";

13 vector<char> v(5); for (int i=0; 0<v.size(); ++i) ; cout << "Erfolg!\n";

14 vector<char> v(5); for (int i=0; i<=v.size(); ++i) ; cout << "Erfolg!\n";

15 string s = "Erfolg!\n"; for (int i=0; i<6; ++i) cout << s[i];

16 if (true) then cout << "Erfolg!\n"; else cout << "Fehlschlag!\n";

17 int x = 2000; char c = x; if (c==2000) cout << "Erfolg!\n";

18 string s = "Erfolg!\n"; for (int i=0; i<10; ++i) cout << s[i];

19 vector v(5); for (int i=0; i<=v.size(); ++i) ; cout << "Erfolg!\n";

20 int i=0; int j = 9; while (i<10) ++j; if (j<i) cout << "Erfolg!\n";

21 int x = 2; double d = 5/(x–2); if (d==2*x+0.5) cout << "Erfolg!\n";

22 string<char> s = "Erfolg!\n"; for (int i=0; i<=10; ++i) cout << s[i];

23 int i=0; while (i<10) ++j; if (j<i) cout << "Erfolg!\n";

24 int x = 4; double d = 5/(x–2); if (d=2*x+0.5) cout << "Erfolg!\n";

25 cin << "Erfolg!\n";

Fragen

1 Nennen Sie vier wichtige Fehlerkategorien und beschreiben Sie kurz jede Kategorie.

2 Welche Art von Fehler können wir in Lernprogrammen ignorieren?

3 Welche Garantien sollte jedes fertige Projekt geben?

4 Nennen Sie drei Ansätze, mit denen wir Fehler in Programmen beseitigen und akzeptable Software erzeugen können.

5 Warum hassen wir das Debuggen?

6 Was ist ein Syntaxfehler? Nennen Sie fünf Beispiele.

7 Was ist ein Typfehler? Nennen Sie fünf Beispiele.

8 Was ist ein Linkerfehler? Nennen Sie drei Beispiele.

9 Was ist ein logischer Fehler? Nennen Sie drei Beispiele.

10 Nennen Sie vier potenzielle Quellen für Programmfehler, die im Text angesprochen wurden.

11 Woran können Sie erkennen, ob ein Ergebnis plausibel ist? Welche Techniken stehen Ihnen zur Verfügung, um diese Fragen zu beantworten?

12 Vergleichen Sie die Behandlung von Laufzeitfehlern durch den Aufrufer einer Funktion mit der Behandlung durch die aufgerufene Funktion. Stellen Sie die Fälle gegenüber.

13 Warum ist die Verwendung von Ausnahmen eine bessere Lösung, als einen „Fehlerwert" zurückzugeben?

14 Wie können Sie testen, ob eine Eingabeoperation erfolgreich war?

15 Beschreiben Sie, wie Ausnahmen geworfen und gefangen werden.

16 Warum ist für einen Vektor namens **v** folgender Code ein Bereichsfehler: **v[v.size()]**?

17 Definieren Sie *Vorbedingung* und *Nachbedingung*. Geben Sie ein Beispiel, vorzugsweise für eine Berechnung mit einer Schleife (allerdings nicht die **area()**-Funktion aus diesem Kapitel).

18 Wann würden Sie eine Vorbedingung *nicht* testen?

19 Wann würden Sie eine Nachbedingung *nicht* testen?

20 Wie lauten die Schritte beim Debuggen eines Programms?

21 Warum helfen Ihnen Kommentare beim Debuggen?

22 Inwiefern unterscheidet sich Testen von Debuggen?

Übungen

1 Wenn Sie die „Testen Sie Ihr Können"-Aufgaben dieses Kapitels noch nicht gelöst haben, holen Sie dies jetzt nach.

2 Das folgende Programm übernimmt einen Temperaturwert in Celsius und rechnet ihn in Kelvin um. Dieser Code weist viele Fehler auf. Finden Sie die Fehler, listen Sie sie auf und korrigieren Sie sie.

```
double ctok(double c)      // rechnet Celsius in Kelvin um
{
    int k = c + 273.15;
    return int
}

int main()
{
    double c = 0;           // deklariere Eingabevariable
    cin >> d;               // lies Temperatur in Eingabevariable
    double k = ctok("c");   // rechne Temperatur um
    Cout << k << endl ;     // gib Temperatur aus
}
```

3 Der absolute Nullpunkt ist die tiefste Temperatur, die erreicht werden kann. Sie liegt bei –273,15 °C oder 0K. Das obige Programm wird auch nach der Korrektur fehlerhafte Ergebnisse zur Folge haben, wenn eine tiefere Temperatur eingegeben wird. Fügen Sie in **main**() eine Prüfung ein, die einen Fehler erzeugt, wenn die eingegebene Temperatur unter –273,15 °C liegt.

4 Führen Sie Übung 3 erneut aus, aber behandeln Sie den Fehler diesmal in **ctok**().

5 Ergänzen Sie das Programm, sodass es auch Werte von Kelvin in Celsius umwandeln kann.

6 Schreiben Sie ein Programm, das von Celsius in Fahrenheit umrechnet und von Fahrenheit in Celsius (siehe Formel in §4.3.3). Versuchen Sie durch Abschätzen (§5.8) festzustellen, ob Ihre Ergebnisse stimmig sind.

7 Quadratische Gleichungen haben die Form

$$a \cdot x^2 + b \cdot x + c = 0$$

Um diese Gleichungen aufzulösen, verwendet man die quadratische Formel

$$x = \frac{-b \pm \sqrt{b^2 - 4ac}}{2a}$$

Hierbei gibt es jedoch ein Problem: Wenn b^2-4ac kleiner als null ist, schlägt die Berechnung fehl. Schreiben Sie ein Programm, das x für quadratische Gleichungen berechnen kann. Definieren Sie eine Funktion, die die Wurzeln einer quadratischen Gleichung ausgibt, wenn a, b, c gegeben sind, und lassen Sie die Funktion eine Ausnahme werfen, wenn b^2-4ac kleiner als null ist. Die **main**-Funktion des Programms soll die Funktion aufrufen und die Ausnahme fangen, falls es einen Fehler gibt. Wenn das Programm eine Gleichung ohne echte Wurzeln entdeckt, soll es eine Meldung ausgeben. Wie können Sie sicher sein, dass Ihre Ergebnisse plausibel sind? Können Sie prüfen, ob sie korrekt sind?

8 Schreiben Sie ein Programm, das eine Reihe von Zahlen einliest und in einem **vector<int>**-Container speichert. Nachdem der Benutzer eine beliebige Anzahl von Zahlen eingegeben hat, fragen Sie ihn, wie viele Zahlen davon er aufaddieren möchte. Lautet die Antwort *n*, geben Sie die Summe der ersten *n* Elemente des **vector**-Containers aus. Eine Sitzung mit dem Programm könnte beispielsweise wie folgt aussehen:

„Bitte geben Sie einige Zahlen ein (mit '|' beenden Sie die Eingabe):"

12 23 13 24 15

„Wie viele Zahlen sollen (beginnend mit der zuerst eingegebenen Zahl) aufaddiert werden:"

3

„Die Summe der ersten 3 Elemente: **12, 23** und **13** ist **48**."

Behandeln Sie alle möglichen Eingaben. Stellen Sie zum Beispiel sicher, dass Sie eine Fehlermeldung ausgeben, wenn der Benutzer für die Summe eine höhere Zahl eingibt, als Zahlen im Vektor sind.

9 Ändern Sie das Programm aus Übung 6 so, dass es einen Fehler ausgibt, wenn das Ergebnis nicht als **int**-Wert dargestellt werden kann.

10 Ändern Sie das Programm aus Übung 8 so, dass **double**-Werte anstelle von **int**-Werten verwendet werden. Erstellen Sie einen zusätzlichen **vector**-Container mit **double**-Werten, für die *n*–1 Differenzen zwischen den jeweils benachbarten Werten. Geben Sie den **vector**-Container mit den Differenzen aus.

11 Schreiben Sie ein Programm, das die ersten Werte der Fibonacci-Reihe (**1 1 2 3 5 8 13 21 34**) ausgibt, wobei mit 1 begonnen wird und die nachfolgende Zahl der Reihe immer die Summe der zwei vorhergehenden Zahlen ist. Finden Sie die größte Fibonacci-Zahl, die in eine **int**-Variable passt.

12 Implementieren Sie ein kleines Ratespiel, das im Englischen den seltsamen Namen „Bulls and Cows" trägt und hierzulande als „Superhirn" bekannt ist. Das Programm enthält einen Vektor mit vier ganzen Zahlen im Bereich 0 bis 9. Aufgabe des Spielers ist es, diese Zahlen durch wiederholtes Raten herauszufinden. Angenommen, die zu ratende Zahl lautet 1234 und der Spieler rät 1359, dann sollte die Antwort lauten: „1 Bulle und 1 Kuh", weil der Spieler eine Zahl (die 1) nicht nur richtig erraten, sondern auch an die richtige Position gesetzt hat (ein Bulle), und eine zweite Zahl richtig ist, aber an der falschen Position steht (eine Kuh). Das Ratespiel wird so lange fortgesetzt, bis der Benutzer vier Bullen bekommt, d.h., bis er die vier Zahlen korrekt und in der richtigen Reihenfolge erraten hat.

13 Das Programm ist ein wenig langweilig, weil es nur eine Antwort gibt, die im Code vorgegeben ist. Erstellen Sie eine Version, in der der Benutzer mehrmals hintereinander spielen kann (ohne aufhören und das Programm neu starten zu müssen) und bei der jedes Spiel einen neuen Satz an vier Zahlen verwendet. Die vier zufällig ausgewählten Zahlen, die Sie dafür benötigen, erhalten Sie, indem Sie den Zufallsgenerator **randint(10)** aus *std_lib_facilities.h* viermal hintereinander aufrufen. Wenn Sie das Programm mehrere Male hintereinander ausführen, werden Sie feststellen, dass das Programm nach jedem Neustart mit derselben Zahlenfolge beginnt. Um das zu vermeiden, bitten Sie den Benutzer, eine beliebige Zahl einzugeben, und rufen Sie – vor dem Aufruf von **randint(10)** – **srand(n)** auf, wobei **n** die Zahl ist, die der Benutzer eingegeben hat. Das Argument **n** wird auch als „Seed" (englisch für „Samen", deshalb **srand**()) bezeichnet, und verschiedene Seed-Werte erzeugen verschiedene Folgen von Zufallszahlen.

14 Lesen Sie über die Standardeingabe Wochentag/Wert-Paare ein. Zum Beispiel:

Donnerstag 23 Freitag 56 Donnerstag –3 Dienstag 99

Sammeln Sie für jeden Tag der Woche die eingegebenen Werte in einem eigenen **vector<int>**-Container. Geben Sie die Werte in den sieben Wochentage-Vektoren aus. Geben Sie die Summe der Werte in jedem **vector**-Container aus. Ignorieren Sie unzulässige Wochentage wie **Sonnentag**, aber akzeptieren Sie geläufige Abkürzungen wie **Mon** und **Mo**. Geben Sie die Anzahl der abgelehnten Werte aus.

5 Fehler

Schlüsselbegriffe

Anforderung
Argumentfehler
Assertion
Ausnahme
Bereichsfehler
catch
Container

Debuggen
Fehler
Invariante
Kompilierfehler
Laufzeitfehler
Linkerfehler
Logischer Fehler

Nachbedingung
Syntaxfehler
Testen
throw
Typfehler
Vorbedingung

Ein persönlicher Hinweis

Finden Sie, wir haben das Thema Fehler zu ausführlich behandelt? Als Programmieranfänger wären wir bestimmt dieser Meinung gewesen. Die erste und natürliche Reaktion ist „Es kann einfach nicht so schlimm sein!" Leider ist es aber so schlimm. Viele der schlausten Köpfe in der Welt haben sich erstaunt und bestürzt darüber gezeigt, wie schwierig es ist, korrekte Programme zu schreiben. Unserer Erfahrung nach tendieren vor allem versierte Mathematiker dazu, das Problem der Fehler zu unterschätzen. Aber auch die Mathematiker stoßen – wie wir alle – schnell an ihre Grenzen, wenn es darum geht, Programme zu schreiben, die von Anfang an korrekt sind. Seien Sie also gewarnt! Glücklicherweise verfügen wir nach mehr als 50 Jahren über eine Menge Erfahrung darin, wie man Code strukturiert, um die Probleme so gering wie möglich zu halten. Und wir kennen geeignete Techniken zum Aufspüren von Fehlern (die sich – trotz aller Bemühungen – unweigerlich beim Schreiben unserer Programme einschleichen). Die Techniken und Beispiele in diesem Kapitel sind schon ein guter Anfang.

Ein Programm schreiben

6.1 **Das Problem** 196
6.2 **Über das Problem nachdenken** 197
    6.2.1 Entwicklungsphasen 198
    6.2.2 Strategie 198
6.3 **Zurück zum Taschenrechner!** 200
    6.3.1 Erster Versuch 201
    6.3.2 Token 203
    6.3.3 Token implementieren 204
    6.3.4 Token verwenden 206
    6.3.5 Zurück ans Reißbrett 208
6.4 **Grammatiken** 209
    6.4.1 Ein Exkurs: deutsche Grammatik 214
    6.4.2 Eine Grammatik schreiben 215
6.5 **Eine Grammatik in Code umwandeln** 216
    6.5.1 Grammatikregeln implementieren 216
    6.5.2 Ausdrücke 217
    6.5.3 Terme 221
    6.5.4 Faktoren 222
6.6 **Die erste Version ausprobieren** 223
6.7 **Die zweite Version ausprobieren** 227
6.8 **Token-Streams** 228
    6.8.1 **Token_stream** implementieren 230
    6.8.2 Token lesen 232
    6.8.3 Zahlen lesen 233
6.9 **Programmstruktur** 234

6 Ein Programm schreiben

„Zu Programmieren bedeutet zu verstehen."

– Kristen Nygaard

Ein Programm zu schreiben bedeutet, seine Vorstellungen von dem, was man erreichen möchte und wie man es erreichen möchte, immer weiter zu verfeinern. In diesem und dem nächsten Kapitel werden wir ausgehend von einer vagen Idee ein Programm entwickeln und dabei Schritt für Schritt Analyse, Design, Implementierung, Testen, Re-Design und Re-Implementierung durchlaufen. Unser Ziel ist es, Ihnen eine Vorstellung davon zu vermitteln, welche Überlegungen beim Entwickeln von Code angestellt werden. Nebenbei werden wir auf die Themen Programmorganisation, benutzerdefinierte Typen und Eingabeverarbeitung eingehen.

6.1 Das Problem

Jede Arbeit an einem Programm beginnt mit einem Problem, das heißt, Sie haben ein Problem, das Sie mithilfe eines Programms lösen wollen. Dieses Problem zu verstehen, ist der Schlüssel zum Erfolg, der Schlüssel zu einem guten Programm. Was würde Ihnen auch ein Programm nützen, welches das falsche Problem löst (wie elegant auch immer)? Zugegeben, es gibt glückliche Umstände, wo sich herausstellt, dass ein Programm zufällig für etwas nützlich ist, für das es nie gedacht war – nur sollten Sie nicht Ihre Hoffnung daran hängen. Was wir wollen, ist ein Programm, das unser Problem einfach und sauber löst.

Wie sollte ein Programm beschaffen sein, damit es sich zum aktuellen Zeitpunkt für uns als Anschauungsobjekt eignet? Es müsste

- Design- und Programmiertechniken veranschaulichen;
- uns die Gelegenheit bieten, zu untersuchen, welche Art von Entscheidungen ein Programmierer treffen muss und welche Überlegungen in diese Entscheidungen einfließen;
- nicht zu viele neue Sprachkonstrukte verwenden;
- kompliziert genug sein, um zum Nachdenken über das Design anzuregen;
- viele potenzielle Lösungsansätze erlauben;
- ein leicht zu verstehendes Problem lösen;
- ein Problem lösen, das sich zu lösen lohnt;
- mit einer Lösung aufwarten, die nicht zu umfangreich ist, sodass man sie noch vollständig erläutern und verstehen kann.

Wir haben uns für ein Programm entschieden, mit dem man einfache arithmetische Ausdrücke, die über die Tastatur eingegeben werden, berechnen kann; das heißt, wir wollen ein einfaches Rechenprogramm schreiben. Solche Programme sind zweifelsohne nützlich und auf jedem Desktopcomputer zu finden. Sie können sogar Computer kaufen, die ausschließlich zur Ausführung solcher Programme gebaut wurden: Taschenrechner.

Wenn Sie zum Beispiel Folgendes eingeben:

2+3.1*4

sollte die Ausgabe[1] des Programms lauten:

14.4

Leider bietet ein solches Rechenprogramm nichts, was nicht schon auf unserem Computer zur Verfügung stände, aber das wäre wohl etwas zu viel verlangt von einem ersten Programm.

6.2 Über das Problem nachdenken

Also, womit fangen wir an? Grundsätzlich denken wir erst einmal ein wenig über das Problem und seine Lösung nach. Zuerst sollten Sie überlegen, was das Programm machen soll und wie Sie mit dem Programm interagieren möchten. Später können Sie sich Gedanken darüber machen, wie sich Ihre Ideen in ein Programm umsetzen lassen. Versuchen Sie, Ihren Lösungsansatz kurz zu skizzieren, und stellen Sie fest, woran es diesem ersten Ansatz noch mangelt. Vielleicht diskutieren Sie das Problem und die Lösungsalternativen mit einem Freund. Die eigenen Ideen einem Freund vorzustellen, ist oft der beste Weg um herauszufinden, wo man falsch liegt. Das funktioniert sogar besser als das Niederschreiben, denn Papier (bzw. ein Textverarbeitungsprogramm) kann weder Einwände vorbringen noch Ihre Annahmen infrage stellen. Mit anderen Worten: Die Ausarbeitung des Programmdesigns ist keine Aufgabe für ein stilles Kämmerchen.

Leider gibt es keine allgemeine Problemlösungsstrategie, die für jeden Programmierer und jedes Problem geeignet wäre. Es gibt ganze Bücher, die versprechen, Ihre Problemlösungstechnik zu verbessern, und einen noch größeren Literaturzweig, der sich mit dem Design von Programmen beschäftigt. Damit können wir nicht konkurrieren und begnügen uns daher mit einer einzigen Buchseite, auf der wir Ihnen Vorschläge für eine allgemeine Strategie zur Lösung kleinerer Programmieraufgaben unterbreiten – Programmieraufgaben, wie sie ein einzelner Programmierer bewältigen kann. Anschließend gehen wir unverzüglich dazu über, diese Vorschläge an unserem kleinen Rechnerproblem auszuprobieren.

Wenn Sie unsere Diskussion des Taschenrechnerprogramms lesen, lassen Sie eine gewisse Skepsis walten. Um das Beispiel möglichst realistisch zu gestalten, entwickeln wir das Programm schrittweise, in mehreren Versionen, wobei wir für jede Version erläutern, welche Überlegungen ihr zugrunde liegen. Es liegt auf der Hand, dass ein Großteil der dabei angeführten Argumente unvollständig oder fehlerhaft sein muss, da das Kapitel sonst viel zu schnell sein Ende finden würde. Indem wir also neue Ansätze verfolgen und alte verwerfen, zeigen wir anhand von Beispielen, mit welchen Überlegungen und Argumenten sich Designer und Programmierer bei ihrer täglichen Arbeit beschäftigen. Erst am Ende des nächsten Kapitels werden wir eine Programmversion erarbeitet haben, mit der wir zufrieden sein können.

Denken Sie also immer daran, dass in diesem und dem nächsten Kapitel der Weg zur endgültigen Programmversion – d.h. die Reise durch die schrittweise verbesserten Lösungen, die Ideen und Fehler – mindestens ebenso wichtig ist wie die endgültige Version und wichtiger noch als die technischen Aspekte der Sprache, mit denen wir dabei zu tun haben (und auf die wir später noch zu sprechen kommen).

---

1 Denken Sie daran, dass C++ der angloamerikanischen Notation folgt und daher den Punkt als Dezimaltrennzeichen verwendet. Dies betrifft nicht nur den Programmcode, sondern auch die Ein- und Ausgabe mithilfe der Operatoren >> und <<. (Grundsätzlich ist es zwar möglich, die Ein- und Ausgabe so einzustellen, dass die deutsche Notation unterstützt wird, doch wird dieses Thema im Rahmen dieses Buches nicht behandelt.)

6.2.1 Entwicklungsphasen

Zuerst möchten wir Sie ein wenig mit der Terminologie der Softwareentwicklung vertraut machen. Bei Ihrer Arbeit an einem Problem gehen Sie wiederholt die folgenden Phasen durch:

- *Analyse*: In dieser Phase stellen Sie fest, was zu tun ist, und halten schriftlich fest, wie sich Ihnen das Problem aktuell darstellt. Eine solche Beschreibung wird auch *Anforderungsliste* oder *-spezifikation* genannt. Wir werden nicht näher darauf eingehen, wie solche Anforderungen entwickelt und festgehalten werden. Das würde den Rahmen dieses Buches sprengen. Es sei jedoch darauf hingewiesen, dass dieser Schritt umso wichtiger wird, je umfangreicher und komplexer die gestellte Programmieraufgabe ist.

- *Design*: In dieser Phase erstellen Sie eine Gesamtstruktur für das System und entscheiden, aus welchen Teilen die Implementierung besteht und wie diese Teile miteinander kommunizieren sollen. In dieser Phase sollten Sie sich auch überlegen, welche Werkzeuge (z.B. Bibliotheken) Ihnen bei der Strukturierung des Programms helfen können.

- *Implementierung*: In dieser Phase schreiben Sie den Code, debuggen ihn und testen, ob der Code tatsächlich das macht, wofür er geschrieben wurde.

6.2.2 Strategie

Im Folgenden finden Sie einige Vorschläge, die Ihnen in vielen Programmierprojekten helfen können, wenn sie wohlüberlegt und mit Fantasie umgesetzt werden:

- Wie sieht das Problem aus, das Sie lösen sollen? Als Erstes sollten Sie versuchen, das, was Sie erreichen wollen, so präzise wie möglich auszudrücken. Dazu gehört normalerweise, das Problem zu beschreiben oder – wenn Sie eine solche Beschreibung von jemand anderem erhalten haben – herauszufinden, was damit gemeint ist. An diesem Punkt sollten Sie sich dem Problem aus der Perspektive des Benutzers nähern (nicht aus der des Programmierers/Implementierers); das heißt, Sie sollten sich fragen, *was* das Programm machen soll, und nicht, wie es etwas machen soll. Fragen Sie: „Was kann dieses Programm für mich tun?" und „Wie möchte ich mit diesem Programm kommunizieren?" Denken Sie daran, dass die meisten von uns eine Menge Erfahrung als Computernutzer besitzen, von der sie profitieren können.

    – Ist die Problemstellung klar? Bei realen Problemen ist sie es nie. Und selbst bei einfacheren Beispielen für Studienzwecke kann es schwierig sein, die Problemstellung ausreichend präzise und detailliert zu formulieren. Aus diesem Grund versuchen wir, die Spezifikation weiter zu präzisieren und mögliche Missverständnisse auszuschließen. Es wäre doch schade, wenn wir das falsche Problem lösten. Eine andere Fußangel, die auf uns lauert, ist, zu viel zu fordern. Wenn wir darüber nachdenken, was wir wollen, kann es leicht passieren, dass wir zu ehrgeizig werden. Es ist fast immer besser, anfangs nach weniger zu streben, damit sich das Programm leichter spezifizieren, leichter verstehen, leichter nutzen und (hoffentlich) leichter implementieren lässt. Wenn das Programm erst einmal läuft und wir Erfahrungen damit gesammelt haben, können wir immer noch eine raffiniertere „Version 2.0" entwickeln.

    – Ist das Projekt realisierbar angesichts der verfügbaren Zeit, Fähigkeiten und Werkzeuge? Es macht wenig Sinn, ein Projekt zu beginnen, das man nicht zu Ende führen kann. Wenn nicht genügend Zeit vorhanden ist, um ein Programm zu implementieren (und zu testen), das den Anforderungen entspricht, sollte man in der Regel gar nicht erst anfangen. Versuchen Sie lieber Ihre Ressourcen zu erhöhen (vor allem die Zeit) oder – noch besser – ändern Sie die Anforderungen, um die Aufgabe etwas zu vereinfachen.

- Versuchen Sie, das Programm in überschaubare Teile zu zerlegen. Selbst das kleinste Programm, welches ein gegebenes reales Problem löst, ist noch groß genug, um unterteilt zu werden.
  - Kennen Sie irgendwelche Werkzeuge, Bibliotheken etc., die Ihnen helfen könnten? Die Antwort lautet in den meisten Fällen ja. Bereits in der Anfangsphase Ihres Studiums erschließen Sie sich erste Teile der C++-Standardbibliothek. Später werden Sie größere Teile der Standardbibliothek kennen und wissen, wie Sie an weitere Bausteine kommen. Sie werden Grafik- und GUI-Bibliotheken, eine Matrix-Bibliothek und andere Bibliotheken zur Verfügung haben. Und mit ein wenig Erfahrung werden Sie bald in der Lage sein, durch einfache Internetrecherchen Tausende von Bibliotheken zu finden. Denken Sie immer daran: Wenn Sie Software für den praktischen Einsatz erstellen, lohnt es sich nicht, das Rad neu zu erfinden. Anders ist es beim Erlernen einer Programmiersprache; hier kann es sehr wohl eine gute Idee sein, das Rad neu zu erfinden, um zu sehen, wie es konstruiert ist. Zeit, die Sie durch Einsatz einer guten Bibliothek einsparen, können Sie in andere Teile Ihres Problems investieren – oder in Schlaf. Woran aber können Sie erkennen, ob eine Bibliothek sich für Ihre Aufgabe eignet und von ausreichender Qualität ist? Leider lässt sich dies meist nur schwer beantworten. Zum Teil hilft es, wenn Sie Kollegen fragen, sich in Diskussionsgruppen informieren oder kleinere Beispiele ausprobieren, bevor Sie sich endgültig für die Nutzung einer Bibliothek entscheiden.
  - Suchen Sie nach Teilen einer Lösung, die separat beschrieben (und potenziell an mehreren Stellen in einem Programm oder sogar in anderen Programmen genutzt) werden können. Solche Teile zu erkennen, erfordert Erfahrung, weshalb wir Ihnen dazu viele Beispiele präsentieren werden. Einige haben Sie bereits kennengelernt: **vector**, **string** und **iostream** (**cin** und **cout**). Dieses Kapitel enthält die ersten vollständigen Beispiele zu Design, Implementierung und Verwendung von Programmteilen, die als benutzerdefinierte Typen (**Token** und **Token_stream**) bereitgestellt werden. Kapitel 8 und 13–15 stellen viele weitere Beispiele vor, einschließlich der jeweiligen Design-Ansätze. Betrachten wir eine Analogie: Wenn wir ein Auto entwerfen müssten, würden wir zuerst versuchen, einzelne Teile wie Räder, Motor, Sitze, Türgriffe etc. zu identifizieren, die wir getrennt bearbeiten können, bevor wir alles zu einem fertigen Auto zusammenbauen. Für ein modernes Auto können da schnell einige zehntausend Teile zusammenkommen. Mit realen Programmen verhält es sich ähnlich, nur dass die Teile eben aus Code bestehen. Genauso wie wir nicht versuchen würden, ein Auto direkt aus Rohstoffen wie Eisen, Kunststoff und Holz herzustellen, würden wir auch nicht versuchen, ein größeres Programm (allein) aus Ausdrücken, Anweisungen und Typen, die die Sprache bereitstellt, zu erstellen. Das Design und die Implementierung der Teile ist daher einer der Schwerpunkte dieses Buches und der Softwareentwicklung im Allgemeinen; siehe hierzu die Kapitel zu benutzerdefinierten Typen (Kapitel 9), Klassenhierarchien (Kapitel 14) und generischen Typen (Kapitel 20).
- Erstellen Sie eine kleine, eingeschränkte Programmversion, die einen wichtigen Teilaspekt des Problems löst. Am Anfang sind wir mit dem Problem meist noch nicht so vertraut. Oft meinen wir, die Problematik erfasst zu haben (wissen wir nicht alle, was ein Rechenprogramm ist?), aber dem ist nicht so. Nur eine Kombination aus Nachdenken über das Problem (Analyse) und Experimentieren (Design und Implementierung) vermittelt uns die Einsichten und Kenntnisse, die wir zum Schreiben eines guten Programms benötigen. Also erstellen wir eine kleine, reduzierte Version,

- um Verständnisschwierigkeiten, Fehler in unseren Vorstellungen und Probleme mit den Werkzeugen aufzudecken;
- um zu sehen, ob die Problemstellung realistisch ist oder ob man sie, um das Problem in den Griff zu bekommen, in einigen Punkten anpassen sollte. Es kommt selten vor, dass wir bei der Analyse des Problems und beim ersten Design alle Faktoren richtig berücksichtigt haben. Deshalb sollten wir das Feedback, welches wir durch das Schreiben und Testen des Codes erhalten, unbedingt für die Überarbeitung der Problemstellung nutzen.

- Manchmal wird eine solche reduzierte erste Version, die zum Experimentieren bestimmt ist, auch *Prototyp* genannt. Falls – was sehr wahrscheinlich ist – unsere erste Version nicht funktioniert oder so hässlich und umständlich ist, dass wir damit nicht weiterarbeiten wollen, verwerfen wir sie und nutzen die gewonnene Erfahrung, um eine zweite reduzierte Version zu erstellen. Wiederholen Sie diese Schritte, bis Sie eine Version haben, mit der Sie zufrieden sind. Arbeiten Sie nicht mit unsauber programmiertem Code weiter; unsauberer Code wird mit der Zeit nur noch schlimmer.

- Erstellen Sie eine vollständige Lösung, am besten auf Basis geprüfter Teile der anfänglichen Version. Ideal ist es, das Programm Schritt für Schritt mithilfe funktionierender Teile aufzubauen – und nicht den gesamten Code an einem Stück zu schreiben. Andernfalls bleibt Ihnen nur zu hoffen, dass die nicht getesteten Ideen (Teile) wie durch ein Wunder funktionieren und den gestellten Anforderungen entsprechen.

6.3   Zurück zum Taschenrechner!

Auf welchem Wege wollen wir mit dem Taschenrechner kommunizieren? Das ist eine einfache Entscheidung: Da wir einerseits wissen, wie wir **cin** und **cout** verwenden, und andererseits die grafischen Benutzerschnittstellen (GUIs) erst ab Kapitel 16 erläutert werden, beschränken wir uns vorerst auf die Tastatur und das Konsolenfenster. Wir nehmen die Ausdrücke als Eingabe über die Tastatur entgegen, werten sie aus und geben das Ergebnis auf dem Bildschirm aus. Zum Beispiel:

Ausdruck: 2+2
Ergebnis: 4
Ausdruck: 2+2*3
Ergebnis: 8
Ausdruck: 2+3-25/5
Ergebnis: 0

Die Ausdrücke, z.B. 2+2 und 2+2*3, sollen vom Benutzer eingegeben werden. Der Rest wird vom Programm erzeugt. Wir haben uns entschieden, den Benutzer mit der Ausgabe „Ausdruck:" zur Eingabe aufzufordern. Wir hätten auch „Bitte geben Sie einen Ausdruck gefolgt von einem Zeilenumbruch ein" wählen können, aber das schien uns zu lang und zu umständlich. Und eine knackige, kurze wie „>" erschien uns wiederum zu kryptisch. Szenarien, die wie hier die praktische Arbeit mit dem Programm veranschaulichen, sollten möglichst früh durchgespielt werden. Sie liefern eine sehr praktische Definition dessen, was das Programm im Minimalfall tun soll. Im Kontext von Software-Design und -Analyse werden solche Szenarien als *Anwendungsfälle* (*use cases*) bezeichnet.

Die meisten Programmierer, die sich zum ersten Mal mit dem Taschenrechnerproblem beschäftigen, fassen die Hauptlogik des Programms zunächst wie folgt zusammen:

```
lies_eine_zeile
berechne          // tue die Arbeit
gib_ergebnis_aus
```

Diese Art von „hingekritzelten Notizen" sind selbstverständlich kein echter Code; es ist sogenannter *Pseudocode*. Pseudocode ist gerade zu Beginn der Designphase sehr hilfreich, wenn wir noch keine klare Vorstellung davon haben, wofür unsere Notizen eigentlich stehen. Ist zum Beispiel „berechne" ein Funktionsaufruf? Wenn ja, wie sehen seine Argumente aus? Es ist einfach noch zu früh, um diese Fragen zu beantworten.

6.3.1 Erster Versuch

Eigentlich ist es noch zu früh, um mit dem Schreiben des Taschenrechnerprogramms zu beginnen. Eigentlich müssten wir noch intensiver über das Programm nachdenken, aber Nachdenken ist harte Arbeit – und wie viele Programmierer – sind wir gespannt darauf, unseren ersten Code zu schreiben. Also lassen Sie es uns wagen: Schreiben wir einen einfachen Taschenrechner und schauen wir, wohin uns das führt. Unsere erste Idee von einem Taschenrechnerprogramm sieht ungefähr so aus:

```
#include "std_lib_facilities.h"

int main()
{
  cout << "Geben Sie bitte einen Ausdruck ein (wir unterstuetzen + und -): ";
  int lval = 0;
  int rval;
  char op;
  int res;
  cin>>lval>>op>>rval;         // lies eine Eingabe der Form 1 + 3

  if (op=='+')
     res = lval + rval;        // Addition
  else if (op=='-')
     res = lval - rval;        // Subtraktion

  cout << "Ergebnis: " << res << '\n';
  keep_window_open();
  return 0;
}
```

Dieses Programm liest ein Wertepaar getrennt durch einen Operator ein (beispielsweise 2+2), berechnet das Ergebnis (in diesem Fall 4) und gibt es aus. Die Variablen zur Aufnahme der Werte links und rechts des Operators haben wir **lval** (Abkürzung für „left-hand value") und **rval** (Abkürzung für „right-hand value") genannt.

Das funktioniert! Was macht es da schon, dass das Programm noch nicht ganz vollständig ist und noch ein paar Kinderkrankheiten hat? Im Moment jedenfalls fühlt es sich großartig an, etwas zum Laufen gebracht zu haben! Vielleicht ist die Programmierung und der ganze Informatikkram doch nicht so schwer, wie immer behauptet wird. Hmm, vielleicht, aber lassen Sie sich von dem frühen Erfolg nicht zu sehr blenden. Stattdessen wollen wir

6 Ein Programm schreiben

1 den Code ein wenig bereinigen,

2 die Unterstützung für Multiplikation und Division (z.B. 2∗3) hinzufügen,

3 mehr als einen Operator (z.B. 1+2+3) erlauben.

Die drängendsten Codebereinigungen betreffen die fehlende Eingabeüberprüfung und die Auswertung des Operators. Wie wir wissen, sollten wir stets überprüfen, ob die Eingaben vernünftig sind (in der Eile haben wir das vergessen). Und zum Testen eines Wertes gegen mehrere Konstanten verwendet man am besten eine **switch**- und nicht eine **if**-Anweisung.

Für die „Verkettung" von Operationen wie 1+2+3+4 werden wir die Werte so addieren, wie sie eingelesen werden; das heißt, wir beginnen mit 1, lesen dann +2, addieren 2 und 1 (und erhalten als Zwischenergebnis 3), lesen +3 und addieren diese 3 zu unserem Zwischenergebnis (3) und so weiter. Nach einigen Fehlstarts und nach Korrektur diverser syntaktischer und logischer Fehler erhalten wir:

```cpp
#include "std_lib_facilities.h"

int main()
{
  cout << "Geben Sie bitte einen Ausdruck ein (wir unterstuetzen +, -, * und /): ";
  cout << "Ausdruck mit x beenden (z.B. 1+2*3x): ";
  int lval = 0;
  int rval;
  char op;
  cin>>lval;           // lies Operanden ganz links
  if (!cin) error("kein erster Operand");
  while (cin>>op) {    // lies wiederholt Operator und rechten Operanden
    if (op!='x') cin>>rval;
    if (!cin) error("kein zweiter Operand ");
    switch(op) {
    case '+':
      lval += rval;    // addiere: lval = lval + rval
      break;
    case '-':
      lval -= rval;    // subtrahiere: lval = lval - rval
      break;
    case '*':
      lval *= rval;    // multipliziere: lval = lval * rval
      break;
    case '/':
      lval /= rval;    // dividiere: lval = lval / rval
      break;
    default:
      cout << "Ergebnis: " << lval << '\n';
      keep_window_open();
      return 0;
    }
  }
    error("ungueltiger Ausdruck");
}
```

Das ist schon nicht schlecht. Aber wenn wir 1+2*3 eingeben, erhalten wir als Ergebnis 9 und nicht 7, wie die korrekte Antwort eigentlich lauten müsste. Ebenso ergibt 1−2*3 den Wert -3 und nicht den erwarteten Wert -5. Das Problem ist, dass wir die Operationen in der falschen Reihenfolge ausführen: 1+2*3 wird als (1+2)*3 berechnet und nicht, wie es üblich ist, als 1+(2*3). Mist! Wir könnten uns jetzt natürlich einreden, dass die Konvention „Punktrechnung vor Strichrechnung" veraltet und unsinnig ist, doch eine Konvention, die sich über Hunderte von Jahren bewährt hat, kann man nicht so einfach abtun, nur weil es die eigene Programmierarbeit erleichtert.

6.3.2 Token

Es bleibt uns also nichts anderes übrig, als einen Weg zu finden, wie wir in der Zeile „vorausschauen" können, um zu sehen, ob noch ein * (oder /) folgt, und gegebenenfalls die einfache Links-nach-rechts-Auswertungsreihenfolge irgendwie zu ändern. Wir versuchen, weiter vorwärts zu stürmen, müssen zu unserem Leidwesen aber feststellen, dass wir dabei auf ernsthafte Schwierigkeiten stoßen:

1 Ein Ausdruck muss nicht unbedingt in einer einzelnen Eingabezeile stehen. Unser bisheriger Code erlaubt zum Beispiel auch Eingaben der Form:

```
1
+
2
```

2 Wie suchen wir nach einem * (oder einem /) unter Ziffern und Pluszeichen verteilt auf mehrere Eingabezeilen?

3 Wie können wir uns merken, wo sich ein * befunden hat?

4 Wie behandeln wir eine Auswertung, die nicht strikt von links nach rechts (z.B. 1+2*3) erfolgt?

Als selbsternannte Superoptimisten beschließen wir, zunächst die Probleme 1–3 zu lösen und uns um Punkt 4 später Gedanken zu machen.

Außerdem hören wir uns um, ob jemand einen Rat weiß, wie wir die verschiedenen Teile der Eingabe (d.h. die Zahlen und Operatoren) einlesen und so abspeichern können, dass wir sie anschließend bequem betrachten und auswerten können. Die übliche und sehr hilfreiche Antwort lautet: „in Token zerlegen". Dabei werden die Zeichen der Eingabe zunächst einzeln eingelesen und anschließend zu *Token* zusammengesetzt. Wenn Sie also Folgendes eingeben:

45+11.5/7

sollte das Programm die folgende Liste von Token erstellen:

```
45
+
11.5
/
7
```

Ein *Token* ist eine Folge von Zeichen, die etwas repräsentiert, was wir als Einheit betrachten (z.B. eine Zahl oder einen Operator). Auch der C++-Compiler zerlegt seine Eingabe in Token. Und nicht nur er. Tatsächlich beruhen die meisten Textanalysen darauf, dass der Text zunächst auf die eine oder andere Weise in Token zerlegt wird. Welche Arten von Token müssen wir in unserem Taschenrechnerprogramm unterscheiden? Ein Blick auf die Ausdrücke in C++ lehrt uns, dass wir drei Arten von Token benötigen:

- Gleitkommaliterale wie sie von C++ definiert werden: z.B. 3.14, 0.274e2 und 42
- Operatoren: z.B. +, −, *, /, %
- Klammern: (,)

Die Gleitkommaliterale sehen aus, als ob sie Schwierigkeiten bereiten könnten: Das Einlesen von 12 scheint viel einfacher als das Einlesen von 12.3e-3. Doch es hilft nichts, Taschenrechner pflegen nun einmal die Gleitkommaarithmetik zu beherrschen – wie im Übrigen auch die Klammerung. Wir hegen daher den Verdacht, dass wir Klammern akzeptieren müssen, wenn unser Taschenrechner von Nutzen sein soll.

Wie repräsentieren wir solche Token in unserem Programm? Wir könnten versuchen, uns zu merken, wo jedes Token begann (und endete), aber das führt schnell zu unsauber programmiertem Code (vor allem, wenn wir zulassen, dass Ausdrücke sich über Zeilengrenzen erstrecken). Außerdem hat das Abspeichern von Zahlen als Folgen von Zeichen den Nachteil, dass wir später ermitteln müssen, welcher Wert sich dahinter verbirgt. Das heißt, wenn wir 42 sehen und dafür irgendwo die Zeichen '4' und '2' speichern, müssen wir später ausrechnen, dass diese Zeichen den numerischen Wert 42 (d.h. 4∗10+2) repräsentieren. Die naheliegende – und übliche – Lösung besteht darin, jedes Token als ein (*Kategorie/Wert*)-Paar zu repräsentieren. Die *Kategorie* verrät uns, ob ein Token eine Zahl, ein Operator oder eine Klammer ist. Für Zahlen, und in diesem Beispiel gilt dies nur für Zahlen, verwenden wir einen numerischen Wert als *Wert*.

Wie drücken wir die Idee eines (*Kategorie/Wert*)-Paares im Code aus? Wir definieren einen Typ namens **Token**, der Token repräsentiert. Warum? Erinnern wir uns, warum wir Typen verwenden: Sie verwahren die Daten, die wir benötigen, und liefern uns nützliche Operationen zur Bearbeitung der Daten. So enthalten **int**-Werte z.B. ganze Zahlen, auf die wir die Operationen Addition, Subtraktion, Multiplikation, Division und Modulo ausführen können, während **string**-Werte Zeichenfolgen enthalten und als Operationen Verkettung und Indizierung erlauben. Die Programmiersprache C++ und ihre Standardbibliothek stellt uns viele vordefinierte Typen wie **char**, **int**, **double**, **string**, **vector** oder **ostream** zur Verfügung, aber keinen Typ **Token**. Genau genommen, gibt es eine riesige Anzahl an Typen – Tausende, ja Zehntausende, die wir gerne hätten, die aber die Sprache und ihre Standardbibliothek nicht zur Verfügung stellt. Zu unseren Lieblingstypen, die nicht unterstützt werden, gehören **Matrix** (siehe Kapitel 24), **Date** (siehe Kapitel 9) und Integer unendlicher Präzision (versuchen Sie einmal, im Internet etwas zu „**Bignum**" zu finden). Wenn Sie einen Moment darüber nachdenken, werden Sie allerdings einsehen, dass eine Sprache unmöglich Zehntausende von Typen bereitstellen kann: Wer würde sie definieren, wer sie implementieren, wie könnte man sie finden und wie dick müsste das Handbuch dazu sein? Wie die meisten modernen Programmiersprachen umgeht C++ das Problem, indem es uns erlaubt, bei Bedarf eigene Typen (*benutzerdefinierte Typen*) zu definieren.

6.3.3 Token implementieren

Wie soll ein Token in unserem Programm aussehen? Mit anderen Worten, wie hätten wir unseren **Token**-Typ gern? Ein **Token** muss in der Lage sein, Operatoren wie + und − zu repräsentieren sowie numerische Werte in angloamerikanischer Notation wie 42 und 3.14. Die offensichtliche Implementierung soll also nicht nur repräsentieren, von welcher „Kategorie" ein Token ist, sondern auch dessen numerischen Wert (sofern vorhanden):

Token:		Token:	
Kategorie:	Plus	Kategorie:	Zahl
Wert:		Wert:	3.14

Abbildung 6.1: Verschiedene Token

Es gibt viele Möglichkeiten, diese Idee in C++-Code auszudrücken. Die einfachste Variante, die wir nützlich fanden, lautet:

```
class Token {          // ein sehr einfacher benutzerdefinierter Typ
public:
   char kind;          // Kategorie
   double value;       // Wert
};
```

Ein **Token** ist ein Typ (wie **int** oder **char**) und kann deshalb verwendet werden, um Variablen zu definieren und Werte aufzunehmen. Es besteht aus zwei Teilen (sogenannte *Member*): **kind** für die Kategorie und **value** für den Wert. Das Schlüsselwort **class** bedeutet „benutzerdefinierter Typ"; es zeigt an, dass ein Typ mit null oder mehr Membern definiert wird. Der erste Member (**kind**) ist ein Zeichen (**char**), sodass er bequem '+' und '*' zur Repräsentation von + und * enthalten kann. Wir können damit die folgenden Token-Typen erstellen:

```
Token t;               // t ist ein Token
t.kind = '+';          // t repräsentiert ein +
Token t2;              // t2 ist ein anderes Token
t2.kind = '8';         // wir verwenden die Ziffer 8 für die Zahlen-Kategorie
t2.value = 3.14;
```

Um auf einen Member zuzugreifen, verwenden wir die Memberzugriffsnotation: *objekt_name.member_name*. Sie können **t.kind** lesen als **t**'s **kind** und **t2.value** als **t2**'s **value**. Kopieren lassen sich unsere Token genauso wie **int**-Werte:

```
Token tt = t;          // Kopierinitialisierung
if (tt.kind != t.kind) error("kann nicht sein!");
t = t2;                // Zuweisung
cout << t.value;       // gibt 3.14 aus
```

Mittels **Token** können wir den Ausdruck (1.5+4)*11 durch sieben Token repräsentieren (siehe ▶ Abbildung 6.2).

'('	'8'	'*'	'8'	')'	'*'	'8'
	1.5		4			11

Abbildung 6.2: Zerlegung eines Ausdrucks in Token

Beachten Sie, dass wir für einfache Token wie + keinen Wert benötigen, sodass wir dessen **value**-Member nicht nutzen. Wir haben ein Zeichen zur Identifizierung der Kategorie „Zahl" benötigt und hierfür '8' gewählt, weil '8' offensichtlich weder ein Operator noch ein Satzzeichen ist. Die Verwendung von '8' als „Zahl" ist ein bisschen kryptisch, aber vorerst soll es genügen.

Token ist ein Beispiel für einen benutzerdefinierten Typ in C++. Ein benutzerdefinierter Typ kann über Memberfunktionen (Operationen) und Membervariablen verfügen. Es kann viele Gründe geben, um Memberfunktionen zu definieren. Hier stellen wir nur zwei Memberfunktionen bereit, die uns eine bequemere Möglichkeit bieten, Token-Objekte zu initialisieren.

```cpp
class Token {
public:
    char kind;                          // welche Kategorie von Token
    double value;                       // für Zahlen: ein Wert
    Token(char ch)                      // erstelle ein Token aus einem char
        :kind(ch), value(0) { }
    Token(char ch, double val)          // erstelle ein Token aus einem char und einem double
        :kind(ch), value(val) { }
};
```

Diese beiden Memberfunktionen sind von besonderer Art und werden *Konstruktoren* genannt. Sie tragen den gleichen Namen wie ihr Typ und werden verwendet, um Token-Objekte zu initialisieren („konstruieren") . Zum Beispiel:

```cpp
Token t1('+');          // initialisiere t1 so, dass t1.kind = '+'
Token t2('8',11.5);     // initialisiere t2 so, dass t2.kind = '8' und t2.value = 11.5
```

Im ersten Konstruktor bedeutet **:kind(ch), value(0)** „Initialisiere **kind** mit **ch** und setze **value** auf **0**". Im zweiten Konstruktor bedeutet **:kind(ch), value(val)** „Initialisiere **kind** mit **ch** und setze **value** auf **val**". In beiden Fällen muss nichts mehr getan werden, um das Token zu konstruieren, sodass der Rumpf der Funktion leer ist: {}. Diese spezielle Initialisierer-Syntax (eine *Memberinitialisiererliste*), die mit einem Doppelpunkt beginnt, wird nur in Konstruktoren verwendet.

Beachten Sie, dass ein Konstruktor keinen Wert zurückliefert. Deshalb ist für einen Konstruktor kein Rückgabetyp erforderlich (oder erlaubt). Mehr zu den Konstruktoren erfahren Sie in §9.4.2 und §9.7.

6.3.4 Token verwenden

Vielleicht können wir mit diesem Wissen jetzt unser Taschenrechnerprogramm vervollständigen! Allerdings kann ein wenig Vorausdenken nicht schaden. Wie würden wir Token in dem Taschenrechnerprogramm einsetzen? Wir können die Eingabe in einen Vektor von Token einlesen:

```cpp
Token get_token();      // liest ein Token aus cin

vector<Token> tok;      // hier legen wir die Token ab

int main()
{
    while (cin) {
        Token t = get_token();
        tok.push_back(t);
    }
    // ...
}
```

6.3 Zurück zum Taschenrechner!

Damit können wir einen Ausdruck erst einmal einlesen und zur späteren Auswertung speichern. So erhalten wir beispielsweise für 11*12 die Zerlegung aus ▶ Abbildung 6.3.

'8'	'*'	'8'
11		12

Abbildung 6.3: Zerlegung eines einfachen Ausdrucks in Token

Nach der Zerlegung finden wir in unserem Token-Vektor die Multiplikation und ihre Operanden. Anschließend können wir die Multiplikation problemlos durchführen, weil die Zahlen 11 und 12 als numerische Werte und nicht als Strings abgespeichert sind.

Nun zu etwas komplexeren Ausdrücken. Nach Eingabe von 1+2*3 enthält **tok** fünf **Token** (siehe ▶ Abbildung 6.4).

'8'	'+'	'8'	'*'	'8'
1		2		3

Abbildung 6.4: Zerlegung eines komplexeren Ausdrucks in Token

Mittels einer einfachen Schleife suchen wir nach der Multiplikationsoperation:

```
for (int i = 0; i<tok.size(); ++i) {
  if (tok[i].kind=='*') {          // wir haben eine Multiplikation gefunden!
    double d = tok[i-1].value*tok[i+1].value;
                                   // und nun?
  }
}
```

Doch was nun? Was machen wir mit dem Produkt **d**? Wie entscheiden wir, in welcher Reihenfolge die Teilausdrücke ausgewertet werden? Gut, + steht vor *, sodass wir nicht einfach von links nach rechts auswerten können. Wir könnten versuchen, von rechts nach links auszuwerten! Das würde für 1+2*3 klappen, aber nicht für 1*2+3 und erst recht nicht für 1+2*3+4. Letzteres Beispiel muss von „innen nach außen" ausgewertet werden: 1+(2*3)+4. Und wie behandeln wir Klammern, auf die wir irgendwann unweigerlich stoßen werden? Anscheinend sind wir in eine Sackgasse geraten. Wir müssen uns von dieser Idee verabschieden, eine kleine Programmierpause einlegen und darüber nachdenken, wie wir einen Eingabestring einlesen, analysieren und als arithmetischen Ausdruck auswerten.

So ist also diesem ersten enthusiastischen Versuch, das Problem zu lösen (ein Taschenrechnerprogramm zu schreiben), die Puste ausgegangen. Das kommt bei ersten Versuchen gar nicht so selten vor. Trotzdem war die Mühe nicht umsonst, denn solche ersten Versuche erfüllen einen wichtigen Zweck: Sie helfen uns, das Problem besser zu verstehen. In diesem Fall sind wir dadurch auf das Konzept der Token gestoßen, welches wiederum ein Beispiel für das Konzept eines (*Name/Wert*)-Paares ist, dem wir immer wieder begegnen werden. Wir sollten jedoch stets darauf achten, dass wir nicht durch unbekümmertes und unüberlegtes „Drauflos-Programmieren" zu viel Zeit verschwenden. Bevor wir uns nicht ein wenig intensiver mit der Analyse (zwecks Bekanntmachung mit dem Problem) und dem Design (zur Suche nach einer Gesamtstruktur für unsere Lösung) beschäftigt haben, sollten wir so wenig wie möglich programmieren.

> ### Testen Sie Ihr Können
>
> Andererseits, warum sollte es nicht möglich sein, eine einfache Lösung zu diesem Problem zu finden? So schwierig scheint es eigentlich nicht zu sein. Wenn Ihnen gar nichts einfällt, könnten Sie zumindest durch Ausprobieren versuchen, das Problem und die mögliche Lösung besser abzuschätzen. Überlegen Sie, was Sie sofort ausprobieren könnten. Betrachten Sie beispielsweise die Eingabe $12.5+2$. Wir könnten diese Eingabe in Token zerlegen, feststellen, dass der Ausdruck einfach ist, und die Antwort berechnen. Das mag ein wenig unschön sein, ist aber immerhin unkompliziert, sodass wir diese Richtung weiter verfolgen könnten und vielleicht etwas finden, das gut genug ist! Überlegen Sie, was Sie machen sollten, wenn Sie sowohl ein $+$ als auch ein $*$ in der Zeile $2+3*4$ finden? Auch das kann mit Brute-Force gelöst werden. Was würden wir mit einem komplizierten Ausdruck wie $1+2*3/4\%5+(6-7*(8))$ machen? Und wie würden wir mit Fehlern wie $2+*3$ und $2\&3$ umgehen? Stellen Sie hierzu einige Überlegungen an – Sie brauchen nur Stift und Papier, um mögliche Lösungen und interessante oder wichtige Eingabeausdrücke zu skizzieren.

6.3.5 Zurück ans Reißbrett

Lassen Sie uns also das Problem erneut betrachten und nicht noch einmal versuchen, mit einer halbgaren Lösung vorzupreschen. Mittlerweile haben wir herausgefunden, dass die Arbeit mit unserem (Taschenrechner-)Programm recht mühsam ist, wenn das Programm nur einen einzelnen Ausdruck auswertet. Wir würden daher gern mehrere Ausdrücke in nur einem Programmaufruf berechnen; das heißt, unser Pseudocode wächst an zu

```
while (nicht_fertig) {
  lies_eine_zeile
  berechne      // tue die Arbeit
  schreibe_ergebnis
}
```

Dies ist eindeutig komplizierter, aber wenn wir darüber nachdenken, wie wir Taschenrechner verwenden, stellen wir fest, dass es allgemein üblich ist, mehrere Berechnungen hintereinander durchzuführen. Die Frage ist daher, ob wir es unserem Benutzer zumuten können, unser Programm mehrmals aufrufen zu müssen, um mehrere Berechnungen durchzuführen? Grundsätzlich könnten wir dies, aber da der Programmstart auf vielen modernen Betriebssystemen leider (unerklärlich) langsam ist, geben wir uns nicht damit zufrieden.

Wenn wir diesen Pseudocode sowie unsere ersten Lösungsansätze und Anwendungsbeispiele betrachten, stellen sich uns einige Fragen, die wir im Folgenden nach und nach zu beantworten versuchen:

1 Angenommen, die Eingabe lautet $45+5/7$. Wie erkennen wir die einzelnen Teile 45, +, 5, / und 7 in der Eingabe? (Zerlegung in Token!)

2 Womit wird ein Eingabeausdruck beendet? Durch einen Zeilenumbruch natürlich! (Seien Sie immer auf der Hut, wenn Sie auf ein „natürlich" stoßen: „natürlich" ist keine Begründung.)

3 Wie repräsentieren wir $45+5/7$ als Daten, die wir auswerten können? Bevor wir zur Addition schreiten, müssen wir die Zeichen '4' und '5' irgendwie in den Integer-Wert 45 (d.h. $4*10+5$) verwandeln. (Die Konstruktion der Token ist also Teil der Lösung.)

4 Wie stellen wir sicher, dass 45+5/7 als 45+(5/7) ausgewertet wird und nicht als (45+5)/7?

5 Was ergibt 5/7? Ungefähr 0.71, aber das ist kein Integer-Wert. Aufgrund unserer Erfahrung mit Taschenrechnern wissen wir, dass die Benutzer ein Gleitkommaergebnis erwarten. Sollen wir also auch Gleitkommazahlen als Eingaben zulassen? Aber selbstverständlich!

6 Können wir Variablen verwenden? Könnten wir beispielsweise schreiben

v=7
m=9
v*m

Gute Idee, doch damit wollen wir noch etwas warten. Zuerst sollte das Wesentliche funktionieren.

Die wahrscheinlich wichtigste Entscheidung ist hier die Antwort auf Frage 6. In §7.8 werden Sie feststellen, dass sich der Umfang des ersten Projekts fast verdoppelt, wenn wir diese Frage bejahen. Folglich würde sich auch der Zeitaufwand mehr als verdoppeln, um die Anfangsversion zur Ausführung zu bringen. Wir schätzen sogar, dass Sie als Anfänger mehr als viermal so viel Zeit benötigen würden und das Projekt höchstwahrscheinlich schon längst aufgegeben hätten. Es ist sehr wichtig, zu Beginn des Projekts eine unnötige Aufblähung des Funktionsumfangs („Feature-Inflation") zu vermeiden. Besser ist es, zunächst eine einfache Version zu erstellen und nur die wichtigsten Features zu implementieren. Lässt sich diese Version dann ausführen, können Sie sich ehrgeizigere Ziele vornehmen. Auf diese Weise bauen Sie das Programm schrittweise aus, was viel einfacher ist, als alles auf einmal zu implementieren. Ein Ja zu Frage 6 hätte zudem noch einen weiteren negativen Effekt: Sie könnten der Versuchung erliegen, weitere „nette Features" zu ergänzen. Wie wäre es z.B. damit, ein paar häufig benötigte mathematische Funktionen hinzuzufügen? Oder die Verarbeitung von Schleifen zu erlauben? Wenn Sie erst einmal anfangen, „nette Features" hinzuzufügen, fällt es schwer damit wieder aufzuhören.

Aus Sicht des Programmierers sind die Fragen 1, 3 und 4 am unangenehmsten. Außerdem stehen sie in Bezug zueinander, denn sobald wir eine 45 oder ein + gefunden haben, stellt sich die Frage, was wir damit tun sollen. Wie also sollen wir sie in unserem Programm speichern? Offensichtlich ist die Zerlegung in Token ein Teil der Lösung, aber eben nur ein Teil.

Wie würde ein erfahrener Programmierer vorgehen? Für viele knifflige technische Fragen gibt es bereits eine ausgereifte Standardantwort. Wir wissen, dass die Menschen Taschenrechnerprogramme geschrieben haben, seit es möglich ist, den Computer mit symbolischen Eingaben über die Tastatur zu füttern, also seit mindestens 50 Jahren. Es muss eine Standardantwort geben! In solchen Situationen wendet sich der erfahrene Programmierer an seine Kollegen und/oder liest in einschlägigen Fachbüchern nach. Es wäre dumm, einfach weiterzumachen und darauf zu hoffen, 50 Jahre Erfahrung an einem Morgen zu übertrumpfen.

6.4 Grammatiken

Wie wir herausgefunden haben, gibt es eine Standardantwort zu der Frage, wie man Ausdrücke sinnvoll verarbeitet: Zuerst wird die Eingabe Zeichen für Zeichen eingelesen, dann werden die Zeichen zu Token zusammengefügt. Wenn Sie also

45+11.5/7

eingeben, sollte das Programm die folgende Tokenliste erzeugen:

```
45
+
11.5
/
7
```

Ein Token ist eine Zeichenfolge, die wir als Einheit betrachten, wie z.B. eine Zahl oder einen Operator.

Nachdem die Token erzeugt wurden, muss das Programm sicherstellen, dass komplexe Ausdrücke korrekt interpretiert werden. Wir wissen zum Beispiel, dass 45+11.5/7 gleichbedeutend ist mit 45+(11.5/7) und nicht mit (45+11.5)/7, weil wir gelernt haben, dass Punktrechnung vor Strichrechnung geht (d.h., die Division „bindet" ihre Operanden enger als die Addition). Aber wie können wir diese nützliche Regel einem Programm beibringen? Die Standardantwort lautet, dass wir eine *Grammatik* schreiben, die die Syntax für unsere Eingabe definiert. Dann schreiben wir ein Programm, das die Regeln dieser Grammatik implementiert. Zum Beispiel:

// eine einfache Grammatik für Ausdrücke:

Ausdruck:
   Term
   Ausdruck "+" Term   // Addition
   Ausdruck "-" Term   // Subtraktion
Term:
   Faktor
   Term "*" Faktor   // Multiplikation
   Term "/" Faktor   // Division
   Term "%" Faktor   // Modulo (Rest)
Faktor:
   Zahl
   "(" Ausdruck ")"   // Gruppieren
Zahl:
   Gleitkommaliteral

Dies ist ein einfacher Satz an Regeln. Die letzte Regel besagt z.B., dass „eine **Zahl** ein **Gleitkommaliteral** ist". Die vorletzte Regel lautet: „Ein **Faktor** ist eine **Zahl** oder '(' gefolgt von einem **Ausdruck** gefolgt von ')'." Die Regeln für **Ausdruck** und **Term** lauten ähnlich; beide werden durch die jeweils nachfolgenden Regeln definiert.

Wie Sie bereits aus §6.3.2 wissen, umfassen unsere Token in Anlehnung an die C++-Syntax

- Gleitkommaliterale (wie sie von C++ definiert werden, z.B. 3.14, 0.274e2 und 42);
- +, −, ∗, /, % (die Operatoren);
- (,) (die Klammern).

Von unserem ersten zaghaften Versuch eines Pseudocodes bis zu diesem Ansatz mit Token und einer Grammatik haben wir einen riesigen konzeptionellen Sprung gemacht. Es ist die Art Sprung, auf den wir hoffen, aber den wir selten ohne fremde Hilfe schaffen. Hier zeigt sich, wie wertvoll Erfahrung, Fachliteratur und Mentoren sind.

Auf den ersten Blick sieht eine solche Grammatik wohl ziemlich unsinnig aus. Dies ist bei technischen Notationen oft der Fall. Sie dürfen jedoch nicht vergessen, dass diese Grammatik eine allgemeine und – wie Sie bald einsehen werden – elegante Notation für etwas ist, das Sie bereits seit der Mittelstufe (oder sogar noch früher) beherrschen. Es fällt Ihnen leicht, im Kopf Ausdrücke wie 1−2∗3, 1−2+3 oder 3∗2+4/2 zu berechnen, weil Sie die zugehörigen Rechenregeln verinnerlicht haben. Können Sie jedoch erklären, wie Sie dabei vorgehen? Können Sie es so gut erklären, dass es jemand versteht, der nie etwas von Arithmetik und Rechenregeln gehört hat? Um eine Erklärung zu geben, die für einen Computer ausreichend genau und präzise ist, benötigen wir eine Notation – und eine Grammatik ist das wohl leistungsstärkste und am weitesten verbreitete Werkzeug dafür.

Wie lesen wir eine Grammatik? Im Prinzip starten Sie für eine gegebene Eingabe mit der „obersten Regel", für **Ausdruck**, und durchsuchen die Regeln, bis Sie eine Übereinstimmung für die Token finden, so wie sie eingelesen wurden. Das Lesen eines Token-Streams unter Einbeziehung einer Grammatik bezeichnet man als *Parsen*; Programme, die parsen, werden meist *Parser* oder *Syntaxanalysator* genannt. Unser Parser liest die Token von links nach rechts, so wie wir sie eingeben und lesen. Versuchen wir uns einmal an einem einfachen Beispiel: Ist 2 im Sinne unserer Grammatik ein Ausdruck?

1 Ein **Ausdruck** muss ein **Term** sein oder mit einem **Term** enden. Dieser **Term** muss ein **Faktor** sein oder mit einem **Faktor** enden. Diese **Faktor** muss mit einem (beginnen oder eine **Zahl** sein. 2 ist eindeutig kein (, aber ein **Gleitkommaliteral**, was es zu einer **Zahl** und somit zu einem **Faktor** macht.

2 Diesem **Faktor** (der **Zahl** 2) ist kein /, ∗ oder % vorangestellt, sodass es ein kompletter **Term** ist (und nicht das Ende eines /-, ∗- oder %-Ausdrucks).

3 Diesem **Term** (der **Faktor** 2) ist kein + oder − vorangestellt, sodass es ein kompletter **Ausdruck** ist (und nicht das Ende eines +- oder −-Ausdrucks).

Also ist 2 gemäß unserer Grammatik ein Ausdruck. ▶ Abbildung 6.5 veranschaulicht den Durchlauf durch die Grammatik.

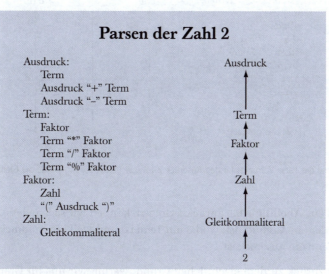

Abbildung 6.5: Darstellung des Parse-Vorgangs für die Zahl 2

Abbildung 6.5 zeigt den Pfad, dem wir durch die Definitionen der Grammatik gefolgt sind. Indem wir diesen Pfad zurückverfolgen, können wir sagen, dass 2 ein **Ausdruck** ist, weil 2 ein **Gleitkommaliteral** ist, was eine **Zahl** ist, die ein **Faktor** ist, die ein **Term** ist, der ein **Ausdruck** ist.

Versuchen wir etwas Komplizierteres: Ist 2+3 ein **Ausdruck**? Natürlich, und die Gründe ähneln stark denen für 2:

1 Ein **Ausdruck** muss ein **Term** sein oder mit einem **Term** enden. Dieser **Term** muss ein **Faktor** sein oder mit einem **Faktor** enden. Dieser **Faktor** muss mit einem (beginnen oder eine **Zahl** sein. 2 ist eindeutig keine (, aber ein **Gleitkommaliteral**, was es zu einer **Zahl** und somit zu einem **Faktor** macht.

2 Diesem **Faktor** (der **Zahl** 2) ist kein /, ∗ oder % vorangestellt, sodass es ein kompletter **Term** ist (und nicht das Ende eines /-, ∗- oder %-Ausdrucks).

3 Dieser **Term** (der **Faktor** 2) wird gefolgt von einem +, sodass der **Term** der erste Teil eines **Ausdruck** ist und wir Ausschau nach dem **Term** halten müssen, der auf das + folgt. Auf genau die gleiche Weise, wie wir festgestellt haben, dass 2 ein **Term** war, stellen wir fest, dass 3 ein **Term** ist. Da 3 weder von einem + noch von einem − gefolgt wird, ist es ein vollständiger **Term** (und nicht der vordere Teil eines +- oder −-Ausdrucks). Deshalb entspricht 2+3 dem Fall **Ausdruck**+**Term** und ist ein **Ausdruck**.

Auch hier können wir unsere Argumentationskette grafisch darstellen (siehe ▶ Abbildung 6.6).

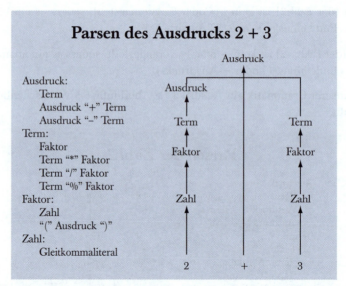

Abbildung 6.6: Darstellung des Parse-Vorgangs für den Ausdruck 2+3 (zur Vereinfachung wurde die Gleitkommaliteral-zu-Zahl-Regel übersprungen)

Indem wir den Pfad aus Abbildung 6.6 zurückverfolgen, können wir sagen, dass 2+3 ein **Ausdruck** ist, weil 2 ein **Term** ist, der ein **Ausdruck** ist, weil 3 ein **Term** ist und weil ein **Ausdruck** gefolgt von einem + gefolgt von einem **Term** ein **Ausdruck** ist.

Damit kommen wir zurück zu dem eigentlichen Grund, warum wir uns für Grammatiken interessieren: das korrekte Parsen von Ausdrücken, die sowohl ein ∗ als auch ein + enthalten. Versuchen wir es also einmal mit 45+11.5∗7. Damit uns das „Computer spielen" nicht langweilig wird, überspringen wir diesmal einige der Zwischenschritte, die wir schon von den Beispielen zu 2 und 2+3 zur

Genüge her kennen. Offensichtlich sind 45, 11.5 und 7 ausnahmslos Gleitkommaliterale, die Zahlen sind, die Faktoren sind. Wir können also alle Regeln unterhalb von Faktor überspringen und erhalten:

1 45 ist ein Ausdruck gefolgt von einem +, weshalb wir nach einem Term Ausschau halten, um die Regel Ausdruck+Term zu vervollständigen.

2 11.5 ist ein Term gefolgt von einem *, weshalb wir nach einem Faktor Ausschau halten, um die Term*Faktor-Regel zu vervollständigen.

3 7 ist ein Faktor, sodass 11.5*7 gemäß der Regel Term*Faktor ein Term ist. Daraus ergibt sich, dass 45+11.5*7 gemäß der Ausdruck+Term-Regel ein Ausdruck ist. Vor allem ist es ein Ausdruck, der zuerst die Multiplikation 11.5*7 abschließt und dann die Addition 45+11.5*7 – so als ob wir 45+(11.5*7) geschrieben hätten.

Auch diese Argumentationskette lässt sich grafisch darstellen (siehe ▶ Abbildung 6.7).

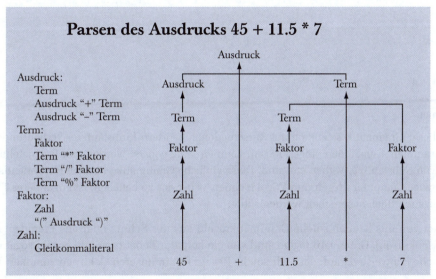

Abbildung 6.7: Darstellung des Parse-Vorgangs für den Ausdruck 45+11.5*7. Beachten Sie, wie die Regel *Term* * *Faktor* sicherstellt, dass 11.5 mit 7 multipliziert und nicht zu 45 addiert wird.[2] (Die Gleitkommaliteral-zu-Zahl-Regel wurde zur Vereinfachung erneut übersprungen.)

Womöglich fällt es Ihnen anfangs schwer, diesen Argumentationsketten zu folgen, doch viele Menschen lesen Grammatiken und einfache Grammatiken sind auch gar nicht so schwer zu verstehen. Im Übrigen ging es uns ja auch gar nicht darum, *Ihnen* beizubringen, was 2+2 oder 45+11.5*7 bedeutet. Das wussten Sie zweifelsohne schon vorher. Worum es uns ging, war einen Weg zu finden, wie wir dem Computer „beibringen" können, was 45+11.5*7 und all die anderen komplizierten Ausdrücke bedeuten, die er auswerten soll. Komplizierte Grammatiken werden nicht für Menschen geschrieben, sie werden für Computer geschrieben, die den Grammatikregeln schnell, korrekt und mit spielerischer Leichtigkeit folgen. Präzisen Regeln zu folgen, das ist die Stärke der Computer.

---

[2] 45+11.5 ist zwar ein Ausdruck, aber kein Term, und unsere Grammatik erlaubt es nicht, dass ein Ausdruck direkt mit etwas anderem multipliziert wird.

6.4.1 Ein Exkurs: deutsche Grammatik

Wenn Sie bisher noch nie mit Grammatiken gearbeitet haben, dürfte Ihnen jetzt der Kopf rauchen. Wahrscheinlich raucht er auch, obwohl Sie schon einmal eine Grammatik gesehen haben. Doch betrachten Sie die folgende Grammatik für eine sehr kleine Teilmenge der deutschen Sprache:

Satz :
  Substantiv Verb   // z.B. Computer rechnen
  Satz Konjunktion Satz // z.B. Vögel fliegen, aber Fische schwimmen

Konjunktion :
  "und"
  "oder"
  "aber"

Substantiv :
  "Vögel"
  "Fische"
  "Computer"

Verb :
  "rechnen"
  "fliegen"
  "schwimmen"

Ein Satz dieser Grammatik setzt sich aus verschiedenen Wörtern (Substantive, Verben und Konjunktionen) zusammen. Gemäß den obigen Regeln kann ein Satz geparst werden, um festzustellen, welche Wörter davon Substantive, Verben etc. sind. Diese einfache Grammatik gilt auch für semantisch unsinnige Sätze wie „Computer fliegen und Vögel rechnen", aber das zu beheben, ist ein anderes Thema, das in einem eigenen Buch besprochen werden sollte.

Die meisten von uns kennen solche Grammatikregeln aus der Schule oder aus Fremdsprachkursen (z.B. Englischkursen). Grammatikregeln sind von elementarer Bedeutung und es gibt sogar ernsthafte neurologische Hinweise darauf, dass wir solche Regeln fest in unseren Gehirnen verankert haben!

Schauen Sie sich jetzt den Parserbaum aus ▶ Abbildung 6.8 an. Es ist die gleiche Art Parserbaum, die wir oben für unsere Ausdrücke verwendet haben. Nur diesmal dient er zum Parsen eines einfachen deutschen Satzes.

Dies ist eigentlich nicht sehr kompliziert. Wenn Sie Schwierigkeiten mit §6.4 hatten, blättern Sie jetzt zurück und lesen Sie den Abschnitt noch einmal; die Ausführungen werden beim zweiten Durchlesen sicherlich besser verständlich sein.

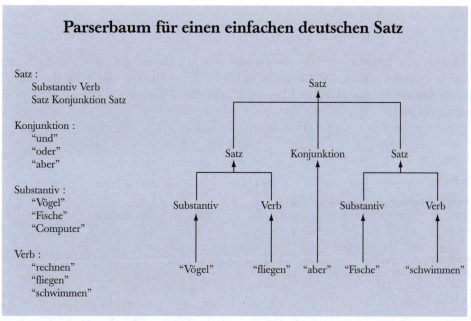

Abbildung 6.8: Parserbaum für einen einfachen deutschen Satz

6.4.2 Eine Grammatik schreiben

Wie sind wir auf die Grammatikregeln für die Ausdrücke gekommen? „Erfahrung" wäre wohl die ehrlichste Antwort. Wir haben uns einfach an der Art und Weise orientiert, wie die meisten Programmierer Ausdrucksgrammatiken schreiben. Eine einfache Grammatik zu schreiben, ist übrigens nicht sonderlich schwierig. Wir müssen nur wissen, wie wir

1. eine Regel von einem Token unterscheiden;
2. eine Regel nach der anderen setzen (*Aneinanderreihen*);
3. alternative Muster ausdrücken (*Wechsel*);
4. ein sich wiederholendes Muster ausdrücken (*Wiederholung*);
5. die zuerst abzuarbeitende Grammatikregel erkennen.

Je nach Fachbuch und Parsersystem trifft man auf unterschiedliche Notationskonventionen und Terminologien. So heißen die Token bei einigen Autoren *Terminale* und die Regeln *Produktionen* und die linke Seite der Regeln (wie **Ausdruck** oder **Term**) *Nichtterminale*. Wir setzen die Token einfach in (doppelte) Anführungszeichen und beginnen mit der ersten Regel. Alternativen stehen jeweils in eigenen Zeilen. Zum Beispiel:

Liste:
  "{" Sequenz "}"
Sequenz:
  Element
  Element "," Sequenz

Element:
  "A"
  "B"

Demzufolge ist eine **Sequenz** entweder ein **Element** oder ein **Element** gefolgt von einer **Sequenz**, mit einem Komma als Abtrennung. Ein **Element** ist entweder der Buchstabe **A** oder der Buchstabe **B**. Eine **Liste** ist eine **Sequenz** in „geschweiften Klammern". Mit dieser Grammatik können wir z.B. folgende **Liste**n erzeugen (wie?):

{ A }
{ B }
{ A,B }
{A,A,A,A,B }

Keine Listen sind dagegen (warum nicht?):

{ }
A
{ A,A,A,A,B
{A,A,C,A,B }
{ A B C }
{A,A,A,A,B, }

Diese Sequenzregel gehört sicherlich nicht zu den Regeln, die Sie im Kindergarten gelernt haben oder die fest in Ihrem Kopf verankert sind, aber sie ist dennoch leicht nachzuvollziehen. In §7.4 und §7.8.1 finden Sie weitere Beispiele dafür, wie wir Grammatiken zum Ausdrücken syntaktischer Ideen nutzen.

6.5 Eine Grammatik in Code umwandeln

Es gibt viele Möglichkeiten, einen Computer dazu zu bringen, einer bestimmten Grammatik zu folgen. Wir halten uns an die einfachste: Wir schreiben einfach für jede Grammatikregel eine Funktion und verwenden unseren Typ **Token** zur Repräsentation der Token. Ein Programm, das eine Grammatik implementiert, wird oft auch *Parser* genannt.

6.5.1 Grammatikregeln implementieren

Zur Implementierung unseres Taschenrechners benötigen wir vier Funktionen: eine zum Einlesen der Token plus je eine für jede Regel unserer Grammatik.

```
get_token()    // liest Zeichen ein und zerlegt sie in Token
               // verwendet cin
expression()   // Ausdruck-Regel; behandelt + und -
               // ruft term() und get_token() auf
term()         // Term-Regel; behandelt *, / und %
               // ruft primary() und get_token() auf
primary()      // Faktor-Regel; behandelt Zahlen und Klammern
               // ruft expression() und get_token() auf
```

Beachten Sie, dass jede Funktion nur einen bestimmten Teil eines Ausdrucks behandelt und alles andere den anderen Funktionen überlässt. Das vereinfacht die einzelnen Funktionen enorm. Diese Vorgehensweise unterscheidet sich kaum von der einer Gruppe Menschen, die Probleme löst, indem sie jedem Einzelnen in der Gruppe ein Problem überträgt, das er/sie auf seine/ihre Weise lösen soll.

Was sollen diese Funktionen machen? Jede Funktion soll gemäß der von ihr implementierten Grammatikregel andere Grammatikfunktionen aufrufen und – wenn in einer Regel ein Token benötigt wird – **get_token()**. Wenn zum Beispiel **primary()** versucht, der **(Ausdruck)**-Regel zu folgen, ruft es folgende Funktionen auf:

get_token() // behandelt (und)
expression() // behandelt Ausdruck

Was sollen solche Parserfunktionen zurückliefern? Wie wäre es mit der Antwort, nach der wir eigentlich suchen? So könnte **expression()** beispielsweise für 2+3 den Wert 5 zurückliefern; die nötigen Informationen sind schließlich alle vorhanden. Dies zu implementieren, soll nun unser Ziel sein! Nebenbei klärt sich damit eine der schwierigsten Fragen aus unserer Liste: „Wie finde ich für Ausdrücke wie 45+5/7 eine Datenrepräsentation, die ich auswerten kann? Dieses Problem stellt sich nun gar nicht mehr: Anstatt den Ausdruck 45+5/7 in irgendeiner Form im Speicher abzulegen, werten wir ihn einfach direkt beim Einlesen der Eingabe aus. Mit dieser kleinen Idee haben wir einen entscheidenden Durchbruch erzielt! Das neue Konzept verhindert ein Aufblähen des Codes (das Programm wird fast drei Viertel kleiner sein als eine Variante, bei der **expression()** irgendwelche komplizierten Strukturen zur späteren Auswertung zurückliefern würde) und reduziert unseren Arbeitsaufwand um fast 80%.

Die einzige Ausnahme ist **get_token()**: Weil diese Funktion Token und keine Ausdrücke verarbeitet – beispielsweise sind + und (keine Ausdrücke –, kann sie nicht den Wert eines Teilausdrucks zurückgeben. Die Funktion muss ein **Token** zurückliefern. Damit können wir nun zusammenfassen, welche Funktionen wir benötigen:

```
// Funktionen, die den Grammatikregeln entsprechen:
Token get_token()    // liest Zeichen ein und zerlegt sie in Token
double expression()  // Ausdruck-Regel; behandelt + und -
double term()        // Term-Regel; behandelt *, / und %
double primary()     // Faktor-Regel; behandelt Zahlen und Klammern
```

6.5.2 Ausdrücke

Als Erstes implementieren wir die Funktion **expression()**. Die Grammatik sieht folgendermaßen aus:

Ausdruck:
  Term
  Ausdruck '+' Term
  Ausdruck '-' Term

Da dies unser erster Versuch ist, einen Satz Grammatikregeln in Code umzusetzen, wollen wir bewusst mit einigen Fehlversuchen starten. Erstens ist man in der Praxis auch nicht vor Fehlversuchen gefeit (vor allem dann nicht, wenn man versucht, neue Techniken umzusetzen) und zweitens können wir auf diese Weise jede Menge lernen. Gerade für Programmieranfänger kann es äußerst lehrreich sein, die dramatischen Unterschiede im Verhalten äußerlich ähnlicher Codeabschnitte zu beobachten. Und das Lesen von Code ist eine Fähigkeit, die man generell kultivieren sollte.

6.5.2.1 Ausdrücke: erster Versuch

Ausgehend von der Regel **Ausdruck '+' Term** versuchen wir zuerst **expression()** aufzurufen, suchen dann nach + (und −) und rufen anschließend **term()** auf:

```
double expression()
{
  double left = expression();    // lies einen Ausdruck ein und werte ihn aus
  Token t = get_token();         // lies das nächste Token ein
  switch (t.kind) {              // stelle fest, welcher Art das Token ist
  case '+':
    return left + term();        // lies einen Term ein und werte ihn aus,
                                 // führe dann eine Addition aus
  case '-':
    return left - term();        // lies einen Term ein und werte ihn aus,
                                 // führe dann eine Subtraktion aus
  default:
    return left;                 // liefere den Wert des Ausdrucks zurück
  }
}
```

Das sieht gut aus. Es ist fast eine triviale Transkription der Grammatik. Eigentlich ist es ganz einfach: Zuerst wird ein **Ausdruck** eingelesen und dann festgestellt, ob ein + oder ein − folgt; wenn ja, wird der **Term** gelesen.

Leider ist das jedoch nicht besonders sinnvoll. Woher wissen wir, wo der Ausdruck endet, sodass wir nach einem + oder − Ausschau halten können? Denken Sie daran, dass unser Programm von links nach rechts liest und nicht vorhersehen kann, ob demnächst ein + kommt. Tatsächlich wird diese **expression()**-Funktion niemals über ihre erste Zeile hinauskommen: **expression()** ruft als Erstes **expression()** auf, die wiederum **expression()** aufruft, und endlos so weiter. Man bezeichnet dies auch als *Endlosrekursion*, die sich jedoch nach einer Weile selbst beendet, wenn der Computer keinen Speicher mehr zur Verfügung hat, um die „nie endenden" Aufrufe von **expression()** anzulegen. Der Begriff *Rekursion* wird verwendet, um zu beschreiben, was passiert, wenn eine Funktion sich selbst aufruft. Nicht alle Rekursionen sind unendlich; richtig angewendet, ist Rekursion eine sehr nützliche Programmiertechnik (siehe §8.5.8).

6.5.2.2 Ausdrücke: zweiter Versuch

Was also ist zu tun? Jeder **Term** ist ein **Ausdruck**, aber nicht jeder **Ausdruck** ist ein **Term**. Wir könnten daher zuerst nach einem **Term** suchen und nur, wenn wir ein + oder − gefunden haben, suchen wir weiter nach einem vollen **Ausdruck**. Zum Beispiel:

```
double expression()
{
  double left = term();              // lies einen Term ein und werte ihn aus
  Token t = get_token();             // lies das nächste Token ein
  switch (t.kind) {                  // stelle fest, welcher Art das Token ist
  case '+':
    return left + expression();      // lies einen Ausdruck ein und werte ihn aus,
                                     // führe dann eine Addition aus
```

```
    case '-':
        return left - expression();    // lies einen Ausdruck ein und werte ihn aus,
                                       // führe dann eine Subtraktion aus
    default:
        return left;                   // liefere den Wert des Terms zurück
    }
}
```

Das funktioniert sogar einigermaßen. Wir haben diese Version in dem endgültigen Programm getestet und sie parst jeden korrekten Ausdruck, den wir ihr übergeben (abgesehen von den unzulässigen). Sie wertet sogar die meisten Ausdrücke korrekt aus. So wird zum Beispiel 1+2 eingelesen als: **Term** (mit dem Wert 1) gefolgt von einem + gefolgt von einem **Ausdruck** (der zufällig ein **Term** mit dem Wert 2 ist) und anschließend wird die Antwort 3 ausgegeben. Auf ähnliche Weise ergibt 1+2+3 den Wert 6. Wir könnten noch eine ganze Reihe von anderen Beispielen anführen, die alle funktionieren, aber um die Sache kurz zu machen: Wie sieht es aus mit 1−2−3? Hier liest **expression()** die 1 als **Term** ein, fährt dann fort, 2−3 als **Ausdruck** einzulesen (der aus dem **Term** 2 besteht, gefolgt von dem **Ausdruck** 3). Anschließend subtrahiert sie das Ergebnis von 2−3 von 1. Mit anderen Worten, es wird 1−(2−3) ausgewertet. Das Ergebnis hiervon ist natürlich 2. In der Schule haben wir jedoch gelernt, dass 1−2−3 gleichbedeutend ist mit (1−2)−3 und somit den Wert −4 hat.

Wir haben also ein nettes kleines Programm, das jedoch nicht immer das macht, was es machen soll. Das ist gefährlich. Es ist vor allem deshalb gefährlich, weil es in vielen Fällen eine korrekte Antwort liefert. So führt zum Beispiel 1+2+3 zur richtigen Antwort (6), weil 1+(2+3) gleich (1+2)+3 ist. Wo also liegt der Fehler, was haben wir als Programmierer grundsätzlich falsch gemacht? Diese Frage sollten wir uns immer stellen, wenn wir auf einen Fehler treffen. Denn nur so können wir vermeiden, den gleichen Fehler immer und immer wieder zu machen.

Der grundsätzliche Fehler ist, dass wir nur auf den Code geschaut und seine Arbeitsweise abgeschätzt haben. Das genügt nicht! Wir müssen verstehen, was unser Code macht, und wir müssen in der Lage sein zu erklären, warum er das Richtige macht.

Eine gründliche Analyse unserer Fehler ist oft der beste Weg, um zu einer korrekten Lösung zu gelangen. Was haben wir in diesem Versuch getan? Wir haben **expression()** so definiert, dass zuerst nach einem **Term** gesucht wird und anschließend, wenn auf den **Term** ein + oder ein − folgt, nach einem **Ausdruck**. Damit wird aber eine leicht andere Grammatik implementiert:

Ausdruck:
  Term
  Term '+' Ausdruck   // Addition
  Term '-' Ausdruck   // Subtraktion

Der Unterschied zu der von uns angestrebten Grammatik ist, dass nach Letzterer der Ausdruck 1−2−3 ein **Ausdruck** 1−2 gefolgt von einem − gefolgt von dem **Term** 3 sein sollte, wir aber stattdessen den **Term** 1 gefolgt von einem − gefolgt von dem **Ausdruck** 2−3 erhalten haben; das heißt, wir wollten, dass 1−2−3 gleich (1−2)−3 ist, aber stattdessen haben wir 1−(2−3) berechnet.

Ja, wir wissen, dass Debuggen lästig, kompliziert und zeitaufwendig sein kann, aber in diesem Fall beschäftigen wir uns mit Regeln, die Sie bereits aus der Grundschule kennen und die Sie unbewusst anzuwenden gelernt haben. Der Haken ist, dass wir diese Regeln einem Computer beibringen müssen – und ein Computer lernt viel langsamer als Sie.

Beachten Sie, dass wir 1−2−3 auch so hätten definieren können, dass es als 1−(2−3) und nicht als (1−2)−3 zu lesen ist − womit wir diese ganze Diskussion vermieden hätten. Oft führt gerade die Umsetzung konventioneller Regeln, die von und für Menschen erstellt wurden, lange bevor Computer zum Einsatz kamen, zu den kniffligsten Programmierproblemen überhaupt.

6.5.2.3 Ausdrücke: aller guten Dinge sind drei

Was jetzt? Betrachten wir noch einmal die Grammatik (die korrekte Grammatik aus §6.5.2): Jeder **Ausdruck** beginnt mit einem **Term** und ein **Term** kann gefolgt sein von einem + oder einem −. Also müssen wir nach einem **Term** suchen, schauen, ob er von einem + oder einem − gefolgt wird, und damit fortfahren, bis es keine Plus- oder Minuszeichen mehr gibt. Zum Beispiel:

```
double expression()
{
    double left = term();             // lies einen Term und werte ihn aus
    Token t = get_token();            // lies das nächste Token ein
    while ( t.kind=='+' || t.kind=='-') {  // suche nach einem + oder -
        if (t.kind == '+')
            left += term();           // werte Term aus und addiere
        else
            left -= term();           // werte Term aus und subtrahiere
        t = get_token();
    }
    return left;                      // Ende: keine weiteren + oder -; Antwort zurückliefern
}
```

Der Code ist ein bisschen unübersichtlicher geworden: Wir mussten eine Schleife einführen, die nach Plus- und Minuszeichen sucht, und wir mussten einzelne Codeabschnitte wiederholen: Wir testen zweimal auf + und − und rufen zweimal **get_token**() auf. Da dieser doppelte Test auf + und − nur unnötig von der Logik des Codes ablenkt, wollen wir ihn beseitigen:

```
double expression()
{
    double left = term();             // lies einen Term und werte ihn aus
    Token t = get_token();            // lies das nächste Token ein
    while(true) {
        switch(t.kind) {
        case '+':
            left += term();           // werte Term aus und addiere
            t = get_token();
            break;
        case '-':
            left -= term();           // werte Term aus und subtrahiere
            t = get_token();
            break;
        default:
            return left;              // Ende: keine weiteren + oder -; Antwort zurückliefern
        }
    }
}
```

Ist Ihnen aufgefallen, dass diese Version – bis auf die Schleife – eigentlich sehr viel Ähnlichkeit mit unserem ersten Versuch hat (§6.5.2)? Wir haben lediglich den rekursiven Aufruf von **expression()** innerhalb von **expression()** entfernt und durch eine Schleife ersetzt. Mit anderen Worten, wir haben den **Ausdruck**-Part aus den Grammatikregeln für **Ausdruck** in eine Schleife übersetzt, die nach einem **Term** gefolgt von einem + oder einem − sucht.

6.5.3 Terme

Die Grammatikregel für **Term** ist der **Ausdruck**-Regel sehr ähnlich:

Term:
  Faktor
  Term '*' Faktor
  Term '/' Faktor
  Term '%' Faktor

Folglich sollte auch der Code sehr ähnlich sein. Hier ist unser erster Versuch:

```
double term()
{
  double left = primary();
  Token t = get_token();
  while(true) {
    switch (t.kind) {
    case '*':
      left *= primary();
      t = get_token();
      break;
    case '/':
      left /= primary();
      t = get_token();
      break;
    case '%':
      left %= primary();
      t = get_token();
      break;
    default:
      return left;
    }
  }
}
```

Leider lässt sich dies nicht kompilieren: Die Modulo-Operation (%) ist nicht für Gleitkommazahlen definiert. Der Compiler ist so nett, uns daran zu erinnern. Als wir weiter oben die Frage 4 „Sollen wir auch Gleitkommazahlen als Eingaben zulassen?" selbstsicher mit „Aber selbstverständlich!" beantworteten, haben wir das Ganze offensichtlich nicht zu Ende gedacht und sind Opfer der „Feature-Inflation" geworden. Das passiert *immer*! Und was jetzt? Wir könnten zur Laufzeit prüfen, ob beide Operanden von % Integer-Werte sind und für Nicht-Integer-Werte eine Fehlermeldung ausgeben. Oder wir verzichten ganz darauf, in unserem Taschenrechner die %-Operation zu unterstützen. Im Moment entscheiden wir uns für die einfachere Variante. Wir können % später immer noch hinzufügen (siehe §7.5).

Nachdem wir den **case**-Abschnitt für **%** gelöscht haben, arbeitet die Funktion wie gewünscht: die Terme werden korrekt geparst und ausgewertet. Erfahrenen Programmierer wird jedoch schnell ein unangenehmes Detail auffallen, das **term()** inakzeptabel macht. Was würde passieren, wenn Sie 2/0 eingeben? Divisionen durch null sind nicht erlaubt. Versuchen Sie es dennoch, wird die Computerhardware den Verstoß feststellen und Ihr Programm mit einer wenig hilfreichen Fehlermeldung beenden. Unerfahrene Programmierer entdecken dies meist auf die harte Tour. Um uns dies zu ersparen, fügen wir einen Test ein und geben eine ordentliche Fehlermeldung aus:

```
double term()
{
  double left = primary();
  Token t = get_token();
  while(true) {
    switch (t.kind) {
    case '*':
      left *= primary();
      t = get_token();
      break;
    case '/':
    { double d = primary();
      if (d == 0) error("Division durch null");
      left /= d;
      t = get_token();
      break;
    }
    default:
      return left;
    }
  }
}
```

Warum haben wir die Anweisungen zu **/** in einen Block zusammengefasst? Der Compiler besteht darauf. Wenn Sie Variablen innerhalb einer **switch**-Anweisung definieren und initialisieren wollen, müssen Sie sie in einen Block setzen.

6.5.4 Faktoren

Die Grammatikregel für Faktoren ist ebenfalls sehr einfach:

Faktor:
  Zahl
  '(' **Ausdruck** ')'

Der Code, der diese Regel implementiert, ist ein wenig unübersichtlich, weil wir diverse syntaktische Fehler in den Ausdrücken berücksichtigen müssen:

```
double primary()
{
  Token t = get_token();
  switch (t.kind) {
  case '(':   // behandle '(' Ausdruck ')'
```

```
    {    double d = expression();
         t = get_token();
         if (t.kind != ')') error("')' erwartet");
         return d;
    }
case '8':             // wir verwenden '8' zur Repräsentation einer Zahl
    return t.value;   // liefere den Wert der Zahl zurück
default:
    error("Faktor erwartet");
    }
}
```

Im Grunde gibt es in diesem Codes nichts, was uns nicht schon aus **expression()** und **term()** bekannt wäre. Wir verwenden die gleichen Sprachprimitiven, die gleiche Verfahrensweise für **Token** und die gleichen Programmiertechniken.

6.6 Die erste Version ausprobieren

Um unsere Taschenrechnerfunktionen ausführen zu können, müssen wir noch **get_token()** implementieren und **main()** bereitstellen. Die **main()**-Funktion ist trivial: Wir rufen in einer Schleife die Funktion **expression()** auf und geben ihr Ergebnis aus.

```
int main()
try {
    while (cin)
        cout << expression() << '\n';
    keep_window_open();
}
catch (exception& e) {
    cerr << e.what() << endl;
    keep_window_open ();
    return 1;
}
catch (...) {
    cerr << "Ausnahme \n";
    keep_window_open ();
    return 2;
}
```

Die Fehlerbehandlung kennen Sie ja bereits aus §5.6.3. Auf die Implementierung von **get_token()** gehen wir später ein, in §6.8. Jetzt wollen wir diese erste Version unseres Taschenrechners testen.

> ### Testen Sie Ihr Können
> Diese erste Version des Taschenrechnerprogramms (einschließlich **get_token()**) finden Sie in der Beispielsammlung zu diesem Buch (Datei *taschenrechner01.cpp*). Versuchen Sie, diese Datei auszuführen.

6 Ein Programm schreiben

Wie zu erwarten war, funktioniert diese erste Version nicht. Achselzuckend fragen wir uns „Warum nicht?" oder besser „Warum verhält sich das Taschenrechnerprogramm so?" und „Was macht das Programm eigentlich?". Geben Sie eine 2 ein, gefolgt von einem Zeilenumbruch. Keine Antwort. Drücken Sie erneut auf die ⏎-Taste, um zu sehen, ob der Computer schläft. Wieder keine Antwort. Geben Sie eine 3 ein, gefolgt von einem Zeilenumbruch. Keine Antwort! Geben Sie eine 4 ein, gefolgt von einem Zeilenumbruch. Die Antwort lautet 2! Der Bildschirm sieht jetzt folgendermaßen aus:

2

3
4
2

Unsere nächste Eingabe lautet 5+6. Das Programm antwortet mit einer 5, sodass der Bildschirm jetzt wie folgt aussieht:

2

3
4
2
5+6
5

Sofern Sie nicht schon von früher her über etwas Programmiererfahrung verfügen, wird Ihnen dieses Verhalten ziemliche Rätsel aufgeben. Ja, es kann sogar erfahrene Programmierer verwirren. Was also passiert hier? Versuchen Sie zunächst, das Programm zu verlassen. Doch wie? Wir haben vergessen, einen Befehl zum Verlassen des Programms zu programmieren. Da aber auch falsche Eingaben zum Programmabbruch führen, geben wir ein **x** ein und das Programm bricht die Ausführung mit der Meldung **Ungueltiges Token** ab. Zumindest etwas hat geklappt!

Unglücklicherweise haben wir es versäumt, Eingaben und Bildschirmausgaben optisch zu unterscheiden. Bevor wir uns dem eigentlichen Problem zuwenden, heben wir daher noch schnell die Ausgabe hervor, um besser verfolgen zu können, was in dem Programm geschieht. Im Moment soll es reichen, die Ausgaben durch ein führendes „=" zu kennzeichnen.

while (cin) cout << "=" << expression() << '\n';   // Version 1

Wenn wir jetzt die gleiche Zeichenfolge wie zuvor eingeben, erhalten wir:

2

3
4
= 2
5+6
= 5
x
Ungueltiges Token

Seltsam! Versuchen Sie herauszufinden, was das Programm gemacht hat. Wir haben noch einige weitere Testeingaben vorgenommen, doch lassen Sie uns bei unserem Beispiel bleiben. Wir stehen vor einem Rätsel:

- Warum hat das Programm nach den ersten Eingaben (2 und 3) und den Zeilenumbrüchen nicht reagiert?
- Warum hat das Programm nach der Eingabe von 4 mit 2 statt mit 4 geantwortet?
- Warum hat das Programm nach der Eingabe von 5+6 mit 5 statt mit 11 geantwortet?

Es gibt verschiedene Möglichkeiten, wie man weiter verfahren kann, wenn man mit solchen mysteriösen Ergebnissen konfrontiert wird. Einige davon werden wir im nächsten Kapitel näher besprechen. Hier aber wollen wir vor allem unseren Kopf anstrengen. Könnte sich das Programm verrechnet haben? Das ist sehr unwahrscheinlich, denn der Wert von 4 ist nicht 2 und der Wert von 5+6 ist 11 und nicht 5. Testen Sie einmal, was passiert, wenn Sie 1 2 3 4+5 6+7 8+9 10 11 12 gefolgt von einem Zeilenumbruch eingeben. Wir erhalten:

1 2 3 4+5 6+7 8+9 10 11 12
= 1
= 4
= 6
= 8
= 10

Huch? Keine 2 oder 3? Warum 4 und nicht 9 (wegen 4+5)? Warum 6 und nicht 13 (wegen 6+7)? Sehen Sie genauer hin: Das Programm gibt jedes dritte Token aus! Vielleicht „frisst" das Programm ja einige unserer Eingaben, ohne sie auszuwerten? Genau das ist passiert. Betrachten wir hierzu **expression()**:

```
double expression()
{
  double left = term();      // lies einen Term und werte ihn aus
  Token t = get_token();     // lies das nächste Token ein
  while(true) {
    switch(t.kind) {
    case '+':
      left += term();        // werte Term aus und addiere
      t = get_token();
      break;
    case '-':
      left -= term();        // werte Term aus und subtrahiere
      t = get_token();
      break;
    default:
      return left;           // Ende: keine weiteren + oder -; Antwort zurückliefern
    }
  }
}
```

Wenn das von **get_token()** zurückgelieferte **Token** kein '+' oder '-' ist, kehren wir einfach zurück. Wir verwenden das Token nicht und speichern es auch nirgendwo, damit andere Funktionen es später verwenden können. Das ist nicht besonders klug. Eingaben zu verwerfen, ohne sie überhaupt zu untersuchen, kann nicht richtig sein. Ein kurzer Blick auf **term()** zeigt, dass hier das gleiche Problem besteht. Das erklärt, warum unser Taschenrechner für jedes verwendete Token zwei Token „gefressen" hat.

6 Ein Programm schreiben

Lassen Sie uns **expression()** so überarbeiten, dass es keine Token mehr „frisst". Wo sollen wir das nächste Token (**t**) ablegen, wenn es vom Programm momentan nicht benötigt wird? Wir könnten uns hierfür diverse komplizierte Verfahrensweisen vorstellen, aber lassen Sie uns auf die nächstliegende Antwort zurückgreifen: Da das Token später von einer anderen Funktion verarbeitet werden soll, die ihre Token von der Eingabe einliest, stellen wir das Token zurück in den Eingabestream, von wo es erneut eingelesen werden kann! Obwohl wir uns dazu der Funktionalität von **istream** bedienen könnten, die das Zurückstellen von Zeichen erlaubt, ist dies nicht wirklich das, was uns vorschwebt. Wir möchten mit Token arbeiten und uns nicht mit Zeichen abmühen müssen. Was wir also benötigen, ist ein spezieller Eingabestream für Token, in den wir ein bereits gelesenes Token wieder zurückstellen können.

Nehmen wir also an, wir hätten bereits einen Stream von Token zur Verfügung: einen **Token_stream** namens **ts**. Weiterhin angenommen, dieser **Token_stream** besäße eine Memberfunktion **get()**, die das nächste Token zurückliefert, und eine Memberfunktion **putback()**, die ein Token **t** wieder zurück in den Stream legt. (Wir werden **Token_stream** in §6.8 implementieren, sobald wir gesehen haben, wie der Stream zu verwenden ist.) Mit **Token_stream** an der Hand können wir die Funktion **expression()** so umschreiben, dass sie ein nicht verwendetes Token zurück in **Token_stream** legt:

```
double expression()
{
  double left = term();     // lies einen Term und werte ihn aus
  Token t = ts.get();       // lies das nächste Token aus dem Token-Stream ein

  while(true) {
    switch(t.kind) {
    case '+':
      left += term();       // werte Term aus und addiere
      t = ts.get();
      break;
    case '-':
      left -= term();       // werte Term aus und subtrahiere
      t = ts.get();
      break;
    default:
      ts.putback(t);        // stelle t wieder zurück in den Token-Stream
      return left;          // Ende: keine weiteren + oder -; Antwort zurückliefern
    }
  }
}
```

Die gleichen Änderungen müssen wir auch in **term()** vornehmen:

```
double term()
{
  double left = primary();
  Token t = ts.get(); // lies das nächste Token aus dem Token-Stream ein

  while(true) {
    switch (t.kind) {
    case '*':
      left *= primary();
```

```
            t = ts.get();
            break;
        case '/':
        {   double d = primary();
            if (d == 0) error("Division durch null");
            left /= d;
            t = ts.get();
            break;
        }
        default:
            ts.putback(t); // stelle t wieder zurück in den Token-Stream
            return left;
        }
    }
}
```

In unserer letzten Parserfunktion **primary()** müssen wir nur **get_token()** in **ts.get()** ändern. **primary()** verwendet jedes eingelesene Token.

6.7 Die zweite Version ausprobieren

Damit sind wir so weit, unsere zweite Version zu testen. Geben Sie 2 gefolgt von einem Zeilenumbruch ein. Keine Antwort. Geben Sie einen weiteren Zeilenumbruch ein, um zu sehen, ob der Computer schläft. Wieder keine Antwort. Geben Sie 3 gefolgt von einem Zeilenumbruch ein und Sie erhalten 2 als Antwort. Versuchen Sie es jetzt mit 2+2 gefolgt von einem Zeilenumbruch und die Antwort lautet 3. Ihr Bildschirm sieht jetzt folgendermaßen aus.

2

3
=2
2+2
=3

Hmm. Sollte die Einführung von **putback()** und ihre Verwendung in **expression()** und **term()** doch nicht die richtige Lösung gewesen sein? Lassen Sie uns etwas anderes probieren:

2 3 4 2+3 2*3
= 2
= 3
= 4
= 5

Treffer! Diese Antworten sind korrekt! Nur die letzte Antwort (6) fehlt. Wir haben anscheinend immer noch ein Problem mit der „Token-Vorschau". Diesmal besteht unser Problem jedoch nicht darin, dass unser Code Zeichen „frisst". Das Problem ist vielmehr, dass der Code für einen gegebenen Ausdruck keine Ausgabe erzeugt, jedenfalls nicht, bevor wir den nächsten Ausdruck eingeben. Anstatt also das Ergebnis eines Ausdrucks sofort auszugeben, wartet das Programm mit der Ausgabe, bis es das erste Token des nächsten Ausdrucks gesehen hat. Leider sieht das Programm das Token erst, wenn wir die ⏎-Taste zum Abschicken des nächsten Ausdrucks betätigen. Das Programm ist also nicht eigentlich falsch, es ist nur ein wenig langsam mit der Antwort.

Wie können wir dieses Problem beheben? Eine naheliegende Lösung ist, einen „Ausgabe-Befehl" einzurichten. Also legen wir fest, dass jeder Ausdruck mit einem Semikolon abzuschließen ist, welches das Ende des Ausdrucks anzeigt und die Ausgabe des Ergebnisses auslöst. Und da wir gerade dabei sind, sollten wir auch noch einen Verlassen-Befehl hinzufügen, der das Programm anständig beendet. Das Zeichen q (für „quit") wäre hierfür ein geeigneter Kandidat. Um die beiden Befehle in das Programm zu inkorporieren, ersetzen wir in **main()** die Zeile

```
while (cin) cout << "=" << expression() << '\n'; // Version 1
```

durch den etwas unübersichtlicheren, aber zweckmäßigeren Code:

```
double val = 0;
while (cin) {
    Token t = ts.get();

    if (t.kind == 'q') break;   // 'q' für "verlassen"
    if (t.kind == ';')          // ';' für "jetzt ausgeben"
        cout << "=" << val << '\n';
    else
        ts.putback(t);
    val = expression();
}
```

Damit ist der Taschenrechner einsatzfähig. Eine Sitzung mit dem Programm könnte jetzt wie folgt aussehen:

```
2;
= 2
2+3;
= 5
3+4*5;
= 23
q
```

Wir besitzen nunmehr eine vernünftige erste Version unseres Taschenrechners. Es ist zwar noch nicht ganz das, was wir uns eigentlich vorgestellt hatten, aber wir haben jetzt ein Programm, das uns als Basis für die Entwicklung weiterer, verbesserter Versionen dienen kann. Das Schönste daran aber ist, dass wir fortan immer über ein funktionierendes Programm verfügen, während wir schrittweise weitere Features hinzufügen oder auftauchende Probleme beheben.

6.8 Token-Streams

Bevor wir unseren Taschenrechner weiter ausbauen, lassen Sie uns einen Blick auf die Implementierung von **Token_stream** werfen. Denn schließlich funktioniert nichts – gar nichts – ohne korrekte Eingabe. Aus diesem Grunde haben wir **Token_stream** auch als Erstes implementiert. Da wir aber nicht zu sehr von der Problematik der Ausdrucksberechnung ablenken wollten, haben wir die Besprechung bis zur Fertigstellung einer ersten, minimalen Lösung zurückgestellt.

Die Eingabe für unseren Taschenrechner ist eine Folge von Token (für die Zerlegung eines Ausdrucks wie (1.5+4)*11 in Token siehe Abbildung 6.2 aus §6.3.3). Was wir benötigen, ist demnach ein Mechanismus, der die Zeichen aus der Standardeingabe **cin** liest und dem Programm das nächste Token liefert, wenn es danach fragt. Außerdem haben wir festgestellt, dass wir – d.h. unser Taschenrechnerprogramm – gelegentlich ein Token zu viel einlesen, sodass es eine Möglichkeit geben muss, das Token für eine spätere Verwendung wieder zurückzustellen. Beachten Sie, dass wir es hier mit einem weitverbreiteten, fundamentalen Problem zu tun haben. Nehmen Sie zum Beispiel den Ausdruck 1.5+4. Wenn Sie 1.5+4 streng von links nach rechts lesen, wie können Sie dann sicher sein, dass die Zahl 1.5 vollständig eingelesen wurde, ohne dass Sie das + lesen? Wir könnten doch auch gerade dabei sein, 1.55555 einzulesen? Aus diesem Grund benötigen wir einen „Stream", der neben einer **get()**-Funktion, die uns ein Token zurückgibt, auch über eine **putback()**-Funktion verfügt, mit deren Hilfe wir ein Token zurücklegen können. Da alles, was wir in C++ verwenden, einen Typ hat, besteht unsere erste Aufgabe darin, den Typ **Token_stream** zu definieren.

Wahrscheinlich ist Ihnen in der obigen Definition von **Token** die Verwendung von **public:** aufgefallen. Dort gab es für die Verwendung keinen ersichtlichen Grund. Hier, für **Token_stream**, benötigen wir **public** jedoch und müssen seine Funktion erklären. In C++ bestehen benutzerdefinierte Typen üblicherweise aus zwei Teilen: der öffentlichen Schnittstelle (eingeleitet mit „**public:**") und den Implementierungsdetails (eingeleitet mit „**private:**"). Die Idee dahinter ist, den Code, den der Benutzer eines Typs benötigt, um vernünftig mit dem Typ arbeiten zu können, von den Details zu trennen, die für die vollständige Implementierung des Typs nötig sind, mit denen sich der Benutzer aber möglichst nicht auseinandersetzen sollte.

```
class Token_stream {
public:
    // Benutzerschnittstelle
private:
    // Implementierungsdetails
    // (kein direkter Zugriff für Benutzer von Token_stream)
};
```

Auch wenn Benutzer und Implementierer häufig wir selbst „in verschiedenen Rollen" sind, ist die Unterscheidung zwischen der öffentlichen (**public**) Schnittstelle für die Benutzer und den privaten (**private**) Implementierungsdetails, die nur von dem Implementierer verwendet werden, ein wichtiges Hilfsmittel zur Strukturierung des Codes. Die öffentliche Schnittstelle sollte (ausschließlich) das enthalten, was für den Benutzer wichtig ist (typischerweise einen Satz von Funktionen, einschließlich Konstruktoren zur Initialisierung der Objekte). Die private Implementierung enthält das, was notwendig ist, um diese öffentlichen Funktionen zu implementieren (typischerweise Daten und Funktionen, die sich mit den unerquicklichen Details beschäftigen, über die der Benutzer nichts zu wissen braucht und die er auch nicht direkt verwenden sollte).

Beginnen wir damit, den Typ **Token_stream** ein wenig auszubauen. Was erwartet ein Benutzer von **Token_stream**? Offensichtlich zwei Funktionen **get()** und **putback()** – dafür haben wir schließlich das Konzept des Token-Streams eingeführt. Aufgabe von **Token_stream** ist es, Zeichen über die Eingabe einzulesen und in **Token**-Objekte umzuwandeln. Wir benötigen also noch einen Konstruktor, mit dem wir **Token_stream**-Objekte erzeugen können, die von **cin** lesen. Die einfachste **Token_stream**-Version sieht demnach folgendermaßen aus:

```
class Token_stream {
public:
    Token_stream();              // erstelle einen Token_stream, der aus cin liest
    Token get();                 // lies ein Token ein
    void putback(Token t);       // lege ein Token zurück
private:
    // Implementierungsdetails
};
```

Das ist alles, was ein Benutzer wissen muss, um mit **Token_stream** arbeiten zu können. Erfahrene Programmierer werden sich fragen, warum **cin** die einzig mögliche Zeichenquelle ist, aber wir haben entschieden, unsere Eingaben nur über die Tastatur entgegenzunehmen. Auf diese Entscheidung kommen wir noch im Übungsteil von Kapitel 7 zurück.

Warum haben wir den längeren Namen **putback()** statt dem logisch ausreichenden **put()** verwendet? Wir wollten die Asymmetrie zwischen **get()** und **putback()** betonen. **Token_stream** ist ein reiner Eingabestream und sollte nicht den Eindruck erwecken, dass er zur Ausgabe genutzt werden könnte. Außerdem besitzt auch **istream** eine **putback()**-Funktion, und konsistente Namensgebung innerhalb eines Systems ist eine nützliche Eigenschaft. Es erleichtert den Leuten die Einarbeitung und beugt Fehlern vor.

Damit sind wir jetzt in der Lage, ein **Token_stream**-Objekt zu erzeugen und zu verwenden:

```
Token_stream ts;            // ein Token_stream namens ts
Token t = ts.get();         // lies nächstes Token von ts ein
                            // ...
ts.putback(t);              // lege das Token t zurück in ts
```

Mehr bedarf es nicht, um den Rest des Taschenrechnerprogramms zu schreiben.

6.8.1 Token_stream implementieren

Der nächste Schritt ist, die drei **Token_stream**-Funktionen zu implementieren. Wie repräsentieren wir ein **Token_stream**-Objekt? Das heißt, welche Daten müssen wir in einem **Token_stream**-Objekt speichern, damit es seiner Aufgabe gerecht wird? Wir benötigen Speicherplatz für die Token, die wir zurück in den **Token_stream** legen. Zur Vereinfachung gehen wir davon aus, dass wir nur ein Token zurücklegen können. Für unser Programm (und viele, viele ähnliche Programme) ist dies absolut ausreichend. Summa summarum benötigen wir also Speicherplatz für ein **Token** und einen Indikator, der anzeigt, ob der Speicherplatz voll oder leer ist:

```
class Token_stream {
public:
    Token_stream();              // erstelle einen Token_stream, der aus cin liest
    Token get();                 // lies ein Token ein (get() ist anderswo definiert)
    void putback(Token t);       // lege ein Token zurück
private:
    bool full;                   // befindet sich ein Token im Puffer?
    Token buffer;                // hier legen wir ein Token ab, das mit putback()
                                 // zurückgestellt wurde
};
```

Jetzt können wir die drei Memberfunktionen definieren („schreiben"). Der Konstruktor und **putback()** sind besonders leicht zu definieren, weil sie nur wenig zu tun haben. Grund genug, um mit ihnen zu beginnen.

Der Konstruktor setzt **full** auf **false**, um anzuzeigen, dass der Puffer leer ist:

```
Token_stream::Token_stream()
    :full(false), buffer(0)   // kein Token im Puffer
{
}
```

Wenn wir Member einer Klasse außerhalb der Klassendefinition definieren, müssen wir angeben, zu welcher Klasse die Member gehören sollen. Dazu verwenden wir folgende Notation:

klassen_name :: *member_name*

In diesem Fall definieren wir den Konstruktor von **Token_stream**. (Zur Erinnerung: Ein Konstruktor ist ein Member, der den gleichen Namen wie seine Klasse trägt.)

Warum sollten wir Member außerhalb ihrer Klasse definieren wollen? Der wichtigste Grund ist: Klarheit. Die Klassendefinition gibt (in erster Linie) an, was die Klasse kann. Dagegen sind Memberfunktionsdefinitionen Implementierungen, die festlegen, wie die Dinge gemacht werden. Wir ziehen es vor, Letztere an einem Ort unterzubringen, wo sie nicht stören. Grundsätzlich sind wir bemüht, die einzelnen logischen Einheiten eines Programms so kurz zu halten, dass ihr Code auf einen Bildschirm passt. Für Klassendefinitionen lässt sich dies in der Regel durch Auslagerung der Memberfunktionsdefinitionen erreichen.

Wir initialisieren die Klassenmember in einer Memberinitialisiererliste (§6.3.3); **full(false)** setzt den Member **full** eines **Token_stream**-Objekts auf **false** und **buffer(0)** initialisiert den Member **buffer** mit einem „Platzhalter-Token", das wir nur zu diesem Zweck erfunden haben. (Das Platzhalter-Token ist erforderlich, weil die Definition von **Token** (§6.3.3) verlangt, dass jedes **Token**-Objekt initialisiert wird. Aus diesem Grunde konnten wir **Token_stream::buffer** nicht einfach ignorieren.)

Die Memberfunktion **putback()** stellt ihr Argument zurück in den Puffer von **Token_stream**:

```
void Token_stream::putback(Token t)
{
    buffer = t;   // kopiere t in den Puffer
    full = true;  // Puffer ist jetzt voll
}
```

Das Schlüsselwort **void** (mit der Bedeutung „nichts") wird verwendet, um anzuzeigen, dass **putback()** keinen Wert zurückliefert. Wenn wir sicherstellen wollen, dass wir nicht versehentlich ein bereits zurückgestelltes Token überschreiben (indem wir **putback()** ein zweites Mal aufrufen, ohne zuvor mit **get()** das zuletzt zurückgelegte Token eingelesen zu haben), können wir folgenden Test einfügen:

```
void Token_stream::putback(Token t)
{
    if (full) error("putback(): Zuruecksetzen nicht moeglich, Puffer voll");
    buffer = t;   // kopiere t in den Puffer
    full = true;  // Puffer ist jetzt voll
}
```

Der Test von **full** prüft die Vorbedingung, dass kein Token im Puffer ist.

6.8.2 Token lesen

Die eigentliche Arbeit wird von **get()** erledigt. Wenn nicht schon ein **Token** in **Token_stream::buffer** ist, muss **get()** Zeichen aus **cin** einlesen und diese zu **Token** zusammensetzen:

```
Token Token_stream::get()
{
  if (full) {              // gibt es bereits ein fertiges Token?
                           // Token aus dem Puffer entfernen
    full=false;
    return buffer;
  }

  char ch;
  cin >> ch;               // beachten Sie, dass >> Whitespace-Zeichen wie
                           // Leerzeichen, Zeilenumbruch, Tabulatorzeichen etc. überspringt

  switch (ch) {
  case ';':                // für "Ausgeben"
  case 'q':                // für "Verlassen"
  case '(': case ')': case '+': case '-': case '*': case '/': case '%':
    return Token(ch);      // jedes Zeichen repräsentiert sich selbst
  case '.':
  case '0': case '1': case '2': case '3': case '4':
  case '5': case '6': case '7': case '8': case '9':
  { cin.putback(ch);       // lege die Ziffer zurück in den Eingabestream
    double val;
    cin >> val;            // lies eine Gleitkommazahl
    return Token('8',val); // '8' repräsentiert "eine Zahl"
  }
  default:
    error("Ungueltiges Token");
  }
}
```

Lassen Sie uns **get()** genauer untersuchen. Zuerst prüfen wir, ob bereits ein **Token**-Objekt im Puffer liegt. Wenn ja, können wir es zurückliefern:

```
if (full) {      // gibt es bereits ein fertiges Token?
                 // Token aus dem Puffer entfernen
  full=false;
  return buffer;
}
```

Nur wenn **full** den Wert **false** hat (d.h., wenn kein Token im Puffer liegt), müssen wir uns mit den Zeichen abplagen. In diesem Fall lesen wir ein Zeichen ein und behandeln es entsprechend. Wir suchen nach Befehlssymbolen, Klammern, Operatoren und Zahlen. Für alle anderen Zeichen rufen wir **error()** auf, wodurch das Programm beendet wird:

```
default:
  error("Ungueltiges Token");
```

Die Funktion **error()** wird in §5.6.3 beschrieben und ist über *std_lib_facilities.h* verfügbar.

Für die Definition von **get()** mussten wir uns entscheiden, wie die verschiedenen Arten von Token identifiziert werden sollen, d.h., wir mussten Werte für den Member **kind** wählen. Der Einfachheit halber und um das Debuggen zu erleichtern, haben wir uns entschieden, für den Member **kind** eines **Token**-Objekts einfach das jeweilige Klammer- oder Operator-Zeichen zu verwenden. Dadurch wird das Verarbeiten der Klammern und Operatoren extrem einfach:

```
case '(': case ')': case '+': case '-': case '*': case '/':
    return Token(ch);    // jedes Zeichen repräsentiert sich selbst
```

Gleiches gilt für die Befehlssymbole **';'** für „Ausgeben" und **'q'** für „Verlassen", die wir allerdings, um ehrlich zu sein, in unserer ersten Version vergessen hatten. Wir haben sie erst ergänzt, als wir sie für unsere zweite Lösung benötigten.

6.8.3 Zahlen lesen

Jetzt müssen wir uns nur noch mit den Zahlen befassen. Und das ist gar nicht so einfach. Wie finden wir zum Beispiel den Wert der Ziffernfolge 123? Gut, das ist 100+20+3, aber wie sieht es mit 12.34 aus, und sollten wir die wissenschaftliche Notation 12.34e5 akzeptieren? Wir könnten Stunden, ja sogar Tage damit verbringen, dieses Problem korrekt zu lösen, aber glücklicherweise müssen wir das nicht. Eingabestreams wissen, wie C++-Literale aussehen und wie man sie in Werte vom Typ **double** umwandelt. Wir müssen also nur noch herausfinden, wie wir **cin** in **get()** einsetzen müssen:

```
case '.':
case '0': case '1': case '2': case '3': case '4': case '5': case '6': case '7':
case '8': case '9':
    { cin.putback(ch);           // lege die Ziffer zurück in den Eingabestream
      double val;
      cin >> val;                // lies eine Gleitkommazahl
      return Token('8',val);     // '8' repräsentiert "eine Zahl"
    }
```

Wir haben hier – mehr oder weniger willkürlich – das Zeichen **'8'** dazu auserkoren, die Token-Kategorie „eine Zahl" anzuzeigen.

Woher wissen wir, wann eine Zahl einzulesen ist? Unsere Erfahrung oder auch ein Blick in eine C++-Referenz (z.B. Anhang A) sagen uns, dass ein numerisches Literal mit einer Ziffer oder einem Dezimalpunkt (.) beginnen muss. Also testen wir darauf. Der nächste Schritt wäre dann, die Zahl mit **cin** einzulesen, aber wir haben bereits das erste Zeichen (eine Ziffer oder ein Punkt) gelesen, sodass wir ein falsches Ergebnis erhalten, wenn wir mit **cin** den Rest einlesen. Wir könnten versuchen, den Wert des ersten Zeichens mit dem Wert „des Rests" – so wie er von **cin** eingelesen wird – zu kombinieren. Wenn also der Benutzer beispielsweise 123 eingibt, lesen wir die 1 und **cin** liest 23. Danach müssen wir 100 zu 23 dazuaddieren. Schluck! Und dabei ist dies noch ein trivialer Fall. Zum Glück (und nicht ganz zufällig) erlaubt **cin** ganz ähnlich wie **Token_stream** das Zurückstellen eines Zeichens. Anstatt also irgendwelche komplizierten Berechnungen durchzuführen, legen wir das erste Zeichen einfach zurück in den Eingabestream **cin** und lassen **cin** dann die ganze Zahl lesen.

Achten Sie bitte darauf, wie wir immer wieder komplizierte Arbeiten vermeiden und stattdessen nach einfacheren Lösungen suchen – wobei wir oft auf uns zur Verfügung stehende Bibliotheken zurückgreifen. Das ist das A und O der Programmierung: das ständige Streben nach Einfachheit. Dies spiegelt sich auch in dem immer einmal wieder zu hörenden – etwas spöttischen – Spruch wieder „Gute Programmierer sind faul". In diesem Sinne (und nur in diesem Sinne) sollten wir „faul" sein, denn warum sollte man eine Menge Code schreiben, wenn es einen Weg gibt, wie man mit viel weniger Code auskommen kann?

6.9 Programmstruktur

Wie lautet das Sprichwort so schön: „Manchmal sieht man den Wald vor lauter Bäumen nicht." Ähnlich ist es bei der Programmierung, wo man leicht das Programm aus den Augen verliert, wenn man sich mit all seinen Funktionen, Klassen und anderen Elementen beschäftigt. Deshalb wollen wir zum Abschluss einen Blick auf das Programm ohne die ganzen Details werfen:

```
#include "std_lib_facilities.h"

class Token { /* ... */ };
class Token_stream { /* ... */ };

Token_stream::Token_stream() :full(false), buffer(0) { /* ... */ }
void Token_stream::putback(Token t) { /* ... */ }
Token Token_stream::get() { /* ... */ }

Token_stream ts;              // liefert get() und putback()
double expression();          // Deklaration, damit primary() expression() aufrufen kann

double primary() { /* ... */ }    // behandelt Zahlen und Klammern
double term() { /* ... */ }       // behandelt *, / und %
double expression() { /* ... */ } // behandelt + und -

int main() { /* ... */ }      // Hauptschleife und Behandlung von Fehlern
```

Die Reihenfolge der Deklarationen ist wichtig. Sie können keinen Namen verwenden, bevor er nicht deklariert worden ist, d.h., der Name **ts** muss deklariert sein, bevor er in einem Aufruf wie **ts.get()** verwendet wird, und **error()** muss vor den Parserfunktionen deklariert sein, weil alle drei Parserfunktionen **error()** verwenden. Interessant ist, dass es in dem Aufrufschema eine Schleife gibt: **expression()** ruft die Funktion **term()** auf, die **primary()** aufruft, die **expression()** aufruft. In ▶ Abbildung 6.9 ist dieses Aufrufschema grafisch dargestellt.

6.9 Programmstruktur

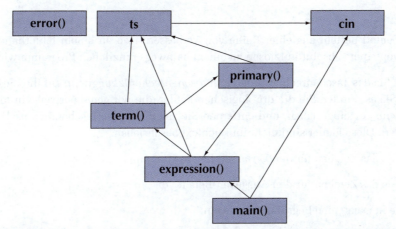

Abbildung 6.9: Aufrufschaubild (ohne die Aufrufe der Funktion **error()**, die praktisch von überall aufgerufen wird)

Das bedeutet, dass es keine Möglichkeit gibt, diese Funktionen in einer Reihenfolge zu definieren, die sicherstellt, dass jede Funktion vor ihrer Verwendung definiert ist. Wir benötigen daher zumindest eine vorangestellte Deklaration („Vorwärtsdeklaration"), die nicht gleichzeitig eine Definition ist. Wir haben uns dafür entschieden, **expression()** zu deklarieren.

Aber funktioniert das Programm auch? Die Antwort lautet „Ja" – zumindest in dem Sinne, dass das Programm kompiliert und ausgeführt werden kann, dass es die Ausdrücke korrekt auswertet und ordentliche Fehlermeldungen ausgibt. Aber funktioniert das Programm auch so, wie wir es uns vorgestellt haben? Die wenig überraschende Antwort auf diese Frage lautet „Nicht wirklich". In §6.6 haben wir die erste Version ausprobiert und einen schwerwiegenden Fehler entfernt. Diese zweite Version (§6.7) ist nicht viel besser, aber das ist in Ordnung (denn wir haben nichts anderes erwartet). Die Version erfüllt ihren Hauptzweck, das heißt, wir können sie nutzen, um unsere grundlegenden Ideen zu verifizieren und ein Feedback zu erhalten. So gesehen, waren wir erfolgreich. Aber wenn Sie mit dem Programm arbeiten, werden Sie feststellen, dass auch diese Version Sie in den Wahnsinn treiben kann!

Testen Sie Ihr Können

Versuchen Sie, den oben beschriebenen Taschenrechner zur Ausführung zu bringen. Schauen Sie, was passiert, und versuchen Sie herauszufinden, warum es so und nicht anders funktioniert.

6 Ein Programm schreiben

Aufgaben

Dieser Aufgabenteil besteht aus einer Reihe von Verbesserungen an einem fehlerhaften Programm, das dadurch von einem absolut nutzlosen zu einem halbwegs nützlichen Programm wird.

1. Kopieren Sie das Taschenrechnerprogramm *taschenrecher02buggy.cpp* auf Ihre Festplatte. Kompilieren Sie es. Finden Sie die drei logischen Fehler, die wir gemeinerweise in *taschenrechner02buggy.cpp* eingefügt haben, und entfernen Sie sie, damit der Taschenrechner korrekte Ergebnisse liefert. Diese Fehler sind nicht im Buchtext beschrieben.

2. Ändern Sie das Zeichen für den Verlassen-Befehl von *q* in *x*.

3. Ändern Sie das Zeichen für den Ausgeben-Befehl von ; in ==.

4. Fügen Sie in **main()** eine Begrüßungszeile ein:
   „Willkommen zu unserem einfachen Taschenrechnerprogramm.
   Bitte geben Sie einen Ausdruck mit reellen Zahlen ein."

5. Verbessern Sie die Begrüßung. Listen Sie die unterstützten Operatoren auf und geben Sie an, wie der Benutzer Ergebnisse ausgeben und das Programm verlassen kann.

Fragen

1. Was meinen wir mit „Programmieren bedeutet Verstehen"?

2. Das Kapitel beschreibt ausführlich die Erstellung eines Taschenrechnerprogramms. Schreiben Sie in einer kurzen Analyse, was ein Taschenrechner können sollte.

3. Wie zerlegen Sie ein Problem in kleinere, überschaubare Einheiten?

4. Warum ist es eine gute Idee, zunächst eine kleinere Version des Programms mit reduziertem Funktionsumfang zu erstellen?

5. Warum ist es keine gute Idee, sich anfangs zu viele Programmfunktionen aufzubürden (Stichwort Feature-Inflation)?

6. Was sind die drei wichtigsten Schritte der Softwareentwicklung?

7. Was ist ein „Anwendungsfall"?

8. Was ist der Zweck des Testens?

9. Beschreiben Sie den Unterschied zwischen **Term**, **Ausdruck**, **Zahl** und **Faktor** in Anlehnung an die Ausführungen in diesem Kapitel.

10. In diesem Kapitel wurde die Eingabe in ihre Komponenten zerlegt: Terme, Ausdrücke, Faktoren und Zahlen. Zerlegen Sie in gleicher Weise den Ausdruck (17-4)/(5-1).

11. Warum hat das Programm keine Funktion namens **number()** für die **Zahl**-Regel?

12. Was ist ein Token?

13. Was ist eine Grammatik? Eine Grammatikregel?

14. Was ist eine Klasse? Wozu verwenden wir Klassen?

15. Was ist ein Konstruktor?

16. Warum wird in der **expression()**-Funktion im **default**-Teil der **switch**-Anweisung, das Token „zurückgelegt" (*put back*)?

17. Was bedeutet „Vorausschauen"?

18. Welche Aufgabe hat die Funktion **putback()** und warum ist sie nützlich?

19. Warum ist die Modulo-Operation (Rest %) nur schwer in **term()** zu implementieren?

20. Wofür verwenden wir die beiden Datenmember der **Token**-Klasse?

21. Warum verteilen wir die Member einer Klasse (manchmal) auf **private**- und **public**-Abschnitte?

22. Was passiert in der **Token_stream**-Klasse, wenn im Puffer ein Token liegt und die Funktion **get()** aufgerufen wird?

23. Warum wurden die Zeichen ';' und 'q' in die **switch**-Anweisung der **get()**-Funktion (Klasse **Token_stream**) aufgenommen?

24. Wann sollten wir mit dem Testen unseres Programms beginnen?

25. Was ist ein „benutzerdefinierter Typ"? Wozu benötigen wir benutzerdefinierte Typen?

26. Was ist die Schnittstelle eines benutzerdefinierten C++-Typs?

27. Warum sollten wir uns auf Codebibliotheken verlassen?

Übungen

1. Wenn Sie die „Testen Sie Ihr Können"-Aufgaben dieses Kapitels noch nicht gelöst haben, holen Sie dies jetzt nach.

2. Erweitern Sie das Taschenrechnerprogramm. Erlauben Sie neben runden Klammern () auch die Verwendung von geschweiften Klammern {}, sodass {(4+5)*6}/(3+4) ein gültiger Ausdruck ist.

3. Fügen Sie einen Fakultätsoperator hinzu. Verwenden Sie als Symbol für die Fakultät den Suffix-Operator !, sodass der Ausdruck 7! von dem Taschenrechner als 7*6*5*4*3*2*1 verstanden wird. Sorgen Sie dafür, dass ! eine höhere Priorität hat als * und /. Das bedeutet, 7*8! ist gleichbedeutend mit 7*(8!) und nicht mit (7*8)!. Überarbeiten Sie dazu zuerst die Grammatik, indem Sie den übergeordneten Operator einführen. Achten Sie darauf, dass 0! in Übereinstimmung mit der mathematischen Definition der Fakultät zu 1 ausgewertet wird.

4. Definieren Sie eine Klasse **Name_value**, die einen String und einen Wert enthält. Statten Sie die Klasse mit einem Konstruktor aus (ähnlich wie bei **Token**). Überarbeiten Sie danach das Programm zu Übung 19 aus Kapitel 4. Statt zweier **vector**-Container soll es nur noch einen **vector< Name_value>**-Container verwenden.

6 Ein Programm schreiben

5 Fügen Sie in unserer deutsche Grammatik aus §6.4.1 den Artikel „die" ein, sodass sie Sätze beschreibt wie „die Vögel fliegen aber die Fische schwimmen".

6 Schreiben Sie ein Programm, das prüft, ob ein Satz gemäß der deutschen Grammatik aus §6.4.1 korrekt ist. Gehen Sie davon aus, dass jeder Satz durch einen Punkt (.) mit einem Leerzeichen davor und danach beendet wird. Zum Beispiel ist „Vögel fliegen, aber die Fische schwimmen . " ein Satz, während „Vögel fliegen, aber die Fische schwimmen" (abschließender Punkt fehlt) und „Vögel fliegen, aber die Fische schwimmen. " (kein Leerzeichen vor dem Punkt) keine Sätze sind. Für jeden eingegebenen Satz sollte das Programm einfach mit „Korrekt" oder „Nicht korrekt" antworten. Hinweis: Kümmern Sie sich nicht um Token; lesen Sie einfach mit >> in einen String.

7 Schreiben Sie eine Grammatik für logische Ausdrücke. Logische Ausdrücke sind arithmetischen Ausdrücken ziemlich ähnlich, nur dass die Operatoren hier lauten: **!** (Nicht), **~** (Komplement), **&** (Und), **|** (Oder) und **^** (Exklusives Oder). **!** und **~** sind unäre Präfix-Operatoren. Ein **^** hat höhere Priorität als ein **|** (genauso wie ein ***** höhere Priorität hat als ein **+**), d.h., x|y^z entspricht x|(y^z) und nicht (x|y)^z. Der &-Operator hat eine höhere Priorität als ^, d.h., x^y&z ist gleichbedeutend mit x^(y&z).

8 Überarbeiten Sie das Superhirn-Spiel („Bullen und Kühe") aus Übung 12, Kapitel 5 so, dass es vier Buchstaben statt vier Ziffern verwendet.

9 Schreiben Sie ein Programm, das Ziffern einliest und sie zu Integer-Werten zusammensetzt. So soll zum Beispiel die Eingabe „123" nicht als **int**-Wert 123, sondern als die Zeichen 1, 2 und 3 eingelesen werden. Die Ausgabe des Programms sollte lauten: „123 ist 1 Hunderter, 2 Zehner und 3 Einer." Die Zahl sollte als **int**-Wert ausgegeben werden. Akzeptieren Sie Zahlen mit einer, zwei, drei oder vier Ziffern. Hinweis: Um den Integer-Wert 5 aus dem Zeichen '5' zu erhalten, subtrahieren Sie einfach '0', d.h. '5'-'0'==5.

10 Eine Permutation ist eine geordnete Untermenge einer Menge. Angenommen, Sie wollten eine Zahlenkombination für einen Tresor auswählen. Es stehen 60 Zahlen zur Verfügung und Sie benötigen drei verschiedene Zahlen für die Kombination. Dann gibt es *P(60,3)* Möglichkeiten (Permutationen) für die Zahlenkombination, wobei *P* definiert wird durch die Formel

$$P(a, b) = \frac{a!}{(a-b)!}$$

! steht hier für den nachgestellten Fakultätsoperator. Zum Beispiel ist 4! gleich 4∗3∗2∗1. Neben den Permutationen kennt die Wahrscheinlichkeitstheorie auch den Begriff der Kombination (der nichts mit der Zahlenkombination für Ihren Tresor zu tun hat). Kombinationen im Sinne der Wahrscheinlichkeitstheorie sind wie Permutationen, bei denen die Reihenfolge der Elemente keine Rolle spielt. Stellen Sie sich vor, Sie machen sich einen Bananensplit und suchen sich dazu aus einem Angebot von fünf Eiskremsorten drei verschiedene Sorten aus. Dann wird es Ihnen ziemlich gleichgültig sein, ob das Bällchen Vanille am Anfang oder am Ende dazugegeben wird. Sie hätten auf alle Fälle Ihr Vanille-Bällchen. Die Formel für Kombinationen lautet:

$$C(a, b) = \frac{P(a, b)}{b!}$$

Entwerfen Sie ein Programm zur Berechnung von Permutationen und Kombinationen. Das Programm soll den Benutzer auffordern, zwei Zahlen einzugeben, abfragen, ob die Anzahl der möglichen Permutationen oder Kombinationen berechnet werden soll, und schließlich das Ergebnis ausgeben. Diese Aufgabe besteht aus mehreren Teilen. Zuerst analysieren Sie die obigen Anforderungen. Schreiben Sie genau auf, was das Programm tun muss. Gehen Sie dann zur Entwurfsphase über. Schreiben Sie Pseudocode für das Programm und zerlegen Sie ihn in Teilkomponenten. Das Programm sollte auch über eine vernünftige Fehlerbehandlung verfügen. Stellen Sie sicher, dass für fehlerhafte Eingaben nützliche Fehlermeldungen ausgegeben werden.

Schlüsselbegriffe

Analyse	Grammatik	Prototyp
Anwendungsfall	Implementierung	Pseudocode
class	Klassenmember	**public**
Datenmember	Memberfunktion	Schnittstelle
Design	Parser	Syntaxanalysierer
Division durch null	**private**	Token

Ein persönlicher Hinweis

Die korrekte Interpretation der Eingaben gehört zu den fundamentalen Programmieraufgaben, mit denen praktisch jedes Programm irgendwie zu tun hat. Mit am schwierigsten ist dabei die Interpretation von Daten, die direkt von einem Menschen eingegeben werden. So wird zum Beispiel an vielen Aspekten der Spracherkennung immer noch geforscht. Einfache Variationen dieses Problems können – wie im Falle unseres Taschenrechners – mithilfe einer Grammatik gemeistert werden, die definiert, was eine gültige Eingabe ist.

Ein Programm fertigstellen

7.1	**Einführung**	242
7.2	**Eingabe und Ausgabe**	242
7.3	**Fehlerbehandlung**	244
7.4	**Negative Zahlen**	248
7.5	**Rest: %**	250
7.6	**Aufräumarbeiten**	251
	7.6.1 Symbolische Konstanten	252
	7.6.2 Einsatz von Funktionen	254
	7.6.3 Code-Layout	255
	7.6.4 Kommentare	256
7.7	**Wiederaufnahme der Programmausführung nach Auftreten eines Fehlers**	258
7.8	**Variablen**	261
	7.8.1 Variablen und Definitionen	261
	7.8.2 Namen einführen	265
	7.8.3 Vordefinierte Namen	268
	7.8.4 Sind wir fertig?	269

7

ÜBERBLICK

7 Ein Programm fertigstellen

„Noch ist nicht aller Tage Abend."

– Sprichwort

Programme zu schreiben bedeutet, die eigenen Vorstellungen davon, was man erreichen möchte und wie man es ausdrücken kann, ständig weiterzuentwickeln und zu verfeinern. In Kapitel 6 haben wir eine erste funktionierende Version unseres Taschenrechnerprogramms erstellt. Diese Version werden wir nun verfeinern und das Programm abschließen. Zum Abschluss eines Programms – bevor es an seine Benutzer und das Wartungsteam übergeben wird – gehört, dass man die Benutzeroberfläche verbessert, die Fehlerbehandlung überarbeitet, einige letzte nützliche Features hinzufügt und den Code zwecks Verbesserung der Les- und Wartbarkeit insgesamt noch einmal umstrukturiert.

7.1 Einführung

Wenn sich Ihr Programm das erste Mal „vernünftig" ausführen lässt, sind Sie der Fertigstellung Ihres Programms bereits einen entscheidenden Schritt näher gekommen. Dies gilt allerdings nicht für größere Projekte oder Programme, die im Falle eines Fehlverhaltens gravierenden Schaden anrichten können. Bei solchen Projekten stünden Sie im Grunde noch am Anfang. Wie auch immer, sobald das Programm „grundsätzlich funktioniert", beginnt der angenehme Teil! Denn fortan haben wir genügend lauffähigen Code, um experimentieren zu können.

In diesem Kapitel möchten wir Sie an den Überlegungen eines professionellen Programmierers teilhaben lassen, der damit beauftragt wurde, den Taschenrechner aus Kapitel 6 zu verbessern. Dabei gilt unser Interesse weniger dem Taschenrechner an sich als vielmehr den Fragen zu dem Programm und den angesprochenen Problemen. Auf diese Weise können wir Ihnen ein Beispiel dafür geben, wie sich reale Programme unter dem Druck der Anforderungsspezifikation und den auferlegten Beschränkungen entwickeln und wie ein Programmierer den Code schrittweise verbessern kann.

7.2 Eingabe und Ausgabe

Wenn Sie noch einmal zum Anfang von Kapitel 6 zurückblättern, werden Sie feststellen, dass wir dort beschlossen hatten, den Benutzer mit

Ausdruck:

zur Eingabe aufzufordern und die Antwort mit

Ergebnis:

zurückzumelden. Im Eifer des Gefechts, das Programm zum Laufen zu bringen, haben wir das ganz vergessen. So etwas passiert häufiger. Wir können nicht immer an alles denken und wenn wir später für einen Moment innehalten, um noch einmal über alles nachzudenken, finden wir fast immer etwas, das wir vergessen haben.

Bei manchen Aufgabenstellungen sind die zu Beginn formulierten Anforderungen fest vorgegeben und können nicht geändert werden. Eine äußerst unflexible Verfahrensweise, die üblicherweise ohne

Not zu Programmen führt, die die gestellten Aufgaben mehr schlecht als recht lösen. Lassen Sie uns also überlegen, was wir tun würden, wenn wir die Programmspezifikation ändern könnten. Wollen wir wirklich, dass das Programm „Ausdruck:" und „Ergebnis:" schreibt? Wie können wir das herausfinden? Nachdenken allein hilft in den seltensten Fällen. Wir müssen verschiedene Möglichkeiten durchspielen und sehen, was am besten funktioniert. Die Eingabe

2+3; 5*7; 2+9;

führt derzeit zu folgender Ausgabe:

= 5
= 35
= 11

Wenn wir „Ausdruck:" und „Ergebnis:" hinzufügen, erhalten wir:

Ausdruck: 2+3; 5*7; 2+9;
Ergebnis: 5
Ausdruck: Ergebnis: 35
Ausdruck: Ergebnis: 11
Ausdruck:

Vermutlich könnten wir Befürworter für beide Varianten finden. In solchen Fällen bietet es sich an, den Benutzern die Wahl zu lassen. Doch für einen einfachen Taschenrechner wie diesen wäre das zu viel Aufwand, weshalb wir die Entscheidung selbst treffen. Unserer Meinung nach ist die Ausgabe von „Ausdruck:" und „Ergebnis:" ein wenig übertrieben und lenkt nur vom Wesentlichen ab. Die Zahlen und Ausdrücke, um die es eigentlich geht, werden auf dem Bildschirm zur Nebensache, dabei sollten sie im Mittelpunkt stehen. Auf der anderen Seite wird die Ausgabe den Benutzer nur unnötig verwirren, wenn wir die Benutzereingaben nicht irgendwie von der Ausgabe des Computers trennen. Beim ersten Debuggen haben wir zur Kennzeichnung der Ergebnisse ein „=" eingefügt. Entsprechend hätten wir auch gern ein kurzes Zeichen, das anzeigt, dass das Programm auf eine Eingabe wartet. Das „>"-Zeichen wird oft als Eingabeaufforderung verwendet:

> 2+3;
= 5
> 5*7;
= 35
>

Dies sieht schon viel besser aus und es bedarf nur einer kleinen Änderung in der Hauptschleife von **main()**:

```
double val = 0;
while (cin) {
  cout << "> ";                    // Eingabeaufforderung ausgeben
  Token t = ts.get();
  if (t.kind == 'q') break;
  if (t.kind == ';')
    cout << "= " << val << '\n';   // Ergebnis ausgeben
  else
    ts.putback(t);
  val = expression();
}
```

Leider gerät die Ausgabe immer noch durcheinander, wenn der Benutzer mehrere Ausdrücke in einer Zeile eingibt:

> 2+3; 5*7; 2+9;
= 5
> = 35
> = 11
>

Das eigentliche Problem ist, dass wir zu Beginn des Projekts nicht daran gedacht (bzw. es bewusst übersehen) haben, dass der Benutzer mehrere Ausdrücke in einer Zeile angeben könnte. Was wir aber gerne hätten, ist:

> 2+3; 5*7; 2+9;
= 5
= 35
= 11
>

Leider lässt sich dies nicht so einfach bewerkstelligen. Natürlich haben wir zuerst in **main()** nach einer Lösung gesucht. Gibt es eine Möglichkeit, „>" nur dann auszugeben, wenn wir wissen, dass es nicht direkt von einem „=" gefolgt wird? Wir können es nicht wissen! Wir müssen „>" vor dem **get()**-Aufruf ausgeben, aber wir wissen nicht, ob **get()** wirklich neue Zeichen einliest oder uns einfach ein **Token** zurückliefert, das aus Zeichen besteht, die schon vorher von der Tastatur eingelesen wurden. Mit anderen Worten, wir müssten an **Token_stream** herumbasteln, um diese letzte Verbesserung vorzunehmen.

Im Moment belassen wir es daher bei unserer alten Version. Sollten wir später feststellen, dass wir **Token_stream** sowieso ändern müssen, werden wir diese Entscheidung neu überdenken. Grundsätzlich gilt, dass es nicht ratsam ist, größere strukturelle Änderungen vorzunehmen, nur um geringfügige Verbesserungen zu erzielen. Und wir haben den Taschenrechner noch nicht einmal gründlich getestet.

7.3 Fehlerbehandlung

Sowie man ein „grundsätzlich funktionierendes" Programm vorliegen hat, sollte man als Erstes versuchen, es zu knacken. Das heißt, wir füttern das Programm mit unterschiedlichen Eingaben und versuchen, dadurch ein fehlerhaftes Verhalten zu provozieren. Die große Herausforderung dabei ist, so viele Fehler wie möglich zu finden, damit wir sie beheben können, bevor jemand anderes darüber stolpert. Wenn Sie an diese Aufgabe mit der Haltung herantreten, das „Ihr Programm funktioniert und Sie keine Fehler machen", werden Sie nicht sehr viele Fehler finden. Und Sie werden sich schlecht fühlen, wenn sich wirklich irgendwo doch ein Fehler zeigt. Betrügen Sie sich also nicht selbst. Die richtige Einstellung beim Testen ist „Ich werde das Programm knacken! Ich bin schlauer als jedes Programm – sogar schlauer als mein eigenes!" Mit diesem Ziel füttern wir jetzt den Taschenrechner mit einer Mischung aus korrekten und nicht korrekten Ausdrücken. Zum Beispiel:

```
1+2+3+4+5+6+7+8
1–2–3–4
!+2
;;;
(1+3;
(1+);
1*2/3%4+5–6;
();
1+;
+1
1++;
1/0
1/0;
1++2;
–2;
–2;;;;
1234567890123456;
'a';
q
1+q
1+2; q
```

Testen Sie Ihr Können

Geben Sie ein paar solcher problematischen Ausdrücke in den Taschenrechner ein und versuchen Sie herauszufinden, auf wie viele Arten Sie das Programm zu einem Fehler bewegen können. Gelingt es Ihnen, das Programm abstürzen zu lassen, sodass das Programm die Fehlerbehandlung überspringt und einen Maschinenfehler erzeugt? Wir glauben nicht. Können Sie es schaffen, dass das Programm ohne hilfreiche Fehlermeldung abbricht? Ja, das können Sie.

In der Programmierung nennt man dies *Testen*. Es gibt Leute, die mit dem Testen – d.h. mit dem Knacken von Programmen – ihren Lebensunterhalt verdienen. Das Testen ist ein äußerst wichtiger Teil der Softwareentwicklung und kann sogar Spaß machen. In Kapitel 26 werden wir noch näher auf das Testen eingehen. Eine wichtige Frage, die sich hier stellt, ist: „Können wir das Programm systematisch testen, sodass wir alle Fehler finden?" Hierzu gibt es keine allgemeingültige Antwort; d.h., es gibt keine Antwort, die für alle Programme gilt. Die besten Ergebnisse erzielen Sie aber üblicherweise, wenn Sie das Testen ernsthaft und professionell angehen. Versuchen Sie, Ihre Testfälle mit System zu erzeugen, und nur für den Fall, dass Ihre Strategie zur Auswahl der Tests unvollständig ist, sollten Sie auch noch einige „unsinnige" Tests durchführen wie

Alle meine Entchen
srtvrqtiewcbet7rewaewre–wqcntrretewru754389652743nvcqnwq;
!@#$%^&*()~:;

7 Ein Programm fertigstellen

Tipp

Vor einiger Zeit habe ich es mir beim Testen von Compilern angewöhnt, den Compiler direkt mit den E-Mails zu füttern, die mir als Rückmeldung zu aufgetretenen Compilerfehlern zugesendet wurden – inklusive E-Mail-Header, Erläuterungen der Benutzer und so weiter. Man kann dies kaum als „vernünftig" bezeichnen, weil niemand so etwas tun würde. Ein Programm sollte im Idealfall aber alle Fehler abfangen, nicht nur die „vernünftigen". Der betreffende Compiler jedenfalls reagierte bald sehr stabil auf „seltsame Eingaben".

Das Erste, was uns beim Testen des Taschenrechners negativ auffiel, war, dass das Fenster bei Eingaben wie

```
+1;
()
!+2
```

sofort geschlossen wurde. Ein wenig Nachdenken (oder das Nachvollziehen der ausgeführten Anweisungen) zeigt, dass das Problem darin besteht, dass das Fenster sofort nach Ausgabe der Fehlermeldung geschlossen wird. Dies liegt daran, dass der Mechanismus, den wir uns ausgedacht haben, um das Fenster offen zu halten, darauf wartet, dass der Benutzer ein Zeichen eingibt. In den obigen drei Fällen entdeckt das Programm aber einen Fehler, noch bevor es alle Zeichen eingelesen hat. Die Folge ist, dass die übrigen Zeichen in der Eingabezeile verbleiben. Das Programm kann solche „übrig gebliebenen" Zeichen nicht von einem Zeichen unterscheiden, das Sie als Antwort auf eine Aufforderung wie „Geben Sie ein Zeichen ein, um das Fenster zu schließen" eingeben. Das erste „übrig gebliebene" Zeichen schließt daher das Fenster.

Wir könnten dies durch Überarbeitung von **main**() korrigieren (siehe §5.6.3):

```
catch (runtime_error& e) {
   cerr << e.what() << endl;
                           // keep_window_open():
   cout << "Geben Sie ~ ein, um das Fenster zu schliessen\n";
   char ch;
   while(cin >> ch)        // weiterlesen, bis wir auf ein ~ stoßen
      if (ch=='~') return 1;
   return 1;
}
```

Im Grunde haben wir hier **keep_window_open**() durch unseren eigenen Code ersetzt. Beachten Sie, dass das Problem noch nicht ganz ausgeräumt ist. Sollte nach Auftreten eines Fehler zufällig ein ~ in der Eingabezeilen warten, tritt es immer noch auf – doch das ist sehr unwahrscheinlich.

Sofort als wir auf das beschriebene Problem gestoßen sind, haben wir eine zweite Version von **keep_window_open**() geschrieben, die einen String als Argument übernimmt und das Fenster nur schließt, wenn Sie als Antwort auf die Eingabeaufforderung diesen String eingeben. Wir können das Problem daher auch etwas einfacher lösen:

```
catch (runtime_error& e) {
   cerr << e.what() << endl;
   keep_window_open("~~");
   return 1;
}
```

Jetzt führen Eingaben wie

+1
!1~~
()

dazu, dass das Taschenrechnerprogramm die korrekten Fehlermeldungen ausgibt, Sie dann auffordert:

Bitte geben Sie zum Beenden ~~ ein

und erst beendet wird, nachdem Sie ~~ eingegeben haben.

Der Taschenrechner nimmt die Eingaben von der Tastatur entgegen. Dadurch wird das Testen recht mühselig: Nach jeder Verbesserung, die wir vorgenommen haben, müssen wir unsere Testfälle (schon wieder!) eintippen, um sicherzustellen, dass wir nichts zerstört haben. Es wäre viel günstiger, wenn wir unsere Testfälle irgendwo speichern und sie mit nur einem Befehl ausführen könnten. Auf einigen Betriebssystemen (allen voran Unix) ist es ein Kinderspiel – ohne das Programm umschreiben zu müssen – mit **cin** aus einer Datei zu lesen bzw. die Ausgabe von **cout** in eine Datei umzuleiten. Wo dies nicht ausreicht, müssen wir das Programm so ändern, dass es eine Datei verwendet (siehe Kapitel 10).

Betrachten wir jetzt

1+2; q

und

1+2 q

Beide sollen das Ergebnis (3) ausgeben und dann das Programm verlassen. Seltsamerweise ist das nur bei

1+2 q

der Fall, während das eigentlich doch sauberer formulierte

1+2; q

einen „Faktor erwartet"-Fehler zur Folge hat. Wo könnten wir nach diesem Fehler suchen? Natürlich in **main**(), wo *;* und *q* behandelt werden. Als wir die Befehle zum „Ausgeben" und „Verlassen" hinzugefügt haben, sind wir etwas überhastet vorgegangen, um schnell einen funktionsfähigen Taschenrechner zu erhalten (§6.6). Jetzt müssen wir für diese Eile bezahlen. Betrachten wir also noch einmal den Code:

```
double val = 0;
while (cin) {
  cout << "> ";
  Token t = ts.get();
  if (t.kind == 'q') break;
  if (t.kind == ';')
    cout << "= " << val << '\n';
  else
    ts.putback(t);
  val = expression();
}
```

Wenn wir auf ein Semikolon treffen, rufen wir sofort **expression**() auf, ohne auf **'q'** zu prüfen. Das Erste, was **expression**() macht, ist nach einem **Faktor** Ausschau zu halten, es findet aber *q*. Der Buchstabe *q* ist kein **Faktor**, weshalb wir unsere Fehlermeldung erhalten. Folglich sollten wir nach dem Test auf ein Semikolon direkt auf **'q'** testen. Bei der Überarbeitung von **main**() haben wir festgestellt, dass sich die Logik noch ein wenig vereinfachen ließe, sodass die vollständige **main**()-Funktion jetzt folgendermaßen aussieht:

```
int main()
try
{
  while (cin) {
    cout << "> ";
    Token t = ts.get();
    while (t.kind == ';') t=ts.get();    // frisst ';'
    if (t.kind == 'q') {
      keep_window_open();
      return 0;
    }
    ts.putback(t);
    cout << "= " << expression() << endl;
  }
  keep_window_open();
  return 0;
}
catch (exception& e) {
  cerr << e.what() << endl;
  keep_window_open("~~");
  return 1;
}
catch (...) {
  cerr << "Ausnahme \n";
  keep_window_open("~~");
  return 2;
}
```

Dies garantiert eine relativ robuste Fehlerbehandlung. Jetzt können wir dazu übergehen, nach weiteren Verbesserungsmöglichkeiten für den Taschenrechner zu suchen.

7.4 Negative Zahlen

Beim Testen des Taschenrechners ist Ihnen sicher aufgefallen, dass negative Zahlen nicht unbedingt elegant behandelt werden. Folgendes ist beispielsweise ein Fehler:

–1/2

Stattdessen müssen wir schreiben

(0–1)/2

Das können wir so nicht akzeptieren.

Tipp Solche Probleme werden häufig erst spät während des Debuggens und Testens entdeckt. Denn erst das Debuggen und Testen gibt uns die Gelegenheit zu sehen, was unser Entwurf wirklich macht, und erst jetzt erhalten wir das Feedback, das wir brauchen, um unsere Ideen korrigieren und verbessern zu kön-

7.4 Negative Zahlen

nen. Beim Planen eines Projekts ist es daher ratsam, etwas Extrazeit und eine gewisse Flexibilität einzukalkulieren, um von den hier gelernten Lektionen profitieren zu können. Nicht selten wird „Release 1.0" ohne die notwendigen Verbesserungen ausgeliefert, nur weil ein zu enger Zeitplan oder eine zu strenge Projektmanagement-Strategie nicht mehr zulassen, dass noch „späte" Änderungen an der Spezifikation vorgenommen werden. (Die „späte" Integration von „Features" ist besonders gefürchtet.) Doch ein Programm, das zwar so weit gediehen ist, dass seine Designer bereits damit arbeiten können, aber noch nicht reif für die Auslieferung ist, befindet sich keineswegs am Ende seines Entwicklungszyklus, ist also kein „spätes" Programm. Es befindet sich in der frühestmöglichen Phase, in der wir von handfesten Erfahrungen mit dem Programm profitieren können. Eine realistische Zeitplanung berücksichtigt dies.

In diesem Fall müssen wir die Grammatik ergänzen, sodass auch das unäre Minus unterstützt wird. Am einfachsten scheint dies in der **Faktor**-Regel zu gehen. Wir haben

Faktor:
  Zahl
  "(" Ausdruck ")"

und wir benötigen etwas wie

Faktor:
  Zahl
  "(" Ausdruck ")"
  "–" Faktor
  "+" Faktor

Wir haben das unäre Plus ebenfalls hinzugefügt, weil dies auch von C++ so gemacht wird. Wenn wir ein unäres Minus haben, gibt es immer jemanden, der das unäre Plus ausprobiert, und es ist einfacher, das unäre Plus zu implementieren, als zu erklären, warum es nutzlos ist. Der Code, der **Faktor** implementiert, wird damit zu:

```
double primary()
{
  Token t = ts.get();
  switch (t.kind) {
  case '(':              // bearbeite '(' Ausdruck ')'
    {
      double d = expression();
      t = ts.get();
      if (t.kind != ')') error("')' erwartet");
      return d;
    }
  case '8':              // wir verwenden '8' zur Repräsentation einer Zahl
    return t.value;      // liefere den Wert einer Zahl
  case '–':
    return – primary();
  case '+':
    return primary();
  default:
    error("Primary erwartet");
  }
}
```

Das ist so einfach, dass es tatsächlich schon beim ersten Mal funktioniert hat.

7.5 Rest: %

Als wir am Anfang unsere Idealvorstellung eines Taschenrechners formulierten, wollten wir den Modulo-Operator % (Rest) dabei haben. Da er jedoch nicht für Gleitkommazahlen definiert ist, haben wir zunächst davon Abstand genommen. Jetzt können wir uns noch einmal mit dem Gedanken beschäftigen. Es sollte doch eigentlich gar nicht so schwer sein:

1 Wir fügen % als weiteres **Token** hinzu.

2 Wir wandeln die **double**-Werte in **int**-Werte um und wenden % auf diese **int**-Werte an.

So sieht der zusätzliche Code in **term()** aus:

```
case '%':
  { double d = primary();
    int i1 = int(left);
    int i2 = int(d);
    return i1%i2;
  }
```

Das **int(d)** ist eine explizite Notation zur Umwandlung eines **double**- in einen **int**-Wert durch Abschneiden (d.h. durch Verwerfen des Nachkommateils). Im Grunde ist dies überflüssig (siehe §3.9.2), aber wir ziehen es vor, klar anzuzeigen, dass wir um die Umwandlung wissen und nicht versehentlich und implizit einen **double**- in einen **int**-Wert umgewandelt haben. Unsere Änderungen funktionieren insofern, als wir für Integer-Operanden jetzt die korrekten Ergebnisse erhalten. Zum Beispiel:

```
> 2%3;
= 0
> 3%2;
= 1
> 5%3;
= 2
```

Doch wie behandeln wir Operanden, die keine ganzen Zahlen sind? Wie soll das Ergebnis von

```
> 6.7%3.3;
```

aussehen? Es gibt zu dieser Frage keine wirklich gute Antwort, sodass wir die Verwendung von % mit reellen Zahlen als Argumente verbieten. Im Code prüfen wir, ob die Gleitkommaoperanden Nachkommastellen haben. Wenn ja, geben wir eine Fehlermeldung aus. Die überarbeitete **term()**-Funktion sieht wie folgt aus:

```
double term()
{
  double left = primary();
  Token t = ts.get();        // lies das nächste Token aus Token_stream

  while(true) {
    switch (t.kind) {
    case '*':
      left *= primary();
      t = ts.get();
      break;
```

```
case '/':
{ double d = primary();
  if (d == 0) error("Division durch null");
  left /= d;
  t = ts.get();
  break;
}
case '%':
{ double d = primary();
  int i1 = int(left);
  if (i1 != left) error ("linker Operand von % ist keine ganze Zahl");
  int i2 = int(d);
  if (i2 != d) error ("rechter Operand von % ist keine ganze Zahl");
  if (i2 == 0) error("%: Division durch null");
  left = i1%i2;
  t = ts.get();
  break;
}
default:
    ts.putback(t);   // lege t zurück in Token_stream
    return left;
  }
 }
}
```

Wir prüfen hier mit **!=**, ob die Umwandlung von **double** in **int** den Wert geändert hat. Wenn nicht, ist alles gut und wir können **%** verwenden.

Das Problem, **int**-Operanden für die **%**-Operation sicherzustellen, ist eine Variante des Einengungsproblems (§3.9.2 und §5.6.4), weshalb wir es auch mit **narrow_cast** lösen konnten:

```
case '%':
{ int i1 = narrow_cast<int>(left);
  int i2 = narrow_cast<int>(term());
  if (i2 == 0) error("%: Division durch null");
  left = i1%i2;
  t = ts.get();
  break;
}
```

Das ist sicherlich kürzer und um einiges klarer, aber Sie erhalten nicht so aussagekräftige Fehlermeldungen.

7.6 Aufräumarbeiten

Wir haben in den vorangehenden Abschnitten diverse Änderungen am Code vorgenommen. Wir denken, dass das Programm von diesen Änderungen profitiert hat, aber der Code ist dadurch etwas unübersichtlich geworden. Jetzt ist ein guter Zeitpunkt, innezuhalten und sich den Code noch einmal genauer anzusehen. Vielleicht können wir ihn ja noch etwas klarer und kürzer formulieren oder den einen oder anderen Kommentar ergänzen bzw. verbessern. Mit anderen Worten: Wir sind erst mit dem Programm fertig, wenn es in einem Zustand ist, der es anderen ermöglicht, die Wartung zu übernehmen. Abgesehen davon, dass es fast keine Kommentare gibt, ist der Taschenrechnercode gar nicht so schlecht. Doch ein bisschen lässt sich der Code schon bereinigen.

7.6.1 Symbolische Konstanten

Während wir den Code noch einmal durchgehen, fällt uns als Erstes das Zeichen '8' auf, durch das wir **Token** gekennzeichnet haben, die einen numerischen Wert enthalten. Eigentlich spielt es keine Rolle, welches Zeichen verwendet wird, um einen Zahlen-**Token** anzuzeigen, solange das Zeichen nicht schon eine andere Art von **Token** repräsentiert. Allerdings sieht der Code etwas seltsam aus und wir mussten zur Erinnerung Kommentare einfügen:

```
case '8':          // wir verwenden '8' zur Repräsentation einer Zahl
   return t.value; // liefere den Wert einer Zahl
case '-':
   return - primary();
```

Trotzdem haben wir uns, ehrlich gesagt, einige Male vertan und '0' statt '8' geschrieben, weil wir uns nicht mehr richtig erinnern konnten, welchen Wert wir verwenden wollten. Mit anderen Worten: Die direkte Verwendung von '8' in dem Code, der mit **Token**-Objekten arbeitet, war unbesonnen, schwer zu merken und fehleranfällig. '8' ist eine dieser „magischen Konstanten", vor denen wir Sie in §4.3.1 gewarnt haben. Wir hätten stattdessen einen symbolischen Namen für die Konstante einführen sollen, die wir zur Repräsentation der Zahlen-Token verwenden:

```
const char number = '8';   // t.kind==number bedeutet, dass t ein Zahlen-Token ist
```

Der Modifizierer **const** teilt dem Compiler mit, dass wir eine Variable **number** definieren, deren Wert sich nicht mehr ändern soll. Spätere Zuweisungen wie **number='0'** quittiert der Compiler mit der Ausgabe einer Fehlermeldung. Mit dieser Definition von **number** an der Hand müssen wir nicht mehr das Literal '8' benutzen. Das Codefragment aus **primary** oben wird damit zu:

```
case number:
   return t.value;   // liefere den Wert einer Zahl
case '-':
   return - primary();
```

Dieser Code muss nicht mehr durch einen Kommentar erklärt werden. Grundsätzlich sollten wir keine Kommentare für etwas verwenden, das klar und deutlich aus dem Code hervorgeht. Wiederholte Kommentare, die immer wieder das Gleiche erläutern, sind oft ein Hinweis darauf, dass der Code verbesserungswürdig ist.

Analog wird der Code in **Token_stream::get()**, der für die Erkennung und Weiterverarbeitung der Zahlen verantwortlich ist, zu:

```
case '.':
case '0': case '1': case '2': case '3': case '4':
case '5': case '6': case '7': case '8': case '9':
   { cin.putback(ch);   // lege die Ziffer zurück in den Eingabestream
     double val;
     cin >> val;        // lies eine Gleitkommazahl
     return Token(number,val);
   }
```

Wir könnten uns symbolische Namen für alle Token überlegen, aber das wäre wohl zu viel des Guten. Schließlich sind '(' und '+' die wohl nächstliegenden Notationen für (und +. Unter den ganzen Token scheinen nur das ';' für „Ausgeben" (oder „Ausdruck beenden") und 'q' für „quit" (Verlassen) relativ willkürlich gewählt zu sein. Warum nicht 'a' oder 'v'? In größeren Programmen wäre es nur eine Frage der Zeit, bevor eine derartig undurchsichtige und beliebige Notation zu Problemen führt. Deshalb schreiben wir stattdessen:

```
const char quit = 'q';   // t.kind==quit bedeutet, dass t ein Verlassen-Token ist
const char print = ';';  // t.kind==print bedeutet, dass t ein Ausgeben-Token ist
```

Mithilfe dieser Definitionen können wir die Schleife in **main()** jetzt wie folgt schreiben:

```
while (cin) {
  cout << "> ";
  Token t = ts.get();
  while (t.kind == print) t=ts.get();
  if (t.kind == quit) {
    keep_window_open();
    return 0;
  }
  ts.putback(t);
  cout << "= " << expression() << endl;
}
```

Durch die Einführung der symbolischen Namen für die Befehlssymbole zum Ausgeben des Ergebnisses (**print**) und zum Beenden des Programms (**quit**) wird der Code leichter lesbar. Außerdem wird niemand mehr beim Lesen von **main()** dazu verleitet, irgendwelche Vermutungen darüber anzustellen, wie die Befehle zum Ausgeben und Verlassen in der Eingabe repräsentiert werden. So wäre es sicherlich nicht sonderlich überraschend, wenn wir uns irgendwann dazu entschieden, den Verlassen-Befehl in der Eingabe durch *e* (für „exit") statt durch *q* darzustellen. Dank der letzten Überarbeitung könnten wir diese Umstellung vornehmen, ohne den Code in **main()** anpassen zu müssen.

Bleiben noch die Strings ">" und "=". Wozu dienen diese „magischen" Literale in unserem Code? Würde ein neuer Programmierer, der sich mit **main()** beschäftigt, ihre Funktion erkennen? Vielleicht sollten wir einen Kommentar einfügen? Ein zusätzlicher Kommentar ist sicherlich eine gute Idee, aber die Einführung eines symbolischen Namens ist effektiver:

```
const string prompt = "> ";
const string result = "= ";   // zeigt an, dass danach ein Ergebnis folgt
```

Wenn wir jetzt irgendwann beschließen, ein anderes Zeichen für die Eingabeaufforderung oder das Ergebnis zu verwenden, brauchen wir nur noch die betreffende **const**-Definition zu ändern. Die Schleife sieht mittlerweile folgendermaßen aus:

```
while (cin) {
  cout << prompt;
  Token t = ts.get();
  while (t.kind ==print) t=ts.get();
  if (t.kind == quit) {
    keep_window_open();
    return 0;
  }
```

```
    ts.putback(t);
    cout << result << expression() << endl;
}
```

7.6.2 Einsatz von Funktionen

Die Funktionen, die wir verwenden, sollten die Struktur unseres Programms widerspiegeln und die Namen der Funktionen sollten die logischen Einheiten unseres Codes identifizieren. Im Grunde genommen erfüllt unser bisheriges Programm diesen Anspruch ganz gut: **expression()**, **term()** und **primary()** sind ein direktes Abbild unserer Ausdrucksgrammatik und **get()** behandelt die Eingabe und die Token-Erkennung. Wenn wir jedoch **main()** betrachten, müssen wir feststellen, dass die Funktion zwei logisch verschiedene Aufgaben übernimmt:

1. **main()** stellt das grundlegende „Anwendungsgerüst" zur Verfügung: Programm starten, Programm beenden und gravierende Fehler behandeln.

2. **main()** führt die Schleife zur Ausdrucksberechnung aus.

> **Tipp** Im Idealfall führt eine Funktion nur eine einzige logische Aktion aus (§4.5.1). Dadurch, dass **main()** zwei Aktionen ausführt, wird die Struktur des Programms verschleiert. Die offensichtliche Lösung besteht darin, die Schleife in eine eigene Funktion **calculate()** auszulagern:

```cpp
void calculate()    // Schleife zur Auswertung der Ausdrücke
{
  while (cin) {
    cout << prompt;
    Token t = ts.get();
    while (t.kind == print) t=ts.get();   // zuerst alle Ausgabe-Befehle verwerfen
    if (t.kind == quit) return;           // Programm verlassen
    ts.putback(t);
    cout << result << expression() << endl;
  }
}

int main()
try {
  calculate();
  keep_window_open();            // berücksichtige den Windows-Konsolenmodus
  return 0;
}
catch (runtime_error& e) {
  cerr << e.what() << endl;
  keep_window_open("~~");
  return 1;
}
catch (...) {
  cerr << "Ausnahme \n";
  keep_window_open("~~");
  return 2;
}
```

So ist die Struktur viel klarer erkennbar und der Code ist leichter zu verstehen.

7.6.3 Code-Layout

Wenn wir unseren Code nach unschönen Codestellen durchsuchen, stoßen wir irgendwann unweigerlich auf

```
switch (ch) {
case 'q': case ';': case '%': case '(': case ')': case '+': case '-': case '*':
case '/':
    return Token(ch);    // jedes Zeichen repräsentiert sich selbst
```

Bevor wir **'q'**, **';'** und **'%'** hinzugefügt haben, war dieser Code eigentlich noch ganz passabel. Doch jetzt beginnt die Zeile mit den vielen **case**-Marken langsam unübersichtlich zu werden. Code, der sich nur schwer lesen lässt, ist ein idealer Tummelplatz für Fehler. Und auch hier hat sich ein potenzieller Fehler eingeschlichen! Übersichtlicher wird der Code, wenn Sie die einzelnen **case**-Marken in jeweils einer eigenen Zeile unterbringen und ein paar Kommentare hinzufügen. Danach sieht die **get()**-Funktion von **Token_stream** wie folgt aus:

```
Token Token_stream::get()
                                    // liest Zeichen von cin ein und setzt sie zu Token zusammen
{
  if (full) {                       // prüft, ob es bereits ein fertiges Token gibt
    full=false;
    return buffer;
  }

  char ch;
  cin >> ch;                        // beachten Sie, dass >> Whitespace-Zeichen wie
                                    // Leerzeichen, Zeilenumbruch, Tabulatorzeichen etc. überspringt

  switch (ch) {
  case quit:
  case print:
  case '(':
  case ')':
  case '+':
  case '-':
  case '*':
  case '/':
  case '%':
    return Token(ch);               // jedes Zeichen repräsentiert sich selbst
  case '.':                         // ein Gleitkommaliteral kann mit einem Punkt beginnen
  case '0': case '1': case '2': case '3': case '4':
  case '5': case '6': case '7': case '8': case '9':   // numerisches Literal
  {  cin.putback(ch);               // lege Ziffer zurück in den Eingabestream
     double val;
     cin >> val;                    // lies eine Gleitkommazahl
     return Token(number,val);
  }
  default:
    error("Ungueltiges Token");
  }
}
```

Wir hätten natürlich auch noch die case-Marken der Ziffern in jeweils eigene Zeilen schreiben können, aber das schien uns nicht wesentlich zur Klarheit beizutragen. Außerdem wäre der Code von get() dadurch so lang geworden, dass er nicht mehr als Ganzes auf den Bildschirm gepasst hätte. Vielleicht erinnern Sie sich, dass wir anstreben, keine Funktion länger als eine Bildschirmhöhe werden zu lassen. Denn Fehler verbergen sich gerne in Code, den man nicht sehen kann, weil er horizontal oder vertikal aus dem Bildschirm „gerutscht" ist. Code-Layout ist wichtig!

Beachten Sie auch, dass wir das einfache 'q' durch den symbolischen Namen quit ersetzt haben. Das verbessert die Lesbarkeit und garantiert einen Kompilierfehler, wenn wir den Fehler machen sollten, einen Wert für quit zu wählen, der sich mit einem anderen Token-Namen überschneidet.

Beim Bereinigen des Codes kann es passieren, dass sich ungewollt neue Fehler einschleichen. Deshalb sollten Sie nach jeder Bereinigung das Programm erneut testen. Am besten testen Sie es sogar nach jeder einzelnen kleinen Verbesserung. Wenn dann wirklich etwas schiefgelaufen ist, wissen Sie wenigstens noch, was Sie als Letztes verändert haben. Beherzigen Sie unseren Rat: Testen Sie früh und oft.

7.6.4 Kommentare

Während wir an unserem Programm arbeiteten, haben wir nebenbei schon einige Kommentare eingefügt. Gute Kommentare sind ein wichtiger Bestandteil des Codes. Leider neigen wir im Eifer des Gefechts häufig dazu, das Kommentieren zu vergessen. Die Überarbeitung und Bereinigung des Codes ist eine ausgezeichnete Gelegenheit, die ersten Kommentare des Programms noch einmal genau zu überprüfen:

1 Sind die Kommentare noch gültig? (Eventuell haben Sie den Code geändert, nachdem Sie den Kommentar geschrieben haben.)

2 Werden die Kommentare dem Leser gerecht? (Normalerweise ist dies nicht der Fall.)

3 Sind die Kommentare zu umfangreich, lenken sie unnötig vom Code ab?

Den letzten Punkt möchten wir noch einmal extra herausstreichen: Was sich besser in Code ausdrücken lässt, sollte auch in Code ausgedrückt werden. Vermeiden Sie also Kommentare zu Operationen, die jedem klar sind, der sich in der Programmiersprache auch nur ein bisschen auskennt, wie zum Beispiel:

x = b+c;   // addiere b und c und weise das Ergebnis x zu

Sie werden solche Kommentare in diesem Buch finden, aber nur, wenn wir Ihnen die Verwendung eines Sprachfeatures erklären wollen, das Ihnen vielleicht noch nicht so bekannt ist.

Kommentare sollen vor allem das erklären, was der Code nicht erklärt – zum Beispiel die Intention des Programmierers: Code erklärt sich selbst, was er macht, aber nicht, was Sie mit dem Code bezwecken (§5.9.1). Betrachten Sie dazu den Taschenrechnercode. Etwas fehlt: Die Funktionen zeigen, wie wir Ausdrücke und Token verarbeiten, aber es gibt (außer dem Code) keinen Hinweis darauf, was wir unter einem Ausdruck oder einem Token eigentlich verstehen. Dabei eignet sich unsere Grammatik bestens dazu, in einen Kommentar (oder eine andere Form der Dokumentation) integriert zu werden und über diesen Punkt Klarheit zu schaffen.

```
/*
    Einfacher Taschenrechner

    Überarbeitungsverlauf:

      Überarbeitet von Bjarne Stroustrup Mai 2007
      Überarbeitet von Bjarne Stroustrup August 2006
      Überarbeitet von Bjarne Stroustrup August 2004
      Originalversion geschrieben von Bjarne Stroustrup
      (bs@cs.tamu.edu) Frühling 2004.

    Dieses Programm implementiert einen Taschenrechner für einfache Ausdrücke.
    Die Eingabe erfolgt über cin, die Ausgabe über cout.

    Die Grammatik für die Eingabe lautet:

    Anweisung:
      Ausdruck
      Ausgeben
      Verlassen

    Ausgeben:
      ;

    Verlassen:
      q

    Ausdruck:
      Term
      Ausdruck + Term
      Ausdruck – Term
    Term:
      Faktor
      Term * Faktor
      Term / Faktor
      Term % Faktor
    Faktor:
      Zahl
      ( Ausdruck )
      – Faktor
      + Faktor
    Zahl:
      Gleitkommaliteral

    Die Eingabe kommt von cin über den Token_stream namens ts.
*/
```

Wir haben hier den Blockkommentar gewählt, der mit einem /* beginnt und bis zum */ reicht. In einem realen Programm würde der Abschnitt zu den Überarbeitungsdaten auch Hinweise auf die vorgenommenen Korrekturen und Verbesserungen enthalten.

Beachten Sie, dass Kommentare kein Code sind. Tatsächlich vereinfacht die Grammatik die Dinge sogar ein wenig: Vergleichen Sie die Regel für **Anweisung** mit dem, was wirklich passiert (siehe z.B. den Code im folgenden Abschnitt). Die im Kommentar definierte Grammatik berücksichtigt nicht die Schleife aus **calculate()**, die es uns erlaubt, in einer Sitzung mit dem Programm mehrere Berechnungen hintereinander durchzuführen. Wir werden auf dieses Problem in §7.8.1 zurückkommen.

7.7 Wiederaufnahme der Programmausführung nach Auftreten eines Fehlers

Warum beenden wir das Programm, wenn wir auf einen Fehler stoßen? Zu dem Zeitpunkt, als wir vor der Entscheidung standen, schien uns dies einfach und naheliegend; aber warum? Könnten wir nicht einfach eine Fehlermeldung ausgeben und weitermachen? Schließlich ist davon auszugehen, dass viele Fehler letztlich nur kleinere Tippfehler sind, die keinesfalls bedeuten, dass der Benutzer die Berechnung nicht durchführen möchte. Also lassen Sie uns versuchen, die Programmausführung nach Auftritt eines Fehlers wieder aufzunehmen. Grundsätzlich bedeutet dies, dass wir die Ausnahmen abfangen und mit der Programmausführung fortfahren, nachdem wir alles aufgeräumt haben, was eventuell an Durcheinander zurückgelassen wurde.

Bisher wurden alle Fehler durch Ausnahmen repräsentiert und von **main()** behandelt. Wenn wir die Programmausführung nach Auftreten eines Fehlers wieder aufnehmen wollen, müssen wir die Ausnahmen in **calculate()** fangen und vor der Auswertung des nächsten Ausdrucks alle anfallenden Aufräumarbeiten erledigen:

```
void calculate()
{
  while (cin)
  try {
    cout << prompt;
    Token t = ts.get();
    while (t.kind == print) t=ts.get();    // zuerst alle Ausgabe-Befehle verwerfen
    if (t.kind == quit) return;             // Programm verlassen
    ts.putback(t);
    cout << result << expression() << endl;
  }
  catch (exception& e) {
    cerr << e.what() << endl;               // Fehlermeldung ausgeben
    clean_up_mess();
  }
}
```

Wir haben einfach den Rumpf der **while**-Schleife in einen **try**-Block gesetzt, der eine Fehlermeldung ausgibt und Aufräumarbeiten ausführt. Anschließend fahren wir wie gehabt fort.

Was genau gehört zu den „Aufräumarbeiten"? Damit wir direkt nach der Fehlerbehandlung mit der Berechnung wieder fortfahren können, müssen wir sicherstellen, dass sich unsere Daten in einem ordnungsgemäßen und vorhersagbaren Zustand befinden. In unserem Taschenrechnerprogramm sind die einzigen Daten, die wir außerhalb der Funktionen verwahren, die Daten des **Token_stream**-Objekts. Wir müssen also dafür sorgen, dass keine Token zurückbleiben, die zu der abgebrochenen Berechnung gehören und die nächste Berechnung stören könnten. Zum Beispiel führt die nachfolgende Berechnung zu einem Fehler.

1++2*3; 4+5;

Hier löst das zweite + eine Ausnahme aus und im Puffer von **Token_stream** bleibt 2∗3; 4+5; zurück. Wir haben nun zwei Möglichkeiten:

1 Wir löschen alle Token aus **Token_stream**.

2 Wir löschen die Token der aktuellen Berechnung aus **Token_stream**.

Die erste Möglichkeit verwirft alle Token (einschließlich 4+5;), während die zweite Möglichkeit nur 2∗3; verwirft und 4+5; zur Auswertung im Puffer lässt. Beide Möglichkeiten scheinen vernünftig, beide könnten aber auch den Benutzer verwirren. Wie der Zufall es will, sind beide auch noch gleichermaßen einfach zu implementieren, weswegen wir uns für die zweite Alternative entschieden haben, die sich leichter testen lässt.

Wir müssen also die restliche Eingabe weiter einlesen, bis wir auf ein Semikolon stoßen. Das scheint einfach, schließlich steht uns zum Einlesen die **get()**-Funktion zur Verfügung, mit deren Hilfe wir unsere Aufräumfunktion **clean_up_mess()** folgendermaßen formulieren können:

```
void clean_up_mess()         // naiver Ansatz
{
  while (true) {             // überspringen, bis wir einen Ausgabe-Befehl entdecken
    Token t = ts.get();
    if (t.kind == print) return;
  }
}
```

Leider funktioniert das nicht so gut, wie wir uns erhofft hatten. Warum nicht? Betrachten Sie folgende Eingabe:

1@z; 1+3;

Das @-Zeichen bringt uns in die **catch**-Klausel der **while**-Schleife. Dann rufen wir **clean_up_mess()** auf, um nach dem nächsten Semikolon zu suchen. **clean_up_mess()** ruft **get()** auf und liest das **z** ein. Dies führt wieder zu einem weiteren Fehler (weil **z** kein Token ist) und wir finden uns plötzlich in dem **catch(...)**-Handler von **main()** wieder, was zu einer Beendigung des Programms führt. Hoppla! Wir haben gar keine Chance erhalten, 1+3 auszuwerten. Also zurück ans Reißbrett!

Wir könnten die **try**- und **catch**-Klauseln ausbauen, aber im Grunde genommen machen wir damit das Durcheinander nur noch größer. Fehler zu behandeln ist schwer, und Fehler während der Fehlerbehandlung sind schlimmer als normale Fehler. Deshalb suchen wir nach einer Möglichkeit, die Zeichen aus **Token_stream** zu leeren, ohne dass dabei eine Ausnahme ausgelöst wird. Derzeit führt jedoch der einzige Weg, Eingaben in den Taschenrechner einzulesen, über **get()** und diese Funktion kann, wie wir soeben auf die harte Tour gelernt haben, eine Ausnahme werfen. Was wir demnach benötigen, ist eine neue Operation, die wir am besten in **Token_stream** unterbringen:

7 Ein Programm fertigstellen

```
class Token_stream {
public:
  Token_stream();           // erstelle einen Token_stream, der aus cin liest
  Token get();              // lies ein Token
  void putback(Token t);    // lege ein Token zurück
  void ignore(char c);      // verwirf Zeichen bis und einschließlich des
                            // nächsten Vorkommens von c

private:
  bool full;                // ist ein Token im Puffer?
  Token buffer;             // hier legen wir ein Token ab, das mit putback()
                            // zurückgestellt wurde
};
```

Die Funktion **ignore()** muss ein Member von **Token_stream** sein, weil sie Einblick in den Puffer von **Token_stream** haben muss. Weiterhin haben wir beschlossen, dass

- das „Element", nach dem **ignore()** suchen soll, als Argument an **ignore()** übergeben wird – **Token_stream** muss ja nicht wissen, welches Zeichen das Taschenrechnerprogramm als geeignetes Zeichen für die Fehlerbehandlung erachtet;

- ein Zeichen und nicht ein **Token**-Objekt als Argument übergeben wird, weil wir es nicht riskieren wollten, ein **Token**-Objekt zusammenzusetzen – wir haben ja bereits gesehen, wohin das führt.

Als Ergebnis erhalten wir

```
void Token_stream::ignore(char c)
  // c repräsentiert die gesuchte Token-Kategorie
{
  // erster Blick in den Puffer:
  if (full && c==buffer.kind) {
    full = false;
    return;
  }

  full = false;

  // jetzt die Eingabe durchsuchen:
  char ch = 0;
  while (cin>>ch)
    if (ch==c) return;
}
```

Dieser Code überprüft zuerst den Puffer. Befindet sich darin ein Token von der durch **c** angegebenen Kategorie, verwerfen wir das Token und sind fertig. Ansonsten müssen wir die Zeichen aus **cin** lesen, bis wir auf ein **c** stoßen.

Die Definition von **clean_up_mess()** fällt danach ganz einfach aus:

```
void clean_up_mess()
{
  ts.ignore(print);
}
```

Fehler zu finden und zu behandeln, ist immer eine schwierige Angelegenheit. Man muss dabei viel experimentieren und testen, weil sich kaum vorhersagen lässt, welche Fehler auftreten können. Ein Programm narrensicher zu machen, wird dadurch zu einer sehr technischen Angelegenheit, mit der sich Anfänger nur selten belasten. Erstklassige Fehlerbehandlung ist eines der Merkmale, das den professionellen Programmierer auszeichnet.

7.8 Variablen

Nachdem wir uns in den vorangehenden Abschnitten erfolgreich um Stil und Fehlerbehandlung gekümmert haben, können wir uns jetzt noch einmal der Erweiterung der Taschenrechnerfunktionalität zuwenden. Mittlerweile arbeitet unser Programm ja recht zufriedenstellend; wie können wir es da noch weiter verbessern? Ganz oben auf der Wunschliste für den Taschenrechner stand die Unterstützung von Variablen. Mithilfe von Variablen könnte der Benutzer lange Berechnungen besser ausdrücken. Außerdem könnten wir für wissenschaftliche Berechnungen benannte Werte (z.B. *pi* und *e*) zur Verfügung stellen, wie man sie von wissenschaftlichen Taschenrechnern kennt.

Die Unterstützung von Variablen und Konstanten ist eine bedeutende Erweiterung für unser Taschenrechnerprogramm, die mit einem erheblichen Aufwand verbunden ist und weite Teile des Codes betrifft. Auf eine solche Erweiterung sollten wir uns nur dann einlassen, wenn wir einen wirklich guten Grund und ausreichend Zeit zur Verfügung haben. Unser Grund hier ist, dass wir auf diese Weise Gelegenheit haben, den Code noch einmal durchzugehen und einige weitere Programmiertechniken auszuprobieren.

7.8.1 Variablen und Definitionen

Der Schlüssel zu einer erfolgreichen Unterstützung von Variablen und vordefinierten Konstanten in unserem Taschenrechnerprogramm besteht offensichtlich darin, (*Name/Wert*)-Paare anzulegen, sodass wir über den Namen jederzeit auf den Wert zugreifen können. Wir können den Typ zur Repräsentation der Variablen wie folgt definieren:

```
class Variable {
public:
    string name;
    double value;
    Variable (string n, double v) :name(n), value(v) { }
};
```

Über den Member **name** identifizieren wir die Variable und im Member **value** speichern wir den Wert der Variablen. Den Konstruktor definieren wir vor allem wegen der bequemeren Notation.

Wie können wir **Variable**-Objekte so speichern, dass wir Variablen, deren Wert wir ermitteln oder ändern möchten, schnell und bequem anhand ihres Namens auffinden können? Wenn wir die Programmierwerkzeuge noch einmal betrachten, die wir bisher kennengelernt haben, gibt es eigentlich nur eine zufriedenstellende Antwort: ein **vector** von **Variable**-Objekten:

```
vector<Variable> var_table;
```

Im Vektor **var_table** können wir beliebig viele **Variable**-Objekte ablegen. Und wenn wir nach einer bestimmten Variablen (einem gegebenen Namen) suchen, brauchen wir nur die einzelnen Vektorelemente durchzugehen. Wir können eine **get_value**()-Funktion schreiben, die genau dies erledigt, d.h. nach einem gegebenen **name**-String sucht und den zugehörigen Wert (**value**) zurückliefert.

```
double get_value(string s)
  // liefert den Wert der Variablen mit dem Namen s zurück
{
  for (int i = 0; i<var_table.size(); ++i)
    if (var_table[i].name == s) return var_table[i].value;
  error("get: nicht definierte Variable ", s);
}
```

Der Code ist eigentlich ganz einfach: Gehe jedes **Variable**-Objekt in **var_table** durch (vom ersten Element bis zum letzten) und prüfe, ob dessen Name (**name**) mit dem Argumentstring **s** übereinstimmt. Ist dies der Fall, liefere den zugehörigen Wert (**value**) zurück.

Analog können wir auch eine Funktion **set_value**() definieren, die einer Variablen einen neuen Wert zuweist:

```
void set_value(string s, double d)
  // weist der Variablen mit dem Namen s den Wert d zu
{
  for (int i = 0; i<var_table.size(); ++i)
    if (var_table[i].name == s) {
      var_table[i].value = d;
      return;
    }
  error("set: nicht definierte Variable ", s);
}
```

Damit sind wir jetzt imstande, „Variablen" zu lesen und zu schreiben, die durch **Variable**-Objekte repräsentiert werden und in **var_table** abgelegt sind. Wie können wir ein neues **Variable**-Objekt in **var_table** ablegen? Was sollen die Benutzer unseres Taschenrechners schreiben, wenn sie eine neue Variable definieren und später deren Wert auslesen möchten? Eine Möglichkeit wäre die C++-Notation:

double var = 7.2;

Das würde funktionieren. Die Angabe „double" wäre hier allerdings überflüssig, weil die Variablen unseres Taschenrechners automatisch alle vom Typ **double** sind. Vielleicht reicht ja auch

var = 7.2;

Möglicherweise, aber dann wären wir nicht in der Lage, die Deklaration einer neuen Variablen von einem Rechtschreibfehler zu unterscheiden:

var1 = 7.2; // definiere eine neue Variable namens var1
var1 = 3.2; // definiere eine neue Variable namens var2

Hoppla! Natürlich meinten wir *var2*=3.2;, doch unser Code sagt etwas anderes (nur der Kommentar gibt unsere Absicht korrekt wieder). Hiermit könnten wir leben, doch wir wollen lieber der Tradition von Programmiersprachen wie C++ folgen, in denen Deklarationen (mit Initialisierungen) von Zuweisungen unterschieden werden. Wir könnten zur Kennzeichnung der Deklarationen **double** verwenden, aber für einen Taschenrechner hätten wir lieber etwas Kürzeres. Also haben wir uns – in Anlehnung an eine andere alte Tradition – für das Schlüsselwort **let** entschieden:

let var = 7.2;

Die Grammatik dazu lautet:

Berechnung:
  Anweisung
  Ausgeben
  Verlassen
  Berechnung Anweisung

Anweisung:
  Deklaration
  Ausdruck

Deklaration:
  "let" Name "=" Ausdruck

Berechnung ist die neue oberste Produktion(sregel) der Grammatik. Sie drückt die Schleife aus (in **calculate**()), die es uns erlaubt, mehrere Berechnungen in einer Sitzung mit dem Taschenrechner durchzuführen. Die Regel basiert darauf, dass die Behandlung der Ausdrücke und Deklarationen von der **Anweisung**-Produktion übernommen wird, die wir wie folgt implementieren können:

```
double statement()
{
  Token t = ts.get();
  switch (t.kind) {
  case let:
    return declaration();
  default:
    ts.putback(t);
    return expression();
  }
}
```

Jetzt können wir **statement**() anstelle von **expression**() in **calculate**() verwenden:

```
void calculate()
{
  while (cin)
  try {
    cout << prompt;
    Token t = ts.get();
    while (t.kind == print) t=ts.get();    // zuerst alle Ausgabe-Befehle verwerfen
    if (t.kind == quit) return;             // Programm verlassen
    ts.putback(t);
    cout << result << statement() << endl;
  }
  catch (exception& e) {
    cerr << e.what() << endl;               // Fehlermeldung ausgeben
    clean_up_mess();
  }
}
```

7 Ein Programm fertigstellen

Jetzt müssen wir noch **declaration()** implementieren. Was ist die Aufgabe dieser Funktion? Sie sollte sicherstellen, dass auf ein **let** ein **Name** folgt, dann ein = und schließlich ein **Ausdruck** – wie es die Grammatik vorgibt. Was sollte die Funktion mit **Name** machen? Sie sollte für den angegebenen Namen und den Wert des Ausdrucks ein **Variable**-Objekt erzeugen und dieses in den **vector<Variable>**-Container **var_table** einfügen. Sobald wir das gemacht haben, können wir den Wert jederzeit mit **get_value()** abfragen und mit **set_value()** ändern. Bevor wir jedoch mit dem Schreiben des Codes beginnen, müssen wir noch entscheiden, was geschehen soll, wenn wir eine Variable zweimal definieren. Zum Beispiel:

let v1 = 7;
let v1 = 8;

Meist ist eine solche Neudefinition keine Absicht, sondern die Folge eines Rechtschreibfehlers, und darum wollen wir sie in unserem Programm auch wie einen Fehler behandeln. Wahrscheinlich meinte der Benutzer:

let v1 = 7;
let v2 = 8;

Die Logik der Definition einer Variablen mit dem Namen **var** und dem Wert **val** umfasst demnach zwei Teile:

1 Prüfen, ob es bereits ein **Variable**-Objekt namens **var** in **var_table** gibt

2 Das Wertepaar (**var,val**) zu **var_table** hinzufügen

Nicht initialisierte Variablen werden nicht unterstützt. Für die oben angeführten, logisch eigenständigen Operationen haben wir die Funktionen **is_declared()** und **define_name()** definiert:

```
bool is_declared(string var)
  // ist var bereits in var_table?
{
  for (int i = 0; i<var_table.size(); ++i)
    if (var_table[i].name == var) return true;
  return false;
}

double define_name(string var, double val)
  // füge (var,val) in var_table ein
{
  if (is_declared(var)) error(var," doppelt deklariert");
  var_table.push_back(Variable(var,val));
  return val;
}
```

Ein neues **Variable**-Objekt in einen **vector<Variable>**-Container einzufügen, ist nicht schwierig; dafür gibt es die **vector**-Memberfunktion **push_back()**:

var_table.push_back(Variable(var,val));

Variable(var,val) erzeugt das gewünschte **Variable**-Objekt und **push_back()** fügt es dann am Ende von **var_table** ein. Mithilfe der Funktion **define_name()** – und davon ausgehend, dass **let**- und **Name**-Token korrekt eingelesen werden – ergibt sich die Definition von **declaration()** nahezu von selbst:

```
double declaration()
   // angenommen, wir haben "let" gesehen
   // behandle: name = ausdruck
   // deklariere eine Variable namens "name" mit dem Anfangswert "ausdruck"
{
   Token t = ts.get();
   if (t.kind != name) error ("die Deklaration erwartet einen Namen");
   string var_name = t.name;

   Token t2 = ts.get();
   if (t2.kind != '=') error("= fehlt in der Deklaration von ", var_name);

   double d = expression();
   define_name(var_name,d);
   return d;
}
```

Beachten Sie, dass wir den Wert, der in der neuen Variablen gespeichert ist, als Ergebnis der Funktion zurückliefern. Das ist nützlich, wenn der initialisierende Ausdruck etwas komplexer ist. Zum Beispiel:

let v = d/(t2–t1);

Diese Deklaration definiert die Variable **v** und gibt ihren Wert aus. Außerdem vereinfacht die Ausgabe des Wertes einer deklarierten Variablen den Code in **calculate()**, weil jeder **statement()**-Aufruf einen Wert zurückliefert. Allgemeine Regeln tragen in der Regel dazu bei, den Code einfach zu halten, während Sonderfälle tendenziell zu Komplikationen führen.

Der hier verwendete Mechanismus zur Verwaltung von Variablen wird oft auch als *Symboltabelle* bezeichnet und könnte durch den Einsatz eines **map**-Containers (der Typ **map** ist ebenfalls in der Standardbibliothek definiert) radikal vereinfacht werden (siehe §21.6.1).

7.8.2 Namen einführen

Das klingt alles ziemlich gut, nur leider funktioniert es nicht – was Sie inzwischen allerdings nicht mehr überraschen dürfte. Unsere ersten Verbesserungsversuche haben noch nie – nun ja, fast nie – auf Anhieb funktioniert. Im vorliegenden Fall haben wir das Programm jedoch noch nicht einmal fertiggestellt; es lässt sich nicht kompilieren. Dass wir kein **'='**-Token haben, lässt sich leicht dadurch beheben, dass wir in **token_stream::get()** eine **case**-Marke hinzufügen (§7.6.3). Doch wie repräsentieren wir **let** und **Name** als Token? Klar ist, dass wir **get()** ändern müssen, um diese Token zu erkennen. Doch wie? Eine Möglichkeit wäre folgende:

7 Ein Programm fertigstellen

```cpp
const char name = 'a';                  // Name-Token
const char let = 'L';                   // Deklaration-Token
const string declkey = "let";           // Schlüsselwort für Deklarationen

Token Token_stream::get()
{
  if (full) { full=false; return buffer; }
  char ch;
  cin >> ch;
  switch (ch) {
    // wie gehabt
  default:
    if (isalpha(ch)) {
      cin.putback(ch);
      string s;
      cin>>s;
      if (s == declkey) return Token(let);    // Schlüsselwort für Deklarationen
      return Token(name,s);
    }
    error("Ungueltiges Token");
  }
}
```

Betrachten Sie zunächst den Aufruf von **isalpha(ch)**. Dieser Aufruf beantwortet die Frage, ob **ch** ein Buchstabe ist. Die Funktion **isalpha()** ist Teil der Standardbibliothek, auf die wir über *std_lib_facilities.h* Zugriff erhalten. Weitere Zeichenklassifikationsfunktionen finden Sie in §11.6. Die Logik zum Erkennen von Namen ist die gleiche wie zum Erkennen von Zahlen: Suche nach dem ersten Zeichen der gewünschten Art (hier ein Buchstabe), stelle ihn dann mit **putback()** zurück und lies den ganzen Namen mit >> ein.

Leider lässt sich dies nicht kompilieren. Wir haben kein **Token**, das einen String speichern kann, sodass der Compiler **Token(name,s)** ablehnt. Zum Glück lässt sich auch hier leicht Abhilfe schaffen. Wir müssen nur die Definition von **Token** erweitern:

```cpp
struct Token {
  char kind;
  double value;
  string name;
  Token(char ch) :kind(ch), value(0) { }
  Token(char ch, double val) :kind(ch), value(val) { }
  Token(char ch, string n) :kind(ch), name(n) { }
};
```

Wir haben uns dafür entschieden, das **let**-Token durch das Kategoriezeichen **'L'** zu repräsentieren und als Schlüsselwort in der Eingabe *let* zu verwenden. Offensichtlich wäre es nicht weiter schwierig, das Schlüsselwort in „double", „var", „#" oder irgendeine andere Zeichenfolge zu ändern – wir müssten lediglich den String **declkey** ändern, mit dem wir **s** vergleichen.

Jetzt testen wir das Programm erneut. Für folgende Eingaben funktioniert alles wunschgemäß:

```
let x = 3.4;
let y = 2;
x + y * 2;
```

Nicht jedoch für diese Eingabe:

```
let x = 3.4;
let y = 2;
x+y*2;
```

Worin unterscheiden sich die beiden Beispiele? Sehen Sie sich die Eingaben noch einmal gut an.

Das Problem ist, dass wir mit der Definition von **Name** etwas sehr nachlässig waren. Wir haben sogar „vergessen", eine **Name**-Produktion in der Grammatik zu definieren (§7.8.1). Welche Zeichen können Teil eines Namens sein? Buchstaben? Klar. Ziffern? Auch, solange sie nicht am Anfang stehen. Unterstriche? Hmm. Das +-Zeichen? Stille. Betrachten Sie noch einmal den Code. Nach dem ersten Buchstaben lesen wir mit >> in einen **string** ein. Dabei werden alle nachfolgenden Zeichen bis zum nächsten Whitespace-Zeichen akzeptiert. So wird zum Beispiel x+y*2; als ein einziger Name betrachtet – sogar das Semikolon wird als Teil des Namens interpretiert. Das lag jedoch keineswegs in unserer Absicht und kann so nicht akzeptiert werden.

Wie sähe die korrekte Vorgehensweise aus? Zuerst müssen wir ganz präzise spezifizieren, wie ein Name aussehen soll. Dann müssen wir **get()** so umschreiben, dass es diese Spezifikation berücksichtigt. Eine funktionierende Spezifikation für Namen ist z.B.: eine Folge von Buchstaben und Ziffern, die mit einem Buchstaben beginnt. Laut dieser Definition sind

a
ab
a1
Z12
asdsddsfdfdasfdsa434RTHTD12345dfdsa8fsd888fadsf

alles Namen und

1a
as_s
#
as*
a car

sind keine Namen. Wir können diese Regel, die im Übrigen – bis auf den nicht berücksichtigten Unterstrich – der Namenskonvention von C++ entspricht, im **default**-Zweig von **get()** implementieren:

```
default:
  if (isalpha(ch)) {
    string s;
    s += ch;
    while (cin.get(ch) && (isalpha(ch) || isdigit(ch))) s+=ch;
    cin.putback(ch);
    if (s == declkey) return Token(let);   // Schlüsselwort für Deklarationen
    return Token(name,s);
  }
  error("Ungueltiges Token");
```

Anstatt direkt in den **string s** zu lesen, lesen wir die Zeichen einzeln und legen sie so lange in **s** ab, wie es sich um Buchstaben oder Ziffern handelt. Die Anweisung **s+=ch** fügt das Zeichen **ch** an das Ende des Strings **s**. Die seltsame Anweisung

while (cin.get(ch) && (isalpha(ch) || isdigit(ch))) s+=ch;

liest ein Zeichen in **ch** (mit der **cin**-Memberfunktion **get()**) und prüft, ob es ein Buchstabe oder eine Ziffer ist. Wenn ja, wird **ch** in **s** eingefügt und weiter gelesen. Die Memberfunktion **get()** arbeitet ähnlich wie **>>**, überspringt allerdings standardmäßig keine Whitespace-Zeichen.

7.8.3 Vordefinierte Namen

Jetzt, da wir eine funktionierende Unterstützung für Namen haben, können wir ganz leicht ein paar häufig verwendete Namen vordefinieren. Wenn wir zum Beispiel davon ausgehen, dass unser Taschenrechner für wissenschaftliche Berechnungen verwendet wird, liegt es nahe, *pi* und *e* zu definieren. Wo im Code würden wir diese Konstanten definieren? In **main()** vor dem Aufruf von **calculate()** oder in **calculate()** vor der Schleife? Wir werden sie in **main()** unterbringen, weil diese Definitionen nicht Teil von irgendwelchen Berechnungen sind:

```
int main()
try {
  // Namen vordefinieren:
  define_name("pi",3.1415926535);
  define_name("e",2.7182818284);

  calculate();

  keep_window_open();   // berücksichtige den Windows-Konsolenmodus
  return 0;
}
catch (exception& e) {
  cerr << e.what() << endl;
  keep_window_open("~~");
  return 1;
}
catch (...) {
  cerr << "Ausnahme \n";
  keep_window_open("~~");
  return 2;
}
```

7.8.4 Sind wir fertig?

Noch nicht ganz. Wir haben so viele Änderungen am Programm vorgenommen, dass wir alles noch einmal gründlich testen, den Code aufräumen und die Kommentare überprüfen müssen. Außerdem könnten wir noch einige Definitionen ergänzen. So haben wir beispielsweise „vergessen", einen Zuweisungsoperator zu definieren (siehe Übung 2) und im Falle einer Zuweisung möchten wir vielleicht zwischen Variablen und Konstanten unterscheiden (Übung 3).

Als wir mit der Arbeit an unserem Taschenrechnerprogramm begonnen haben, sind wir vor der Unterstützung benannter Variablen zunächst zurückgeschreckt. Wie beurteilen wir diese Entscheidung jetzt, da wir den Code vorliegen haben? Grundsätzlich können wir zu zwei alternativen Schlussfolgerungen kommen:

1 Die Implementierung der Variablenunterstützung war gar nicht so schlimm. Wir haben dafür nur ungefähr drei Dutzend neue Codezeilen benötigt.

2 Die Implementierung der Variablenunterstützung war eine bedeutende Erweiterung und mit großem Aufwand verbunden. So ungefähr jede Funktion war davon betroffen und das Taschenrechnerprogramm fußt jetzt auf einem völlig neuen Konzept. Die Größe des Programms hat sich um 45% erhöht und wir haben noch nicht einmal die Zuweisung implementiert!

Angesichts des Umstands, dass dies unser erstes komplexeres Programm war, ist die zweite Beurteilung die richtige. Mehr noch: Es ist die richtige Reaktion auf jeden Vorschlag, der ein Programm sowohl in Umfang als auch in Komplexität um etwa 50% erweitert. In solchen Fällen hat man eher das Gefühl, auf der Basis einer Vorgängerversion ein grundsätzlich neues Programm zu schreiben – und entsprechend sollte man vorgehen. Vor allem, wenn Sie wie im Falle des Taschenrechners die Möglichkeit haben, das Programm schrittweise zu erstellen und zu testen, sollten Sie diese Möglichkeit unbedingt nutzen. Sie fahren damit letzten Endes viel besser, als wenn Sie versuchen, das gesamte Programm auf einem Schlag zu erstellen.

7 Ein Programm fertigstellen

Aufgaben

1. Legen Sie für das Taschenrechnerprogramm die Datei *calculator08buggy.cpp* zugrunde und kompilieren Sie es.

2. Gehen Sie das gesamte Programm durch und fügen Sie angemessene Kommentare ein.

3. Beim Einfügen der Kommentare sind Ihnen bestimmt einige Fehler aufgefallen (die gemeinerweise extra für Sie eingefügt wurden). Korrigieren Sie diese Fehler; sie sind nicht im Buch erklärt.

4. Testen: Erstellen Sie einen Satz Eingaben und verwenden Sie diese, um den Taschenrechner zu testen. Ist Ihre Liste auch vollständig? Wonach sollten Sie Ausschau halten? Denken Sie auch an negative Werte, 0, sehr kleine und sehr große Werte sowie „unsinnige" Eingaben.

5. Führen Sie die Tests durch und beheben Sie alle Fehler, die Ihnen beim Einfügen der Kommentare entgangen sind.

6. Fügen Sie einen vordefinierten Namen **k** ein, der den Wert **1000** haben soll.

7. Stellen Sie den Benutzern eine Quadratwurzelfunktion *sqrt()* zur Verfügung, die z.B. wie folgt verwendet werden kann: *sqrt(2+6.7)*. Der Wert von *sqrt(x)* ist natürlich die Quadratwurzel von *x*, das Ergebnis von *sqrt(9)* wäre also *3*. Nutzen Sie zur Implementierung die **sqrt()**-Funktion der Standardbibliothek, die über den Header *std_lib_facilities.h* zur Verfügung gestellt wird. Denken Sie daran, die Kommentare zu aktualisieren, einschließlich der Beschreibung der Grammatik.

8. Fangen Sie Versuche ab, die Quadratwurzel von einer negativen Zahl zu berechnen, und geben Sie eine entsprechende Fehlermeldung aus.

9. Erlauben Sie dem Benutzer *pow(x,i)* zu verwenden, um *x i*-mal mit sich selbst zu multiplizieren (d.h., *pow(2.5,3)* sei gleich 2.5∗2.5∗2.5). Stellen Sie mit der gleichen Technik, die wir für % verwendet haben, sicher, dass *i* ein Integer-Wert ist.

10. Ändern Sie das „Schlüsselwort für die Deklaration" von *let* in #.

11. Ändern Sie das Schlüsselwort zum Verlassen des Programms von *q* in *exit*. Dazu gehört auch, dass Sie für das Eingabe-Schlüsselwort einen String definieren – so wie wir es für *let* in §7.8.2 gemacht haben.

Fragen

1. Warum sollte man an einem Programm weiterarbeiten, nachdem die erste Version bereits funktioniert? Nennen Sie eine Reihe von Gründen.

2. Warum führt die Eingabe von 1+2; q nicht zum Verlassen des Taschenrechners, nachdem er einen Fehler empfangen hat?

3. Warum haben wir uns dazu entschieden, ein konstantes Zeichen namens **number** zu definieren?

4. Wir haben **main()** in zwei getrennte Funktionen aufgeteilt. Wozu dient die neue Funktion und warum haben wir **main()** aufgeteilt?

5. Warum teilen wir den Code auf mehrere Funktionen auf? Nennen Sie Gründe.

6. Wozu dienen die Kommentare und welche Regeln sollte man beim Kommentieren beherzigen?

7 Welche Aufgabe erfüllt **narrow_cast**?

8 Wozu dienen symbolische Konstanten?

9 Warum sollten wir auch das Layout unseres Codes im Auge behalten?

10 Wie können wir % (Rest) für Gleitkommazahlen unterstützen?

11 Welche Aufgabe erfüllt die Funktion **is_declared()** und wie funktioniert sie?

12 Das **let**-Token wird in der Eingabe durch eine Zeichenfolge von mehr als einem Zeichen repräsentiert. Wie haben wir es in dem überarbeiteten Code erreicht, dass diese Zeichenfolge als ein einzelnes Token erkannt wird?

13 Wie lauten die Regeln, die festlegen, welche Namen von dem Taschenrechnerprogramm unterstützt werden?

14 Warum empfiehlt es sich, ein Programm schrittweise zu erstellen?

15 Wann fangen Sie an zu testen?

16 Wann fangen Sie an, erneut zu testen?

17 Wie entscheiden Sie, was eine eigenständige Funktion ist?

18 Welchen Nutzen haben symbolische Konstanten?

19 Warum fügen Sie Kommentare hinzu?

20 Was gehört in einen Kommentar und was nicht?

21 Wann ist ein Programm fertig?

Übungen

1 Erlauben Sie Unterstriche in den Namen der vom Taschenrechnerprogramm unterstützten Variablen.

2 Fügen Sie einen Zuweisungsoperator = hinzu, mit dem der Wert einer Variablen nach ihrer Einführung mit *let* geändert werden kann. Diskutieren Sie, wozu das nützlich sein kann und wieso das zu einer Reihe von Fehlern führen kann.

3 Führen Sie benannte Konstanten ein, deren Wert nicht nachträglich geändert werden kann. Hinweis: Sie müssen in **Variable** einen Member ergänzen, der zwischen Konstanten und Variablen unterscheidet, und den Wert dieses Members in **set_value()** prüfen. Wenn Sie möchten, dass der Benutzer zusätzlich zu den vordefinierten Konstanten *pi* und *e* auch eigene Konstanten einführen kann, müssen Sie eine Notation ergänzen, durch die der Benutzer dies ausdrücken kann, z.B. *const pi* = 3.14;.

4 Die Funktionen **get_value()**, **set_value()**, **is_declared()** und **define_name()** arbeiten alle mit der globalen Variablen **var_table**. Definieren Sie eine Klasse namens **Symbol_table** mit einem Member **var_table** vom Typ **vector<Variable>** und den Memberfunktionen **get()**, **set()**, **is_declared()** und **declare()**. Schreiben Sie dann das Taschenrechnerprogramm so um, dass es eine Variable vom Typ **Symbol_table** verwendet.

5 Modifizieren Sie Token_stream::get() so, dass die Memberfunktion ein Token(print) zurückliefert, wenn es ein Zeilenumbruchzeichen sieht. Das setzt voraus, dass Sie nach Whitespace-Zeichen Ausschau halten und Zeilenumbruchzeichen ('\n') gesondert behandeln. Dabei könnte Ihnen die Funktion isspace(ch) aus der Standardbibliothek nützlich sein, die true zurückliefert, wenn ch ein Whitespace ist.

6 Jedes Programm sollte dem Benutzer auch irgendeine Form von Hilfe anbieten. Lassen Sie das Taschenrechnerprogramm beim Drücken der H- oder h-Taste einige Anweisungen ausgeben, wie der Taschenrechner zu benutzen ist.

7 Ändern Sie die Befehle q und h in quit und help.

8 Die Grammatik in §7.6.4 ist nicht vollständig (wir haben Sie davor gewarnt, sich zu sehr auf Kommentare zu verlassen); sie definiert keine Anweisungsfolgen wie 4+4; 5−6; und sie inkorporiert nicht die Grammatikänderungen aus §7.8. Korrigieren Sie diese Grammatik. Fügen Sie außerdem alles, was Sie für nötig erachten, zu diesem Gesamtkommentar des Taschenrechnerprogramms hinzu.

9 Definieren Sie eine Klasse Table, die ein vector<Variable>-Member enthält und die Memberfunktionen get(), set() und define() bereitstellt. Ersetzen Sie in dem Taschenrechnerprogramm var_table durch ein Table-Objekt namens symbol_table.

10 Machen Sie drei Vorschläge für Verbesserungen an dem Taschenrechnerprogramm (die noch nicht in diesem Kapitel erwähnt wurden). Implementieren Sie eine davon.

11 Modifizieren Sie den Taschenrechner so, dass er (nur) mit ganzen Zahlen rechnet. Lassen Sie bei Überlauf und Unterlauf Fehlermeldungen ausgeben.

12 Sehen Sie sich noch einmal zwei Programme aus den Übungen der Kapitel 4 oder 5 an. Nehmen Sie Aufräumarbeiten am Code gemäß den hier aufgeführten Regeln vor. Schauen Sie, ob Sie dabei auf irgendwelche Fehler stoßen.

Schlüsselbegriffe

Anwendungsgerüst	Kommentare	Überarbeitungsverlauf
Code-Layout	Symbolische Konstante	Wartung
Feature-Inflation	Testen	Wiederaufnahme nach Fehlern
Fehlerbehandlung		

Ein persönlicher Hinweis

Wie es sich so trifft, haben wir in diesem Kapitel nebenbei auch gesehen, wie ein Compiler arbeitet. Der Taschenrechner analysiert Eingaben, die in Token zerlegt und gemäß einer Grammatik interpretiert wurden. Das ist genau das, was ein Compiler macht. Nach der Analyse seiner Eingabe erzeugt der Compiler eine Repräsentation (Objektcode), die wir später ausführen können. Der Taschenrechner führt die Ausdrücke, die er analysiert hat, sofort aus. Programme, die so verfahren, werden eher als Interpreter (denn als Compiler) bezeichnet.

Technische Details: Funktionen und mehr

8.1	**Technische Details**	274
8.2	**Deklarationen und Definitionen**	275
	8.2.1 Arten von Deklarationen	279
	8.2.2 Variablen- und Konstantendeklarationen	279
	8.2.3 Standardinitialisierung	280
8.3	**Headerdateien**	281
8.4	**Gültigkeitsbereich**	283
8.5	**Funktionsaufrufe und -rückgabewerte**	288
	8.5.1 Argumente und Rückgabetyp deklarieren	288
	8.5.2 Rückgabewerte	290
	8.5.3 Pass-by-value	291
	8.5.4 Pass-by-const-reference	292
	8.5.5 Pass-by-reference	294
	8.5.6 Pass-by-value kontra pass-by-reference	296
	8.5.7 Argumentüberprüfung und -umwandlung	299
	8.5.8 Implementierung von Funktionsaufrufen	300
8.6	**Auswertungsreihenfolge**	304
	8.6.1 Auswertung von Ausdrücken	305
	8.6.2 Globale Initialisierung	305
8.7	**Namensbereiche**	307
	8.7.1 using-Deklarationen und using-Direktiven	308

8 Technische Details: Funktionen und mehr

„Genialität ist kein Ersatz für Detailbesessenheit."

– Alte Weisheit

*I*n diesem und dem nächsten Kapitel verschieben wir den Fokus von der Programmierung selbst zu dem wichtigsten Werkzeug der Programmierung: der Sprache C++. Wir stellen verschiedene sprachtechnische Details vor, um Ihnen einen etwas breiteren Eindruck von den C++-Grundtechniken zu vermitteln und diese ein wenig systematischer zu untersuchen. Gleichzeitig sind diese Kapitel ein Rückblick auf die meisten der bisher vorgestellten Programmelemente und eine gute Gelegenheit unser Werkzeug (C++) besser kennenzulernen, ohne uns mit neuen Programmiertechniken oder -konzepten belasten zu müssen.

8.1 Technische Details

Eigentlich würden wir ja viel lieber über die Programmierung selbst reden als über die Sprachmittel von C++, denn unserer Meinung nach ist es viel interessanter, wie man Ideen in Code umsetzt, als die technischen Details einer Programmiersprache zu beleuchten, die zum Umsetzen der Ideen nötig sind. Oder um eine Analogie zu unserer Sprache zu ziehen: Wir diskutieren viel lieber über die Ideen in einem guten Roman und über die Art und Weise, wie diese Ideen ausgedrückt wurden, als über die Grammatik und das verwendete Vokabular. Was zählt sind die Ideen und ihre Umsetzung und nicht die individuellen Sprachmittel.

Aber wie es so ist, man kann nicht immer frei wählen. Wenn Sie mit dem Programmieren beginnen, ist die von Ihnen gewählte Programmiersprache für Sie wie eine Fremdsprache, mit deren „Grammatik und Vokabeln" Sie sich erst einmal vertraut machen müssen. Und eben dies werden wir in diesem und dem nächsten Kapitel tun, aber bitte vergessen Sie nicht:

- Unser primäres Interesse liegt auf der Programmierung.
- Unser Ziel ist die Erstellung von Programmen und Softwaresystemen.
- Die Programmiersprache ist (nur) ein Werkzeug.

Dies im Kopf zu behalten, scheint erstaunlich schwierig zu sein. Viele Programmierer legen mit der Zeit eine wahre Obsession für scheinbar unbedeutende syntaktische und semantische Sprachdetails an den Tag. Viele erliegen zudem dem bedauerlichen Irrglauben, dass die Art und Weise, wie die Dinge in ihrer ersten Programmiersprache getan werden, „der einzig wahre Weg" ist. Seien Sie also gewarnt und tappen Sie nicht in die Falle. C++ ist in vielerlei Hinsicht eine sehr ansprechende Sprache, aber sie ist nicht perfekt – genauso wenig wie irgendeine andere Sprache.

Die meisten Design- und Programmierkonzepte sind universeller Art und werden von den gängigen Programmiersprachen mehr oder weniger vollständig unterstützt. Für uns bedeutet dies, dass die grundlegenden Ideen und Techniken, die wir in einem guten Programmierkurs erlernen, von Sprache zu Sprache weitergereicht werden. Sie können – mal mehr, mal weniger leicht – auf alle Sprachen übertragen werden. Dagegen gelten die technischen Details immer nur für eine spezifische Sprache. Glücklicherweise entstehen Programmiersprachen aber nicht aus dem Nichts, sodass vieles, was Sie hier lernen, sich auch in anderen Sprachen wiederfinden lässt. Außerdem gehört C++ einer Sprachfamilie an, zu der auch C (Kapitel 27), Java und C# gehören, denen viele technische Details gemeinsam sind.

Beachten Sie, dass wir zur Besprechung sprachtechnischer Elemente absichtlich kurze, wenig sprechende Namen verwenden wie f, g, X oder y. Wir möchten dadurch die technische Natur dieser Beispiele unterstreichen, die Beispiele kurz halten und es vermeiden, Sie durch die Vermischung von Sprachtechniken mit echter Programmlogik zu verwirren. Wenn Sie also kurze, nicht sprechende Namen sehen, sollten Sie sich auf die sprachtechnischen Aspekte des Codes konzentrieren. Technische Beispiele zeigen üblicherweise Code, der sich darauf konzentriert, Sprachregeln zu illustrieren. Die Codefragmente tun selten etwas Sinnvolles und wenn Sie sie kompilieren und ausführen, erhalten Sie viele Warnungen, dass Variablen nicht verwendet wurden („variables not used").

Abschließend möchten wir darauf hinweisen, dass wir hier keine vollständige Beschreibung der Syntax und Semantik von C++ geben – nicht einmal für die Elemente, die wir ansprechen. Der ISO-C++-Standard umfasst 756 Seiten voll dicht gepackter, technischer Sprache und das Buch *Die C++-Programmiersprache* von Stroustrup bietet auf über 1.000 Seiten Informationen für erfahrene Programmierer. In puncto Vollständigkeit und Vielfältigkeit wollen wir uns nicht mit diesen Werken messen, wohl aber in puncto Verständlichkeit und Nutzen (gemessen an der für die beim Lesen investierte Zeit).

8.2 Deklarationen und Definitionen

Eine *Deklaration* ist eine Anweisung, die einen Namen in einen Gültigkeitsbereich (§8.4) einführt und

- einen Typ für das benannte Elemente (z.B. eine Variable oder eine Funktion) angibt;
- optional einen Initialisierer angibt (z.B. einen Initialisierungswert oder einen Funktionsrumpf).

Beispiele für Deklarationen:

```
int a = 7;              // eine int-Variable
const double cd = 8.7;  // eine Gleitkommakonstante doppelter Genauigkeit
double sqrt(double);    // eine Funktion, die ein double-Argument übernimmt
                        // und ein double-Ergebnis zurückliefert
vector<Token> v;        // eine Variable für einen Vektor von Token
```

Bevor ein Name in einem C++-Programm verwendet werden kann, muss er deklariert werden. Betrachten Sie dazu Folgendes:

```
int main()
{
  cout << f(i) << '\n';
}
```

Für diesen Code wird der Compiler zumindest drei „undeclared identifier"-Fehler auswerfen, denn weder **cout** noch **f** oder **i** sind irgendwo in diesem Programmfragment deklariert. Um **cout** zu deklarieren, genügt es, *std_lib_facilities.h* einzubinden (da in dieser Datei eine Deklaration für **cout** steht):

```
#include "std_lib_facilities.h"   // hier finden wir die Deklaration von cout

int main()
{
  cout << f(i) << '\n';
}
```

Jetzt erhalten wir nur noch zwei „undefined"-Fehler. Wenn Sie beginnen, echte Programme zu schreiben, werden Sie feststellen, dass die meisten Deklarationen in Headerdateien zu finden sind. Das ist der Ort, wo wir Schnittstellen zu nützlichen Elementen definieren, die „irgendwo anders" definiert sind. Grundsätzlich definiert eine Deklaration, wie etwas verwendet werden kann; sie definiert die Schnittstelle einer Funktion, Variablen oder Klasse. Ein erfreulicher, wenn auch nicht unmittelbar offensichtlicher Vorteil dieser Verwendung von Deklarationen ist, dass wir uns nicht mit den Details der Definition von **cout** und seiner <<-Operatoren befassen müssen; wir binden einfach mithilfe von **#include** ihre Deklarationen ein. Ja, wir müssen uns nicht einmal die Deklarationen ansehen; wie **cout** zu verwenden ist, können wir Lehrbüchern, Handbüchern, Codebeispielen und anderen Quellen entnehmen. Der Compiler hingegen liest die Deklarationen in der Headerdatei, damit er unseren Code „verstehen" kann.

Jetzt müssen wir noch **f** und **i** deklarieren. Wir könnten dies wie folgt tun:

```
#include "std_lib_facilities.h"   // hier finden wir die Deklaration von cout

int f(int);   // Deklaration von f

int main()
{
  int i = 7;   // Deklaration von i
  cout << f(i) << '\n';
}
```

Dieser Code wird kompiliert, weil jeder Name deklariert wurde, doch der Code wird nicht gelinkt (§2.4), weil wir f() nicht definiert haben, d.h., wir haben nirgends angegeben, was f() eigentlich tut.

Eine Deklaration, die das deklarierte Element (zusätzlich) vollständig spezifiziert, nennt man eine *Definition*. Betrachten wir auch hierzu ein Beispiel:

```
int a = 7;
vector<double> v;
double sqrt(double d) { /* ... */ }
```

Jede Definition ist (per Definition ☺) auch eine Deklaration. Umgekehrt sind aber nur wenige Deklarationen auch Definitionen. Hier folgen einige Beispiele für Deklarationen, die keine Definitionen sind; zu jeder dieser Deklarationen muss es irgendwo im Code eine passende Definition geben:

```
double sqrt(double);   // kein Funktionsrumpf hier
extern int a;          // "extern und kein Initialisierer" bedeutet "keine Definition"
```

Wenn wir Definitionen und Deklarationen gegenüberstellen, folgen wir der Konvention, den Begriff „Deklaration" im Sinne von „Deklaration, aber keine Definition" zu verwenden – obwohl diese Terminologie etwas ungenau ist.

Eine Definition gibt detailliert an, worauf sich ein Name bezieht. Für Variablen bedeutet dies unter anderem, dass die Definition Speicher für die Variable reserviert. Folglich kann etwas nicht zweimal definiert werden, z.B.

```
double sqrt(double d) { /* ... */ }   // Definition
double sqrt(double d) { /* ... */ }   // Fehler: doppelte Definition

int a;   // Definition
int a;   // Fehler: doppelte Definition
```

8.2 Deklarationen und Definitionen

Im Gegensatz dazu gibt eine Deklaration, die nicht gleichzeitig Definition ist, nur an, wie ein Name verwendet werden kann; sie ist lediglich eine Schnittstelle und reserviert weder Speicher noch spezifiziert sie einen Funktionsrumpf. Folglich können Sie etwas so oft deklarieren, wie Sie möchten, solange die Deklarationen konsistent sind:

```
int x = 7;           // Definition
extern int x;        // Deklaration
extern int x;        // andere Deklaration

double sqrt(double);              // Deklaration
double sqrt(double d) { /* ... */ }   // Definition
double sqrt(double);              // weitere Deklaration von sqrt
double sqrt(double);              // noch eine Deklaration von sqrt

int sqrt(double);                 // Fehler: inkonsistente Deklarationen von sqrt
```

Warum ist die letzte Deklaration ein Fehler? Weil es keine zwei Funktionen namens **sqrt** geben kann, die ein Argument vom Typ **double** übernehmen und unterschiedliche Typen zurückliefern (**int** und **double**).

Das Schlüsselwort **extern**, das in der zweiten Deklaration von **x** verwendet wird, gibt einfach an, dass diese Deklaration von **x** keine Definition ist. Es wird selten gebraucht. Wir empfehlen, es nicht zu verwenden. Sie sollten es aber kennen, da Sie es höchstwahrscheinlich im Code anderer Programmierer sehen werden, vor allem in Code, der zu viele globale Variablen (siehe §8.4 und §8.6.2) verwendet.

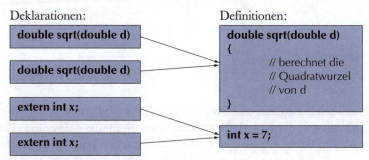

Abbildung 8.1: Deklaration und Definition

Warum unterscheidet C++ zwischen Deklaration und Definition? Die Differenzierung zwischen Deklaration und Definition spiegelt die grundlegende Unterscheidung wider, zwischen dem, was nötig ist, um etwas zu verwenden (Schnittstelle), und dem, was nötig ist, damit etwas das tut, wofür es gedacht ist (Implementierung). Für Variablen sieht dies beispielsweise so aus, dass die Deklaration den Typ angibt, aber nur die Definition das zugehörige Objekt (den Speicherbereich) zur Verfügung stellt. Für Funktionen gibt die Deklaration wiederum den Typ an (Argumenttypen plus Rückgabetyp), und nur die Definition liefert den Funktionsrumpf (die ausführbaren Anweisungen). Funktionsrümpfe werden übrigens ebenfalls als Teil des Programms im Arbeitsspeicher abgelegt, sodass man sagen kann, dass sowohl Funktions- als auch Variablendefinitionen – im Gegensatz zu Deklarationen – Speicher belegen.

Dank der Unterscheidung zwischen Deklaration und Definition können wir Programme in mehrere Teile zerlegen, die sich getrennt voneinander kompilieren lassen. Jeder Teil eines Programms kann sich dabei auf dem Weg über die Deklarationen über den Rest des Programms informieren, ohne sich um die Definitionen in den anderen Teilen kümmern zu müssen. Da alle Deklarationen für einen

Namen (einschließlich der zugehörigen Definition) konsistent sein müssen, ist sichergestellt, dass die Verwendung der Namen im ganzen Programm konsistent ist. Mehr dazu in §8.3. Hier wenden wir uns einem anderen Problem zu und werfen dazu noch einmal einen Blick auf den Ausdrucksparser aus Kapitel 6: Die Funktion **expression()** ruft die Funktion **term()** auf, welche **primary()** aufruft, welche wiederum **expression()** aufruft. Da in einem C++-Programm jeder Name vor seiner Verwendung deklariert sein muss, gibt es keine Möglichkeit, diese drei Funktionen ohne Hilfsdeklaration zu definieren:

double expression();   // nur eine Deklaration, keine Definition

double primary()
{
  // ...
  expression();
  // ...
}

double term()
{
  // ...
  primary();
  // ...
}

double expression()
{
  // ...
  term();
  // ...
}

Sie können diese vier Funktionen anordnen, wie Sie wollen, es wird immer eine Anweisung geben, die eine Funktion aufruft, die erst darunter definiert wird. Irgendwo muss daher eine „Vorwärts"-Deklaration eingebaut werden. Im Beispiel haben wir deshalb die Funktion **expression()** vor der Definition von **primary()** deklariert – und alles ist gut. Derartige zyklische Aufrufmuster findet man recht häufig.

Warum muss ein Name vor seiner Verwendung deklariert werden? Hätte man es nicht so einrichten können, dass die Sprachimplementierung das Programm liest (so wie wir es tun) und sich die nötigen Informationen zum Funktionsaufruf selbstständig aus der gefundenen Definition herauszieht? Man hätte, doch wegen der damit verbundenen technischen Schwierigkeiten, hat man sich dagegen entschieden. Für C++ gilt daher: Deklaration vor Verwendung (mit Klassenmembern als einzige Ausnahme, siehe §9.4.4). Im Übrigen ist diese Vorgehensweise nicht sonderlich ungewöhnlich, ganz im Gegenteil, für das Schreiben von (Nicht-Programm-)Texten ist es das übliche Verfahren. Schließlich erwarten Sie beim Lesen eines Lehrbuchs, dass der Autor die verwendete Terminologie vorab definiert, damit Sie nicht ständig im Index nachschlagen oder erraten müssen, was die Begriffe bedeuten. Die „Deklaration-vor-Verwendung"-Regel erleichtert also sowohl dem Menschen als auch dem Compiler das Lesen. Im Falle von Programmen gibt es noch einen zweiten Grund, warum die „Deklaration-vor-Verwendung" so wichtig ist. In einem Programm, das Tausende von Zeilen umfasst (vielleicht sogar Hunderttausende von Zeilen), sind die meisten Funktionen, die wir aufrufen möchten, „irgendwo anders" definiert. Wo dieses „irgendwo anders" liegt, interessiert uns in der Regel nicht – und es muss uns auch nicht interessieren, da wir für die Elemente, die wir benutzen wollen, ja nur die Deklarationen kennen müssen. So spart die Trennung in Deklaration und Definition uns (und dem Compiler) die Mühe, riesige Mengen von Programmtext zu durchforsten.

8.2.1 Arten von Deklarationen

Es gibt viele verschiedene Elemente, die ein Programmierer in C++ definieren kann. Die interessantesten sind:

- Variablen
- Konstanten
- Funktionen (siehe §8.5)
- Namensbereiche (siehe §8.7)
- Typen (Klassen und Aufzählungen, siehe Kapitel 9)
- Templates (siehe Kapitel 19)

8.2.2 Variablen- und Konstantendeklarationen

Zur Deklaration einer Variablen oder Konstanten gehören die Angabe eines Namens, eines Typs und optional eines Initialisierers. Zum Beispiel:

```
int a;              // kein Initialisierer
double d = 7;       // Initialisierer – verwendet die =-Syntax
vector<int> vi(10); // Initialisierer – verwendet die ()-Syntax
```

Die komplette Grammatik finden Sie in dem Buch *Die C++-Programmiersprache* von Stroustrup oder im ISO-C++-Standard.

Konstanten weisen die gleiche Deklarationssyntax auf wie Variablen, müssen aber mit **const** als Teil des Typs und mit obligatorischem Initialisierer geschrieben werden:

```
const int x = 7;    // Initialisierer – verwendet die =-Syntax
const int x2(9);    // Initialisierer - verwendet die ()-Syntax
const int y;        // Fehler: kein Initialisierer
```

Die Gründe, warum Konstanten mit einem obligatorischen Initialisierer deklariert werden müssen, liegen auf der Hand: Wie könnte eine **const**-Variable eine Konstante sein, wenn sie keinen Wert enthält? Aber auch für gewöhnliche Variablen ist es in der Regel eine gute Idee, diese zu initialisieren; bei nicht initialisierten Variablen sind schwer zu findende Fehler praktisch vorprogrammiert, wie das folgende Beispiel belegt:

> **Tipp**

```
void f(int z)
{
  int x;    // nicht initialisiert
  // ... hier keine Zuweisung an x ...
  x = 7;    // x erhält einen Wert
  // ...
}
```

Dieser Code sieht auf den ersten Blick recht harmlos aus, doch was passiert, wenn der erste ...-Teil Code enthält, der **x** verwendet? Zum Beispiel:

```
void f(int z)
{
  int x;   // nicht initialisiert
  // ... hier keine Zuweisung an x ...
  if (z>x) {
     // ...
  }
  // ...
  x = 7;   // x erhält einen Wert
  // ...
}
```

Da **x** nicht initialisiert ist, würde die Ausführung von **z>x** zu einem undefinierten Verhalten führen. Der Vergleich **z>x** könnte sowohl auf unterschiedlichen Maschinen als auch in unterschiedlichen Sitzungen mit dem Programm auf ein und derselben Maschine unterschiedliche Ergebnisse liefern. Theoretisch könnte **z>x** das Programm sogar zum Absturz aufgrund eines Hardwarefehlers bringen. In der Praxis wird dies aber wohl eher selten geschehen. Dafür erhalten wir unvorhersehbare Ergebnisse.

Selbstverständlich werden wir so etwas nicht absichtlich herbeiführen. Wenn wir aber unsere Variablen nicht konsequent initialisieren, wird es irgendwann unabsichtlich geschehen. Denken Sie daran, dass die meisten „dummen Fehler" (wie z.B. die Verwendung einer nicht initialisierten Variablen, der noch kein Wert zugewiesen wurde) passieren, wenn man müde ist oder unter Stress steht. Die meisten Compiler werden versuchen, Sie vor solchen Fehlern zu warnen, doch leider sind die Compiler nicht intelligent genug, um in komplexem Code – wo solche Fehler bevorzugt auftreten – alle potenziellen Fehler aufzuspüren. Es gibt Leute, die in der Initialisierung ihrer Variablen sehr nachlässig sind. Meist haben diese Leute das Programmieren in einer Sprache gelernt, in der eine konsequente Initialisierung entweder gar nicht erlaubt ist oder die wenig Anreiz dazu bietet. Beispiele hierfür werden Sie immer wieder im Code anderer Programmierer finden. Lassen Sie sich dadurch aber bitte nicht dazu verleiten, das Problem noch zu verschlimmern, indem Sie ebenfalls vergessen, die von Ihnen definierten Variablen zu initialisieren.

8.2.3 Standardinitialisierung

Vielleicht ist Ihnen aufgefallen, dass wir für **string**-, **vector**- und andere Objekte häufig auf die Angabe eines Initialisierers verzichtet haben:

```
vector<string> v;
string s;
while (cin>>s) v.push_back(s);
```

Dabei handelt es sich keineswegs um eine Ausnahme zu der Regel, dass Variablen vor der Verwendung initialisiert werden müssen. Die Erklärung dazu ist, dass **string** und **vector** so definiert sind, dass sie mit einem Standardwert initialisiert werden, wenn wir selbst keinen Initialisierungswert vorgeben. Aus diesem Grund ist vor Erreichen der Schleife sichergestellt, dass **v** ein leerer Container (enthält keine Elemente) und **s** ein leerer String ("") ist. Der Mechanismus, der die Standardinitialisierung garantiert, heißt *Standardkonstruktor*, siehe §9.7.3.

Leider erlaubt es uns die Sprache C++ nicht, solche Garantien für eingebaute Typen wie **int** oder **double** zu geben. Globale Variablen werden mit dem Standardwert 0 initialisiert, doch globale Variablen sollten Sie möglichst vermeiden. Die nützlichsten Variablen, d.h. lokale Variablen und Klassenmember, werden nicht initialisiert, es sei denn, Sie sehen einen Initialisierer (oder Standardkonstruktor) vor. Seien Sie also gewarnt!

8.3 Headerdateien

Wie verwalten wir unsere Deklarationen und Definitionen? Schließlich müssen sie konsistent sein, und in professionellen Programmen kann es Zehntausende, ja Hunderttausende von Deklarationen geben. In der Praxis sieht es meist so aus, dass die überwiegende Zahl der Definitionen, die wir in einem von uns geschriebenen Programm verwenden, nicht von uns selbst geschrieben wurde. So wurden zum Beispiel die Implementierungen von **cout** und **sqrt()** vor vielen Jahren von jemand anderem geschrieben. Wir verwenden sie nur.

Der Schlüssel zur Verwaltung von Deklarationen für Elemente, die „irgendwo anders" definiert sind, ist in C++ der Header. Ein *Header* ist eine Sammlung von Deklarationen, die meist zusammen in einer Datei definiert sind, weswegen wir meist auch von *Headerdateien* sprechen. Diese Header werden dann mithilfe von **#include** in unsere Quelldateien einkopiert. Nehmen wir z.B. an, wir wollten die Organisation des Quellcodes zu unserem Rechnerprogramm (Kapitel 6 und 7) verbessern, indem wir die Token-Verwaltung auslagern. Dazu könnten wir eine Headerdatei *token.h* anlegen, die alle Deklarationen enthält, die für die Verwendung von **Token** und **Token_stream** benötigt werden (siehe auch ▶ Abbildung 8.2).

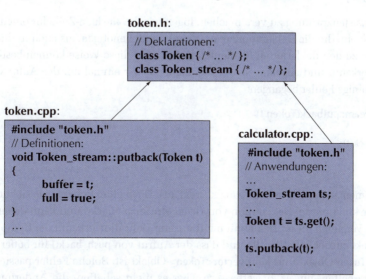

Abbildung 8.2: Die Deklarationen von **Token** und **Token_stream** stehen in der Headerdatei *token.h*, ihre Definitionen in *token.cpp*

Für C++-Headerdateien wird meist die Dateierweiterung *.h* verwendet, und *.cpp* ist die gebräuchlichste Erweiterung für C++-Quelldateien. Die Sprache C++ selbst kümmert sich übrigens überhaupt nicht um Dateierweiterungen. Trotzdem sollten Sie sich an die beschriebene Konvention halten, da sie von manchen Compilern und vielen Programmierumgebungen erwartet wird.

Die Zeile #include "file.h" kopiert einfach die Deklarationen aus *file.h* in Ihre Datei, genau an die Stelle, wo zuvor die #include-Zeile stand. Wenn Sie also eine Headerdatei *f.h* mit folgendem Inhalt aufsetzen:

```
// f.h
int f(int);
```

und diese in eine Datei *user.cpp* einkopieren:

```
// user.cpp
#include "f.h"
int g(int i)
{
   return f(i);
}
```

verarbeitet der Compiler beim Kompilieren von *user.cpp* zuerst die #include-Zeile und übersetzt dann den folgenden angepassten Quellcode:

```
int f(int);
int g(int i)
{
   return f(i);
}
```

Da die #include-Zeilen logischerweise verarbeitet werden müssen, bevor der Compiler irgendwelche anderen Schritte unternimmt, wird die #include-Direktive auch als sogenannte *Präprozessor*-Direktive bezeichnet (§A.17).

Tipp Um uns die Konsistenzprüfung zu vereinfachen, fügen wir die #include-Zeile für einen Header sowohl in die Quelldateien ein, die die Deklarationen aus dem Header benötigen, als auch in die Quelldateien, die die Definitionen zu den deklarierten Elementen liefern. Auf diese Weise können bestimmte Fehler vom Compiler früh erkannt und abgefangen werden. Nehmen wir einmal an, der Autor von **Token_stream:: putback()** hätte einige Fehler begangen:

```
Token Token_stream::putback(Token t)
{
   buffer.push_back(t);
   return t;
}
```

Für sich genommen, sieht dieser Code ganz korrekt aus. Doch glücklicherweise sieht der Compiler auch die (via #include einkopierte) Deklaration von **Token_stream::putback()** und kann daher die Fehler abfangen. Durch den Vergleich dieser Deklaration mit unserer Definition erkennt der Compiler, dass **putback()** kein **Token**-Objekt zurückliefern sollte und dass der Aufruf von **push_back()** für **buffer** nicht möglich ist, weil **buffer** ein **Token**-Objekt und kein **vector<Token>**-Objekt ist. Solche Fehler passieren, wenn wir ein Programm überarbeiten, um es zu verbessern, aber es nicht schaffen, die Änderungen konsistent im ganzen Programm vorzunehmen.

Gleiches gilt für die folgenden Fehler:

```
Token t = ts.gett();    // Fehler: kein Member gett
// ...
ts.putback();           // Fehler: fehlendes Argument
```

Auch hier gibt der Compiler sofort Fehlermeldungen aus. Die nötigen Informationen für seine Syntaxprüfung entnimmt er dem Header *token.h*.

Unser Header *std_lib_facilities.h*. enthält Deklarationen für die von uns verwendeten Elemente der Standardbibliothek, wie z.B. **cout**, **vector** und **sqrt()**, sowie für eine Reihe einfacher Hilfsfunktionen, wie **error()**, die nicht zur Standardbibliothek gehören. In §12.8 zeigen wir Ihnen, wie Sie die Header der Standardbibliothek direkt verwenden.

Header werden üblicherweise in viele Quelldateien einkopiert. Für den Header bedeutet dies, dass er nur solche Deklarationen enthalten sollte, die in den Dateien mehrfach vorkommen dürfen (wie z.B. Funktionsdeklarationen, Klassendefinitionen und die Definitionen numerischer Konstanten).

8.4 Gültigkeitsbereich

Ein *Gültigkeitsbereich* (*scope*) ist ein bestimmter Abschnitt im Programmcode. Namen werden innerhalb von Gültigkeitsbereichen deklariert und sind dann vom Ort ihrer Deklaration an bis zum Ende des Gültigkeitsbereichs gültig („in scope"). Siehe folgendes Beispiel:

```
void f()
{
    g();    // Fehler: g() ist (noch) nicht gültig
}

void g()
{
    f();    // O.K.: f() ist gültig
}

void h()
{
    int x = y;  // Fehler: y ist (noch) nicht gültig
    int y = x;  // O.K.: x ist gültig
    g();        // O.K.: g() ist gültig
}
```

Die Namen aus einem Gültigkeitsbereich sind auch in den darin eingeschlossenen Gültigkeitsbereichen sichtbar. So wie in dem obigen Beispiel, wo der Aufruf von **f()** im Gültigkeitsbereich von **g()** liegt, der wiederum im globalen Gültigkeitsbereich eingeschlossen ist. Der globale Gültigkeitsbereich ist der Gültigkeitsbereich, der in keinen anderen Gültigkeitsbereich eingeschlossen ist. Die Regel, dass jeder Name vor seiner Verwendung deklariert sein muss, hat immer noch Gültigkeit, weswegen **f()** nicht die Funktion **g()** aufrufen kann.

Es gibt verschiedene Arten von Gültigkeitsbereichen, über die wir steuern können, wo unsere Namen verwendet werden können:

- Der *globale Gültigkeitsbereich*: der Textbereich, der außerhalb jedes anderen Gültigkeitsbereichs liegt
- Ein *Namensbereich*: ein explizit benannter Gültigkeitsbereich, der innerhalb des globalen Gültigkeitsbereichs oder eines anderen Namensbereichs liegt, siehe §8.7
- Ein *Klassenbereich*: der Text innerhalb einer Klasse, siehe §9.2

- Ein *lokaler Gültigkeitsbereich*: Text zwischen den {}-Klammern eines Blocks oder in der Argumentliste einer Funktion
- Ein *Anweisungsbereich*: beispielsweise innerhalb einer **for**-Anweisung

Die wichtigste Aufgabe eines Gültigkeitsbereichs ist es, Namen lokal zu halten, sodass sie nicht mit anderswo deklarierten Namen kollidieren, zum Beispiel:

```
void f(int x)      // f ist global; x ist lokal zu f
{
   int z = x+7;    // z ist lokal
}

int g(int x)       // g ist global; x ist lokal zu g
{
   int f = x+2;    // f ist lokal
   return 2*f;
}
```

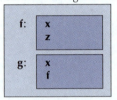

Abbildung 8.3: Globaler Gültigkeitsbereich mit zwei untergeordneten Gültigkeitsbereichen

Hier bezeichnen **x** von **f()** und **x** von **g()** unterschiedliche Objekte. Einen Namenskonflikt gibt es nicht, weil beide Namen in unterschiedlichen Gültigkeitsbereichen liegen: **x** von **f()** ist lokal zu **f** und **x** von **g()** ist lokal zu **g**. (Zwei inkompatible Deklarationen im selben Gültigkeitsbereich werden gemeinhin als *Namenskonflikt* bezeichnet.) Aus dem gleichen Grund steht das in **g()** definierte und verwendete **f** (offensichtlich) nicht für die Funktion **f()**.

Hier noch ein logisch äquivalentes, aber realistischeres Beispiel für die Verwendung des lokalen Gültigkeitsbereichs:

```
int max(int a, int b)    // max ist global; a und b sind lokal
{
   return (a>=b) ? a : b;
}

int abs(int a)           // nicht das a in max()
{
   return (a<0) ? –a : a;
}
```

Die Funktionen **max()** und **abs()** finden Sie übrigens in der Standardbibliothek, Sie müssen sie also nicht selbst schreiben. Die **?:**-Konstruktion nennt man *arithmetisches if* oder einen *bedingten Ausdruck*. Der Wert von **(a>=b)?a:b** ist gleich **a**, wenn **a>=b**, sonst **b**. Bedingte Ausdrücke ersparen uns das Schreiben von umständlichen Codekonstruktionen wie:

8.4 Gültigkeitsbereich

```
int max(int a, int b)   // max ist global; a und b sind lokal
{
  int m;                // m ist lokal
  if (a>=b)
    m = a;
  else
    m = b;
  return m;
}
```

Mit Ausnahme des globalen Gültigkeitsbereichs hält ein Gültigkeitsbereich also Namen lokal. Lokale Gültigkeit ist grundsätzlich etwas Positives, sodass Sie Ihre Namen so lokal wie möglich halten sollten. Wenn ich meine Variablen, Funktionen und anderen Elemente innerhalb von Funktionen, Klassen, Namensbereichen etc. deklariere, kommt es nicht zu Namenskonflikten mit Elementen von anderen Programmierern. Denken Sie daran, dass reale Programme *viele* Tausende von benannten Elementen enthalten. Damit solche Programme halbwegs handlich und überschaubar bleiben, muss das Gros der Namen lokal definiert sein.

Tipp

Hier noch ein etwas größeres technisches Beispiel, das illustriert, wie Namen am Ende von Anweisungen und Blöcken (einschließlich Funktionsrümpfen) ihre Gültigkeit verlieren („go out of scope").

```
// kein r, i oder v hier
class My_vector {
  vector<int> v;    // v liegt im Gültigkeitsbereich der Klasse
public:
  int largest()
  {
    int r = 0;      // r ist lokal definiert (kleinster nicht negativer int)
    for (int i = 0; i<v.size(); ++i)
      r = max(r,abs(v[i]));   // i gehört zum Gültigkeitsbereich der for-Anweisung
    // kein i hier
    return r;
  }
  // kein r hier
};
// kein v hier

int x;   // globale Variable — möglichst zu vermeiden
int y;
int f()
{
  int x;   // lokale Variable
  x = 7;   // das lokale x
  {
    int x = y;   // lokales x initialisiert durch das globale y
    ++x;         // das x aus der vorhergehenden Zeile
  }
  ++x;   // das x aus der ersten Zeile von f()
  return x;
}
```

In der Praxis sollten Sie allerdings, getreu dem Grundsatz „Keep it simple!", so komplizierte Verschachtelungen und Verdeckungen wie im obigen Beispiel vermeiden.

Je länger der Gültigkeitsbereich eines Namens ist, umso länger und aussagekräftiger sollte der Name selbst sein: **x**, **y** oder **f** sind als globale Namen der reinste Horror. Der wichtigste Grund, warum Sie in Ihren Programmen keine globale Variablen wünschen, ist, dass sich schwer überblicken lässt, von welchen Funktionen sie verändert werden. In großen Programmen ist es praktisch unmöglich zu wissen, welche Funktionen eine globale Variable ändern. Stellen Sie sich nur einmal vor, Sie wären dabei ein Programm zu debuggen und würden feststellen, dass in einer globalen Variablen plötzlich ein unerwarteter Wert steht. Wer hat der Variablen diesen Wert zugewiesen? Warum? Welche Funktionen schreiben in diese Variable? Wie können Sie das herausfinden? Die Funktion, die den anstößigen Wert in die Variable schreibt, könnte in einer Quelldatei stehen, die Sie noch gar nicht zu Gesicht bekommen haben! Gute Programme enthalten aus diesem Grund, wenn überhaupt, nur sehr wenige (sagen wir ein oder zwei) globale Variablen. Das Taschenrechnerprogramm aus den Kapiteln 6 und 7 enthielt z.B. zwei globale Variablen: den Token-Stream **ts** und die Symboltabelle **names**.

Beachten Sie, dass die meisten C++-Konstrukte, die Gültigkeitsbereiche definieren, selbst wieder in anderen Gültigkeitsbereichen eingeschlossen („verschachtelt") sind:

- Funktionen innerhalb von Klassen: Memberfunktionen (siehe §9.4.2)

```
class C {
public:
  void f();
  void g()    // eine Memberfunktion kann innerhalb ihrer Klasse
  {           // definiert werden
    // ...
  }
  // ...
};

void C::f()   // eine Memberdefinition kann aber auch außerhalb
{             // ihrer Klasse stehen
  // ...
}
```

Dies ist der häufigste und am weitesten verbreitete Fall.

- Klassen innerhalb von Klassen: Memberklassen (auch „eingebettete Klassen" genannt)

```
class C {
public:
  struct M {
    // ...
  };
  // ...
};
```

Solche Konstruktionen sind erfahrungsgemäß nur für die Implementierung komplizierter Klassen hilfreich; unser Ideal ist dagegen das Schreiben kleiner, einfacher Klassen.

8.4 Gültigkeitsbereich

- Klassen innerhalb von Funktionen: lokale Klassen

  ```
  void f()
  {
    class L {
      // ...
    };
    // ...
  }
  ```

  Vermeiden Sie diese Konstruktionen. Wenn Sie das Gefühl haben, Sie bräuchten eine lokale Klasse, ist vermutlich Ihre Funktion viel zu lang.

- Funktionen innerhalb von Funktionen: lokale Funktionen (auch „eingebettete Funktionen" genannt)

  ```
  void f()
  {
    void g()   // illegal
    {
      // ...
    }
    // ...
  }
  ```

  Dies ist in C++ nicht erlaubt. Versuchen Sie es also gar nicht erst, der Compiler wird solche Konstruktionen zurückweisen.

- Blöcke innerhalb von Funktionen oder anderen Blöcken: verschachtelte Blöcke

  ```
  void f(int x, int y)
  {
    if (x>y) {
      // ...
    }
    else {
      // ...
      {
        // ...
      }
      // ...
    }
  }
  ```

  Verschachtelte Blöcke sind nicht zu vermeiden. Hüten Sie sich aber vor zu komplizierten Verschachtelungen, da diese anfällig für Fehler sind.

C++ bietet auch ein Sprachelement, das allein der Definition von Gültigkeitsbereichen dient: **namespace** (zu deutsch „Namensbereich"), siehe §8.7.

Beachten Sie, dass wir unseren Beispielcode nach einem konsistenten Schema eingerückt haben, um zu verdeutlichen, wie der Code verschachtelt ist. Ohne einheitliche Einrückung werden verschachtelte Codekonstrukte unleserlich:

```
// riskanter, hässlicher Code
struct X {
void f(int x) {
struct Y {
int f() { return 1; } int m; };
int m;
m=x; Y m2;
return f(m2.f()); }
int m; void g(int m) {
if (m) f(m+2); else {
g(m+2); }}
X() { } void m3() {
}

void main() {
X a; a.f(2);}
};
```

Schlecht leserlicher Code ist ein gutes Versteck für Bugs. Wenn Sie mit einer IDE arbeiten, wird diese versuchen, Ihren Code automatisch sauber einzurücken (was unter einer „sauberen" Einrückung zu verstehen ist, ist dabei irgendwo in der IDE definiert). Sie können auch sogenannte „Code-Verbesserer" über Ihre Programme laufen lassen, welche den Code einer Quelldatei für Sie umformatieren (und meist mehrere Formate zur Auswahl anbieten). Letztlich liegt die Verantwortung für die Lesbarkeit Ihres Codes aber bei Ihnen selbst.

8.5 Funktionsaufrufe und -rückgabewerte

Aktionen und Berechnungen repräsentieren wir in unserem Code durch Funktionen. Wann immer wir etwas tun wollen, das einen Namen verdient, schreiben wir dafür eine Funktion. Die Sprache C++ gibt uns Operatoren (wie **+** und *****) an die Hand, mit denen wir aus Operanden in Ausdrücken neue Werte berechnen können, und Anweisungen (wie **for** und **if**), mit deren Hilfe wir die Ausführungsreihenfolge steuern können. Funktionen schließlich gestatten uns, den Code, der aus diesen Primitiven besteht, zu organisieren.

Um ihre Aufgabe erfüllen zu können, übernehmen Funktionen üblicherweise Argumente und liefern Ergebnisse zurück. Dieser Abschnitt konzentriert sich vornehmlich auf die Deklaration und Übergabe von Argumenten.

8.5.1 Argumente und Rückgabetyp deklarieren

Funktionen sind in C++ das Mittel der Wahl zur Benennung und Repräsentation von Berechnungen und Aktionen. Eine Funktionsdeklaration besteht aus einem Rückgabetyp, gefolgt vom Namen der Funktion und der in Klammern gefassten Liste der formalen Argumente, zum Beispiel:

```
double fct(int a, double d);                  // Deklaration von fct (kein Rumpf)
double fct(int a, double d) { return a*d; }   // Definition von fct
```

Zur Definition gehört zudem der Funktionsrumpf (den Anweisungen, die beim Aufruf der Funktion ausgeführt werden sollen), während eine Deklaration, die keine Definition ist, einfach mit einem Semikolon abgeschlossen wird. Formale Argumente werden häufig auch als *Parameter* bezeichnet. Wenn Sie eine Funktion schreiben möchten, die keine Argumente übernimmt, lassen Sie die formalen Argumente einfach weg, wie in:

int current_power();   // current_power übernimmt kein Argument

Wenn Sie eine Funktion schreiben möchten, die keinen Wert zurückliefern soll, geben Sie **void** als Rückgabetyp an, wie in:

void increase_power(int level);   // increase_power liefert keinen Wert zurück

Hier bedeutet **void** so viel wie „hat keinen Rückgabewert" oder „liefert nichts zurück".

Den Parametern können Sie Namen zuweisen, Sie können aber auch sowohl in der Deklaration wie in der Definition auf die Benennung der Parameter verzichten, wie in:

```
// suche nach s in vs;
// vs[hint] könnte ein guter Ort sein, um mit der Suche zu beginnen
// liefere den Index eines gefundenen Vorkommens zurück; –1 bedeutet "nicht gefunden"
int my_find(vector<string> vs, string s, int hint);   // benannte Argumente

int my_find(vector<string>, string, int);             // nicht benannte Argumente
```

Rein technisch gesehen haben Parameternamen in reinen Deklarationen keinerlei Funktion. (Das heißt, aus Sicht des Compilers ist die zweite Deklaration von **my_find()** genauso gut wie die erste, alle für den Aufruf von **myfind()** benötigten Informationen sind vorhanden.) Die Namen können allerdings beim Kommentieren der Deklarationen hilfreich sind.

In Definitionen geben wir üblicherweise allen Parametern Namen:

```
int my_find(vector<string> vs, string s, int hint)
// suche nach s in vs beginnend bei hint
{
   if (hint<0 || vs.size()<=hint) hint = 0;
   for (int i = hint; i<vs.size(); ++i)  // die Suche beginnt bei hint
      if (vs[i]==s) return i;
   if (0<hint) {   // falls s nicht gefunden wird, vor hint suchen
      for (int i = 0; i<hint; ++i)
         if (vs[i]==s) return i;
   }
   return -1;
}
```

Der **hint**-Parameter ist dazu gedacht, der Funktion einen Tipp zu geben, wo in dem **vector**-Container ein String gefunden werden könnte. Der Parameter kompliziert den Code etwas, wurde aber trotzdem eingeführt, in der Hoffnung, dass die Benutzer es nutzbringend verwenden können. Nehmen wir nun weiter an, wir hätten schon einige Zeit selbst mit **my_find()** gearbeitet und dabei festgestellt, dass wir von **hint** nur selten Gebrauch machen – d.h., die Performance wird durch unseren **hint**-Mechanismus eher verschlechtert als verbessert. Folglich würden wir den **hint**-Mechanismus gerne entfernen, stehen aber vor dem Problem, dass es „draußen" eine Menge Code gibt, der **my_find()** mit einem **hint**-Hinweis aufruft. Da wir diesen Code nicht umschreiben möchten (bzw. es gar nicht können, da es der Code von jemand anderem ist), dürfen wir auch nicht die Deklaration(en) von **my_find()** ändern. Stattdessen verwenden wir das letzte Argument einfach nicht mehr. Und da wir es nicht mehr verwenden, brauchen wir ihm auch keinen Namen zu geben:

```
int my_find(vector<string> vs, string s, int)    // 3. Argument wird nicht benutzt
{
   for (int i = 0; i<vs.size(); ++i)
      if (vs[i]==s) return i;
   return -1;
}
```

Die vollständige Grammatik der Funktionsdefinitionen können Sie in dem Buch *Die C++-Programmiersprache* von Stroustrup oder im ISO-C++-Standard nachlesen.

8.5.2 Rückgabewerte

Um einen Wert aus einer Funktion zurückzuliefern, verwenden wir eine **return**-Anweisung:

```
T f()    // f() liefert ein Objekt vom Typ T zurück
{
   V v;
   // ...
   return v;
}
```

```
T x = f();
```

Der Wert, der hier zurückgeliefert wird, ist genau der gleiche Wert, den wir erhalten hätten, wenn wir eine Variable vom Typ **T** mit einem Wert vom Typ **V** initialisiert hätten:

```
V v;
// ...
T t(v);    // initialisiere t mit v
```

Das Zurückliefern eines Wertes ist letztlich also eine Form der Initialisierung. Eine Funktion, die gemäß ihrer Deklaration einen Wert zurückliefert, muss dies auch tun. Insbesondere ist es ein Fehler, wenn ein Ausführungsweg unvermittelt das Ende der Funktion erreicht:

```
double my_abs(int x)    // Warnung: fehlerhafter Code
{
   if (x < 0)
      return -x;
   else if (x > 0)
      return x;
}    // Fehler: es wird kein Wert zurückgeliefert, wenn x gleich 0 ist
```

Vermutlich wird der Compiler gar nicht bemerken, dass wir den Fall **x==0** „vergessen" haben. Theoretisch wäre es zwar möglich, doch nur wenige Compiler sind dazu tatsächlich in der Lage. Bei komplizierten Funktionen ist es für den Compiler so gut wie unmöglich festzustellen, ob Sie daran gedacht haben, einen Wert zurückzuliefern. Achten Sie also selbst darauf, d.h., stellen Sie sicher, dass jeder denkbare Weg aus der Funktion heraus zu einer **return**-Anweisung oder einem **error()** führt.

Aus historischen Gründen stellt **main**() diesbezüglich einen Spezialfall dar. Wenn das Ende von **main**() erreicht wird, ist dies äquivalent zum Zurückliefern des Wertes 0, wodurch die „erfolgreiche Beendigung" des Programms angezeigt wird.

In Funktionen, die keinen Wert zurückliefern, können wir **return** ohne Wert dazu benutzen, die Funktion zurückkehren zu lassen – zum Beispiel:

```
void print_until_s(const vector<string> v, const string quit)
{
  for(int i=0; i<v.size(); ++i) {
    if (v[i]==quit) return;
    cout << v[i] << '\n';
  }
}
```

Wie Sie sehen, ist es auch für **void**-Funktionen gestattet, die Programmausführung bis zum Ende der Funktion „durchlaufen" zu lassen. In diesem Fall entspricht dies der Anweisung **return;**.

8.5.3 Pass-by-value

Der einfachste Weg, um ein Argument an eine Funktion zu übergeben, besteht darin, der Funktion eine Kopie des Werts hineinzureichen, den Sie als Argument verwenden möchten. Ein formales Argument einer Funktion **f**() ist eine lokale Variable in **f**(), die jedes Mal initialisiert wird, wenn **f**() aufgerufen wird. Zum Beispiel:

```
// pass-by-value (die Funktion erhält eine Kopie des übergebenen Wertes)
int f(int x)
{
  x = x+1;   // weise der lokalen Variablen x einen neuen Wert zu
  return x;
}

int main()
{
  int xx = 0;
  cout << f(xx) << endl;   // Ausgabe: 1
  cout << xx << endl;      // Ausgabe: 0; f() ändert xx nicht

  int yy = 7;
  cout << f(yy) << endl;   // Ausgabe: 8
  cout << yy << endl;      // Ausgabe: 7; f() ändert yy nicht
}
```

Da eine Kopie übergeben wird, ändert die Anweisung **x=x+1;** in **f**() nicht die Werte **xx** und **yy**, die in den beiden Aufrufen übergeben wurden (siehe ▶ Abbildung 8.4).

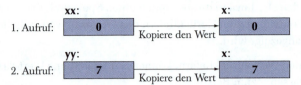

Abbildung 8.4: Übergabe von Pass-by-value-Argumenten

Die Übergabe als Wert ist ziemlich unkompliziert und kostet eigentlich nur das Kopieren des Wertes.

8.5.4 Pass-by-const-reference

Pass-by-value ist einfach, geradlinig und effizient, solange kleine Werte wie ein **int**-, **double**- oder ein **Token**-Wert (§6.3.2) übergeben werden. Doch wie sieht dies aus für große Werte, wie ein Bild (oft mehrere Millionen Bit), eine umfangreiche Wertetabelle (sagen wir Tausende von Integer-Werten) oder ein großer String (sagen wir Hunderte von Zeichen)? In solchen Fällen kann das Kopieren sehr teuer werden. Nicht dass man sich zu sehr in Kostenberechnungen verrennen sollte, aber wenn man zu viel Zeit mit der Erledigung unnötiger Aufgaben verbringt, ist dies ein Hinweis darauf, dass man seine Ideen nicht optimal umgesetzt hat. Beispielsweise könnten wir eine Funktion, die einen **vector**-Container mit Gleitkommazahlen ausgibt, wie folgt definieren:

```
void print(vector<double> v)   // pass-by-value; aber ist dies angemessen?
{
  cout << "{ ";
  for (int i = 0; i<v.size(); ++i) {
    cout << v[i];
    if (i!=v.size()–1) cout << ", ";
  }
  cout << " }\n";
}
```

Wir könnten diese **print()**-Funktion für **vector**-Container beliebiger Größe verwenden, zum Beispiel:

```
void f(int x)
{
  vector<double> vd1(10);           // kleiner Vektor
  vector<double> vd2(1000000);      // großer Vektor
  vector<double> vd3(x);            // Vektor unbekannter Größe
  // ... fülle vd1, vd2, vd3 mit Werten ...
  print(vd1);
  print(vd2);
  print(vd3);
}
```

Dieser Code funktioniert, keine Frage, doch der erste Aufruf von **print()** muss zehn **double**-Werte kopieren (ungefähr 80 Byte), der zweite Aufruf muss eine Million **double**-Werte kopieren (ungefähr 8 Megabyte) und wie viel Byte beim dritten Aufruf kopiert werden, wissen wir nicht. Die Frage, die wir uns hier stellen müssen, ist: „Warum kopieren wir die Werte überhaupt?" Unser Ziel war es eigentlich, die **vector**-Sammlungen auszugeben, nicht sie zu kopieren. Was wir offensichtlich benötigen, ist ein Weg, wie man Variablen an Funktionen übergeben kann, ohne sie kopieren zu müssen. Stellen Sie sich vor, man hätte Sie beauftragt, eine Liste der Bücher einer Bibliothek zu erstellen. In diesem Fall würden Ihnen die Bibliothekare wohl kaum eine Kopie des Bibliotheksgebäudes samt seines Inhalts schicken, sondern Ihnen einfach die Adresse der Bibliothek senden, sodass Sie die Bibliothek besuchen und die Bücher ansehen können. Was wir also suchen, ist ein Weg, wie wir unserer **print**()-Funktion die „Adresse" eines **vector**-Containers übergeben können und nicht dessen Kopie. Eine solche „Adresse" bezeichnen wir als *Verweis* oder *Referenz* und verwenden sie wie folgt:

```
void print(const vector<double>& v)    // pass-by-const-reference
{
  cout << "{ ";
  for (int i = 0; i<v.size(); ++i) {
    cout << v[i];
    if (i!=v.size()–1) cout << ", ";
  }
  cout << " }\n";
}
```

Das **&** steht für „Referenz" und das **const** soll verhindern, dass **print**() sein Argument versehentlich verändert. Abgesehen von der modifizierten Argumentdeklaration ist der Code ansonsten der gleiche geblieben. Nur dass **print**() jetzt nicht mehr auf einer Kopie operiert, sondern über die Referenz auf das Argument zugreift; wir sprechen hier von Referenzen oder Verweisen, weil solche Argumente auf Objekte verweisen, die irgendwo anders definiert sind. Der Aufruf unserer neuen **print**()-Funktion sieht genauso aus wie zuvor:

```
void f(int x)
{
  vector<double> vd1(10);           // kleiner Vektor
  vector<double> vd2(1000000);      // großer Vektor
  vector<double> vd3(x);            // Vektor unbekannter Größe
  // ... fülle vd1, vd2, vd3 mit Werten ...
  print(vd1);
  print(vd2);
  print(vd3);
}
```

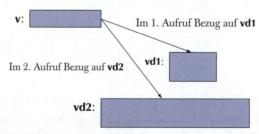

Abbildung 8.5: Übergabe von Pass-by-const-reference-Argumenten

const-Referenzen haben die nützliche Eigenschaft, dass wir die übergebenen Objekte nicht aus Versehen verändern können. Würden wir also törichterweise versuchen, innerhalb von **print**() einem der **vector**-Elemente einen neuen Wert zuzuweisen, würde der Compiler dies verhindern:

```
void print(const vector<double>& v)    // pass-by-const-reference
{
  // ...
  v[i] = 7;   // Fehler: v ist eine const-Referenz (nicht veränderbar)
  // ...
}
```

Pass-by-const-reference ist ein sehr hilfreicher und häufig genutzter Mechanismus. Kommen wir noch einmal zurück auf die Funktion **my_find()** aus §8.5.1, die in einem **vector**-Container mit **string**-Elementen nach einem bestimmten String sucht. Pass-by-value könnte hier unnötig teuer sein:

```
int my_find(vector<string> vs, string s);   // pass-by-value: Kopie
```

Wenn der **vector**-Container Tausende von Strings enthält, könnte sich die Zeit für das Kopieren selbst auf einem schnellen Rechner bemerkbar machen. Wir können die **my_find()**-Funktion folglich verbessern, indem wir sie ihre Argumente über **const**-Referenzen entgegennehmen lassen:

```
// pass-by-const-reference: keine Kopie, Nur-Lese-Zugriff
int my_find(const vector<string>& vs, const string& s);
```

8.5.5 Pass-by-reference

Und wie sieht es aus, wenn es gerade unsere Absicht ist, dass die Funktion ihre Argumente ändert? Manchmal ist dies ein ganz vernünftiger Wunsch, beispielsweise wenn Sie eine **init()**-Funktion schreiben möchten, die den Elementen eines **vector**-Containers Werte zuweisen soll:

```
void init(vector<double>& v) // pass-by-reference
{
  for (int i = 0; i<v.size(); ++i) v[i] = i;
}

void g(int x)
{
  vector<double> vd1(10);          // kleiner Vektor
  vector<double> vd2(1000000);     // großer Vektor
  vector<double> vd3(x);           // Vektor unbekannter Größe

  init(vd1);
  init(vd2);
  init(vd3);
}
```

Hier möchten wir, dass **init()** den übergebenen Argument-Vektor verändert. Folglich lassen wir das Argument nicht kopieren (übergeben es also nicht via pass-by-value) und deklarieren die Referenz auch nicht als **const** (übergeben das Argument also nicht via pass-by-const-reference), sondern geben der Funktion einfach eine „ganz normale Referenz" auf das **vector**-Objekt an die Hand.

Technisch gesehen ist eine Referenz ein Konstrukt, welches es dem Programmierer gestattet, einen neuen Namen für ein bestehendes Objekt zu deklarieren. So ist zum Beispiel **int&** eine Referenz auf ein **int**-Objekt und wir können schreiben:

```
int i = 7;

int& r = i;   // r ist eine Referenz auf i
r = 9;        // i wird zu 9
i = 10;
cout << r << ' ' << i << '\n';   // Ausgabe: 10 10
```

Das heißt: Jeder Zugriff auf **r** ist letztlich ein Zugriff auf **i**.

Referenzen können auch als synonyme Kurzschreibweisen (Aliase) verwendet werden. Stellen Sie sich zum Beispiel vor, wir hätten folgende Variable vorliegen

```
vector< vector<double> > v;   // Vektor von Vektoren mit double-Werten
```

und wir müssten mehrfach auf das Element **v[f(x)][g(y)]** zugreifen. Der Ausdruck **v[f(x)][g(y)]** ist zweifelsohne recht kompliziert, weswegen wir ihn nicht öfters eintippen möchten als unbedingt nötig. Wären wir allein an seinem Wert interessiert, könnten wir schreiben:

```
double val = v[f(x)][g(y)];   // val ist der Wert von v[f(x)][g(y)]
```

und dann **val** mehrfach verwenden. Wenn wir aber nicht nur aus **v[f(x)][g(y)]** lesen, sondern auch in **v[f(x)][g(y)]** schreiben müssen, hilft uns obige Konstruktion nicht weiter. In solchen Fällen können Referenzen recht nützlich sein:

```
double& var = v[f(x)][g(y)];   // var ist eine Referenz auf v[f(x)][g(y)]
```

Jetzt können wir **v[f(x)][g(y)]** via **var** lesen und schreiben:

```
var = var/2+sqrt(var);
```

Diese Schlüsseleigenschaft der Referenzen, dass sie als Aliase für bestimmte Objekte dienen können, ist der Grund dafür, dass sie sich so gut als Parameter eignen. Zum Beispiel:

```
// pass-by-reference (die Funktion erhält einen Verweis auf die übergebene Variable)
int f(int& x)
{
  x = x+1;
  return x;
}


int main()
{
  int xx = 0;
  cout << f(xx) << endl;   // Ausgabe: 1
  cout << xx << endl;      // Ausgabe: 1; f() ändert den Wert von xx

  int yy = 7;
  cout << f(yy) << endl;   // Ausgabe: 8
  cout << yy << endl;      // Ausgabe: 8; f() ändert den Wert von yy
}
```

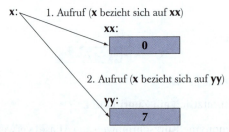

Abbildung 8.6: Übergabe von Pass-by-reference-Argumenten

Vergleichen Sie dies mit dem Beispiel aus §8.5.3.

Pass-by-reference ist eine äußerst wichtige und mächtige Technik, die es uns erlaubt, eine Funktion direkt auf einem beliebigen Objekt operieren zu lassen, für das wir eine Referenz übergeben. Ein Beispiel für die Möglichkeiten dieser Technik ist die Implementierung von Tausch-Funktionen (*swapping*). Swapping ist eine immens wichtige Operation, die Bestandteil vieler Algorithmen, beispielsweise zum Sortieren, ist. Mithilfe der Referenzen können wir eine Funktion, die **double**-Werte tauscht, wie folgt schreiben:

```
void swap(double& d1, double& d2)
{
  double temp = d1;   // kopiere den Wert von d1 nach temp
  d1 = d2;            // kopiere den Wert von d2 nach d1
  d2 = temp;          // kopiere den alten Wert von d1 nach d2
}

int main()
{
  double x = 1;
  double y = 2;
  cout << "x == " << x << " y== " << y << '\n';   // Ausgabe: x==1 y==2
  swap(x,y);
  cout << "x == " << x << " y== " << y << '\n';   // Ausgabe: x==2 y==1
}
```

Die Standardbibliothek stellt für jeden beliebigen Typ, der kopierbar ist, eine **swap()**-Implementierung zur Verfügung, sodass Sie also keine eigenen **swap()**-Funktionen schreiben müssen.

8.5.6 Pass-by-value kontra pass-by-reference

Wann sollte man nun pass-by-value, pass-by-reference und wann pass-by-const-reference verwenden? Betrachten wir zunächst ein rein technisches Beispiel:

```
void f(int a, int& r, const int& cr)
{
  ++a;    // ändere die lokale Variable a
  ++r;    // ändere das Objekt, auf das r verweist
  ++cr;   // Fehler: cr ist const
}
```

Wenn Sie den Wert des übergebenen Objekts verändern möchten, müssen Sie eine nicht konstante Referenz verwenden (pass-by-value gibt Ihnen lediglich eine Kopie an die Hand und pass-by-const-reference hindert Sie daran, den Wert des übergebenen Objekts zu ändern). Wir können also folgenden Versuch unternehmen:

```
void g(int a, int& r, const int& cr)
{
    ++a;         // ändere die lokale Variable a
    ++r;         // ändere das Objekt, auf das r verweist
    int x = cr;  // lies das Objekt, auf das r verweist
}

int main()
{
    int x = 0;
    int y = 0;
    int z = 0;

    g(x,y,z);    // x==0; y==1; z==0
    g(1,2,3);    // Fehler: Referenzargument r benötigt eine Variable, auf die es verweisen kann
    g(1,y,3);    // O.K.: da cr const ist, können wir ein Literal übergeben
}
```

Wenn wir also den Wert eines Objekts, das als Referenz übergeben wurde, verändern wollen, müssen wir ein Objekt übergeben. Das Integer-Literal **2** ist technisch gesehen nur ein einfacher Wert (ein R-Wert), kein Objekt, das einen Wert hält. Für den **r**-Parameter von **g()** ist es daher nicht geeignet, der Parameter verlangt einen L-Wert, also etwas, das auch auf der linken Seite einer Zuweisung stehen könnte.

Dagegen ist für die **const**-Referenz kein L-Wert nötig. Sie kann – wie eine Initialisierung oder eine Pass-by-value-Übergabe – den Wert auch umwandeln. Was beim letzten Aufruf, **g(1,y,3)**, grundsätzlich passiert, ist Folgendes: Der Compiler legt für den **cr**-Parameter von **g()** einen **int**-Wert beiseite, auf den **cr** verweisen kann:

g(1,y,3); // bedeutet: int __compiler_generated = 3; g(1,y,__compiler_generated)

Solche vom Compiler erzeugten Objekte werden auch als *temporäre Objekte* bezeichnet. Als Faustregel gilt:

1 Verwenden Sie pass-by-value, um sehr kleine Objekte zu übergeben.

2 Verwenden Sie pass-by-const-reference, um große Objekte zu übergeben, die Sie nicht verändern müssen.

3 Falls möglich geben Sie lieber ein Ergebnis zurück, als ein Objekt über einen Referenzparameter zu verändern.

4 Verwenden Sie pass-by-reference nur, wenn Sie müssen.

Diese Regeln führen zu dem einfachsten, am wenigsten fehleranfälligen und effizientesten Code. Unter „sehr klein" verstehen wir hier ein oder zwei **int**- oder **double**-Werte oder etwas in dieser Größenordnung. Wenn wir ein Argument sehen, das als nicht konstante Referenz übergeben wird, müssen wir davon ausgehen, dass die aufgerufene Funktion das Argument verändert.

Die dritte Regel weist darauf hin, dass es zwei alternative Wege gibt, wie Sie eine Funktion dazu nutzen können, den Wert einer Variablen zu ändern. Betrachten Sie dazu folgenden Code:

```
int incr1(int a) { return a+1; }    // liefere den neuen Wert als Ergebnis zurück
void incr2(int& a) { ++a; }         // modifiziere das Objekt, das als Referenz übergeben wurde

int x = 7;
x = incr1(x);    // hier ist relativ klar, was geschieht
incr2(x);        // hier ist nicht klar, was geschieht
```

Was spricht dann überhaupt noch für nicht konstante Referenzen? Manchmal sind sie einfach unverzichtbar, um

- Container (z.B. **vector**) zu bearbeiten;
- Funktionen zu schreiben, die mehrere Objekte ändern (eine Funktion kann nur einen Rückgabewert haben).

Zum Beispiel:

```
void larger(vector<int>& v1, vector<int>& v2)
  // sorge dafür, dass in v1 auf jeder Position immer das größere Element der
  // beiden Elemente aus v1 und v2 steht;
  // sorge ebenso dafür, dass in v2 auf jeder Position immer das kleinere Element steht
{
  if (v1.size()!=v2.size()) error("larger(): unterschiedliche Containergroessen");
  for (int i=0; i<v1.size(); ++i)
    if (v1[i]<v2[i])
      swap(v1[i],v2[i]);
}

void f()
{
  vector<int> vx;
  vector<int> vy;
  // lies vx und vy aus der Eingabe
  larger(vx,vy);
  // ...
}
```

Für eine Funktion wie **larger()** sind Pass-by-reference-Argumente die einzige vernünftige Alternative.

Funktionen, die mehrere Objekte verändern, sollte man am besten vermeiden. Alternativen sind rein theoretisch immer möglich, und sei es, dass man ein Klassenobjekt zurückliefert, das die verschiedenen Werte in sich bündelt. Nichtsdestoweniger gibt es unzählige Programme, die auf Funktionen basieren, die ein oder mehr Argumente verändern. Es ist also höchst wahrscheinlich, dass Sie früher oder später auf solchen Code treffen. Beispielsweise werden in Fortran – Fortran war für nahezu 50 Jahre die wichtigste Programmiersprache für numerische Berechnungen – alle Argumente als Referenzen übergeben. Viele Programmierer, die numerische Berechnungen durchführen müssen, kopieren Fortran-Designs oder rufen Funktionen auf, die in Fortran geschrieben wurden. Solcher Code übergibt häufig via pass-by-reference oder pass-by-const-reference.

Wenn wir uns für die Übergabe als Referenz entscheiden, nur um das Kopieren zu umgehen, verwenden wir eine **const**-Referenz. Umgekehrt ist ein nicht konstanter Referenzparameter für uns ein Indikator, dass die Funktion den Wert ihres Arguments verändert. Das heißt, wir nehmen nicht nur an, dass die Funktion das übergebene Argument verändern könnte, sondern setzen voraus, dass sie dies auch tut. Entsprechend vorsichtig sind wir beim Aufruf der Funktion, schließlich möchten wir nicht von irgendwelchen unterwarteten Effekten überrascht werden.

8.5.7 Argumentüberprüfung und -umwandlung

Ein Argument zu übergeben, bedeutet letztlich, dass das formale Argument der Funktion mit dem aktuellen Argument aus dem Aufruf initialisiert wird. Betrachten wir dazu folgendes Beispiel:

```
void f(T x);
f(y);
T x=y;   // initialisiere x mit y (siehe §8.2.2)
```

Der Aufruf **f(y)** im obigen Code ist immer dann legal, wenn es auch die Initialisierung **T x=y;** ist, und wenn der Aufruf legal ist, wird auch den beiden **x**-Variablen der gleiche Wert zugewiesen. Zum Beispiel:

```
void f(double);

void g(int y)
{
  f(y);
  double x(y);
}
```

Beachten Sie, dass es für die Initialisierung von **x** mit **y** nötig ist, dass ein **int**-Wert in einen **double**-Wert umgewandelt wird. Das Gleiche geschieht in dem Aufruf von **f()**. Der von **f()** empfangene **double**-Wert ist der gleiche, der auch in **x** gespeichert wird.

Umwandlungen sind häufig gewünscht und hilfreich, produzieren aber manchmal überraschende Ergebnisse (siehe §3.9.2). Folglich sollten wir im Umgang mit ihnen Vorsicht walten lassen. Einen **double**-Wert als Argument an eine Funktion zu übergeben, die einen **int**-Wert erwartet, ist beispielsweise selten eine gute Idee:

```
void ff(int);

void gg(double x)
{
  ff(x);   // Woher wissen Sie, ob dies sinnvoll ist?
}
```

Wenn es tatsächlich Ihre Absicht ist, einen **double**-Wert auf einen **int**-Wert abzurunden, sagen Sie dies auch durch Kommentare oder durch explizite Typumwandlung:

```
void ggg(double x)
{
  int x1 = x;   // schneidet die Nachkommastellen von x ab
  int x2 = int(x);
}
```

```
ff(x1);
ff(x2);

ff(x);        // schneidet die Nachkommastellen von x ab
ff(int(x));
}
```

Auf diese Weise kann der nächste Programmierer, der in den Code schaut, sicher sein, dass Sie über das Problem nachgedacht haben.

8.5.8 Implementierung von Funktionsaufrufen

Was geschieht eigentlich im Computer, wenn ein Funktionsaufruf ausgeführt wird? Die Funktionen **express()**, **term()** und **primary()** aus den Kapiteln 6 und 7 eignen sich hervorragend, um die Vorgänge im Computer zu veranschaulichen – mit einer Einschränkung: die Funktionen verwenden keine Argumente, sodass wir an ihrem Beispiel schlecht erklären können, wie Argumente übergeben werden. Doch halt! Irgendeine Art Eingabe *müssen* sie entgegennehmen oder sie wären kaum in der Lage, eine sinnvolle Aufgabe zu erledigen. Tatsächlich besitzen sie so etwas wie ein implizites Argument: ein globales **Token_stream**-Objekt namens **ts**, über das sie ihre Eingabe entgegennehmen. Der Zugriff über eine globale Variable verschleiert etwas die tatsächlichen Vorgänge und ist für unsere Zwecke nicht wirklich geeignet. Wir können die Funktionen aber verbessern und an unsere Bedürfnisse anpassen, indem wir sie ein **Token_stream&**-Argument entgegennehmen lassen. In den folgenden Funktionsdefinitionen wurden die **Token_stream&**-Parameter ergänzt und der Code, der für die Implementierung des Funktionsaufrufs unerheblich ist, wurde weggelassen. Die Definition unseres ersten Kandidaten, **expression()**, weist keine großen Besonderheiten auf. Die Funktion besitzt einen Parameter (**ts**) und zwei lokale Variablen (**left** und **t**):

```
double expression(Token_stream& ts)
{
  double left = term(ts);
  Token t = ts.get();
  // ...
}
```

Die zweite Funktion, **term()**, sieht ähnlich aus wie **expression()**, besitzt aber zusätzlich eine lokale Variable (**d**), in der sie den Divisor einer Division ('/'-Fall) speichert:

```
double term(Token_stream& ts)
{
  double left = primary(ts);
  Token t = ts.get();
  // ...
    case '/':
    {
      double d = primary(ts);
      // ...
    }
    // ...
}
```

Die dritte Funktion, **primary()**, ähnelt **term()**, besitzt aber keine lokale Variable **left**:

8.5 Funktionsaufrufe und -rückgabewerte

```
double primary(Token_stream& ts)
{
  Token t = ts.get ();
  switch (t.kind) {
  case '(':
    { double d = expression(ts);
      // ...
    }
    // ...
  }
}
```

Nachdem die Funktionen nun nicht mehr „heimlich auf globale Variablen" zurückgreifen, sind sie für unsere Demonstration nahezu perfekt: Sie besitzen einen Parameter, haben lokale Variablen und rufen sich gegenseitig auf. Wenn Sie möchten, können Sie noch einmal zurückblättern und sich in Erinnerung rufen, wie die vollständigen Definitionen von **expression()**, **term()** und **primary()** aussehen. Notwendig ist dies aber nicht, da alle Elemente, die für den Funktionsaufruf bedeutsam sind, hier aufgeführt sind.

Wenn eine Funktion aufgerufen wird, richtet die Sprachimplementierung für den Aufruf eine Datenstruktur ein, in der alle zugehörigen Parameter und lokalen Variablen enthalten sind. Wird zum Beispiel **expression()** aufgerufen, sorgt der Compiler dafür, dass die Struktur aus ▶ Abbildung 8.7 angelegt wird.

Aufruf von **expression()**:	ts
	left
	t
	Implementierungs-details

Abbildung 8.7: Datenstruktur für den Aufruf von **expression()** (Die „Implementierungsdetails" variieren von Implementierung zu Implementierung; in der Regel verbergen sich dahinter Informationen, die von der Funktion benötigt werden, um zum Aufrufer zurückzukehren und diesem gegebenenfalls einen Rückgabewert zu liefern.)

Eine solche Datenstruktur wird als *function activation record* (Aktivierungsdatensatz der Funktion) bezeichnet, ihr Aufbau hängt von der jeweiligen Funktion ab. Beachten Sie, dass aus Sicht der Implementierung ein Parameter nichts anderes als eine weitere lokale Variable ist.

So weit, so gut! Jetzt ruft **expression()** die Funktion **term()** auf. Folglich stellt der Compiler sicher, dass für diesen Aufruf von **term()** ein Aktivierungsdatensatz eingerichtet wird (siehe ▶ Abbildung 8.8).

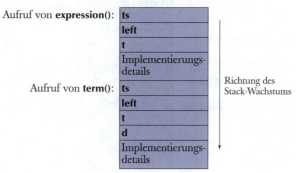

Abbildung 8.8: Aktivierungsdatensätze, nachdem **expression()** die Funktion **term()** aufgerufen hat

8 Technische Details: Funktionen und mehr

Wie bereits angemerkt, besitzt **term()** eine zusätzliche Variable **d**, die eventuell Werte aufnehmen muss. Wir berücksichtigen dies, indem wir im Aktivierungsdatensatz des Aufrufs Speicher für die Variable reservieren. Dass die Variable im Code der Funktion womöglich gar nicht verwendet wird, soll uns dabei nicht weiter stören. Für vernünftige Funktionen (hierzu gehören alle Funktionen, die wir in diesem Buch direkt oder indirekt verwenden) hängen die Kosten für die Einrichtung eines Aktivierungsdatensatzes nicht von seiner Größe ab. Die lokale Variable **d** wird nur initialisiert, wenn wir den **case '/'**-Teil ausführen. Danach ruft **term()** die Funktion **primary()** auf und wir erhalten ▶ Abbildung 8.9.

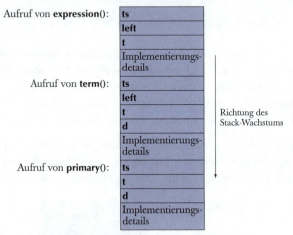

Abbildung 8.9: Aktivierungsdatensätze, nachdem **term()** die Funktion **primary()** aufgerufen hat

Das Ganze beginnt sich etwas zu wiederholen, denn nun ruft **primary()** die Funktion **expression()** auf (siehe ▶ Abbildung 8.10).

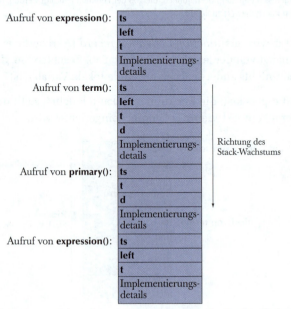

Abbildung 8.10: Aktivierungsdatensätze, nachdem **primary()** die Funktion **expression()** aufgerufen hat

8.5 Funktionsaufrufe und -rückgabewerte

Dieser Aufruf von **expression()** bekommt seinen eigenen Aktivierungsdatensatz, der mit dem ersten **expression()**-Aufruf nichts zu tun hat. Wären die beiden Datensätze nicht voneinander unabhängig, könnten wir die Variablen **left** und **t** aus den beiden Aufrufen nicht unterscheiden, was uns in eine äußerst missliche Lage bringen würde. Funktionen, die sich auf direktem oder (wie hier) indirektem Wege selbst aufrufen, bezeichnen wir als *rekursiv*. Wie Sie sehen können, ergeben sich rekursive Funktionen ganz natürlich aus der Implementierungstechnik, die wir für Funktionsaufruf und -rückkehr verwenden (und umgekehrt).

Jedes Mal, wenn wir also eine Funktion aufrufen, wächst der *Stapel der Aktivierungsdatensätze*, kurz *Stack* („Stapel") genannt, um einen weiteren Datensatz. Wenn umgekehrt eine Funktion zurückkehrt, wird ihr Datensatz nicht weiter benötigt. Wenn also beispielsweise der letzte Aufruf von **expression()** zu **primary()** zurückkehrt, sieht der Stack wieder wie in ▶ Abbildung 8.11 aus.

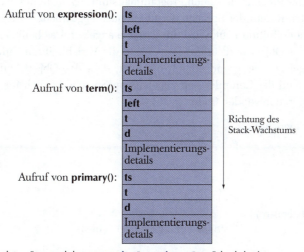

Abbildung 8.11: Aktivierungsdatensätze, nachdem **expression()** zu **primary()** zurückgekehrt ist

Und wenn der Aufruf von **primary()** zu **term()** zurückkehrt, erreicht der Stack wieder den Zustand aus ▶ Abbildung 8.12.

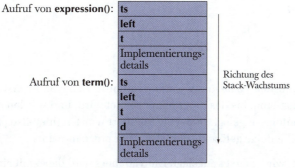

Abbildung 8.12: Aktivierungsdatensätze, nachdem **primary()** zu **term()** zurückgekehrt ist

Und so weiter. Der Stack, auch *Aufrufstack* genannt, ist eine Datenstruktur, die an einem Ende nach der Regel wächst und schrumpft: „last in, first out" (zuletzt hinein, zuerst hinaus).

Wie der Aufrufstack im Detail implementiert und eingesetzt ist, variiert von C++-Implementierung zu C++-Implementierung; alle Implementierungen basieren aber auf den hier skizzierten Grundlagen. Muss man wissen, wie Funktionsaufrufe intern implementiert werden, um sie korrekt verwenden zu können? Natürlich nicht, und wir sind mit den Funktionsaufrufen ja auch vor den Ausführungen in diesem Abschnitt gut zurechtgekommen. Viele Programmierer interessieren sich aber für diese Details und viele benutzen Begriffe wie „Aktivierungsdatensatz" oder „Aufrufstack", sodass man zumindest wissen sollte, was diese Begriffe bedeuten.

8.6 Auswertungsreihenfolge

Bei der Auswertung eines Programms – auch Programmausführung genannt – werden die Anweisungen des Programms nach den Regeln der Sprache der Reihe nach abgearbeitet. Wenn dieser „Ausführungspfad" auf eine Variablendefinition trifft, wird die Variable angelegt. Das heißt, es wird Speicher für das Objekt reserviert und das Objekt wird initialisiert. Wenn die Variable ihren Gültigkeitsbereich verlässt, wird die Variable aufgelöst, was grundsätzlich bedeutet, dass das Objekt, auf das sich die Variable bezieht, gelöscht wird und der Compiler den zugehörigen Speicherbereich für andere Zwecke nutzen kann. Betrachten wir hierzu folgenden Code:

```cpp
string program_name = "toericht";
vector<string> v;                      // v ist global

void f()
{
  string s;                            // s ist lokal zu f
  while (cin>>s && s!="beenden") {
    string stripped;                   // stripped ist lokal zu der Schleife
    string not_letters;
    for (int i=0; i<s.size(); ++i)     // i ist lokal zum Anweisungsbereich
      if (isalpha(s[i]))
        stripped += s[i];
      else
        not_letters += s[i];
    v.push_back(stripped);
    // ...
  }
  // ...
}
```

Globale Variablen wie **program_name** und **v** werden initialisiert, bevor die erste Anweisung von **main**() ausgeführt wird. Sie existieren, bis das Programm beendet wird, und werden dann aufgelöst. Sie werden in derselben Reihenfolge angelegt, in der sie definiert wurden (hier also **program_name** vor **v**) und in der umgekehrten Reihenfolge gelöscht (hier also **v** vor **program_name**).

Wenn jemand **f**() aufruft, wird zuerst **s** angelegt. Die Variable **s** wird dabei mit einem leeren String initialisiert und existiert danach, bis die Funktion **f**() zurückkehrt.

Jedes Mal, wenn wir in den Block eintreten, der den Rumpf der **while**-Schleife bildet, werden **stripped** und **not_letters** angelegt. Da **stripped** vor **not_letters** definiert ist, wird **stripped** auch vor **not_letters** angelegt. Sie existieren bis zum Ende der Schleife, wo sie noch vor der erneuten Auswertung der Bedingung in der umgekehrten Reihenfolge ihrer Erzeugung aufgelöst werden (also **not_letters** vor **stripped**). Wenn wir also zehn Strings bearbeiten, bevor wir auf den String **"quit"** treffen, werden **stripped** und **not_letters** zehnmal angelegt und wieder aufgelöst.

Jedes Mal, wenn wir zur **for**-Schleife kommen, wird **i** angelegt. Jedes Mal, wenn wir die **for**-Schleife verlassen, wird **i** aufgelöst – noch bevor die Anweisung **v.push_back(stripped);** erreicht wird.

Beachten Sie, dass Compiler (und Linker) ziemlich clevere Zeitgenossen sind, die das Recht haben (und davon auch Gebrauch machen), den Code zu optimieren – solange das Ergebnis zu den hier dargelegten Erläuterungen äquivalent ist. Insbesondere gehört hierzu, dass die Compiler aufpassen, dass sie nicht unnötig Speicher allozieren und freigeben.

8.6.1 Auswertung von Ausdrücken

Die Auswertungsreihenfolge von Unterausdrücken unterliegt Regeln, die eher dazu gedacht sind, einem Optimierer die Arbeit zu erleichtern als einem Programmierer. Das ist bedauernswert, aber in Anbetracht der Tatsache, dass wir allzu komplizierte Ausdrücke sowieso vermeiden sollten, ist dies etwas, womit wir uns arrangieren können. Sie müssen lediglich eine einfache Regel beherzigen, die Sie aus jeglichem Ärger heraushält: Wenn Sie den Wert einer Variablen in einem Ausdruck verändern, greifen Sie in diesem Ausdruck nicht ein zweites Mal auf die Variable zu. Betrachten Sie dazu folgende Beispiele:

```
v[i] = ++i;                     // vermeiden: undefinierte Auswertungsreihenfolge
v[++i] = i;                     // vermeiden: undefinierte Auswertungsreihenfolge
int x = ++i + ++i;              // vermeiden: undefinierte Auswertungsreihenfolge
cout << ++i << ' ' << i << '\n';// vermeiden: undefinierte Auswertungsreihenfolge
f(++i,++i);                     // vermeiden: undefinierte Auswertungsreihenfolge
```

Unglücklicherweise warnen nicht alle Compiler vor schlechtem Code wie diesem; der Code ist schlecht, weil Sie sich nicht darauf verlassen können, dass die Ergebnisse noch die gleichen sind, wenn Sie Ihren Code auf einen anderen Computer portieren, einen anderen Compiler verwenden oder mit anderen Optimierungseinstellungen arbeiten. Compiler interpretieren solchen Code auf sehr unterschiedliche Weise; meiden Sie daher derartigen Code.

Beachten Sie in diesem Zusammenhang auch, dass die Zuweisung **=** in einem Ausdruck einfach als weiterer Operator angesehen wird. Es gibt also keine Garantie dafür, dass die linke Seite einer Zuweisung vor der rechten Seite ausgewertet wird. Das ist die Erklärung dafür, dass **v[++i]=i** undefiniert ist.

8.6.2 Globale Initialisierung

Die globalen Variablen (sowie die Namensbereich-Variablen, siehe §8.7) einer einzelnen Übersetzungseinheit werden in der Reihenfolge initialisiert, in der sie im Quellcode auftauchen. Zum Beispiel:

```
// Datei f1.cpp
int x1 = 1;
int y1 = x1+2;   // y1 wird zu 3
```

Die Initialisierung erfolgt logischerweise „bevor der Code in **main()** ausgeführt wird".

Von einzelnen außergewöhnlichen Umständen abgesehen ist der Einsatz globaler Variablen keine gute Idee. Dass es für den Programmierer keinen wirklich effizienten Weg gibt, sich darüber zu informieren, welche Teile eines größeren Programms die globale Variable lesen oder in sie schreiben, haben wir bereits erwähnt (§8.4). Ein weiteres Problem ist, dass die Reihenfolge für die Initialisierung von globalen Variablen aus verschiedenen Übersetzungseinheiten nicht definiert ist:

```
// Datei f2.cpp
extern int y1;
int y2 = y1+2;   // y2 wird zu 2 oder 5
```

Solchen Code sollten Sie gleich aus mehreren Gründen vermeiden: Er verwendet globale Variablen, er weist den globalen Variablen kurze Namen zu und er verwendet ein kompliziertes Initialisierungsmuster für die Variablen. Wenn die globalen Variablen aus der Datei *f1.cpp* vor den globalen Variablen aus *f2.cpp* initialisiert werden, wird **y2** mit dem Wert **5** initialisiert (wie es die meisten Programmierer ganz zu Recht, wenn auch ein wenig naiv erwarten würden). Wenn dagegen umgekehrt die globalen Variablen aus der Datei *f2.cpp* vor den globalen Variablen aus *f1.cpp* initialisiert werden, wird **y2** mit dem Wert **2** initialisiert (weil der Speicherbereich globaler Variablen mit **0** initialisiert wird, bevor irgendwelche komplizierteren Initialisierungen versucht werden). Vermeiden Sie solchen Code und seien Sie gewarnt, wenn Sie globale Variablen mit nicht trivialen Initialisierern sehen (wobei jeder Initialisierer, der kein konstanter Ausdruck ist, als kompliziert einzustufen ist).

Was aber ist zu tun, wenn sich die Verwendung einer globalen Variablen (oder Konstante) mit einem komplizierten Initialisierer vermeiden lässt? Ein mögliches Szenario hierfür könnte ein Standardwert für einen **Date**-Typ sein, der Teil einer Bibliothek zur Unterstützung von Geschäftstransaktionen ist:

```
const Date default_date(1970,1,1);   // das Standarddatum ist 1. Januar 1970
```

Wie können wir sicher sein, dass die globale Variable **default_date** vor ihrer Initialisierung nicht verwendet wird? Genau genommen können wir nicht sicher sein, weswegen wir solche Definitionen nicht schreiben sollten. Stattdessen ziehen wir, wo immer möglich, eine Technik vor, die auf einem Funktionsaufruf beruht, der uns den gewünschten Wert zurückliefert:

```
const Date default_date()   // liefert den Standardwert für Date zurück
{
    return Date(1970,1,1);
}
```

Tipp Diese Technik erzeugt das **Date**-Objekt jedes Mal, wenn wir **default_date()** aufrufen. Für die meisten Anwendungen dürfte dies genügen, doch wenn **default_date()** häufig aufgerufen wird, wird die ständige Neuerzeugung des Datums teuer. Dann wäre es besser, das **Date**-Objekt nur ein einziges Mal zu erzeugen:

```
const Date& default_date()
{
    static const Date dd(1970,1,1);   // initialisiere dd beim ersten Aufruf
    return dd;
}
```

Lokale Variablen, die als **static** deklariert sind, werden einmalig beim ersten Aufruf der Funktion initialisiert (erzeugt). Beachten Sie außerdem, dass wir eine Referenz zurückliefern, um unnötiges Kopieren zu vermeiden, und – ganz wichtig – dass es sich um eine **const**-Referenz handelt, damit die aufrufende Funktion den erhaltenen Datumswert nicht versehentlich ändert. Die Grundsätze für die Übergabe von Argumenten (§8.5.6) gelten ebenso für das Zurückliefern von Rückgabewerten.

8.7 Namensbereiche

Wir verwenden Blöcke, um den Code innerhalb einer Funktion zu organisieren (§8.4). Wir verwenden Klassen, um Funktionen, Daten und Typen in Form eines Typs zu organisieren (Kapitel 9). Funktionen und Klassen sind in zweierlei Hinsicht von Nutzen für uns:

- Sie erlauben uns, eine Reihe von „Elementen" zu definieren, ohne uns darum sorgen zu müssen, dass deren Namen mit anderen Namen in unserem Programm kollidieren könnten.
- Sie liefern uns einen Namen, über den wir uns auf das, was wir definiert haben, beziehen können.

Was uns bis dato aber noch fehlt, ist ein Weg, wie wir Klassen, Funktionen, Daten und Typen zu einem identifizierbaren, benannten Teil eines Programms zusammenfassen können, ohne dazu einen Typ definieren zu müssen. Das zugehörige Sprachkonzept, welches uns eine solche Gruppierung von Deklarationen ermöglicht, heißt *Namensbereich*. Beispielsweise könnten wir mit dem Gedanken spielen, eine Grafikbibliothek mit Klassen wie **Color**, **Shape**, **Line**, **Function** und **Text** aufzubauen (siehe Kapitel 13):

```cpp
namespace Graph_lib {
    struct Color { /* ... */ };
    struct Shape { /* ... */ };
    struct Line : Shape { /* ... */ };
    struct Function : Shape { /* ... */ };
    struct Text : Shape { /* ... */ };
    // ...
    int gui_main() { /* ... */ }
}
```

Es ist mehr als wahrscheinlich, dass andere Programmierer irgendwo in der Welt die gleichen Namen verwendet haben, doch dies ist jetzt kein Problem mehr. Auch wenn Sie irgendetwas unter dem Namen **Text** definieren, führt dies nicht zum Konflikt mit unserem **Text**-Typ. **Graph_lib::Text** ist eine unserer Klassen, Ihr **Text** ist es nicht. Probleme gibt es nur, wenn Sie eine Klasse oder einen Namensbereich **Graph_lib** hätten, der oder die ein Element namens **Text** beinhaltet. **Graph_lib** ist ein etwas unschöner Name, hat aber den Vorteil, dass er wahrscheinlich seltener anderswo verwendet wird als der „hübschere und naheliegende" Name **Graphics**.

Nehmen wir an, Ihr **Text**-Element wäre Teil einer Bibliothek zur Textbearbeitung. Die gleichen Überlegungen, die uns dazu geführt haben, unsere Grafikelemente in einen Namensbereich **Graph_lib** zu stellen, sollten Sie überzeugen, Ihre Textbearbeitungselemente in einen Namensbereich wie z.B. **TextLib** zu organisieren:

```cpp
namespace TextLib {
    class Text { /* ... */ };
    class Glyph { /* ... */ };
    class Line { /* ... */ };
    // ...
}
```

Hätten wir, Sie und ich, beide den globalen Namensbereich verwendet, hätte uns dies in echte Schwierigkeiten bringen können. Programmierer, die versuchen, beide Bibliotheken zu verwenden, würden wegen **Text** und **Line** mit ernsthaften Namenskonflikten zu kämpfen haben. Und wenn beide Bibliotheken für sich bereits von vielen Kunden verwendet würden, könnten wir zur Lösung der

Namenskonflikte noch nicht einmal die Namen der betroffenen Elemente (hier **Line** und **Text**) ändern. Derlei Probleme haben wir durch den Einsatz von Namensbereichen von vornherein ausgeschlossen: unser **Text**-Element ist **Graph_lib::Text** und Ihres ist **TextLib::Text**. Namen, die aus einer Kombination aus Namensbereichsname (oder Klassenname) und einem mit **::** angehängten Membernamen bestehen, nennt man *vollqualifizierte Namen*.

8.7.1 using-Deklarationen und using-Direktiven

Das Schreiben vollqualifizierter Namen kann recht ermüdend sein. Beispielsweise sind die Elemente der C++-Standardbibliothek in dem Namensbereich **std** definiert und können wie folgt verwendet werden:

```
#include<string>        // die string-Bibliothek bereitstellen
#include<iostream>      // die iostream-Bibliothek bereitstellen

int main()
{
  std::string name;
  std::cout << "Bitte geben Sie Ihren Vornamen ein\n";
  std::cin >> name;
  std::cout << "Hallo " << name << '\n';
}
```

So oft, wie die Standardbibliothekselemente **string** und **cout** verwendet werden, sind wir wirklich nicht versessen darauf, sie jedes Mal über ihren „korrekten" vollqualifizierten Namen **std::string** und **std::cout** anzusprechen. Eine Lösung hierfür könnte so aussehen, dass wir festlegen: „mit **string** meine ich eigentlich **std::string**, mit **cout** meine ich eigentlich **std::cout**" und so weiter:

```
using std::string;   // string bedeutet std::string
using std::cout;     // cout bedeutet std::cout
// ...
```

Diese Konstruktion bezeichnet man als **using**-Deklaration. Wenn ein Programmierer die **using**-Deklaration verwendet, ist das genauso, wie wenn Sie von Greg Hanson einfach als „Greg" sprechen, weil es in dem Raum keinen anderen Greg gibt.

Manchmal ist uns die **using**-Deklaration aber nicht genug und wir greifen zu einer noch mächtigeren „Abkürzung" für die Verwendung von Namen aus einem Namensbereich: „Wenn es in dem aktuellen Gültigkeitsbereich keine Deklaration für einen Namen gibt, suche in **std**." Um dies dem Compiler mitzuteilen, verwenden wir eine **using**-Direktive:

```
using namespace std;   // erlaube den direkten Zugriff auf Namen aus std
```

Das typische Gerüst eines Programms sieht damit wie folgt aus:

```
#include<string>        // die string-Bibliothek bereitstellen
#include<iostream>      // die iostream-Bibliothek bereitstellen
using namespace std;    // erlaube den direkten Zugriff auf Namen aus std

int main()
{
  string name;
  cout << "Bitte geben Sie Ihren Vornamen ein\n";
  cin >> name;
  cout << "Hallo " << name << '\n';
}
```

Hier steht **cin** für **std::cin**, **string** steht für **std::string** und so weiter. Solange Sie *std_lib_facilities.h* verwenden, müssen Sie sich allerdings um die Standardheader und den **std**-Namensbereich nicht weiter kümmern.

Grundsätzlich sollten Sie die **using**-Direktive nur für Namensbereiche wie **std** verwenden, die in einem Anwendungsbereich weitverbreitet sind. Ansonsten laufen Sie Gefahr, durch zu großzügige Verwendung der **using**-Direktive die Übersicht darüber zu verlieren, welche Namen von woher stammen, und die Namenskonflikte, die Sie vermeiden wollten, kommen über die Hintertür wieder herein. (Die explizite Qualifizierung mit Namensbereichsnamen und **using**-Deklarationen leidet nicht unter diesem Problem.) Eine Namensbereich-Direktive in eine Headerdatei zu stellen, sodass die Benutzer Ihres Codes sie nicht umgehen können, ist eine sehr schlechte Angewohnheit. Um aber unsere ersten Beispiele nicht unnötig kompliziert zu machen, haben wir entgegen unseren Empfehlungen in *std_lib_facilities.h* eine **using**-Direktive für **std** platziert. So können wir schreiben:

```
#include "std_lib_facilities.h"

int main()
{
  string name;
  cout << "Bitte geben Sie Ihren Vornamen ein\n";
  cin >> name;
  cout << "Hallo " << name << '\n';
}
```

Wir versprechen aber, dies niemals mit irgendeinem anderen Namensbereich außer **std** zu tun.

Aufgaben

1 Legen Sie drei Dateien an: *my.h*, *my.cpp* und *use.cpp*. Die Headerdatei *my.h* soll folgende Deklarationen enthalten:

extern int foo;
void print_foo();
void print(int);

Die Quelldatei *my.cpp* kopiert mittels **#include** die Headerdateien *my.h* und *std_lib_facilities.h* ein und definiert **print_foo()**, um den Wert von **foo** mit **cout** auszugeben, sowie **print(int i)**, um den Wert von **i** mit **cout** auszugeben.

Die Quelldatei *use.cpp* kopiert mittels **#include** die Headerdatei *my.h* ein, definiert **main()**, um den Wert von **foo** auf **7** zu setzen und anschließend mit **print_foo()** den Wert von **foo** und mit **print()** den Wert **99** auszugeben. Beachten Sie, dass *use.cpp* nicht die Headerdatei *std_lib_facilities.h* einbindet, da sie ihre Elemente direkt verwendet.

Kompilieren Sie die Dateien und führen Sie das Programm aus. Unter Windows müssen Sie *use.cpp* und *my.cpp* zu einem Projekt zusammenfassen und in *use.cpp* den Code **{char cc; cin>>cc;}** ergänzen, damit Sie die Ausgabe sehen können.

2 Schreiben Sie drei Funktionen **swap_v(int,int)**, **swap_r(int&,int&)** und **swap_cr(const int&,const int&)**. Alle drei Funktionen sollten folgenden Funktionsrumpf haben:

{ int temp; temp = a, a=b; b=temp; }

wobei **a** und **b** die Namen der formalen Argumente sind.

Versuchen Sie, jede der drei Tauschfunktionen wie folgt aufzurufen:

int x = 7;
int y =9;
swap_?(x,y); // ersetze ? durch v, r oder cr
swap_?(7,9);
const int cx = 7;
const int cy = 9;
swap_?(cx,cy);
swap_?(7.7,9.9);
double dx = 7.7;
double dy = 9.9;
swap_?(dx,dy);
swap_?(dx,dy);

Welche Aufrufe werden kompiliert, und warum? Geben Sie nach jedem Tausch, der kompiliert wurde, die Werte der Argumente aus, um zu prüfen, ob die Werte auch wirklich vertauscht wurden. Wenn Sie die Ergebnisse überraschen, lesen Sie noch einmal §8.6.

3 Schreiben Sie ein Programm aus einer einzigen Datei, das drei Namensbereiche **X**, **Y** und **Z** enthält, sodass die folgende **main()**-Funktion korrekt arbeitet:

```
int main()
{
  X::var = 7;
  X::print();    // gib var aus dem Namensbereich X aus
  using namespace Y;
  var = 9;
  print();       // gib var aus dem Namensbereich Y aus
  { using Z::var;
    using Z::print;
    var = 11;
    print();     // gib var aus dem Namensbereich Z aus
  }
  print();       // gib var aus dem Namensbereich Y aus
  X::print();    // gib var aus dem Namensbereich X aus
}
```

Jeder Namensbereich muss eine Variable namens **var** definieren sowie eine Funktion **print()**, die die zugehörige Variable **var** mithilfe von **cout** ausgibt.

Fragen

1 Worin besteht der Unterschied zwischen einer Deklaration und einer Definition?

2 Worin unterscheidet sich die Syntax einer Funktionsdeklaration von der einer Funktionsdefinition?

3 Worin unterscheidet sich die Syntax einer Variablendeklaration von der einer Variablendefinition?

4 Warum müssen Sie die Funktionen aus dem Taschenrechnerprogramm (siehe Kapitel 6) zuerst deklarieren, bevor Sie sie verwenden können?

5 Ist **int a;** eine Definition oder nur eine Deklaration?

6 Warum empfiehlt es sich, Variablen im Zuge der Deklaration zu initialisieren?

7 Aus welchen Teilen kann eine Funktionsdeklaration bestehen?

8 Wofür ist die Einrückung des Codes gut?

9 Wofür werden Headerdateien benutzt?

10 Was ist der Gültigkeitsbereich einer Deklaration?

11 Welche unterschiedlichen Gültigkeitsbereiche gibt es? Geben Sie jeweils ein Beispiel an.

12 Welcher Unterschied besteht zwischen einem Klassen- und einem lokalen Gültigkeitsbereich?

13 Warum sollte man möglichst wenige globale Variablen verwenden?

14 Worin unterscheiden sich pass-by-value und pass-by-reference?

15 Worin unterscheiden sich pass-by-reference und pass-by-const-reference?

16 Wozu dient eine **swap()**-Funktion?

17 Welchen Grund könnte es geben, eine Funktion mit einem **vector<double>**-Wertparameter zu definieren?

18 Geben Sie ein Beispiel für eine undefinierte Auswertungsreihenfolge. Warum kann eine undefinierte Auswertungsreihenfolge zu einem Problem werden?

19 Was bedeuten die Ausdrücke x&&y und $x||y$?

20 Welche der folgenden Konstruktionen sind standardkonformes C++: Funktionen innerhalb von Funktionen, Funktionen innerhalb von Klassen, Klassen innerhalb von Klassen, Klassen innerhalb von Funktionen?

21 Was gehört zu einem Aktivierungsdatensatz?

22 Was ist ein Aufrufstack und wozu wird er benötigt?

23 Was ist der Zweck eines Namensbereichs?

24 Worin unterscheidet sich ein Namensbereich von einer Klasse?

25 Was ist eine **using**-Deklaration?

26 Warum sollten Sie **using**-Direktiven nicht in Headern verwenden?

27 Was ist der Namensbereich **std**?

Übungen

1 Modifizieren Sie das Taschenrechnerprogramm aus Kapitel 7 so, dass der Eingabestream zu einem expliziten Parameter wird (wie in §8.5.8). Statten Sie außerdem den **Token_stream**-Konstruktor mit einem Parameter **istream&** aus, damit wir später – wenn wir herausgefunden haben, wie wir unsere eigenen **istream**-Objekte (z.B. zum Lesen aus Dateien) erstellen – diese für unseren Taschenrechner verwenden können.

2 Schreiben Sie eine Funktion **print()**, die einen **vector**-Container mit **int**-Werten an **cout** ausgibt. Übergeben Sie der Funktion zwei Argumente: einen String zur „Kennzeichnung" der Ausgabe und einen **vector**.

3 Erzeugen Sie einen **vector**-Container mit Fibonacci-Zahlen und geben Sie diese mit der Funktion aus Übung 2 aus. Zur Erzeugung des **vector**-Containers schreiben Sie eine Funktion namens **fibonacci(x,y,v,n)**, wobei **x** und **y** **int**-Werte, **v** ein leerer **vector<int>**-Container und **n** die Anzahl der Elemente ist, die in **v** abgelegt werden. **v[0]** soll den Wert von **x** und **v[1]** den Wert von **y** zugewiesen bekommen. Eine Fibonacci-Zahl ist Teil einer Zahlenfolge, in der jedes Element die Summe der zwei vorausgehenden Zahlen ist. Wenn wir zum Beispiel mit 1 und 2 beginnen, erhalten wir 1, 2, 3, 5, 8, 13, 21… Ihre fibonacci()-Funktion soll eine solche Folge erstellen, wobei sie mit den Argumenten x und y als Anfangswerte beginnen soll.

4. Eine int-Variable kann nur ganze Zahlen bis zu einer bestimmten Höhe aufnehmen. Suchen Sie nach einer Annäherung an diese höchste Zahl mithilfe der Funktion fibonacci().

5. Schreiben Sie zwei Funktionen, die die Reihenfolge der Elemente in einem vector<int>-Container umkehren. So soll beispielsweise 1, 3, 5, 7, 9 zu 9, 7, 5, 3, 1 werden. Die erste Umkehrfunktion soll einen neuen vector-Container für die umgekehrte Zahlenfolge anlegen und den alten Vektor unverändert lassen. Die zweite Umkehrfunktion soll die Elemente im vector-Container ohne Unterstützung eines zweiten Vektors umkehren (Hinweis: swap).

6. Schreiben Sie neue Versionen der Funktionen aus Übung 5, diesmal für einen vector<string>-Container.

7. Lesen Sie fünf Namen in einen vector<string>-Container namens name, fordern Sie dann den Benutzer auf, das Alter zu den angegebenen Personen einzugeben, und speichern Sie die Altersangaben in einen vector<double>-Container namens age. Geben Sie dann die fünf (name[i],age[i])-Paare aus. Sortieren Sie die Namen (sort(name.begin(), name.end()) und geben Sie die (name[i],age[i])-Paare aus. Knifflig hieran ist, den age-Vektor in die korrekte Reihenfolge zu bekommen, damit er mit dem sortierten name-Vektor übereinstimmt. Tipp: Erstellen Sie zu Beginn eine Kopie des name-Vektors und verwenden Sie diese, um eine Kopie des age-Vektors zu erstellen, in der die Elemente in der neuen Reihenfolge stehen. Machen Sie dann die Übung noch einmal, aber lassen Sie diesmal eine beliebige Anzahl an Namen zu.

8. Schreiben Sie eine einfache Funktion randint(), die eine Pseudo-Zufallszahl im Bereich [0:MAXIN] erzeugt. Hinweis: Knuth, *The Art of Computer Programming, Volume 2*.

9. Schreiben Sie eine Funktion, die unter Verwendung von randint() der vorherigen Übung einen ganzzahligen Pseudo-Zufallswert im Bereich [a:b] berechnet: rand_in_range(int a, int b). Hinweis: Diese Funktion ist sehr nützlich, wenn Sie einfache Spiele schreiben.

10. Schreiben Sie eine Funktion, die unter Verwendung zweier gegebener vector<double>-Container namens price und weight einen Wert (einen „Index") berechnet, der die Summe aller price[i]*weight[i] darstellt. Beachten Sie, dass weight.size()<=price.size() gelten muss.

11. Schreiben Sie eine Funktion maxv(), die das größte Element eines vector-Arguments zurückliefert.

12. Schreiben Sie eine Funktion, die das kleinste und größte Element eines vector-Arguments sucht und auch den Mittel- und Zentralwert berechnet. Verwenden Sie keine globalen Variablen. Liefern Sie entweder eine struct-Datenstruktur mit den Ergebnissen zurück oder geben Sie diese über Referenzparameter zurück. Welches dieser beiden Verfahren, mehrere Ergebniswerte zurückzuliefern, ist Ihnen lieber und warum?

8 Technische Details: Funktionen und mehr

13 Verbessern Sie **print_until_s()** aus §8.5.2. Testen Sie die Funktion. Wie sähe eine gute Zusammenstellung von Testfällen aus? Nennen Sie Gründe. Schreiben Sie dann eine Funktion **print_until_ss()**, die so lange Werte ausgibt, bis sie auf ein zweites Vorkommen ihres **quit**-Arguments trifft.

14 Schreiben Sie eine Funktion, die ein **vector<string>**-Argument übernimmt und einen **vector<int>** zurückliefert, der die Anzahl der Zeichen in jedem String enthält. Suchen Sie nach dem längsten und dem kürzesten sowie nach dem alphabetisch ersten und letzten String. Wie viele verschiedene Funktionen benötigen Sie für diese Aufgaben? Warum?

15 Können wir ein Funktionsargument, das keine Referenz ist, als **const** deklarieren (z.B. **void f(const int);**)? Was könnte das bedeuten? Warum sollten wir das tun? Warum machen die Leute das nicht oft? Versuchen Sie es; schreiben Sie einige kleine Programme, um zu sehen, was funktioniert.

Schlüsselbegriffe

Aktivierungsdatensatz	Globaler Gültigkeitsbereich	pass-by-reference
Anweisungsbereich	Gültigkeitsbereich	pass-by-value
Argument	Headerdatei	Rekursion
Argumente übergeben	Initialisierer	**return**
Aufrufstack	Klassenbereich	Rückgabewert
const	Lokaler Gültigkeitsbereich	Technische Einzelheiten
Definition	Namensbereich	**using**-Deklaration
Deklaration	**namespace**	**using**-Direktive
extern	Nicht deklarierter Identifizierer	Verschachtelte Blöcke
Funktion	Parameter	Vorwärtsdeklaration
Funktionsdefinition	pass-by-const-reference	

Ein persönlicher Hinweis

Wir hätten vieles aus diesem (und dem folgenden) Kapitel in einen Anhang auslagern können. Da Sie aber die meisten der hier beschriebenen technischen Fertigkeiten und Sprachmittel in Teil II dieses Buchs benötigen werden und sich vermutlich schon sehr bald mit genau den Problemen auseinandersetzen müssen, zu deren Lösung diese Konzepte eingeführt wurden, haben wir uns gegen eine Auslagerung entschieden. Die einfachsten Programmierprojekte, die Sie in Angriff nehmen, werden Sie vor diese Art von Problemen stellen. Folglich haben wir, um Ihnen Zeit zu sparen und Sie nicht unnötig zu verwirren, eine eher systematische Vorgehensweise gewählt, sodass sich Stippvisiten in Handbüchern und Anhängen weitgehend erübrigen.

Technische Details: Klassen und mehr

- 9.1 **Benutzerdefinierte Typen** 316
- 9.2 **Klassen und Klassenmember** 317
- 9.3 **Schnittstelle und Implementierung** 318
- 9.4 **Eine Klasse entwickeln** 319
  - 9.4.1 Strukturen und Funktionen 320
  - 9.4.2 Memberfunktionen und Konstruktoren 321
  - 9.4.3 Halten Sie Details privat 323
  - 9.4.4 Memberfunktionen definieren 324
  - 9.4.5 Objektbezug 327
  - 9.4.6 Fehlerbehandlung 328
- 9.5 **Aufzählungen** 329
- 9.6 **Operatorenüberladung** 331
- 9.7 **Klassenschnittstellen** 332
  - 9.7.1 Argumenttypen 333
  - 9.7.2 Kopieren 335
  - 9.7.3 Standardkonstruktoren 336
  - 9.7.4 Konstante Memberfunktionen 339
  - 9.7.5 Member und „Hilfsfunktionen" 340
- 9.8 **Die Klasse Date** 342

9 Technische Details: Klassen und mehr

„Denke immer daran: Die Dinge brauchen Zeit."

– Piet Hein

*I*n diesem Kapitel legen wir den Fokus weiterhin auf unser wichtigstes Programmierwerkzeug: der Programmiersprache C++. Die sprachlichen Konzepte und Techniken, die wir dabei ansprechen, haben überwiegend mit benutzerdefinierten Typen zu tun, also mit Klassen und Aufzählungen, und werden größtenteils anhand eines **Date**-Typs vorgestellt, den wir nach und nach ausbauen und verbessern. Auf diese Weise können wir auch gleich einige nützliche Klassendesign-Techniken demonstrieren.

9.1 Benutzerdefinierte Typen

Die Sprache C++ stellt Ihnen verschiedene integrierte Typen zur Verfügung, wie z.B. **char**, **int** oder **double** (siehe §A.8). Ein integrierter Typ, auch eingebauter Typ genannt, zeichnet sich dadurch aus, dass der Compiler weiß, wie die Objekte dieses Typs zu repräsentieren sind und welche Operationen auf ihm ausgeführt werden können (z.B. **+** oder *****), ohne dass es dazu einer Anleitung in Form von Deklarationen im Quellcode vonseiten des Programmierers bedarf.

Typen, die nicht integriert sind, werden als *benutzerdefinierte* Typen bezeichnet (englisch UDTs für *user-defined types*). Zu den benutzerdefinierten Typen gehören z.B. die Typen der Standardbibliothek, die allen C++-Programmierern als Teil jeder Standard-ISO-C++-Implementierung zur Verfügung stehen, wie z.B. **string**, **vector** oder **ostream** (siehe Kapitel 10), oder Typen, die wir selbst erstellen, wie **Token** und **Token_stream** (§6.5 und §6.6). Sowie wir uns mit den notwendigen Techniken und Syntaxformen vertraut gemacht haben, werden wir grafische Typen wie **Shape**, **Line** oder **Text** erzeugen (Kapitel 13). Die Typen der Standardbibliothek sind ebenso fester Bestandteil der Sprache wie die integrierten Typen. Wir bezeichnen sie aber dennoch als benutzerdefinierte Typen, weil sie mithilfe derselben primitiven Typen und mit denselben Techniken erstellt werden, wie die Typen, die wir selbst schreiben; oder anders ausgedrückt: Den Autoren der Standardbibliothek standen für ihre Arbeit weder spezielle Privilegien noch irgendwelche Hilfsmittel zur Verfügung, die Sie nicht auch nutzen könnten. Wie die integrierten Typen, stellen auch die meisten benutzerdefinierten Typen Operationen zur Verfügung: für **vector** wären dies z.B. **[]** oder **size()** (§4.6.1 und §B.4.8), **ostream** definiert **<<**, **Token_stream** definiert **get()** (§6.8) und **Shape add(Point)** und **set_color()** (§14.2).

Warum definieren wir Typen? Der Compiler kennt nicht alle Typen, die wir in unseren Programmen vielleicht verwenden möchten. Er könnte es auch gar nicht, da es viel zu viele nützliche Typen gibt – kein Sprachdesigner oder Compiler-Implementierer könnte sie alle im Voraus ersinnen und definieren. Vielmehr erfinden wir jeden Tag neue Typen. Warum? Wozu sind Typen gut? Typen helfen uns, Ideen direkt im Code zu repräsentieren. Wenn wir Code schreiben, ist es unser Ziel, unsere Ideen direkt in unserem Code zu repräsentieren, sodass wir, unsere Kollegen und der Compiler verstehen, was wir geschrieben haben. Wenn wir mit ganzen Zahlen rechnen möchten, ist **int** eine große Hilfe; wenn wir Texte bearbeiten möchten, ist **string** sehr nützlich; wenn wir Eingaben in einen Taschenrechner verarbeiten müssen, sind **Token** und **Token_stream** eine wertvolle Hilfe. Und zwar in zweierlei Hinsicht:

- *Repräsentation*: Ein Typ „weiß", welche Daten zu einem Objekt gehören.
- *Operationen*: Ein Typ „weiß", welche Operationen auf Objekte angewendet werden können.

Viele Ideen folgen diesem Muster: „Etwas" verfügt über Daten, um seinen aktuellen Wert zu repräsentieren (manchmal auch der aktuelle *Zustand* genannt), sowie über verschiedene Operationen, die angewendet werden können. Denken Sie an eine Datei, eine Webseite, einen Toaster, einen CD-Player, eine Kaffeetasse, ein Automotor, ein Handy, ein Telefonverzeichnis – alle diese Dinge können durch Daten beschrieben werden und mit allen diesen Dingen ist eine mehr oder weniger feste Menge von Operationen verknüpft, die Sie ausführen können. In jedem Fall hängt das Ergebnis der Operation von den Daten – dem „aktuellen Zustand" – des Objekts ab.

Unser Ziel ist es daher, diese „Idee", dieses „Konzept" im Code als eine Datenstruktur plus eine Menge von Funktionen zu repräsentieren. Die Frage ist nur, „Wie?". Dieses Kapitel beschäftigt sich mit den technischen Grundlagen, wie dies in C++ möglich ist.

C++ kennt zwei Arten von benutzerdefinierten Typen: Klassen und Aufzählungen. Klassen sind weitaus allgemeiner und wichtiger, weswegen wir uns zuerst auf diese konzentrieren. Eine Klasse ist eine direkte Repräsentation eines Konzepts in einem Programm. Eine *Klasse* ist ein (benutzerdefinierter) Typ, der angibt, wie Objekte ihres Typs darzustellen sind, wie diese Objekte erzeugt werden können, wie sie verwendet werden und wie sie aufgelöst werden können (siehe §17.5). Wenn Sie etwas als eine separate Einheit wahrnehmen, ist es höchstwahrscheinlich sinnvoll, eine Klasse zu definieren, um dieses „Ding" in Ihrem Programm zu repräsentieren. Beispiele hierfür sind Vektoren, Matrizen, Eingabestreams, Strings, FFTs (Fast-Fourier-Transformationen), Steuerventile, Roboterarme, Gerätetreiber, Bilder auf dem Monitor, Dialogfelder, Graphen, Fenster, Temperaturableser und Uhren.

In C++ (wie in den meisten modernen Sprachen) ist die Klasse das Schlüsselelement, der wichtigste Baustein für den Aufbau großer Programme – und für kleine Programme auch, wie wir am Beispiel des Taschenrechners sehen konnten (Kapitel 6 und 7).

9.2 Klassen und Klassenmember

Eine Klasse ist ein benutzerdefinierter Typ. Sie ist zusammengesetzt aus integrierten Typen, anderen benutzerdefinierten Typen und Funktionen. Die Teile, die zur Definition einer Klasse verwendet werden, bezeichnet man als Elemente oder *Member*. Eine Klasse enthält null oder mehr Member, zum Beispiel:

```
class X {
public:
    int m;  // Datenmember
    int mf(int v) { int old = m; m=v; return old; }  // Funktionsmember
};
```

Es gibt verschiedene Arten von Membern. Die wichtigsten und am häufigsten vorkommenden Member sind:

- Datenmember (Membervariablen). Sie bestimmen, wie die Objekte der Klasse repräsentiert werden.
- Funktionsmember (Memberfunktionen). Sie definieren die Operationen, die auf Objekten ihrer Klasse ausgeführt werden können.

Der Zugriff auf die Member einer Klasse erfolgt mittels der Syntax: *objekt.member*.

```
X var;              // var ist eine Variable vom Typ X
var.m = 7;          // Zuweisung an die Membervariable m von var
int x = var.mf(9);  // Aufruf der Memberfunktion mf() von var
```

Den Ausdruck **var.m** können Sie lesen als **m** von **var**. Der Typ eines Members bestimmt, welche Operationen wir darauf ausführen können. Einen **int**-Member können wir lesen und schreiben, einen Funktionsmember können wir aufrufen und so weiter.

9.3 Schnittstelle und Implementierung

In der Regel betrachten wir eine Klasse als eine Kombination aus Schnittstelle und Implementierung. Die Schnittstelle ist der Teil der Klassendeklaration, auf den die Benutzer der Klasse direkt zugreifen. Die Implementierung ist der Teil der Klassendeklaration, auf den die Benutzer der Klasse nur indirekt, auf dem Weg über die Schnittstelle zugreifen. Die öffentliche Schnittstelle wird durch **public:** und die Implementierung durch **private:** gekennzeichnet. Die Grundstruktur einer Klasse sieht damit wie folgt aus:

```
class X {           // der Name dieser Klasse ist X
public:
  // öffentliche (public) Member:
  //    – öffentliche Schnittstelle für die Benutzer (Zugriff für alle)
  // Funktionen
  // Typen
  // Daten (werden in der Regel besser als private Member deklariert)
private:
  // private-Member:
  //    – die Implementierungsdetails (nur von Membern dieser Klasse verwendet)
  // Funktionen
  // Typen
  // Daten
};
```

Klassenmember sind standardmäßig privat (Schlüsselwort **private**). Die Deklaration

```
class X {
  int mf(int);
  // ...
};
```

ist daher gleichbedeutend mit

```
class X {
private:
  int mf(int);
  // ...
};
```

sodass gilt:

```
X x;                // Variable x vom Typ X
int y = x.mf();     // Fehler: mf ist privat (d.h. kein Zugriff)
```

Ein Benutzer kann nicht direkt auf einen privaten Member zugreifen. Stattdessen müssen wir uns einer öffentlichen Funktion bedienen, die den privaten Member verwendet. Zum Beispiel:

```cpp
class X {
  int m;
  int mf(int);
public:
  int f(int i) { m=i; return mf(i); }
};

X x;
int y = x.f(2);
```

Mit der begrifflichen Unterscheidung in privat und öffentlich tragen wir der wichtigen konzeptionellen Unterscheidung in Schnittstelle (die Klasse aus Sicht des Benutzers) und Implementierung (die Klasse aus Sicht ihres Autors) Rechnung. Im weiteren Verlauf werden wir dies noch genauer ausführen und viele Beispiele dazu sehen. An dieser Stelle wollen wir nur noch anmerken, dass ein Typ, der nur aus privaten Daten besteht, sinnlos ist. Aus diesem Grund gibt es eine nützliche vereinfachte Notation für eine Klasse, die keine privaten Implementierungsdetails besitzt: Eine Struktur (Schlüsselwort **struct**) ist eine Klasse, deren Member per Voreinstellung **public** sind:

```cpp
struct X {
  int m;
  // ...
};
```

ist gleichbedeutend zu

```cpp
class X {
public:
  int m;
  // ...
};
```

Strukturen werden überwiegend für Datenstrukturen verwendet, deren Member beliebige Werte annehmen dürfen, d.h., es lassen sich keine sinnvollen Invarianten definieren (§9.4.3).

9.4 Eine Klasse entwickeln

Um die verschiedenen Sprachmittel zur Unterstützung von Klassen sowie die grundlegenden Techniken ihrer Verwendung zu veranschaulichen, werden wir im Folgenden zeigen, wie – und warum – wir eine einfache Datenstruktur zu einer Klasse mit privaten Implementierungsdetails und unterstützenden Operationen weiterentwickeln. Für unsere Fingerübung nehmen wir uns das auf den ersten Blick trivial erscheinende Problem vor, englische Datumsangaben (wie z.B. August 14, 1954) in einem Programm zu repräsentieren. Wie wichtig für viele Programme Datumsangaben sind, ist offensichtlich (man denke beispielsweise an Geschäftsvorfälle, Wetterdaten, Kalenderprogramme, Arbeitsnachweise, Lagerverwaltung etc.). Die einzige Frage ist, wie wir sie repräsentieren.

9.4.1 Strukturen und Funktionen

Wir repräsentiert man ein Datum? Die meisten Leute würden auf diese Frage wohl antworten: „Tja, wie wäre als Kombination aus Jahr, Monat und Tag?" Das ist natürlich nicht die einzig mögliche Antwort und es ist auch nicht immer die beste Antwort, aber der Ansatz ist gut genug für uns, sodass wir ihn umsetzen wollen. Unser erster Ansatz ist eine einfache Struktur:

```
// einfaches Datum (zu einfach?)
struct Date {
    int y;   // Jahr
    int m;   // Monat im Jahr
    int d;   // Tag im Monat
};
```

Date today; // eine Date-Variable (ein benanntes Objekt)

Ein **Date**-Objekt wie **today** besteht also einfach aus drei **int**-Werten:

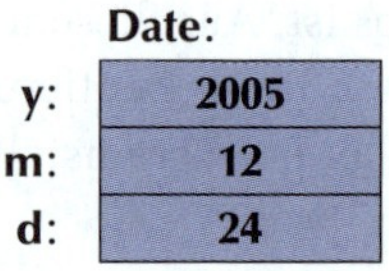

	Date:
y:	2005
m:	12
d:	24

Abbildung 9.1: Repräsentation eines **Date**-Objekts

Unser **Date**-Typ bedient sich keinerlei „magischer Tricks", die auf verborgenen Datenelementen beruhen – und dies wird innerhalb dieses Kapitels auch so bleiben.

Nachdem wir nun **Date**-Objekte zu unserer Verfügung haben, stellt sich die Frage, was wir mit ihnen anfangen können. Wir können praktisch alles tun, was durch lesenden oder schreibenden Zugriff auf die Member von **today** (oder jedem anderen **Date**-Objekt) möglich ist. Der Haken an der Sache ist, dass dies nicht sonderlich komfortabel ist. Alles, was wir mit einem **Date**-Objekt tun möchten, müssen wir durch Lesen oder Schreiben dieser Member implementieren, also beispielsweise:

```
// setze today auf den 24. Dezember 2005
today.y = 2005;
today.m = 24;
today.d = 12;
```

Diese Verfahrensweise ist mühsam und fehleranfällig. Haben Sie den Fehler entdeckt? Alles, was mühsam ist, lädt zu Fehlern ein! Betrachten wir ein weiteres Beispiel:

```
Date x;
x.y = –3;
x.m = 13;
x.d = 32;
```

Ist dieser Code sinnvoll? Vermutlich nicht, und man sollte annehmen, dass niemand auf die Idee käme, so etwas zu schreiben – oder etwa doch? Wie steht es mit folgendem Code:

```
Date y;
y.y = 2000;
y.m = 2;
y.d = 29;
```

War das Jahr 2000 ein Schaltjahr? Sind Sie sich da sicher?

Um diesen Missständen zu begegnen, erstellen wir einige Hilfsfunktionen, die die wichtigsten Aufgaben für uns erledigen. Auf diese Weise müssen wir nicht denselben Code wieder und wieder aufsetzen und wir reduzieren das Risiko, dieselben Fehler wiederholt zu machen, nur um sie anschließend mühsam aufspüren und beheben zu müssen. Für nahezu alle Typen zählen die Initialisierung und die Zuweisung zu den am häufigsten benötigten Operationen. Für **Date** ist das Erhöhen des Datumswerts eine weitere häufig benötigte Operation. Wir schreiben daher:

```
// Hilfsfunktionen:

void init_day(Date& dd, int y, int m, int d)
{
  // prüfe, ob (y,m,d) ein gültiges Datum ist
  // wenn ja, initialisiere damit dd
}

void add_day(Date& dd, int n)
{
  // erhöhe dd um n Tage
}
```

Jetzt sind wir so weit, dass wir **Date** einsetzen können:

```
void f()
{
  Date today;
  init_day(today, 12, 24, 2009);   // Hoppla! (kein Tag 2009 im Jahr 12)
  add_day(today,1);
}
```

Dies zeigt, wie nützlich solche „Operationen" – hier als Hilfsfunktionen implementiert – sind. Die Gültigkeit einer Datumsangabe zu überprüfen, ist keine triviale Aufgabe. Würden wir nicht ein für allemal eine Prüffunktion schreiben, würden wir wohl irgendwann die Prüfung „vergessen" – und so fehlerbehaftete Programme erhalten. Wann immer wir einen Typ definieren, möchten wir auch einige Operationen dafür vorsehen. Wie viele und welche Operationen genau, hängt ebenso vom Einzelfall ab wie die Art und Weise, in der wir die Operationen zur Verfügung stellen (als Funktionen, Memberfunktionen oder Operatoren). Aber wann immer wir uns dazu entscheiden, einen Typ zur Verfügung zu stellen, fragen wir uns: „Welche Operationen würden wir uns für diesen Typ wünschen?"

9.4.2 Memberfunktionen und Konstruktoren

Im vorangehenden Abschnitt haben wir für die Initialisierung von **Date**-Objekten eine eigene Funktion definiert – eine Funktion, die nebenbei auch einen wichtigen Test durchführt: die Überprüfung auf gültige Datumswerte. Prüffunktionen sind aber von geringem Nutzen, wenn wir es versäumen sie einzusetzen. Nehmen Sie zum Beispiel an, wir hätten für **Date** den Ausgabeoperator << definiert (siehe §9.8):

```
void f()
{
  Date today;
  // ...
  cout << today << '\n';        // verwende today
  // ...
  init_day(today,2009,3,30);
  // ...
  Date tomorrow;
  tomorrow.y = today.y;
  tomorrow.m = today.m;
  tomorrow.d = today.d+1;       // addiere 1 zu today
  cout << tomorrow << '\n';     // verwende tomorrow
}
```

Hier haben wir „vergessen", **today** direkt nach der Erzeugung zu initialisieren. Mit der Konsequenz, dass „irgendjemand" das **today**-Objekt benutzt hat, bevor wir dazu gekommen sind, **init_day()** aufzurufen. Danach hat „jemand anderes" beschlossen, dass es Zeitverschwendung ist, **add_day()** aufzurufen – oder er hat einfach nicht gewusst, dass es eine solche Funktion gibt –, und daher hat dieser Jemand das Objekt **tomorrow** von Hand erzeugt. Die Folge ist schlechter Code – sehr schlechter Code. Manchmal, vielleicht sogar in der überwiegenden Zahl der Fälle, wird der Code funktionieren, doch kleine Änderungen führen zu gravierenden Fehlern. So erzeugt zum Beispiel die Ausgabe eines nicht initialisierten **Date**-Objekts nur Müll und die Erhöhung eines Datumswerts um einen Tag durch die Addition von **1** zu dem Member **d** kommt einer Zeitbombe gleich: Wenn **today** den letzten Tag im Monat repräsentiert, liefert die Erhöhung ein ungültiges Datum. Das Schlimmste an diesem wirklich sehr schlechten Code aber ist, dass er gar nicht so schlecht aussieht.

Überlegungen wie diese führen zu der Forderung nach einer Initialisierungsfunktion, die nicht vergessen werden kann, und nach Operationen, die nicht so leicht übersehen werden können. Das wichtigste Mittel hierfür sind die Memberfunktionen: Funktionen, die als Member der Klasse im Klassenrumpf deklariert werden. Hier ein Beispiel:

```
// einfache Date-Struktur
// garantiert Initialisierung durch Konstruktor
// stellt Operationen für bequemere Programmierung mit Datumswerten zur Verfügung
struct Date {
  int y, m, d;                  // Jahr, Monat, Tag
  Date(int y, int m, int d);    // prüft auf gültiges Datum und initialisiert es
  void add_day(int n);          // erhöht Date um n Tage
};
```

Memberfunktionen, die den gleichen Namen tragen wie ihre Klasse, sind etwas Besonderes. Man spricht in diesem Fall von *Konstruktoren*. Konstruktoren werden zur Initialisierung („Konstruktion") der Objekte ihrer Klasse verwendet. Wenn eine Klasse einen Konstruktor enthält, der ein oder mehrere Argumente erwartet, und Sie vergessen, ein Objekt der Klasse zu initialisieren, ist dies ein Fehler – ein Fehler, der vom Compiler moniert wird. Zur bequemen Durchführung solcher Initialisierungen gibt es eine spezielle Syntax:

```
Date my_birthday;              // Fehler: my_birthday wird nicht initialisiert
Date today(12,24,2009);        // Hoppla! Laufzeitfehler
Date last(2000, 12, 31);       // O.K. (übliche Schreibweise der Initialisierung)
Date christmas = Date(1976,12,24);   // auch O.K. (ausführliche Schreibweise)
```

Der Versuch, **my_birthday** zu deklarieren, scheitert, weil wir nicht den geforderten Initialisierungswert angeben. Der Versuch, **today** zu deklarieren, wird vom Compiler akzeptiert, doch der Prüfcode im Konstruktor wird das ungültige Datum (12/24/2009) zur Laufzeit erkennen und abfangen – es gibt keinen Tag 2009 im 24. Monat des Jahres 12 n. Chr.

Die Definition von **last** gibt den Initialisierungswert (in Form der Argumente für den **Date**-Konstruktor) in Klammern direkt nach dem Namen der Variablen an. Dies ist die übliche und mit Abstand gebräuchlichste Form der Initialisierung von Variablen einer Klasse, deren Konstruktor die Übergabe von Argumenten fordert. Wir können auch die etwas ausführlichere Form verwenden, bei der wir zuerst explizit ein Objekt erzeugen (hier **Date(1976,12,24)**) und dann mit diesem Objekt die Variable initialisieren, wozu wir uns der auf = basierenden Initialisierungssyntax bedienen. Sofern das Tippen nicht gerade zu Ihren Lieblingsbeschäftigungen gehört, werden Sie der zweiten Form aber wohl schnell überdrüssig werden.

Wir können nun unsere neu definierten Variablen verwenden:

```
last.add_day(1);
add_day(2);     // Fehler: welches Datum?
```

Beachten Sie, dass die Memberfunktion **add_day()** unter Verwendung der auf dem Punktoperator basierenden Memberzugriffssyntax für ein ganz bestimmtes **Date**-Objekt aufgerufen wird. Die Definition von Memberfunktionen wird in §9.4.4 beschrieben.

9.4.3 Halten Sie Details privat

Wir haben immer noch ein Problem: Was ist, wenn jemand vergisst, dass es die Memberfunktion **add_day()** gibt? Was ist, wenn jemand beschließt, den Wert für den Monat direkt zu ändern? Für solche Fälle sind wir immer noch nicht mit einer passenden Operation gewappnet:

```
Date birthday(1960,12,31);    // 31. Dezember 1960
++birthday.d;                 // Oh! ungültiges Datum

Date today(1970,2,3);
today.m = 14;                 // Oh! ungültiges Datum
```

Solange wir die Repräsentation von **Date** für jedermann zugänglich lassen, wird sie irgendjemand – sei es durch Zufall oder mit Absicht – durcheinanderbringen, d.h., irgendjemand wird irgendetwas tun, das einen ungültigen Wert zur Folge hat. In unserem Fall haben wir ein **Date**-Objekt mit einem Wert erzeugt, der keinem tatsächlichen Kalendertag entspricht. Derartige ungültige Objekte sind wahre Zeitbomben. Es ist nur eine Frage der Zeit, bis jemand gutgläubig den ungültigen Wert verwendet und einen Laufzeitfehler erhält oder – was meist schlimmer ist – ein fehlerhaftes Ergebnis produziert.

Solche Betrachtungen führen uns zu dem Schluss, dass die Repräsentation von **Date** für die Benutzer ausschließlich auf dem Weg über die von uns angebotenen öffentlichen Memberfunktionen zugänglich sein sollte. Hier ein erster Ansatz:

```
// einfache Date-Klasse (Zugriffskontrolle)
class Date {
    int y, m, d;                        // Jahr, Monat, Tag
public:
    Date(int y, int m, int d);          // prüft auf gültiges Datum und initialisiert es
    void add_day(int n);                // erhöht Date um n Tage
    int month() { return m; }
    int day() { return d; }
    int year() { return y; }
};
```

Wir können die Klasse nun wie folgt verwenden:

```
Date birthday(1970, 12, 30);            // O.K.
birthday.m = 14;                        // Fehler: Date::m ist privat
cout << birthday.month() << endl;       // wir haben einen Weg vorgesehen, wie
                                        // m abgefragt werden kann
```

Tipp Die Vorstellung von einem „gültigen Datumswert (**Date**)" ist letzten Endes nichts anderes als ein konkreter Fall der äußerst wichtigen Vorstellung von einem gültigen Wert. Wir versuchen, unsere Typen immer so zu entwerfen, dass die Werte garantiert gültig sind. Zu diesem Zweck verbergen wir die Repräsentation, stellen einen Konstruktor zur Verfügung, der nur gültige Objekte erzeugt, und konzipieren alle Memberfunktionen so, dass sie nur gültige Werte akzeptieren und nur gültige Werte zurückliefern, wenn sie zurückkehren. Der Wert eines Objekts wird häufig auch als sein *Zustand* bezeichnet. Anstatt von einem gültigen Wert spricht man daher häufig auch davon, dass ein Objekt einen *gültigen Zustand* hat.

Die Alternative wäre, die Gültigkeit eines Objekts nach jeder Verwendung zu überprüfen – oder einfach zu hoffen, dass niemand einen ungültigen Wert zurückgelassen hat. Die Erfahrung lehrt, dass „hoffen" zu „relativ brauchbaren" Programmen führen kann. „Relativ brauchbare" Programme zu schreiben, die gelegentlich fehlerhafte Ergebnisse produzieren und hin und wieder auch einmal abstürzen, ist aber kein guter Weg, um Freunde zu gewinnen oder sich Respekt als professioneller Programmierer zu verschaffen. Unser Ziel ist es daher, Code zu schreiben, der nachweisbar korrekt ist.

Eine Regel, die festlegt, was ein gültiger Wert ist, bezeichnet man als *Invariante*. Die Invariante für **Date** („Ein **Date**-Objekt muss einen Tag in der Vergangenheit, Gegenwart oder Zukunft beschreiben") ist leider äußerst schwer exakt zu formulieren. Man denke nur an die Berücksichtigung der Schaltjahre, des Gregorianischen Kalenders, der verschiedenen Zeitzonen und so weiter. Für einfache praktische Einsätze von **Date** sollte es uns aber hier möglich sein. Für die Analyse von Internetprotokollen ist es beispielsweise nicht nötig, dass wir uns um die verschiedenen Kalender (Gregorianisch, Julianisch, Maya) kümmern. Wenn Sie keine gute Invariante finden, könnte dies daran liegen, dass es um reine Daten geht. In diesem Fall verwenden Sie eine Struktur.

9.4.4 Memberfunktionen definieren

Bis jetzt haben wir **Date** aus der Perspektive eines Schnittstellendesigners und eines Benutzers betrachtet. Früher oder später kommen wir aber an den Punkt, wo wir die geforderten Memberfunktionen implementieren müssen. Werfen wir zunächst einen Blick auf einen Ausschnitt der **Date**-Klasse. Der Quellcode wurde ein wenig umorganisiert, sodass die öffentliche Schnittstelle – wie es allgemein üblich ist – zuerst kommt:

9.4 Eine Klasse entwickeln

```cpp
// einfache Date-Klasse (Implementierungsdetails werden meist ans Ende der
//                      Klassendeklaration gestellt)
class Date {
public:
   Date(int y, int m, int d);  // Konstruktor: prüft auf gültiges Datum und
                               // übernimmt die Initialisierung
   void add_day(int n);        // erhöht Date um n Tage
   int month();
   // ...
private:
   int y, m, d;                // Jahr, Monat, Tag
};
```

Die meisten Programmierer stellen die öffentliche Schnittstelle an den Anfang, weil sie für die anderen Programmierer am interessantesten ist. Theoretisch ist es für die Benutzer einer Klasse gar nicht nötig, sich die Implementierungsdetails anzusehen. In der Praxis ist es allerdings häufig so, dass wir aus Neugier doch einen Blick auf die Implementierung werfen, um zu sehen, ob diese vernünftig aussieht oder ob der Autor irgendwelche Techniken verwendet hat, von denen wir lernen könnten. Dabei verbringen wir allerdings in der Regel weit mehr Zeit beim Studium der öffentlichen Schnittstelle (außer natürlich wir wären selbst der Autor). Dem Compiler hingegen ist die Reihenfolge der Klassenmember gleichgültig; er verarbeitet die Deklarationen in jeder Reihenfolge, die Sie vorgeben.

Wenn wir einen Member außerhalb seiner Klasse definieren, müssen wir angeben, zu welcher Klasse er gehört. Dazu verwenden wir die *Klassenname::Membername*-Notation:

```cpp
Date::Date(int yy, int mm, int dd)   // Konstruktor
   :y(yy), m(mm), d(dd)              // Memberinitialisierer
{
}

void Date::add_day(int n)
{
   // ...
}

int month()     // Hoppla: wir haben Date:: vergessen
{
   return m;    // keine Memberfunktion, daher kein Zugriff auf m
}
```

Die Notation **:y(yy), m(mm), d(dd)** ist unser bevorzugter Weg zur Initialisierung von Membern. Wir könnten auch folgenden Code schreiben:

```cpp
Date::Date(int yy, int mm, int dd)   // Konstruktor
{
   y = yy;
   m = mm;
   d = dd;
}
```

9 Technische Details: Klassen und mehr

Dann würden wir aber im Grunde eine Standardinitialisierung der Member vornehmen und ihnen anschließend Werte zuweisen. Außerdem könnte es dann passieren, dass wir einen Member zufällig verwenden, bevor er initialisiert wurde. Die Notation **:y(yy), m(mm), d(dd)** drückt unsere Absichten unmittelbarer aus. Dies ist der gleiche Unterschied wie zwischen

```
int x;    // zuerst definiere die Variable x
// ...
x = 2;    // später weise x einen Wert zu
```

und

```
int x = 2;  // definiere x und initialisiere es sofort mit 2
```

Wegen der in C++ angestrebten syntaktischen Konsistenz ist es sogar möglich, die letzte Initialisierung durch die „Argument"/Klammern-Notation auszudrücken:

```
int x(2);                    // initialisiere x mit 2
Date sunday(2004,8,29);      // initialisiere sunday mit (2004,8,29)
```

Wir können Memberfunktionen auch direkt in der Klassendefinition definieren:

```
// einfache Date-Klasse (Implementierungsdetails werden meist ans Ende der
//              Klassendeklaration gestellt)
class Date {
public:
    Date(int yy, int mm, int dd)
      :y(yy), m(mm), d(dd)
    {
        // ...
    }

    void add_day(int n)
    {
        // ...
    }

    int month() { return m; }

    // ...
private:
    int y, m, d;  // Jahr, Monat, Tag
};
```

Als Erstes fällt uns an dieser Variante auf, dass die Klassendeklaration umfangreicher und „unübersichtlicher" geworden ist. In diesem Beispiel könnte der Code für den Konstruktor und für **add_day()** leicht ein Dutzend Zeilen oder mehr umfassen. Auf diese Weise wird die Klassendeklaration um ein Vielfaches größer und es wird schwieriger, zwischen den ganzen Implementierungsdetails die Schnittstelle herauszulesen. Aus diesem Grund definieren wir größere Funktionen nicht innerhalb der Klassendeklaration.

Ganz anders verhält es sich mit der Definition von **month()**. Diese ist unkompliziert und kürzer als der Code, der notwendig wäre, um **Date::month()** außerhalb der Klassendeklaration zu definieren. Für solche einfachen Funktionen können wir es durchaus in Erwägung ziehen, die Definition direkt in die Klassendeklaration zu schreiben.

Beachten Sie den Umstand, dass **month()** auf **m** zugreifen kann, obwohl **m** nach (hinter) **month()** definiert ist. Ein Member kann auf jeden anderen Member seiner Klasse zugreifen, unabhängig davon, wo in der Klasse der andere Member deklariert ist. Die Regel, dass ein Name vor seiner Verwendung deklariert sein muss, gilt nicht in der gleichen Strenge für den begrenzten Gültigkeitsbereich einer Klasse.

Wenn Sie eine Memberfunktion innerhalb der Klassendefinition definieren, hat dies zwei Effekte:

- Die Funktion wird zur *Inline*-Funktion. Wird eine Inline-Funktion aufgerufen, versucht der Compiler, Code zu generieren, der die Funktion ausführt, ohne dass dazu ein Funktionsaufruf nötig ist. Im Falle von Funktionen wie **month()**, die wenig Code enthalten, aber häufig verwendet werden, kann dies einen signifikanten Performance-Vorteil bedeuten.

- Alle Module, die die Klasse verwenden, müssen nach Änderungen am Rumpf der Inline-Funktion neu kompiliert werden. Wenn der Funktionsrumpf dagegen außerhalb der Klassendeklaration steht, ist eine Neukompilation der verwendenden Module nur dann erforderlich, wenn die Klassendeklaration selbst geändert wurde. Für größere Programme kann es ein großer Vorzug sein, wenn Änderungen am Funktionsrumpf keine Neukompilation bedingen.

Daraus ergibt sich folgende Regel: Der Anweisungsteil (Rumpf) von Memberfunktionen gehört nicht in die Klassendeklaration, es sei denn, Sie brauchen den Performance-Schub durch die Inline-Verarbeitung sehr kleiner Funktionen. Größere Funktionen mit mehr als fünf Zeilen Code profitieren nicht von der Inline-Verarbeitung. Selten enthalten unsere Inline-Funktionen mehr als ein oder zwei Ausdrücke.

9.4.5 Objektbezug

Betrachten wir ein Beispiel für eine einfache Einsatzmöglichkeit unserer bisherigen **Date**-Klasse:

```
class Date {
  // ...
  int month() { return m; }
  // ...
private:
  int y, m, d;   // Jahr, Monat, Tag
};

void f(Date d1, Date d2)
{
  cout << d1.month() << ' ' << d2.month() << '\n';
}
```

Woher weiß die Memberfunktion **Date::month()**, dass sie beim ersten Aufruf **d1.m** und beim zweiten Aufruf **d2.m** zurückliefern soll? Ein Blick auf **Date::month()** gibt keinen Aufschluss, die Deklaration der Memberfunktion spezifiziert keine Funktionsargumente! Woher also weiß **Date::month()**, für welches Objekt sie aufgerufen wurde? Klassenmemberfunktionen wie **Date::month()** verfügen über ein implizites Argument, anhand dessen sie das Objekt identifizieren, für das sie aufgerufen wurden. Aus diesem Grunde bezieht sich **m** im ersten Aufruf ganz korrekt auf **d1.m** und im zweiten Aufruf auf **d2.m**. Für weitere Einsatzgebiete dieses impliziten Arguments (auch **this** genannt) siehe §17.10.

9.4.6 Fehlerbehandlung

Was tun, wenn wir auf ein ungültiges Datum stoßen? Wo im Code sollen wir nach ungültigen Datumswerten suchen? Aus §5.6 wissen wir, dass die Antwort auf die erste Frage lautet: „Eine Ausnahme werfen". Und der nächstliegende Ort, um nach ungültigen Datumswerten zu suchen, ist dort, wo wir das **Date**-Objekt erzeugen. Wenn wir keine ungültigen Datumswerte erzeugen und unsere Memberfunktionen korrekt implementieren, kann es nie ein **Date**-Objekt mit einem ungültigen Wert geben. Folglich müssen wir dafür sorgen, dass die Benutzer keine **Date**-Objekte mit ungültigem Zustand erzeugen können.

```
// einfache Date-Klasse (verhindert ungültige Datumsangaben)
class Date {
public:
  class Invalid { };          // Typ der zu verwendenden Ausnahme
  Date(int y, int m, int d);  // prüft auf gültiges Datum und
                              // übernimmt die Initialisierung
  // ...
private:
  int y, m, d;       // Jahr, Monat, Tag
  bool check();      // liefert true zurück, wenn das Datum gültig ist
};
```

Wir lagern den Gültigkeitstest in eine separate **check**()-Funktion aus, weil die Überprüfung der Gültigkeit zu einer anderen Logik gehört als die Initialisierung und wir unter Umständen noch mehrere Konstruktoren schreiben werden. Wie die Klassendeklaration zeigt, können wir nicht nur private Daten, sondern auch private Funktionen haben:

```
Date::Date(int yy, int mm, int dd)
  : y(yy), m(mm), d(dd)       // initialisiert Membervariablen
{
  if (!check()) throw Invalid();   // prüfe auf Gültigkeit
}

bool Date::check()   // liefere true zurück, wenn Datum gültig ist
{
  if (m<1 || 12<m) return false;
  // ...
}
```

Ausgehend von dieser Definition von **Date** können wir schreiben:

```
void f(int x, int y)
try {
  Date dxy(2004,x,y);
  cout << dxy << '\n';    // siehe §9.8 für eine Deklaration von <<
  dxy.add_day(2);
}
catch(Date::Invalid) {
  error("ungueltiges Datum");  // error() definiert in §5.6.3
}
```

Wir können nun sicher sein, dass << und **add_date**() auf einem gültigen **Date**-Objekt operieren.

Bevor wir die Ausarbeitung unserer **Date**-Klasse in §9.7 abschließen, schlagen wir einen kleinen Umweg ein, um zwei allgemeine Sprachelemente vorzustellen, die wir für den ordentlichen Abschluss unserer Klasse benötigen: Aufzählungen und Operatorenüberladung.

9.5 Aufzählungen

Eine Aufzählung (*enumeration*) ist ein sehr einfacher, benutzerdefinierter Typ, der seine Werte (*Enumeratoren*) als symbolische Konstanten spezifiziert. Definiert werden Aufzählungen mit dem Schlüsselwort **enum**:

```
enum Month {
    jan=1, feb, mar, apr, may, jun, jul, aug, sep, oct, nov, dec
};
```

Der „Rumpf" einer Aufzählung besteht einfach aus der Liste seiner Enumeratoren.[1] Sie können jedem Enumerator einen eigenen speziellen Wert zuweisen, so wie wir es im obigen Beispiel für **jan** getan haben, oder Sie überlassen es dem Compiler, geeignete Werte auszuwählen. Wenn Sie die Entscheidung dem Compiler überlassen, weist dieser jedem Enumerator einen um eins höheren Wert zu als dem Vorgänger. Folglich weist unsere Definition von **Month** den Monaten aufeinanderfolgende Werte zu, beginnend mit **1**. Das Ergebnis ist das gleiche, als hätten wir geschrieben:

```
enum Month {
    jan=1, feb=2, mar=3, apr=4, may=5, jun=6,
    jul=7, aug=8, sep=9, oct=10, nov=11, dec=12
};
```

Obiger Weg ist allerdings mühsam und fehleranfällig. Tatsächlich musste ich gleich zwei Tippfehler beseitigen, bevor die Typdefinition endlich korrekt war. Die Lehre daraus: Einfache, sich wiederholende Aufgaben sollte man besser dem Compiler überlassen. Der Compiler ist in solchen Dingen besser als wir und ihm wird auch nicht langweilig.

Wenn wir den ersten Enumerator nicht initialisieren, startet die Nummerierung mit **0**. Zum Beispiel:

```
enum Day {
    monday, tuesday, wednesday, thursday, friday, saturday, sunday
};
```

Hier gilt **monday==0** und **sunday==6**. Nummerierungen mit **0** zu beginnen, ist meist eine gute Idee.

Verwenden können wir **Month** beispielsweise wie folgt:

```
Month m = feb;
m = 7;                  // Fehler: Month kann kein int zugewiesen werden
int n = m;              // O.K.: wir erhalten den numerischen Wert von einem Month
Month mm = Month(7);    // wandelt int in Month um (ungeprüft)
```

---

[1] Achtung: In anderen Programmiersprachen (wie zum Beispiel Java) hat der Begriff „Enumerator" eine leicht andere Bedeutung.

Beachten Sie, dass ein **Month** einen eigenen Typ darstellt. Er verfügt über eine implizite Typumwandlung in **int**, aber es gibt keine implizite Typumwandlung von **int** in **Month**. Das ist durchaus sinnvoll, denn während es zu jedem **Month**-Wert einen äquivalenten Integer-Wert gibt, kann man dies umgekehrt nur für die wenigsten **int**-Werte sagen. Beispielsweise ist es ganz in unserem Sinne, dass die folgende Initialisierung scheitert:

Month bad = 9999; // Fehler: kann einen int nicht in einen Month umwandeln

Falls Sie trotzdem nicht von der **Month(9999)**-Notation lassen können – gut, aber Sie tun dies auf eigene Gefahr! In vielen Fällen wird C++ den Programmierer nicht daran hindern, etwas möglicherweise Törichtes zu tun, wenn er explizit darauf besteht – schließlich besteht ja doch die Möglichkeit, dass der Programmierer es besser weiß.

Leider gibt es keine Möglichkeit, für eine Aufzählung einen Konstruktor zu definieren, um die Initialisierungswerte zu überprüfen. Es ist allerdings auch nicht allzu schwer, eine einfache Prüffunktion zu schreiben:

```
Month int_to_month(int x)
{
  if (x<jan || dec<x) error("ungueltiger Monat");
  return Month(x);
}
```

Jetzt können wir schreiben:

```
void f(int m)
{
  Month mm = int_to_month(m);
  // ...
}
```

Wofür benötigen wir Aufzählungen? Grundsätzlich sind Aufzählungen immer dann nützlich, wenn wir eine Gruppe von zusammengehörenden, benannten Integer-Konstanten benötigen. Dies ist immer dann der Fall, wenn wir eine Menge von Alternativen (**up**, **down**; **yes**, **no**, **maybe**; **n**, **ne**, **e**, **se**, **s**, **sw**, **w**, **nw**) oder distinkten Werten (**red**, **blue**, **green**, **yellow**, **maroon**, **crimson**, **black**) repräsentieren möchten.

Beachten Sie, dass die Enumeratoren *nicht* innerhalb des Gültigkeitsbereichs ihres Aufzählungstyps liegen, sondern demselben Gültigkeitsbereich angehören wie der Name des Aufzählungstyps. Es gilt also:

enum Traffic_sign { red, yellow, green };
int var = red; // Hinweis: nicht Traffic_sign::red

Dies kann Probleme verursachen. Denken Sie nur daran, zu welchen Verwirrungen es führen kann, wenn Sie kurze, allgemeine Namen wie **red**, **on**, **ne** oder **dec** als globale Namen verwenden. Steht **ne** für „northeast" oder für „not equal"? Ist mit **dec** „decimal" oder „December" gemeint? Erinnern Sie sich: Vor diesen Problemen haben wir in §3.7 gewarnt und wir können sie leicht provozieren, wenn wir einen **enum**-Typ mit kurzen, bequemen Enumeratoren im globalen Gültigkeitsbereich definieren. Tatsächlich beginnen die Probleme bereits, wenn wir versuchen, unsere **Month**-Aufzählung zusammen mit einem **iostream**-Stream zu verwenden, weil für diese ein sogenannter Manipulator namens **dec** für „decimal" definiert ist (siehe §11.2.1). Um solche Probleme zu vermeiden, ziehen wir es meist vor, Aufzählungen in einem engeren Gültigkeitsbereich, beispielsweise einer Klasse, zu definieren.

Auf diese Weise können wir dann auch explizit anzeigen, worauf sich ein Enumerator-Wert bezieht: **Month::jan** oder **Color::red**. Wie dies geht und wie die zugehörige Technik aussieht, lesen Sie in §9.7.1. In Fällen, wo globale Namen absolut unumgänglich sind, versuchen wir, die Gefahr von Namenskonflikten durch längere Namen, ungewöhnliche Namen (oder Schreibweisen) oder durch Großschreibung zu minimieren. Nichtsdestotrotz, die bevorzugte Lösung ist, die Namen so lokal wie irgend vertretbar zu machen.

9.6 Operatorenüberladung

C++ erlaubt Ihnen, nahezu alle C++-Operatoren für Klassen- oder Aufzählungsoperanden zu definieren – eine Technik, die oft als *Operatorenüberladung* bezeichnet wird. Wir benutzen diese Technik, wenn wir für einen Typ, den wir entwerfen, eine konventionelle Notation zur Verfügung stellen möchten. Zum Beispiel:

```
enum Month {
   Jan=1, Feb, Mar, Apr, May, Jun, Jul, Aug, Sep, Oct, Nov, Dec
};

Month operator++(Month& m)          // Präfix-Inkrementoperator
{
   m = (m==Dec) ? Jan : Month(m+1);   // "umspringen" bei Jahreswechsel
   return m;
}
```

Die **?:**-Konstruktion ist ein „arithmetisches if": **m** wird **Jan**, wenn **(m==Dec)**, andernfalls **Month(m+1)**. Es ist ein relativ eleganter Weg, um zu berücksichtigen, dass der Turnus der Monate nach dem Dezember von Neuem beginnt. Der **Month**-Typ kann nun wie folgt verwendet werden:

```
Month m = Sep;
++m;    // m wird zu Oct
++m;    // m wird zu Nov
++m;    // m wird zu Dec
++m;    // m wird zu Jan (Jahreswechsel)
```

Vielleicht sind Sie der Auffassung, dass das Inkrementieren eines **Month**-Objekts nicht so häufig benötigt wird, dass dies einen eigenen Operator rechtfertigt. Vielleicht haben Sie damit recht, aber wie steht es mit einem Ausgabeoperator? Wir können einen Ausgabeoperator wie folgt definieren:

```
vector<string> month_tbl;

ostream& operator<<(ostream& os, Month m)
{
   return os << month_tbl[m];
}
```

Obiger Code setzt voraus, dass **month_tbl** irgendwo initialisiert wurde, sodass z.B. **month[Mar]** den String **"March"** liefert oder irgendeinen anderen geeigneten Namen für diesen Monat, siehe §10.11.3.

Für Ihre eigenen Typen können Sie nahezu jeden der von C++ vorgegebenen Operatoren definieren, es muss aber ein bereits vorhandener Operator sein, wie **+, -, *, /, %, [], (), ^, !, &, <, <=, >** oder **>=**. Sie können keine eigenen Operatoren definieren; vielleicht würden Sie gerne Operatoren wie `**` oder `$=` in Ihren Programmen verwenden, doch dies lässt C++ nicht zu. Außerdem können Sie die Operatoren nur mit ihrer üblichen Zahl von Operanden definieren. So ist es möglich, einen unären Operator `-` zu definieren, aber nicht einen unären Operator `<=` (kleiner oder gleich), es ist möglich, einen binären Operator `+` zu definieren, aber nicht einen binären Operator `!` (Nicht). Summa summarum erlaubt Ihnen die Sprache, für Ihre Typen die bestehende Syntax zu nutzen, jedoch nicht diese Syntax zu erweitern.

Ein überladener Operator muss mindestens einen benutzerdefinierten Typ als Operanden haben:

```
int operator+(int,int);                         // Fehler: Sie können das integrierte + nicht überladen
Vector operator+(const Vector&, const Vector &);  // O.K.
Vector operator+=(const Vector&, int);          // O.K.
```

Tipp Grundsätzlich kann man sagen, dass es besser ist, keine Operatoren für einen Typ zu definieren, es sei denn, Sie wären sich sicher, dass es Ihren Code entscheidend verbessert. Außerdem sollten Sie beim Definieren von Operatoren deren ursprüngliche Bedeutung erhalten: `+` sollte eine Addition durchführen, der binäre `*`-Operator eine Multiplikation, `[]` einen Zugriff, `()` einen Aufruf und so weiter. Dies ist allerdings nur ein Ratschlag, keine Vorschrift, doch es ist ein guter Rat: Der gewohnte Einsatz der Operatoren, wie z.B. des `+`-Operators für Additionen, kann entscheidend zur Verständlichkeit eines Programms beitragen. Immerhin beruht diese Form der Verwendung auf der Erfahrung aus Hunderten von Jahren mit mathematischen Notationen. Umgekehrt können seltsame Operatoren und die unkonventionelle Verwendung bekannter Operatoren die Lesbarkeit eines Quellcodes erschweren und Fehler provozieren. Statt diesen Punkt hier weiter zu vertiefen, werden wir in den folgenden Kapiteln einfach immer da auf die Operatorenüberladung zurückgreifen, wo uns ihr Einsatz gerechtfertigt erscheint.

Zum Schluss sei noch angemerkt, dass die für die Überladung interessantesten Operatoren nicht etwa wie oft angenommen `+`, `-`, `*` und `/` sind, sondern `=`, `==`, `!=`, `<`, `[]` und `()`.

9.7 Klassenschnittstellen

Wir haben bereits angesprochen, dass die öffentliche Schnittstelle und der Implementierungsteil einer Klasse voneinander getrennt werden sollten. Sofern man daneben die Möglichkeit offenlässt, für Typen, die reine Daten repräsentieren, Strukturen zu verwenden, werden wohl die meisten professionellen Programmierer diesem Grundsatz zustimmen. Wie aber entwirft man eine gute Schnittstelle? Was unterscheidet eine gute öffentliche Schnittstelle von einer schlechten? Vollständig beantwortet werden kann diese Frage nur, indem wir uns verschiedene Beispiele ansehen. Es gibt aber auch einige allgemeine Grundsätze, die wir auflisten können und für die es zum Teil in C++ sogar eine direkte Unterstützung gibt:

- Für vollständige Schnittstellen sorgen
- Auf minimale Schnittstellen achten
- Konstruktoren vorsehen
- Kopieren unterstützen (oder es unterbinden) (siehe §14.2.4)
- Typen verwenden, um die Überprüfung der Argumente zu unterstützen
- Nicht verändernde Memberfunktionen identifizieren (siehe §9.7.4)
- Alle Ressourcen im Destruktor freigeben (siehe §17.5)

Siehe auch §5.5 (zum Abfangen und Melden von Laufzeitfehlern).

Die beiden ersten Grundsätze könnte man wie folgt zusammenfassen: „Halte die Schnittstelle so klein wie möglich, aber nicht kleiner." Wir streben kleine Schnittstellen an, weil kleine Schnittstellen für den Benutzer leicht zu merken sind und der Implementierer keine Zeit mit der Implementierung unnötiger und selten benutzter Operationen vergeudet. Eine kleine Schnittstelle bedeutet auch, dass im Falle eines Fehlers nur wenige Funktionen überprüft werden müssen. Die Grundregel lautet: Je mehr öffentliche Memberfunktionen es gibt, umso schwieriger ist es, Bugs zu lokalisieren – und über die Schwierigkeiten des Debuggens von Klassen mit öffentlichen Daten wollen wir uns gar nicht erst auslassen. Auf der anderen Seite sind wir natürlich an einer vollständigen Schnittstelle interessiert; andernfalls wäre sie wertlos. Mit einer Schnittstelle, die uns nicht alles erlaubt, was erforderlich ist, können wir nicht sinnvoll arbeiten.

Wenden wir uns nun den anderen, weniger abstrakten und konkreter unterstützten Idealen zu.

9.7.1 Argumenttypen

Als wir in §9.4.3 den Konstruktor für **Date** definierten, haben wir als Argumente drei **int**-Werte verwendet. Dies hat zu verschiedenen Problemen geführt:

```
Date d1(4,5,2005);   // Hoppla: Jahr 4, Tag 2005
Date d2(2005,4,5);   // 5. April oder 4. Mai?
```

Dem ersten Problem (ein unerlaubter Tag im Monat) kann man leicht durch einen geeigneten Test im Konstruktor begegnen. Das zweite Problem (Vertauschung der Werte für Monat und Tag-im-Monat) dagegen kann durch Code, der vom Benutzer aufgesetzt wird, nicht entschärft werden. Das zweite Problem entsteht dadurch, dass es in den verschiedenen Kulturen unterschiedliche Konventionen für die Angabe von Monat und Tag gibt. So steht 4/5 in den Vereinigten Staaten zum Beispiel für den 5. April, während in England darunter der 4. Mai verstanden wird. Da dieses Problem auf rechnerische Weise nicht zu lösen ist, müssen wir einen anderen Weg finden. Die Lösung des Problems liegt offensichtlich in der Verwendung des Typsystems:

```
// einfache Date-Klasse (verwendet den Typ Month)
class Date {
public:
  enum Month {
    jan=1, feb, mar, apr, may, jun, jul, aug, sep, oct, nov, dec
  };

  Date(int y, Month m, int d);   // prüft auf gültiges Datum und
                                 // übernimmt die Initialisierung
  // ...
private:
  int y;   // Jahr
  Month m;
  int d;   // Tag
};
```

9 Technische Details: Klassen und mehr

Dank des **Month**-Parameters kann der Compiler nun erkennen, wenn wir Monat und Tag vertauschen. Und weil wir für den **Month**-Typ eine Aufzählung definiert haben, können wir zusätzlich aussagekräftige, symbolische Namen verwenden. Symbolische Namen sind leichter zu lesen und zu verwenden und damit auch weniger fehleranfällig als das Hantieren mit Zahlen:

```
Date dx1(1998, 4, 3);              // Fehler: 2. Argument kein Month
Date dx2(1998, 4, Date::mar);      // Fehler: 2. Argument kein Month
Date dx2(4, Date::mar, 1998);      // Hoppla: Laufzeitfehler: Tag 1998
Date dx2(Date::mar, 4, 1998);      // Fehler: 2. Argument kein Month
Date dx3(1998, Date::mar, 30);     // O.K.
```

Auf diese Weise können die meisten „Unfälle" vermieden werden. Beachten Sie insbesondere die Qualifizierung des Enumerators **mar** mit dem Klassennamen: **Date::mar**. Auf diesem Weg drücken wir aus, dass es sich um das **mar** von **Date** handelt. Wir schreiben nicht Date.mar, weil **Date** kein Objekt ist (sondern ein Typ) und **mar** keine Membervariable (sondern ein Enumerator – eine symbolische Konstante). Verwenden Sie **::** nach Klassennamen (oder Namensbereichsnamen, siehe §8.7) und **.** (Punkt) nach Objektnamen.

> **Tipp** Wann immer möglich, versuchen wir Fehler zur Kompilierzeit statt zur Laufzeit abzufangen. Nicht nur weil es bequemer ist, wenn der Compiler den Fehler findet, als wenn wir herausfinden müssen, wo genau im Code das Problem auftritt, sondern auch weil für Fehler, die zur Kompilierzeit abgefangen werden, kein Prüfcode geschrieben und ausgeführt werden muss.

Unter diesem Aspekt stellt sich die Frage, ob wir nicht auch ein unabsichtliches Vertauschen der Werte für den Tag im Monat und das Jahr abfangen könnten? Wir könnten, aber die Lösung ist nicht so einfach und elegant wir für **Month**, schließlich gab es einmal ein Jahr 4 und unser **Date**-Typ sollte in der Lage sein dieses Jahr darzustellen. Und selbst wenn wir uns auf einen kleinen Zeitraum beschränken, bleiben vermutlich zu viele Jahre, um diese in einer Aufzählung aufzulisten.

Das Beste, was wir tun können (ohne detailliertes Wissen darüber, wie **Date** eingesetzt wird), ist vermutlich ein Ansatz wie der Folgende:

```
class Year {    // Jahr im Bereich [min:max)
    static const int min = 1800;
    static const int max = 2200;
public:
    class Invalid { };
    Year(int x) : y(x) { if (x<min || max<x) throw Invalid(); }
    int year() { return y; }
private:
    int y;
};

class Date {
public:
    enum Month {
        jan=1, feb, mar, apr, may, jun, jul, aug, sep, oct, nov, dec
    };

    Date(Year y, Month m, int d);    // prüft auf gültiges Datum und
                                     // übernimmt Initialisierung
```

```
// ...
private:
  Year y;
  Month m;
  int d;  // Tag
};
```

Damit erhalten wir

```
Date dx1(Year(1998), 4, 3);              // Fehler: 2. Argument kein Month
Date dx2(Year(1998), 4, Date::mar);      // Fehler: 2. Argument kein Month
Date dx2(4, Date::mar, Year(1998));      // Fehler: 1. Argument kein Year
Date dx2(Date::mar, 4, Year(1998));      // Fehler: 2. Argument kein Month
Date dx3(Year(1998), Date::mar, 30);     // O.K.
```

Der folgende etwas konstruierte und eher unwahrscheinliche Fehler würde allerdings immer noch erst zur Laufzeit abgefangen werden:

```
Date dx2(Year(4), Date::mar, 1998);      // Laufzeitfehler: Year::Invalid
```

Sind der zusätzliche Aufwand und Code für die Überprüfung der Jahreszahlen gerechtfertigt? Letzten Endes hängt dies von dem Problem ab, welches Sie mithilfe von **Date** lösen wollen. In unserem Fall bezweifeln wir es aber und wir werden im weiteren Verlauf die Klasse **Year** nicht mehr verwenden.

Wenn wir programmieren, müssen wir uns stets fragen, was für eine gegebene Anwendung gut genug ist. Im Programmieralltag hat man nur selten die Zeit, weiter und weiter nach der perfekten Lösung zu suchen, wenn man bereits eine gute, zufriedenstellende Lösung gefunden hat. Außerdem besteht die Gefahr, dass wir am Ende zu einer Lösung kommen, die so ausgeklügelt und kompliziert ist, dass sie schlechter ist als die einfache Lösung, die wir bereits viel früher gefunden hatten. Oder um es mit Voltaire zu sagen: „Das Beste ist der Feind des Guten."

Beachten Sie die Verwendung von **static const** in den Definitionen von **min** und **max**. Auf diese Weise definieren wir symbolische Konstanten von Integer-Typen innerhalb von Klassen. Für Klassenmember verwenden wir **static** um sicherzustellen, dass es nur eine Kopie dieses Werts im Programm gibt (statt eines Werts pro Objekt der Klasse).

9.7.2 Kopieren

Als Programmierer müssen wir ständig Objekte erzeugen, entsprechend müssen wir uns ständig mit Initialisierungen und Konstruktoren auseinandersetzen. Man kann daher durchaus konstatieren, dass es sich hierbei um die wichtigsten Member einer Klasse handelt. Sie zu implementieren bedeutet, dass Sie sich entscheiden müssen, was nötig ist, um ein Objekt zu initialisieren, und zu definieren, was ein gültiger Wert ist (was ist die Invariante?). Allein durch das gründliche Nachdenken über die Initialisierung lassen sich viele Fehler vermeiden.

Der nächste Punkt, über den man nachdenken sollte, ist meist: Können wir unsere Objekte kopieren? Und wenn ja, wie kopieren wir sie?

Für **Date** und **Month** liegt die Antwort auf der Hand: Natürlich möchten wir Objekte dieser Typen auch kopieren können, und wie eine Kopie zu erstellen ist, ist auch schnell geklärt: Es müssen einfach die einzelnen Member kopiert werden. Erfreulicherweise ist dies der Standardfall und solange Sie keine anderen Maßnahmen treffen, tut der Compiler genau dies. Wenn Sie also zum Beispiel ein **Month**-Objekt als Initialisierer oder als rechte Seite einer Zuweisung kopieren, werden alle Member des **Month**-Objekts kopiert:

```
Date holiday(1978, Date::jul, 4);      // Initialisierung
Date d2 = holiday;
Date d3 = Date(1978, Date::jul, 4);
holiday = Date(1978, Date::dec, 24);   // Zuweisung
d3 = holiday;
```

Dies funktioniert wie erwartet. Die Notation **Date(1978, Date::dec, 24)** erzeugt das entsprechende, unbenannte **Date**-Objekt, welches Sie dann wie gewünscht verwenden können, zum Beispiel:

```
cout << Date(1978, Date::dec, 24);
```

Hier wird der Konstruktor verwendet, als handele es sich um ein Literal seines Klassentyps. Diese Notation ist eine praktische Alternative zur Definition einer Variablen, die nur einmalig verwendet wird.

Und wie sieht es aus, wenn uns die Standardbedeutung des Kopierens nicht zusagt? Dann können wir entweder unsere eigene Kopiersemantik definieren (siehe §18.2) oder den Kopierkonstruktor und den Zuweisungsoperator als privat deklarieren (siehe §14.2.4).

9.7.3 Standardkonstruktoren

Nicht initialisierte Variablen können eine gefährliche Fehlerquelle sein. Um diesem Problem zu begegnen, gibt es das Konzept des Konstruktors, der sicherstellt, dass jedes Objekt einer Klasse initialisiert wird. So haben wir den Konstruktor **Date::Date(int,Month,int)** deklariert, um sicherzustellen, dass jedes **Date**-Objekt ordnungsgemäß initialisiert wird. Im Falle von **Date** bedeutet dies, dass der Programmierer beim Aufruf des Konstruktors drei Argumente des jeweils korrekten Typs übergeben muss:

```
Date d1;                    // Fehler: kein Initialisierer
Date d2(1998);              // Fehler: zu wenige Argumente
Date d3(1,2,3,4);           // Fehler: zu viele Argumente
Date d4(1,"jan",2);         // Fehler: falscher Argumenttyp
Date d5(1,Date::jan,2);     // O.K.: verwendet den Konstruktor mit den drei Argumenten
Date d6 = d5;               // O.K.: verwendet den Kopierkonstruktor
```

Beachten Sie, dass es trotz der Definition eines Konstruktors für **Date** weiterhin möglich ist, **Date**-Objekte zu kopieren.

Für viele Klassen gibt es sinnvolle Standardwerte. Das heißt, es gibt eine naheliegende Antwort auf die Frage: „Welchen Wert sollte eine Variable der Klasse haben, wenn ich keinen Initialisierungswert vorsehe?" Zum Beispiel:

```
string s1;                  // Standardwert: der leere String ""
vector<string> v1;          // Standardwert: der leere Vektor; keine Elemente
vector<string> v2(10);      // Vektor von 10 Standardstrings
```

9.7 Klassenschnittstellen

Dies sieht ganz vernünftig aus, und es funktioniert sogar so, wie die Kommentare es andeuten. Zu verdanken ist dies dem Umstand, dass **vector** und **string** über *Standardkonstruktoren* verfügen, die implizit die gewünschte Initialisierung vornehmen.

Für einen Typ **T** ist **T()** die Notation des Standardwerts, so wie er durch den Standardkonstruktor bestimmt wird. Wir können also schreiben:

```
string s1 = string();              // Standardwert: der leere String ""
vector<string> v1 = vector<string>();   // Standardwert:
                                   // der leere Vektor; keine Elemente
vector<string> v2(10,string());    // Vektor von 10 Standardstrings
```

Wir bevorzugen allerdings die äquivalente und weitaus gebräuchlichere Schreibweise:

```
string s1;                 // Standardwert: der leere String ""
vector<string> v1;         // Standardwert: der leere Vektor; keine Elemente
vector<string> v2(10);     // Vektor von 10 Standardstrings
```

Für die integrierten Typen wie **int** und **double** steht die Standardkonstruktor-Notation für den Wert **0**. Der Ausdruck **int()** ist also letzten Endes nichts anderes als eine komplizierte Schreibweise für **0** und **double()** ist eine umständliche Formulierung für **0.0**.

Es gibt allerdings ein hässliches Syntaxproblem mit der ()-Notation für Initialisierer:

```
string s1("Ike");   // String initialisiert mit "Ike"
string s2();        // Funktion, die kein Argument übernimmt und String zurückgibt
```

Die Verwendung eines Standardkonstruktors ist nicht allein eine Frage der Optik. Nehmen wir einmal an, es wäre doch möglich, ein nicht initialisiertes **string**- oder **vector**-Objekt zu erzeugen:

```
string s;
for (int i=0, i<s.size(); ++i)    // Hoppla: Anzahl Schleifeniterationen nicht definiert
   toupper(s[i]);                 // Hoppla: ändert den Inhalt eines zufälligen Speicherortes
vector<string> v;
v.push_back("schlecht");          // Hoppla: schreibt in eine zufällige Adresse
```

Wären die Werte von **s** und **v** tatsächlich undefiniert, dann hätten **s** und **v** keine Vorstellung davon, wie viele Elemente sie enthalten oder (unter Verwendung allgemeiner Implementierungstechniken, siehe §17.5) wo diese Elemente gespeichert sein könnten. Folglich würden wir mit zufälligen Adressen arbeiten – was zur schlimmsten Form von Fehlern führen kann. Das Grundproblem ist hier, dass wir ohne einen Konstruktor keine Invariante formulieren können, d.h., wir können nicht sicherstellen, dass die Werte in diesen Variablen gültig sind (§9.4.3). Als Sprachdesigner müssen wir also darauf bestehen, dass solche Variablen initialisiert werden. Wir könnten beispielsweise auf die Verwendung eines Initialisierers beharren und schreiben:

```
string s1 = "";
vector<string> v1(0);
vector<string> v2(10,"");   // Vektor von 10 leeren Strings
```

Wir halten dies allerdings für keine besonders gelungene Syntax. Im Falle von **string** ist klar, dass "" für „leerer String" steht. Im Falle von **vector** lässt sich noch gut nachvollziehen, dass **0** für einen „leeren Vektor" steht. Für viele Typen ist es aber nicht möglich, eine vernünftige Notation zur Repräsentation des Standardwerts zu finden. Für viele Typen ist es besser, einen Konstruktor zu definieren, der der

Erzeugung eines Objekts ohne Initialisierer eine Bedeutung gibt. Ein solcher Konstruktor übernimmt keine Argumente und wird als *Standardkonstruktor* (*default constructor*) bezeichnet.

Für Datumsangaben gibt es keinen offensichtlichen Standardwert. Aus diesem Grunde haben wir bisher auch keinen Standardkonstruktor für **Date** definiert, jetzt aber wollen wir dies nachholen (vornehmlich um zu demonstrieren, dass wir es können):

```
class Date {
public:
  // ...
  Date();  // Standardkonstruktor
  // ...
private:
  int y;
  Month m;
  int d;
};
```

Für die Implementierung des Standardkonstruktors müssen wir ein Datum als Standardwert auswählen. Der erste Tag des 21. Jahrhunderts scheint uns eine vernünftige Wahl:

```
Date::Date()
  :y(2001), m(Date::jan), d(1)
{
}
```

Tipp Soll der Standardwert nicht direkt im Konstruktorcode aufgebaut werden, könnte man eine Konstante oder eine Variable verwenden – oder man greift auf die Technik aus §8.6.2 zurück, die globale Variablen und die damit einhergehenden Initialisierungsprobleme vermeidet:

```
Date& default_date()
{
  static Date dd(2001,Date::jan,1);
  return dd;
}
```

Die **static**-Deklaration verwenden wir, um eine Variable (**dd**) zu erhalten, die nur einmal – beim ersten Aufruf von **default_date()** – erzeugt und initialisiert wird (statt die Variable jedes Mal neu zu erzeugen, wenn **default_date()** aufgerufen wird). Ist **default_date()** erst einmal definiert, ist die Definition eines Standardkonstruktors für **Date** keine Schwierigkeit mehr:

```
Date::Date()
  :y(default_date().year()),
   m(default_date().month()),
   d(default_date().day())
{
}
```

Beachten Sie, dass der Standardkonstruktor seinen Wert nicht noch einmal prüfen muss, da der Konstruktor für **default_date** dies bereits getan hat. Mit dem neuen Standard-**Date**-Konstruktor können wir einen **vector**-Container für **Date**-Objekte wie folgt anlegen:

vector<Date> birthdays(10);

Ohne den Standardkonstruktor hätten wir schreiben müssen:

`vector<Date> birthdays(10,default_date());`

9.7.4 Konstante Memberfunktionen

Die meisten Variablen sind dazu gedacht, geändert zu werden – das ist der Grund, warum wir sie „Variablen" nennen. Daneben gibt es aber auch Variablen, die dazu dienen, einen nicht veränderbaren Wert zu repräsentieren. Diese werden üblicherweise als konstante Variablen oder einfach *Konstanten* bezeichnet. Betrachten Sie dazu folgenden Code:

```
void some_function(Date& d, const Date& start_of_term)
{
    int a = d.day();                  // O.K.
    int b = start_of_term.day();      // sollte O.K. sein (warum?)
    d.add_day(3);                     // fein
    start_of_term.add_day(3);         // Fehler
}
```

Hier ist unsere Intention, **d** veränderbar zu lassen, während **start_of_term** seinen Wert beibehalten soll. Anders ausgedrückt: Wir wollen nicht zulassen, dass **some_function()** den Wert von **start_of_term** ändert. Woher aber kennt der Compiler unsere Absicht? Er kennt sie, weil wir sie ihm mitgeteilt haben, als wir **start_of_term** als **const** deklarierten. So weit, so gut, aber warum ist es okay, mithilfe von **day()** den Tag von **start_of_term** auszulesen? Nimmt man den derzeitigen Stand der Definition von **Date** ist der Aufruf von **start_of_term.day()** ein Fehler, weil der Compiler nicht wissen kann, dass **day()** den Zustand von **Date** nicht ändert. Und solange wir den Compiler nicht anderweitig belehren, muss er davon ausgehen, dass **day()** sein **Date**-Objekt möglicherweise ändert, und meldet einen Fehler.

Die Lösung dieses Dilemmas liegt darin, dass wir die Operationen einer Klasse als verändernd bzw. nicht verändernd klassifizieren. Dies ist natürlich eine ziemlich grundlegende Unterscheidung, die uns vor allem hilft, eine Klasse besser zu verstehen. Sie hat aber auch eine ganz praktische Konsequenz: Operationen, die das Objekt nicht verändern, können für **const**-Objekte aufgerufen werden.

> **Tipp**

```
class Date {
public:
    // ...
    int day() const;             // const-Member: kann das Objekt nicht ändern
    Month month() const;         // const-Member: kann das Objekt nicht ändern
    int year() const;            // const-Member: kann das Objekt nicht ändern

    void add_day(int n);         // Nicht-const-Member: kann das Objekt ändern
    void add_month(int n);       // Nicht-const-Member: kann das Objekt ändern
    void add_year(int n);        // Nicht-const-Member: kann das Objekt ändern
private:
    int y;       // Jahr
    Month m;
    int d;       // Tag im Monat
};

Date d(2000, Date::jan, 20);
```

```
const Date cd(2001, Date::feb, 21);

cout << d.day() << " — " << cd.day() << endl;  // O.K.
d.add_day(1);       // O.K.
cd.add_day(1);      // Fehler: cd ist eine Konstante
```

Um anzuzeigen, dass eine Memberfunktion für ein **const**-Objekt aufgerufen werden kann, setzen wir **const** direkt hinter die Argumentliste der Memberfunktion. Ist eine Memberfunktion als **const** deklariert, wacht der Compiler darüber, dass wir unser Versprechen, das Objekt nicht zu verändern, auch einhalten. Zum Beispiel:

```
int Date::day() const
{
  ++d;  // Fehler: Versuch, das Objekt in einer const-Memberfunktion zu ändern
  return d;
}
```

Nicht dass der Compiler davon ausgeht, wir würden versuchen zu mogeln. Die Kontrolle durch den Compiler ist lediglich eine Rückversicherung gegen unabsichtliche Änderungen – die für uns umso wertvoller ist, je komplexer der Code wird.

9.7.5 Member und „Hilfsfunktionen"

Minimale (wenn auch vollständige) Schnittstellen zu entwerfen, bedeutet, dass wir viele Operationen, die zwar nützlich, aber nicht unbedingt notwendig sind, auslassen müssen. Eine Funktion, die ohne Probleme effizient und elegant als eigenständige Funktion (also als Nicht-Memberfunktion) implementiert werden kann, sollte außerhalb der Klasse definiert werden. Auf diese Weise kann ein Bug in der Funktion den Zustand des Klassenobjekts nicht durch direkten Zugriff auf die Daten (die Repräsentation) verderben. Der Verzicht auf den direkten Zugriff auf die Repräsentation ist wichtig, weil eine weitverbreitete Debug-Technik lautet: „Kreise die üblichen Verdächtigen ein." Mit anderen Worten: Wenn in einer Klasse etwas schiefläuft, suchen wir den Fehler zuerst in den Funktionen, die direkt auf die Repräsentation zugreifen. Und in der überwiegenden Zahl der Fälle werden wir auch feststellen, dass eine dieser Funktionen die Ursache für den Fehler ist. Gibt es nur ein knappes Dutzend solcher Funktionen, so freut uns dies und gestaltet die Fehlersuche viel leichter, als wenn es deren 50 wären.

Fünfzig Funktionen für eine **Date**-Klasse! Sie müssen sich fragen, ob wir scherzen. Wir scherzen nicht. Vor ein paar Jahren habe ich eine Reihe von kommerziell genutzten **Date**-Bibliotheken begutachtet und dabei festgestellt, dass diese von Funktionen wie **next_Sunday()**, **next_workday()** etc. nur so überquollen. Fünfzig ist keine übergroße Zahl für eine Klasse, deren Design mehr auf die Bequemlichkeit des Benutzers abzielt als auf Verständlichkeit, einfache Implementierung und leichte Wartung.

Noch ein weiterer Punkt ist zu bedenken: Wenn sich die Repräsentation ändert, müssen nur die Funktionen umgeschrieben werden, die direkt auf die Repräsentation zugreifen. Dies ist ein weiteres starkes Argument für den Entwurf minimaler Schnittstellen. Im Falle unserer **Date**-Klasse könnten wir beispielsweise beschließen, dass es besser wäre, ein Datum durch einen Integer-Wert zu repräsentieren, der die Anzahl Tage seit dem 1. Januar 1900 angibt, statt wie bisher als Kombination aus Jahr, Monat und Tag. Geändert werden müssen dann nur die Memberfunktionen.

Hier ein paar Beispiele für *Hilfsfunktionen*:

```
Date next_Sunday(const Date& d)
{
  // Zugriff auf d über d.day(), d.month() und d.year()
  // erzeuge ein neues Date-Objekt für den Rückgabewert
}

Date next_weekday(const Date& d) { /* ... */ }

bool leapyear(int y) { /* ... */ }

bool operator==(const Date& a, const Date& b)
{
  return a.year()==b.year()
    && a.month()==b.month()
    && a.day()==b.day();
}

bool operator!=(const Date& a, const Date& b)
{
  return !(a==b);
}
```

Hilfsfunktionen, auch Convenience-Funktionen, Unterstützungsfunktionen oder ähnlich genannt, sind ein Design-Konzept. Die Unterscheidung zwischen ihnen und anderen Nicht-Memberfunktionen ist also eine logische. Die meisten Hilfsfunktionen nehmen Argumente der Klassen entgegen, die sie unterstützen. Es gibt aber auch Ausnahmen, siehe **leapyear()**. Oft werden Namensbereiche verwendet, um zusammengehörende Hilfsfunktionen als Gruppe zu identifizieren, siehe §8.7:

```
namespace Chrono {
  class Date { /* ... */ };
  bool is_date(int y, Date::Month m, int d);  // true für gültiges Datum
  Date next_Sunday(const Date& d) { /* ... */ }
  Date next_weekday(const Date& d) { /* ... */ }
  bool leapyear(int y) { /* ... */ }    // siehe Übung 10
  bool operator==(const Date& a, const Date& b) { /* ... */ }
  // ...
}
```

Beachten Sie die **==**- und **!=**-Funktionen. Dies sind typische Hilfsfunktionen. Es ist leicht einzusehen, dass **==** und **!=** für viele Klassen sinnvolle Operationen darstellen. Doch gilt dies eben nur für viele und nicht für alle Klasse und deswegen kann der Compiler sie nicht automatisch implementieren, wie er es für den Kopierkonstruktor und den Zuweisungsoperator tut.

Besondere Aufmerksamkeit verdient auch die von uns hier eingeführte Hilfsfunktion **is_date()**. Diese Funktion ersetzt **Date::check()**, weil die Gültigkeitsüberprüfung eines Datums weitgehend unabhängig von der Repräsentation eines **Date**-Objekts ist. Wir müssen nicht wissen, wie ein **Date**-Objekt dargestellt wird, um zu wissen, dass der „30. Januar 2008" ein gültiges und der „30. Februar 2008" ein ungültiges Datum darstellt. Zwar bleiben dann immer noch bestimmte Aspekte eines Datums, die doch von der Repräsentation abhängen (z.B. die Entscheidung, ob ein Datum wie der 30. Januar 1066 dargestellt werden kann), aber, falls nötig, kann sich um diese der **Date**-Konstruktor kümmern.

9.8 Die Klasse Date

Lassen Sie uns jetzt alles zusammenfassen und schauen, wie unsere Date-Klasse aussieht, nachdem wir alle Ideen und Gedanken umgesetzt und implementiert haben. Wo ein Funktionsrumpf nur aus einem // ...-Kommentar besteht, heißt dies, dass die tatsächliche Implementierung kompliziert ist (versuchen Sie also bitte nicht, schon jetzt diese Implementierungen zu ergänzen).

Als Erstes stellen wir die Deklarationen in eine Headerdatei *Chrono.h*:

```
// Datei Chrono.h

#include <iostream>
using namespace std;

namespace Chrono {

class Date {
public:
  enum Month {
     jan=1, feb, mar, apr, may, jun, jul, aug, sep, oct, nov, dec
  };

  class Invalid { };   // Typ der zu verwendenden Ausnahme

  Date(int y, Month m, int d);   // prüft auf gültiges Datum und und initialisert es
  Date();                        // Standardkonstruktor
  // die Standardkopieroperationen sind O.K.

  // nicht verändernde Operationen:
  int day() const { return d; }
  Month month() const { return m; }
  int year() const { return y; }

  // verändernde Operationen:
  void add_day(int n);
  void add_month(int n);
  void add_year(int n);
private:
  int y;
  Month m;
  int d;
};

bool is_date(int y, Date::Month m, int d);   // true für gültiges Datum

bool leapyear(int y);   // true, wenn y ein Schaltjahr ist

bool operator==(const Date& a, const Date& b);
bool operator!=(const Date& a, const Date& b);

ostream& operator<<(ostream& os, const Date& d);
```

```cpp
istream& operator>>(istream& is, Date& dd);

} // Chrono
```

Diese Definitionen gehören in *Chrono.cpp*:

```cpp
// Chrono.cpp

#include "Chrono.h"

namespace Chrono {

// Definitionen der Memberfunktionen:

Date::Date(int yy, Month mm, int dd)
  : y(yy), m(mm), d(dd)
{
  if (!is_date(yy,mm,dd)) throw Invalid();
}

Date& default_date()
{
  static Date dd(2001,Date::jan,1);   // Beginn des 21. Jahrhunderts
  return dd;
}

Date::Date()
  :y(default_date().year()),
   m(default_date().month()),
   d(default_date().day())
{
}

void Date:: add_day(int n)
{
  // ...
}

void Date::add_month(int n)
{
  // ...
}

void Date::add_year(int n)
{
  if (m==feb && d==29 && !leapyear(y+n)) {   // auf Schaltjahre achten!
    m = mar;                                  // verwende 1. März anstatt 29. Februar
    d = 1;
  }
  y+=n;
```

```cpp
}

// Hilfsfunktionen:

bool is_date(int y, Date::Month m, int d)
{
  // gehe davon aus, dass y gültig ist

  if (d<=0) return false;      // d muss positiv sein

  int days_in_month = 31;  // die meisten Monate haben 31 Tage

  switch (m) {
  case Date::feb:   // die Länge des Februars weicht ab
    days_in_month = (leapyear(y))?29:28;
    break;
  case Date::apr: case Date::jun: case Date::sep: case Date::nov:
    days_in_month = 30; // der Rest hat 30 Tage
    break;
  }

  if (days_in_month<d) return false;

  return true;
}

bool leapyear(int y)
{
  // siehe Übung 10
}

bool operator==(const Date& a, const Date& b)
{
  return a.year()==b.year()
    && a.month()==b.month()
    && a.day()==b.day();
}

bool operator!=(const Date& a, const Date& b)
{
  return !(a==b);
}
```

```cpp
ostream& operator<<(ostream& os, const Date& d)
{
    return os << '(' << d.year()
              << ',' << d.month()
              << ',' << d.day() << ')';
}

istream& operator>>(istream& is, Date& dd)
{
    int y, m, d;
    char ch1, ch2, ch3, ch4;
    is >> ch1 >> y >> ch2 >> m >> ch3 >> d >> ch4;
    if (!is) return is;
    if (ch1!='(' || ch2!=',' || ch3!=',' || ch4!=')') {   // Hoppla: Formatfehler
        is.clear(ios_base::failbit);                       // setzt das fail-Bit
        return is;
    }

    return is;
}

enum Day {
    sunday, monday, tuesday, wednesday, thursday, friday, saturday
};

Day day_of_week(const Date& d)
{
    // ...
}

Date next_Sunday(const Date& d)
{
    // ...
}

Date next_weekday(const Date& d)
{
    // ...
}

} // Chrono
```

Die Funktionen, die >> und << für **Date** implementieren, werden ausführlich in §10.7 und §10.8 erklärt.

9 Technische Details: Klassen und mehr

Aufgaben

In diesem Aufgabenteil geht es einfach darum, die verschiedenen Versionen von Date zum Laufen zu bringen. Definieren Sie für jede Version ein Date-Objekt today, das Sie mit dem 25. Juni 1978 initialisieren. Danach definieren Sie ein Date-Objekt namens tomorrow, weisen ihm eine Kopie von today als Wert zu und inkrementieren den Tag mithilfe von add_day() um eins. Zum Schluss geben Sie today und tomorrow mit dem in §9.8 definierten <<-Operator aus.

Den Test auf ein gültiges Datum können Sie relativ einfach halten. Sie sollten allerdings keinen Monat akzeptieren, der außerhalb des Bereichs [1,12] liegt, und keinen Tag im Monat, der nicht im Bereich [1,31] liegt. Testen Sie jede Version mit zumindest einem ungültigen Wert (z.B. den Argumenten 2004, 13, -5).

1 Die Version aus §9.4.1

2 Die Version aus §9.4.2

3 Die Version aus §9.4.3

4 Die Version aus §9.7.1

5 Die Version aus §9.7.4

Fragen

1 Welches sind die beiden Teile einer Klasse, die in diesem Kapitel beschrieben wurden?

2 Welcher Unterschied besteht zwischen der Schnittstelle und der Implementierung einer Klasse?

3 Welche Probleme gab es mit der ursprünglichen Date-Struktur, die am Anfang des Kapitels erzeugt wurde?

4 Warum wurde für den Date-Typ ein Konstruktor verwendet statt einer Funktion init_day()?

5 Was ist eine Invariante? Geben Sie einige Beispiele.

6 Wann gehören Funktionen in die Klassendefinition und wann sollte man sie außerhalb der Klasse definieren? Begründen Sie Ihre Aussage.

7 Wann sollte man in einem Programm mit Operatorenüberladung arbeiten? Listen Sie die Operatoren auf, die sie möglicherweise überladen würden (geben Sie für jeden Operator Gründe an).

8 Warum sollte die öffentliche Schnittstelle einer Klasse so klein wie möglich gehalten werden?

9 Was bewirkt die const-Deklaration einer Memberfunktion?

10 Warum sollte man „Hilfsfunktionen" nicht als Member der Klasse definieren?

Übungen

1 Listen Sie für jedes der in §9.1 aufgeführten realen Objekte (Toaster etc.) einen Satz plausibler Operationen auf.

2 Entwerfen und implementieren Sie eine Klasse **Name_pairs**, die (Name, Alter)-Paare speichert, wobei der Name vom Typ **string** und das Alter vom Typ **double** sein soll. Repräsentieren Sie die Namen durch einen **vector<string>**-Member (namens **name**) und die Altersangaben durch einen **vector<double>**-Member (namens **age**). Stellen Sie eine Eingabeoperation **read_names**() zur Verfügung, mit der eine Folge von Namen eingelesen werden kann, und eine Operation **read_ages**(), die den Benutzer auffordert, zu jedem Namen ein Alter anzugeben. Schreiben Sie eine Operation **print**(), die die (**name[i]**,**age[i]**)-Paare in jeweils einer Zeile und in der Reihenfolge ausgibt, wie sie vom **name**-Vektor vorgegeben wird. Schreiben Sie eine Operation **sort**(), die den **name**-Vektor alphabetisch sortiert und den **age**-Vektor entsprechend umordnet. Implementieren Sie alle Operationen als Memberfunktionen. Testen Sie die Klasse (früh und oft).

3 Ersetzen Sie **Name_paar::print**() durch einen (globalen) **operator<<** und definieren Sie **==** und **!=** für **Name_pair**-Objekte.

4 Betrachten Sie noch einmal das letzte Beispiel aus §8.4. Rücken Sie es ordentlich ein und erklären Sie die Bedeutung aller Konstrukte, auch wenn diese keinen sinnvollen Zweck erfüllen. (Das Beispiel diente lediglich zur Abschreckung.)

5 In dieser und der nächsten Übung sollen Sie eine Klasse **Book** entwerfen und implementieren, wie Sie sie als Teil einer Bibliothek verwenden könnten. Die Klasse **Book** sollte Member für ISBN, Titel, Autor und Copyright-Datum haben. Auch sollte gespeichert werden, ob das Buch gerade ausgeliehen ist oder nicht. Schreiben Sie Funktionen, mit denen diese Daten abgefragt werden können. Schreiben Sie Funktionen, um ein Buch auszuleihen und zurückzugeben. Nehmen Sie in **Book** eine einfache Überprüfung der eingegebenen Daten vor. Akzeptieren Sie beispielsweise nur ISBN-Nummern der Form **n-n-n-x**, wobei **n** eine ganze Zahl ist und **x** eine Ziffer oder ein Buchstabe.

6 Fügen Sie der **Book**-Klasse Operatoren hinzu. Prüfen Sie mithilfe des **==**-Operators, ob die ISBN-Nummern für zwei Bücher identisch sind. Vergleichen Sie die ISBN-Nummern außerdem mit dem **!=**-Operator. Lassen Sie mit **<<** den Titel, Autor und ISBN-Nummer auf jeweils getrennten Zeilen ausgeben.

7 Erzeugen Sie für die **Book**-Klasse einen Aufzählungstyp namens **Genre**. Wählen Sie als mögliche Werte Roman, Sachbuch, Zeitschrift, Biografie, Kinder. Weisen Sie jedem Buch ein **Genre** zu und nehmen Sie entsprechende Änderungen an dem **Book**-Konstruktor und den Memberfunktionen vor.

8 Erzeugen Sie eine Klasse **Patron** für die Bibliothek. Die Klasse verwaltet den Benutzernamen, Bibliothekskartennummer und Ausleihgebühren (sofern geschuldet). Richten Sie Funktionen für den Zugriff auf diese Daten ein sowie eine Funktion, um die Gebühr für den Benutzer festzusetzen. Richten Sie eine Hilfsfunktion ein, die einen booleschen Wert (**bool**) zurückliefert, der anzeigt, ob für den Benutzer eine Gebühr aussteht.

9 Technische Details: Klassen und mehr

9 Erzeugen Sie eine Klasse **Library**. Diese Klasse soll Vektoren von **Book**- und **Patron**-Objekten beinhalten, sowie eine Struktur namens **Transaction**. Diese Struktur soll je ein Objekt der in diesem Kapitel definierten Klassen **Book**, **Patron** und **Date** enthalten. Legen Sie einen Vektor von **Transaction**-Objekten an. Erzeugen Sie Funktionen, die Bücher zur Bibliothek hinzufügen, neue Mitglieder anlegen und Bücher ausleihen. Immer wenn ein Benutzer ein Buch ausleiht, soll die Bibliothek sicherstellen, dass der Benutzer und das Buch in der Bibliothek registriert sind. Wenn nicht, geben Sie einen Fehler aus. Dann prüfen Sie, ob der Benutzer Gebühren ausstehen hat. Wenn ja, geben Sie einen Fehler aus. Wenn nein, erzeugen Sie eine **Transaction** und legen Sie diese in dem Vektor der **Transaction**-Objekte ab. Definieren Sie außerdem eine Memberfunktion, die einen Vektor zurückliefert, in dem die Namen aller Mitglieder (**Patron**) enthalten sind, die der Bibliothek Gebühren schulden.

10 Implementieren Sie **leapyear()** aus §9.8.

11 Entwerfen und implementieren Sie einen Satz von nützlichen Hilfsfunktionen für die Klasse **Date**, darunter z.B. **next_workday()** (betrachten Sie jeden Tag, der kein Samstag oder Sonntag ist, als einen Arbeitstag) und **week_of_year()** (Woche 1 sei die Woche, die den 1. Januar enthält, und der erste Tag einer Woche sei der Sonntag).

12 Ändern Sie die Repräsentation von **Date** in die Anzahl von Tagen, die seit dem 1. Januar 1970 (bekannt als Tag 0) verstrichen sind. Repräsentieren Sie die Anzahl Tage durch einen **long**-Wert und reimplementieren Sie die Funktionen aus §9.8. Stellen Sie sicher, dass Sie Datumsangaben außerhalb des Wertebereichs, den wir auf diese Weise darstellen können, ablehnen (zögern Sie nicht, Tage vor dem Tag 0 abzulehnen, d.h. keine negativen Tage).

13 Entwerfen und implementieren Sie eine Klasse **Rational** für rationale Zahlen. Eine rationale Zahl besteht aus zwei Teilen: einem Zähler und einem Nenner (z.B. 5/6 oder fünf Sechstel, auch bekannt als ungefähr 0,83333). Schlagen Sie die Definition nach, wenn nötig. Stellen Sie Operatoren für Zuweisung, Addition, Subtraktion, Multiplikation, Division und Gleichheit zur Verfügung. Erlauben Sie auch die Umwandlung in **double**. Warum könnte jemand eine Klasse **Rational** benötigen?

14 Entwerfen und implementieren Sie eine Klasse **Money** für Berechnungen mit Euro und Cent, wobei die Berechnungen bis auf den letzten Cent genau sein sollen (unter Verwendung der 4/5-Rundung: 0,5 eines Cents wird aufgerundet, alles unter 0,5 wird abgerundet). Repräsentieren Sie Geldbeträge intern als Cent-Werte (Typ **long**), aber lesen und schreiben Sie sie als Kombination aus Euro und Cent, z.B. **123.45**. Kümmern Sie sich nicht um Beträge, die nicht in einen Typ **long** passen.

15 Verbessern Sie die **Money**-Klasse, indem Sie unterschiedliche Währungen unterstützen (übergeben als Konstruktorargument). Akzeptieren Sie Gleitkomma-Initialisierer, solange der übergebene Gleitkommawert ohne Informationsverlust als **long**-Wert repräsentiert werden kann. Akzeptieren Sie keine nicht erlaubten Operationen. So ist zum Beispiel **Money*Money** nicht sinnvoll und **EUR1.23+DKK5.00** ist nur sinnvoll, wenn Sie eine Umrechnungstabelle dazuliefern, die den Umrechnungsfaktor zwischen Euro und dänischen Kronen definiert.

16 Geben Sie ein Beispiel für eine Berechnung, in der **Rational** ein mathematisch genaueres Ergebnis erzeugt als **Money**.

17 Geben Sie ein Beispiel für eine Berechnung, in der **Rational** ein mathematisch genaueres Ergebnis erzeugt als **double**.

Schlüsselbegriffe

Aufzählung	Enumerator	Invariante
Benutzerdefinierte Typen	Gültiger Zustand	Konstruktor
class	Hilfsfunktion	Repräsentation
const	Implementierung	Schnittstelle
Destruktor	Inline-Definition	**struct**
enum	Integrierte Typen	Struktur

Ein persönlicher Hinweis

Es gibt viele interessante Aspekte rund um die benutzerdefinierten Typen, weit mehr als wir hier ansprechen konnten. Die benutzerdefinierten Typen, insbesondere die Klassen, bilden das Herz von C++ und den Schlüssel zu vielen der effizientesten Design-Techniken. Im weiteren Verlauf dieses Buches werden wir uns daher vornehmlich mit dem Design und der Verwendung von Klassen beschäftigen. Klassen, einzelne oder Gruppen von Klassen, sind das Mittel, mit dem wir unsere Ideen in Code umsetzen. Die technischen und syntaktischen Aspekte der Klassendeklaration haben wir in diesem Kapitel behandelt, in den nachfolgenden Kapitel geht es darum, wie wir nützliche Ideen auf elegante Weise durch Klassen ausdrücken können.

TEIL II

Ein- und Ausgabe

10 Ein- und Ausgabestreams 353

11 Die Ein- und Ausgabe anpassen 387

12 Ein Anzeigemodell 419

13 Grafikklassen 447

14 Grafikklassen-Design 489

15 Grafische Darstellung von Funktionen und Daten 519

16 Grafische Benutzerschnittstellen 549

Ein- und Ausgabestreams

10.1	**Ein- und Ausgabe**	354
10.2	**Das E/A-Stream-Modell**	355
10.3	**Dateien**	357
10.4	**Dateien öffnen**	358
10.5	**Dateien lesen und schreiben**	360
10.6	**E/A-Fehlerbehandlung**	362
10.7	**Einzelne Werte lesen**	366
	10.7.1 Das Problem in handliche Teilprobleme zerlegen	368
	10.7.2 Trennung von Kommunikation und Funktion	371
10.8	**Benutzerdefinierte Ausgabeoperatoren**	372
10.9	**Benutzerdefinierte Eingabeoperatoren**	373
10.10	**Standardlösung für eine Einleseschleife**	374
10.11	**Eine strukturierte Datei lesen**	375
	10.11.1 Repräsentation im Speicher	376
	10.11.2 Strukturierte Werte einlesen	378
	10.11.3 Austauschbare Darstellungen	382

10 Ein- und Ausgabestreams

„Wissenschaft ist das, was uns davon abhält, uns selbst etwas vorzumachen."

– Richard P. Feynman

*I*n diesem und dem nächsten Kapitel stellen wir Ihnen den Teil der C++-Standardbibliothek vor, der mit der Ein- und Ausgabe von und zu den verschiedensten Quellen und Zielen zu tun hat: die E/A-Streams. Wir zeigen Ihnen, wie man Dateien liest und schreibt, wie man Fehler behandelt, wie man formatierte Eingaben einliest und wie man E/A-Operatoren für benutzerdefinierte Typen definiert und verwendet. In dem vorliegenden Kapitel konzentrieren wir uns zunächst auf die elementaren Aufgaben: das Lesen und Schreiben einzelner Werte und das Öffnen, Lesen und Schreiben ganzer Dateien. Das abschließende Beispiel veranschaulicht dann, welche Art von Überlegungen in größere Projekte einfließt, und in dem nachfolgenden Kapitel gehen wir tiefer in die Details.

10.1   Ein- und Ausgabe

Ohne Daten ist jede Berechnung sinnlos. Um interessante, nützliche Berechnungen durchführen zu können, müssen wir Daten in unser Programm einlesen und die Ergebnisse wieder ausgeben. In §4.1 haben wir aufgezeigt, welche enorme Vielfalt von Datenquellen und Ausgabezielen es gibt. Wir sollten diese Vielfalt nutzen und uns nicht damit zufriedengeben, Programme zu schreiben, die Eingaben nur aus einer einzigen, speziellen Quelle lesen und ihre Ausgaben nur an ein spezifisches Ausgabegerät schicken. Für bestimmte spezialisierte Anwendungen wie z.B. eine Digitalkamera oder eine Motoreinspritzung mag dies akzeptabel (und manchmal auch notwendig) sein; für die meisten allgemeinen Aufgaben müssen wir aber einen Weg finden, wie wir die Lese- und Schreibroutinen unseres Programms von den tatsächlich verwendeten Ein- und Ausgabegeräten trennen und unabhängig halten können. Würden wir jedes Gerät direkt ansprechen, hieße dies, dass wir jedes Mal, wenn ein neuer Monitor oder eine neue Festplatte auf den Markt käme, unser Programm überarbeiten müssten – oder wir würden unsere Benutzer auf die Bildschirme und Festplatten festlegen, die wir zufällig mögen und unterstützen. Das wäre absurd.

Die meisten modernen Betriebssysteme lagern die direkte Bedienung der E/A-Geräte in Gerätetreiber aus und greifen dann über eine E/A-Bibliothek, welche die Ein- und Ausgabe so einfach wie möglich gestaltet, auf diese Gerätetreiber zu. Die Gerätetreiber werden üblicherweise in den Tiefen des Betriebssystems versteckt, wo der Benutzer sie überhaupt nicht wahrnimmt, und die E/A-Bibliothek bildet eine abstrahierende Schicht über der eigentlichen E/A, sodass der Programmierer sich keine Gedanken um Geräte oder Gerätetreiber machen muss.

In dem Modell aus ▶ Abbildung 10.1 können sämtliche Ein- und Ausgaben als Ströme von Bytes (Zeichen) betrachtet werden, die von der E/A-Bibliothek gehandhabt werden. Für uns als Anwendungsprogrammierer bedeutet dies, dass wir:

1   Die E/A-Streams zu den geeigneten Datenquellen und -zielen einrichten;

2   Daten aus diesen Streams lesen oder in sie schreiben.

10.2 Das E/A-Stream-Modell

Datenquelle:

Eingabegerät → Gerätetreiber → Eingabebibliothek

Unser Programm

Datenziel:

Ausgabebibliothek → Gerätetreiber → Ausgabegerät

Abbildung 10.1: E/A-Schichtenmodell

Um die Einzelheiten der Übertragung unserer Zeichen zu und von den Endgeräten brauchen wir uns nicht zu kümmern; dies übernehmen die E/A-Bibliothek und die Gerätetreiber. Konzentrieren wir uns also in diesem und dem nächsten Kapitel darauf, wie wir mithilfe der C++-Standardbibliothek formatierte Datenströmen einlesen oder ausgeben.

Aus Sicht des Programmierers gibt es viele verschiedene Formen der Ein- und Ausgabe, die sich beispielsweise wie folgt einteilen lassen:

- Streams von (vielen) Datenelementen (üblicherweise in und aus Dateien, Netzwerkverbindungen, Aufzeichnungs- und Anzeigegeräten)
- Interaktionen mit dem Benutzer über die Tastatur
- Interaktionen mit dem Benutzer über eine grafische Schnittstelle (Ausgabe von Objekten, Empfangen von Mausklicks etc.)

Diese Klassifizierung ist natürlich nicht die einzig denkbare, und die Unterscheidung zwischen den drei Formen der Ein- und Ausgabe ist keineswegs so klar und eindeutig, wie es scheint. Handelt es sich beispielsweise bei einem Stream von auszugebenden Zeichen um ein HTTP-Dokument, das an einen Browser gerichtet ist, sieht das Ergebnis ganz wie eine Benutzerinteraktion aus und kann auch grafische Elemente enthalten. Umgekehrt können die Ergebnisse einer Interaktion mit einer grafischen Benutzeroberfläche, kurz GUI (für „Graphical User Interface"), einem Programm als Folge von Zeichen präsentiert werden. Der besondere Vorzug der obigen Klassifizierung aber ist, dass sie sich mit den uns zur Verfügung stehenden Hilfsmitteln deckt: Die beiden ersten Formen der Ein- und Ausgabe werden von den E/A-Streams der C++-Standardbibliothek bereitgestellt und mehr oder weniger direkt von den meisten Betriebssystemen unterstützt. Die E/A-Streambibliothek, die wir bereits seit dem ersten Kapitel benutzen, werden wir in diesem und dem nächsten Kapitel zum Mittelpunkt unserer Betrachtung machen. Die grafische Ausgabe und die grafischen Benutzerinteraktionen werden von einem breiten Spektrum verschiedener Bibliotheken bereitgestellt; mit ihnen werden wir uns in den Kapiteln 12 bis 16 beschäftigen.

10.2 Das E/A-Stream-Modell

Die C++-Standardbibliothek stellt für die Programmierung mit Streams diverse Typen zur Verfügen, darunter die Typen **istream** für die Arbeit mit Eingabestreams und **ostream** für Ausgabestreams. Beide Typen sind Ihnen nicht mehr ganz unbekannt. Der Standardeingabestream **cin**, mit dem wir die ganze Zeit über gearbeitet haben, ist ein Objekt des Typs **istream** und **cout** ist ein Objekt des Typs **ostream**.

Wir verfügen also bereits über ein gesundes Basiswissen, was die Verwendung dieses Teils der Standardbibliothek betrifft, der allgemein als die „iostream-Bibliothek" bezeichnet wird.

Ein **ostream**-Stream

- wandelt die Werte verschiedener Typen in Folgen von Zeichen um;
- sendet diese Zeichen irgendwohin (beispielsweise zu einer Konsole, einer Datei, dem Arbeitsspeicher oder einem anderen Computer).

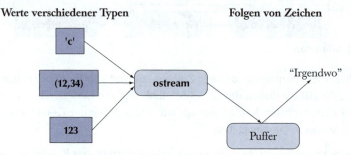

Abbildung 10.2: Grafische Darstellung eines **ostream**-Streams

Der **ostream**-Stream verfügt intern über eine spezielle Datenstruktur, die er als Puffer verwendet. Alle Daten, die Sie in den Stream schreiben, werden in diesem Puffer zwischengespeichert, während der Stream mit dem Betriebssystem kommuniziert. Sollten Sie also feststellen, dass die Daten, die Sie in einen **ostream**-Stream schreiben, nicht sogleich an ihrem Zielort auftauchen, so liegt dies in der Regel daran, dass die Daten noch im Puffer stehen. Die Pufferung ist wichtig für die Performance, und die Performance wird wichtig, wenn Sie mit einer größeren Menge Daten arbeiten.

Ein **istream**-Stream

- wandelt Folgen von Zeichen in Werte verschiedener Typen um;
- holt diese Zeichen von irgendwoher (beispielsweise von einer Konsole, einer Datei, dem Arbeitsspeicher oder einem anderen Computer).

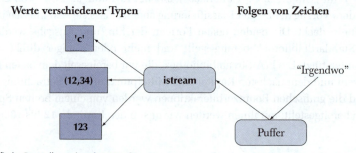

Abbildung 10.3: Grafische Darstellung eines **istream**-Streams

Ebenso wie **ostream** verwendet **istream** für die Kommunikation mit dem Betriebssystem einen Puffer. Während jedoch die Ausgabepufferung vom Benutzer weitgehend unbemerkt bleibt, tritt der Effekt der **istream**-Pufferung gelegentlich recht deutlich zutage. Wenn Sie beispielsweise einen **istream**-Stream verwenden, der mit einer Tastatur verbunden ist, bleibt alles, was Sie eintippen, so lange im Puffer stehen, bis Sie die ⏎-Taste drücken. (Mit dem erfreulichen Nebeneffekt, dass Sie die Eingabe im Falle einer Meinungsänderung immer noch mit der ←-Taste löschen können.)

Die Ausgabe dient meist dazu, Daten zu produzieren, die von Menschen gelesen werden. Denken Sie z.B. an E-Mail-Nachrichten, wissenschaftliche Artikel, Webseiten, Rechnungen, Geschäftsberichte, Adresslisten, Inhaltsverzeichnisse, Statusanzeigen etc. Aus diesem Grund bieten die **ostream**-Streams diverse Möglichkeiten der Textformatierung an, mit deren Hilfe die Ausgabe aufbereitet werden kann. Umgekehrt werden viele Eingaben von Menschen geschrieben oder weisen Formatierungen auf, die sie für Menschen leichter lesbar machen. Aus diesem Grund sind die **istream**-Streams so ausgelegt, dass sie die Arten von Ausgaben lesen können, die **ostream** erzeugt. Dem Thema Formatierung wenden wir uns in §11.2 zu und in §11.3.2 erfahren Sie, wie Sie Nicht-Zeichen-Eingaben einlesen. Kompliziert wird das Einlesen von Eingaben vor allem durch die Fehlerbehandlung. Um dies anhand etwas realistischerer Beispiele demonstrieren zu können, beginnen wir unsere Ausführungen mit der Anwendung des E/A-Modells auf Dateien.

10.3 Dateien

In der Regel arbeiten wir mit weit mehr Daten als in den Arbeitsspeicher unseres Computers passen. Aus diesem Grund speichern wir sie auf Festplatten oder anderen Massenspeichergeräten, wo sie überdies auch nicht verloren gehen, wenn der Strom ausgeschaltet wird – d.h., die Daten sind persistent gespeichert. Letzten Endes ist eine Datei nichts anderes als eine einfache Folge von Bytes, die beginnend mit 0 durchnummeriert werden können (siehe ▶ Abbildung 10.4).

Abbildung 10.4: Dateien bestehen aus einer Folge von Bytes

Jede Datei besitzt ein Format, d.h., es gibt einen Satz von Regeln, der festlegt, was die Bytes bedeuten. Wenn wir z.B. eine Textdatei vorliegen haben, stehen die ersten vier Bytes für die ersten vier Zeichen. Hingegen stehen in einer Datei, die binäre Darstellungen von Integer-Werten speichert, die gleichen ersten vier Bytes für die (binäre) Repräsentation des ersten Integer-Werts (siehe §11.3.2). Das Format hat für Dateien auf der Festplatte also die gleiche Bedeutung wie sie für Objekte im Arbeitsspeicher dem Typ zukommt. Wenn wir das Format kennen (und nur dann), ergeben die Bits in einer Datei für uns einen Sinn (siehe §11.2 bis §11.3).

Hinsichtlich der Verarbeitung von Dateien teilen sich die E/A-Streams die Arbeit wie folgt: **ostream**-Streams wandeln Objekte, die im Arbeitsspeicher liegen, in Byteströme um und schreiben diese auf die Festplatte. **istream**-Streams machen das Gegenteil, sie lesen Byteströme von der Festplatte und bauen daraus Objekte auf (siehe ▶ Abbildung 10.5).

Abbildung 10.5: Ein- und Ausgabe von und in Dateien

Grundsätzlich gehen wir bei unseren Ausführungen davon aus, dass es sich bei den „Bytes auf der Festplatte" um Zeichen aus unserem gewohnten Zeichensatz handelt. Dem ist zwar nicht immer so, aber wir kommen mit dieser vereinfachenden Annahme sehr weit und andere Darstellungen sind in der Regel nicht allzu schwer zu handhaben. Weiterhin gehen wir davon aus, dass die Dateien stets auf der Festplatte gespeichert sind (d.h. einem rotierenden, magnetischen Speicherträger). Auch dem ist in der Realität nicht immer so (man denke beispielsweise an Flashspeicher), aber auf der Abstraktionsebene, auf der wir programmieren, spielt das tatsächliche Speichermedium keine Rolle. Das ist das Schöne an dem Dateien- und Stream-Modell.

Um eine Datei zu lesen, müssen wir

1. ihren Namen kennen;
2. sie zum Lesen öffnen;
3. die Zeichen einlesen;
4. die Datei schließen (was im Übrigen meist implizit erfolgt).

Um in eine Datei zu schreiben, müssen wir

1. ihren Namen kennen;
2. sie zum Schreiben öffnen oder eine neue Datei dieses Namens anlegen;
3. unsere Objekte in die Datei schreiben;
4. die Datei schließen (was im Übrigen meist implizit erfolgt).

Die Grundlagen des Lesens und Schreibens sind uns bereits von cin und cout her bekannt. Ein ostream-Objekt, das mit einer Datei verbunden ist, verhält sich genauso wie cout und ein istream-Objekt, das mit einer Datei verbunden ist, verhält sich genauso wie cin – zumindest soweit es die Art und Weise betrifft, in der wir cin und cout bisher verwendet haben. Auf die Operationen, die nur für Dateien zur Verfügung stehen, werden wir später eingehen (§11.3.3). Jetzt wollen wir uns zunächst ansehen, wie man Dateien öffnet, und danach konzentrieren wir uns auf Operationen und Techniken, die für alle ostream- und istream-Streams gelten.

10.4 Dateien öffnen

Tipp

Wenn Sie aus einer Datei lesen oder in eine Datei schreiben möchten, müssen Sie einen Stream speziell für diese Datei öffnen. Ein ifstream ist ein istream-Stream zum Lesen aus Dateien, ein ofstream ist ein ostream-Stream zum Schreiben in Dateien und ein fstream ist ein iostream-Stream, mit dem man Lesen und Schreiben kann. Zuvor müssen die Dateistreams aber mit einer Datei verbunden werden. Zum Beispiel:

```
cout << "Geben Sie bitte den Namen der Eingabedatei ein: ";
string name;
cin >> name;
ifstream istr(name.c_str());    // Eingabestream für die durch name angegebene Datei
if (!istr) error("Fehler beim Oeffnen der Eingabedatei ",name);
```

Wenn Sie einen **ifstream**-Stream unter Angabe eines Namen-Strings definieren, wird die Datei dieses Namens zum Lesen geöffnet. Die Funktion **c_str()** ist ein Member von **string**, der aus einem C++-String einen Low-Level-String im C-Stil erzeugt. Solche C-Strings werden von vielen Systemschnittstellen gefordert. Der Test auf **!istr** überprüft, ob die Datei ordnungsgemäß geöffnet wurde. Danach können wir aus der Datei auf genau die gleiche Weise lesen, wie wir aus jedem anderen **istream**-Stream lesen würden. Beispielsweise könnten wir – vorausgesetzt der Eingabeoperator >> wäre für einen Typ **Point** definiert – schreiben:

```
vector<Point> points;
Point p;
while (istr>>p) points.push_back(p);
```

Die Ausgabe in Dateien wird in ganz ähnlicher Weise mittels **ofstream**-Streams gehandhabt:

```
cout << "Geben Sie bitte den Namen der Ausgabedatei ein: ";
string oname;
cin >> oname;
ofstream ostr(oname.c_str());   // Ausgabestream für die durch name angegebene Datei
if (!ostr) error("Fehler beim Oeffnen der Ausgabedatei ",oname);
```

Wenn Sie einen **ofstream**-Stream unter Angabe eines Namen-Strings definieren, wird die Datei dieses Namens zum Schreiben geöffnet. Der Test auf **!ostr** überprüft, ob die Datei ordnungsgemäß geöffnet wurde. Danach können wir in die Datei auf genau die gleiche Weise schreiben, wie wir in jeden anderen **ostream**-Stream schreiben würden. Zum Beispiel:

```
for (int i=0; i<points.size(); ++i)
ostr << '(' << points[i].x << ',' << points[i].y << ")\n";
```

Wenn ein Dateistream seinen Gültigkeitsbereich verliert, wird die mit dem Stream verbundene Datei geschlossen. Wenn eine Datei geschlossen wird, wird ihr Puffer geleert (*flushed*), d.h., die Zeichen aus dem Puffer werden in die Datei geschrieben.

Meist ist es am Besten, Dateien frühzeitig zu öffnen, noch bevor das Programm irgendwelche ernsthaften Berechnungen vornimmt. Schließlich wäre es doch Zeitverschwendung sich die ganze Mühe zu machen, nur um später festzustellen, dass die Arbeit nicht abgeschlossen werden kann, weil wir die Ergebnisse nicht in eine Ausgabedatei schreiben können.

Ideal ist es, wenn wir die Datei wie im obigen Beispiel implizit im Zuge der Erzeugung eines **ostream**- oder **istream**-Objekts öffnen und das Schließen der Datei automatisch erledigen lassen, wenn das Stream-Objekt seine Gültigkeit verliert.

```
void fill_from_file(vector<Point>& points, string& name)
{
    ifstream istr(name.c_str());   // Datei zum Lesen öffnen
    if (!istr) error("Fehler beim Oeffnen der Eingabedatei ",name);
    // ... verwende istr ...
    // die Datei wird implizit geschlossen, wenn wir die Funktion verlassen
}
```

Mit den Memberfunktionen **open()** und **close()** (siehe §B.7.1) können Sie eine Datei aber auch explizit öffnen bzw. schließen. Allerdings birgt dies die Gefahr, dass jemand versucht, den Dateistream zu benutzen, bevor er mit einer Datei verbunden oder nachdem die Datei bereits geschlossen wurde.

10 Ein- und Ausgabestreams

```
ifstream ifs;
// ...
ifs >> foo;                      // wird scheitern: keine Datei für ifs geöffnet
// ...
ifs.open(name,ios_base::in);     // die durch name angegebene Datei zum Lesen öffnen
// ...
ifs.close();                     // die Datei schließen
// ...
ifs >> bar;                      // wird scheitern: die Datei von ifs wurde geschlossen
// ...
```

In realem Code sind solche Fehler oft nur schwer zu finden. Immerhin, die Stream-Klasse schützt Sie davor, einen Dateistream, der noch nicht geschlossen wurde, ein zweites Mal zu öffnen. Zum Beispiel:

```
fstream fs;
fs.open("foo", ios_base::in) ;   // Eingabedatei öffnen
// close() fehlt
fs.open("foo", ios_base::out);   // wird scheitern: fs ist bereits geöffnet
if (!fs) error("unmoeglich");
```

Vergessen Sie aber nicht, den Stream nach dem Öffnen zu überprüfen!

Welche Gründe könnte es geben, **open()** und **close()** explizit aufzurufen? Nun, manchmal lässt sich die Dauer einer Dateiverbindung nur schwer mit den Grenzen eines Gültigkeitsbereiches in Deckung bringen, sodass der Einsatz von **open()** und **close()** unvermeidlich wird. Da solche Fälle aber eher selten vorkommen, werden wir dieser Technik hier keine weitere Beachtung schenken. (Tatsächlich finden sich Anwendungen dieser Technik vor allem im Code von Programmierern, deren Stil von Sprachen und Bibliotheken geprägt wurde, in denen das von **iostream** und dem Rest der C++-Standardbibliothek genutzte Gültigkeitsbereich-Idiom nicht bekannt ist.)

Obwohl viele interessante Aspekte der Programmierung mit Dateien noch gar nicht angesprochen wurden (wir holen dies in Kapitel 11 nach), genügt unser bisheriges Wissen, um Dateien als Quelle oder Ziel von Datenströmen nutzen zu können. Damit sind wir jetzt in der Lage, Programme zu schreiben, für die es unrealistisch wäre, die gesamten Eingaben vom Benutzer eintippen zu lassen. Und wir können uns das Debuggen erleichtern, indem wir die Eingaben aus einer Datei einlesen (statt sie bei jeder Programmausführung eintippen zu müssen) – so lange, bis das Programm korrekt arbeitet.

10.5   Dateien lesen und schreiben

Wie könnten in einer Datei gespeicherte Messergebnisse eingelesen und im Programm repräsentiert werden? Betrachten wir dazu die folgenden Daten, bei denen es sich beispielsweise um Temperaturdaten von einer Wetterstation handeln könnte.

```
0 60.7
1 60.6
2 60.3
3 59.22
...
```

Die Daten in dieser Datei bestehen aus einer Folge von (*Stunde,Temperatur*)-Paaren. Die Stunden sind von 0 bis 23 durchnummeriert, die Temperaturwerte sind in Fahrenheit angegeben. Mehr gibt es zum Datenformat nicht zu sagen, d.h., die Datei enthält keine speziellen einleitenden Informationen (wie z.B. eine Angabe über den Ort der Messung), es gibt keine explizite Angabe der Einheit, keine spezielle Zeichensetzung (wie z.B. Klammern um die einzelnen Wertepaare), kein spezielles Symbol, welches das Ende der Messwerte anzeigt. Ein ganz simples Datenformat also, wie es einfacher kaum sein könnte.

Die einzelnen Daten könnten wir durch einen Typ **Reading** repräsentieren:

```
struct Reading {              // eine Temperaturablesung
  int hour;                   // Stunden nach Mitternacht [0:23]
  double temperature;         // in Fahrenheit
  Reading(int h, double t) :hour(h), temperature(t) { }
};
```

Mithilfe dieses Typs können wir die Daten wie folgt einlesen:

```
vector<Reading> temps;   // zum Abspeichern der Ablesungen
int hour;
double temperature;
while (istr >> hour >> temperature) {
  if (hour < 0 || 23 <hour) error("ungueltige Stundenangabe");
  temps.push_back(Reading(hour,temperature));
}
```

Dies ist eine typische Einleseschleife. Der **istream**-Stream namens **istr** könnte wie im obigen Abschnitt ein Eingabedateistream sein (**ifstream**), es könnte ein Alias für den Standardeingabestream (**cin**) sein oder irgendeine andere Art eines **istream**-Streams. Für Code wie diesen ist es vollkommen unerheblich, von wo der **istream**-Stream letzten Endes die Daten bezieht. Wichtig ist allein, dass es sich bei **istr** um einen **istream**-Stream handelt und dass die Daten das erwartete Format haben. Der naheliegenden und recht interessanten Frage, wie man Fehler in den Eingabedaten erkennt und was wir tun können, nachdem wir einen Formatfehler festgestellt haben, gehen wir im nachfolgenden Abschnitt nach.

In eine Datei zu schreiben ist in der Regel etwas einfacher als aus einer Datei zu lesen. Wiederum gilt: Nachdem der Stream initialisiert wurde, ist es nicht mehr wichtig, genau zu wissen, welche Art von Stream sich dahinter verbirgt. Übertragen auf unser Beispiel bedeutet dies, dass wir den im vorangehenden Abschnitt eingeführten Ausgabedateistream (**ofstream**) wie jeden anderen **ostream**-Stream verwenden können. Beispielsweise könnten wir die abgelesenen Daten als in runde Klammern eingeschlossene Wertepaare ausgeben:

```
for (int i=0; i<temps.size(); ++i)
  ostr << '(' << temps[i].hour << ',' << temps[i].temperature << ")\n";
```

Das fertige Programm würde dann die Originaldatei mit den Temperaturwerten einlesen und daraus eine neue Datei erstellen, in der die Daten im Format (*Stunde,Temperatur*) abgespeichert sind.

Unter Ausnutzung des Umstands, dass Dateistreams ihre Dateien automatisch schließen, wenn ihr Gültigkeitsbereich verlassen wird, ergibt sich für das vollständige Programm folgender Code:

```
#include "std_lib_facilities.h"

struct Reading {            // eine Temperaturablesung
  int hour;                 // Stunden nach Mitternacht [0:23]
  double temperature;       // in Fahrenheit
  Reading(int h, double t) :hour(h), temperature(t) { }
};

int main()
{
  cout << "Geben Sie bitte den Namen der Eingabedatei ein: ";
  string name;
  cin >> name;
  ifstream istr(name.c_str());       // istr liest aus der durch name angegebenen Datei
  if (!istr) error("Fehler beim Oeffnen der Eingabedatei ",name);

  cout << "Geben Sie bitte den Namen der Ausgabedatei ein: ";
  cin >> name;
  ofstream ostr(name.c_str());       // ostr schreibt in die durch name angegebenen Datei
  if (!ostr) error("Fehler beim Oeffnen der Ausgabedatei ",name);

  vector<Reading> temps;             // zum Abspeichern der Ablesungen
  int hour;
  double temperature;
  while (istr >> hour >> temperature) {
    if (hour < 0 || 23 <hour) error("ungueltige Stundenangabe");
    temps.push_back(Reading(hour,temperature));
  }

  for (int i=0; i<temps.size(); ++i)
    ostr << '(' << temps[i].hour << ','
         << temps[i].temperature << ")\n";
}
```

10.6   E/A-Fehlerbehandlung

Zur Eingabeverarbeitung gehört auch, mit Fehlern zu rechnen und diese angemessen zu behandeln. Welche Art von Fehlern? Und wie soll die Behandlung aussehen? Fehler entstehen, weil Menschen Fehler machen (indem sie Anweisungen falsch interpretieren, sich vertippen oder zulassen, dass die Katze über die Tastatur läuft), weil Dateien nicht der Spezifikation genügen, weil wir (als Programmierer) eine falsche Erwartungshaltung haben und so weiter – die Möglichkeiten für Eingabefehler sind schier grenzenlos! Trotzdem gelingt es *istream*, alle möglichen Fehler in den vier Fällen des sogenannten *Streamstatus* zu bündeln.

> **Tabelle 10.1**
>
> **Stream-Zustände**
>
> | Streamstatus | Beschreibung |
> |---|---|
> | good() | Die Operationen sind geglückt. |
> | eof() | Das Ende der Eingabe wurde erreicht (eof steht für „end of file"). |
> | fail() | Ein unerwartetes Problem ist aufgetreten. |
> | bad() | Ein unerwartetes und ernsthaftes Problem ist aufgetreten. |

Leider ist die Unterscheidung zwischen **fail()** und **bad()** nicht exakt definiert und wird von Programmierern, die E/A-Operationen für neue Typen definieren, unterschiedlich ausgelegt. Die dahinter stehende Idee ist allerdings sehr einfach: Wenn eine Eingabeoperation auf einen einfachen Formatfehler stößt, versetzt sie den Stream in den **fail()**-Zustand („gescheitert"), in der Annnahme, dass der Benutzer unserer Eingabeoperation in der Lage ist, den Fehler abzufangen und die Eingabe wieder aufzunehmen. Tritt auf der anderen Seite ein wirklich hässlicher Fehler auf, beispielsweise ein Lesefehler beim Zugriff auf die Festplatte, geht die Eingabeoperation davon aus, dass dem Benutzer nichts anderes übrig bleibt, als den Versuch, Daten aus dem Stream zu lesen, aufzugeben. In diesem Fall versetzt sie den Stream in den **bad()**-Zustand. Daraus ergibt sich folgende allgemeine Logik:

```
int i = 0;
cin >> i;
if (!cin) {    // wird nur ausgeführt, wenn eine Eingabeoperation gescheitert ist
   if (cin.bad()) error("schwerer Fehler in cin");  // schwerer Streamfehler: Abbruch!
   if (cin.eof()) {
            // keine weiteren Eingaben
            // hier möchten wir Folgen von Eingabeoperationen in der Regel abschließen
   }
   if (cin.fail()) {    // Stream ist auf etwas Unerwartetes gestoßen
       cin.clear();     // Vorbereitung auf weitere Eingaben
       // irgendwie von Fehler erholen
   }
}
```

Den Ausdruck **!cin** können Sie lesen als „cin ist nicht in Ordnung" oder „Irgendetwas stimmt nicht mit cin" oder „Der Status von cin ist nicht good()". Er besagt das Gegenteil von „Die Operation war erfolgreich". Beachten Sie auch den **cin.clear()**-Aufruf in dem Block, der den **fail()**-Zustand behandelt. Wenn ein Stream gescheitert ist (**fail()** liefert **true** zurück), besteht die Möglichkeit, dass wir uns von dem Fehler erholen können. Dazu müssen wir allerdings den Stream explizit aus seinem **fail()**-Zustand herausholen, damit er wieder nach Zeichen Ausschau halten kann. Der **clear()**-Aufruf bewirkt genau dies: Nach **cin.clear()** ist der Status von **cin** wieder **good()**.

Das folgende Beispiel zeigt, wie wir den Streamstatus für unsere Zwecke nutzen können. Die Aufgabe ist, eine Folge von ganzen Zahlen in einen **vector**-Container einzulesen. Die Zahlenfolge kann durch das Zeichen * oder das „End-of-File"-Signal EOF ([Strg]+[Z] unter Windows, [Strg]+[D] unter Unix) abgeschlossen sein – zum Beispiel:

1 2 3 4 5 *

Eine Funktion, die dies leistet, könnte wie folgt aussehen:

void fill_vector(istream& istr, vector<int>& v, char terminator)
  // liest Integer von istr in v ein, bis eof() oder Abschlusszeichen erreicht wird
{
  int i = 0;
  while (istr >> i) v.push_back(i);
  if (istr.eof()) return; // Prima: wir haben das Dateiende erreicht

  if (istr.bad()) error("schwerer Fehler in istr"); // schwerer Streamfehler: Abbruch!
  if (istr.fail()) { // so gut es geht aufräumen und Problem melden
    istr.clear();   // Streamstatus löschen,
                   // damit wir nach Abschlusszeichen suchen können

    char c;
    istr>>c;   // lies ein Zeichen (in Erwartung des Abschlusszeichens)
    if (c != terminator) { // unerwartetes Zeichen
      istr.unget();   // Zeichen zurückstellen
      istr.clear(ios_base::failbit); // Status auf fail() setzen
    }
  }
}

Beachten Sie, dass wir die Funktion nach einem **fail()** auch dann normal zurückkehren lassen, wenn wir kein Abschlusszeichen finden. Schließlich wäre es ja möglich, dass der Aufrufer von **fill_vector()** in der Lage ist, gescheiterte Eingabeoperationen aufzufangen, und dann etwaige bereits eingesammelte Daten verwerten möchte. Wir dürfen nur nicht vergessen, den Streamstatus, den wir gelöscht haben, um das nächste Zeichen untersuchen zu können, wieder auf **fail()** zu setzen. Zu diesem Zweck rufen wir **istr.clear(ios_base::failbit)** auf. Lassen Sie sich nicht durch die etwas überraschende Verwendung von **clear()** verwirren: Wenn Sie **clear()** mit einem Argument aufrufen, werden die angegebenen **iostream**-Statusflags (Bits) gesetzt und (nur) die verbleibenden Flags werden gelöscht. Indem wir den Status auf **fail()** setzen, zeigen wir an, dass wir „nur" über einen Formatfehler gestolpert sind, also keine ernsthaftere Störung vorliegt. Das eingelesene Zeichen stellen wir mit **unget()** zurück in den **istr**-Stream. Möglicherweise kann der Aufrufer von **fill_vector()** ja noch etwas damit anfangen. Die **unget()**-Funktion ist eine Kurzversion von **putback()**, die darauf vertraut, dass der Stream sich das zuletzt gelieferte Zeichen gemerkt hat, wir es also nicht explizit angeben müssen.

Wenn Sie nach dem Aufruf von **fill_vector()** feststellen möchten, wodurch das Einlesen beendet wurde, müssen Sie nur auf **fail()** und **eof()** testen. Zusätzlich könnten Sie die **runtime_error**-Ausnahme abfangen, die von **error()** geworfen wird. Zu versuchen weitere Daten über einen **istream**-Stream einzulesen, der in den **bad()**-Zustand gewechselt hat, ist allerdings äußerst unüblich. Die meisten Aufrufer jedenfalls sparen sich die Mühe, was für uns als Programmierer der Einlesefunktion wiederum bedeutet, dass wir bei Auftreten von **bad()** nichts weiter unternehmen müssen, als eine Ausnahme zu werfen. Am einfachsten ist es, diese Aufgabe dem **istream**-Stream zu übertragen:

// der istr-Stream soll beim Wechseln in den bad-Zustand eine Ausnahme werfen
istr.exceptions(istr.exceptions() | ios_base::badbit);

Diese etwas seltsam anmutende Notation besagt einfach, dass von jetzt an der **istr**-Stream die Standardbibliotheksausnahme **ios_base::failure** wirft, wenn er in den **bad()**-Zustand wechselt. Der zugehörige **exceptions()**-Aufruf muss nur ein einziges Mal im Programm ausgeführt werden und erlaubt uns den Code zu vereinfachen, indem wir in den Einleseschleifen den **bad()**-Fall streichen:

```
void fill_vector(istream& istr, vector<int>& v, char terminator)
   // liest Integer von istr in v ein, bis eof() oder Abschlusszeichen erreicht wird
{
  int i = 0;
  while (istr >> i) v.push_back(i);
  if (istr.eof()) return;   // Prima: wir haben das Dateiende erreicht

  // weder good() noch bad() und auch nicht eof(), istr muss im fail()-Zustand sein
  istr.clear();   // Streamstatus löschen
  char c;
  istr>>c;   // lies ein Zeichen (in Erwartung des Abschlusszeichens)

  if (c != terminator) {   // Hoppla: kein Abschlusszeichen, Eingabe gescheitert
     istr.unget();          // vielleicht kann der Aufrufer dieses Zeichen verwerten
     istr.clear(ios_base::failbit);  // Status auf fail() setzen
  }
}
```

Der **ios_base**-Typ, der in diesem Code hier und da auftaucht, ist der Teil eines **iostream**-Streams, der Konstanten wie **badbit**, Ausnahmen wie **failure** und andere nützliche Dinge enthält. Der Zugriff erfolgt über den ::-Operator, wie z.B. in **ios_base::badbit** (siehe §B.7.2). So ausführlich wollen wir uns aber mit der iostream-Bibliothek gar nicht auseinandersetzen – zumal allein der Umfang einer ausführlichen Beschreibung dieser Bibliothek ein eigenes Buch oder einen eigenen Kurs erfordern würde. So können die Streams der iostream-Bibliothek z.B. noch unterschiedliche Zeichensätze berücksichtigen, verschiedene Pufferstrategien implementieren oder Geldbeträge in länderspezifischer Formatierung darstellen. (Ich erinnere mich in diesem Zusammenhang an einen Fehlerbericht zur Formatierung von Beträgen in ukrainischer Währung.) Bei Bedarf können Sie sich über diese und andere Themen in dem Buch *Die C++-Programmiersprache* von Stroustrup oder *Standard C++ IOStreams and Locales* von Langer informieren.

Für einen **ostream**-Stream können Sie die gleichen Zustände abfragen wie für einen **istream**-Stream: **good()**, **fail()**, **eof()** und **bad()**. In der Art von Programmen, die wir hier schreiben, treten Fehler allerdings viel seltener bei der Ausgabe auf als bei der Eingabe, sodass wir uns die Überprüfung der verschiedenen Zustände gelegentlich sparen. In Programmen, die damit rechnen müssen, dass die verwendeten Ausgabegeräte gerade nicht verfügbar, voll oder defekt sind, würden wir allerdings nach jeder Ausgabeoperationen testen – so wie wir es nach den Eingabeoperationen getan haben.

10.7 Einzelne Werte lesen

Wir wissen nun also, wie wir eine Serie von Werten einlesen, deren Ende durch das „End-of-File"-Signal oder irgendein anderes Abschlusszeichen markiert ist. Im weiteren Verlauf werden wir hierzu noch mehrere Beispiele sehen, doch im Moment wollen wir uns einem anderen, ebenfalls sehr populären Modell zuwenden, bei dem das Programm den Benutzer so lange zur Eingabe eines Werts auffordert, bis dieser einen akzeptablen Wert eintippt. Dies gibt uns die Gelegenheit, einige typische Design-Alternativen näher zu untersuchen. Wir besprechen die einzelnen Alternativen, indem wir eine Reihe von Lösungen zu dem einfachen Problem entwickeln, wie man einen akzeptablen Wert vom Benutzer einholt. Wir beginnen mit einem offensichtlichen, aber lausigen ersten Ansatz, den wir Schritt für Schritt verbessern. Alle Ansätze verwenden ein interaktives Eingabemodell, d.h., ein menschlicher Benutzer tippt die Eingaben ein und liest die Meldungen des Programms. Fordern wir also den Benutzer auf, eine ganze Zahl aus dem Bereich von 1 bis 10 einzugeben:

```
cout << "Geben Sie eine ganze Zahl zwischen 1 und 10 (inkl.) ein:\n";
int n = 0;
while (cin>>n) {                  // lies ein
    if (1<=n && n<=10) break;     // prüfe Bereich
    cout << "Sorry "
         << n << " liegt nicht im Bereich [1:10]; bitte erneut versuchen\n";
}
```

Dieser Code sieht ziemlich hässlich aus, aber er erfüllt so halbwegs seinen Zweck. Wenn Ihnen das **break** (§A.6) missfällt, kombinieren Sie einfach das Einlesen mit der Bereichsüberprüfung:

```
cout << "Geben Sie eine ganze Zahl zwischen 1 und 10 (inkl.) ein:\n";
int n = 0;
while (cin>>n && !(1<=n && n<=10))   // lies ein und prüfe Bereich
    cout << "Sorry "
         << n << " liegt nicht im Bereich [1:10]; bitte erneut versuchen\n";
```

Natürlich ist dies nur eine kosmetische Änderung und ändert nichts daran, dass der Code nur „halbwegs" seinen Zweck erfüllt. Warum aber ist dem so? Der Code funktioniert, wenn der Benutzer darauf achtet, wirklich nur ganze Zahlen einzugeben. Wenn der Benutzer aber schlecht im Schreibmaschineschreiben ist und statt ⌞6⌟ die Taste ⌞t⌟ erwischt (⌞t⌟ liegt auf den meisten Tastaturen direkt unterhalb von ⌞6⌟), verlässt das Programm die Schleife, ohne den Wert von **n** zu ändern. Mit der Konsequenz, dass die Variable **n** danach einen Wert enthält, der nicht in dem gewünschten Bereich liegt. Man kann also wohl kaum von qualitativ gutem Code sprechen. Ein Spaßvogel (oder ein gewissenhafter Tester) könnte auch darauf verfallen, über die Tastatur ein „End-of-File"-Signal (⌞Strg⌟+⌞Z⌟ unter Windows, ⌞Strg⌟+⌞D⌟ unter Unix) an das Programm zu senden, was ebenfalls dazu führen würden, dass die Schleife verlassen wird und **n** danach einen ungültigen Wert enthält. Mit anderen Worten: Um eine stabile Einleseoperation zu erhalten, müssen wir drei Probleme adressieren:

1 Der Benutzer tippt einen Wert ein, der außerhalb des gültigen Bereichs liegt.

2 Wir erhalten keinen Wert („End-of-File").

3 Der Benutzer gibt die falsche Art von Wert ein (in diesem Fall keine ganze Zahl).

10.7 Einzelne Werte lesen

Wie wollen wir auf diese drei Fälle reagieren? Vor dieser Frage stehen wir beim Schreiben von Programmen immer wieder: Was wollen wir eigentlich? Im vorliegenden Fall stehen uns grundsätzlich drei Alternativen zur Verfügung, mit denen sich die drei Fehler behandeln lassen:

1. Wir nehmen uns des Problems direkt in dem Code an, der die Werte einliest.
2. Wir werfen eine Ausnahme, um jemand anderes das Problem behandeln zu lassen (was möglicherweise zur Beendigung des Programms führt).
3. Wir ignorieren das Problem.

Wie es sich trifft, sind dies exakt die drei grundsätzlichen Alternativen, vor denen wir praktisch bei jeder Fehlerbehandlung stehen. Der vorliegende Fall ist also ein gutes Beispiel für die Art von Überlegungen, die wir anstellen, wenn wir mit Fehlern zu tun haben.

Obwohl die Versuchung groß ist, wäre es voreilig, die dritte Alternative (das Ignorieren des Problems) von vornherein als nicht akzeptabel auszuschließen. Wenn ich ein triviales Programm für den eigenen Gebrauch schreibe, bin ich in meinen Designentscheidungen gänzlich frei – und sollte ich mich dazu entscheiden, auf eine ordnungsgemäße Fehlerbehandlung zu verzichten und die möglicherweise unerfreulichen Konsequenzen in Kauf zu nehmen, so ist dies allein mein Problem. Hingegen wäre es im Falle eines Programms, das ich nach der Fertigstellung länger als ein paar Stunden benutzen möchte, eher unklug, solche Fehler einfach zu ignorieren, und wenn ich gar plane, das Programm an irgendjemanden weiterzugeben, sollte ich die Löcher im Fehlerbehandlungscode unbedingt zuvor stopfen. Beachten Sie, dass wir hier ganz bewusst die erste Person Singular gewählt haben; „wir" wäre missverständlich, denn selbst wenn nur zwei Benutzer involviert sind, ist die dritte Alternative unserer Überzeugung nach schon nicht mehr akzeptabel.

Die Entscheidung zwischen den Alternativen 1 und 2 ist schwieriger, weil es in einem Programm gute Gründe für beide Optionen geben kann. Beginnen wir mit der Feststellung, dass es für die meisten Programme keine Möglichkeit gibt, Situationen, in denen der Benutzer die Eingabe verweigert, auf elegante Weise lokal zu behandeln. Hat der Benutzer den Eingabestream erst einmal geschlossen, ist es sinnlos, ihn noch einmal aufzufordern, eine Zahl einzugeben. Machbar wäre es, wir müssten **cin** nur mittels **cin.clear()** wieder öffnen. Sinnvoll wäre dies aber nur, wenn der Benutzer den Stream versehentlich geschlossen hätte, was eher unwahrscheinlich ist. (Wie kann man Strg+Z aus Versehen drücken?) Wenn das Programm eine ganze Zahl erwartet, aber ein „End-of-File"-Signal vorfindet, bedeutet dies in der Regel für den Teil des Programms, der versucht die ganze Zahl einzulesen, dass er aufgeben und darauf hoffen muss, dass ein anderer Teil des Programms übernimmt. Das heißt, der Code, den wir zum Anfordern der Eingabe geschrieben haben, muss eine Ausnahme werfen. Es gilt also nicht etwa, eine Wahl zwischen dem Werfen einer Ausnahme und der lokalen Behandlung eines Problems zu treffen, sondern zu entscheiden, welche Probleme wir lokal behandeln sollten.

10.7.1 Das Problem in handliche Teilprobleme zerlegen

Versuchen wir, unsere Eingabeoperation so zu formulieren, dass sowohl Eingaben, die außerhalb des gewünschten Bereichs liegen, als auch Eingaben, die vom falschen Typ sind, lokal behandelt werden.

```
cout << "Geben Sie eine ganze Zahl zwischen 1 und 10 (inkl.) ein:\n";
int n = 0;
while (true) {
  cin >> n;
  if (cin) {   // wir haben einen Integer eingelesen; Wert überprüfen
    if (1<=n && n<=10) break;
    cout << "Sorry "
         << n << " liegt nicht im Bereich [1:10]; bitte erneut versuchen\n";
  }
  else if (cin.fail()) {   // wir haben etwas gefunden, das kein Integer ist
    cin.clear();         // Zustand auf good() zurücksetzen;
                         // werfen wir einen Blick auf die Zeichen
    cout << "Sorry, keine Zahl; bitte erneut versuchen\n";
    char ch;
    while (cin>>ch && !isdigit(ch)) ;   // Nicht-Ziffern verwerfen
    if (!cin) error("keine Eingabe");   // keine Ziffer gefunden: wir geben auf
    cin.unget();   // Ziffer zurückstellen, damit wir die Zahl einlesen können
  }
  else {
    error("keine Eingabe"); // eof oder bad: wir geben auf
  }
}
// wenn wir hier ankommen, liegt n im Bereich [1:10]
```

Dieser Code ist wirr und ziemlich langatmig. Er ist so unübersichtlich, dass wir anderen Programmierern unmöglich empfehlen können, jedes Mal solchen Code zu schreiben, wenn sie vom Benutzer eine ganze Zahl abfragen möchten. Auf der anderen Seite ist es Fakt, dass Benutzer Fehler machen, sodass wir die potenziell auftretenden Fehler nicht einfach ignorieren dürfen. Was also können wir tun? Dass der obige Code so unübersichtlich ist, liegt daran, dass hier Code zur Erledigung der verschiedensten Aufgaben miteinander kombiniert wird:

- Werte einlesen
- Den Benutzer zur Eingabe auffordern
- Fehlermeldungen ausgeben
- „Unerwartete" Eingabezeichen überspringen
- Sicherstellen, dass die Eingabe in einem bestimmten Wertebereich liegt

 Ein probates Mittel, um Code übersichtlicher zu gestalten, besteht darin, logisch voneinander unabhängige Aufgaben in separate Funktionen aufzuteilen. Beispielsweise könnten wir den Code, der den Status nach dem Einlesen eines unerwarteten Zeichens wieder zurücksetzt, auslagern:

```
void skip_to_int()
{
  if (cin.fail()) {    // wir haben etwas gefunden, das kein Integer ist
    cin.clear();       // wir möchten einen Blick auf die Zeichen werfen
    char ch;
    while (cin>>ch){   // Nicht-Ziffern verwerfen
      if (isdigit(ch)) {
        cin.unget();   // Ziffer zurückstellen,
                       // damit wir die Zahl einlesen können
        return;
      }
    }
  }
  error("keine Eingabe");   // eof oder bad: wir geben auf
}
```

Dank der Hilfsfunktion skip_to_int() können wir jetzt schreiben:

```
cout << "Geben Sie eine ganze Zahl zwischen 1 und 10 (inkl.) ein:\n";
int n = 0;
while (true) {
  if (cin>>n) {    // wir haben einen Integer eingelesen; Wert überprüfen
    if (1<=n && n<=10) break;
    cout << "Sorry " << n
      << " liegt nicht im Bereich [1:10]; bitte erneut versuchen\n";
  }
  else {
    cout << "Sorry, keine Zahl; bitte erneut versuchen\n";
    skip_to_int();
  }
}
// wenn wir hier ankommen, liegt n im Bereich [1:10]
```

Dieser Code ist schon besser, aber er ist immer noch zu lang und unübersichtlich, um viele Male in einem Programm verwendet zu werden, und seine Korrektheit ist bestenfalls durch (viel zu) aufwendiges Testen nachzuweisen.

Halten wir einen Moment inne und fragen wir uns, an welcher Art von Operation wir eigentlich interessiert sind? Die Antwort könnte lauten: „Eine Funktion, die einen beliebigen **int**-Wert einliest, und eine Funktion, die einen **int**-Wert aus einem gegebenen Bereich einliest."

```
int get_int();                    // lies ein int von cin
int get_int(int low, int high);   // lies ein int im Bereich [low:high] von cin
```

Wenn uns diese beiden Funktionen zur Verfügung stünden, könnten wir sie zumindest einfach und korrekt einsetzen. Die Funktionen selbst sind nicht schwer zu definieren:

```
int get_int()
{
  int n = 0;
  while (true) {
    if (cin >> n) return n;
    cout << "Sorry, keine Zahl; bitte erneut versuchen\n";
    skip_to_int();
  }
}
```

Die Funktion get_int() macht im Wesentlichen nichts anderes, als stur so lange Zeichen einzulesen, bis sie auf eine Folge von Ziffern stößt, die sie als Integer interpretieren kann. Um get_int() zu verlassen, muss der Benutzer eine ganze Zahl oder das „End-of-File"-Signal eingeben („End-of-File" veranlasst get_int(), eine Ausnahme zu werfen).

Mithilfe dieser allgemeinen get_int()-Version können wir die zweite Version, die den Wertebereich überprüft, wie folgt definieren:

```
int get_int(int low, int high)
{
  cout << "Geben Sie eine ganze Zahl im Bereich von "
       << low << " bis " << high << " (inkl.) ein:\n";

  while (true) {
    int n = get_int();
    if (low<=n && n<=high) return n;
    cout << "Sorry, "
         << n << " liegt nicht im Bereich [" << low << ':' << high
         << "]; bitte erneut versuchen\n";
  }
}
```

Diese get_int()-Funktion ist genauso stur wie die erste Version, von der sie sich wieder und wieder einen int-Wert zurückliefern lässt, bis sie auf einen int-Wert trifft, der im gewünschten Bereich liegt.

Damit sind wir jetzt in der Lage, ganze Zahlen bequem und zuverlässig einzulesen:

```
int n = get_int(1,10);
cout << "n: " << n << endl;

int m = get_int(2,300);
cout << "m: " << m << endl;
```

Vergessen Sie aber nicht, irgendwo die geworfenen Ausnahmen abzufangen, wenn Sie für den (vermutlich seltenen) Fall, dass get_int() keine Zahl einlesen kann, eine anständige Fehlermeldung ausgeben möchten.

10.7.2 Trennung von Kommunikation und Funktion

Die get_int()-Funktion dient immer noch zwei Aufgaben: dem Einlesen der Werte und der Ausgabe von Meldungen an den Benutzer. Für einfache Programme mag dies genügen, für größere Programme aber benötigen wir eine Lösung, die es uns erlaubt, den Text der an den Benutzer gerichteten Meldungen zu variieren. Das heißt, wir möchten get_int() wie folgt aufrufen:

```
int strength = get_int(1,10, "Staerke eingeben", "Ungueltiger Wert, neu versuchen");
cout << "Staerke: " << strength << endl;

int altitude = get_int(0,50000,
        "Geben Sie die Hoehe in Fuss an",
        "Ungueltiger Wert, bitte erneut versuchen");
cout << "Hoehe: " << altitude << "f ueber Normalnull\n";
```

Die zugehörige get_int()-Funktion könnten wir wie folgt implementieren:

```
int get_int(int low, int high, const string& greeting, const string& sorry)
{
  cout << greeting << ": [" << low << ':' << high << "]\n";

  while (true) {
    int n = get_int();
    if (low<=n && n<=high) return n;
    cout << sorry << ": [" << low << ':' << high << "]\n";
  }
}
```

Beliebige Meldungen zusammenzustellen, ist ein äußerst schwieriges Unterfangen. Aus diesem Grunde haben wir die Meldungen ein wenig „stilisiert". Dies ist durchaus statthaft, zumal die Komposition wirklich flexibler Meldungen, wie sie viele natürliche Sprachen erfordern (Arabisch, Bengalisch, Chinesisch, Dänisch, Deutsch, Englisch und Französisch), definitiv keine Aufgabe für Anfänger ist.

Beachten Sie, dass unsere Lösung immer noch unvollständig ist, denn die allgemeine get_int()-Funktion, die keine Bereichsprüfung vornimmt, ist immer noch zu „geschwätzig". Worum es hier im Grunde geht, ist Folgendes: Hilfsfunktionen, die wir in mehreren Teilen eines Programms verwenden, sollten grundsätzlich keine Meldungen mit vorgegebenem, „hartcodiertem" Wortlaut enthalten. Bibliotheksfunktionen, die dazu gedacht sind, in vielen Programmen eingesetzt zu werden, sollten sogar überhaupt keine Ausgaben an den Benutzer schicken. Schließlich kann der Autor der Bibliothek in der Regel nicht einmal sicher sein, ob das Programm, in dem die Bibliothek ausgeführt wird, auf einem Rechner läuft, vor dem ein menschlicher Benutzer sitzt. Dies war übrigens auch einer der Gründe, warum unsere error()-Funktion nicht einfach eine Fehlermeldung ausgibt (siehe §5.6.3); im Übrigen hätten wir ja auch gar nicht gewusst, wohin zu schreiben.

10.8 Benutzerdefinierte Ausgabeoperatoren

Den Ausgabeoperator << für einen gegebenen Typ zu definieren, ist eine mehr oder weniger triviale Aufgabe. Das größte Problem besteht üblicherweise in der Festlegung des Ausgabeformats, da verschiedene Leute durchaus unterschiedliche Vorstellungen davon haben können, wie die Ausgabe aussehen sollte. Doch auch wenn sich kein einzelnes Ausgabeformat findet, das allen Anwendungsfällen gerecht werden kann, ist es meist von Vorteil, für einen benutzerdefinierten Typ den <<-Operator zu definieren, damit wir zumindest während des Debuggens und der ersten Entwicklungsphasen eine einfache Möglichkeit haben, Objekte des Typs auszugeben. Später können wir uns dann überlegen, einen ausgefeilteren <<-Operator zur Verfügung zu stellen, dem der Benutzer Formatierungshinweise übergeben kann. Im Übrigen steht es Benutzern des Typs natürlich frei, in Situationen, wo die vom <<-Operator erzeugte Ausgabe ungeeignet erscheint, den Operator zu übergehen und die einzelnen Teile des benutzerdefinierten Typs so auszugeben, wie es die Anwendung erfordert.

Der folgende Code definiert einen einfachen Ausgabeoperator für den Typ **Date** aus §9.8, der Jahr, Monat und Tag in runden Klammern und getrennt durch Kommata ausgibt:

```
ostream& operator<<(ostream& os, const Date& d)
{
  return os << '(' << d.year()
    << ',' << d.month()
    << ',' << d.day() << ')';
}
```

Dieser Operator gibt den 30. August 2004 als „(2004,8,30)" aus. Auf diese Form der Darstellung (einfache elementweise Auflistung) greifen wir immer dann zurück, wenn wir einen Typ mit wenigen Membern vorliegen haben und es keine Ideen oder Gründe für eine andere Darstellung gibt.

In §9.6 ist bereits angeklungen, dass für benutzerdefinierte Operatoren die zugehörige Funktion aufgerufen wird. Wie dies geht, können wir uns hier an einem Beispiel ansehen. Wenn << für **Date** definiert wurde und **d1** ein Objekt vom Typ **Date** ist, steht

```
cout << d1;
```

für den Aufruf:

```
operator<<(cout,d1);
```

Beachten Sie, dass **operator<<()** als erstes Argument eine **ostream**-Referenz übernimmt, die sie als Rückgabewert wieder zurückliefert. Dieses Weiterreichen des Ausgabestreams sorgt dafür, dass wir Ausgabeoperationen aneinanderreihen können. Beispielsweise können wir zwei Datumsangaben wie folgt hintereinander ausgeben:

```
cout << d1 << d2;
```

Für diese Verkettung wird zunächst die erste <<- und dann die zweite <<-Operation ausgeführt:

```
cout << d1 << d2;   // bedeutet operator<<(cout,d1) << d2;
                    // bedeutet operator<<(operator<<(cout,d1),d2);
```

Konkret bedeutet dies: Gib zunächst **d1** nach **cout** aus und schreibe dann **d2** in den Ausgabestream, der das Ergebnis der ersten Ausgabeoperation darstellt. Technisch gesehen können wir jede der drei im letzten Beispiel angegebenen Varianten zur Ausgabe von **d1** und **d2** verwenden, aber wir wählen natürlich die Variante, die am einfachsten zu lesen ist.

10.9 Benutzerdefinierte Eingabeoperatoren

Den Eingabeoperator **>>** für einen gegebenen Typ und ein Eingabeformat zu definieren, ist im Wesentlichen eine Übung in korrekter Fehlerbehandlung – und kann daher ziemlich knifflig werden.

Der folgende Code definiert einen einfachen Eingabeoperator für die **Date**-Klasse aus §9.8, der Datumsangaben liest, die in dem gleichen Format geschrieben sind, das auch der oben definierte **<<**-Operator benutzt.

```
istream& operator>>(istream& is, Date& dd)
{
  int y, m, d;
  char ch1, ch2, ch3, ch4;
  is >> ch1 >> y >> ch2 >> m >> ch3 >> d >> ch4;
  if (!is) return is;
  if (ch1!='(' || ch2!=',' || ch3!=',' || ch4!=')') {   // Hoppla: Formatfehler
    is.clear(ios_base::failbit);
    return is;
  }
  dd = Date(y,Date::Month(m),d);   // aktualisiere dd
  return is;
}
```

Dieser **>>**-Operator liest Eingaben der Form „(2004,8,20)" und versucht aus den drei Integer-Werten ein **Date**-Objekt zu erzeugen. Wie üblich ist die Eingabe schwerer zu handhaben als die Ausgabe. Bei der Eingabe kann einfach mehr schiefgehen als bei der Ausgabe (und häufig wird es dies auch).

Wenn der **>>**-Operator keine Eingabe im Format (*Integer,Integer,Integer*) vorfindet, setzt er den Stream in einen der Zustände **fail**, **eof** oder **bad** und lässt das Ziel der Operation, sein **Date**-Argument, unverändert. Die Memberfunktion **clear()** wird dazu verwendet, den Status des **istream**-Streams festzulegen (wobei das **ios_base::failbit**-Argument offensichtlich die Aufgabe hat, den Stream in den **fail()**-Zustand zu versetzen). Sehr begrüßenswert ist, dass die Operatorfunktion das Zielobjekt **dd** im Falle eines Scheiterns unverändert lässt; das hilft den Benutzern des Operators, sauberen, klaren Code zu schreiben. Ideal wäre es, wenn die **operator>>()**-Funktion zudem keine Zeichen konsumieren (verwerfen) würde, die sie nicht weiterverarbeitet. Doch angesichts der Tatsache, dass wir unter Umständen bereits eine ganze Reihe von Zeichen eingelesen haben, bevor wir einen Formatfehler abfangen, ist dies im vorliegenden Fall zu schwierig zu implementieren. Nehmen Sie zum Beispiel die Eingabe „(2004,8,30}". Erst wenn wir die abschließende }-Klammer sehen, wissen wir, dass ein Formatfehler vorliegt. Dann ist es allerdings zu spät, um die vielen eingelesenen Zeichen wieder zurückzustellen, denn laut Standard ist lediglich das korrekte Zurückstellen des jeweils letzten Zeichens mit **unget()** garantiert. Wenn **operator>>()** ein ungültiges Datum wie z.B. „(2004,8,32)" einliest, wirft der **Date**-Konstruktor eine Ausnahme, die uns aus dem **operator>>()**-Aufruf führt.

10.10 Standardlösung für eine Einleseschleife

In §10.5 haben wir gesehen, wie wir Dateien lesen und schreiben können. Das war allerdings, bevor wir uns eingehender mit der Fehlerbehandlung beschäftigt haben (§10.6), sodass wir der Einfachheit halber davon ausgegangen sind, dass wir die Datei ungestört vom Anfang bis zum Ende einlesen können. Angesichts des Umstands, dass wir nicht selten separate Tests durchführen, um sicherzustellen, dass eine Datei gültig ist, kann diese Annahme durchaus statthaft und vernünftig sein. Auf der anderen Seite gibt es immer wieder Situationen, in denen wir die eingelesenen Daten noch während des Einlesens kontrollieren möchten. Eine allgemeine Strategie hierzu sieht wie folgt aus (**istr** sei ein **istream**-Stream):

```
My_type var;
while (istr>>var) {   // lies bis zum Dateiende
  // evtl. prüfen, ob var gültig ist
  // etwas mit var tun
}
// die Wiederaufnahme nach einem Wechsel in den bad-Zustand ist selten möglich
// und sollte nur im absoluten Notfall versucht werden
if (istr.bad()) error("Fehler in Eingabestream");
if (istr.fail()) {
  // was ist ein gültiges Abschlusszeichen?
}
// weitermachen: das Dateiende wurde erreicht
```

Wir lesen eine Folge von Werten in Variablen ein. Wenn wir keine weiteren Werte einlesen können, prüfen wir den Streamstatus um festzustellen, warum das Einlesen beendet wurde. Wie in §10.6 können wir den Code ein wenig verbessern, indem wir den **istream**-Stream eine Ausnahme vom Typ **failure** werfen lassen, wenn er in den **bad**-Zustand wechselt. Damit entfällt die Notwendigkeit den **bad**-Zustand jedes Mal explizit abzufragen.

```
// irgendwo: istr soll beim Wechseln in den bad-Zustand eine Ausnahme werfen
istr.exceptions(istr.exceptions()|ios_base::badbit);
```

Wir könnten uns auch entscheiden, ein spezielles Zeichen als Abschlusszeichen festzulegen:

```
My_type var;
while (istr>>var) {   // lies bis zum Dateiende
  // evtl. prüfen, ob var gültig ist
  // etwas mit var tun
}
if (istr.fail()) {    // verwende '|' als Abschlusszeichen und/oder Trennzeichen
  istr.clear();
  char ch;
  if (!(istr>>ch && ch=='|')) error("ungueltiger Abschluss der Eingabe");
}
// weitermachen: "End-of-File" oder Abschlusszeichen wurde erreicht
```

Wenn wir kein Abschlusszeichen, sondern nur das „End-of-File"-Signal als Ende der Eingabe akzeptieren möchten, müssen wir nur den Test vor dem Aufruf von **error()** entfernen. Abschlusszeichen sind allerdings äußerst hilfreich, wenn wir Dateien mit verschachtelten Datenkonstrukten einlesen, beispielsweise eine Datei mit monatlichen Messwerten, die tägliche Messwerte enthalten, die wiederum stündliche Messwerte enthalten und so weiter. Wir halten uns daher die Option eines Abschlusszeichens weiter offen.

Leider ist der Code immer noch etwas unübersichtlich. Besonders die wiederholte Überprüfung des Abschlusszeichens, die gerade, wenn wir viele Dateien einlesen, sehr lästig wird, ist uns ein Dorn im Auge. Durch Auslagerung des Codes in eine eigene Funktion können wir hier Abhilfe schaffen:

// irgendwo: der Stream soll beim Wechseln in den bad-Zustand eine Ausnahme werfen:
istr.exceptions(istr.exceptions() | ios_base::badbit);

```
void end_of_loop(istream& istr, char term, const string& message)
{
  if (istr.fail()) {   // verwende term als Abschluss- und/oder Trennzeichen
    istr.clear();
    char ch;
    if (istr>>ch && ch==term) return;   // alles ist okay
    error(message);
  }
}
```

Dies reduziert die Einleseschleife zu:

```
My_type var;
while (istr>>var) {   // lies bis zum Dateiende
  // evtl. prüfen, ob var gültig ist

  // etwas mit var tun
}
end_of_loop(istr,'|',"ungueltiger Abschluss der Datei");   // Test, ob wir fortfahren können
```

// weitermachen: "End-of-File" oder Abschlusszeichen wurde erreicht

Die Funktion **end_of_loop()** unternimmt nur dann etwas, wenn sich der Stream im **fail()**-Zustand befindet. Wir denken, dies ist einfach und unspezifisch genug, um die Funktion allgemein einsetzen zu können.

10.11 Eine strukturierte Datei lesen

In diesem Abschnitt wollen wir unsere Standardlösung an einem konkreten Beispiel testen und dabei – wie Sie es schon kennen – einige allgemein anwendbare Design- und Programmiertechniken illustrieren. Stellen Sie sich vor, Sie hätten eine Datei mit Temperaturablesungen vorliegen, die wie folgt strukturiert sind:

- Eine Datei besteht aus Jahreseinträgen (mit monatlichen Ablesungen).
  - Ein Jahreseintrag beginnt mit **{ year**, gefolgt von einer ganzen Zahl, die das Jahr angibt, also z.B. 1900, und endet mit **}**.
- Ein Jahreseintrag beinhaltet Monatseinträge (mit täglichen Ablesungen).
  - Ein Monatseintrag beginnt mit **{ monat**, gefolgt von einem dreibuchstabigen Monatscode, also z.B. **jan**, und endet mit **}**.
- Ein Messwert besteht aus einer Zeitangabe und dem Temperaturwert.
  - Eine Messwert beginnt mit **(**, gefolgt vom Tag im Monat, der Stunde und dem Temperaturwert und endet mit **)**.

Zum Beispiel:

```
{ year 1990 }
{year 1991 { month jun }}
{ year 1992 { month jan ( 1 0 61.5) } {month feb (1 1 64) (2 2 65.2) } }
{year 2000
   { month feb (1 1 68 ) (2 3 66.66 ) ( 1 0 67.2)}
   {month dec (15 15 -9.2 ) (15 14 -8.8) (14 0 -2) }
}
```

> **Tipp**
>
> Dieses Format ist etwas absonderlich. Eine Eigenschaft, die es sich mit vielen anderen Dateiformaten teilt. Zwar gibt es in der Industrie Bestrebungen hin zu einheitlicheren, hierarchisch strukturieren Dateien (wie z.B. HTML- und XML-Dateien), doch die Realität sieht immer noch so aus, dass wir das Format der Dateien, die wir lesen sollen, nur selten beeinflussen können. Die Dateien sind so wie sie sind, und wir müssen sie lesen. Treffen wir dabei auf ein besonders schauriges Format oder auf Dateien, die zu viele Fehler enthalten, können wir ein Umformatierungsprogramm schreiben, das die Daten in ein Format umwandelt, welches unser Programm besser verarbeiten kann. Freie Hand haben wir dagegen zumeist bei der Entscheidung, wie wir die Daten auf geeignete Weise im Arbeitsspeicher ablegen, und bei der Wahl des Ausgabeformats, das wir nicht selten nach Bedarf und eigenen Vorlieben festlegen können.

Für die weiteren Ausführungen gehen wir davon aus, dass wir mit dem oben definierten Format für die Temperaturmesswerte leben müssen. Glücklicherweise enthält das Format einige selbstidentifizierende Komponenten wie die Jahres- und Monatseinträge (die an die Tags von HTML oder XML erinnern). Demgegenüber ist das Format der einzelnen Messwerte nur wenig hilfreich. Beispielsweise gibt es keinerlei Informationen, die uns weiterhelfen könnten, wenn die Werte für Tag und Stunde vertauscht sind oder jemand eine Datei mit Temperaturdaten in Celsius abgegeben hat, während das Programm Fahrenheit erwartet (oder umgekehrt). Wir müssen sehen, wie wir allein damit fertig werden.

10.11.1 Repräsentation im Speicher

Wie sollen wir die Daten im Speicher ablegen? Die naheliegende erste Wahl sind drei Klassen **Year**, **Month** und **Reading**, die exakt den Aufbau der Eingabe widerspiegeln. **Year** und **Month** sind von offensichtlichem Nutzen für die weitere Verarbeitung der Daten. Mit ihrer Hilfe können wir die Temperaturwerte verschiedener Jahre vergleichen, monatliche Durchschnittstemperaturen berechnen, die Monate eines Jahrs vergleichen, die Durchschnittstemperaturen eines bestimmten Monats im Verlauf der Jahre vergleichen, die Temperaturdaten mit Aufzeichnungen der Sonnenstunden und der Luftfeuchtigkeit abgleichen. Kurz gesagt, die Klassen **Year** und **Month** kommen der Art und Weise entgegen, wie wir mit Temperatur- und Wetterdaten arbeiten: **Month** verwahrt die Informationen eines Monats und **Year** die Informationen eines Jahres. Wie aber sieht es mit der Klasse **Reading** aus? **Reading** repräsentiert eine einzelne Ablesung, stellt also letzten Endes die Abstraktion eines technischen Gerätes (eines Sensors) dar. Die Daten einer Ablesung (Tag im Monat, Stunde, Temperatur) sind etwas „befremdend" und ergeben nur im Kontext eines **Month**-Objekts einen Sinn. Außerdem sind sie ungeordnet, d.h., es gibt keinerlei Zusage, dass die Ablesungen nach dem Tag im Monat oder der Stunde der Ablesung geordnet sind. Bevor wir also irgendetwas Interessantes mit den Werten anfangen können, müssen wir sie zuerst einmal sortieren.

10.11 Eine strukturierte Datei lesen

Zusätzlich gehen wir bei der Entscheidung, wie die Temperaturdaten im Speicher abzulegen sind, von folgenden Annahmen aus:

- Wenn es für einen Monat eine Ablesung gibt, liegen für diesen Monat meist noch weitere Ablesungen vor.
- Wenn es für einen Tag eine Ablesung gibt, liegen für diesen Tag meist noch weitere Ablesungen vor.

Dies vorausgesetzt ist es sinnvoll, ein **Year** als einen Vektor von 12 Monaten (**Month**-Objekten) darzustellen, einen **Month** als einen Vektor von ungefähr 30 Tagen (**Day**-Objekten) und einen **Day** als 24 Temperaturwerte (einen Wert für jede Stunde). Dies ist ein einfaches Design, leicht zu handhaben und vielseitig einsetzbar. **Day**, **Month** und **Year** sind einfache Datenstrukturen mit jeweils einem Konstruktor. Da wir planen, **Month**- und **Day**-Objekte als Teile eines **Year**-Objekts zu erzeugen, noch bevor wir wissen, welche Temperaturablesungen vorliegen, benötigen wir für die Stunden eines Tages, für die wir noch keine Daten eingelesen haben, etwas mit der Bedeutung „keine Ablesung".

const int not_a_reading = -7777; // Wert unterhalb der absoluten Nulltemperatur

Da uns überdies aufgefallen ist, dass es viele Monate gibt, für die keine Daten vorliegen, führen wir zur direkten Repräsentation dieses Fakts eine weitere symbolische Konstante mit der Bedeutung „kein Monat" ein. Wir können dann sicher sein, dass es für den betreffenden Monat keine Daten gibt – ohne dass wir dazu die einzelnen Tage durchgehen müssen.

const int not_a_month = -1;

Die drei Schlüsselklassen lauten damit:

```
struct Day {
   vector<double> hour;
   Day(); // initialisiere die Stunden mit dem Wert für "keine Ablesung"
};

Day::Day()
   : hour(24)
{
   for (int i = 0; i<hour.size(); ++i) hour[i]=not_a_reading;
}

struct Month {   // Temperaturablesungen eines Monats
   int month;            // [0:11], 0 steht für Januar
   vector<Day> day;      // [1:31], pro Tag ein Vektor mit Ablesungen
   Month()               // max. 31 Tage in einem Monat (day[0] wird nicht genutzt)
      :month(not_a_month), day(32) { }
};

struct Year {   // Temperaturablesungen eines Jahres, organisiert nach Monaten
   int year;             // positiv == n.Chr.
   vector<Month> month;  // [0:11], 0 steht für Januar
   Year() :month(12) { } // 12 Monate in einem Jahr
};
```

Alle drei Klassen sind im Grunde einfache Vektoren ihrer „Teile". **Month** und **Year** enthalten zudem Member, die sie identifizieren (**month** bzw. **year**).

Es gibt in diesem Code verschiedene „magische Konstanten" (z.B. 24, 32 und 12). Grundsätzlich versuchen wir, solche literalen Konstanten im Code zu vermeiden. Die hier auftauchenden Konstanten sind ziemlich fundamental (die Anzahl Monate in einem Jahr ändert sich nur selten) und werden im Rest des Codes nicht mehr verwendet. Wir haben sie im Code belassen, um Sie noch einmal auf das Problem der „magische Konstanten" aufmerksam zu machen: Symbolische Konstanten sind fast immer vorzuziehen (§7.6.1). Wenn 32 wie hier als Anzahl der Tage in einem Monat verwendet wird, bedarf dies definitiv einer Erklärung, 32 ist hier also ganz offensichtlich eine „magische" Zahl.

10.11.2 Strukturierte Werte einlesen

Die Klasse **Reading** wird nur zum Lesen der Eingabe benötigt und ist noch einfacher aufgebaut:

```
struct Reading {
  int day;
  int hour;
  double temperature;
};

istream& operator>>(istream& is, Reading& r)
// liest die Temperaturdaten von is nach r ein
// Format: ( 3 4 9.7 )
// prüft Format, kümmert sich aber nicht um ungültige Werte
{
  char ch1;
  if (is>>ch1 && ch1!='(') {   // kann es eine Ablesung sein?
    is.unget();
    is.clear(ios_base::failbit);
    return is;
  }

  char ch2;
  int d;
  int h;
  double t;
  is >> d >> h >> t >> ch2;
  if (!is || ch2!=')') error("ungueltige Ablesung");   // Fehler beim Einlesen
  r.day = d;
  r.hour = h;
  r.temperature = t;
  return is;
}
```

Gleich als Erstes prüfen wir, ob die Eingabe im korrekten Format beginnt. Ist dies nicht der Fall, setzen wir den Dateistatus auf **fail()** und kehren zurück. Auf diese Weise halten wir uns die Option offen, das Einlesen der Informationen noch auf eine andere Weise versuchen zu können. Wenn wir erst später, nachdem wir bereits einige Daten eingelesen haben, einen Verstoß gegen das erwartete Format feststellen, ist eine Wiederaufnahme der Eingabeoperation nicht mehr realistisch und wir steigen mit **error()** aus.

Die Eingabeoperation für **Month** ist analog aufgebaut, nur dass statt einer festen Gruppe von Werten eine beliebige Zahl von Messwerten eingelesen wird:

```
istream& operator>>(istream& is, Month& m)
// lies die Daten eines Monats von is nach m ein
// Format: { month feb ... }
{
  char ch = 0;
  if (is >> ch && ch!='{') {
    is.unget();
    is.clear(ios_base::failbit); // konnten keinen Monatseintrag einlesen
    return is;
  }

  string month_marker;
  string mm;
  is >> month_marker >> mm;
  if (!is || month_marker!="month") error("falscher Beginn des Monatseintrags");
  m.month = month_to_int(mm);

  Reading r;
  int duplicates = 0;
  int invalids = 0;
  while (is >> r) {
    if (is_valid(r)) {
      if (m.day[r.day].hour[r.hour] != not_a_reading)
        ++duplicates;
      m.day[r.day].hour[r.hour] = r.temperature;
    }
    else
      ++invalids;
  }

  if (invalids) error("ungueltiger Eintrag für Monat",invalids);
  if (duplicates) error("doppelter Eintrag für Monat",duplicates);
  end_of_loop(is,'}',"falsches Ende des Monatseintrags");
  return is;
}
```

Auf die Funktion **month_to_int()** werden wir später noch eingehen; ihr obliegt die Aufgabe, die symbolische Repräsentation eines Monats (wie z.B. **jun**) in eine Zahl im Bereich [0:11] umzuwandeln. Beachten Sie die Verwendung der Funktion **end_of_loop()** aus §10.10, mit der wir das Abschlusszeichen überprüfen, und sehen Sie sich auch an, wie wir ungültige und doppelte Ablesungen registrieren, vielleicht interessiert sich ja jemand dafür.

Vor dem Speichern einer Ablesung überprüft der **>>**-Operator von **Month** kurz, ob das für die Ablesung aufgebaute **Reading**-Objekt plausible Werte enthält:

```
const int implausible_min = -200;
const int implausible_max = 200;

bool is_valid(const Reading& r)
// ein grober Test
{
  if (r.day<1 || 31<r.day) return false;
  if (r.hour<0 || 23<r.hour) return false;
  if (r.temperature<implausible_min|| implausible_max<r.temperature)
    return false;
  return true;
}
```

Schließlich müssen wir noch Jahreseinträge einlesen. Der **>>**-Operator von **Year** gleicht dem **>>**-Operator von **Month**:

```
istream& operator>>(istream& is, Year& y)
// lies die Daten eines Jahres von is nach y ein
// Format: { year 1972 ... }
{
  char ch;
  is >> ch;
  if (ch!='{') {
    is.unget();
    is.clear(ios::failbit);
    return is;
  }

  string year_marker;
  int yy;
  is >> year_marker >> yy;
  if (!is || year_marker!="year") error("falscher Beginn des Jahreseintrags");
  y.year = yy;

  while(true) {
    Month m; // in jedem Schleifendurchgang ein frisches m verwenden
    if(!(is >> m)) break;
    y.month[m.month] = m;
  }

  end_of_loop(is,'}',"falsches Ende des Jahreseintrags");
  return is;
}
```

Eigentlich wollten wir schreiben, dass sich die beiden Operatorfunktionen „bis aufs Haar" gleichen, doch es gibt da einen entscheidenden Unterschied. Sehen Sie sich die Einleseschleife an. Hätten Sie nicht eher Code wie den folgenden erwartet?

```
Month m;
while (is >> m)
  y.month[m.month] = m;
```

Eigentlich hätten Sie genau solchen Code erwarten müssen, denn auf diese Weise haben wir bisher alle Einleseschleifen geschrieben. Auch den >>-Operator von **Month** haben wir zunächst nach diesem Muster geschrieben – aber es hat sich als falsch erwiesen. Das Problem ist, dass **operator>>(istream& is, Month& m)** der Variablen **m** keinen komplett neuen Wert zuweist, sondern **m** einfach die Daten der Ablesungen hinzufügt. Hoppla! Die wiederholten **is>>m**-Operationen würden also allesamt in ein und dasselbe **m** einlesen, mit dem Effekt, dass jeder neue Monat auch die Ablesungen der vorangehenden Monate dieses Jahres enthielte. Wir aber benötigen für jede **is>>m**-Operation ein neues, jungfräuliches **Month**-Objekt, in das wir einlesen können. Der einfachste Weg dies zu erreichen war, die Definition von **m** in die Schleife zu verschieben, sodass das Objekt in jedem Schleifendurchgang neu initialisiert wird. Die Alternativen wären gewesen, innerhalb von **operator>>(istream& is, Month& m)** dem Parameter **m** vor dem Einlesen ein leeres **Month**-Objekt zuzuweisen oder die Schleife wie folgt zu formulieren:

```
Month m;
while (is >> m) {
   y.month[m.month] = m;
   m = Month(); // m "erneut initialisieren"
}
```

Testen wir unseren Code:

```
// Eingabedatei öffnen:
cout << "Geben Sie bitte den Namen der Eingabedatei ein\n";
string name;
cin >> name;
ifstream ifs(name.c_str());
if (!ifs) error("Fehler beim Oeffnen der Eingabedatei ",name);

ifs.exceptions(ifs.exceptions() | ios_base::badbit);   // für bad() Ausnahme werfen

// Ausgabedatei öffnen:
cout << "Geben Sie bitte den Namen der Ausgabedatei ein\n";
cin >> name;
ofstream ofs(name.c_str());
if (!ofs) error("Fehler beim Oeffnen der Ausgabedatei ",name);

// lies eine unbestimmte Anzahl von Jahreseinträgen:
vector<Year> ys;
while(true) {
   Year y;    // jedes Mal ein neu initialisiertes Year-Objekt verwenden
   if (!(ifs>>y)) break;
   ys.push_back(y);
}
cout << "lies " << ys.size() << " Jahre mit Messdaten ein\n";

for (int i = 0; i<ys.size(); ++i) print_year(ofs,ys[i]);
```

Die Definition von **print_year()** sei dem Leser als Übung überlassen.

10.11.3 Austauschbare Darstellungen

Damit der >>-Operator von **Month** funktioniert, müssen wir einen Weg vorsehen, wie symbolische Monatsdarstellungen eingelesen werden können. (Der Symmetrie wegen werden wir auch gleich eine Möglichkeit zum Schreiben der symbolischen Monatsdarstellungen vorsehen.)

Eine einfache, aber auch sehr ermüdende Lösung hierfür wäre die Umwandlung durch eine Folge von **if**-Anweisungen:

```
if (s=="jan")
   m = 1;
else if (s=="feb")
   m = 2;
...
```

> **Tipp** Dies ist nicht nur nervtötend, es führt auch dazu, dass die symbolischen Namen der Monate direkt im Code stehen. Besser wäre es, die Namen irgendwo in einer Tabelle zu verwalten, sodass das Hauptprogramm nicht überarbeitet werden muss, wenn wir die symbolische Darstellung der Monate ändern. Wir haben uns daher entschlossen, die von den Eingabedateien verwendeten symbolischen Monatsdarstellungen in einem **vector<string>**-Container zu speichern und zu diesem eine passende Initialisierungs- und eine Suchfunktion anzubieten:

```
vector<string> month_input_tbl; // month_input_tbl[0]=="jan"

void init_input_tbl(vector<string>& tbl)
// initialisiert den Vektor mit den Darstellungen der Eingabe
{
   tbl.push_back("jan");
   tbl.push_back("feb");
   tbl.push_back("mar");
   tbl.push_back("apr");
   tbl.push_back("may");
   tbl.push_back("jun");
   tbl.push_back("jul");
   tbl.push_back("aug");
   tbl.push_back("sep");
   tbl.push_back("oct");
   tbl.push_back("nov");
   tbl.push_back("dec");
}

int month_to_int(string s)
// Ist s der Name eines Monats? Wenn ja, liefere den Index des Monats zurück [0:11],
// andernfalls -1
{
   for (int i=0; i<12; ++i) if (month_input_tbl[i]==s) return i;
   return -1;
}
```

Falls Sie sich fragen, ob es hierfür nicht in der C++-Standardbibliothek eine einfachere Lösung gibt: Es gibt tatsächlich eine einfachere Lösung, siehe **map<string,int>** in §21.6.1.

10.11 Eine strukturierte Datei lesen

Wenn wir eine Ausgabe erzeugen möchten, stehen wir vor dem umgekehrten Problem. Wir haben einen **int**-Wert vorliegen, der einen Monat repräsentiert und für den wir die zugehörige symbolische Darstellung finden möchten. Wir verwenden hierfür eine ähnliche Lösung wie oben, nur dass wir die Tabelle diesmal nicht dazu nutzen, um für einen **string** einen **int** zu finden, sondern für einen **int** einen passenden **string**:

```
vector<string> month_print_tbl;   // month_print_tbl[0]=="January"
void init_print_tbl(vector<string>& tbl)
// initialisiert den Vektor mit den Darstellungen für die Ausgabe
{
    tbl.push_back("January");
    tbl.push_back("February");
    tbl.push_back("March");
    tbl.push_back("April");
    tbl.push_back("May");
    tbl.push_back("June");
    tbl.push_back("July");
    tbl.push_back("August");
    tbl.push_back("September");
    tbl.push_back("October");
    tbl.push_back("November");
    tbl.push_back("December");
}

string int_to_month(int i)
// Monate [0:11]
{
    if (i<0 || 12<=i) error("ungueltiger Monatsindex");
    return month_print_tbl[i];
}
```

Damit unsere Konstruktion funktioniert, müssen wir noch die Initialisierungsfunktionen aufrufen; am besten am Anfang von **main**():

```
// initialisiere zuerst die Tabellen mit den symbolischen Darstellungen:
init_print_tbl(month_print_tbl);
init_input_tbl(month_input_tbl);
```

Damit wären wir fertig. Haben Sie den Code und die Erläuterungen aufmerksam gelesen? Oder haben Sie einzelne Teile überflogen, um schneller mit dem Kapitel durch zu sein? Denken Sie daran, dass der einfachste Weg zu lernen, wie man guten Code schreibt, darin besteht, viel Code zu lesen. Ob Sie es glauben oder nicht, so einfach die Techniken, die wir in diesem Beispiel eingesetzt haben, auch sein mögen, so schwierig ist es, sie ohne Hilfe zu entdecken und sich anzueignen. Das Einlesen von Daten ist eine grundlegende Technik. Ebenso grundlegend ist das Schreiben von korrekten Schleifen (in denen jede verwendete Variable korrekt initialisiert wird). Und auch die Umwandlung zwischen verschiedenen Darstellungen ist eine grundlegende Technik. Es besteht also gar kein Zweifel daran, dass Sie diese Techniken erlernen werden. Die Frage ist nur, ob Sie sie ordentlich lernen und ob Sie sie erlernen, bevor Sie allzu viel Schlaf verlieren.

Aufgaben

1 Legen Sie ein neues Projekt an, das mit Punkten arbeitet (siehe §10.4). Definieren Sie dazu zuerst den Datentyp **Point**, mit den beiden Koordinatenmembern **x** und **y**.

2 Fordern Sie den Benutzer, sieben (x,y)-Paare einzugeben (siehe Code und Erläuterungen in §10.4). Speichern Sie die eingegebenen Daten in einem **Point**-Vektor namens **original_points**.

3 Geben Sie die Daten in **original_points** aus, um festzustellen, wie sie aussehen.

4 Öffnen Sie einen **ofstream**-Stream und geben Sie die einzelnen Punkte in eine Datei namens *mydata.txt* aus. Die Endung *.txt* sei insbesondere Windows-Benutzern empfohlen, damit die Daten auch mit einem einfachen Texteditor wie Wordpad betrachtet werden können.

5 Schließen Sie den **ofstream**-Stream und öffnen Sie dann eine **ifstream**-Stream für *mydata.txt*. Lesen Sie die Daten aus *mydata.txt* aus und speichern Sie sie in einem neuen Vektor namens **processed_points**.

6 Geben Sie die Datenelemente beider Vektoren aus.

7 Vergleichen Sie die beiden Vektoren und geben Sie „Etwas stimmt nicht!" aus, wenn die Anzahl beziehungsweise die Werte der Elemente unterschiedlich sind.

Fragen

1 Wie lösen moderne Computer in der Regel das Problem, dass sie in der Lage sein müssen, mit einer ungeheuren Vielfalt von potenziellen Ein- und Ausgabegeräte zu kommunizieren?

2 Wozu dient im Wesentlichen ein **istream**?

3 Wozu dient im Wesentlichen ein **ostream**?

4 Was ist eine Datei?

5 Was ist ein Dateiformat?

6 Nennen Sie vier Arten von E/A-Geräten, über die Daten von und zu einem Programm fließen können.

7 Wie lauten die vier Schritte zum Lesen einer Datei?

8 Wie lauten die vier Schritte zum Schreiben einer Datei?

9 Nennen und definieren Sie die vier Stream-Zustände.

10 Diskutieren Sie, wie die folgenden Eingabeprobleme gelöst werden können:

  a. Der Benutzer tippt einen Wert ein, der außerhalb des gültigen Bereichs liegt.

  b. Wir erhalten keinen Wert („End-of-File").

  c. Der Benutzer gibt die falsche Art von Wert ein.

11 In welcher Hinsicht bereitet die Eingabe normalerweise größere Schwierigkeiten als die Ausgabe?

12 In welcher Hinsicht bereitet die Ausgabe normalerweise größere Schwierigkeiten als die Eingabe?

13 Warum bemühen wir uns (in der Regel) die Ein- und Ausgabe von der Berechnung zu trennen?

14 Was sind die beiden häufigsten Einsatzbereiche für die **istream**-Memberfunktion **clear()**?

15 Wie lauten die normalen Funktionsdeklarationen für << und >> für einen benutzerdefinierten Typ **x**?

Übungen

1 Schreiben Sie ein Programm, das die Zahlen aus einer Datei mit durch Whitespace getrennten ganzen Zahlen aufaddiert.

2 Schreiben Sie ein Programm, das eine Datei mit Temperaturmesswerten in der Form des **Reading**-Typs (wie in §10.5 definiert) erzeugt. Füllen Sie die Datei mit den Daten von mindestens 50 Temperaturablesungen. Nennen Sie das Programm *store_temps.cpp* und die von dem Programm erzeugte Datei *raw_temps.txt*.

3 Schreiben Sie ein Programm, das die Daten aus der in Übung 2 erzeugten Datei *raw_temps.txt* in einen Vektor einliest und dann den Mittel- bzw. den Zentralwert der Temperaturdaten errechnet. Nennen Sie dieses Programm *temp_stats.cpp*.

4 Modifizieren Sie das Programm *store_temps.cpp* aus Übung 2 dahingehend, dass es einen Temperatursuffix **c** für Celsius oder **f** für Fahrenheit mitausgibt. Überarbeiten Sie danach das Programm *temp_stats.cpp*, sodass es jeden Temperaturwert zunächst prüft und Celsius-Messwerte in Fahrenheit umwandelt, bevor es sie im Vektor ablegt.

5 Schreiben Sie die Funktion **print_year()**, die in §10.11.2 erwähnt wurde.

6 Definieren Sie eine Klasse **Roman_int** zur Speicherung einer römischen Ziffer (als **int**-Wert) und statten Sie die Klasse mit einem <<- und einem >>-Operator aus. Definieren Sie für **Roman_int** eine Memberfunktion **as_int()**, die den **int**-Wert zurückliefert, sodass wir für den Fall, dass **r** ein **Roman_int** ist, schreiben können: **cout << "Roemisch " << r << " ist gleich " << r.as_int() << '\n';**

7 Erstellen Sie eine Version des Taschenrechners aus Kapitel 7, die römische Ziffern anstelle der normalen arabischen Zahlen akzeptiert, z.B. **XXI + CIV == CXXV**.

8 Schreiben Sie ein Programm, das zwei Dateinamen übernimmt und eine neue Datei erzeugt, deren Inhalt aus der ersten und der zweiten Datei besteht, d.h., das Programm hängt die beiden Dateien aneinander.

9 Legen Sie zwei Dateien mit durch Whitespace getrennten, sortierten Wörtern an. Schreiben Sie danach ein Programm, das die Wörter einliest und so zusammenfügt, dass die resultierende Wortliste wieder sortiert ist.

10 Erweitern Sie das Taschenrechnerprogramm aus Kapitel 7 um einen Befehl „from x", über den der Benutzer Eingaben aus einer Datei **x** einlesen kann. Stellen Sie anschließend noch einen Befehl „to y" bereit, mit dem der Benutzer die Ausgabe des Taschenrechners (Standardausgabe und Fehlerausgabe) in die Datei **y** schreiben kann. Schreiben Sie ausgehend von den Ideen aus §7.3 eine Reihe von Testfällen und verwenden Sie diese, um den Taschenrechner auf Herz und Nieren zu überprüfen. Diskutieren Sie, wie man die beiden neuen Befehle zum Testen verwenden könnte.

11 Schreiben Sie ein Programm, das die Summe aller, durch Whitespace getrennten, ganzen Zahlen aus einer Textdatei berechnet. Zum Beispiel sollte „Bären: 17 Elefanten 9 Ende" die Ausgabe „26" erzeugen.

12 Schreiben Sie ein Programm, das bei Übergabe eines Dateinamens und eines Wortes jede Zeile, in der dieses Wort enthalten ist, zusammen mit der Zeilennummer ausgibt. Hinweis: **getline()**.

Schlüsselbegriffe

Abschlusszeichen	Eingabeoperator	**ofstream**
Ausgabegerät	**eof()**	**open()**
Ausgabeoperator	**fail()**	**ostream**
bad()	Gerätetreiber	Puffer
clear()	**good()**	Stream-Zustand
close()	**ifstream**	Strukturierte Datei
Datei	**iostream**	**unget()**
Eingabegerät	**istream**	

Ein persönlicher Hinweis

Tipp

Mit Computern arbeiten bedeutet immer auch, große Mengen an Daten von einem Ort zum anderen zu verschieben – beispielsweise Text aus einer Datei auf den Bildschirm zu zaubern oder Musik vom Computer auf einen MP3-Player zu kopieren. Dabei ist häufig irgendeine Form der Datenumwandlung erforderlich. Die iostream-Bibliothek ist Ihnen bei vielen dieser Aufgaben, bei denen die Daten als eine Folge (Stream) von Werten vorliegen, eine wertvolle Hilfe. Ein- und Ausgabe können einen überraschend großen Teil der Programmierarbeit ausmachen. Das liegt einerseits daran, dass wir (oder unsere Programme) eine Menge Daten benötigen, und andererseits daran, dass dort, wo Daten in ein System „einfließen", immer auch eine Menge Fehler auftreten können. Deshalb müssen wir versuchen, unsere E/A einfach zu halten und das Risiko, dass schlechte Daten in unser System eindringen, auf ein Mindestmaß zu reduzieren.

Die Ein- und Ausgabe anpassen

11.1	**Regelmäßigkeit und Individualität**	388
11.2	**Formatierung der Ausgabe**	388
	11.2.1 Ausgabe ganzer Zahlen	389
	11.2.2 Eingabe ganzer Zahlen	391
	11.2.3 Ausgabe von Gleitkommazahlen	392
	11.2.4 Genauigkeit	393
	11.2.5 Felder	395
11.3	**Dateien öffnen**	396
	11.3.1 Öffnungsmodi für Dateien	396
	11.3.2 Binärdateien	397
	11.3.3 Festlegen der Schreib- und Leseposition in Dateien	400
11.4	**Stringstreams**	401
11.5	**Zeilenorientierte Eingabe**	402
11.6	**Zeichenklassifizierung**	403
11.7	**Verwendung eigener Trennzeichen**	406
11.8	**Und es gibt noch so viel mehr**	413

ÜBERBLICK

11 Die Ein- und Ausgabe anpassen

„Mache die Dinge so einfach wie möglich – aber nicht einfacher."

– Albert Einstein

*I*n diesem Kapitel werden wir untersuchen, wie man das in Kapitel 10 vorgestellte, allgemeine iostream-Rahmenwerk (*framework*) so anpassen kann, dass es auch spezielleren Bedürfnissen und Vorlieben gerecht wird. Dazu gehört die Auseinandersetzung mit einer Reihe von lästigen Details, die uns durch die Lesegewohnheiten der Benutzer diktiert werden, sowie die Berücksichtigung bestimmter Beschränkungen beim praktischen Umgang mit Dateien. Das abschließende Beispiel stellt Ihnen das Design eines Eingabestreams vor, für den Sie die Menge der Trennzeichen selbst festlegen können.

11.1 Regelmäßigkeit und Individualität

Die iostream-Bibliothek – der Teil der ISO-C++-Standardbibliothek, der sich mit der Ein- und Ausgabe beschäftigt – bildet ein einheitliches, erweiterbares Framework für die Ein- und Ausgabe von Text. Wobei wir unter „Text" so ziemlich alles verstehen, was durch eine Folge von Zeichen dargestellt werden kann. Im Kontext von Ein- und Ausgabe können wir den Integer-Wert **1234** also auch als Text betrachten, den wir als Folge der vier Zeichen **1**, **2**, **3** und **4** schreiben.

Manchmal genügt es nicht, so wie wir es bisher getan haben, alle Eingabequellen als äquivalent anzusehen. Beispielsweise unterscheiden sich Dateien von anderen Eingabequellen (wie z.B. Kommunikationsverbindungen) dadurch, dass man einzelne Bytes adressieren kann. Auch die Annahme, dass das Layout der Ein- und Ausgabe vollständig vom Typ des Objekts bestimmt wird, ist so nicht richtig und kann vielen Aufgabenstellungen nicht gerecht werden – etwa, wenn wir bei der Ausgabe einer Gleitkommazahl die Anzahl der zur Darstellung verwendeten Ziffern (die Genauigkeit) vorgeben möchten. Dieses Kapitel stellt eine Reihe von Techniken vor, wie Sie die Ein- und Ausgabe an Ihre Bedürfnisse anpassen können.

 Als Programmierer schätzen wir die Regelmäßigkeit. Wenn wir alle im Speicher befindlichen Objekte gleich behandeln, alle Eingabequellen als äquivalent betrachten und einen verbindlichen Standard für die Repräsentation von Objekten festlegen können, die in das System eintreten oder es verlassen, erhalten wir den saubersten, einfachsten, wartungsfreundlichsten und meist auch effizientesten Code, den man sich vorstellen kann. Auf der anderen Seite sollen unsere Programme den Menschen dienen – und Menschen haben Vorlieben. Zur Aufgabe eines Programmierers gehört es daher auch, einen Kompromiss zu finden, der die Programmkomplexität überschaubar hält und gleichzeitig die persönlichen Vorlieben der Benutzer berücksichtigt.

11.2 Formatierung der Ausgabe

 Bei der Ausgabe können scheinbar unbedeutende Feinheiten von größter Wichtigkeit sein. So kann es für einen Physiker einen großen Unterschied bedeuten, ob er als Wert **1.24670477** oder **1.25** (abgerundet auf zwei Nachkommastellen) angezeigt bekommt. Und für einen Wirtschaftsprüfer kann **(1.25)** aus juristischer Sicht etwas anderes bedeuten als (1.2467) und etwas ganz anderes als 1.25 (in Zahlungspapieren werden Klammern gelegentlich zur Kennzeichnung von Verlusten, also negativen Werten, verwendet). Als Programmierer bemühen wir uns daher, die Ausgaben so zu formulieren, dass sie klar und verständlich sind und den Erwartungen der Benutzer entsprechen. Soweit es die Ausgabe von Werten der integrierten Typen betrifft, können wir dabei auf die verschiedenen Formatierungen zurückgreifen, die die Ausgabestreams (**ostream**-Streams) bereitstellen. Für benutzerdefinierte Typen ist es Aufgabe des Programmierers, die passenden <<-Operationen zur Verfügung zu stellen.

Während es für die Eingabe offenbar nur wenig Gestaltungsspielraum gibt, scheint die Ausgabe mit einer nahezu unbegrenzten Zahl von Einstellmöglichkeiten, Feinheiten und Optionen gesegnet zu sein. Konfigurierbar sind unter anderem: das Dezimalzeichen (üblicherweise ein Punkt oder ein Komma), die Ausgabe von Geldbeträgen, die Darstellung des booleschen Wertes für wahr (**true**) durch das Wort „true" (oder „wahr" oder „vrai") statt durch die Zahl 1, der Umgang mit Nicht-ASCII-Zeichensätzen (beispielsweise Unicode), aber auch die Anzahl der Zeichen, die maximal in einen String eingelesen werden. Da diese Techniken im Grunde erst dann für Sie interessant werden, wenn Sie sie wirklich benötigen, überlassen wir ihre Beschreibung den Handbüchern sowie der einschlägigen Fachliteratur, wie z.B. *Standard C++ IOStreams and Locales* von Langer, Kapitel 21, und Anhang D aus *Die C++ Programmiersprache* von Stroustrup oder §22 und §27 des ISO-C++-Standards. Wir konzentrieren uns dafür auf die nützlichsten und am häufigsten benötigten Techniken sowie einige grundlegende Konzepte.

11.2.1 Ausgabe ganzer Zahlen

Ganze Zahlen können als oktale (Zahlensystem zur Basis 8), dezimale (unser gewohntes dekadisches Zahlensystem zur Basis 10) oder hexadezimale Zahlen (zur Basis 16) ausgegeben werden. Falls Sie mit diesen Zahlensystemen noch nicht vertraut sind, informieren Sie sich zunächst in §A.2.1.1, bevor Sie hier weiterlesen. Die meisten Ausgaben verwenden Dezimalzahlen. Hexadezimalzahlen sind recht beliebt, wenn hardwarebezogene Daten ausgegeben werden, weil eine Hexadezimalziffer genau einen 4-Bit-Wert repräsentiert. Entsprechend können zwei hexadezimale Ziffern den Wert eines aus 8 Bit bestehenden Bytes darstellen, vier hexadezimale Ziffern können den Wert von 2 Bytes darstellen (oft auch als *half word* oder „Halbwort" bezeichnet) und acht hexadezimale Ziffern können den Wert von 4 Bytes repräsentieren (auf vielen Architekturen ist dies die Größe eines „Wortes" oder eines Registers). Oktalzahlen werden heute kaum noch eingesetzt, obwohl Sie in den 1970ern – als C, der Vorgänger von C++, entwickelt wurde – gerne zur Darstellung von Bitmustern benutzt wurden.

Wenn wir den (dezimalen) Wert **1234** ausgeben, können wir angeben, ob der Wert dezimal, hexadezimal (Programmierer sprechen oft abgekürzt von „hex") oder oktal ausgegeben werden soll:

```
cout << 1234 << "\t(dezimal)\n"
    << hex << 1234 << "\t(hexadezimal)\n"
    << oct << 1234 << "\t(oktal)\n";
```

Das Zeichen '**\t**' steht für den Tabulator. Die Ausgabe sieht daher wie folgt aus:

```
1234   (dezimal)
4d2    (hexadezimal)
2322   (oktal)
```

Die Notationen `<< hex` und `<< oct` geben keine Werte aus. Sie informieren vielmehr den Stream darüber, dass alle nachfolgenden Integer-Werte als hexadezimale (`<< hex`) bzw. oktale (`<< oct`) Werte dargestellt werden sollen. Zum Beispiel erzeugt

```
cout << 1234 << '\t' << hex << 1234 << '\t' << oct << 1234 << '\n';
cout << 1234 << '\n';   // das Oktalsystem ist immer noch aktiviert
```

die Ausgabe:

```
1234  4d2  2322
2322        // solange nichts anderes festgelegt wird, werden
            // ganze Zahlen weiterhin als Oktalzahlen dargestellt
```

Beachten Sie, dass die letzte Ausgabe oktal ist. Das heißt, **oct**, **hex** und **dec** (für dezimale Ausgaben) haben anhaltende, „persistente" Wirkung. Sie werden so lange auf alle nachfolgenden Integer-Ausgaben angewendet, bis wir den Stream informieren, dass wir fortan ein anderes Verhalten bevorzugen. Komponenten wie **hex** und **oct**, die dazu dienen, das Verhalten eines Streams zu ändern, werden *Manipulatoren* genannt.

> ### Testen Sie Ihr Können
>
> Geben Sie Ihr Geburtsjahr in dezimaler, hexadezimaler und oktaler Form aus. Geben Sie zu jedem Wert das verwendete Zahlensystem an und richten Sie die Ausgabe mithilfe des Tabulatorzeichens spaltenweise aus. Danach verfahren Sie in gleicher Weise mit Ihrem Alter.

Werte, die nicht zur Basis 10 angegeben sind, können für den Benutzer recht verwirrend sein. Nehmen Sie zum Beispiel die Ausgabe „11". Sofern wir Sie nicht explizit über das verwendete Zahlensystem informieren, werden Sie automatisch davon ausgehen, dass die Ausgabe für den (dezimalen) Wert 11 steht und nicht für den Wert 9 (oktale Zahl 11) oder 17 (hexadezimale Zahl 11). Um solchen Missverständnissen vorzubeugen, können wir den **ostream**-Stream anweisen, die Basis jeder ausgegebener Integer-Zahl anzuzeigen. So erzeugt

```
cout << 1234 << '\t' << hex << 1234 << '\t' << oct << 1234 << '\n';
cout << showbase << dec;   // zeige Basis an
cout << 1234 << '\t' << hex << 1234 << '\t' << oct << 1234 << '\n';
```

die Ausgabe:

```
1234  4d2    2322
1234  0x4d2  02322
```

Wie Sie sehen, werden Dezimalzahlen ohne Präfix dargestellt, Oktalzahlen haben das Präfix **0** und hexadezimalen Werten wird das Präfix **0x** (oder **0X**) vorangestellt. Die Darstellung entspricht also exakt der C++-Notation für Integer-Literale.

```
cout << 1234 << '\t' << 0x4d2 << '\t' << 02322 << '\n';
```

In dezimaler Formatierung ergibt obiger Code folgende Ausgabe:

1234 1234 1234

Wie Sie vielleicht bemerkt haben, ist die Wirkung von **showbase** ebenfalls anhaltend (wie im Falle von **oct** und **hex**). Um die Wirkung aufzuheben, gibt es den Manipulator **noshowbase**, der den Standard wiederherstellt, sprich die Darstellung der Zahlen ohne Angabe der Basis.

In ▶ Tabelle 11.1 sind die Ausgabemanipulatoren für ganze Zahlen zusammengefasst.

Tabelle 11.1

Manipulatoren für die Ausgabe von Integer-Werten

Manipulator	Beschreibung
oct	Verwende die (oktale) Notation zur Basis 8
dec	Verwende die (dezimale) Notation zur Basis 10
hex	Verwende die (hexadezimale) Notation zur Basis 16
showbase	Präfix 0 für oktale und 0x für hexadezimale Ausgaben
noshowbase	Verwende keine Präfixe

11.2.2 Eingabe ganzer Zahlen

Der >>-Operator geht standardmäßig davon aus, dass Zahlen in der dezimalen Notation angegeben werden. Sie können ihn aber auch für das Einlesen von hexadezimalen oder oktalen ganzen Zahlen konfigurieren:

```
int a;
int b;
int c;
int d;
cin >> a >> hex >> b >> oct >> c >> d;
cout << a << '\t' << b << '\t' << c << '\t' << d << '\n';
```

Wenn Ihre Eingabe

1234 4d2 2322 2322

lautet, ergibt dies folgende Ausgabe:

1234 1234 1234 1234

Daraus können Sie ersehen, dass der Effekt von **oct**, **dec** und **hex** bei der Eingabe ebenso persistent ist wie bei der Ausgabe.

> **Testen Sie Ihr Können**
>
> Vervollständigen Sie das oben abgedruckte Codefragment zu einem kompletten Programm. Testen Sie es zuerst mit der oben vorgeschlagenen Eingabe, danach mit:
>
> 1234 1234 1234 1234
>
> Erklären Sie das Ergebnis. Probieren Sie andere Eingaben und beobachten Sie, was passiert.

Sie können >> so konfigurieren, dass der Operator die Präfixe **0** und **0x** akzeptiert und korrekt interpretiert. Dazu müssen Sie die zugehörigen Standardeinstellungen zurücknehmen:

cin.unsetf(ios::dec);   // nicht von dezimalen Zahlen ausgehen (sodass
                                    // 0x hexadezimale Eingaben bedeuten kann)
cin.unsetf(ios::oct);   // nicht von oktalen Zahlen ausgehen (sodass
                                    // 12 zwölf bedeuten kann)
cin.unsetf(ios::hex);   // nicht von hexadezimalen Zahlen ausgehen (sodass
                                    // 12 zwölf bedeuten kann)

Die Stream-Memberfunktion **unsetf()** löscht das oder die als Argument übergebene Flag(s). Wenn Sie danach

cin >>a >> b >> c >> d;

schreiben und folgende Zahlen eingeben

1234 0x4d2 02322 02322

erhalten Sie als Ausgabe:

1234 1234 1234 1234

11.2.3 Ausgabe von Gleitkommazahlen

Die hexadezimale (möglicherweise auch die oktale) Notation benötigen Sie, wenn Sie mit hardwarebezogenen Werten arbeiten. Auch für wissenschaftliche Berechnungen benötigen Sie eine eigene Notation – zur Formatierung der Gleitkommawerte. Wie bei der Ausgabe von dezimalen Werten benutzen Sie dazu **iostream**-Manipulatoren. So erzeugt zum Beispiel folgender Code:

```
cout << 1234.56789 << "\t\t(general)\n"    // \t\t zur spaltenweisen Ausrichtung
     << fixed << 1234.56789 << "\t\t(fixed)\n"
     << scientific << 1234.56789 << "\t\t(scientific)\n";
```

die Ausgabe:

1234.57   (general)
1234.567890   (fixed)
1.234568e+003   (scientific)

Die Manipulatoren **fixed** und **scientific** dienen zur Auswahl des gewünschten Gleitkommaformats. Ein wenig kurios ist es, dass die Standardbibliothek keinen Manipulator **general** für das Standardformat kennt. Mit ein wenig Hintergrundwissen zur Funktionsweise der iostream-Bibliothek kann man sich aber einen solchen Manipulator selbst definieren – so wie wir es in *std_lib_facilities.h* getan haben.

```
inline ios_base& general(ios_base& b)  // als Ergänzung zu fixed und scientific
  // alle Gleitkomma-Formatflags löschen
{
  b.setf(ios_base::fmtflags(0), ios_base::floatfield);
  return b;
}
```

Jetzt können wir schreiben:

```
cout << 1234.56789 << '\t'
  << fixed << 1234.56789 << '\t'
  << scientific << 1234.56789 << '\n';
cout << 1234.56789 << '\n';                    // Gleitkommaformate sind persistent
cout << general << 1234.56789 << '\t'   // Warnung: general ist kein Standard-C++
  << fixed << 1234.56789 << '\t'
  << scientific << 1234.56789 << '\n';
```

Dieser Code erzeugt folgende Ausgabe:

```
1234.57    1234.567890 1.234568e+003
1.234568e+003              // scientific-Manipulator ist persistent
1234.57    1234.567890 1.234568e+003
```

In ▶ Tabelle 11.2 sind die Ausgabemanipulatoren für Gleitkommazahlen zusammengefasst.

Tabelle 11.2

Manipulatoren für die Ausgabe von Gleitkommawerten

Manipulator	Beschreibung
fixed	Verwendet die Dezimaldarstellung (mit „fixiertem" Dezimalpunkt)
scientific	Verwendet die Exponentialdarstellung mit Mantisse und Exponent; die Mantisse liegt immer im Bereich [1:10], d.h., vor dem Dezimalpunkt steht genau eine Ziffer ungleich null.
general	Wählt fixed oder scientific, um innerhalb der Genauigkeit von general die numerisch genaueste Darstellung zu geben. Das general-Format ist die Standardeinstellung; um es explizit setzen zu können, benötigen Sie allerdings eine Definition für general().

11.2.4 Genauigkeit

Gleitkommawerte werden per Voreinstellung im general-Format mit insgesamt sechs Ziffern ausgegeben. Die Ausgabe wird gegebenenfalls gerundet und erfolgt in Dezimal- oder Exponentialdarstellung, je nachdem, welche Darstellung für sechs Ziffern (die voreingestellte general-Präzision) die beste Annäherung liefert.

1234.567 wird ausgegeben als 1234.57
1.2345678 wird ausgegeben als 1.23457

Die Rundung erfolgt nach der 4/5-Regel: 0 bis 4 werden ab- und 5 bis 9 aufgerundet. Beachten Sie, dass die Regeln für die Gleitkommaformatierung tatsächlich nur auf Gleitkommazahlen angewendet werden:

1234567 wird ausgegeben als 1234567 (da es sich um eine ganze Zahl handelt)
1234567.0 wird ausgegeben als 1.23457e+006

Im letzteren Fall stellt der **ostream**-Stream fest, dass sechs Ziffern nicht genügen, um die Zahl 1234567,0 im **fixed**-Format darzustellen. Um dennoch eine möglichst genaue Darstellung zu gewährleisten, wechselt der Stream zum **scientific**-Format. Das **general**-Format wählt also grundsätzlich immer das Format (**fixed** oder **scientific**), welches innerhalb der für **general** eingestellten Präzision (standardmäßig sechs Ziffern insgesamt) die genaueste Annäherung an den Originalwert liefert.

> ### Testen Sie Ihr Können
>
> Schreiben Sie Code, der die Zahl 1234567,89 dreimal ausgibt, einmal im **general**-, einmal im **fixed**- und einmal im **scientific**-Format. Welche Ausgabe liefert dem Benutzer die genaueste Darstellung? Erklären Sie warum!

Der Programmierer kann die Präzision mithilfe des Manipulators **setprecision**() festlegen. Zum Beispiel:

```
cout << 1234.56789 << '\t'
  << fixed << 1234.56789 << '\t'
  << scientific << 1234.56789 << '\n';
cout << general << setprecision(5)
  << 1234.56789 << '\t'
  << fixed << 1234.56789 << '\t'
  << scientific << 1234.56789 << '\n';
cout << general << setprecision(8)
  << 1234.56789 << '\t'
  << fixed << 1234.56789 << '\t'
  << scientific << 1234.56789 << '\n';
```

Dieser Code erzeugt folgende Ausgabe (beachten Sie die Rundungen):

```
1234.57     1234.567890  1.234568e+003
1234.6 1234.56789    1.23457e+003
1234.5679    1234.56789000    1.23456789e+003
```

Tabelle 11.3

Definition der Präzision

Format	Definition der Präzision
general	Die Gesamtzahl der verwendeten Ziffern
scientific	Die Anzahl der Ziffern hinter dem Dezimalkomma
fixed	Die Anzahl der Ziffern hinter dem Dezimalkomma

Sofern nichts dagegen spricht, sollten Sie die Standardeinstellung beibehalten (**general**-Format mit einer Genauigkeit von sechs Ziffern). Gibt es jedoch Gründe – meist wird eine genauere Darstellung benötigt –, so steht es Ihnen frei, die Einstellungen an Ihre Bedürfnisse anzupassen.

11.2.5 Felder

Für die Formate **scientific** und **fixed** kann der Programmierer genau steuern, wie viel Raum ein Wert in der Ausgabe einnehmen soll – was für die Ausgabe von Tabellen und ähnlichen Layouts natürlich sehr nützlich ist. Der äquivalente Mechanismus für ganze Zahlen sind die *Felder*. Mithilfe des Feldweiten-Manipulators **setw()** können Sie exakt festlegen, wie viele Zeichenpositionen ein Integer- oder String-Wert in der Ausgabe einnehmen soll. Beispielsweise erzeugt

```
cout << 123456                           // Ausgabe ohne Feld
     <<'|'<< setw(4) << 123456 << '|'    // 123456 passt nicht in ein 4-char-Feld
     << setw(8) << 123456 << '|'         // setze Feldweite auf 8
     << 123456 << "|\n";                 // Feldgrößen sind nicht persistent
```

die Ausgabe:

123456|123456| 123456|123456|

Als Erstes möchten wir Ihre Aufmerksamkeit auf die beiden Leerzeichen vor dem dritten Vorkommen von 123456 lenken. Nichts anderes hätten wir für die Ausgabe einer sechsstelligen Zahl in ein acht Zeichen großes Feld erwartet. Aber warum wurde das zweite Vorkommen nicht abgeschnitten, um in das vier Zeichen große Feld zu passen? Ausgaben wie „|1234|" oder „|3456|" wären denkbar, demonstrieren aber auch, wo das Problem liegt: Der Wert würde durch die Ausgabe gravierend verändert, ohne dass der arme, nichtsahnende Leser eine entsprechende Warnung erhielte. Aus diesem Grund wählt der **ostream**-Stream eben nicht diesen Weg, sondern bricht das Ausgabeformat auf. Unansehnliche Formatierungen sind unerfreulich, aber immer noch besser als falsche Ausgabedaten. Im Übrigen werden überquellende Felder in den meisten Fällen (beispielsweise bei der Ausgabe von Tabellen) schnell bemerkt, sodass der Programmierer korrigierend eingreifen kann.

> **Tipp**

Felder können auch für die Ausgabe von Gleitkommazahlen und Strings verwendet werden.

```
cout << 12345 <<'|'<< setw(4) << 12345 << '|'
     << setw(8) << 12345 << '|' << 12345 << "|\n";
cout << 1234.5 <<'|'<< setw(4) << 1234.5 << '|'
     << setw(8) << 1234.5 << '|' << 1234.5 << "|\n";
cout << "asdfg" <<'|'<< setw(4) << "asdfg" << '|'
     << setw(8) << "asdfg" << '|' << "asdfg" << "|\n";
```

Dieser Code erzeugt die Ausgabe:

12345|12345| 12345|12345|
1234.5|1234.5| 1234.5|1234.5|
asdfg|asdfg| asdfg|asdfg|

Beachten Sie, dass die Einstellung der Feldweite nicht persistent ist. In allen drei Ausgaben werden der erste und der letzte Wert im Standardformat („benutze so viele Zeichen wie nötig") ausgegeben. Mit anderen Worten: Das Feldkonzept wird nur verwendet, wenn Sie unmittelbar vor der Ausgabeoperation eine Feldweite angeben.

11 Die Ein- und Ausgabe anpassen

> **Testen Sie Ihr Können**
>
> Erstellen Sie eine einfache Tabelle mit Nachname, Vorname, Telefonnummer und E-Mail-Adresse und tragen Sie Ihre eigenen Daten und die von fünf Freunden ein. Experimentieren Sie mit verschiedenen Feldweiten, bis Sie mit der Ausgabe der Tabelle zufrieden sind.

11.3 Dateien öffnen

Aus Sicht von C++ ist eine Datei die Abstraktion von etwas, das vom Betriebssystem bereitgestellt wird. Wie in §10.3 beschrieben, ist eine Datei einfach eine Folge von Bytes, die von 0 an aufwärts durchnummeriert sind, siehe ▶ Abbildung 11.1.

Abbildung 11.1: Eine Datei besteht aus einer Folge von Bytes

Die Frage ist, wie wir auf diese Bytes zugreifen können. Wenn wir mit **iostream**-Streams arbeiten, bestimmen die Eigenschaften des Streams, welche Operationen wir nach dem Öffnen der Datei ausführen können und was sie bedeuten. Die Art und Weise des Zugriffs wird also zum größten Teil festgelegt, wenn wir die Datei öffnen und mit einem Stream verbinden. Konkret bedeutet dies unter anderem: Wenn wir für eine Datei einen **istream**-Stream öffnen, können wir aus der Datei lesen, wenn wir für eine Datei einen **ostream**-Stream öffnen, können wir in die Datei schreiben.

11.3.1 Öffnungsmodi für Dateien

Dateien können in verschiedenen Modi geöffnet werden. Per Voreinstellung öffnet ein **ifstream**-Stream seine Datei zum Lesen, während ein **ofstream**-Stream seine Datei zum Schreiben öffnet – was den meisten Anforderungen gerecht wird. Bei Bedarf können Sie aber auch einen anderen Öffnungsmodus auswählen (siehe ▶ Tabelle 11.4).

Tabelle 11.4

Öffnungsmodi für Dateien

Öffnungsmodus	Beschreibung
ios_base::app	Anhängen (d.h., es wird an das Ende der Datei geschrieben)
ios_base::ate	Abkürung für „at end" (öffnet die Datei und springt zum Dateiende)
ios_base::binary	Binärmodus – Achtung, systemspezifisches Verhalten!
ios_base::in	Zum Lesen öffnen
ios_base::out	Zum Schreiben öffnen
ios_base::trunc	Stutzt Datei auf eine Länge von 0

Der Dateimodus kann optional nach dem Namen der zu öffnenden Datei angegeben werden, wie in:

ofstream of1(name1); // verwendet die Voreinstellung ios_base::out
ifstream if1(name2); // verwendet die Voreinstellung ios_base::in

ofstream ofs(name, ios_base::app); // ofstream verwendet standardmäßig out
fstream fs("meineDatei", ios_base::in | ios_base::out); // sowohl in als auch out

Das | in dem letzten Beispiel ist der „bitweise ODER"-Operator (§A.5.5), der wie gezeigt zur Kombination mehrerer Modi verwendet werden kann. Die **app**-Option wird gerne für Log-Dateien verwendet, bei denen neue Einträge stets am Ende angehängt werden.

Unabhängig von dem gewählten Öffnungsmodus ist zu beachten, dass das genaue Ergebnis der Aktion auch vom Betriebssystem abhängt. Wenn das Betriebssystem der Aufforderung, eine Datei in einer bestimmten Weise zu öffnen, nicht nachkommen kann, ist das Ergebnis ein Stream, der sich nicht mehr im **good**()-Zustand befindet:

if (!fs) // Hoppla: die Datei ließ sich nicht wie gewünscht öffnen

Die häufigste Ursache dafür, dass eine Datei nicht zum Lesen geöffnet werden kann, ist, dass die Datei nicht existiert (zumindest nicht unter dem angegebenen Namen):

ifstream ifs("Vorlsung");
if (!ifs) // Fehler: "Vorlesung" kann nicht zum Lesen geöffnet werden

In diesem Fall können wir davon ausgehen, dass ein Tippfehler der Grund für das Problem ist.

Beachten Sie auch das Verhalten des Betriebssystems. Wenn Sie versuchen, eine nicht existierende Datei zum Schreiben zu öffnen, erzeugt das Betriebssystem typischerweise eine neue Datei, (glücklicherweise) jedoch nicht, wenn Sie Gleiches mit einer nicht existierenden Datei zum Lesen versuchen.

ofstream ofs("keine-solche-Datei"); // erzeuge eine neue Datei
                                        // namens keine-solche-Datei
ifstream ifs("keine-Datei-dieses-Namens"); // Fehler: ifs wird nicht good() sein

11.3.2 Binärdateien

Im Speicher können wir die Zahl 123 als Integer- oder als String-Wert ablegen. Zum Beispiel:

int n = 123;
string s = "123";

Im ersten Fall wird **123** als binäre Zahl in einem Speicherbereich abgelegt, dessen Größe dem **int**-Typ des Systems entspricht (auf PCs 4 Byte, also 32 Bit). Hätten wir statt **123** den Wert **12345** genommen, wäre der Speicherbedarf der gleiche: 4 Byte. Im zweiten Fall wird **123** als String von drei Zeichen gespeichert. Hätten wir den String-Wert **"12345"** genommen, würde Platz für fünf Zeichen reserviert (plus dem fixen zusätzlichen Speicherbedarf für die Verwaltung des **string**-Objekts). ▶ Abbildung 11.2 illustriert dies.

11 Die Ein- und Ausgabe anpassen

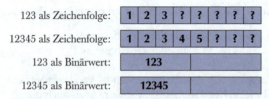

Abbildung 11.2: Gegenüberstellung der Speicherbelegung für Strings und (binäre) Zahlen (wegen der besseren Lesbarkeit sind die Werte in der üblichen Darstellung als Zeichen bzw. Zahlen wiedergegeben statt in der vom Rechner verwendeten Binärdarstellung)

Wenn wir uns für eine Repräsentation durch Zeichen entscheiden, benötigen wir ein Zeichen, welches anzeigt, wo die Zahl im Speicher endet – ganz so, wie beim Niederschreiben von Zahlen auf Papier: 123456 ist eine Zahl und 123 456 sind zwei Zahlen. Auf Papier zeigen wir das Ende einer Zahl durch eine Leerstelle an. Im Speicher könnten wir ein Leerzeichen verwenden, siehe ▶ Abbildung 11.3.

Abbildung 11.3: Speicherung von Zahlen als Zeichenfolgen. Das Leerzeichen zeigt das Ende einer Zahl an.

Die Unterscheidung zwischen der Speicherung in Binärdarstellung mit festem Speicherbedarf (wie für **int**) und der Zeichenfolgendarstellung mit variablem Speicherbedarf (wie für **string**) gilt auch für Dateien. Standardmäßig arbeiten **iostream**-Streams mit der Zeichendarstellung, d.h., ein **istream**-Stream liest eine Folge von Zeichen ein und wandelt diese in ein Objekt des gewünschten Typs um. Umgekehrt nimmt ein **ostream**-Stream ein Objekt eines gegebenen Typs entgegen, transformiert es in eine Folge von Zeichen und gibt diese aus. Es ist aber auch möglich, **istream**- und **ostream**-Streams so einzustellen, dass sie einfach nur Bytes lesen und schreiben. Diese sogenannte *binäre Ein- und Ausgabe* wird beim Öffnen einer Datei mithilfe des **ios_base::binary**-Modus aktiviert. Das folgende Beispiel liest und schreibt Binärdateien mit ganzen Zahlen. Die Schlüsselstellen, die speziell mit dem Binärmodus zu tun haben, werden nachfolgend erläutert.

```
int main()
{
    // einen istream für das binäre Einlesen aus einer Datei öffnen:
    cout << "Geben Sie den Namen der Eingabedatei ein\n";
    string name;
    cin >> name;
    ifstream ifs(name.c_str(),ios_base::binary);   // Hinweis: der Streammodus
            // "binary" weist den Stream an, nichts besonders Schlaues mit den Bytes
            // zu versuchen
    if (!ifs) error("Fehler beim Oeffnen der Eingabedatei ", name);

    // einen ostream zum binären Schreiben in eine Datei öffnen:
    cout << "Geben Sie den Namen der Ausgabedatei ein\n";
    cin >> name;
    ofstream ofs(name.c_str(),ios_base::binary);   // Hinweis: der Streammodus
            // "binary" weist den Stream an, nichts besonders Schlaues mit den Bytes
            // zu versuchen
    if (!ofs) error("Fehler beim Oeffnen der Ausgabedatei",name);
```

```
    vector<int> v;

    // lies aus Binärdatei:
    int i;
    while (ifs.read(as_bytes(i),sizeof(int)))   // Hinweis: liest Bytes
      v.push_back(i);

    // ... tue etwas mit v ...

    // schreibe in Binärdatei:
    for(int i=0; i<v.size(); ++i)
      ofs.write(as_bytes(v[i]),sizeof(int));   // Hinweis: schreibt Bytes
    return 0;
}
```

Wir öffnen die Dateien in dem Streammodus **ios_base::binary**:

ifstream ifs(name.c_str(), ios_base::binary);

ofstream ofs(name.c_str(), ios_base::binary);

In beiden Fällen haben wir uns für die etwas kniffligere, aber meist kompaktere Binärdarstellung entschieden. Wenn wir von der zeichenorientierten zur binären E/A wechseln, bedeutet dies zunächst, dass wir auf die Operatoren **>>** und **<<** verzichten. Besagte Operatoren nutzen für die Umwandlung der Werte in Zeichenfolgen die naheliegenden Konventionen (so wird z.B. der String **"asdf"** in die Zeichen **a**, **s**, **d**, **f** umgewandelt und die ganze Zahl **123** in die Zeichen **1**, **2**, **3**). Für dieses Verhalten müssten wir nicht erst den **binary**-Modus wählen – die Voreinstellung wäre vollkommen ausreichend. Den **binary**-Modus verwenden wir nur dann, wenn wir (oder jemand anders) der Meinung sind, dass wir die Aufgabe besser erledigen können, und dem Stream anzeigen möchten, dass er nicht selbst versuchen soll, irgendetwas besonders Schlaues mit den Bytes anzustellen.

Was aber könnten wir Schlaues mit, sagen wir, einem **int**-Wert anstellen? Das Nächstliegende dürfte wohl sein, einen 4-Byte-**int** in 4 Bytes zu speichern. Das heißt, wir schauen nach dem Abbild des **int**-Werts im Speicher (eine Folge von 4 Byte) und transferieren diese Bytes in die Datei. Später können wir diese Bytes auf die gleiche Weise wieder einlesen und daraus den **int**-Wert rekonstruieren:

ifs.read(as_bytes(i),sizeof(int))   // Hinweis: liest Bytes
ofs.write(as_bytes(v[i]),sizeof(int)) // Hinweis: schreibt Bytes

Die **ostream**-Memberfunktion **write()** und die **istream**-Memberfunktion **read()** übernehmen beide eine Adresse (hier der Rückgabewert von **as_bytes()**) und eine Anzahl Bytes (Zeichen), die wir hier mithilfe des Operators **sizeof** ermittelt haben. Die Adresse sollte auf das erste Byte im Speicher weisen, das den Wert enthält, den wir lesen oder schreiben möchten. Auf diese Weise würden wir z.B. für den **int**-Wert **1234** die vier, hier in hexadezimaler Notation angegebenen Bytes **00**, **00**, **04**, **d2** erhalten.

Abbildung 11.4: Ein **int**-Wert als Folge von vier Bytes

Die **as_bytes()**-Funktion wird benötigt, um die Adresse des ersten Bytes eines Objekts im Speicher zu ermitteln. Sie kann – unter Zuhilfenahme von Sprachkonzepten, die wir allerdings erst später erläutern werden (§17.8 und §19.3) – wie folgt definiert werden:

```
template<class T>
char* as_bytes(T& i)   // behandle ein Objekt vom Typ T als eine Folge von Bytes
{
    void* addr = &i;   // ermittle die Adresse des ersten Bytes des Speicherbereichs,
                       // der zur Speicherung des Objekts dient
    return static_cast<char*>(addr);   // behandle den Speicherbereich als Bytefolge
}
```

Die (unsichere) Typumwandlung mit **static_cast** ist notwendig, um auf die „rohen Bytes" einer Variablen zugreifen zu können. Das dabei berührte Konzept der Adressen werden wir in den Kapiteln 17 und 18 noch genauer untersuchen. Hier interessiert uns mehr, wie wir ein beliebiges Objekt im Speicher als eine Folge von Bytes behandeln, damit wir es mit **read()** oder **write()** lesen bzw. schreiben können.

Die binäre E/A ist heikel in der Handhabung, vergleichsweise kompliziert und fehleranfällig. Als Programmierer steht es uns aber nicht immer frei, das Dateiformat nach unseren Vorlieben auszusuchen. Oft genug müssen wir auf die binäre E/A zurückgreifen, weil jemand eben dieses Format für die Datei ausgewählt hat, die wir lesen oder in die wir schreiben müssen. Oder es gibt gute, logische Gründe für die Wahl einer Nicht-Zeichendarstellung, wie z.B. im Falle von Bild- oder Sounddateien, für die es keine vernünftige Zeichendarstellung gibt. (Fotografien und Musikstücke sind letzten Endes reine Byte-Anhäufungen.)

 Die Zeichen-E/A, die von der iostream-Bibliothek standardmäßig zur Verfügung gestellt wird, ist portabel, für Menschen lesbar und wird angemessen durch das Typsystem unterstützt. Sofern Sie die freie Wahl haben, sollten Sie sich daher für die Zeichen-E/A entscheiden und die binäre E/A meiden.

11.3.3 Festlegen der Schreib- und Leseposition in Dateien

 Wenn möglich, sollten Sie beim Lesen oder Schreiben von Dateien am Dateianfang beginnen und sich geradlinig zum Dateiende vorarbeiten. Einen einfacheren und sichereren Weg gibt es nicht. Selbst wenn Sie an einer bestehenden Datei eine Änderung vornehmen müssen, ist die bessere Lösung meist, eine neue Datei mit dem geänderten Inhalt anzulegen.

Sollte es dennoch unausweichlich sein, können Sie explizit die Positionen festlegen, an denen Sie aus einer Datei lesen oder in die Datei schreiben möchten. Jede Datei, die zum Lesen geöffnet wurde, besitzt eine „Leseposition", und jede Datei, die zum Schreiben geöffnet wurde, besitzt eine „Schreibposition".

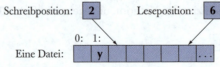

Abbildung 11.5: Schreib- und Leseposition einer Datei

Der folgende Code demonstriert das Lesen und Schreiben von zuvor explizit festgelegten Positionen:

```
fstream fs(name.c_str());   // zum Lesen und Schreiben öffnen
if (!fs) error("nicht zu oeffnende Datei ",name);

fs.seekg(5);   // verschiebe Leseposition (g steht für "get") auf 5 (das 6. Zeichen)
char ch;
fs>>ch;        // lies ein und inkrementiere die Leseposition
cout << "Zeichen[5] ist " << ch << '(' << int(ch) << ")\n";

fs.seekp(1);   // verschiebe Schreibposition (p steht für "put") auf 1
fs<<'y';       // schreib und inkrementiere die Schreibposition
```

Seien Sie vorsichtig! Für die Positionierung gibt es so gut wie keine Fehlerüberprüfung zur Laufzeit. Insbesondere ist es gänzlich undefiniert, was passiert, wenn Sie versuchen, mit **seekg()** oder **seekp()** auf eine Position hinter dem Ende der Datei zuzugreifen. Das Resultat hängt dann vom jeweiligen Betriebssystem ab und kann ganz unterschiedlich ausfallen.

11.4 Stringstreams

Sie können **string**-Objekte sowohl als Quelle für **istream**-Streams wie auch als Ziel für **ostream**-Streams verwenden. Die Klasse **istringstream** repräsentiert **istream**-Streams, die aus **string**-Objekten lesen, die Klasse **ostringstream** repräsentiert **ostream**-Streams, die die Zeichen, die in sie geschrieben werden, in **string**-Objekten speichern. Streams vom Typ **istringstream** sind zum Beispiel hilfreich, um numerische Werte aus einem String auszulesen:

```
double str_to_double(string s)
  // wenn möglich, wandle Zeichen in s in einen Gleitkommawert um
{
  istringstream is(s);   // erzeuge einen Stream, mit dem wir aus s lesen können
  double d;
  is >> d;
  if (!is) error("Fehler in double-Format: ",s);
  return d;
}

double d1 = str_to_double("12.4");             // testen
double d2 = str_to_double("1.34e–3");
double d3 = str_to_double("zwoelf punkt drei"); // wird error() aufrufen
```

Wenn wir versuchen, über das Ende eines mit einem **stringstream**-Stream verknüpften Strings hinaus zu lesen, wechselt der Stream in den eof()-Zustand. Das bedeutet, dass wir für **stringstream**-Stream unsere übliche Einleseschleife verwenden können. (Ein **stringstream** ist eine spezielle Art von **istream**.)

Umgekehrt eignen sich **ostringstream**-Streams bestens, um Ausgaben für Systeme zu formatieren, die – wie GUI-Systeme (siehe §16.5) – ein einfaches String-Argument erwarten. Zum Beispiel:

```
void my_code(string label, Temperature temp)
{
  // ...
  ostringstream os;   // Stream zum Aufbau der Meldung
```

```
    os << setw(8) << label << ": "
       << fixed << setprecision(5) << temp.temp << temp.unit;
    someobject.display(Point(100,100), os.str().c_str());
    // ...
}
```

Die **ostringstream**-Memberfunktion **str()** liefert das **string**-Objekt zurück, welches durch die an den **ostringstream**-Stream gerichteten Ausgabeoperationen aufgebaut wurde. Die unmittelbar anschließende Funktion **c_str()** ist eine Memberfunktion von **string**, die einen String im C-Stil zurückliefert, wie er von vielen Systemschnittstellen verlangt wird.

> **Tipp**
>
> Die **stringstream**-Streams kommen grundsätzlich immer dann zum Einsatz, wenn wir die Ein- und Ausgabe von der Stringverarbeitung trennen möchten. Beispielsweise können wir davon auszugehen, dass die **string**-Argumente für **str_to_double()** meist aus Dateien (z.B. einem Weblog) oder von der Tastatur stammen. Umgekehrt werden die Meldungen, wie wir in **my_code()** aufbauen, zu guter Letzt in irgendeinen Bereich des Bildschirms geschrieben. Und in §11.7 werden wir mithilfe eines **stringstream**-Streams unerwünschte Zeichen aus der Eingabe herausfiltern. Summa summarum kann man also die Stringstreams als einen Mechanismus betrachten, mit dem die Ein- und Ausgabe an spezielle Bedürfnisse und Vorlieben angepasst werden kann.

Eine der einfachsten Einsatzmöglichkeiten für **ostringstream**-Streams ist der Aufbau von Strings durch Konkatenation (Aneinanderreihung):

```
int seq_no = get_next_number();        // ermittle die Nummer einer Log-Datei
ostringstream name;
name << "meineDatei" << seq_no;        // z.B. meineDatei17
ofstream logfile(name.str().c_str());  // z.B. öffne meineDatei17
```

Grundsätzlich sieht die Arbeit mit **istringstream** so aus, dass wir den Stream mit einem **string**-Objekt initialisieren und anschließend die Zeichen des Strings mithilfe der Eingabeoperatoren auslesen. Entsprechend sieht die Arbeit mit **ostringstream**-Streams meist so aus, dass wir den Stream mit einem leeren String initialisieren und dann mithilfe der Ausgabeoperatoren füllen. Daneben gibt es noch einen direkteren Weg, wie man auf die Zeichen in einem **stringstream** zugreifen kann, der manchmal sehr vorteilhaft sein kann: **ss.str()** liefert eine Kopie des Strings von **ss** zurück und **ss.str(s)** macht den String in **ss** zu einer Kopie von **s**. In §11.7 werden wir dazu noch ein Beispiel sehen.

11.5 Zeilenorientierte Eingabe

Ein **>>**-Operator liest in Objekte eines gegebenen Typs unter Berücksichtigung des für diesen Typ üblichen Formats ein. Wird zum Beispiel in eine **int**-Variable eingelesen, dann liest der Operator **>>** so lange, bis er auf etwas trifft, das keine Ziffer ist. Beim Einlesen in ein **string**-Objekt, liest er bis zum nächsten Whitespace-Zeichen. Zusätzlich stellt die **istream**-Standardbibliothek Hilfsmittel zum Einlesen von einzelnen Zeichen und ganzen Zeilen bereit. Betrachten Sie dazu folgenden Code:

```
string name;
cin >> name;              // Eingabe: Dennis Ritchie
cout << name << '\n';     // Ausgabe: Dennis
```

Doch was wäre, wenn wir es vorziehen würden, die gesamte Zeile in einem Schritt einzulesen, um sie erst später zu formatieren? Für solche Fälle gibt es die Funktion **getline()**:

```
string name;
getline(cin,name);       // Eingabe: Dennis Ritchie
cout << name << '\n';    // Ausgabe: Dennis Ritchie
```

Jetzt verfügen wir also über die komplette Zeile. Warum aber sollten wir an einer vollständigen Zeile interessiert sein? Eine gute Antwort wäre: „Weil wir mit ihr etwas vorhaben, was sich mit >> nicht bewerkstelligen lässt." Leider hört man oft die enttäuschende Antwort: „Weil der Benutzer eine komplette Zeile eingetippt hat." Sollte dies die beste Antwort sein, die Ihnen einfällt, halten Sie sich besser an >>. Denn mit dem Einlesen einer ganzen Zeile ist meist auch die Aufgabe verbunden, die Zeile irgendwie zu parsen. Zum Beispiel:

```
string first_name;
string second_name;
stringstream ss(name);
ss>>first_name;          // Eingabe Dennis
ss>>second_name;         // Eingabe Ritchie
```

Direkt in **first_name** und **second_name** einzulesen, wäre zweifelsohne einfacher gewesen.

Ein typischer Grund, der uns zwingt, doch über das Einlesen einer ganzen Zeile nachzudenken, ist die Behandlung des Whitespaces. Manchmal deckt sich unsere Vorstellung von Whitespace nicht mit der Definition, die von der **istream**-Bibliothek zugrunde gelegt wird – etwa wenn wir den Zeilenumbruch gesondert behandeln möchten. Stellen Sie sich z.B. ein Spiel vor, das auf Texteingaben basiert und dessen Textschnittstelle davon ausgeht, dass jede Zeile einen Satz repräsentiert (statt auf die traditionelle Interpunktion zu vertrauen).

gehe nach links, bis Du rechts ein Bild an der Wand siehst
entferne das Bild und öffne die dahinter befindliche Tür. nimm die Tasche

In diesem Fall würden wir zunächst die ganze Zeile einlesen und erst danach die einzelnen Wörter aus der Zeile extrahieren:

```
string command;
getline(cin,command);    // lies die Zeile ein

stringstream ss(command);
vector<string> words;
string s;
while (ss>>s) words.push_back(s);   // extrahiere die einzelnen Wörter
```

Auf der anderen Seite: Wenn wir die Wahl gehabt hätten, hätten wir uns höchstwahrscheinlich für die korrekte Interpunktion statt für die Strukturierung durch Zeilenumbrüche entschieden.

11.6 Zeichenklassifizierung

In der Regel lesen wir ganze Zahlen, Gleitkommazahlen, Wörter etc. ein, wie sie durch die Formatkonventionen definiert sind. Daneben ist es aber auch möglich – und manchmal notwendig – auf einer tieferen Abstraktionsstufe einzelne Zeichen einzulesen. Das bedeutet einerseits mehr Arbeit, andererseits aber auch mehr Kontrolle über den Einlesevorgang. Denken Sie zum Beispiel an die Zerlegung von Ausdrücken in Token (§7.8.2). Stellen Sie sich vor, Sie müssten den Ausdruck $1+4*x<=y/z*5$ in die folgenden elf Token aufteilen:

`1 + 4 * x <= y / z * 5`

Wir könnten mit >> die Zahlen einlesen, aber wenn wir versuchen, mit dem Operator die Bezeichner als Strings einzulesen, führt dies dazu, dass x<=y als ein String eingelesen wird (weil < und = keine Whitespace-Zeichen sind). Gleiches gilt für z* (weil * kein Whitespace-Zeichen ist). Stattdessen könnten wir schreiben:

```
char ch;
while (cin.get(ch)) {
  if (isspace(ch)) {    // wenn ch ein Whitespace-Zeichen ist
    // tue nichts (d.h., übergehe Whitespace)
  }
  if (isdigit(ch)) {
    // lies eine Zahl
  }
  else if (isalpha(ch)) {
    // lies einen Bezeicher
  }
  else {
    // behandle Operatoren
  }
}
```

Die Funktion **istream::get()** liest ein einzelnes Zeichen in ihr Argument ein, wobei sie keinen Unterschied zwischen Whitespace und anderen Zeichen macht. Wie der **>>**-Operator so liefert auch **get()** eine Referenz auf seinen **istream**-Stream zurück, sodass wir den Status des Streams direkt überprüfen können.

Zum Einlesen einzelner Zeichen gehört meist auch, dass die Zeichen anschließend klassifiziert werden: Ist dieses Zeichen eine Ziffer? Ist es großgeschrieben? Und so weiter. Zur Beantwortung dieser Fragen gibt es eine eigene Gruppe von Standardbibliotheksfunktionen (siehe ▶ Tabelle 11.5).

Tabelle 11.5

Funktionen zur Zeichenklassifizierung

Funktion	Beschreibung
isspace(c)	Ist c ein Whitespace-Zeichen (' ', '\t', '\n' etc.)?
isalpha(c)	Ist c ein Buchstabe ('a' ...'z', 'A' ...'Z'; Achtung: schließt '_' nicht mit ein)?
isdigit(c)	Ist c eine dezimale Ziffer ('0' ...'9')?
isxdigit(c)	Ist c eine hexadezimale Ziffer (dezimale Ziffer oder 'a' ...'f', 'A' ...'F')?
isupper(c)	Ist c ein großgeschriebenes Zeichen?
islower(c)	Ist c ein kleingeschriebenes Zeichen?
isalnum(c)	Ist c ein Buchstabe oder eine dezimale Ziffer?
iscntrl(c)	Ist c ein Steuerzeichen (ASCII-Code 0 bis 31 und 127)?
ispunct(c)	Ist c weder ein Buchstabe noch eine Ziffer, ein Whitespace-Zeichen oder ein unsichtbares Steuerzeichen?

Funktionen zur Zeichenklassifizierung *(Forts.)*

Funktion	Beschreibung
isprint(c)	Ist c ein druckbares Zeichen (ASCII ' ' ... '~')?
isgraph(c)	Ist c isalpha() | isdigit() | ispunct()? (Hinweis: kein Whitespace)

Beachten Sie die Art und Weise, wie Klassifikationen mithilfe des ODER-Operators (|) kombiniert werden können. Beispielsweise könnten Sie statt **isalnum(c)** auch **isalpha(c) | isdigit(c)** schreiben („Ist c ein Buchstabe oder eine Ziffer?").

Darüber hinaus stellt die Standardbibliothek noch zwei Funktionen zur Verfügung, mit denen man Probleme mit der Groß-/Kleinschreibung auflösen kann.

Tabelle 11.6

Funktionen zur Groß- und Kleinschreibung

Funktion	Beschreibung
toupper(c)	c oder das großgeschriebene Pendant von c
tolower(c)	c oder das kleingeschriebene Pendant von c

Diese Funktionen sind hilfreich, wenn Unterschiede in der Groß- und Kleinschreibung ignoriert werden sollen. Ob ein Benutzer bei der Eingabe „Rechts", „rechts" oder „recHTS" eintippt (Letzteres ist vermutlich auf ein versehentliches Drücken der ⇧-Taste zurückzuführen), sollte dem Programm in der Regel gleichgültig sein. Nach Anwendung von **tolower()** auf jedes einzelne Zeichen dieser drei Strings, erhalten wir in allen drei Fällen den String **rechts**. Mithilfe einer kleinen, selbst definierten Funktion können wir jeden beliebigen String auf diese Weise umwandeln:

```
void tolower(string& s)   // wandle s in Kleinschreibung um
{
   for (int i=0; i<s.length(); ++i) s[i] = tolower(s[i]);
}
```

Wir verwenden hier die Pass-by-reference-Übergabe (§8.5.5), damit das String-Argument direkt von der Funktion geändert wird. Wäre es unser Wunsch gewesen, den ursprünglichen String zu erhalten, hätten wir die Funktion auch so implementieren können, dass sie eine in Kleinbuchstaben geschriebene Kopie erzeugt. Grundsätzlich sollten Sie eher **tolower()** als **toupper()** verwenden. Für bestimmte natürliche Sprachen, die wie das Deutsche nicht zu allen Kleinbuchstaben ein großgeschriebenes Pendant kennen, liefert **tolower()** zuverlässigere Ergebnisse.

11 Die Ein- und Ausgabe anpassen

11.7 Verwendung eigener Trennzeichen

Dieser Abschnitt stellt ein halbwegs realistisches Beispiel vor, wie **iostream**-Streams zur Lösung eines realen Problems eingesetzt werden können. Wenn wir Strings einlesen, werden die Wortgrenzen standardmäßig durch die enthaltenen Whitespace-Zeichen festgelegt. Leider sieht **istream** weder einen Weg vor, wie wir definieren könnten, welche Zeichen Whitespace darstellen, noch gibt es eine Möglichkeit, die Art und Weise, wie >> Strings einliest, direkt zu ändern. Was können wir also tun, wenn wir einen anderen Satz von Whitespace-Zeichen verwenden möchten? Kommen wir noch einmal auf das Beispiel aus §4.6.3 zurück, wo wir „Wörter" eingelesen und verglichen haben. Dieses Programm nutzte Whitespace-Zeichen zur Aufteilung in Wörter. Für die Eingabe

Wie geplant, trafen die Gäste ein; dann,

würde es also folgende „Wörter" liefern:

Wie
geplant,
trafen
die
Gäste
ein;
dann,

Diese Wortliste wird man wohl kaum in einem Wörterbuch finden: „geplant,", „ein;" und „dann," sind keine echten Wörter. Es sind Wörter, denen ein irreführendes und irrelevantes Satzzeichen anhängt. In den meisten Fällen müssen wir daher Satzzeichen wie Whitespaces behandeln. Wie aber werden wir die Satzzeichen los? Wir könnten einzelne Zeichen einlesen und alle enthaltenen Satzzeichen löschen (oder in Whitespace umwandeln) und die „bereinigte" Eingabe erneut einlesen:

```
string line;
getline(cin,line);                    // in line einlesen
for (int i=0; i<line.size(); ++i)     // ersetze alle Satzzeichen durch Leerzeichen
  switch(line[i]) {
  case ';': case '.': case ',': case '?': case '!':
    line[i] = ' ';
  }

stringstream ss(line);                // erzeuge einen istream ss zum Lesen aus line
vector<string> vs;
string word;
while (ss>>word)                      // lies Wörter ohne Satzzeichen
  vs.push_back(word);
```

Wenn wir diesen Code zum Einlesen der obigen Eingabezeile verwenden, erhalten wir das gewünschte Ergebnis:

Wie
geplant
trafen
die
Gäste
ein
dann

Der obige Code funktioniert also, aber er ist unübersichtlich und zu stark spezialisiert. Was sollen wir beispielsweise tun, wenn wir eine andere Gruppe von Satzzeichen berücksichtigen möchten? Lassen Sie uns also nach einem besseren und weniger spezialisierten Weg suchen, wie wir unerwünschte Zeichen aus einem Eingabestream entfernen können. Wie könnte eine mögliche Lösung aussehen? Wie soll der Code unserer Benutzer aussehen? Wie wäre es mit:

```
ps.whitespace(";:,.");    // behandle Semikolon, Doppelpunkt, Komma und Punkt
                          // als Whitespace
string word;
while (ps>>word) vs.push_back(word);
```

Wie würden Sie einen Stream definieren, der wie **ps** verwendet werden kann? Die Grundidee ist, Wörter aus einem normalen Eingabestream einzulesen und dann die vom Benutzer spezifizierten „Whitespace"-Zeichen wie Whitespace zu behandeln. Die spezifizierten „Whitespace"-Zeichen werden also nicht mehr an den Benutzer weitergegeben, sondern dienen allein zur Auftrennung der Eingabe in Wörter. Aus

geben.das

sollen also die folgenden beiden Wörter werden:

geben
das

Hierzu definieren wir eine Klasse. Diese muss in der Lage, Zeichen von einem **istream**-Stream entgegenzunehmen, und sie muss einen >>-Operator besitzen, der genauso arbeitet wie die Version von **istream** – nur dass man ihm eben mitteilen kann, welche Zeichen er als Whitespace behandeln soll. Um die Aufgabe nicht weiter zu komplizieren, verzichten wir darauf, einen Weg vorzusehen, wie die normalen Whitespace-Zeichen (Leerzeichen, Zeilenumbruch etc.) als Nicht-Whitespace behandelt werden können, d.h., wir gestatten dem Benutzer lediglich die Definition *zusätzlicher* „Whitespace"-Zeichen. Wir werden die Zeichen auch nicht komplett aus dem Stream entfernen; wie zuvor wandeln wir sie lediglich in Whitespaces um. Die Klasse selbst nennen wir **Punct_stream**:

```
class Punct_stream {              // wie ein istream, aber der Benutzer kann die Menge der
                                  // Whitespace-Zeichen erweitern

public:
  Punct_stream(istream& is)
     : source(is), sensitive(true) { }

  void whitespace(const string& s)     // mache s zur Whitespace-Gruppe
    { white = s; }
  void add_white(char c) { white += c; }   // der Whitespace-Gruppe hinzufügen
  bool is_whitespace(char c);              // ist c in der Whitespace-Gruppe?

  void case_sensitive(bool b) { sensitive = b; }
  bool is_case_sensitive() { return sensitive; }

  Punct_stream& operator>>(string& s);
  operator bool();
private:
```

```
    istream& source;                    // Zeichenquelle
    istringstream buffer;               // wir überlassen buffer die Formatierung (Aufteilung)
    string white;                       // Zeichen, die als "Whitespace" angesehen werden
    bool sensitive;                     // berücksichtigt der Stream die Groß-/Kleinschreibung?
};
```

Wie in unserem ersten Ansatz besteht auch hier die Grundidee darin, Zeile für Zeile aus dem **istream**-Stream einzulesen, die „Whitespace"-Zeichen in Leerzeichen umzuwandeln und dann einen **istringstream**-Stream zur Formatierung der Eingabe zu nutzen. Abgesehen von der Fähigkeit, benutzerdefinierten Whitespace berücksichtigen zu können, haben wir **Punct_stream** noch auf eine weitere, nahe verwandte Aufgabe vorbereitet: Auf Wunsch, d.h. nach entsprechendem Aufruf von **case_sensitive()** kann der Stream Eingaben mit unterschiedlicher Groß-/Kleinschreibung in rein kleingeschriebene Eingaben verwandeln. Mit einem **Punct_stream**-Stream können wir den Text

Mann beißt Hund!

also als

mann
beißt
hund

einlesen. Der **Punct_stream**-Konstruktor nimmt als Argument einen **istream**-Stream entgegen, der ihm als Zeichenquelle dient und dem er den lokalen Namen **source** gibt. Außerdem richtet der Konstruktor den Stream so ein, dass er standardmäßig die originale Groß-/Kleinschreibung beibehält. Einen **Punct_stream**-Stream, der aus **cin** liest, Semikolons, Doppelpunkte und Punkte als Whitespace betrachtet und alle Zeichen in Kleinschreibung verwandelt, können wir wie folgt erzeugen:

```
Punct_stream ps(cin);           // ps liest aus cin
ps.whitespace(";:.");           // Semikolon, Doppelpunkt und Punkt sind auch Whitespaces
ps.case_sensitive(false);       // Groß-/Kleinschreibung in Kleinschreibung verwandeln
```

Der interessanteste Member der Klasse ist zweifelsohne der Eingabeoperator **>>**, der allerdings auch mit Abstand am schwierigsten zu implementieren ist. Unsere grundsätzliche Vorgehensweise sieht so aus, dass wir zunächst aus dem Eingabestream eine komplette Zeile in einen String (namens **line**) einlesen. In dieser Zeile wandeln wir alle Vorkommen der von uns definierten „Whitespace"-Zeichen in Leerzeichen (' ') um. Wenn dies erledigt ist, stellen wir die Zeile in einen **istringstream**-Stream namens **buffer**, aus dem wir die Eingaben mit dem gewöhnlichen **>>**-Operator auslesen können. Der tatsächliche Code ist noch ein wenig komplizierter, was daran liegt, dass wir direkt versuchen, aus dem **buffer**-Stream zu lesen, und nur wenn **buffer** leer ist, bemühen wir uns den Stream aufzufüllen:

```
Punct_stream& Punct_stream::operator>>(string& s)
{
    while (!(buffer>>s)) {      // versuche, aus buffer zu lesen
        if (buffer.bad() || !source.good()) return *this;
        buffer.clear();

        string line;
        getline(source,line);   // lies eine Zeile aus source

        // wenn nötig, tausche Zeichen aus:
```

```
  for (int i =0; i<line.size(); ++i)
    if (is_whitespace(line[i]))
      line[i]= ' ';                    // in Leerzeichen umwandeln
    else if (!sensitive)
      line[i] = tolower(line[i]);      // in Kleinbuchstaben umwandeln

  buffer.str(line);                    // den String in den Stream stellen
  }
  return *this;
}
```

Der Code ist es wert, dass man ihn schrittweise durchgeht. Beginnen wir mit der etwas ungewöhnlichen Zeile:

while (!(buffer>>s)) {

Wenn es irgendwelche Zeichen in dem **istringstream**-Stream namens **buffer** gibt, kann die Leseoperation **buffer>>s** korrekt ausgeführt werden und **s** empfängt ein Wort, dessen Ende durch ein „Whitespace"-Zeichen markiert war. In diesem Fall gibt es nichts weiter zu tun. Im anderen Fall, wenn es in **buffer** keine Zeichen gibt, die wir lesen könnten, scheitert **buffer>>s** – d.h., es gilt **!(buffer>>s)** – und wir müssen **buffer** mit Zeichen aus **source** auffüllen. Beachten Sie, dass die Leseoperation **buffer>>s** in einer Schleife ausgeführt wird. Auf diese Weise können wir versuchen, den Stream **buffer** aufzufüllen, und direkt danach einen neuen Leseversuch starten. Es ergibt sich damit folgender Schleifenaufbau:

```
while (!(buffer>>s)) {   // versuche, aus buffer zu lesen
  if (buffer.bad() || !source.good()) return *this;
  buffer.clear();

  // buffer auffüllen
}
```

Wenn **buffer** in den **bad()**-Zustand wechselt oder es ein Problem mit **source** gibt, geben wir auf. Ansonsten rufen wir für den Stream **buffer** die Memberfunktion **clear()** auf und starten einen neuen Versuch. Das Löschen der Streamflags mit **clear()** ist nötig, da wir in die „Auffüllschleife" nur eintreten, wenn die Leseoperation zuvor gescheitert ist – was meist darauf zurückzuführen ist, dass beim Lesen das Ende (**eof()**) des **buffer**-Streams erreicht wurde, d.h., es gibt keine weiteren Zeichen in **buffer**. Die Programmierung mit Stream-Zuständen ist immer unerfreulich und allzu oft die Ursache für subtile Fehler, die langwieriges Debuggen nach sich ziehen. Glücklicherweise ist der Rest der Auffüllschleife vergleichsweise unkompliziert:

```
string line;
getline(source,line);   // lies eine Zeile aus source

// wenn nötig, tausche Zeichen aus
for (int i =0; i<line.size(); ++i)
  if (is_whitespace(line[i]))
    line[i]= ' ';                    // in Leerzeichen umwandeln
  else if (!sensitive)
    line[i] = tolower(line[i]);      // in Kleinbuchstaben umwandeln

buffer.str(line);                    // den String in den Stream stellen
```

Wir lesen eine Zeile in **line** ein. Dann gehen wir die Zeile Zeichen für Zeichen durch und prüfen, ob ein Zeichen auszutauschen ist. Die Funktion **is_whitespace()** ist eine Memberfunktion von **Punct_stream**. Wir werden sie später definieren. Die Funktion **tolower()** ist eine Funktion aus der Standardbibliothek, die – wie ihr Name schon andeutet – Zeichen in Kleinbuchstaben umwandelt (also z.B. **A** in **a**, siehe §11.6).

Nachdem die Zeile in **line** korrekt verarbeitet ist, müssen wir sie in unseren **istringstream**-Stream stellen. Dies übernimmt die Anweisung **buffer.str(line)**, die Sie als „Richte **line** als String des **istringstream**-Streams **buffer** ein" lesen können.

Ist Ihnen aufgefallen, dass wir nach dem Lesen mit **getline()** „vergessen" haben, den Stringstatus von **source** zu überprüfen? Nun, es gibt keinen Grund dafür, da wir ja automatisch wieder zu dem **!source.good()**-Test am Anfang der Schleife geführt werden.

Wie üblich liefern wir als Ergebnis der **>>**-Operation eine Referenz auf den Stream zurück: ***this** (siehe §17.10).

Der Test auf Whitespace ist einfach. Wir brauchen lediglich das aktuelle Zeichen mit allen Zeichen in dem String zu vergleichen, der die Gruppe unserer Whitespace-Zeichen enthält:

```
bool Punct_stream::is_whitespace(char c)
{
    for (int i = 0; i<white.size(); ++i) if (c==white[i]) return true;
    return false;
}
```

Um die Behandlung der konventionellen Whitespace-Zeichen (wie den Zeilenumbruch oder das Leerzeichen) müssen wir uns nicht kümmern; wie Sie sich vielleicht erinnern, hatten wir uns entschlossen, dies dem **istringstream**-Stream zu überlassen, der dieser Aufgabe in der gewohnten Weise nachkommt.

Bleibt noch zu klären, wozu die etwas mysteriöse Funktion **bool()** dient:

```
Punct_stream::operator bool()
{
    return !(source.fail() || source.bad()) && source.good();
}
```

Eingabestreams werden üblicherweise so eingesetzt, dass das Ergebnis einer **>>**-Operation kontrolliert wird. Zum Beispiel:

while (ps>>s) { /* ... */ }

Damit dies möglich ist, muss es einen Weg geben, wie man das Ergebnis von **ps>>s** als booleschen Wert abfragen kann. Da aber das Ergebnis von **ps>>s** ein **Punct_stream**-Objekt ist, bedeutet dies letztlich, dass wir nach einem Weg suchen, wie wir ein **Punct_stream**-Objekt implizit in einen **bool**-Wert verwandeln können. Klassen, die eine Umwandlung ihrer Objekte in **bool** anbieten, definieren zu diesem Zweck eine Memberfunktion **operator bool()**. Die **operator bool()**-Memberfunktion von **Punct_stream** gibt **true** zurück, wenn ihre Einleseoperation erfolgreich war.

Jetzt können wir unser Programm schreiben.

```
int main()
    // erstelle für einen eingegebenen Text eine sortierte Liste aller im
    // Text enthaltenen Wörter
    // ignoriere Satzzeichen und Unterschiede in der Groß-/Kleinschreibung
    // eliminiere doppelte Vorkommen in der Ausgabe
{
    Punct_stream ps(cin);
    ps.whitespace(";:,.?!()\"{}<>/&$@#%^*|~");  // \" bedeutet " in einem String
    ps.case_sensitive(false);

    cout << "Geben Sie bitte einige Woerter ein\n";
    vector<string> vs;
    string word;
    while (ps>>word) vs.push_back(word);    // lies Wörter ein

    sort(vs.begin(),vs.end());              // sortiere alphabetisch
    for (int i=0; i<vs.size(); ++i)         // gebe Wörterbuch aus
        if (i==0 || vs[i]!=vs[i–1]) cout << vs[i] << endl;
}
```

Dieser Code erzeugt eine sortierte Liste der in der Eingabe enthaltenen Wörter. Die Zeile

if (i==0 || vs[i]!=vs[i–1])

sorgt dafür, dass in der Ausgabe keine doppelten Vorkommen erscheinen. Wenn Sie das Programm mit der folgenden Eingabe füttern

**Es gibt nur zwei Arten von Sprachen: Sprachen, ueber die sich die Leut'
beklagen, und Sprachen, die die Leut' nicht verwenden.**

erhalten Sie die Ausgabe:

arten
beklagen
die
es
gibt
leut'
nicht
nur
sich
sprachen
ueber
und
verwenden
von
zwei

Warum taucht in der Ausgabe das Wort „leut'" auf (statt „leut")? Wir haben das einfache Anführungszeichen nicht im whitespace()-Aufruf aufgeführt.

 Achtung: **Punct_stream** verhält sich in vielen wichtigen Punkten wie **istream**, aber es ist nicht wirklich ein **istream**-Stream. Beispielsweise können wir den Zustand eines **Punct_stream**-Streams nicht mit **rdstate()** abfragen, es gibt keine Funktion **eof()** und wir haben uns auch nicht die Mühe gemacht, einen >>-Operator zum Einlesen von ganzen Zahlen bereitzustellen. Und es gibt noch einen weiteren wichtigen Unterschied: Wir können einen **Punct_stream**-Stream nicht an eine Funktion übergeben, die ein **istream**-Argument erwartet. Stellt sich die Frage, ob es überhaupt möglich ist, einen **Punct_istream**-Stream zu definieren, der ein echter **istream**-Stream ist? Es ist möglich, aber uns fehlen dazu derzeit noch die nötige Programmiererfahrung und die Kenntnis bestimmter Design- und Sprachkonzepte. (Falls Sie zu einem späteren Zeitpunkt auf dieses Problem zurückkommen möchten, informieren Sie sich in einem Hand- oder Lehrbuch für professionelle Programmierer über die Implementierung von Streampuffern.)

Tipp Finden Sie, dass die Definition von **Punct_stream** leicht zu lesen ist? Konnten Sie den Erklärungen problemlos folgen? Glauben Sie, dass Sie die Klasse auch alleine hätten schreiben können? Wenn Sie vor ein paar Tagen, als Sie mit der Lektüre dieses Buchs begonnen haben, noch ein echter Programmieranfänger waren, kann die Antwort eigentlich nur lauten: „Nein, nein, nein!" oder „NEIN! Nein! Nie und nimmer!! – Sind Sie verrückt?" Nun, wir haben nichts anderes erwartet – und die Antwort auf den letzten Ausbruch ist: „Nein, zumindest halten wir uns nicht für verrückt." Dass wir Ihnen dennoch dieses Beispiel präsentiert haben, hat folgende Gründe. Wir wollten

- Ihnen ein weitgehend realistisches Beispiel und seine Lösung vorstellen,
- Ihnen aufzuzeigen, was man mit relativ bescheidenen Mitteln erreichen kann,
- eine leicht einzusetzende Lösung für ein scheinbar leichtes Problem anbieten,
- den Unterschied zwischen Schnittstelle und Implementierung verdeutlichen.

Tipp Um zu einem Programmierer zu reifen, müssen Sie echten Code lesen – und nicht nur sorgfältig aufbereitete Lösungen zu didaktischen Lehrbeispielen. Dies ist ein Beispiel für solchen Code. In ein paar Tagen oder Wochen wird Ihnen das Lesen dieses Codes schon nicht mehr schwerfallen und Sie werden über Wege nachsinnen, wie sie ihn verbessern können.

Vergleichen Sie dieses Beispiel mit einem Englischlehrer, der in seinen Englischanfängerkurs hin und wieder echten englischen Slang verwendet, um den Kurs ein wenig bunter und lebendiger zu gestalten.

11.8 Und es gibt noch so viel mehr

Die Möglichkeiten und Feinheiten der Ein- und Ausgabe scheinen unbegrenzt zu sein, und angesichts der menschlichen Erfindungsgabe und Unberechenbarkeit sind sie es vermutlich auch. Bestimmte Aspekte, wie z.B. die Komplexität der natürlichen Sprachen, sind zum Beispiel bisher noch gänzlich unberücksichtigt geblieben. Beispielsweise werden Nachkommastellen in Zahlenangaben im Englischen mit einem Punkt abgetrennt (**12.35**), während die meisten anderen europäischen Sprachen ein Komma als Trennzeichen verwenden (**12,35**). Selbstverständlich sieht die Standardbibliothek Wege und Mittel vor, wie wir solche und viele andere sprachspezifische Aspekte der Ein- und Ausgabe in Angriff nehmen können (Wie können chinesische Schriftzeichen geschrieben werden? Wie vergleicht man Strings, die in malabarischen Zeichen geschrieben sind?), doch diese Techniken gehen weit über das hinaus, was im Rahmen dieses Buches behandelt werden kann. Wenn Sie an diesen Themen interessiert sind, schlagen Sie sie in der einschlägigen Fach- und Fortgeschrittenenliteratur nach (z.B. dem Buch *Standard C++ IOStreams and Locales* von Langer oder *Die C++ Programmiersprache* von Stroustrup) oder in Ihrer Bibliotheks- und Systemdokumentation. Suchen Sie nach „locale" oder „Lokale". Unter diesem Begriff werden Techniken, die sich mit den Unterschieden in den natürlichen Sprachen befassen, üblicherweise zusammengefasst.

Kompliziert wird die Ein- und Ausgabe auch durch die Pufferung: Die **iostream**-Streams der Standardbibliothek basieren auf einem Konzept namens **streambuf**. Für fortgeschrittene **iostream**-Anwendungen, die sich durch bessere Performance oder gehobenere Funktionalität auszeichnen sollen, sind die **streambuf**-Puffer unverzichtbar. Wenn Sie Ihre eigenen **iostream**-Klassen definieren oder die vorhandenen **iostream**-Streams an neue Datenquellen und -ziele anpassen müssen, lesen Sie Kapitel 21 aus dem Buch *Die C++ Programmiersprache* von Stroustrup oder schlagen Sie in Ihrer Systemdokumentation nach.

Hin und wieder werden Sie auch der Familie der **printf()**/**scanf()**-E/A-Funktionen aus dem C-Standard begegnen. Informieren Sie sich dann in §27.6 und §B.10.2 über diese Funktionen, lesen Sie das ausgezeichnete Lehrbuch von Kernighan und Ritchie (*Programmieren in C*) oder recherchieren Sie im Internet. Jede Sprache verfügt über ihre eigenen E/A-Komponenten: individuelle Komponenten, mit speziellen Eigenheiten, aber fast immer auf ihre spezielle Weise die grundlegenden Konzepte widerspiegelnd, die wir in Kapitel 10 und 11 vorgestellt haben.

Eine Zusammenfassung der E/A-Komponenten der Standardbibliothek finden Sie in Anhang B.

Dem nahe verwandten Thema der grafischen Benutzerschnittstellen (GUIs) sind die Kapitel 12 bis 16 gewidmet.

Aufgaben

1 Erstellen Sie ein Programm namens *Test_output.cpp*. Deklarieren Sie eine Integer-Variable **birth_year** und weisen Sie dieser Variablen Ihr Geburtsjahr zu.

2 Geben Sie Ihr Geburtsdatum (**birth_year**) in dezimaler, hexadezimaler und oktaler Schreibweise aus.

3 Geben Sie zu jedem Wert das verwendete Zahlensystem an.

4 Haben Sie Ihre Ausgabe spaltenweise mit dem Tabulatorzeichen ausgerichtet? Wenn nicht, holen Sie dies jetzt nach.

5 Geben Sie jetzt Ihr Alter aus.

6 Hat es dabei ein Problem gegeben? Was ist passiert? Ändern Sie Ihre Ausgabe in die dezimale Schreibweise.

7 Gehen Sie zurück zu Aufgabe 2 und ändern Sie die Ausgabe so, dass die verwendete Basis angezeigt wird.

8 Versuchen Sie, folgenden Code oktal, hexadezimal etc. einzulesen:

```
cin >> a >>oct >> b >> hex >> c >> d;
cout << a << '\t'<< b << '\t'<< c << '\t'<< d << '\n' ;
```

Führen Sie diesen Code aus und geben Sie ein:

1234 1234 1234 1234

Erläutern Sie die Ergebnisse.

9 Schreiben Sie Code, um die Zahl **1234567.89** dreimal (zuerst mit dem Manipulator **general**, dann mit **fixed** und schließlich mit **scientific**) auszugeben? Welche Variante liefert dem Benutzer die akkurateste Repräsentation? Erklären Sie warum.

10 Erstellen Sie eine einfache Tabelle mit Nachname, Vorname, Telefonnummer und E-Mail-Adresse und tragen Sie Ihre eigenen Daten und die von fünf Freunden ein. Experimentieren Sie mit verschiedenen Feldweiten, bis Sie mit der Ausgabe der Tabelle zufrieden sind.

Fragen

1 Warum ist die E/A für Programmierer so knifflig?

2 Was bewirkt die Notation **<<hex**?

3 Wofür werden Hexadezimalzahlen in der Informatik verwendet? Warum?

4 Nennen Sie ein paar optionale Features, die Sie für die Formatierung von Integer-Ausgaben implementieren würden.

5 Was ist ein Manipulator?

6 Wie lautet das Präfix für Dezimalzahlen? Für Oktalzahlen? Für Hexadezimalzahlen?

7 Wie sieht das Standardausgabeformat von Gleitkommawerten aus?

8 Was ist ein Feld?

9 Erläutern Sie, welche Aufgaben setprecision() und setw() haben.

10 Welchen Zweck erfüllen die Öffnungsmodi für Dateien?

11 Welcher der folgenden Manipulatoren ist nicht persistent: hex, scientific, setprecision, showbase, setw?

12 Was ist der Unterschied zwischen der Zeichen-E/A und der binären E/A?

13 Nennen Sie ein Beispiel, in dem es wahrscheinlich günstiger wäre, eine Binärdatei statt einer Textdatei zu verwenden.

14 Nennen Sie zwei Beispiele, in denen ein stringstream-Stream nützlich sein kann.

15 Was ist eine Dateiposition?

16 Was passiert, wenn Sie die Schreib- oder Leseposition einer Datei über deren Ende hinaus setzen?

17 Im welchen Fall würden Sie eine zeilenorientierte Eingabe einer typspezifischen Eingabe vorziehen?

18 Welche Aufgabe erfüllt isalnum(c)?

Übungen

1 Schreiben Sie ein Programm, das eine Textdatei einliest, den Inhalt in Kleinbuchstaben umwandelt und das Ergebnis in einer neuen Datei speichert.

2 Schreiben Sie ein Programm, das alle Vokale aus einer Datei entfernt. Beispielsweise soll „Es war einmal!" zu „s wr nml!" werden. Überraschenderweise ist das Ergebnis oft sogar noch lesbar. Testen Sie es einmal mit ein paar Freunden.

3 Schreiben Sie ein Programm namens *multi_input.cpp*, das den Benutzer auffordert, mehrere ganze Zahlen in beliebiger Kombination als oktale, dezimale und hexadezimale Werte, aber unter Verwendung der Zahlensystemsuffixe 0 und 0x einzugeben. Die Werte sollen von dem Programm korrekt interpretiert, in Dezimalzahlen umgewandelt und anschließend – übersichtlich nach folgendem Muster in Spalten formatiert – ausgegeben werden:

```
0x43    hexadezimal    umgewandelt in    67    dezimal
0123    oktal          umgewandelt in    83    dezimal
65      dezimal        umgewandelt in    65    dezimal
```

4 Schreiben Sie ein Programm, das Strings einliest und für jeden String eine Übersicht mit der Klassifizierung der einzelnen Zeichen ausgibt. Benutzen Sie zur Klassifizierung die in §11.6 vorgestellten Zeichenklassifizierungsfunktionen. Beachten Sie, dass ein Zeichen mehreren Klassen zugeordnet werden kann (so ist x z.B. ein Buchstabe und ein alphanumerisches Zeichen).

5 Schreiben Sie ein Programm, das Satzzeichen durch Whitespace-Zeichen ersetzt. So soll zum Beispiel „– die as-if-Regel gibt's nicht." zu „ die as if Regel gibt s nicht " werden.

6 Modifizieren Sie das Programm aus der vorhergehenden Übung so, dass es alle mit Apostroph abgekürzten Schreibweisen von „es" ausschreibt, Bindestriche in den Wörtern erhält und alle Zeichen in Kleinbuchstaben umwandelt. (Aus „– die as-if-Regel gibt's nicht." soll demnach zu „die as-if-Regel gibt es nicht" werden.)

7 Verwenden Sie das Programm aus der vorhergehenden Übung, um ein Wörterbuch zu erstellen (als Alternative zu dem Ansatz aus §11.7). Führen Sie das fertige Programm mit einer mehrseitigen Textdatei als Eingabequelle aus, betrachten Sie das Ergebnis und überlegen Sie, ob sich das Programm noch irgendwie verbessern lässt, um ein noch besseres Wörterbuch zu erhalten.

8 Machen Sie aus dem Programm zur binären E/A aus §11.3.2 zwei Programme: ein Programm, das eine normale Textdatei in eine Binärdatei umwandelt, und ein Programm, das eine Binärdatei einliest und in eine Textdatei umwandelt. Testen Sie Ihr Programm, indem Sie zuerst eine Textdatei in eine Binärdatei und diese Binärdatei wieder zurück in eine Textdatei umwandeln und anschließend die neue Textdatei mit der alten vergleichen.

9 Schreiben Sie eine Funktion **vector<string> split(const string& s)**, die das Argument **s** in durch Whitespace getrennte Teilstrings zerlegt, die Teilstrings in einem **vector**-Container speichert und diesen zurückliefert.

10 Schreiben Sie eine Funktion **vector<string> split(const string& s, const string& w)**, die einen Vektor mit den Teilstrings aus dem Argument **s** zurückliefert. Zerlegen Sie das Argument **s** an den normalen Whitespace-Zeichen und an den Zeichen aus **w**.

11 Kehren Sie die Reihenfolge der Zeichen in einer Textdatei um. So soll zum Beispiel aus „asdfghjkl" die Zeichenfolge „lkjhgfdsa" werden. Hinweis: „Öffnungsmodi für Dateien".

12 Kehren Sie die Reihenfolge der Wörter (definiert als durch Whitespace getrennte Strings) in einer Datei um. So soll zum Beispiel aus „Milch macht munter" die Wortfolge „munter macht Milch" werden. Sie dürfen dabei von der Annahme ausgehen, dass alle Strings der Datei auf einmal in den Speicher passen.

13 Schreiben Sie ein Programm, das eine Textdatei einliest und ausgibt, wie viele Zeichen von jeder Zeichenklasse (§11.6) in der Datei vorhanden sind.

14 Schreiben Sie ein Programm, das eine Datei mit durch Whitespace getrennten Zahlen einliest und eine Datei mit Zahlen im wissenschaftlichen Format und der Präzision 8 in vier Feldern von 20 Zeichen pro Zeile ausgibt.

15 Schreiben Sie ein Programm, das eine Datei mit durch Whitespace getrennten Zahlen einliest und diese sortiert (kleinsten Wert zuerst) mit einem Wert pro Zeile ausgibt. Geben Sie jeden Wert nur einmal aus und wenn ein Wert mehrmals vorkommt, geben Sie die Anzahl der Vorkommen in der Zeile mit an. So sollte zum Beispiel die Zahlenfolge „7 5 5 7 3 117 5" folgende Ausgabe ergeben:

3
5 3
7 2
117

Schlüsselbegriffe

Ausgabeformatierung
Binär
Dezimal
Eigene Trennzeichen
fixed
general

Hexadezimal
Manipulator
noshowbase
Oktal
Schreib- und Leseposition in Dateien

scientific
setprecision
showbase
Zeichenklassifikation
Zeilenorientierte Eingabe

Ein persönlicher Hinweis

Die Ein- und Ausgabe ist deshalb so diffizil, weil sich die menschlichen Konventionen und Geschmäcker weder in einfache Schablonen pressen noch durch klare mathematische Gesetze ausdrücken lassen. Selten sind wir als Programmierer in der Position, den Benutzern vorzuschreiben, dass sie zugunsten leichter zu programmierenden Varianten auf ihre gewohnten Vorlieben verzichten sollen. Und wenn wir ausnahmsweise doch einmal in der Position sein sollten, müssen wir sehr vorsichtig sein und dürfen nicht glauben, dass es so leicht wäre, eine einfache Alternative zu Konventionen zu finden, die sich über Jahre entwickelt und bewährt haben. Eine gewissen Komplexität und Unübersichtlichkeit ist für die Ein- und Ausgabe also durchaus typisch. Damit müssen wir rechnen, das müssen wir akzeptieren und darauf müssen wir uns einstellen – während wir gleichzeitig versuchen, unsere Programme so einfach wie möglich zu halten – aber nicht einfacher.

Ein Anzeigemodell

12.1	**Wozu Grafik?**	420
12.2	**Ein Anzeigemodell**	421
12.3	**Ein erstes Beispiel**	422
12.4	**Programmieren mit GUI-Bibliotheken**	426
12.5	**Koordinaten**	427
12.6	**Formen**	428
12.7	**Programmieren mit Grafikprimitiven**	428
	12.7.1 Die Grafik-Header und **main**()	429
	12.7.2 Ein nahezu leeres Fenster	429
	12.7.3 Achsen	431
	12.7.4 Grafische Darstellung von Funktionen	433
	12.7.5 Polygone	434
	12.7.6 Rechtecke	436
	12.7.7 Füllen	438
	12.7.8 Text	438
	12.7.9 Bilder	440
	12.7.10 Und vieles mehr	441
12.8	**Ausführung des Grafikbeispiels**	442
	12.8.1 Die Quelldateien	443

12

ÜBERBLICK

12 Ein Anzeigemodell

„Damals war die Welt Schwarz und Weiß. Bunt wurde sie erst in den Dreißigern."

– Calvins Vater

Dieses Kapitel stellt Ihnen die typische Funktionsweise eines Anzeigemodells vor (den Teil einer GUI, der die Ausgabe kontrolliert), gibt Beispiele für dessen Einsatz und macht Sie mit diversen grundlegenden Konzepten wie Bildschirmkoordinaten, Linien und Farben bekannt. **Line**, **Lines**, **Polygon**, **Axis** und **Text** sind Beispiele für Klassen, die grafische Formen definieren. In unserem Fall gehen diese Formen auf die Klasse **Shape** zurück. Ein **Shape** ist ein Objekt im Speicher, das wir auf dem Bildschirm anzeigen und manipulieren können. In den beiden nachfolgenden Kapiteln werden wir diese Klassen näher untersuchen, wobei wir uns in Kapitel 13 auf die Implementierung und in Kapitel 14 auf das Design konzentrieren werden.

12.1 Wozu Grafik?

Warum widmen wir vier ganze Kapitel dem Thema Grafik und ein weiteres Kapitel noch dem Thema GUIs (grafischen Benutzerschnittstellen)? Schließlich ist dies doch ein Programmierbuch, kein Grafikbuch. Andere, ebenfalls interessante Softwarethemen werden hier nicht behandelt, warum also ausgerechnet das Thema Grafik, welches im vorliegenden Rahmen überdies nur oberflächlich gestreift werden kann? Ausschlaggebend war letztlich, dass uns das Thema erlaubt, einige wichtige Aspekte modernen Software-Designs, der Programmierung an sich und der zur Verfügung stehenden Sprachkonzepte zu untersuchen:

- *Grafiken sind nützlich.* Die Programmierung ist ein so weites Feld, dass Grafiken und die Manipulation von Code über eine GUI nur zwei Aufgabenbereiche aus einem großen Spektrum darstellen. Trotzdem lässt sich nicht bestreiten, dass es viele Bereiche gibt, in denen gute Grafiken essenziell oder zumindest sehr wichtig sind. Beispielsweise wären Datenanalysen, die Auswertung wissenschaftlicher Berechnungen, ja nahezu jede quantitative Untersuchung ohne die Möglichkeit zur grafischen Aufbereitung der Daten kaum vorstellbar. Kapitel 15 stellt daher einige einfache, aber allgemeine Techniken zur grafischen Darstellung von Daten vor.

- *Grafiken machen Spaß.* Es gibt wohl nur wenige Bereiche in der Programmierung, wo der Effekt des erstellten Codes so unmittelbar anschaulich wird und – wenn der Code zum guten Schluss fehlerfrei ist – das Ergebnis so viel Freude bereitet. Die Versuchung mit Grafiken zu experimentieren und herumzuspielen, auch ohne dass damit ein direkter Zweck verfolgt wird, ist jedenfalls stets groß.

- *Grafikprogramme liefern eine Menge interessanten und lehrreichen Code.* So wie der Weg zu einem guten Schriftdeutsch über das Lesen vieler Bücher, Artikel und qualitativ hochwertiger Zeitschriften führt, so gehört zum Erlernen einer Programmiersprache auch, dass man viel Code liest, um ein Gefühl dafür zu bekommen, was guten Code ausmacht. Grafikcode eignet sich hierfür besonders gut, besser als jeder andere Code vergleichbarer Komplexität, weil wir den im Programm niedergeschriebenen Code in direkte Beziehung zu dem setzen können, was wir auf dem Bildschirm sehen. Dieses Kapitel wird beweisen, dass Sie schon nach einer kurzen Einführung von wenigen Minuten in der Lage sein werden, Grafikcode zu lesen. Und nur wenige Stunden später, in Kapitel 13, werden Sie bereits Ihren eigenen Grafikcode schreiben.

- *Grafikprogramme sind ergiebige Quellen für Design-Beispiele.* Eine gute Grafik- und GUI-Bibliothek zu entwerfen und zu implementieren, ist keine einfache Aufgabe. Grafiksysteme sind daher meist ein reicher Fundus für konkrete und praxisorientierte Designentscheidungen und -Techniken. Viele wichtige und nützliche Techniken für den Entwurf von Klassen, Funktionen, die Aufteilung von Programmcode in verschiedene (Abstraktions-)Ebenen und den Aufbau von Bibliotheken können mit vergleichsweise wenig Grafik- und GUI-Code demonstriert werden.

- *Grafikprogramme eignen sich wunderbar zur Einführung in die sogenannte objektorientierte Programmierung und der damit verbundenen Sprachkonzepte.* Anders lautenden Gerüchten zum Trotz wurde die objektorientierte Programmierung nicht für die Grafikprogrammierung entwickelt (siehe Kapitel 22), sondern erst im Nachhinein für die Grafikprogrammierung eingesetzt. Wie auch immer, die Grafikprogrammierung liefert einige der am leichtesten zugänglichen Codebeispiele für objektorientiertes Design.

- *Einige der zentralen Grafikkonzepte sind alles andere als trivial.* Folglich sind sie es wert, dass wir uns hier mit ihnen beschäftigen, statt es Ihrer eigenen Initiative (und Geduld) zu überlassen, sie zu entdecken und zu erforschen. Außerdem möchten wir nicht, dass Sie – nur weil wir es versäumen, Ihnen aufzuzeigen, wie Grafik und GUI implementiert werden – annehmen, dass dahinter irgendeine Form von „Magie" steckt. Dies widerspräche einem der fundamentalen Ziele dieses Buches.

12.2 Ein Anzeigemodell

Die iostream-Bibliothek ist auf das Lesen und Schreiben von Zeichenströmen ausgerichtet, wie sie z.B. in einer Liste numerischer Werte oder in einem Buch auftauchen. Die einzige direkte Unterstützung für grafische Konzepte, die man hier findet, ist die Positionierung mit den Zeichen für Zeilenumbruch und Tabulator. Es ist allerdings möglich, Vorstellungen von Farbe, zweidimensionaler Positionierung etc. in einen eindimensionalen Zeichenstrom einzubetten. Layout-Sprachen (Druck- und „Markup"-Sprachen) wie Troff, Tex, Word, HTML und XML (und ihre zugehörigen Grafikpakete) bedienen sich dieser Technik.

```
<hr>
<h2>
Organisation
</h2>
Diese Liste ist in drei Teile gegliedert:
<ul>
  <li><b>Vorschl&auml;ge</b>, nummeriert als Vzzz, ...</li>
  <li><b>Themen</b>, nummeriert als Tzzz, ...</li>
  <li><b>Anmerkungen</b>, nummeriert als Azzz, ...</li>
</ul>
<p>Wir versuchen, ...
<p>
```

Dieses HTML-Fragment definiert eine Überschrift (`<h2>`...`</h2>`), eine Liste (`<ul>`...`</ul>`) mit mehreren Listenelementen (`<li>`...`</li>`) und einem Absatz (`<p>`). Den eigentlichen Text haben wir weitgehend ausgelassen, da er für uns nicht relevant ist. Der entscheidende Punkt ist, dass wir zwar durchaus Layoutkonzepte in reinem Text ausdrücken können, doch die Verbindung zwischen den niedergeschriebenen Zeichen und der Darstellung auf dem Bildschirm ist nur indirekt, kontrolliert von einem Programm, welches die eingebetteten „Markup"-Befehle interpretiert und auswertet. Derartige Techniken sind von elementarer Einfachheit und extrem nützlich (nahezu alles, was Sie lesen, wurde mithilfe dieser Techniken erzeugt); sie haben aber auch ihre Grenzen.

In diesem und den nächsten vier Kapitel präsentieren wir Ihnen eine Alternative: eine Auffassung von Grafik und grafischen Benutzerschnittstellen, die direkt auf den Computerbildschirm abzielt. Die damit verbundenen grundlegenden Konzepte wie Koordinaten, Linien, Rechtecke oder Kreise sind von Natur aus grafisch (und zweidimensional, passend zu der rechteckigen Fläche eines Computerbildschirms). Das übergeordnete Ziel ist es, zur Unterstützung der Programmierung eine direkte Entsprechung zwischen den Objekten im Speicher und ihren Abbildern auf dem Bildschirm herzustellen.

Das grundlegende Modell sieht wie folgt aus: Wir konstruieren Objekte aus elementaren Komponenten (Objekte wie Linien, Quadrate etc.), die von einem Grafiksystem zur Verfügung gestellt werden. Diese grafischen Objekte verbinden (*attach*) wir mit einem Fenster-Objekt, das unseren physikalischen Bildschirm repräsentiert. Ein Programm, das wir uns auch als die Anzeige selbst, als „die Display-Engine", als „unsere Grafikbibliothek", als „die GUI-Bibliothek" oder auch humorig als „den kleinen Gnom, der auf die Rückseite des Bildschirms zeichnet" vorstellen können, nimmt die Objekte, die wir mit dem Fenster verbunden haben, und zeichnet sie auf den Bildschirm (siehe ▶ Abbildung 12.1).

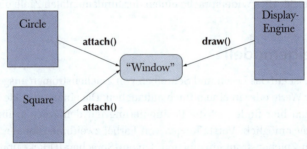

Abbildung 12.1: Grafische Objekte werden mit einem Fenster verbunden und von der Display-Engine angezeigt

Die Display-Engine zeichnet Linien auf den Bildschirm, platziert Textstrings, färbt einzelne Flächen ein und so weiter. Der Einfachheit halber sprechen wir statt von der Display-Engine von „unserer GUI-Bibliothek" oder einfach „dem System", auch wenn unsere GUI-Bibliothek weit mehr macht, als nur die Objekte zu zeichnen. In der gleichen Weise, wie unser Code die meiste Arbeit an die GUI-Bibliothek delegiert, delegiert die GUI-Bibliothek einen Großteil ihrer Arbeit an das Betriebssystem.

12.3 Ein erstes Beispiel

Unsere Aufgabe als Grafikprogrammierer ist es, Klassen für die Art von Objekten zu definieren, die wir auf dem Bildschirm sehen möchten. Ein Beispiel: Angenommen, wir wollten den Graphen einer Funktion als eine Folge von miteinander verbundenen Linien zeichnen. Ein kleines, einfaches Programm zur Lösung dieser Aufgabe könnte wie folgt aussehen:

```
#include "Simple_window.h"    // für den Zugriff auf unsere Fenster-Bibliothek
#include "Graph.h"             // für den Zugriff auf unsere Grafikbibliothek

int main()
{
```

12.3 Ein erstes Beispiel

```
using namespace Graph_lib;   // unsere Grafikelemente sind in Graph_lib definiert

Point tl(100,100);           // wird die linke obere Ecke des Fensters

Simple_window win(tl,600,400,"Leinwand");   // erzeuge ein einfaches Fenster

Polygon poly;                // erzeuge eine Form (ein Polygon)

poly.add(Point(300,200));    // füge einen Punkt hinzu
poly.add(Point(350,100));    // füge einen weiteren Punkt hinzu
poly.add(Point(400,200));    // füge einen dritten Punkt hinzu

poly.set_color(Color::red);  // konfiguriere poly

win.attach(poly);            // verbinde poly mit Fenster

win.wait_for_button();       // übergebe der Display-Engine die Kontrolle
}
```

Wenn wir dieses Programm ausführen, ergibt sich auf dem Bildschirm in etwa das Bild aus ▶ Abbildung 12.2.

Abbildung 12.2: Auf dem Bildschirm erscheint das Fenster des Programms ▶ Farbteil Seite I

Lassen Sie uns das Programm Zeile für Zeile durchgehen, um besser zu verstehen, was hier geschieht. Als Erstes binden wir die Header für unsere Grafikschnittstellenbibliotheken ein:

```
#include "Simple_window.h"   // für den Zugriff auf unsere Fenster-Bibliothek
#include "Graph.h"            // für den Zugriff auf unsere Grafikbibliothek
```

Ein Anzeigemodell

Dann, in **main()**, informieren wir den Compiler darüber, dass die Grafikelemente, die wir verwenden, im Namensbereich **Graph_lib** zu finden sind:

using namespace Graph_lib;   // unsere Grafikelemente sind in Graph_lib definiert

Dann definieren wir einen Punkt, den wir als linke obere Ecke unseres Fensters verwenden werden:

Point tl(100,100);   // wird die linke obere Ecke des Fensters

Schließlich erzeugen wir das Fenster auf dem Bildschirm:

Simple_window win(tl,600,400,"Leinwand");   // erzeuge ein einfaches Fenster

Wir verwenden hier eine Klasse namens **Simple_window**. Die Klasse gehört zu unserer **Graph_lib**-Schnittstelle und dient der Repräsentation von Fenstern. Der Name des speziellen **Simple_window**-Fensters, das hier erzeugt wird, lautet **win**, d.h., **win** ist eine Variable des Klassentyps **Simple_window**. Die Initialisiererliste für **win** beginnt mit dem Punkt, der als linke obere Ecke verwendet werden soll (**tl**), gefolgt von den Zahlen **600** und **400**. Diese Zahlen geben die Breite und Höhe in Pixeln an, die das Fenster auf dem Bildschirm haben soll. Wir werden hierauf später noch etwas näher eingehen; der zentrale Punkt aber ist, dass hier durch die Angabe von Breite und Höhe ein Rechteck spezifiziert wird. Der String **"Leinwand"** wird zur Beschriftung des Fensters verwendet; Sie finden ihn in der linken oberen Ecke des Fensterrahmens.

Als Nächstes platzieren wir ein Objekt im Fenster:

Polygon poly;   // erzeuge eine Form (ein Polygon)

poly.add(Point(300,200));   // füge einen Punkt hinzu
poly.add(Point(350,100));   // füge einen weiteren Punkt hinzu
poly.add(Point(400,200));   // füge einen dritten Punkt hinzu

Wir definieren ein Polygon **poly** und fügen ihm Punkte hinzu. Die Polygone unserer Grafikbibliothek (d.h. Objekte der Klasse **Polygon**) besitzen anfangs eine leere Punktliste, der wir so viele Punkte hinzufügen können, wie wir möchten. Da wir drei Punkte hinzufügen, erhalten wir ein Dreieck. Ein Punkt ist hier ein einfaches Paar von Werten, die die *x*- und *y*-Koordinaten (horizontale und vertikale Position) im Fenster angeben.

Nur um zu zeigen, was alles möglich ist, färben wir die Linien unseres Polygons rot:

poly.set_color(Color::red);   // konfiguriere poly

Zum Schluss verbinden wir **poly** mit unserem Fenster **win**:

win.attach(poly);   // verbinde poly mit Fenster

Würde das Programm ganz langsam ausgeführt, könnten Sie an diesem Punkt im Programm feststellen, dass sich bis hierher auf dem Bildschirm noch nichts, noch gar nichts getan hat. Wir haben ein Fenster erzeugt (ein Objekt der Klasse **Simple_window**, um genau zu sein), haben ein Polygon (namens **poly**) angelegt, haben das Polygon rot gefärbt (**Color::red**) und haben das Polygon mit dem Fenster (**win**) verbunden. Wir haben aber noch nichts unternommen, um das Fenster auf dem Bildschirm anzuzeigen. Dafür sorgt erst die letzte Zeile des Programms:

win.wait_for_button();   // übergebe der Display-Engine die Kontrolle

Damit ein GUI-System Objekte auf dem Bildschirm anzeigt, müssen Sie die Kontrolle an „das System" übergeben. Dies ist die Aufgabe unserer wait_for_button()-Funktion. Außerdem wartet sie mit dem Zurückkehren, bis der Benutzer die WEITER-Schaltfläche des Fensters „drückt" (anklickt). Dies gibt Ihnen die Gelegenheit, sich das Fenster vor der Beendigung des Programms in Ruhe anzusehen. Wenn Sie danach die Schaltfläche drücken, wird das Programm beendet und das Fenster geschlossen.

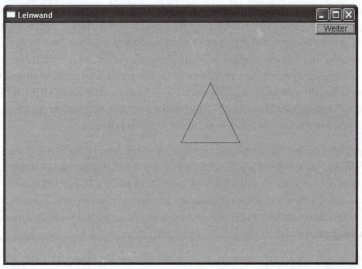

Abbildung 12.3: Das Fenster unseres einfachen Grafikprogramms ▶ Farbteil Seite I

Vermutlich ist Ihnen aufgefallen, dass wir ein wenig „gemogelt" haben. Woher kommt die Schaltfläche mit der Beschriftung „Weiter"? Sie ist fest definiert in unserer Klasse **Simple_window**. In Kapitel 16 werden wir **Simple_window** durch **Window** austauschen – eine „reine" Fensterklasse, die keine störenden Elemente enthält – und Ihnen zeigen, wie Sie eigenen Code für die Interaktion mit dem Fenster schreiben können.

Für die nächsten drei Kapitel behalten wir die WEITER-Schaltfläche einfach bei und wenn wir Informationen schrittweise anzeigen möchten (vergleichbar den Folien einer Bildschirmpräsentation), benutzen wir die Schaltfläche, um zum jeweils nächsten Anzeigebildschirm zu wechseln.

Als Anwender sind Sie vermutlich so daran gewöhnt, dass das Betriebssystem um jedes Fenster einen Rahmen zeichnet, sodass Sie dem Rahmen unseres Fensters bisher vermutlich keine besondere Aufmerksamkeit geschenkt haben. Wenn Sie unter einem Microsoft-Windows-System arbeiten – unter dem auch die Abbildungen in diesem und den folgenden Kapiteln erstellt wurden –, erhalten Sie die drei Schaltflächen oben rechts im Fenster sozusagen gratis dazu. Dies kann ganz nützlich sein: Sollte Ihr Programm z.B. einmal in ernste Schwierigkeiten geraten (was während des Debuggens sicher das eine oder andere Mal passieren wird), können Sie es durch Drücken der X-Schaltfläche beenden. Wenn Sie Ihr Programm unter einem anderen Betriebssystem ausführen, wird das Fenster mit einem anderen, für dieses System typischen Rahmen ausgestattet. Der einzige Teil, den wir zu dem Rahmen beisteuern, ist der Fenstertitel (hier „Leinwand").

12.4 Programmieren mit GUI-Bibliotheken

In diesem Buch arbeiten wir niemals direkt mit den Komponenten, die das Betriebssystem für die Grafik- und GUI-Programmierung zur Verfügung stellt. Wir würden unsere Programme damit nur unnötig an ein bestimmtes Betriebssystem binden (auf anderen Systemen wären die Programme nicht lauffähig) und müssten uns zudem noch mit etlichen hässlichen Details auseinandersetzen. Wie im Falle der Ein- und Ausgabe von Text nutzen wir stattdessen eine Bibliothek, die alle Betriebssystemunterschiede, E/A-Gerätespielarten und anderes vor uns verbirgt und damit wesentlich dazu beiträgt, dass unser Code einfach und überschaubar bleibt. Leider gibt es in der C++-Standardbibliothek kein GUI-Pendant zu der textbasierten E/A-Streambibliothek, sodass wir auf eine der vielen, von Drittanbietern erstellten C++-GUI-Bibliotheken ausweichen müssen. Um Sie nicht gleich zu Beginn an eine dieser GUI-Bibliotheken zu binden und Sie nicht mit einem Schlag mit der vollen Komplexität einer GUI-Bibliothek zu konfrontieren, verwenden wir einen Satz einfacher Schnittstellenklassen, wie sie für praktisch jede GUI-Bibliothek mit ein paar Hundert Zeilen Code implementiert werden können.

Das GUI-Toolkit, welches wir hier (zunächst indirekt) verwenden, heißt FLTK (Fast Light Tool Kit, im Englischen als „full tick" ausgesprochen) und ist unter *www.fltk.org* verfügbar. Unser Code kann damit auf jedes System portiert werden, das FLTK verwendet (dies kann z.B. ein Windows-, Unix-, Mac- oder ein Linux-System sein). Unsere Schnittstellenklassen können zudem für die Zusammenarbeit mit anderen Toolkits umgeschrieben werden, sodass Code, der diese Schnittstellenklassen verwendet, potenziell sogar noch besser zu portieren ist.

Das Programmiermodell, welches unsere Schnittstellenklassen präsentiert, ist bei Weitem nicht so komplex wie das Modell, das die meisten Toolkits anbieten. So umfasst unsere gesamte Grafik- und GUI-Schnittstellenbibliothek gerade einmal um die 600 Zeilen C++-Code, während die extrem knapp gehaltene FLTK-Dokumentation bereits 370 Seiten umfasst. Die Dokumentation kann übrigens von *www.fltk.org* heruntergeladen werden. Im Moment sollten Sie davon allerdings noch Abstand nehmen, Sie werden fürs Erste sehr gut ohne die detaillierten Informationen aus der Dokumentation zurechtkommen. Die allgemeinen Konzepte, die in den Kapiteln 12 bis 16 vorgestellt werden, lassen sich auf jedes übliche GUI-Toolkit übertragen. Darüber hinaus erklären wir Ihnen natürlich auch, wie die Schnittstellenklassen auf das FLTK abgebildet werden, sodass Sie, wenn nötig, später auch in der Lage sind, dieses oder ein anderes, ähnlich konzipiertes Toolkit direkt zu verwenden.

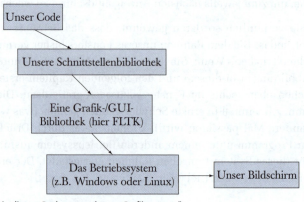

Abbildung 12.4: Modell des in diesem Buch verwendeten „Grafiksystems"

Unsere Schnittstellenklassen bieten eine einfache, erweiterbare Repräsentation von zweidimensionalen Formen, mit begrenzter Unterstützung für die Verwendung von Farben. Zur Steuerung verwenden wir ein einfaches GUI-Modell, das auf sogenannten „Callback"-Funktionen basiert, die über benutzerdefinierte Schaltflächen und andere Elemente auf dem Bildschirm ausgelöst werden (Kapitel 16).

12.5 Koordinaten

Der Computerbildschirm ist eine rechteckige Fläche, die aus Pixeln – winzigen Punkten, denen eine Farbe zugewiesen werden kann – aufgebaut ist. Der übliche Weg, den Bildschirm in einem Programm nachzubilden, ist daher ein Pixel-Rechteck. Jedes Pixel wird durch eine horizontale x- und eine vertikale y-Koordinate identifiziert. Die x-Koordinaten beginnen mit 0 (für die Pixel ganz links) und nehmen nach rechts zu (bis zu den Pixeln des rechten Rands). Die y-Koordinaten beginnen mit 0 (für die Pixel ganz oben) und nehmen nach unten zu (bis zu den Pixeln des unteren Rands).

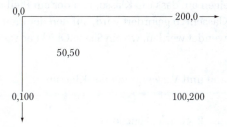

Abbildung 12.5: Bildschirmkoordinaten

Ich möchte noch einmal explizit darauf hinweisen, dass die y-Koordinaten nach *unten* zunehmen. Vor allem Mathematiker finden dies ungewöhnlich, aber Bildschirme (und Fenster) haben die unterschiedlichsten Abmaße und die linke obere Ecke ist meist alles, was ihnen gemeinsam ist.

Die Anzahl der Pixel hängt von dem Bildschirm ab. Typische Abmaße sind 1.024 zu 768, 1.280 zu 1.024, 1.450 zu 1.050 und 1.600 zu 1.200.

Im Kontext der bildschirmorientierten Interaktion mit dem Computer ist ein Fenster (*window*) ein rechteckiger Bereich auf dem Bildschirm, der einem bestimmten Zweck gewidmet ist und von einem Programm kontrolliert wird. Für Fenster gilt das gleiche Koordinatensystem wie für den Bildschirm, d.h., wir können Fenster in dieser Hinsicht als kleine Bildschirme betrachten. Wenn wir also schreiben:

Simple_window win(tl,600,400,"Leinwand");

fordern wir einen rechteckigen Bereich an, der 600 Pixel breit und 400 Pixel hoch ist und dessen Pixel wir mit den x-Koordinaten 0–599 (von links nach rechts) und den y-Koordinaten 0–399 (von oben nach unten) adressieren können. Der Teil der Fensterfläche, in den man zeichnen kann, wird meist *Leinwand* (*Canvas*) oder Clientbereich genannt. Die Größenangabe 600×400 bezieht sich nur auf das „Innere" des Fensters, d.h., die Fläche innerhalb des vom System gestellten Rahmens; der Platz, den das System für die Titelleiste, die Verlassen-Schaltfläche etc. verwendet, ist darin nicht eingeschlossen.

12.6 Formen

Unsere Grafikschnittstelle stellt uns für das Zeichnen auf den Bildschirm ein gutes Dutzend Klassen zur Verfügung (siehe ▶ Abbildung 12.6).

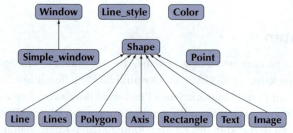

Abbildung 12.6: Die Klassen unserer Grafikschnittstelle

Die Pfeile in Abbildung 12.6 zeigen an, dass die Klasse, von der ein Pfeil ausgeht, auch überall dort verwendet werden kann, wo der Klassentyp gefordert wird, auf den der Pfeil weist. Beispielsweise kann ein **Polygon**-Objekt überall dort verwendet werden, wo ein **Shape**-Objekt erwartet wird. Das heißt, ein **Polygon** ist eine Art von **Shape**.

Wir beginnen mit der Vorstellung und Verwendung der Klassen

- **Simple_window, Window**
- **Shape, Text, Polygon, Line, Lines, Rectangle, Function** etc.
- **Color, Line_style, Point**
- **Axis**

Später, in Kapitel 16, nehmen wir die GUI-Klassen für die Interaktion mit dem Benutzer hinzu

- **Button, In_box, Menu** etc.

Wir könnten „leicht" noch weitere Klasse hinzufügen, wie z.B.

- **Spline, Grid, Block_chart, Pie_chart** etc.

Allerdings ist für die Definition und Beschreibung eines kompletten GUI-Frameworks, mit all seinen Elementen, in diesem Buch weder Platz noch wäre es der geeignete Ort.

12.7 Programmieren mit Grafikprimitiven

In diesem Abschnitt nehmen wir Sie mit auf eine Erkundungstour durch die wichtigsten Elemente unserer Grafikbibliothek: **Simple_window, Window, Shape, Text, Polygon, Line, Lines, Rectangle, Color, Line_style, Point** und **Axis**. Dabei geht es uns darum, Ihnen eine Vorstellung davon zu vermitteln, was Sie mit diesen Elementen anfangen können. Um das Design und den Code der einzelnen Klassen kümmern wir uns dann in den nachfolgenden Kapiteln.

Ausgangspunkt für unsere Erkundungstour ist ein einfaches Programm. Wir werden den Code dieses Programms Zeile für Zeile analysieren und uns ansehen, wie sich jede Zeile auf die Darstellung auf dem Bildschirm auswirkt. Wenn Sie das Programm ausführen, können Sie verfolgen, wie sich der Fensterinhalt Schritt für Schritt ändert, während wir weitere Formen in das Fenster aufnehmen und bestehende Formen modifizieren. Das Programm bildet sozusagen eine animierte Begleitshow zu unserer Tour durch den Code.

12.7.1 Die Grafik-Header und main()

Zu Beginn werden die Headerdateien einkopiert, die unsere Schnittstelle zu den Grafik- und GUI-Elementen bilden:

```
#include "Window.h"   // ein einfaches Fenster
#include "Graph.h"
```

oder

```
#include "Simple_window.h"   // für ein Fenster mit "Weiter"-Schalter
#include "Graph.h"
```

Wie Sie sicher schon vermutet haben, enthält *Window.h* die Elemente, die mit Fenstern zu tun haben, während *Graph.h* die Elemente bereitstellt, mit denen Formen (einschließlich Text) in Fenster gezeichnet werden. Alle Elemente sind in dem Namensbereich **Graph_lib** definiert. Um die Notation für den Zugriff auf diese Elemente nicht unnötig zu komplizieren, fügen wir eine Namensbereich-Direktive ein, die alle Namen aus **Graph_lib** in unserem Programm direkt verfügbar macht:

using namespace Graph_lib;

Wie üblich enthält **main()** den Code, den wir (direkt oder indirekt) ausführen möchten, und fängt etwaige Ausnahmen ab:

```
int main ()
try
{
  // ... hier steht unser Code ...

}
catch(exception& e) {
  // ein Fehlerbericht
    return 1;
}
catch(...) {
  // ein weiterer Fehlerbericht
    return 2;
}
```

Damit dieser Code kompiliert werden kann, muss **exception** definiert sein. Wir können dazu entweder – wie gewohnt – mit **#include** die Headerdatei *std_lib_facilities.h* einbinden oder wir beginnen, die C++-Standardheader direkt zu verwenden, und binden **<stdexcept>** ein.

12.7.2 Ein nahezu leeres Fenster

Auf die Fehlerbehandlung werden wir hier nicht weiter eingehen (siehe dazu Kapitel 5, insbesondere §5.6.3); stattdessen konzentrieren wir uns direkt auf den Grafikcode in **main()**:

Point tl(100,100);   // linke obere Ecke unseres Fensters

Simple_window win(tl,600,400,"Leinwand");
  // Bildschirmkoordinate tl für die linke obere Ecke
  // Fenstergröße(600*400)
  // Titel: Leinwand
win.wait_for_button();   // anzeigen!

Dieser Code erzeugt ein **Simple_window**-Fenster – d.h. ein Fenster mit einer WEITER-Schaltfläche – und zeigt es auf dem Bildschirm an. Für das Beispiel wurde also der Header *Simple_window.h* und nicht *Window.h* mit **#include** einkopiert. Hier geben wir auch explizit die Position auf dem Bildschirm an, wo das Fenster angezeigt werden soll: Seine linke obere Ecke soll auf dem Punkt **Point(100,100)** liegen. Das ist nahe, aber nicht zu nahe an der linken oberen Ecke des Bildschirms. Bei **Point** handelt es sich ganz offensichtlich um eine Klasse mit einem Konstruktor, der ein Paar ganzer Zahlen übernimmt und diese als (*x,y*)-Koordinaten interpretiert. Wir hätten also auch

Simple_window win(Point(100,100),600,400,"Leinwand");

schreiben können, aber da wir den Punkt (100,100) noch mehrfach verwenden möchten, ist es bequemer, ihm einen symbolischen Namen zu geben. Der Wert 600 gibt die Breite und 400 die Höhe des Fensters an. „Leinwand" schließlich ist der Text, der als Titel im Rahmen des Fensters erscheinen soll.

Damit das Fenster zum guten Schluss auch auf den Bildschirm gezeichnet wird, müssen wir die Kontrolle an das GUI-System übergeben. Wir erreichen dies durch den Aufruf von **win.wait_for_button()**. Das Ergebnis sehen Sie in ▶ Abbildung 12.7.

Abbildung 12.7: Das Fenster wurde auf den Bildschirm gezeichnet

Bleiben wir noch ein wenig bei Abbildung 12.7. Im Hintergrund sehen Sie einen Laptop-Desktop (der für diesen Anlass ein wenig aufgeräumt wurde). Für Leser, die sich auch für irrelevante Details interessieren, sei angemerkt, dass ich beim Schießen dieses Fotos nahe dem Picasso-Museum in Antibes stand und über die Bucht nach Nizza blickte. Das schwarze Konsolenfenster, das zum größten Teil von unserem Fenster verdeckt wird, führt unser Programm aus. Das Mitschleppen eines Konsolenfensters erscheint unnötig und befremdend, hat aber den großen Vorteil, dass wir unser Fenster ohne Probleme abschießen können, wenn ein nur teilweise „entwanztes" Programm in eine Endlosschleife eintritt und sich weigert, Platz zu machen. Wenn Sie genau hinsehen, werden Sie feststellen, dass der Microsoft-C++-Compiler ausgeführt wird. Sie können aber ebenso gut einen anderen Compiler verwenden (beispielsweise den Borland- oder den GNU-Compiler).

Tipp

Im weiteren Verlauf unserer Ausführungen werden wir auf alles verzichten, was von unserem Fenster ablenkt, d.h., wir werden nur noch wie in ▶ Abbildung 12.8 das reine Fenster zeigen.

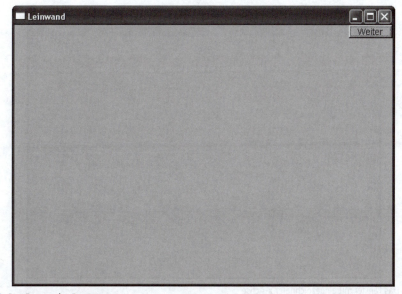

Abbildung 12.8: Das Fenster des Programms

Die tatsächliche Größe des Fensters (in Zentimeter) hängt von der Auflösung des Bildschirms ab. Einige Monitore arbeiten nämlich mit größeren Pixeln als andere.

12.7.3 Achsen

Da ein nahezu leeres Fenster wenig attraktiv ist, tun wir gut daran, das Fenster mit einigen Informationen zu füllen. Was also sollen wir anzeigen? Als kleine Mahnung, dass Grafikprogrammierung nicht nur mit Spaß und Spielen zu tun hat, beginnen wir mit einem etwas ernsteren und anspruchsvolleren Problem: der Darstellung einer Achse. Funktionsgraphen ohne Achsen sind ein Ärgernis. Ohne Achsen kann man nicht ablesen, was die Daten darstellen. Vielleicht gibt es einen Begleittext, der alles erklärt. Nur leider werden solche Erläuterungen nur selten gelesen. Und wenn es sich um eine besonders ansprechende grafische Darstellung handelt, besteht zudem die Gefahr, dass sie aus ihrem ursprünglichen Kontext herausgerissen wird. Sicherer und benutzerfreundlicher ist es daher, Achsen hinzuzufügen.

```
Axis xa(Axis::x, Point(20,300), 280, 10, "x-Achse");   // eine Achse erzeugen
    // eine Achse (Axis) ist eine Art von Form (Shape)
    // Axis::x bedeutet horizontal
    // beginnen bei (20,300)
    // 280 Pixel lang
    // 10 Skalenstriche
    // beschrifte die Achse mit "x-Achse"
win.attach(xa);                         // verbinde xa mit dem Fenster win
win.set_label("Leinwand Nr. 2");        // neuer Fenstertitel
win.wait_for_button();                  // anzeigen!
```

Die grundsätzliche Vorgehensweise ist: Erzeuge das Achsenobjekt, füge es in das Fenster ein und lasse dieses anschließend anzeigen.

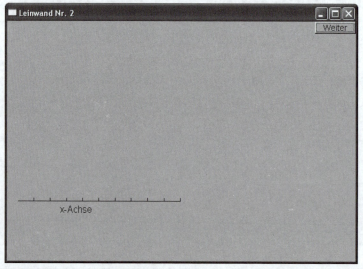

Abbildung 12.9: Das Fenster mit eingezeichneter x-Achse

Wie erwartet wird **Axis:x** in ▶ Abbildung 12.9 als horizontale Linie dargestellt. Weiterhin sehen wir die gewünschte Anzahl von Skalenstrichen (10) und die Beschriftung „x-Achse" (in einer realen Anwendung würde die Achsenbeschriftung angeben, was über der Achse aufgetragen wird und welche Bedeutung die Skalenstriche haben). Der angestammte Platz für die x-Achse ist naturgemäß der Bereich am unteren Rand des Fensters. In einem realen Programm würden wir für die Breite und Höhe symbolische Konstanten einführen, sodass wir eine Position wie „ein wenig über dem unteren Rand" in der Form **y_max-bottom_margin** angeben könnten statt mit einer „magischen Konstante" wie **300** (§4.3.1, §15.6.2).

Um Code und Darstellung leichter zuordnen zu können, haben wir den Fenstertitel mithilfe der **Window**-Memberfunktion **set_label()** in „Leinwand Nr. 2" geändert.

Jetzt fügen wir noch die *y*-Achse hinzu:

```
Axis ya(Axis::y, Point(20,300), 280, 10, "y-Achse");
ya.set_color(Color::cyan);          // wähle eine Farbe
ya.label.set_color(Color::dark_red);  // wähle eine Farbe für den Text
win.attach(ya);
win.set_label("Leinwand Nr. 3");
win.wait_for_button();   // anzeigen!
```

Zu Demonstrationszwecken zeichnen wir die *y*-Achse in Cyan und die Beschriftung in Dunkelrot.

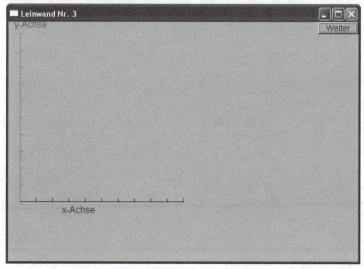

Abbildung 12.10: Das Fenster mit eingezeichneter x- und y-Achse

Wie gesagt, es geht uns hierbei lediglich darum zu demonstrieren, wie Sie die Farbe einer Form (eines **Shape**-Objekts) bzw. einer einzelnen Komponente einer Form festlegen können. Keinesfalls wollen wir damit ausdrücken, dass es eine gute Idee sei, den Achsen unterschiedliche Farben zuzuweisen. Überhaupt: Viele Farben einzusetzen ist nicht unbedingt ratsam. Gerade Novizen sollten sich vorsehen, bei der Wahl ihrer Farben nicht zu enthusiastisch vorzugehen.

12.7.4 Grafische Darstellung von Funktionen

Wie geht es weiter? Angesichts der Tatsache, dass wir nunmehr ein Fenster mit einem Achsensystem vorliegen haben, liegt es nahe, darin den Graphen einer Funktion einzuzeichnen. Dazu erzeugen wir eine Form, die eine Sinusfunktion darstellt, und verbinden sie mit dem Fenster:

```
Function sine(sin,0,100,Point(20,150),1000,50,50);   // Sinuskurve
  // sin() im Bereich [0:100) darstellen, mit (0,0) an der Koordinate (20,150)
  // verwende 1000 Punkte; skaliere x-Werte mit *50, y-Werte mit *50

win.attach(sine);
win.set_label("Leinwand Nr. 4");
win.wait_for_button();
```

Das **Function**-Objekt **sine** berechnet mithilfe der Standardbibliotheksfunktion **sin()** die Punkte der Sinuskurve und zeichnet den zugehörigen Graphen. Wie Funktionsgraphen im Detail gezeichnet werden, sehen wir uns in §15.3 noch näher an. Hier nur so viel: Zum Zeichnen eines Graphen gehört, dass wir angeben, an welchem Punkt (ein **Point**-Objekt) der Graph beginnen und für welche Eingabewerte der Graph berechnet werden soll (Bereich). Außerdem müssen wir festlegen, wie der Graph in das Fenster eingepasst werden soll (Skalierung).

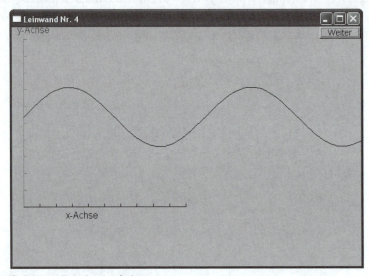

Abbildung 12.11: Grafische Darstellung der Sinusfunktion

Wie Sie ▶ Abbildung 12.11 entnehmen können, endet die Kurve am Rand des Fensters. Dies liegt daran, dass Punkte, die außerhalb des Fenster-Rechtecks liegen, vom GUI-System einfach ignoriert werden. Sie finden also nie den Weg auf den Bildschirm.

12.7.5 Polygone

Funktionsgraphen sind ein Beispiel für die grafische Präsentation von Daten. (In Kapitel 15 werden wir noch viele weitere grafische Funktionsdarstellungen sehen.) Daneben können wir in ein Fenster aber auch verschiedene Arten von Objekten zeichnen: die geometrischen Formen. Geometrische Formen werden z.B. für grafische Illustrationen verwendet, zur Kennzeichnung interaktiver Elemente der Benutzeroberfläche (Schaltflächen etc.) oder allgemein ausgedrückt zur Belebung jeglicher Art von Präsentation.

Ein **Polygon**-Objekt wird durch eine Folge von Punkten beschrieben, die von der Klasse **Polygon** durch Linien verbunden werden. Die erste Linie verbindet den ersten Punkt mit dem zweiten, die zweite Linie verbindet den zweiten Punkt mit dem dritten und die letzte Linie verbindet den letzten Punkt mit dem ersten:

sine.set_color(Color::blue);   // wir möchten jetzt doch eine andere Farbe für sine

Polygon poly;   // ein Polygon; ein Polygon ist eine Art von Shape
poly.add(Point(300,200));   // drei Punkte ergeben ein Dreieck
poly.add(Point(350,100));
poly.add(Point(400,200));

poly.set_color(Color::red);
poly.set_style(Line_style::dash);
win.attach(poly);
win.set_label("Leinwand Nr. 5");
win.wait_for_button();

Als Erstes ändern wir – nur um zu demonstrieren, dass auch dies machbar ist – die Farbe der Sinuskurve (**sine**). Dann fügen wir als Beispiel für ein Polygon ein Dreieck ein – so wie wir es bereits in unserem ersten Beispiel in §12.3 getan haben. Wieder wählen wir eine Farbe und diesmal legen wir auch noch einen Stil fest. Für die Linien eines **Polygon**-Objekts kann man nämlich einen Linienstil auswählen. Die Voreinstellung sind durchgezogene Linien (**solid**), wir können die Linien bei Bedarf aber auch z.B. gestrichelt (**dash**) oder gepunktet (**dot**) einzeichnen lassen (siehe §13.5).

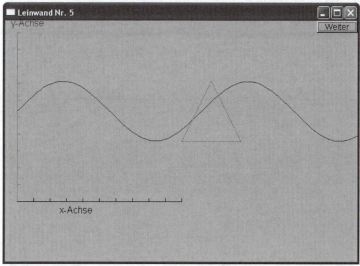

Abbildung 12.12: Das Fenster mit Graph und Polygon ▶ Farbteil Seite II

12 Ein Anzeigemodell

12.7.6 Rechtecke

Ein Bildschirm ist ein Rechteck, ein Fenster ist ein Rechteck und ein Stück Papier ist ein Rechteck. Erstaunlich viele Formen, denen wir in unserer modernen Welt begegnen, sind rechteckig (teils mit abgerundeten Ecken). Die Erklärung für dieses Phänomen ist, dass das Rechteck unter den verschiedenen Formen diejenige ist, die am einfachsten zu handhaben ist. Beispielsweise lassen sich Rechtecke einfach beschreiben (als linke obere Ecke plus Breite und Höhe oder als linke obere Ecke plus rechte untere Ecke oder wie auch immer), es lässt sich einfach feststellen, ob ein Punkt innerhalb oder außerhalb eines Rechtecks liegt und von einer Hardware können Rechtecke aus Pixeln schnell und effizient gezeichnet werden.

Die meisten High-Level-Grafikbibliotheken kommen mit Rechtecken daher besser zurecht als mit anderen geschlossenen Formen, und es ist nur konsequent, wenn wir für Rechtecke eine eigene Klasse **Rectangle** definieren (statt sie als Objekte der Klasse **Polygon** zu erzeugen). Ein **Rectangle**-Objekt wird durch seine linke obere Ecke, seine Breite und seine Höhe beschrieben:

```
Rectangle r(Point(200,200), 100, 50);   // linke obere Ecke, Breite, Höhe
win.attach(r);
win.set_label("Leinwand Nr. 6");
win.wait_for_button();
```

Den Effekt dieses Codes sehen Sie in ▶ Abbildung 12.13.

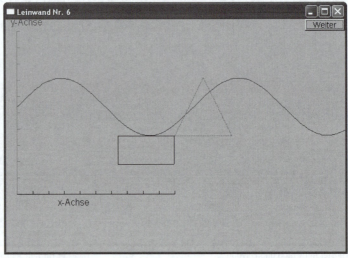

Abbildung 12.13: Das Fenster mit Rechteck   ▶ Farbteil Seite II

Bitte beachten Sie, dass es nicht genügt, eine Polylinie mit vier Punkten an den richtigen Stellen zu erzeugen, um ein **Rectangle**-Objekt nachzubilden. Dabei ist es kein Problem, ein **Closed_polyline**-Objekt zu erzeugen, das auf dem Bildschirm wie ein Rechteck aussieht. (Es ist sogar möglich, ein **Open_polyline**-Objekt erzeugen, das wie ein Rechteck aussieht.)

```
Closed_polyline poly_rect;
poly_rect.add(Point(100,50));
poly_rect.add(Point(200,50));
poly_rect.add(Point(200,100));
poly_rect.add(Point(100,100));
```

12.7 Programmieren mit Grafikprimitiven

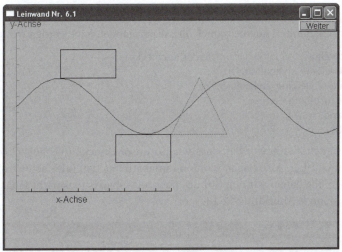

Abbildung 12.14: Das Fenster mit zwei Rechtecken. Während das untere Rechteck durch ein Rectangle-Objekt erzeugt wird, verbirgt sich hinter dem oberen Rechteck ein **Closed_polyline**-Objekt. ▶ Farbteil Seite III

Das Bildschirm-Abbild dieses **poly_rect**-Objekts ist tatsächlich ein Rechteck. Das **poly_rect**-Objekt im Arbeitsspeicher ist allerdings kein **Rectangle** und „weiß" nichts über Rechtecke – was sich durch Hinzufügen eines weiteren Punkts leicht beweisen lässt:

poly_rect.add(Point(50,75));

Kein Rechteck hat fünf Ecken (siehe ▶ Abbildung 12.15).

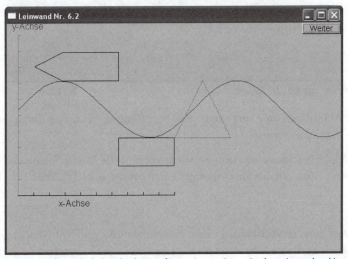

Abbildung 12.15: Das **Closed_polyline**-Objekt hat durch Hinzufügen eines weiteren Punkts seine rechteckige Form verloren ▶ Farbteil Seite III

Für das Verständnis der weiteren Ausführungen ist es wichtig, dass ein **Rectangle**-Objekt nicht nur zufällig auf dem Bildschirm wie ein Rechteck aussieht, sondern darüber hinaus die typischen Merkmale eines Rechtecks garantiert (wie aus der Geometrie bekannt). Das heißt, unser Code verlässt sich darauf, dass ein **Rectangle**-Objekt auf dem Bildschirm ein Rechteck ist und bleibt.

12.7.7 Füllen

Bisher haben wir unsere Formen nur als reine Umrisse gezeichnet. Jetzt werden wir sie mit Farbe füllen:

```
r.set_fill_color(Color::yellow);   // färbe das Innere des Rechtecks ein
poly.set_style(Line_style(Line_style::dash,4));
poly_rect.set_style(Line_style(Line_style::dash,2));
poly_rect.set_fill_color(Color::green);
win.set_label("Leinwand Nr. 7");
win.wait_for_button();
```

Mittlerweile ist uns auch klar geworden, dass wir für unser Dreieck (das **poly**-Objekt) einen anderen Linienstil vorziehen würden. Also haben wir den Linienstil auf „fett (vierfache Breite) und gestrichelt (*dashed*)" gesetzt. Analog haben wir den Stil des **poly_rect**-Objekts (das nicht länger wie ein Rechteck aussieht) geändert, siehe ▶ Abbildung 12.16.

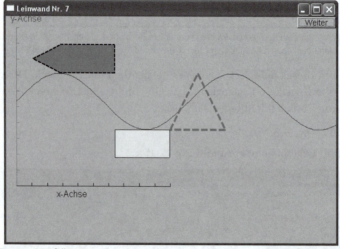

Abbildung 12.16: Das Fenster mit gefüllten Formen ▶ Farbteil Seite IV

Wenn Sie sich das Abbild von **poly_rect** genau ansehen, können Sie feststellen, dass der Umriss über die gefüllte Fläche gezeichnet wurde.

Grundsätzlich kann jede geschlossene Form gefüllt werden (siehe §13.9). Rechtecke nehmen allerdings insofern eine Sonderstellung ein, als sie besonders leicht (und schnell) zu füllen sind.

12.7.8 Text

Kein System zum Zeichnen ist vollständig, ohne eine einfache Möglichkeit Text auszugeben (die Buchstaben Strich für Strich nachzuzeichnen ist nicht akzeptabel). Sie haben bereits gesehen, wie Sie dem Fenster einen Titel geben und wie Sie die Achsen beschriften. Jetzt erfahren Sie, wie Sie mithilfe eines **Text**-Objekts einen Text beliebig platzieren können:

```
Text t(Point(150,150), "Hallo Grafik-Welt! ");
win.attach(t);
win.set_label("Leinwand Nr. 8");
win.wait_for_button();
```

12.7 Programmieren mit Grafikprimitiven

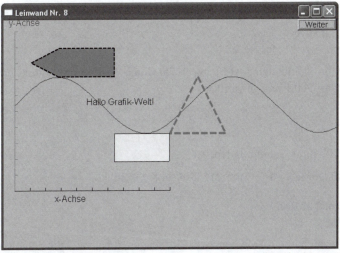

Abbildung 12.17: Das Fenster mit eingezeichnetem Text ▶ Farbteil Seite IV

Mithilfe der primitiven Grafikelemente, die Sie in dem Fenster aus ▶ Abbildung 12.17 sehen, können Sie Darstellungen und Grafikausgaben von praktisch unbegrenzter Komplexität und Raffinesse aufbauen. Natürlich gilt dies nicht für die Beispiele in diesem Kapitel, deren Code etwas aus dem üblichen Rahmen fällt: Er enthält keine Schleifen, keine Auswahlanweisungen, sämtliche Daten sind hartcodiert und die Ausgabe wurde auf die erdenklich einfachste Weise aus Primitiven aufgebaut. Richtig interessant wird es erst, wenn wir damit beginnen, diese Primitiven in Kombination mit Daten und Algorithmen zu nutzen.

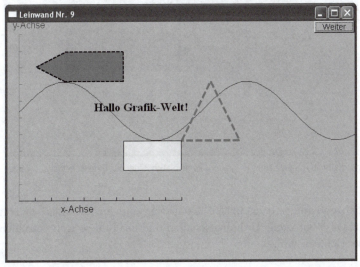

Abbildung 12.18: Das Fenster mit fett gedrucktem Text in 20 Punkt großer Times-Schrift ▶ Farbteil Seite V

Wie man die Textfarbe einstellt, konnten Sie bereits am Beispiel der Achsenbeschriftungen beobachten (die Beschriftung eines **Axis**-Objekts, siehe §12.7.3, ist ebenfalls ein **Text**-Objekt). Darüber hinaus können wir einen Schriftart (Font) auswählen und die Größe der Zeichen festlegen:

```
t.set_font(Font::times_bold);
t.set_font_size(20);
win.set_label("Leinwand Nr. 9");
win.wait_for_button();
```

Hier wird die Schriftgröße für den Text-String "**Hallo Grafik-Welt!**" auf 20 Punkt heraufgesetzt und als Schrift wurde Times in Fettdruck gewählt.

12.7.9 Bilder

Wir können auch Bilder aus Dateien laden:

```
Image ii(Point(100,50),"image.jpg");    // 400*212 Pixel großes JPG-Bild
win.attach(ii);
win.set_label("Leinwand Nr. 10");
win.wait_for_button();
```

Die Datei *image.jpg* speichert ein Foto von zwei Flugzeugen, die gerade die Schallmauer durchbrechen, siehe ▶ Abbildung 12.19.

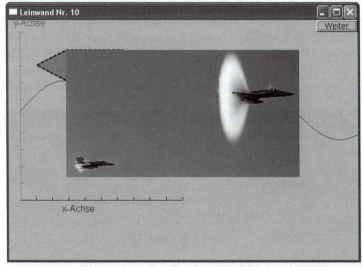

Abbildung 12.19: In die grafische Ausgabe eines Programms können auch Bilder aus Dateien eingebaut werden
▶ Farbteil Seite V

Das Foto ist ziemlich groß und verdeckt unsere Textausgabe und einen Großteil der eingezeichneten Formen. Lassen Sie uns also ein wenig Ordnung schaffen und das Bild so weit verschieben, dass der Rest der Ausgabe wieder sichtbar wird:

```
ii.move(100,200);
win.set_label("Leinwand Nr. 11");
win.wait_for_button();
```

12.7 Programmieren mit Grafikprimitiven

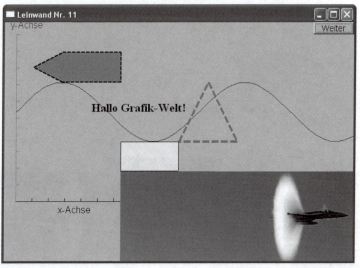

Abbildung 12.20: Das Bild wurde zur Seite geschoben ▶ Farbteil Seite VI

Beachten Sie, dass die Teile des Bildes, die nach der Verschiebung außerhalb des Fensters liegen, nicht mehr angezeigt werden; sie werden einfach abgeschnitten (*Clipping* auf Englisch).

12.7.10 Und vieles mehr

Ohne weitere Erläuterungen hier noch ein paar mehr Zeilen Beispielcode:

```
Circle c(Point(100,200),50);
Ellipse e(Point(100,200), 75,25);
e.set_color(Color::dark_red);
Mark m(Point(100,200),'x');

ostringstream oss;
oss << "Bildschirmgröße: " << x_max() << "*" << y_max()
    << "; Fenstergröße: " << win.x_max() << "*" << win.y_max();
Text sizes(Point(100,20),oss.str());

Image cal(Point(225,225),"snow_cpp.gif");   // 320*240 Pixel großes GIF-Bild
cal.set_mask(Point(40,40),200,150);         // nur die Mitte des Bildes anzeigen

win.attach(c);
win.attach(m);
win.attach(e);

win.attach(sizes);
win.attach(cal);
win.set_label("Leinwand Nr. 12");
win.wait_for_button();
```

Können Sie erraten, welchen Effekt dieser Code hat? Ist es offensichtlich?

12 Ein Anzeigemodell

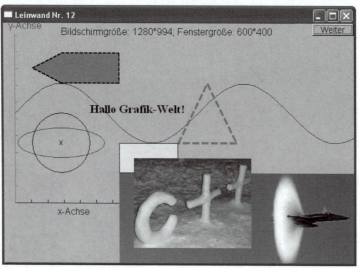

Abbildung 12.21: Weitere Grafikausgaben ▶ Farbteil Seite VI

Tipp Im obigen Beispiel gibt es eine direkte Entsprechung zwischen Code und der Anzeige auf dem Bildschirm. Sollten Sie trotzdem nicht sehen, wie der obige Code die Ausgabe aus ▶ Abbildung 12.21 erzeugt, grämen Sie sich nicht, die Zusammenhänge werden bald klar werden. Und sehen Sie sich auch noch einmal an, wie wir das **Text**-Objekt zur Anzeige der Größenangaben mithilfe eines **stringstream**-Streams formatiert haben (vgl. §11.4).

12.8 Ausführung des Grafikbeispiels

Wir haben gesehen, wie man ein Fenster erzeugt und wie man verschiedene Formen in ein Fenster zeichnet. In den folgenden Kapiteln werden wir sehen, wie die dabei verwendeten **Shape**-Klassen definiert sind und wie man sie noch einsetzen kann.

Das vorliegende Programm zum Laufen zu bringen, ist allerdings nicht ganz so einfach wie im Falle der Programme, die wir Ihnen bisher vorgestellt haben. Zusätzlich zu dem Code unserer **main()**-Funktion müssen wir den Code der Schnittstellenbibliothek kompilieren und mit unserem Code zusammenbinden. Und dann müssen wir noch dafür Sorge tragen, dass die FLTK-Bibliothek (oder welches GUI-System wir auch immer verwenden) installiert und korrekt mit unserem Code verbunden ist.

Unser Programm setzt sich also aus vier Teilen zusammen:

- Unserem Programmcode (**main()** etc.)
- Unserer Schnittstellenbibliothek (**Window**, **Shape**, **Polygon** etc.)
- Der FLTK-Bibliothek
- Der C++-Standardbibliothek

Indirekt wird zudem noch das Betriebssystem benutzt. Ohne Berücksichtigung des Betriebssystems und der Standardbibliothek kann die Organisation unseres Grafikcodes wie in ▶ Abbildung 12.22 dargestellt werden.

12.8 Ausführung des Grafikbeispiels

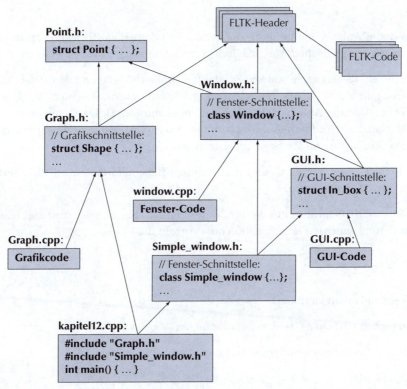

Abbildung 12.22: Organisation und Aufteilung des Grafikcodes

In Anhang D wird erklärt, wie man dieses Konglomerat zum Laufen bringt.

12.8.1 Die Quelldateien

Unsere Grafik- und GUI-Schnittstellenbibliothek besteht aus fünf Headerdateien und drei Quelldateien.

- Headerdateien:
  - *Point.h*
  - *Window.h*
  - *Simple_window.h*
  - *Graph.h*
  - *GUI.h*
- Quelldateien:
  - *Window.cpp*
  - *Graph.cpp*
  - *GUI.cpp*

Die GUI-Dateien benötigen wir erst in Kapitel 16.

12 Ein Anzeigemodell

Aufgaben

Die hier vorgestellte Aufgabe ist das grafische Pendant zu dem *Hello, World!*-Programm. Ziel ist es, Sie mit den einfachsten grafischen Ausgabe-Tools vertraut zu machen.

1 Erzeugen Sie ein leeres **Simple_window**-Fenster der Größe 600×400 und dem Titel „Mein Fenster". Kompilieren und linken Sie das Programm und führen Sie es aus. Beachten Sie, dass Sie dazu die FLTK-Bibliothek wie in Anhang D beschrieben linken müssen. Des Weiteren müssen Sie die Headerdateien *Graph.h*, *Window.h* und *GUI.h* in Ihren Code einkopieren und Sie müssen dem Projekt die Dateien *Graph.cpp* und *Window.cpp* hinzufügen.

2 Füllen Sie Ihr Fenster jetzt nach und nach mit den Beispielformen aus §12.7. Testen Sie nach jeder neu hinzugefügten Form.

3 Gehen Sie anschließend Ihren Code durch und nehmen Sie in jeder hinzugefügten Form eine kleine Änderung vor (z.B. Farbe, Position oder Anzahl der Punkte).

Fragen

1 Warum verwenden wir Grafiken?

2 Wann versuchen wir, ohne Grafiken auszukommen?

3 Warum ist die Grafikprogrammierung so interessant für Programmierer?

4 Was ist ein Fenster?

5 In welchem Namensbereich stehen unsere Grafikschnittstellenklassen (unsere Grafikbibliothek)?

6 Welche Headerdateien benötigen Sie, um einfache Grafiken mit unserer Grafikbibliothek zu erstellen?

7 Welches ist das Fenster, das am einfachsten zu benutzen ist?

8 Was ist das einfachst mögliche Fenster?

9 Was ist ein Fenstertitel?

10 Wie versehen Sie ein Fenster mit einem Titel?

11 Wie sind Bildschirmkoordinaten definiert? Fensterkoordinaten? Mathematische Koordinaten?

12 Nennen Sie Beispiele für einfache Formen (**Shape**-Objekte), die wir anzeigen können.

13 Mit welchem Befehl wird eine Form mit einem Fenster verbunden?

14 Welche Grundform würden Sie verwenden, um ein Hexagon zu zeichnen?

15 Wie geben Sie an einer beliebigen Stelle im Fenster einen Text aus?

16 Wie würden Sie ein Foto Ihres besten Freundes in einem Fenster anzeigen (unter Verwendung eines selbst geschriebenen Programms)?

17 Sie haben ein **Window**-Objekt erstellt, aber nichts passiert auf Ihrem Bildschirm. Welche Gründe könnte das haben?

18 Sie haben eine Form erstellt, die aber nicht im Fenster angezeigt wird. Welche Gründe könnte das haben?

Übungen

Wir empfehlen, dass Sie für diese Übungen das **Simple_window**-Objekt zugrunde legen.

1 Zeichnen Sie ein Rechteck: einmal als **Rectangle**- und einmal als **Polygon**-Objekt. Verwenden Sie für das **Polygon**-Objekt rote und für das **Rectangle**-Objekt blaue Umrißlinien.

2 Zeichnen Sie ein **Rectangle**-Objekt mit den Abmaßen 100×30 und platzieren Sie innerhalb des Rechtecks den Text „Wie geht's".

3 Zeichnen Sie Ihre Initialen mit einer Höhe von 150 Pixeln. Verwenden Sie eine dicke Linie und zeichnen Sie jedes Initial in einer anderen Farbe.

4 Zeichnen Sie ein TicTacToe-Spielbrett aus 3×3 alternierenden weißen und roten Quadraten.

5 Zeichnen Sie einen roten Rahmen von ¼ Inch um ein Rechteck, das drei Viertel der Höhe Ihres Bildschirms und zwei Drittel der Bildschirmbreite umfasst.

6 Was passiert, wenn Sie ein **Shape**-Objekt zeichnen, das nicht in sein Fenster passt? Was passiert, wenn Sie ein **Window**-Objekt zeichnen, das nicht auf Ihren Bildschirm passt? Schreiben Sie zwei Programme zur Veranschaulichung der beschriebenen Phänomene.

7 Zeichnen Sie eine zweidimensionale Frontalansicht eines Hauses – so wie es auch ein Kind machen würden: mit einer Tür, zwei Fenstern und einem Dach mit einem Schornstein. Fügen Sie nach Belieben Details hinzu (lassen Sie z.B. „Rauch" aus dem Schornstein aufsteigen).

8 Zeichnen Sie die fünf olympischen Ringe. Wenn Sie sich nicht mehr an die Farben erinnern können, informieren Sie sich in der einschlägigen Fachliteratur oder im Internet.

9 Zeigen Sie ein Bild auf dem Bildschirm an, z.B. ein Foto von einem Freund, und überlegen Sie sich einen Titel für das Bild. Blenden Sie den Bildtitel im Fenster (als Bildüberschrift) und in der Titelleiste ein.

10 Zeichnen Sie das Datei-Diagramm aus §12.8.

11 Zeichnen Sie eine Reihe von regelmäßigen, ineinander verschachtelten Polygonen. Das innerste sollte ein gleichseitiges Dreieck sein, das von einem Quadrat umschlossen ist, welches wiederum von einem Fünfeck umschlossen wird, und so weiter. Für die Mathematik-Freaks unter Ihnen: Sorgen Sie dafür, dass die Punkte jedes **N**-Polygons auf den Seiten des umschließenden **(N+1)**-Polygons liegen.

12 Eine Superellipse ist eine zweidimensionale Form, die durch folgende Gleichung definiert wird:

$$\left|\frac{x}{a}\right|^m + \left|\frac{y}{b}\right|^n = 1 \quad m,n > 0$$

Recherchieren Sie im Internet, wie genau eine *Superellipse* aussieht. Schreiben Sie ein Programm, das „sternenförmige" Muster zeichnet, indem es Punkte auf einer Superellipse verbindet. Übernehmen Sie a, b, m, n und N als Argumente. Wählen Sie N Punkte auf der Superellipse definiert durch a, b, m und n. Versuchen Sie, die Punkte möglichst gleichmäßig zu verteilen. Verbinden Sie jeden dieser N Punkte mit einem oder mehreren anderen Punkten (wenn Sie möchten, können Sie die Anzahl der Punkte über ein zusätzliches Argument entgegennehmen oder einfach N-1, d.h. alle anderen Punkte verwenden).

13 Versuchen Sie, die Formen der Superellipse aus der vorhergehenden Übung farblich zu gestalten. Zeichnen Sie die verschiedenen Linien in jeweils unterschiedlichen Farben.

Schlüsselbegriffe

Anzeige	Füllfarbe	JPEG
Bild	Grafik	Koordinaten
Farbe	GUI	Linienstil
Fenster	GUI-Bibliothek	Softwareebenen
FLTK	HTML	XML

Ein persönlicher Hinweis

Tipp

Gutes Programmdesign zeichnet sich unter anderem dadurch aus, dass wir unsere Konzepte eins zu eins als Entitäten in einem Programm repräsentieren können: Ideen durch Klassen, reale Entitäten durch Objekte von Klassen und Aktionen und Berechnungen durch Funktionen. In der Grafikprogrammierung wird dieses Ideal ganz offensichtlich umgesetzt. So haben wir zum Beispiel Konzepte wie Kreise und Polygone und repräsentieren sie in unseren Programmen als Klassen **Circle** und **Polygon**. Was bei der Grafikprogrammierung aber noch hinzukommt, ist, dass wir die Objekte dieser Klassen auf dem Bildschirm sehen können. Das bedeutet, dass der Zustand unseres Programms von uns direkt beobachtet werden kann – die meisten anderen Anwendungen erlauben uns dies nicht. Die direkte Übereinstimmung zwischen Ideen, Code und Ausgabe macht die Grafikprogrammierung natürlich besonders attraktiv. Doch behalten Sie dabei immer im Gedächtnis, dass die Grafikprogrammierung nur eine besonders anschauliche Umsetzung des weitaus umfassenderen und sehr nützlichen Prinzips ist, mittels Klassen Konzepte direkt in Code zu repräsentieren. Fast alles, was wir uns vorstellen können, kann im Code durch eine Klasse, ein Objekt einer Klasse oder einen Satz von Klassen repräsentiert werden.

Grafikklassen

13.1 **Überblick über die Grafikklassen** 448
13.2 **Point** und **Line** 451
13.3 **Lines** 453
13.4 **Color** 456
13.5 **Line_style** 458
13.6 **Open_polyline** 461
13.7 **Closed_polyline** 462
13.8 **Polygon** 463
13.9 **Rectangle** 465
13.10 **Arbeiten mit unbenannten Objekten** 470
13.11 **Text** 472
13.12 **Circle** 474
13.13 **Ellipse** 476
13.14 **Marked_polyline** 478
13.15 **Marks** 479
13.16 **Mark** 480
13.17 **Image** 482

13 Grafikklassen

„Eine Sprache, die unser Denken nicht verändert, ist es nicht wert, erlernt zu werden."

– Spruchweisheit[1]

Kapitel 12 hat Ihnen eine Vorstellung davon gegeben, welches Potenzial bereits in einem einfachen Satz von grafischen Schnittstellenklassen steckt und wie man dieses Potenzial abruft. Viele der dabei zum Einsatz gekommenen Klassen werden hier nun näher vorgestellt, wobei wir den Fokus auf Design, Verwendung, Implementierung und Einsatzgebiete der einzelnen Schnittstellenklassen wie **Point**, **Color**, **Polygon** oder **Open_polyline** legen. In dem nachfolgenden Kapitel werden wir dann Tipps geben, wie Sie selbst Sätze von zusammengehörenden Klassen erstellen, und Ihnen weitere Implementierungstechniken vorstellen.

13.1 Überblick über die Grafikklassen

Grafik- und GUI-Bibliotheken sind meist sehr umfangreich und enthalten viele Elemente, die sie dem Programmierer zur Verfügung stellen. Mit „viel" meinen wir hier Hunderte von Klassen, oft ausgestattet mit Dutzenden von Funktionen. Schaut man in die Handbücher oder Dokumentationen zu diesen Bibliotheken, fühlt man sich an altmodische Botanik-Lehrbücher erinnert, in denen unzählige Details über Tausende, nach obskuren Merkmalen klassifizierte Pflanzen aufgelistet werden. Das ist einerseits beängstigend, andererseits aber auch aufregend – beim Anblick der vielen Elemente einer modernen Grafik-/GUI-Bibliothek fühlt man sich wie ein Kind in einem Süßwarenladen. Aber wo soll man anfangen? Und was ist gut für uns?

Ein Vorzug unserer Schnittstellenbibliothek ist, dass sie den Schock mildert, den die Komplexität einer sehr großen Grafik-/GUI-Bibliothek verursachen kann. Außerdem haben wir es auf diese Weise nur mit gerade einmal zwei Dutzend Klassen zu tun, die zudem nur über wenige Operationen verfügen – und mit denen wir trotzdem nützliche, grafische Ausgaben erzeugen können. Womit wir bei dem zweiten Vorzug der Schnittstellenbibliothek wären: Mithilfe und anhand der Klassen der Schnittstellenbibliothek beabsichtigen wir, Ihnen die Schlüsselkonzepte der Grafik- und GUI-Programmierung näherzubringen und Sie in die Grafikprogrammierung einzuführen. Der erste Schritt ist bereits getan: Schon jetzt sind Sie in der Lage, Programme zu schreiben, die ihre Ergebnisse in Form einfacher Grafiken präsentieren. Der zweite Schritt wird sein, Ihnen durch die Lektüre dieses Kapitels ein größeres Spektrum an Grafikprogrammen zu eröffnen, sodass Sie den meisten Aufgaben und Problemen, die sich beim Einstieg in die Grafikprogrammierung stellen, gewachsen sind. Nach Kapitel 14 schließlich werden Sie mit den meisten Design-Techniken und Konzepten vertraut sein und können Ihr Wissen und die Bandbreite der Ihnen zur Verfügung stehenden grafischen Hilfsmittel nach Bedarf erweitern – sei es, indem Sie den Satz der hier beschriebenen Klassen ausbauen oder indem Sie sich in eine andere C++-Grafik-/GUI-Bibliothek einarbeiten.

---

1 Siehe zum Beispiel den Artikel *Epigrams in Programming* von Alan J. Perlis in ACM SIGPLAN Notices Vol. 17, No. 9, September 1982, Seiten 7–13.

13.1 Überblick über die Grafikklassen

Die wichtigsten Schlüsselklassen sind in ▶ Tabelle 13.1 zusammengefasst.

Tabelle 13.1

Grafikschnittstellenklassen

Klasse	Beschreibung
Color	Wird für Linien, Text und zum Füllen geschlossener Formen verwendet
Line_style	Zum Zeichnen von Linien
Point	Zur Angabe von Positionen auf dem Bildschirm oder innerhalb eines Fensters (**Window**)
Line	Ein Liniensegment, wie es auf dem Bildschirm zu sehen ist; wird durch seine beiden Endpunkte (vom Typ **Point**) definiert
Open_polyline	Eine Folge von verbundenen Liniensegmenten; definiert durch eine Folge von Punkten (vom Typ **Point**)
Closed_polyline	Wie eine **Open_polyline**, bei der allerdings der letzte und der erste Punkt durch ein Liniensegment verbunden werden
Polygon	Eine **Closed_polyline**, bei der sich keine Liniensegmente schneiden
Text	Ein Zeichenstring
Lines	Ein Satz Liniensegmente; definiert durch **Point**-Paare
Rectangle	Eine häufig benötigte Form, die für die schnelle und bequeme Anzeige optimiert ist
Circle	Ein Kreis; definiert durch Mittelpunkt und Radius
Ellipse	Eine Ellipse; definiert durch Mittelpunkt und zwei Achsen
Function	Eine Funktion mit einem Parameter; dargestellt innerhalb eines vorgegebenen Bereichs
Axis	Eine beschriftete Achse
Mark	Ein Punkt, der durch ein Zeichen (wie **x** oder **o**) markiert ist
Marks	Eine Folge von Punkten, die mit Zeichen (wie **x** oder **o**) markiert sind
Marked_polyline	Eine **Open_polyline**, deren Punkte mit Zeichen markiert sind
Image	Der Inhalt einer Bilddatei

Die Klassen **Function** und **Axis** untersuchen wir in Kapitel 15. Kapitel 16 stellt die wichtigsten GUI-Schnittstellenklassen vor.

Tabelle 13.2

GUI-Schnittstellenklassen

Klasse	Beschreibung
Window	Ein Bereich auf dem Bildschirm, in dem wir unsere Grafikobjekte anzeigen
Simple_window	Ein Fenster mit einer WEITER-Schaltfläche
Button	Ein üblicherweise beschrifteter rechteckiger Bereich innerhalb eines Fensters, den wir drücken können, um eine unserer Funktionen auszuführen
In_box	Ein Feld innerhalb eines Fensters, üblicherweise mit Titel, in das der Benutzer einen Text eintippen kann
Out_box	Ein Feld innerhalb eines Fensters, üblicherweise mit Titel, in das das Programm einen Text schreiben kann
Menu	Ein Vektor von **Button**-Objekten

▶ Tabelle 13.3 können Sie entnehmen, wie der Code auf die Quelldateien verteilt ist.

Tabelle 13.3

Quelldateien der Grafikschnittstelle

Quelldateien zu den Grafikschnittstellenklassen	Beschreibung
Point.h	**Point**
Graph.h	Alle anderen Grafikschnittstellenklassen
Window.h	**Window**
Simple_window.h	**Simple_window**
GUI.h	**Button** und die anderen GUI-Klassen
Graph.cpp	Definitionen der Funktionen aus *Graph.h*
Window.cpp	Definitionen der Funktionen aus *Window.h*
GUI.cpp	Definitionen der Funktionen aus *GUI.h*

Zusätzlich zu den Grafikklassen haben wir noch eine Klasse definiert, die sehr hilfreich bei der Verwaltung kleinerer und größerer Sammlungen von **Shape**- oder **Widget**-Objekten ist: **Vector_ref**.

Tabelle 13.4
Ein Container für Formen und Widgets

Klasse	Beschreibung
Vector_ref	Ein Vektor mit einer Schnittstelle, die die Verwahrung unbenannter Elemente erleichtert

Wenn Sie die folgenden Abschnitte lesen, gehen Sie bitte nicht zu schnell vor. Die Ausführungen enthalten zwar wenig, was nicht ziemlich offensichtlich wäre, aber es geht dennoch um mehr, als Ihnen eine bloße Abfolge netter Bilder zu zeigen (zumal Sie auf Ihrem Computer- oder Fernsehbildschirm wahrscheinlich jeden Tag hübschere Bilder sehen können). Die wichtigsten Ziele dieses Kapitels sind:

- Die Beziehung zwischen dem Code und den erzeugten Bildern aufzuzeigen.
- Sie dazu zu bringen, sich den Code durchzulesen und über seine Funktionsweise nachzudenken.
- Sie dazu zu bringen, sich mit dem Design des Codes zu beschäftigen und sich Gedanken darüber zu machen, wie bestimmte Konzepte als Klassen im Code umgesetzt werden können. Warum sehen diese Klassen z.B. gerade so und nicht anders aus? Könnten Sie denn anders aussehen? Wir mussten beim Schreiben dieser Klassen unzählige Designentscheidungen treffen. Die meisten dieser Entscheidungen hätten auch anders, manche sogar radikal anders ausfallen können.

Hetzen Sie also nicht unnötig durch das Kapitel. Sie könnten sonst wichtige Punkte überlesen und möglicherweise finden Sie dann die Übungen am Ende des Kapitels unnötig schwer.

13.2 Point und Line

Das einfachste und grundlegendste Element jedes Grafiksystems ist der Punkt. Wenn wir definieren, was ein *Punkt* ist, definieren wir damit gleichzeitig, wie wir unseren geometrischen Raum organisieren. Hier, für unser Grafiksystem, verwenden wir ein konventionelles, computerorientiertes Layout mit zweidimensionalen Punkten, die durch ganzzahlige (x,y)-Koordinaten definiert werden. Wie in §12.5 beschrieben, geht die x-Koordinate von **0** (repräsentiert den linken Bildschirmrand) bis **max_x()** (repräsentiert den rechten Bildschirmrand); y-Koordinaten gehen von **0** (repräsentiert den oberen Bildschirmrand) bis **max_y()** (repräsentiert den unteren Bildschirmrand).

In der Datei *Point.h* ist **Point** als einfaches Paar von **int**-Werten (den Koordinaten) definiert:

```
struct Point {
  int x, y;
  Point(int xx, int yy) : x(xx), y(yy) { }
  Point() :x(0), y(0) { }
};

bool operator==(Point a, Point b) { return a.x==b.x && a.y==b.y; }
bool operator!=(Point a, Point b) { return !(a==b); }
```

13 Grafikklassen

In *Graph.h* finden wir die Klasse **Shape**, die wir detailliert in Kapitel 14 beschreiben werden, und die Struktur **Line**:

struct Line : Shape {   // eine Linie (Line) ist eine Form (Shape), die durch zwei
                               // Punkte definiert wird
  Line(Point p1, Point p2);   // erzeuge aus zwei Punkten ein Line-Objekt
};

Line ist eine Art von **Shape**. Das ist die Bedeutung von „**: Shape**". Wir bezeichnen **Shape** daher auch als *Basisklasse* von **Line** oder einfach als *Basis* von **Line**. In ihrer Funktion als Basisklasse stellt uns **Shape** – um es ganz allgemein zu formulieren – Mittel zur Verfügung, die uns die Definition von **Line** erleichtern. Was dies genau impliziert, werden wir erklären, sobald wir eine bessere Vorstellung von den speziellen Formen wie **Line** oder **Open_polyline** haben (Kapitel 14).

Ein **Line**-Objekt wird durch zwei Punkte (**Point**-Objekte) definiert. Ohne das formale „Drumherum" (**#include**-Direktiven etc., siehe §12.3) könnte der Code zum Erzeugen und Zeichnen von Linien wie folgt aussehen:

// zeichne zwei Linien

Simple_window win1(Point(100,100),600,400,"Zwei Linien");

Line horizontal(Point(100,100),Point(200,100));   // erzeuge eine horizontale Linie
Line vertical(Point(150,50),Point(150,150));   // erzeuge eine vertikale Linie

win1.attach(horizontal);   // verbinde die Linien mit dem Fenster
win1.attach(vertical);

win1.wait_for_button();   // anzeigen!

Führt man diesen Code aus, erhält man das Fenster aus ▶ Abbildung 13.1.

Abbildung 13.1: Fenster mit zwei Linien

Als ein Element der Benutzerschnittstelle, das möglichst einfach zu verwenden sein soll, erfüllt **Line** ohne Zweifel seinen Zweck. Man muss nicht Einstein sein, um zu erraten, dass

Line vertical(Point(150,50),Point(150,150));

eine (vertikale) Linie von (150,50) nach (150,150) erzeugt. Natürlich birgt auch **Line** seine Implementierungsdetails, aber um Linien zu erzeugen, muss man über diese Interna nichts wissen. Entsprechend einfach sieht die Implementierung des Konstruktors von **Line** aus:

```
Line::Line(Point p1, Point p2)   // erzeuge aus zwei Punkten ein Line-Objekt
{
    add(p1);   // füge p1 zu dieser Form hinzu
    add(p2);   // füge p2 zu dieser Form hinzu
}
```

Der Konstruktor fügt also einfach zwei Punkte hinzu. Aber wem oder was werden die Punkte hinzugefügt? Und wie wird ein **Line**-Objekt in ein Fenster gezeichnet? Wie wir in Kapitel 14 noch sehen werden, kann **Shape** Punkte aufnehmen, die Linien definieren. Darüber hinaus weiß **Shape**, wie Linien zu zeichnen sind, die durch **Point**-Paare definiert werden, und stellt eine Funktion **add()** zur Verfügung, die es einem Objekt erlaubt, seiner **Shape**-Komponente Punkte hinzuzufügen. Der entscheidende Punkt ist, dass **Line** einfach zu definieren ist. Der größte Teil der Implementierungsarbeit wird von „dem System" übernommen, sodass wir uns darauf konzentrieren können, einfache Klassen zu schreiben, die leicht zu verwenden sind.

Von hier an werden wir in den Codefragmenten auf die Definition des **Simple_Window**-Fensters und die **attach()**-Aufrufe verzichten. Sie gehören mehr zu dem „Drumherum", das für ein vollständiges Programm notwendig ist, aber nur wenig zum Verständnis der speziellen **Shape**-Formen beiträgt.

13.3 Lines

In der Praxis werden wir allerdings nur selten eine einzelne Linie zeichnen. Meistens denken wir in Objekten, die aus mehreren Linien bestehen wie z.B. Dreiecke, Polygone, Pfade, Labyrinthe, Gitter, Balkendiagramme, mathematische Funktionen, Graphen von Daten und so weiter. Eine der einfachsten Klassen für solche „zusammengesetzten grafischen Objekte" ist **Lines**:

```
struct Lines : Shape {    // zusammengehörende Linien
    void draw_lines() const;
    void add(Point p1, Point p2);   // füge eine Linie hinzu, die durch zwei Punkte
};                                   // definiert wird
```

Ein **Lines**-Objekt ist ganz einfach eine Sammlung von Linien, die durch je ein Punktepaar (**Point**-Objekte) definiert sind. Würden wir beispielsweise die beiden Linien aus dem **Line**-Beispiel des vorangehenden Abschnitts als Teile eines einzelnen grafischen Objekts ansehen, könnten wir sie auch wie folgt definieren:

```
Lines x;
x.add(Point(100,100), Point(200,100));   // erste Linie: horizontal
x.add(Point(150,50), Point(150,150));    // zweite Linie: vertikal
```

Die Ausgabe dieses Codes ist bis auf das letzte Pixel identisch zu der Ausgabe der **Line**-Version (siehe ▶ Abbildung 13.2).

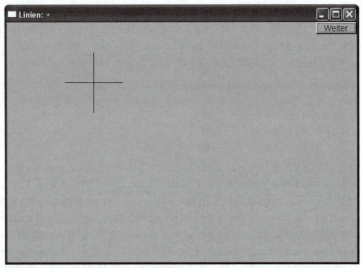

Abbildung 13.2: Fenster mit einem Grafikobjekt, das aus zwei Linien besteht. Der einzige Unterschied, an dem man erkennen kann, dass dies nicht dasselbe Fenster ist wie in Abbildung 13.1, ist der geänderte Titel.

Der Unterschied zwischen einem Satz von **Line**-Objekten und einem Satz von Linien in einem **Lines**-Objekt liegt ganz in unserer Betrachtung. Dadurch, dass wir im obigen Code **Lines** verwenden, drücken wir aus, dass die beiden Linien zusammengehören und auch zusammen manipuliert werden sollten. Beispielsweise können wir die Farbe aller Linien, die zu einem **Lines**-Objekt gehören, mit einem Befehl verändern. Linien, die durch individuelle **Line**-Objekte repräsentiert werden, können wir dagegen verschiedene Farben zuweisen. Als ein etwas praxisnäheres Beispiel betrachten wir jetzt die Definition eines Gitters. Ein Gitter besteht aus einer Reihe von in gleichmäßigem Abstand angeordneten horizontalen und vertikalen Linien. Trotzdem betrachten wir ein Gitter als eine „Einheit", d.h., wir definieren die Linien des Gitters als Teile eines **Lines**-Objekts, das wir **grid** nennen:

```
int x_size = win3.x_max();   // bestimme die Größe des Fensters
int y_size = win3.y_max();
int x_grid = 80;
int y_grid = 40;

Lines grid;
for (int x=x_grid; x<x_size; x+=x_grid)
  grid.add(Point(x,0),Point(x,y_size));   // vertikale Linie
for (int y = y_grid; y<y_size; y+=y_grid)
  grid.add(Point(0,y),Point(x_size,y));   // horizontale Linie
```

Dies ist das erste Mal, dass wir Code schreiben, der selbstständig berechnet, welche Objekte wir anzeigen möchten. Dazu wird die Dimension des Fensters mithilfe von **x_max()** und **y_max()** bestimmt und die Linien werden in einer Schleife direkt dem **grid**-Objekt hinzugefügt. Ein Ansatz, bei dem für jede Gitterlinie eine benannte Variable definiert würde, wäre nicht akzeptabel und viel zu mühsam. Das Ergebnis dieses Codes sehen Sie in ▶ Abbildung 13.3.

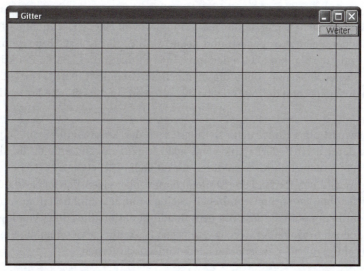

Abbildung 13.3: Fenster mit Gitter

Kehren wir noch einmal zurück zum Design der Klasse **Lines** und sehen wir uns an, wie die Memberfunktionen von **Lines** implementiert sind. Die Klasse **Lines** stellt lediglich zwei Operationen zur Verfügung. Die **add**()-Funktion fügt dem Satz von Linien, der angezeigt werden soll, eine weitere Linie hinzu, die durch zwei Punkte definiert wird:

```
void Lines::add(Point p1, Point p2)
{
  Shape::add(p1);
  Shape::add(p2);
}
```

Ja, die **Shape::**-Qualifizierung ist notwendig. Ohne sie würde der Compiler in **add(p1)** einen (illegalen) Versuch sehen, die **Lines**-Memberfunktion **add**() aufzurufen (statt der gleichnamigen **Shape**-Funktion, wie eigentlich beabsichtigt).

Die Funktion **draw_lines**() zeichnet die Linien, die mit **add**() definiert wurden:

```
void Lines::draw_lines() const
{
  if (color().visibility())
    for (int i=1; i<number_of_points(); i+=2)
      fl_line(point(i–1).x,point(i–1).y,point(i).x,point(i).y);
}
```

Die Funktion **Lines::draw_lines**() nimmt jeweils zwei Punkte (beginnt mit den Punkten 0 und 1) und zeichnet die zwischen den Punkten verlaufende Linie mithilfe der für Linien zuständigen Zeichenfunktion aus der zugrunde liegenden Bibliothek: **fl_line**().[2] Die Sichtbarkeit (**visibility**) ist eine Eigenschaft des von **Lines** verwendeten **Color**-Objekts (§13.4). Wir müssen daher vor dem Zeichnen jeder Linie prüfen, ob sie auch wirklich sichtbar sein soll.

---

2 Alle öffentlichen Funktionsnamen der FLTK-Bibliothek beginnen mit „fl_".

13 Grafikklassen

Aufgerufen wird **draw_lines()** von „dem System" (mehr dazu in Kapitel 14). Ein Test auf eine gerade Anzahl von Punkten ist nicht nötig, da die **add()**-Funktion von **Lines** ausschließlich Punktepaare hinzufügt. Die Funktionen **number_of_points()** und **point()** sind in der Klasse **Shape** definiert (§14.2) und liefern die Gesamtzahl der Punkte bzw. einen einzelnen Punkt zurück. Beide Funktionen greifen auf die Punkte eines **Shape**-Objekts zu, ohne diese jedoch zu verändern (Nur-Lesezugriff). Die Memberfunktion **draw_lines()** ist als **const** definiert (siehe §9.7.4), weil sie die aktuelle Form (das **Shape**-Objekt) nicht verändert.

Wir haben **Lines** bewusst ohne Konstruktor definiert, weil der Ansatz, mit einem Objekt ohne Punkte zu beginnen und dann nach Bedarf Punkte mit **add()** hinzuzufügen, weitaus flexibler ist als jeder Konstruktor. Wir hätten natürlich Konstruktoren für einfache Fälle (wie z.B. 1, 2 oder 3 Linien) oder für eine beliebige Anzahl von Linien bereitstellen können, aber eigentlich gab es dafür keinen Grund. In solchen Zweifelsfällen lautet die Grundregel: „keine unnötige Funktionalität hinzufügen". Sollte sich im Nachhinein herausstellen, dass die betreffende Funktionalität doch benötigt wird, kann sie dem Design immer noch hinzugefügt werden. Hingegen ist es nur selten möglich, Elemente, die ihren Weg in den Code gefunden haben, wieder aus dem Code zu entfernen.

13.4 Color

Color ist der Typ, durch den wir Farben repräsentieren. Wir können ihn wie folgt verwenden:

grid.set_color(Color::red);

Durch obigen Aufruf werden die Linien des Gitters rot gefärbt.

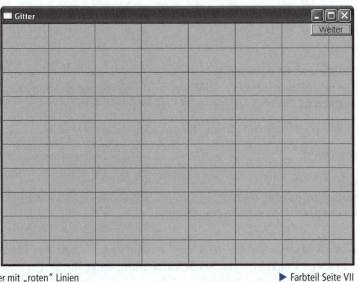

Abbildung 13.4: Gitter mit „roten" Linien ▶ Farbteil Seite VII

Color definiert unsere Vorstellung von Farbe und verbindet einige der häufiger benötigten Farben mit symbolischen Namen:

13.4 Color

```
struct Color {
  enum Color_type {
      red=FL_RED,
      blue=FL_BLUE,
      green=FL_GREEN,
      yellow=FL_YELLOW,
      white=FL_WHITE,
      black=FL_BLACK,
      magenta=FL_MAGENTA,
      cyan=FL_CYAN,
      dark_red=FL_DARK_RED,
      dark_green=FL_DARK_GREEN,
      dark_yellow=FL_DARK_YELLOW,
      dark_blue=FL_DARK_BLUE,
      dark_magenta=FL_DARK_MAGENTA,
      dark_cyan=FL_DARK_CYAN
  };

  enum Transparency { invisible = 0, visible=255 };

  Color(Color_type cc) :c(Fl_Color(cc)), v(visible) { }
  Color(Color_type cc, Transparency vv) :c(Fl_Color(cc)), v(vv) { }
  Color(int cc) :c(Fl_Color(cc)), v(visible) { }
  Color(Transparency vv) :c(Fl_Color()), v(vv) { }    // Standardfarbe

  int as_int() const { return c; }

  char visibility() const { return v; }
  void set_visibility(Transparency vv) { v=vv; }
private:
  char v;    // unsichtbar - sichtbar
  Fl_Color c;
};
```

Aufgabe von **Color** ist es:

- Das Farbenkonzept zu verbergen, mit dem die Implementierung arbeitet (den FLTK-Typ **Fl_Color**)
- Den Farbkonstanten einen Gültigkeitsbereich zu geben
- Eine rudimentäre Form der Transparenz (sichtbar – unsichtbar) anzubieten

Einzelne Farben können auf verschiedene Weisen ausgewählt werden:

- Sie treffen Ihre Wahl aus der Liste der benannten Farben, z.B. **Color::dark_blue**.
- Sie geben einen Wert zwischen 0 und 255 an, der eine Farbe aus einer kleinen Palette von Farben auswählt, die von den meisten Bildschirmen korrekt dargestellt werden können. So steht **Color(99)** beispielsweise für die Farbe Dunkelgrün (siehe §13.9 für ein Codebeispiel).
- Sie wählen einen Wert aus dem RGB-System aus (R = Rot, G = Grün, B = Blau). Wir werden hier nicht näher auf das RGB-System eingehen. Wenn Sie mehr darüber erfahren möchten, schlagen Sie in der entsprechenden Fachliteratur nach oder suchen Sie im Web. Bereits eine einfache Websuche nach „RGB Color" sollte zahlreiche Treffer ergeben, darunter *www.hypersolutions.org/rgb.html* und *www.pitt.edu/~nisg/cis/web/cgi/rgb.html*.

Link

Tipp

Beachten Sie die Verwendung der Konstruktoren, die es dem Benutzer erlauben, **Color**-Objekte wahlweise auf der Basis einer **Color_type**-Angabe oder eines einfachen **int**-Werts zu erstellen. Der Member **c** wird von allen Konstruktoren initialisiert. Sie könnten an dieser Stelle einwenden, dass der Name **c** zu kurz und zu nichtssagend ist, aber angesichts des Umstands, dass der Name nur in dem relativ kleinen Gültigkeitsbereich von **Color** verwendet wird und nicht für den allgemeinen Gebrauch gedacht ist, halten wir den Namen dennoch für akzeptabel. Die **private**-Deklaration des Members **c** stellt sicher, dass die Benutzer der Klasse ihn nicht direkt verwenden können und auch nicht den FLTK-Typ **Fl_Color** zu Gesicht bekommen, den wir für die interne Repräsentation ausgewählt haben. Die Darstellung einer Farbe als **int**-Wert, der den zugrunde liegenden Wert (RGB, Palettenindex etc.) repräsentiert, ist hingegen so gebräuchlich, dass wir dafür die Funktion **as_int()** zur Verfügung stellen. Beachten Sie, dass **as_int()** den Zustand des **Color**-Objekts, für das sie aufgerufen wird, nicht ändert und daher konsequenterweise als **const**-Member definiert ist.

Die Transparenz wird durch den Member **v** repräsentiert, der die Werte **Transparency::visible** und **Transparency::invisible** annehmen kann (für „sichtbar" und „unsichtbar"). Es wird Sie vielleicht erstaunen, dass eine „unsichtbare Farbe" von irgendeinem Nutzen sein soll, aber wir benötigen sie, um beispielsweise Teile einer zusammengesetzten Form unsichtbar zu machen.

13.5 Line_style

Wenn wir verschiedene Linien in ein Fenster zeichnen, können wir Farbe, Stil oder beides nutzen, um die Linien unterscheidbar zu machen. Unter dem Linienstil verstehen wir dabei das Muster, das für den Linienstrich verwendet wird. Den zugehörigen Typ **Line_style** können wir wie folgt verwenden:

grid.set_style(Line_style::dot);

Obige Anweisung bewirkt, dass die Linien in **grid** als gepunktete Linien – statt wie sonst als durchgezogener Strich – angezeigt werden (siehe ▶ Abbildung 13.5).

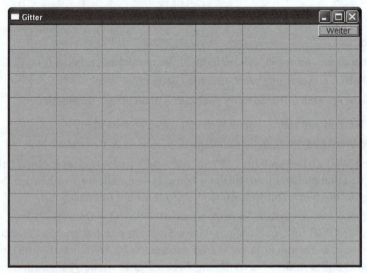

Abbildung 13.5: Gitter mit gepunkteten Linien

Das Gitter wird dadurch etwas „ausgedünnt"; es wirkt dezenter und tritt nicht mehr so stark in den Vordergrund. Durch Festlegen der Breite (Liniendicke) können wir die Gitterlinien weiter an unsere Vorstellungen oder Vorgaben anpassen.

Der **Line_style**-Typ ist wie folgt definiert:

```
enum Line_style_type {
    solid=FL_SOLID,                     // ⎯⎯⎯⎯⎯
    dash=FL_DASH,                       // - - - -
    dot=FL_DOT,                         // ........
    dashdot=FL_DASHDOT,                 // - . - .
    dashdotdot=FL_DASHDOTDOT,           // -..-..
};

Line_style(Line_style_type ss) :s(ss), w(0) { }
Line_style(Line_style_type lst, int ww) :s(lst), w(ww) { }
Line_style(int ss) :s(ss), w(0) { }

int width() const { return w; }
int style() const { return s; }
private:
    int s;
    int w;
};
```

Die Programmiertechniken, die bei der Definition von **Line_style** zum Einsatz kommen, sind die gleichen wie für **Color**. Unter anderem verbergen wir hier vor dem Benutzer, dass die FLTK-Bibliothek reine **int**-Werte zur Repräsentation von Linienstilen verwendet. Warum aber die Mühe? Weil es genau solche Details sind, die sich im Laufe der weiteren Entwicklung einer Bibliothek ändern können. Beispielsweise wäre es gut möglich, dass das nächste stabile Release der FLTK-Bibliothek einen **Fl_linestyle**-Typ enthält. Oder wir entschließen uns, unsere Schnittstellenklassen auf eine andere GUI-Bibliothek umzustellen. In beiden Fällen wäre es äußerst ärgerlich, wenn unser Code und der Code unserer Benutzer mit reinen **int**-Werten durchsetzt wären, die einmal Linienstile repräsentiert haben.

In der Regel haben wir mit dem Linienstil wenig zu tun; wir verlassen uns einfach auf die Standardeinstellungen (Standardbreite und durchgehende Linienstriche). Die Linienbreite wird, sofern wir sie nicht explizit vorgeben, vom Konstruktor auf den Standardwert gesetzt. Die Zuweisung von Standardwerten gehört zu den Arbeiten, für die Konstruktoren hervorragend geeignet sind; und gute Standardwerte können für die Benutzer einer Klasse eine große Hilfe sein.

Beachten Sie, dass die **Line_style**-Stile aus zwei „Komponenten" bestehen: dem eigentlichen Stil (z.B. gestrichelte oder durchgezogene Linien) und der Breite (die Dicke der verwendeten Linie). Die Breite wird durch eine ganze Zahl angegeben, der Standardwert ist 1. Um eine etwas fettere, gestrichelte Linie zu erhalten, schreiben wir:

grid.set_style(Line_style::dash,2);

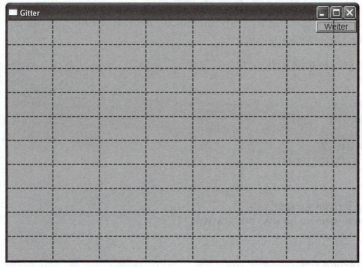

Abbildung 13.6: Gitter mit fetten, gestrichelten Linien

Beachten Sie, dass Farbe und Stil sich immer auf alle Linien einer Form beziehen. Das ist einer der Vorteile, den die Zusammenfassung mehrerer Linien zu einem einzigen grafischen Objekt hat (beispielsweise vom Typ **Lines**, **Open_polyline** oder **Polygon**). Wenn wir Farbe und Stil einzelner Linien beeinflussen wollen, müssen wir die Linien als separate **Line**-Objekte definieren. Zum Beispiel wurden die Linien aus ▶ Abbildung 13.7 mit folgendem Code eingefärbt:

```
horizontal.set_color(Color::red);
vertical.set_color(Color::green);
```

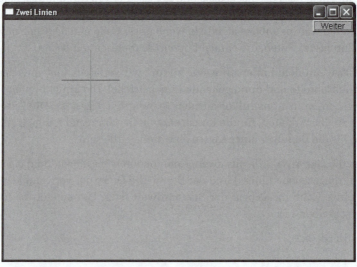

Abbildung 13.7: Fenster mit zwei eigenständigen, verschiedenfarbigen Linien   ▶ Farbteil Seite VII

13.6 Open_polyline

Ein **Open_polyline**-Objekt ist eine Form, die aus einer Reihe von miteinander verbundenen Liniensegmenten zusammengesetzt ist und als Folge von Punkten definiert wird. *Poly* ist das griechische Wort für „viel", und *Polyline*, zu Deutsch *Polylinie*, ist ein recht gebräuchlicher Name für eine Form, die aus mehreren Linien konstruiert ist.

```
Open_polyline opl;
opl.add(Point(100,100));
opl.add(Point(150,200));
opl.add(Point(250,250));
opl.add(Point(300,200));
```

Dieser Code zeichnet die Form, die man erhält, wenn man die Punkte miteinander verbindet (siehe ▶ Abbildung 13.8).

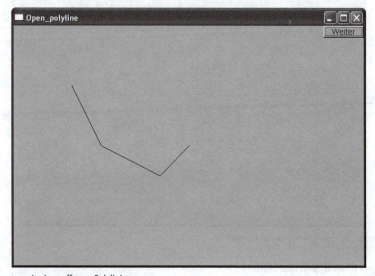

Abbildung 13.8: Fenster mit einer offenen Polylinie

Letzten Endes ist eine Polylinie also nichts anderes als ein hochtrabenderes Wort für die Linienzüge, die wir als kleine Kinder durch das „Verbinden von Zahlen" erhielten.

Die Klasse **Open_polyline** ist wie folgt definiert:

```
struct Open_polyline : Shape {    // offener Linienzug
   void add(Point p) { Shape::add(p); }
};
```

Ja, Sie sehen richtig. Das ist die vollständige Definition. Der Typ **Open_polyline** besteht praktisch nur aus seinem Namen und den Elementen, die er von **Shape** erbt. Die **Open_polyline**-Funktion add() wird nur benötigt, um dem Benutzer eines **Open_polyline**-Objekts den Zugriff auf die add()-Funktion von **Shape** (also **Shape::add()**) zu ermöglichen. Die Definition einer draw_lines()-Funktion ist nicht erforderlich, weil **Shape** die mit add() hinzugefügten Punkte (**Point**-Objekte) per Voreinstellung automatisch als Folge von verbundenen Linien interpretiert.

13.7 Closed_polyline

Closed_polyline verhält sich wie **Open_polyline**, nur dass wir noch eine weitere Linie vom letzten zum ersten Punkt zeichnen. Wenn wir also mit denselben Punkten, die wir in §13.6 für das **Open_polyline**-Objekt benutzt haben, ein **Closed_polyline**-Objekt erzeugen, erhalten wir eine Form, die bis auf die zusätzliche schließende Linie zu der Form aus §13.6 identisch ist (siehe ▶ Abbildung 13.9).

```
Closed_polyline cpl;
cpl.add(Point(100,100));
cpl.add(Point(150,200));
cpl.add(Point(250,250));
cpl.add(Point(300,200));
```

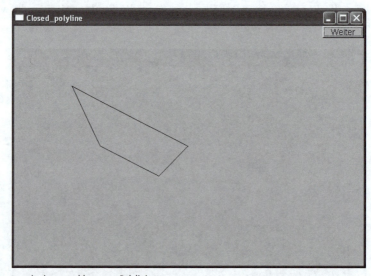

Abbildung 13.9: Fenster mit einer geschlossenen Polylinie

Die Definition von **Closed_polyline** lautet:

```
struct Closed_polyline : Open_polyline {   // geschlossener Linienzug
  void draw_lines() const;
};

void Closed_polyline::draw_lines() const
{
  Open_polyline::draw_lines();  // zeichne zuerst den "offenen" Teil des Linienzugs
  // dann zeichne die schließende Linie:
  if (color().visibility())
    fl_line(point(number_of_points()-1).x,
        point(number_of_points()-1).y,
        point(0).x,
        point(0).y);
}
```

Closed_polyline benötigt seine eigene **draw_lines()**-Funktion, damit die schließende Linie zwischen dem letzten und dem ersten Punkt gezeichnet wird. Glücklicherweise müssen wir uns bei der Implementierung aber nur um dieses kleine Detail kümmern, das für **Closed_polyline** erforderlich ist, von **Shape** aber nicht bereitgestellt wird. Dies ist ein wichtiges Prinzip, das gelegentlich als *programming by difference* („Programmierung nach Unterschieden") bezeichnet wird. Nach diesem Prinzip müssen wir nur die Dinge programmieren, in denen unsere abgeleitete Klasse (hier **Closed_polyline**) von dem Angebot der Basisklasse (hier **Open_polyline**) abweicht.

Wie also zeichnen wir die schließende Linie? Wir rufen die FLTK-Funktion zum Zeichnen von Linien auf: **fl_line()**. Die Funktion übernimmt vier **int**-Werte, die die beiden Punkte repräsentieren. Auch hier greifen wir also wieder auf die zugrunde liegende Grafikbibliothek zurück und – wie zuvor – verbergen dies in der Implementierung unserer Klasse. Kein Benutzercode muss **fl_line()** selbstständig aufrufen oder sich mit Schnittstellen auskennen, in denen Punkte als Paare von ganzen Zahlen auftauchen. Auf diese Weise können wir die FLTK jederzeit durch eine andere GUI-Bibliothek ersetzen, ohne dass der Code unserer Benutzer dadurch allzu sehr beeinträchtigt wird.

13.8 Polygon

Polygone sind den geschlossenen Polylinien (**Closed_polyline**) sehr ähnlich. Der einzige Unterschied ist, dass wir im Falle eines **Polygon**-Objekts keine sich schneidenden Linien erlauben. Beispielsweise ist das **Closed_polyline**-Objekt aus dem vorangehenden Abschnitt ein Polygon. Doch es genügt, einen einzigen Punkt hinzuzufügen

cpl.add(Point(100,250));

und wir erhalten die Form aus ▶ Abbildung 13.10.

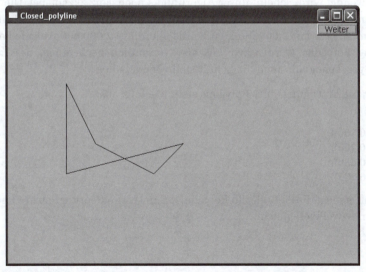

Abbildung 13.10: Polylinien können im Gegensatz zu Polygonen sich kreuzende Linien enthalten

Im klassischen Sinn gilt der geschlossene Linienzug aus Abbildung 13.10 nicht mehr als Polygon. Wie also können wir den Typ **Polygon** so definieren, dass wir einerseits die Verwandtschaft zu **Closed_polyline** erhalten, ohne auf der anderen Seite die geometrischen Regeln zu verletzen? Die obige Einführung hat es bereits angedeutet: Ein **Polygon** ist eine **Closed_polyline**, deren Linien sich nicht kreuzen. Oder, um die Betonung mehr auf die Art und Weise zu legen, wie eine Form aus Punkten aufgebaut wird: Ein **Polygon** ist eine **Closed_polyline**, der wir keinen Punkt hinzufügen können, der ein Liniensegment definiert, welches sich mit irgendeiner bestehenden Linie des Polygons schneiden würde.

Unter Berücksichtigung dieser Aussage definieren wir **Polygon** wie folgt:

```
struct Polygon : Closed_polyline {    // geschlossene Folge sich
    void add(Point p);                // nicht schneidender Linien
    void draw_lines() const;
};

void Polygon::add(Point p)
{
    // sicherstellen, dass die neue Linie sich nicht mit den bestehenden Linien
    // schneidet
    Closed_polyline::add(p);
}
```

Hier erben wir die **draw_lines()**-Definition von **Closed_polyline**, was uns etliches an Arbeit spart und unnötige Code-Verdopplungen vermeidet. Weit weniger angenehm ist, dass wir jede einzelne **add()**-Operation auf mögliche Überschneidungen überprüfen müssen. Für ein Polygon von N Punkten bedeutet dies, dass wir unsere Überprüfungsfunktion, nennen wir sie **intersect()**, $N*(N-1)/2$-mal aufrufen müssen – was einem ziemlich ineffizienten Algorithmus quadratischer Ordnung entspricht. Da wir allerdings davon ausgehen, dass die Klasse **Polygon** nur für Polygone mit vergleichsweise wenigen Punkten verwendet wird, scheint unser Algorithmus noch ganz akzeptabel. Die Erzeugung eines **Polygon**-Objekts mit 24 Punkten würde beispielsweise $24*(24-1)/2 == 276$ Aufrufe von **intersect()** einschließen. Ein Polygon mit 2.000 Punkten würde allerdings 2.000.000 Aufrufe kosten. Zur Unterstützung größerer Polygone würden wir uns also vermutlich nach einem besseren Algorithmus umschauen und gegebenenfalls auch die Schnittstelle überarbeiten.

Wie auch immer, die Erzeugung eines Polygons sieht wie folgt aus:

```
Polygon poly;
poly.add(Point(100,100));
poly.add(Point(150,200));
poly.add(Point(250,250));
poly.add(Point(300,200));
```

Erwartungsgemäß erzeugt dieser Code ein Polygon, das unserem ursprünglichen **Closed_polyline**-Polygon bis aufs Haar (bzw. Pixel) gleicht.

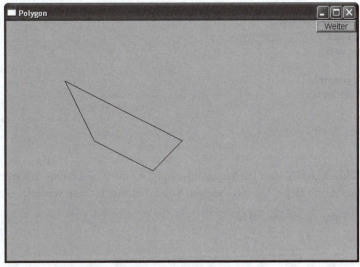

Abbildung 13.11: Polygon

Sicherzustellen, dass ein **Polygon**-Objekt auch wirklich ein echtes Polygon repräsentiert, ist alles andere als trivial. Der Test auf mögliche Überschneidungen, den wir im Abdruck von **Polygon::add**() bewusst ausgelassen haben, ist vermutlich der komplizierteste Code in der gesamten Grafikbibliothek. Falls Sie sich für knifflige, geometrische Koordinatenmanipulationen interessieren, werfen Sie einen Blick in den Code. Mit dem Test auf Überschneidungen ist es allerdings nicht getan. Was passiert wohl, wenn jemand versucht, ein Polygon aus zwei Punkten zu erzeugen? Besser wir lassen es gar nicht so weit kommen:

```
void Polygon::draw_lines() const
{
    if (number_of_points() < 3) error("weniger als 3 Punkte in Polygon");
    Closed_polyline::draw_lines();
}
```

Das Problem mit **Polygon** ist, dass die Invariante „die Punkte repräsentieren ein Polygon" erst nach dem Hinzufügen der Punkte verifiziert werden kann; das heißt, es ist uns unmöglich, die Invariante von **Polygon** – so wie es empfohlen ist – im Konstruktor sicherzustellen. Stattdessen bedienen wir uns eines etwas abgefeimten Tricks und verschieben den „mindestens drei Punkte"-Test in die Funktion **Polygon::draw_lines**(). Siehe hierzu auch Übung 18.

13.9 Rectangle

Die am häufigsten auf dem Bildschirm zu sehende Form ist das Rechteck. Dies hat zum Teil kulturelle Gründe (die meisten unserer Türen, Fenster, Bilder, Wände, Bücherregale, Seiten etc. sind ebenfalls rechteckig), zum Teil ist es technisch bedingt (eine Koordinate ist leichter innerhalb eines rechteckigen Bereichs zu halten als innerhalb der Umrisse jeder anderen Form). Was auch immer die Gründe sind, Rechtecke kommen jedenfalls so häufig vor, dass GUI-Systeme sie direkt unterstützen (anstatt sie einfach als Polygone zu behandeln, die zufällig vier Ecken und lauter rechte Winkel haben).

```
struct Rectangle : Shape {
  Rectangle(Point xy, int hh, int ww);
  Rectangle(Point x, Point y);
  void draw_lines() const;

  int height() const { return h; }
  int width() const { return w; }
private:
  int h;   // Höhe
  int w;   // Breite
};
```

Wir können ein Rechteck durch zwei Punkte definieren (links oben und rechts unten) oder als ein Punkt (links oben) plus Breite und Höhe. Die zugehörigen Konstruktoren können wie folgt definiert werden:

```
Rectangle::Rectangle(Point xy, int ww, int hh)
  : w(ww), h(hh)
{
  if (h<=0 || w<=0)
    error("Ungueltiges Rechteck: negative Seitenlaenge");
  add(xy);
}

Rectangle::Rectangle(Point x, Point y)
  :w(y.x–x.x), h(y.y–x.y)
{
  if (h<=0 || w<=0)
    error("Ungueltiges Rechteck: negative Breite oder Hoehe");
  add(x);
}
```

Beide Konstruktoren initialisieren die Member **h** und **w** mithilfe der übergebenen Argumente (unter Verwendung der Memberinitialisierer-Syntax, siehe §9.4.4) und speichern die Koordinate der linken oberen Ecke mithilfe von **add**() als **Point**-Objekt in **Shape**, der Basis von **Rectangle**. Zusätzlich führen die Konstruktoren einen einfachen Sicherheitstest durch, um zu garantieren, dass die Rechtecke positive Breite und Höhe haben.

Einer der Gründe, weswegen Rechtecke von etlichen Grafik-/GUI-Systemen als Sonderfall behandelt werden, ist, dass es für Rechtecke einen viel einfacheren – und damit schnelleren – Algorithmus gibt, um festzustellen, welche Pixel innerhalb der Form liegen, als für Polygone, Kreise oder andere Formen. Folglich wird das Konzept der Füllfarbe – d.h. einer eigenen Farbe für den Innenbereich der Form – für Rechtecke weitaus häufiger genutzt als für andere Formen. Zum Einstellen der Füllfarbe könnte ein Konstruktor oder eine Memberfunktion dienen. Wir verwenden hier die Memberfunktion **set_fill_color**(), die zusammen mit einigen anderen Diensten rund um das Thema Farbe von der Basisklasse **Shape** zur Verfügung gestellt wird.

```
Rectangle rect00(Point(150,100),200,100);
Rectangle rect11(Point(50,50),Point(250,150));
Rectangle rect12(Point(50,150),Point(250,250));   // direkt unter rect11
Rectangle rect21(Point(250,50),200,100);          // direkt rechts von rect11
Rectangle rect22(Point(250,150),200,100);         // direkt unter rect21

rect00.set_fill_color(Color::yellow);
rect11.set_fill_color(Color::blue);
rect12.set_fill_color(Color::red);
rect21.set_fill_color(Color::green);
```

Das Ergebnis dieses Codes sehen Sie in ▶ Abbildung 13.12.

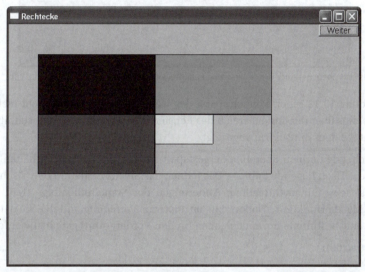

Abbildung 13.12: Fenster mit mehreren, verschiedenfarbigen Rechtecken   ▶ Farbteil Seite VIII

Rechtecke, für die keine Füllfarbe festgelegt wird, sind transparent. Aus diesem Grund können Sie in Abbildung 13.12 die linke untere Ecke des Rechtecks **rect00** sehen.

Mithilfe der **move()**-Operation können wir Formen im Fenster verschieben (§14.2.3), zum Beispiel:

```
rect11.move(400,0);   // nach rechts verschieben, neben rect21
rect11.set_fill_color(Color::white);
win12.set_label("Rechtecke 2");
```

Das Ergebnis dieses Codes sehen Sie in ▶ Abbildung 13.13.

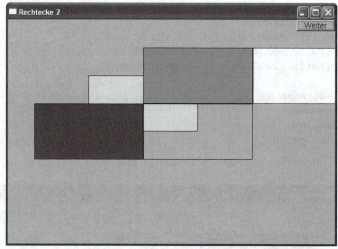

Abbildung 13.13: Das linke obere Rechteck wurde verschoben und weiß eingefärbt ▶ Farbteil Seite VIII

Wie Sie in Abbildung 13.13 sehen können, passt das weiße Rechteck **rect11** nicht mehr vollständig in das Fenster. Alles, was über den Innenbereich des Fensters hinausgeht, wird abgeschnitten („Clipping"), d.h., es wird nicht auf dem Bildschirm angezeigt.

Interessant ist auch, wie Formen übereinandergestapelt werden. Im Grunde verhalten sich die Formen dabei wie auf einem Tisch liegende Papiere. Das Papier, das Sie als Erstes auf den Tisch legen, wird später ganz zuunterst sein. Für nachträgliche Änderungen der Stapelreihenfolge stellt unsere **Window**-Klasse (§E.3) die Memberfunktion **Window::put_on_top()** zur Verfügung, mit der Sie dem Fenster mitteilen können, dass eine bestimmte Form nach oben (in den Vordergrund) gehoben werden soll:

win12.put_on_top(rect00);
win12.set_label("Rechtecke 3");

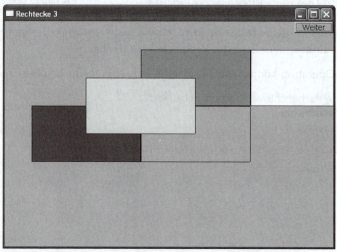

Abbildung 13.14: Das Fenster, nachdem das mittlere Rechteck in den Vordergrund gehoben wurde
 ▶ Farbteil Seite IX

In ▶ Abbildung 13.14 können Sie für jedes Rechteck sehen, aus welchen Linien es aufgebaut ist – und dass, obwohl wir (mit einer Ausnahme) alle Rechtecke farbig ausgefüllt haben. Wenn Sie die Rechtecke als reine Farbflächen ohne Umrisslinien anzeigen möchten, müssen Sie die Linien verschwinden lassen:

rect00.set_color(Color::invisible);
rect11.set_color(Color::invisible);
rect12.set_color(Color::invisible);
rect21.set_color(Color::invisible);
rect22.set_color(Color::invisible);

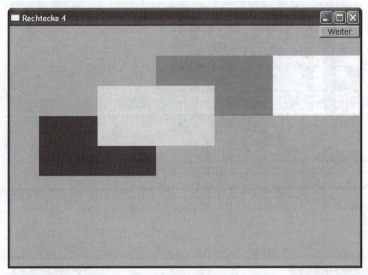

Abbildung 13.15: Rechtecke als farbige Flächen ohne Umrisslinien (das Rechteck rect22 ist ganz verschwunden, da sowohl seine Füll- als auch seine Linienfarbe auf invisible gesetzt wurden)   ▶ Farbteil Seite IX

Da die **draw_lines()**-Funktion von **Rectangle** sowohl Linien- als auch Füllfarbe berücksichtigen muss, ist der Code etwas komplizierter:

```
void Rectangle::draw_lines() const
{
  if (fill_color().visibility()) {     // füllen
    fl_color(fill_color().as_int());
    fl_rectf(point(0).x,point(0).y,w,h);
  }

  if (color().visibility()) {         // Linien über Füllung anzeigen
    fl_color(color().as_int());
    fl_rect(point(0).x,point(0).y,w,h);
  }
}
```

Wie Sie sehen, stellt die FLTK Funktionen zur Verfügung, mit denen man ausgefüllte rechteckige Flächen (**fl_rectf()**) und rechteckige Umrisse (**fl_rect()**) zeichnen kann. Wir zeichnen grundsätzlich beides (wobei der Umriss stets über die Füllung gezeichnet wird).

13.10 Arbeiten mit unbenannten Objekten

Bisher sind wir stets so vorgegangen, dass wir allen unseren grafischen Objekten Namen gegeben haben. Sobald wir aber beginnen, mit einer größeren Zahl von Objekten zu arbeiten, ist dieser Ansatz nicht mehr praktikabel. Zur Demonstration werden wir im Folgenden eine Farbtabelle mit den 256 Farben aus der FLTK-Palette zeichnen, d.h., wir erzeugen 256 farbige Quadrate und arrangieren diese zu einer 16×16-Matrix, aus der man ablesen kann, wie Farben mit ähnlichen Farbwerten korrelieren (siehe ▶ Abbildung 13.16).

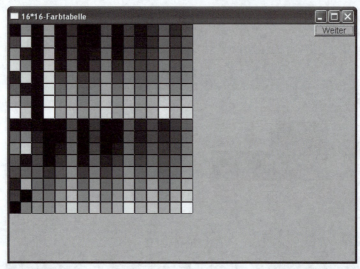

Abbildung 13.16: Die fertige Farbtabelle ▶ Farbteil Seite X

Tipp Es wäre äußerst mühselig und zudem töricht, allen 256 Quadraten einen eigenen Namen zu geben. Der logische „Name" für das Quadrat links oben ist seine Position in der Matrix (0,0). Und auch die anderen Quadrate werden am sinnvollsten durch ein Koordinatenpaar (i,j) identifiziert („benannt"). Was wir für dieses Beispiel benötigen, ist demnach ein Äquivalent für eine Matrix von Objekten. Zuerst haben wir daran gedacht, einen **vector<Rectangle>**-Container zu benutzen, doch diese Lösung hat sich als zu unflexibel erwiesen. Beispielsweise erlaubt ein solcher Container nur Elemente des Typs **Rectangle**, während für unsere späteren Grafikprogramme ein Container hilfreich wäre, der unbenannte Objekte (Elemente) von verschiedenen Typen verwahren kann. Wir werden in §14.3 noch einmal auf diesen Aspekt zu sprechen kommen. Hier kommen wir gleich zu unserer endgültigen Lösung: ein eigener Vektor-Typ, in dem sowohl benannte als auch unbenannte Objekte abgelegt werden können.

```
template<class T> class Vector_ref {
public:
  // ...
  void push_back(T&);    // ein benanntes Objekt hinzufügen
  void push_back(T*);    // ein unbenanntes Objekt hinzufügen

  T& operator[](int i);           // Indizierung: Schreib- und Lesezugriff
  const T& operator[](int i) const;

  int size() const;
};
```

Eingesetzt wird dieser Vektor fast ganz so wie der **vector**-Typ aus der Standardbibliothek:

```
Vector_ref<Rectangle> rect;

Rectangle x(Point(100,200),Point(200,300));
rect.push_back(x);    // benanntes Objekts hinzufügen

rect.push_back(new Rectangle(Point(50,60),Point(80,90)));    // unbenannt hinzufügen

for (int i=0; i<rect.size(); ++i) rect[i].move(10,10);    // benutze rect
```

Mit dem **new**-Operator befassen wir uns in Kapitel 17,[3] die Implementierung von **vector_ref** finden Sie in Anhang E. Für den Moment müssen wir lediglich verstehen, wie wir mithilfe von **new** unbenannte Objekte in einem **Vector_ref**-Container ablegen. Auf den Operator **new** folgt der Name eines Typs (hier **Rectangle**), an den sich optional eine Initialisiererliste anschließt (hier **Point(50,60),Point(80,90)**). Erfahrene Programmierer werden erleichtert sein zu hören, dass wir darauf geachtet haben, dabei kein Speicherleck in das Programm einzubauen.

> **Tipp**

Nachdem **Rectangle** und **Vector_ref** zu unserer Verfügung stehen, können wir uns den Farben zuwenden. Beispielsweise können wir wie folgt eine einfache Farbtabelle für 256 Farben erzeugen:

```
Vector_ref<Rectangle> vr;

for (int i = 0; i<16; ++i)
  for (int j = 0; j<16; ++j) {
    vr.push_back(new Rectangle(Point(i*20,j*20),20,20));
    vr[vr.size()-1].set_fill_color(i*16+j);
    win20.attach(vr[vr.size()-1]);
  }
```

Wir legen einen **Vector_ref**-Container mit 256 **Rectangle**-Objekten an, die in unserem Fenster grafisch als 16x16-Matrix dargestellt werden. Den einzelnen **Rectangle**-Objekten weisen wir die Farben 0, 1, 2, 3, 4 und so weiter zu. Jedes Rechteck wird nach seiner Erzeugung mit dem Fenster verbunden, sodass es angezeigt wird (siehe ▶ Abbildung 13.17).

---

[3] Insbesondere werden wir auch in Kapitel 17.9 den Unterschied zwischen **T&** und **T*** aus dem obigen Codeausschnitt besprechen.

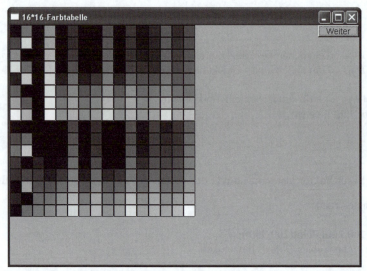

Abbildung 13.17: Eine Farbtabelle aus 256 farbigen Rechtecken ▶ Farbteil Seite X

13.11 Text

Natürlich möchten wir in unsere grafischen Anzeigen auch Text einbauen können. Zum Beispiel um unsere etwas seltsam geformte Polylinie aus §13.8 beschriften zu können:

Text t(Point(200,200),"Eine geschlossene Polylinie, die kein Polygon ist");
t.set_color(Color::blue);

Das Ergebnis sehen Sie in ▶ Abbildung 13.18.

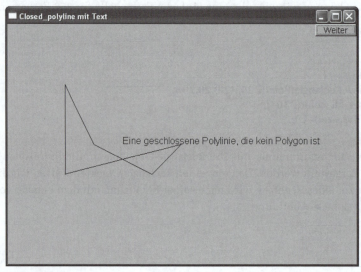

Abbildung 13.18: Text als Grafikobjekt

Im Wesentlichen definiert ein **Text**-Objekt eine Textzeile, die an einem bestimmten Punkt beginnt. Dieser Startpunkt wird durch ein **Point**-Objekt repräsentiert und markiert die linke untere Ecke des Textes. Die Beschränkung des Textes auf eine einzige Zeile dient der Portabilität zwischen den verschiedenen Systemen. Versuchen Sie also nicht, Zeilenumbruchzeichen in die ausgegebenen Texte einzubauen – Sie können nie sicher sein, ob diese in Ihrem Fenster wie gewünscht als Umbrüche dargestellt werden. Und wenn Sie komplexere Strings in einem **Text**-Objekt anzeigen möchten (siehe Beispiele in §12.7.7 und §12.7.8), denken Sie daran, dass Stringstreams (§11.4) beim Aufbau von Strings sehr hilfreich sein können.

Der Typ **Text** ist wie folgt definiert:

```
struct Text : Shape {
  // der Punkt gibt die linke untere Ecke des ersten Buchstabens an
  Text(Point x, const string& s)
    : lab(s), fnt(fl_font()), fnt_sz(fl_size())
    { add(x); }

  void draw_lines() const;
  void set_label(const string& s) { lab = s; }
  string label() const { return lab; }

  void set_font(Font f) { fnt = f; }
  Font font() const { return Font(fnt); }

  void set_font_size(int s) { fnt_sz = s; }
  int font_size() const { return fnt_sz; }
private:
  string lab;    // Beschriftung
  Font fnt;
  int fnt_sz;
};
```

Die Klasse **Text** definiert ihre eigene **draw_lines()**-Funktion, weil nur **Text** weiß, wie ihre Strings gespeichert sind:

```
void Text::draw_lines() const
{
  fl_draw(lab.c_str(),point(0).x,point(0).y);
}
```

Die Farbe der Zeichen wird auf die gleiche Weise festgelegt wie die Linienfarbe der aus Linien aufgebauten Formen (wie **Open_polyline** oder **Circle**). Um eine Farbe festzulegen, benutzen Sie also **set_color()**, und mit **color()** können Sie abfragen, welche Farbe gerade eingestellt ist. Die Zeichengröße und die zu verwendende Schriftart (Font) werden analog behandelt. Zu unserer Bequemlichkeit gibt es einige vordefinierte Schriftarten:

```
class Font {   // Zeichensatz
public:
  enum Font_type {
    helvetica=FL_HELVETICA,
    helvetica_bold=FL_HELVETICA_BOLD,
```

```
        helvetica_italic=FL_HELVETICA_ITALIC,
        helvetica_bold_italic=FL_HELVETICA_BOLD_ITALIC,
        courier=FL_COURIER,
        courier_bold=FL_COURIER_BOLD,
        courier_italic=FL_COURIER_ITALIC,
        courier_bold_italic=FL_COURIER_BOLD_ITALIC,
        times=FL_TIMES,
        times_bold=FL_TIMES_BOLD,
        times_italic=FL_TIMES_ITALIC,
        times_bold_italic=FL_TIMES_BOLD_ITALIC,
        symbol=FL_SYMBOL,
        screen=FL_SCREEN,
        screen_bold=FL_SCREEN_BOLD,
        zapf_dingbats=FL_ZAPF_DINGBATS
    };

    Font(Font_type ff) :f(ff) { }
    Font(int ff) :f(ff) { }

    int as_int() const { return f; }
private:
    int f;
};
```

Der Stil, in dem wir die Klassendefinition von **Font** aufgebaut haben, ist derselbe, den wir auch schon für **Color** (§13.4) und **Line_style** (§13.5) verwendet haben.

13.12 Circle

Um nicht den Eindruck entstehen zu lassen, dass die Computerwelt ausschließlich rechteckig wäre, haben wir noch die Klassen **Circle** und **Ellipse** für Kreise und Ellipsen definiert. Ein **Circle**-Objekt wird definiert durch Mittelpunkt und Radius.

```
struct Circle : Shape {
    Circle(Point p, int rr);   // Mittelpunkt und Radius

    void draw_lines() const;

    Point center() const ;
    int radius() const { return r; }
    void set_radius(int rr) { r=rr; }
private:
    int r;
};
```

Verwendet wird **Circle** wie folgt:

```
Circle c1(Point(100,200),50);
Circle c2(Point(150,200),100);
Circle c3(Point(200,200),150);
```

Dieser Code erzeugt drei Kreise unterschiedlicher Größe, die links ausgerichtet sind und deren Mittelpunkte alle auf einer horizontalen Linie liegen, siehe ▶ Abbildung 13.19.

Abbildung 13.19: Drei Kreise unterschiedlicher Größe

Eine Eigentümlichkeit der Circle-Implementierung ist, dass nicht der Mittelpunkt, sondern die linke obere Ecke des (den Kreis) umschließenden Rechtecks gespeichert wird. Für unsere Zwecke hätten wir grundsätzlich beide Punkte verwenden können. Wir haben uns aber für den Eckpunkt entschieden, den auch die FLTK-Bibliothek für ihre optimierte Zeichenroutine verwendet. Unsere Circle-Klasse ist somit ein weiteres Beispiel dafür, wie eine Klasse ein Konzept intern – in ihrer Implementierung – anders behandelt, als in der Präsentation nach außen, bei der es ihr mehr darum geht, ihren Benutzern eine andere, freundlichere Sicht auf das Konzept zu zeigen.

```
Circle::Circle(Point p, int rr)    // Mittelpunkt und Radius
  :r(rr)
{
  add(Point(p.x–r,p.y–r));        // speichere die linke obere Ecke
}
Point Circle::center() const
{
  return Point(point(0).x+r, point(0).y+r);
}
void Circle::draw_lines() const
{
  if (color().visibility())
    fl_arc(point(0).x,point(0).y,r+r,r+r,0,360);
}
```

Beachten Sie den Aufruf der Funktion fl_arc() zum Zeichnen des Kreises. Die ersten beiden Argumente geben die linke obere Ecke an, die beiden nachfolgenden Argumente spezifizieren Breite und Höhe des kleinsten Rechtecks, das den Kreis einschließt, und die letzten beiden Argumente legen die beiden Winkel fest, zwischen denen der Kreisbogen gezeichnet werden soll. Für einen vollständigen

Kreis lassen wir die gesamten 360 Grad zeichnen; wir können **fl_arc()** aber auch dazu benutzen, Teile eines Kreises (oder einer Ellipse) zu zeichnen, siehe Übung 1.

13.13 Ellipse

Ellipsen sind Kreisen recht ähnlich, werden aber mit einer Haupt- und einer Nebenachse statt mit einem Radius definiert. Um eine bestimmte Ellipse zu erzeugen, geben wir demnach die Koordinaten des Mittelpunkts, den Abstand vom Mittelpunkt zu einem Punkt auf der x-Achse und den Abstand vom Mittelpunkt zu einem Punkt auf der y-Achse an.

```
struct Ellipse : Shape {
  Ellipse(Point p, int w, int h);   // Mittelpunkt, größter und kleinster Abstand von Mitte
  void draw_lines() const;

  Point center() const;
  Point focus1() const;
  Point focus2() const;

  void set_major(int ww) { w=ww; }
  int major() const { return w; }

  void set_minor(int hh) { h=hh; }
  int minor() const { return h; }
private:
  int w;
  int h;
};
```

Verwendet wird **Ellipse** wie folgt:

```
Ellipse e1(Point(200,200),50,50);
Ellipse e2(Point(200,200),100,50);
Ellipse e3(Point(200,200),100,150);
```

Dieser Code erzeugt drei Ellipsen mit gemeinsamem Mittelpunkt, aber unterschiedlich großen Achsen, siehe ▶ Abbildung 13.20.

Beachten Sie, dass eine Ellipse, für die **major()==minor()** gilt, exakt wie ein Kreis aussieht.

Ebenfalls recht populär ist die Definition einer Ellipse durch ihre beiden Brennpunkte und der Summe der Abstände eines Punktes zu den Brennpunkten. Für die Anhänger dieser Definition stellt **Ellipse** Funktionen zur Berechnung der Brennpunkte zur Verfügung, zum Beispiel:

```
Point Ellipse::focus1() const
{
  return Point(center().x+sqrt(double(w*w–h*h)),center().y);
}
```

13.13 Ellipse

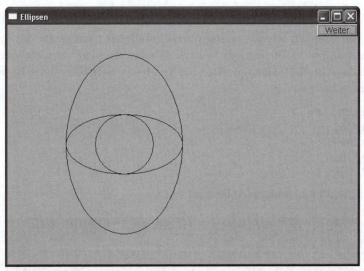

Abbildung 13.20: Drei Ellipsen mit unterschiedlichen Abmaßen

Warum ist ein **Circle**-Objekt kein **Ellipse**-Objekt, d.h., warum verwendet **Circle** nicht **Ellipse** als Basisklasse? Geometrisch gesehen ist jeder Kreis eine Ellipse – genauer gesagt, eine Ellipse, deren beiden Brennpunkte zusammenfallen. Umgekehrt ist aber nicht jede Ellipse ein Kreis. Wir könnten **Circle** also durchaus so definieren, dass **Circle** eine Art von **Ellipse** ist, müssten dabei allerdings in Kauf nehmen, dass die Repräsentation dann einen im Grunde überflüssigen Wert enthält. (Ein Kreis ist durch einen Punkt und einen Radius definiert, eine Ellipse durch ihren Mittelpunkt und ein Achsenpaar.) Auch wenn uns die unnötige Speicherverschwendung nicht gerade begeistert, liegt der eigentliche Grund, warum wir uns gegen **Ellipse** als Basisklasse entschieden haben, woanders. Wir können **Circle** nicht als eine spezielle Form von **Ellipse** definieren, ohne gleichzeitig die Funktionen **set_major()** und **set_minor()** irgendwie zu deaktivieren. Schließlich kann man ein **Circle**-Objekt (im mathematischen Sinne) kaum als echten Kreis betrachten, wenn der Benutzer mit einem Aufruf von **set_major()** erreichen kann, dass **major()!=minor()** gilt. Und nach einem solchen Aufruf sähe das Objekt auch nicht mehr wie ein Kreis aus. Das Objekt müsste also zusammen mit seinem Zustand auch seinen Typ wechseln. Doch Objekte, die manchmal vom Typ A sind (wenn gilt **major()!=minor()**) und ein anderes Mal vom Typ B (wenn gilt **major()==minor()**), gibt es nicht. Was es gibt, ist ein Objekt (vom Typ **Ellipse**), das manchmal wie ein Kreis aussieht. **Circle**-Objekte dagegen verwandeln sich niemals in Ellipsen mit ungleichen Achsen.

Wenn wir Klassen entwerfen, müssen wir stets bedacht sein, nicht zu clever sein zu wollen. Außerdem dürfen wir uns nicht von unserer „Intuition" dazu verführen lassen, Klassen zu definieren, die in unserem Code keinen Sinn ergeben. Vielmehr müssen wir darauf achten, dass unsere Klassen kohärente Konzepte repräsentieren und nicht bloß wahllose Sammlungen von Daten und Funktionen sind. Einfach nur Code zusammenzuwerfen, ohne sich Gedanken über die Ideen und Konzepte zu machen, die wir repräsentieren wollen, ist reines „Hacking" und führt zu Code, den wir nicht erklären und den andere nicht warten können – und schwierig zu debuggen ist er überdies. (Sollten Sie zu den weniger altruistischen Menschen gehören, so denken Sie daran: Mit „anderen" meinen wir auch Sie, wenn Sie sich den Code in ein paar Monaten noch einmal anschauen.)

13.14 Marked_polyline

Zur Darstellung von Graphen werden häufig offene Polylinien benutzt. Da die Knotenpunkte der Graphen aber nicht selten mit Buchstaben beschriftet bzw. „markiert" werden, wäre es schön, eine Polylinie mit „Marken" an den Knotenpunkten zur Verfügung zu haben. Genau diesen Zweck erfüllt **Marked_polyline**. Zum Beispiel:

```
Marked_polyline mpl("1234");
mpl.add(Point(100,100));
mpl.add(Point(150,200));
mpl.add(Point(250,250));
mpl.add(Point(300,200));
```

Dieser Code erzeugt das Fenster aus ▶ Abbildung 13.21.

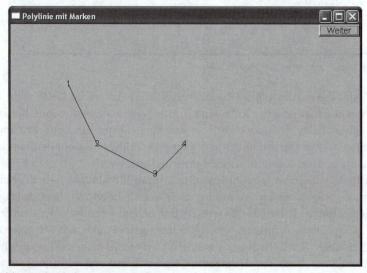

Abbildung 13.21: Polylinie mit beschrifteten Knotenpunkten

Die Definition von **Marked_polyline** sieht wie folgt aus:

```
struct Marked_polyline : Open_polyline {
    Marked_polyline(const string& m) :mark(m) { }
    void draw_lines() const;
private:
    string mark;
};
```

Durch die Ableitung von **Open_polyline** ersparen wir uns die Behandlung der Punkte. Wir erhalten sie sozusagen „frei Haus geliefert" und können uns ganz auf die Beschriftungen konzentrieren, für die vornehmlich die Funktion **draw_lines()** verantwortlich ist:

```
void Marked_polyline::draw_lines() const
{
  Open_polyline::draw_lines();
  for (int i=0; i<number_of_points(); ++i)
    draw_mark(point(i),mark[i%mark.size()]);
}
```

Da das Zeichnen der Linien vollständig von dem Aufruf **Open_polyline::draw_lines()** übernommen wird, brauchen wir uns nur noch um die Knotenbeschriftungen zu kümmern. Wir stellen die Marken in Form eines Zeichenstrings zur Verfügung und verwenden sie in der Reihenfolge, in der sie im String stehen: Der Ausdruck **mark[i%mark.size()]** wählt aus dem String, der bei der Erzeugung des **Marked_polyline**-Objekts übergeben wurde, das Zeichen aus, das als Nächstes verwendet werden soll. Für den Fall, dass das Ende des Strings erreicht wird, sorgt der Modulo-Operator **%** (Rest einer ganzzahligen Division) dafür, dass die Zeichen wieder von vorne beginnend ausgewählt werden. Die Hilfsfunktion **draw_mark()** sorgt dafür, dass der ausgewählte Buchstabe am gegebenen Punkt eingezeichnet wird:

```
void draw_mark(Point xy, char c)
{
  static const int dx = 4;
  static const int dy = 4;

  string m(1,c);
  fl_draw(m.c_str(),xy.x–dx,xy.y+dy);
}
```

Die Konstanten **dx** und **dy** dienen dazu, den Buchstaben über dem Punkt zu zentrieren. Der String **m** wird erzeugt, weil wir das Zeichen **c** als String übergeben müssen.

13.15 Marks

Manchmal möchten wir einfach nur die Marken, ohne verbindende Linien, ausgeben. Für diesen Zweck gibt es die Klasse **Marks**. Um zum Beispiel die vier Punkte, die wir in den vorangehenden Abschnitten verwendet haben, nur zu markieren, können wir schreiben:

```
Marks pp("x");
pp.add(Point(100,100));
pp.add(Point(150,200));
pp.add(Point(250,250));
pp.add(Point(300,200));
```

Dieser Code erzeugt die Darstellung aus ▶ Abbildung 13.22.

Abbildung 13.22: Fenster mit markierten Punkten

Zu den möglichen Einsatzgebieten von **Marks** gehört zum Beispiel die grafische Präsentation von Daten, die diskrete Ereignisse darstellen und für die das Einzeichnen von Verbindungslinien unangebracht wäre – also beispielsweise Daten (wie Körpergröße, Gewicht etc.), die aus der Untersuchung einer bestimmten Gruppe von Menschen gewonnen wurden.

Ein **Marks**-Objekt ist einfach ein **Marked_polyline**-Objekt mit unsichtbaren (**invisible**) Linien:

```
struct Marks : Marked_polyline {
  Marks(const string& m) :Marked_polyline(m)
  {
    set_color(Color(Color::invisible));
  }
};
```

Die Notation **:Marked_polyline(m)** ist eine Variante der in §9.4.4 vorgestellten Memberinitialisierer-Syntax. Sie dient hier dazu, den **Marked_polyline**-Teil des **Marks**-Objekts zu initialisieren.

13.16 Mark

Ein **Point** ist nichts weiter als eine Position in einem Fenster. Es ist nichts, was wir zeichnen oder sehen könnten. Wenn wir den Punkt, den ein **Point**-Objekt repräsentiert, markieren möchten, sodass er im Fenster sichtbar wird, müssen wir ihn durch Linien kennzeichnen (siehe §13.2) oder die Klasse **Marks** verwenden. Da diese beiden Varianten etwas umständlich sind, haben wir noch eine vereinfachte Version von **Marks** definiert, deren Objekte mit einem Punkt und einem Zeichen initialisiert werden. Mithilfe dieser Klasse können wir z.B. die Mittelpunkte der Kreise aus §13.12 wie folgt markieren:

```
Mark m1(Point(100,200),'x');
Mark m2(Point(150,200),'y');
Mark m3(Point(200,200),'z');
c1.set_color(Color::blue);
c2.set_color(Color::red);
c3.set_color(Color::green);
```

Das Ergebnis sehen Sie in ▶ Abbildung 13.23.

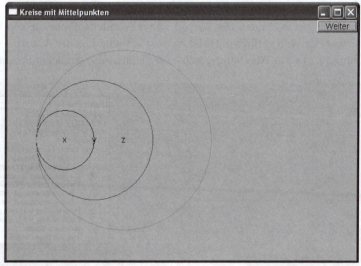

Abbildung 13.23: Drei Kreise und ihre Mittelpunkte ▶ Farbteil Seite XI

Ein **Mark**-Objekt ist einfach ein **Marks**-Objekt, dessen erster (und üblicherweise einziger) Punkt direkt bei der Erzeugung angegeben wird:

```
struct Mark : Marks {
  Mark(Point xy, char c) : Marks(string(1,c))
  {
    add(xy);
  }
};
```

Der Ausdruck **string(1,c)** ruft einen der **string**-Konstruktoren auf und initialisiert den neuen String mit dem einzelnen Zeichen **c**.

Eigentlich bietet **Mark** Ihnen nur eine bequeme Notation für die Erzeugung eines **Marks**-Objekts, das aus einem einzigen Punkt besteht, beschriftet mit nur einem Zeichen. Rechtfertigt das eine eigene Definition für **Mark**? Oder führt das nur zu unnötigen Komplikationen und Verwirrung? Hierauf können auch wir keine eindeutige Antwort geben. Wir haben hin und her überlegt, uns aber am Ende dafür entschieden, dass diese Klasse für die Benutzer nützlich ist. Außerdem war der Aufwand für ihre Definition minimal.

13 Grafikklassen

Bleibt die Frage, warum wir ein Zeichen als „Markierung" verwenden. Wir hätten jede beliebige Form verwenden können, aber Zeichen bieten einen nützlichen und einfachen Satz an Markierungen. Und oft ist es ganz nützlich, über mehrere verschiedenen „Markierungen" verfügen zu können, um zwischen verschiedenen Sätzen von Punkten zu unterscheiden. Zeichen wie x, o, + und * haben zudem den Vorzug symmetrisch um einen Mittelpunkt zu liegen.

13.17 Image

Im Durchschnitt speichert ein PC in den Dateien auf seiner Festplatte Tausende von Bilder. Millionen weitere Bilder sind über das Web verfügbar. Da ist es verständlich, dass die Anzeige von Bildern – wie jenes aus ▶ Abbildung 13.24 – zur Ausstattung selbst vergleichsweise einfacher Programme gehört.

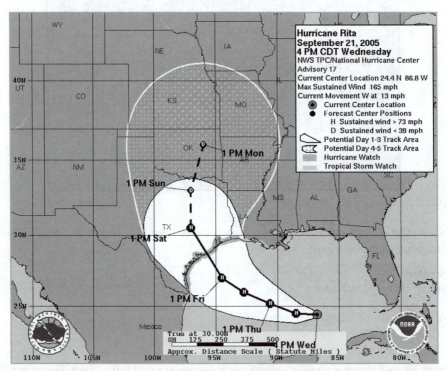

Abbildung 13.24: Projizierter Weg von Hurrikan Rita beim Anflug auf die texanische Golfküste (*rita_path.gif*)

Um einen Teil des Bildes aus Abbildung 13.24 auszuwählen und zusammen mit einem aus dem Weltall aufgenommen Foto von Rita (*rita.jpg*) anzuzeigen, schreiben wir:

Image rita(Point(0,0),"rita.jpg");
Image path(Point(0,0),"rita_path.gif");
path.set_mask(Point(50,250),600,400);   // den prognostizierten Landgang auswählen

win.attach(path);
win.attach(rita);

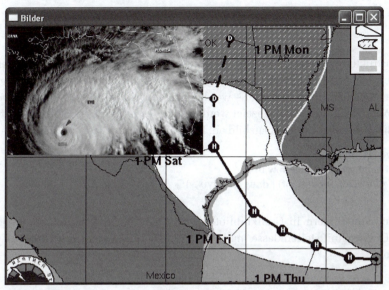

Abbildung 13.25: Anzeige von Bildern

Die set_mask()-Operation wählt aus einem Bild einen anzuzeigenden Teilbereich aus. Im obigen Fall wählen wir aus *rita_path.gif* (welches wir zuvor in path geladen haben) ein (600,400)-Bild aus, dessen linke obere Ecke auf dem Punkt (50,250) von path liegt. Da es recht häufig vorkommt, dass wir für die Anzeige im Fenster nur einen Teilbereich eines Bildes auswählen, haben wir uns entschlossen, diese Operation direkt zu unterstützen.

Grafikobjekte werden in der gleichen Reihenfolge arrangiert, in der sie mit dem Fenster verbunden werden – wie die Papiere auf einem Schreibtisch. Um zu erreichen, dass path unterhalb von rita angezeigt wird, müssen wir also lediglich path vor rita mit dem Fenster verbinden.

Bilder können in irritierend vielen Formaten codiert werden, die wir mit unserer Grafikbibliothek unmöglich alle unterstützen können. Wir konzentrieren uns daher auf zwei der häufigsten: JPEG und GIF:

```
struct Suffix {
  enum Encoding { none, jpg, gif };
};
```

In unserer Grafikschnittstellenbibliothek repräsentieren wir Bilder im Speicher als Objekte der Klasse Image:

```
struct Image : Shape {
  Image(Point xy, string file_name, Suffix::Encoding e = Suffix::none);
  ~Image() { delete p; }
  void draw_lines() const;
  void set_mask(Point xy, int ww, int hh)
    { w=ww; h=hh; cx=xy.x; cy=xy.y; }
private:
  int w,h;   // definiert eine rechteckige "Maske" innerhalb des Bildes,
             // relativ zur Position (cx,cy)
  int cx,cy;
```

13 Grafikklassen

```
  Fl_Image* p;
  Text fn;
};
```

Der **Image**-Konstruktor versucht zunächst, die Datei zu öffnen, deren Name ihm übergeben wurde. Gelingt dies, versucht er, ein Bildobjekt zu erzeugen, wobei er die zu verwendende Codierung entweder dem optionalen Argument entnimmt oder – was häufiger der Fall ist – aus der Dateierweiterung („Suffix") ableitet. Wenn das Bild nicht angezeigt werden kann (etwa weil die Datei nicht gefunden werden konnte), zeigt **Image** ein **Bad_Image**-Ersatzbild an. Die Definition von **Bad_image** sieht wie folgt aus:

```
struct Bad_image : Fl_Image {
  Bad_image(int h, int w) : Fl_Image(h,w,0) { }
  void draw(int x,int y, int, int, int, int) { draw_empty(x,y); }
};
```

Die Behandlung von Bildern in Grafikbibliotheken ist eine recht komplizierte Angelegenheit. Im Falle unserer Grafikschnittstellenklasse **Image** liegt die Hauptschwierigkeit in der Dateibehandlung des Konstruktors:

```
// besonders sorgfältig ausgearbeiteter Konstruktor (weil Fehler in
// Verbindung mit Bilddateien so schwierig zu debuggen sein können)
Image::Image(Point xy, string s, Suffix::Encoding e)
  :w(0), h(0), fn(xy,"")
{
  add(xy);

  if (!can_open(s)) { // können wir s öffnen?
    fn.set_label("nicht zu öffnen: \""+s+'\"');
    p = new Bad_image(30,20); // das "Fehler"-Bild
    return;
  }

  if (e == Suffix::none) e = get_encoding(s);

  switch(e) {   // liegt eine bekannte Codierung vor?
  case Suffix::jpg:
    p = new Fl_JPEG_Image(s.c_str());
    break;
  case Suffix::gif:
    p = new Fl_GIF_Image(s.c_str());
    break;
  default:  // nicht unterstützte Bildcodierung
    fn.set_label("nicht unterstützter Dateityp \""+s+'\"');
    p = new Bad_image(30,20); // das "Fehler"-Bild
  }
}
```

Anhand der Dateierweiterung (Suffix) entscheiden wir, welche Art von Objekt wir für das Bild erzeugen müssen (**Fl_JPEG_Image** oder **Fl_GIF_Image**). Wir erzeugen das Implementierungsobjekt mithilfe von **new** und weisen es einem Zeiger zu. Es handelt sich hier um ein Implementierungsdetail, das uns durch die Organisation der FLTK-Bibliothek aufgedrängt wird und für uns ansonsten nicht weiter von Bedeutung ist. (Siehe Kapitel 17 für eine ausführlichere Beschreibung des Operators **new** und dem Konzept der Zeiger.)

Jetzt müssen wir noch die Funktion **can_open()** implementieren, die für uns überprüft, ob eine Datei des angegebenen Namens zum Lesen geöffnet werden kann:

```
bool can_open(const string& s)
  // prüfe, ob eine Datei namens s existiert und zum Lesen geöffnet werden kann
{
    ifstream ff(s.c_str());
    return ff;
}
```

Zugegeben, eine Datei zu öffnen und gleich wieder zu schließen, ist eine recht plumpe Art um festzustellen, ob die Datei geöffnet werden kann. Es ist aber gleichzeitig ein effektives Mittel, um Fehler, die beim Öffnen einer Datei auftreten können, von Fehlern zu trennen, die durch das Format der Daten in der Datei verursacht werden.

Wenn Sie möchten, können Sie sich in den Quelldateien zu den Grafikschnittstellenklassen auch noch die Implementierung der Funktion **get_encoding()** ansehen. Aufgabe von **get_encoding()** ist es, nach einer Dateierweiterung zu suchen. Dazu schlägt sie den übergebenen String in einer Tabelle bekannter Dateierweiterungen nach. Die Tabelle ist vom Typ **map** der Standardbibliothek (siehe Kapitel 18).

13 Grafikklassen

Aufgaben

1 Erzeugen Sie ein **Simple_window**-Fenster der Größe 800x1.000.

2 Legen Sie ganz links im Fenster ein 800x800-Pixel großes 8x8-Gitter an, sodass jedes Quadrat die Abmaße 100x100 hat.

3 Füllen Sie die acht Quadrate der Diagonalen von oben links nach unten rechts mit einer roten Farbe (verwenden Sie **Rectangle**).

4 Suchen Sie nach einem Bild der Größe 200x200 (JPEG oder GIF) und legen Sie drei Kopien davon auf dem Gitter ab, wobei jedes Bild vier Quadrate bedecken soll. Wenn Sie kein Bild finden, dass genau diesen Abmaßen entspricht, schneiden Sie mit **set_mask()** einen 200x200 Pixel großen Ausschnitt aus einem größeren Bild heraus. Achten Sie darauf, nicht die roten Quadrate zu verdecken.

5 Fügen Sie ein Bild der Größe 100x100 ein. Schreiben Sie Code, der das Bild beim Anklicken der Schaltfläche WEITER von einem Quadrat zum nächsten springen lässt. Packen Sie dazu einen Aufruf von **wait_for_button()** zusammen mit Code, der ein neues Quadrat für Ihr Bild auswählt, in eine Schleife.

Fragen

1 Warum verwenden wir nicht einfach direkt eine kommerzielle oder eine Open-Source-Grafikbibliothek?

2 Wie viele Klassen von unserer Grafikschnittstellenbibliothek benötigen Sie in etwa, um eine einfache Grafikausgabe zu erzeugen?

3 Wie lauten die Headerdateien, die für die Programmierung mit der Grafikschnittstellenbibliothek benötigt werden?

4 Welche Klassen definieren geschlossene Formen?

5 Warum verwenden wir nicht einfach **Line** für alle unsere Formen?

6 Wofür stehen die Argumente des **Point**-Konstruktors?

7 Aus welchen Komponenten besteht **Line_style**?

8 Aus welchen Komponenten besteht **Color**?

9 Was versteht man unter RGB?

10 Was ist der Unterschied zwischen zwei **Line**-Objekten und einem **Lines**-Objekt, das aus zwei Linien besteht?

11 Welche Eigenschaften können Sie für jede Form (**Shape**-Objekt) festlegen?

12 Wie viele Seiten hat eine **Closed_polyline**-Form, die durch fünf Punkte definiert wird?

13 Was sehen Sie, wenn Sie ein **Shape**-Objekt definieren, aber nicht mit einem **Window**-Objekt verbinden?

14 Worin unterscheidet sich ein **Rectangle**-Objekt von einem **Polygon**-Objekt mit vier Punkten (Ecken)?

15 Worin unterscheidet sich ein **Polygon**-Objekt von einem **Closed_polyline**-Objekt?

16 Was befindet sich im Vordergrund: die Füllung oder der Rahmen?

17 Warum haben wir uns nicht die Mühe gemacht, eine Klasse **Triangle** für Dreiecke zu definieren (schließlich haben wir ja auch eine Klasse **Rectangle** für Rechtecke definiert)?

18 Wie verschieben wir eine Form an eine andere Position im Fenster?

19 Wie beschriften wir eine Form mit einer Textzeile?

20 Welche Eigenschaften können Sie für einen Textstring in einem **Text**-Objekt setzen?

21 Was ist eine Schriftart und warum ist die Schriftart für uns wichtig?

22 Was ist **Vector_ref** und wie wird es verwendet?

23 Was ist der Unterschied zwischen einem **Circle**- und einem **Ellipse**-Objekt?

24 Was passiert, wenn Sie versuchen ein **Image**-Objekt anzuzeigen und dabei einen Dateinamen übergeben, der sich nicht auf eine Datei mit einem Bild bezieht?

25 Wie zeigen Sie nur einen Teil eines Bildes an?

Übungen

Für jede Übung, die mit den Worten „Definieren Sie eine Klasse" beginnt, sollten Sie einige Objekte dieser Klasse anzeigen, um zu demonstrieren, dass Ihre Klasse funktioniert.

1 Definieren Sie eine Klasse **Arc**, die einen Teil einer Ellipse zeichnet. Hinweis: **fl_arc()**.

2 Zeichnen Sie ein Rechteck mit abgerundeten Ecken. Definieren Sie eine Klasse **Box**, die aus vier Linien und vier Bögen besteht.

3 Definieren Sie eine Klasse **Arrow**, die eine Linie mit einem Pfeilkopf zeichnet.

4 Definieren Sie die Funktionen **n()**, **s()**, **o()**, **w()**, **center()**, **no()**, **so()**, **sw()** und **nw()**. Jede soll ein **Rectangle**-Argument übernehmen und einen Punkt zurückliefern. Zweck dieser Funktionen ist es, „Verbindungspunkte" auf und im Rechteck zu definieren. So liefert zum Beispiel **nw(r)** die obere linke (Nordwest-)Ecke eines **Rectangle**-Objekts **r**.

5 Definieren Sie die Funktionen aus Übung 4 für ein **Circle**- und ein **Ellipse**-Objekt. Legen Sie die Verbindungspunkte auf oder außerhalb der Form, aber nicht außerhalb des die Form umgebenden Rechtecks.

6 Schreiben Sie ein Programm, das ein Klassendiagramm wie in §12.6 zeichnet. Sie können sich die Sache einfach machen, wenn Sie zuerst eine **Box**-Klasse definieren, bei der es sich um ein mit Text beschriftetes Rechteck handelt.

7 Erstellen Sie eine RGB-Farbtabelle (z.B. siehe *www.1netcentral.com/rgb-colorchart.html*).

8 Definieren Sie eine Klasse **Hexagon** (ein Hexagon ist ein regelmäßiges Sechseck bzw. ein Polygon mit sechs gleich langen Seiten). Verwenden Sie den Mittelpunkt und den Abstand vom Mittelpunkt zu einem der Eckpunkte als Konstruktorargumente.

9 Kacheln Sie einen Teil eines Fensters mit **Hexagon**-Objekten (mindestens acht).

10 Definieren Sie eine Klasse **Regular_polygon**. Verwenden Sie den Mittelpunkt, die Anzahl der Seiten (>2) und den Abstand vom Mittelpunkt zu einem der Eckpunkte als Konstruktorargumente.

11 Zeichnen Sie eine Ellipse der Abmaße 300x200 Pixel. Zeichnen Sie eine 400 Pixel lange x-Achse und eine 300 Pixel lange y-Achse durch den Mittelpunkt der Ellipse. Markieren Sie die Brennpunkte. Markieren Sie einen Punkt auf der Ellipse, der nicht auf einer dieser Achsen liegt. Zeichnen Sie die zwei Linien von den Brennpunkten zu diesem Punkt.

12 Zeichnen Sie einen Kreis. Lassen Sie eine Markierung auf dem Kreis „wandern". Die Markierung soll sich jedes Mal ein wenig bewegen, wenn Sie die Schaltfläche WEITER drücken.

13 Zeichnen Sie die Farbmatrix aus §13.10, allerdings ohne Rahmen um die jeweiligen Farben.

14 Definieren Sie eine Klasse für ein rechtwinkliges Dreieck. Erstellen Sie eine achteckige Form aus acht rechtwinkligen Dreiecken unterschiedlicher Farbfüllung.

15 „Kacheln" Sie ein Fenster mit kleinen rechtwinkligen Dreiecken.

16 Wie Übung 15, aber mit Sechsecken (Hexagon).

17 Wie Übung 16, aber mit Sechsecken unterschiedlicher Farbfüllung.

18 Definieren Sie eine Klasse **Poly**, die ein Polygon repräsentiert, aber in ihrem Konstruktor prüft, dass ihre Punkte wirklich ein Polygon ergeben. Hinweis: Sie müssen dem Konstruktor die Punkte übergeben.

19 Definieren Sie eine Klasse **Star**. Ein Parameter sollte die Anzahl der Zacken angeben. Zeichnen Sie einige Sterne mit unterschiedlicher Zackenzahl, unterschiedlichen Rahmenfarben und unterschiedlichen Füllfarben.

Schlüsselbegriffe

Bild	JPEG	Schriftart
Bildcodierung	Linie	Schriftgröße
Ellipse	Linienstil	Sichtbar
Farbe	Offene Form	Unbenanntes Objekt
Füllung	Polygon	Unsichtbar
Geschlossene Form	Polylinie	**Vector_ref**
GIF	Punkt	

Ein persönlicher Hinweis

Kapitel 12 hat gezeigt, wie Sie Klassen anwenden. Das Studium von Kapitel 13 katapultiert Sie als Programmierer eine Stufe nach oben: Sie sind nicht länger nur Tool-Nutzer, sondern avancieren hiermit zum Tool-Entwickler.

Grafikklassen-Design

14.1 Designprinzipien 490
    14.1.1   Typen 490
    14.1.2   Operationen 492
    14.1.3   Namensgebung 493
    14.1.4   Zugriff und Veränderung 495

14.2 Shape 496
    14.2.1   Eine abstrakte Klasse 497
    14.2.2   Zugriffskontrolle 498
    14.2.3   Shape-Objekte zeichnen 501
    14.2.4   Kopieren und Zugriffskontrolle 504

14.3 Basisklassen und abgeleitete Klassen 506
    14.3.1   Objekt-Layout 507
    14.3.2   Klassen ableiten und virtuelle Funktionen definieren.... 509
    14.3.3   Überschreibung 510
    14.3.4   Zugriff 511
    14.3.5   Rein virtuelle Funktionen 512

14.4 Vorteile der objektorientierten Programmierung 513

14 Grafikklassen-Design

„Firmitas, Utilitas et Venustas"[1]

– Vitruvius

Dieses Grafikkapitel verfolgt zwei Ziele: Zum einem möchten wir Ihnen nützliche Hilfsmittel für die Präsentation von Informationen an die Hand geben. Zum anderen werden wir die Familie unserer grafischen Schnittstellenklassen dazu benutzen, Ihnen einige allgemeine Design- und Implementierungstechniken näherzubringen – mit Schwerpunkt auf dem Entwurf von Schnittstellen und dem Konzept der Vererbung. Auf dem Weg dahin werden wir einen kleinen Abstecher machen und uns etwas intensiver mit den Sprachmitteln befassen, die sehr eng mit der objektorientierten Programmierung verbunden sind: Ableitung von Klassen, virtuelle Funktionen und Zugriffskontrolle. Unserer Überzeugung nach kann das Design von Klassen nur im Zusammenhang mit ihrer Verwendung und Implementierung besprochen werden; entsprechend konkret werden unsere Ausführungen zum Thema Design sein. Vielleicht hätten wir dieses Kapitel sogar besser „Design und Implementierung von Grafikklassen" genannt.

14.1 Designprinzipien

Welche Designprinzipien liegen unseren Grafikschnittstellenklassen zugrunde? Nanu, was für eine seltsame Frage? Was sind „Designprinzipien" und warum müssen wir uns mit ihnen befassen? Warum konzentrieren wir uns nicht auf die wesentlich wichtigere Aufgabe, ordentliche grafische Darstellungen zu erzeugen?

14.1.1 Typen

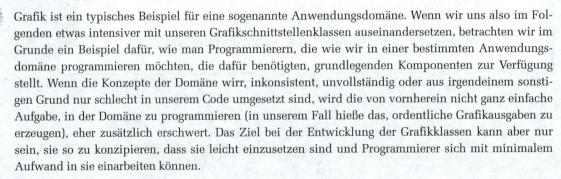

Grafik ist ein typisches Beispiel für eine sogenannte Anwendungsdomäne. Wenn wir uns also im Folgenden etwas intensiver mit unseren Grafikschnittstellenklassen auseinandersetzen, betrachten wir im Grunde ein Beispiel dafür, wie man Programmierern, die wie wir in einer bestimmten Anwendungsdomäne programmieren möchten, die dafür benötigten, grundlegenden Komponenten zur Verfügung stellt. Wenn die Konzepte der Domäne wirr, inkonsistent, unvollständig oder aus irgendeinem sonstigen Grund nur schlecht in unserem Code umgesetzt sind, wird die von vornherein nicht ganz einfache Aufgabe, in der Domäne zu programmieren (in unserem Fall hieße das, ordentliche Grafikausgaben zu erzeugen), eher zusätzlich erschwert. Das Ziel bei der Entwicklung der Grafikklassen kann aber nur sein, sie so zu konzipieren, dass sie leicht einzusetzen sind und Programmierer sich mit minimalem Aufwand in sie einarbeiten können.

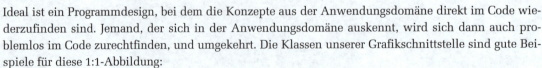

Ideal ist ein Programmdesign, bei dem die Konzepte aus der Anwendungsdomäne direkt im Code wiederzufinden sind. Jemand, der sich in der Anwendungsdomäne auskennt, wird sich dann auch problemlos im Code zurechtfinden, und umgekehrt. Die Klassen unserer Grafikschnittstelle sind gute Beispiele für diese 1:1-Abbildung:

---

1 Gemäß Vitruvius sollte ein Bauwerk die Qualitäten Stabilität, Nützlichkeit und Schönheit in sich vereinigen.

- **Window** – ein Fenster, so wie es vom Betriebssystem präsentiert wird
- **Line** – eine Linie, so wie man sie auf dem Bildschirm sieht
- **Point** – ein Punkt im Koordinatensystem
- **Color** – eine Farbe, so wie sie auf dem Bildschirm erscheint
- **Shape** – die Gemeinsamkeiten aller Formen, die in unserer Grafik/GUI-Sicht auf die Welt vorkommen

Das letzte Beispiel, **Shape**, unterscheidet sich insofern von den anderen Typen, als es eine Verallgemeinerung darstellt, eine reine Abstraktion. Wir sehen niemals „eine abstrakte Form" auf dem Bildschirm, wir sehen immer spezielle Formen wie eine Linie oder ein Sechseck (Hexagon). Die Definition unserer Typen spiegelt dies wider: Versuchen Sie eine **Shape**-Variable anzulegen und der Compiler wird Sie daran hindern.

Die Gruppe unserer Grafikschnittstellenklassen bildet eine Bibliothek. Die Klassen sind dazu gedacht, zusammen, d.h. in Kombination verwendet zu werden. Darüber hinaus sollen sie als Vorlage für die Definition eigener Klassen dienen, an denen Sie sich bei der Darstellung weiterer grafischer Formen orientieren können. Sie sind mehr oder weniger Bausteine für diese Klassen. Da wir es hier nicht mit isolierten, voneinander unabhängigen Klassen zu tun haben, können wir unsere Designentscheidungen nicht für jede Klasse einzeln treffen. In ihrer Gesamtheit definieren unsere Klassen eine eigene Sichtweise, wie man mit Grafiken programmiert. Es ist daher unsere Pflicht dafür zu sorgen, dass diese Sichtweise halbwegs elegant und kohärent ist. Auf Vollständigkeit dürfen wir allerdings nicht hoffen. Dafür ist unsere Bibliothek zu klein und die Domäne der grafischen Anwendungen zu groß. Stattdessen bemühen wir uns um Einfachheit und Erweiterbarkeit.

Keine Klassenbibliothek kann alle Aspekte ihrer Anwendungsdomäne 1:1 abbilden. Es ist nicht nur unmöglich, es wäre auch sinnlos. Stellen Sie sich vor, Sie würden eine Bibliothek zur Anzeige geografischer Informationen schreiben. Möchten Sie die Vegetation wiedergeben? Sollen die Grenzen von Ländern, Bundesländern und anderen politischen Gebilden abzulesen sein? Wie steht es mit Straßen? Eisenbahnlinien? Flüsse? Sollen soziale und ökonomische Daten hervorgehoben werden? Was ist mit den jahreszeitlichen Änderungen von Temperatur und Luftfeuchtigkeit? Windströmungen in der Atmosphäre? Flugrouten? Sollen Schulen eingezeichnet werden? Fast-Food-Restaurants? Sehenswürdigkeiten? „Alles" wäre eine gute Antwort für eine umfassende geografische Anwendung, nicht aber für eine einzelne Präsentation. Es mag eine Antwort für eine Bibliothek zur Unterstützung solcher geografischer Anwendungen sein, aber es ist unwahrscheinlich, dass eine solche Bibliothek dann noch weitere grafische Anwendungsgebiete wie Freihandzeichnen, Fotobearbeitung, wissenschaftliche Bildgebungsverfahren oder Kontrollanzeigen für Flugzeuge abdeckt.

Wie so oft müssen wir also entscheiden, was wichtig und was unwichtig ist. In unserem Fall bedeutet dies, dass wir entscheiden müssen, auf welche Art von Grafik/GUI wir uns spezialisieren möchten. Alles zu wollen und alles zu versuchen, ist der sicherste Weg zu scheitern. Eine gute Bibliothek modelliert ihre Anwendungsdomäne aus einer speziellen Perspektive, betont bestimmte Aspekte der Anwendung und stuft andere herab.

Die Klassen, die wir hier zur Verfügung stellen, wurden vornehmlich für Programmierer geschrieben, die Daten aus mathematischen, wissenschaftlichen oder technischen Anwendungen grafisch präsentieren müssen, und eignen sich vor allem für einfache Grafikanwendungen und mehr oder weniger schlichte grafische Benutzeroberflächen. Für anspruchsvollere Anwendungen steht es Ihnen frei, eigene Klassen „auf der Grundlage" unserer Klassen aufzubauen bzw. – wenn dies nicht ausreicht – direkt mit den FLTK-Klassen zu arbeiten. Wenn wir nachfolgend auf die Implementierung unserer Klassen eingehen, werden Sie dabei genug über die FLTK-Bibliothek erfahren, um eine gute Vorstellung davon zu bekommen, wie man mit dem FLTK (oder einer ähnlich umfangreichen Grafik-/GUI-Bibliothek) programmiert – falls Sie dies anstreben. Warten Sie damit aber auf jeden Fall, bis Sie auch Kapitel 17 und 18 gelesen haben, wo wir Sie in die Programmierung mit Zeigern und in die dynamische Speicherverwaltung einführen. Ohne Kenntnis dieser Techniken lassen sich die meisten Grafik-/GUI-Bibliotheken nämlich nicht erfolgreich einsetzen.

Eine der wichtigsten Designentscheidungen ist, viele „kleine" Klassen mit wenig Operationen anzubieten. Nehmen Sie zum Beispiel die Klassen **Open_polyline**, **Closed_polyline**, **Polygon**, **Rectangle**, **Marked_polyline**, **Marks** und **Mark** unserer Schnittstellenbibliothek. Wir hätten diese Klassen leicht durch eine einzige Klasse (vielleicht namens „Polyline") ersetzen können, die über so viele Argumente und Operationen verfügt, dass wir nicht nur für ein konkretes Objekt genau angeben können, welche Art von Polylinie es darstellt, sondern die uns auch erlaubt, ein Objekt von einer Art Polylinie in eine andere Art zu verwandeln. Spinnt man diese Gedanken fort, kommt man zu einem Design, bei dem die unterstützten Formen nicht mehr auf eigene Klassen, sondern auf Teile einer einzigen Klasse **Shape** zurückgehen. Unserer Überzeugung nach sind viele kleine Klassen viel besser geeignet, die Grafik-Domäne möglichst naturgetreu und zweckdienlich abzubilden. Eine einzelne Klasse, die die gesamte benötigte Funktionalität zur Verfügung stellt, würde nur dazu führen, dass sich die Benutzer mit einer Unzahl von Daten und Operationen herumschlagen müssen und sich vermutlich schmerzlich nach dem strukturierenden Rahmen eines Frameworks sehnen, das ihnen beim Verständnis hilft, das Debuggen erleichtert und die Performance verbessert.

14.1.2 Operationen

Zu jeder Klasse bieten wir ein Minimum an Operationen an. Unser Ziel ist die kleinstmögliche Schnittstelle, die zur Realisierung unserer Vorhaben notwendig ist. Wenn wir später etwas mehr Komfort anbieten möchten, können wir diese Operationen jederzeit in Form von Nicht-Memberfunktionen oder einer weiteren Klasse hinzufügen.

Außerdem sollen die Schnittstellen unserer Klassen einen einheitlichen Stil aufweisen. Beispielsweise tragen Funktionen, die zu verschiedenen Klassen gehören, aber die gleichen Operationen ausführen, den gleichen Namen, haben Argumente derselben Typen und übernehmen diese Argumente nach Möglichkeit auch noch in der gleichen Reihenfolge. Betrachten Sie z.B. die Konstruktoren: Wenn eine Form eine Positionsangabe benötigt, übernimmt sie ein **Point**-Objekt als erstes Argument:

Line ln(Point(100,200),Point(300,400));
Mark m(Point(100,200),'x');   // einen einzelnen Punkt mit "x" markieren
Circle c(Point(200,200),250);

Alle Funktionen, die mit Punkten arbeiten, repräsentieren diese durch Objekte der Klasse **Point**. Dies scheint logisch, doch wirft man einen Blick in eine der vielen verfügbaren Bibliotheken, sieht man, dass diese häufig eine Mischung aus unterschiedlichen Stilen verwenden. Nehmen wir zum Beispiel eine Funktion zum Zeichnen von Linien. Für eine solche Funktion könnten wir einen der beiden folgenden Stile verwenden:

```
void draw_line(Point p1, Point p2);              // von p1 nach p2 (unser Stil)
void draw_line(int x1, int y1, int x2, int y2); // von (x1,y1) nach (x2,y2)
```

Wir könnten auch beide Stile unterstützen, doch aus Gründen der Konsistenz, der besseren Typprüfung und der besseren Lesbarkeit verwenden wir ausschließlich den ersten Stil. Durchweg mit **Point** zu arbeiten, hat zudem den Vorteil, dass es keine Verwechslungen zwischen Koordinatenpaaren und dem anderen, häufig anzutreffenden Integer-Paar geben kann: Breite und Höhe. Siehe dazu:

```
draw_rectangle(Point(100,200), 300, 400);  // unser Stil
draw_rectangle(100,200,300,400);           // Alternative
```

Der erste Aufruf zeichnet ein Rechteck, das durch einen Punkt, Breite und Höhe spezifiziert wird. Die Bedeutung der Argumente ist hier relativ einfach zu erraten, aber wie sieht es mit dem zweiten Aufruf aus? Haben wir es mit einem Rechteck zu tun, dass durch die beiden Punkte (100,200) und (300,400) definiert wird? Oder wird das Rechteck durch den Punkt (100,200), die Breite 300 und die Höhe 400 definiert? Zwei vollkommen unterschiedliche und dennoch plausible Möglichkeiten. Durch die konsequente Verwendung von **Point** vermeiden wir derartige Verwirrungen.

Nebenbei bemerkt, wenn eine Funktion eine Breite und eine Höhe benötigt, werden diese stets in genau dieser Reihenfolge verlangt und übergeben (so wie die *x*-Koordinate immer vor der *y*-Koordinate angegeben wird). Die einheitliche und konsistente Behandlung solcher Details kann die Verwendung Ihrer Klassen enorm erleichtern und dem Benutzer so manchen logischen Fehler ersparen.

Operationen, die logisch identische Aufgaben ausführen, haben in unseren Klassen stets den gleichen Namen. So heißen beispielsweise alle Funktionen, die Punkte, Linien u.a. zu irgendeiner Art von **Shape**-Objekt hinzufügen, **add()** und alle Funktionen, die Linien zeichnen, heißen **draw_lines()**. Diese Vereinheitlichung hilft uns sowohl beim Erinnern (einfach, weil es weniger zu erinnern gibt) als auch beim Planen neuer Klassen (wir folgen einfach unseren eigenen Konventionen). Und manchmal erlaubt es uns sogar später Code zu schreiben, der für viele verschiedenen Typen funktioniert, weil die Operationen auf diesen Typen einem identischen Muster angehören. (Man spricht in solchen Fällen von *generischem* Code, siehe Kapitel 19 bis 21.)

14.1.3 Namensgebung

Operationen, die logisch unterschiedliche Aufgaben ausführen, haben verschiedene Namen. Auch dies scheint selbstverständlich, aber haben Sie sich schon einmal gefragt, warum wir **Shape**-Objekte mit einem Fenster verbinden („**attach**"), während wir **Line**-Objekte einer Form hinzufügen („**add**")? In beiden Fällen „fügen wir etwas in etwas ein". Sollte dies nicht durch einen gemeinsamen Namen ausgedrückt werden? Nein, denn hinter der scheinbaren Ähnlichkeit verbirgt sich ein fundamentaler Unterschied. Betrachten Sie folgenden Code:

```
Open_polyline opl;
opl.add(Point(100,100));
opl.add(Point(150,200));
opl.add(Point(250,250));
```

Hier kopieren wir drei Punkte in **opl** hinein. Nach den **add()**-Aufrufen verwahrt die Form **opl** ihre eigenen Kopien und kümmert sich nicht weiter um „unsere" ursprünglichen **Point**-Objekte. Wir selbst sind an den Originalen in der Regel auch nicht weiter interessiert – uns genügen die Kopien, die die Form verwahrt.

Wie sieht es demgegenüber mit dem **attach**()-Aufruf aus?

win.attach(opl);

Hier stellen wir eine Verbindung zwischen einem Fenster **win** und unserer Form **opl** her. Das Fenster **win** legt keine Kopie von **opl** an – es verwahrt eine Referenz auf **opl**. Es liegt daher in unserer Verantwortung, dafür zu sorgen, dass **opl** so lange gültig bleibt, wie es von **win** referenziert wird. Das heißt, solange **opl** von **win** verwendet wird, dürfen wir den Gültigkeitsbereich von **opl** nicht verlassen. Dafür können wir **opl** jederzeit verändern und wenn **win** das nächste Mal **opl** zeichnet, werden die Änderungen auf dem Bildschirm sichtbar.

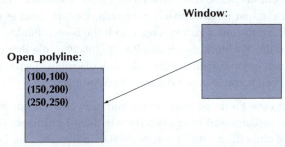

Abbildung 14.1: Grafische Darstellung des Unterschieds zwischen **attach**() und **add**()

Während also **add**() mit pass-by-value (Kopien) arbeitet, verwendet **attach**() pass-by-reference (gemeinsame Nutzung eines Objekts). Wir hätten uns auch entschließen können, die grafischen Objekte in die Fenster zu kopieren. In diesem Fall hätten wir ein ganz anderes Programmiermodell geschaffen, welches wir durch Verwendung von **add**() statt **attach**() angezeigt hätten. So aber stellen wir lediglich eine „Verbindung" zwischen Grafikobjekt und Fenster her, mit bedeutsamen Implikationen. Beispielsweise können wir nicht ein Objekt erzeugen, es mit dem Fenster verbinden, das Objekt auflösen lassen und dann erwarten, dass das resultierende Programm korrekt arbeitet:

```
void f(Simple_window& w)
{
  Rectangle r(Point(100,200),50,30);
  w.attach(r);
} // Hoppla, die Lebensdauer von r endet hier

int main()
{
  Simple_window win(Point(100,100),600,400,"Mein Fenster");
  // ...
  f(win); // das gibt Ärger
  // ...
  win.wait_for_button();
}
```

Zu dem Zeitpunkt, da wir **f**() verlassen und den Aufruf von **wait_for_button**() erreicht haben, gibt es kein **r** mehr, das **win** adressieren und anzeigen könnte. In Kapitel 17 werden wir Ihnen zeigen, wie Sie Objekte innerhalb einer Funktion erzeugen und dennoch sicherstellen, dass die Objekte auch nach Verlassen der Funktion noch existieren. Bis dahin müssen wir einfach aufpassen, dass wir mit dem

Fenster keine Objekte verbinden (**attach**()), die den Aufruf von **wait_for_button**() nicht mehr erleben. Unsere **Vector_ref**-Klasse (§13.10, §E.4) hilft uns dabei.

Beachten Sie auch, dass wir die Funktion **f**() nicht, wie in §8.5.6 empfohlen, so deklarieren konnten, dass sie ihr **Window**-Argument als **const**-Referenz entgegennimmt. Der Compiler hätte dies sofort als Fehler erkannt und verhindert. Wir können **attach**(r) nicht für ein **const Window**-Objekt aufrufen, weil **attach**() den Zustand des **Window**-Objekts ändern muss, um sein Interesse an **r** festzuhalten.

14.1.4 Zugriff und Veränderung

Zu den Schlüsselfragen, die wir uns beim Entwurf einer Klasse stellen, gehören unter anderem: „Wer kann die Daten (Repräsentation) ändern?" und „Wie kann er die Daten ändern?" Grundsätzlich versuchen wir sicherzustellen, dass Änderungen am Zustand eines Objekts nur von der Klasse des Objekts vorgenommen werden können. Das Konzept, welches uns dies ermöglicht, ist die Unterscheidung von **public**- und **private**-Membern. (Wobei angemerkt sei, dass wir in Kürze auch Beispiele für einen etwas flexibleren, feiner abgestimmten Mechanismus (**protected**) sehen werden.) Die Konsequenz aus diesen Überlegungen ist, dass wir einer Klasse nicht einfach nur eine Membervariable, beispielsweise ein **string**-Member namens **label**, hinzufügen können; wir müssen uns auch Gedanken darüber machen, ob es möglich sein soll, den Member nach der Erzeugung zu modifizieren und wenn ja, wie. Außerdem müssen wir entscheiden, ob es abgesehen von den Memberfunktionen unserer Klasse noch anderen Code gibt, der den Wert von **label** lesen muss, und wie wir diesem Code den Zugriff ermöglichen wollen. Zum Beispiel:

```
struct Circle {
  // ...
private:
  int r;  // Radius
};
```

```
Circle c(Point(100,200),50);
c.r = –9;  // O.K.? Nein — Kompilierfehler: Circle::r ist privat
```

Wie Ihnen bei der Lektüre von Kapitel 13 vermutlich aufgefallen ist, haben wir uns bei der überwiegenden Zahl der Membervariablen gegen den direkten Zugriff entschieden. Indem wir darauf verzichten, die Daten öffentlich zu machen, halten wir uns die Option offen, auf die Zuweisung „unsinniger" Werte zu testen (wie z.B. negative Radiuswerte für ein **Circle**-Objekt). Um die Implementierung möglichst einfach zu halten, machen wir von dieser Option allerdings nur begrenzt Gebrauch – achten Sie also ein wenig auf die Werte, die Sie verwenden. (Die Entscheidung, nicht konsistent und vollständig zu testen, entspringt dem Bestreben, den Code für die Präsentation möglichst kurz und übersichtlich zu halten, und dem Wissen, dass unsere Nachlässigkeit im schlimmsten Fall, wenn der Benutzer – Sie oder wir – unsinnige Werte vorgibt, zu einer verpfuschten Darstellung auf dem Bildschirm führt, nicht aber zu einer Beschädigung wertvoller Daten.)

Wir behandeln den Bildschirm (der sich uns als eine Gruppe von **Window**-Objekten darstellt) hier als reines Ausgabegerät. Wir können neue Objekte auf ihm anzeigen und alte Objekte entfernen, aber wir fragen „das System" nie nach Informationen, die wir nicht selbst von den Datenstrukturen, die wir zur Repräsentation unser Bilder aufgebaut haben, her kennen (oder aus diesen ablesen könnten).

14.2 Shape

Die Klasse **Shape** repräsentiert die allgemeine Vorstellung von etwas, das in einem Fenster (**Window**) auf dem Bildschirm erscheinen kann:

- Sie ist es, die unsere grafischen Objekte mit unseren Fensterabstraktionen (**Window**) verknüpft, die ihrerseits wieder die Verbindung zum Betriebssystem und dem physikalischen Bildschirm herstellen.
- Sie ist es, die sich um die Farbe und den Stil der zu zeichnenden Linien kümmert. Dazu birgt die Klasse ein **Line_style**- und ein **Color**-Objekt (für die Linien bzw. die Füllung).
- Sie kann eine Folge von Punkten (**Point**-Objekten) speichern und hat eine grundsätzliche Vorstellung davon, wie diese zu zeichnen sind.

Erfahrene Designer werden einwenden, dass eine Klasse, die drei Aufgaben gleichzeitig übernimmt, höchstwahrscheinlich ein Problem mit ihrer Allgemeingültigkeit hat. Hier benötigen wir allerdings eine Lösung, die einfacher – weitaus einfacher – als die denkbar allgemeinste Lösung ist.

Wir stellen Ihnen zuerst die vollständige Klasse vor, dann gehen wir auf die Details ein:

```cpp
class Shape {    // behandelt Farbe und Stil; speichert eine Folge von Linien
public:
    void draw() const;                      // berücksichtige Farbe u. zeichne Linien
    virtual void move(int dx, int dy);      // verschiebe die Form +=dx und +=dy

    void set_color(Color col);
    Color color() const;

    void set_style(Line_style sty);
    Line_style style() const;

    void set_fill_color(Color col);
    Color fill_color() const;

    Point point(int i) const;               // Nur-Lese-Zugriff auf points
    int number_of_points() const;

    virtual ~Shape() { }
protected:
    Shape();
    virtual void draw_lines() const;        // zeichne die Linien
    void add(Point p);                      // füge points den Punkt p hinzu
    void set_point(int i, Point p);         // points[i]=p;
private:
    vector<Point> points;                   // wird nicht von allen Formen benutzt
    Color lcolor;                           // Farbe für Linien und Zeichen
    Line_style ls;
    Color fcolor;                           // Füllfarbe

    Shape(const Shape&);                    // Kopieren verhindern
    Shape& operator=(const Shape&);
};
```

Shape ist eine ziemlich komplexe Klasse, die entworfen wurde, um ein breites Spektrum von Grafikklassen zu unterstützen und das allgemeine Konzept einer Form auf dem Bildschirm zu repräsentieren. Auf der anderen Seite enthält sie gerade einmal vier Membervariablen und 15 Memberfunktionen, die zudem nahezu triviale Implementierungen haben, sodass wir uns ganz auf das Design konzentrieren können. Zu diesem Zweck werden wir jetzt die Member der Klasse einzeln durchgehen und erläutern, welche Rolle sie im Design der Klasse spielen.

14.2.1 Eine abstrakte Klasse

Betrachten wir zuerst den Konstruktor von **Shape**:

```
protected:
    Shape();
```

Der Konstruktor ist **protected** („geschützt"), was bedeutet, dass er nur von Klassen, die direkt von **Shape** abgeleitet sind (d.h. Klassen, die mit **:Shape** definiert sind), direkt aufgerufen werden kann. Mit anderen Worten: **Shape** kann ausschließlich als Basis für andere Klassen wie z.B. **Line** oder **Open_polyline** verwendet werden. Der Zweck der „**protected:**"-Deklaration ist somit zu verhindern, dass jemand auf direktem Weg ein Objekt der Klasse **Shape** erzeugt.

Shape ss;   // Fehler: kann kein Shape erzeugen

Die Klasse **Shape** wurde ausschließlich dafür konzipiert, anderen Klassen als Basisklasse zu dienen. Im Falle von **Shape** hätten wir den Benutzern durchaus auch erlauben können, auf direktem Wege Objekte von **Shape** zu erzeugen – großer Schaden hätte dadurch jedenfalls nicht entstehen können. Dass wir den Einsatzbereich der Klasse dennoch so deutlich eingeschränkt haben, hat zwei Gründe: Zum einem halten wir uns auf diese Weise die Option offen, jederzeit Änderungen an **Shape** vorzunehmen, die die Klasse für den direkten Gebrauch ungeeignet machen. Zum anderen spiegelt der Verzicht auf eine Objekterzeugung die Vorstellung wider, dass der abstrakte Begriff einer „Form" weder fassbar noch sichtbar ist – fassen und sehen können wir nur spezielle Formen wie Kreise (**Circle**) oder geschlossene Linienzüge (**Closed_polyline**). Denken Sie einmal darüber nach! Wie sieht eine Form aus? Die einzige vernünftige Antwort auf diese Frage ist eine Gegenfrage: „Welche Art von Form?" Die Vorstellung von einer Form, die wir durch **Shape** repräsentieren wollen, ist also abstrakt. Abstraktion ist ein wichtiges und häufig benutztes Designkonzept, das wir nicht unnötig aufs Spiel setzen sollten. Genau dies aber wäre der Fall, wenn wir den Benutzern unserer **Shape**-Klasse erlaubten, Objekte der Klasse zu erzeugen. Wir würden unser Ideal verraten, Klassen möglichst so zu entwerfen, dass sie die realen Konzepte direkt repräsentieren.

Der Konstruktor von **Shape** ist wie folgt definiert:

```
Shape::Shape()
    : lcolor(fl_color()),       // Standardfarbe für Linien und Zeichen
      ls(0),                    // Standardstil
      fcolor(Color::invisible)  // keine Füllung
{
}
```

Da es sich um einen Standardkonstruktor handelt, werden den Membern der Klasse keine individuellen Werte, sondern Standardwerte zugewiesen. Wie Sie sehen, schimmert auch hier die FLTK-Bibliothek durch, die wir für die Implementierung nutzen. Die FLTK-Vorstellungen von Farbe und

Stil tauchen allerdings nicht im Benutzercode auf (zumindest nicht direkt), sie sind lediglich Teil der Implementierung unserer **Shape**-, **Color**- und **Line_style**-Klassen. Der **vector<Points>**-Member wird mit seinem Standardwert, einem leeren Vektor, initialisiert.

Eine Klasse ist *abstrakt*, wenn sie nur als Basisklasse verwendet werden kann. Die **protected**-Deklaration des Konstruktors ist nicht die einzige Möglichkeit, dies zu erreichen. Eine andere, häufiger genutzte Variante ist die Deklaration einer sogenannten rein *virtuellen Funktion* (siehe auch §14.3.5). Klassen, von denen Objekte erzeugt werden können – die also das Gegenteil einer abstrakten Klasse darstellen –, werden als *konkrete* Klassen bezeichnet. Beachten Sie, dass *abstrakt* und *konkret* einfach nur technische Fachbegriffe für eine ganz alltägliche Unterscheidung sind. Stellen Sie sich vor, Sie gehen in ein Geschäft, um eine Kamera zu kaufen. Sie können nicht einfach nach einer Kamera fragen und erwarten, mit einer solchen nach Hause zu gehen. Sie müssen sich schon für eine konkrete Kamera entscheiden. Von welchem Hersteller soll die Kamera sein? Welches spezielle Modell möchten Sie haben? Olympus E-3 wäre z.B. eine spezielle Art von Kamera, von der Sie – gegen Bezahlung eines größeren Geldbetrags – ein einzelnes Exemplar (eine konkrete Kamera mit eindeutiger Seriennummer) erwerben können. In dieser Analogie steht „Kamera" für eine abstrakte (Basis-) Klasse, „Olympus E-3" wäre eine konkrete (abgeleitete) Klasse und die individuelle Kamera in Ihrer Hand (falls Sie sie gekauft haben) wäre ein einzelnes Objekt (Instanz) der konkreten Klasse.

Die Deklaration

virtual ~Shape() { }

definiert einen virtuellen Destruktor. Da wir für den Destruktor im Moment aber noch keine wirkliche Verwendung haben, warten wir mit seiner Beschreibung bis §17.5.2.

14.2.2 Zugriffskontrolle

Die Klasse **Shape** deklariert alle ihre Membervariablen als privat:

```
private:
   vector<Point> points;
   Color lcolor;
   Line_style ls;
   Color fcolor;
```

Da die Membervariablen von **Shape** allesamt **private** sind, müssen wir passende Zugriffsfunktionen zur Verfügung stellen. Es gibt verschiedene Wege dies zu tun. Wir haben uns für eine Variante entschieden, die wir für einfach und bequem erachten und die darüber hinaus gut lesbaren Code erzeugt. Dabei stellen wir für jede Membervariable, die eine Eigenschaft **X** repräsentiert, zwei zusammengehörende Funktionen **X()** und **set_X()** zum Lesen bzw. Schreiben zur Verfügung. Zum Beispiel:

```
void Shape::set_color(Color col)
{
   lcolor = col;
}

Color Shape::color() const
{
   return lcolor;
}
```

Der größte Makel dieser Variante ist, dass wir der Membervariablen nicht denselben Namen geben können wie der Funktion zum Auslesen ihres Werts. Wir müssen uns also zwei Namen ausdenken. Den treffenderen und bequemeren Namen geben wir wie üblich der Funktion, da diese Teil der öffentlichen Schnittstelle ist. Welchen Namen wir danach den privaten Variablen geben, ist weniger wichtig. Beachten Sie auch die Verwendung des Schlüsselwortes **const**, welches anzeigt, dass die Lesefunktion das zugrunde liegende **Shape**-Objekt nicht verändert (§9.7.4).

Zur Ausstattung der Klasse **Shape** gehört auch ein Vektor-Container namens **points**, der vor allem zur Unterstützung der abgeleiteten Klassen gedacht ist, die in dem Container **Point**-Objekte speichern können. Zu diesem Zweck stellen wir noch die Funktion **add()** bereit, mit der dem **points**-Container ein **Point**-Objekt hinzugefügt werden kann.

```
void Shape::add(Point p)   // ist als protected deklariert
{
    points.push_back(p);
}
```

Anfangs ist der **points**-Container natürlich leer.

Wir haben uns beim Design von **Shape** dazu entschlossen, die Klasse mit einer vollständigen, funktionalen Schnittstelle auszustatten – statt dem Benutzer, ja nicht einmal den Memberfunktionen der von **Shape** abgeleiteten Klassen, den direkten Zugriff auf die Membervariablen zu gewähren. Für manche Programmierer ist die Bereitstellung einer funktionalen Schnittstelle eine Selbstverständlichkeit, weil sie die **public**-Deklaration einer Membervariablen als schlechtes Design ansehen. Andere Programmierer wiederum werden unser Design als zu restriktiv empfinden, weil wir den Membern der abgeleiteten Klassen keinen direkten Schreibzugriff auf die **Shape**-Member gewährt haben.

Die von **Shape** abgeleiteten Formen – wie z.B. **Circle** oder **Polygon** – wissen genau, was die Punkte, aus denen sie konstruiert werden, bedeuten. Die Basisklasse **Shape** dagegen weiß nichts über die Punkte. Folglich müssen wir den abgeleiteten Klassen die Kontrolle darüber lassen, wie welche Punkte hinzugefügt werden – zum Beispiel:

- **Circle** und **Rectangle** erlauben dem Benutzer nicht, weitere Punkte hinzuzufügen. Dies würde ja auch keinen Sinn ergeben. Oder können Sie erklären, was man sich unter einem Rechteck mit einem zusätzlichen Punkt vorstellen soll (§12.7.6).
- **Lines** erlaubt nur das Hinzufügen von Punktepaaren (einzelne Punkte können nicht hinzugefügt werden; §13.3).
- **Open_polyline** und **Marks** erlauben das Hinzufügen einer beliebigen Zahl von Punkten.
- **Polygon** verlangt, dass neue Punkte mit einer **add()**-Funktion hinzugefügt werden, die auf Linienüberschneidungen prüft (§13.8).

Um sicherzustellen, dass die abgeleiteten Klassen auch wirklich die Kontrolle über das Hinzufügen der Punkte übernehmen, haben wir **add()** als **protected** deklariert (d.h., die Funktion kann nur aus abgeleiteten Klassen aufgerufen werden). Durch die Deklaration als **public** (jeder kann Punkte hinzufügen) oder **private** (nur **Shape** kann Punkte hinzufügen) hätten wir unsere Vorstellung von den Formen nicht so getreu in Code umsetzen können.

Aus den gleichen Erwägungen heraus haben wir die Funktion **set_point()** ebenfalls als **protected** deklariert. Im Allgemeinen kann nämlich nur eine abgeleitete Klasse wissen, welche Bedeutung einem Punkt zukommt und ob er ohne Verletzung einer Invarianten ausgewechselt werden kann. Stellen Sie sich zum Beispiel vor, wir hätten eine Klasse **Regular_hexagon** als ein Konstrukt aus sechs Punkten definiert. Einen einzelnen dieser Punkte auszuwechseln, würde dazu führen, dass die resultierende Figur kein reguläres Hexagon mehr ist. Ganz anders verhält es sich dagegen mit einem Rechteck. Wenn wir einen einzelnen Punkt eines Rechtecks austauschen, haben wir danach immer noch ein Rechteck. Im Übrigen wird die Funktion **set_point** () für unsere Beispielklassen und -programme gar nicht benötigt; wir definieren sie nur, um nicht von unserer Grundregel abzuweichen, dass jedes Attribut von **Shape** gelesen und geschrieben werden kann. Auf diese Weise können wir später, wenn wir z.B. eine Klasse **Mutable_Rectangle** hinzufügen möchten, diese von **Rectangle** ableiten und mit Operationen zum Austauschen der Punkte ausstatten.

Den Vektor **points**, in dem die Punkte gespeichert werden, haben wir zum Schutz gegen unerwünschte Manipulationen als **private** deklariert. Damit man dennoch sinnvoll mit ihm arbeiten kann, müssen wir passende Zugriffsfunktionen vorsehen:

```
void Shape::set_point(int i, Point p)    // wird nicht verwendet; bisher nicht nötig
{
   points[i] = p;
}

Point Shape::point(int i) const
{
   return points[i];
}

int Shape::number_of_points() const
{
   return points.size();
}
```

In den Memberfunktionen der abgeleiteten Klassen werden diese Funktionen wie folgt verwendet:

```
void Lines::draw_lines() const
   // zeichnet Verbindungslinien zwischen Punktepaaren
{
   for (int i=1; i<number_of_points(); i+=2)
      fl_line(point(i−1).x,point(i−1).y,point(i).x,point(i).y);
}
```

Möglicherweise sorgen Sie sich wegen der vielen trivialen Zugriffsfunktionen. Führen diese nicht zu ineffizientem Code? Verlangsamen sie nicht unnötig das Programm? Werden Sie nicht das Programm aufblähen? Nein, sie werden alle vom Compiler entfernt (d.h., sie werden als Inline-Funktionen kompiliert). Der Aufruf von **number_of_points()** wird bei Ausführung des Programms also exakt ebenso viel Arbeitsspeicher belegen und ebenso viele Maschinenbefehle ausführen wie der direkte Aufruf von **points.size()**.

Überlegungen zur Zugriffskontrolle, wie wir Sie in den vorangehenden Abschnitten nachvollzogen haben, sind äußerst wichtig. Vergleichen Sie nur unsere **Shape**-Version mit der folgenden, nahezu minimalen Definition:

```
struct Shape {   // nahezu minimale Definition — zu einfach — wird nicht verwendet
  Shape();
  void draw() const;   // berücksichtige Farbe u. rufe draw_lines auf
  virtual void draw_lines() const;   // zeichne die Linien
  virtual void move(int dx, int dy);   // verschiebe die Form +=dx und +=dy

  vector<Point> points;          // wird nicht von allen Formen benutzt
  Color lcolor;
  Line_style ls;
  Color fcolor;
};
```

Was haben wir dadurch gewonnen, dass wir dieser Minimalversion die 12 zusätzlichen Memberfunktionen und die beiden Zeilen mit Zugriffsspezifizierern (**private:** und **protected:**) hinzugefügt haben? Die entscheidende Antwort ist, dass wir durch den Schutz der Repräsentation sichergestellt haben, dass diese nur auf die vom Designer der Klasse vorgesehenen Weisen verändert werden können (vgl. das Invarianten-Argument aus §9.4.3). Auf diese Weise können wir mit weniger Aufwand bessere Klassen schreiben. Beispiele dafür werden Sie sehen, wenn wir die von **Shape** abgeleiteten Klassen definieren. Einen einfachen Beleg für die Vorteile dieses Design-Konzepts hat uns aber auch die Arbeit an **Shape** geliefert. In den ersten Versionen von **Shape** haben wir noch folgende Memberdefinitionen verwendet:

```
Fl_Color lcolor;
int line_style;
```

Auf die Dauer erwiesen sich diese Definitionen jedoch eher als Hindernis (der Linienstil vom Typ **int** erlaubte keine elegante Unterstützung der Linienbreite und **Fl_Color** ließ sich nicht nach außen verbergen) und führten letztendlich zu einigen recht unschönen Codestellen. Wären diese beiden Variablen zudem als **public** deklariert gewesen und hätte der eine oder andere Benutzer sie bereits in seinem Code verwendet, hätten wir die notwendigen Verbesserungen an unserer Schnittstellenbibliothek nur noch auf Kosten dieses Benutzercodes durchführen können (der wegen der explizit genannten Bezeichner **lcolor** und **line_style** nicht mehr lauffähig gewesen wäre).

Darüber hinaus vereinfachen Zugriffsfunktionen häufig die Schreibweisen. So ist zum Beispiel **s.add(p)** viel leichter zu lesen oder einzutippen als **s.points.push_back(p)**.

14.2.3 Shape-Objekte zeichnen

Mittlerweile haben wir nahezu alle Elemente von **Shape** beschrieben, nur nicht das eigentliche Herz der Klasse:

```
void draw() const;                   // berücksichtige Farbe u. rufe draw_lines auf
virtual void draw_lines() const;     // zeichne die Linien
```

Die wichtigste und fundamentalste Aufgabe von **Shape** ist es, Formen zu zeichnen (siehe auch §14.4). **Shape** bedient sich dazu der FLTK und der grundlegenden Mechanismen des Betriebssystems. Aus Sicht des Benutzers jedoch macht **Shape** nichts weiter, als lediglich zwei Funktionen zur Verfügung zu stellen:

- **draw()** berücksichtigt Stil und Farbe und ruft dann **draw_lines()** auf.
- **draw_lines()** zeichnet Pixel auf den Bildschirm.

Die draw()-Funktion verwendet keinerlei neue Techniken. Sie ruft einfach die passenden FLTK-Funktionen auf, um Farbe und Linienstil für die aktuelle Form festzulegen, ruft **draw_lines()** auf, um das eigentliche Zeichnen anzustoßen, und versucht dann, die alte Farbe und den alten Linienstil wiederherzustellen.

```
void Shape::draw() const
{
  Fl_Color oldc = fl_color();
  // leider gibt es keinen wirklich guten, portablen Weg den aktuellen Stil
  // zu bestimmen und wiederherzustellen
  fl_color(lcolor.as_int());            // Farbe festlegen
  fl_line_style(ls.style(),ls.width()); // Stil festlegen
  draw_lines();
  fl_color(oldc);        // (alte) Farbe wiederherstellen
  fl_line_style(0);      // (Standard-)Linienstil wiederherstellen
}
```

Da die FLTK zu unserem Leidwesen keinen Weg vorsieht, um den aktuellen Stil korrekt zu bestimmen, begnügen wir uns damit, den Stil auf seinen Standardwert zurückzusetzen. Natürlich ist dies ein Kompromiss, aber Kompromisse wie dieser sind manchmal nötig, um den Code einfach und portabel zu halten. (Die Alternative wäre gewesen, die Möglichkeit zur Wiederherstellung des Stils in unserer Schnittstellenbibliothek zu implementieren, doch dies schien uns den Aufwand nicht wert zu sein.)

Beachten Sie, dass **Shape::draw()** sich weder um die Füllfarbe noch um die Sichtbarkeit der Linien kümmert. Dies ist Aufgabe der individuellen **draw_lines()**-Funktionen, die besser wissen, wie die betreffenden Werte zu interpretieren sind. Theoretisch hätten wir diesen Funktionen auch gleich die gesamte Farb- und Stilbehandlung überlassen können; wegen der vielen Codewiederholungen haben wir uns aber dagegen entschieden.

Lassen Sie uns nun überlegen, wie wir mit **draw_lines()** verfahren sollten. Denkt man ein wenig darüber nach, wird schnell klar, dass es für eine **Shape**-Funktion ausgesprochen schwierig ist, alles zu zeichnen, was für die Darstellung einer beliebigen Form nötig ist. Wir müssten im Grunde dafür sorgen, dass jede beliebige Form Pixel für Pixel in dem **Shape**-Objekt gespeichert wird. Blieben wir bei unserem **vector<Point>**-Modell, hieße dies, dass wir eine Unmenge von Punkten speichern müssten. Schlimmer noch: Wir würden nachahmen, was der „Bildschirm" (d.h. die Grafikhardware) macht – und er macht es sicher besser als wir.

Um den zusätzlichen Aufwand und Speicherbedarf zu vermeiden, verwendet **Shape** einen anderen Ansatz: **Shape** gibt jeder Form (d.h. den von **Shape** abgeleiteten Klassen) die Gelegenheit, selbst zu definieren, was für eben diese Form gezeichnet werden soll. Für Klassen wie **Text**, **Rectangle** oder **Circle** gibt es vermutlich irgendeinen besonders cleveren Weg, wie ihre Objekte zu zeichnen sind. Für die meisten dieser Klassen gibt es jedenfalls einen solchen Weg und meist ist er in den Klassen implementiert. Schließlich „wissen" diese Klassen selbst am besten, was sie darstellen sollen. Beispielsweise wird ein Kreis (Klasse **Circle**) durch einen Punkt und einen Radius definiert, statt durch – sagen wir – eine Vielzahl von Liniensegmenten. Die für ein **Circle**-Objekt erforderlichen Bits bei Bedarf aus dem Punkt und der Radiusangabe zu erzeugen, ist weder allzu schwer noch teuer. Also definiert **Circle** seine eigene **draw_lines()**-Funktion und wir möchten sicherstellen, dass für Kreise diese Version – und nicht **Shape::draw_lines()** – ausgeführt wird. Das ist der Grund, warum in der Deklaration von **Shape::draw_lines()** das Schlüsselwort **virtual** steht:

```
struct Shape {
    // ...
    virtual void draw_lines() const;  // lass jede abgeleitete Klasse ihre eigene
                                      // draw_lines()-Funktion definieren, wenn sie
                                      // es möchte
    // ...
};

struct Circle : Shape {
    // ...
    void draw_lines() const;  // "überschreibe" Shape::draw_lines()
    // ...
};
```

Die **Shape**-Funktion **draw_lines()** muss also irgendwie eine der Funktionen von **Circle** aufrufen, wenn es sich bei der **Shape**-Form um ein **Circle**-Objekt handelt, und eine der Funktionen von **Rectangle** aufrufen, wenn es sich bei der **Shape**-Form um ein **Rectangle**-Objekt handelt. Genau dies wird durch das Schlüsselwort **virtual** in der **draw_lines()**-Deklaration sichergestellt: Wenn eine von **Shape** abgeleitete Klasse ihre eigene **draw_lines()**-Funktion definiert (mit demselben Typ wie die **draw_lines()**-Funktion von **Shape**), wird diese Funktion aufgerufen – und nicht die **draw_lines()**-Funktion von **Shape**. Wie eine abgeleitete Klasse ihre eigene **draw_lines()**-Funktion definiert, konnten Sie in Kapitel 13 am Beispiel der Klassen **Text**, **Circle**, **Closed_polyline** etc. beobachten. Die Technik, eine Funktion in einer abgeleiteten Klasse zu definieren, sodass sie über die Schnittstelle einer Basisklasse verwendet werden kann, bezeichnet man als *Überschreibung* oder *Overriding*.

Beachten Sie, dass die Funktion **draw_lines()** trotz ihrer zentralen Bedeutung für **Shape** als **protected** deklariert ist. Die Funktion ist eben nicht für den allgemeinen Benutzer gedacht – für diesen gibt es **draw()**. Es handelt sich bei ihr schlicht um ein Implementierungsdetail, welches von **draw()** und den von **Shape** abgeleiteten Klassen verwendet wird.

Dies vervollständigt unser Anzeigemodell aus §12.2. Das System, welches den Bildschirm kontrolliert, weiß, wie es mit den **Window**-Objekten zu verfahren hat. **Window** kennt sich mit **Shape**-Objekten aus und weiß, wie diese mit **draw()** gezeichnet werden. Die Funktion **draw()** schließlich ruft die **draw_lines()**-Implementierungen der verschiedenen Arten von Formen auf. Ein Aufruf von **gui_main()** in unserem Benutzercode startet die Display-Engine.

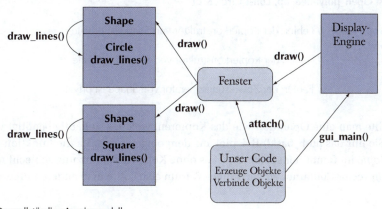

Abbildung 14.2: Das vollständige Anzeigemodell

14 Grafikklassen-Design

Ein Aufruf von **gui_main**()? Bisher ist in unserem Code doch noch gar keine Funktion namens **gui_main**() aufgetaucht. Dies liegt daran, dass wir derzeit **wait_for_button**() verwenden – eine Funktion, die ebenfalls die Display-Engine aufruft, wenn auch in einer etwas naiveren Weise.

Die **move**()-Funktion von **Shape** verschiebt alle gespeicherten Punkte relativ zu ihrer aktuellen Position:

```
void Shape::move(int dx, int dy)   // verschiebe die Form um +=dx und +=dy
{
   for (int i = 0; i<points.size(); ++i) {
      points[i].x+=dx;
      points[i].y+=dy;
   }
}
```

Ebenso wie **draw_lines**() ist auch **move**() als **virtual** deklariert, damit abgeleitete Klassen, die Daten verschieben möchten, von denen **Shape** nichts weiß (siehe z.B. die Klasse **Axis** in §12.7.3 und §15.4), die Funktion überschreiben können.

Die **move**()-Funktion ist kein notwendiger Bestandteil von **Shape**. Wir haben sie vor allem der Bequemlichkeit halber aufgenommen und um ein weiteres Beispiel für eine virtuelle Funktion geben zu können. Jede Art von Form, die Punkte enthält, welche nicht in ihrem **Shape**-Teil gespeichert sind, muss ihre eigene **move**()-Funktion definieren.

14.2.4 Kopieren und Zugriffskontrolle

Kopierkonstruktor und Zuweisungsoperator der Klasse **Shape** sind als **private** deklariert:

```
private:
   Shape(const Shape&);     // Kopieren verhindern
   Shape& operator=(const Shape&);
```

Der Effekt ist, dass nur Member von **Shape** in der Lage sind, mithilfe der Standardkopieroperationen Kopien von **Shape**-Objekten zu erstellen. Dies ist ein gängiges Idiom, um unbeabsichtigte Kopieroperationen zu verhindern:

```
void my_fct(const Open_polyline& op, const Circle& c)
{
   Open_polyline op2 = op;    // Fehler: der Kopierkonstruktor von Shape ist private
   vector<Shape> v;
   v.push_back(c);            // Fehler: der Kopierkonstruktor von Shape ist private
   // ...
   op = op2;                  // Fehler: der Zuweisungsoperator von Shape ist private
}
```

Warum aber sollte man eine Operation wie das Kopieren, welches so häufig benötigt wird, unterbinden? Nehmen Sie nur das **push_back**()-Beispiel aus dem obigen Code: Da die Funktion **push_back**() ihr Argument als *Kopie* im Container speichert, ist es ohne Kopierunterstützung schlecht möglich, **Shape**-Objekte in einem **vector**-Container zu verwalten. Warum also sollte man anderen Programmierern das

Leben unnötig schwer machen? Die Standardkopieroperationen eines Typs sollte man immer dann unterbinden, wenn ihre Verwendung mit großer Wahrscheinlichkeit zu Schwierigkeiten führen wird. Die Funktion **my_fct()** liefert hierfür ein gutes Beispiel. Ein **Circle**-Objekt kann nicht korrekt in eines der **Shape**-großen „Kompartimente" von **v** kopiert werden, weil ein **Circle**-Objekt einen Radiuswert beinhaltet, den es in **Shape** nicht gibt (d.h., es gilt: **sizeof(Shape)<sizeof(Circle)**). Wäre die **v.push_back(c)**-Operation erlaubt, würde das **Circle**-Objekt entsprechend „zurechtgestutzt" und spätere Versuche, mit dem resultierenden **Shape**-Element zu arbeiten, würden höchstwahrscheinlich im Chaos enden. (Die **Circle**-Operationen würden versuchen, mit einem Radiuswert (Member **r**) zu arbeiten, der gar nicht kopiert wurde, vgl. ▶ Abbildung 14.3.)

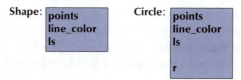

Abbildung 14.3: Vergleich eines **Shape**- und eines **Circle**-Objekts

Der Kopierkonstruktor von **op2** und der Zuweisungsoperator von **op** sind – wie das folgende Beispiel deutlich macht – von exakt demselben Problem betroffen.

Marked_polyline mp("x");
Circle c(p,10);
my_fct(mp,c);   // das Open_polyline-Argument verweist auf ein Marked_polyline-Objekt

Hier führen die Kopieroperationen von **Open_polyline** dazu, dass der **string**-Member **mark** von **mp** „abgeschnitten" wird (Slicing).

Grundsätzlich gilt: Klassenhierarchien plus pass-by-reference und Standardkopieroperationen vertragen sich nicht. Wenn Sie eine Klasse entwerfen, die in einer Klassenhierarchie als Basisklasse dienen soll, folgen Sie dem Beispiel unserer **Shape**-Klasse und deaktivieren Sie den Kopierkonstruktor und den Zuweisungsoperator.

Slicing (so der technische Fachausdruck) ist nicht der einzige Grund, warum Kopieraktionen vermieden werden. So gibt es z.B. eine ganze Reihe von Konzepten, die am besten ohne Kopieroperationen repräsentiert werden. Denken Sie zum Beispiel an das Grafiksystem, das wissen muss, wo eine Form gespeichert ist, um sie korrekt auf dem Bildschirm anzeigen zu können. Deswegen „verbinden" (**attach()**) wir Formen mit einem **Window**-Objekt, statt sie zu kopieren. (Würde ein **Window**-Objekt statt Referenzen lediglich Kopien seiner eingebetteten Formen besitzen, würde es nicht merken, wenn an den Originalformen Änderungen vorgenommen werden. Das Programm könnte dann beispielsweise die Farbe einer Form im Originalobjekt ändern und das Fenster würde die Form weiter in der alten Farbe zeichnen.)

Wenn Sie Objekte von Typen, deren Standardkopieraktionen deaktiviert wurden, dennoch kopieren möchten, definieren Sie sich dafür am besten eine eigene Funktion. Meistens werden solche Kopierfunktionen **clone()** genannt. Natürlich geht dies nur, wenn die Werte aller Member, die Sie beim Kopieren berücksichtigen müssen, lesbar sind. Für **Shape** und die abgeleiteten Klassen ist dies der Fall.

14.3 Basisklassen und abgeleitete Klassen

Lassen Sie uns nun einen Blick auf die technische Seite der Definition von Basis- und abgeleiteten Klassen werfen. Das heißt, lassen Sie uns – wenn auch nur für die Dauer dieses Abschnitts – Programmierung, Anwendungsdesign und Grafik vergessen und den Fokus auf die Syntax und Konzepte der Sprache legen. Vor allem drei Mechanismen der Sprache sind es, die uns interessieren und auf denen wir das Design unserer Grafikschnittstellenbibliothek aufgebaut haben:

- *Ableitung*: Eine Technik, bei der eine Klasse so auf Basis einer anderen Klasse aufgebaut wird, dass die neue Klasse – bei Bedarf – wie das Original verwendet werden kann. Beispielsweise ist **Circle** von **Shape** abgeleitet, d.h., „**Circle** (Kreis) ist eine Art von **Shape** (Form)" oder um es anders zu formulieren „**Shape** ist eine Basis von **Circle**". Die abgeleitete Klasse (hier **Circle**) erhält, zusätzlich zu den eigenen Membern, alle Member ihrer Basisklassen (hier **Shape**). Diese Konzept wird üblicherweise als *Vererbung* bezeichnet, weil die abgeleitete Klasse die Member ihrer Basis „erbt". In manchen Kontexten werden abgeleitete Klassen auch als *Subklassen* und Basisklassen als *Superklassen* bezeichnet.

- *Virtuelle Funktionen*: Ein Mechanismus, der es erlaubt, in einer Basisklasse eine Funktion zu definieren und in einer abgeleiteten Klasse eine Funktion des gleichen Namens und Typs zu haben, die automatisch aufgerufen wird, wenn jemand die Basisklassenfunktion aufruft. Wenn z.B. **Window** die **draw_lines()**-Funktion für ein **Circle**-Objekt aufruft, wird nicht die **Shape**-eigene **draw_lines()**-Version aufgerufen (wie man angesichts des Umstands, dass **Window** die Grafikobjekte in einem Vektor von **Shape**-Objekten verwahrt, vermuten könnte), sondern die **draw_lines()**-Funktion von **Circle**. In der Fachliteratur wird dies meist als *Laufzeitpolymorphie, dynamische Bindung* oder *Runtime-Dispatch* bezeichnet, weil erst zur Laufzeit anhand des Typs des verwendeten Objekts bestimmt wird, welche Funktion aufgerufen werden soll.

- *Private und geschützte Member*: Die Implementierungsdetails unserer Klassen halten wir privat, um sie vor direktem Gebrauch, welcher in der Regel die Wartung und Erhaltung der Code-Integrität erschwert, zu schützen – eine Design-Technik, die auch als *Kapselung* bezeichnet wird.

„Programmierung mit Vererbung, Laufzeitpolymorphie und Kapselung" – das ist die übliche Umschreibung für die Art von Programmierung, die wir die *objektorientierte Programmierung* nennen. C++ unterstützt also in direkter Weise die objektorientierte Programmierung; neben anderen Programmierstilen wie z.B. der generischen Programmierung, die in den Kapiteln 20–21 behandelt wird. Ihre zentralen Mechanismen hat die Sprache C++ – unter expliziter Anerkennung der Quelle – von Simula67 übernommen, der ersten Sprache mit direkter Unterstützung für die objektorientierte Programmierung (siehe Kapitel 22).

Das war nun eine ganze Menge Fachterminologie. Doch was steckt dahinter? Und wie funktioniert dies alles in unseren Programmen? Beginnen wir damit, dass wir ein einfaches Diagramm erstellen, das die Vererbungsbeziehungen zwischen unseren Grafikschnittstellenklassen darstellt (siehe ▶ Abbildung 14.4).

Mit gerade einmal 16 Klassen stellt unsere Grafikschnittstellenbibliothek im Vergleich zu kommerziellen Frameworks eine geradezu winzige Klassenhierarchie dar, die überdies sehr flach ist und nur im Falle von **Open_polyline** und ihren abgeleiteten Klassen tiefer als eine Stufe geht. Die wichtigste Klasse dieser Hierarchie ist zweifelsohne die allgemeine Basisklasse (**Shape**), obwohl sie ein abstraktes Konzept repräsentiert, sodass wir auf direktem Wege keine Formen-Objekte aus ihr erzeugen können.

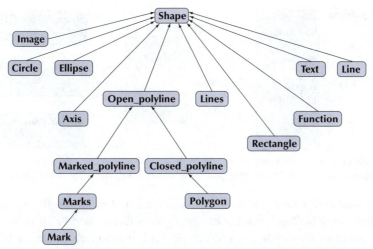

Abbildung 14.4: Die Vererbungsbeziehungen unserer Grafikschnittstellenklassen. Die Pfeile weisen jeweils von einer abgeleiteten Klasse zu ihrer Basisklasse. (Solche Diagramme helfen, die Beziehungen zwischen Klassen anschaulich zu machen, und sind an den Wänden vieler Programmiererbüros zu finden.)

14.3.1 Objekt-Layout

Wie werden Objekte im Speicher angelegt? Wie wir in §9.4.1 gesehen haben, definieren die Member einer Klasse das Layout der Objekte: Die Membervariablen werden eine nach der anderen im Speicher abgelegt. Wenn Vererbung ins Spiel kommt, werden die Membervariablen der abgeleiteten Klasse einfach den Membervariablen aus der Basisklasse hinzugefügt (siehe ▶ Abbildung 14.5).

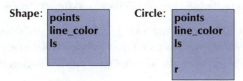

Abbildung 14.5: Layout eines einfachen und eines abgeleiteten Objekts

Ein **Circle**-Objekt verfügt über alle Membervariablen eines **Shape**-Objekts (schließlich ist es ja eine Art von **Shape**) und kann wie ein **Shape**-Objekt verwendet werden. Zusätzlich besitzt **Circle** seine eigene Membervariable **r**, die im Speicherlayout auf die geerbten Membervariablen folgt.

Zur korrekten Verarbeitung der virtuellen Funktionsaufrufe muss jedes **Shape**-Objekt noch ein weiteres Datenelement enthalten: etwas, woran sich ablesen lässt, welche Funktion tatsächlich ausgeführt werden soll, wenn wir die **Shape**-Funktion **draw_lines()** aufrufen. In der Regel wird dem Objekt zu diesem Zweck die Adresse einer Funktionstabelle hinzugefügt. Diese Tabelle wird oft als **vtbl** bezeichnet (als Abkürzung für *virtual table*, zu Deutsch „virtuelle Tabelle") und die Adresse der Tabelle als **vptr** (für *virtual pointer*, zu Deutsch „virtueller Zeiger"). Was genau ein Zeiger ist, erfahren Sie in den Kapiteln 17–18. Hier betrachten wir sie einfach als Verweise.

14 Grafikklassen-Design

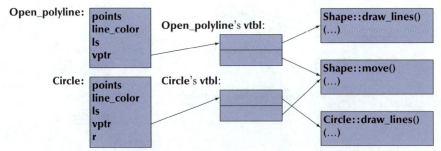

Abbildung 14.6: Objekt-Layout mit Berücksichtigung der **vptr**-Zeiger und **vtbl**-Tabellen (Beachten Sie, dass die Namen **vptr** und **vtbl** nicht vom Standard vorgeschrieben werden. Es steht daher jeder Implementierung frei, eigene Namen zu wählen.)

Da **draw_lines()** die erste virtuelle Funktion ist, steht sie auch in der **vtbl**-Tabelle ganz oben, gefolgt von **move()**, der zweiten virtuellen Funktion. Sie können in einer Klasse so viele virtuelle Funktionen definieren, wie Sie möchten; die Größe der **vtbl**-Tabelle wird automatisch angepasst (für jede virtuelle Funktion ein eigener Eintrag). Wenn Sie jetzt **x.draw_lines()** aufrufen, generiert der Compiler Code, der die Funktion aufruft, die er im **draw_lines()**-Eintrag der **vtbl**-Tabelle von **x** findet. Der generierte Code folgt dabei im Wesentlichen den Pfeilen aus ▶ Abbildung 14.6. Handelt es sich bei **x** um ein Objekt vom Typ **Circle**, ruft der generierte Code die Funktion **Circle::draw_lines()** auf. Wenn **x** von einem Typ wie **Open_polyline** ist, der die **vtbl**-Tabelle exakt so verwendet, wie sie von **Shape** definiert wurde, ruft der Code **Shape::draw_lines()** auf. Ganz ähnlich verhält es sich, wenn **x** vom Typ **Circle** ist und **move()** aufruft. Da **Circle** keine eigene **move()**-Funktion definiert, wird für **x.move()** die Funktion **Shape::move()** aufgerufen. Der Code, der für den Aufruf einer virtuellen Funktion generiert wird, geht im Wesentlichen also so vor, dass er nach dem **vptr**-Zeiger sucht, dann mit dessen Hilfe die zugehörige **vtbl**-Tabelle lokalisiert und dort die gewünschte Funktion aufruft. Rechnet man die Kosten dafür zusammen, kommt man auf ungefähr zwei Speicherzellen und einen gewöhnlichen Funktionsaufruf – das ist einfach und schnell.

Shape ist eine abstrakte Klasse, d.h., wir können kein Objekt erzeugen, dass einfach nur eine allgemeine Form, eine **Shape**-Instanz ist. Allerdings besitzen **Open_polyline**-Objekte genau das gleiche Layout wie es auch reine „**Shape**-Objekte" hätten, denn die Klasse **Open_polyline** definiert weder virtuelle Funktionen noch zusätzliche Membervariablen.

Für jede Klasse mit mindestens einer virtuellen Funktion gibt es genau eine **vtbl**-Tabelle. Alle Objekte einer Klasse mit **vtbl**-Tabelle teilen sich diese Tabelle. Der für ein Programm erzeugte Objektcode wächst durch die virtuellen Tabellen in der Regel also nur unwesentlich an.

Die nicht virtuellen Funktionen haben wir in Abbildung 14.6 nicht berücksichtigt. Da es zu ihrem Aufruf nichts Besonderes zu sagen gibt und sie auch keinen Einfluss auf die Größe der Objekte ihres Typs haben, gab es dazu keinerlei Veranlassung.

Die Technik, eine Funktion so zu definieren, dass sie denselben Namen und denselben Typ hat wie eine virtuelle Funktion aus einer Basisklasse – mit dem Effekt, dass die Funktion der abgeleiteten Klasse in die **vtbl**-Tabelle eingetragen wird, wo sie die Version der Basisklasse ersetzt (wie im Falle von **Circle::draw_lines()**) – wird als *Überschreibung* oder *Overriding* bezeichnet. Beispielsweise überschreibt nach dieser Terminologie die Funktion **Circle::draw_lines()** die Funktion **Shape::draw_lines()**.

Tipp Warum erzählen wir Ihnen überhaupt von **vtbl**-Tabellen und Speicherlayouts? Muss man über diese Dinge Bescheid wissen, um objektorientiert programmieren zu können? Nein. Die meisten Programmierer – wir zählen uns ebenfalls zu dieser Kategorie – fühlen sich wesentlich wohler, wenn sie wissen, wie etwas implementiert ist. Außerdem führt Unwissenheit häufig zur Legendenbildung. Wir sind Leuten begegnet, die davor zurückschrecken, mit virtuellen Funktionen zu arbeiten, „weil diese so teuer sind". Woher haben sie diese Erkenntnis? Was bedeutet teuer? Teuer im Vergleich zu was? Spielen die Kosten überhaupt eine Rolle? Unsere Ausführungen zum Implementierungsmodell für virtuelle Funktionen sollen Ihnen solche Ängste nehmen. Wenn Sie eine virtuelle Funktion benötigen (um zwischen verschiedenen Alternativen zur Laufzeit eine Auswahl zu treffen), können Sie diese Funktionalität mit keinem anderen Sprachkonzept auch nur einen Deut schneller oder weniger speicherschluckend codieren. Wenn Sie es nicht glauben, probieren Sie es aus.

14.3.2 Klassen ableiten und virtuelle Funktionen definieren

Um anzuzeigen, dass eine Klasse eine abgeleitete Klasse ist, führen wir hinter dem Klassennamen die Basisklasse an, zum Beispiel:

struct Circle : Shape { /* ... */ };

Per Voreinstellung sind die Member eines **struct**-Typs **public** (§9.3), und das gilt auch für die öffentlichen Member einer Basisklasse. Ebenso hätten wir hierfür schreiben können:

class Circle : public Shape { public: /* ... */ };

Diese beiden Deklarationen von **Circle** sind absolut äquivalent – was nicht heißt, dass es nicht Programmierer gäbe, mit denen man lange, fruchtlose Diskussionen darüber führen kann, welche Version besser ist. Nun, wir sind der Meinung, dass es lohnendere Themen gibt, mit denen man sich beschäftigen kann.

Achten Sie aber darauf, **public** nicht zu vergessen, wenn es erforderlich ist – wie in:

class Circle : Shape { public: /* ... */ };   // vermutlich ein Fehler

Diese Notation würde **Shape** zu einer privaten Basis von **Circle** erklären, mit der Konsequenz, dass **Circle** nicht auf die **public**-Funktionen von **Shape** zugreifen kann. Dies dürfte nur selten das sein, was der Programmierer eigentlich beabsichtigte. Ein guter Compiler wird Sie daher vor diesem häufig gemachten Fehler warnen. Nichtsdestoweniger gibt es sinnvolle Einsatzgebiete für private Klasse, doch auf diese können wir im Rahmen dieses Buches nicht eingehen.

Virtuelle Funktionen müssen innerhalb der Klassendeklaration als **virtual** deklariert werden. Dies gilt aber nicht für Funktionsdefinitionen außerhalb der Klasse. In diesen ist das Schlüsselwort **virtual** nicht einmal optional, es ist verboten.

```
struct Shape {
    // ...
    virtual void draw_lines() const;
    virtual void move();
    // ...
};

virtual void Shape::draw_lines() const { /* ... */ }    // Fehler
void Shape::move() { /* ... */ }                         // O.K.
```

14.3.3 Überschreibung

Wenn Sie eine virtuelle Funktion überschreiben möchten, müssen Sie exakt denselben Namen und denselben Typ verwenden wie in der Basisklasse. Zum Beispiel:

```
struct Circle : Shape {
  void draw_lines(int) const;   // vermutlich ein Fehler (int-Parameter?)
  void drawlines() const;       // vermutlich ein Fehler (Name falsch geschrieben?)
  void draw_lines();            // vermutlich ein Fehler (fehlt const?)
  // ...
};
```

Hier sieht der Compiler drei Funktionen, die nichts mit der Funktion **Shape::draw_lines()** zu tun haben (entweder tragen sie einen anderen Namen oder sie haben einen anderen Typ) und die diese Funktion daher auch nicht überschreiben. Ein guter Compiler wird Sie vor möglichen Fehlern wie diesen warnen. In der überschreibenden Funktion gibt es nichts, was Sie tun könnten oder müssten, um sicherzustellen, dass die Funktion tatsächlich eine gleichnamige Basisklassenfunktion überschreibt.

Beispiele, die wie **draw_lines()** aus realen Anwendungen stammen, sind selten geeignet, ein Konzept in allen Details auszuloten. Aus diesem Grund wollen wir noch ein rein technisches Beispiel betrachten, welches illustriert, wie Überschreibung funktioniert:

```
struct B {
  virtual void f() const { cout << "B::f "; }
  void g() const { cout << "B::g "; }        // nicht virtuell
};

struct D : B {
  void f() const { cout << "D::f "; }        // überschreibt B::f
  void g() { cout << "D::g "; }
};

struct DD : D {
  void f() { cout << "DD::f "; }             // überschreibt D::f nicht (kein const)
  void g() const { cout << "DD::g "; }
};
```

Wir haben es hier mit einer kleinen Klassenhierarchie mit (nur) einer virtuellen Funktion **f()** zu tun. Wir können nun versuchen, diese Funktion zu verwenden. Insbesondere können wir versuchen, **f()** und die nicht virtuelle Funktion **g()** aufzurufen. Letztere ist eine Funktion, die nichts weiter über den Typ des zu verarbeitenden Objekts weiß, als dass es vom Typ **B** ist (oder einem abgeleiteten Typ).

```
void call(const B& b)
  // D ist eine Art von B, sodass call() auch ein D-Argument akzeptiert
  // DD ist eine Art von D und D ist eine Art von B, folglich akzeptiert call() auch ein DD-Argument
{
  b.f();
  b.g();
}

int main()
```

```
{
   B b;
   D d;
   DD dd;

   call(b);
   call(d);
   call(dd);

   b.f();
   b.g();

   d.f();
   d.g();

   dd.f();
   dd.g();
}
```

Dieser Code erzeugt folgende Ausgabe:

B::f B::g D::f B::g D::f B::g B::f B::g D::f D::g DD::f DD::g

Wenn Sie verstehen, wie diese Ausgabe zustande kommt, haben Sie auch die Mechanismen der Vererbung und der Verarbeitung virtueller Funktionen verstanden.

14.3.4 Zugriff

C++ verwendet ein einfaches Modell für die Steuerung des Zugriffs auf Klassenmember. Ein Member einer Klasse kann einer von drei Zugriffsebenen angehören:

- **private**: Ist ein Member *privat*, kann sein Name ausschließlich von den Membern der eigenen Klasse (in der es selbst deklariert wurde) verwendet werden.
- **protected**: Ist ein Member *geschützt*, kann sein Name ausschließlich von den Membern der eigenen Klasse und von Membern der davon abgeleiteten Klassen verwendet werden.
- **public**: Ist ein Member *öffentlich*, kann sein Name von allen Funktionen verwendet werden.

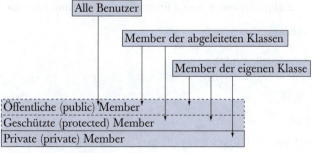

Abbildung 14.7: Grafische Darstellung des C++-Zugriffsmodells

Eine Basisklasse kann ebenfalls **private**, **protected** oder **public** sein:

- Wenn eine Basisklasse von **D** **private** ist, können deren **public**- und **protected**-Member nur von Membern der Klasse **D** verwendet werden.
- Wenn eine Basisklasse von **D** **protected** ist, können deren **public**- und **protected**-Member nur von Membern der Klasse **D** und von Membern der von **D** abgeleiteten Klassen verwendet werden.
- Wenn eine Basisklasse **public** ist, können deren **public**- und **protected**-Member in allen Funktionen verwendet werden.

Diese Definitionen sind insofern ein wenig vereinfacht, als sie weder das Konzept der „Freunde" (*friends*) berücksichtigen noch auf einige der eher unwichtigeren Details eingehen. Falls Sie mehr über diese Details wissen wollen und anstreben, ein Sprach-Guru zu werden, lesen Sie den ISO-C++-Standard von 2003 und die Stroustrup-Titel *Design und Entwicklung von C++* und *Die C++-Programmiersprache*. Grundsätzlich können wir dies aber nicht empfehlen (Sprach-Guru zu werden und jedes noch so kleine Detail der Sprachdefinition zu kennen); ein Programmierer zu sein (Softwareentwickler, Softwareingenieur oder Benutzer – mit welchem Wort auch immer Sie jemanden bezeichnen, der die Sprache tatsächlich verwendet), macht viel mehr Spaß und ist für die Gesellschaft meist auch viel nützlicher.

14.3.5 Rein virtuelle Funktionen

Eine abstrakte Klasse ist eine Klasse, die ausschließlich als Basisklasse fungieren kann. Abstrakte Klassen werden verwendet, um abstrakte Konzepte zu repräsentieren, d.h., wir benutzen abstrakte Klassen für Konzepte, die allgemeine Charakteristika verwandter Objekte abstrahieren. Dicke Philosophiebücher wurden geschrieben, um exakt zu definieren, was ein *abstraktes Konzept* (*Abstraktion, Verallgemeinerung,* ...) ist. Doch wie auch immer sie es philosophisch definieren, das Konzept der Abstraktion ist für die Programmierung von immenser Bedeutung. Beispiele für abstrakte Begriffe sind z.B. „Tier" (als Oberbegriff zu einer bestimmten Art von Tier), „Gerätetreiber" (als Oberbegriff zum Treiber für eine bestimmte Art von Gerät) oder „Publizierung" (als Oberbegriff zu einer bestimmten Art von Buch oder Magazin). In Programmen definieren abstrakte Klassen üblicherweise gemeinsame Schnittstellen für Gruppen von verwandten Klassen (*Klassenhierarchien*).

In §14.2.1 haben wir gesehen, wie eine Klasse durch die **protected**-Deklaration ihres Konstruktors in eine abstrakte Klasse verwandelt wurde. Daneben gibt es noch eine zweite, weitaus geläufigere Variante, eine Klasse abstrakt zu machen: Zeigen Sie dem Compiler an, dass eine oder mehrere ihrer virtuellen Funktionen in den abgeleiteten Klassen überschrieben werden müssen. Zum Beispiel:

```
class B {    // abstrakte Basisklasse
public:
  virtual void f() =0;   // rein virtuelle Funktion
  virtual void g() =0;
};

B b;    // Fehler: B ist abstrakt
```

Die etwas seltsam anmutende Notation **=0** besagt, dass die virtuellen Funktionen **B::f()** und **B::g()** „rein und unberührt" sind, d.h., sie müssen in (bestimmten) abgeleiteten Klassen überschrieben werden. Wegen der in **B** definierten, rein virtuellen Funktionen können wir keine Objekte der Klasse **B** erzeugen. Erst durch Überschreibung der rein virtuellen Funktionen wird dieses „Problem" gelöst:

```
class D1 : public B {
public:
  void f();
  void g();
};
```

`D1 d1;`   // okay

Beachten Sie, dass eine abgeleitete Klasse, die nicht alle rein virtuellen Funktionen überschreibt, abstrakt bleibt:

```
class D2 : public B {
public:
  void f();
  // kein g()
};
```

`D2 d2;`   // Fehler: D2 ist (immer noch) abstrakt

```
class D3 : public D2 {
public:
  void g();
};
```

`D3 d3;`   // okay

Klassen mit rein virtuellen Funktionen werden häufig als reine Schnittstellenvorgaben verwendet, d.h., sie tendieren dazu, keine Membervariablen (die Membervariablen werden von den abgeleiteten Klassen beigesteuert) und konsequenterweise auch keine Konstruktoren (wenn es keine zu initialisierende Membervariablen gibt, werden Konstruktoren nur selten benötigt) zu definieren.

14.4 Vorteile der objektorientierten Programmierung

Wenn wir davon reden, dass **Circle** von **Shape** abgeleitet ist oder dass **Circle** eine Art von **Shape** ist, so drücken wir damit aus, dass wir dieses spezielle Design gewählt haben, um eines oder beide der folgenden Konzepte zu nutzen:

- *Vererbung der Schnittstelle*. Funktionen, die ein **Shape**-Argument (üblicherweise eine Referenz) erwarten, können auch ein **Circle**-Argument akzeptieren (und können das **Circle**-Objekt über die von **Shape** zur Verfügung gestellte Schnittstelle nutzen).
- *Vererbung der Implementierung*. Wenn wir **Circle** und ihre Memberfunktionen definieren, können wir auf die Elemente zurückgreifen, die von **Shape** zur Verfügung gestellt werden (wie z.B. Membervariablen und Memberfunktionen).

Ein Design, das auf Vererbung beruht, ohne die Schnittstellenvererbung zu unterstützen (d.h. ein Design, bei dem ein Objekt einer abgeleiteten Klasse nicht als ein Objekt einer öffentlichen (**public**) Basisklasse verwendet werden kann), ist ein schlechtes, fehleranfälliges Design. Nehmen wir an, wir hätten eine Klasse **Never_do_this** mit **Shape** als öffentlicher Basisklasse definiert. Wir könnten dann rein theoretisch **Shape::draw_lines()** mit einer Funktion überschreiben, die keine Form zeichnet, sondern stattdessen das Zentrum der Form um 100 Pixel nach links verschiebt. Ein solches „Design" wäre extrem fehleranfällig, denn obwohl die Klasse **Never_do_this** die Schnittstelle von **Shape** übernimmt, hält sich ihre Implementierung nicht an die von **Shape** geforderte Semantik (Bedeutung, Verhalten). Tun Sie dies nicht!

 Die Schnittstellenvererbung hat ihren Namen daher, dass sie es dem Programmierer erlaubt, Code zu schreiben, der mit der von einer Basisklasse bereitgestellten Schnittstelle arbeitet („eine Schnittstelle" – hier **Shape**) und der nichts über die abgeleiteten Klassen wissen muss („die Implementierungen" – hier Klassen, die von **Shape** abgeleitet sind).

 Die Implementierungsvererbung hat ihren Namen daher, dass sie dem Programmierer die Implementierung abgeleiteter Klassen (wie z.B. **Circle**) durch die von der Basisklasse (hier **Shape**) bereitgestellten Hilfsmittel erleichtert.

Das Design unser Grafikschnittstellenklassen stützt sich entscheidend auf das Konzept der Schnittstellenvererbung: So ruft die „Grafik-Engine" die Funktion **Shape::draw()** auf, welche ihrerseits die virtuelle **Shape**-Funktion **draw_lines()** aufruft, um die eigentliche Arbeit – das Rendern der Grafiken auf dem Bildschirm – erledigen zu lassen. Auf diese Weise müssen weder die Grafik-Engine noch die Klasse **Shape** wissen, welche Arten von Formen existieren. Sie können es ja auch gar nicht. Nicht **Shape** und erst recht nicht die Grafik-Engine (die Kombination aus FLTK und Grafiksubsystem des Betriebssystems), die lange vor unseren Grafikklassen geschrieben und kompiliert wurde! Wir müssen lediglich unsere speziellen Formen definieren und diese als **Shape**-Objekte mithilfe von **attach()** mit dem Fenster verbinden (**Window::attach()** erwartet ein **Shape&**-Argument, siehe §E.3). Und da die Klasse **Shape** nichts von unseren Grafikklassen weiß, ist es auch nicht nötig, **Shape** jedes Mal neu zu kompilieren, wenn wir eine neue Grafikschnittstellenklasse schreiben.

 Mit anderen Worten, wir können einem Programm neue Formen (abgeleitete **Shape**-Klassen) hinzufügen, ohne dazu bestehenden Code anpassen zu müssen. Für das Design, die Entwicklung und Wartung von Software ist dies ein heiliger Gral: ein System erweitern, ohne es modifizieren zu müssen. Natürlich sind den Änderungen, die wir ohne Überarbeitung bestehenden Codes vornehmen können, Grenzen gesetzt (beispielsweise dadurch, dass **Shape** nur ein begrenztes Spektrum an Diensten anbietet). Und die Technik der Schnittstellenvererbung lässt sich auch nicht auf jedes Programmierproblem gleich gut anwenden (siehe z.B. Kapitel 17–19, wo wir einen Typ definieren (**vector**), zu dessen Implementierung die Vererbung kaum etwas beitragen kann). Diese Einschränkungen ändern allerdings nichts an der Tatsache, dass die Schnittstellenvererbung eine der mächtigsten Techniken für das Design und die Implementierung von Systemen ist, die sich gegenüber Veränderungen robust verhalten müssen.

 Gleiches gilt für die Implementierungsvererbung: Sie hat viel zu bieten, aber sie ist kein Allheilmittel. Indem wir hilfreiche Dienste über **Shape** anbieten, sparen wir uns wiederkehrende Arbeiten in den abgeleiteten Klassen. Für echten Code kann dies äußerst wichtig sein; im Gegenzug bedeutet es aber auch, dass alle abgeleiteten Klassen sowie der Code, der mit diesen Klassen arbeitet, neu kompiliert werden müssen, wenn an der Schnittstelle oder der Zusammensetzung der Membervariablen von **Shape** eine Änderung vorgenommen wurde. Für Bibliotheken, die einem größeren Kundenkreis zur Verfügung gestellt werden, ist dies untragbar. Es gibt allerdings Wege, wie man von den Vorzügen weitgehend profitieren kann und gleichzeitig die größten Nachteile umgeht, siehe §14.3.5.

Aufgaben

Leider ist uns keine gute Aufgabe zum besseren Verständnis der allgemeinen Designprinzipien eingefallen. Deshalb beschränken wir uns hier auf die Sprachkonzepte, die die objektorientierte Programmierung unterstützen.

1 Definieren Sie eine Klasse B1 mit einer virtuellen Funktion vf() und einer nicht virtuellen Funktion f(). Definieren Sie beide Funktionen innerhalb der Klasse B1. Implementieren Sie jede Funktion so, dass sie ihren Namen ausgibt (beispielsweise in der Form „B1::vf()"). Beide Funktionen sollten öffentlich (public) sein. Erzeugen Sie ein B1-Objekt und rufen Sie beide Funktionen auf.

2 Leiten Sei von B1 eine Klasse namens D1 ab und überschreiben Sie vf(). Erzeugen Sie ein D1-Objekt und rufen Sie für dieses Objekt vf() und f() auf.

3 Definieren Sie eine Referenz auf B1 (d.h. B1&) und initialisieren Sie sie mit dem D1-Objekt, das Sie gerade definiert haben. Rufen Sie über die Referenz vf() und f() auf.

4 Definieren Sie jetzt eine Funktion namens f() für D1 und wiederholen Sie die Aufrufe aus den Aufgaben 1–3. Erläutern Sie die Ergebnisse.

5 Fügen Sie eine rein virtuelle Funktion namens pvf() zu B1 hinzu und versuchen Sie die Aufgaben 1–4 zu wiederholen. Erläutern Sie die Ergebnisse.

6 Definieren Sie eine Klasse D2, die von D1 abgeleitet ist und überschreiben Sie pvf() in D2. Erzeugen Sie ein Objekt der Klasse D2 und rufen Sie für dieses Objekt f(), vf() und pvf() auf.

7 Definieren Sie eine Klasse B2 mit einer rein virtuellen Funktion pvf(). Definieren Sie eine Klasse D21 mit einer Membervariablen vom Typ string und einer Memberfunktion, die pvf() überschreibt; D21::pvf() sollte den Wert der string-Variablen ausgeben. Definieren Sie eine Klasse D22, die sich von D21 nur darin unterscheidet, dass ihre Membervariable vom Typ int ist. Definieren Sie eine Funktion f(), die ein B2&-Argument übernimmt und über dieses Argument pvf() aufruft. Rufen Sie f() mit einem D21- und danach mit einem D22-Objekt als Argument auf.

Fragen

1 Was ist eine Anwendungsdomäne?

2 Wie sieht eine wohlkonzipierte Namensgebung aus?

3 Was können wir benennen?

4 Welche Dienste bietet Shape an?

5 Worin unterscheidet sich eine abstrakte Klasse von einer nicht abstrakten Klasse?

6 Wie macht man eine Klasse zu einer abstrakten Klasse?

7 Was kontrolliert die Zugriffskontrolle?

8 Welchen Nutzen hat es, eine Membervariable als private zu deklarieren?

9 Was versteht man unter einer virtuellen Funktion und inwiefern unterscheidet sie sich von einer nicht virtuellen Funktion?

10 Was ist eine Basisklasse?

11 Wie leitet man eine Klasse ab?

12 Was bezeichnen wir als Objekt-Layout?

13 Wie können Sie dazu beitragen, dass eine Klasse einfacher zu testen ist?

14 Was ist ein Vererbungsdiagramm?

15 Was ist der Unterschied zwischen einer geschützten (d.h. **protected**) und einer privaten (d.h. **private**) Membervariablen?

16 Auf welche Member einer Klasse kann eine davon abgeleitete Klasse zugreifen?

17 Was ist der Unterschied zwischen einer virtuellen und einer rein virtuellen Funktion?

18 Wann sollte eine Memberfunktion virtuell sein?

19 Wann sollte eine virtuelle Memberfunktion rein virtuell sein?

20 Was bezeichnen wir als „Überschreiben"?

21 Was ist der Unterschied zwischen Schnittstellenvererbung und Implementierungsvererbung?

22 Was versteht man unter objektorientierter Programmierung?

Übungen

1 Definieren Sie zwei Klassen namens **Smiley** und **Frowny**, die beide von der Klasse **Circle** abgeleitet sind und je zwei Augen und einen Mund aufweisen. Leiten Sie danach Klassen von **Smiley** und **Frowny** ab, die jedem Kreisgesicht einen passenden Hut aufsetzen.

2 Versuchen Sie, ein **Shape**-Objekt zu kopieren. Was passiert?

3 Definieren Sie eine abstrakte Klasse und versuchen Sie ein Objekt von dem Typ der Klasse zu definieren. Was passiert?

4 Definieren Sie eine Klasse **Immobile_Circle**, die im Prinzip der Klasse **Circle** entspricht, aber deren Objekte nicht verschoben werden können.

5 Definieren Sie eine Klasse **Striped_rectangle**, bei der das Rechteck nicht durchgehend mit einer Farbe, sondern mit 1 Pixel breiten horizontalen Streifen „gefüllt" wird (z.B. könnte jede zweite Reihe einen Farbstreifen enthalten). Eventuell müssen Sie mit der Breite der Linien und dem Linienabstand etwas herumexperimentieren, bevor Sie ein Muster erhalten, das Ihnen gefällt.

6 Definieren Sie mithilfe der Techniken, die Sie für **Striped_rectangle** entwickelt haben, eine Klasse **Striped_circle**.

Übungen

7 Definieren Sie mithilfe der Techniken aus dem Striped_rectangle-Beispiel eine Klasse Striped_closed_polyline (hier ist algorithmisches Denken und Ihre Erfindungsgabe gefragt).

8 Definieren Sie eine Klasse Octagon als gleichmäßiges Achteck. Schreiben Sie einen Test, der alle Funktionen (die von Ihnen definiert oder von Shape geerbt wurden) ausführt.

9 Definieren Sie einen Group-Container für mehrere Shape-Objekte mit passenden Operationen, die auf alle Mitglieder der Gruppe angewendet werden. Hinweis: Vector_ref. Verwenden Sie einen Group-Container, um ein Schachbrett zu definieren, auf dem die Figuren programmgesteuert versetzt werden können.

10 Definieren Sie eine Klasse Pseudo_window, deren Objekte Fenstern so weit ähneln, wie Sie es ohne allzu große Anstrengungen hinbekommen. Die Fenster sollten über abgerundete Ecken, einen Titel und Steuersymbole zum Minimieren, Maximieren und Schließen verfügen. Sie könnten irgendeine Art von „Fensterinhalt" simulieren – beispielsweise durch Anzeige eines Bildes. Ansonsten müssen die Fenster über keine besondere Funktionalität verfügen und es genügt (ja wird sogar gewünscht), wenn sie in einem Simple_window angezeigt werden.

11 Definieren Sie eine Klasse Binary_tree, die Sie von Shape ableiten. Geben Sie die Anzahl der Ebenen als Parameter an (levels==0 bedeutet keine Knoten, levels==1 bedeutet ein Knoten, levels==2 bedeutet ein oberster Knoten mit zwei Unterknoten, levels==3 bedeutet ein oberster Knoten mit zwei Unterknoten, die wieder jeweils zwei Unterknoten enthalten usw.). Stellen Sie jeden Knoten durch einen kleinen Kreis dar. Verbinden Sie die Knoten (wie allgemein üblich) durch Linien. P.S.: In der Informatik wachsen die Bäume vom obersten Knoten (der witzigerweise, aber durchaus logisch als Wurzel bezeichnet wird) nach unten.

12 Überarbeiten Sie die Klasse Binary_tree so, dass sie ihre Knoten mithilfe einer virtuellen Funktion zeichnet. Leiten Sie anschließend eine neue Klasse von Binary_tree ab, die diese virtuelle Funktion überschreibt, um die Knoten auf irgendeine andere Weise (z.B. als Dreiecke) darzustellen.

13 Überarbeiten Sie die Klasse Binary_tree so, dass Sie über einen (oder mehrere) Parameter festlegen können, mit welcher Art Linie die Knoten verbunden werden sollen (z.B. einen abwärtszeigenden Pfeil oder einen roten aufwärtszeigenden Pfeil). Diese und die vorangehende Übung zeigen zwei alternative Wege auf, eine Klassenhierarchie flexibler und nützlicher zu machen.

14 Ergänzen Sie die Klasse Binary_tree um einen Operation, die einen Knoten mit Text versieht. Überlegen Sie sich dazu ein Weg, wie Sie die Knoten im Baum identifizieren könnten. Eine Möglichkeit wäre zum Beispiel, einen String der Form "lrrlr" zu übergeben, um sich im Binärbaum nach links, rechts, rechts, links und noch einmal rechts hinabzubewegen (der Wurzelknoten würde dabei sowohl dem Anfangsbuchstaben l als auch r entsprechen). Eventuell müssen Sie zur eleganten Lösung dieser Aufgabe das Design von Binary_tree etwas verändern.

15 Die meisten Klassenhierarchien haben nichts mit Grafiken zu tun. Definieren Sie eine Klasse Iterator mit einer rein virtuellen Funktion next(), die einen double*-Zeiger zurückliefert. Leiten Sie jetzt von Iterator die beiden Klassen Vector_iterator und List_iterator ab, sodass next() für einen Vector_iterator einen Zeiger auf das nächste Element eines vector<double> zurückliefert und List_iterator das Gleiche für list<double> macht. Sorgen Sie dafür, dass Objekte vom Typ Vector_iterator mit einem vector<double>-Container initialisiert werden und der erste Aufruf von next() einen Zeiger auf das erste Element im Container zurückliefert – falls eines vorhanden ist. Gibt es kein nächstes Element, wird 0 zurückgegeben. Testen Sie dies, indem Sie eine Funktion **void print(Iterator&)** verwenden, um die Elemente eines **vector<double>**- und eines **list<double>**-Containers auszugeben.

16 Definieren Sie eine Klasse **Controller** mit den vier virtuellen Funktionen **on()**, **off()**, **set_level(int)** und **show()**. Leiten Sie mindestens zwei Klassen von **Controller** ab. Eine sollte eine einfache Testklasse sein, deren **show()**-Funktion ausgibt, ob der Controller ein- (on) oder ausgeschaltet (off) ist und welches der aktuelle „Level" ist. Die zweite abgeleitete Klasse sollte irgendwie die Linienfarbe eines **Shape**-Objekts steuern. Welche Bedeutung „Level" für diese Klasse hat, können Sie selbst festlegen. Versuchen Sie, eine dritte „Sache" zu finden, die Sie mit einer solchen **Controller**-Klasse steuern können.

17 Die in der C++-Standardbibliothek definierten Ausnahmen wie **exception**, **runtime_exception** und **out_of_range** (§5.6.3) sind in einer Klassenhierarchie organisiert (mit einer nützlichen virtuellen Funktion **what()**, die einen String zurückliefert, der erläutern soll, was fehlgeschlagen ist). Durchforsten Sie Ihre Informationsquellen nach dieser Klassenhierarchie und zeichnen Sie ein Diagramm davon.

Schlüsselbegriffe

Abgeleitete Klasse	Polymorphie	Veränderbarkeit
Abstrakte Klasse	**private**	Vererbung
Basisklasse	**proteced**	Virtuelle Funktion
Bindung	**public**	Virtuelle Funktionstabelle
Kapselung	Rein virtuelle Funktion	Virtueller Funktionsaufruf
Objekt-Layout	Subklasse	Zugriffskontrolle
Objektorientiert	Superklasse	

> **Ein persönlicher Hinweis**
>
> Ziel der Softwareentwicklung ist es nicht, ein riesiges monolithes Programm zu schaffen, das alles kann. Ziel ist es vielmehr, zahlreiche Klassen zu schreiben, die unsere Konzepte möglichst realistisch widerspiegeln und die sich kombinieren lassen, damit wir unsere Anwendungen elegant, mit minimalem Aufwand (in Relation zur Komplexität der gestellten Aufgabe), angemessener Performance und im Vertrauen darauf, dass die Ergebnisse korrekt sind, erstellen können. Solche Programme sind leicht verständlich und gut wartbar – ganz im Gegensatz zu Code, der für eine bestimmte Aufgabe auf die Schnelle „zusammengeschustert" wurde. Klassen, Kapselung (unterstützt durch **private** und **protected**), Vererbung (unterstützt durch Klassenableitung) und Laufzeitpolymorphie (unterstützt durch virtuelle Funktionen) sind unsere mächtigsten Hilfsmittel beim Strukturieren von Systemen.

Grafische Darstellung von Funktionen und Daten

15.1	**Einführung**	520
15.2	**Grafische Darstellung einfacher Funktionen**	520
15.3	**Function**	524
	15.3.1 Vorgabeargumente	525
	15.3.2 Weitere Beispiele	526
15.4	**Achsen**	528
15.5	**Approximation**	530
15.6	**Darstellung von Daten**................................	536
	15.6.1 Einlesen aus Dateien	537
	15.6.2 Allgemeines Layout	539
	15.6.3 Skalierung.....................................	540
	15.6.4 Aufbau des Graphen...........................	541

15 Grafische Darstellung von Funktionen und Daten

„Das Bessere ist der Feind des Guten."

– Voltaire

Wenn Sie in Ihrem Arbeitsbereich mit empirischen Daten zu tun haben, müssen Sie in der Lage sein, diese Daten grafisch darzustellen. Wenn Sie in Ihrem Arbeitsbereich mithilfe der Mathematik irgendwelche Phänomene modellieren, müssen Sie in der Lage sein, Funktionen grafisch darzustellen. Die dazu benötigten, grundlegenden Techniken besprechen wir in diesem Kapitel. Wie üblich demonstrieren wir nicht nur den Einsatz der Techniken, sondern diskutieren auch ihr Design. Unsere Musterbeispiele beschreiben die grafische Darstellung einer Funktion mit einem Parameter und die Präsentation von Daten, die aus einer Datei geladen werden.

15.1 Einführung

Im Vergleich zu den professionellen Softwaresystemen, mit denen Sie arbeiten, wenn die einleitend angesprochenen Visualisierungen zu Ihrem Beruf gehören, sind die hier präsentierten Elemente und Techniken vergleichsweise primitiv. Allerdings ist es auch nicht unser primäres Ziel, möglichst elegante Ausgaben zu produzieren, sondern zu verstehen, wie solche grafischen Ausgaben erzeugt werden und welche Programmiertechniken dabei zum Einsatz kommen. Die Design-Techniken, Programmierkonzepte und grundlegenden mathematischen Werkzeuge, die wir Ihnen dabei vorstellen, werden sich für Sie auf die Dauer gesehen als weitaus wertvoller erweisen als die präsentierten Grafikelemente. Überfliegen Sie die Codefragmente also nicht allzu schnell – sie sind interessanter, als die Formen, die sie berechnen und zeichnen, vermuten lassen.

15.2 Grafische Darstellung einfacher Funktionen

Zum Einstieg wollen wir uns zunächst ein paar Beispiele dafür ansehen, was wir zeichnen können und welcher Code dazu nötig ist (mit besonderer Beachtung der eingesetzten Grafikschnittstellenklassen). Den Anfang machen Parabel, horizontale Linie und Gerade (siehe ▶ Abbildung 15.1).

In Anbetracht der Tatsache, dass wir uns in diesem Kapitel mit der grafischen Darstellung von Funktionen beschäftigen, ist die horizontale Linie aus Abbildung 15.1 nicht bloß eine horizontale Linie; sie ist die grafische Darstellung folgender Funktion:

double one(double) { return 1; }

Dies ist so ziemlich die einfachste Funktion, die wir uns vorstellen konnten: eine Funktion mit einem Parameter, die stets **1** zurückliefert. Da der Parameter zur Berechnung des Ergebnisses gar nicht benötigt wird, haben wir darauf verzichtet, ihm einen Namen zu geben. Für jedes **x**, das wir der Funktion **one()** als Argument übergeben, erhalten wir den **y**-Wert **1**. Die Linie ist also definiert als $(x,y)==(x,1)$ für alle **x**.

15.2 Grafische Darstellung einfacher Funktionen

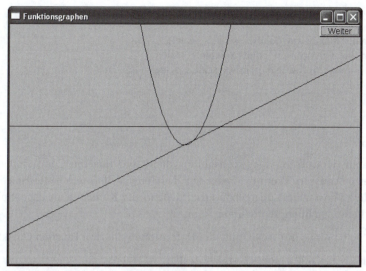

Abbildung 15.1: Parabel, horizontale Linie und aufsteigende Gerade

Wie die Ausgangspunkte einer mathematischen Beweisführung ist unsere erste Funktion ebenso trivial wie penibel definiert. Schauen wir uns daher gleich eine etwas kompliziertere Funktion an:

double slope(double x) { return x/2; }

Dies ist die Funktion, die die aufsteigende Gerade erzeugt. Für jedes x erhalten wir den y-Wert x/2. Mit anderen Worten: (x,y)==(x,x/2). Im Punkt (2,1) kreuzen sich die beiden Linien.

Versuchen wir uns auch gleich noch an etwas Interessanterem: der Wurzelfunktion, die uns durch das ganze Buch zu begleiten scheint:

double square(double x) { return x*x; }

Wie Sie vielleicht noch aus Ihrer Schulzeit wissen, definiert dies eine Parabel, deren niedrigster Punkt bei (0,0) liegt und die symmetrisch zur y-Achse ist. Mit anderen Worten: (x,y)==(x,x*x). Der niedrigste Punkt, an dem die Parabel die aufsteigende Gerade berührt, ist (0,0).

Der Code, der diese drei Funktionen in das Fenster gezeichnet hat, lautet:

```
const int xmax = 600;      // Fenstergröße
const int ymax = 400;

const int x_orig = xmax/2; // Position (0,0) liegt im Zentrum des Fensters
const int y_orig = ymax/2;
const Point orig(x_orig,y_orig);

const int r_min = –10;     // Bereich[–10:11)
const int r_max = 11;

const int n_points = 400;  // Anzahl Punkte im Bereich

const int x_scale = 30;    // Skalierungsfaktoren
const int y_scale = 30;
```

15 Grafische Darstellung von Funktionen und Daten

```
Simple_window win(Point(100,100),xmax,ymax,"Funktionsgraphen");

Function s(one,r_min,r_max,orig,n_points,x_scale,y_scale);
Function s2(slope,r_min,r_max,orig,n_points,x_scale,y_scale);
Function s3(square,r_min,r_max,orig,n_points,x_scale,y_scale);

win.attach(s);
win.attach(s2);
win.attach(s3);
win.wait_for_button();
```

Zunächst definieren wir verschiedene Konstanten, damit wir unseren Code nicht mit „magischen Zahlen" durchsetzen müssen. Dann erzeugen wir das Fenster, definieren die **Function**-Objekte, verbinden sie mit dem Fenster und übergeben anschließend die Kontrolle an das Grafiksystem, damit dieses das eigentliche Zeichnen übernehmen kann.

All dies kennen Sie bereits – mit Ausnahme der Definitionen der drei **Function**-Objekte **s**, **s2** und **s3**:

```
Function s(one,r_min,r_max,orig,n_points,x_scale,y_scale);
Function s2(slope,r_min,r_max,orig,n_points,x_scale,y_scale);
Function s3(square,r_min,r_max,orig,n_points,x_scale,y_scale);
```

Jedes **Function**-Objekt spezifiziert, wie sein erstes Argument (eine Funktion mit einem **double**-Parameter und einem **double**-Rückgabewert) in ein Fenster gezeichnet werden soll. Das zweite und dritte Argument legen den Bereich für **x** fest (**x** ist das Argument für die zu zeichnende Funktion). Das vierte Argument (hier **orig**) teilt dem **Function**-Objekt mit, an welcher Position im Fenster der Ursprung **(0,0)** liegen soll.

Sollten Sie der Meinung sein, dass die vielen Argumente etwas verwirrend sind, können wir Ihnen nur zustimmen. Viele Argumente irritieren meist und laden zu Fehlern ein. Wir sind daher grundsätzlich bemüht, mit so wenigen Argumenten wie möglich auszukommen. Hier sind die vielen Argumente allerdings unverzichtbar. Auf die letzten drei Argumente werden wir später eingehen (§15.3). Zuvor wollen wir unsere Graphen noch beschriften (siehe ▶ Abbildung 15.2).

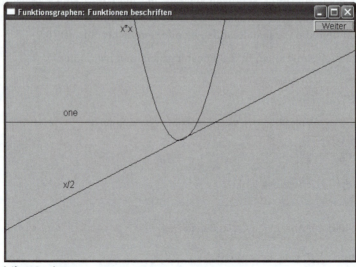

Abbildung 15.2: Beschriftete Graphen

15.2 Grafische Darstellung einfacher Funktionen

Grafiken sollten möglichst selbsterklärend sein. Erklärungen im umliegenden Text (oder in der Hilfe) werden erstens nicht immer gelesen und zweitens nutzen sie nichts mehr, wenn die Grafik aus ihrem Kontext gerissen wird (was bei guten, interessanten Grafiken keine Seltenheit ist). Alles, was wir dagegen direkt in das Bild inkorporieren, wird höchstwahrscheinlich wahrgenommen und erleichtert dem Leser – sofern es vernünftig ist – die Grafik zu verstehen. Hier begnügen wir uns damit, die einzelnen Graphen zu beschriften. Der zugehörige Code besteht aus der Einrichtung drei passender **Text**-Objekte (siehe §13.11):

Tipp

```
Text ts(Point(100,y_orig-40),"one");
Text ts2(Point(100,y_orig+y_orig/2-20),"x/2");
Text ts3(Point(x_orig-100,20),"x*x");
win.set_label("Funktionsgraphen: Funktionen beschriften");
win.wait_for_button();
```

Im weiteren Verlauf dieses Kapitels werden wir darauf verzichten, den wiederkehrenden Code für die Einbindung der Formen, den Titel des Fensters und das Warten auf das Drücken der WEITER-Schaltfläche jedes Mal erneut anzugeben.

Zurück zu unserer aktuellen Darstellung, die noch keineswegs abgeschlossen ist. Wir haben bereits angemerkt, dass die Funktionen x/2 und x∗x sich im Punkt (0,0) berühren und dass **one** die Funktion x/2 bei (2,1) schneidet. Dies sollten wir auch deutlich im Graphen anzeigen, d.h., wir benötigen ein Achsensystem (siehe ▶ Abbildung 15.3).

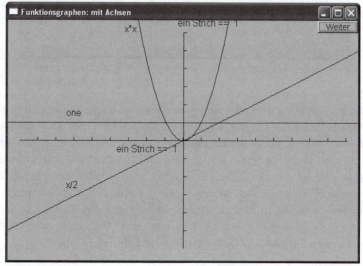

Abbildung 15.3: Graphen mit Koordinatensystem

Der Code für die Achsen besteht im Wesentlichen aus der Erzeugung zweier **Axis**-Objekte (§15.4):

```
const int xlength = xmax-40; // die Achsen sollen etwas kleiner als das Fenster sein
const int ylength = ymax-40;

Axis x(Axis::x,Point(20,y_orig), xlength, xlength/x_scale, "ein Strich == 1");
Axis y(Axis::y,Point(x_orig, ylength+20),
   ylength, ylength/y_scale, "ein Strich == 1");
```

Indem wir die Anzahl der Skalenstriche mit **xlength/x_scale** berechnen, stellen wir sicher, dass die Striche die Werte 1, 2, 3 und so weiter repräsentieren. Dass sich die Achsen im Ursprung (0,0) kreuzen, ist gängige Konvention. Wenn Sie möchten, können Sie die Achsen aber natürlich auch am linken und unteren Rand entlanglaufen lassen, wie es für Datenpräsentationen üblich ist (siehe §15.6).

Damit sich die Achsen besser von den Daten/Graphen abheben, können wir ihnen eine andere Farbe zuweisen:

```
x.set_color(Color::red);
y.set_color(Color::red);
```

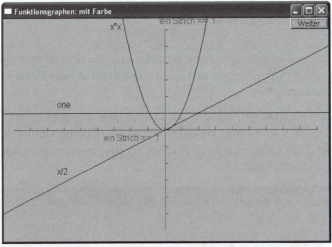

Abbildung 15.4: Farben können helfen, die Koordinatenachsen von den eigentlichen Graphen abzuheben
▶ Farbteil Seite XI

Die Darstellung aus ▶ Abbildung 15.4 ist schon ganz annehmbar. Aus ästhetischen Erwägungen würde man wohl die Beschriftung der *x*-Achse weiter nach links setzen und am oberen Rand sollte etwas mehr Abstand gelassen werden, damit die Graphen im Fenster zentriert sind. Wir haben diese beiden Schönheitsfehler bewusst nicht korrigiert, um an ihrem Beispiel aufzeigen zu können, dass es immer noch das eine oder andere ästhetische Detail gibt, an dem man arbeiten kann. Trotzdem muss ein Projekt irgendwann abgeschlossen werden, und ein Teil der Kunst des Programmierers besteht eben auch darin, genau dies zu erkennen und zu wissen, wann man seine Zeit mit anderen Dingen sinnvoller gestalten kann (beispielsweise durch das Erlernen neuer Techniken oder um sich einmal richtig auszuschlafen). Denken Sie daran: „Das Bessere ist der Feind des Guten."

15.3 Function

Die Grafikschnittstellenklasse **Function** ist wie folgt definiert:

```
struct Function : Shape {
  // die Funktionsparameter werden nicht gespeichert
  Function(Fct f, double r1, double r2, Point orig,
      int count = 100, double xscale = 25, double yscale = 25);
};
```

Function ist eine von **Shape** abgeleitete Klasse mit einem Konstruktor, der eine angegebene Anzahl von Liniensegmenten erzeugt und in seinem **Shape**-Teil speichert. Die Liniensegmente sind Näherungen der Funktionswerte von **f**. Der Funktionswert von **f** wird **count**-mal für gleichmäßig verteilte x-Werte aus dem Bereich **[r1:r2]** berechnet:

```
Function::Function(Fct f, double r1, double r2, Point xy,
         int count, double xscale, double yscale)
// erzeugt Graph f(x) für x in [r1:r2] mithilfe von count Liniensegmenten.
// (0,0) liegt auf dem Punkt xy
// x-Koordinaten werden mit xscale, y-Koordinaten mit yscale skaliert
{
  if (r2–r1<=0) error("unguentiger Bereich fuer Graphen");
  if (count <=0) error("Anzahl Liniensegmente null oder negativ");
  double dist = (r2–r1)/count;
  double r = r1;
  for (int i = 0; i<count; ++i) {
    add(Point(xy.x+int(r*xscale),xy.y–int(f(r)*yscale)));
    r += dist;
  }
}
```

Die Werte **xscale** und **yscale** werden zur Skalierung der x- bzw. y-Koordinaten verwendet. Werte, die der Positionierung dienen, müssen fast immer skaliert werden, um die Darstellung in die Zeichenfläche des Fensters einzupassen.

Beachten Sie, dass ein **Function**-Objekt die Werte, die seinem Konstruktor übergeben werden, nicht speichert. Wir können ein **Function**-Objekt später also weder danach befragen, wo sein Ursprung liegt, noch können wir es mit anderen Faktoren skalieren oder ähnliche Veränderungen vornehmen. Alles, was das Objekt kann, ist die einzelnen Punkte abzuspeichern (in seinem **Shape**-Teil) und sich selbst auf den Bildschirm zu zeichnen. Wenn uns daran gelegen ist, **Function**-Objekte nach ihrer Erzeugung noch ändern zu können, müssen wir die Werte, die wir ändern möchten, abspeichern (siehe Übung 2).

15.3.1 Vorgabeargumente

Ist Ihnen aufgefallen, wie den **xscale**- und **yscale**-Parametern des **Function**-Konstruktors in der Deklaration Initialisierungswerte zugewiesen wurden? Solche Initialisierer nennt man *Vorgabeargumente* (*default argument*). Auf ihre Werte wird zurückgegriffen, wenn in einem Aufruf die betreffenden Werte fehlen. So sind die folgenden Aufrufe

```
Function s(one, r_min, r_max,orig, n_points, x_scale, y_scale);
Function s2(slope, r_min, r_max, orig, n_points, x_scale);  // kein yscale
Function s3(square, r_min, r_max, orig, n_points);  // kein xscale, kein yscale
Function s4(sqrt, r_min, r_max, orig);  // kein count, kein xscale, kein yscale
```

äquivalent zu

```
Function s(one, r_min, r_max, orig, n_points, x_scale, y_scale);
Function s2(slope, r_min, r_max,orig, n_points, x_scale, 25);
Function s3(square, r_min, r_max, orig, n_points, 25, 25);
Function s4(sqrt, r_min, r_max, orig, 100, 25, 25);
```

Vorgabeargumente sind ein alternatives Konzept zur Definition mehrerer überladener Funktionen. Statt eines Konstruktors mit drei Vorgabeargumenten hätten wir auch vier Konstruktoren ohne Vorgabeargumente definieren können:

```
struct Function : Shape {    // alternative Definition ohne Vorgabeargumente
    Function(Fct f, double r1, double r2, Point orig,
        int count, double xscale, double yscale);
    // Standardskalierung für y:
    Function(Fct f, double r1, double r2, Point orig,
        int count, double xscale);
    // Standardskalierung für x und y:
    Function(Fct f, double r1, double r2, Point orig, int count);
    // Vorgegebene Anzahl und Standardskalierung für x und y:
    Function(Fct f, double r1, double r2, Point orig);
};
```

Die Variante mit den vier Konstruktoren verursacht nicht nur mehr Arbeit; sie hat auch den Nachteil, dass sie das Konzept der Vorgabewerte in der Konstruktordefinition verbirgt, statt sie offen in der Deklaration anzuzeigen. Vorgabeargumente werden vor allem für Konstruktoren verwendet, können aber in Kombination mit jeglicher Art von Funktionen nutzbringend eingesetzt werden. Sie müssen lediglich beachten, dass Vorgabeargumente immer nur für die abschließenden Parameter definiert werden können.

```
struct Function : Shape {
    Function(Fct f, double r1, double r2, Point orig,
        int count = 100, double xscale, double yscale);    // Fehler
};
```

Wurde für einen Parameter ein Vorgabeargument definiert, müssen demnach alle nachfolgenden Parameter ebenfalls Vorgabeargumente besitzen:

```
struct Function : Shape {
    Function(Fct f, double r1, double r2, Point orig ,
        int count = 100, double xscale=25, double yscale=25);
};
```

Manchmal ist es leicht, gute, sinnvolle Vorgabeargumente zu finden. Man denke beispielsweise an die Standardwerte für Strings (der leere String) oder **vector** (ein leerer **vector**-Container). In anderen Fällen, wie z.B. für **Function**, ist die Auswahl eines Standardwerts weniger einfach. Die Werte, die wir hier verwenden, haben wir erst nach einigem Experimentieren und einem kompletten Fehlversuch gefunden. Denken Sie daran, dass niemand sie zwingt, Vorgabeargumente zu definieren. Wenn Sie keine guten Vorgabeargumente finden, überlassen Sie es einfach dem Benutzer, das Argument für den betreffenden Parameter anzugeben.

15.3.2 Weitere Beispiele

Wir haben dem Programm noch einige weitere Funktionen hinzugefügt. Darunter eine einfache Kosinusfunktion (**cos()** aus der Standardbibliothek) und – um zu demonstrieren, wie Funktionen kombiniert werden können – eine aufsteigende Kosinusfunktion mit der Steigung **x/2**.

```
double sloping_cos(double x) { return cos(x)+slope(x); }
```

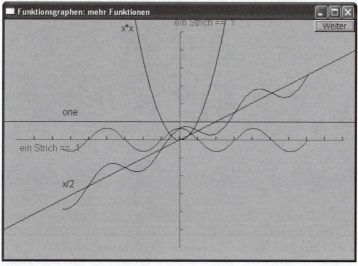

Abbildung 15.5: Grafische Darstellung verschiedener Funktionen   ▶ Farbteil Seite XII

Der Code für die in ▶ Abbildung 15.5 hinzugekommenen Funktionen lautet:

```
Function s4(cos,r_min,r_max,orig,400,20,20);
s4.set_color(Color::blue);
Function s5(sloping_cos, r_min,r_max,orig,400,20,20);
x.label.move(–160,0);
x.notches.set_color(Color::dark_red);
```

Wie Sie sehen, haben wir nicht nur die beiden Funktionen hinzugefügt, sondern auch gleich noch die Beschriftung der x-Achse verschoben und – um zu demonstrieren, wie dies geht – die Farbe der Skalenstriche ein wenig verändert.

Zum Abschluss wollen wir eine Logarithmus-, eine Exponential-, eine Sinus- und eine Kosinusfunktion grafisch darstellen:

```
Function f1(log,0.000001,r_max,orig,200,30,30);   // log() Logarithmus zur Basis e
Function f2(sin,r_min,r_max,orig,200,30,30);      // sin()
f2.set_color(Color::blue);
Function f3(cos,r_min,r_max,orig,200,30,30);      // cos()
Function f4(exp,r_min,r_max,orig,200,30,30);      // exp() e^x
```

Da **log(0)** nicht definiert ist (per mathematischer Definition ist der Funktionswert die negative Unendlichkeit), haben wir als Startwert für **log** eine kleine, positive Zahl gewählt. Das Ergebnis sehen Sie in ▶ Abbildung 15.6.

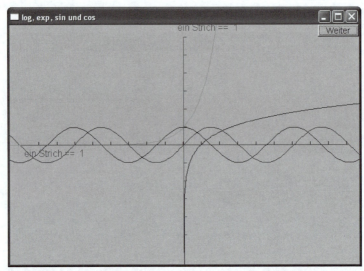

Abbildung 15.6: Grafische Darstellung von Logarithmus-, Exponential-, Sinus- und Kosinusfunktion (anstatt die Funktionen zu beschriften, haben wir diesmal verschiedene Farben verwendet) ▶ Farbteil Seite XII

Die wichtigsten mathematischen Funktionen wie **cos()**, **sin()** oder **sqrt()** (Wurzel) sind in dem Header **<cmath>** der Standardbibliothek deklariert. Für eine Liste der mathematischen Standardfunktionen siehe §24.8 und §B.9.2.

15.4 Achsen

Wo immer wir Daten präsentieren (z.B. in §15.6.4), verwenden wir **Axis** zur Einblendung passender Achsen. (Grafische Darstellungen von Funktionen oder Zahlen ohne Angaben zur Skalierung oder Größenordnung sind äußerst fragwürdig.) Ein **Axis**-Objekt besteht aus einer Linie, einer Anzahl von Skalenstrichen und einer Beschriftung. Der Konstruktor von **Axis** berechnet die Achsenlinie und (optional) die Linien, die als Skalenstriche benutzt werden.

```
struct Axis : Shape {
  enum Orientation { x, y, z };
  Axis(Orientation d, Point xy, int length,
    int number_of_notches=0, string label = "");

  void draw_lines() const;
  void move(int dx, int dy);
  void set_color(Color c);

  Text label;
  Lines notches;
};
```

Die **label**- und **notches**-Objekte haben wir **public** gelassen, damit die Benutzer sie direkt bearbeiten können. Beispielsweise können Sie den Skalenstrichen eine andere Farbe als der Linie geben oder die Beschriftung mit **move()** an eine geeignetere Position verschieben. **Axis** ist ein Beispiel für ein Objekt, das aus mehreren halbwegs unabhängigen Objekten zusammengesetzt ist.

15.4 Achsen

Der **Axis**-Konstruktor positioniert die Achsenlinien und fügt die Skalenstriche hinzu, wenn **number_of_notches** größer als null ist:

```
Axis::Axis(Orientation d, Point xy, int length, int n, string lab)
  :label(Point(0,0),lab)
{
  if (length<0) error("ungueltige Achsenlaenge");
  switch (d){
  case Axis::x:
  { Shape::add(xy);   // Achsenlinie
    Shape::add(Point(xy.x+length,xy.y));

    if (1<n) {   // Skalenstriche hinzufügen
      int dist = length/n;
      int x = xy.x+dist;
      for (int i = 0; i<n; ++i) {
        notches.add(Point(x,xy.y),Point(x,xy.y–5));
        x += dist;
      }
    }

    label.move(length/3,xy.y+20);   // Beschriftung unter der Linie
    break;
  }
  case Axis::y:
  { Shape::add(xy);   // die y-Achse steht senkrecht
    Shape::add(Point(xy.x,xy.y–length));

  if (1<n) {   // Skalenstriche hinzufügen
    int dist = length/n;
    int y = xy.y–dist;
      for (int i = 0; i<n; ++i) {
        notches.add(Point(xy.x,y),Point(xy.x+5,y));
        y –= dist;
      }
    }

    label.move(xy.x–10,xy.y–length–10);   // Beschriftung am oberen Ende
    break;
  }
  case Axis::z:
    error("z-Achse ist nicht implementiert");
  }
}
```

Verglichen mit der Komplexität, die realen Code in der Regel auszeichnet, ist dieser Konstruktor noch ziemlich einfach. Sehen Sie sich ihn dennoch aufmerksam an, denn er ist keineswegs trivial und illustriert einige recht nützliche Techniken. Beachten Sie unter anderem, wie wir die Linie im **Shape**-Teil des **Axis**-Objekts speichern (mithilfe von **Shape::add()**), während die Skalenstriche in einem separaten Objekt (**notches**) verwahrt werden. Auf diese Weise können wir die Linie und die Skalenstriche unabhängig voneinander manipulieren. (Beispielsweise können wir beiden eigene Farben zuweisen.) Gleiches gilt für die Beschriftungen, die standardmäßig an vorgegebenen Positionen relativ zur Achse angezeigt werden, die aber – da es sich um separate Objekte handelt – jederzeit an eine geeignetere Position verschoben werden können. Die Enumeration **Orientation** haben wir zur Bequemlichkeit des Benutzers definiert und um ihm eine weniger fehleranfällige Notation zur Auswahl der Achsen an die Hand zu geben.

Da ein **Axis**-Objekt aus drei Teilen zusammengesetzt ist, müssen wir spezielle Funktionen vorsehen, mit denen man eine Achse als Ganzes manipulieren kann – wie zum Beispiel:

```
void Axis::draw_lines() const
{
  Shape::draw_lines();
  notches.draw();  // die Skalenstriche können eine eigene Farbe verwenden
  label.draw();    // die Beschriftung kann eine eigene Farbe verwenden
}
```

Zum Zeichnen der Skalenstriche und der Beschriftung verwenden wir nicht **draw_lines()**, sondern **draw()**, da nur so die in dem Objekt gespeicherte Farbe verwendet wird. Die Linie dagegen ist in dem **Axis::Shape**-Teil gespeichert und verwendet die dort gespeicherte Farbe.

Obwohl wir Linie, Skalenstrichen und Beschriftung verschiedene Farben zuteilen können, ist dies stilistisch gesehen in der Regel nicht empfehlenswert. Wir definieren daher auch noch eine Funktion, die allen drei Komponenten dieselbe Farbe zuweist:

```
void Axis::set_color(Color c)
{
  Shape::set_color(c);
  notches.set_color(c);
  label.set_color(c);
}
```

Analog verschiebt **Axis::move()** die vollständige Achse mit allen drei Komponenten:

```
void Axis::move(int dx, int dy)
{
  Shape::move(dx,dy);
  notches.move(dx,dy);
  label.move(dx,dy);
}
```

15.5 Approximation

In diesem Abschnitt wenden wir uns einem weiteren kleinen Beispiel für die grafische Darstellung einer Funktion zu: Wir „animieren" die Berechnung einer Exponentialfunktion. Dabei verfolgen wir gleich mehrere Ziele: Wir möchten Ihnen zeigen, wie grafische Darstellungen zur Illustration von Berechnungen eingesetzt werden können; wir möchten Ihnen etwas mehr Code zum Lesen geben; wir werden Sie vor einigen typischen Fallstricken bei der Durchführung von Berechnungen warnen; und nicht zuletzt wollen wir den Lesern helfen, die im Umgang mit mathematischen Funktionen noch nicht so versiert sind, ein Gefühl für diese Funktionen zu entwickeln.

Eine Möglichkeit, eine Exponentialfunktion zu berechnen, besteht darin, die folgende mathematische Reihe auszurechnen. (Das Ausrufezeichen in der Formel ist das mathematische Symbol für die Fakultät.)

$$e^x = = 1 + x + x^2/2! + x^3/3! + x^4/4! + ...$$

Je mehr Folgeglieder wir aufaddieren, umso exakter repräsentiert das Ergebnis den tatsächlichen Wert von e^x oder – anders ausgedrückt – umso mehr Ziffern des Ergebnisses sind mathematisch korrekt. Diesen Umstand wollen wir für unsere Animation nutzen. Wir berechnen die Reihe mit immer mehr Folgengliedern (Terme) und zeichnen die resultierende Funktion nach jedem neu hinzugekommenen Term auf den Bildschirm. Das heißt, wir zeichnen nacheinander die folgenden Funktionen:

```
exp0(x) = 0        // kein Term
exp1(x) = 1        // ein Term
exp2(x) = 1+x      // zwei Terme; pow(x,1)/fac(1)==x
exp3(x) = 1+x+pow(x,2)/fac(2)
exp4(x) = 1+x+pow(x,2)/fac(2)+pow(x,3)/fac(3)
exp5(x) = 1+x+pow(x,2)/fac(2)+pow(x,3)/fac(3)+pow(x,4)/fac(4)
...
```

Jede dieser Funktionen ist eine leicht bessere Approximation für e^x als ihre Vorgängerin. Der Ausdruck **pow(x,n)** in den obigen Anweisungen ruft die Standardbibliotheksfunktion **pow()** auf und liefert den Wert für x^n zurück. Für die Berechnung der Fakultät gibt es keine passende Funktion in der Standardbibliothek; wir müssen also unsere eigene Funktion definieren:

```
int fac(int n)   // Fakultät von n; n!
{
  int r = 1;
  while (n>1) {
    r*=n;
    --n;
  }
  return r;
}
```

Für eine alternative Implementierung von **fac()** siehe Übung 1. Mithilfe von **fac()** können wir den n-ten Term der Folge berechnen:

```
double term(double x, int n) { return pow(x,n)/fac(n); }    // n-ter Term der Folge
```

Und mithilfe von **term()** fällt es uns auch nicht mehr schwer, den Exponentialwert von x für eine vorgegebene Genauigkeit von n Termen zu berechnen:

```
double expe(double x, int n)    // Summe von n Termen für x
{
  double sum = 0;
  for (int i=0; i<n; ++i) sum+=term(x,i);
  return sum;
}
```

Wie können wir diese Funktion grafisch darstellen? Natürlich denken wir an unsere Klasse **Function**, die wir schon früher zur grafischen Darstellung von Funktionen benutzt haben. Die Schwierigkeit ist nur, dass **Function** eine Funktion mit einem Argument erwartet, während **expe()** zwei Argumente übernimmt. In C++, soweit wir es bisher kennen, gibt es keine wirklich elegante Lösung zu diesem Problem,

15 Grafische Darstellung von Funktionen und Daten

weswegen wir an dieser Stelle in den sauren Apfel beißen und eine einfache, aber wenig elegante Lösung wählen (sehen Sie hierzu aber auch Übung 3). Wir holen die Präzision **n** aus der Parameterliste heraus und verwandeln sie in eine Variable:

int expN_number_of_terms = 10;

double expN(double x)
{
  return expe(x,expN_number_of_terms);
}

Jetzt haben wir mit **expN(x)** eine Funktion zur Verfügung, die nur ein Argument übernimmt und einen Exponentialwert mit der Genauigkeit berechnet, die durch den Wert von **expN_number_of_terms** bestimmt wird. Sehen wir, wie wir mithilfe dieser Funktion etwas auf den Bildschirm zaubern können. Zuerst zeichnen wir ein Achsenpaar und die „echte" Exponentialfunktion, die wir mit der Standardbibliotheksfunktion **exp()** berechnen, damit wir auf einen Blick sehen, wie gut unsere mit **expN()** berechnete Approximation ist.

Function real_exp(exp,r_min,r_max,orig,200,x_scale,y_scale);
real_exp.set_color(Color::blue);

Dann durchlaufen wir in einer Schleife eine Serie von Approximationen, wobei wir in jeder Schleifeniteration die Anzahl der bei der Approximation berücksichtigten Terme, **n**, erhöhen:

```
for (int n = 0; n<50; ++n) {
  ostringstream ss;
  ss << "Approximation der Exponentialfunktion; n==" << n ;
  win.set_label(ss.str().c_str());
  expN_number_of_terms = n;
  // erzeuge die nächste Approximation:
  Function e(expN,r_min,r_max,orig,200,x_scale,y_scale);
  win.attach(e);
  win.wait_for_button();
  win.detach(e);
}
```

Beachten Sie den abschließenden **detach(e)**-Aufruf. Der Gültigkeitsbereich des **Function**-Objekts **e** ist der Block der **for**-Anweisung. Jedes Mal, wenn wir in diesen Block eintreten, erhalten wir ein neues **Function**-Objekt **e**, und jedes Mal, wenn wir den Block verlassen, wird dieses **e** aufgelöst, um im nächsten Schleifendurchgang durch das nächste **e** ersetzt zu werden. Das Fenster sollte daher keine Erinnerung an das alte, bald der Zerstörung preisgegebene **e** zurückbehalten. Aus diesem Grund rufen wir **detach(e)** auf, um die aktuelle Verbindung zu lösen und sicherzustellen, dass das Fenster nicht versucht, das aufgelöste Objekt zu zeichnen.

Das Programm erzeugt zunächst das Fenster aus ▶ Abbildung 15.7 mit nichts weiter als den Achsen und der „echten", in Blau gezeichneten Exponentialfunktion.

15.5 Approximation

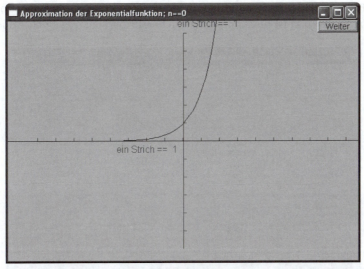

Abbildung 15.7: Das Fenster am Ende des ersten Schleifendurchgangs (Neben der echten Exponentialfunktion „sieht" man die erste Annäherung, für *n* gleich 0, die aus einer über der *x*-Achse liegenden Geraden besteht.) ▶ Farbteil Seite XIII

Da **exp(0)** gleich **1** ist, schneidet unsere blaue, „echte" Exponentialfunktion die *y*-Achse erwartungsgemäß in **(0,1)**. Und wenn Sie genau hinschauen, können Sie sehen, dass die Null-Term-Approximation (**exp0(x)==0**) als schwarze Linie direkt über die *x*-Achse gezeichnet wurde.

Durch Drücken der WEITER-Schaltfläche erhalten wir die Approximation mit einem Term. Wie viele Terme für die aktuelle Approximation verwendet wurden, können Sie übrigens jederzeit im Fenstertitel nachlesen.

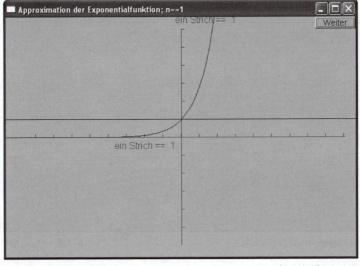

Abbildung 15.8: Zweite Approximation (*n* gleich 1) ▶ Farbteil Seite XIII

▶ Abbildung 15.8 zeigt den Graphen der Funktion **exp1(x)==1**, d.h. die Approximation mit nur einem Term der Folge. Im Punkt (0,1) ist die Approximation bereits perfekt; es geht aber noch besser.

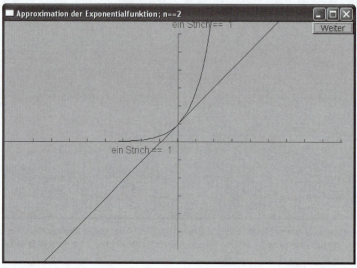

Abbildung 15.9: Dritte Approximation (*n* gleich 2)　　　　　▶ Farbteil Seite XIV

Die Approximation mit zwei Termen (**1+x**) liefert eine Diagonale, die die *y*-Achse im Punkt (0,1) schneidet. Die Approximation mit drei Termen (**1+x+pow(x,2)/fac(2)**) lässt bereits eine erste Konvergenz erkennen (siehe ▶ Abbildung 15.9).

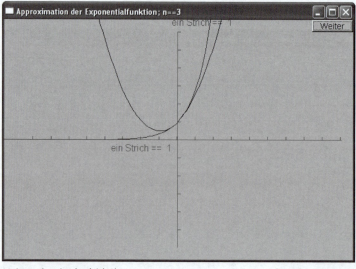

Abbildung 15.10: Vierte Approximation (*n* gleich 3)　　　　　▶ Farbteil Seite XIV

Bei Berücksichtigung von zehn Termen ist die Approximation schon ziemlich gut, besonders für Werte größer als -3.

15.5 Approximation

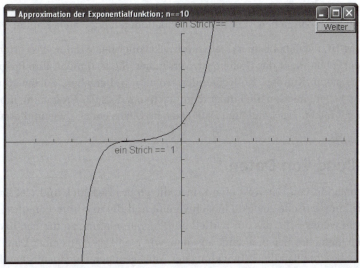

Abbildung 15.11: Elfte Approximation (*n* gleich 10) ▶ Farbteil Seite XV

Denkt man nicht weiter darüber nach, könnte man annehmen, dass wir bessere und bessere Approximationen erhalten, je mehr Terme wir berücksichtigen. Tatsächlich sind der Approximation aber Grenzen gesetzt und nach 13 Termen geschieht etwas Seltsames. Zunächst beginnt die Approximation wieder etwas schlechter zu werden und bei 18 Termen erscheinen plötzlich vertikale Linien (siehe ▶ Abbildung 15.12).

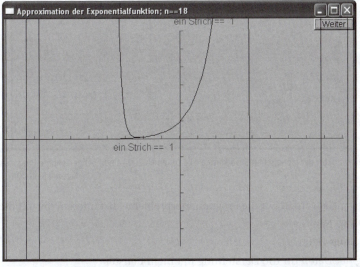

Abbildung 15.12: Neunzehnte Approximation (*n* gleich 18) ▶ Farbteil Seite XV

Denken Sie daran, dass Gleitkommaarithmetik keine reine Mathematik ist. Gleitkommazahlen sind nichts weiter als Approximationen für reale Zahlen, die eben nur so gut sind, wie es die zur Verfügung stehende Zahl von Bits zulässt. Dass unsere Approximationen plötzlich abgedriftet sind, liegt also daran, dass unsere Berechnung ab einem bestimmten Punkt Werte produzierte, die sich nicht mehr durch **double**-Werte darstellen ließen. (Für mehr Informationen hierzu siehe Kapitel 24.)

Die letzte Abbildung ist, nebenbei bemerkt, ein eindrucksvoller Beleg dafür, dass „sieht ganz okay aus" und „wurde getestet" eben nicht das Gleiche ist. Versäumen Sie also nicht, Ihre Programme gründlich zu testen, bevor Sie sie an Kunden, Kollegen oder Freunde weitergeben. Solange Sie sich nicht vom Gegenteil überzeugt haben, müssen Sie immer damit rechnen, dass das Programm, führt man es nur ein wenig länger oder mit leicht abgewandelten Daten aus, im Chaos endet – wie in diesem Fall.

15.6 Darstellung von Daten

Tipp Die grafische Präsentation von Daten ist eine Kunst, die großes Geschick und viel Erfahrung verlangt, die technische wie künstlerische Aspekte in sich vereint und die uns hilft, komplexe Phänomene besser zu verstehen. Ein weites Feld, das nur partiell mit Programmierung zu tun hat. In diesem Abschnitt werden wir uns ein einfaches Beispiel dafür ansehen, wie man Daten aus einer Datei lesen und anzeigen kann. Die Daten beschreiben die Entwicklung der Altersgruppen der japanischen Bevölkerung über einen Zeitraum von nahezu hundert Jahren.

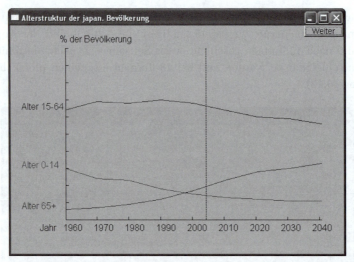

Abbildung 15.13: Altersstruktur der japanischen Bevölkerung (die Daten ab 2008 sind hochgerechnete Prognosen)
▶ Farbteil Seite XVI

Anhand dieses Beispiels werden wir die Programmierprobleme diskutieren, die mit der Präsentation solcher Daten verbunden sind:

- Das Lesen aus einer Datei
- Die Skalierung der Daten für die Darstellung in einem Fenster
- Das Anzeigen der Daten
- Die Beschriftung des Graphen

Auf die künstlerischen Aspekte werden wir hier nicht weiter eingehen. Unsere Grafik mag ein wenig langweilig wirken, aber dies ist ja schließlich auch kein Kurs über grafische Kunst. Wenn Sie später eigene

Anwendungen schreiben, dürfen Sie der künstlerischen Ausgestaltung selbstverständlich mehr Aufmerksamkeit zukommen lassen.

Ausgehend von einem gegebenen Satz von Daten ist unsere erste Überlegung, wie wir diese Daten am besten anzeigen können. Zur Vereinfachung behandeln wir hier nur Daten, die auf relativ einfache Weise in zwei Dimensionen dargestellt werden können. Andererseits fallen die meisten Daten in diese Kategorie. Balkendiagramme, Tortendiagramme und ähnliche populäre Darstellungen sind z.B. nichts anderes als speziell aufbereitete zweidimensionale Grafiken. Und selbst dreidimensionale Daten lassen sich oft mit zweidimensionalen Mitteln darstellen: als Abfolge zweidimensionaler Grafiken, durch Übereinanderlegen zweidimensionaler Darstellungen in einem Fenster (wie im Falle unseres Altersstruktur-Beispiels) oder durch Beschriftung einzelner Punkte mit den Informationen der dritten Dimension. Wo dies nicht ausreicht, müssen wir neue Grafikklassen schreiben oder unseren Code auf eine andere Grafikbibliothek umstellen.

Da wir uns auf zweidimensionale Darstellungen konzentrieren, verwenden wir als Daten für unser Beispiel Wertepaare, wie z.B. (*Jahr, Anzahl Kinder*). Liegen größere Datentupel vor, beispielsweise der Form (*Jahr, Anzahl Kinder, Anzahl Erwachsene, Anzahl Senioren*), wählen wir einfach aus, welches Wertepaar – oder welche Wertepaare – wir zeichnen möchten. Für unser Beispiel verwenden wir die Wertepaare (*Jahr, Anzahl Kinder*), (*Jahr, Anzahl Erwachsene*) und (*Jahr, Anzahl Senioren*).

Sätze von (x,y)-Paaren können auf viele Weisen betrachtet werden. Eine Möglichkeit, die wir stets in Erwägung ziehen sollten, wenn wir uns überlegen, wie ein solcher Satz grafisch dargestellt werden könnte, ist, dass einer der Werte in irgendeiner Form eine Funktion des anderen Wertes ist. Beispielsweise läge es für Paare der Form (*Jahr, Stahlproduktion*) nahe, die Stahlproduktion als eine Funktion des Jahres zu betrachten und die Daten als eine kontinuierliche Linie darzustellen. **Open_polyline** aus §13.6 wäre hierfür eine gute Wahl. Umgekehrt, wenn y nicht als Funktion von x angesehen werden kann, wie z.B. im Falle von (*Bruttohaushaltsprodukt pro Person, Bevölkerungszahl*), drängen sich andere Klassen auf: z.B. **Marks** (§13.15), mit deren Hilfe wir nicht verbundene Punkte einzeichnen können.

Doch nun zurück zu unserem Beispiel.

15.6.1 Einlesen aus Dateien

Die Datei mit den Zahlen zur Altersstruktur der japanischen Bevölkerung besteht aus Zeilen, die wie folgt aufgebaut sind:

(1960 : 30 64 6)
(1970 : 24 69 7)
(1980 : 23 68 9)

Die erste Zahl hinter dem Doppelpunkt gibt den Prozentsatz der Kinder (Alter 0–14) an der Gesamtbevölkerung an. Die zweite Zahl ist der Prozentsatz der Erwachsenen (Alter 15–64) und die dritte Zahl ist der Prozentsatz der Senioren (Alter 65+). Diese Zahlen auszulesen, ist unsere Aufgabe. Beachten Sie, dass die Formatierung der Daten nicht ganz einheitlich ist. Wie üblich, müssen wir uns auch um solche Details kümmern.

Um die Aufgabe zu vereinfachen, definieren wir zuerst einen Typ **Distribution**, der einen Dateneintrag speichern kann, und einen Eingabeoperator, mit dem wir einen solchen Dateneintrag einlesen können:

15 Grafische Darstellung von Funktionen und Daten

```cpp
struct Distribution {
  int year, young, middle, old;
};

istream& operator>>(istream& is, Distribution& d)
// geht von folgendem Format aus: ( Jahr : jung mittel alt )
{
  char ch1 = 0;
  char ch2 = 0;
  char ch3 = 0;
  Distribution dd;

  if (is >> ch1 >> dd.year
      >> ch2 >> dd.young >> dd.middle >> dd.old
      >> ch3) {
    if (ch1!= '(' || ch2!=':' || ch3!=')') {
      is.clear(ios_base::failbit);
      return is;
    }
  }
  else
    return is;
  d = dd;
  return is;
}
```

Dies ist eine direkte Umsetzung der in *Kapitel 10* angesprochenen Konzepte. Sollte Ihnen die Bedeutung dieses Codes nicht ganz klar sein, lesen Sie bitte in *Kapitel 10* nach. Wir hätten auch ohne die Definition eines Typs **Distribution** und eines zugehörigen >>-Operators auskommen können. Im Vergleich zu einem Brute-Force-Ansatz, der „die Zahlen direkt einliest und grafisch darstellt", wird der Code so aber besser strukturiert und die weiteren Aufgaben sind einfacher zu erledigen. Insbesondere hilft uns der Typ **Distribution**, den Code in logische Untereinheiten aufzuteilen, die sowohl das Verständnis als auch das Debuggen erleichtern. Scheuen Sie sich also nicht, eigene Typen allein zu dem Zweck einzuführen, den Code leichter verständlich zu machen. Denken Sie daran, dass wir Klassen definieren, damit der Code möglichst direkt unsere Vorstellung von den im Code widergespiegelten Konzepten ausdrückt. Diese Technik selbst auf kleinere, nur lokal benötigte Konzepte anzuwenden (wie z.B. eine Zeile mit Daten, die die Altersverteilung für ein Jahr repräsentieren), kann sehr hilfreich sein.

Mithilfe von **Distribution** können wir die Einleseschleife wie folgt codieren:

```cpp
string file_name = "Japan-Altersstrukturdaten.txt";
ifstream ifs(file_name.c_str());
if (!ifs) error("nicht zu oeffnende Datei: ",file_name);

// ...

Distribution d;
while (ifs>>d) {
  if (d.year<base_year || end_year<d.year)
    error("ungueltiges Jahr");
```

```
if (d.young+d.middle+d.old != 100)
    error("Prozentsaetze ergeben nicht 100");
// ...
}
```

Zuerst versuchen wir die Datei *Japan-Altersstrukturdaten.txt* zu öffnen. Schlägt dieser Versuch fehl, weil die Datei nicht zu finden ist, beenden wir das Programm. Grundsätzlich erachten wir es als keine gute Praxis, Dateinamen, wie hier gezeigt, fest im Code zu verankern (*hardwire*). Da wir aber das vorliegende Programm als eine kurze, einmalige Anstrengung betrachten, wollen wir es nicht mit Techniken belasten, die eher für langlebige Anwendungen gedacht sind. Immerhin haben wir den Dateinamen in einer benannten **string**-Variablen gespeichert, sodass das Programm ohne Mühe angepasst werden kann, wenn wir es – oder Teile seines Codes – für andere Zwecke nutzen möchten.

Die Einleseschleife prüft, ob das eingelesene Jahr im erwarteten Wertebereich liegt und ob die Summe der Prozentzahlen 100 ergibt. Auf diese Weise wird die grundlegende Integrität der Daten sichergestellt. Weitere Überprüfungen sparen wir uns, da das Format der einzelnen Dateneinträge ja bereits von >> überprüft wird.

15.6.2 Allgemeines Layout

Was soll nun auf dem Bildschirm zu sehen sein? Welche Antwort wir auf diese Frage gefunden haben, können Sie ▶ Abbildung 15.13 vom Beginn des Abschnitts §15.6 entnehmen. Die Daten schienen förmlich nach drei **Open_polyline**-Linienzügen zu verlangen, einen für jede Altersgruppe. Damit die Zuordnung der Graphen zu den Altersgruppen auch für den Betrachter ersichtlich ist, müssen wir die Graphen beschriften. Wir haben uns dafür entschieden, für jede Linie auf der linken Seite des Fensters einen Titel hinzuzufügen. Im vorliegenden Fall schien uns dies übersichtlicher als die ansonsten eher gebräuchliche Alternative, die Beschriftung irgendwo über oder unter der Linie zu platzieren. Um die Zuordnung von Linien und Titeln noch deutlicher zu machen und die Linien besser unterscheiden zu können, haben wir zudem jeder Linie eine eigene Farbe zugeteilt.

Die *x*-Achse haben wir mit den Jahreszahlen beschriftet. Die senkrechte Linie durch das Jahr 2008 zeigt den Zeitpunkt an, ab dem der Graph von harten Fakten zur geschätzten Prognose wechselt.

Auf eine eigene Überschrift für die Grafik haben wir verzichtet; wir verwenden einfach den Fenstertitel als Überschrift.

Grafikcode zu schreiben, der sowohl korrekt ist als auch ein ansprechendes Ergebnis erzeugt, kann erstaunlich schwierig sein. Das Hauptproblem sind in der Regel die vielen kniffligen Größen- und Abstandsberechnungen. Um dabei nicht den Überblick zu verlieren, definieren wir vorab einen Satz von symbolischen Konstanten, die beschreiben, wie wir den zur Verfügung stehenden Bildschirmbereich nutzen wollen:

```
const int xmax = 600;    // Fenstergröße
const int ymax = 400;

const int xoffset = 100; // Abstand vom linken Rand des Fensters zur y-Achse
const int yoffset = 60;  // Abstand vom unteren Rand des Fensters zur x-Achse

const int xspace = 40;   // Platz zwischen Achsen
```

15 Grafische Darstellung von Funktionen und Daten

```
const int yspace = 40;

const int xlength = xmax–xoffset–xspace;   // Länge der Achsen
const int ylength = ymax–yoffset–yspace;
```

Im Wesentlichen definieren diese Konstanten einen rechteckigen Bereich (das Fenster), der ein weiteres Rechteck (aufgespannt durch die Achsen) enthält, siehe ▶ Abbildung 15.14.

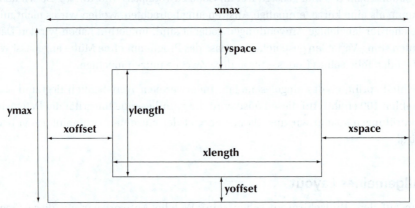

Abbildung 15.14: Das Fensterlayout und die beteiligten Konstanten

  Unserer Erfahrung nach sind Skizzen, die – wie Abbildung 15.14 – beschreiben, was wo im Fenster liegt, gepaart mit der Definition der zugrunde liegenden symbolischen Konstanten das beste Mittel, um sich nicht im Zahlengewirr zu verlieren und irgendwann frustriert aufzugeben, weil die Ausgabe nicht den eigenen Vorstellungen entspricht.

15.6.3 Skalierung

Der nächste Schritt besteht darin zu definieren, wie die Daten in den zur Verfügung stehenden Anzeigebereich eingepasst werden. Für unser Altersstruktur-Beispiel skalieren wir die Daten so, dass sie in den Bereich passen, der durch die Achsen aufgespannt wird. Dazu benötigen wir die Skalierungsfaktoren, die als das Verhältnis zwischen dem Wertebereich der Daten und dem Wertebereich der zugehörigen Achse berechnet werden können:

```
const int base_year = 1960;
const int end_year = 2040;

const double xscale = double(xlength)/(end_year–base_year);
const double yscale = double(ylength)/100;
```

Für unsere Skalierungsfaktoren (**xscale** und **yscale**) kommen nur Gleitkommazahlen infrage – oder unsere Berechnungen wären ernsthaften Rundungsfehlern unterworfen. Um nicht ungewollt eine Integer-Division durchzuführen, wandeln wir unsere Längenangaben vor der Division in den Typ **double** um (siehe §4.3.3).

Jetzt können wir die Position eines Datenpunkts auf der x-Achse finden, indem wir den Basiswert (**1960**) subtrahieren, mit **xscale** skalieren und dann **xoffset** addieren. Der y-Wert kann analog berechnet werden. Obwohl dies eine ziemlich triviale Berechnung zu sein scheint, ist sie doch tückisch und kompliziert genug, dass wir sie – wie wir feststellen mussten – nie ganz korrekt aus dem Gedächtnis niederschreiben konnten. Um den Code zu vereinfachen und Fehler (und frustrierende Debug-Sitzungen) so weit es geht auszuschließen, definieren wir daher eine kleine Klasse, welche die Berechnung für uns durchführt:

```
class Scale {       // Umwandlung eines Datenwerts in eine Koordinate
    int cbase;      // Koordinatenbasis
    int vbase;      // Basis der Werte
    double scale;
public:
    Scale(int b, int vb, double s) :cbase(b), vbase(vb), scale(s) { }
    int operator()(int v) const { return cbase + (v–vbase)*scale; }
};
```

Wir haben uns für eine Klasse entschieden, weil die Berechnung von drei konstanten Werten abhängt, die wir nicht unnötig wiederholt angeben möchten. Mithilfe der Klasse **Scale** definieren wir:

```
Scale xs(xoffset,base_year,xscale);
Scale ys(ymax–yoffset,0,–yscale);
```

Beachten Sie, dass wir den Skalierungsfaktor für **ys** negativ gemacht haben, um zu erreichen, dass größere Datenwerte – trotz des Umstands, dass die *y*-Bildschirmkoordinaten nach unten größer werden – im Graphen durch höher gelegene Punkte repräsentiert werden. Jetzt können wir **xs** dazu verwenden, ein Jahr in eine *x*-Koordinate umzurechnen. Analog verwenden wir **ys**, um die *y*-Koordinate für eine Prozentangabe zu erhalten.

15.6.4 Aufbau des Graphen

Wir haben nun endlich alles zusammen, was wir benötigen, um den Code für die Grafik vernünftig und halbwegs elegant formulieren zu können. Wir beginnen mit der Erzeugung eines Fensters und der Platzierung der Achsen:

```
Window win(Point(100,100),xmax,ymax,"Altersstruktur der japan. Bevölkerung");

Axis x(Axis::x, Point(xoffset,ymax–yoffset), xlength,
    (end_year–base_year)/10,
    "Jahr 1960 1970 1980 1990 "
    "2000 2010 2020 2030 2040");
x.label.move(–100,0);

Axis y(Axis::y, Point(xoffset,ymax–yoffset), ylength, 10,"% der Bevölkerung");

Line current_year(Point(xs(2008),ys(0)),Point(xs(2008),ys(100)));
current_year.set_style(Line_style::dash);
```

Die Achsen kreuzen sich im Punkt **Point(xoffset,ymax–yoffset)**, der dem Datenpaar **(1960,0)** entspricht. Beachten Sie, wie die Skalenstriche in Anpassung an die Daten gesetzt werden. Auf der *y*-Achse gibt es zehn Skalenstriche, von denen jeder einen Bevölkerungszuwachs von 10% repräsentiert. Auf der *x*-Achse repräsentiert jeder Skalenstrich zehn Jahre. Wie viele Skalenstriche für die *x*-Achse benötigt werden, berechnen wir aus den Werten für **base_year** und **end_year**. Auf diese Weise passt sich die Darstellung der

Achse automatisch an, falls wir später irgendwann den Zeitraum verändern sollten. Dies ist der Vorteil, wenn man „magische Konstanten" im Code vermeidet. Leider gilt dies nicht für die Beschriftung der x-Achse: Sie ist einfach das Ergebnis wiederholter Anpassungen des Beschriftungsstrings, bis die Zahlen an den richtigen Positionen unter den Skalenstrichen angezeigt wurden. Um dies zu verbessern, bräuchten wir einen Satz von individuellen Beschriftungen für die einzelnen „Skalenstriche".

Beachten Sie die seltsame Syntax des Beschriftungsstrings. Statt eines einzelnen Strings haben wir zwei aneinandergrenzende Strings verwendet.

"Jahr 1960 1970 1980 1990 "
"2000 2010 2020 2030 2040"

Aneinandergrenzende String-Literale werden vom Compiler konkateniert (aneinandergehängt). Die obige Definition ist daher äquivalent zu:

"Jahr 1960 1970 1980 1990 2000 2010 2020 2030 2040"

Mit diesem netten „Trick" können längere String-Literale so arrangiert werden, dass sie nicht die Lesbarkeit des Codes beeinträchtigen.

Die **current_year**-Linie ist die senkrechte Linie, die die empirischen Daten von den prognostizierten Daten trennt. Achten Sie besonders darauf, wie **xs** und **ys** dazu verwendet werden, die Linie korrekt zu platzieren und zu skalieren.

Mit den Achsen sind wir nun fertig. Bleiben noch die Daten. Wir definieren drei **Open_polyline**-Linienzüge und füllen diese in der Einleseschleife mit Daten:

```
Open_polyline children;
Open_polyline adults;
Open_polyline aged;

Distribution d;
while (ifs>>d) {
  if (d.year<base_year || end_year<d.year) error("ungueltiges Jahr");
  if (d.young+d.middle+d.old != 100)
    error("Prozentsaetze ergeben nicht 100");
  int x = xs(d.year);
  children.add(Point(x,ys(d.young)));
  adults.add(Point(x,ys(d.middle)));
  aged.add(Point(x,ys(d.old)));
}
```

Dank **xs** und **ys** ist die Skalierung und Platzierung der Daten ein Kinderspiel. Unterschätzen Sie nicht den positiven Effekt „kleiner Klassen" wie **Scale**. Sie können die Notation erheblich vereinfachen und unnötige Wiederholungen vermeiden – und damit die Lesbarkeit und die Korrektheit verbessern.

Um die Lesbarkeit der Grafik zu verbessern, beschriften wir die Linienzüge und weisen ihnen jeweils eigene Farben zu:

```
Text children_label(Point(20,children.point(0).y),"Alter 0-14");
children.set_color(Color::red);
children_label.set_color(Color::red);
```

```
Text adults_label(Point(20,adults.point(0).y),"Alter 15-64");
adults.set_color(Color::blue);
adults_label.set_color(Color::blue);

Text aged_label(Point(20,aged.point(0).y),"Alter 65+");
aged.set_color(Color::dark_green);
aged_label.set_color(Color::dark_green);
```

Schließlich verbinden wir die einzelnen **Shape**-Objekte mit dem Fenster (**Window**-Objekt) und starten das GUI-System (§14.2.3):

```
win.attach(children);
win.attach(adults);
win.attach(aged);

win.attach(children_label);
win.attach(adults_label);
win.attach(aged_label);

win.attach(x);
win.attach(y);
win.attach(current_year);

gui_main();
```

Der gesamte Code könnte jetzt in **main()** eingefügt werden. Wir ziehen es aber vor, die Hilfsklassen **Scale** und **Distribution** zusammen mit dem Eingabeoperator von **Distribution** außerhalb von **main()** zu definieren. Der Rest kommt wie geplant in **main()**.

Für den Fall, dass Sie vergessen haben, wie die erzeugte Grafik aussieht, zeigt ▶ Abbildung 15.15 noch einmal das Ergebnis.

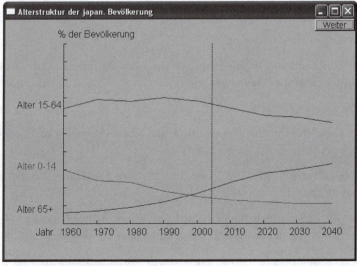

Abbildung 15.15: Altersstruktur der japanischen Bevölkerung ▶ Farbteil Seite XVI

15 Grafische Darstellung von Funktionen und Daten

Aufgaben

Aufgaben zur grafischen Darstellung von Funktionen:

1 Erstellen Sie ein leeres 600x600-**Window**-Objekt mit dem Titel „Funktionsgraphen".

2 Beachten Sie, dass Sie hierfür das FLTK installieren und ein passendes Projekt anlegen müssen (siehe Anhang D).

3 Sie müssen die Dateien *Graph.cpp* und *Window.cpp* in Ihr Projekt aufnehmen.

4 Zeichnen Sie eine *x*- und eine *y*-Achse mit einer Länge von je 400 Pixel ein. Versehen Sie die Achsen mit einer Beschriftung („1==20 Pixel") und Skalenstrichen (alle 20 Pixel). Der Schnittpunkt der Achsen sollte bei (300,300) liegen.

5 Zeichnen Sie die Achsen in roter Farbe.

Verwenden Sie in den folgenden Aufgaben für jede grafisch darzustellende Funktion ein eigenes **Shape**-Objekt:

1 Zeichnen Sie den Graphen der Funktion **double one(double x) { return 1;}** in dem Wertebereich [-10,11], wobei (0,0) bei (300,300) liegen sollte. Verwenden Sie 400 Punkte und keine Skalierung (im Fenster).

2 Überarbeiten Sie das Beispiel und skalieren Sie *x*- und *y*-Werte mit dem Faktor 20.

3 Verwenden Sie diese Einstellungen (Wertebereich, Skalierung etc.) für alle weiteren Graphen.

4 Fügen Sie der Darstellung den Graphen der Funktion **double slope(double x) { return x/2; }** hinzu.

5 Beschriften Sie die aufsteigende Gerade knapp über dem linken unteren Punkt mit dem Text „x/2".

6 Fügen Sie der Darstellung den Graphen der Funktion **double square(double x) { return x*x; }** hinzu.

7 Fügen Sie den Graphen einer Kosinusfunktion hinzu (schreiben Sie keine neue Funktion).

8 Färben Sie die Kosinusfunktion blau.

9 Schreiben Sie eine Funktion **sloping_cos()**, die die oben definierte **slope()**-Funktion mit einem Kosinus kombiniert und ins Fenster zeichnet.

Aufgaben zur Definition von Klassen:

1 Definieren Sie eine Struktur **struct Person**, die einen Namen (**name**) vom Typ **string** und ein Alter (**age**) vom Typ **int** enthält.

2 Definieren Sie eine Variable vom Typ **Person**, initialisieren Sie sie mit „Goofy" und 63 und geben Sie sie auf dem Bildschirm aus (**cout**).

3 Definieren Sie für **Person** einen Eingabe- (**>>**) und einen Ausgabeoperator (**<<**). Lesen Sie die Werte für eine **Person** von der Tastatur ein (**cin**) und geben Sie sie auf dem Bildschirm aus (**cout**).

4 Statten Sie **Person** mit einem Konstruktor aus, der die Variablen **name** und **age** initialisiert.

5 Deklarieren Sie die Daten von **Person** als **private** und stellen Sie zwei **const**-Memberfunktionen **name()** und **age()** zur Verfügung, mit denen Name und Alter abgefragt werden können.

6 Überarbeiten Sie **<<** und **>>**, damit die Operatoren zusammen mit der neu definierten **Person**-Klasse verwendet werden können.

7 Ändern Sie den Konstruktor. Er soll sicherstellen, dass das Alter zwischen [0:150) liegt und der Name keines der Zeichen ;:"'[]*&^%$#@! enthält. Im Falle eines Fehlers verwenden Sie die **error()**-Funktion. Testen Sie Ihren Code.

8 Lesen Sie mehrere **Person**-Strukturen von der Eingabe (**cin**) in einen **vector<Person>**-Container ein und geben Sie sie wieder auf dem Bildschirm aus (**cout**). Testen Sie Ihren Code mit korrekten und fehlerhaften Eingaben.

9 Ersetzen Sie in der **Person**-Repräsentation **name** durch **first_name** und **second_name**. Werden nicht Vor- und Nachname gleichzeitig angegeben, soll eine Fehlermeldung ausgegeben werden. Achten Sie darauf, die **<<**- und **>>**-Operatoren anzupassen. Testen Sie Ihren Code.

Fragen

1 Was ist eine Funktion mit einem Argument?

2 Wann verwenden Sie eine (durchgehende) Linie zur Darstellung von Daten? Wann verwenden Sie (diskrete) Punkte?

3 Welche Funktion (mathematische Formel) definiert eine Steigung?

4 Was ist eine Parabel?

5 Wie legen Sie eine x-Achse an? Eine y-Achse?

6 Was ist ein Vorgabeargument und wann würden Sie es verwenden?

7 Wie addieren Sie Funktionen?

8 Wie beschriften Sie den Graphen einer Funktion? Wie weisen Sie ihm eine Farbe zu?

9 Was meinen wir, wenn wir davon sprechen, dass eine Reihe sich einer Funktion annähert?

10 Warum empfiehlt es sich, das Layout eines Graphen kurz zu skizzieren, bevor man den Code zum Zeichnen des Graphen aufsetzt?

11 Wie skalieren Sie einen Graphen, damit die Darstellung in den Fensterbereich passt?

12 Wie skalieren Sie die Eingaben ohne Ausprobieren?

13 Warum sollten Sie Ihre Eingabe formatieren (statt die Zahlen unformatiert in der Datei aufzulisten)?

14 Wie planen Sie das allgemeine Layout eines Graphen? Wie berücksichtigen Sie diese Layout-Überlegungen in Ihrem Code?

Übungen

1 Die nachfolgende Funktionsdefinition zeigt eine weitere Möglichkeit, die Fakultät zu berechnen:

int fac(int n) { return n>1 ? n*fac(n–1) : 1; } // Fakultät n!

Diese Funktion berechnet *fac*(4), indem sie zuerst feststellt, dass 4<1 ist. Folglich muss *fac*(4) gleich 4∗*fac*(3) sein, was offensichtlich gleich 4∗3∗*fac*(2) ist, was wiederum gleich 4∗3∗2∗*fac*(1) ist, was schließlich 4∗3∗2∗1 entspricht. Probieren Sie es einfach aus. Eine Funktion, die sich selbst aufruft, wird als *rekursiv* bezeichnet. Die alternative Implementierung aus §15.5 wird auch *iterativ* genannt, weil sie (mittels **while**) über die Werte iteriert. Überprüfen Sie, ob die rekursive **fac()**-Version korrekt arbeitet und die gleichen Ergebnisse liefert wie die iterative **fac()**-Funktion. Berechnen Sie dazu mit beiden Funktionen die Fakultäten von 0 bis einschließlich 20. Welche Implementierung von **fac()** bevorzugen Sie und warum?

2 Definieren Sie eine Klasse **Fct**, die der Klasse **Function** gleicht, bis auf die Ausnahme, dass **Fct** ihre Konstruktorargumente speichert. Statten Sie **Fct** mit Reset-Operationen aus, sodass Sie diese Funktion für verschiedene Wertebereiche, verschiedene Funktionen usw. verwenden können.

3 Lassen Sie **Fct** aus der vorherigen Übung ein zusätzliches Argument übernehmen, das die Genauigkeit oder irgendeine andere Eigenschaft kontrolliert. Um die Klasse noch flexibler zu machen, definieren Sie den Typ dieses Arguments als Template-Parameter.

4 Zeichnen Sie die Sinusfunktion (**sin()**), die Kosinusfunktion (**cos()**), die Summe beider Funktionen (**sin(x)+cos(x)**) und die Summe der Quadrate dieser Funktionen (**sin(x)*sin(x)+cos(x)*cos(x)**) in einer einzigen Grafik. Fügen Sie Achsen und Beschriftungen hinzu.

5 „Animieren" Sie (wie in §15.5) die Reihe 1−1/3+1/5−1/7+1/9−1/11+... Es handelt sich hierbei um die sogenannte Leibniz-Reihe, die gegen Π/4 konvergiert.

6 Entwerfen und implementieren Sie eine Klasse für ein Balkendiagramm. Ausgangsdaten sind ein **vector<double>**, der *N* Werte enthält. Jeder Wert sollte als ein Balken, d.h. als ein Rechteck, repräsentiert werden, dessen Höhe den Wert darstellt.

7 Verfeinern Sie die Balkendiagramm-Klasse, sodass sich das Diagramm und die einzelnen Balken beschriften lassen. Erlauben Sie die Zuweisung von Farbe.

8 Folgende Wertepaare geben die Körpergröße in Zentimeter (aufgerundet auf die nächsten 5 cm) und die Anzahl der Personen dieser Körpergröße an: (170,7), (175,9), (180,23), (185,17), (190,6), (195,1). Wie würden Sie diese Daten grafisch darstellen? Wenn Ihnen nichts Besseres einfällt, erstellen Sie ein Balkendiagramm. Fügen Sie Achsen und Beschriftungen hinzu. Speichern Sie die Daten in einer Datei und lesen Sie sie von dieser Datei ein.

9 Suchen Sie nach weiteren Datensammlungen zur Körpergröße (Hinweis: ein Inch ist 2,54 cm) und bereiten Sie auch diese mit dem Programm der vorhergehenden Übung grafisch auf. Suchen Sie im Web zum Beispiel nach „Größenverteilung" oder „height of people in the United States" (und ignorieren Sie die vielen für Sie nutzlosen Treffer) oder befragen Sie Ihre Freunde nach ihrer Größe. Im Idealfall können Sie die neuen Daten anzeigen, ohne dass Sie dazu irgendeine Änderung an Ihrem Code vornehmen müssen. Entscheidend ist dabei vor allem die Berechnung der Skalierungsfaktoren auf der Basis der anzuzeigenden Daten. Aber auch das Einlesen der Beschriftungen aus der Eingabe erleichtert die Wiederverwertung.

10 Welche Art von Daten ist nicht geeignet für ein Linien- oder ein Balkendiagramm? Nennen Sie ein Beispiel und beschreiben Sie eine Möglichkeit, diese Daten anzuzeigen (z.B. als eine Sammlung von beschrifteten Punkten).

11 Ermitteln Sie die maximalen Durchschnittstemperaturen für jeden Monat eines Jahres für zwei oder mehrere Orte (z.B. Cambridge in England und Cambridge in Massachusetts – es gibt viele Orte namens „Cambridge"). Stellen Sie sie alle zusammen grafisch dar. Achten Sie dabei auf die Achsen, Beschriftungen, Verwendung von Farben etc.

Schlüsselbegriffe

Approximation	Funktion	Vorgabeargument
Bildschirm-Layout	Skalierung	

Ein persönlicher Hinweis

Die grafische Darstellung von Daten ist von großer Bedeutung. Gut konzipierte Diagramme sind eben viel einfacher zu verstehen als die reinen Zahlen, die den Diagrammen zugrunde liegen. Die meisten Programmierer, die Graphen zeichnen müssen, benutzen dazu fremden Code – meist in Form einer Bibliothek. Doch wie sind solche Bibliotheken aufgebaut und was machen Sie, wenn Sie gerade keine Bibliothek zur Hand haben? Welche fundamentalen Ideen liegen einem einfachen Grafik-Tool zugrunde? Jetzt wissen Sie: Es bedarf weder Magie noch komplizierter Kopfgeburten. Im Rahmen dieses Buches haben wir uns auf zweidimensionale Grafiken beschränkt. Dreidimensionale Grafiken sind für Wissenschaft, Technik, Wirtschaft etc. aber ebenfalls von großer Bedeutung und können sogar noch mehr Spaß machen. Probieren Sie es aus!

Grafische Benutzerschnittstellen

16

16.1	**Verschiedene Benutzerschnittstellen**...........	550
16.2	**Die Schaltfläche Weiter**........................	551
16.3	**Ein einfaches Fenster**.........................	552
	16.3.1 Eine Callback-Funktion...................	554
	16.3.2 Eine Warteschleife.......................	557
16.4	**Schaltflächen und andere Widgets**.............	558
	16.4.1 Widgets................................	558
	16.4.2 Schaltflächen...........................	560
	16.4.3 In_box und Out_box.....................	560
	16.4.4 Menüs..................................	561
16.5	**Ein Beispiel**..................................	562
16.6	**Umkehrung der Steuerung**.....................	565
16.7	**Ein Menü hinzufügen**..........................	567
16.8	**GUI-Code debuggen**...........................	571

ÜBERBLICK

16 Grafische Benutzerschnittstellen

„In der Informatik geht es nicht mehr nur um Computer, sie durchdringt unser ganzes Leben."

– Nicholas Negroponte

Als „Graphical User Interface" oder GUI bezeichnet man die grafischen Benutzerschnittstellen, über die der Benutzer mit einem Programm interagieren kann und die es ihm erlauben, Schaltflächen zu drücken, Menübefehle auszuwählen, auf verschiedene Art Daten einzugeben und Text oder Grafik auf dem Bildschirm anzuzeigen – all die Aktionen also, die wir von unserer täglichen Arbeit mit Computern und Websites her kennen. Dieses Kapitel behandelt die Grundlagen der Definition und Steuerung von GUI-Anwendungen. Insbesondere zeigen wir Ihnen, wie Code aussieht, der über Callbacks mit den Elementen auf dem Bildschirm interagiert. Die GUI-Bausteine, die wir dabei verwenden, setzen auf existierenden Systembausteinen auf. Auf die zum Einsatz kommenden Low-Level-Features und -Schnittstellen gehen wir hier nicht näher ein, da dies Kenntnisse der in Kapitel 17 und 18 beschriebenen Techniken voraussetzen würde; sie werden in Anhang E erläutert.

16.1 Verschiedene Benutzerschnittstellen

Jedes Programm hat eine Benutzerschnittstelle. Programme, die auf kleinen Geräten laufen, besitzen vielleicht nur einige wenige Tasten für die Eingabe und ein Blinklicht als Ausgabe. Andere Computer sind nur durch ein Kabel mit der Außenwelt verbunden. Wir wollen hier jedoch von dem Normalfall ausgehen, dass das Programm mit einem Benutzer kommuniziert, der einen Bildschirm beobachtet und eine Tastatur sowie ein Zeigegerät (wie eine Maus) verwendet. In einem solchen Fall stehen uns als Programmierer im Großen und Ganzen drei Benutzerschnittstellen zur Auswahl:

- *Konsolenein- und -ausgabe*: Diese Variante bietet sich vor allem für Programme an, die für professionelle Zwecke, speziell im technischen Umfeld genutzt werden und deren Eingabe einfach und textbasiert ist (meist bestehend aus Befehlen und kurzen Datenelementen wie Dateinamen oder einfachen Werten). Besteht die Ausgabe aus Text, können wir sie auf dem Bildschirm anzeigen oder in Dateien speichern. Die **iostream**-Streams der C++-Standardbibliothek (Kapitel 10–11) stellen hierfür passende Mechanismen zur Verfügung. Wird eine grafische Ausgabe benötigt, können wir eine passende Grafikbibliothek verwenden (wie in den Kapiteln 12–15 gezeigt), ohne dass wir dazu unser Programmdesign allzu sehr umstellen müssen.

- *Grafische Benutzerschnittstellen (GUIs)*: Wenn unsere Benutzerschnittstelle so konzipiert sein soll, dass der Benutzer die Objekte auf dem Bildschirm „direkt manipulieren kann" (durch Zeigen, Klicken, Ziehen und Loslassen, Darüberfahren usw.), verwenden wir eine GUI-Bibliothek. Meistens, aber nicht notwendigerweise, werden die Ausgaben dieser Programme dann auch überwiegend grafisch aufbereitet und angezeigt. Jeder, der schon einmal mit modernen Computern gearbeitet hat, kennt Beispiele für Programme, die von einem solchen GUI-Design profitieren. Und jeder, der seine Programme an das „Look&Feel" von Windows-/Mac-Anwendungen anpassen will, muss sich für ein solches GUI-Design entscheiden.

- *Webbrowser-Schnittstelle*: Hierfür benötigen wir eine Markup-Sprache (Layout-Sprache) wie HTML sowie normalerweise eine Skriptsprache. Leider können wir im Rahmen dieses Buches nicht näher auf diese Variante eingehen, aber sie eignet sich oft optimal für Anwendungen mit Zugriff über ein Netzwerk. In solchen Fällen erfolgt die Kommunikation zwischen dem Programm und dem Bildschirm wiederum textbasiert (über Zeichenstreams). Dem Browser – der selbst eine GUI-Anwendung ist – kommt dabei die Aufgabe zu, einerseits den vom Programm kommenden Text soweit nötig in grafische Elemente zu übersetzen und andererseits die Mausklicks und anderen Benutzeraktionen in Textdaten umzuwandeln, die wieder an das Programm zurückgesendet werden können.

> **Tipp**
>
> Für viele ist die Verwendung von grafischen Benutzerschnittstellen das A und O der modernen Programmierung und bisweilen wird die Interaktion mit Objekten auf dem Bildschirm als Hauptaufgabe der Programmierung betrachtet. Wir sind da anderer Ansicht: GUI ist eine Form der Ein-/Ausgabe, und die Trennung der Ein-/Ausgabe von der Logik einer Anwendung ist eines der Hauptziele in der Softwareentwicklung. Wo immer möglich, bevorzugen wir eine saubere Schnittstelle zwischen unserer Programmlogik und den Teilen des Programms, die für die Ein- und Ausgabe zuständig sind. Diese Trennung erlaubt es uns, die Art und Weise, wie sich das Programm dem Benutzer präsentiert, bei Bedarf zu verändern oder auszutauschen, unsere Programme auf verschiedene Ein-/Ausgabesysteme zu portieren und – was am wichtigsten ist – Programmlogik und Benutzerschnittstelle getrennt zu betrachten und zu bearbeiten.

Gleichwohl sind grafische Benutzerschnittstellen aus mehreren Gründen wichtig und interessant. Dieses Kapitel beschreibt, wie wir grafische Elemente in unsere Anwendungen einbauen und wie wir vermeiden können, dass Schnittstellenprobleme unser ganzes Denken beherrschen.

16.2 Die Schaltfläche Weiter

Wie haben wir die WEITER-Schaltfläche eingerichtet, mit der wir die Grafikbeispiele in den Kapiteln 12–15 steuerten? Zur Erinnerung: Die Fenster für unsere Grafikausgaben verfügten bereits über eine Schaltfläche und damit über eine erste, rudimentäre GUI-Schnittstelle. Der eine oder andere Leser wird jetzt vielleicht einwenden, dass man in diesem Fall eigentlich nicht von einer „echten GUI" sprechen kann. Dennoch wollen wir im Folgenden genauer untersuchen, wie wir bei der Einrichtung dieser Schaltfläche vorgegangen sind, weil uns dies auf direktem Weg zu der Art von Programmierung führt, die gemeinhin als GUI-Programmierung bezeichnet wird.

Unser Code in den Kapiteln 12–15 und speziell das Beispiel zur Approximation der Exponentialfunktion wies grundsätzlich folgende Struktur auf:

```
// erzeuge Objekte und/oder manipuliere Objekte, zeige sie im Fenster win an:
win.wait_for_button();
```

```
// erzeuge Objekte und/oder manipuliere Objekte, zeige sie im Fenster win an:
win.wait_for_button();
```

```
// erzeuge Objekte und/oder manipuliere Objekte, zeige sie im Fenster win an:
win.wait_for_button();
```

Jedes Mal, wenn wir **wait_for_button**() erreicht haben, können wir unsere Objekte auf dem Bildschirm betrachten, bis wir durch Drücken der Schaltfläche zur Ausgabe des nächsten Programmteils wechseln bzw. das Programm verlassen. Hinsichtlich der Programmlogik besteht dabei kein Unterschied zu einem Programm, das Zeilen auf einem Bildschirm (Konsolenfenster) ausgibt und ab und zu anhält, um Eingaben von der Tastatur entgegenzunehmen:

// definiere Variablen und/oder berechne Werte, erzeuge eine Ausgabe
cin >> **var**; // auf Eingabe warten

// definiere Variablen und/oder berechne Werte, erzeuge eine Ausgabe
cin >> **var**; // auf Eingabe warten

// definiere Variablen und/oder berechne Werte, erzeuge eine Ausgabe
cin >> **var**; // auf Eingabe warten

Die Gemeinsamkeiten enden allerdings, wenn man sich das Verhalten und die zugrunde liegende Implementierung der beiden Programmtypen ansieht. Wenn Ihr Programm **cin>>var** ausführt, hält es an und wartet darauf, dass „das System" die von Ihnen eingegebenen Zeichen zurückliefert. Dagegen arbeitet das System (das GUI-System), das sich um Ihren Bildschirm kümmert und die vom Benutzer bewegte Maus verfolgt, nach einem ganz anderen Prinzip: Es verfolgt, wo sich die Maus befindet und was der Benutzer mit der Maus macht (klicken usw.). Will Ihr Programm eine Aktion auslösen, muss es

- der GUI mitteilen, nach welchen Aktionen sie Ausschau halten soll (z.B. „Irgendjemand hat die WEITER-Schaltfläche geklickt");
- für jede dieser Aktionen festlegen, was getan werden soll, wenn der Benutzer sie ausführt;
- warten, bis die GUI eine dieser Aktionen, an denen das Programm interessiert ist, detektiert.

Der Unterschied ist, dass die GUI nicht einfach zu unserem Programm zurückkehrt. Sie ist so ausgelegt, dass sie auf unterschiedliche Benutzeraktionen – wie das Anklicken einer der vielen Schaltflächen, Größenänderungen des Fensters, Neuzeichnen des Fensters, nachdem es durch ein anderes verdeckt wurde, oder das Aufklappen von Pop-up-Menüs – unterschiedlich reagiert.

Vereinfacht ausgedrückt, möchten wir der GUI mitteilen: „Bitte weck mich auf, wenn jemand meine Schaltfläche anklickt", oder um es etwas ausführlicher zu formulieren: „Bitte fahre mit der Ausführung meines Programms fort, bis jemand die Maustaste klickt, während sich der Mauszeiger in dem rechteckigen Bereich befindet, in dem das Bild meiner Schaltfläche angezeigt wird." Das ist die einfachste Aktion, die uns einfiel. Allerdings wird eine solche Operation nicht „vom System" bereitgestellt, sodass wir sie selbst geschrieben haben. Nachzuvollziehen, wie wir dabei vorgegangen sind, bedeutet, die erste Stufe zum Verständnis der GUI-Programmierung zu nehmen.

16.3 Ein einfaches Fenster

„Das System" (eine Kombination aus GUI-Bibliothek und Betriebssystem) verfolgt mehr oder weniger kontinuierlich, wo sich die Maus befindet und ob eine ihrer Tasten gedrückt wurde. Ein Programm kann Interesse an einem bestimmten Bereich auf dem Bildschirm bekunden und „das System" anweisen, jedes Mal, wenn „etwas Interessantes" in diesem Bereich passiert, eine bestimmte Funktion aufzurufen. In unserem Fall fordern wir das System auf, eine unserer Funktionen (eine sogenannte „Rückruf"- oder Callback-Funktion) aufzurufen, wenn die Maustaste auf unserer Schaltfläche geklickt wird. Dazu müssen wir

- die Schaltfläche definieren;
- die Schaltfläche anzeigen lassen;
- eine Funktion definieren, die von der GUI aufgerufen werden kann;
- die GUI über die Schaltfläche und die Funktion informieren;
- darauf warten, dass die GUI unsere Funktion aufruft.

Und genau das wollen wir jetzt tun. Eine Schaltfläche ist Teil eines Fensters (**Window**), sodass wir (in *Simple_window.h*) unsere Klasse **Simple_window** mit einem Member **next_button** definiert haben:

```
struct Simple_window : Graph_lib::Window {
  Simple_window(Point xy, int w, int h, const string& title );

  void wait_for_button();   // einfache Ereignisschleife
private:
  Button next_button;       // die "Weiter"-Schaltfläche
  bool button_pushed;       // Implementierungsdetails

  static void cb_next(Address, Address);  // Callback für next_button
  void next();              // Aktion, die ausgeführt werden soll, wenn next_button gedrückt
                            // wurde
};
```

An der ersten Zeile erkennen wir, dass **Simple_window** von **Window** (Namensbereich **Graph_lib**) abgeleitet ist. Alle unsere Fenster müssen direkt oder indirekt von **Graph_lib::Window** abgeleitet werden, weil diese Klasse (unter Vermittlung des FLTK) unsere Vorstellung eines Fensters mit der Fensterimplementierung des Systems verbindet. Ausführlichere Informationen zur Implementierung von **Window** finden Sie in §E.3.

Unsere Schaltfläche wird im Konstruktor von **Simple_window** initialisiert:

```
Simple_window::Simple_window(Point xy, int w, int h, const string& title)
  :Window(xy,w,h,title),
  next_button(Point(x_max()–70,0), 70, 20, "Weiter", cb_next),
  button_pushed(false)
{
  attach(next_button);
}
```

Es dürfte niemanden überraschen, dass **Simple_window** seine Position (**xy**), Größe (**w,h**) und seinen Titel (**title**) zur Verarbeitung an **Graph_lib::Window** weiterleitet. Als Nächstes initialisiert der Konstruktor die Memberfunktion **next_button** mit einer Position (**Point(x_max()-70,0)** – entspricht in etwa der oberen rechten Ecke), einer Größe (**70,20**) einem Titel (**"Weiter"**) und einer Callback-Funktion (**cb_next**). Die ersten vier Parameter entsprechen genau denen eines **Window**-Objekts: Wir positionieren eine rechteckige Form auf dem Bildschirm und versehen sie mit einem Titel.

Zum Schluss verbinden wir mit **attach()** unsere Callback-Funktion **next_button** mit unserem **Simple_window**; d.h., wir teilen dem Fenster mit, dass es die Schaltfläche an der angegebenen Position anzeigen soll, und stellen sicher, dass das GUI-System über die Schaltfläche informiert ist.

Der Member **button_pushed** ist ein ziemlich obskures Implementierungsdetail, in dem wir festhalten, ob die Schaltfläche seit der letzten Ausführung von **next()** gedrückt wurde. Genau genommen zählt fast alles, was mit der Schaltfläche zu tun hat, zu den Implementierungsdetails und wird somit als **private** deklariert. Wenn wir die Implementierungsdetails einmal außer Acht lassen, lautet der restliche Code:

```
struct Simple_window : Graph_lib::Window {
  Simple_window(Point xy, int w, int h, const string& title );

  wait_for_button();   // einfache Ereignisschleife

  // ...
};
```

Das bedeutet, ein Benutzer kann ein Fenster erstellen und darauf warten, dass dessen Schaltfläche gedrückt wird.

16.3.1 Eine Callback-Funktion

Neu und interessant an obiger Definition ist vor allem die Funktion **cb_next()**, die vom GUI-System aufgerufen werden soll, wenn die GUI feststellt, dass unsere Schaltfläche angeklickt wurde. Funktionen, die wie **cb_next()** an die GUI übergeben werden, damit die GUI uns „zurückrufen" (*call back*) kann, werden im Allgemeinen als *Callback*-Funktion bezeichnet. Um anzuzeigen, dass es sich bei **cb_next()** um eine solche Callback-Funktion handelt, haben wir das Präfix **cb_** in den Namen aufgenommen. Diese Namenskonvention wird weder von der Programmiersprache noch der Bibliothek vorgeschrieben; sie wurde von uns eingeführt, um das Lesen des Codes zu erleichtern. (Ein Blick auf den Namen **cb_next** verrät jetzt, dass es sich um die Callback-Funktion für die WEITER-Schaltfläche **next_button** handelt.)

Jetzt wäre es eigentlich an der Zeit, uns die Definition von **cb_next** anzusehen (im Übrigen ein typisches Beispiel für unschönen „Boilerplate"-Code – d.h. Code, der üblicherweise an mehreren Stellen des Programms in nahezu identischer Form vorkommt). Zuvor wollen wir aber noch überlegen, was eigentlich passiert, wenn der Benutzer auf unsere Schaltfläche klickt (siehe ▶ Abbildung 16.1).

Unser Programm setzt auf einem ganzen Stapel von Code-„Schichten" auf. Es greift auf unsere Grafikbibliothek zu, die wir mithilfe der FLTK-Bibliothek implementiert haben, die wiederum auf diverse Betriebssystemkomponenten zurückgreift (je nach System können durchaus noch weitere Schichten und Unterschichten unterschieden werden). Unser Ziel ist, dass ein Klick, der von dem Gerätetreiber der Maus entdeckt wird, den Aufruf unserer Funktion **cb_next()** auslöst. Dazu reichen wir die Adressen von **cb_next()** und unserem **Simple_window**-Fenster durch die diversen Softwareschichten nach unten; irgendein Code „da unten" ruft dann **cb_next()** auf, wenn die Schaltfläche WEITER gedrückt wird.

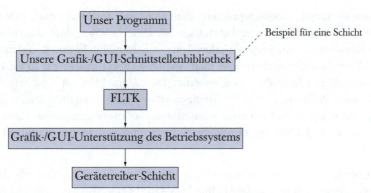

Abbildung 16.1: Die Hierarchie der verschiedenen Code-Schichten

Das GUI-System (und das Betriebssystem) kann von Programmen verwendet werden, die in ganz verschiedenen Programmiersprachen geschrieben wurden. Es kann seinen Benutzern daher unmöglich vorschreiben, sich für die Kommunikation irgendeines gehobenen C++-Stils zu bedienen. Vor allem aber weiß das GUI-System nichts von unserer Klasse **Simple_window** oder unserer Klasse **Button**. Genau genommen weiß es nicht einmal, was Klassen oder Memberfunktionen sind. Der Typ einer Callback-Funktion muss daher so beschaffen sein, dass die Funktion auch mit den Techniken der niedrigsten Programmierebene, und dies schließt C und Assembler ein, verwendet werden kann. Aus diesem Grund liefert eine Callback-Funktion keinen Wert zurück und übernimmt als Argumente zwei Adressen. Wir können eine C++-Memberfunktion, die diesen Regeln entspricht, wie folgt deklarieren:

static void cb_next(Address, Address); // Callback für next_button

Das Schlüsselwort **static** stellt hier sicher, dass **cb_next()** als gewöhnliche Funktion aufgerufen werden kann (statt als C++-Memberfunktion für ein spezifisches Objekt). Natürlich wäre es angenehmer, wenn das System eine richtige C++-Memberfunktion aufrufen könnte. Doch wie gesagt: Die Callback-Schnittstelle muss viele verschiedene Programmiersprachen berücksichtigen, sodass wir uns mit dem begnügen müssen, was uns als kleinster gemeinsamer Nenner angeboten wird – in diesem Fall eine **static**-Memberfunktion. Die **Address**-Parameter zeigen an, dass **cb_next()** Argumente übernimmt, bei denen es sich um Adressen von „irgendetwas im Speicher" handelt. C++-Referenzen sind in den meisten Sprachen nicht bekannt, sodass wir diese hier nicht verwenden können. Auch erfährt der Compiler nichts darüber, von welchen Typen die Speicherobjekte, auf die die Adressen verweisen, eigentlich sind. Mit einem Wort: Wir bewegen uns hier dicht über der Hardwareebene und können nicht auf die gewohnte Hilfe vonseiten der Programmiersprache hoffen. Wenn „das System" die Callback-Funktion aufruft, übergibt sie als erstes Argument die Adresse der GUI-Komponente („**Widget**"), für die der Callback ausgelöst wurde. Da wir dieses erste Argument nicht verwenden, sparen wir uns die Mühe, dafür einen Namen zu suchen. Das zweite Argument ist die Adresse des Fensters, das das **Widget** enthält (für **cb_next()** ist das unser **Simple_window**-Fenster). Diese Information können wir folgendermaßen nutzen:

void Simple_window::cb_next(Address, Address pw)
// ruft Simple_window::next() für das Fenster an der Adresse pw auf
{
  reference_to<Simple_window>(pw).next();
}

Die Zeile reference_to<Simple_window>(pw) teilt dem Compiler mit, dass die Adresse in **pw** als die Adresse eines **Simple_window**-Objekt zu betrachten ist. Das bedeutet, dass wir **reference_to<Simple_window>(pw)** als Referenz auf ein **Simple_window**-Fenster verwenden können. In den Kapiteln 17 und 18 werden wir näher darauf eingehen, wie man Speicher direkt anspricht. In §E.1 stellen wir die (dann leicht verständliche) Definition von **reference_to** vor. Im Moment sind wir damit zufrieden, dass wir endlich eine Referenz auf unser **Simple_window**-Fenster erhalten haben, sodass wir ganz nach Gutdünken und wie gewohnt auf unsere Daten und Funktionen zugreifen können. Zum Schluss verlassen wir diesen systemabhängigen Code durch Aufruf unserer Memberfunktion **next()** so schnell wie möglich.

Tipp Wir hätten in **cb_next()** allen auszuführenden Code unterbringen können, aber wie die meisten guten GUI-Programmierer ziehen wir es vor, hässlichen Low-Level-Code von unserem viel übersichtlicheren Benutzercode getrennt zu halten. Aus diesem Grund verwenden wir für einen Callback zwei Funktionen:

- **cb_next()** bildet einfach die Systemkonventionen für einen Callback auf den Aufruf einer normalen Memberfunktion (**next()**) ab.
- **next()** führt dann die gewünschte Aktion aus (ohne dass diese Funktion irgendetwas über die hässlichen Konventionen von Callbacks wissen muss).

Tipp Der Hauptgrund für die Verwendung von zwei Funktionen ist der allgemeine Grundsatz, dass „eine Funktion immer nur eine logische Aktion ausführen sollte": **cb_next()** bringt uns aus dem systemabhängigen Low-Level-Teil des Systems heraus und **next()** führt die gewünschte Aktion aus. Immer wenn wir einen Callback (vom „System") an eines unserer Fenster benötigen, definieren wir ein solches Funktionenpaar (siehe z.B. §16.5–§16.7). Bevor wir fortfahren, wollen wir die Zusammenhänge noch einmal kurz zusammenfassen:

- Wir definieren unsere Klasse **Simple_window**.
- Der Konstruktor von **Simple_window** registriert seinen Member **next_button** beim GUI-System.
- Wenn der Benutzer das Bild von **next_button** auf dem Bildschirm anklickt, ruft die GUI **cb_next()** auf.
- **cb_next()** wandelt die Low-Level-Systeminformationen in einen Aufruf unserer Memberfunktion **next()** für unser Fenster um.
- **next()** führt dann die Aktion aus, mit der wir auf das Anklicken der Schaltfläche reagieren wollen.

Das ist ein ziemlich umständlicher Weg, um eine Funktion aufzurufen. Doch denken Sie daran, dass es hier nicht allein um einen Funktionsaufruf geht, sondern darum, wie man ein Programm über die Aktionen einer Maus (oder eines anderen Hardwaregeräts) informieren kann. Dabei gilt Folgendes zu berücksichtigen:

- Normalerweise laufen mehrere Programme gleichzeitig.
- Das Programm wird lange nach dem Betriebssystem geschrieben.
- Das Programm wird lange nach der GUI-Bibliothek geschrieben.
- Das Programm kann in einer Programmiersprache geschrieben sein, die nicht identisch zu der des Betriebssystems sein muss.

- Die Technik eignet sich für eine ganze Reihe von Interaktionen (nicht nur das Anklicken unserer kleinen Schaltfläche).
- Ein Fenster kann mehrere Schaltflächen aufweisen und ein Programm mehrere Fenster.

Haben wir jedoch erst einmal verstanden, wie **next()** aufgerufen wird, wird uns wahrscheinlich keine Aktion in Programmen mit GUI-Schnittstelle mehr Schwierigkeiten bereiten.

16.3.2 Eine Warteschleife

Jetzt stellt sich nur noch die Frage, welche Aktion wir mit der Memberfunktion **next()** der Klasse **Simple_window** ausführen wollen, wenn die Schaltfläche „gedrückt" wird? Grundsätzlich hätten wir gerne eine Operation, die die Ausführung unseres Programms an einer bestimmten Stelle anhält – sodass wir uns in Ruhe ansehen können, was sich bis dahin getan hat – und wir möchten **next()** dazu benutzen, die Programmausführung wieder anzustoßen:

```
// erzeuge Objekte und/oder manipuliere Objekte, zeige sie im Fenster win an
win.wait_for_button();   // next() sorgt dafür, dass das Programm weiter ausgeführt
                         // wird
// erzeuge Objekte und/oder manipuliere Objekte
```

Tatsächlich ist dies gar nicht so schwer zu implementieren. Zuerst definieren wir **wait_for_button()**:

```
void Simple_window::wait_for_button()
    // geänderte Ereignisschleife:
    // behandelt alle Ereignisse (wie standardmäßig vorgesehen); wird verlassen,
    // wenn button_pushed gleich true ist
    // dies erlaubt Grafiken ohne Umkehrung der Steuerung
{

    while (!button_pushed) Fl::wait();
    button_pushed = false;
    Fl::redraw();
}
```

Wie in den meisten GUI-Systemen gibt es auch in der FLTK-Bibliothek eine Funktion, die ein Programm so lange anhält, bis etwas passiert, das für das Programm von Relevanz ist. Die FLTK-Version dieser Funktion heißt **wait()** und sie leistet weit mehr, als auf den ersten Blick ersichtlich ist. Ein GUI-Programm, das unter Microsoft Windows ausgeführt wird, ist zum Beispiel dafür verantwortlich, seine Fenster neu zu zeichnen, wenn diese verschoben werden oder wieder zum Vorschein kommen, nachdem sie zuvor durch andere Fenster verdeckt waren. Außerdem ist das **Window**-Objekt für das Neuzeichnen nach Größenänderungen zuständig. Die Funktion **Fl::wait()** sorgt dafür, dass alle diese Aufgaben in der erwarteten Weise erledigt werden. Und jedes Mal, wenn **wait()** eine dieser Aufgaben erledigt hat, kehrt sie zurück, um unserem Code eine Chance zu geben, selbst aktiv zu werden.

Wenn also jemand unsere Schaltfläche WEITER anklickt, ruft **wait()** die Callback-Funktion **cb_next()** auf und kehrt zurück (zu unserer „Warteschleife"). Um mit dem Code in **wait_for_button()** fortzufahren, muss **next()** nur die boolesche Variable **button_pushed** auf **true** setzen. Das ist nicht schwer:

```
void Simple_window::next()
{
  button_pushed = true;
}
```

Natürlich müssen wir **button_pushed** auch irgendwo definieren:

bool button_pushed = false;

Nachdem das Warten beendet wurde, muss **wait_for_button**() die Variable **button_pushed** zurücksetzen und mit **redraw**() das Fenster neu zeichnen, um sicherzustellen, dass alle von uns vorgenommenen Änderungen auch auf dem Bildschirm angezeigt werden.

16.4 Schaltflächen und andere Widgets

Die Definition einer Schaltfläche (*button*) sieht folgendermaßen aus:

```
struct Button : Widget {
  Button(Point xy, int w, int h, const string& label, Callback cb);
  void attach(Window&);
};
```

Ein **Button** ist also ein **Widget** mit einer Position (**xy**), einer Größe (**w,h**), einem Textfeld (**label**) und einer Callback-Funktion (**cb**). Mehr oder weniger alles, was auf dem Bildschirm angezeigt wird und mit einer Aktion (z.B. einem Callback) verbunden ist, ist ein **Widget**.

16.4.1 Widgets

Ja, *Widget* ist ein Fachbegriff. Eine etwas aussagekräftigere und vor allem im deutschen Sprachgebrauch verbreitete Bezeichnung für Widget ist *Steuerelement* (*control*). Wir verwenden Widgets, um verschiedene Formen der Interaktionen mit einem Programm über eine grafische Benutzerschnittstelle zu definieren. Unsere **Widget**-Schnittstellenklasse sieht folgendermaßen aus:

```
class Widget {
  // Widget ist ein Handle auf ein Fl_widget — es ist *kein* Fl_widget
  // wir versuchen, unsere Schnittstellenklassen möglichst unabhängig von der FLTK zu halten
public:
  Widget(Point xy, int w, int h, const string& s, Callback cb);

  virtual void move(int dx,int dy);
  virtual void hide();
  virtual void show();
  virtual void attach(Window&) = 0;

  Point loc;
  int width;
  int height;
  string label;
  Callback do_it;
```

```
protected:
  Window* own;      // jedes Widget gehört zu einem Window
  Fl_Widget* pw;    // Verbindung zu dem FLTK-Widget
};
```

Widget verfügt über zwei interessante Funktionen, die wir für **Button** verwenden können (sowie für alle anderen Klassen, die von **Widget** abgeleitet sind, z.B. **Menu**, siehe §16.7):

- **hide()** macht das **Widget** unsichtbar.
- **show()** macht das **Widget** wieder sichtbar.

Am Anfang ist ein **Widget** sichtbar.

Wie die Formen (**Shape**-Objekt) aus den vorangehenden Kapiteln können auch Widgets in ihrem Fenster (**Window**) mit **move()** verschoben werden. Und wie die Formen müssen wir auch die Widgets mit **attach()** an ein Fenster koppeln, bevor wir sie verwenden können. Beachten Sie dabei, dass **attach()** als rein virtuelle Funktion (§14.3.5) deklariert ist: Jede Klasse, die von **Widget** abgeleitet wird, muss selbst definieren, was es für sie bedeutet, mit einem **Window** verbunden zu werden. (Dazu gehört unter anderem auch die Erzeugung des zugrunde liegenden Systemebenen-Widgets.) Die **attach()**-Funktionen der Widgets werden von **Window** im Zuge seiner eigenen **attach()**-Implementierung aufgerufen. Die Herstellung einer Verbindung zwischen einem Fenster und einem Widget ist daher relativ heikel und beide Seiten müssen ihren Teil beitragen. Am Ende kennt jedes Fenster seine Widgets und jedes Widget sein Fenster (siehe ▶ Abbildung 16.2).

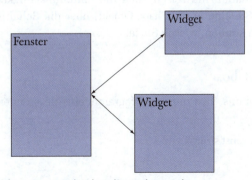

Abbildung 16.2: Das Zusammenspiel von Fenster und Widgets (Steuerelementen)

Beachten Sie, dass ein Fenster nicht weiß, mit welchen Arten von Widgets es zu tun hat. Wie in §14.4–5 beschrieben, verwenden wir grundlegende objektorientierte Programmiertechniken, um sicherzustellen, dass ein Fenster mit jeder Art Widget fertig wird. Ebenso wenig weiß ein Widget, mit welcher Art Fenster es verbunden wird.

Wir sind etwas nachlässig geworden und haben unsere Membervariablen nicht vor fremdem Zugriff geschützt. Lediglich die Member **own** und **pw**, die ausschließlich der Implementierung von abgeleiteten Klassen dienen, haben wir als **protected** deklariert.

Die Definitionen von **Widget** und der von uns hier verwendeten Widgets (**Button**, **Menu** usw.) finden Sie in *GUI.h*.

16.4.2 Schaltflächen

Die Schaltfläche (**Button**) ist das einfachste **Widget**, mit dem wir es zu tun haben. Ihre Aufgabe ist es, eine Callback-Funktion aufzurufen, wenn sie vom Benutzer angeklickt wird:

```
class Button : public Widget {
public:
   Button(Point xy, int ww, int hh, const string& s, Callback cb)
     :Widget(xy,ww,hh,s,cb) { }

   void attach(Window& win);
};
```

Das ist schon alles. Der (relativ) hässliche FLTK-Code ist in der **attach**()-Funktion verborgen. Die Erläuterungen dazu haben wir in den Anhang E verbannt (der jedoch erst im Anschluss an die Kapitel 17 und 18 gelesen werden sollte). Im Moment merken Sie sich einfach, dass die Definition eines einfachen Widgets nicht besonders schwer ist.

Tipp Auf die visuelle Darstellung der Schaltflächen (und anderer Widgets) auf dem Bildschirm wollen wir hier nicht näher eingehen. Das Thema ist recht kompliziert und zudem äußerst unübersichtlich, da es einerseits nahezu unendlich viele Möglichkeiten gibt und andererseits die meisten Systeme ihre jeweils eigenen Stile vorschreiben (oder empfehlen). Außerdem gibt es aus der Implementierung des visuellen Erscheinungsbildes für uns nichts wirklich Neues zu lernen. Leser, die jetzt vielleicht enttäuscht sind, möchten wir darauf hinweisen, dass die Funktionsfähigkeit einer Schaltfläche nicht beeinträchtigt wird, wenn Sie eine Form (**Shape**-Objekt) über die Schaltfläche legen – und wie Sie eine Form beliebig gestalten können, wissen Sie ja.

16.4.3 In_box und Out_box

Zwei weitere Widgets helfen uns, Text in unser Programm einzulesen oder auszugeben:

```
struct In_box : Widget {
   In_box(Point xy, int w, int h, const string& s)
     :Widget(xy,w,h,s,0) { }
   int get_int();
   string get_string();

   void attach(Window& win);
};

struct Out_box : Widget {
   Out_box(Point xy, int w, int h, const string& s)
     :Widget(xy,w,h,s,0) { }
   void put(int);
   void put(const string&);

   void attach(Window& win);
};
```

16.4 Schaltflächen und andere Widgets

Ein **In_box**-Widget akzeptiert Texteingaben, die wir als String (mit **get_string**()) oder als Integer-Wert (mit **get_int**()) einlesen können. Wenn Sie wissen wollen, ob überhaupt Text eingegeben wurde, können Sie den Inhalt des Eingabefelds mit **get_string**() einlesen und prüfen, ob Sie als Rückgabewert einen leeren String erhalten haben:

```
string s = some_inbox.get_string();
if (s =="") {
  // behandelt fehlende Eingabe
}
```

Ein **Out_box**-Widget wird verwendet, um einem Benutzer eine Nachricht anzuzeigen. Analog zu **In_box** können wir mit **put**() entweder Integer-Werte oder Strings in das Widget ausgeben. §16.5 zeigt Beispiele für die Verwendung von **In_box** und **Out_box**.

Wir hätten auch **get_floating_point**(), **get_complex**() usw. bereitstellen können, aber wir haben hier darauf verzichtet, weil es für Sie sicherlich keine Schwierigkeit ist, bei Bedarf die Eingabe als String einzulesen, in einen **stringstream** zu stellen und dann jede beliebige Eingabeformatierung vorzunehmen (§11.4).

16.4.4 Menüs

Das hier vorgestellte Menü ist sehr einfach:

```
struct Menu : Widget {
  enum Kind { horizontal, vertical };
  Menu(Point xy, int w, int h, Kind kk, const string& label);
  Vector_ref<Button> selection;
  Kind k;
  int offset;
  int attach(Button& b);           // Schaltfläche mit Menü verbinden
  int attach(Button* p);           // neue Schaltfläche mit Menü verbinden

  void show()                      // alle Schaltflächen anzeigen
  {
    for (unsigned int i = 0; i<selection.size(); ++i)
      selection[i].show();
  }
  void hide();                     // alle Schaltflächen verbergen
  void move(int dx, int dy);       // alle Schaltflächen verschieben

  void attach(Window& win);        // alle Schaltflächen mit Fenster win verbinden
};
```

Ein **Menu** ist im Grunde genommen ein Feld von Schaltflächen. Wie üblich gibt **Point** **xy** die obere linke Ecke des Menüs an. Breite und Höhe werden benötigt, um die Größe der Schaltflächen beim Einfügen in das Menü anpassen zu können. Beispiele hierfür finden Sie in §16.5 und §16.7. Jede Menü-Schaltfläche („Menüelement") ist ein eigenständiges Widget, das dem **Menu** als Argument zu **attach**() hinzugefügt wird. **Menu** wiederum verfügt über eine **attach**()-Operation, die alle Schaltflächen des Menüs mit dem Fenster verbindet. Zur Verwaltung der Schaltflächen verwendet **Menu** einen **Vector_ref**-Container (§13.10, §E.4). Wenn Sie ein „Pop-up"-Menü erstellen möchten, dessen einzelne Menüelemente erst durch Klick auf eine (Menü-)Schaltfläche eingeblendet werden, dann müssen Sie für die Implementierung selbst sorgen (siehe §16.7).

16.5 Ein Beispiel

Sehen Sie sich das Fenster aus ▶ Abbildung 16.3 an. Es gehört zu einer einfachen Anwendung mit Eingabe, Ausgabe und etwas Grafik, an deren Beispiel wir uns im Folgenden etwas näher mit den grundlegenden GUI-Komponenten vertraut machen wollen.

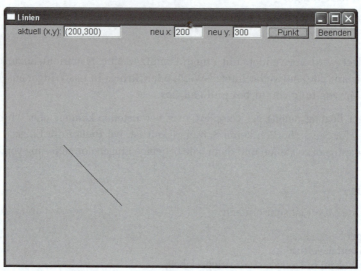

Abbildung 16.3: Programm zum Zeichnen einer Polylinie (Zustand nach Eingabe von zwei Koordinatenpaaren)

Dieses Programm ermöglicht es einem Benutzer, einen Linienzug (d.h. eine offene Polylinie, §13.6) einzuzeichnen. Der Grundgedanke ist, dass der Benutzer mehrmals (x,y)-Koordinaten in die Eingabefelder NEU X und NEU Y eingibt und nach jedem Koordinatenpaar die Schaltfläche PUNKT drückt.

Am Anfang ist das Feld AKTUELL (X,Y) leer und das Programm wartet darauf, dass der Benutzer das erste Koordinatenpaar eingibt. Danach werden die für den Startpunkt eingegebenen Werte in dem Feld AKTUELL (X,Y) angezeigt. Anschließend erzeugt jedes weitere eingegebene Koordinatenpaar eine Linie, die von dem aktuellen Punkt (dessen Koordinaten in dem Feld AKTUELL (X,Y) angezeigt werden) bis zu dem neu eingegebenen Punkt (x,y) reicht, und die neuen Koordinaten (x,y) werden zum neuen aktuellen Punkt. Auf diese Weise entsteht eine immer längere, offene Polylinie, bis der Benutzer die Lust verliert und das Programm durch Drücken der Schaltfläche BEENDEN verlässt.

Dieses Programm ist nicht nur recht unkompliziert, es veranschaulicht auch einige nützliche GUI-Techniken: die Ein- und Ausgabe von Text, das Zeichnen von Linien und das Einrichten von mehreren Schaltflächen. Abbildung 16.3 zeigt das Ergebnis nach der Eingabe von zwei Koordinatenpaaren. Nach der Eingabe von acht Koordinatenpaaren erhalten wir ▶ Abbildung 16.4.

16.5 Ein Beispiel

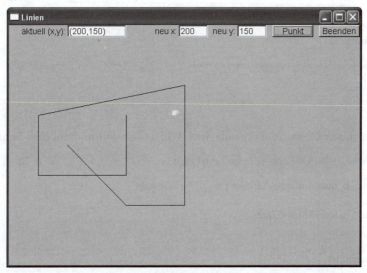

Abbildung 16.4: Programm zum Zeichnen einer Polylinie (Zustand nach Eingabe von acht Koordinatenpaaren)

Die Klasse, die ein solches Fenster repräsentiert, ist nicht sonderlich schwer zu definieren:

```
struct Lines_window :Window {
  Lines_window(Point xy, int w, int h, const string& title );
  Open_polyline lines;
private:
  Button next_button;   // fügt (next_x,next_y) zu lines hinzu
  Button quit_button;
  In_box next_x;
  In_box next_y;
  Out_box xy_out;

  static void cb_next(Address, Address);   // Callback für next_button
  void next();
  static void cb_quit(Address, Address);   // Callback für quit_button
  void quit();
};
```

Die Linie wird durch ein **Open_polyline**-Objekt repräsentiert. Die Schaltflächen und Textfelder sind als **Button**, **In_box** und **Out_box** deklariert und für jede Schaltfläche wird eine Memberfunktion, die die gewünschte Aktion implementiert, zusammen mit der dazugehörigen Callback-Funktion definiert.

Alles zusammen wird im Konstruktor von **Lines_window** initialisiert:

```
Lines_window::Lines_window(Point xy, int w, int h, const string& title)
  :Window(xy,w,h,title),
  next_button(Point(x_max()-150,0), 70, 20, "Punkt", cb_next),
  quit_button(Point(x_max()-70,0), 70, 20, "Beenden", cb_quit),
  next_x(Point(x_max()-310,0), 50, 20, "neu x:"),
  next_y(Point(x_max()-210,0), 50, 20, "neu y:"),
  xy_out(Point(100,0), 100, 20, "aktuell (x,y):")
```

```
{
  attach(next_button);
  attach(quit_button);
  attach(next_x);
  attach(next_y);
  attach(xy_out);
  attach(lines);
}
```

Nach Ausführung dieses Codes sind die einzelnen Widgets erstellt und mit dem Fenster verbunden.

Die Behandlung der BEENDEN-Schaltfläche ist trivial:

```
void Lines_window::cb_quit(Address, Address pw)   // "wie gehabt"
{
  reference_to<Lines_window>(pw).quit();
}

void Lines_window::quit()
{
  hide();   // seltsames FLTK-Idiom zum Beenden eines Fensters
}
```

Das alles kennen Sie bereits: eine Callback-Funktion (hier **cb_quit**()), die weiterleitet zu einer Funktion (hier **quit**()), die die eigentliche Arbeit macht. In unserem Fall besteht die „eigentliche Arbeit" darin, das Fenster zu beenden. Bei Verwendung der FLTK-Bibliothek geschieht dies seltsamerweise durch Verbergen des Fensters.

Für das eigentliche Zeichnen ist die Schaltfläche „Punkt" zuständig. Deren Callback-Funktion dürfte inzwischen ziemlich vertraut aussehen:

```
void Lines_window::cb_next(Address, Address pw)   // "wie gehabt"
{
  reference_to<Lines_window>(pw).next();
}
```

Die Funktion **next**() definiert, was die Schaltfläche PUNKT wirklich macht: Sie liest ein Koordinatenpaar ein, aktualisiert **Open_polyline**, aktualisiert die Positionsanzeige und zeichnet das Fenster neu:

```
void Lines_window::next()
{
  int x = next_x.get_int();
  int y = next_y.get_int();

  lines.add(Point(x,y));

  // aktualisiert die Positionsanzeige:
  stringstream ss;
  ss << '(' << x << ',' << y << ')';
  xy_out.put(ss.str());

  redraw();
}
```

Auch dieser Code dürfte Ihnen keine Schwierigkeiten bereiten. Mit **get_int**() lesen wir die Integer-Koordinaten aus den **In_box**-Widgets aus. Mit einem **stringstream**-Stream formatieren wir den String, der in dem **Out_box**-Widget angezeigt werden soll. Den fertig formatierten String liefert uns die Memberfunktion **str**() von **stringstream** zurück. Der abschließende **redraw**()-Aufruf ist nötig, um die Änderungen für den Benutzer sichtbar zu machen. (Erst nach Aufruf der **redraw**()-Funktion wird die Darstellung des Fensters auf dem Bildschirm aktualisiert.)

Was ist nun so seltsam und anders an diesem Programm? Werfen wir einen Blick auf **main**():

```
#include "GUI.h"

int main()
try {
  Lines_window win(Point(100,100),600,400,"Linien");
  return gui_main();
}
catch(exception& e) {
  cerr << "Ausnahme: " << e.what() << '\n';
  return 1;
}
catch (...) {
  cerr << "Irgendeine Ausnahme\n";
  return 2;
}
```

Erstaunlich: Die **main**()-Funktion ist so gut wie leer! Ihr **try**-Block enthält nichts weiter als die Definition unseres Fensters **win** und den Aufruf der Funktion **gui_main**(). Es gibt weder weitere Funktionsaufrufe noch sieht man ein **if**, **switch** oder eine Schleife – also nichts von der Art Code, wie Sie ihn aus den Kapiteln 6 und 7 kennen. Nur die Definition einer Variablen und ein Aufruf der Funktion **gui_main**(), hinter der sich einzig der Aufruf der FLTK-Funktion **run**() verbirgt, die – wie uns ein Blick in den Code verrät – einfach aus einer Endlosschleife besteht:

while(wait());

Bis auf einige Implementierungsdetails, die erst in Anhang E besprochen werden, haben wir damit den gesamten Code gesehen, der unser *Linien*-Programm zum Laufen bringt. Die grundlegende Logik ist uns also bekannt. Doch was passiert bei Ausführung des Programms?

16.6 Umkehrung der Steuerung

Um die Frage des vorangehenden Abschnitts zu beantworten: Wir haben die Steuerung der Ausführungsreihenfolge von dem Programm auf die Widgets übertragen, d.h., egal welches Widget der Benutzer aktiviert, es wird ausgeführt. Klickt er zum Beispiel auf eine Schaltfläche, wird deren Callback-Funktion ausgeführt. Wenn die Callback-Funktion zurückkehrt, lehnt sich das Programm gemütlich zurück und wartet darauf, dass der Benutzer etwas anderes macht. Der **wait**()-Aufruf weist „das System" im Grunde also an, auf die Widgets zu achten und die entsprechenden Callback-Funktionen aufzurufen. Theoretisch könnte es auch so laufen, dass **wait**() Ihnen (als Programmierer) mitteilt, mit welchem Widget der Benutzer gerade interagiert, und es Ihnen überlassen, die zugehörige Funktion aufzurufen. Die Praxis sieht aber so aus, dass das FLTK – wie die meisten anderen GUI-Systeme auch – so konzipiert ist, dass ihre **wait()**-Funktion direkt die entsprechenden Callback-Funktionen aufruft und Ihnen die Mühe erspart, dafür eigenen Code schreiben zu müssen.

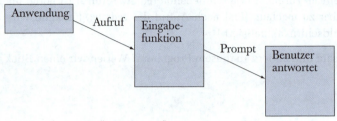

Abbildung 16.5: Organisation eines „konventionellen Programms"

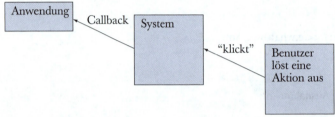

Abbildung 16.6: Organisation eines „GUI-Programms"

Diese „Umkehrung der Steuerung" (*control inversion*) hat unter anderem zur Folge, dass die Ausführungsreihenfolge vollständig von den Aktionen des Benutzers abhängt. Dies kompliziert sowohl die Programmorganisation als auch das Testen. Es ist schwer, die einzelnen Aktionen eines Benutzers vorherzusehen und alle potenziellen Auswirkungen einer zufälligen Folge von Callbacks im Vorfeld zu berücksichtigen. Systematisches Testen wird damit zum reinsten Albtraum (siehe Kapitel 26). Leider ist es uns im Rahmen dieses Buches nicht möglich, näher auf die dafür nötigen Techniken einzugehen. Wir können daher nur an Sie appellieren, bei Code, der über Callbacks von Benutzern manipuliert wird, extreme Sorgfalt walten zu lassen. Zusätzlich zu den offensichtlichen Problemen, die mit der Steuerung des Programmflusses zusammenhängen, gibt es noch Probleme mit der Sichtbarkeit und der Koordination der Daten (welches Widget ist mit welchen Daten verbunden). Um hier nicht im Chaos zu versinken, ist es wichtig, den GUI-Teil eines Programms möglichst einfach zu halten und das Programm Schritt für Schritt zu erstellen, wobei nach jedem Schritt getestet werden sollte. Außerdem ist es sehr zu empfehlen, ja fast schon unabdingbar, Diagramme von den Objekten und ihren Interaktionen anzufertigen.

Wie kommuniziert der Code, der von den verschiedenen Callback-Funktionen ausgelöst wird, mit dem Rest des Programms? Am einfachsten ist es für die Funktionen, auf den Daten zu operieren, die im Fenster gespeichert sind. So wie im Beispiel aus §16.5, wo die Funktion **next()** der Klasse **Lines_window**, die durch Drücken der Schaltfläche Punkt aufgerufen wird, Daten aus den **In_box**-Widgets (**next_x** und **next_y**) ausliest und danach die Membervariable **lines** und das Widget **Out_box** (**xy_out**) aktualisiert. Grundsätzlich stehen einer Funktion, die durch einen Callback aufgerufen wird, alle erdenklichen Wege offen, um an etwaig benötigte Daten heranzukommen: sie kann Dateien öffnen, eine Verbindung zum Internet herstellen usw. Hier wollen wir uns auf den einfachen Fall beschränken, dass die betreffenden Daten in den Membern des Fensters gespeichert sind.

16.7 Ein Menü hinzufügen

Um noch ein wenig mehr Erfahrungen mit der „Umkehrung der Steuerung" und ihrem Einfluss auf Programmfluss und Kommunikation zu sammeln, werden wir unser *Linien*-Programm jetzt mit einem Menü ausstatten. Unser erster Ansatz sieht so aus, dass wir dem Benutzer einfach ein Menü aus drei Schaltflächen zur Verfügung stellen, mit denen er die Farbe der Linien in dem Member-Container **lines** ändern kann. Hierzu fügen wir dem Programm das Menü **color_menu** und die dazugehörigen Callbacks hinzu:

```
struct Lines_window :Window {
    Lines_window(Point xy, int w, int h, const string& title);

    Open_polyline lines;
    Menu color_menu;

    static void cb_red(Address, Address);    // Callback für die Schaltfläche "Rot"
    static void cb_blue(Address, Address);   // Callback für die Schaltfläche "Blau"
    static void cb_black(Address, Address);  // Callback für die Schaltfläche "Schwarz"

    // die Antwort-Aktionen:
    void red_pressed() { change(Color::red); }
    void blue_pressed() { change(Color::blue); }
    void black_pressed() { change(Color::black); }
    void change(Color c) { lines.set_color(c); }

    // ... wie zuvor ...
};
```

Es ist zwar etwas lästig, all diese fast identischen Callback- und „Antwort"-Funktionen eintippen zu müssen, doch da wir Ihnen im Rahmen dieses Buches und auf dem derzeitigen Stand unserer Kenntnisse unmöglich eine Variante aufzeigen können, die wesentlich einfacher einzutippen ist, bleibt uns die Tipparbeit nicht erspart. Im Übrigen ist das dahinterstehende Konzept einfach zu begreifen und der Code erfüllt seinen Zweck: Wenn der Benutzer auf eine der Menü-Schaltflächen drückt, nehmen die Linien die entsprechende Farbe an.

Nachdem wir den Member **color_menu** definiert haben, müssen wir ihn initialisieren:

```
Lines_window::Lines_window(Point xy, int w, int h, const string& title)
    :Window(xy,w,h,title),
    // ... wie zuvor ...
    color_menu(Point(x_max()-70,40),70,20,Menu::vertical,"Farbe")
{
    // ... wie zuvor ...
    color_menu.attach(new Button(Point(0,0),0,0,"rot",cb_red));
    color_menu.attach(new Button(Point(0,0),0,0,"blau",cb_blue));
    color_menu.attach(new Button(Point(0,0),0,0,"schwarz",cb_black));
    attach(color_menu);
}
```

Die Schaltflächen werden dynamisch (über **attach**()) mit dem Menü verbunden und können nach Bedarf entfernt und/oder ersetzt werden. **Menu::attach**() passt die Größe und Position der Schaltflächen an und verbindet sie mit dem Fenster. Das ist schon alles. Als Ergebnis erhalten wir das Fenster aus ▶ Abbildung 16.7.

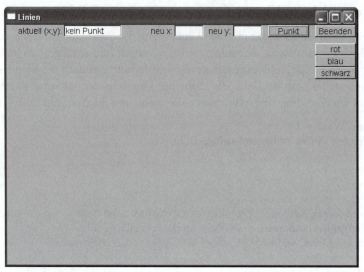

Abbildung 16.7: Das *Linien*-Programm mit Farbmenü

Nachdem wir eine Weile mit dem Programm herumgespielt haben, kommt uns der Gedanke, dass es schöner wäre, ein „Pop-up-Menü" zu haben. Statt also wertvolle Fensterfläche durch ein Menü zu verschwenden, das wir nur gelegentlich nutzen, richten wir ein Menü ein, das nur bei Bedarf aufklappt. Zu diesem Zweck richten wir die Schaltfläche FARBMENÜ ein. Klickt der Benutzer auf diese Schaltfläche, springt das Farbmenü auf. Hat der Benutzer eine Auswahl getroffen, wird das Menü wieder verborgen und die Schaltflächen verschwinden.

▶ Abbildung 16.8 zeigt das Fenster nach Hinzufügen einiger Linien.

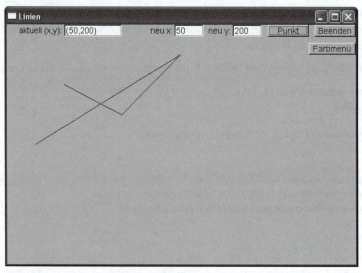

Abbildung 16.8: Das *Linien*-Programm mit zugeklapptem Pop-up-Menü

In dem Fenster befindet sich jetzt neben einigen (schwarzen) Linien die neue FARBMENÜ-Schaltfläche, die beim Anklicken das ganze Menü einblendet, siehe ▶ Abbildung 16.9.

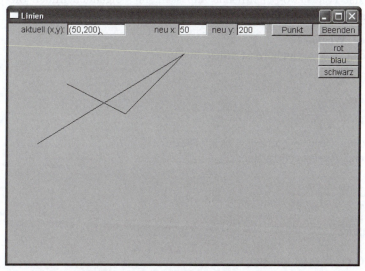

Abbildung 16.9: Das *Linien*-Programm mit aufgeklapptem Pop-up-Menü

Beachten Sie, dass in Abbildung 16.9 die Schaltfläche FARBMENÜ ausgeblendet wurde. Wir benötigen sie erst wieder, wenn wir mit unserer Auswahl im Menü fertig sind. Drücken Sie auf BLAU und Sie erhalten ▶ Abbildung 16.10.

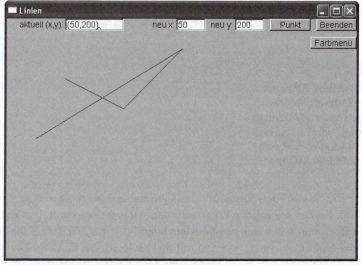

Abbildung 16.10: Das *Linien*-Programm nach Auswahl von Blau als Linienfarbe

Die Linien sind jetzt blau und die Schaltfläche FARBMENÜ ist wieder zu sehen.

16 Grafische Benutzerschnittstellen

Für diese zweite Version unseres *Linien*-Programms haben wir dem Fenster die Schaltfläche FARB-MENÜ hinzugefügt und die „pressed"-Funktionen dahingehend überarbeitet, dass sie die Sichtbarkeit des Menüs und der FARBMENÜ-Schaltfläche anpassen. Im Folgenden finden Sie den kompletten, überarbeiteten Code von **Lines_window**:

```cpp
struct Lines_window : Window {
    Lines_window(Point xy, int w, int h, const string& title );
private:
    // Daten:
    Open_polyline lines;

    // Widgets:
    Button next_button;    // fügt (next_x,next_y) zu lines hinzu
    Button quit_button;    // beendet Programm
    In_box next_x;
    In_box next_y;
    Out_box xy_out;
    Menu color_menu;
    Button menu_button;

    void change(Color c) { lines.set_color(c); }

    void hide_menu() { color_menu.hide(); menu_button.show(); }

    // Aktionen, die durch Callbacks aufgerufen wurden:
    void red_pressed() { change(Color::red); hide_menu(); }
    void blue_pressed() { change(Color::blue); hide_menu(); }
    void black_pressed() { change(Color::black); hide_menu(); }
    void menu_pressed() { menu_button.hide(); color_menu.show(); }
    void next();
    void quit();

    // Callback-Funktionen:
    static void cb_red(Address, Address);
    static void cb_blue(Address, Address);
    static void cb_black(Address, Address);
    static void cb_menu(Address, Address);
    static void cb_next(Address, Address);
    static void cb_quit(Address, Address);
};
```

Beachten Sie, dass alles bis auf den Konstruktor als **private** deklariert wurde. Im Grunde genommen stellt diese Fensterklasse das eigentliche Programm dar. Alles was passiert, passiert durch ihre Callbacks, sodass kein Code von außerhalb des Fensters benötigt wird. Wir haben die Deklarationen ein wenig sortiert in der Hoffnung, die Klasse dadurch besser lesbar zu machen. Der Konstruktor stellt Argumente für alle seine Subobjekte bereit und verbindet sie mit dem Fenster:

```
Lines_window::Lines_window(Point xy, int w, int h, const string& title)
    :Window(xy,w,h,title),
    next_button(Point(x_max()–150,0), 70, 20, "Punkt", cb_next),
    quit_button(Point(x_max()–70,0), 70, 20, "Beenden", cb_quit),
    next_x(Point(x_max()–310,0), 50, 20, "neu x:"),
    next_y(Point(x_max()–210,0), 50, 20, "neu y:"),
    xy_out(Point(100,0), 100, 20, "aktuell (x,y):")
    color_menu(Point(x_max()–70,30),70,20,Menu::vertical,"Farbe"),
    menu_button(Point(x_max()–80,30), 80, 20, "Farbmenü", cb_menu),
{
    attach(next_button);
    attach(quit_button);
    attach(next_x);
    attach(next_y);
    attach(xy_out);
    xy_out.put("kein Punkt");
    color_menu.attach(new Button(Point(0,0),0,0,"rot",cb_red));
    color_menu. attach(new Button(Point(0,0),0,0,"blau",cb_blue));
    color_menu. attach(new Button(Point(0,0),0,0,"schwarz",cb_black));
    attach(color_menu);
    color_menu.hide();
    attach(menu_button);
    attach(lines);
}
```

Beachten Sie, dass die Reihenfolge der Initialisierer die Abfolge der Membervariablendefinitionen widerspiegelt. Dies ist die richtige Reihenfolge für die Initialisierer, die immer in der Reihenfolge ausgeführt werden, in der ihre Membervariablen deklariert sind. Einige Compiler sind so hilfreich, eine Warnung auszugeben, wenn ein Basis- oder Memberkonstruktor nicht in der richtigen Reihenfolge angegeben wurde.

16.8 GUI-Code debuggen

Sobald sich ein GUI-Programm erst einmal erfolgreich ausführen lässt, ist das weitere Debuggen in der Regel keine große Schwierigkeit mehr, da sich etwaige Fehler meist direkt in der Ausgabe oder der Bedienung des Programms bemerkbar machen. Oder wie der Amerikaner sagt: „What you see is what you get." Bis dahin aber – also bis die ersten Formen und Widgets im Fenster angezeigt werden oder bis überhaupt nur das Fenster auf dem Bildschirm erscheint – liegt unter Umständen eine schwere und frustrierende Zeit vor Ihnen. Versuchen Sie nur einmal, die folgende main()-Funktion auszuführen:

```
int main()
{
    Lines_window (Point(100,100),600,400,"Zeilen");
    return gui_main();
}
```

Erkennen Sie den Fehler? Haben Sie das Programm ausprobiert? Probieren Sie es auf jeden Fall einmal aus – gleichgültig ob Sie den Fehler gefunden haben oder nicht. Es lässt sich kompilieren und ausführen, aber anstatt dass Sie im **Lines_window**-Fenster Linien ziehen können, flackert höchstens der Bildschirm. Wie lassen sich Fehler in einem solchen Programm aufspüren?

- Verwenden Sie möglichst gut ausgetestete Programmteile (Klassen, Funktion, Bibliotheken).
- Halten Sie neuen Code am Anfang so einfach wie möglich und bauen Sie ihn dann sukzessive aus, wobei Sie den Code Zeile für Zeile sorgfältig kontrollieren.
- Prüfen Sie alle Linkereinstellungen.
- Vergleichen Sie Ihren Code mit bereits funktionierenden Programmen.
- Erklären Sie den Code einem Freund.

Am meisten Schwierigkeiten wird Ihnen vermutlich das Nachverfolgen der Programmausführung bereiten. Wenn Sie wissen, wie man einen Debugger einsetzt, haben Sie eine Chance, aber das Einfügen von „Ausgabeanweisungen" wird sie hier nicht weiterbringen – die Ausgaben werden nicht angezeigt. Selbst für professionelle Debugger ist die Codeverfolgung keine leichte Aufgabe: Zu viele Dinge laufen gleichzeitig ab („Multithreading") – Ihr Code ist ja nicht der einzige, der versucht, mit dem Bildschirm zu interagieren. Hier helfen oft nur konsequente Vereinfachung und ein systematischer Ansatz, um verstehen zu können, was in dem Code vor sich geht.

Zurück zu unserem Eingangsbeispiel. Die korrekte Version (aus §16.5) lautet:

```
int main()
{
    Lines_window win(Point(100,100),600,400,"Zeilen");
    return gui_main();
}
```

Wir haben den Namen des **Lines_window**-Fensters (hier **win**) „vergessen". Da der Name augenscheinlich nicht benötigt wird, hat uns dies nicht weiter gestört. Allerdings hat der Compiler aus der Tatsache, dass wir das Fenster nicht verwendet haben, den Schluss gezogen, dass er es sofort wieder auflösen kann. Hoppla! Das Fenster hat somit nur für den Bruchteil einer Millisekunde existiert. Kein Wunder, dass wir es verpasst haben.

Ein ebenfalls weitverbreitetes Problem ist das *pixelgenaue* Übereinanderliegen der Fenster. Dies vermittelt den Eindruck, als gäbe es nur ein Fenster. Wohin ist das andere Fenster verschwunden? Es ist erstaunlich, wie viel Zeit man darauf verschwenden kann, nach nicht existierenden Fehlern im Code zu suchen. Das gleiche Problem kann auftreten, wenn wir eine Form über einer anderen anzeigen.

Und schließlich – um die Sache noch schlimmer zu machen – ist in Programmen, die eine GUI-Bibliothek verwenden, nicht einmal garantiert, dass sich die Ausnahmen wie gewohnt und erwartet verhalten. Da unser Code von einer GUI-Bibliothek verwaltet wird, kann es passieren, dass von uns ausgeworfene Ausnahmen nie die vorgesehenen **catch**-Handler erreichen, sondern vorher von der Bibliothek oder dem Betriebssystem „gefressen" oder unterschlagen werden. (Meist geschieht dies, wenn die Bibliothek oder das Betriebssystem eigene Mechanismen der Fehlerbehandlung verwenden, die von den C++-Ausnahmen abweichen bzw. gegenüber diesen vollkommen blind sind.)

16.8 GUI-Code debuggen

Zwei Probleme, die besonders häufig beim Debuggen auftreten, sind **Shape**- und **Widget**-Objekte, die nicht angezeigt werden, weil sie nicht verbunden wurden, und Objekte, die sich seltsam verhalten, weil ihr Gültigkeitsbereich verlassen wurde. Betrachten wir dazu ein Beispiel, bei dem ein Programmierer versucht hat, die Erzeugung und Anbindung von Menü-Schaltflächen auszulagern:

```
// Hilfsfunktion, die Schaltflächen in ein Menü lädt
void load_disaster_menu(Menu& m)
{
  Point orig(0,0);
  Button b1(orig,0,0,"Flut",cb_flood);
  Button b2(orig,0,0,"Feuer",cb_fire);
  // ...
  m.attach(b1);
  m.attach(b2);
  // ...
}

int main()
{
  // ...
  Menu disasters(Point(100,100),60,20,Menu::horizontal,"Katastrophen");
  load_disaster_menu(disasters);
  win.attach(disasters);
  // ...
}
```

Das wird nicht funktionieren. All diese Schaltflächen sind lokal zu der Funktion **load_disaster_menu**, was sich auch nicht ändert, wenn Sie sie mit einem Menü verbinden. Eine Erläuterung hierzu finden Sie in §18.5.4 (*Niemals einen Zeiger auf eine lokale Variable als Rückgabewert zurückliefern*); das Speicherlayout für lokale Variablen wurde in §8.5.8 vorgestellt. Um die Geschichte kurz zu machen: Nachdem **load_disaster_menu()** zurückgekehrt ist, sind diese lokalen Objekte aufgelöst und das Menü **disasters** bezieht sich auf nicht existente (zerstörte) Objekte. Das Ergebnis wird den Programmierer vermutlich ziemlich überraschen – und es wird sicher nicht schön sein. Dabei ist die Lösung dieses Problems gar nicht schwer: statt benannter Objekte müssen unbenannte, mit **new** erzeugte Objekte verwendet werden:

```
// Hilfsfunktion, die Schaltflächen in ein Menü lädt
void load_disaster_menu(Menu& m)
{
  Point orig(0,0);
  m.attach(new Button(orig,0,0,"Flut",cb_flood));
  m.attach(new Button(orig,0,0,"Feuer",cb_fire));
  // ...
}
```

Die korrekte Lösung ist damit sogar noch einfacher als die Version mit dem (allzu häufig vorkommenden) Fehler.

Aufgaben

1 Legen Sie ein neues Projekt mit den Linkereinstellungen für die FLTK-Bibliotheken an (wie in Anhang D beschrieben).

2 Tippen Sie das Programm zum Zeichnen von Linien aus §16.5 ab, kompilieren und erstellen Sie es zusammen mit den Elementen aus **Graph_lib** und führen Sie das Programm aus.

3 Erweitern Sie das Programm um ein Pop-up-Menü (siehe Ausführungen in §16.7) und führen Sie es aus.

4 Fügen Sie dem Programm ein zweites Menü zur Auswahl des Linienstils hinzu und führen Sie es aus.

Fragen

1 Wann benötigt man eine grafische Benutzerschnittstelle?

2 Wann zieht man eine nicht grafische Benutzerschnittstelle vor?

3 Was ist eine Softwareschicht?

4 Warum sollte Software aus mehreren Schichten bestehen?

5 Wo liegt das grundlegende Problem, wenn Sie von C++ aus mit einem Betriebssystem kommunizieren?

6 Was ist eine Callback-Funktion?

7 Was ist ein Widget?

8 Wie werden Widgets sonst noch genannt?

9 Wofür steht das Akronym FLTK?

10 Wie spricht man FLTK aus?

11 Von welchen anderen GUI-Toolkits haben Sie bereits gehört?

12 Welche Systeme sprechen eher von *Widget* und welche eher von *Steuerelement*?

13 Nennen Sie Beispiele für Widgets.

14 Wann würden Sie ein Eingabefeld verwenden?

15 Welchen Typ hat der Wert, der in einem Eingabefeld gespeichert wird?

16 Wann würden Sie eine Schaltfläche verwenden?

17 Wann würden Sie ein Menü verwenden?

18 Was ist die „Umkehr der Steuerung"?

19 Wie sieht die grundlegende Strategie zum Debuggen von GUI-Programmen aus?

20 Warum ist es schwerer, ein GUI-Programm zu debuggen als ein „normales Programm, das Streams für die Ein-/Ausgabe verwendet"?

Übungen

1 Erstellen Sie ein Fenster My_window, das in etwa wie ein Simple_window-Fenster aussieht, aber zwei Schaltflächen WEITER und BEENDEN enthält.

2 Erstellen Sie ein Fenster (basierend auf My_window) mit einem 4x4-Schachbrett von quadratischen Schaltflächen. Wird eine Schaltfläche gedrückt, führt sie eine einfache Aktion aus, zum Beispiel die Ausgabe von Koordinaten in einem Ausgabefeld oder ein Farbwechsel (bis eine andere Schaltfläche gedrückt wird).

3 Legen Sie ein Bild (Image-Objekt) über eine Button-Schaltfläche. Verschieben Sie beide, wenn die Schaltfläche gedrückt wird. Verwenden Sie den folgenden Zufallsgenerator, um eine neue Position für die „Bild-Schaltfläche" zu finden:

int rint(int low, int high) { return low+rand()%(high–low); }

Diese Funktion liefert einen ganzzahligen Zufallswert in dem Bereich [low, high).

4 Erstellen Sie ein Menü mit Menübefehlen, über die Sie einen Kreis, ein Quadrat, ein gleichseitiges Dreieck und ein Sechseck zeichnen können. Legen Sie zur Eingabe eines Koordinatenpaares ein Eingabefeld (oder zwei) an und zeichnen Sie die im Menü ausgewählte Form an den vorgegebenen Koordinaten. Sorry, kein Drag and Drop.

5 Schreiben Sie ein Programm, das eine Form Ihrer Wahl zeichnet und jedes Mal an eine andere Position verschiebt, wenn Sie die WEITER-Schaltfläche drücken. Die neue Position sollte als Koordinatenpaar aus einem Eingabestream eingelesen werden.

6 Implementieren Sie eine analoge Uhr, d.h. eine Uhr mit sich drehenden Zeigern. Die Tageszeit können Sie über einen Bibliotheksaufruf vom Betriebssystem abrufen. Tatsächlich benötigen Sie sogar zwei Bibliotheksfunktionen: eine, die Ihnen die Tageszeit liefert, und eine zweite, die Ihnen die Möglichkeit bietet, eine kurze Zeit zu warten (z.B. eine Sekunde). Diese Funktionen zu finden und sich anhand der gefundenen Dokumentation über ihre Verwendung zu informieren, ist Bestandteil dieser Übung. (Tipp: Suchen Sie nach clock() und sleep().)

7 Lassen Sie mit den Techniken, die Sie in den vorhergehenden Übungen entwickelt haben, ein kleines gezeichnetes Flugzeug in einem Fenster „herumfliegen". Richten Sie zum Starten und Anhalten des Flugzeugs eine Schaltfläche ein.

8 Programmieren Sie einen Währungsrechner. Lesen Sie die Umrechnungskurse beim Starten aus einer Datei. Den umzurechnenden Betrag nehmen Sie über ein Eingabefenster entgegen, die Währungen, zwischen denen umgerechnet werden soll, lassen Sie den Benutzer auswählen (z.B. über zwei Menüs).

16 Grafische Benutzerschnittstellen

9 Ändern Sie das Taschenrechnerprogramm aus Kapitel 7 so ab, dass die Eingabe aus einem Eingabefeld eingelesen wird und die Ergebnisse in einem Ausgabefeld angezeigt werden.

10 Erstellen Sie ein Programm, in dem man Funktionen (z.B. sin() und log()) auswählen, Parameter für die Funktionen angeben und diese schließlich zeichnen lassen kann.

Schlüsselbegriffe

Benutzerschnittstelle	Menü	Umkehrung der Steuerung
Callback-Funktion	Schaltfläche	Warten auf Eingabe
Ein-/Ausgabe über die Konsole	Sichtbar/verborgen	Warteschleife
Dialogfeld	Softwareebene	Widget
GUI (Grafische Benutzerschnittstelle)	Steuerelement	

Ein persönlicher Hinweis

Die GUI-Programmierung ist ein äußerst umfangreiches und vielseitiges Gebiet. Stilfragen spielen hier eine große Rolle, ebenso wie die Kompatibilität zu bestehenden Systemen. Und dann sind da natürlich die verschiedenen Widgets, deren Vielzahl und Variantenreichtum (manche GUI-Bibliotheken bieten viele Dutzend verschiedene Schaltflächenformen an) selbst einen an Vielfalt gewohnten klassischen Botaniker überraschen würde. Da diese Themen aber nur wenig mit grundlegenden Programmiertechniken zu tun haben – und andere Themen wie Skalierung, Rotation, Morphing, dreidimensionale Objekte, Schatten etc. fortgeschrittene Grafik- und/oder Mathematikkenntnisse voraussetzen, von denen wir hier nicht ausgehen können –, werden wir unseren Ausflug in die GUI-Programmierung an dieser Stelle beenden.

Auf eine Sache möchten wir Sie jedoch noch hinweisen: Die meisten GUI-Systeme verfügen über einen „GUI-Designer", mit dessen Hilfe Sie auf grafische Weise, d.h. durch Klicken und Ziehen mit der Maus etc., Ihre Fenster-Layouts erstellen und die Schaltflächen, Menüs usw. mit Callback-Funktionen und Aktionen verbinden können. Für viele Anwendungen lohnt sich der Einsatz eines solchen GUI-Designers, da er Ihnen viel formelle Arbeit abnimmt (z.B. das Aufsetzen der Callbacks). Sehen Sie sich den erzeugten Code aber unbedingt an, damit Sie verstehen, wie das endgültige Programm aufgebaut ist und wie es funktioniert. Manchmal sieht der erzeugte Code aus wie hier in diesem Kapitel. Manchmal kommen aber auch ausgefeiltere und/oder teurere Mechanismen zum Einsatz.

Farbteil

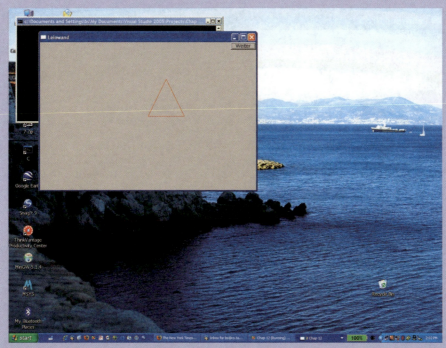

Abbildung 12.2

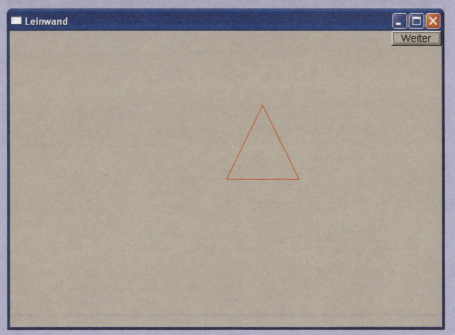

Abbildung 12.3

Farbteil

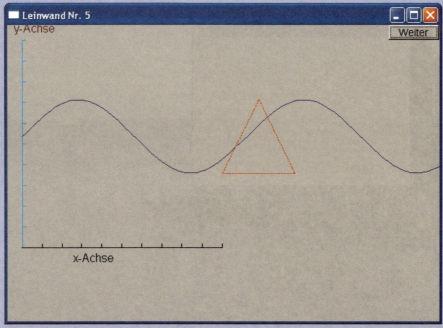

Abbildung 12.12

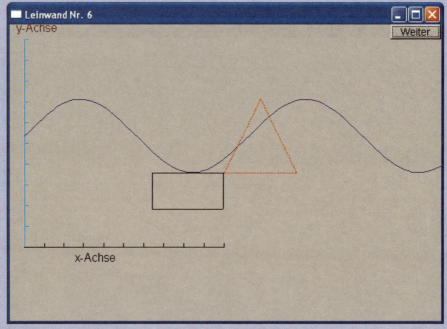

Abbildung 12.13

Farbteil

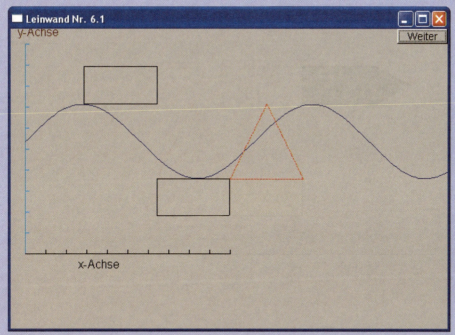

Abbildung 12.14

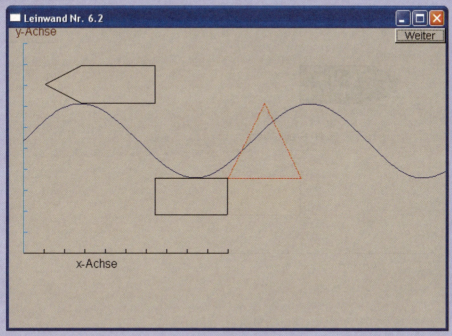

Abbildung 12.15

Farbteil

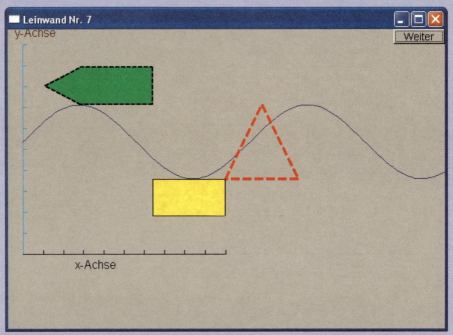

Abbildung 12.16

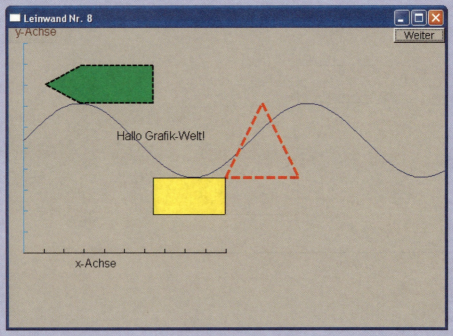

Abbildung 12.17

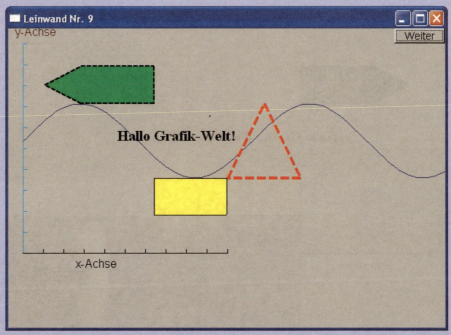

Abbildung 12.18

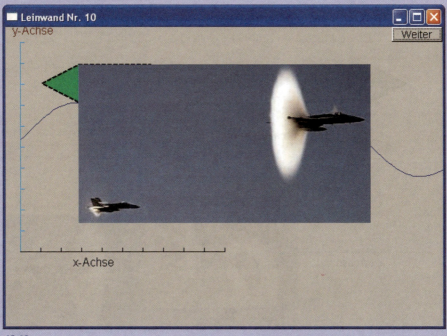

Abbildung 12.19

Farbteil

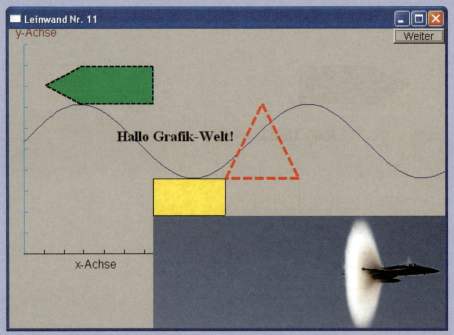

Abbildung 12.20

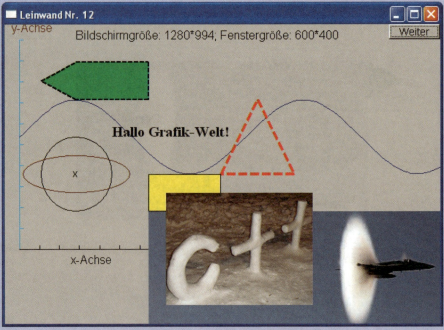

Abbildung 12.21

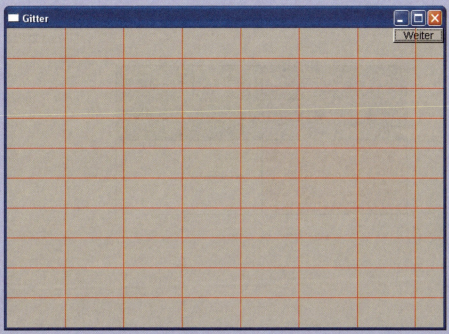

Abbildung 13.4

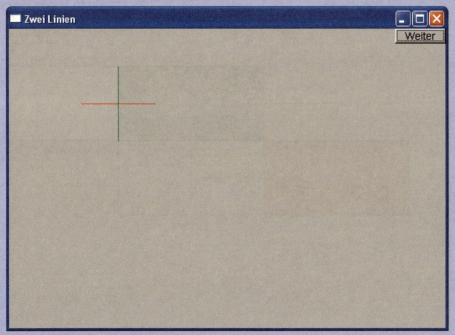

Abbildung 13.7

Farbteil

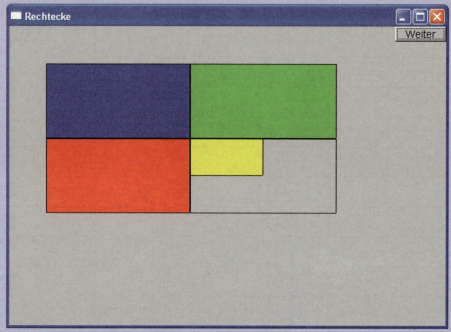

Abbildung 13.12

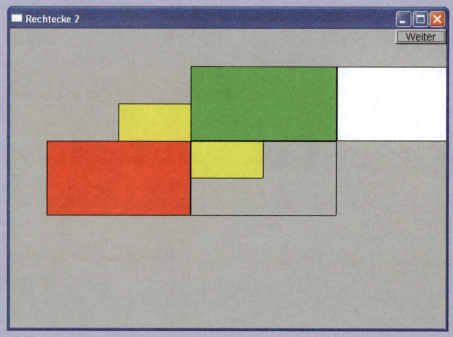

Abbildung 13.13

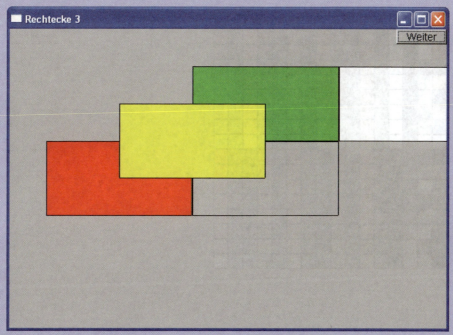
Abbildung 13.14

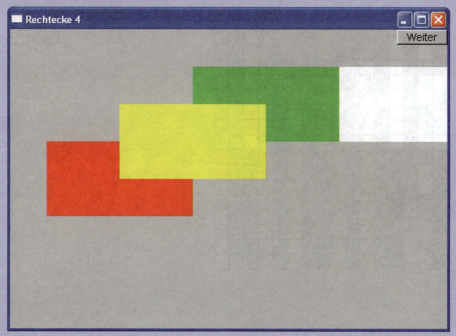
Abbildung 13.15

Farbteil

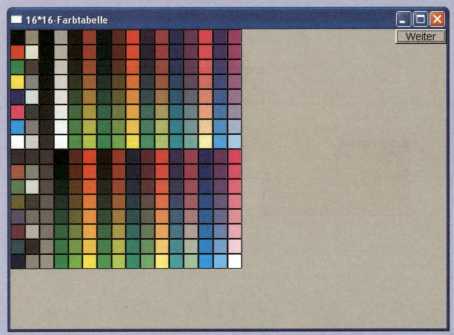

Abbildung 13.16

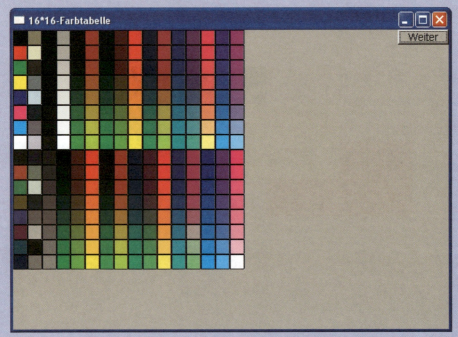

Abbildung 13.17

Farbteil

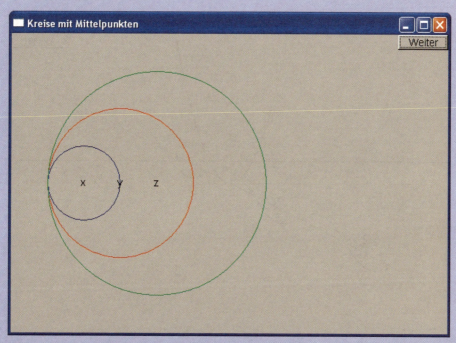

Abbildung 13.23

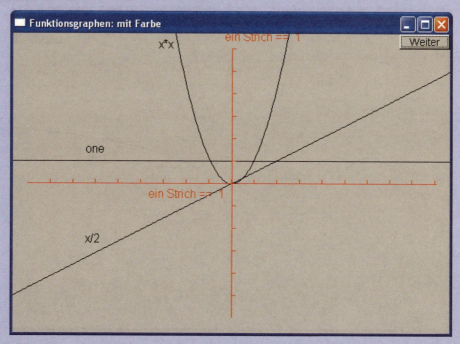

Abbildung 15.4

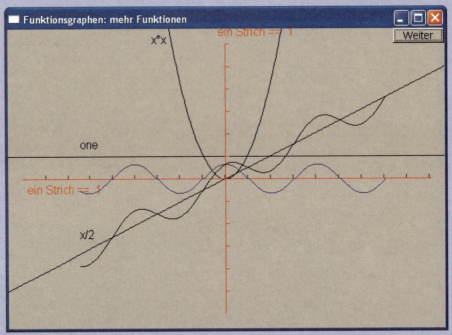

Abbildung 15.5

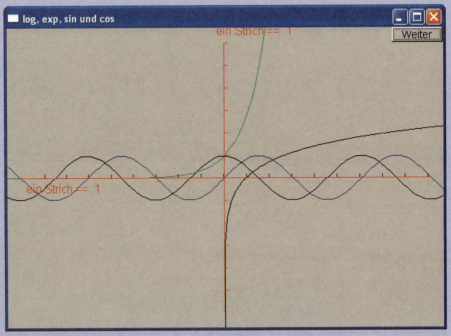

Abbildung 15.6

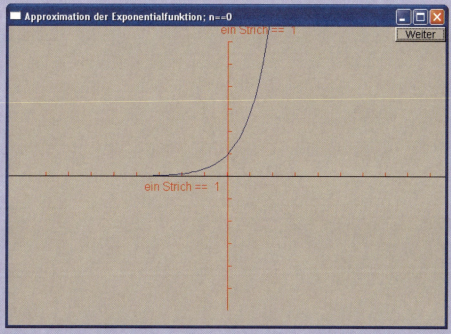

Abbildung 15.7

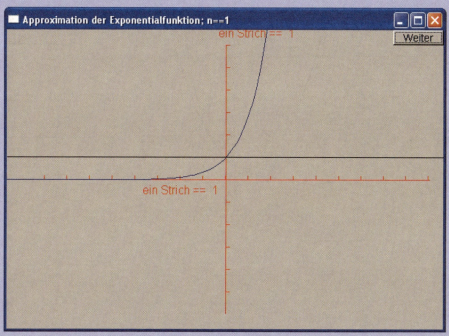

Abbildung 15.8

Farbteil

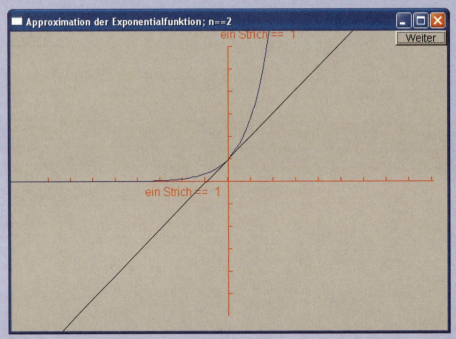

Abbildung 15.9

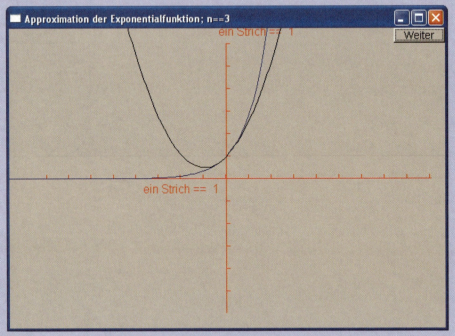

Abbildung 15.10

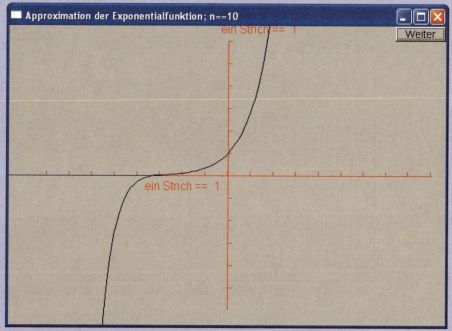

Abbildung 15.11

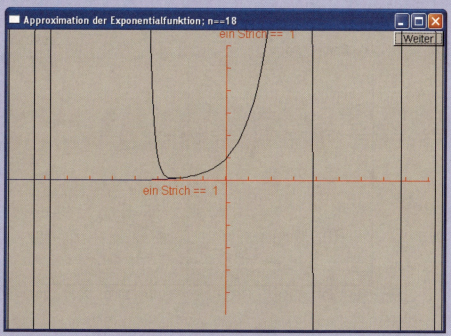

Abbildung 15.12

Farbteil

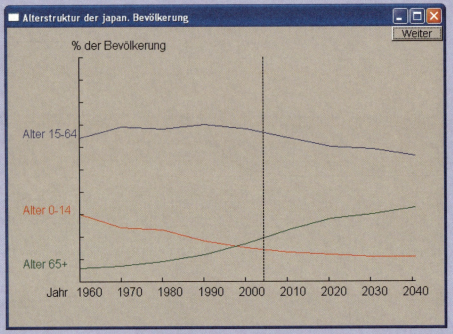

Abbildung 15.13

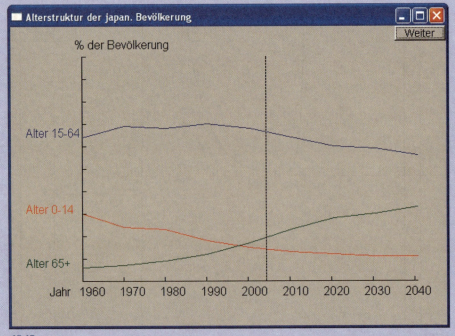

Abbildung 15.15

TEIL III

Daten und Algorithmen

17 Vektoren und Freispeicher 579

18 Vektoren und Arrays 619

19 Vektor, Templates und Ausnahmen 653

20 Container und Iteratoren 693

21 Algorithmen und Maps 737

Vektoren und Freispeicher

17.1	**Einführung**	580
17.2	**Vektor-Grundlagen**	582
17.3	**Speicher, Adressen und Zeiger**	584
	17.3.1 Der sizeof-Operator	586
17.4	**Freispeicher und Zeiger**	587
	17.4.1 Freispeicher reservieren (Allokation)	588
	17.4.2 Zugriff über Zeiger	589
	17.4.3 Bereiche	590
	17.4.4 Initialisierung	592
	17.4.5 Der Nullzeiger	593
	17.4.6 Freispeicher freigeben (Deallokation)	593
17.5	**Destruktoren**	595
	17.5.1 Automatisch generierte Destruktoren	597
	17.5.2 Destruktoren und Freispeicher	598
17.6	**Zugriff auf Elemente**	600
17.7	**Zeiger auf Klassenobjekte**	601
17.8	**Eingriff ins Typensystem: void* und Casts**	602
17.9	**Zeiger und Referenzen**	604
	17.9.1 Zeiger- und Referenzparameter	605
	17.9.2 Zeiger, Referenzen und Vererbung	607
	17.9.3 Ein Beispiel: Listen	607
	17.9.4 Operationen für Listen	609
	17.9.5 Verwendung von Listen	610
17.10	**Der this-Zeiger**	611
	17.10.1 Weitere Anwendungsbeispiele	613

17

ÜBERBLICK

17 Vektoren und Freispeicher

„Verwenden Sie grundsätzlich vector!"

– Alex Stepanov

Dieses und die nächsten vier Kapitel sind dem Teil der Standardbibliothek gewidmet, der die Container und Algorithmen definiert und traditionell als STL (Standard Template Library) bezeichnet wird. Wir beschreiben die Schlüsselelemente der STL und einige typische Verwendungsmöglichkeiten. Des Weiteren stellen wir Ihnen die Design- und Programmiertechniken vor, die für die Implementierung der STL verwendet wurden, sowie diverse maschinennahe Sprachkonzepte, die dabei zum Einsatz kamen: darunter Zeiger, Arrays (Felder) und Freispeicher (Heap). Der Fokus dieses und des nächsten Kapitels liegt auf dem Design und der Implementierung des nützlichsten und am häufigsten eingesetzten STL-Containers: **vector**.

17.1 Einführung

Der nützlichste Container aus der C++-Standardbibliothek ist **vector**. Ein **vector**-Container repräsentiert eine Sequenz von Elementen eines bestimmten Typs (Vektor-Datenstruktur). Sie können auf die Elemente mittels Indizes zugreifen, den Container mithilfe von **push_back()** erweitern, mit **size()** die Anzahl Elemente im Vektor abfragen und bei Bedarf vom Vektor sicherstellen lassen, dass Sie nicht auf Elemente außerhalb des Containers zugreifen. Der **vector**-Typ der Standardbibliothek ist ein (bezüglich Zeit und Speicher) effizienter, flexibler, praktischer, statisch typsicherer Container für beliebige Elemente. Der **string**-Typ der Standardbibliothek weist ähnliche Eigenschaften auf, ebenso wie die anderen nützlichen Container aus der Standardbibliothek (z.B. **list** oder **map**), die wir in Kapitel 20 beschreiben. Der Speicher eines Computers kennt allerdings keine direkte Unterstützung für solche Typen. Das Einzige, was die Hardware *direkt* unterstützt, sind Bytefolgen. Wenn Sie zum Beispiel einen **vector<double>**-Container **v** haben, fügt die Operation **v.push_back(2.3)** den Wert **2.3** der Folge von **double**-Werten hinzu und erhöht den Elementzähler von **v** (**v.size()**) um 1. Auf Maschinenebene kennt der Computer dagegen nichts Vergleichbares zu **push_back()**; hier gibt es nur das Lesen und Schreiben von kleinen Byteblöcken.

In diesem und dem folgenden Kapitel zeigen wir, wie man mit den elementaren Sprachmitteln, die jedem Programmierer zur Verfügung stehen, den Typ **vector** implementieren kann. Dies gibt uns die Gelegenheit, diverse nützliche Konzepte und Programmiertechniken vorzustellen und gleich noch zu demonstrieren, wie diese mit den Möglichkeiten der Sprache C++ ausgedrückt werden. Die Sprachmittel und Programmiertechniken, denen wir dabei begegnen, sind von allgemeinem Nutzen und weitverbreitet.

Später, wenn wir **vector** entworfen, implementiert und eingesetzt haben, sind wir gerüstet, uns weitere Container der Standardbibliothek anzusehen, z.B. **map**, und die eleganten, äußerst effizienten Elemente zu untersuchen, welche die Standardbibliothek als zusätzliche Hilfsmittel für die Programmierung mit den Containern zur Verfügung stellt (Kapitel 20 und 21). Letztere, die sogenannten Algorithmen, ersparen uns die Mühe, typische Aufgaben der Datenverarbeitung selbst implementieren zu müssen. Stattdessen nutzen wir, was von jeder C++-Implementierung zur Verfügung gestellt wird, um uns die Arbeit an unseren eigenen Bibliotheken zu erleichtern. Einen der besonders nützlichen Algorithmen der Standardbibliothek haben Sie übrigens schon kennengelernt und benutzt: **sort()**.

Wir werden uns dem **vector**-Typ der Standardbibliothek durch eine Reihe von immer anspruchsvolleren **vector**-Implementierungen nähern. Wir beginnen mit einem sehr einfachen **vector**-Typ. Dann überlegen wir uns, was an diesem Typ verbesserungswürdig wäre, und überarbeiten ihn entsprechend. Wenn wir diesen Prozess einige Male durchlaufen haben, gleicht unsere **vector**-Implementierung in etwa der **vector**-Version aus der Standardbibliothek (also derjenigen, die mit Ihrem C++-Compiler ausgeliefert wurde und die Sie in den vorangehenden Kapitel verwendet haben). Diese Vorgehensweise der schrittweisen Verbesserung entspricht exakt der Art und Weise, wie wir üblicherweise an neue Programmieraufgaben herangehen. Nebenbei begegnen und untersuchen wir auf unserem Weg etliche klassische Probleme, die mit der Verwendung von Speicher und Datenstrukturen verbunden sind. Unser Plan für die nächsten Kapitel sieht damit wie folgt aus:

- *Kapitel 17* (dieses Kapitel): Wie können wir mit unterschiedlichen Speicheranforderungen umgehen? Konkret, wie können verschiedene **vector**-Container für eine unterschiedlich große Anzahl an Elementen ausgelegt werden und wie kann ein einzelner **vector**-Container im Laufe seines Lebens unterschiedlich viele Elemente beherbergen? Diese Überlegungen führen uns zu Konzepten wie Freispeicher (Heap), Zeigern, Casts (expliziten Typumwandlungen) und Referenzen.

- *Kapitel 18*: Wie können wir **vector**-Container kopieren? Wie können wir erreichen, dass man mittels Indizes auf die Elemente in einem **vector**-Container zugreifen kann? Daneben stellen wir Ihnen noch das Konzept der Arrays vor und untersuchen, in welcher Beziehung diese zu Zeigern stehen.

- *Kapitel 19*: Wie können wir **vector**-Container für verschiedene Elementtypen erzeugen? Und wie können wir Fehlern begegnen, die durch Zugriffe über ungültige Indizes entstehen? Zur Beantwortung dieser Fragen werden wir uns mit zwei weiteren C++-Konzepten beschäftigen: Templates und Ausnahmen.

Neben den neuen Sprachelementen und -techniken, die wir hier einführen, um zu einer flexiblen, effizienten und typischeren Vektor-Implementierung zu gelangen, werden wir auch auf viele Sprachkonzepte und Programmiertechniken zurückgreifen, die Sie bereits aus den vorangehenden Kapiteln kennen. Dabei werden wir hin und wieder die Gelegenheit ergreifen, für diese Elemente eine etwas formalere und technischere Definition zu geben.

Wir sind nun also an dem Punkt angekommen, an dem wir direkt mit Speicher arbeiten. Doch warum müssen wir dies tun? Die Typen **vector** und **string** aus der Standardbibliothek sind nützlich, vielseitig und leicht zu verwenden. Warum begnügen wir uns nicht einfach damit, sie zu verwenden? Wozu sie analysieren? Schließlich wurden Container wie **vector** oder **string** dazu entworfen, uns die Auseinandersetzung mit den unerfreulicheren Aspekten realen Speichers zu ersparen. Wir könnten dies so hinnehmen – oder wir vertiefen uns in die elementarsten Techniken der Speicherverwaltung, um zu verstehen, was sich dahinter verbirgt. Warum aber sollten wir es nicht einfach hinnehmen, warum nicht „einfach an Zauberei glauben" oder – um es etwas positiver zu formulieren – darauf vertrauen, dass die Autoren von **vector** genau wussten, was sie taten? Nun, wir verlangen ja nicht, dass Sie sich in die Physik der Hardware vertiefen, die für die Funktionsfähigkeit Ihres Computerspeichers sorgen.

Wir sind Programmierer (Informatiker, Softwareentwickler etc.), keine Physiker oder Elektroniker. Wären wir Studenten der Halbleiterelektronik, müssten wir uns im Zuge unserer Ausbildung auch mit dem Layout des Computerspeichers befassen. Als werdende Programmierer aber ist es unsere Aufgabe, uns in das Design von Programmen einzuarbeiten. Rein theoretisch könnten wir daher die maschinennahen Low-Level-Techniken für die Speicherverwaltung – ähnlich wie die Physik der Hardware – als

17 Vektoren und Freispeicher

„Implementierungsdetails" ansehen. Dies hieße allerdings nicht nur, dass wir auf viele Dinge „blind" vertrauen müssten; es würde auch bedeuten, dass wir nicht in der Lage wären, bei Bedarf neue, eigene Container zu implementieren (eine Aufgabe, die für Programmierer nicht unbedingt ungewöhnlich ist). Außerdem wären wir unfähig, die Unmenge an bestehendem C- und C++-Code zu verstehen, der direkt auf den Speicher zugreift. Wie wir in den nachfolgenden Kapiteln sehen werden, sind Zeiger (eine Low-Level-Technik für den direkten Verweis auf ein Objekt) auch aus diversen anderen Gründen nützlich, die nichts mit der Speicherverwaltung zu tun haben. Es ist nicht leicht, C++ effizient einzusetzen, ohne hin und wieder auf Zeiger zurückzugreifen.

Meiner Überzeugung nach – und darin stimme ich mit vielen anderen Computerexperten überein – ist ein gewisses Basiswissen über die Art und Weise, wie Programme in den Speicher und die Operationen eines Computers abgebildet werden, sogar unverzichtbar, wenn man nicht später ernsthafte Schwierigkeiten mit dem Verständnis höherer Programmierkonzepte wie Datenstrukturen, Algorithmen oder Betriebssystemeigenheiten haben möchte.

17.2 Vektor-Grundlagen

Wir beginnen den schrittweisen Entwurf von **vector** mit der Untersuchung eines sehr einfachen Anwendungsfalls:

vector<double> age(4);   // ein vector-Container mit 4 Elementen vom Typ double
age[0]=0.33;
age[1]=22.0;
age[2]=27.2;
age[3]=54.2;

Offensichtlich wird hier ein **vector**-Container mit vier Elementen vom Typ **double** erzeugt. Anschließend werden den vier Elementen die Werte **0.33**, **22.0**, **27.2** und **54.2** zugewiesen, wobei die Elemente über die Nummern 0, 1, 2, 3 angesprochen werden. Die Nummerierung (Indizierung) der Elemente von Containern der Standardbibliothek beginnt stets mit 0 (null). Sie folgt damit einer weitverbreiteten und speziell unter C++-Programmierern universell gültigen Konvention. Die Anzahl Elemente in einem **vector**-Container wird auch als seine Größe bezeichnet. Die Größe von **age** ist demnach 4. Die Elemente eines **vector**-Containers werden von 0 bis Größe-1 durchnummeriert (indiziert). Die Nummerierung der Elemente von **age** geht folglich von **0** bis **age.size()-1**.

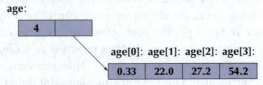

Abbildung 17.1: Grafische Darstellung des **age**-Containers

▶ Abbildung 17.1 zeigt ein grafisches Modell unseres **age**-Containers. Die Frage, die sich uns nun stellt, ist, wie wir diese grafische Darstellung im Speicher eines Computers Wirklichkeit werden lassen? Wie erreichen wir, dass die Werte wie dargestellt gespeichert und adressiert werden können? Offensichtlich müssen wir eine Klasse definieren und wir möchten diese Klasse **vector** nennen. Weiterhin benötigen wir zwei Membervariablen: eine zum Abspeichern der Containergröße und eine zur Verwahrung der Elemente. Wie aber repräsentieren wir eine Menge von Elementen, wenn die Anzahl der Elemente nicht feststeht? Wir könnten eine Instanz des **vector**-Typs aus der Standardbibliothek verwenden, doch in unserem Falle wäre das natürlich gemogelt: Schließlich geht es uns ja darum zu sehen, wie man einen **vector**-Typ allein mit den Mitteln der Sprache implementiert.

Zurück zu unserem Modell! Wie können wir den Pfeil aus Abbildung 17.1 in Code umsetzen? Versuchen wir es zunächst ohne den Pfeil. Wir könnten eine Datenstruktur fester Größe definieren:

```
class vector {
  int size, age0, age1, age2, age3;
  // ...
};
```

Wenn wir diese Definition unter großzügiger Hinwegsetzung über verschiedene syntaktische Details auf unser Ausgangsmodell übertragen, erhalten wir das Modell einer Datenstruktur, die wie in ▶ Abbildung 17.2 aussieht.

	age:			
size:	age[0]:	age[1]:	age[2]:	age[3]:
4	0.33	22.0	27.2	54.2

Abbildung 17.2: Ansatz mit einer Datenstruktur fester Größe

Das ist ein einfaches und leicht umzusetzendes Konzept. Doch beim ersten Versuch, mit **push_back()** ein Element hinzufügen, sind wir verloren: Es gibt keine Möglichkeit zum Hinzufügen weiterer Elemente; die Anzahl ist im Programmcode auf vier festgelegt. Was wir brauchen, ist demnach eine flexiblere Lösung. (Wenn wir **vector** mit einer festen Anzahl Elemente definieren, können Operationen wie **push_back()**, die die Anzahl der Elemente im Container verändern, nicht implementiert werden.) Was wir brauchen, ist im Wesentlichen eine Membervariable, die auf die Sammlung der verwahrten Elemente „zeigt", damit wir sie bei Bedarf, wenn wir mehr Speicher benötigen, auf eine andere Sammlung von Elementen umlenken können. Das heißt, wir brauchen so etwas wie die Speicheradresse des ersten Elements. In C++ werden Datentypen, die Adressen speichern können, als *Zeiger* bezeichnet und mit dem Suffix * gekennzeichnet. Der Typ **double*** wäre also ein „Zeiger auf **double**". Damit wären wir so weit, die erste Version unserer **vector**-Klasse zu definieren:

```
// ein stark vereinfachter Vektor für double-Werte (als Äquivalent zu vector<double>)
class vector {
  int sz;           // die Größe
  double* elem;     // Zeiger auf das erste Element (vom Typ double)
public:
  vector(int s);    // Konstruktor: reserviere Speicher für s double-Werte,
                    // lass elem auf sie verweisen,
                    // speichere s in sz
  int size() const { return sz; } // die aktuelle Größe
};
```

Etwas später im Kapitel werden wir weiter am Entwurf unserer **vector**-Klasse arbeiten. Zunächst aber wollen wir etwas genauer untersuchen, was ein Zeiger ist. Zeiger – zusammen mit dem nahe verwandten Konzept der Arrays – sind der Schlüssel zur Handhabung von Speicher in C++.

17.3 Speicher, Adressen und Zeiger

Der Speicher eines Computers besteht aus einer Folge von Bytes. Wir können die Bytes durchnummerieren, beginnend mit 0 und endend mit dem letzten Byte. Diese Nummern, die Positionen im Speicher angeben, nennen wir *Adressen*. Stellen Sie sich eine Adresse als eine Art von Integer-Wert vor. Das erste Byte im Speicher hat die Adresse 0, das zweite die Adresse 1 und so weiter (siehe ▶ Abbildung 17.3).

Abbildung 17.3: Modell eines Speicherbereichs von einem Megabyte

Alles, was wir im Speicher ablegen, hat eine Adresse:

int var = 17;

Dieser Code reserviert irgendwo im Arbeitsspeicher für **var** ein „**int**-großes" Stück Speicher und legt in diesem Speicherbereich den Wert 17 ab. Wie Werte können Adressen selbst ebenfalls gespeichert und bearbeitet werden. Ein Objekt, das als Wert eine Adresse enthält, nennt man einen *Zeiger*. Entsprechend bezeichnet man den Typ, der zur Aufbewahrung eines **int**-Werts benötigt wird, als „Zeiger auf **int**" oder einen „**int**-Zeiger". Die zugehörige Notation lautet **int***:

int* ptr = &var;   // ptr speichert die Adresse von var

Mit dem „Adresse von"-Operator, symbolisiert durch das unäre **&**, kann man die Adresse eines Objekts abfragen. Würde **var** also an der Adresse 4.096 (binär 2^{12}) beginnen, enthielte **ptr** den Wert 4.096 (siehe ▶ Abbildung 17.4).

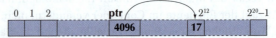

Abbildung 17.4: Der Wert eines Zeigers ist die Adresse, auf die er verweist

Wie erwähnt betrachten wir den Speicher unseres Computers grundsätzlich als eine Folge von Bytes, die von 0 bis zur Größe des Speichers minus 1 nummeriert sind. Für manche Maschinen ist dies eine Vereinfachung, aber als einführendes Programmiermodell für den Speicher genügt es vollauf.

Zu jedem Typ gibt es einen korrespondierenden Zeigertyp, wie zum Beispiel:

char ch = 'c';
char* pc = &ch;   // Zeiger auf char

int ii = 17;
int* pi = ⅈ   // Zeiger auf int

Wenn wir an dem Wert des Objekts, auf welches der Zeiger weist, interessiert sind, können wir dazu den „Inhalt von"-Operator, symbolisiert durch das unäre *****, verwenden:

cout << "pc==" << pc << "; Inhalt von pc==" << *pc << "\n";
cout << "pi==" << pi << "; Inhalt von pi==" << *pi << "\n";

Die Ausgabe für ***pc** wird das Zeichen **c** und die Ausgabe für ***pi** wird der Integer-Wert 17 sein. Die Ausgaben für **pc** und **pi** hängen davon ab, wo der Compiler Speicher für unsere Variablen **ch** und **ii** reserviert hat. Auch die Darstellung der Zeigerwerte (Adressen) auf der Konsole kann variieren. Meist werden Adressen als Hexadezimalzahlen (§A.2.1.1) dargestellt. Es ist aber möglich, dass Ihr System eine andere Konvention benutzt.

Der „Inhalt von"-Operator (vielen Programmierer besser bekannt als der Dereferenzierungsoperator) kann auch auf der linken Seite einer Zuweisung verwendet werden:

```
*pc = 'x';   // O.K.: Sie können dem char, auf das pc zeigt, den Wert 'x' zuweisen
*pi = 27;    // O.K.: ein int*-Zeiger zeigt auf ein int, also ist *pi ein int
*pi = *pc;   // O.K.: Sie können einem int (pi) ein char (pc) zuweisen
```

Obwohl der Inhalt eines Zeigers als Integer-Wert ausgegeben werden kann, darf man daraus nicht ableiten, dass ein Zeiger ein Integer-Typ wäre. „Worauf zeigt eine int-Variable?" ist keine korrekte Frage. Das Zeigen oder Verweisen ist eine spezielle Fähigkeit der Zeiger, Variablen vom Typ int besitzen diese Fähigkeit nicht. Entsprechend stellt ein Zeigertyp Operationen zur Programmierung mit Adressen zur Verfügung, während der int-Typ die nötigen (arithmetischen und logischen) Operationen für ganze Zahlen bereitstellt. Zeiger und Integer sind also nicht implizit dasselbe.

```
int i = pi;  // Fehler: Zuweisung eines int*-Zeigers an eine int-Variable nicht möglich
pi = 7;      // Fehler: Zuweisung eines int-Werts an einen int*-Zeiger nicht möglich
```

Ebenso ist ein Zeiger auf char (ein char*) kein Zeiger auf int (ein int*):

```
pc = pi;  // Fehler: Zuweisung eines int*-Zeigers an einen char*-Zeiger nicht möglich
pi = pc;  // Fehler: Zuweisung eines char*-Zeigers an einen int*-Zeiger nicht möglich
```

Warum ist es ein Fehler, pc an pi zuzuweisen? Ein Grund ist, dass ein char-Objekt üblicherweise viel kleiner ist als ein int-Objekt. Betrachten Sie dazu folgenden Code:

```
char ch1 = 'a';
char ch2 = 'b';
char ch3 = 'c';
char ch4 = 'd';
int* pi = &ch3;  // zeige auf ch, ein char-großer Speicherblock
                 // Fehler: Zuweisung eines char* an einen int* nicht möglich
                 // wir wollen aber annehmen, es hätte doch geklappt
*pi = 12345;     // schreibe in einen int-großen Speicherblock
*pi = 67890;
```

Auf welche Weise genau der Compiler Speicher für Variablen reserviert, ist implementierungsabhängig. Es ist aber sehr gut möglich, dass der obige Code zu einer Speicherbelegung wie in ▶ Abbildung 17.5 führt.

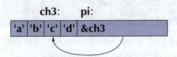

Abbildung 17.5: Speicherbelegung für vier char-Variablen und einen int-Zeiger (siehe Codebeispiel)

Würde der Compiler den obigen Code akzeptieren und übersetzen, würde der Wert 12345 in den Speicherbereich geschrieben, der an der Adresse &ch3 beginnt. Dies hätte unzweifelhaft zur Folge, dass in der Nachbarschaft liegender Speicher, beispielsweise für ch2 oder ch4, überschrieben wird.

Wenn wir Pech haben (was wahrscheinlich ist), werden sogar noch Teile von **pi** überschrieben, was wiederum dazu führt, dass die Zuweisung ***pi=67890** den Wert **67890** in einen ganz anderen Teil des Speichers schreibt. Seien Sie also froh, dass der Compiler Zuweisungen zwischen unterschiedlichen Zeigertypen nicht erlaubt. Und seien Sie gewarnt, denn auf dieser maschinennahen Programmierebene bietet der Compiler nur sehr selten einen vergleichbaren Schutz.

In den eher seltenen Fällen, wo es unumgänglich ist, einen **int**-Wert in einen Zeiger oder einen Zeiger von einem Typ in einen anderen Typ umzuwandeln, müssen Sie **reinterpret_cast** verwenden (siehe §17.8).

Wir sind hier ganz nahe an der Hardware. Kein sehr freundlicher Ort für Programmierer. Wir haben nur wenige primitive Operationen zur Verfügung und kaum Unterstützung vonseiten der Sprache oder der Standardbibliothek. Trotzdem müssen wir uns mit diesen Techniken auseinandersetzen, wenn wir verstehen wollen, wie **vector** und andere höhere Datenstrukturen implementiert sind. Und wir müssen lernen, diese Techniken korrekt einzusetzen, denn nicht jedes Problem kann mit High-Level-Code gelöst werden (siehe Kapitel 25). Einen pädagogischen Wert hat der vorübergehende Verzicht auf die Hilfsmitteln der höheren Programmierung überdies auch noch: So lernen wir deren Komfort und vergleichsweise Sicherheit richtig wertzuschätzen. Unser Ziel bleibt es allerdings, immer auf der höchsten Abstraktionsebene zu arbeiten, die für ein gegebenes Problem möglich ist. In diesem und den beiden nachfolgenden Kapiteln zeigen wir daher, wie man durch Implementierung einer **vector**-Datenstruktur zurück auf eine höhere Ebene gelangt.

17.3.1 Der sizeof-Operator

Wie viel Speicher wird für einen **int**-Wert nun wirklich benötigt? Wie viel für einen Zeiger? Solche Fragen kann uns der **sizeof**-Operator beantworten:

```
cout << "Die Groesse von char ist " << sizeof(char) << ' ' << sizeof ('a') << '\n';
cout << "Die Groesse von int ist " << sizeof(int) << ' ' << sizeof (2+2) << '\n';
int* p = 0;
cout << "Die Groesse von int* ist " << sizeof(int*) << ' ' << sizeof (p) << '\n';
```

Wie man sieht, können wir den **sizeof**-Operator sowohl auf Typnamen wie auch auf Ausdrücke anwenden. Im Falle eines Typs liefert **sizeof** die Größe eines Objekts des angegebenen Typs zurück. Im Falle eines Ausdrucks liefert **sizeof** die Größe des Typs, dem das Ergebnis angehört. Das Ergebnis von **sizeof** ist immer eine positive ganze Zahl und die Einheit ist **sizeof(char)**, was definitionsgemäß gleich **1** ist. Da für **char** üblicherweise genau ein Byte reserviert wird, gibt **sizeof** also letzten Endes die Anzahl Bytes zurück.

> ### Testen Sie Ihr Können
>
> Führen Sie den obigen Beispielcode aus und sehen Sie sich die Ausgabe des Codes an. Erweitern Sie dann das Beispiel und bestimmen Sie die Größe weiterer Typen wie **bool, double** etc.

Es gibt *keine* Garantie dafür, dass ein Typ unter jeder Implementierung von C++ dieselbe Größe hat. So liefert **sizeof(int)** derzeit auf den meisten Laptops und Desktop-PCs den Wert 4, was bei 8 Bit pro Byte bedeutet, dass ein **int** 32 Bit groß ist. Prozessoren für eingebettete Systeme mit 16-Bit-**int**-Werten und Hochleistungsarchitekturen mit 64-Bit-**int**-Werten sind aber ebenfalls weitverbreitet.

Wie viel Speicher belegt ein **vector**-Objekt? Um dies herauszufinden, können wir schreiben:

vector<int> v(1000);
cout << "Die Groesse von vector<int>(1000) ist " << sizeof (v) << '\n';

Die Ausgabe wird ungefähr wie folgt aussehen:

Die Groesse von vector<int>(1000) ist 20

Wie dieser Wert zustande kommt, wird sich im Laufe dieses und des nächsten Kapitels noch klären (siehe auch §19.2.1). Wir können aber jetzt bereits feststellen, dass **sizeof** die Elemente nicht mitzählt.

17.4 Freispeicher und Zeiger

Kommen wir noch einmal auf die **vector**-Implementierung vom Ende des Abschnitts §17.2 zurück. Woher bezieht **vector** den Speicher für die Elemente? Wie erreichen wir, dass der Zeiger **elem** auf die Elemente weist? Wenn Sie ein C++-Programm starten, reserviert der Compiler Speicher für Ihren Code (der sogenannte *Code*- oder *Textspeicher*) und für die globalen Variablen, die Sie definiert haben (der sogenannte *statische Speicher*). Des Weiteren reserviert er Speicher, der für Funktionsaufrufe und deren Argumente und lokale Variablen benötigt wird (der sogenannte *Stack*- oder *automatische Speicher*). Der restliche Arbeitsspeicher des Computers kann grundsätzlich nach Belieben eingesetzt werden, er ist „frei" (siehe ▶ Abbildung 17.6).

Abbildung 17.6: Modell für die Speicherbelegung eines Programms

Zur Erschließung diesen freien Speichers, des sogenannten *Freispeichers* oder *Heaps*, stellt C++ den Operator **new** zur Verfügung:

double* p = new double[4];   // lege 4 double-Objekte im Freispeicher an

Dieser Code fordert das C++-Laufzeitsystem auf, im Freispeicher 4 **double**-Werte anzulegen (man spricht auch von „Allokation" (Zuteilung) oder Speicherreservierung) und einen Zeiger auf das erste **double**-Objekt zurückzuliefern. Mit diesem Zeiger initialisieren wir unsere Zeigervariable **p** (siehe ▶ Abbildung 17.7).

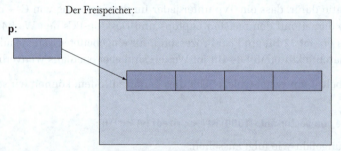

Abbildung 17.7: Der Zeiger **p** weist auf einen Speicherblock, der im Freispeicher reserviert wurde

Der **new**-Operator gibt einen Zeiger auf das von ihm angelegte Objekt zurück. Wenn er mehrere Objekte erzeugt (ein Feld bzw. Array), liefert er einen Zeiger auf das erste dieser Objekte zurück. Ist dieses Objekt vom Typ **X**, so ist der von **new** zurückgegebene Zeiger vom Typ **X***. Zum Beispiel:

char* q = new double[4];   // Fehler: Zuweisung von double* an char*

Hier liefert **new** einen Zeiger auf **double** zurück. Da ein **double** kein **char** ist, sollten (und können) wir den zurückgelieferten Zeiger nicht der „Zeiger auf **char**"-Variablen **q** zuweisen.

17.4.1 Freispeicher reservieren (Allokation)

Speicher, der auf dem *Freispeicher* reserviert werden soll, fordern wir mit dem **new**-Operator an:

- Der **new**-Operator gibt einen Zeiger auf den reservierten Speicherbereich zurück.
- Der Wert eines Zeigers ist die Adresse des ersten Speicherbytes.
- Ein Zeiger weist auf ein Objekt eines bestimmten Typs.
- Ein Zeiger weiß *nicht*, auf wie viele Elemente er verweist.

Der **new**-Operator kann einzelne Elemente oder Folgen von Elementen (Arrays) anlegen. Zum Beispiel:

int* pi = new int;   // alloziere ein int-Objekt
int* qi = new int[4];   // alloziere 4 int-Objekte (ein Array von 4 int-Objekten)

double* pd = new double;   // alloziere ein double-Objekt
double* qd = new double[n]; // alloziere n double-Objekte (ein Array von
                                 // n double-Objekten)

Beachten Sie, dass die Anzahl der Objekte, die angelegt werden sollen, durch eine Variable angegeben werden kann. Dies ist insofern von Bedeutung, als es uns die Möglichkeit gibt, erst zur Laufzeit festzulegen, wie viele Objekte alloziert werden sollen. Für **n** gleich **2** ergibt sich z.B. die Speicherbelegung aus ▶ Abbildung 17.8.

Abbildung 17.8: Speicherbelegung für einzelne Objekte und Felder (Arrays) von Objekten

Zeiger auf Objekte von unterschiedlichen Typen stellen selbst ebenfalls unterschiedliche Typen dar. Zum Beispiel:

pi = pd; // Fehler: Zuweisung von double* an int* nicht möglich
pd = pi; // Fehler: Zuweisung von int* an double* nicht möglich

Warum scheitern diese Zuweisungen? Schließlich ist es doch auch möglich, einen **int**-Wert an eine **double**-Variable und einen **double**-Wert an eine **int**-Variable zuzuweisen. Der Grund ist der []-Operator, der die Größe des Elementtyps benötigt, um berechnen zu können, wo ein bestimmtes Element zu finden ist. So liegt zum Beispiel **qi[2]** im Speicher genau zwei **int**-Blöcke von **qi[0]** entfernt und **qd[2]** liegt zwei **double**-Blöcke hinter **qd[0]**. Für zwei Typen wie **int** und **double**, die auf vielen Rechnern unterschiedlich groß sind, bedeutet dies, dass wir vermutlich ziemlich merkwürdige Ergebnisse erhalten, wenn wir versuchen, mit **qi** auf den Speicher zuzugreifen, der für **qd** reserviert wurde.

So weit der „praktische Grund". Der theoretische Grund ist einfach, dass „Zuweisungen zwischen Zeigern unterschiedlicher Typen auch Typfehler zulassen würden".

17.4.2 Zugriff über Zeiger

Neben dem Dereferenzierungsoperator * können wir auch den Indexoperator [] auf Zeiger anwenden.

double* p = new double[4]; // lege 4 double-Objekte im Freispeicher an
double x = *p; // lies das (erste) Objekt, auf das p zeigt
double y = p[2]; // lies das dritte Objekt, auf das p zeigt

Wenig überraschend beginnt der Indexoperator seine Zählung mit 0 – ganz so wie der Indexoperator von **vector**. Folglich verweist **p[2]** auf das dritte Element und **p[0]** ist das erste Element. Das heißt, **p[0]** bedeutet genau dasselbe wie ***p**. Die beiden Operatoren [] und * können auch wie folgt verwendet werden:

*p = 7.7; // schreibe in das (erste) Objekt, auf das p zeigt
p[2] = 9.9; // schreibe in das dritte Objekt, auf das p zeigt

Zeiger weisen auf Objekte im Speicher. Mithilfe des „Inhalt von"- oder Dereferenzierungsoperators können wir auf das Objekt zugreifen, auf das ein Zeiger wie **p** weist, um es zu lesen oder zu schreiben.

double x = *p; // lies das Objekt, auf das p zeigt
*p = 8.8; // schreibe in das Objekt, auf das p zeigt

Wenn der []-Operator auf einen Zeiger angewendet wird, betrachtet er den Speicher als eine Folge von Objekten (des Typs, der in der Zeigerdeklaration angegeben wurde) und den Zeiger als einen Verweis auf das erste dieser Objekte.

```
double x = p[3];    // lies das vierte Objekt, auf das p zeigt
p[3] = 4.4;         // schreibe in das vierte Objekt, auf das p zeigt
double y = p[0];    // p[0] ist das Gleiche wie *p
```

Das ist alles. Es gibt keine Überprüfung, keine implementierte Intelligenz, nur den schlichten Zugriff auf den Arbeitsspeicher unseres Rechners (siehe ▶ Abbildung 17.9).

p[0]:	p[1]:	p[2]:	p[3]:
8.8		9.9	4.4

Abbildung 17.9: Mit dem Indexoperator kann man auf nebeneinanderliegende Objekte im Freispeicher zugreifen

Dieser Mechanismus ist einfach, äußerst effizient und genau das, was wir für die Implementierung unseres **vector**-Typs benötigen.

17.4.3 Bereiche

Das größte Problem im Umgang mit Zeigern besteht darin, dass ein Zeiger nichts darüber weiß, auf wie viele Elemente er weist.

```
double* pd = new double[3];
pd[2] = 2.2;
pd[4] = 4.4;
pd[- 3] = - 3.3;
```

Gibt es für **pd** ein drittes Element **pd[2]**? Gibt es ein fünftes Element **pd[4]**? Ein Blick auf die Definition von **pd** sagt uns, dass die Antwort einmal „Ja" und einmal „Nein" lautet. Der Compiler hingegen weiß keine Antwort auf diese Fragen, weil er über die zugewiesenen Zeigerwerte nicht Buch führt. Unser Code greift daher auf den Speicher zu, als hätten wir ausreichend Speicher reserviert. Er greift sogar auf **pd[-3]** zu, als ob die Position drei **double**-Einheiten vor der Adresse, auf die **pd** weist, Teil unserer Speicherreservierung wäre, siehe ▶ Abbildung 17.10.

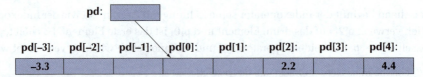

Abbildung 17.10: Der Indexoperator für Zeiger teilt den Speicher ausgehend von der Adresse, auf die der Zeiger weist, in Speicherblöcke (von der Größe des deklarierten Objekttyps)

Auch wenn wir nicht wissen, wofür die Speicherbereiche verwendet werden, auf die **pd[-3]** und **pd[4]** verweisen, so können wir zumindest ganz sicher sein, dass sie nicht als Teil unseres **double**-Arrays gedacht waren, auf das **pd** weist. Höchstwahrscheinlich sind sie Teil irgendwelcher anderen Objekte, in die wir mit unserem Code nun hineingeschrieben haben. Keine gute Praxis. Schlimmer noch, Code wie dieser hat meist desaströse Folgen, die dann zu Erkenntnissen führen wie „Mein Programm stürzt aus unerfindlichen Gründen immer wieder ab" oder „Mein Programm liefert falsche Ergebnisse". Sprechen

Sie diese Aussagen ruhig einmal laut nach. Klingt nicht gut, oder? Wir sollten daher stets bemüht sein, Zugriffe außerhalb des gültigen Bereichs (Out-of-Range-Zugriffe) zu vermeiden. Out-of-Range-Zugriffe sind deshalb besonders hässlich, weil sie Programmteile betreffen, die scheinbar nichts miteinander zu tun haben. Wenn wir außerhalb des vorgesehenen Bereichs lesen, erhalten wir einen „zufälligen" Wert, der unter Umständen auf gänzlich anderen Berechnungen basiert. Wenn wir außerhalb des vorgesehenen Bereichs schreiben, laufen wir Gefahr ein anderes Objekt in einen „unvorhergesehenen" Zustand zu versetzen oder ihm einfach einen vollkommen unerwarteten und falschen Wert zu geben. Da die Effekte solcher Schreibzugriffe üblicherweise erst lange nach dem eigentlichen Zugriff bemerkt werden, sind sie nur äußerst mühsam aufzuspüren. Und die Suche wird zusätzlich noch dadurch erschwert, dass wiederholte Sitzungen mit dem fehlerhaften Programm bereits für leicht variierte Eingaben gänzlich unterschiedliche Ergebnisse liefern können. Fehler dieser Art, sogenannte „vorübergehende Fehler" (*transient bugs*) gehören zu den am schwersten zu findenden Fehlern überhaupt.

Unser Ziel ist es, Out-of-Range-Zugriffe komplett auszuschließen. Dies ist auch einer der Gründe dafür, dass wir benötigten Speicher nicht mit **new** reservieren, sondern lieber auf **vector** zurückgreifen. Ein **vector**-Container kennt seine Größe, sodass er (oder wir) Out-of-Range-Zugriffe leicht vermeiden können. `Tipp`

Erschwert wird die Vermeidung von Out-of-Range-Zugriffen durch den Umstand, dass wir einem **double***-Zeiger jeden anderen **double***-Zeiger zuweisen können – unabhängig davon, auf wie viele Objekte die Zeiger weisen. Zeiger wissen eben nichts über die Anzahl der Objekte, auf die sie verweisen, und es spielt für sie auch keine Rolle:

```
double* p = new double;        // alloziere ein double-Objekt
double* q = new double[1000];  // alloziere 1000 double-Objekte

q[700] = 7.7;                  // okay
q = p;                         // richte q auf dieselbe Adresse wie p
double d = q[700];             // Out-of-Range-Zugriff!
```

Hier weist **q[700]** in nur drei Codezeilen auf zwei unterschiedliche Speicherbereiche und verursacht zuletzt noch einen Zugriffsfehler, der vermutlich in einer Katastrophe endet (siehe ▶ Abbildung 17.11).

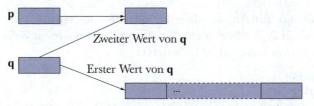

Abbildung 17.11: Zuweisungen zwischen Zeigern gleichen Typs werden vom Compiler nicht abgefangen

Mittlerweile sollten Sie sich fragen: „Warum können sich Zeiger nicht ihre Größe merken?" Offensichtlich wären wir durchaus in der Lage, einen „Zeiger" zu entwerfen, der genau dies kann – der **vector**-Typ kommt dem ja schon ziemlich nah, und in der Literatur und den C++-Bibliotheken findet man nicht wenige „intelligente Zeiger", die die Schwäche der integrierten Low-Level-Zeiger kompensieren sollen. Auf irgendeiner Ebene müssen wir allerdings an die Maschinenebene heranreichen und ein Verständnis dafür entwickeln, wie Objekte adressiert werden – und eine Maschinenadresse „weiß" eben nicht, was sie adressiert. Außerdem gibt es eine Menge existierenden Codes, der ohne fundierte Kenntnisse der Zeigerprogrammierung kaum zu verstehen und entschlüsseln ist.

17.4.4 Initialisierung

Wie üblich ist es unser Ziel sicherzustellen, dass einem Objekt, das wir verwenden, zuvor ein Wert zugewiesen wurde. In diesem Fall bedeutet das, dass wir sicherstellen möchten, dass unsere Zeiger initialisiert sind und dass auch die Objekte, auf die unsere Zeiger verweisen, initialisiert sind. Betrachten Sie dazu folgenden Code:

```
double* p0;                      // nicht initialisiert: potenzielle Fehlerquelle
double* p1 = new double;         // lege ein nicht initialisiertes double-Objekt an
double* p2 = new double(5.5);    // lege ein mit 5.5 initialisiertes double-Objekt an
double* p3 = new double[5];      // lege fünf nicht initialisierte double-Objekte an
```

Den Zeiger **p0** zu deklarieren, ohne ihn zu initialisieren, bedeutet das Schicksal herauszufordern:

```
*p0 = 7.0;
```

Dies wird den Wert **7.0** irgendwo in den Speicher schreiben. Wo genau, können wir nicht sagen. Vielleicht bleibt der Zugriff folgenlos, doch Sie sollten sich niemals, niemals, niemals darauf verlassen. Denn früher oder später erhalten Sie das gleiche Ergebnis wie für einen Out-of-Range-Zugriff: „Mein Programm stürzt aus unerfindlichen Gründen immer wieder ab" oder „Mein Programm liefert falsche Ergebnisse". Ein erschreckend großer Prozentsatz von ernsthaften Problemen mit C++-Programmen, die im alten Stil verfasst sind („C-Stil-Programme"), gehen auf Zugriffe über nicht initialisierte Zeiger und ungültige Indizes zurück. In unseren eigenen Programmen sollten wir daher unser Möglichstes tun, um solche Zugriffe zu verhindern: Einerseits weil wir um Professionalität bemüht sind und andererseits weil wir unsere Zeit gewiss nicht mit der Suche nach solchen Fehlern vergeuden wollen. Kaum eine Tätigkeit ist frustrierender und ermüdender. Es ist viel angenehmer und produktiver, Fehler von vornherein auszuschließen als ihnen nachzuspüren.

Speicher, der mit **new** reserviert wird, ist für integrierte Typen nicht initialisiert. Sollte Ihnen dies missfallen, können Sie zur Initialisierung einzelner Objekte einen Wert vorgeben, so wie wir es für **p2** getan haben: ***p2** ist **5.5**. Beachten Sie die Verwendung der runden Klammern **()** bei der Initialisierung (als Kontrast zu den **[]**-Klammern, die ein Array anzeigen).

Eine entsprechende Syntax zur Angabe eines Initialisierers für ein mit **new** angelegtes Array von Objekten eines integrierten Typs gibt es nicht. Für Arrays müssen wir entweder den Standardinitialisierer akzeptieren oder etwas mehr Arbeit investieren:

```
double* p4 = new double[5];
for (int i = 0; i<5; ++i) p4[i] = i;
```

Jetzt weist **p4** auf die Objekte vom Typ **double**, die die Werte **0.0**, **1.0**, **2.0**, **3.0** und **4.0** enthalten.

Wie üblich sollte unsere Sorge vor allem nicht initialisierten Objekten gelten, und wir sollten sicherstellen, dass diese vor dem ersten Lesezugriff einen Wert zugewiesen bekommen. Beachten Sie, dass viele Compiler einen „Debug-Modus" besitzen, indem sie automatisch alle Variablen mit einem bestimmten Wert (meist 0) initialisieren. Das bedeutet, dass Programme mit nicht initialisierten Variablen sich ganz plötzlich anders verhalten können, wenn Sie das Programm vom Compiler optimieren lassen, es auf einer anderen Maschine kompilieren oder vor der Auslieferung die Debug-Funktionen ausschalten. Lassen Sie sich also nicht mit nicht initialisierten Variablen ein.

Wenn wir unsere eigenen Typen definieren, können wir die Initialisierung besser kontrollieren. Für einen Typ **X** mit einem Standardkonstruktor schreiben wir:

X* px1 = new X;   // ein vom Standardkonstruktor initialisiertes X-Objekt
X* px2 = new X[17]; // 17 vom Standardkonstruktor initialisierte X-Objekte

Einen Typ **Y**, der zwar über einen Konstruktor, nicht aber einen Standardkonstruktor verfügt, müssen wir explizit initialisieren:

Y* py1 = new Y;   // Fehler: kein Standardkonstruktor
Y* py2 = new Y[17];   // Fehler: kein Standardkonstruktor
Y* py3 = new Y(13);   // O.K.: initialisiert als Y(13)

17.4.5 Der Nullzeiger

Gibt es keinen anderen Zeiger, mit dem Sie einen neu deklarierten Zeiger initialisieren könnten, weisen Sie **0** (null) zu:

double* p0 = 0; // der Nullzeiger

In solchen Fällen, wenn die **0** an einen Zeiger zugewiesen wird, sprechen wir nicht mehr vom Nullwert, sondern vom *Nullzeiger*. Und häufig testen wir, ob ein Zeiger gültig ist (d.h., ob er auf etwas zeigt), indem wir ihn mit **0** vergleichen:

if (p0 != 0)   // gehe davon aus, dass p0 gültig ist

Dies ist nicht gerade ein perfekter Test, denn **p0** könnte einen „zufälligen" Wert enthalten, der ungleich null ist, oder die Adresse eines Objekts, das mit **delete** gelöscht wurde (siehe §17.4.6). Oft ist es aber das Beste, was wir tun können. Die explizite Erwähnung von 0 in der Bedingung ist überflüssig, da die **if**-Anweisung automatisch prüft, ob ihre Bedingung ungleich null ist:

if (p0)   // gehe davon aus, dass p0 gültig ist (äquivalent zu p0!=0)

Wir bevorzugen diese kürzere Form, weil sie unserer Meinung nach die Idee „**p0** ist gültig" klarer wiedergibt – aber das ist natürlich Geschmackssache.

> **Tipp**

Wir benötigen den Nullzeiger vor allem für Szenarien, in denen ein Zeiger nur zeitweise auf ein Objekt weist. Solche Situationen kommen allerdings seltener vor, als man glauben könnte. Viele potenzielle Szenarien lösen sich auf, wenn man sich ernsthaft folgende Fragen stellt: Wozu einen Zeiger definieren, wenn es noch kein Objekt gibt, auf das der Zeiger verweisen könnte? Wäre es nicht möglich zu warten, bis das Objekt existiert?

17.4.6 Freispeicher freigeben (Deallokation)

Der **new**-Operator reserviert („beschafft") einem Programm Speicherblöcke aus dem Freispeicher. Nun ist der Arbeitsspeicher eines Computers aber begrenzt, weswegen es sich empfiehlt, Speicherbereiche, die nicht weiter benötigt werden, wieder an den Freispeicher zurückzugeben. Auf diese Weise kann der Freispeicher die betreffenden Bereiche für nachfolgende Reservierungen verwenden. Für größere Programme oder Programme, die längere Zeit am Stück ausgeführt werden, ist die Freigabe des nicht mehr benötigten Speichers geradezu ein Muss. Betrachten wir ein Beispiel:

17 Vektoren und Freispeicher

```
double* calc(int res_size, int max)   // erzeugt Speicherlöcher
{
  double* p = new double[max];
  double* res = new double[res_size];
  // verwende p, um die Ergebnisse zu berechnen, die in res abgelegt werden sollen
  return res;
}

double* r = calc(100,1000);
```

So wie die Funktion **calc()** hier definiert ist, reißt sie bei jedem Aufruf ein „Loch" von der Größe der für **p** reservierten **double**-Objekte in den Speicher (ein sogenanntes „Speicherleck"). Konkret würde z.B. der Aufruf **calc(100,1000)** den Speicher für die 100 **double**-Objekte unerreichbar und damit unbrauchbar für den Rest des Programms zurücklassen.

Der Operator, mit dem man Speicherbereiche an den Freispeicher zurückgeben kann, heißt **delete**. Wir wenden **delete** auf Zeiger an, die von **new** zurückgeliefert wurden, um den Speicher für zukünftige Allokationen wieder an den Freispeicher zurückzugeben. Das verbesserte Beispiel sieht damit wie folgt aus:

```
double* calc(int res_size, int max)
  // für den Speicher, der für res reserviert wurde, ist der Aufrufer verantwortlich
{
  double* p = new double[max];
  double* res = new double[res_size];
  // verwende p, um die Ergebnisse zu berechnen, die in res abgelegt werden sollen
  delete[ ] p;   // dieser Speicher wird nicht mehr benötigt: freigeben
  return res;
}

double* r = calc(100,1000);
// verwende r
delete[ ] r;   // dieser Speicher wird nicht mehr benötigt: freigeben
```

Zufällig demonstriert dieses Beispiel einen der Hauptgründe für die Reservierung von Freispeicher: Mithilfe des Freispeichers können wir innerhalb einer Funktion Objekte erzeugen, die sich an den Aufrufer übergeben lassen.

Es gibt zwei Varianten von **delete**:

- **delete p** gibt den mit **new** reservierten Speicher für ein einzelnes Objekt frei
- **delete[] p** gibt den mit **new** reservierten Speicher für ein Array von Objekten frei

Die Auswahl der jeweils richtigen Version liegt, leider, in der Verantwortung des Programmierers.

 Ein Objekt zweimal zu löschen, ist ein schwerwiegender Fehler:

```
int* p = new int(5);
delete p;   // okay: p zeigt auf ein Objekt, das mit new angelegt wurde
// ... Code, in dem p nicht verwendet wird ...
delete p;   // Fehler: p zeigt auf Speicher, der vom Freispeichermanager verwaltet
            // wird
```

Die zweite **delete p**-Anweisung ist gleich aus verschiedenen Gründen problematisch:

- Das Objekt, auf das verwiesen wird, befindet sich nicht länger in Ihrem Besitz. Es ist daher gut möglich, dass der Freispeichermanager die innere Datenstruktur des Objekts in einer Weise verändert hat, die eine korrekte Ausführung von **delete p** unmöglich macht.
- Der Freispeichermanager könnte den Speicher, auf den **p** verweist, bereits recycelt haben, sodass **p** jetzt auf ein ganz anderes Objekt zeigt, das irgendeinem anderen Teil des Programms gehört. Wenn Sie dieses Objekt löschen, führt dies nahezu unweigerlich zu Fehlern in Ihrem Programm.

Beide Probleme tauchen immer wieder in realen Programmen auf; es sind keineswegs nur theoretische Gefahren.

Einen Nullzeiger zu löschen, hat dagegen überhaupt keinen Effekt (weil der Nullzeiger auf kein Objekt weist). Das Löschen eines Nullzeigers ist demnach vollkommen ungefährlich:

```
int* p = 0;
delete p;   // okay: keine Aktion erforderlich
delete p;   // auch okay (immer noch keine Aktion erforderlich)
```

Warum müssen wir uns eigentlich selbst um das Freigeben des Speichers kümmern? Könnte der Compiler nicht erkennen, wann ein bestimmter Speicherbereich nicht mehr benötigt wird und ihn dann ohne unsere Intervention recyceln? Er kann. Man nennt dies *automatische Speicherbereinigung* oder einfach nur *Speicherbereinigung* („Garbage Collection"). Unglücklicherweise gibt es die automatische Speicherbereinigung nicht umsonst und sie ist auch nicht für alle Arten von Anwendungen von Vorteil. Wenn Sie dennoch an einer automatischen Speicherbereinigung interessiert sind, bauen Sie einen externen Speicherbereiniger in Ihr C++-Programm ein. Gute Speicherbereiniger finden Sie unter *www.research.att.com/~bs/C++.html*. In diesem Buch gehen wir allerdings davon aus, dass Sie sich selbst um Ihren „Müll" kümmern, und zeigen Ihnen, wie Sie dies bequem und effizient erledigen.

> **Tipp**
> Wann ist es wichtig, keine Speicherlecks zu produzieren? Ein Programm, das dafür gedacht ist, „ewig" ausgeführt zu werden, kann es sich nicht leisten, auch nur das kleinste Speicherleck zu produzieren. Betriebssysteme sind hierfür ein Beispiel, und auch die meisten eingebetteten Systeme (siehe Kapitel 25). Bibliotheken dürfen ebenfalls keine Speicherlecks erzeugen, weil sie möglicherweise als Teil eines Systems ausgeführt werden, dass ohne Speicherverlust arbeiten muss. Ein gutes Motto ist es, grundsätzlich keine Speicherlecks zu produzieren. Viele Programmierer betrachten Speicherlecks als eine Schlampigkeit – obwohl dies etwas übertrieben ist. Für Programme, die unter einem Betriebssystem (Unix, Windows, welches auch immer) ausgeführt werden, wird der gesamte Speicher automatisch an das System zurückgegeben, wenn das Programm endet. Sofern Sie also sicher sind, dass Ihr Programm nicht mehr Speicher belegt, als verfügbar ist, können Sie die Deallokation durchaus dem Betriebssystem überlassen. Nur sollten Sie sich der Einschätzung Ihres Speicherbedarfs dann ganz sicher sein, oder die Leute haben guten Grund, Sie für schlampig zu halten.

17.5 Destruktoren

Wir wissen nun, wie und wo wir die Elemente für einen **vector**-Container verwahren können. Wir reservieren für die Elemente einfach einen ausreichend großen Speicherbereich im Freispeicher und greifen dann über einen Zeiger auf die Elemente zu:

Vektoren und Freispeicher

```
// ein stark vereinfachter Vektor für double-Werte
class vector {
   int sz;              // die Größe
   double* elem;        // ein Zeiger auf die Elemente
public:
   vector(int s)                              // Konstruktor
     :sz(s),                                  // initialisiere sz
      elem(new double[s])                     // initialisiere elem
   {
     for (int i=0; i<s; ++i) elem[i]=0;       // initialisiere die Elemente
   }
   int size() const { return sz; }            // die aktuelle Größe
   // ...
};
```

Wie gehabt, gibt **sz** die Anzahl der Elemente an. Wir initialisieren **sz** im Konstruktor. Benutzer von **vector** können die Anzahl Elemente durch Aufruf von **size()** abfragen. Der Speicher für die Elemente wird mittels **new** im Konstruktor reserviert. Der zurückgelieferte Zeiger auf den Freispeicher wird in dem Memberzeiger **elem** abgelegt.

Beachten Sie, dass wir die Elemente mit ihrem Standardwert (**0.0**) initialisieren. Der **vector**-Typ der Standardbibliothek tut dies und wir haben es für das Bestes erachtet, diesem Beispiel von Beginn an zu folgen.

Unglücklicherweise weist unser erster, primitiver **vector**-Typ ein Speicherleck auf. Im Konstruktor reservieren wir mit **new** Speicher für die Elemente. Gemäß den in §17.4 aufgestellten Regeln müssen wir dafür Sorge tragen, dass dieser Speicher nach Gebrauch mit **delete** freigegeben wird. Sehen wir uns dazu folgenden Code an:

```
void f(int n)
{
   vector v(n);   // alloziere n double-Objekte
   // ...
}
```

Wenn wir diese Funktion verlassen, werden die Elemente, die für **v** im Freispeicher angelegt wurden, nicht freigegeben. Wir könnten für **vector** eine **clean_up()**-Operation definieren und am Ende von **f()** aufrufen:

```
void f2(int n)
{
   vector v(n);    // definiere einen Vektor (der weitere n int-Objekte alloziert)
   // ... verwende v ...
   v.clean_up();   // clean_up() löscht elem
}
```

Damit wäre das Speicherleck gestopft, aber das Problem nur verschoben. Eines der häufigsten Probleme im Umgang mit dem Freispeicher ist nämlich, dass die Leute vergessen, **delete** anzuwenden. Mit **clean_up()** wäre es das Gleiche: Die Leute würden vergessen, die Funktion aufzurufen. Glücklicherweise gibt es eine bessere Lösung. Die grundlegende Idee dabei ist, eine Funktion zu haben, die konträr zum Konstruktor arbeitet und dem Compiler bekannt ist – so wie der Konstruktor dem Compiler bekannt ist.

Wie könnte eine solche Funktion anders heißen als *Destruktor*? In der gleichen Weise wie ein Konstruktor implizit aufgerufen wird, wenn ein Objekt einer Klasse erzeugt wird, wird ein Destruktor implizit aufgerufen, wenn der Gültigkeitsbereich eines Objekts verlassen wird. Und so wie der Konstruktor sicherstellt, dass ein Objekt sauber erzeugt und initialisiert wird, garantiert der Destruktor, dass ein Objekt ordentlich „entkernt" wird, bevor es anschließend selbst der Auflösung anheim fällt.

```
// ein stark vereinfachter Vektor für double-Werte
class vector {
    int sz;           // die Größe
    double* elem;     // ein Zeiger auf die Elemente
public:
    vector(int s)                        // Konstruktor
      :sz(s), elem(new double[s])        // reserviere Speicher
    {
        for (int i=0; i<s; ++i) elem[i]=0;   // initialisiere die Elemente
    }

    ~vector()                            // Destruktor
    { delete[] elem; }                   // gib Speicher frei
    // ...
};
```

Jetzt können wir schreiben:

```
void f3(int n)
{
    int* p = new int[n];    // alloziere n int-Objekte
    vector v(n);            // definiere einen Vektor (der weitere n int-Objekte alloziert)
    // ... verwende p und v ...
    delete[ ] p;            // dealloziere die int-Objekte
} // vector räumt automatisch hinter v auf
```

Plötzlich wirkt die **delete[]**-Anweisung ziemlich unnötig und fehleranfällig! Mit **vector** an der Hand gibt es keinen Grund mehr, Speicher mit **new** zu reservieren, um ihn am Ende einer Funktion mit **delete[]** freizugeben. Nichts anderes macht auch **vector**, nur eben besser und vor allem: **vector** kann nicht vergessen, seinen Destruktor zur Freigabe des für die Elemente reservierten Speichers aufzurufen.

Wir wollen hier nicht zu detailliert in die Verwendung von Destruktoren einsteigen, aber sie sind nahezu ideal für Ressourcen, die wir von irgendwoher beziehen und später wieder zurückgeben müssen: Dateien, Threads, Sperren etc. Erinnern Sie sich daran, wie die **iostream**-Streams hinter sich selbst aufräumen? Sie leeren ihre Puffer, schließen geöffnete Dateien, geben den Pufferspeicher frei usw. All dies erledigen ihre Destruktoren. Grundsätzlich gilt: Eine Klasse, die eine Ressource in ihrem „Besitz" hält, braucht auch einen Destruktor.

17.5.1 Automatisch generierte Destruktoren

Verfügt ein Member einer Klasse über einen Destruktor, wird dieser Destruktor automatisch ausgeführt, wenn das übergeordnete Objekt (welches den Member enthält) aufgelöst wird. Betrachten Sie dazu folgenden Code:

17 Vektoren und Freispeicher

```
struct Customer {
  string name;
  vector<string> addresses;
  // ...
};

void some_fct()
{
  Customer fred;
  // initialisiere fred
  // verwende fred
}
```

Wenn die Funktion **some_fct()** zurückkehrt, wird der Gültigkeitsbereich von **fred** verlassen und **fred** wird aufgelöst – mit dem Effekt, dass die Destruktoren für **name** und **addresses** aufgerufen werden. Dieses Verhalten – welches offensichtlich notwendig ist, damit die Destruktoren ihren Zweck erfüllen können – wird häufig dadurch beschrieben, dass „der Compiler für **Customer** einen Destruktor generiert, der die Destruktoren der Member aufruft". Und tatsächlich wählen die meisten C++-Implementierungen diesen Weg, um den Aufruf der Destruktoren zu garantieren.

Die Destruktoren der Member (und etwaiger Basisklassen) werden implizit vom Destruktor der übergeordneten (abgeleiteten) Klasse aufgerufen – unabhängig davon, ob es sich um einen benutzerdefinierten oder automatisch generierten Destruktor handelt. Letztlich laufen alle diese Regeln auf folgende Aussage hinaus: „Die Destruktoren werden aufgerufen, wenn das Objekt aufgelöst wird" (also bei Verlassen des Gültigkeitsbereichs, bei Anwendung von **delete** etc.).

17.5.2 Destruktoren und Freispeicher

Trotz ihres einfachen Konzepts sind Destruktoren die Grundlage vieler der effizientesten Programmiertechniken in C++. Die grundlegende Idee ist simpel:

- Welche Ressourcen auch immer ein Klassenobjekt für seine Arbeit benötigt, es fordert sie im Konstruktor an.
- Während der Lebensdauer des Objekts kann es Ressourcen freigeben und neue Ressourcen anfordern.
- Am Ende der Lebensdauer des Objekts gibt der Destruktor alle Ressourcen frei, die sich noch im Besitz des Objekts befinden.

Die Art und Weise, wie das aufeinander abgestimmte Konstruktor/Destruktor-Paar des **vector**-Typs den Freispeicher verwaltet, ist quasi das Grundmodell, der Archetyp. In §19.5 werden wir uns dazu noch einige Beispiele ansehen. Hier wenden wir uns einem weiteren Einsatzgebiet zu: der Verwendung von Freispeicher in Klassenhierarchien.

```
Shape* fct()
{
  Text tt(Point(200,200),"Annemarie");
  // ...
  Shape* p = new Text(Point(100,100),"Nicholas");
```

```
    return p;
}

void f()
{
    Shape* q = fct();
    // ...
    delete q;
}
```

Das sieht ganz vernünftig aus – und zu Recht, denn der Code funktioniert. Wir sollten aber auch verstehen, wie der Code funktioniert, denn dahinter verbirgt sich eine ebenso elegante und wichtige wie einfache Technik. Richten wir unser Augenmerk zunächst auf **fct()**. Am Ende von **fct()** wird das **Text**-Objekt **tt** aufgelöst. **Text**, siehe §13.11, enthält ein **string**-Member, dessen Destruktor dabei offensichtlich aufgerufen werden muss (**string** handhabt die Reservierung und Freigabe von Speicher genauso wie **vector**). Für **tt** ist dies kein Problem: Der Compiler ruft einfach den für **Text** generierten Destruktor auf (siehe §17.5.1). Wie aber sieht es mit dem **Text**-Objekt aus, das **fct()** zurückgeliefert hat. Die aufrufende Funktion **f()** weiß nichts darüber, dass **q** auf ein **Text**-Objekt weist; für sie weist **q** auf ein **Shape**-Objekt. Wie kann dann die Anweisung **delete q** zum Aufruf des **Text**-Destruktors führen?

In §14.2.1 sind wir über den Umstand, dass **Shape** einen Destruktor besitzt, ziemlich schnell hinweggegangen. Tatsächlich besitzt **Shape** sogar einen virtuellen Destruktor, und genau darin liegt der Schlüssel. Wenn wir **delete q** schreiben, prüft **delete** den Typ von **q**, um festzustellen, ob es einen aufzurufenden Destruktor gibt, und diesen, falls vorhanden, auszuführen. Also ruft **delete q** den Destruktor von **Shape** auf: **~Shape()**. Aber **~Shape()** ist virtuell, weswegen – mit Unterstützung des Mechanismus für virtuelle Aufrufe (§14.3.1) – der Destruktor der von **Shape** abgeleiteten Klasse aufgerufen wird, in diesem Fall **~Text()**. Wäre **Shape::~Shape()** nicht virtuell, würde **Text::~Text()** nicht aufgerufen und der **string**-Member von **Text** würde nicht korrekt aufgelöst.

Die Faustregel, die sich daraus ableiten lässt, lautet: Klassen, die eine virtuelle Funktion besitzen, benötigen einen virtuellen Destruktor. Aus folgendem Grund:

1 Wenn eine Klasse eine virtuelle Funktion definiert, ist es wahrscheinlich, dass sie als Basisklasse verwendet wird.

2 Wenn es sich um eine Basisklasse handelt, ist es wahrscheinlich, dass Objekte ihrer abgeleitete(n) Klasse(n) mit **new** reserviert werden.

3 Wenn ein abgeleitetes Objekt mit **new** angelegt und über einen Basisklassenzeiger angesprochen wird, dann

4 ist es wahrscheinlich, dass es über einen an **delete** übergebenen Basisklassenzeiger aufgelöst wird.

Beachten Sie, dass Destruktoren nicht direkt, sondern nur implizit oder indirekt über **delete** aufgerufen werden. Das erspart uns viel Arbeit und Trickserei.

> ### Testen Sie Ihr Können
>
> Schreiben Sie ein kleines Programm mit Basisklassen und Membern und fügen Sie jedem Konstruktor und Destruktor eine Ausgabe hinzu, die darüber informiert, dass er gerade ausgeführt wird. Erzeugen Sie dann ein paar Objekte und sehen Sie sich an, in welcher Reihenfolge ihre Konstruktoren und Destruktoren ausgeführt werden.

17.6 Zugriff auf Elemente

Damit **vector** nutzbringend eingesetzt werden kann, muss die Klasse Wege eröffnen, wie man die Elemente lesen und schreiben kann. Für den Anfang genügt es, wenn wir einfache **get()**- und **set()**-Memberfunktionen definieren:

```
// ein stark vereinfachter Vektor für double-Werte
class vector {
   int sz;           // die Größe
   double* elem;     // ein Zeiger auf die Elemente
public:
   vector(int s) :sz(s), elem(new double[s]) { }    // Konstruktor
   ~vector() { delete[] elem; }                     // Destruktor
   int size() const { return sz; }                  // die aktuelle Größe

   double get(int n) { return elem[n]; }            // Lesezugriff
   void set(int n, double v) { elem[n]=v; }         // Schreibzugriff
};
```

Sowohl **get()** als auch **set()** greifen auf die Elemente zu, indem sie den **[]**-Operator auf den **elem**-Zeiger anwenden: **elem[n]**.

Jetzt können wir einen **vector**-Container für **double**-Elemente erzeugen und verwenden:

```
vector v(5);
for (int i=0; i<v.size(); ++i) {
   v.set(i,1.1*i);
   cout << "v[" << i << "]==" << v.get(i) << '\n';
}
```

Dieser Code erzeugt die Ausgabe:

```
v[0]==0
v[1]==1.1
v[2]==2.2
v[3]==3.3
v[4]==4.4
```

Dies ist immer noch eine recht rudimentäre **vector**-Version und die **get()**- und **set()**-Aufrufe sind, verglichen mit der üblichen Indexnotation, ziemlich hässlich. Aber wir wollten ja auch klein und einfach beginnen und unsere Programme dann Schritt für Schritt testen und ausbauen.

17.7 Zeiger auf Klassenobjekte

Zeiger sind ein ganz allgemeines, unspezifisches Konzept, welches uns erlaubt, auf nahezu alles zu weisen, was wir im Speicher ablegen können. Mithin können wir Zeiger auf **vector**-Objekte in der gleichen Weise definieren und einsetzen wie Zeiger auf **char**:

```
vector* f(int s)
{
  vector* p = new vector(s);   // lege einen Vektor auf dem Freispeicher an
  // fülle *p
  return p;
}

void ff()
{
  vector* q = f(4);
  // verwende *q
  delete q;                    // gebe den Vektor auf dem Freispeicher frei
}
```

Wenn wir ein **vector**-Objekt mit **delete** auflösen, wird sein Destruktor aufgerufen – wie in:

```
vector* p = new vector(s);   // lege einen Vektor auf dem Freispeicher an
delete p;                    // dealloziere
```

Wird ein **vector**-Objekt mit dem **new**-Operator im Freispeicher angelegt,

- reserviert der Operator zuerst den Speicher für das **vector**-Objekt und
- ruft anschließend den **vector**-Konstruktor auf, um das Objekt zu initialisieren. Der Konstruktor reserviert den Speicher für die Elemente und initialisiert sie.

Wird ein **vector**-Objekt mit dem **delete**-Operator aufgelöst,

- ruft der Operator zuerst den **vector**-Destruktor auf. Der Destruktor ruft die Destruktoren der Elemente auf (sofern diese Destruktoren besitzen) und gibt anschließend den Speicher frei, den die **vector**-Elemente belegen. Danach
- gibt der Operator den Speicher des **vector**-Objekts frei.

Wie wunderbar sich dieses Modell rekursiv anwenden lässt (siehe §8.5.8), verdeutlicht folgender Code, der mit dem **vector**-Typ aus der Standardbibliothek formuliert werden kann:

```
vector< vector<double> >* p = new vector<vector<double> > (10);
delete p;
```

Hier ruft **delete p** den Destruktor für **vector< vector<double> >** auf. Dieser Destruktor ruft seinerseits den Destruktor für jedes seiner **vector<double>**-Elemente auf. Zum Schluss ist alles ordentlich aufgeräumt, kein Objekt bleibt unaufgelöst zurück und kein Speicherleck ist entstanden.

Angesichts der Tatsache, dass **delete** den zugehörigen Destruktor aufruft (für Typen, die – wie **vector** – einen solchen besitzen), wird auch häufig davon gesprochen, dass **delete** die Objekte auflöst – und nicht nur den Speicher freigibt.

Und denken Sie immer daran, dass ein „nacktes" **new** außerhalb eines Konstruktors wie eine Einladung ist, das korrespondierende **delete** zu vergessen. Sofern Sie also nicht über eine gute, d.h. überzeugend einfache Strategie zum Löschen der Objekte verfügen (wie im Falle von **Vector_ref** aus §13.10 und §E.4), sollten Sie versuchen, **new** nur im Konstruktor und **delete** nur im Destruktor zu verwenden.

So weit, so gut. Stellt sich nur die Frage, wie wir auf die Member eines **vector**-Objekts zugreifen können, wenn wir nur einen Zeiger zur Verfügung haben. Wie Sie wissen, unterstützen alle Klassen den Memberzugriff über den Operator . (Punkt) und den Namen eines Objekts:

```
vector v(4);
int x = v.size();
double d = v.get(3);
```

In gleicher Weise unterstützen alle Klassen den Memberzugriff über den Operator **->** (Pfeil) und einen Zeiger auf ein Objekt:

```
vector* p = new vector(4);
int x = p->size();
double d = p->get(3);
```

Ebenso wie der Operator **.** kann auch der Operator **->** sowohl für Membervariablen als auch Memberfunktionen verwendet werden. Da die integrierten Typen wie z.B. **int** und **double** keine Member besitzen, kann **->** nicht auf integrierte Typen angewendet werden. Punkt- und Pfeiloperator werden häufig auch als *Memberzugriffsoperatoren* bezeichnet.

17.8 Eingriff ins Typensystem: **void*** und Casts

Zeiger und auf dem Freispeicher reservierte Arrays haben uns ganz dicht an die Hardware herangeführt. Die Operationen, die wir auf Zeiger anwenden (Initialisierung, Zuweisung, ***** und **[]**), können nahezu 1:1 in Maschinenbefehle übersetzt werden. Auf dieser Ebene bleibt nicht mehr viel von der bequemen Notation einer höheren Programmiersprache oder der Kompilierzeit-Konsistenz, die das Typensystem sicherstellt. Und selbst diesen letzten Schutz müssen wir hin und wieder aufgeben.

Natürlich fällt es uns nicht leicht, auf die Sicherheit des Typensystems verzichten zu müssen, doch manchmal gibt es eben keine Alternative (beispielsweise wenn wir mit Code einer anderen Sprache interagieren müssen, in der die C++-Typen nicht bekannt sind). Und leider kommt es auch immer wieder vor, dass wir Schnittstellen zu älterem Code aufbauen müssen, der ohne jede Rücksicht auf statische Typsicherheit entworfen wurde. In solchen Fällen benötigen wir zwei Dinge:

- Einen Zeigertyp, der auf einen Speicherbereich weist, ohne zu wissen, welche Art von Objekt in diesem Speicher abgelegt wurde.
- Eine Operation, die dem Compiler befiehlt, den Speicher, auf den ein solcher Zeiger weist, vorbehaltlos als einen von uns angegebenen Typ zu interpretieren.

Der Typ **void*** bedeutet so viel wie „Zeiger auf einen Speicherbereich, dessen Typ der Compiler nicht kennt". Wir verwenden **void***, wenn wir eine Adresse zwischen zwei Codeteilen austauschen, die nichts über den vom jeweils anderen Codeteil verwendeten Typ wissen. Beispiele hierfür sind die „Adress"-Argumente von Callback-Funktionen (§16.3.1) oder die maschinennahe Speicherreservierung (zu finden u.a. in der Implementierung des **new**-Operators).

17.8 Eingriff ins Typensystem: void* und Casts

Objekte vom Typ **void** gibt es nicht. Wie sie bereits gesehen haben, können wir **void** aber im Sinne von „kein Rückgabewert" verwenden:

void v;   // Fehler: es gibt keine Objekte vom Typ void
void f();   // f() liefert nichts zurück — f() liefert kein Ojekt vom Typ void zurück

Einem **void***-Zeiger können wir Zeiger auf Objekte jeden beliebigen Typs zuweisen. Zum Beispiel:

void* pv1 = new int;   // O.K.: int* wird in void* umgewandelt
void* pv2 = new double[10];   // O.K.: double* wird in void* umgewandelt

Da der Compiler nicht weiß, worauf ein **void***-Zeiger verweist, müssen wir ihm dies explizit mitteilen:

```
void f(void* pv)
{
  void* pv2 = pv;              // Kopieren ist okay (das ist der Sinn eines void*-Zeigers)
  double* pd = pv;             // Fehler: void* kann nicht in double* umgewandelt werden
  *pv = 7;                     // Fehler: ein void*-Zeiger kann nicht dereferenziert werden
                               // (wir kennen nicht den Typ des Objekts, auf das der Zeiger weist)
  pv[2] = 9;                   // Fehler: kein Indexzugriff über einen void*-Zeiger
  int* pi = static_cast<int*>(pv);   // O.K.: explizite Typumwandlung
  // ...
}
```

> **Tipp**
>
> Mit **static_cast** können explizite Typumwandlungen zwischen verwandten Zeigertypen wie **void*** und **double*** durchgeführt werden (§A.5.7). Der Name „static_cast" ist ziemlich sperrig und er wurde bewusst so gewählt: ein hässlicher Name für eine hässliche (und gefährliche) Operation, auf die Sie nur im Notfall zurückgreifen sollten. Oft sollte dieser Notfall allerdings nicht eintreten, wenn überhaupt. Operationen, wie **static_cast** sie durchführt, bezeichnen wir als *explizite Typumwandlungen* (weil es das ist, was sie tun) oder als *Cast*.

C++ kennt zwei Formen von Casts, die unter Umständen sogar noch hässlicher sein können als **static_cast**:

- **reinterpret_cast** für Typumwandlungen zwischen nicht verwandten Typen wie z.B. **int** und **double***.
- **const_cast**, welches **const** „verwirft", d.h. es hebt eine **const**-Deklaration auf.

Ein Beispiel:

Register* in = reinterpret_cast<Register*>(0xff);

```
void f(const Buffer* p)
{
  Buffer* b = const_cast<Buffer*>(p);
  // ...
}
```

Das erste Beispiel demonstriert die klassische, notwendige und korrekte Verwendung von **reinterpret_cast**. Der Compiler wird darüber informiert, dass ein bestimmter Speicherbereich (der an der Position **0xFF** beginnt) als ein **Register**-Objekt (inklusive der zugehörigen Semantik) angesehen werden soll. Solcher Code wird zur Implementierung von Gerätetreibern und Ähnlichem benötigt.

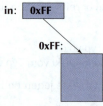

Abbildung 17.12: Zugriff auf einen Speicherbereich über einen interpretierenden Zeiger

In dem zweiten Beispiel entfernt **const_cast** die **const**-Deklaration aus dem **const Buffer***-Zeiger namens **p**. Der Compiler geht hier davon aus, dass wir wissen, was wir tun.

Zugunsten von **static_cast** lässt sich zumindest sagen, dass es weder an der Zeiger/Integer-Unterscheidung rüttelt noch das Konzept der Konstanz angreift. Wenn Sie also das Gefühl haben, ohne Cast nicht auskommen zu können, erwägen Sie immer zuerst einen **static_cast**. Zuvor sollten Sie sich aber noch folgende Fragen stellen: Gibt es einen Weg, den Code auch ohne Cast zu formulieren? Könnte man den betreffenden Teil des Programms so umorganisieren, dass der Cast gar nicht benötigt wird? Sofern Sie nicht gerade an einer Schnittstelle zur Hardware oder zum Code eines anderen Programmierers arbeiten, gibt es für gewöhnlich einen Weg. Wenn nicht, stellen Sie sich auf subtile, hässliche Bugs ein. Und erwarten Sie nicht, dass Code, der **reinterpret_cast** verwendet, portabel wäre.

17.9 Zeiger und Referenzen

Stellen Sie sich eine Referenz als einen automatisch dereferenzierten, unveränderlichen Zeiger oder als alternativen Namen für ein Objekt vor. Zeiger und Referenzen unterscheiden sich in folgenden Punkten:

- Eine Zuweisung an einen Zeiger ändert den Wert des Zeigers (nicht den Wert, auf den der Zeiger weist).
- Um einen Zeiger zu erhalten, benötigen Sie üblicherweise einen der Operatoren **new** oder **&**.
- Um auf ein Objekt zuzugreifen, auf das ein Zeiger weist, verwenden Sie einen der Operatoren ***** oder **[]**.
- Eine Zuweisung an eine Referenz ändert das Objekt, auf das sich die Referenz bezieht (nicht die Referenz selbst).
- Einmal initialisiert, können Sie eine Referenz nicht mehr auf ein anderes Objekt umlenken.
- Referenzzuweisungen arbeiten nach dem Prinzip der tiefen Kopien (die Zuweisung geht an das Objekt, auf das die Referenz verweist); Zeigerzuweisungen tun dies nicht (die Zuweisung geht an den Zeiger).
- Achten Sie auf Nullzeiger.

Hier einige Zeiger-Beispiele:

```
int x = 10;
int* p = &x;        // & ist notwendig, um die Adresse zu bekommen
*p = 7;             // verwenden Sie * um x über p etwas zuzuweisen
int x2 = *p;        // lies x über p
```

```
int* p2 = &x2;    // erzeuge einen Zeiger auf ein weiteres int-Objekt
p2 = p;           // p2 und p zeigen beide auf x
p = &x2;          // lenke p auf ein anderes Objekt um
```

Und hier die korrespondierenden Referenz-Beispiele:

```
int y = 10;
int& r = y;       // & steht in der Typangabe, nicht im Initialisierer
r = 7;            // Zuweisung an y über r (der Operator * wird nicht benötigt)
int y2 = r;       // lies y über r (der Operator * wird nicht benötigt)
int& r2 = y2;     // erzeuge eine Referenz auf ein weiteres int-Objekt
r2 = r;           // y2 wird der Wert von y zugewiesen
r = &y2;          // Fehler: der Wert einer Referenz kann nicht geändert werden
                  // (keine Zuweisung von int* an int&)
```

Beachten Sie das letzte Beispiel: Es ist nicht nur die syntaktische Konstruktion, die hier scheitert. Das Vorhaben selbst ist zum Scheitern verurteilt, weil eine Referenz nach der Initialisierung nicht mehr auf ein anderes Objekt weisen kann. Wenn Sie auf verschiedene Objekte verweisen müssen, verwenden Sie einen Zeiger. (Für Anregungen zum sinnvollen Einsatz von Zeigern siehe §17.9.3.)

Referenzen und Zeiger werden beide intern mithilfe von Speicheradressen implementiert. Sie handhaben diese Adressen aber in unterschiedlicher Weise, damit wir – die Programmierer – zwischen zwei teils alternativen, teils sich ergänzenden Hilfsmittel mit leicht unterschiedlichen Charakteristika wählen können.

17.9.1 Zeiger- und Referenzparameter

Wenn Sie den Wert einer Variablen so ändern möchten, dass eine Funktion den neuen Wert auf der Grundlage des alten Werts berechnet, stehen Ihnen drei Alternativen offen:

```
int incr_v(int x) { return x+1; }      // berechne neuen Wert und liefere ihn zurück
void incr_p(int* p) { ++*p; }          // übergebe einen Zeiger
                                       // (dereferenziere den Zeiger und inkrementiere den erhaltenen Wert)
void incr_r(int& r) { ++r; }           // übergebe eine Referenz
```

Wofür sollten Sie sich entscheiden? Unserer Meinung nach liefert die Variante mit dem Rückgabewert in der Regel den verständlichsten und daher am wenigsten fehlerträchtigen Code:

```
int x = 2;
x = incr_v(x);    // übergebe x als Kopie an incr_v(); erhalte Kopie des Ergebnisses
                  // und weise diese zu
```

Wir bevorzugen diese Lösung vor allem für kleine Objekte, wie z.B. einzelne **int**-Werte. Doch die Art und Weise, wie dabei Werte in die Funktion hinein und wieder aus ihr hinaus gereicht werden, ist nicht immer praktikabel. Stellen Sie sich vor, Sie schreiben an einer Funktion, die eine größere Datenstruktur – sagen wir einen **vector**-Container von 10.000 **int**-Werten – bearbeiten soll. Diese 40.000 Byte effizient und in vertretbarer Zeit zu kopieren (und zwar mindestens zweimal), ist schlicht unmöglich.

Bleibt die Wahl zwischen Referenz- und Zeigerargument. Unglücklicherweise haben beide Varianten sowohl Vor- als auch Nachteile, sodass es wieder einmal keine eindeutige Antwort gibt. Die Entscheidung kann daher nur unter Berücksichtigung der jeweiligen Funktion und ihrer zu erwartenden Einsatzbereiche getroffen werden.

Zeigerargumente warnen den Programmierer vor möglichen Änderungen. Betrachten Sie dazu folgenden Code:

```
int x = 7;
incr_p(&x)   // hier muss & verwendet werden
incr_r(x);
```

Hier wird der Programmierer gezwungen, im Aufruf **incr_p(&x)** den Adressoperator **&** zu setzen. Für den Programmierer ist dies wie ein Weckruf, der ihn darauf aufmerksam macht, dass **x** in der Funktion möglicherweise verändert wird. Dagegen enthält **incr_r(x)** keine Warnung, keinen Hinweis. Ein kleiner Pluspunkt also für die Zeigervariante.

Auf der anderen Seite: Wenn Sie einen Zeiger als Funktionsargument verwenden, muss die Funktion darauf eingestellt sein, dass sie mit einem Nullzeiger (also einem Zeiger mit dem Wert null) aufgerufen wird – wie in:

```
incr_p(0);   // Crash: incr_p() wird versuchen, 0 zu dereferenzieren
int* p = 0;
incr_p(p);   // Crash: incr_p() wird versuchen, 0 zu dereferenzieren
```

Keine schöne Sache. Die Person, die **incr_p()** schreibt, kann die Funktion gegen solche Aufrufe absichern:

```
void incr_p(int* p)
{
  if (p==0) error("Nullzeigerargument für incr_p()");
  ++*p;   // dereferenziere den Zeiger und inkrementiere das Objekt, auf das verwiesen wird
}
```

Plötzlich sieht **incr_p()** gar nicht mehr so einfach und attraktiv aus. (Der Umgang mit ungültigen Argumenten wird in Kapitel 5 behandelt.) Im Vergleich dazu können die Benutzer einer Referenz (zu denen auch **incr_r()** gehört) zu Recht davon ausgehen, dass eine Referenz immer auf ein Objekt verweist.

Wieder anders sieht es aus, wenn die Semantik der Funktion auch den Fall vorsieht, dass der Aufrufer „nichts übergibt" (also kein Objekt in die Funktion reicht). Dann gibt es zum Zeigerargument keine Alternative. Übrigens: Für Inkrementoperationen gilt dies natürlich nicht – deswegen werfen wir im obigen Beispiel die Ausnahme für **p==0**.

Die endgültige Antwort lautet also: „Die Entscheidung hängt von der Natur der Funktion ab":

Tipp

- Für sehr kleine Objekte bevorzugen wir die Übergabe als Wert.
- Für Funktionen, für die „kein Objekt" (repräsentiert durch **0**) ein gültiges Argument darstellt, verwenden wir Zeigerparameter (und vergessen nicht, auf **0** zu testen).
- In allen anderen Fällen verwenden wir einen Referenzparameter.

Siehe auch §8.5.6.

17.9.2 Zeiger, Referenzen und Vererbung

In §14.3 haben wir gesehen, wie ein Objekt einer abgeleiteten Klasse, z.B. **Circle**, verwendet werden kann, wo eigentlich ein Objekt ihrer öffentlichen Basisklasse **Shape** erwartet wird. Dieses Konzept lässt sich auch auf Zeiger und Referenzen übertragen: Ein **Circle***-Zeiger kann implizit in einen **Shape***-Zeiger umgewandelt werden, weil **Shape** eine öffentliche Basisklasse von **Circle** ist. Zum Beispiel:

void rotate(Shape* s, int n); // drehe *s um n Grad

Shape* p = new Circle(Point(100,100),40);
Circle c(Point(200,200),50);
rotate(&c,45);

Und für Referenzen:

void rotate(Shape& s, int n); // drehe s um n Grad

Shape& r = c;
rotate(c,75);

Dieses Konzept ist die Grundlage der meisten objektorientierten Programmiertechniken (§14.3–4).

17.9.3 Ein Beispiel: Listen

Listen gehören zu den am häufigsten verwendeten und nützlichsten Datenstrukturen. Listen werden üblicherweise aus „Knoten" aufgebaut, wobei jeder Knoten sowohl Daten als auch Zeiger auf andere Knoten enthält (Listen sind ein klassisches Beispiel für den Einsatz von Zeigern). Eine kleine Liste mit nordischen Gottheiten könnte beispielsweise wie in ▶ Abbildung 17.13 aussehen.

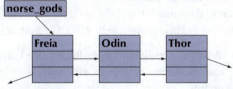

Abbildung 17.13: Beispiel für eine doppelt verkettete Liste

Listen wie diese werden als *doppelt verkettete Listen* (*doubly-linked list*) bezeichnet, weil wir ausgehend von einem beliebigen Knoten sowohl den vorangehenden als auch den nachfolgenden Knoten finden können. Listen, für die wir lediglich den Nachfolger finden können, werden analog als *einfach verkettete Listen* (*singly-linked list*) bezeichnet. Doppelt verkettete Listen setzen wir ein, wenn wir das Löschen eines Listenelements vereinfachen möchten. Ihre Knoten können wir wie folgt definieren:

```
struct Link {
  string value;
  Link* prev;
  Link* succ;
  Link(const string& v, Link* p = 0, Link* s = 0)
    : value(v), prev(p), succ(s) { }
};
```

Dies bedeutet: Ausgehend von einem gegebenen **Link**-Knoten können wir über den **succ**-Zeiger auf den Vorgänger und über den **prev**-Zeiger auf den Nachfolger zugreifen. Besitzt ein **Link**-Knoten keinen Vorgänger oder Nachfolger, zeigen wir dies durch den Nullzeiger an. Damit können wir unsere Liste der nordischen Gottheiten wie folgt aufbauen:

```
Link* norse_gods = new Link("Thor",0,0);
norse_gods = new Link("Odin",0,norse_gods);
norse_gods->succ->prev = norse_gods;
norse_gods = new Link("Freya",0,norse_gods);
norse_gods->succ->prev = norse_gods;
```

Wir erzeugen die Knoten und verketten sie wie in Abbildung 17.13 zuerst Thor, dann Odin als Vorgänger von Thor und schließlich Freya als Vorgänger von Odin. Sie können die Zeiger im Geiste nachverfolgen, um sich zu vergewissern, dass wir alles richtig gemacht haben und **succ** und **prev** auf die richtigen Götter weisen. Es lässt sich allerdings nicht abstreiten, dass der Code unübersichtlich ist, was vor allem daran liegt, dass wir bisher keine eigene Einfügen-Operation definiert haben:

```
Link* insert(Link* p, Link* n)    // fügt n vor p ein (unvollständig)
{
  n->succ = p;            // p folgt auf n
  p->prev->succ = n;      // n folgt auf den "ehemaligen" Vorgänger von p
  n->prev = p->prev;      // der "ehemalige" Vorgänger von p wird zum Vorgänger von n
  p->prev = n;            // n wird zum Vorgänger von p
  return n;
}
```

Dies funktioniert, vorausgesetzt, dass **p** wirklich auf einen Knoten verweist und dass dieser Knoten einen Vorgänger hat. Überzeugen Sie sich davon. Wenn wir, die Autoren, über Zeiger und verkettete Strukturen wie eine Liste aus **Link**-Knoten nachdenken, zeichnen wir kleine Kasten-Pfeil-Diagramme auf, um uns davon zu überzeugen, dass unser Code für einfache Beispiele funktioniert. Verzichten Sie also nicht aus falsch verstandenem Stolz auf diese sehr effektive manuelle Design-Technik.

Die obige Version von **insert**() ist noch unvollständig, es fehlen die Fälle, in denen **n**, **p** oder **p->prev** ungleich **0** sind. Wir tragen die entsprechenden Tests auf Nullzeiger nach und erhalten die etwas kompliziertere, aber korrekte Version:

```
Link* insert(Link* p, Link* n)    // fügt n vor p ein; liefert n zurück
{
  if (n==0) return p;
  if (p==0) return n;
  n->succ = p;            // p folgt auf n
  if (p->prev) p->prev->succ = n;
  n->prev = p->prev;      // der "ehemalige" Vorgänger von p wird zum Vorgänger von n
  p->prev = n;            // n wird zum Vorgänger von p
  return n;
}
```

Mithilfe dieser Funktion können wir nun schreiben:

```
Link* norse_gods = new Link("Thor");
norse_gods = insert(norse_gods,new Link("Odin"));
norse_gods = insert(norse_gods,new Link("Freya"));
```

Die fehlerträchtigen Zeigermanipulationen mit **prev** und **succ** wären damit aus unserem Blickfeld entschwunden. Das Hantieren mit Zeigern ist stets mühsam und fehlerträchtig; es *sollte* daher in sorgfältig aufgesetzten und ausführlich getesteten Funktionen versteckt werden. Insbesondere Tests auf Nullzeiger werden gerne vergessen – siehe unsere (absichtlich noch unvollständige) erste Version von **insert()** – und führen dann zu Fehlern in den Programmen. Beachten Sie, dass wir Vorgabeargumente verwendet haben (§15.3.1, §A.9.2), damit die Benutzer nicht bei jedem Konstruktoraufruf Vorgänger und Nachfolger angeben müssen.

17.9.4 Operationen für Listen

In der Standardbibliothek gibt es eine fertige **list**-Klasse, mit der wir uns allerdings erst in §20.4 beschäftigen werden, weil sie alle Knotenmanipulationen vor uns verbirgt. Hier wollen wir diesen Manipulationen auf den Grund gehen, um unsere Vorstellung von einer auf der **Link**-Klasse basierenden Liste weiterzuentwickeln, um ein Gefühl dafür zu bekommen, wie List-Klassen intern arbeiten und um noch ein paar Beispiele für den Einsatz von Zeigern zu sehen. Welche Operationen benötigt unsere **Link**-Klasse, damit ihre Benutzer nicht selbst mit Zeigern hantieren müssen? Ganz objektiv lässt sich diese Frage nicht beantworten, aber der folgende Satz Operationen dürfte seinen Zweck erfüllen:

- Der Konstruktor
- **insert**: Einfügen vor einem Element
- **add**: Einfügen nach einem Element
- **erase**: Löschen eines Elements
- **find**: Suchen nach einem Knoten mit einem bestimmten Wert
- **advance**: Springen zum *n*-ten Nachfolger

Diese Operationen können wir wie folgt definieren:

```
Link* add(Link* p, Link* n)   // fügt n hinter p ein; liefert n zurück
{
    // ähnlich wie insert (siehe Übung 11)
}

Link* erase(Link* p)   // löscht *p aus der Liste; liefert den Nachfolger von p zurück
{
    if (p==0) return 0;
    if (p->succ) p->succ->prev = p->prev;
    if (p->prev) p->prev->succ = p->succ;
    return p->succ;
}

Link* find(Link* p, const string& s)   // sucht in der Liste nach s;
                                       // liefert 0 zurück, wenn die Suche erfolglos
                                       // war
{
    while(p) {
        if (p->value == s) return p;
        p = p->succ;
    }
    return 0;
```

```
}

Link* advance(Link* p, int n)    // rückt n Positionen in der Liste vor oder zurück
                                 // positives 0 rückt vor, negatives n zurück
   // liefert 0 zurück, wenn der angestrebte Knoten nicht existiert
{
  if (p==0) return 0;
  if (0<n) {
    while (n--) {
      if (p->succ == 0) return 0;
      p = p->succ;
    }
  }
  if (n<0) {
    while (n++) {
      if (p->prev == 0) return 0;
      p = p->prev;
    }
  }
  return p;
}
```

Beachten Sie den Einsatz des Postfix-Inkrements **n++**. Diese Form der Inkrementierung liefert den alten Wert, d.h. den Wert vor der Erhöhung.

17.9.5 Verwendung von Listen

Zur Übung werden wir nun zwei Listen aufbauen:

```
Link* norse_gods = new Link("Thor");
norse_gods = insert(norse_gods,new Link("Odin"));
norse_gods = insert(norse_gods,new Link("Zeus"));
norse_gods = insert(norse_gods,new Link("Freya"));

Link* greek_gods = new Link("Hera");
greek_gods = insert(greek_gods,new Link("Athena"));
greek_gods = insert(greek_gods,new Link("Mars"));
greek_gods = insert(greek_gods,new Link("Poseidon"));
```

Zu unserer „Schande" sind uns gleich mehrere Fehler unterlaufen: Zeus ist ein griechischer Gott, kein nordischer, und der griechische Kriegsgott war Ares, nicht Mars (Mars ist der lateinische Name). Wir können dies wie folgt korrigieren:

```
Link* p = find(greek_gods, "Mars");
if (p) p->value = "Ares";
```

Wie Sie sehen, haben wir uns sogar gegen den Fall abgesichert, dass **find**() einen Nullzeiger zurückliefert. Wir sind uns zwar sicher, dass dies hier nicht passieren kann (schließlich haben wir Mars ja gerade in die **greek_gods**-Liste eingefügt), doch in der Realität muss man immer damit rechnen, dass irgendjemand den Code später ändert.

Auf die gleiche Weise können wir Zeus in seinen korrekten Pantheon versetzen:

```
Link* p = find(norse_gods,"Zeus");
if (p) {
  erase(p);
  insert(greek_gods,p);
}
```

Haben Sie den Fehler bemerkt? Er ist ziemlich unauffällig (außer natürlich für Leute, die daran gewöhnt sind, direkt mit Listenknoten zu arbeiten). Was passiert, wenn der **Link**-Knoten, den wir mit **erase()** löschen, derselbe Knoten ist, auf den **norse_gods** verweist? Wieder gilt, dass dieser Fall hier eigentlich nicht eintreten kann, aber um guten, wartbaren Code zu schreiben, müssen wir auch diese Möglichkeit in Betracht ziehen:

```
Link* p = find(norse_gods, "Zeus");
if (p) {
  if (p==norse_gods) norse_gods = p->succ;
  erase(p);
  greek_gods = insert(greek_gods,p);
}
```

Wo wir gerade dabei waren, haben wir auch gleich den zweiten Bug korrigiert: Wenn wir Zeus *vor* dem ersten Gott einfügen, müssen wir auch dafür sorgen, dass **greek_gods** danach auf den Zeus-Knoten verweist. Zeiger sind extrem nützlich und flexibel, sie sind aber auch sehr heikel.

Zum Schluss geben wir die beiden Listen aus:

```
void print_all(Link* p)
{
  cout << "{ ";
  while (p) {
    cout << p->value;
    if (p=p->succ) cout << ", ";
  }
  cout << " }";
}

print_all(norse_gods);
cout<<"\n";

print_all(greek_gods);
cout<<"\n";
```

Die zugehörige Ausgabe sollte lauten:

{ Freya, Odin, Thor }
{ Zeus, Poseidon, Ares, Athena, Hera }

17.10 Der **this**-Zeiger

Ist Ihnen aufgefallen, dass jede unserer Listen-Funktionen als erstes Argument einen **Link***-Zeiger übernimmt, über den sie auf die Daten des betreffenden Objekts zugreift? Dies ist genau die Art von Funktionen, die in der Regel gute Kandidaten für Memberfunktionen darstellen. Könnten wir also die Klasse **Link** (oder die Arbeit mit **Link**) vereinfachen, indem wir diese Operationen in Memberfunktionen umwandeln? Könnten wir die Zeiger als **private** deklarieren, sodass nur die Memberfunktionen auf sie zugreifen können. Wir können:

```
class Link {
public:
  string value;
  Link(const string& v, Link* p = 0, Link* s = 0)
    : value(v), prev(p), succ(s) { }

  Link* insert(Link* n) ;          // füge n vor diesem Objekt ein
  Link* add(Link* n) ;             // füge n hinter diesem Objekt ein
  Link* erase() ;                  // lösche dieses Objekt aus der Liste
  Link* find(const string& s);     // suche in der Liste nach s

  Link* advance(int n) const;      // rücke n Positionen in der Liste vor oder zurück

  Link* next() const { return succ; }
  Link* previous() const { return prev; }
private:
  Link* prev;
  Link* succ;
};
```

Das sieht vielversprechend aus. Operationen, die den Zustand eines **Link**-Knotens nicht verändern, haben wir als **const**-Memberfunktionen definiert. Wir haben zwei (nicht verändernde) Memberfunktionen **next()** und **previous()** hinzugefügt, damit die Benutzer die Liste von **Link**-Knoten durchlaufen können – über den direkten Zugriff auf **succ** und **previous** ist dies ja nicht mehr möglich. Die **value**-Membervariable für die Daten haben wir **public** gelassen, schließlich gibt es (bis jetzt) keinen Grund, der dagegen spricht; es sind ja „bloß Daten".

Gehen wir nun daran, **Link::insert()** zu implementieren. Wir kopieren unsere alte, globale **insert()**-Funktion und passen sie entsprechend an:

```
Link* Link::insert(Link* n)   // fügt n vor p ein; liefert n zurück
{
  Link* p = this;              // Zeiger auf das aktuelle Objekt
  if (n==0) return p;          // nichts einzufügen
  if (p==0) return n;          // nichts, in das eingefügt werden kann
  n->succ = p;                 // p folgt auf n
    if (p->prev) p->prev->succ = n;
  n->prev = p->prev;           // der "ehemalige" Vorgänger von p wird zum Vorgänger von n
  p->prev = n;                 // n wird zum Vorgänger von p
  return n;
}
```

Wie aber erhalten wir einen Zeiger auf das Objekt, für das **Link::insert()** aufgerufen wurde? Ohne Hilfe durch die Sprache ist dies nicht möglich. Glücklicherweise repräsentiert der **this**-Bezeichner in Memberfunktionen einen Zeiger, der auf das Objekt weist, für welches die Memberfunktion aufgerufen wurde. Statt **p** könnten wir also einfach **this** verwenden:

```
Link* Link::insert(Link* n)   // fügt n vor dem aktuellen Objekt ein;
                              // liefert n zurück
```

```
{
  if (n==0) return this;
  if (this==0) return n;
  n->succ = this;              // das aktuelle Objekt folgt auf n
  if (this->prev) this->prev->succ = n;
  n->prev = this->prev;        // der "ehemalige" Vorgänger des aktuellen Objekts
                               // wird zum Vorgänger von n
  this->prev = n;              // n wird zum Vorgänger des aktuellen Objekts
  return n;
}
```

Dieser Code ist allerdings unnötig weitschweifig. Zugriffe auf Member müssen wir nicht mithilfe von **this** ausdrücken, sodass wir kürzer schreiben können:

```
Link* Link::insert(Link* n)   // fügt n vor dem aktuellen Objekt ein;
                              // liefert n zurück
{
  if (n==0) return this;
  if (this==0) return n;
  n->succ = this;             // das aktuelle Objekt Objekt folgt auf n
  if (prev) prev->succ = n;
  n->prev = prev;             // der "ehemalige" Vorgänger des aktuellen Objekts
                              // wird zum Vorgänger von n
  prev = n;                   // n wird zum Vorgänger des aktuellen Objekts
  return n;
}
```

Mit anderen Worten: Jedes Mal, wenn wir in unserem bisherigen Code auf einen Member zugegriffen haben, haben wir implizit den **this**-Zeiger benutzt – den Zeiger auf das aktuelle Objekt. Eine explizite Erwähnung des **this**-Zeigers ist nur dann nötig, wenn wir uns auf das gesamte Objekt beziehen möchten.

Vergegenwärtigen Sie sich, dass **this** eine feste Bedeutung hat: Es weist auf das Objekt, für welches eine Memberfunktion aufgerufen wurde. Es weist nicht auf irgendein älteres Objekt. Der Compiler stellt sicher, dass wir den Wert von **this** in einer Memberfunktion nicht verändern können. Zum Beispiel:

```
struct S {
  // ...
  void mutate(S* p)
  {
    this = p;  // Fehler: "this" ist unveränderlich
    // ...
  }
};
```

17.10.1 Weitere Anwendungsbeispiele

Nachdem wir nun die Implementierung abgeschlossen haben, sind wir jetzt so weit, dass wir uns ansehen können, wie sich mit der neuen Liste arbeiten lässt:

```
Link* norse_gods = new Link("Thor");
norse_gods = norse_gods->insert(new Link("Odin"));
norse_gods = norse_gods->insert(new Link("Zeus"));
norse_gods = norse_gods->insert(new Link("Freya"));
```

```
Link* greek_gods = new Link("Hera");
greek_gods = greek_gods->insert(new Link("Athena"));
greek_gods = greek_gods->insert(new Link("Mars"));
greek_gods = greek_gods->insert(new Link("Poseidon"));
```

Hier hat sich nicht viel geändert. Wir können also gleich zur Korrektur unserer „Fehler" übergehen. Wir berichtigen den Namen des Kriegsgottes:

```
Link* p = greek_gods->find("Mars");
if (p) p->value = "Ares";
```

Wir bringen Zeus im richtigen Pantheon unter:

```
Link* p2 = norse_gods->find("Zeus");
if (p2) {
  if (p2==norse_gods) norse_gods = p2->next();
  p2->erase();
  greek_gods = greek_gods->insert(p2);
}
```

Zum Schluss geben wir die beiden Listen aus:

```
void print_all(Link* p)
{
  cout << "{ ";
  while (p) {
    cout << p->value;
    if (p=p->next()) cout << ", ";
  }
  cout << " }";
}

print_all(norse_gods);
cout<<"\n";

print_all(greek_gods);
cout<<"\n";
```

Die Ausgabe sollte wiederum lauten:

{ Freya, Odin, Thor }
{ Zeus, Poseidon, Ares, Athena, Hera }

Welche Version gefällt Ihnen besser: diejenige, in der **insert**() und die anderen Operationen als Memberfunktionen definiert sind oder die Version mit den eigenständigen Funktionen? In diesem Fall fallen die Unterschiede nicht sonderlich ins Gewicht, aber sehen Sie sich noch einmal §9.7.5 an.

Tipp Ein Punkt, der hier nicht übersehen werden darf, ist, dass wir immer noch keine Listen-Klasse haben, sondern nur eine Klasse für die Knoten! Aus diesem Grund müssen wir uns immer noch darum kümmern, welcher Zeiger auf das erste Element verweist. Wir könnten dem abhelfen, indem wir eine Klasse **List** definierten – aber Designs, wie wir Sie hier vorgestellt haben, sind ziemlich weitverbreitet. Die **list**-Implementierung der Standardbibliothek stellen wir Ihnen in §20.4 vor.

Aufgaben

Dieser Aufgabenteil besteht aus zwei Abschnitten. Der erste Abschnitt beschäftigt sich mit den Arrays, die auf dem Freispeicher angelegt werden, und stellt die Arrays den **vector**-Containern gegenüber:

1. Legen Sie mithilfe von **new** im Freispeicher ein Array mit zehn Integer-Werten an.
2. Geben Sie die Werte der zehn Integer mit **cout** aus.
3. Geben Sie den vom Array belegten Freispeicher (mit **delete[]**) wieder frei.
4. Schreiben Sie eine Funktion namens **print_array10(ostream& os, int* a)**, die die Werte von **a** an **os** ausgibt. (Gehen Sie davon aus, dass **a** zehn Elemente enthält.)
5. Legen Sie im Freispeicher ein Array mit zehn Integer-Werten an. Initialisieren Sie es mit den Werten 100, 101, 102 usw. und geben Sie die Werte im Array aus.
6. Legen Sie im Freispeicher ein Array mit elf Integer-Werten an. Initialisieren Sie es mit den Werten 100, 101, 102 usw. und geben Sie die Werte im Array aus.
7. Schreiben Sie eine Funktion namens **print_array10(ostream& os, int* a, int n)**, die die Werte von **a** an **os** ausgibt. (Gehen Sie davon aus, dass **a** genau **n** Elemente enthält.)
8. Legen Sie im Freispeicher ein Array mit 20 Integer-Werten an. Initialisieren Sie es mit den Werten 100, 101, 102 usw. und geben Sie die Werte im Array aus.
9. Haben Sie daran gedacht, die Arrays zu löschen? (Wenn nicht, holen Sie dies jetzt nach.)
10. Wiederholen Sie die Aufgaben 5, 6 und 8, aber verwenden Sie diesmal statt des Arrays einen **vector**-Container und statt **print_array()** die Funktion **print_vector()**.

Der zweite Abschnitt ist schwerpunktmäßig den Zeigern und ihrer Beziehung zu den Arrays gewidmet. Verwenden Sie für die folgenden Aufgaben die Funktion **print_array()** der letzten Aufgabe:

1. Reservieren Sie im Speicher Platz für einen Integer, initialisieren Sie ihn mit dem Wert 7 und weisen Sie seine Adresse der Variablen **p1** zu.
2. Geben Sie den Wert von **p1** sowie den Wert des Integers aus, auf den **p1** zeigt.
3. Reservieren Sie im Speicher Platz für ein Array mit sieben Integer-Werten. Initialisieren Sie das Array mit den Werten 1, 2, 4, 8 usw. und weisen Sie seine Adresse der Variablen **p2** zu.
4. Geben Sie den Wert von **p2** sowie des Arrays, auf das **p2** zeigt, aus.
5. Deklarieren Sie einen **int***-Zeiger namens **p3** und initialisieren Sie ihn mit **p2**.
6. Weisen Sie **p2** der Variablen **p1** zu.
7. Weisen Sie **p3** der Variablen **p2** zu.
8. Geben Sie die Werte von **p1** und **p2** aus sowie die Werte, auf die sie zeigen.
9. Geben Sie allen Speicher, den Sie auf dem Freispeicher reserviert haben, wieder frei.

17 Vektoren und Freispeicher

10 Reservieren Sie im Speicher Platz für ein Array mit zehn Integer-Werten. Initialisieren Sie das Array mit den Werten 1, 2, 4, 8 usw. und weisen Sie seine Adresse der Variablen **p1** zu.

11 Reservieren Sie im Speicher Platz für ein Array mit zehn Integer-Werten und weisen Sie seine Adresse der Variablen **p2** zu.

12 Kopieren Sie die Werte aus dem Array, auf das **p1** zeigt, in das Array, auf das **p2** zeigt.

13 Wiederholen Sie die Aufgaben 10–12 mit einem **vector**-Container statt mit einem Array.

Fragen

1 Wozu benötigen wir Datenstrukturen mit einer variablen Anzahl an Elementen?

2 Welche vier Arten von Speicher stehen einem normalen Programm zur Verfügung?

3 Was ist der Freispeicher? Wie wird der Freispeicher häufig sonst noch genannt? Welche Operatoren unterstützen die Arbeit mit dem Freispeicher?

4 Was ist ein Dereferenzierungsoperator und wozu benötigen wir ihn?

5 Was ist eine Adresse? Wie werden Speicheradressen in C++ manipuliert?

6 Welche Informationen hat ein Zeiger über das Objekt, auf das er zeigt?

7 Auf was kann ein Zeiger weisen?

8 Was ist ein Speicherleck?

9 Was ist eine Ressource?

10 Wie können wir einen Zeiger initialisieren?

11 Was ist ein Nullzeiger? Wann müssen wir einen Nullzeiger verwenden?

12 Wann benötigen wir einen Zeiger (anstelle einer Referenz oder eines benannten Objekts)?

13 Was ist ein Destruktor? Wann benötigen wir ihn?

14 Welchen Zweck erfüllen virtuelle Destruktoren?

15 Wie werden Destruktoren für Member genannt?

16 Was ist ein Cast? Wann müssen wir einen Cast vornehmen?

17 Wie greifen wir auf einen Member einer Klasse über einen Zeiger zu?

18 Was ist eine doppelt verkettete Liste?

19 Was ist **this** und wozu benötigen wir es?

Übungen

1 Wie sieht das Ausgabeformat aus, das Ihre Implementierung für Zeigerwerte verwendet? Hinweis: Schlagen Sie nicht in der Dokumentation nach.

2 Wie viele Bytes belegt ein **int**-Wert? Ein **double**-Wert? Ein boolescher Wert? Verwenden Sie **sizeof** nur, um Ihre Antworten zu verifizieren.

3 Schreiben Sie eine Funktion **void to_lower(char* s)**, die alle Großbuchstaben im C-String **x** in ihre entsprechenden Kleinbuchstaben umwandelt. So soll zum Beispiel aus „**Hallo, Welt!**" der String „**hallo, welt!**" werden. Verwenden Sie keine Funktionen der Standardbibliothek. Ein String im C-Stil ist ein nullterminiertes Array von Zeichen, d.h., wenn Sie auf ein **char**-Zeichen mit dem Wert **0** treffen, ist der String zu Ende.

4 Schreiben Sie eine Funktion **char* strdup(const char*)**, die einen C-Stil-String in einen Speicherbereich kopiert, den sie auf dem Freispeicher reserviert hat. Verwenden Sie keine Funktionen der Standardbibliothek.

5 Schreiben Sie eine Funktion **char* findx(const char* s, const char* x)**, die das erste Vorkommen des C-Stil-Strings **x** in **s** findet.

6 Wir sind in diesem Kapitel gar nicht darauf eingegangen, was passiert, wenn Sie mit **new** mehr Speicher anfordern, als zur Verfügung steht (Stichwort *Speicherknappheit*). Stellen Sie fest, was in diesem Fall passiert. Hierfür haben Sie zwei Möglichkeiten: Recherchieren Sie die Antwort oder schreiben Sie ein Programm mit einer Endlosschleife, das Speicher reserviert, aber nie freigibt. Versuchen Sie beides. Wie viel Speicher konnten Sie ungefähr reservieren, bevor Ihr Programm abgestürzt ist?

7 Schreiben Sie ein Programm, das Zeichen aus **cin** in ein Array liest, das Sie auf dem Freispeicher angelegt haben. Lesen Sie einzelne Zeichen, bis Sie auf ein Ausrufezeichen (!) treffen. Verwenden Sie nicht **std::string**. Machen Sie sich keine Gedanken um eine mögliche Speicherknappheit.

8 Wiederholen Sie Übung 7, aber lesen Sie die Zeichen diesmal in einen **std::string**-String statt in einen von Ihnen reservierten Freispeicherbereich (**string** weiß, wie der Freispeicher zu verwenden ist).

9 In welche Richtung wächst der Stack: nach oben (in Richtung der höheren Adressen) oder nach unten (in Richtung der niedrigeren Adressen)? In welche Richtung wächst der Freispeicher anfangs (d.h., bevor Sie **delete** verwenden)? Schreiben Sie ein Programm, das Ihnen bei der Beantwortung hilft.

10 Betrachten Sie Ihre Lösung für Übung 7. Könnte es passieren, dass die Eingabe zu einem Überlauf des Arrays führt; oder anders gefragt: Ist es möglich, dass der Benutzer mehr Zeichen eingibt, als in den reservierten Speicherbereich passen (ein schwerwiegender Fehler)? Reagiert das Programm in angemessener Weise, wenn der Benutzer versucht, mehr Zeichen einzugeben, als in den reservierten Speicher passen? Informieren Sie sich über **realloc()** und erweitern Sie damit bei Bedarf den von Ihnen reservierten Speicher.

11 Vervollständigen Sie die „Liste der Götter" aus §17.10.1 und führen Sie dann das Beispiel aus.

12 Warum haben wir zwei Versionen von **find()** definiert?

17 Vektoren und Freispeicher

13 Erweitern Sie die Klasse **Link** aus §17.10.1 um einen Wert des Typs **struct God**. **struct God** sollte Member vom Typ **string** enthalten: Name, Mythologie, Fahrzeug und Waffe; z.B. **God("Zeus", "griechisch", "", "Blitz")** und **God("Odin", "nordisch", "Achtbeiniges, fliegendes Pfern namens Sleipnir", "")**. Schreiben Sie eine **print_all**()-Funktion, die die Götter mit all ihren Attributen zeilenweise ausgibt. Fügen Sie eine Memberfunktion **add_ordered**() hinzu, die ihr **new**-Element an der lexikografisch korrekten Position ablegt. Bedienen Sie sich der **Link**-Knoten mit den Werten vom Typ **God** und erstellen Sie eine Liste von Göttern aus drei Mythologien. Verschieben Sie dann die Elemente (Götter) aus dieser Liste in drei lexikografisch geordnete Listen – für jede Mythologie jeweils eine.

14 Hätte man das Beispiel mit der Liste der Götter aus §17.10.1 auch mit einer einfach verketteten Liste schreiben können; das heißt, hätten wir den Member **prev** aus **Link** weglassen können? Warum könnten wir dies wollen? In welcher Art von Beispielen lassen sich einfach verkettete Listen sinnvoll einsetzen? Reimplementieren Sie das Beispiel und verwenden Sie diesmal nur eine einfach verkettete Liste.

Schlüsselbegriffe

Adresse	Destruktor	Nullzeiger
Adresse von: **&**	Freispeicher	Ressourcenleck
Allokation	Indexoperator: **[]**	Speicher
Bereich	Indexzugriff	Speicherleck
Cast	Inhalt von: *****	**this**
Container	Knoten	Typumwandlung
Deallokation	Liste	Virtueller Destruktor
delete	Memberdestruktor	**void***
delete[]	Memberzugriff: **->**	Zeiger
Dereferenzierung	**new**	

Ein persönlicher Hinweis

Warum machen wir uns eigentlich all die Mühe mit komplizierten, maschinennahen Techniken wie Zeigern und Freispeicher, wenn wir im Grunde nur auf **vector** zurückgreifen müssten? Nun, ein Grund ist, dass irgendjemand ja Abstraktionen wie **vector** u.Ä. implementieren muss und wir wüssten gerne, wie das geht. Ein weiterer Grund ist, dass es Programmiersprachen gibt, die auf Zeiger und ähnliche Sprachkonzepte verzichten und so den Problemen mit der Low-Level-Programmierung aus dem Weg gehen. Programmierer dieser Sprachen delegieren Aufgaben, bei denen der direkte Zugriff auf die Hardware erforderlich ist, bevorzugt an C++-Programmierer (und Programmierer anderer Sprachen, die ebenfalls maschinennah ausgelegt sind). Unser Hauptgrund ist und bleibt jedoch, dass keiner mit Fug und Recht behaupten kann, Computer und die Programmierung zu verstehen, wenn er nicht weiß, was passiert, wenn Software auf Hardware trifft. Programmierer ohne Kenntnisse von Zeigern, Speicheradressen usw. haben oft die seltsamsten Vorstellungen davon, wie die von ihrer Programmiersprache zur Verfügung gestellten Komponenten arbeiten. Falsche Vorstellungen führen aber leicht zu armseligem Code.

Vektoren und Arrays

18.1 **Einführung** 620
18.2 **Kopieren** 621
    18.2.1   Kopierkonstruktoren 622
    18.2.2   Zuweisungsoperatoren 624
    18.2.3   Terminologie 626
18.3 **Essenzielle Operationen** 627
    18.3.1   Explizite Konstruktoren 629
    18.3.2   Konstruktoren und Destruktoren debuggen 630
18.4 **Zugriff auf Vektor-Elemente** 632
    18.4.1   Überladung für **const**-Objekte 633
18.5 **Arrays** 634
    18.5.1   Zeiger auf Array-Elemente 636
    18.5.2   Zeiger und Arrays 638
    18.5.3   Array-Initialisierung 640
    18.5.4   Probleme mit Zeigern 641
18.6 **Beispiele: Palindrom** 644
    18.6.1   Palindrome mit **string** 644
    18.6.2   Palindrome mit Arrays 645
    18.6.3   Palindrome mit Zeigern 646

18 Vektoren und Arrays

„Caveat emptor!" [1]

– Guter Rat

Dieses Kapitel beschreibt, wie Vektoren kopiert und wie auf ihre Elemente über Indizes zugegriffen wird. Zu diesem Zweck erörtern wir ganz allgemein die Technik des Kopierens und untersuchen auch die Beziehung des **vector**-Containers zu dem eher maschinennahen Konzept der Arrays. Wir erläutern, in welcher Beziehung Arrays zu Zeigern stehen und welche Probleme daraus entstehen. Außerdem stellen wir Ihnen die fünf essenziellen Operationen vor, deren Bereitstellung für jeden Typ erwogen werden muss: Erzeugung mit Konstruktor, Erzeugung mit Standardkonstruktor, Erzeugung mit Kopierkonstruktor, Zuweisung und Auflösung.

18.1 Einführung

Damit ein Flugzeug abheben kann, muss es auf der Fahrt die Startbahn hinunter so viel Geschwindigkeit aufnehmen, dass diese ausreicht, um mit einem Satz in die Luft „springen" zu können. Bis es jedoch so weit ist, rumpelt das Flugzeug über die Rollbahn und gleicht eher einem besonders schweren und seltsam anmutenden Lastwagen. Dann aber schwingt es sich empor und erweist es sich als ein ganz anderes, überaus elegantes und effizientes Fortbewegungsmittel. Hier, in der Luft, ist es in seinem eigentlichen Element.

Mit diesem Kapitel haben wir ungefähr die Hälfte unserer „Rollbahn" erreicht, an deren Ende wir genügend Sprachmittel und Programmiertechniken aufgesammelt haben werden, um uns von den Beschränkungen des reinen Computerspeichers zu befreien und abheben zu können. Unser Ziel ist es, einen Punkt zu erreichen, wo wir mit Typen programmieren können, die genau die Eigenschaften aufweisen, die unseren Bedürfnissen und der Logik unserer Programme entsprechen. Um diesen Punkt zu erreichen, müssen wir verschiedene, grundlegende Beschränkungen überwinden, die aus dem Zugriff auf die nackte Maschine herrühren, zum Beispiel:

- Objekte im Speicher haben eine feste Größe.
- Objekte im Speicher liegen an einem festen Platz.
- Der Computer unterstützt nur einige wenige elementare Operationen auf Objekten (Kopieren einer Wort-Einheit, die Werte zweier Wort-Einheiten addieren etc.).

Im Wesentlichen sind dies die Beschränkungen, die den integrierten Typen und Operationen von C++ anhaften (wie sie von C übernommen wurden, siehe §22.2.5 und Kapitel 27). In Kapitel 17 konnten wir die Anfänge eines Containertyps **vector** beobachten, der den Zugriff auf die in ihm gespeicherten Elemente vollständig kontrolliert und Operationen bereitstellt, die aus Sicht eines Benutzers – und nicht aus Sicht der Hardware – logisch und naheliegend erscheinen.

In diesem Kapitel konzentrieren wir uns auf das Konzept des Kopierens – ein wichtiges, wenn auch sehr technisches Thema: Was verstehen wir unter dem Kopieren eines nicht trivialen Objekts? Inwieweit sind die Kopien nach einem Kopiervorgang von den Originalen unabhängig? Welche Kopierope-

---

[1] Kaufmannssprache; lateinisch für „Der Käufer möge sich hüten!"

rationen gibt es? Wie sehen die zugehörigen Syntaxformen aus? Und in welcher Beziehung steht das Kopieren zu anderen elementaren Operationen, wie der Initialisierung oder der Objektauflösung?

Es wird unausweichlich sein, dass wir uns zu diesem Zweck noch einmal mit der Frage beschäftigen, wie wir Speicher manipulieren, wenn uns keine höheren Typen wie **vector** oder **string** zur Verfügung stehen. Konkret werden wir Arrays und Zeiger näher untersuchen, ihre Beziehung zueinander, ihre Verwendung und die Fallen und Fußangeln, die mit ihrem Einsatz einhergehen. Essenzielle Informationen für jeden, der mit der maschinennahen Programmierung in C++ oder C zu tun hat.

Bitte beachten Sie, dass die Details unserer **vector**-Implementierung typisch sind für Vektoren und für die Art und Weise, in der in C++ neue, höhere Typen auf der Grundlage bestehender maschinennaher Typen definiert werden. Davon abgesehen gilt aber, dass die höheren Typen (**string**, **vector**, **list**, **map** etc.) aller Sprachen in der einen oder anderen Weise auf denselben Primitiven der Maschinenarchitektur basieren und für viele grundlegende Probleme die gleichen Lösungen gefunden haben, die auch wir hier beschreiben.

18.2 Kopieren

Betrachten wir noch einmal unseren **vector**-Typ, so wie er sich am Ende von Kapitel 17 darstellte:

```
class vector {
  int sz;              // die Größe
  double* elem;        // ein Zeiger auf die Elemente
public:
  vector(int s)                            // Konstruktor
    :sz(s), elem(new double[s]) { }        // reserviert Speicher
  ~vector()                                // Destruktor
    { delete[ ] elem; }                    // gibt Speicher frei
  // ...
};s
```

Lassen Sie uns versuchen, einen Vektor dieses Typs zu kopieren:

```
void f(int n)
{
  vector v(3);        // definiere einen Vektor mit 3 Elementen
  v.set(2,2.2);       // weise v[2] den Wert 2.2 zu
  vector v2 = v;      // was geschieht hier?
  // ...
}
```

Im Idealfall wird **v2** durch diesen Code zu einer Kopie von **v** (d.h., = erstellt Kopien), für die gilt: **v2**.size()==**v**.size() und **v2**[i]==**v**[i] für jedes **i** im Bereich [**0**:**v**.size()). Außerdem sollte der gesamte reservierte Speicher beim Verlassen von **f()** wieder an den Freispeicher zurückgegeben werden. So verhält sich zumindest der **vector**-Typ aus der Standardbibliothek. Es ist jedoch nicht das, was wir erhalten, wenn wir unseren eigenen, immer-noch-viel-zu-simpel-gestrickten **vector**-Typ verwenden. Unsere Aufgabe wird es daher sein, unseren **vector**-Typ so zu überarbeiten, dass er sich in solchen Fällen korrekt verhält. Zuvor aber sollten wir klären, was die aktuelle Version eigentlich macht. Das heißt: Was genau macht sie wie falsch? Und warum? Wenn wir dies erst einmal herausgefunden haben, sollte es uns möglich sein, die Probleme zu beheben. Und was noch wichtiger ist: Wir können daraus lernen, ähnliche Probleme in anderen Kontexten zu erkennen und zu vermeiden.

Kopieren bedeutet für eine Klasse zunächst einmal: „Kopiere alle Membervariablen". Und in der überwiegenden Zahl der Fälle ist dies genau das gewünschte Verhalten. Beispielsweise erstellen wir eine Kopie eines **Point**-Objekts, indem wir seine Koordinaten kopieren. Für Zeiger-Member führt dieser Ansatz allerdings zu Problemen. Für die **vector**-Objekte aus unserem Beispiel führt es konkret dazu, dass nach dem Kopieren gilt: **v.sz==v2.sz** und **v.elem==v2.elem**, siehe ▶ Abbildung 18.1.

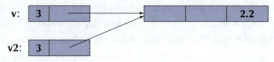

Abbildung 18.1: Die Vektoren **v** und **v2** nach dem Kopieren

Um es klar auszudrücken: **v2** erhält keine Kopien der Elemente von **v**, sondern teilt sich diese Elemente mit **v**. Dies hat einige interessante Implikationen. Betrachten Sie z.B. folgenden Code:

v.set(1,99);   // weise v[1] den Wert 99 zu
v2.set(0,88); // weise v2[0] den Wert 88 zu
cout << v.get(0) << ' ' << v2.get(1);

Das Ergebnis dieser Zeilen ist die Ausgabe „88 99". Das ist sicherlich nicht das, was wir beabsichtigt hatten. Gäbe es nicht die „verborgene" Verbindung zwischen **v** und **v2**, hätten wir, da wir weder in **v[0]** noch in **v2[1]** geschrieben haben, die Ausgabe „0 0" erhalten. Sie könnten nun anmerken, dass dieses Verhalten doch „recht interessant", „witzig" oder „manchmal ganz nützlich" sei, aber es ist definitiv nicht das, was wir beabsichtigt hatten, und es ist auch nicht das Verhalten, welches der **vector**-Typ der Standardbibliothek zeigt. Noch schlimmer, ja geradezu katastrophal wird es, wenn wir aus der Funktion f() zurückkehren und die Destruktoren für **v** und **v2** implizit aufgerufen werden. Der Destruktor von **v** gibt den für die Elemente reservierten Speicher mit folgender Anweisung frei:

delete[] elem;

Gleiches macht der Destruktor von **v2**. Da jedoch die beiden **elem**-Zeiger von **v** und **v2** auf ein und dieselbe Speicherposition verweisen, wird der Speicher zweimal freigegeben, was vermutlich zu desaströsen Resultaten führt (§17.4.6).

18.2.1 Kopierkonstruktoren

Was also sollen wir tun? Wir tun das Offensichtliche: Wir stellen eine Kopieroperation zur Verfügung, welche die Elemente kopiert, und wir sorgen dafür, dass diese Kopieroperation ausgeführt wird, wenn ein **vector**-Objekt mit einem anderen initialisiert wird.

Objekte von Klassen werden mithilfe von Konstruktoren initialisiert. Folglich benötigen wir einen Konstruktor, der eine Kopie erzeugt: einen sogenannten *Kopierkonstruktor*. Kopierkonstruktoren werden so definiert, dass sie das Objekt, welches kopiert werden soll, als Referenzargument übernehmen. Für unsere **vector**-Klasse müssen wir also schreiben:

vector(const vector&);

Dieser Konstruktor wird automatisch aufgerufen, wenn wir versuchen, ein **vector**-Objekt mit einem anderen zu initialisieren. Wir übergeben offensichtlich eine Referenz, damit das Argument, welches als Vorlage für die Kopieroperation dient, nicht bei der Übergabe selber kopiert werden muss. Wir übergeben via pass-by-const-reference, weil wir das Argument nicht verändern wollen (§8.5.6). Die überarbeitete Version unseres **vector**-Typs lautet somit:

```
class vector {
   int sz;
   double* elem;
   void copy(const vector& arg);    // kopiere die Elemente aus arg nach *elem
public:
   vector(const vector&);           // Kopierkonstruktor: lege Kopierverhalten fest
   // ...
};
```

Die Aufgabe von **copy()** besteht einfach darin, die Elemente des **vector**-Arguments zu kopieren:

```
void vector::copy(const vector& arg)
   // kopiert die Elemente [0:arg.sz-1]
{
   for (int i = 0; i<arg.sz; ++i) elem[i] = arg.elem[i];
}
```

Die Memberfunktion **copy()** geht davon aus, dass sowohl das Argument **arg** als auch das **vector**-Objekt, in das kopiert werden soll, über **sz** Elemente verfügt. Damit diese Bedingung auch erfüllt wird, deklarieren wir **copy()** als **private**. Folglich kann **copy()** ausschließlich von Funktionen aufgerufen werden, die Teil der **vector**-Implementierung sind, und wir müssen „nur noch" sicherstellen, dass diese Funktionen auf die passenden Größen achten.

Der Kopierkonstruktor legt in **sz** die Anzahl der Elemente ab und reserviert den Speicher für die Elemente (Initialisierung von **elem**), bevor er anschließend die Werte aus dem **vector**-Argument kopiert:

```
vector:: vector(const vector& arg)
// alloziert die Element und initialisiert sie anschließend durch Kopieren
   :sz(arg.sz), elem(new double[arg.sz])
{
   copy(arg);
}
```

Untersuchen wir, wie sich dieser Kopierkonstruktor auf unser Beispiel auswirkt:

vector v2 = v;

Diese Definition initialisiert **v2**, indem sie den Kopierkonstruktor von **vector** aufruft und ihm **v** als Argument übergibt. Wenn **v** wie zuvor ein **vector**-Container mit drei Elementen ist, sehen Kopie und Original danach wie in ▶ Abbildung 18.2 aus.

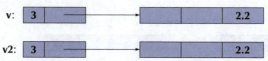

Abbildung 18.2: Die Vektoren **v** und **v2** nach dem Kopieren mit eigenem Kopierkonstruktor

Ausgehend von der in Abbildung 18.2 dargestellten Konstellation kann nun auch der Destruktor seine Arbeit korrekt verrichten, d.h., beide Sätze von Elementen werden ordnungsgemäß freigegeben. Die beiden **vector**-Container sind jetzt offensichtlich unabhängig voneinander und wir können die Werte einzelner Elemente von **v** ändern, ohne dass davon **v2** betroffen wird (oder umgekehrt).

```
v.set(1,99);    // weise v[1] den Wert 99 zu
v2.set(0,88);   // weise v2[0] den Wert 88 zu
cout << v.get(0) << ' ' << v2.get(1);
```

Dies erzeugt die Ausgabe „0 0".

Statt

```
vector v2 = v;
```

hätten wir genauso gut auch schreiben können:

```
vector v2(v);
```

Wenn **v** (der Initialisierer) und **v2** (die initialisierte Variable) vom selben Typ sind und dieser Typ das Kopieren im üblichen Sinne unterstützt, haben beide Notationen exakt dieselbe Bedeutung und Sie können sich frei entscheiden, welche Notation Sie verwenden möchten.

18.2.2 Zuweisungsoperatoren

Wir haben nun festgelegt, wie sich unser **vector**-Typ beim Kopieren durch Konstruktion (Initialisierung) verhalten soll. Objekte vom Typ **vector** können aber auch durch Zuweisung kopiert werden. Wie bei der Initialisierung durch Kopieren gilt auch für die Zuweisung, dass diese per Voreinstellung einfach die einzelnen Member kopiert. Auf dem jetzigen Stand unserer **vector**-Definition würde eine Zuweisung demnach zu einer doppelten Speicherlöschung (vgl. Ausführungen zu Kopierkonstruktor in §18.2.1) und einem Speicherleck führen. Betrachten Sie dazu folgenden Code:

```
void f2(int n)
{
  vector v(3);   // definiere einen Vektor
  v.set(2,2.2);
  vector v2(4);
  v2 = v;        // Zuweisung: was geschieht hier?
  // ...
}
```

Unser Ziel ist es, aus **v2** eine Kopie von **v** zu machen. Hätten wir den **vector**-Typ der Standardbibliothek verwendet, würden wir auch eine solche Kopie erhalten. Da wir aber unseren eigenen **vector**-Typ verwenden und nicht weiter festgelegt haben, wie für diesen Typ die Zuweisung aussehen soll, wird die Standardzuweisung verwendet. Das heißt, die Zuweisung kopiert die einzelnen Member, sodass am Ende die Member **sz** und **elem** von **v2** identisch sind zu den Membern **sz** und **elem** von **v**, siehe
▶ Abbildung 18.3.

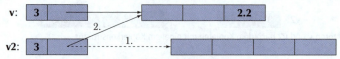

Abbildung 18.3: **v2** nach Zuweisung von **v** mit Standardzuweisungsoperator

18.2 Kopieren

Wenn wir aus **f2()** zurückkehren, hinterlassen wir das gleiche Desaster wie beim Zurückkehren aus **f()** (§18.2) vor dem Hinzufügen des Kopierkonstruktors: Die Container-Elemente, auf die sowohl **v** als auch **v2** verweisen, werden zweimal freigegeben (mit **delete[]**). Zusätzlich verbleibt eine Speicherlücke: Die vier Elemente, die anfangs für **v2** reserviert wurden, werden nicht mehr freigegeben. Die Lösung für dieses unhaltbare Zuweisungsverhalten sieht im Wesentlichen genauso aus wie unsere Lösung für die Kopierinitialisierung. Wir definieren eine Zuweisung, die korrekte Kopien anfertigt:

```
class vector {
  int sz;
  double* elem;
  void copy(const vector& arg);   // kopiere die Elemente aus arg nach *elem
public:
  vector& operator=(const vector&) ;   // Zuweisungsoperator
  // ...
};

vector& vector::operator=(const vector& a)
  // macht diesen Vektor zu einer Kopie von a
{
  double* p = new double[a.sz];              // neuen Speicher reservieren
  for(int i=0; i<a.sz; ++i) p[i]=a.elem[i];  // kopiere Elemente
  delete[] elem;                             // alten Speicher freigeben
  elem = p;                                  // jetzt können wir elem umlenken
  sz = a.sz;
  return *this;                              // Referenz auf sich selbst zurückliefern (siehe §17.10)
}
```

Die Zuweisung ist ein wenig komplizierter als die Konstruktion, was daran liegt, dass es diesmal veraltete Container-Elemente gibt, um die wir uns kümmern müssen. Unsere grundlegende Strategie sieht daher so aus, dass wir zuerst eine Kopie der Elemente aus dem Originalvektor erzeugen:

```
double* p = new double[a.sz];   // neuen Speicher reservieren
for(int i=0; i<a.sz; ++i) p[i]=a.elem[i];
```

Dann geben wir den Speicher für die alten Elemente des Zielvektors frei:

```
delete[] elem;   // alten Speicher freigeben
```

Schließlich lassen wir **elem** auf die neuen Elemente verweisen:

```
elem = p;    // jetzt können wir elem umlenken
sz = a.sz;
```

Wie das Ergebnis dieser Zuweisung aussieht, zeigt ▶ Abbildung 18.4.

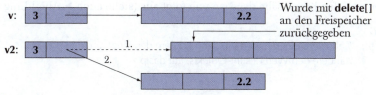

Abbildung 18.4: v2 nach Zuweisung von v mit eigenem Zuweisungsoperator

18 Vektoren und Arrays

Unser **vector**-Typ ist nunmehr so weit gediehen, dass er keine Speicherlecks mehr erzeugt und nicht versucht, Speicher doppelt freizugeben (**delete[]**).

 Vielleicht ist Ihnen bei der Implementierung der Zuweisung der Gedanke gekommen, dass man den Code vereinfachen könnte, indem man den Speicher für die alten Elemente vor der Erzeugung der Kopie freigibt. Nun, zum einem ist es grundsätzlich empfehlenswert, keine Daten zu verwerfen, bevor nicht sicher ist, dass man sie ersetzen kann. Zum anderen würde diese Implementierung zu seltsamen Ergebnissen führen, wenn jemand versuchte, ein **vector**-Objekt an sich selbst zuzuweisen:

```
vector v(10);
v=v;    // Zuweisung an sich selbst
```

Vergewissern Sie sich ruhig davon, dass unsere Implementierung auch diesen Fall korrekt (wenn nicht sogar optimal) behandelt.

18.2.3 Terminologie

 Kopieren ist in vielen Programmen – und auch in vielen Programmiersprachen – ein Thema. Die entscheidende Frage dabei ist stets, ob Sie einen Zeiger (bzw. eine Referenz) kopieren oder die Information, auf die verwiesen wird:

- *Flaches Kopieren* (*shallow copy*) bedeutet, dass Zeiger einfach kopiert werden, sodass es nach dem Kopieren zwei Zeiger gibt, die auf dasselbe Objekt verweisen. Zeiger und Referenzen werden z.B. flach kopiert.
- *Tiefes Kopieren* (*deep copy*) bedeutet, dass das Ziel des Zeigers kopiert wird, sodass es nach dem Kopieren zwei Zeiger gibt, die auf unterschiedliche Objekte verweisen. Typen wie **vector** und **string** werden tief kopiert. Wenn wir für die Objekte einer unserer Klassen tiefe Kopien benötigen, müssen wir einen eigenen Kopierkonstruktor und einen eigenen Zuweisungsoperator definieren.

Der folgende Code erzeugt eine flache Kopie (siehe auch ▶ Abbildung 18.5):

```
int* p = new int(77);
int* q = p;    // kopiere den Zeiger p
*p = 88;       // ändere den Wert des int-Objekts, auf das p und q zeigen
```

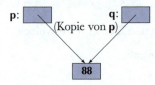

Abbildung 18.5: Flache Kopie

Die Erstellung einer tiefen Kopie sähe dagegen wie folgt aus (siehe auch ▶ Abbildung 18.6):

```
int* p = new int(77);
int* q = new int(*p);    // alloziere einen neuen int, dann kopiere den Wert, auf den p zeigt
*p = 88;                 // ändere den Wert des int-Objekts, auf das p zeigt
```

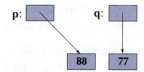

Abbildung 18.6: Tiefe Kopie

Dieser Terminologie folgend können wir also sagen, dass das Problem unseres ursprünglichen **vector**-Typs darin lag, dass er flache Kopien erzeugte, statt die Elemente zu kopieren, auf die sein **elem**-Zeiger verweist. Unser verbesserter **vector**-Typ dagegen erzeugt – ebenso wie der **vector**-Typ der Standardbibliothek – tiefe Kopien, indem er Speicher für die neuen Elemente reserviert und deren Werte kopiert. Von Typen, die flache Kopien erzeugen (wie z.B. Zeiger und Referenzen), sagt man, dass sie eine *Zeiger-* oder *Referenzsemantik* besitzen (sie kopieren Adressen). Typen, die tiefe Kopien erzeugen (wie z.B. **string** und **vector**) besitzen dagegen eine *Wertesemantik* (sie kopieren die Werte, auf die verwiesen wird). Aus Sicht des Benutzers verhalten sich Typen mit Wertsemantik so, als wären keine Zeiger involviert, als gäbe es nur zu kopierende Werte. Soweit es das Kopieren betrifft, kann man sich für Typen mit Wertesemantik auch einfach merken, dass sie „sich wie Integer verhalten".

18.3 Essenzielle Operationen

Wir sind nun so weit, dass wir uns über die Kriterien unterhalten können, nach denen wir entscheiden, welche Konstruktoren eine Klasse haben sollte, ob sie einen Destruktor definieren sollte und ob es nötig ist, einen Zuweisungsoperator zur Verfügung zu stellen. Insgesamt gibt es fünf essenzielle Operationen respektive Member, die es zu berücksichtigen gilt:

- Konstruktoren mit einem oder mehr Argumenten
- Standardkonstruktor
- Kopierkonstruktor (kopiert Objekt desselben Typs)
- Zuweisung (kopiert Objekt desselben Typs)
- Destruktor

In der Regel benötigen wir einen oder auch mehrere Konstruktoren, um die Argumente für die Initialisierung der Objekte entgegenzunehmen. Zum Beispiel:

string s("Triumph");   // initialisiere s mit dem String-Literal "Triumph"
vector<double> v(10);   // erzeuge v als Vektor von 10 double-Objekten

Wie man sieht, legt allein der Konstruktor fest, welche Bedeutung einem Initialisierer zukommt, sprich wie er verwendet wird. So benutzt der Konstruktor des Standardtyps **string** z.B. eine Folge von Zeichen als Initialisierungswert, während der Konstruktor des Standardbibliothekstyps **vector** einen Integer-Wert übernimmt, der ihm mitteilt, wie viele Elemente der Container anfangs enthalten soll. Meist nutzen wir den Konstruktor dazu, eine Invariante zu postulieren (§9.4.3). Sollte es uns nicht möglich sein, für eine Klasse eine passende Invariante zu finden, die sich durch die Konstruktoren der Klasse etablieren lässt, haben wir es vermutlich mit einer schlecht konzipierten Klasse oder einer schlichten Datenstruktur zu tun.

Vektoren und Arrays

Konstruktoren, die Argumente übernehmen, sind so vielfältig wie die Klassen, zu denen sie gehören. Die restlichen Operationen folgen im Vergleich dazu eher regelmäßigen Mustern.

Woran erkennen wir, ob eine Klasse einen Standardkonstruktor benötigt? Ein Standardkonstruktor ist immer dann erforderlich, wenn es möglich sein soll, von einer Klasse Objekte zu erzeugen, ohne dass dabei ein Initialisierer angegeben wird. Ein klassisches Beispiel hierfür liegt vor, wenn wir Objekte einer Klasse in einen Container vom Standardbibliothekstyp **vector** einfügen möchten. Der folgende Code z.B. funktioniert nur, weil es – von Standardkonstruktoren erzeugte – Standardwerte für **int**, **string** und **vector<int>** gibt:

```
vector<double> vi(10);          // Vektor von 10 double-Objekten, jedes mit 0.0 initialisiert
vector<string> vs(10);          // Vektor von 10 Strings, jeder mit "" initialisiert
vector<vector< int> > vvi(10);  // Vektor von 10 vector-Containern, jeder zu vector() initialisiert
```

Einen Standardkonstruktor zur Verfügung zu haben, ist also oft recht nützlich. Bleibt die Frage, wann es auch sinnvoll ist? Eine mögliche Antwort auf diese Frage lautet: Wenn wir für die Klasse eine Invariante angeben können, für die es einen sinnvollen und offensichtlichen Standardwert gibt. Für Werttypen wie **int** oder **double** ist dies der Wert **0** (bzw. **0.0** für **double**). Für den Typ **string** ist der leere String "" eine gute, naheliegende Wahl und für den Typ **vector** eignet sich am besten ein leerer **vector**-Container. Allgemein gilt: Wenn für einen beliebigen Typ **T** ein Standardwert existiert, so ist **T()** genau dieser Standardwert. Zum Beispiel ist **double()** gleich **0.0**, **string()** ist "" und **vector<int>()** ist ein leerer **vector**-Container für **int**-Elemente.

> **Tipp** Klassen, die Ressourcen anfordern, benötigen einen Destruktor. Eine Ressource ist etwas, das Sie von irgendwoher beziehen und das Sie später, wenn Sie es nicht mehr benötigen, zurückgeben müssen. Das erste Beispiel, das einem hierzu einfällt, ist natürlich der Speicherplatz, den Sie auf dem Freispeicher reservieren (mit **new**) und den Sie später wieder an den Freispeicher zurückgeben (mit **delete** oder **delete[]**). Unser **vector**-Typ z.B. fordert Speicher für die Elemente an, die er verwahrt. Folglich muss er diesen Speicher auch wieder zurückgeben, und dazu benötigt er einen Destruktor. Andere Ressourcen, mit denen Sie im Laufe der Zeit zu tun haben, wenn Ihre Programme anspruchsvoller und immer professioneller werden, sind Dateien (Dateien, die Sie öffnen, müssen Sie auch wieder schließen), Sperren, Thread-Handles und Sockets („Verbindungsendpunkte" für die Kommunikation mit Prozessen und entfernten Computern).

> **Tipp** Ein weiteres Zeichen dafür, dass ein Destruktor benötigt wird, sind Zeiger- oder Referenz-Member. Mehr noch: Wenn eine Klasse unter ihren Membern Zeiger oder Referenzen birgt, bedeutet dies meist, dass sie neben einem Destruktor auch noch eigene Kopieroperationen benötigt.

> **Tipp** Klassen, die einen Destruktor erfordern, benötigen fast immer auch einen Kopierkonstruktor und einen Zuweisungsoperator. Die Erklärung für diese Verbindung ist einfach: Wenn ein Objekt eine Ressource angefordert hat (und einen Zeiger-Member enthält, der auf die Ressource weist), ist das Standardkopierverfahren (Erstellung einer flachen, memberweisen Kopie) mit ziemlicher Sicherheit ungeeignet. Auch hierfür ist **vector** ein klassisches Beispiel.

> **Tipp** Schließlich sei noch erwähnt, dass eine Basisklasse, deren abgeleitete Klassen möglicherweise einen Destruktor definieren, einen virtuellen (**virtual**) Destruktor besitzen muss (siehe §17.5.2).

18.3.1 Explizite Konstruktoren

Ein Konstruktor, der ein einzelnes Argument übernimmt, definiert eine Umwandlung vom Typ des Arguments in den Typ seiner Klasse. Wie das folgende Beispiel zeigt, kann eine solche Umwandlung recht nützlich sein:

```
class complex {
public:
  complex(double);       // definiert eine double-zu-complex-Umwandlung
  complex(double,double);
  // ...
};

complex z1 = 3.14;    // O.K.: verwandle 3.14 in (3.14,0)
complex z2 = complex(1.2, 3.4);
```

Auf der anderen Seite sollten implizite Umwandlungen sparsam und mit Bedacht eingesetzt werden, da sie ansonsten schnell ebenso unerwartete wie unerwünschte Effekte hervorrufen können. Nehmen wir z.B. unseren **vector**-Typ. Dessen derzeit einziger Konstruktor nimmt einen **int**-Wert entgegen, d.h., er definiert implizit eine Umwandlung von **int** zu **vector**. Zum Beispiel:

```
class vector {
  // ...
  vector(int);
  // ...
};

vector v = 10;    // Sehr seltsam. Erzeugt einen Vektor von 10 Objekten
v = 20;           // Hä? Weist v einen neuen Vektor von 20 Objekten zu

void f(const vector&);
f(10);            // Hä? Ruft f mit einem neuen Vektor von 10 Objekten auf
```

Es scheint, als hätten wir die Büchse der Pandora geöffnet. Zum Glück ist es aber nicht weiter schwierig, sie wieder zu verschließen und den impliziten „Missbrauch" von Konstruktoren für Umwandlungen zu unterbinden: Konstruktoren, die mit dem Schlüsselwort **explicit** deklariert werden, weisen nur die übliche Konstruktor-Semantik auf, sie definieren keine impliziten Umwandlungen.

```
class vector {
  // ...
  explicit vector(int);
  // ...
};

vector v = 10;       // Fehler: keine int-zu-vector<double>-Umwandlung
v = 20;              // Fehler: keine int-zu-vector<double>-Umwandlung
vector v0(10);       // O.K.

void f(const vector&);
f(10);               // Fehler: keine int-zu-vector<double>-Umwandlung
f(vector(10));       // O.K.
```

Um nicht von unerwünschten Umwandlungen überrascht zu werden, definieren wir – ebenso wie der C++-Standard – den Ein-Argument-Konstruktor von **vector** als **explicit**. Es ist schade, dass Konstruktoren nicht standardmäßig **explicit** sind. So bleibt uns nur, im Zweifelsfall jeden Konstruktor, der mit einem einzelnen Argument aufgerufen werden kann, als **explicit** zu deklarieren.

18.3.2 Konstruktoren und Destruktoren debuggen

Konstruktoren und Destruktoren werden an bestimmten, wohldefinierten und vorhersagbaren Stellen der Programmausführung aufgerufen. Diese Stellen korrespondieren aber nicht nur zu expliziten Aufrufen wie **vector(2)**. Konstruktoren werden auch aufgerufen, wenn wir eine **vector**-Variable deklarieren, ein **vector**-Objekt als Wertargument übergeben oder ein **vector**-Objekt mit **new** auf dem Freispeicher anlegen. Programmierer, die vor allem in Syntaxformen denken, können sich oft nur schwer daran gewöhnen, dass es mehr als eine Syntax gibt, die einen Konstruktoraufruf auslöst. Einfacher und besser ist es daher, sich zu merken:

- Wann immer ein Objekt vom Typ **X** erzeugt wird, wird einer der Konstruktoren von **X** ausgeführt.
- Wann immer ein Objekt vom Typ **X** aufgelöst wird, wird einer der Destruktoren von **X** ausgeführt.

Ein Destruktor wird aufgerufen, wenn ein Objekt seiner Klasse aufgelöst wird – was der Fall ist, wenn der Gültigkeitsbereich von Bezeichnern (Namen) verlassen wird, das Programm endet oder **delete** auf einen Zeiger auf ein Objekt angewendet wird. Ein (passender) Konstruktor wird aufgerufen, wenn ein Objekt seiner Klasse erzeugt wird – was der Fall ist, wenn eine Variable initialisiert wird, ein Objekt mit **new** erzeugt (gilt nicht für integrierte Typen) oder ein Objekt kopiert wird.

Doch wann genau geschieht dies? Ein guter Weg, um sich Aufschluss über die chronologischen Abläufe zu verschaffen, ist, in die Konstruktoren, Zuweisungsoperatoren und Destruktoren entsprechende Ausgabeanweisungen einzubauen, den Code auszuführen und zu sehen, was passiert.

```
struct X {        // einfache Testklasse
  int val;

  void out(const string& s, int nv)
    { cerr << this << "->" << s << ": " << val << " (" << nv << ")\n"; }

  X(){ out("X()",0); val=0; }
  X(int v) { out( "X(int)",v); val=v; }
  X(const X& x){ out("X(X&)",x.val); val=x.val; }
  X& operator=(const X& a) { out("X::operator=()",a.val); val=a.val; return *this; }
  ~X() { out("~X()",0); }
};
```

Immer, wenn wir den Typ **X** verwenden, hinterlassen wir eine Spur, die wir verfolgen können, zum Beispiel:

```
X glob(2);   // eine globale Variable

X copy(X a) { return a; }

X copy2(X a) { X aa = a; return aa; }

X& ref_to(X& a) { return a; }
```

18.3 Essenzielle Operationen

```
X* make(int i) { X a(i); return new X(a); }

struct XX { X a; X b; };

int main()
{
  X loc(4);         // lokale Variable
  X loc2 = loc;
  loc = X(5);
  loc2 = copy(loc);
  loc2 = copy2(loc);
  X loc3(6);
  X& r = ref_to(loc);
  delete make(7);
  delete make(8);
  vector<X> v(4);
  XX loc4;
  X* p = new X(9);   // ein X-Objekt auf dem Freispeicher
  delete p;
  X* pp = new X[5];  // ein Array von X-Objekten auf dem Freispeicher
  delete[] pp;
}
```

Versuchen Sie nun, diesen Code auszuführen.

> ### Testen Sie Ihr Können
> Nicht mogeln: Führen Sie das Beispiel aus und vergewissern Sie sich, dass Sie verstanden haben, wie die Ausgaben zustande kommen. Wenn Sie alle Ausgaben erklären können, haben Sie das meiste von dem verstanden, was man über die Erzeugung und Auflösung von Objekten wissen muss.

Abhängig davon, wie gut Ihr Compiler arbeitet, werden Sie vielleicht feststellen, dass für die copy()- und copy2()-Aufrufe keine Kopien erstellt wurden. Ein Blick in die Definition dieser Funktionen verrät uns, dass sie im Grunde nichts tun: Sie kopieren lediglich einen Wert unverändert von der Ein- zur Ausgabe. Wenn ein Compiler intelligent genug ist, dies zu erkennen, steht es ihm frei, die Aufrufe des Kopierkonstruktors einzusparen. Mit anderen Worten: Der Compiler darf davon ausgehen, dass ein Kopierkonstruktor wirklich nur kopiert und nicht noch andere Anweisungen ausführt. Intelligente Compiler können unechte Kopiervorgänge größtenteils eliminieren.

Warum beschäftigen wir uns überhaupt mit einer so „albernen" Klasse wie X? Betrachten Sie X als eine Fingerübung. Wenn Sie mit der Fingerübung fertig sind, fallen Ihnen andere – wichtigere – Aufgaben leichter. Überdies können Sie die in X angewandte Technik auch zur Fehlersuche in echten Programmen nutzen. Sollten Sie also feststellen, dass es Probleme mit den Konstruktoren und Destruktoren gibt, fügen Sie in die Konstruktoren Ihrer Klassen Ausgabeanweisungen ein, um zu kontrollieren, ob diese wie gewünscht arbeiten. Für komplexere Programme, bei denen der Aufwand zum Verfolgen der Ausgaben zu groß wäre, kann diese Technik abgewandelt werden. Um beispielsweise festzustellen, ob es in einem Programm ein Speicherleck gibt, könnten Sie prüfen, ob die Zahl der Objekterzeugungen minus der Zahl der Objektauflösungen null ergibt. Und denken Sie in diesem Zusammenhang auch daran, dass Klassen, die Speicher reservieren oder unter ihren Membern Zeiger auf Objekte enthalten, Kopierkonstruktor und Zuweisungsoperator definieren sollten. Viele Probleme resultieren daraus, dass Kopierkonstruktor und Zuweisungsoperator vergessen wurden – und könnten dabei doch so einfach vermieden werden.

Tipp Wenn Ihre Probleme Dimensionen annehmen, die eine Lösung mit diesen einfachen Hilfsmitteln unmöglich machen, so sollten Sie mittlerweile genug gelernt haben, um sich professioneller Tools zur Lokalisierung der Fehlerursachen (sogenannter „Speicherleck-Detektoren") zu bedienen. Oberstes Ziel sollte es aber natürlich stets sein, Speicherlecks von vornherein zu vermeiden (indem Sie Techniken verwenden, die Speicherlecks weitgehend ausschließen).

18.4 Zugriff auf Vektor-Elemente

Bis jetzt (§17.6) haben wir für den Zugriff auf die Container-Elemente immer die Memberfunktionen **set()** und **get()** benutzt. Da dies auf die Dauer recht umständlich ist und auch nicht gerade zur Lesbarkeit des Codes beiträgt, werden wir uns in diesem Abschnitt darum bemühen, für unseren **vector**-Typ die Indizierungsnotation **v[i]** zur Verfügung zu stellen. Zu diesem Zweck müssen wir eine Memberfunktion namens **operator[]** definieren. Hier ist unser erster (naiver) Versuch:

```
class vector {
  int sz;          // die Größe
  double* elem;    // ein Zeiger auf die Elemente
public:
  // ...
  double operator[](int n) { return elem[n]; }   // Element zurückliefern
};
```

Das sieht doch ganz gut aus. Vor allem ist es einfach – nur leider ist es zu einfach. Wenn wir den Indexoperator (**operator[]()**) einen Wert zurückliefern lassen, können wir mit dem Operator zwar lesen, nicht aber schreiben:

```
vector v(10);
int x = v[2];    // sehr schön
v[3] = x;        // Fehler: v[3] ist kein L-Wert
```

Die Notation **v[i]** wird als Aufruf von **v.operator[](i)** interpretiert. Dieser Aufruf liefert hier den Wert des **i**-ten Elements von **v** zurück. Für diese, noch zu naive Version von **vector** ist **v[3]** ein Gleitkommawert, keine Gleitkommavariable.

> ### Testen Sie Ihr Können
>
> Vervollständigen Sie den obigen **vector**-Typ so weit, dass Sie ihn in ein kompilierfähiges Programm einbauen können, und beobachten Sie, welche Fehlermeldungen Ihr Compiler für **v[3]=x;** ausgibt.

18.4 Zugriff auf Vektor-Elemente

In einem zweiten Versuch lassen wir **operator[]** einen Zeiger auf das gewünschte Element zurückliefern:

```
class vector {
   int sz;              // die Größe
   double* elem;        // ein Zeiger auf die Elemente
public:
   // ...
   double* operator[](int n) { return &elem[n]; }   // Zeiger zurückliefern
};
```

Jetzt können wir schreiben:

```
vector v(10);
for (int i=0; i<v.size(); ++i) {   // funktioniert, ist aber immer noch zu hässlich
   *v[i] = i;
   cout << *v[i];
}
```

Wieder wird **v[i]** als Aufruf von **v.operator[]**(i) interpretiert, der diesmal einen Zeiger auf das **i**-te Element von **v** zurückliefert. Unschön ist nur, dass wir den zurückgelieferten Zeiger mit ***** dereferenzieren müssen, um auf das Element zuzugreifen. Das ist beinahe genauso schlecht, wie ständig **set()** und **get()** schreiben zu müssen. Wir lösen das Problem, indem wir den Indexoperator eine Referenz zurückliefern lassen:

```
class vector {
   // ...
   double& operator[ ](int n) { return elem[n]; }   // Referenz zurückliefern
};
```

Jetzt können wir schreiben:

```
vector v(10);
for (int i=0; i<v.size(); ++i) {   // funktioniert!
   v[i] = i;                       // v[i] liefert eine Referenz auf das i-te Element
   cout << v[i];
}
```

Der Operator kann nun für unseren **vector**-Typ auf die übliche Weise verwendet werden: **v[i]** wird als Aufruf von **v.operator[]**(i) interpretiert und der Aufruf liefert eine Referenz auf das **i**-te Element von **v** zurück.

18.4.1 Überladung für const-Objekte

Noch gibt es mit unserer derzeitigen Definition für **operator[]()** ein Problem: Sie kann nämlich nicht für **const vector**-Objekte aufgerufen werden.

```
void f(const vector& cv)
{
   double d = cv[1];    // Fehler, sollte aber okay sein
   cv[1] = 2.0;         // Fehler (wie es auch sein soll)
}
```

Der Grund dafür ist, dass unsere **vector::operator[]()**-Funktion das **vector**-Objekt verändern könnte. Sie tut es nicht, aber da wir „vergessen" haben, den Compiler darüber in Kenntnis zu setzen, verbietet er jegliche entsprechende Verwendung. Die Lösung ist, eine zweite Version als **const**-Memberfunktion (siehe §9.7.4) zur Verfügung zu stellen. Die Definition dieser Version ist nicht weiter schwierig:

```
class vector {
    // ...
    double& operator[](int n);        // für vector-Container, die nicht const sind
    double operator[](int n) const;   // für vector-Container, die const sind
};
```

Da wir die **const**-Version keine **double&**-Referenz zurückliefern lassen können, verwenden wir **double** als Rückgabetyp. Wir hätten ebenso gut einen **const double&**-Wert zurückliefern können, aber da ein **double**-Wert nur ein sehr kleines Objekt ist, gibt es eigentlich keinen Grund, auf eine Referenz als Rückgabetyp auszuweichen. Dank unseres verbesserten **vector**-Typs können wir jetzt schreiben:

```
void ff(const vector& cv, vector& v)
{
    double d = cv[1];    // sehr schön (verwendet die const-Version von [ ])
    cv[1] = 2.0;         // Fehler (verwendet die const-Version von [ ])
    double d = v[1];     // sehr schön (verwendet die Nicht-const-Version von [ ])
    v[1] = 2.0;          // sehr schön (verwendet die Nicht-const-Version von [ ])
}
```

Die Definition der **const**-Version von **operator[]()** war ohne Zweifel eine ganz entscheidende Verbesserung, denn **vector**-Objekte werden häufig mittels pass-by-const-reference an Funktionen übergeben.

18.5 Arrays

Bisher haben wir Arrays so benutzt dass sie auf eine Folge von Objekten im Freispeicher verweisen. Wir können Arrays aber auch (anderenorts) als benannte Variablen anlegen. Tatsächlich sind sie durchaus gebräuchlich als

- globale Variablen (obwohl globale Variablen meist keine gute Wahl sind);
- lokale Variablen (obwohl Arrays hier gravierenden Einschränkungen unterliegen);
- Funktionsargumente (obwohl ein Array seine eigene Größe nicht kennt);
- Member von Klassen (obwohl Member-Arrays unter Umständen recht schwierig zu initialisieren sind).

Wie Sie vielleicht bemerkt haben, tendieren wir mehr oder weniger offensichtlich dazu, den Vektoren vor den Arrays den Vorzug zu geben. Daher unser Rat: Wenn Sie die Wahl haben – und meist hat man die Wahl – entscheiden Sie sich für **vector**. Auf der anderen Seite darf man nicht übersehen, dass es die Arrays bereits lange vor den **vector**-Containern gab und dass sie in etwa den Konzepten entsprechen, die andere Sprachen (insbesondere C) anbieten. Es ist daher wichtig, sich mit den Arrays bekannt zu machen, gut bekannt zu machen, um auch mit Code zurande zu kommen, der schon älter ist oder von Programmierer geschrieben wurde, die die Vorteile von **vector** nicht zu schätzen wissen.

Was also genau ist ein Array? Wie definieren wir ein Array? Wie verwenden wir ein Array? Ein *Array* ist eine homogene Folge von Objekten, die in einem zusammenhängenden Speicherblock liegen. Alle

Elemente eines Arrays gehören demnach demselben Typ an und zwischen den Objekten im Speicher gibt es keine Lücken, sodass man die Elemente eines Arrays beginnend mit 0 durchnummerieren kann. Die Deklaration eines Arrays wird durch quadratische Klammern angezeigt:

```
const int max = 100;
int gai[max];          // ein globales Array (von 100 int-Elementen);
                       // existiert "unbegrenzt"
void f(int n)
{
  char lac[20];        // lokales Array; existiert bis zum Ende des Gültigkeitsbereichs
  int lai[60];
  double lad[n];       // Fehler: Array-Größe ist nicht konstant
  // ...
}
```

Wie Sie sehen, wird die Anzahl der Elemente für ein benanntes Array in der Deklaration, also zur Kompilierzeit, angegeben. Dies ist notwendig, schränkt die Einsatzmöglichkeiten aber natürlich ein. Wenn Sie die Anzahl der Elemente über eine Variable festlegen möchten, müssen Sie das Array im Freispeicher anlegen und mit einem Zeiger darauf zugreifen. (So verfährt die **vector**-Klasse mit ihrem Array von Elementen.)

Wie im Falle der Arrays im Freispeicher greifen wir auch auf benannte Arrays mithilfe der Operatoren zur Indizierung und Dereferenzierung ([] und *) zu:

```
void f2()
{
  char lac[20];        // lokales Array; existiert bis zum Ende des Gültigkeitsbereichs

  lac[7] = 'a';
  *lac = 'b';          // äquivalent zu lac[0]='b'

  lac[-2] = 'b';       // huch?
  lac[200] = 'c';      // huch?
}
```

Diese Funktion wird ohne Fehlermeldung kompiliert. Wie wir aber mittlerweile wissen, ist „wird kompiliert" nicht gleichbedeutend mit „arbeitet korrekt". Im vorliegenden Fall ist es ziemlich offensichtlich, dass [] unsachgemäß verwendet wird. Da aber für die Indizierung keine Bereichsüberprüfung stattfindet, wird **f2()** anstandslos kompiliert und die Zugriffe auf **lac[-2]** und **lac[200]** führen mit großer Wahrscheinlichkeit in die Katastrophe. Darum: Vermeiden Sie solche Zugriffe. Denken Sie stets daran, dass Arrays keine Bereichsprüfung durchführen. Erwarten Sie keine Unterstützung vonseiten des „Systems", wenn Sie direkt mit physikalischem Speicher hantieren.

Trotzdem sei die Frage erlaubt: Könnte ein Compiler nicht erkennen, dass **lac** über gerade einmal 20 Elemente verfügt, und Zugriffe wie **lac[200]** mit einer Fehlermeldung abfangen? Er könnte, doch soweit uns bekannt, gibt es keinen Produktionscompiler, der dies tut. Das Problem, mit dem die Compiler-Bauer hier zu kämpfen haben, ist, dass es zur Kompilierzeit grundsätzlich unmöglich ist, die Array-Grenzen zu überwachen. Und sich darauf zu beschränken, nur die einfachsten Fälle (wie im obigen Beispiel) abzufangen, ist wenig hilfreich.

18.5.1 Zeiger auf Array-Elemente

Mit einem Zeiger können Sie auf ein einzelnes Element in einem Array weisen. Wie dies geht, demonstriert der folgende Code:

double ad[10];
double* p = &ad[5];   // zeige auf ad[5]

Jetzt haben wir einen Zeiger **p**, der auf ein **double**-Objekt weist, das auch als **ad[5]** bekannt ist (siehe ▶ Abbildung 18.7).

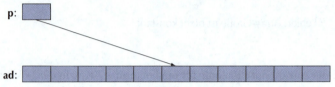

Abbildung 18.7: Der Zeiger **p** weist auf das sechste Element im Array **ad**

Wir können diesen Zeiger direkt oder mittels Indizierung dereferenzieren:

*p =7;
p[2] = 6;
p[-3] = 9;

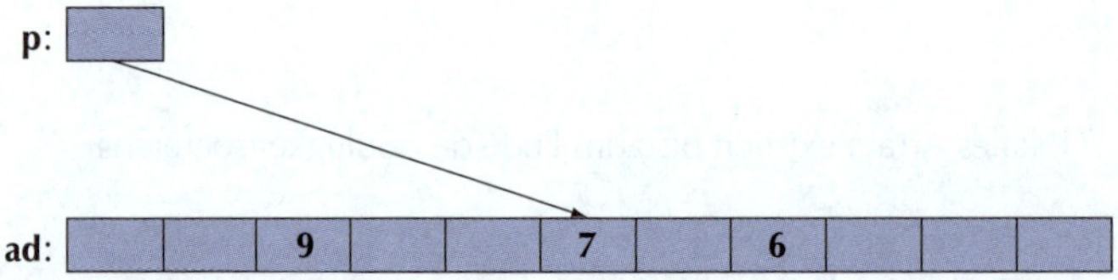

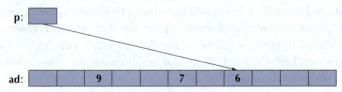

Abbildung 18.8: Ausgehend vom Zeiger **p** kann man per Indizierung auf beliebige Elemente im Array zugreifen (beispielsweise **p[-3]==9** oder **p[2]==6**)

Für einen Zeiger können wir also sowohl positive als auch negative Indizes verwenden. Solange dabei auf ein gültiges Element zugegriffen wird, ist alles in bester Ordnung. Zugriffe außerhalb des Arrays sind dagegen – wie im Falle von auf dem Freispeicher reservierten Arrays (siehe §17.4.3) – illegal und enden, da Zugriffe außerhalb eines Arrays nicht vom Compiler erkannt werden, fast immer über kurz oder lang in einer Katastrophe.

Wenn ein Zeiger erst einmal in ein Array weist, können Sie ihn durch Addition oder Indizierung auf jedes andere Element in dem Array umlenken. Zum Beispiel führt die folgende Anweisung zu dem in ▶ Abbildung 18.9 dargestellten Zustand:

p += 2;   // verschiebe p um 2 Elemente nach rechts

Abbildung 18.9: Der Zeiger **p** weist nach der Addition **p+=2;** auf das achte Element des Arrays

Und nach

`p -= 5;` // verschiebe p um 5 Elemente nach links

erhalten wir ▶ Abbildung 18.10.

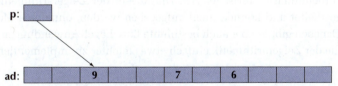

Abbildung 18.10: Der Zeiger **p** weist nach der Subtraktion **p-=5;** auf das dritte Element des Arrays

Werden die Operatoren +, -, += oder -= dazu benutzt, einen Zeiger zu verschieben, spricht man von *Zeigerarithmetik*. Dass man dabei höchst vorsichtig sein muss, um nicht am Ende einen Zeiger in der Hand zu haben, der auf Speicher außerhalb des Arrays verweist, dürfte wohl selbstverständlich sein.

```
p += 1000;      // Irrsinn: p zeigt in ein Array mit gerade einmal 10 Elementen
double d = *p;  // illegal: vermutlich ein falscher Wert (mit Sicherheit aber ein
                //          unvorhersehbarer Wert)
*p = 12.34;     // illegal: wird höchstwahrscheinlich irgendwo irgendwelche
                //          Daten zerstören
```

Unglücklicherweise sind nicht alle Fehler, die mit Zeigerarithmetik zu tun haben, so leicht zu entdecken wie die Fehler im obigen Code. Die beste Strategie ist daher meist, einfach auf die Zeigerarithmetik zu verzichten.

Das Paradebeispiel für den Einsatz der Zeigerarithmetik ist das Inkrementieren eines Zeigers (mit **++**), um ihn auf das nächste Element zu richten, bzw. das Dekrementieren (mit **--**), um ihn auf das vorangehende Element zu richten. Beispielsweise könnten wir die Werte der Elemente von **ad** wie folgt ausgeben:

`for (double* p = &ad[0]; p<&ad[10]; ++p) cout << *p << '\n';`

Oder in umgekehrter Reihenfolge:

`for (double* p = &ad[9]; p>=&ad[0]; --p) cout << *p << '\n';`

Diese Art von Zeigerarithmetik ist weitverbreitet. Trotzdem halten wir das letzte Beispiel (die Ausgabe in umgekehrter Reihenfolge) für ziemlich gefährlich. Warum **&ad[9]** und nicht **&ad[10]**? Warum **>=** und nicht **>**? Beide Beispiele könnten ebenso gut (und ebenso effizient) mittels Indizierung implementiert oder gleich ganz auf einen **vector**-Container umgestellt werden (für den sich die Indizierung viel leichter auf Bereichsüberschreitungen überwachen lässt).

In echten Programmen wird die Zeigerarithmetik meist für Zeiger verwendet, die als Argumente in eine Funktion gereicht werden. In solchen Fällen hat der Compiler nicht die geringste Ahnung, wie viele Elemente zu dem Array gehören, in das der Zeiger weist: Sie sind also ganz auf sich allein gestellt. Eine Situation, die Sie lieber vermeiden sollten.

Warum erlaubt C++ überhaupt die Zeigerarithmetik? Ein Konzept, das so viel Ärger bereiten kann und gegenüber der Indizierung eigentlich nichts Neues zu bieten hat – wie folgender Code belegt:

```
double* p1 = &ad[0];
double* p2 = p1+7;
double* p3 = &p1[7];
if (p2 != p3) cout << "unmoeglich!\n";
```

Die Gründe sind vornehmlich historischer Art. Die Regeln der Zeigerarithmetik wurden vor Jahrzehnten für C ausgearbeitet und können nicht aufgegeben werden, ohne eine Menge Code ungültig werden zu lassen. Daneben gibt es aber auch bestimmte Low-Level-Anwendungen, wie z.B. Speichermanager, die mithilfe der Zeigerarithmetik einfach etwas leichter zu implementieren sind.

18.5.2 Zeiger und Arrays

Der Name eines Arrays bezieht sich auf alle Array-Elemente. Nehmen Sie zum Beispiel folgende Deklaration:

char ch[100];

Die Größe von **ch**, **sizeof(ch)**, ist 100. Der kleinste Anlass genügt allerdings und der Array-Name verwandelt sich in einen Zeiger – wie in:

char* p = ch;

Hier wird **p** mit **&ch[0]** initialisiert und **sizeof(p)** ergibt folglich einen Wert wie 4 (nicht mehr 100).

Dies kann ganz nützlich sein. Denken Sie z.B. an eine Funktion, nennen wir sie **strlen()**, welche die Zeichen in einem nullterminierten Zeichen-Array zählt:

```
int strlen(const char* p)  // in Anlehnung an die Standardbibliotheksfunktion strlen()
{
  int count = 0;
  while (*p) { ++count; ++p; }
  return count;
}
```

Dank der impliziten Umwandlung des Array-Namens können wir die Funktion genauso gut mit **str-len(ch)** wie mit **strlen(&ch[0])** aufrufen. Allerdings ist dies, wie Sie vielleicht einwenden könnten, nur ein sehr kleiner, allein die Notation betreffender Vorteil.

Einer der Hauptgründe, warum Array-Namen in Zeiger umgewandelt werden, ist Effizienz. Man wollte verhindern, dass größere Datenblöcke versehentlich via pass-by-value übergeben werden. Betrachten Sie dazu das folgende Beispiel:

```
int strlen(const char a[])  // in Anlehnung an die Standardbibliotheksfunktion strlen()
{
  int count = 0;
  while (a[count]) { ++count; }
  return count;
}

char lots [100000];

void f()
```

```
{
    int nchar = strlen(lots);
    // ...
}
```

Wenn man es nicht besser weiß, könnte man zu Recht annehmen, dass die 100.000 Zeichen, die bei dem **strlen()**-Aufruf als Argument dienen, kopiert werden. Doch dem ist nicht so. Stattdessen betrachtet der Compiler die Deklaration **char p[]** als äquivalent zu **char* p** und den Aufruf **strlen(lots)** als äquivalent zu **strlen(&lots[0])**. So erfreulich es ist, dass uns auf diese Weise eine teure Kopieroperation erspart bleibt, so überraschend ist diese Verfahrensweise. Warum ist es überraschend? Weil in jedem anderen Fall, wo Sie ein Objekt übergeben und nicht explizit deklariert haben, dass das Argument als Referenz übergeben werden soll (§8.5.3–6), das Objekt kopiert wird.

Beachten Sie, dass der Zeiger, den Sie erhalten, wenn der Name eines Arrays wie ein Zeiger auf das erste Element des Arrays behandelt wird, ein Wert und keine Variable ist. Sie können ihm also nichts zuweisen:

```
char ac[10];
ac = new char [20];          // Fehler: Zuweisung an Array-Name nicht möglich
&ac[0] = new char [20];      // Fehler: Zuweisung an Zeigerwert nicht möglich
```

Endlich! Ein Problem, das der Compiler abfängt!

Eine weitere Folge der impliziten Array-Name-zu-Zeiger-Umwandlung ist, dass wir Arrays nicht durch Zuweisung kopieren können:

```
int x[100];
int y[100];
// ...
x = y;              // Fehler
int z[100] = y;     // Fehler
```

Dies ist konsequent – und oft ein Ärgernis, denn es zwingt uns, für das Kopieren eines Arrays vergleichsweise komplizierten Code zu schreiben:

```
for (int i=0; i<100; ++i) x[i]=y[i];    // kopiere 100 int-Werte
memcpy(x,y,100*sizeof(int));            // kopiere 100*sizeof(int) Bytes
copy(y,y+100, x);                       // kopiere 100 int-Werte
```

Beachten Sie, dass es in der Sprache C weder einen **vector**-Typ noch irgendein vergleichbares Konzept gibt. In C wird daher viel mit Arrays gearbeitet. Folglich gibt es auch eine Menge C++-Code, der Arrays verwendet (§27.1.2). Besonders Strings im C-Stil (nullterminierte Zeichen-Arrays, siehe §27.5) sind weitverbreitet.

Wenn wir auf die einfache Zuweisung nicht verzichten möchten, müssen wir einen Typ wie **vector** verwenden. Mit **vector** sähe der Code zum Kopieren der **int**-Werte wie folgt aus:

```
vector<int> x(100);
vector<int> y(100);
// ...
x = y; // kopiere 100 int-Werte
```

18.5.3 Array-Initialisierung

Gegenüber Vektoren und anderen benutzerdefinierten Containern haben Arrays einen bedeutenden Vorteil: Die Sprache C++ unterstützt sie mit einer speziellen Notation für die Initialisierung:

char ac[] = "Beorn";   // Array aus 6 Zeichen

Zählen Sie die Zeichen. Es sind fünf, doch **ac** wird zu einem Array mit sechs Zeichen, weil der Compiler automatisch ein abschließendes Nullzeichen am Ende des String-Literals anfügt (siehe ▶ Abbildung 18.11).

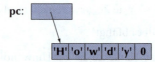

Abbildung 18.11: Aufbau eines Arrays, das mit einem String-Literal initialisiert wurde

Zeichenfolgen mit einem Nullzeichen abzuschließen, ist in C, wie auch in vielen anderen Systemen, die Norm. Wir bezeichnen solche nullterminierten Arrays von Zeichen als *C-Stil-Strings* oder einfach *C-Strings*. Alle String-Literale sind Strings im C-Stil, zum Beispiel:

char* pc = "Howdy";   // pc zeigt auf ein Array von 6 Zeichen

Abbildung 18.12: Grafische Darstellung eines **char**-Zeigers, der auf ein String-Literal weist

Beachten Sie, dass das **char**-Element mit dem numerischen Wert **0** nichts mit dem Zeichen **'0'** oder sonst einem Buchstaben oder einer Ziffer zu tun hat. Es dient als Marker, damit Funktionen, die mit Strings im C-Stil arbeiten, anhand der abschließenden Null das Stringende erkennen können. (Zur Erinnerung: Ein Array weiß nichts über seine eigene Größe.) Vertrauend auf die Nullterminierung-Konvention können wir daher schreiben:

```
int strlen(const char* p) // in Anlehnung an die Standardbibliotheksfunktion strlen()
{
  int n = 0;
  while (p[n]) ++n;
  return n;
}
```

Eigentlich hätten wir uns gar nicht die Mühe machen müssen, **strlen()** selbst zu definieren, denn die Funktion ist bereits Teil der Standardbibliothek, Header **<string.h>** (§27.5, §B.10.3). Beachten Sie, dass **strlen()** nur die eigentlichen Zeichen zählt; die abschließende **0** wird nicht mitgezählt. (Und denken Sie auch daran, dass Sie $n+1$ **char**-Elemente benötigen, um einen C-Stil-String mit n Zeichen zu speichern.)

Mit String-Literalen können ausschließlich Zeichen-Arrays initialisiert werden; alle Arrays können aber mit einer Liste von Werten ihres Elementtyps initialisiert werden. Zum Beispiel:

```
int ai[] = { 1, 2, 3, 4, 5, 6 };        // Array aus 6 int-Werten
int ai2[100] = { 0,1,2,3,4,5,6,7,8,9 }; // die letzten 90 Elemente werden mit 0
                                        // initialisiert
double ad[100] = { };                   // alle Elemente werden mit 0.0 initialisiert
char chars[] = { 'a', 'b', 'c' };       // keine abschließende 0!
```

Beachten, dass **ai** sechs (nicht sieben) und **chars** drei (nicht vier) Elemente enthält – die „Füge eine 0 am Ende hinzu"-Regel gilt eben nur für Zeichenstrings. Eine ganz nützliche Eigenschaft der Initialisiererlisten ist, dass der Compiler aus ihnen die Array-Größe ableitet, wenn diese nicht explizit angegeben wurde. Gibt es umgekehrt weniger Werte in der Initialisiererliste als Elemente im Array (wie z.B. in den Definitionen von **ai2** und **ad**), werden die restlichen Elemente mit dem Standardwert des Elementtyps initialisiert.

18.5.4 Probleme mit Zeigern

Zeiger werden, ebenso wie Arrays, häufig unnötig oder falsch eingesetzt. Es verwundert daher nicht, dass viele Schwierigkeiten, in die sich Programmierer bei der Arbeit bringen, mit Zeigern und Arrays zu tun haben. Um dem entgegenzuwirken, fassen wir hier die wichtigsten Fallstricke zusammen. Vorweg sei angemerkt, dass praktisch alle gravierenden Probleme mit Zeigern darauf zurückzuführen sind, dass versucht wird, auf etwas zuzugreifen, das kein Objekt des erwarteten Typs ist. Und viele dieser Probleme entstehen durch Zugriffe, die über die Grenzen eines Arrays hinausgehen. Im Einzelnen betrachten wir:

- Zugriff über einen Nullzeiger
- Zugriff über einen nicht initialisierten Zeiger
- Zugriff hinter das Ende eines Arrays
- Zugriff auf ein gelöschtes Objekt
- Zugriff auf ein Objekt, dessen Gültigkeitsbereich bereits verlassen wurde

In allen diesen Fällen besteht das größte Problem darin, dass der eigentliche Zugriff vollkommen unschuldig aussieht; „nur" dass es eben versäumt wurde, dem Zeiger zuvor einen Wert zuzuteilen, der einen gültigen Zugriff sicherstellen würde. Schlimmer noch: Falls über den Zeiger geschrieben wird, kann es sein, dass das Problem erst viel, viel später zutage tritt, wenn ein Objekt, das augenscheinlich nichts mit dem Zeiger zu tun hat, plötzlich korrumpiert ist. Sehen wir uns dazu ein paar Beispiele an:

Niemals über Nullzeiger zugreifen:

```
int* p = 0;
*p = 7;   // Autsch!
```

In realen Programmen passieren solche Fehler eigentlich nur, wenn etwas Code zwischen der Initialisierung und der Verwendung des Zeigers liegen oder wenn – ein klassischer Fall – der Zeiger **p** in eine Funktion hineingereicht oder als Ergebnis einer Funktion zurückgeliefert wird. Wir versuchen, Nullzeiger daher möglichst nicht herumzureichen. Sollte es dennoch nötig sein, testen Sie den Nullzeiger, bevor Sie ihn verwenden:

```
int* p = fct_that_can_return_a_0();
if (p == 0) {
  // tue etwas
}
else {
  // verwende p
  *p = 7;
}
```

und

```
void fct_that_can_receive_a_0(int* p)
{
  if (p == 0) {
    // tue etwas
  }
  else {
    // verwende p
    *p = 7;
  }
}
```

Die Verwendung von Referenzen (§17.9.1) und Ausnahmen (zur Meldung von Fehlerbedingungen, siehe §5.6 und §19.5) ist das wichtigste Hilfsmittel zur Vermeidung von Nullzeigern.

Tipp   *Zeiger immer initialisieren:*

```
int* p;
*p = 9;   // Autsch!
```

Vergessen Sie vor allen Dingen nicht, Zeiger zu initialisieren, die Member einer Klasse sind.

   Niemals auf nicht existierende Array-Elemente zugreifen:

```
int a[10];
int* p = &a[10];
*p = 11;      // Autsch!
a[10] = 12;   // Autsch!
```

Achten Sie bei der Programmierung von Schleifen vor allem auf das erste und letzte Element und vermeiden Sie es, Arrays als Zeiger auf ihr erstes Element weiterzugeben. Verwenden Sie stattdessen **vector**-Container. Und wenn es sich gar nicht umgehen lässt, ein Array in mehr als einer Funktion zu verwenden (und dabei als Argument zu übergeben), seien Sie besonders vorsichtig und übergeben Sie die Größe des Arrays als zusätzliches Argument.

   Niemals über einen mit delete gelöschten Zeiger zugreifen:

```
int* p = new int(7);
// ...
delete p;
// ...
*p = 13;   // Autsch!
```

Die **delete p**-Anweisung oder der nachfolgende Code könnten den Speicherbereich ***p** überschrieben oder anderweitig verwendet haben. Von allen hier angesprochenen Problemen ist wohl keines schwieriger zu vermeiden als dieses. Die effektivste Verteidigung dürfte darin bestehen, **new** und **delete** möglichst nur in Konstruktoren und Destruktoren zu verwenden oder auf Container, wie z.B. **Vector_ref** (§E.4), zurückzugreifen, die die **delete**-Anweisungen kontrollieren.

Niemals einen Zeiger auf eine lokale Variable als Rückgabewert zurückliefern:

```
int* f()
{
  int x = 7;
  // ...
  return &x;
}

// ...

int* p = f();
// ...
*p = 15;   // Autsch!
```

Die Rückkehr aus der Funktion f() oder der nachfolgende Code könnten wiederum den Speicherbereich *p überschrieben oder anderweitig verwendet haben. Die Problematik besteht hier darin, dass der Speicher für die lokalen Variablen einer Funktion beim Aufruf der Funktion auf dem Stack reserviert und beim Verlassen der Funktion wieder freigegeben wird. (Für lokale Variablen, die vom Typ einer Klasse mit Destruktor sind (§17.5.1), werden die jeweiligen Destruktoren aufgerufen.) Probleme, die mit der Rückgabe von Zeigern auf lokale Variablen zusammenhängen, könnten prinzipiell zum größten Teil vom Compiler abgefangen werden, doch leider schaffen dies nur wenige Compiler.

Betrachten Sie das folgende, logisch identische Beispiel:

```
vector& ff()
{
  vector x(7);
  // ...
  return x;
} // der Vektor x wird hier aufgelöst

// ...

vector& p = ff();
// ...
p[4] = 15;   // Autsch!
```

Es gibt nur wenige Compiler, die diese Variante des Rückgabeproblems erkennen und abfangen.

Viele Programmierer unterschätzen diese Probleme. Dabei werden selbst erfahrene Programme immer wieder von den unzähligen Variationen und Kombinationen dieser einfachen Array- und Zeigerprobleme überrascht. Die Lösung ist, den eigenen Code nicht unnötig mit Zeigern, Arrays, **new**- und **delete**-Anweisungen zu durchsetzen. Wenn Sie es doch tun, denken Sie daran, dass einfach nur vorsichtig sein, nicht genug ist, um Fehler in einem halbwegs realistischen Programm zu vermeiden. Vertrauen Sie lieber auf Vektoren, RAII („Ressourcen-Akquisition ist Initialisierung", siehe §19.5) und andere systematische Ansätze zur Verwaltung von Speicher und anderen Ressourcen.

18.6 Beispiele: Palindrom

Schluss mit den technischen Beispielen! Versuchen wir uns an einer kleinen Tüftelaufgabe. *Palindrome* sind Wörter oder Sätze, die von vorne und hinten aus identisch buchstabiert werden. Zu den Palindromen gehören also beispielsweise *Anna*, *Otto* oder *malayalam*, nicht aber *Idee* oder *Heimweh*. Es gibt zwei grundlegende Wege, wie man feststellen kann, ob es sich bei einem Wort um ein Palindrom handelt:

- Man erstellt eine Kopie der Buchstaben in umgekehrter Reihenfolge und vergleicht diese Kopie mit dem Original.
- Man prüft, ob der erste Buchstabe derselbe ist wie der letzte, dann vergleicht man den zweiten mit dem vorletzten und so weiter, bis die Mitte erreicht ist.

Wir verwenden hier den zweiten Ansatz. Die Idee dieses Ansatzes kann auf verschiedene Weisen in Code ausgedrückt werden – abhängig davon, wie man die Wörter repräsentiert und wie man den Fortschritt der Zeichenvergleiche überwacht. Zur Übung und um zu sehen, wie sich unterschiedliche Elemente der Sprache auf Aussehen und Funktionsweise des Codes auswirken, werden wir im Folgenden ein Programm schreiben, das auf mehrere verschiedene Weisen testet, ob ein Wort ein Palindrom ist.

18.6.1 Palindrome mit string

Unsere erste Version speichert die zu untersuchenden Wörter in Variablen des Standardbibliothektyps **string** und verwendet **int**-Indizes, um den Fortschritt unserer Vergleichsoperation zu überwachen:

```
bool is_palindrome(const string& s)
{
  int first = 0;            // Index des ersten Buchstabens
  int last = s.length()-1;  // Index des letzten Buchstabens
  while (first < last) {    // wir haben die Mitte noch nicht erreicht
    if (s[first]!=s[last]) return false;
    ++first;   // eins vorrücken
    --last;    // eins zurückrücken
  }
  return true;
}
```

Wenn wir die Mitte erreichen, ohne eine Abweichung festgestellt zu haben, liefern wir **true** zurück. Am besten sehen Sie sich den Code genau an und überzeugen Sie sich davon, dass er auch dann korrekt arbeitet, wenn der String keinen einzigen Buchstaben, nur einen Buchstaben oder eine gerade bzw. ungerade Zahl von Buchstaben enthält. Das bedeutet natürlich nicht, dass wir uns hinsichtlich der Korrektheitsüberprüfung rein auf logische Beweisführung verlassen wollen. Zum Testen von **is_palindrome()** verwenden wir folgenden Code:

```cpp
int main()
{
  string s;
  while (cin>>s) {
    cout << s << " ist ";
    if (!is_palindrome(s)) cout << "k";
    cout << "ein Palindrom\n";
  }
}
```

Der Grund, warum wir uns für **string** entschieden haben, ist schlichtweg, dass **string**-Objekte für die Bearbeitung von Wörtern eben besonders gut geeignet sind. Durch Whitespace getrennte Wörter in Strings einzulesen, ist nicht weiter schwierig, und überdies kennt jedes **string**-Objekt seine Größe. Falls Sie **is_palindrome()** mit Strings testen möchten, die Whitespaces enthalten können, brauchen Sie lediglich die Einleseschleife auf **getline()** umzustellen (§11.5). Danach werden auch Eingaben wie „ah ha" oder „als df fd sla" als Palindrome erkannt.

18.6.2 Palindrome mit Arrays

Was wäre, wenn wir keinen Typ **string** zur Verfügung hätten (und auch keinen Typ **vector**), sodass wir ein Array zum Speichern der Zeichen verwenden müssten? Probieren wir es aus:

```cpp
bool is_palindrome(const char s[], int n)
  // s zeigt auf das erste Zeichen in einem Array aus n Zeichen
{
  int first = 0;              // Index des ersten Buchstabens
  int last = n-1;             // Index des letzten Buchstabens
  while (first < last) {      // wir haben die Mitte noch nicht erreicht
    if (s[first]!=s[last]) return false;
    ++first;   // eins vorrücken
    --last;    // eins zurückrücken
  }
  return true;
}
```

Bevor wir **is_palindrome()** testen können, müssen wir uns noch überlegen, wie wir die Zeichen in das Array einlesen. Die folgende Funktion löst diese Aufgabe einfach und sicher (d.h. ohne das Risiko, über die Array-Grenzen hinaus zu schreiben):

```cpp
istream& read_word(istream& is, char* buffer, int max)
  // liest maximal max-1 Zeichen aus dem Stream is in buffer
{
  is.width(max);     // lies maximal max-1 Zeichen mit dem nächsten >>
  is >> buffer;      // lies durch Whitespace getrennte Wörter,
                     // hänge Null an das zuletzt in buffer eingelesene Zeichen an
  return is;
}
```

Durch Setzen der „Feldbreite" für den **istream**-Stream (Aufruf von **width()**) können wir verhindern, dass die nächste **>>**-Operation über das Ende von **buffer** hinaus schreibt. Leider bedeutet dies aber auch, dass wir danach nicht wissen, ob der Einlesevorgang aufgrund eines Whitespace-Zeichens oder wegen Erreichen der Obergrenze beendet wurde (im letzteren Fall verbleiben in der Eingabe noch einzulesende Zeichen). Ein weiterer Nachteil ist, dass wohl kaum jemand das genaue Verhalten von **width()** für Eingabestreams aus dem Gedächtnis heraus parat hat. Die Typen **string** und **vector** der Standardbibliothek sind viel besser als Eingabepuffer geeignet, weil sie sich an den Umfang der Eingabe anpassen. Das abschließende **0**-Zeichen ist nötig, weil die meisten der populäreren Operationen für Zeichen-Arrays (C-Stil-Strings) davon ausgehen, dass die Zeichenfolge nullterminiert ist. Nachdem wir **read_word()** definiert haben, können wir **is_palindrome()** in **main()** wie folgt testen:

```
int main()
{
  const int max = 128;
  char s[max];
  while (read_word(cin,s,max)) {
    cout << s << " ist";
    if (!is_palindrome(s,strlen(s))) cout << " kein";
    cout << " Palindrom\n";
  }
}
```

Der Aufruf von **strlen(s)** liefert die Anzahl von Zeichen zurück, die nach dem **read_word()**-Aufruf im Array gespeichert sind. Mit **cout<<s** geben wir die Zeichen im Array bis zu dem abschließenden **0** aus.

Tipp Unserer Meinung nach ist die Array-Lösung deutlich unsauberer als die **string**-Lösung. Und sie würde sogar noch weit komplizierter ausfallen, wenn wir ernsthaft versuchten, den Code auf (beliebig) lange Strings vorzubereiten, siehe Übung 10.

18.6.3 Palindrome mit Zeigern

Anstatt die Zeichen über Indizes zu identifizieren, könnten wir auch Zeiger verwenden:

```
bool is_palindrome(const char* first, const char* last)
  // first zeigt auf den ersten Buchstaben, last auf den letzten
{
  while (first < last) {   // wir haben die Mitte noch nicht erreicht
    if (*first!=*last) return false;
    ++first;   // eins vorrücken
    --last;    // eins zurückrücken
  }
  return true;
}
```

Denken Sie daran, dass wir Zeiger inkrementieren und dekrementieren können. Durch Inkrementieren rücken wir den Zeiger auf das nächste Element im Array vor, Dekrementieren setzt ihn auf das vorangehende Element. Gibt es im Array kein nächstes oder vorangehendes Element mehr, führt dies zu einem ernsten, hier nicht behandelten Out-of-Range-Fehler – ein weiteres typisches Zeigerproblem.

In **main()** rufen wir diese **is_palindrome()**-Version wie folgt auf:

```
int main()
{
  const int max = 128;
  char s[max];
  while (read_word(cin,s,max)) {
    cout << s << " ist";
    if (!is_palindrome(&s[0],&s[strlen(s)-1])) cout << " kein";
    cout << " Palindrom\n";
  }
}
```

Zum Abschluss stellen wir unsere **is_palindrome()**-Funktion spaßeshalber noch einmal auf einen anderen Algorithmus um:

```
bool is_palindrome(const char* first, const char* last)
  // first zeigt auf den ersten Buchstaben, last auf den letzten
{
  if (first<last) {
    if (*first!=*last) return false;
    return is_palindrome(++first,--last);
  }
  return true;
}
```

Die Funktionsweise dieses Codes wird deutlich, wenn man *Palindrom* wie folgt definiert: Ein Wort ist ein Palindrom, wenn das erste und das letzte Zeichen identisch sind und wenn der Teilstring, den man durch Entfernen des ersten und letzten Zeichens erhält, ebenfalls ein Palindrom ist.

Vektoren und Arrays

Aufgaben

In diesem Kapitel sind die Aufgaben in zwei Abschnitte unterteilt: Im ersten Abschnitt können Sie den Umgang mit Arrays, im zweiten – mit ungefähr den gleichen Aufgaben – den Umgang mit Vektoren üben. Bearbeiten Sie die Aufgaben beider Abschnitte und vergleichen Sie, wie viel Arbeit Sie jeweils investieren mussten.

Aufgaben zu den Arrays

1 Definieren Sie ein globales Array **ga** vom Typ **int** mit zehn Integer-Werten, die Sie mit 1, 2, 4, 8, 16 usw. initialisieren.

2 Definieren Sie eine Funktion **f()**, die als erstes Argument ein Array von **int**-Elementen und als weiteres Argument einen **int**-Wert übernimmt, der die Anzahl der Elemente im Array angibt.

3 In **f()**:

   a. Definieren Sie ein lokales **int**-Array **la** für zehn Integer-Werte.
   b. Kopieren Sie die Werte von **ga** nach **la**.
   c. Geben Sie die Elemente von **la** aus.
   d. Definieren Sie einen Zeiger **p** auf **int** und initialisieren Sie ihn mit einem Array, das auf dem Freispeicher angelegt wurde und ebenso viele Elemente aufnehmen kann wie das Argument-Array.
   e. Kopieren Sie die Werte aus dem Argument-Array in das Array im Freispeicher.
   f. Geben Sie die Elemente des Arrays im Freispeicher aus.
   g. Geben Sie den Freispeicher des Arrays wieder frei.

4 In **main()**:

   a. Rufen Sie **f()** mit **ga** als Argument auf.
   b. Definieren Sie ein Array **aa** mit zehn Elementen, die Sie mit den ersten zehn Fakultätswerten (1, 2*1, 3*2*1, 4*3*2*1 usw.) initialisieren.
   c. Rufen Sie **f()** mit **aa** als Argument auf.

Aufgaben zu dem vector-Container der Standardbibliothek

1 Definieren Sie einen globalen Vektor **vector<int> gv** und initialisieren Sie ihn mit zehn Integer-Werten (1, 2, 4, 8, 16 usw.).

2 Definieren Sie eine Funktion **f()**, die ein **vector<int>**-Argument übernimmt.

3 In **f()**:

   a. Definieren Sie einen lokalen **vector<int>**-Container **lv** für so viel Elemente, wie sich im Argument-Vektor befinden.
   b. Kopieren Sie die Werte von **gv** nach **lv**.
   c. Geben Sie die Elemente von **lv** aus.
   d. Definieren Sie einen lokalen **vector<int>**-Container **lv2** und initialisieren Sie ihn als Kopie des Argument-Vektors.
   e. Geben Sie die Elemente von **lv2** aus.

4 In **main()**:

   a. Rufen Sie **f()** mit **gv** als Argument auf.

   b. Definieren Sie einen Vektor **vector<int> vv** mit zehn Elementen, die Sie mit den ersten zehn Fakultätswerten (1, 2*1, 3*2*1, 4*3*2*1 usw.) initialisieren.

   c. Rufen Sie **f()** mit **vv** als Argument auf.

Fragen

1 Was bedeutet „Caveat emptor"?

2 Wie werden Klassenobjekte standardmäßig kopiert?

3 Wann ist das standardmäßige Kopieren für Klassenobjekte erwünscht? Wann nicht?

4 Was ist ein Kopierkonstruktor?

5 Was ist ein Zuweisungsoperator?

6 Was ist der Unterschied zwischen einer Zuweisung und einer Initialisierung durch Kopieren?

7 Was ist eine flache Kopie? Was ist eine tiefe Kopie?

8 Wie verhält sich die Kopie eines Vektors zum Original?

9 Wie lauten die fünf „essenziellen Operationen" für eine Klasse?

10 Was ist ein expliziter Konstruktor? In welchen Fällen würden Sie diesen Konstruktor dem Standardkonstruktor vorziehen?

11 Welche Operationen könnten implizit für ein Klassenobjekt aufgerufen werden?

12 Was ist ein Array?

13 Wie kopieren Sie ein Array?

14 Wie initialisieren Sie ein Array?

15 Wann ist ein Zeigerargument einem Referenzargument vorzuziehen? Warum?

16 Was ist ein C-Stil-String?

17 Was ist ein Palindrom?

Übungen

1 Schreiben Sie eine Funktion **char* strdup(const char*)**, die einen C-Stil-String in einen Speicherbereich kopiert, den sie auf dem Freispeicher reserviert hat. Verwenden Sie keine STL-Funktionen. Verwenden Sie nicht den Indizierungsoperator, sondern benutzen Sie den Dereferenzierungsoperator *.

2 Schreiben Sie eine Funktion **char* findx(const char* s, const char* x)**, die das erste Vorkommen des C-Stil-Strings **x** in **s** findet. Verwenden Sie keine STL-Funktionen. Verwenden Sie nicht den Indizierungsoperator, sondern benutzen Sie den Dereferenzierungsoperator *.

3 Schreiben Sie eine Funktion **int strcmp(const char* s1, const char* s2)**, die Strings im C-Stil vergleicht. Dabei soll die Funktion eine negative Zahl zurückliefern, wenn **s1** lexikografisch vor **s2** steht, null, wenn **s1** gleich **s2** ist, und eine positive Zahl, wenn **s1** lexikografisch auf **s2** folgt. Verwenden Sie keine STL-Funktionen. Verwenden Sie nicht den Indizierungsoperator, sondern benutzen Sie den Dereferenzierungsoperator *.

4 Überlegen Sie sich, was passiert, wenn Sie **strdup()**, **findx()** und **strcmp()** ein Argument übergeben, das kein C-Stil-String ist. Machen Sie den Praxistest! Finden Sie zuerst heraus, wie Sie einen **char***-Zeiger erzeugen, der nicht auf ein nullterminiertes Zeichen-Array zeigt. Diesen verwenden Sie dann für Ihre Tests. (Tun Sie dies aber unter keinen Umständen in realem, nicht experimentellem Code – oder Sie beschwören eine Katastrophe herauf.) Versuchen Sie es auch einmal mit „gefälschten C-Strings", die auf dem Freispeicher oder auf dem Stack angelegt sind. Wenn die Ergebnisse weiterhin vernünftig aussehen, stellen Sie den Debug-Modus aus. Überarbeiten Sie Entwurf und Implementierung der drei Funktionen so, dass diese ein weiteres Argument übernehmen, welches die maximale Anzahl der Elemente in den Argumentstrings angibt. Testen Sie die überarbeiteten Funktionen mit korrekten C-Stil-Strings und mit ungültigen Strings.

5 Schreiben Sie eine Funktion **string cat_dot(const string& s1, const string& s2)**, die zwei Strings mit einem Punkt in der Mitte verkettet. So soll zum Beispiel der Aufruf **cat_dot("Niels", "Bohr")** den String **Niels.Bohr** zurückliefern.

6 Überarbeiten Sie **cat_dot()** aus der vorangehenden Übung so, dass die Funktion als drittes Argument einen String übernimmt, der statt des Punktes als Trennzeichenfolge verwendet wird.

7 Schreiben Sie die **cat_dot()**-Funktionen aus den vorangehenden Übungen so um, dass sie C-Stil-Strings als Argumente übernehmen und einen auf dem Freispeicher angelegten C-Stil-String als Ergebnis zurückliefern. Verwenden Sie keine STL-Funktionen oder -Typen in der Implementierung. Testen Sie die Funktionen mit verschiedenen Strings. Achten Sie darauf, Ihren (mit **new**) reservierten Freispeicher (mit **delete**) wieder freizugeben. Vergleichen Sie die Arbeit, die Sie mit dieser Übung hatten, mit dem Aufwand für die Übungen 5 und 6.

8 Schreiben Sie alle Funktionen aus §18.6 neu und verwenden Sie diesmal den Ansatz, der eine Kopie mit umgekehrter Buchstabenfolge erstellt und dann diese Kopie mit dem Original vergleicht. Zum Beispiel: Nimm den String **"heim"** entgegen, erzeuge daraus den String **"mieh"**, vergleiche beide Strings und stelle dabei fest, dass die Strings sich unterscheiden; folglich ist *heim* kein Palindrom.

9 Sehen Sie sich noch einmal das in §17.3 vorgestellte Speicherlayout an. Schreiben Sie ein Programm, das die Reihenfolge angibt, in der der statische Speicher, der Stack und der Freispeicher im Arbeitsspeicher angelegt werden. In welche Richtung wächst der Stack: nach oben in Richtung der höheren Adressen oder nach unten in Richtung der niedrigeren Adressen? Sind in einem Array auf dem Freispeicher die Elemente mit den höheren Indizes an den Adressen mit den höheren oder niedrigeren Adressen abgelegt?

10 Sehen Sie sich noch einmal die „Array-Lösung" des Palindrom-Problems aus §18.6.2 an. Lösen Sie das Problem der vorgegebenen Stringlänge, indem Sie (a) eine Meldung ausgeben, wenn ein Eingabestring zu lang ist, und (b) in einem zweiten Ansatz beliebig lange Strings zulassen. Kommentieren Sie die Komplexität der beiden Versionen.

11 Recherchieren Sie (z.B. im Internet), was eine Skip-Liste ist, und implementieren Sie eine solche. Diese Übung ist nicht ganz leicht!

12 Implementieren Sie eine Version des Spiels „Hunt the Wumpus". „Hunt the Wumpus" (oder nur „Wump") ist ein einfaches (nicht grafisches) Computerspiel, das von Gregory Yob erfunden wurde. Ausgangspunkt ist ein ziemlich übel riechendes Monster, das in einer Höhle lebt, die aus zusammenhängenden Räumen besteht. Die Aufgabe des Spielers besteht nun darin, den Wumpus mit Pfeil und Bogen zu erlegen. Zusätzlich zu dem Wumpus lauern auf den Spieler in der Höhle noch zwei weitere Gefahren: bodenlose Löcher und riesige Fledermäuse. Wenn Sie einen Raum mit einem bodenlosen Loch betreten, ist das Spiel für Sie zu Ende. Wenn Sie einen Raum betreten, in dem sich eine Fledermaus aufhält, werden Sie von der Fledermaus ergriffen und in einen anderen Raum entführt. Wenn Sie einen Raum betreten, in dem sich der Wumpus aufhält, oder wenn der Wumpus den Raum betritt, in dem Sie sich aufhalten, werden Sie gefressen. Bevor Sie einen neuen Raum betreten, wird eine Warnung ausgeben, ob eine Gefahr im Anzug ist:

„Ich rieche den Wumpus": Der Wumpus ist in einem der angrenzenden Räume.

„Ich fühle einen Luftzug": In einem der angrenzenden Räume befindet sich ein bodenloses Loch.

„Ich höre eine Fledermaus": Eine riesige Fledermaus befindet sich in einem der angrenzenden Räume.

Damit Sie es leichter haben, sind die Räume nummeriert. Jeder Raum ist durch Tunnel mit drei anderen Räumen verbunden. Beim Betreten eines Raums erhalten Sie die Information, dass Sie sich z.B. in Raum 12 aufhalten und dass es Tunnel zu den Räumen 1, 13 und 4 gibt. Danach haben Sie die Wahl, ob Sie den Raum in Richtung eines anderen Raums verlassen wollen oder ob Sie schießen wollen. Mögliche Antworten sind **m13** (Sie gehen zu Raum 13) oder **s13-4-3** (Sie schießen einen Pfeil durch die Räume 13, 4 und 3). Ein Pfeil hat eine Reichweite von drei Räumen. Am Anfang des Spiels haben Sie fünf Pfeile. Der Haken beim Schießen ist, dass Sie damit den Wumpus aufwecken können, der sich sodann in einen der angrenzenden Räume begibt – in dem er dann vielleicht auf Sie trifft.

Das Schwierigste an dieser Übung ist wahrscheinlich der Aufbau der Höhle und die Entscheidung, welcher Raum mit welchen anderen Räumen verbunden sein soll. Sie werden wahrscheinlich einen Zufallszahlengenerator (z.B. **randint()** aus *std_lib_facilities.h*) benötigen, um das Höhlenlabyrinth von Spiel zu Spiel zu variieren und um die Fledermäuse und den Wumpus zu bewegen. Hinweis: Sehen Sie einen Weg vor, wie Sie sich beim Debuggen des Programms den Zustand der Höhle ausgeben lassen können.

18 Vektoren und Arrays

Schlüsselbegriffe

Array
Array-Initialisierung
Essenzielle Operationen
Expliziter Konstruktor

Flache Kopie
Kopierkonstruktor
Palindrom

Standardkonstruktor
Tiefe Kopie
Zuweisungsoperator

> ### Ein persönlicher Hinweis
>
> Der vector-Container der Standardbibliothek wurde unter Zuhilfenahme maschinennaher Speicherverwaltungstechniken wie Zeigern und Arrays implementiert und hat vor allem die Aufgabe, uns die Auseinandersetzung mit diesen komplizierten Hilfsmitteln zu ersparen. Wenn Sie eine Klasse entwerfen, denken Sie an Initialisierung, Kopieren und Auflösung.

Vektor, Templates und Ausnahmen

19

19.1	**Problematik**	654
19.2	**Die Größe ändern**	657
	19.2.1 Darstellung	658
	19.2.2 **reserve** und **capacity**	659
	19.2.3 **resize**	660
	19.2.4 **push_back**	660
	19.2.5 Zuweisung	661
	19.2.6 Aktueller Stand unseres Vektors	663
19.3	**Templates**	664
	19.3.1 Typen als Template-Parameter	664
	19.3.2 Generische Programmierung	666
	19.3.3 Container und Vererbung	669
	19.3.4 Integer als Template-Parameter	670
	19.3.5 Deduktion von Template-Argumenten	671
	19.3.6 Verallgemeinerung von **vector**	672
19.4	**Bereichsüberprüfung und Ausnahmen**	675
	19.4.1 Eine Nebenbemerkung: Überlegungen zum Design	676
	19.4.2 Eine Beichte: Makros	678
19.5	**Ressourcen und Ausnahmen**	679
	19.5.1 Potenzielle Probleme mit der Ressourcenverwaltung	680
	19.5.2 Ressourcenbelegung ist Initialisierung (RAII)	682
	19.5.3 Garantien	683
	19.5.4 **auto_ptr**	684
	19.5.5 RAII für **vector**	685

ÜBERBLICK

19 Vektor, Templates und Ausnahmen

„Erfolg ist niemals endgültig."

– Winston Churchill

Dieses Kapitel schließt Entwurf und Implementierung des nützlichsten und am weitesten verbreiteten STL-Containers, **vector**, ab. Im Zuge unserer Ausführungen erfahren Sie, wie man Container implementiert, deren Größe (Anzahl Elemente) variieren kann, wie man Container spezifiziert, für die der Elementtyp ein Parameter ist, und wie man mit Bereichsfehlern umgeht. Die vorgestellten Techniken sind wie üblich allgemein anwendbar und weder auf die Implementierung von **vector** noch auf die Implementierung von Containern beschränkt. Kurz gesagt, wir zeigen Ihnen, wie man sicher mit Datensammlungen arbeitet, deren Größe variabel ist und deren Daten jedem beliebigen Typ angehören können. Ergänzt werden unsere Ausführungen durch verschiedentlich eingestreute Design-Lektionen (die für mehr Realitätsbezug sorgen) sowie Einschübe zu den eingesetzten Techniken, d.h., wir zeigen Ihnen, wie man Templates definiert, und stellen grundlegende Techniken der Ressourcenverwaltung vor, die wir für eine sinnvolle Ausnahmenbehandlung benötigen.

19.1 Problematik

Am Ende von Kapitel 18 hatte unsere **vector**-Klasse einen Entwicklungsstand erreicht, der es uns erlaubte,

- **vector**-Container (Objekte der Klasse **vector**) für eine beliebige Anzahl von Gleitkommaelementen mit doppelter Genauigkeit zu **erzeugen**,
- unsere **vector**-Container durch Zuweisung und Initialisierung zu **kopieren**,
- darauf zu **vertrauen**, dass unsere **vector**-Container ihren Speicher bei Verlassen des Gültigkeitsbereichs wieder freigeben,
- auf **vector**-Elemente mit der gewohnten Indexnotation **zuzugreifen** (sowohl auf der rechten wie auch der linken Seite einer Zuweisung).

Das klingt doch schon sehr überzeugend, und dennoch sind wir noch nicht zufrieden. Um die von uns angestrebte Perfektion zu erreichen (angeregt durch unsere Erfahrungen mit der Klasse **vector** aus der Standardbibliothek), müssen wir noch drei weitere Probleme angehen:

- Wie ändern wir die Größe eines **vector**-Containers (sprich die Anzahl Elemente)?
- Wie fangen wir Elementzugriffe ab, die außerhalb des gültigen Bereichs liegen? Wie melden wir solche Zugriffe?
- Wie können wir den Elementtyp eines **vector**-Containers als Argument angeben?

Anders ausgedrückt: Wie definieren wir **vector**, sodass Folgendes legal ist?

```
vector<double> vd;            // Elemente vom Typ double
double d;
while(cin>>d) vd.push_back(d);   // vd wächst, um alle Elemente aufnehmen zu können

vector<char> vc(100);          // Elemente vom Typ char
```

```
int n;
cin>>n;
vc.resize(n);            // vc soll n Elemente haben
```

Niemand wird bestreiten, dass es für Programmierer hilfreich ist, wenn sie auf Container zurückgreifen können, die die oben zitierten Eigenschaften aufweisen. Doch warum sollten diese Eigenschaften für jemand interessant sein, der die Programmierung erlernt? Warum sollten sie für jemanden interessant sein, der gerade dabei ist, sich einen Fundus nützlicher Programmiertechniken für den späteren Gebrauch zuzulegen? Wir haben es hier mit zwei Arten von Flexibilität zu tun; d.h., es gibt zwei Aspekte, die wir für eine einzelne Einheit – den **vector**-Container – variieren können:

- die Anzahl der Elemente
- den Typ der Elemente

Diese beiden Formen von Variabilität sind von ganz fundamentalem Nutzen. Wir sind ständig dabei, Daten zu sammeln. Wenn ich so über meinen Schreibtisch blicke, sehe ich Stapel von Bankauszügen, Kreditkartenquittungen und Telefonrechnungen. Jeder dieser Stapel ist letzten Endes eine Liste von Zeilen mit Informationen unterschiedlicher Art: Zeichenfolgen und Zahlenwerte. Direkt vor mir liegt ein Telefon; es speichert eine Telefonnummern- und eine Namensliste. Die im Raum stehenden Bücherschränke sind voller Bücher. Unsere Programme neigen dazu, ähnlich aufgebaut zu sein: Sie enthalten Container für Elemente der unterschiedlichsten Typen. Wir verwenden viele verschiedene Arten von Containern (**vector** ist nur einer von vielen, wohl aber der am häufigsten zum Einsatz kommende) und diese Container speichern Informationen wie Telefonnummern, Namen, Überweisungsbeträge und Dokumente. Tatsächlich ist es sogar so, dass die oben angeführten Beispiellisten gar nicht auf meinem Schreibtisch oder in meinem Raum zu finden sind, sondern aus diversen Programmen stammen. Die einzige Ausnahme ist das Telefon: Es *ist selbst* ein Computer, und wenn ich auf die Nummern im Display schaue, sehe ich die Ausgabe eines Programms – vergleichbar den Programmen, die wir schreiben. Ja, es ist sogar sehr gut möglich, dass diese Nummern in einem **vector<Number>**-Container gespeichert sind.

Offensichtlich enthalten nicht alle Container die gleiche Anzahl Elemente. Können wir uns angesichts dieser Tatsache damit abfinden, dass die Größe eines **vector**-Containers durch seine anfängliche Definition festgelegt wird? Können wir uns vorstellen, unseren Code ohne **push_back()**, **resize()** und ähnliche Operationen zu schreiben? Natürlich könnten wir, aber der Aufwand wäre ungleich höher, weil wir jedes Mal, wenn die Anzahl der Elemente für den ursprünglichen Container zu groß wird, die Elemente in einen größeren Container umlagern müssten. Der folgende Code demonstriert, wie wir mithilfe dieses Tricks Daten in einen **vector**-Container einlesen können, ohne die Größe eines bestehenden **vector**-Containers ändern zu müssen:

```
// Elemente ohne push_back in einen vector-Container einlesen:
vector<double>* p = new vector<double>(10);
int n = 0;    // Anzahl der Elemente
double d;
while(cin >> d) {
  if (n==p->size()) {
    vector<double>* q = new vector<double>(p->size()*2);
    copy(p->begin(), p->end(), q->begin());
    delete p;
```

```
      p = q;
   }
   (*p)[n] = d;
   ++n;
}
```

Kein schöner Anblick. Haben wir auch alles richtig gemacht? Wie können Sie sich dessen sicher sein? Plötzlich hantieren wir mit Zeigern und greifen explizit in die Speicherverwaltung ein. Wir imitieren letztlich also die Art von Programmierung, auf die man sonst nur zurückgreift, wenn man „nah an der Maschine" programmieren möchte und sich auf elementare Speicherverwaltungstechniken beschränkt, wie sie für Objekte fester Größe (Arrays, siehe §18.5) üblich sind. Kurz gesagt, genau die Art Programmierung, die wir durch Einsatz eines Containers wie **vector** hinter uns lassen wollten. Folglich erwarten wir von einem **vector**-Container, dass er sich intern um alle notwendigen Größenänderungen kümmert, sodass wir – seine Benutzer – den Kopf für andere Dinge frei haben (und keine Gelegenheit erhalten, unnötige Fehler einzubauen). Mit anderen Worten: Wir bevorzugen Container, die mitwachsen und immer so viele Elemente verwahren, wie wir benötigen. Zum Beispiel:

```
vector<double> vd;
double d;
while(cin>>d) vd.push_back(d);
```

Wie häufig sind solche Größenänderungen? Kommen Sie möglicherweise nur sporadisch vor? Wenn ja, würde dies bedeuten, dass ihre automatische Behandlung nur eine unwesentliche Erleichterung darstellt und möglicherweise entbehrlich wäre. Tatsächlich kommen solche Größenänderungen aber sogar sehr häufig vor. Ein typisches Beispiel ist das Einlesen einer unbekannten Zahl von Eingabewerten. Weitere Beispiele wären das Abspeichern von Suchergebnissen (da man im Vorfeld nicht wissen kann, wie viele Vorkommen im Zuge einer Suche gefunden werden) oder das schrittweise Löschen der Elemente eines Containers. Die Frage ist also nicht ob, sondern wie wir Größenänderungen für einen Container behandeln sollten.

Warum sich überhaupt so viele Gedanken um mögliche Größenänderungen machen? Warum umgehen wir das Problem nicht einfach, indem wir von vornherein ausreichend Speicher reservieren? Auf den ersten Blick scheint dies tatsächlich die einfachste und effizienteste Strategie zu sein. Doch sie ist es nur dann, wenn wir zuverlässig genügend Speicher reservieren können, ohne uns übermäßiger Verschwendung schuldig zu machen – und genau dies können wir nicht. Programmierer, die es dennoch versuchen, sind meist über kurz oder lang gezwungen, ihren Code umzuschreiben (wenn sie ihren Code sorgsam und systematisch auf Überläufe überprüft haben) oder einer Katastrophe ins Gesicht zu sehen (wenn sie ihren Code nicht sorgsam genug überprüft haben).

Es liegt auf der Hand, dass **vector**-Container in der Lage sein müssen, Elemente der verschiedensten Typen aufzunehmen. Wir brauchen **vector**-Container für **double**-Werte, abgelesene Temperaturwerte, Datensätze aller Art, Strings, Operationen, GUI-Schaltflächen, grafische Formen, Datumsangaben, Zeiger auf GUI-Fenster usw. – die Liste ließe sich endlos fortsetzen.

Es gibt viele verschiedene Arten von Containern, und dass dem so ist, hat weitreichende Konsequenzen. Es lohnt also, ein wenig über diesen Punkt nachzudenken. Warum können nicht einfach alle Container Vektoren sein? Wenn wir mit einer Art Container auskämen (z.B. **vector**), könnten wir den Container direkt in die Sprache integrieren und bräuchten uns nicht weiter mit seiner Implementierung abzumühen. Wir müssten uns auch nicht mehr die Mühe machen, uns über die verschiedenen Arten von Containern und ihre Verwendung zu informieren. Wir würden einfach immer mit **vector** arbeiten.

Die Qualität der meisten bedeutenden Anwendungen steht und fällt mit den eingesetzten Datenstrukturen. Kein Wunder also, dass sich viele gewichtige Bücher mit dem Thema der Datenorganisation und der Frage „Welches ist der beste Weg, die Daten zu organisieren?" befassen. Die Antwort auf unsere Frage lautet daher, dass wir unmöglich mit einer Art von Container auskommen können. Das Thema ist allerdings zu umfangreich, um es hier angemessen zu behandeln. Immerhin, von zwei Arten von Containern haben wir bereits intensiv Gebrauch gemacht: **vector** und **string** (ein String ist ein Container für Zeichen). In den nachfolgenden Kapiteln werden wir noch weitere Container kennenlernen: **list**, **map** (eine Map ist ein Baum mit Wertepaaren) und Matrizen. Wegen der großen Bedeutung, welche die vielen verschiedenen Container für unsere Arbeit haben, sind auch die Programmiertechniken und Sprachkonstrukte, die zur Erstellung und Verwendung von Containern benötigt werden, weitverbreitet und geschätzt. Tatsächlich gehören die Techniken, die wir zum Speichern und Adressieren von Daten verwenden, zu den fundamentalsten und nützlichsten Techniken, die bei irgendeiner Form der Programmierung (von trivialen Aufgabenstellungen abgesehen) zum Einsatz kommen.

Auf Maschinenebene existieren keine Typen und alle Objekte haben eine feste Größe. Die Sprachkonstrukte und Programmiertechniken, die wir hier einführen, erlauben uns, demgegenüber Container für Objekte verschiedener Typen und mit variabler Größe (veränderlicher Anzahl Elemente) zur Verfügung zu stellen. Die Flexibilität und der Komfort, den wir dadurch gewinnen, ist von unschätzbarem Wert.

19.2 Die Größe ändern

Welche Möglichkeiten zur Änderung der Größe stellt eigentlich der **vector**-Typ der Standardbibliothek zur Verfügung? Da wären zunächst drei einfache Operationen. Ausgehend von

vector<double> v(n);   // v.size()==n

können wir die Größe des Containers auf drei Weisen ändern:

v.resize(10);   // v enthält jetzt 10 Elemente

v.push_back(7);   // füge am Ende von v ein Element mit dem Wert 7 hinzu
                         // v.size() wächst um 1

v = v2;   // Zuweisung eines anderen Vektors; v ist jetzt eine Kopie von v2
                         // v.size() ist jetzt gleich v2.size()

Der **vector**-Typ der Standardbibliothek bietet noch weitere Operationen an, die die Größe eines **vector**-Containers verändern können, beispielsweise **erase()** oder **insert()** (§B.4.7). Wir begnügen uns hier aber damit zu untersuchen, wie wir die drei oben genannten Operationen für unseren **vector**-Typ implementieren können.

19.2.1 Darstellung

In §19.1 haben wir bereits die einfachste Strategie zur Änderung der Größe vorgestellt: Reserviere Speicher für die gewünschte Anzahl Elemente und kopiere die alten Elemente in den neuen Speicherbereich. Der Nachteil dieses Verfahrens ist, dass es für häufige Größenänderung zu ineffizient ist. Und die Praxis lehrt: Wer einmal die Größe ändert, wird dies meist noch mehrere Male tun. Das heißt, wir werden es selten erleben, dass **push_back()** nur ein einziges Mal aufgerufen wird.

Ein vorausschauendes Größenmanagement kann daher viel zur Optimierung unserer Programme beisteuern. Tatsächlich verwalten alle **vector**-Implementierungen neben der Anzahl der Elemente auch einen gewissen „Reservespeicher", der für zukünftige Erweiterungen gedacht ist.

```
class vector {
    int sz;             // Anzahl Elemente
    double* elem;       // Adresse des ersten Elements
    int space;          // Anzahl Elemente plus "Reservespeicher"/"Plätze"
                        // für neue Elemente ("die aktuelle Allokation")
public:
    // ...
};
```

Grafisch lässt sich dies wie in ▶ Abbildung 19.1 darstellen.

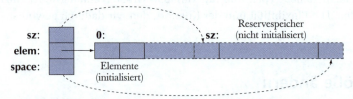

Abbildung 19.1: Verwaltung von Reservespeicher

Da wir die Zählung der Elemente mit **0** beginnen, ist **sz** in Abbildung 19.1 so dargestellt, dass es auf die Position eins hinter dem letzten Element weist, und **space** weist eins hinter den letzten reservierten Speicherplatz. Die abgebildeten Pfeile entsprechen also den Zeigern **elem+sz** und **elem+space**.

Wenn ein neuer Vektor angelegt wird, ist **space** gleich **0** (siehe ▶ Abbildung 19.2).

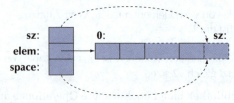

Abbildung 19.2: Ein neu angelegter Vektor

Mit der Allokation von Reservespeicher beginnen wir erst, wenn sich die Anzahl der Elemente ändert. Grundsätzlich gilt also **space==sz**, sodass es keinen Speicher-Overhead gibt, solange wir nicht **push_back()** aufrufen.

Der Standardkonstruktor, der einen **vector**-Container ohne Elemente erzeugt, setzt alle drei Membervariablen auf **0** (siehe ▶ Abbildung 19.3):

vector::vector() :sz(0), elem(0), space(0) { }

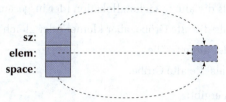

Abbildung 19.3: Ein neu angelegter, leerer Vektor

Das in Abbildung 19.3 dargestellte gestrichelte Element ist rein fiktiv. Der Standardkonstruktor führt keine Reservierungen auf dem Freispeicher durch und belegt insgesamt nur minimalen Speicher (siehe dazu auch Übung 16).

Bitte beachten Sie, dass der C++-Standard den Compiler-Entwicklern ziemlich viel Freiraum bei der Implementierung der Standardbibliothek lässt. Man kann daher nicht davon ausgehen, dass der **std::vector** auf Ihrem System die gleichen Techniken verwendet, die hier am Beispiel unseres **vector**-Typs illustriert wurden – auch wenn diese durchaus geeignet sind, einen typischen Vektor (oder eine andere Datenstruktur) zu implementieren.

19.2.2 reserve und capacity

Die elementarste Operation für Größenänderungen (d.h., wenn wir die Anzahl Elemente ändern möchten) ist **vector::reserve()**. Mit ihrer Hilfe fügen wir Speicher für neue Elemente hinzu:

```
void vector::reserve(int newalloc)
{
  if (newalloc<=space) return;         // verkleinere niemals den allozierten Speicher
  double* p = new double[newalloc];    // reserviere neuen Speicher
  for (int i=0; i<sz; ++i) p[i] = elem[i];  // kopiere alte Elemente
  delete[] elem;                       // gib alten Speicher frei
  elem = p;
  space = newalloc;
}
```

Beachten Sie, dass wir die Elemente des Reservespeichers nicht initialisieren. Schließlich geht es uns nur darum, den Speicher zu reservieren; ihn für neue Elemente zu nutzen, ist Aufgabe von **push_back()** und **resize()**.

Wie viel freier Speicher für einen **vector**-Container noch zur Verfügung steht, ist natürlich auch für den Benutzer des Vektors interessant. Wir stellen daher (ebenso wie der Standard) eine Memberfunktion zur Verfügung, mit der diese Information abgefragt werden kann:

int vector::capacity() const { return space; }

Für einen **vector** namens **v**, ist **v.capacity()-v.size()** demnach gleich der Anzahl Elemente, die wir mit **push_back()** zu **v** hinzufügen könnten, ohne dass dafür neuer Speicher reserviert werden muss.

19.2.3 resize

Ist **reserve()** erst einmal definiert, fällt die Implementierung von **resize()** für unseren **vector**-Typ leicht. Wir müssen folgende Fälle behandeln:

- Die neue Größe ist größer als die alte Speicherallokation (der insgesamt reservierte Speicherbereich).
- Die neue Größe ist größer als die alte Größe, aber kleiner oder gleich der alten Speicherallokation.
- Die neue Größe ist gleich der alten Größe.
- Die neue Größe ist kleiner als die alte Größe.

Schauen wir, was sich daraus ergibt:

```
void vector::resize(int newsize)
    // vergrößert den Vektor auf newsize Elemente
    // initialisiert jedes neue Element mit dem Standardwert 0.0
{
    reserve(newsize);
    for (int i=sz; i<newsize; ++i) elem[i] = 0;   // initialisiere die neuen Elemente
    sz = newsize;
}
```

Die Hauptarbeit, das Reservieren des Speichers, überlassen wir **reserve()**. Die nachfolgende Schleife initialisiert die neuen Elemente (sofern es welche gibt).

Der Code geht nicht explizit auf alle Fälle ein, aber Sie können sich überzeugen, dass dennoch alle Fälle korrekt behandelt werden.

> **Testen Sie Ihr Können**
>
> Welche Fälle müssen wir berücksichtigen (und testen), wenn wir uns selbst davon überzeugen wollten, dass **resize()** korrekt arbeitet? Wie steht es mit **newsize == 0**? Wie mit **newsize == -77**?

19.2.4 push_back

Auf den ersten Blick könnte man annehmen, dass **push_back()** schwierig zu implementieren ist. Doch mithilfe von **reserve()** ist es im Grunde ganz einfach:

```
void vector::push_back(double d)
    // setzt die Vektorgröße um 1 herauf; initialisiert das neue Element mit d
{
    if (space==0) reserve(8);              // starte mit Speicher für 8 Elemente
    else if (sz==space) reserve(2*space);  // fordere mehr Speicher an
    elem[sz] = d;       // füge d am Ende hinzu
    ++sz;               // setze die Größe herauf (sz ist die Anzahl der Elemente)
}
```

Das heißt, wir verdoppeln die Größe des allozierten Speichers, wenn der Reservespeicher aufgebraucht ist. In der Praxis hat sich diese Strategie für Vektoren mehr als bewährt, und es ist überdies auch die Strategie, die von den meisten Implementierungen des **vector**-Containers der Standardbibliothek verwendet wird.

19.2.5 Zuweisung

Wir hätten die Vektorzuweisung auf verschiedene Weisen definieren können. Beispielsweise hätten wir festlegen können, dass eine Zuweisung nur dann legal ist, wenn die beiden betroffenen Vektoren dieselbe Anzahl Elemente enthalten. Wie auch immer, in §18.2.2 haben wir entschieden, dass die Vektorzuweisung eine möglichst allgemeine und intuitive Semantik haben sollte, d.h., nach der Zuweisung **v1=v2** soll der Vektor **v1** eine Kopie von **v2** sein.

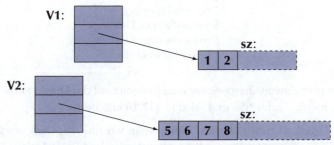

Abbildung 19.4: Zwei Vektoren **v1** und **v2** vor der Zuweisung **v1=v2**

Betrachten Sie ▶ Abbildung 19.4. Dass wir die Elemente kopieren müssen, liegt auf der Hand, aber was machen wir mit dem nicht genutzten Speicher? Sollen wir den „Reservespeicher" ans Ende des Vektors „kopieren"? Nein, der neue **vector**-Container erhält Kopien der Elemente, aber da wir nichts darüber wissen, wie der neue Vektor verwendet wird, kümmern wir uns nicht um den Extraspeicher an seinem Ende (siehe ▶ Abbildung 19.5).

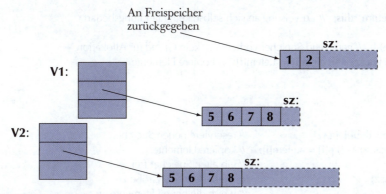

Abbildung 19.5: Zwei Vektoren **v1** und **v2** nach der Zuweisung **v1=v2**

19 Vektor, Templates und Ausnahmen

Die einfachste Implementierung hierfür ist:

- Speicher für eine Kopie reservieren.
- Die Elemente kopieren.
- Den alten Speicherbereich löschen.
- Den Membern sz, elem und space die neuen Werte zuweisen.

Der folgende Code setzt dies um:

```
vector& vector::operator=(const vector& a)
    // wie der Kopierkonstruktor, nur dass wir uns zusätzlich um die alten Elemente
    // kümmern müssen
{
    double* p = new double[a.sz];                // reserviere neuen Speicher
    for (int i = 0; i<a.sz; ++i) p[i] = a.elem[i];   // kopiere Elemente
    delete[] elem;                                // gib alten Speicher frei
    space = sz = a.sz;                            // weise die neue Größe zu
    elem = p;                                     // weise die neuen Elemente zu
    return *this;                                 // liefere Selbstreferenz zurück
}
```

Per Konvention liefert ein Zuweisungsoperator eine Referenz auf das Objekt zurück, dem zugewiesen wurde. Die Notation hierfür lautet *this und wird in §17.10 erläutert.

Die obige Implementierung ist so weit korrekt, doch wenn wir uns den Code etwas genauer ansehen, stellen wir fest, dass es hier eine Menge unnötiger Allokationen und Deallokationen gibt. Was ist, wenn der vector-Container, dem wir zuweisen, mehr Elemente hat als der Container, den wir zuweisen? Was ist, wenn der vector-Container, dem wir zuweisen, die gleiche Zahl Elemente hat wie der Container, den wir zuweisen? Gerade der letzte Fall kommt recht häufig vor. Wir können unsere Implementierung verbessern, indem wir in beiden Fällen die Elemente einfach in den vorhandenen Speicher des Zielvektors kopieren:

```
vector& vector::operator=(const vector& a)
{
    if (this==&a) return *this;   // Zuweisung an sich selbst; kein Handlungsbedarf

    if (a.sz<=space) {   // genügend Speicher vorhanden, kein Grund für Allokation
        for (int i = 0; i<a.sz; ++i) elem[i] = a.elem[i];   // kopiere Elemente
        sz = a.sz;
        return *this;
    }

    double* p = new double[a.sz];                // reserviere neuen Speicher
    for (int i = 0; i<a.sz; ++i) p[i] = a.elem[i];   // kopiere Elemente
    delete[] elem;                                // gib alten Speicher frei
    space = sz = a.sz;                            // weise die neue Größe zu
    elem = p;                                     // weise die neuen Elemente zu
    return *this;                                 // liefere Selbstreferenz zurück
}
```

In dieser Version testen wir zuerst, ob eine Zuweisung an sich selbst vorliegt (z.B. v=v). In diesem Fall tun wir nichts weiter. Logisch gesehen ist dieser Test überflüssig, aber er kann gelegentlich zu signifikanten Laufzeitverbesserungen führen. Auf jeden Fall demonstriert er ein typisches Einsatzgebiet für den **this**-Zeiger: den Test, ob das Argument **a** dasselbe Objekt ist, für das die Memberfunktion (hier **operator=()**) aufgerufen wurde. Wir überlassen es Ihnen, sich davon zu überzeugen, dass der Code auch ohne die **this==&a**-Zeile korrekt arbeitet. Gleiches gilt für den **a.s<=space**-Block, der ebenfalls allein der Optimierung dient. Prüfen Sie es nach.

19.2.6 Aktueller Stand unseres Vektors

Wir besitzen nun einen nahezu ausgereiften Vektor für **double**-Werte:

```
// ein nahezu ausgereifter Vektor für double-Werte:
class vector {
/*
  Invariante:
    für 0<=n<sz ist elem[n] das Element n
    sz<=space;
    Wenn sz<space ist, gibt es hinter elem[sz-1] noch Speicher für (space-sz)
    double-Werte
*/
  int sz;           // die Größe
  double* elem;     // Zeiger auf die Elemente (oder 0)
  int space;        // Anzahl Elemente plus Anzahl freier Plätze
public:
  vector() : sz(0), elem(0), space(0) { }
  explicit vector(int s) :sz(s), elem(new double[s]), space(s)
  {
    for (int i=0; i<sz; ++i) elem[i]=0;     // Elemente werden initialisiert
  }

  vector(const vector&);                    // Kopierkonstruktor
  vector& operator=(const vector&);         // Zuweisung

  ~vector() { delete[] elem; }              // Destruktor

  double& operator[ ](int n) { return elem[n]; }     // Zugriff
  const double& operator[](int n) const { return elem[n]; }

  int size() const { return sz; }
  int capacity() const { return space; }

  void resize(int newsize);                 // Wachsen
  void push_back(double d);
  void reserve(int newalloc);
};
```

Der Vektor besitzt alle notwendigen Operationen (vgl. §18.3): Konstruktor, Standardkonstruktor, Kopieroperationen, Destruktor. Er verfügt über Operationen zum Zugriff auf die Daten (Indizierung: []), zum Abfragen von Informationen über die Daten (**size()** und **capacity()**) und zur Kontrolle der Containergröße (**resize()**, **push_back()** und **reserve()**).

19.3 Templates

Wir brauchen **vector**-Container jedoch nicht nur für **double**-Werte; vielmehr möchten wir den Elementtyp für unsere **vector**-Container frei wählen können:

vector<double>
vector<int>
vector<Month>
vector<Window*>   // Vektor von Zeigern auf Window-Objekte
vector< vector<Record> >   // Vektor von Vektoren von Record-Objekten
vector<char>

Dazu müssen wir verstehen, wie Templates definiert werden. Templates sind keine Unbekannten für uns. Von Anfang an haben wir Templates verwendet, doch mussten wir diese bisher nie selbst definieren, weil die Standardbibliothek uns mit allem, was wir benötigten, versorgte. Jetzt wollen wir uns davon überzeugen, dass dabei keine Zauberei im Spiel war, und sehen uns an, wie die Designer und Implementierer der Standardbibliothek Elemente wie den **vector**-Typ oder die **sort()**-Funktion (§21.1, §B.5.4) zur Verfügung gestellt haben. Unser Interesse ist dabei keineswegs nur theoretischer Natur, denn – wie üblich – können wir für unseren eigenen Code kaum bessere Hilfsmittel und Techniken finden als diejenigen, die für die Implementierung der Standardbibliothek herangezogen wurden. Beispielsweise zeigen wir in den Kapitel 21 und 22, wie man mithilfe von Templates die Container und Algorithmen der Standardbibliothek implementieren kann. In Kapitel 24 zeigen wir, wie man Matrizen für wissenschaftliche Berechnungen entwirft.

Kurz gesagt, ist ein *Template* ein Mechanismus, der es Programmierern erlaubt, Typen als Parameter für eine Klasse oder eine Funktion zu verwenden. Wenn wir dann später konkrete Typen als Argumente übergeben, erzeugt der Compiler die zugehörige spezifische Klasse oder Funktion.

19.3.1 Typen als Template-Parameter

Unser Ziel ist es, den Elementtyp zu einem Parameter von **vector** zu machen. Also nehmen wir unseren **vector**-Typ und ersetzen **double** durch **T**, wobei **T** ein Parameter ist, dem „Werte" wie **double**, **int**, **string**, **vector<Record>** oder **Window*** übergeben werden können.

Die C++-Notation für die Einführung eines Typparameters **T** ist das Präfix **template<class T>**, das so viel bedeutet wie „für alle Typen T". Angewendet auf unseren **vector**-Typ sieht dies wie folgt aus:

```
// ein nahezu ausgereifter Vektor für T-Objekte:
template<class T> class vector { // lies: "für alle Typen T" (wie in der Mathematik)
    int sz;          // die Größe
    T* elem;         // ein Zeiger auf die Elemente
    int space;       // size+free_space
public:
    vector() : sz(0), elem(0), space(0) { }
    explicit vector(int s);

    vector(const vector&);                    // Kopierkonstruktor
    vector& operator=(const vector&);         // Zuweisung
```

19.3 Templates

```
    ~vector() { delete[] elem; }           // Destruktor

    T& operator[](int n) { return elem[n]; }   // Zugriff: liefert Referenz zurück
    const T& operator[](int n) const { return elem[n]; }

    int size() const { return sz; }        // die aktuelle Größe
    int capacity() const { return space; }

    void resize(int newsize);              // Wachsen
    void push_back(const T& d);
    void reserve(int newalloc);
};
```

Dieser Code entspricht der Definition unseres **double**-Vektors aus §19.2.6, nur dass alle Vorkommen von **double** durch den Template-Parameter **T** ersetzt wurden. Wir können dieses Klassen-Template **vector** wie folgt verwenden:

```
vector<double> vd;          // T ist gleich double
vector<int> vi;             // T ist gleich int
vector<double*> vpd;        // T ist gleich double*
vector< vector<int> > vvi;  // T ist gleich vector<int>, dessen T gleich int ist
```

Die Reaktion des Compilers auf die Verwendung eines Templates sieht in etwa so aus, dass der Compiler die benötigte Klasse generiert, indem er den Template-Parameter durch den konkreten Typ (das Template-Argument) ersetzt. Trifft der Compiler also beispielsweise auf **vector<char>**, so generiert er (irgendwo) etwas wie:

> **Tipp**

```
class vector_char {
    int sz;        // die Größe
    char* elem;    // ein Zeiger auf die Elemente
    int space;     // size+free_space
public:
    vector_char();
    explicit vector_char(int s);

    vector_char(const vector_char&);              // Kopierkonstruktor
    vector_char& operator=(const vector_char &);  // Zuweisung

    ~vector_char ();                              // Destruktor

    char& operator[] (int n);                     // Zugriff: liefert Referenz zurück
    const char& operator[] (int n) const;
    int size() const;                             // die aktuelle Größe
    int capacity() const;

    void resize(int newsize);                     // Wachsen
    void push_back(const char& d);
    void reserve(int newalloc);
};
```

Für **vector<double>** generiert der Compiler in etwa den **vector**-Typ (für **double**-Elemente) aus §19.2.6, wobei er dem Typ intern einen passenden Namen zuweist, der für **vector<double>** steht.

Klassen-Templates werden daher auch gelegentlich als *Typgeneratoren* bezeichnet. Und den Prozess, bei dem durch Übergabe eines Template-Arguments aus einem Klassen-Template ein Typ (Klasse) generiert wird, bezeichnen wir als *Spezialisierung* oder *Template-Instanzierung*. Entsprechend wären z.B. **vector<char>** und **vector<Poly_line*>** Spezialisierungen von **vector**. Für leichte Fälle, wie unseren **vector**, ist die Instanzierung ein ziemlich einfacher Vorgang, für fortgeschrittene und stark verallgemeinerte Fälle kann sie aber schnell erschreckend kompliziert werden. Glücklicherweise fällt die Auseinandersetzung mit dieser Thematik ganz in das Aufgabengebiet der Compiler-Bauer; der normale Programmierer, der Templates definiert oder benutzt, hat damit nichts zu tun. Die Template-Instanzierung (die Generierung einer Template-Spezialisierung) findet zur Kompilierzeit oder während des Linkens statt, nicht zur Laufzeit.

Dass wir auch die Memberfunktionen eines solchen Klassen-Templates verwenden können, dürfte selbstverständlich sein. Zum Beispiel:

```
void fct(vector<string>& v)
{
  int n = v.size();
  v.push_back("Norah");
  // ...
}
```

Wenn die Memberfunktion eines Klassen-Templates verwendet wird, generiert der Compiler die zugehörige Funktion. Trifft der Compiler beispielsweise im obigen Code auf **v.push_back("Norah")**, so generiert er eine Funktion

void vector<string>::push_back(const string& d) { /* ... */ }

aus der Template-Definition

template<class T> void vector<T>::push_back(const T& d) { /* ... */ };

So ist sichergestellt, dass es eine Funktion gibt, die für **v.push_back("Norah")** aufgerufen werden kann. Mit anderen Worten: Wenn Sie eine Funktion für einen gegebenen Argumenttyp benötigen, wird der Compiler sie auf der Grundlage des zugehörigen Templates erzeugen.

Statt **template<class T>** können Sie auch schreiben **template<typename T>**. Beide Syntaxformen haben exakt die gleiche Bedeutung. Manche Programmierer bevorzugen **typename**, „weil es treffender ist" und „niemand durch **typename** zu dem Irrglauben verleitet wird, dass man keine integrierten Typen wie **int** als Template-Argument verwenden könnte". Unserer Meinung nach steht **class** ebenfalls für „Typ", sodass es keinen Unterschied macht. Außerdem ist **class** kürzer.

19.3.2 Generische Programmierung

Templates sind die Basis für die generische Programmierung in C++. Man könnte auch sagen, „generische Programmierung" bedeutet in C++ so viel wie „unter Verwendung von Templates" – wenngleich diese Definition etwas sehr naiv ist. Schließlich sollte man fundamentale Programmierkonzepte nicht durch Elemente der Programmiersprache definieren. Die Elemente der Programmiersprache existieren, um die Programmiertechniken zu unterstützen – nicht umgekehrt. Wie für die meisten allgemein verbreiteten Ideen gibt es auch für die „generische Programmierung" gleich eine ganze Reihe von Definitionen. Die brauchbarste Definition ist unserer Meinung nach:

Generische Programmierung: Das Schreiben von Code, der mit einer Vielzahl von Typen funktioniert, die als Argumente präsentiert werden und bestimmte syntaktische und semantische Bedingungen erfüllen müssen.

Beispielsweise müssen die Elemente eines **vector**-Containers einem Typ angehören, den wir kopieren können (sowohl mithilfe des Kopierkonstruktors als auch des Zuweisungsoperators). Und in den Kapitel 20 und 21 werden wir Templates sehen, die von ihren Argumenten Unterstützung für arithmetische Operationen erwarten.

Wenn wir eine Klasse parametrisieren, erhalten wir ein *Klassen-Template*, häufig auch *parametrisierter Typ* oder *parametrisierte Klasse* genannt. Wenn wir eine Funktion parametrisieren, erhalten wir ein *Funktions-Template*, häufig auch *parametrisierte Funktion* und manchmal *Algorithmus* genannt. Deshalb wird die generische Programmierung manchmal auch als „algorithmenorientierte Programmierung" bezeichnet, womit ausgedrückt wird, dass der Fokus auf den Algorithmen liegt und weniger auf den Datentypen, die sie verwenden.

Wegen der zentralen Bedeutung, die das Konzept der parametrisierten Typen für die Programmierung hat, sollten wir uns noch etwas intensiver mit der – manchmal etwas verwirrenden – Terminologie befassen. Auf diese Weise laufen wir nicht Gefahr, später, wenn wir den gleichen Konzepten in anderen Kontexten begegnen, den Durchblick zu verlieren.

Die hier vorgestellte Form der generischen Programmierung, die auf expliziten Template-Parametern beruht, wird häufig *parametrische Polymorphie* genannt. Wohingegen die Polymorphie, die uns Klassenhierarchien und virtuelle Funktionen eröffnen, als *Ad-hoc-Polymorphie* und der damit verbundene Programmierstil als *objektorientierte Programmierung* bezeichnet wird (§14.3–4). Dass beide Programmierstile unter dem Begriff der *Polymorphie* firmieren, liegt daran, dass in beiden Fällen der Programmierer mehrere Versionen eines Konzepts durch eine einzige Schnittstelle präsentiert. Der Begriff *Polymorphie* ist übrigens von dem griechischen Wort für „Vielgestaltigkeit" abgeleitet und bezieht sich auf die unterschiedlichen Typen, die über die gemeinsame Schnittstelle manipuliert werden können. So haben wir in den **Shape**-Beispielen aus den Kapiteln 16 bis 19 über die von **Shape** definierte Schnittstelle auf mehrere verschiedene Formen zugegriffen (z.B. **Text**, **Circle** oder **Polygon**). Und wenn wir **vector**-Container verwenden, benutzen wir die verschiedenen Container (wie z.B. **vector<int>**, **vector<double>** oder **vector<Shape*>**) über die Schnittstelle, die von dem **vector**-Template definiert wird.

Es gibt diverse Unterschiede zwischen der objektorientierten Programmierung (basierend auf Klassenhierarchien und virtuellen Funktionen) und der generischen Programmierung (basierend auf Templates). Einer der auffälligsten Unterschiede ist, dass die Entscheidung, welche Funktion aufzurufen ist, im Falle der generischen Programmierung zur Kompilierzeit vom Compiler getroffen wird, während sie bei der objektorientierten Programmierung erst zur Laufzeit fällt.

```
v.push_back(x);    // füge x in den Vektor v ein
s.draw();          // zeichne die Form s
```

Für **v.push_back(x)** bestimmt der Compiler den Elementtyp von **v** und ruft danach die zugehörige **push_back()**-Version auf. Für **s.draw()** ruft der Compiler indirekt, mithilfe der virtuellen Tabelle von **s** (siehe §14.3.1), die passende **draw()**-Funktionen auf. Folglich verfügt die objektorientierte Programmierung über einen Grad der Freiheit, der der generischen Programmierung fehlt. Dafür zeichnet sich die bodenständige generische Programmierung durch mehr Normalität, mehr Übersichtlichkeit und bessere Performance aus (daher die Etiketten „ad hoc" und „parametrisiert").

Um die wichtigsten Punkte noch einmal zusammenzufassen:

- *Generische Programmierung*: basierend auf Templates, Auflösung zur Kompilierzeit
- *Objektorientierte Programmierung*: basierend auf Klassenhierarchien und virtuellen Funktionen, Auflösung zur Laufzeit

Kombinationen beider Programmierstile sind möglich und durchaus sinnvoll, zum Beispiel:

```
void draw_all(vector<Shape*>& v)
{
   for (int i=0; i<v.size(); ++i) v[i]->draw();
}
```

Hier rufen wir für eine Basisklasse (**Shape**) eine virtuelle Funktion (**draw()**) auf – unzweifelhaft ein Beispiel für objektorientierte Programmierung. Auf der anderen Seite verwahren wir die **Shape***-Zeiger in einem **vector**-Container, also einem parametrisierten Typ, was bedeutet, dass wir gleichzeitig die Vorzüge der (einfachen) generischen Programmierung nutzen.

Damit genug des Philosophierens. Fragen wir uns lieber, wozu Programmierer eigentlich Templates nutzen. Die Antwort lautet: für unübertroffene Flexibilität und Performance.

- Verwenden Sie Templates in Fällen, wo die Performance von entscheidender Bedeutung ist (z.B. numerische Typen und zeitkritische Anwendungen, siehe Kapitel 24 und 25).
- Verwenden Sie Templates in Fällen, wo es auf Flexibilität bei der Kombination von Informationen aus verschiedenen Typen ankommt (z.B. die C++-Standardbibliothek, siehe Kapitel 20 und 21).

Templates besitzen viele äußerst nützliche Eigenschaften, wie z.B. ihre Flexibilität und die nahezu optimale Performance, doch sie sind keineswegs perfekt. Wie so oft, stehen den Vorzügen auch Schwächen gegenüber. Im Falle der Templates besteht das größte Problem darin, dass Flexibilität und Performance durch eine schlechte Trennung der Interna des Templates (der Definition) von seiner Schnittstelle (der Deklaration) erkauft werden. Am deutlichsten manifestiert sich dies in der schlechten Fehlerdiagnose – mit oftmals geradezu armseligen Fehlermeldungen, die zu allem Überfluss auch noch gelegentlich viel zu spät im Kompilierungsprozess auftauchen.

Wenn der Compiler Code übersetzt, der ein Template verwendet, wirft er einen „Blick" in das Innere des Templates und auch in die Typen der Template-Argumente. Er tut dies, um Informationen einzusammeln, die ihm bei der Optimierung des zu generierenden Codes helfen. Um sicherzustellen, dass alle benötigten Informationen verfügbar sind, verlangen die aktuellen Compiler in der Regel, dass Templates vor ihrer Verwendung vollständig definiert sein müssen – einschließlich aller Memberfunktionen und aller Template-Funktionen, die von diesen aufgerufen werden. Aus diesem Grund tendieren die Autoren von Templates dazu, ihre Template-Definitionen in Headerdateien zu stellen. Laut Standard ist dies zwar nicht nötig, aber solange sich die Situation auf dem Compiler-Markt nicht bessert, empfehlen wir Ihnen, diese Praxis für Ihre eigenen Templates zu übernehmen: Stellen Sie die Definitionen von Templates, die in mehr als einer Übersetzungseinheit verwendet werden sollen, in eine Headerdatei.

Tipp Beginnen Sie mit sehr einfachen Templates und wagen Sie sich dann im gleichen Maße, wie Sie praktische Erfahrungen sammeln, an fortgeschrittene Anwendungen. Recht bewährt ist die Technik, die wir für die Entwicklung unseres **vector**-Typs verwendet haben: Entwickeln und testen Sie zunächst eine Klasse mit konkreten Typen. Arbeitet diese Klasse zuverlässig, ersetzen Sie die konkreten Typen durch Template-Parameter. Im Übrigen gilt: Nutzen Sie Template-basierte Bibliotheken wie die C++-

Standardbibliothek; sie bieten Ihnen Flexibilität, Typsicherheit und gute Performance. Weitere Beispiele hierzu finden Sie in den Kapiteln 20 und 21, die den Containern und Algorithmen der Standardbibliothek gewidmet sind.

19.3.3 Container und Vererbung

Es gibt eine ganz spezielle Form der Kombination von objektorientierter und generischer Programmierung, an der sich irgendwann jeder versucht – die aber nicht funktioniert: einen Container von Objekten einer abgeleiteten Klasse als Container von Objekten einer Basisklasse zu verwenden. Zum Beispiel:

```
vector<Shape> vs;
vector<Circle> vc;
vs = vc;   // Fehler: vector<Shape> erwartet
void f(vector<Shape>&);
f(vc);     // Fehler: vector<Shape> erwartet
```

Warum funktioniert dies nicht? Letzten Endes sagen Sie mit diesem Code: „Ich kann einen **Circle** in einen **Shape** umwandeln!" Nur leider können Sie es nicht. Sie können einen **Circle***-Zeiger in einen **Shape***-Zeiger und eine **Circle&**-Referenz in eine **Shape&**-Referenz umwandeln, aber die Zuweisung von **Shape**-Objekten haben wir absichtlich unterbunden, damit Sie sich nicht fragen müssen, was passieren würde, wenn ein **Circle**-Objekt mit einem Radius in eine **Shape**-Variable gequetscht wird, die keinen Radius besitzt (§14.2.4). Hätten wir es erlaubt, wäre es zum sogenannten Slicing gekommen – dem Objekt-Äquivalent zur Abrundung von Gleitkommawerten zu Integern.

Versuchen wir es also noch einmal mit Zeigern:

```
vector<Shape*> vps;
vector<Circle*> vpc;
vps = vpc;   // Fehler: vector<Shape*> erwartet
void f(vector<Shape*>&);
f(vpc);      // Fehler: vector<Shape*> erwartet
```

Wieder widersetzt sich das Typsystem; doch warum? Überlegen wir, was **f()** bewirken könnte:

```
void f(vector<Shape*>& v)
{
  v.push_back(new Rectangle(Point(0,0),Point(100,100)));
}
```

Offensichtlich könnten wir mithilfe dieser Funktion einen **Rectangle***-Zeiger in einen **vector<Shape*>**-Container einfügen. Wenn allerdings dieser **vector<Shape*>**-Container an anderer Stelle als ein **vector<Circle*>**-Container angesehen würde, müsste sich irgendjemand auf eine äußerst unangenehme Überraschung gefasst machen. Oder um bei unserem konkreten Beispiel zu bleiben: Was hätte ein **Rectangle***-Zeiger überhaupt in **vpc** zu suchen? Vererbung ist ein mächtiger und raffinierter Mechanismus, aber er wird nicht implizit durch Templates erweitert. Das soll nicht heißen, dass es keine Möglichkeit gäbe, mit Templates eine Vererbungsbeziehung auszudrücken, doch diese Techniken sind zu fortgeschritten, um sie im Rahmen dieses Buches zu behandeln. Merken Sie sich einfach, dass für ein beliebiges Template **C** aus „**D** ist ein **B**" nicht „**C<D>** ist ein **C<B>**" folgt. Betrachten Sie dies als einen Schutz gegen unabsichtliche Typverletzungen (siehe auch §25.4.4).

19.3.4 Integer als Template-Parameter

Klassen mit Typen zu parametrisieren, ist also offensichtlich eine recht nützliche Technik. Doch gilt dies auch für die Parametrisierung von Klassen mit „anderen Dingen" wie Integer-Werten oder Strings? Grundsätzlich gibt es für jede Art von Argument sinnvolle Einsatzgebiete. Wir beschränken uns hier aber auf Typ- und Integer-Parameter, weil die anderen Arten von Parametern weitaus seltener verwendet werden und ihr Einsatz ohne detaillierte Kenntnisse der Sprache kaum möglich ist.

Betrachten wir ein Beispiel für den wohl häufigsten Einsatz eines Integer-Werts als Template-Argument: ein Container, für den die Anzahl der Elemente bereits zur Kompilierzeit feststeht.

```cpp
template<class T, int N> struct array {
    T elem[N];                              // verwahre Elemente in einem Member-Array

    // vertraue auf Standardkonstruktor, -destruktor und -zuweisung

    T& operator[] (int n);                  // Zugriff: liefert Referenz zurück
    const T& operator[] (int n) const;

    T* data() { return elem; }              // Umwandlung in T*
    const T* data() const { return elem; }

    int size() const { return N; }
};
```

Das Template **array** (siehe auch §20.7) können wir wie folgt verwenden:

```cpp
array<int,256> gb;  // 256 Integer
array<double,6> ad = { 0.0, 1.1, 2.2, 3.3, 4.4, 5.5 };   // beachten Sie die
                                                          // Initialisierer!
const int max = 1024;

void some_fct(int n)
{
    array<char,max> loc;
    array<char,n> oops;   // Fehler: der Wert von n ist dem Compiler nicht bekannt
    // ...
    array<char,max> loc2 = loc;   // erstelle Sicherheitskopie
    // ...
    loc = loc2;                    // wiederherstellen
    // ...
}
```

Ohne Frage ist **array** ein ziemlich einfach konstruierter Typ, viel einfacher und bei weitem nicht so mächtig wie **vector**. Warum also sollte irgendjemand **array** statt **vector** verwenden wollen? Eine mögliche Antwort lautet: „Effizienz". Da die Größe eines **array**-Containers zur Kompilierzeit bekannt ist, kann der Compiler statischen Speicher (für globale Objekte wie **gb**) und Stackspeicher (für lokale Objekte wie **loc**) reservieren und muss nicht auf den Freispeicher zurückgreifen. Und wenn wir Bereichsüberprüfungen vornehmen, können wir kostengünstig mit Konstanten vergleichen (sprich dem Größenparameter **N**). Für die Mehrzahl der Anwendungen dürften die resultierenden Effizienzsteigerungen allerdings zu unbedeutend sein, um wirklich ins Gewicht zu fallen. Sollten Sie jedoch an einer kritischen Systemkomponente arbeiten, wie z.B. einem Netzwerktreiber, zählen selbst kleine Verbesserungen.

Wichtiger noch: Bestimmten Programmen kann einfach nicht gestattet werden, den Freispeicher zu benutzen. Hierzu zählen typischerweise Programme für eingebettete Systeme und/oder sicherheitskritische Programme (siehe Kapitel 25). Solchen Programmen bringt **array** viele der Vorzüge von **vector**, ohne die kritischen Beschränkungen zu verletzten (wie z.B. auf Freispeicher zu verzichten).

Stellen wir uns nun die entgegengesetzte Frage: statt „Wozu **array**, warum können wir nicht einfach **vector** benutzen?" fragen wir „Warum verwenden wir nicht einfach integrierte Arrays?" Wie wir in §18.5 gesehen haben, hat die Programmierung mit integrierten Arrays so ihre Tücken. Arrays kennen ihre eigene Größe nicht, sie verwandeln sich beim kleinsten Anstoß in Zeiger und sie lassen sich nicht sauber kopieren. Mit **array** oder **vector** gibt es diese Probleme nicht:

```
double* p = ad;         // Fehler: keine implizite Umwandlung in einen Zeiger
double* q = ad.data();  // O.K.: explizite Umwandlung

template<class C> void printout(const C& c)
{
   for (int i = 0; i<c.size(); ++i) cout << c[i] <<'\n';
}
```

Diese **printout**()-Funktion kann sowohl mit einem **array**- als auch einem **vector**-Container aufgerufen werden:

```
printout(ad);    // Aufruf mit array
vector<int> vi;
// ...
printout(vi);    // Aufruf mit vector
```

Dies ist ein einfaches Beispiel dafür, wie die generische Programmierung für den Datenzugriff eingesetzt werden kann. Es funktioniert, weil für **array** und **vector** die gleiche Schnittstelle verwendet wurde (**size**() und Indizierung). Kapitel 20 und 21 werden sich mit dieser Art der Programmierung noch eingehender befassen.

19.3.5 Deduktion von Template-Argumenten

Wenn Sie aus einem Klassen-Template ein Objekt einer konkreten Klasse erzeugen möchten, geben Sie die Template-Argumente explizit an. Zum Beispiel:

```
array<char,1024> buf;   // für buf ist T gleich char und N gleich 1024
array<double,10> b2;    // für b2 ist T gleich double und N gleich 10
```

Für Funktions-Templates leitet der Compiler die Template-Argumente üblicherweise aus den Funktionsargumenten ab. Zum Beispiel:

```
template<class T, int N> void fill(array<T,N>& b, const T& val)
{
   for (int i = 0; i<N; ++i) b[i] = val;
}
```

```
void f()
{
  fill(buf, 'x');    // für fill() ist T gleich char und N gleich 1024,
                     // so wie es buf für T und N vorgibt
  fill(b2,0.0);      // für fill() ist T gleich double und N gleich 10,
                     // so wie es b2 für T und N vorgibt
}
```

Technisch gesehen ist **fill(buf,'x')** eine Kurzform für **fill<char,1024>(buf,'x')** und **fill(b2,0)** ist eine Kurzform für **fill<double,10>(b2,0)**. Erfreulicherweise müssen wir aber nicht so deutlich werden, sondern können darauf vertrauen, dass der Compiler die nötigen Informationen selbstständig ableitet.

19.3.6 Verallgemeinerung von vector

Als wir **vector** verallgemeinerten, von einer Klasse „**vector** von **double**-Elementen" in ein Template „**vector** von **T**-Elementen", haben wir es versäumt, die Definitionen von **push_back()**, **resize()** und **reserve()** anzupassen. Wir holen dies nunmehr nach, da die Definitionen aus §19.2.2 und §19.2.3 Annahmen machen, die zwar für **double**-Werte erfüllt sind, nicht aber für beliebige Typen, die wir jetzt als Elementtypen unserer **vector**-Container verwenden könnten:

- Wie sollen wir mit **vector<X>**-Containern verfahren, für deren **X**-Typ es keinen Standardwert gibt?
- Wie stellen wir sicher, dass Elemente, die wir nicht weiter benötigen, aufgelöst werden?

Tipp Müssen wir uns dieser Probleme annehmen? Natürlich könnten wir sagen, „Erzeugen Sie keine **vector**-Container für Typen, die keinen Standardwert besitzen", und „Verwenden Sie **vector**-Container für Typen mit Destruktoren nicht in irgendeiner Weise, die zu Problemen führen könnten". Für einen Container, der eigentlich für die „allgemeine Verwendung" konzipiert sein sollte, sind solche Beschränkungen eine Katastrophe. Sie verärgern die Benutzer und erwecken den Eindruck, dass der Designer es entweder versäumt hat, gründlich genug über das Problem nachzudenken, oder sich nicht sonderlich für die Belange der Benutzer interessiert. Meist sind derlei Verdächtigungen berechtigt, für die Designer der Standardbibliothek treffen sie jedoch nicht zu: Sie haben sich diesen Problemen angenommen, und wenn wir den **vector**-Typ der Standardbibliothek nachprogrammieren wollen, müssen wir diese Probleme ebenfalls lösen.

Das Problem der Typen ohne Standardwert können wir dadurch lösen, dass wir dem Benutzer die Gelegenheit geben, einen Wert zu spezifizieren, der als Ersatz für den Standardwert verwendet werden soll:

template<class T> void vector<T>::resize(int newsize, T def = T());

Wenn der Benutzer keinen anderen Wert vorgibt, benutzen wir einfach **T()** für den Standardwert **def** (siehe auch Anhang A.9.2). Dazu einige Beispiele:

```
vector<double> v1;
v1.resize(100);          // füge 100 Kopien von double(), also 0.0, hinzu
v1.resize(200, 0.0);     // füge 200 Kopien von 0.0 hinzu — die Angabe von 0.0 ist
                         // hier redundant
v1.resize(300, 1.0);     // füge 300 Kopien von 1.0 hinzu
struct No_default {
  No_default(int);       // der einzige Konstruktor für No_default
  // ...
```

};

```
vector<No_default> v2(10);          // Fehler: versucht 10 No_default()-Objekte zu erzeugen
vector<No_default> v3;
v3.resize(100, No_default(2));      // füge 100 Kopien von No_default(2) hinzu
v3.resize(200);                     // Fehler: versucht 200 No_default()-Objekte zu erzeugen
```

Das Destruktor-Problem lässt sich nicht so einfach lösen. Der Grund dafür ist, dass wir es letzten Endes mit einer äußerst hässlichen Konstruktion zu tun haben: einer Datenstruktur, die sowohl initialisierte als auch nicht initialisierte Daten enthält. Bisher haben wir viel Mühe darauf verwendet, nicht initialisierte Daten und die damit üblicherweise einhergehenden Fehler zu vermeiden. Nun aber – als Implementierer von **vector** – müssen wir uns diesem Problem stellen, damit wir – als Benutzer von **vector** – das Problem nicht via **vector** in unsere Anwendungen importieren.

Als Erstes müssen wir einen geeigneten Weg finden, wie wir nicht initialisierten Speicher reservieren und manipulieren können. Glücklicherweise gibt es in der Standardbibliothek eine Klasse **allocator**, die nicht initialisierten Speicher bereitstellt. Eine leicht vereinfachte Version dieser Klasse sieht wie folgt aus:

```
template<class T> class allocator {
public:
    // ...
    T* allocate(int n);                    // reserviere Speicher für n Objekte vom Typ T
    void deallocate(T* p, int n);          // gib n Objekte vom Typ T frei, beginnend bei p

    void construct(T* p, const T& v);      // erzeuge in p ein T-Objekt mit dem Wert v
    void destroy(T* p);                    // löse das T-Objekt in p auf
};
```

Wenn Sie mehr über diese Klasse erfahren möchten, schlagen Sie in dem Buch *Die C++ Programmiersprache* unter „<memory>" oder im Standard nach. Hier genügt uns der abgedruckte Code, denn er zeigt die vier grundlegenden Operationen, mit denen wir

- Speicher allozieren können, der groß genug ist, ein Objekt vom Typ **T** aufzunehmen, aber nicht initialisiert wird;
- Ein Objekt vom Typ **T** im nicht initialisierten Speicher anlegen können;
- Ein Objekt vom Typ **T** auflösen und den Speicher in den nicht initialisierten Zustand zurücksetzen können;
- Nicht initialisierten Speicher, der groß genug ist, ein Objekt vom Typ **T** aufzunehmen, deallozieren können.

Es überrascht daher nicht, dass **allocator** genau das ist, was wir für die Implementierung von **vector<T>::reserve()** benötigen. Wir beginnen damit, dass wir unserem **vector**-Template einen Allokator-Parameter hinzufügen:

```
template<class T, class A = allocator<T> > class vector {
    A alloc;   // verwende alloc, um den Speicher für die Elemente zu verwalten
    // ...
};
```

Vektor, Templates und Ausnahmen

Abgesehen davon, dass wir einen Allokator bereitstellen – und per Voreinstellung statt **new** den Standardallokator verwenden – hat sich nichts verändert. Als Benutzer von **vector** können wir den Allokator komplett ignorieren, zumindest so lange, bis wir einen Vektor benötigen, der den Speicher für seine Elemente auf irgendeine ungewöhnliche Weise verwalten soll. Als Implementierer von **vector** – und als Studierende, die versuchen, fundamentale Probleme und fundamentale Techniken zu verstehen – müssen wir uns darum kümmern, wie ein Vektor mit nicht initialisiertem Speicher umgeht und dem Benutzer ordentlich konstruierte Objekte präsentiert. Betroffen sind hiervon nur diejenigen Memberfunktionen von **vector**, die direkt mit Speicher zu tun haben, wie z.B.: **vector<T>::reserve()**:

```
template<class T, class A>
void vector<T,A>::reserve(int newalloc)
{
    if (newalloc<=space) return;              // verkleinere niemals den allozierten Speicher
    T* p = alloc.allocate(newalloc);          // reserviere neuen Speicher
    for (int i=0; i<sz; ++i) alloc.construct(&p[i],elem[i]);  // kopieren
    for (int i=0; i<sz; ++i) alloc.destroy(&elem[i]);         // auflösen
    alloc.deallocate(elem,space);             // gib alten Speicher frei
    elem = p;
    space = newalloc;
}
```

Um ein Element in den neuen Speicherbereich zu verschieben, erzeugen wir im nicht initialisierten Speicher eine Kopie und zerstören anschließend das Original. Wir können hier nicht mit einer direkten Zuweisung arbeiten, weil bei der Zuweisung von Typen wie **string** davon ausgegangen wird, dass der Zielbereich bereits initialisiert ist.

Mithilfe von **reserve()** fällt die Implementierung von **vector<T,A>::push_back()** nicht mehr schwer:

```
template<class T, class A>
void vector<T,A>::push_back(const T& val)
{
    if (space==0) reserve(8);                 // starte mit Speicher für 8 Elemente
    else if (sz==space) reserve(2*space);     // fordere mehr Speicher an
    alloc.construct(&elem[sz],val);           // füge val am Ende hinzu
    ++sz;                                     // setze die Größe herauf
}
```

Und **vector<T,A>::resize()** bereitet auch keine Schwierigkeiten:

```
template<class T, class A>
void vector<T,A>::resize(int newsize, T val = T())
{
    reserve(newsize);
    for (int i=sz; i<newsize; ++i) alloc.construct(&elem[i],val);   // konstruieren
    for (int i = newsize; i<sz; ++i) alloc.destroy(&elem[i]);       // auflösen
    sz = newsize;
}
```

Da nicht jeder Typ einen Standardkonstruktor besitzt, haben wir hier die gleiche Technik wie oben angewandt und es dem Benutzer freigestellt, einen speziellen Wert als Initialwert für neue Elemente vorzusehen.

Die zweite Neuerung ist die Auflösung von überzähligen Elementen, falls der Vektor verkleinert wird. Stellen Sie sich die Auflösung als die Rückverwandlung eines typisierten Objekts in „rohen Speicher" vor.

Die Programmierung mit Allokatoren gehört zu den weit fortgeschrittenen Techniken und ist ziemlich knifflig. Warten Sie damit, bis Sie bereit sind, den Schritt vom fortgeschrittenen Programmierer zum Experten zu machen.

19.4 Bereichsüberprüfung und Ausnahmen

Wir sehen uns an, wie weit unser **vector** bis hierher gediehen ist, und müssen (mit Schrecken?) feststellen, dass Zugriffe nicht auf Einhaltung der Bereichsgrenzen geprüft werden. Die bisherige Implementierung des Operators [] lautet einfach

```
template<class T, class A> T& vector<T,A>::operator[](int n)
{
    return elem[n];
}
```

Was bedeutet das für folgenden Code?

```
vector<int> v(100);
v[-200] = v[200];    // Hoppla!
int i;
cin>>i;
v[i] = 999;          // korrumpiert eine zufällige Speicherposition
```

Dieser Code wird kompiliert und ausgeführt, wobei er auf Speicher zugreift, der nicht von **vector** kontrolliert wird. Dies kann großen Ärger bedeuten! In einem echten Programm wäre solcher Code absolut inakzeptabel. Lassen Sie uns daher überlegen, wie wir unser **vector**-Template verbessern können. Der einfachste Ansatz wäre, eine bereichsüberprüfte Zugriffsoperation namens **at()** hinzuzufügen:

```
struct out_of_range { /* ... */ };  // Klasse zur Benachrichtigung über Bereichsfehler

template<class T, class A = allocator<T> > class vector {
    // ...
    T& at(int n);                        // überprüfter Zugriff
    const T& at(int n) const;            // überprüfter Zugriff

    T& operator[](int n);                // nicht überprüfter Zugriff
    const T& operator[](int n) const;    // nicht überprüfter Zugriff
    // ...
};

template<class T, class A > T& vector<T,A>::at(int n)
{
    if (n<0 || sz<=n) throw out_of_range();
    return elem[n];
}
```

```
template<class T, class A > T& vector<T,A>::operator[](int n)   // wie bisher
{
   return elem[n];
}
```

Dies gegeben, könnten wir schreiben:

```
void print_some(vector<int>& v)
{
  int i = -1;
  cin >> i;
  while(i!= -1) try {
    cout << "v[" << i << "]==" << v.at(i) << "\n";
  }
  catch(out_of_range) {
    cout << "ungueltiger Index: " << i << "\n";
  }
}
```

Hier benutzen wir **at()** für Zugriffe, die gegen Bereichsüberschreitungen abgesichert sind, und fangen im Falle eines illegalen Zugriffs die zugehörige **out_of_range**-Ausnahme ab.

Die grundsätzliche Idee dahinter ist, die Indizierung mit [] zu verwenden, wenn wir sicher sind, dass wir einen gültigen Index haben, und auf **at()** zurückzugreifen, wenn der Index möglicherweise außerhalb des gültigen Wertebereichs liegen könnte.

19.4.1 Eine Nebenbemerkung: Überlegungen zum Design

So weit, so gut, doch warum haben wir die Bereichsüberprüfung nicht direkt in **operator**[]() vorgenommen? Nun, abgesehen davon, dass der **vector**-Typ der Standardbibliothek ebenfalls sowohl einen geprüfte **at()**- als auch eine ungeprüfte **operator**[]()-Funktion bereitstellt, gibt es grundsätzlich vier Argumente, die für dieses Design sprechen:

1 *Kompatibilität*: Bevor das Konzept der Ausnahmen in C++ aufgenommen wurde, haben die Programmierer lange Zeit mit ungeprüfter Indizierung gearbeitet.

2 *Effizienz*: Man kann auf der Grundlage eines laufzeitoptimierten, ungeprüften Zugriffsoperators einen geprüften Zugriffsoperator entwickeln, nicht aber auf der Grundlage eines geprüften Zugriffsoperators einen laufzeitoptimierten Zugriffsoperator.

3 *Einschränkungen*: Unter manchen Umgebungen werden Ausnahmen nicht unterstützt.

4 *Optionale Überprüfung*: Laut Standard sind Bereichsüberprüfungen für **vector** keineswegs verboten. Wer also auf Bereichsüberprüfungen nicht verzichten möchte, kann sich eine Implementierung suchen, die die Zugriffe überprüft.

19.4.1.1 Kompatibilität

Wenn Programmierer etwas nicht leiden können, dann sind es Veränderungen, die dazu führen, dass ihr alter Code plötzlich nicht mehr funktioniert. Wenn Sie eine Million Zeilen Code haben, dann kann es eine äußerst kostspielige Angelegenheit werden, diesen Code so zu modernisieren, dass er Ausnahmen benutzt. Wir könnten natürlich darauf hinweisen, dass die Verbesserung des Codes die Extraarbeit lohnt, doch wir müssen ja auch nicht dafür zahlen (weder mit Zeit noch mit Geld). Auf der anderen Seite werden diejenigen Programmierer, die den Code verwalten, zwar zugeben, dass ungeprüfter Code grundsätzlich unsicher ist, ansonsten aber darauf hinweisen, dass ihr spezieller Code seit Jahren getestet und verwendet wird und folglich fehlerfrei ist. Man muss dieser Argumentation nicht folgen, aber man sollte auch nicht zu schnell ein Urteil fällen, wenn man noch nie in der Realität eine solche Entscheidung zu treffen hatte. Es gibt viele Millionen Zeilen Code aus der Zeit vor der Aufnahme des vector-Typs in die Standardbibliothek, die mit Vektoren arbeiten. Naturgemäß nicht mit dem vector-Typ der Standardbibliothek, aber mit sehr ähnlichen Vektor-Implementierungen, die aber (da sie aus der Zeit vor der Standardisierung stammen) nicht mit Ausnahmen arbeiteten. Ein Großteil dieses Codes wurde später überarbeitet und an den Standard angepasst.

19.4.1.2 Effizienz

Es gibt ohne Zweifel extreme Anwendungsbereiche, wie z.B. Puffer für Netzwerkschnittstellen oder Matrizen in wissenschaftlichen Hochleistungsberechnungen, für die Bereichsüberprüfungen eine nicht akzeptable Belastung wären. Dies gilt jedoch nicht für die Art von „gewöhnlichen Berechnungen", mit denen die meisten von uns Tag für Tag zu tun haben. Aus diesem Grunde empfehlen wir Ihnen, wo immer Sie können, eine bereichsüberprüfte Implementierung von vector zu verwenden.

19.4.1.3 Einschränkungen

Auch dieses Argument greift nur in bestimmten Fällen, betrifft aber immerhin so viele Programmierer, dass es nicht leichtherzig ignoriert werden sollte. Wenn Sie allerdings mit der Arbeit an einem neuen Programm beginnen, das in einer Umgebung ohne harte Echtzeitanforderungen laufen wird (siehe §25.2.1), sollten Sie sich für eine auf Ausnahmen beruhende Fehlerbehandlung und eine bereichsüberprüfte vector-Implementierung entscheiden.

19.4.1.4 Optionale Überprüfung

Seitens des ISO-C++-Standards gibt es weder Vorschriften noch Garantien, die das Verhalten von vector-Containern bei Out-of-Range-Zugriffen regeln. Dies bedeutet zum einem, dass man derartige Zugriffe grundsätzlich vermeiden sollte, und zum anderen, dass vector-Implementierungen, die eine Ausnahme werfen, wenn ein Programm einen Out-of-Range-Zugriff versucht, vollkommen standardkonform sind. Wenn Sie also möchten, dass Ihr Vektor Ausnahmen wirft, und Sie nicht gerade an einer Anwendung arbeiten, für die einer der drei anderen Punkten zutrifft, sollten Sie eine bereichsüberprüfte vector-Implementierung verwenden. So wie wir es in diesem Buch tun.

Summa summarum lässt sich feststellen, dass die Anforderungen der realen Welt selten so klar und unkompliziert sind, wie wir es uns wünschen würden. Doch es gibt Wege, damit zurechtzukommen.

19.4.2 Eine Beichte: Makros

Ebenso wie unser **vector**-Typ fahren die meisten Implementierungen der Standardbibliothek zweigleisig, d.h., sie führen für den Indexoperator **[]** von **vector** keine Bereichsprüfung durch, bieten aber die prüfende Funktion **at()** an. Woher stammen dann aber die **std::out_of_range**-Ausnahmen in unseren bisherigen Programmen? Es hat mit dem vierten Punkt aus §19.4.1 zu tun: Eine **vector**-Implementierung ist nicht verpflichtet, für **[]** Bereichsüberprüfungen vorzunehmen, es ist ihr aber auch nicht verboten. Diese Freiheit nutzend, haben wir eine Debug-Version namens **Vector** geschrieben, die den Indexbereich von **[]** absichert und die Sie möglicherweise, ohne es zu wissen, verwendet haben. Wir selbst verwenden diese Version, wenn wir Code entwickeln. Sie erlaubt uns, die Anzahl der Fehler und den Aufwand für das Debuggen zu reduzieren, ohne die Performance allzu sehr zu beeinträchtigen:

```cpp
struct Range_error : out_of_range {    // verbesserte Berichterstattung für
                                       // Bereichsfehler in vector-Containern
    int index;
    Range_error(int i) :out_of_range("Bereichsfehler"), index(i) { }
};

template<class T> struct Vector : public std::vector<T> {
    typedef typename std::vector<T>::size_type size_type;

    Vector() { }
    explicit Vector(size_type n) :std::vector<T>(n) {}
    Vector(size_type n, const T& v) :std::vector<T>(n,v) {}

    T& operator[](unsigned int i) // anstatt at(i) zurückzuliefern;
    {
        if (i<0 || this->size()<=i) throw Range_error(i);
        return std::vector<T>::operator[](i);
    }

    const T& operator[](unsigned int i) const
    {
        if (i<0 || this->size()<=i) throw Range_error(i);
        return std::vector<T>::operator[](i);
    }
};
```

Wir verwenden hier **Range_error**, damit wir beim Debuggen kontrollieren können, welcher Index zu dem ungültigen Zugriff geführt hat. Die **typedef**-Definition dient der Bequemlichkeit und führt eine Kurzschreibweise für den **size_type**-Typ des Vektors ein, siehe §20.5.

Dieser **Vector**-Typ ist ziemlich einfach gehalten, fast schon zu einfach, doch er hat sich beim Debuggen nicht trivialer Programme sehr bewährt. Die Alternative wäre eine Implementierung des kompletten Standardbibliothekstyps **vector**, die Indizes systematisch überprüft – und *vielleicht* stammen die Ausnahmen in Ihren Programmen doch nicht von unserer Debug-Version, sondern von eben einer solchen **vector**-Implementierung. Wir können hierüber nur Vermutungen anstellen, da wir ja nicht wissen, bis zu welchem Grad Ihr Compiler und die zugehörige Bibliothek Bereichsüberprüfungen durchführen, die über das vom Standard vorgeschriebene Maß hinausgehen.

In *std_lib_facilities*.h haben wir uns eines unschönen Tricks (einer Makrosubstitution) bedient. Wir haben **vector** so umdefiniert, dass es **Vector** bedeutet:

// hässlicher Makro-Hack, der eine bereichsüberprüfte vector-Implementierung auswählt
#define vector Vector

Der Effekt dieser Umdefinition ist, dass, wo immer Sie **vector** schreiben, der Compiler **Vector** sieht. Dies ist ein äußerst hässlicher Trick, weil Sie beim Lesen des Codes nicht mehr das Gleiche sehen wie der Compiler. In echten Programmen sind Makros eine typische Quelle obskurer Fehler (§27.8, §A.17).

Auf die gleiche Weise haben wir für einen bereichsüberprüften Zugriff auf **string** gesorgt.

Zu unserem Bedauern gibt es keine portierbare, saubere Standardlösung, um zu erreichen, dass für den []-Operator einer bestehenden **vector**-Implementierung Bereichsüberprüfungen vorgenommen werden. Das bedeutet allerdings nicht, dass es nicht möglich wäre, eine sauberere und vollständigere Lösung für einen bereichsüberprüften **vector**- oder **string**-Typ zu finden als die hier vorgestellte. Allerdings ist es dazu in der Regel erforderlich, die erworbene Implementierung der Standardbibliothek zu ersetzen, diverse Installationsoptionen anzupassen oder im Quellcode der Standardbibliothek herumzupfuschen. Keine dieser Optionen ist für Programmieranfänger in der ersten Woche ihres Studiums geeignet – und wir haben **string** bereits in Kapitel 2 verwendet.

19.5 Ressourcen und Ausnahmen

Wir wissen jetzt, dass **vector** Ausnahmen werfen kann, und wir haben auch schon darüber gesprochen, dass Funktionen ihr Scheitern grundsätzlich durch Werfen einer Ausnahme anzeigen sollten (Kapitel 5). Höchste Zeit also darüber nachzudenken, was zu beachten ist, wenn wir Code schreiben, der die geworfenen Ausnahmen behandeln soll. Die naive Antwort, „Fange die Ausnahmen mit einem **try**-Block ab, schreibe eine Fehlermeldung und dann beende das Programm", genügt uns nun nicht mehr – sie ist für die meisten realen Systeme zu undifferenziert.

Zu den Grundregeln der Programmierung gehört, dass wir von uns angeforderte Ressourcen auch wieder irgendwie, sei es direkt oder indirekt, zurückgeben müssen – und zwar an den Teil des Systems, der die betreffende Art von Ressource verwaltet. Beispiele für solche Ressourcen sind:

- Speicher
- Dateisperren
- Datei-Handles
- Thread-Handles
- Sockets
- Fenster

Ganz allgemein definieren wir eine Ressource als etwas, das wir anfordern und wieder zurückgeben (freigegeben) müssen oder das von einem „Ressourcen-Manager" zurückgefordert wird. Das einfachste Beispiel für eine Ressource ist Speicher, den wir mit **new** anfordern und mit **delete** an den Freispeicher zurückgeben. Zum Beispiel:

```
void suspicious(int s, int x)
{
   int* p = new int[s];      // fordere Speicher ab
   // ...
   delete[] p;               // gib Speicher frei
}
```

Wie wir in §17.4.6 gesehen haben, dürfen wir nicht vergessen, den Speicher wieder freizugeben – was nicht immer einfach ist. Kommen zusätzlich noch Ausnahmen ins Spiel, steigt die Wahrscheinlichkeit für Speicherlecks und es bedarf nur noch einer kleinen Unachtsamkeit oder ein wenig Ignoranz unsererseits, um sie zu produzieren. Besonders Code wie der von **suspicious()**, der explizit **new** verwendet und den zurückgelieferten Speicher an eine lokale Variable zuweist, sollte in dieser Hinsicht mit Misstrauen betrachtet werden.

19.5.1 Potenzielle Probleme mit der Ressourcenverwaltung

Einer der Gründe, warum uns scheinbar harmlose Zeigerzuweisungen wie

int* p = new int[s];   // fordere Speicher an

misstrauisch machen sollten, ist die Schwierigkeit nachzuweisen, dass es zu dem **new** auch ein korrespondierendes **delete** gibt. Zwar verfügt im vorliegenden Fall **suspicious()** über eine **delete[] p;**-Zuweisung, die den Speicher freigeben könnte, doch lassen Sie uns einige Umstände untersuchen, die dazu führen könnten, dass die Freigabe trotzdem unterbleibt. Was könnten wir in den ...-Teil einfügen, um ein Speicherleck zu verursachen? Nehmen Sie die Problemfälle, die wir als Antwort auf diese Frage finden werden, als Warnung dafür, Code wie diesem mit Vorsicht zu begegnen – und als eindringliches Argument für die einfache und leistungsfähige Alternative.

Möglicherweise verweist **p** gar nicht mehr auf das Objekt, wenn wir zu der **delete**-Anweisung gelangen:

```
void suspicious(int s, int x)
{
   int* p = new int[s];      // fordere Speicher an
   // ...
   if (x) p = q;             // lasse p auf ein anderes Objekt zeigen
   // ...
   delete[] p;               // gib Speicher frei
}
```

Die **if(x)**-Anweisung haben wir hinzugefügt, damit wir nicht wissen können, ob der Wert von **p** geändert wird. Eine andere Möglichkeit wäre, dass die **delete**-Anweisung niemals erreicht wird:

```
void suspicious(int s, int x)
{
   int* p = new int[s];      // fordere Speicher an
   // ...
   if (x) return;
   // ...
   delete[] p;               // gib Speicher frei
}
```

Auch das Werfen einer Ausnahme kann dazu führen, dass die **delete**-Anweisung nie erreicht wird:

```
void suspicious(int s, int x)
{
  int* p = new int[s];      // fordere Speicher an
  vector<int> v;
  // ...
  if (x) p[x] = v.at(x);
  // ...
  delete[] p;               // gib Speicher frei
}
```

Es ist diese letzte Möglichkeit, die uns hier besonders interessiert. Programmierer, die das erste Mal mit diesem Problem konfrontiert werden, neigen dazu, es fälschlicherweise als ein Problem der Ausnahmebehandlung – und nicht der Ressourcenverwaltung – einzustufen. Diese Missdeutung verleitet Sie dazu, Lösungen zu konstruieren, die die geworfene Ausnahme behandeln:

```
void suspicious(int s, int x)     // unübersichtlicher Code
{
  int* p = new int[s];            // fordere Speicher an
  vector<int> v;
  // ...
  try {
    if (x) p[x] = v.at(x);
    // ...
  } catch (...) {                 // fange alle Ausnahmen ab
    delete[] p;                   // gib Speicher frei
    throw;                        // wirf Ausnahme erneut
  }
  // ...
  delete[] p;                     // gib Speicher frei
}
```

Dies löst zwar das Problem, jedoch nur auf Kosten zusätzlichen Codes und der Verdoppelung der Anweisungen für die Ressourcenfreigabe (hier **delete[] p;**). Mit anderen Worten: eine äußerst hässliche Lösung, die zudem nur schwer zu verallgemeinern ist – wie das folgende Beispiel zur Anforderung mehrerer Ressourcen belegt:

```
void suspicious(vector<int>& v, int s)
{
  int* p = new int[s];
  vector<int> v1;
  // ...
  int* q = new int[s];
  vector<double> v2;
  // ...
  delete[] p;
  delete[] q;
}
```

Wenn **new** nicht genügend Freispeicher für die gewünschte Allokation findet, wirft es die Standardbibliothek-Ausnahme **bad_alloc**. Dies kann im obigen Code an verschiedenen Stellen zu Problemen führen, die sich prinzipiell mit der **try...catch**-Technik lösen lassen. Der resultierende Code ist allerdings repetitiv und hässlich. Wir hegen eine grundsätzliche Abneigung gegen sich wiederholenden, hässlichen Code, weil „sich wiederholend" bedeutet, dass die Wartung des Codes zu einem Glücksspiel wird, und „hässlich" nur eine Umschreibung für schwer zu beherrschenden, schwer zu lesenden und schwer zu wartenden Code ist.

> ### Testen Sie Ihr Können
> Fügen Sie dem letzten Beispiel **try**-Blöcke hinzu, um sicherzustellen, dass die Ressourcen in allen Szenarien, in denen eine Ausnahme geworfen wird, korrekt freigegeben werden.

19.5.2 Ressourcenbelegung ist Initialisierung (RAII)

Glücklicherweise ist es nicht notwendig, dass wir unseren Code mit komplizierten **try...catch**-Anweisungen gegen potenzielle Ressourcenlecks absichern. Betrachten Sie folgenden Code:

```
void f(vector<int>& v, int s)
{
    vector<int> p(s);
    vector<int> q(s);
    // ...
}
```

Das ist besser. Wichtiger noch: Es ist ganz *offensichtlich* besser. Die Ressource, hier Freispeicher, wird von einem Konstruktor angefordert und durch den zugehörigen Destruktor freigegeben. Unser spezielles „Ausnahmenproblem" wurde also bereits dadurch gelöst, dass wir das Speicherleckproblem für Vektoren gelöst haben. Dies ist eine allgemeine Technik, die auf alle Arten von Ressourcen angewendet werden kann: Fordere die Ressource im Konstruktor eines Objekts an, das sie verwaltet, und gib sie im zugehörigen Destruktor wieder frei. Typische Beispiele für Ressourcen, die am besten auf diese Weise verwaltet werden, sind Datenbanksperren, Sockets oder E/A-Puffer (**iostream**-Streams arbeiten nach diesem Prinzip). In der Programmierung wurde für diese Technik die etwas sperrige Bezeichnung „Resource Acquisition Is Initialization", abgekürzt RAII, geprägt.

Betrachten Sie noch einmal das obige Beispiel. Gleichgültig auf welchem Weg wir **f()** verlassen, die Destruktoren von **p** und **q** werden korrekt aufgerufen: Da **p** und **q** keine Zeiger sind, können wir sie nicht auf andere Speicherbereiche umlenken, die Destruktoren werden auch im Fall einer **return**-Anweisung aufgerufen und weder **p** noch **q** werden eine Ausnahme werfen. Ganz allgemein gilt: Wenn der Ausführungsthread einen Gültigkeitsbereich verlässt, werden die Destruktoren aller in diesem Gültigkeitsbereich vollständig erzeugten Objekte und Unterobjekte aufgerufen. Ein Objekt wird dabei als „vollständig erzeugt" erachtet, wenn sein Konstruktor vollständig ausgeführt wurde. Die genauen Implikationen dieser beiden Sätze sind nicht ganz leicht zu verstehen; letzten Endes läuft es aber schlichtweg darauf hinaus, dass Konstruktoren und Destruktoren wie benötigt aufgerufen werden.

19.5 Ressourcen und Ausnahmen

Insbesondere in Situationen, wo Sie innerhalb eines Gültigkeitsbereichs eine nicht konstante Menge Speicher benötigen, sollten Sie **vector** verwenden, statt selbst mit **new** und **delete** zu hantieren.

19.5.3 Garantien

Was können wir tun, wenn die Verwendung des **vector**-Containers nicht auf den Gültigkeitsbereich (und die untergeordneten Gültigkeitsbereiche) beschränkt werden kann, in dem er erzeugt wurde? Zum Beispiel:

```cpp
vector<int>* make_vec()   // erzeugt einen mit Daten gefüllten Vektor
{
    vector<int>* p = new vector<int>;   // wir allozieren im Freispeicher
    // ... und füllen den Vektor mit Daten; dies kann eine Ausnahme auslösen ...
    return p;
}
```

Dieser Code repräsentiert ein relativ häufig vorkommendes Programmiermuster: Wir rufen eine Funktion auf, damit diese für uns eine komplexe Datenstruktur aufbaut und als Ergebnis zurückliefert. Der Haken dabei ist, dass **make_vec()** den Speicher für den **vector**-Container nicht freigibt, wenn während des „Befüllens" des Vektors eine Ausnahme geworfen wird. Ein anderes Problem ist, dass im Erfolgsfall, wenn die Funktion ihre Arbeit erfolgreich erledigt hat, sich irgendjemand darum kümmern muss, dass das von der Funktion zurückgelieferte Objekt nach Gebrauch mit **delete** gelöscht wird (siehe §17.4.6).

Gegen die Möglichkeit eines **throw** können wir uns mit einem **try**-Block absichern:

```cpp
vector<int>* make_vec()   // erzeugt einen mit Daten gefüllten Vektor
{
    vector<int>* p = new vector<int>;   // wir allozieren im Freispeicher
    try {
        // und füllen den Vektor mit Daten; dies kann eine Ausnahme auslösen
        return p;
    }
    catch (...) {
        delete p;   // lokale Aufräumarbeiten
        throw;      // wirf Ausnahme erneut, damit unsere Aufrufer darauf reagieren
                    // können, dass some_function() die gestellte Aufgabe nicht erledigen konnte
    }
}
```

Unsere **make_vec()**-Funktion illustriert eine sehr weitverbreitete Art und Weise der Ausnahmebehandlung: Die Funktion versucht, die ihr gestellte Aufgabe zu erledigen. Scheitert sie dabei, gibt sie alle lokalen Ressourcen frei (hier den Vektor im Freispeicher) und meldet ihr Versagen durch Werfen einer Ausnahme. Hier stammt die geworfene Ausnahme von einer anderen Funktion (z.B. **vector::at()**); **make_vec()** wirft einfach die abgefangene Ausnahme mit **throw;** erneut aus. Dies ist ein einfaches und gleichzeitig effizientes Modell für die Fehlerbehandlung, das systematisch eingesetzt werden kann.

- *Die grundlegende Garantie*: Aufgabe des **try...catch**-Codes ist es sicherzustellen, dass **make_vec()** entweder erfolgreich beendet wird oder eine Ausnahme wirft, ohne ein Speicherleck zu hinterlassen. Dies bezeichnet man als die *grundlegende Garantie*. Jeder Code, der Teil eines Programms ist, von dem erwartet wird, dass es sich vom Werfen einer Ausnahme selbstständig erholt, sollte diese Zusicherung geben können. Der Code der Standardbibliothek kann es.

- *Die starke Garantie*: Wenn eine Funktion über die grundlegende Garantie hinaus garantiert, dass nach einem Scheitern der Funktion alle *beobachtbaren* Werte (alle Werte, die nicht lokal zu der Funktion sind) dieselben sind wie vor dem Aufruf der Funktion, so sprechen wir von einer *starken Garantie*. Wenn wir eine Funktion schreiben, ist die starke Garantie immer unser Ideal: Entweder die Funktion kann ihre Aufgabe erfolgreich erledigen oder nichts hat sich verändert, außer dass eine Ausnahme zur Benachrichtigung geworfen wurde.

- *Die No-throw-Garantie*: Gäbe es keine Möglichkeit, einfache Operationen zu erledigen, ohne dabei Gefahr zu laufen, dass die Operation scheitert und eine Ausnahme wirft, gäbe es auch keine Möglichkeit, Code zu schreiben, der die grundlegende und die starke Garantie zusichern kann. Zu unserem Glück geben insbesondere alle in C++ integrierten Elemente die No-throw-Garantie, d.h., sie können keine Ausnahmen werfen. Um das Werfen von Ausnahmen zu vermeiden, verzichten Sie auf **throw**, **new** und **dynamic_cast**-Umwandlung von Referenztypen (§A.5.7).

Die grundlegende und die starke Garantie sind äußerst hilfreich bei Korrektheitsnachweisen für Programme. RAII ist unentbehrlich für die sichere und effiziente Implementierung von Code, der nach diesen Idealen geschrieben wird. Für weitere Informationen zu diesem Thema siehe Anhang E oder *Die C++ Programmiersprache*.

Das Abfangen von Ausnahmen ist keine Absicherung gegen Verstöße wider die fundamentalen Sprachregeln. Achten Sie also darauf, undefinierte (und zumeist desaströse) Operationen wie die Dereferenzierung von 0, das Teilen durch 0 oder Zugriffe hinter das Ende eines Arrays zu vermeiden.

19.5.4 auto_ptr

Fassen wir zusammen: **make_vec()** gehört zu der Kategorie von nützlichen Funktionen, die den Regeln für eine ordnungsgemäße Ressourcenverwaltung in Gegenwart von Ausnahmen folgt. Sie sichert die grundlegende Garantie zu – wie es jede gute Funktion tun sollte, die in Programmen verwendet wird, die sich von geworfenen Ausnahmen selbstständig erholen. Sofern nicht im „Fülle den Vektor mit Daten"-Teil irgendetwas Gefährliches mit den nicht lokalen Daten geschieht, sichert die Funktion sogar die starke Garantie zu. Der **try...catch**-Code ist allerdings immer noch hässlich. Die Lösung liegt auf der Hand: Irgendwie müssen wir die RAII-Technik anwenden. Das heißt, wir benötigen ein Objekt, welches den **vector<int>**-Container verwahrt und im Falle einer Ausnahme löscht. Die Standardbibliothek stellt für solche Fälle das Template **auto_ptr** (Headerdatei **<memory>**) zur Verfügung:

```
vector<int>* make_vec()    // erzeugt einen mit Daten gefüllten Vektor
{
  auto_ptr< vector<int> > p(new vector<int>);   // alloziere im Freispeicher
  // und füllen den Vektor mit Daten; dies kann eine Ausnahme auslösen
  return p.release();    // liefere den von p kontrollierten Zeiger zurück
}
```

Ein **auto_ptr** ist nichts weiter als ein Objekt, das innerhalb einer Funktion für uns einen Zeiger verwaltet. Wir initialisieren es direkt bei der Erzeugung mit dem Zeiger, den **new** zurückliefert. Auf ein **auto_ptr**-Objekt können wir **->** und ***** exakt genauso wie auf einen Zeiger anwenden (z.B.: **p->at(2)** oder **(*p).at(2)**), weswegen wir uns **auto_ptr** der Einfachheit halber als Zeiger vorstellen. Doch Vorsicht! Kopieren Sie einen **auto_ptr**-Zeiger nicht, bevor Sie nicht die Dokumentation zu **auto_ptr** gelesen haben; die Semantik von **auto_ptr** weicht von der jeden anderen Typs ab, den Sie kennen. Die **release**()-Operation weist das **auto_ptr**-Objekt an, uns den normalen Zeiger (und die Kontrolle darüber) zurückzugeben, damit wir den Zeiger mit **return** als Ergebnis der Funktion zurückliefern können, ohne dass **auto_ptr** das Objekt, auf welches verwiesen wird, beim Rückkehren der Funktion auflöst. Falls Sie sich versucht fühlen, **auto_ptr** auf irgendwelche besonders interessanten Weisen zu verwenden (z.B. indem Sie einen **auto_ptr** kopieren), widerstehen Sie dieser Versuchung! Die Aufgabe von **auto_ptr** ist es, einen Zeiger zu verwahren und sicherzustellen, dass dessen Speicher beim Verlassen des Gültigkeitsbereichs freigegeben wird. Wenn Sie **auto_ptr** für irgendwelche anderen Zwecke nutzen möchten, erfordert dies die Beherrschung ziemlich spezieller Programmiertechniken. Betrachten Sie daher **auto_ptr** als stark spezialisiertes Hilfsmittel, mit dem Sie Code wie die letzte Version von **make_vec**() einfach und effizient halten können. In diesem Sinne wiederholen wir unsere Empfehlung, explizite **try**-Blöcke mit Misstrauen zu begegnen; die meisten können durch die eine oder andere Umsetzung der RAII-Technik ersetzt werden.

19.5.5 RAII für vector

Selbst der Einsatz eines intelligenten Zeigers wie **auto_ptr** kann nicht alle Probleme lösen. Wie können wir sicher sein, dass wir keinen Zeiger, der geschützt werden müsste, übersehen haben? Wie können wir sicher sein, dass wir alle Zeiger, die auf Objekte verweisen, die bei Verlassen des Gültigkeitsbereichs nicht aufgelöst werden sollen, wieder freigegeben haben? Betrachten Sie dazu die Funktion **reserve**() aus §19.3.6:

```
template<class T, class A>
void vector<T,A>::reserve(int newalloc)
{
  if (newalloc<=space) return;        // verkleinere niemals den allozierten Speicher
  T* p = alloc.allocate(newalloc);    // reserviere neuen Speicher

  for (int i=0; i<sz; ++i) alloc.construct(&p[i],elem[i]);  // kopieren

  for (int i=0; i<sz; ++i) alloc.destroy(&elem[i]);         // auflösen

  alloc.deallocate(elem,space);       // gib alten Speicher frei
  elem = p;
  space = newalloc;
}
```

Hier könnte das Kopieren eines alten Elements, **alloc.construct(&p[i],elem[i])**, eine Ausnahme werfen. Der Zeiger **p** stellt uns also genau vor das Problem, vor dem wir in §19.5.1 gewarnt haben. Autsch! Wir könnten versuchen, das Problem mithilfe von **auto_ptr** zu lösen. Eine bessere Lösung wäre allerdings, sich einen Moment zurückzulehnen und sich zu vergegenwärtigen, dass „der Speicher eines Vektors" eine Ressource ist. Das heißt, wir könnten eine Klasse **vector_base** definieren, die das fundamentale Konzept implementiert, das wir die ganze Zeit benutzt haben: das Modell mit den drei Elementen, die festlegen, wie der Speicher eines Vektors verwendet wird (siehe ▶ Abbildung 19.6).

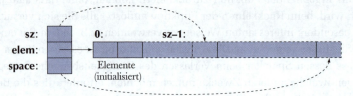

Abbildung 19.6: Modell zur Verwaltung des Speichers eines Vektors

Umgesetzt in Code (und nach Vervollständigung mit einem Allokator) sieht dies wie folgt aus:

```
template<class T, class A>
struct vector_base {
  A alloc;        // Allokator
  T* elem;        // Anfang des reservierten Speichers
  int sz;         // Anzahl der Elemente
  int space;      // Größe des reservierten Speichers

  vector_base(const A& a, int n)
    : alloc(a), elem(a.allocate(n)), sz(n), space(n) { }
  ~vector_base() { alloc.deallocate(elem,space); }
};
```

Beachten Sie, dass **vector_base** reinen Speicher und nicht (typisierte) Objekte verwaltet. Unsere **vector**-Implementierung kann diesen Speicher zum Ablegen von Objekten des gewünschten Typs verwenden. Letzten Endes ist **vector** also eine programmierfreundliche Schnittstelle zu **vector_base**:

```
template<class T, class A = allocator<T> >
class vector : private vector_base<T,A> {
public:
  // ...
};
```

Jetzt können wir **reserve()** einfacher und korrekter formulieren:

```
template<class T, class A>
void vector<T,A>::reserve(int newalloc)
{
  if (newalloc<=this->space) return;           // verkleinere niemals den allozierten Speicher
  vector_base<T,A> b(this->alloc,newalloc);    // reserviere neuen Speicher
  for (int i=0; i<this->sz; ++i)
    this->alloc.construct(&b.elem[i],this->elem[i]);  // kopieren
  for (int i=0; i<this->sz; ++i)
    this->alloc.destroy(&this->elem[i]);       // auflösen
  swap< vector_base<T,A> >(*this,b);           // Repräsentationen vertauschen
}
```

Wenn **reserve()** verlassen wird, wird die alte Allokation automatisch vom **vector_base**-Destruktor freigegeben – selbst dann, wenn das Verlassen der Funktion von einer Ausnahme verursacht wurde, die während der Kopieroperation aufgetreten ist. Die **swap()**-Funktion ist ein Algorithmus aus der Standardbibliothek (aus **<algorithm>**), welche die Werte zweier Objekte vertauscht. Wir haben hier **swap< vector_base<T,A> >(*this,b)** statt **swap(*this,b)** verwendet, weil ***this** und **b** unterschiedlichen Typen angehören (**vector** bzw. **vector_base**), sodass uns nichts anderes übrig blieb, als explizit anzugeben, welche Spezialisierung verwendet werden soll. Außerdem müssen wir explizit **this->** schreiben, wenn wir aus einem Member der abgeleiteten Klasse **vector<T,A>** auf ein Member der Basisklasse **vector_base<T,A>** – also z.B. **vector_baseT,A>::reserve()** – zugreifen.

Testen Sie Ihr Können

Überarbeiten Sie **reserve()** so, dass die Funktion **auto_ptr** verwendet. Denken Sie daran, vor dem Beenden der Funktion **release()** aufzurufen. Vergleichen Sie diese Lösung mit der **vector_base**-Version. Überlegen Sie sich, welche Version leichter zu schreiben und welche leichter korrekt zu implementieren ist.

Aufgaben

1. Definieren Sie das Template **template<class T> struct S { T val; };**.
2. Ergänzen Sie einen Konstruktor, sodass Sie mit einem **T**-Objekt initialisieren können.
3. Definieren Sie Variablen der Typen **S<int>**, **S<char>**, **S<double>** und **S< vector<int> >**; initialisieren Sie die Variablen mit Werten Ihrer Wahl.
4. Lesen Sie die Werte ein und geben Sie sie aus.
5. Fügen Sie ein Funktions-Template **get()** hinzu, das eine Referenz auf **val** zurückliefert.
6. Definieren Sie **get()** außerhalb der Klasse.
7. Machen Sie **val** privat.
8. Nehmen Sie sich noch einmal Aufgabe 4 vor und verwenden Sie diesmal dazu Ihr Funktions-Template **get()**.
9. Fügen Sie ein Funktions-Template **set()** hinzu, mit dem Sie **val** ändern können.
10. Ersetzen Sie **set()** durch **s::operator=(const T&)**. Hinweis: Ist viel einfacher als 19.2.5.
11. Stellen Sie **const**- und Nicht-**const**-Versionen von **operator[]** bereit.
12. Definieren Sie eine Funktion **template<class T> read_val(T& v)**, die aus **cin** nach **v** einliest.
13. Verwenden Sie **read_val()**, um in jede Variable aus Aufgabe 3 außer **S< vector<int> >** einzulesen.
14. Bonus: Definieren Sie Ein- und Ausgabeoperatoren (**>>** und **<<**) für Vektoren. Verwenden Sie für Ein- und Ausgabe das Format **{val, val, val}**. Auf diese Weise kann **read_val()** die Variable **S< vector >** verarbeiten.

Denken Sie daran, nach jedem Schritt gründlich zu testen.

Fragen

1. Warum sollten wir daran interessiert sein, die Größe eines **vector**-Containers zu ändern?
2. Warum sollten wir daran interessiert sein, für verschiedene **vector**-Container verschiedene Elementtypen zu verwenden?
3. Warum definieren wir nicht einfach einen **vector**-Container, der groß genug ist um auf alle Eventualitäten vorbereitet zu sein?
4. Wie viel Speicher müssen wir für einen neuen Vektor reservieren?
5. Wann müssen wir **vector**-Elemente an eine neue Position kopieren?
6. Welche **vector**-Operationen können die anfängliche Größe eines **vector**-Containers verändern?
7. Wie sieht ein **vector**-Container nach dem Kopieren aus?
8. Welche beiden Operationen definieren das Kopieren für **vector**?

9 Wie werden Klassenobjekte standardmäßig kopiert?

10 Was ist ein Template?

11 Welches sind die beiden gebräuchlichsten Typen für Template-Argumente?

12 Was versteht man unter generischer Programmierung?

13 Inwiefern unterscheidet sich die generische Programmierung von der objektorientierten Programmierung?

14 Was ist der Unterschied zwischen **array** und **vector**?

15 Was ist der Unterschied zwischen **array** und den integrierten Arrays?

16 Was ist der Unterschied zwischen **resize()** und **reserve()**?

17 Was ist eine Ressource? Definieren Sie diesen Begriff und nennen Sie Beispiele.

18 Was ist ein Ressourcenleck?

19 Was versteht man unter RAII? Welchem Problem möchte man damit begegnen?

20 Welchen Zweck erfüllt **auto_ptr**?

Übungen

Erzeugen Sie zu jeder Übung ein paar Objekte der Klassen, die Sie definiert haben, und testen Sie sie (inklusive Ausgabe). So können Sie feststellen, ob Ihr Design und Ihre Implementierung sich auch wirklich wunschgerecht verhalten. Sind Ausnahmen mit im Spiel, müssen Sie genau überlegen, wo überall Fehler auftreten können.

1 Schreiben Sie eine Template-Funktion **f()**, die die Elemente eines **vector<T>**-Containers zu den Elementen eines anderen Vektors hinzufügt; zum Beispiel sollte **f(v1,v2)** für jedes Element in **v1** die Addition **v1[i]+=v2[i]** ausführen.

2 Schreiben Sie eine Template-Funktion, die die Vektoren **vector<T> vt** und **vector<U> vu** als Argumente übernimmt und die Summe aller Produkte **vt[i]*vu[i]** zurückliefert.

3 Schreiben Sie eine Template-Klasse **Pair**, die ein Wertepaar eines beliebigen Typs verwalten kann. Implementieren Sie mit dieser Klasse eine einfache Symboltabelle wie die aus unserem Taschenrechner-Programm (§7.8).

4 Wandeln Sie die Klasse **Link** aus §17.9.3 in ein Template um, das den Typ des Werts als Template-Argument übernimmt. Wiederholen Sie jetzt die Übung 13 aus Kapitel 17 mit **Link<God>**.

5 Definieren Sie eine Klasse **Int** mit einem einzigen Member vom Typ **int**. Definieren Sie dafür Konstruktoren, Zuweisung und die Operatoren **+**, **-**, **/** und *****. Testen Sie die Klasse und nehmen Sie bei Bedarf Verbesserungen am Design vor (z.B. könnten Sie die Operatoren **<<** und **>>** für die bequemere Ein-/Ausgabe definieren).

19 Vektor, Templates und Ausnahmen

6 Wiederholen Sie die vorangehende Übung, aber diesmal mit einer Klasse **Number<T>**, bei der **T** ein beliebiger numerischer Typ sein kann. Versuchen Sie, für **Number** den Modulo-Operator **%** zu definieren, und beobachten Sie, was passiert, wenn Sie **%** für **Number<double>** und **Number<int>** verwenden.

7 Testen Sie Ihre Lösung zu Übung 2 mit verschiedenen **Number**-Spezialisierungen.

8 Implementieren Sie mithilfe der elementaren Zuweisungsfunktionen **malloc()** und **free()** (siehe §B.10.4) einen Allokator (§19.3.6). Spielen Sie mit **vector**, wie am Ende von §19.4 definiert, einige einfache Testfälle durch.

9 Reimplementieren Sie **vector::operator=()** (§19.2.5) unter Verwendung eines Allokators (§19.3.6) für die Speicherverwaltung.

10 Implementieren Sie einen einfachen **auto_ptr**, der nur Konstruktor, Destruktor, **->**, ***** und **release()** unterstützt. Versuchen Sie nicht, eine Zuweisung oder einen Kopierkonstruktor zu implementieren.

11 Entwerfen und implementieren Sie ein Template **counted_ptr<T>** für Zeiger mit integriertem Zähler. Statten Sie Ihr Template mit einem Zeiger auf ein Objekt vom Typ **T** und mit einem Zeiger auf einen „Zähler" (ein **int**) aus. Letzterer soll von allen gezählten Zeigern, die auf dasselbe Objekt vom Typ **T** verweisen, gemeinsam verwendet werden. Der Zähler soll festhalten, wie viele **counted_ptr**-Zeiger auf ein gegebenes **T** zeigen. Der Konstruktor von **counted_ptr** soll auf dem Freispeicher Platz für ein **T**-Objekt und den Zähler reservieren. Legen Sie in **counted_ptr** einen Anfangswert für das **T**-Objekt fest. Wenn der letzte **counted_ptr**-Zeiger für ein **T**-Objekt zerstört wurde, soll der Destruktor von **counted_ptr** das **T**-Objekt mit **delete** löschen. Statten Sie **counted_ptr** mit Operationen aus, die es erlauben, **counted_ptr**-Objekte wie Zeiger zu verwenden. Der Typ **counted_ptr<T>** ist ein Beispiel für einen intelligenten Zeiger (*smart pointer*), dessen Aufgabe es ist sicherzustellen, dass ein Objekt erst zerstört wird, nachdem auch der letzte Benutzer es nicht länger verwendet. Schreiben Sie mehrere Testfälle für **counted_ptr**, in denen er als Argument in Aufrufen, Container-Elementen etc. verwendet wird.

12 Definieren Sie eine Klasse **File_handle** mit einem Konstruktor, der ein String-Argument übernimmt (den Dateinamen). Öffnen Sie die Datei im Konstruktor und schließen Sie sie im Destruktor.

13 Schreiben Sie eine Klasse **Tracer**, deren Konstruktor und Destruktor jeweils einen String ausgeben. Übergeben Sie die Strings als Konstruktorargumente. Stellen Sie mithilfe dieser Klasse fest, wie und wo RAII-Verwaltungsobjekte ihrer Aufgabe nachkommen (d.h., experimentieren Sie mit **Tracer**-Objekten als lokale Objekte, globale Objekte, Objekte, die mit **new** alloziert wurden, usw.). Fügen Sie dann einen Kopierkonstruktor und eine Zuweisung hinzu, sodass Sie mit Ihren **Tracer**-Objekten auch Kopiervorgänge untersuchen können.

14 Statten Sie das Spiel „Hunt the Wumpus" aus den Übungen von Kapitel 18 mit einer GUI-Schnittstelle und einer kleinen grafischen Ausgabe aus. Nehmen Sie die Eingaben über ein Eingabefeld entgegen und zeigen Sie den Teil der Höhle, den der Spieler bereits kennt, in Form einer Karte in einem Fenster an.

15 Modifizieren Sie das Programm aus der vorhergehenden Übung und gestatten Sie dem Benutzer, Räume mit verschiedenen Attributen (z.B. „vielleicht Fledermäuse" oder „bodenloses Loch") zu markieren.

16 Manchmal ist es wünschenswert, dass ein leerer Vektor so klein wie möglich ist. So könnte beispielsweise irgendjemand häufig mit vector< vector< vector<int> > > arbeiten, aber die meisten Elementvektoren leer lassen. Definieren Sie einen Vektor, sodass sizeof(vector<int>)==sizeof(int*), das heißt, dass vector selbst nur aus einem Zeiger auf eine Repräsentation besteht, die wiederum aus den Elementen, der Anzahl der Elemente und dem space-Zeiger besteht.

Schlüsselbegriffe

#define	Instanzierung	Spezialisierung
at()	Makro	Starke Garantie
Ausnahme	push_back()	Template
auto_ptr	RAII	Template-Parameter
Erneutes Werfen	resize()	this
Garantien	Ressource	throw;
Grundlegende Garantie	Selbstzuweisung	

Ein persönlicher Hinweis

Templates und Ausnahmen sind überaus mächtige Sprachmittel. Sie unterstützen höchst flexible Programmiertechniken – meist dadurch, dass sie dem Programmierer dann erlauben, unterschiedliche Aufgaben getrennt zu halten, d.h., immer nur ein Problem zurzeit zu behandeln. So können wir zum Beispiel mithilfe von Templates Container wie vector getrennt von den Elementtypen definieren. Oder nehmen wir die Ausnahmen: Mit ihrer Hilfe können wir Code schreiben, der Fehler erkennt und weiterleitet, und zwar getrennt von dem Code, der für die Fehlerbehandlung zuständig ist. Der dritte Schwerpunkt dieses Kapitels, die Größenänderung eines vector-Containers, kann ebenfalls in diesem Zusammenhang gesehen werden: push_back(), resize() und reserve() ermöglichen es uns, die Definition eines vector-Containers von der Angabe seiner Größe zu trennen.

Container und Iteratoren

20.1 **Daten speichern und verarbeiten** 694
    20.1.1 Mit Daten arbeiten 695
    20.1.2 Code allgemein halten 696

20.2 **STL-Ideale** 699

20.3 **Sequenzen und Iteratoren** 703
    20.3.1 Zurück zum Beispiel 705

20.4 **Verkettete Listen** 706
    20.4.1 Listenoperationen 708
    20.4.2 Iteration 709

20.5 **Weitere Verallgemeinerung des vector-Typs** 711

20.6 **Ein Beispiel: ein einfacher Texteditor** 713
    20.6.1 Die Zeilen 715
    20.6.2 Iteration 716

20.7 **vector, list und string** 720
    20.7.1 Einfügen und Löschen 721

20.8 **Unseren Vektor an die STL anpassen** 723

20.9 **Annäherung der integrierten Arrays an die STL** 725

20.10 **Überblick über die Container** 727
    20.10.1 Iterator-Kategorien 730

20 Container und Iteratoren

„Schreibe Computerprogramme so, dass sie nur eine Aufgabe erledigen und diese gut machen. Schreibe Programme so, dass sie zusammenarbeiten."

– Doug McIlroy

Dieses und das nächste Kapitel stellen Ihnen die STL vor – eine Sammlung von Containern und Algorithmen, die fester Bestandteil der C++-Standardbibliothek sind. Die STL ist ein erweiterbares Framework für die Verwaltung von Daten in C++-Programmen. Nach einem ersten einführenden Beispiel stellen wir Ihnen die Ideen und Konzepte vor, die mit der STL verbunden sind. Wir werden uns mit Iteratoren beschäftigen, der Manipulation von verketteten Listen und den STL-Containern. Und wir werden zwei Schlüsselkonzepte der STL untersuchen: die Sequenzen und die Iteratoren, die als Bindeglied zwischen Containern (den Daten) und Algorithmen (der Datenverarbeitung) fungieren. Das vorliegende Kapitel führt Sie zunächst in die STL ein und legt das Fundament für das folgende Kapitel, in dem wir uns diverse nützliche Algorithmen ansehen werden, die allgemein und effizient eingesetzt werden können. Als Beispielanwendung entwickeln wir in diesem Kapitel das Grundgerüst für ein Textverarbeitungsprogramm.

20.1 Daten speichern und verarbeiten

Zur Einstimmung in die Programmierung mit großen Datensammlungen lassen Sie uns ein einfaches Beispiel betrachten, an dem sich erkennen lässt, wie man einer ganzen Klasse von typischen Datenverarbeitungsproblemen begegnen kann. Jack und Jill messen die Geschwindigkeiten von verschiedenen Fahrzeugen. Beide zeichnen die gemessenen Geschwindigkeiten als Gleitkommawerte auf, doch während Jack mit C groß geworden ist und seine Werte in einem Array speichert, verwaltet Jill ihre Werte in einem **vector**-Container. Wir selbst sind ebenfalls an den Werten interessiert und würden die Daten von Jack und Jill gerne in einem unserer Programme verwenden. Wie ließe sich dies bewerkstelligen?

Eine Möglichkeit wäre, die Programme von Jack und Jill dazu zu benutzen, die Daten in eine Datei zu schreiben, von wo wir sie in unser Programm einlesen können. Auf diese Weise wären wir vollkommen unabhängig von den Datenstrukturen und Schnittstellen, für die sich Jack und Jill entschieden haben. Eine derartige Trennung ist oft eine gute Idee. Wenn wir uns dafür entscheiden, könnten wir für die Eingabe auf die Techniken aus den Kapitel 10 und 11 und für die Berechnungen auf einen **vector<double>**-Container zurückgreifen.

Wie aber sieht es aus, wenn der Umweg über eine Datei keine geeignete Option ist? Beispielsweise könnte der Code, der die Daten einsammelt, als Funktion konzipiert sein, die jede Sekunde einen neuen Satz Daten liefert. Das heißt, wir würden die Funktionen von Jack und Jill jede Sekunde einmal aufrufen, um die zu verarbeitenden Daten abzurufen:

```
double* get_from_jack(int* count);    // Jack schreibt die double-Werte in ein Array u.
                                      // liefert die Anzahl Elemente in *count zurück
vector<double>* get_from_jill();      // Jill füllt den Vektor
```

```
void fct()
{
  int jack_count = 0;
  double* jack_data = get_from_jack(&jack_count);
  vector<double>* jill_data = get_from_jill();
  // ... Daten werden verarbeitet ...
  delete[] jack_data;
  delete jill_data;
}
```

Dieser Ansatz geht davon aus, dass die Daten im Freispeicher liegen und es unsere Aufgabe ist, sie nach Gebrauch zu löschen. Außerdem gehen wir davon aus, dass wir den Code von Jack und Jill nicht umschreiben können (oder wollen).

20.1.1 Mit Daten arbeiten

Natürlich ist dies ein vereinfachtes Beispiel, aber eine große Zahl von Problemstellungen aus der Praxis ist diesem Beispiel nicht unähnlich. Wenn Sie also wissen, wie Sie mit der Aufgabenstellung dieses Beispiels fertig werden, dann sind Sie auch unzähligen anderen, weitverbreiteten Programmierproblemen gewachsen. Das grundsätzliche Problem, mit dem wir es hier zu tun haben, ist, dass wir nicht kontrollieren können, in welcher Weise unsere „Datenlieferanten" die Daten speichern, die Sie uns übergeben. Wir sind also gezwungen, entweder mit den Daten in der Form zu arbeiten, in der Sie uns übergeben wurden, oder sie einzulesen und auf eine Art zu speichern, die uns geeigneter erscheint.

Was wollen wir mit den Daten machen? Sortieren? Den größten Wert finden? Den Mittelwert berechnen? Alle Werte über 65 herausfiltern? Die Daten von Jill mit den Daten von Jack vergleichen? Die Anzahl der Messungen bestimmen? Die Möglichkeiten sind endlos. Würden wir an einem echten Programm arbeiten, dann würden wir uns auf die notwendigen Berechnungen beschränken. Hier jedoch geht es uns darum zu lernen, wie man mit Daten arbeitet und wie man Berechnungen durchführt, die große Datenmengen betreffen. Beginnen wir mit etwas Einfachem: in jedem Datensatz das Element mit dem größten Wert finden. Wir müssen dazu in fct() nur den Platzhalter „... Daten werden verarbeitet ..." durch den folgenden Code ersetzen:

```
// ...
double h = -1;
double* jack_high;   // jack_high wird auf das Element mit dem größten Wert zeigen
double* jill_high;   // jill_high wird auf das Element mit dem größten Wert zeigen

for (int i=0; i<jack_count; ++i)
  if (h<jack_data[i]) {
    jack_high = &jack_data[i];   // speichere die Adresse des größten Elements
    h = jack_data[i];            // aktualisiere "größtes Element"
  }

h = -1;
for (int i=0; i< jill_data ->size(); ++i)
  if (h<(*jill_data)[i]){
    jill_high = &(*jill_data)[i]; // speichere die Adresse des größten Elements
    h = *(jill_data)[i];          // aktualisiere "größtes Element"
  }
```

}

```
cout << "Jills maximaler Wert: " << *jill_high
    << "; Jacks maximaler Wert: " << *jack_high;
```

// ...

Sehen Sie sich noch einmal die hässliche Notation an, mit der wir auf die Daten von Jill zugreifen: **(*jill_data)[i]**. Die Funktion **get_from_jill()** liefert einen Zeiger auf einen **vector**-Container zurück, einen **vector<double>***-Zeiger. Um an die Daten zu kommen, müssen wir den Zeiger zunächst dereferenzieren: ***jill_data**. Dieser Ausdruck steht für den **vector**-Container, auf den wir anschließend den Indexoperator anwenden. Die Notation ***jill_data[i]** würde unsere Absicht allerdings nicht korrekt ausdrücken, denn da der []-Operator seine Operanden stärker bindet als *****, ist ***jill_data[i]** gleichbedeutend zu ***(jill_data[i])**. Wir müssen also Klammern um ***jill_data** setzen, sodass sich als endgültige Notation **(*jill_data)[i]** ergibt.

> ### Testen Sie Ihr Können
>
> Wenn Sie die Chance hätten, Jills Code zu überarbeiten, wie würden Sie Ihre Schnittstelle verändern, um nicht mehr diese hässliche Zugriffssyntax verwenden zu müssen?

20.1.2 Code allgemein halten

Was wir wirklich gerne hätten, wäre ein einheitlicher Weg, wie wir auf Daten zugreifen und sie verarbeiten können, damit wir nicht jedes Mal neuen Code schreiben müssen, wenn uns die Daten auf eine etwas andere Weise präsentiert werden. Sehen wir uns noch einmal den Code von Jack und Jill an und überlegen wir uns, wie wir unseren Code allgemeiner und abstrakter machen können.

Grundsätzlich behandeln wir Jacks Daten auf die gleiche Weise wie Jills Daten. Neben den vielen Übereinstimmungen gibt es aber auch einige ärgerliche Unterschiede: **jack_count** steht **jill_data->size()** gegenüber und **jack_data[i]** korrespondiert zu **(*jill_data)[i]**. Letzteren Unterschied könnten wir durch die Einführung einer Referenz auflösen:

```
vector<double>& v = *jill_data;
for (int i=0; i<v.size(); ++i)
    if (h<v[i]) {
        jill_high = &v[i];
        h = v[i];
    }
```

Dies ist verführerisch nahe an dem Code für Jacks Daten. Wie aufwendig wäre es, eine Funktion zu schreiben, die sowohl die Daten von Jill als auch die Daten von Jack verarbeiten kann? Wir könnten uns verschiedene Wege vorstellen, wie dies zu erreichen wäre (siehe Übung 3). Mit Hinblick auf die angestrebte allgemeine Einsetzbarkeit haben wir uns aber für eine zeigerbasierte Lösung entschieden (die Gründe dafür werden im Zuge der nächsten beiden Kapitel noch deutlich werden):

20.1 Daten speichern und verarbeiten

```
double* high(double* first, double* last)
// liefert einen Zeiger auf das Element mit dem höchsten Wert im Bereich [first,last)
{
  double h = -1;
  double* high;
  for(double* p = first; p!=last; ++p)
    if (h<*p) { high = p; h = *p; }
  return high;
}
```

Mithilfe dieser Funktion können wir schreiben:

```
double* jack_high = high(jack_data,jack_data+jack_count);
vector<double>& v = *jill_data;
double* jill_high = high(&v[0],&v[0]+v.size());
```

Das sieht besser aus. Wir führen nicht so viele Variablen ein und wir müssen die Schleife und den Schleifenrumpf nur einmal (in **high**()) aufsetzen. Wenn wir danach wissen möchten, welches die höchsten Werte sind, brauchen wir nur in *jack_high und *jill_high nachzusehen:

```
cout << " Jills maximaler Wert: " << *jill_high
    << "; Jacks maximaler Wert: " << *jack_high;
```

Beachten Sie, dass unsere Implementierung von **high**() darauf beruht, dass ein Vektor seine Elemente intern in einem Array, einem zusammenhängenden Speicherfeld, ablegt – was uns erlaubt, unseren „Finde das größte Element"-Algorithmus mithilfe von Zeigern in ein Array auszudrücken.

> ### Testen Sie Ihr Können
>
> In diesem kleinen Programm sind zwei potenziell gefährliche Fehler versteckt. Der eine Fehler kann Programmabstürze verursachen, der andere kann zu falschen Antworten führen, wenn **high**() in anderen Programmen eingesetzt wird, für die die Funktion leider nur scheinbar geeignet ist. Die allgemeinen Techniken, die wir weiter unten beschreiben, werden diese Fehler zutage treten lassen und demonstrieren, wie man solche Fehler systematisch vermeiden kann. Bis dahin sollten Sie versuchen, die Fehler selbst zu finden, und sich Lösungen zu ihrer Behebung überlegen.

Unsere **high**()-Funktion ist insofern nur von begrenztem Nutzen als sie ein einziges, sehr spezielles Problem löst:

- Sie kann nur für Arrays verwendet werden. Ihre Implementierung basiert darauf, dass die Elemente eines **vector**-Containers in einem Array gespeichert werden. Es gibt aber noch viele weitere Möglichkeiten, Daten zu speichern, beispielsweise in Listen oder als Maps (siehe §20.4 und §21.6.1).
- Sie kann für Vektoren und Arrays mit **double**-Elementen verwendet werden, aber nicht für Arrays oder Vektoren mit anderen Elementtypen, wie z.B. **vector<double*>** oder **char[10]**.
- Sie findet das Element mit dem höchsten Wert. Wir würden aber gerne noch viele weitere einfache Berechnungen mit den Daten anstellen.

697

Wir wollen uns daher überlegen, wie wir diese Art von Berechnung auf Datenmengen besser und allgemeiner unterstützen können.

Als wir uns entschieden haben, unseren „Finde das größte Element"-Algorithmus mithilfe von Zeigern auszudrücken, haben wir den Algorithmus „ohne es zu merken" bereits so allgemein formuliert, dass er mehr leistet als eigentlich beabsichtigt. So können wir nicht nur – wie gefordert – das höchste Element in einem Array oder einem **vector**-Container finden, sondern auch das höchste Element in einem Teil-Array oder einem Teil eines **vector**-Containers bestimmen. Zum Beispiel:

```
// ...
vector<double>& v = *jill_data;
double* middle = &v[0]+v.size()/2;
double* high1 = high(&v[0], middle);          // Maximum der ersten Hälfte
double* high2 = high(middle, &v[0]+v.size()); // Maximum der zweiten Hälfte
// ...
```

Nach Ausführung dieses Codes weist **high1** auf das Element mit dem größten Wert in der ersten Hälfte des Vektors und **high2** weist auf das Element mit dem größten Wert in der zweiten Hälfte (siehe ▶ Abbildung 20.1).

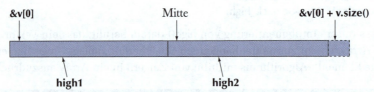

Abbildung 20.1: Darstellung des Vektors **v** mit den Zeigern auf die Maxima (**high1** und **high2**)

Als Parameter für **high()** haben wir Zeiger gewählt. Das ist ziemlich maschinennah und führt schnell zu Fehlern. Die meisten Programmierer würden zur Bestimmung des Elements mit dem größten Wert in einem **vector**-Container wohl eine Funktion schreiben, die ungefähr wie folgt aussieht:

```
double* find_highest(vector<double>& v)
{
  double h = -1;
  double* high = 0;
  for (int i=0; i<v.size(); ++i)
    if (h<v[i]) { high = &v[i]; h = v[i]; }
  return high;
}
```

Allerdings ist die Lösung nicht so flexibel wie die Version, für die wir uns – „zufällig" – entschieden haben, denn mit **find_highest()** kann man nicht das Element mit dem höchsten Wert aus einem Teil des Vektors finden. Wir ziehen also einen zusätzlichen praktischen Nutzen daraus, dass wir mit Zeigern gearbeitet und die Funktion so geschrieben haben, dass sie sowohl für Arrays als auch **vector**-Container verwendet werden kann. Wir merken uns dies für die Zukunft: Verallgemeinerung kann Funktionen vielseitiger machen.

20.2 STL-Ideale

Die C++-Standardbibliothek stellt ein Framework für die Programmierung mit Daten als Folgen von Elementen zur Verfügung: die STL. Die STL – die Buchstabenfolge „STL" wird üblicherweise als Akronym für „Standard Template Library" (Standard-Templatebibliothek) angesehen – bildet den Teil der C++-Standardbibliothek, der die Container (wie **vector**, **list** und **map**) und generische Algorithmen (wie **sort**, **find** und **accumulate**) bereitstellt. Es ist daher ebenso korrekt, davon zu reden, dass der Container **vector** zur STL gehört, wie zu behaupten, dass er Teil der Standardbibliothek ist. Andere Elemente der Standardbibliothek, wie z.B. **ostream** (Kapitel 10) oder die C-Stil-Stringfunktionen (§B.10.3), gehören nicht zur STL. Um besser verstehen zu können, wie die STL konzipiert ist und wie wertvoll sie für uns ist, werden wir uns zunächst etwas ausführlicher mit den Problemen beschäftigen, die bei der Verarbeitung von Daten auftreten, und uns überlegen, wie eine Lösung für diese Probleme idealerweise aussehen sollte.

Bei der Programmierung gibt es zwei Hauptaspekte: die Berechnungen und die Daten. Manchmal legen wir den Fokus auf die Berechnungen und sprechen über **if**-Anweisungen, Schleifen, Funktionen, Fehlerbehandlung etc., manchmal konzentrieren wir uns auf die Daten und sprechen über Arrays, Vektoren, Strings, Dateien usw. Sinnvolle und nutzbringende Programmierung schließt aber stets beides ein. So bleiben größere Datenmengen ohne Möglichkeiten der Analyse, Visualisierung oder des Herausfilterns interessanter Informationen nutzlos und unverständlich und umgekehrt können wir so viele Berechnungen durchführen, wie wir wollen – solange wir keine Daten zur Verfügung haben, die unseren Berechnungen einen konkreten Sinn geben, bleiben diese steril und nutzlos. Außerdem ist es natürlich wichtig, dass der „Code für die Daten" und der „Code für die Berechnungen" möglichst elegant miteinander interagieren.

Abbildung 20.2: Datenfluss

Wenn wir hier von Daten reden, so denken wir an große Mengen von Daten: Dutzende von **Shape**-Objekten, Hunderte von Temperaturmesswerten, Tausende von Log-Eintragungen, Millionen Punkte, Milliarden Webseiten etc. – d.h., wir reden davon, mit Containern, Datenstreams oder Ähnlichem zu arbeiten. Dagegen geht es hier nicht um die Frage, wie man am besten die Werte zur Repräsentation kleinerer Objekte, wie z.B. komplexe Zahlen, Temperaturablesungen oder Kreise, wählt. Beispiele für solche Typen finden Sie in den Kapiteln 9, 11 und 14.

Welche Operationen würden wir auf einer großen Datenmenge gerne ausführen? Hier ein paar einfache Beispiele:

- Wörter alphabetisch sortieren
- In einem Telefonbuch zu einem gegebenen Namen die zugehörige Telefonnummer heraussuchen
- Die höchste Temperatur ermitteln
- Alle Werte größer 8.800 herausfiltern
- Das erste Vorkommen mit dem Wert 17 finden

- Telemetrische Aufzeichnungen nach der Aufzeichnungsnummer sortieren
- Telemetrische Aufzeichnungen nach dem Datum sortieren
- Den ersten Wert größer „Petersen" finden
- Den größten Betrag ermitteln
- Den ersten Unterschied zwischen zwei Sequenzen finden
- Paarweise die Produkte der Elemente zweier Sequenzen berechnen
- Die höchste Temperatur für jeden Tag im Monat finden
- Aus den Verkaufsunterlagen eine Top-Ten-Liste der besten Verkäufer erstellen
- Zählen, wie oft das Wort „Stroustrup" im Web vorkommt
- Die Summe der Elemente berechnen

Beachten Sie, dass wir alle diese Aufgaben beschreiben können, ohne dazu etwas über die Art verlauten zu müssen, wie die Daten gespeichert sind. Bei der Umsetzung dieser Aufgaben haben wir es natürlich sehr wohl mit Konzepten wie Listen, Vektoren, Dateien, Eingabestreams o.Ä. zu tun, aber solange wir nur darüber reden, was mit den Daten geschehen soll, brauchen uns die Details der Speicherung (oder Beschaffung) der Daten nicht zu kümmern. Viel wichtiger ist der Typ der Werte oder Objekte (der Elementtyp), die Frage, wie wir auf die Werte oder Objekte zugreifen und was wir mit ihnen anfangen wollen.

Aufgabenstellungen wie diese findet man sehr häufig. Und natürlich möchten wir diese Aufgaben einfach und effizient erledigen. Problematisch ist nur,

- dass es unendlich viele Variationen von Datentypen („Arten" von Daten) gibt,
- dass es verwirrend viele Möglichkeiten zum Speichern von Sammlungen von Datenelementen gibt,
- dass es eine unüberschaubare Bandbreite von Aufgaben gibt, die man auf Datensammlungen sinnvoll ausführen kann.

Um den Einfluss dieser Probleme auf unseren Code zu minimieren, bemühen wir uns, den Code so weit wie möglich von Gemeinsamkeiten in den Typen, den Formen der Datenspeicherung und unseren Aufgaben profitieren zu lassen. Mit anderen Worten: Als Antwort auf die oben geschilderten Variationen versuchen wir, unseren Code zu verallgemeinern. Wir haben keinerlei Interesse daran, jede einzelne Lösung von Grund auf per Hand neu zu implementieren; das wäre viel zu mühsam und nutzlose Zeitverschwendung.

Um eine Vorstellung davon zu entwickeln, welche Art von Unterstützung wir uns für das Schreiben unseres eigenen Codes wünschen würden, lassen Sie uns die Arbeit mit den Daten aus einer höheren, abstrakteren Warte aus betrachten. Wir möchten:

- Daten in einem Container sammeln
    - etwa in einem Vektor, einer Liste oder einem Array
- Daten organisieren
    - zum Drucken
    - für schnellen, effizienten Zugriff

- Datenelemente abfragen
  - mittels eines Index (z.B. das 42. Element)
  - über den Wert (z.B. den ersten Datensatz, dessen „Alters-Feld" den Wert 7 enthält)
  - über eine Eigenschaft (z.B. alle Datensätze, deren „Temperatur-Feld" einen Wert >32 und <100 enthält)
- einen Container bearbeiten
  - Daten hinzufügen
  - Daten löschen
  - sortieren (gemäß irgendwelcher Kriterien)
- einfache numerische Operationen ausführen (z.B. alle Elemente mit 1,7 multiplizieren)

All diese Operationen möchten wir durchführen, ohne in einem Sumpf aus Unterschieden in den Containern, der Art des Elementzugriffs oder den Elementtypen zu versinken. Wenn dies sichergestellt wäre, so wären wir unserem Ziel der einfachen und effizienten Arbeit mit großen Datenbeständen schon einen Riesenschritt nähergekommen.

Denken wir zurück an die Werkzeuge und Programmiertechniken, die in den vorangehenden Kapiteln vorgestellt wurden, so stellen wir fest, dass wir mittlerweile durchaus in der Lage wären, Programme zu schreiben, die ähnlich unabhängig von dem verwendeten Datentyp sind, denn:

- Die Programmierung mit einem **int**-Wert ist nicht so verschieden von der Programmierung mit einem **double**-Wert.
- Die Verwendung von einem **vector<int>**-Container ist nicht so verschieden von der Verwendung eines **vector<string>**-Containers.
- Die Arbeit mit einem Array von **double**-Elementen ist nicht so verschieden von der Arbeit mit einem **vector<double>**-Container.

Wenn wir programmieren, versuchen wir, unseren Code so zu organisieren, dass wir nur dann neuen Code schreiben müssen, wenn wir etwas wirklich Neues und anderes tun. Insbesondere versuchen wir Code, der häufig benötigte Programmieraufgaben implementiert, so aufzusetzen, dass wir unsere Lösung nicht jedes Mal umschreiben müssen, wenn wir auf einen neuen Weg zum Speichern der Daten stoßen oder die Daten auf etwas andere Weise interpretieren möchten.

- Die Suche nach einem Wert in einem **vector**-Container unterscheidet sich nicht allzu sehr von der Suche nach einem Wert in einem Array.
- Die Suche nach einem String ohne Berücksichtigung der Groß- und Kleinschreibung unterscheidet sich nicht allzu sehr von der Suche nach einem String mit Berücksichtigung der Groß- und Kleinschreibung.
- Die grafische Darstellung exakter experimenteller Daten unterscheidet sich nicht allzu sehr von der grafischen Darstellung gerundeter Werte.
- Das Kopieren einer Datei unterscheidet sich nicht allzu sehr von dem Kopieren eines **vector**-Containers.

Ausgehend von diesen Beobachtungen möchten wir Code schreiben, der

- leicht zu lesen ist,
- leicht zu überarbeiten ist,
- keine Extravaganzen aufweist,
- kurz ist,
- schnell ist.

Und um uns die Programmierarbeit zu vereinfachen, wünschen wir uns

- einheitlichen Zugriff auf Daten
  - unabhängig von der Art der Speicherung
  - unabhängig von dem Typ der Daten
- typensicheren Zugriff auf die Daten
- einfache Navigation durch die Daten
- kompakte Speicherung der Daten
- schnelles
  - Abfragen von Daten
  - Hinzufügen von Daten
  - Löschen von Daten
- Standardversionen der am häufigsten benötigten Algorithmen
  - wie z.B. Kopieren, Finden, Suchen, Sortieren, Aufsummieren …

Die STL bietet all dies und mehr. Wenn wir uns im Folgenden eingehender mit der STL beschäftigen, werden wir sie daher nicht nur als eine Zusammenstellung äußerst nützlicher Hilfsmittel betrachten, sondern auch als Beispiel für eine Bibliothek, die für maximale Flexibilität und Performance ausgelegt ist. Die STL wurde von Alex Stepanov – mit dem Ideal mathematischer Klarheit, Allgemeingültigkeit und Eleganz vor Augen – als ein Framework von allgemeinen, korrekten und effizienten Algorithmen auf Datenstrukturen entworfen.

Die Alternative zum Einsatz eines Frameworks mit klar artikulierten Idealen und Konzepten ist, dass sich jeder Programmierer selbst behilft und, seinen eigenen Idealen folgend (d.h., welche Ideale ihm auch immer zu der Zeit opportun erscheinen), mithilfe der elementaren Sprachmitteln eigene Lösungen schreibt. Das bedeutet nicht nur viel Extraarbeit, es führt auch meist zu schlecht konzipiertem, konfusem Code. Selten entstehen auf diese Weise Programme, die für jemand anderen als den Autor verständlich sind, und selten ist der resultierende Code geeignet, um ihn in anderen Kontexten einzusetzen.

So viel zu den Motiven und Idealen der STL. Als Nächstes werfen wir einen Blick auf die grundlegenden Definitionen der STL. Anschließend untersuchen wir Beispielcode, der uns zeigt, wie man die Ideale der STL umsetzt – um mit weniger Aufwand besseren Code für die Verarbeitung der Daten schreiben zu können.

20.3 Sequenzen und Iteratoren

Die STL betrachtet Datensammlungen grundsätzlich als Sequenzen. Sequenzen sind *das* zentrale Konzept der STL. Sie haben einen Anfang und ein Ende und können vom Anfang bis zum Ende durchlaufen werden, wobei die Werte der einzelnen Elemente, falls gewünscht, abgefragt (gelesen) oder verändert (geschrieben) werden können. Anfang und Ende einer Sequenz werden durch ein Paar Iteratoren markiert. Ein *Iterator* ist ein Objekt, das ein Element in einer Sequenz identifiziert.

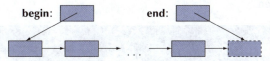

Abbildung 20.3: Grafische Darstellung einer Sequenz (**begin** und **end** sind Iteratoren, die den Anfang bzw. das Ende der Sequenz identifizieren)

STL-Sequenzen sind sogenannte „halboffene" Folgen, d.h., das Element, welches in ▶ Abbildung 20.3 von **begin** identifiziert wird, ist Teil der Sequenz, während der **end**-Iterator hinter das Ende der Sequenz verweist. In der Mathematik werden solche Sequenzen (Bereiche) in der Form [*begin*:*end*) angegeben. Die Pfeile, die in der Abbildung von einem Element zum nächsten weisen, deuten an, dass wir, wenn wir einen Iterator auf ein Element besitzen, einen Iterator auf das nachfolgende Element erhalten können.

Was genau ist nun ein Iterator? Iteratoren sind ein ziemlich abstraktes Konzept:

- Ein Iterator verweist auf ein Element einer Sequenz (oder hinter das letzte Element).
- Zwei Iteratoren können mit **==** und **!=** verglichen werden.
- Mit dem unären ***** -Operator (Dereferenzierungs- oder „Inhalt von"-Operator) kann man auf den Wert eines Elements zugreifen, auf das ein Iterator verweist.
- Mit **++** erhält man einen Iterator auf das nächste Element.

Beispielsweise können Sie für zwei Iteratoren **p** und **q**, die auf Elemente derselben Sequenz verweisen, die Operationen aus ▶ Tabelle 20.1 anwenden.

Tabelle 20.1

Die wichtigsten Standardoperationen für Iteratoren

Operation	Beschreibung
p==q	Ist genau dann erfüllt, wenn **p** und **q** auf dasselbe Element oder beide eins hinter das letzte Element verweisen
p!=q	!(p==q)
*p	Zugriff auf das Element, auf das **p** verweist
*p=wert	Schreibt in das Element, auf das **p** verweist
wert=*p	Liest aus dem Element, auf das **p** verweist
++p	Verschiebt **p**, sodass der Iterator auf das nächste Element in der Sequenz oder eins hinter das letzte Element verweist

20 Container und Iteratoren

Wie man sieht, ist das Konzept der Iteratoren eng verwandt mit dem Konzept der Zeiger (§17.4). Tatsächlich ist ein Zeiger auf ein Array-Element nichts anderes als ein Iterator. Die Umkehrung gilt jedoch nicht, denn die meisten Iteratoren sind mehr als bloße Zeiger. Beispielsweise könnte man einen Iterator mit integrierter Bereichsüberprüfung definieren, der eine Ausnahme wirft, wenn jemand versucht, ihn aus seiner [**begin:end**]-Sequenz herauszubewegen oder **end** zu dereferenzieren. Wie Sie noch sehen werden, sind Iteratoren dadurch, dass sie statt auf einen spezifischen Typ auf ein abstraktes Konzept zurückgehen, äußerst flexibel und universell einsetzbar. Die Beispiele in diesem und dem nächsten Kapitel werden dies belegen.

> ### Testen Sie Ihr Können
>
> Schreiben Sie eine Funktion **void copy(int* f1, int* e1, int* f2)**, welche die Elemente aus dem **int**-Array, das durch [**f1:e1**] definiert ist, in ein zweites Array [**f2:f2+(e1-f1)**]) kopiert. Verwenden Sie ausschließlich die oben aufgeführten Iterator-Operationen (keine Indizierung).

Iteratoren dienen als Verbindung zwischen unserem Code (den Algorithmen) und unseren Daten. Der Autor des Algorithmus ist über den Umgang mit den Iteratoren informiert (nicht aber über die Details, wie die Iteratoren letzten Endes auf die Daten zugreifen) und der Datenlieferant stellt seinen Benutzern Iteratoren zur Verfügung, anstatt die Interna der Datenspeicherung offenzulegen. Das Ergebnis ist erfreulich einfach und sorgt für das nötige Maß von Unabhängigkeit zwischen Algorithmen und Containern. Oder um es mit Alex Stepanovs Worten zu sagen: „Der Grund, warum die STL-Algorithmen und -Container so gut zusammenarbeiten, ist, dass sie nichts voneinander wissen." Dafür kennen sich beide mit Sequenzen aus, die durch Iteratoren-Paare definiert werden.

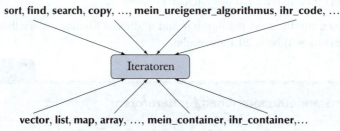

Abbildung 20.4: Iteratoren sind das Bindeglied zwischen Algorithmen und Containern

Anders ausgedrückt: Mein Code muss sich nicht mehr mit der verwirrenden Vielfalt von Möglichkeiten zur Speicherung und zum Zugriff auf Daten auseinandersetzen; er muss nur noch wissen, wie er mit Iteratoren arbeitet. Umgekehrt muss ich als Datenlieferant keinen Code mehr schreiben, der den vielfältigen Ansprüchen unterschiedlichster Benutzer genügt; ich muss nur noch einen Iterator für meine Daten implementieren. Das Grundmodell eines Iterators ist allein durch die Operatoren *****, **++**, **==** und **!=** definiert. Das macht sie einfach und schnell.

Das STL-Framework besteht aus ungefähr zehn Containern und rund 60 Algorithmen, verbunden durch Iteratoren (siehe Kapitel 21). Hinzu kommen Container und Algorithmen im Stile der STL, wie sie von diversen Organisationen und selbstständigen Programmierern angeboten oder frei zur Verfügung gestellt werden. Damit dürfte die STL das derzeit wohl bekannteste und am weitesten verbreitete Beispiel für generische Programmierung (§19.3.2) sein. Wer die grundlegenden Konzepte dieses Frameworks verstanden und einige Beispiele für seine Verwendung gesehen hat, dürfte keine Schwierigkeiten haben, mit beliebigen Containern und Algorithmen zu arbeiten.

20.3.1 Zurück zum Beispiel

Sehen wir uns an, wie wir das „Finde das Element mit dem größten Wert"-Problem mithilfe des Sequenzkonzepts der STL lösen können:

```
template<class Iterator >
Iterator high(Iterator first, Iterator last)
// liefert einen Iterator auf das Element mit dem höchsten Wert in [first,last)
{
  Iterator high = first;
  for (Iterator p = first; p!=last; ++p)
    if (*high<*p) high = p;
  return high;
}
```

Beachten Sie, dass wir die lokale Variable **h**, die in unserer ersten Version den jeweils höchsten bisher gefundenen Wert zwischenspeicherte, komplett eliminiert haben. Die Initialisierung dieser Variable mit **-1** wäre in unserer neuen Version ebenso willkürlich wie seltsam, da wir den tatsächlichen Typ der Elemente in der Sequenz ja nicht kennen. Im Übrigen war die Initialisierung auch schon in der ersten Version willkürlich und seltsam – und ein ständig im Hintergrund lauernder Fehler: Die Initialisierung mit **-1** hat in unserem Beispiel nur deshalb funktioniert, weil es keine negativen Geschwindigkeiten gab. Dass „magische Konstanten" wie **-1** die Code-Verwaltung erschweren, ist uns bekannt (§4.3.1, §7.6.1, §10.11.1). Hier nun sehen wir, dass sie auch die Nützlichkeit und Einsatzmöglichkeiten von Funktionen beeinträchtigen und ein Hinweis dafür sein können, dass der Programmierer nicht genügend über seine Lösung nachgedacht hat. Kurz gesagt: „Magische Konstanten" sind häufig ein Indiz für schlampige Konzeption.

Beachten Sie, dass diese zweite, „generische" **high**()-Version für jeden Elementtyp verwendet werden kann, der sich mit < vergleichen lässt. Wir könnten **high**() also z.B. auch dazu benutzen, den alphabetisch letzten String in einem **vector<string>**-Container zu finden (siehe Übung 7).

Die Template-Funktion **high**() kann zusammen mit jeder Sequenz verwendet werden, die durch ein Paar Iteratoren definiert ist. Folglich können wir den Code unseres Beispielprogramms unverändert übernehmen:

```
double* get_from_jack(int* count);    // Jack schreibt die double-Werte in ein Array u.
                                       // liefert die Anzahl Elemente in *count zurück
vector<double>* get_from_jill();       // Jill füllt den Vektor

void fct()
{
  int jack_count = 0;
  double* jack_data = get_from_jack(&jack_count);
  vector<double>* jill_data = get_from_jill();
```

```
    double* jack_high = high(jack_data,jack_data+jack_count);
    vector<double>& v = *jill_data;
    double* jill_high = high(&v[0],&v[0]+v.size());
    cout << "Jills höchster Wert " << *jill_high
        << "; Jacks höchster Wert " << *jack_high;
    // ...
    delete[] jack_data;
    delete jill_data;
}
```

Der Argumenttyp, der hier in beiden **high()**-Aufrufen für den Template-Parameter **Iterator** vom Compiler deduziert wird, ist **double***. Abgesehen davon, dass der Code von **high()** nun (endlich) korrekt ist, gibt es offensichtlich keinen Unterschied zur Vorgängerversion. Das heißt, es gibt keinen Unterschied in dem ausgeführten Code. In puncto Allgemeingültigkeit und Einsetzbarkeit gibt es dagegen sehr wohl einen Unterschied, einen sehr bedeutenden: Die Template-Version von **high()** kann für jede Art von Sequenz verwendet werden, die durch ein Paar Iteratoren beschrieben werden kann.

Bevor wir uns gleich detaillierter mit den Konventionen der STL und den standardmäßig bereitgestellten Algorithmen beschäftigen (Letztere ersparen es uns, eigene Lösungen für viele häufig benötigte, knifflige Operationen schreiben zu müssen), lassen Sie uns noch ein paar Varianten ansehen, wie man Sammlungen von Datenelementen speichern kann.

> ### Testen Sie Ihr Können
>
> Wie bereits in der ersten Version haben wir auch hier einen ernsten Fehler im Programm belassen. Finden Sie ihn, korrigieren Sie ihn und schlagen Sie eine allgemeine Lösung für diese Art von Problem vor.

20.4 Verkettete Listen

Sehen Sie sich in ▶ Abbildung 20.5 noch einmal die grafische Darstellung einer Sequenz an ...

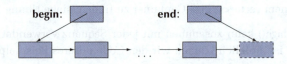

Abbildung 20.5: Sequenz

... und vergleichen Sie sie mit der Art, wie wir **vector**-Container visualisiert haben (siehe ▶ Abbildung 20.6).

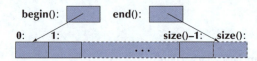

Abbildung 20.6: Vektor

20.4 Verkettete Listen

Grundsätzlich identifiziert der Index **0** dasselbe Element wie der Iterator **v.begin()** und der Index **v.size()** identifiziert das fiktive Element hinter dem letzten Element, das auch der Iterator **v.end()** identifiziert.

Während die Elemente eines **vector**-Containers immer direkt hintereinander im Speicher liegen, können die Elemente einer STL-Sequenz über den Speicher verstreut sein. Dies weckt Begehrlichkeiten, denn es gibt viele Aufgabenstellungen und Algorithmen, bei denen wir uns wünschen würden, dass wir ein Element zwischen zwei existierenden Elementen einfügen könnten, ohne dazu die vorhandenen Elemente verschieben zu müssen. Unsere grafische Darstellung des abstrakten Sequenzkonzepts deutet an, dass dies möglich ist (ebenso wie das Löschen von Elementen), und das STL-Konzept der Iteratoren unterstützt dies.

Blickt man auf die Sequenzdarstellung in Abbildung 20.5, so drängt sich einem unweigerlich der Gedanke an eine ganz bestimmte Datenstruktur auf: die *verkettete Liste*. Die Pfeile in dem abstrakten Modell werden üblicherweise als Zeiger implementiert. Jedes Element einer verketteten Liste ist Teil eines *Knotens* (der insgesamt aus dem Element und einem oder mehreren Zeigern besteht). Verkettete Listen, deren Knoten nur einen Zeiger besitzen (der auf den nächsten Knoten weist), werden als *einfach verkettete Listen* bezeichnet. Verkettete Listen, deren Knoten Zeiger auf den vorangehenden und den nachfolgenden Knoten besitzen, werden als *doppelt verkettete Listen* bezeichnet. Im Folgenden werden wir die Implementierung einer doppelt verketteten Liste skizzieren, wie sie von der C++-Standardbibliothek unter dem Namen **list** zur Verfügung gestellt wird.

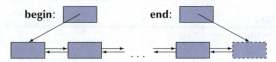

Abbildung 20.7: Grafische Darstellung einer doppelt verketteten Liste

Eine doppelt verkettete Liste kann im Code wie folgt repräsentiert werden:

```
template<class Elem> struct Link {
    Link* prev;   // vorangehender Knoten (Vorgänger)
    Link* succ;   // nächster Knoten (Nachfolger)
    Elem val;     // der Wert
};

template<class Elem> struct list {
    Link<Elem>* first;
    Link<Elem>* last;   // eins hinter dem letzten Knoten
};
```

Abbildung 20.8: Layout eines **Link**-Objekts

Es gibt viele Wege, wie man verkettete Listen implementieren und anderen Programmierern zur Verfügung stellen kann. Eine Beschreibung der Version aus der Standardbibliothek finden Sie in Anhang B. Hier konzentrieren wir uns darauf, die charakteristischen Eigenschaften herauszustreichen (Elemente können ohne Beeinträchtigung der bestehenden Elemente hinzugefügt oder gelöscht werden) und aufzuzeigen, wie man eine Liste durchläuft. Zum Abschluss sehen wir uns anhand eines Beispiels an, wie man eine Liste verwendet.

Noch ein Tipp: Wenn Sie über die Konzeption und Verwendung von Listen nachbrüten, fertigen Sie sich unbedingt kleine Skizzen von den gewünschten Operationen an. Listenmanipulationen gehören definitiv zu der Art von Aufgabenstellung, bei der ein Bild mehr sagt als 1K Worte.

20.4.1 Listenoperationen

Welche Operationen benötigen wir für eine Liste?

- Die Operationen, mit denen wir bereits **vector** ausgestattet haben (Konstruktoren, Größe etc.), jedoch ohne Indizierung
- Einfügen (ein Element hinzufügen) und Löschen (ein Element entfernen)
- Etwas, mit dem man auf Elemente zugreifen und die Liste durchlaufen kann: sprich, einen Iterator

In der STL ist der Iteratortyp ein Member der Klasse[1] – ein Konzept, das wir übernehmen:

```
template<class Elem> class list {
    // Repräsentation und Implementierungsdetails
public:
    class iterator;      // Membertyp: iterator

    iterator begin();    // Iterator auf das erste Element
    iterator end( );     // Iterator auf die Position eins hinter dem letzten Element

    iterator insert(iterator p, const Elem& v);  // füge v hinter p in die Liste ein
    iterator erase(iterator p);                  // entferne p aus der Liste

    void push_back(const Elem& v);   // füge v am Ende ein
    void push_front(const Elem& v);  // füge v am Anfang ein
    void pop_front();                // lösche das erste Element
    void pop_back();                 // lösche das letzte Element

    Elem& front();   // das erste Element
    Elem& back();    // das letzte Element

    // ...
};
```

Ebenso wie unser **vector**-Typ keine vollständige Rekonstruktion des **vector**-Typs aus der Standardbibliothek ist, so gibt auch der obige **list**-Typ nicht die vollständige Definition des **list**-Typs aus der Standardbibliothek wieder. Das bedeutet nicht, dass mit unserem **list**-Typ irgendetwas nicht stimmen wür-

---

[1] Das heißt als eine eingebettete oder verschachtelte Klasse; siehe §8.4.

de; er ist nur eben nicht vollständig. Für unsere Zwecke muss er dies aber auch nicht sein. Uns geht es nicht um eine vollständige Rekonstruktion, sondern darum, dass Sie besser verstehen, was verkettete Listen sind, wie eine Liste implementiert werden könnte und wie man die charakteristischen Eigenschaften einer Liste nutzt. Weiterführende Informationen finden Sie im Anhang B oder in der Fachliteratur zu C++.

Ein zentrales Element der Definition einer STL-Liste ist der Iterator. Iteratoren identifizieren die Positionen, an denen ein Element eingefügt oder gelöscht wird. Und sie werden zum „Navigieren" durch die Liste benötigt (als Ersatz für die Indizierung) – ähnlich wie wir in §20.1 die Elemente von Arrays und Vektoren mit Zeigern durchlaufen haben. Diese Art von Iteratoren ist der Schlüssel zu den Algorithmen der Standardbibliothek (§21.1–3).

Warum keine Indizierung? Grundsätzlich könnten wir auch mittels Indizes auf die Elemente von Listen zugreifen, aber die Operation wäre erstaunlich langsam: **lst[1000]** würde bedeuten, dass wir mit dem ersten Element beginnen und dann nacheinander die weiteren Knoten besuchen, bis wir bei dem 1.000. Element angelangt sind. Es ist daher nur zu verständlich, dass der **list**-Typ der Standardbibliothek die so unschuldig wirkende Indizierungssyntax nicht unterstützt. Benutzer, die an einer solchen Operation interessiert sind, können den zugehörigen Code ohne Schwierigkeiten selbst schreiben (oder **advance()** verwenden, siehe §20.6.2).

Da der Iteratortyp für unsere **list**-Implementierung ausschließlich in Kombination mit **list** verwendet wird, gab es keinen Grund, den Typ global zu definieren. Folglich haben wir ihn als Member definiert (als verschachtelte Klasse). Eine Konstruktion, die zudem den Vorzug hat, dass wir die Iteratortypen der verschiedenen Container durchgängig **iterator** nennen können. In der Standardbibliothek gibt es daher z.B. die Iteratoren **list<T>::iterator**, **vector<T>::iterator**, **map<T>::iterator** und so weiter.

20.4.2 Iteration

Der **list**-Iterator muss von vorneherein *****, **++**, **==** und **!=** unterstützen. Darüber hinaus stellt er, da der **list**-Typ der Standardbibliothek eine doppelt verkettete Liste repräsentiert, den Operator **--** zur Verfügung, mit dem man sich in der Liste rückwärts, in Richtung des Listenanfangs, bewegen kann:

```
template<class Elem> class list<Elem>::iterator {
  Link<Elem>* curr; // aktueller Knoten
public:
  iterator(Link* p) :curr(p) { }

  iterator& operator++() {curr = curr->succ; return *this; }   // vorwärts
  iterator& operator--() { curr = curr->prev; return *this; }  // rückwärts
  Elem& operator*() { return curr->val; } // Wert abfragen (Dereferenzierung)

  bool operator==(const iterator& b) const { return curr==b.curr; }
  bool operator!= (const iterator& b) const { return curr!=b.curr; }
};
```

Diese Funktionen sind kurz, einfach und offensichtlich effizient: Es gibt keine Schleifen, keine komplizierten Ausdrücke und keine „verdächtigen" Funktionsaufrufe. Sollte Ihnen dennoch etwas an der Implementierung unklar sein, sehen Sie sich noch einmal die letzten Abbildungen an. Im Grunde ist dieser **list**-Iterator nichts weiter als ein Zeiger auf einen Knoten (**Link**) plus der zugehörigen Operationen. Die Bedeutung (Semantik) dieser Operationen ist dieselbe wie im Falle des einfachen Zeigers, den wir als Iterator für Vektoren und Arrays verwendet haben – auch wenn sich die Implementierung (der Code) für **list<elem>::iterator** sehr von der eines einfachen Zeigers unterscheidet. Im Endeffekt sorgt der **list**-Iterator also dafür, dass sich die Operationen **++**, **--**, *****, **==** und **!=** so verhalten, wie man es für einen **Link**-Zeiger erwartet.

Sehen Sie sich jetzt noch einmal unsere **high()**-Funktion an:

```
template<class Iterator >
Iterator high(Iterator first, Iterator last)
// liefert einen Iterator auf das Element mit dem höchsten Wert in [first,last)
{
  Iterator high = first;
  for (Iterator p = first; p!=last; ++p)
    if (*high<*p) high = p;
  return high;
}
```

Wir können diese Funktion wie folgt in Kombination mit einem **list**-Container verwenden:

```
void f()
{
  list<int> lst;
  int x;
  while (cin >> x) lst.push_front(x);

  list<int>::iterator p = high(lst.begin(), lst.end());
  cout << "Der hoechste Wert war " << *p << endl;
}
```

Hier ist der „Wert" der **Iterator**-Parameter ein **list<int>::iterator** und die Implementierungen von **++**, ***** und **!=** haben sich gegenüber unserem Array-Beispiel drastisch geändert. Die Bedeutung ist allerdings dieselbe geblieben. Die Template-Funktion **high()** geht immer noch die Daten durch (hier die Daten eines **list**-Containers) und bestimmt dabei den höchsten Wert. Wie bereits erwähnt, kann man in einen **list**-Container neue Elemente an beliebigen Positionen einfügen. Zum Beweis haben wir die Elemente mit **push_front()** am Anfang der Liste eingefügt. Wir hätten aber natürlich ebenso gut **push_back()** verwenden können (wie wir es bei **vector**-Containern tun).

> ### Testen Sie Ihr Können
>
> Der **vector**-Typ der Standardbibliothek definiert keine **push_front()**-Memberfunktion. Warum nicht? Implementieren Sie **push_front()** für **vector** und vergleichen Sie den Code mit der Definition von **push_back()**.

Mittlerweile ist es an der Zeit, dass wir uns mit einer Frage beschäftigen, die Ihnen möglicherweise schon seit Längerem auf der Seele brennt: „Was ist, wenn der **list**-Container leer ist?" oder als Code ausgedrückt: „Was ist, wenn **lst.begin()==lst.end()**?" In diesem Fall würde ***p** versuchen, das fiktive Element hinter dem letzten Element zu dereferenzieren. Eine Katastrophe! Oder, was möglicherweise noch schlimmer ist, das Ergebnis ist ein zufälliger Wert, der fälschlicherweise für eine korrekte Antwort gehalten wird.

Die zweite Formulierung der Frage gibt uns bereits einen deutlichen Hinweis darauf, wie sich dieses Problem lösen lässt: Wir vergleichen **begin()** und **end()**, um festzustellen, ob die Liste leer ist. Tatsächlich können wir mit dieser Technik für jede beliebige STL-Sequenz feststellen, ob sie leer ist. Eine Technik, die im Übrigen für jede beliebige STL-Sequenz verwendet werden kann.

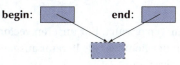

Abbildung 20.9: Modell einer leeren Sequenz

Dies erklärt auch den tieferen Sinn, warum **end** nicht auf das letzte Element weist, sondern eins dahinter: Die leere Sequenz stellt auf diese Weise keinen Sonderfall dar. (Sonderfälle implizieren per se, dass wir für sie speziellen Code schreiben müssen – etwas, das wir überhaupt nicht mögen.)

Der folgende Code zeigt, wie wir diese Technik in unserem Beispiel einsetzen können:

```
list<int>::iterator p = high(lst.begin(), lst.end());
if (p==lst.end()) // haben wir das Ende erreicht?
   cout << "Die Liste ist leer";
else
   cout << "Der hoechste Wert ist " << *p << endl;
```

Wenn wir mit STL-Algorithmen arbeiten, führen wir diese Art von Test systematisch durch.

Da die Standardbibliothek einen Listen-Typ zur Verfügung stellt, ist es nicht nötig, dass wir uns an dieser Stelle weiter mit der Implementierung beschäftigen. Stattdessen werfen wir – nach einem kurzen Intermezzo – noch einen kurzen Blick auf die besonderen Stärken von Listen. (Lesern, die sich für weitere Implementierungsdetails interessieren, seien die Übungen 12–14 empfohlen.)

20.5 Weitere Verallgemeinerung des vector-Typs

Wie sich den Beispielen aus §20.3–20.4 entnehmen lässt, verfügt auch der **vector**-Typ der Standardbibliothek – ganz wie **std::list** – über einen **iterator**-Membertyp und das Memberfunktionenpaar **begin()** und **end()**. Wohingegen unser eigener **vector**-Typ aus Kapitel 19 keinen dieser Member besaß. Dies bringt uns zu der Frage, wie Container definiert sein müssen, damit sie mehr oder weniger austauschbar im Sinne des in §20.3 vorgestellten generischen STL-Programmierstils verwendet werden können. Sehen wir uns zunächst die vollständige Lösung an (zwecks Vereinfachung ohne Allokatoren):

```
template<class T> class vector {
public:
   typedef unsigned long size_type;
   typedef T value_type;
   typedef T* iterator;
   typedef const T* const_iterator;

   // ...
```

```
    iterator begin();
    const_iterator begin() const;
    iterator end();
    const_iterator end() const;

    size_type size();

    // ...
};
```

Mit **typedef** wird ein Alias für einen Typ erzeugt. Für unseren **vector**-Typ ist **iterator** also ein Synonym, ein anderer Name für den Typ, den der Benutzer als Iterator ausgewählt hat: **T***. Für einen **vector**-Container namens **v** können wir jetzt schreiben:

```
vector<int>::iterator p = find(v.begin(), v.end(),32);
```

und

```
for (vector<int>::size_type i = 0; i<v.size(); ++i) cout << v[i] << '\n';
```

Der entscheidende Punkt hier ist, dass wir obigen Code schreiben können, ohne wissen zu müssen, welche Typen sich hinter den Namen **iterator** und **size_type** verbergen. Mehr noch: Da der obige Code ausschließlich mithilfe der Bezeichner **iterator** und **size_type** formuliert wurde, funktioniert er auch für **vector**-Implementierungen, bei denen **size_type** nicht gleich **unsigned long** ist (wie es für viele eingebettete Systeme typisch ist) oder wo **iterator** kein einfacher Zeiger, sondern eine Klasse ist (gilt für viele populäre C++-Implementierungen).

Im Standard sind **list** und die anderen Standardcontainer ähnlich definiert. Zum Beispiel:

```
template<class Elem> class list {
public:
    class Link;
    typedef unsigned long size_type;
    typedef Elem value_type;
    class iterator;            // siehe §20.4.2
    class const_iterator;      // wie iterator, jedoch ohne Schreibzugriff

    // ...

    iterator begin();
    const_iterator begin() const;
    iterator end();
    const_iterator end() const;

    size_type size();

    // ...
};
```

Dank dieser Konstruktion können wir Code schreiben, für den es keine Rolle spielt, ob er mit einem **list**- oder einem **vector**-Container arbeitet. Auch die Algorithmen der Standardbibliothek sind mithilfe dieser Membertypnamen definiert (**iterator**, **size_type** etc.), sodass sie weder übermäßig von der Implementierung der Container noch von der konkreten Art des Containers abhängen, auf dem sie operieren (siehe Kapitel 21).

20.6 Ein Beispiel: ein einfacher Texteditor

Das charakteristische Merkmal einer Liste ist, dass man Elemente hinzufügen oder löschen kann, ohne dass die anderen Elemente in der Liste dazu verschoben werden müssen. Ein einfaches Beispiel soll dies illustrieren. Überlegen wir zunächst, wie wir die Zeichen eines Textdokuments in einem einfachen Texteditor so repräsentieren können, dass die Operationen auf dem Dokument einfach und ausreichend effizient ausgeführt werden können.

Welche Operationen? Zunächst einmal gehen wir davon aus, dass die Dokumente vollständig in den Arbeitsspeicher Ihres Rechners passen. Dies gibt uns die Freiheit, jede beliebige Repräsentation zu wählen, die uns geeignet erscheint. Wenn wir die Daten in einer Datei speichern möchten, brauchen wir sie dann lediglich in einen Bytestream umzuwandeln. Umgekehrt können wir ebenso mühelos einen Bytestream aus einer Datei einlesen und in unsere Speicherrepräsentation umwandeln. Nachdem dies entschieden ist, können wir uns darauf konzentrieren, eine passende Speicherrepräsentation zu finden. Grundsätzlich sind es fünf Dinge, die unsere Repräsentation möglichst gut unterstützen muss:

- Das Aufbauen der Speicherrepräsentation aus einem über die Eingabe kommenden Bytestream
- Das Einfügen von einem oder mehreren Zeichen
- Das Löschen von einem oder mehreren Zeichen
- Das Durchsuchen eines Strings
- Das Aufbauen eines Bytestreams zur Ausgabe in eine Datei oder auf den Bildschirm

Die einfachste Repräsentation wäre ein **vector<char>**-Container. Wir müssten dann allerdings beim Hinzufügen oder Löschen eines Zeichens alle nachfolgenden Zeichen verschieben. Betrachten Sie dazu z.B. folgenden Text:

Dies ist er Beginn eines sehr langen Dokuments.
Es gibt viele ...

Ein Tippfehler hat sich eingeschlichen. Um diesen zu beheben, fügen wir das fehlende **d** nachträglich hinzu:

Dies ist der Beginn eines sehr langen Dokuments.
Es gibt viele ...

Wenn die Zeichen in einem einzelnen **vector<char>**-Container gespeichert sind, bedeutet dies, dass wir dazu alle Zeichen ab dem **h** um eine Position nach rechts verschieben müssen. Der damit verbundene Kopieraufwand könnte enorm sein. Bereits für ein Dokument von 70.000 Zeichen (dies ist die Größe dieses Kapitels, Leerzeichen miteingerechnet) müssten wir im Durchschnitt bei jeder Einfüge- oder Löschoperation 35.000 Zeichen verschieben. Die resultierende Zeitverzögerung, davon muss man ausgehen, wird sich bei der Programmausführung bemerkbar machen und die Benutzer unseres Texteditors langsam aber sicher in Rage versetzen. Die logische Konsequenz ist, die Repräsentation in „einzelne Brocken aufzubrechen", die ohne allzu große Zeichenverschiebungen geändert werden können. Wir repräsentieren ein Dokument daher als eine Liste von Zeilen, **list<line>**, wobei die einzelnen Zeilen (**line**) durch **vector<char>**-Container repräsentiert werden (siehe ▶ Abbildung 20.10).

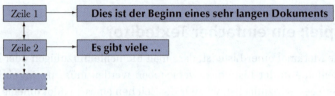

Abbildung 20.10: Zeilenweise Repräsentation eines Dokuments

Wenn wir jetzt das **d** nachträglich einfügen, müssen wir lediglich die restlichen Zeichen der betreffenden Zeile verschieben. Mehr noch: Wenn es nötig ist, können wir neue Zeilen einfügen, ohne überhaupt irgendwelche Zeichen verschieben zu müssen. Beispielsweise könnten wir hinter „Dokuments." den Text „Dies ist eine neue Zeile." einfügen und erhalten:

Dies ist der Beginn eines sehr langen Dokuments.
Dies ist eine neue Zeile.
Es gibt viele...

Dazu mussten wir nichts weiter tun, als in der Mitte eine neue Zeile einzufügen (siehe ▶ Abbildung 20.11).

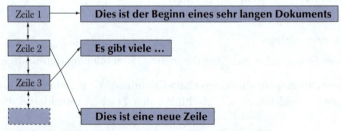

Abbildung 20.11: Dem Dokument wurde hinter der ersten Zeile eine weitere Zeile hinzugefügt

Warum ist es wichtig, dass sich die bestehenden Knoten einer Liste nicht verschieben, wenn wir einen neuen Knoten in die Liste einfügen? Nun, es könnte Iteratoren geben, die auf diese Knoten verweisen; oder Zeiger (bzw. Referenzen), die auf die Objekte in den Knoten verweisen. Durch eine Verschiebung bestehender Knoten könnten diese Iteratoren/Zeiger ungültig werden. Die Listenimplementierung stellt daher sicher, dass solche Iteratoren und Zeiger nicht von Einfüge- oder Löschoperationen betroffen werden. Dies nutzend könnte ein Textverarbeitungsprogramm z.B. einen **vector<list<Line>::iterator>**-Container definieren, in dem es Iteratoren auf jede Überschrift und Unterüberschrift des aktuellen Dokuments verwahrt (siehe ▶ Abbildung 20.12).

20.6 Ein Beispiel: ein einfacher Texteditor

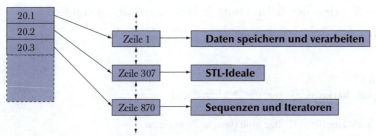

Abbildung 20.12: Speicherrepräsentation eines größeren Dokuments, die es erlaubt, dem Absatz 20.2 mehrere Zeilen hinzuzufügen, ohne dass dadurch der Iterator für Absatz 20.3 ungültig wird

Logik und Performance legen es folglich nahe, dass wir einen **list**-Container mit Zeilen als Elementen verwenden und nicht etwa einen **vector**-Container für Zeilen oder gar einen **vector**-Container für die einzelnen Zeichen. Es sei allerdings angemerkt, dass es nur wenige Situationen gibt, für die obige Argumentation greift. Die Grundregel lautet daher immer noch: „Verwende standardmäßig **vector**!" Oder anders ausgedrückt: Wenn Sie statt eines **vector**-Containers einen **list**-Container verwenden möchten, sollten Sie einen guten Grund dafür haben! Zumindest einen besseren, als dass Sie Ihre Daten als eine Liste von Elementen ansehen (siehe §20.7). Eine Liste ist ein logisches Konzept, das Sie in Ihrem Programm sowohl als (verkettete) Liste wie auch als Vektor repräsentieren können. Das STL-Analogon, welches unserer alltäglichen Vorstellung von einer Liste (z.B. einer Aufgabenliste, einem Einkaufszettel oder einem Ablaufplan) am nächsten kommt, ist eine Sequenz; und die meisten Sequenzen werden am besten durch **vector**-Container repräsentiert.

> **Tipp**

20.6.1 Die Zeilen

Wie definieren wir, was eine „Zeile" ist? Wir haben die Wahl zwischen drei offensichtlichen Optionen:

- Wir vertrauen auf Zeilenumbruch-Indikatoren in der Benutzereingabe (z.B. `'\n'`).
- Wie parsen irgendwie das Dokument und orientieren uns an natürlichen Satzzeichen (z.B. .).
- Wir teilen jede Zeile, die eine vorgegebene Länge überschreitet (beispielsweise 50 Zeichen), in zwei Zeilen.

Man könnte zweifelsohne noch einige weitere, weniger offensichtliche Alternativen aufzählen, aber unsere Entscheidung würde dies nicht mehr beeinflussen: Wegen der vergleichsweise einfachen Umsetzung verwenden wir die erstgenannte Technik.

Dokumente repräsentieren wir in unserem Editor als Objekte der Klasse **Document**. Reduziert auf das Wesentliche sieht unser Dokumenttyp wie folgt aus:

```
typedef vector<char> Line;   // eine Zeile ist ein Vektor von Zeichen

struct Document {
  list<Line> line;   // ein Dokument ist eine Liste von Zeilen
                     // line[i] ist die i-te Zeile
  Document() { line.push_back(Line()); }
};
```

Jedes neu angelegte Dokument enthält bereits eine erste, aber leere Zeile. Der **Document**-Konstruktor erzeugt die leere Zeile und fügt sie in die Liste der Zeilen ein.

Das Einlesen und Aufteilen der Zeilen kann wie folgt bewerkstelligt werden:

```cpp
istream& operator>>(istream& is, Document& d)
{
  char ch;
  while (is.get(ch)) {
    d.line.back().push_back(ch);   // füge das Zeichen hinzu
    if (ch=='\n')
      d.line.push_back(Line());    // füge eine weitere Zeile hinzu
  }
  if (d.line.back().size())
    d.line.push_back(Line());      // füge abschließende leere Zeile ein
  return is;
}
```

Sowohl **vector** als auch **list** verfügen über eine Memberfunktion **back()**, die eine Referenz auf das letzte Element zurückliefert. Wenn Sie diese Memberfunktion verwenden möchten, achten Sie darauf sicherzustellen, dass es auch wirklich ein letztes Element gibt – rufen Sie **back()** nicht für leere Container auf. Das ist auch der Grund, warum wir festgelegt haben, dass ein **Document**-Objekt mit einer leeren Zeile endet. Beachten Sie, dass wir ohne Vorbehalt alle Zeichen aus der Eingabe speichern, sogar das Zeilenumbruchzeichen (**'\n'**). Das Speichern der Zeilenumbruchzeichen erleichtert die Ausgabe, bedeutet aber auch, dass wir uns etwas sorgfältiger überlegen müssen, wie wir eine mögliche Zeichenzählung definieren (einfach alle Zeichen zu zählen, heißt, dass die Zählung Leer- und Zeilenumbruchzeichen einschließt).

20.6.2 Iteration

Würde das Dokument durch einen einfachen **vector<char>**-Container repräsentiert, wäre es einfach, die Zeichen des Dokuments zu durchlaufen. Wie aber durchlaufen wir eine Liste von Zeilen? Die Zeilen selbst zu durchlaufen, stellt dank des Listen-Iterators **list<line>::iterator** keine Schwierigkeit dar. Was aber, wenn wir die einzelnen Zeichen durchlaufen möchten, eines nach dem anderen und ohne uns um irgendwelche Zeilenumbrüche kümmern zu müssen? Ein eigens für unseren **Document**-Typ entworfener Iterator kann dieses Problem lösen:

```cpp
class Text_iterator {    // merkt sich die Zeile und die Zeichenposition in der Zeile
  list<Line>::iterator ln;
  Line::iterator pos;
public:
  // starte den Iterator in Zeile ll an der Zeichenposition pp:
  Text_iterator(list<Line>::iterator ll, Line::iterator pp)
    :ln(ll), pos(pp) { }

  char& operator*() { return *pos; }
  Text_iterator& operator++();

  bool operator==(const Text_iterator& other) const
    { return ln==other.ln && pos==other.pos; }
  bool operator!=(const Text_iterator& other) const
    { return !(*this==other); }
```

20.6 Ein Beispiel: ein einfacher Texteditor

};

```
Text_iterator& Text_iterator::operator++()
{
    ++pos;              // rücke zum nächsten Zeichen vor
    if (pos==(*ln).end()) {
        ++ln;           // rücke zur nächsten Zeile vor
        pos = (*ln).begin(); // schlecht, wenn ln==line.end(); daher sicherstellen,
                             // dass dies nicht der Fall ist
    }
    return *this;
}
```

Damit **Text_iterator** bequem und sinnvoll eingesetzt werden kann, müssen wir unsere **Document**-Klasse noch mit passenden **begin()**- und **end()**-Funktionen ausstatten:

```
struct Document {
    list<Line> line;

    Text_iterator begin()    // erstes Zeichen der ersten Zeile
        { return Text_iterator(line.begin(), (*line.begin()).begin()); }
    Text_iterator end()      // eins hinter der letzte Zeile
    {
        list<Line>::iterator last = line.end();
        --last;    // wir wissen, dass das Dokument nicht leer ist
        return Text_iterator(last, (*last).end());
    }
};
```

Die etwas obskure **(*line.begin()).begin()**-Notation drückt aus, dass wir das erste Element (hier ein Zeichen) in dem Container suchen, auf den **line.begin()** verweist. Alternativ hätten wir auch **line.begin()->begin()** schreiben können. (Die Iteratoren der Standardbibliothek unterstützen allesamt den Operator **->**.)

Jetzt können wir wie folgt die Zeichen in einem Dokument durchlaufen:

```
void print(Document& d)
{
    for (Text_iterator p = d.begin(); p!=d.end(); ++p) cout << *p;
}
```

print(my_doc);

Auch wenn es in vielen Situationen hilfreich sein kann, ein Dokument als eine Folge von Zeichen zu behandeln, suchen wir beim Durchlaufen eines Dokuments in aller Regel doch nach etwas Spezifischerem als einem beliebigen Zeichen. So dient der folgende Code zum Beispiel dazu, die Zeile **n** zu löschen:

```
void erase_line(Document& d, int n)
{
    if (n<0 || d.line.size()<=n) return;    // ungültige Zeilenangaben ignorieren
    d.line.erase(advance(d.line.begin(), n));
}
```

Ein Aufruf der Form **advance(p,n)** rückt den Iterator **p** um **n** Elemente vor; **advance()** ist eine Standardbibliotheksfunktion, die wir aber ohne große Mühe auch selbst implementieren können:

```
template<class Iter> Iter advance(Iter p, int n)
{
    while (n>0) { ++p; --n; }    // vorrücken
    return p;
}
```

Falls Sie möchten, können Sie mithilfe von **advance()** den indizierten Zugriff simulieren. Tatsächlich ist für einen **vector**-Container namens **v** die Operation ***advance(v.begin(),n)** nahezu äquivalent zu **v[n]**. Die Einschränkung „nahezu" bezieht sich hier darauf, dass **advance()** sich mühsam durch die ersten **n-1** Elemente hangelt, während die Indizierung direkt auf das **n**-te Element zugreift. Für **list**-Container können wir nur die mühsame der beiden Varianten verwenden. Dies ist der Preis, den wir für das flexiblere Layout der Elemente in einer Liste bezahlen müssen.

> **Tipp**
>
> Wenn Sie der Standardbibliotheksfunktion **advance()** zusammen mit einem vor- wie rückwärts laufenden Iterator (wie z.B. dem **list**-Iterator) ein negatives Argument übergeben, wird der Iterator rückwärts bewegt. Wenn Sie der Standardbibliotheksfunktion **advance()** einen Iterator übergeben, der der Indizierung mächtig ist (wie z.B. der **vector**-Iterator), springt **advance()** direkt zu dem richtigen Element statt sich langsam mittels **++** durch den Container zu bewegen. Keine Frage, die **advance()**-Version der Standardbibliothek ist etwas raffinierter als unsere Version. Dies ist eine wichtige Erkenntnis: Für die Komponenten der Standardbibliothek wurde in der Regel weit mehr Sorgfalt und Zeit aufgewendet als wir es uns für die Erstellung eigener Komponenten leisten könnten. Grundsätzlich sollte man daher den Komponenten der Standardbibliothek vor eigenen, „hausgemachten" Lösungen den Vorzug geben.

Testen Sie Ihr Können

Überarbeiten Sie **advance()** so, dass der Iterator rückwärts bewegt wird, wenn Sie ein negatives Argument übergeben.

Die Suche ist vermutlich die Art von Iteration, die vom Benutzer am ehesten als eine solche wahrgenommen wird. Wir suchen nach einzelnen Wörtern (wie „Milchshake" oder „Gavin"), nach Zeichenfolgen, die nicht unbedingt als Wörter anzusehen sind (wie z.B. „geheimer\nUnterschlupf" – also das Ende einer Zeile, die auf „geheimer" auslautet, gefolgt von einer neuen Zeile, die mit „Unterschlupf" beginnt), nach regulären Ausdrücken (z.B. „[bB]\w*ne" – also ein klein- oder großgeschriebenes „B", gefolgt von null oder mehr Buchstaben, gefolgt von „ne", siehe Kapitel 23) und so weiter. Wie der zweite Fall – die Suche nach einem String – gehandhabt werden könnte, wollen wir anhand unseres **Document**-Layouts etwas näher untersuchen. Wir verwenden dazu einen einfachen (suboptimalen) Algorithmus:

1 Finde das erste Zeichen des gesuchten Strings im Dokument.

2 Prüfe, ob dieses und die nachfolgenden Zeichen mit dem gesuchten String übereinstimmen.

3 Wenn ja, sind wir fertig; ansonsten suchen wir nach dem nächsten Vorkommen des ersten Zeichens.

Um unsere Lösung möglichst allgemein zu halten, übernehmen wir die STL-Konvention, den zu durchsuchenden Text als eine durch ein Iteratoren-Paar gegebene Sequenz zu definieren. Auf diese Weise können wir unsere Suchfunktion sowohl zum Durchsuchen des ganzen Dokuments als auch eines beliebigen Abschnittes verwenden. Wenn wir den gesuchten String im Dokument finden, liefern wir einen Iterator auf das erste Zeichen des betreffenden Vorkommens zurück. Wenn wir kein Vorkommen finden, liefern wir einen Iterator auf das Ende der Sequenz zurück:

```
Text_iterator find_txt(Text_iterator first, Text_iterator last, const string& s)
{
  if (s.size()==0) return last;   // die Suche nach leeren Strings ist nicht möglich
  char first_char = s[0];
  while (true) {
    Text_iterator p = find(first,last,first_char);
    if (p==last || match(p,last,s)) return p;
    ++first;        // siehe nächsten Zeichen an
  }
}
```

Das Zurückliefern des Sequenzendes als Indikator für eine erfolglose Suche ist eine wichtige STL-Konvention. Die im Code verwendete **match()**-Funktion ist trivial: Sie vergleicht einfach zwei Zeichen-Sequenzen. Versuchen Sie sich ruhig an einer eigenen **match()**-Implementierung. Die Funktion **find()**, die hier verwendet wird, um in der Zeichen-Sequenz nach einem Zeichen zu suchen, stammt aus der Standardbibliothek und stellt vermutlich den einfachsten der in der Standardbibliothek definierten Algorithmen dar (§21.2). Die fertige **find_txt()**-Funktion können wir wie folgt einsetzen:

```
Text_iterator p =
  find_txt(my_doc.begin(), my_doc.end(),"geheimer\nUnterschlupf");
if (p==my_doc.end())
  cout << "Suche erfolglos";
else {
  // tue etwas
}
```

Unser „Textverarbeitungsprogramm" und seine Funktionen sind sehr einfach gehalten. Offensichtlich ging es uns mehr um Einfachheit und Effizienz als um die Entwicklung eines funktionsreichen Editors. (Glauben Sie deswegen aber nur ja nicht, dass die Bereitstellung *effizienter* Einfüge-, Lösch- und Suchoperationen in beliebigen Zeichen-Sequenzen trivial wäre.) Vor allem haben wir dieses Beispiel gewählt, um Ihnen die Mächtigkeit und Allgemeingültigkeit der STL-Konzepte Sequenz, Iterator und Container (wie **list** und **vector**) zu demonstrieren und um Sie mit einigen typischen STL-Programmierkonventionen (-techniken) vertraut zu machen (z.B. das Zurückliefern des Endes einer Sequenz als Indikator für eine gescheiterte Operation). Zum Schluss sei noch angemerkt, dass wir unser **Document** bei Bedarf ohne allzu große Mühe zu einem STL-Container weiterentwickeln könnten. Den wichtigsten Schritt in diese Richtung, d.h. die Repräsentation eines Dokuments als Sequenz, haben wir bereits dadurch getan, dass wir **Text_iterator** zur Verfügung gestellt haben.

20.7 vector, list und string

Warum haben wir für die Zeilen einen **list**-Container und für die Zeichen einen **vector**-Container gewählt? Oder um es präziser zu formulieren: Warum haben wir für die Folge von Zeilen einen **list**-Container verwendet und für die Folge der Zeichen in einer Zeile einen **vector**-Container? Und warum haben wir zum Speichern einer Zeile kein **string**-Objekt verwendet?

Wir können diese Frage noch etwas allgemeiner formulieren: Bisher haben wir vier Wege kennengelernt, wie man eine Zeichen-Sequenz speichern kann:

- **char[]** (Zeichen-Array)
- **vector<char>**
- **string**
- **list<char>**

Für welche dieser Optionen sollen wir uns im Einzelfall entscheiden? Soweit es um wirklich einfache Aufgaben geht, sind alle vier Optionen austauschbar; d.h., sie besitzen sehr ähnliche Schnittstellen. Betrachten wir z.B. den Zugriff über Iteratoren: Alle vier Datenbehälter können mit **++** durchlaufen und auf die Zeichen kann mit ***** zugegriffen werden. Oder sehen Sie sich die Codeauszüge zu unserem **Document**-Beispiel an: Die **vector<char>**-Container im Code könnten wir, ohne irgendwelche logischen Probleme heraufzubeschwören, durch **list<char>**-Container oder **string**-Objekte ersetzen. Diese Austauschbarkeit ist ein unschätzbarer Vorzug, weil sie uns erlaubt, unsere Wahl nach der Performance zu treffen. Bevor wir jedoch über Performance sprechen, sollten wir noch einen Blick auf die logischen Eigenschaften der obigen Typen werfen: Was sind die besonderen Stärken dieser Typen? Was können sie, was die anderen nicht können?

- **Elem[]**: Kennt seine Größe nicht. Besitzt weder **begin()** noch **end()** noch irgendeine der anderen nützlichen und für Container typischen Memberfunktionen. Erlaubt keine systematischen Bereichsüberprüfungen. Kann an C-Stil-Funktionen und in C geschriebene Funktionen übergeben werden. Die Elemente werden in nebeneinanderliegenden Speicherbereichen abgelegt. Die Größe des Arrays wird zur Kompilierzeit (oder während der Allokation) festgelegt. Vergleich (**==** und **!=**) und Ausgabe (**<<**) verwenden den Zeiger auf das erste Element des Arrays, nicht die Elemente.

- **vector<Elem>**: Kann nahezu alles, einschließlich Einfügen (**insert()**) und Löschen (**erase()**). Unterstützt Indizierung. Listenoperationen wie **insert()** und **erase()** führen in der Regel zum Verschieben von Zeichen (für größere Elemente oder eine größere Anzahl Elemente kann dies ineffizient sein). Erlaubt Bereichsüberprüfungen. Container vom Typ **vector** können erweitert werden (beispielsweise mit **push_back()**). Die Elemente eines Vektors werden (nebeneinander) in einem Array gespeichert. Die Vergleichsoperatoren (**==**, **!=**, **<**, **<=**, **>** und **>=**) vergleichen Elemente.

- **string**: Stellt neben den üblichen, nützlichen Operationen spezielle Möglichkeiten der Textverarbeitung zur Verfügung – beispielsweise die Konkatenation (**+** und **+=**). Die Elemente müssen nicht notwendigerweise nebeneinander im Speicher angeordnet sein. Objekte vom Typ **string** sind erweiterbar. Die Vergleichsoperatoren (**==**, **!=**, **<**, **<=**, **>** und **>=**) vergleichen Elemente.

- **list<Elem>**: Stellt alle üblichen und nützlichen Operationen zur Verfügung, mit Ausnahme der Indizierung. Einfügen (**insert()**) und Löschen (**erase()**) sind ohne das Verschieben anderer Elemente möglich. Benötigt für jedes Element zwei Wort-Einheiten Extraspeicher (für die Knotenzeiger). Die Vergleichsoperatoren (**==**, **!=**, **<**, **<=**, **>** und **>=**) vergleichen Elemente.

20.7 vector, list und string

Testen Sie Ihr Können

Wie wirken sich die in der Liste aufgeführten Unterschiede in realem Code aus? Definieren Sie je ein Zeichen-Array, einen **vector<char>**-Container, einen **list<char>**-Container und ein **string**-Objekt mit dem Inhalt **"Hallo"**. Übergeben Sie diese jeweils als Argument an eine Funktion, geben Sie die Anzahl Zeichen in dem String aus und vergleichen Sie ihn zuerst mit **"Hallo"**, um sicherzustellen, dass Sie wirklich **"Hallo"** übergeben haben, und dann mit **"Howdy"**, um zu sehen, welcher String in einem Wörterbuch zuerst käme. Kopieren Sie zum Schluss das Argument in eine andere Variable desselben Typs.

Wie wir gesehen haben (§17.2, §18.5), sind Arrays nützlich und notwendig, um maschinennah Speicher zu manipulieren und um Schnittstellen zu in C geschriebenem Code (§27.1.2, §27.5) aufzubauen. In allen anderen Fällen ist **vector** die bessere Alternative, weil **vector**-Container einfacher zu verwenden, flexibler und sicherer sind.

Testen Sie Ihr Können

Führen Sie die vorangehende Übung mit einem **int**-Array, einem **vector<int>**- und einem **list<int>**-Container durch. Als Wert verwenden Sie {1,2,3,4,5}.

20.7.1 Einfügen und Löschen

Wenn wir einen Container benötigen, denken wir als Erstes an den **vector**-Container der Standardbibliothek. Er bietet alle Unterstützung, die man für gewöhnlich braucht, sodass wir auf Alternativen nur dann ausweichen, wenn es nicht anders geht. Das größte Problem mit **vector** ist, dass Listenoperationen (Einfügen mit **insert()** und Löschen mit **erase()**) fast immer mit dem Verschieben von Elementen verbunden sind. Für **vector**-Container, die viele Elemente oder besonders große Elemente enthalten, können diese Operatoren daher recht kostspielig werden. Auf der anderen Seite sollten Sie sich durch solche Überlegungen nicht zu sehr beunruhigen lassen. Wir haben versuchsweise eine Million Gleitkommawerte mit **push_back()** in einen Vektor eingelesen und waren mit dem Ergebnis recht zufrieden. Messungen haben überdies bestätigt, dass es keinen merklichen Unterschied macht, ob man Speicher für Elemente vorab oder ad hoc reserviert. In diesem Zusammenhang unser Rat: Bevor Sie anfangen, signifikante Änderungen am Code vorzunehmen, um möglicherweise die Performance zu verbessern, führen Sie unbedingt zuerst einige Testmessungen durch; richtig einzuschätzen, wie gut oder wie schlecht die Performance eines Codes ist, fällt nämlich selbst erfahrenen Programmierern nicht immer leicht.

Wie bereits in §20.6 angeklungen, wirkt sich das Verschieben der Elemente auch auf die Art und Weise aus, wie wir mit dem Container arbeiten: Wird nämlich ein Element verschoben, müssen wir davon ausgehen, dass unsere Iteratoren oder Zeiger danach auf falsche oder gar nicht vorhandene Elemente weisen. Es gilt daher: Keine Iteratoren oder Zeiger auf Elemente eines **vector**-Containers beibehalten, wenn zwischenzeitlich Listenoperationen (wie **insert()**, **erase()** oder **push_back()**) durchgeführt werden. Dies ist der größte Nachteil von **vector** gegenüber **list** (und **map**, siehe §21.6). Wenn Sie also mit einer Sammlung von Objekten arbeiten müssen, die sehr groß sind oder auf die von vielen Stellen im Programm aus verwiesen wird, überlegen Sie sich, ob Sie nicht besser einen **list**-Container verwenden.

Vergleichen wir nun **insert()** und **erase()** für einen **vector**- und einen **list**-Container. Ein technisches Beispiel soll die wichtigsten Punkte illustrieren:

vector<int>::iterator p = v.begin();   // verwende einen Vektor
++p; ++p; ++p;   // zeige auf dessen 4. Element
vector<int>::iterator q = p;
++q;   // zeige auf dessen 5. Element

p = v.insert(p,99);   // p zeigt auf das eingefügte Element

Beachten Sie, dass **q** jetzt nicht mehr gültig ist. Entweder wurden die Elemente wegen der notwendigen Vergrößerung des Vektors realloziert oder aber – falls **v** noch genügend Reservekapazität besaß, um an seiner alten Position zu wachsen – **q** weist nicht mehr auf das Element mit dem Wert **4**, sondern höchstwahrscheinlich auf das Element mit dem Wert **3**. Verlassen sollten Sie sich auf eine solche Annahme aber auf keinen Fall.

p = v.erase(p);   // p zeigt auf das Element hinter dem gelöschten Element

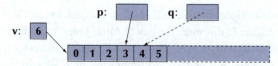

Das Löschen (**erase()**) des zuvor mit **insert()** eingefügten Elements bringt uns zu unserer Ausgangssituation zurück. Allerdings ist **q** weiterhin ungültig und alle Elemente hinter der Einfügeposition wurden verschoben, möglicherweise wurden die Elemente im Zuge der Vergrößerung von **v** sogar komplett neu alloziert.

Zum Vergleich werden wir jetzt die gleichen Operationen mit einem **list**-Container durchführen:

list<int>::iterator p = v.begin();   // verwende einen Liste
++p; ++p; ++p;   // zeige auf deren 4. Element
list<int>::iterator q = p;
++q;   // zeige auf deren 5. Element

p = v.insert(p,99);   // p zeigt auf das eingefügte Element

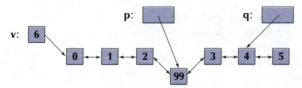

Beachten Sie, dass **q** immer noch auf das Element mit Wert 4 verweist.

p = v.erase(p);   // p zeigt auf das Element hinter dem gelöschten Element

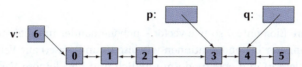

Wieder kehren wir zu unserem Ausgangszustand zurück. Doch im Unterschied zu dem **vector**-Beispiel wurden für **list** keine Elemente verschoben und **q** ist und war zu jedem Zeitpunkt gültig.

Ein **list<char>**-Container benötigt mindestens dreimal so viel Speicher wie die anderen drei Alternativen. Beispielsweise belegt **list<char>** auf einem PC 12 Byte pro Element, während ein **vector<char>**-Container nur 1 Byte pro Element verwendet – ein Unterschied, der mit zunehmender Anzahl von Zeichen signifikant werden kann.

Worin zeichnet sich **vector** gegenüber **string** aus? Vergleicht man die Eigenschaften der beiden Container, scheint es, dass **string** alles kann, wozu auch **vector** in der Lage ist – und noch einiges mehr. Doch gerade dies ist Teil des Problems: Die vielen von **string** unterstützten Operationen erschweren die Optimierung. So kommt es, dass **vector** in konkreten Implementierungen üblicherweise für grundlegende „Speicheroperationen" wie **push_back()** optimiert ist, wohingegen **string** eher für das Kopieren, für die Arbeit mit kurzen Strings und für die Interaktion mit C-Stil-Strings optimiert wird. Aus diesem Grund haben wir uns im Falle unseres Texteditor-Beispiels, das mit **insert()** und **erase()** arbeitet, für **vector** entschieden. Die Container **string** und **vector** unterscheiden sich aber nicht nur in der Performance. Der wichtigste Unterschied ist, dass wir **vector** zusammen mit jedem beliebigen Elementtyp verwenden können. Nur wenn wir mit Zeichen zu tun haben, können wir zwischen **string** und **vector** wählen. Und nur wenn Sie String-Operationen wie Konkatenation oder das Einlesen von durch Whitespace getrennten Wörtern benötigen, sollten Sie **string** den Vorzug vor **vector** geben.

20.8 Unseren Vektor an die STL anpassen

Nachdem wir unserem Vektor in §20.5 die Memberfunktionen **begin()**, **end()** und die nötigen **typedef**-Definitionen hinzugefügt haben, fehlen ihm jetzt nur noch **insert()** und **erase()**, um dem **std::vector**-Typ so ähnlich zu sein, wie es für unsere Zwecke erforderlich ist:

```
template<class T, class A = allocator<T> > class vector {
    int sz;          // die Größe
    T* elem;         // ein Zeiger auf die Elemente

    int space;       // Anzahl der Elemente plus Anzahl freier "Plätze"
```

```
    A alloc;       // verwende alloc zur Verwaltung des Speichers für die Elemente
public:
    // ... die restlichen Member aus Kapitel 19 und §20.5 ...
    typedef T* iterator;  // Elem* ist der einfachste mögliche Iterator

    iterator insert(iterator p, const T& val);
    iterator erase(iterator p);
};
```

Erneut haben wir als Iteratortyp einen Zeiger auf den Elementtyp, **T***, gewählt. Das ist die einfachste Lösung. Die Bereitstellung eines bereichsüberprüften Iterators überlassen wir Ihnen als Übung (Übung 18).

Tipp Für Datentypen, die ihre Elemente – so wie **vector** – nebeneinander im Speicher ablegen, stellen nur die wenigsten Programmierer Listenoperationen wie **insert()** und **erase()** zur Verfügung. Dabei können Listenoperationen wie **insert()** und **erase()** enorm nützlich und für kleinere Vektoren oder eine geringere Anzahl von Elementen auch erstaunlich effizient sein. Von der Nützlichkeit der **push_back()**-Funktion – einer weiteren Operation, die traditionell mit Listen assoziiert wird – konnten wir uns selbst mehrfach überzeugen.

Unsere Implementierung der Memberfunktion **vector<T,A>::erase()** sieht im Wesentlichen so aus, dass wir die Elemente hinter dem zu löschenden Element kopieren. Unter Verwendung der **vector**-Definition aus §19.3.6 und den obigen Ergänzungen erhalten wird:

```
template<class T, class A>
vector<T,A>::iterator vector<T,A>::erase(iterator p)
{
    if (p==end()) return p;
    for (iterator pos = p+1; pos!=end(); ++pos)
        *(pos-1) = *pos;        // kopiere das Element "eine Position nach links"
    alloc.destroy(&*(end()-1)); // löse die überzählige Kopie des letzten Elements auf
    --sz;
    return p;
}
```

Code wie die obige **vector**-Definition ist einfacher zu verstehen, wenn man sich dazu eine grafische Darstellung ansieht (▶ Abbildung 20.13).

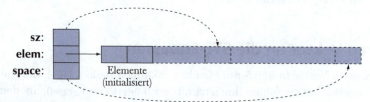

Abbildung 20.13: Grafische Darstellung eines **vector**-Containers

Der Code von **erase()** ist im Grunde ganz simpel. Trotzdem dürfte es eine gute Idee sein, auf Papier ein paar Beispielfälle durchzuspielen. Funktioniert der Code für leere **vector**-Container? Warum müssen wir auf **p==end()** testen? Was passiert, wenn wir das letzte Element in einem **vector**-Container löschen? Wäre der Code besser lesbar, wenn wir die Indexnotation verwendet hätten?

Etwas komplizierter ist die Implementierung von **vector<T,A>::insert()**:

```
template<class T, class A>
vector<T,A>::iterator vector<T,A>::insert(iterator p, const T& val)
{
  int index = p-begin();
  if (size()==capacity()) reserve(size()==0?8:2*size());   // sicherstellen, dass
                                                            // ausreichend Speicher zur Verfügung steht

  // als Erstes das letzte Element in den nicht initialisierten Speicher kopieren:
  alloc.construct(elem+sz,*back());
  ++sz;
  iterator pp = begin()+index;    // der Zielort für val
  for (iterator pos = end()-1; pos!=pp; --pos)
    *pos = *(pos-1);              // kopiere die Elemente eine Position nach rechts
  *(begin()+index) = val;         // füge val ein
  return pp;
}
```

Beachten Sie:

- Ein Iterator darf nicht außerhalb seiner Sequenz weisen. Für solche Aufgaben weichen wir daher auf Zeiger, wie z.B. **elem+sz** aus. Dies ist einer der Gründe, warum Allokatoren mithilfe von Zeigern (und nicht mit Iteratoren) definiert werden.

- Wenn wir **reserve()** verwenden, werden die Elemente möglicherweise in einen neuen Speicherbereich verschoben. Aus diesem Grund müssen wir uns den Index (und nicht den Iterator) auf das zu löschende Element merken. Wenn ein **vector**-Container seine Elemente neu alloziert, werden die Iteratoren in den Vektor ungültig – stellen Sie sich einfach vor, sie würden immer noch auf den alten Speicher verweisen.

- Die Art, wie wir das Allokator-Argument **A** einsetzen, ist intuitiv verständlich, aber nicht ganz korrekt. Sollten Sie irgendwann in die Verlegenheit kommen, einen Container implementieren zu müssen, werden Sie daher nicht umhin kommen, die betreffenden Passagen im Standard nachzulesen.

- Details wie diese sind der Grund, warum wir maschinennahe Speichermanipulationen möglichst vermeiden. Der **vector**-Typ aus der Standardbibliothek – wie auch die anderen Container der Standardbibliothek – berücksichtigen natürlich alle wichtigen semantischen Details. Ein weiterer Grund, warum wir die Standardbibliothek „hausgemachten" Lösungen vorziehen.

Mit Hinblick auf die Effizienz Ihres Codes werden Sie **insert()** und **erase()** sicher nicht in der Mitte eines 100.000 Elemente enthaltenden **vector**-Containers verwenden. Für solche Aufgaben sind Listen (und Maps, siehe §21.6) zweifelsohne besser geeignet. Nichtsdestoweniger sind **insert()** und **erase()** für alle **vector**-Container verfügbar, und solange Sie nur einige wenige, maximal einige Dutzend wortgroße Daten verschieben (eine Disziplin, in der moderne Computer besonders gut sind), ist ihre Performance unschlagbar (siehe Übung 20). Vermeiden Sie es daher, listenförmige Datensammlungen, die nur wenige kleine Elemente umfassen, durch **list** oder andere verkettete Listen zu repräsentieren.

20.9 Annäherung der integrierten Arrays an die STL

Auf die Schwächen der integrierten Arrays haben wir bereits an verschiedenen Stellen hingewiesen: Sie werden beim geringsten Anlass implizit in Zeiger umgewandelt, sie können nicht mittels Zuweisung kopiert werden, sie kennen ihre eigene Größe nicht (§18.5.2) und so weiter. Wir haben aber auch ihre größte Stärke herausgestrichen: Sie sind ein perfektes Abbild des physikalischen Speichers.

Ein **array**-Container, der alle Vorzüge eines integrierten Arrays aufweist, ohne unter dessen Schwächen zu leiden, könnte das Beste aus beiden Welten in einem Typ verbinden. In Form eines technischen Reports (TR) wurde eine solche **array**-Version bereits in den Standard aufgenommen. Wundern Sie sich aber nicht, falls Ihre Implementierung den **array**-Typ nicht unterstützt; die Umsetzung von TR-Features ist nicht verpflichtend. Dabei ist das Konzept ebenso einfach wie zweckmäßig:

```
template <class T, int N>     // nicht ganz der Standardtyp
struct array {
   typedef T value_type;
   typedef T* iterator;
   typedef T* const_iterator;
   typedef unsigned int size_type;    // der Typ eines Index

   T elems[N];
   // explizite Konstruktoren, Kopierkonstruktoren, Destruktoren werden nicht
   // benötigt

   iterator begin() { return elems; }
   const_iterator begin() const { return elems; }
   iterator end() { return elems+N; }
   const_iterator end() const { return elems+N; }

   size_type size() const;

   T& operator[](int n) { return elems[n]; }
   const T& operator[](int n) const { return elems[n]; }

   const T& at(int n) const;    // bereichsüberprüfter Zugriff
   T& at(int n);                // bereichsüberprüfter Zugriff

   T * data() { return elems; }
   const T * data() const { return elems; }
};
```

Diese Definition ist weder ganz vollständig, noch ist sie 100% kompatibel zum Standard. Sie vermittelt aber eine gute Vorstellung von der zugrunde liegenden Konzeption, und Sie können auf sie zurückgreifen, wenn Ihre Implementierung keinen **array**-Typ bereitstellt. (Wenn Ihre Implementierung den **array**-Typ bereitstellt, so ist er in **<array>** definiert.) Da ein **array<T,N>**-Container „weiß", dass seine Größe gleich **N** ist, können Zuweisung, **==**, **!=** und andere Operationen zur Verfügung gestellt werden, ganz wie für **vector**.

Das folgende Beispiel zeigt, wie ein **array**-Container mit der STL-Version von **high()** aus §20.4.2 verwendet werden kann:

```
void f()
{
   array<double,6> a = { 0.0, 1.1, 2.2, 3.3, 4.4, 5.5 };
   array<double,6>::iterator p = high(a.begin(), a.end());
   cout << "Der hoechste Wert war " << *p << endl;
}
```

Beachten Sie, dass wir beim Schreiben von **high()** noch nicht an die Verwendung mit **array** gedacht haben. Dass wir trotzdem **high()** zusammen mit einem **array**-Container verwenden können, ergibt sich einfach daraus, dass wir in beiden Fällen den Konventionen des Standards gefolgt sind.

20.10 Überblick über die Container

Die STL stellt eine ansehnliche Auswahl an Containern zur Verfügung (siehe ▶ Tabelle 20.2).

Tabelle 20.2

Die Container der Standardbibliothek

Container	Beschreibung
vector	Eine Folge von Elementen, die in einem zusammenhängenden Speicherbereich abgelegt ist. Verwenden Sie standardmäßig diesen Container.
list	Eine doppelt verkettete Liste. Verwenden Sie diesen Container, wenn Sie Elemente ohne Verschieben bestehender Elemente einfügen oder löschen müssen.
deque	Eine Kombination aus Liste und Vektor. Verwenden Sie diesen Container erst, wenn Sie sich eingehend mit den Algorithmen und der Maschinenarchitektur vertraut gemacht haben.
map	Ein balancierter geordneter Baum. Verwenden Sie diesen Container, wenn Sie die Elemente im Container über Werte identifizieren müssen (siehe §21.6.1–3).
multimap	Ein balancierter geordneter Baum, der mehrfach vorkommende Schlüssel erlaubt. Verwenden Sie diesen Container, wenn Sie die Elemente im Container über Werte identifizieren müssen (siehe §21.6.1–3).
unordered_map	Eine Hash-Tabelle; eine optimierte Version von **map**. Verwenden Sie diesen Container für große Mengen, wenn Sie hohe Performance benötigen und eine gute Hash-Funktion konstruieren können (siehe §21.6.4).
unordered_multimap	Eine Hash-Tabelle, die mehrfach vorkommende Schlüssel erlaubt; eine optimierte Version von **multimap**. Verwenden Sie diesen Container für große Mengen, wenn Sie hohe Performance benötigen und eine gute Hash-Funktion konstruieren können (siehe §21.6.4).
set	Ein balancierter geordneter Baum. Verwenden Sie diesen Container, wenn Sie über einzelne Werte Buch führen müssen (siehe §21.6.5).
multiset	Ein balancierter geordneter Baum, der mehrfach vorkommende Schlüssel erlaubt. Verwenden Sie diesen Container, wenn Sie über einzelne Werte Buch führen müssen (siehe §21.6.5).
unordered_set	Wie **unordered_map**, aber nur für einfache Werte (statt Schlüssel/Wert-Paare).
unordered_multiset	Wie **unordered_multimap**, aber nur für einfache Werte (statt Schlüssel/Wert-Paare).
array	Ein Array fester Größe, das aber nicht so stark unter den für die integrierten Arrays typischen Problemen leidet (siehe §20.6).

In Büchern und Onlinedokumentationen können Sie eine unglaubliche Menge an weiterführenden Informationen zu diesem Container und ihrer Verwendung finden. Gute Informationsquellen sind z.B.:

Austern, Matt (Hrsg.). *Technical Report on C++ Standard Library Extensions*, ISO/IEC PDTR 19768, landläufig auch als TR1 bezeichnet.

Austern, Matthew H. *Generic Programming and the STL*. Addison Wesley, 1999. ISBN 0201309564.

Koenig, Andrew (Hrsg.). *The C++ Standard*. Wiley, 2003. ISBN 0470846747. (Nicht für Anfänger geeignet.)

Lippman, Stanley B., Josée Lajoie und Barbara E. Moo. *C++ Primer*. Addison-Wesley, 2006. ISBN 978-3827322746. (Verwenden Sie nur die vierte Auflage.)

Musser, David R., Gillmer J. Derge und Atul Saini. *STL Tutorial and Reference Guide: C++ Programming with the Standard Template Library*, zweite Auflage. Addison-Wesley, 2001. ISBN 0201379236.

Stroustrup, Bjarne. *Die C++-Programmiersprache*. Addison-Wesley, 2009. ISBN 978-3827328236.

Die Dokumentation für die SGI-Implementierung der STL und der iostream-Bibliothek: *www.sgi.com/tech/stl*. Hinweis: Es gibt auch umfangreiche Codebeispiele.

Die Dokumentation für die Dinkumware-Implementierung der Standardbibliothek: *www.dinkumware.com/manuals/default.aspx*. (Vorsicht: Es gibt mehrere Bibliotheksversionen!)

Die Dokumentation für die Rogue-Wave-Implementierung der Standardbibliothek: *www2.roguewave.com/support/docs/index.cfm*.

Tipp
Sind Sie enttäuscht, weil wir Ihnen nicht alles über die Container erzählt haben? Finden Sie, dass wir alle Facetten der Programmierung mit Containern hätten beleuchten sollen? Nun, dies ist weder möglich noch sinnvoll. Es gibt zu viele Standardkomponenten, zu viele nützliche Techniken und zu viele hilfreiche Bibliotheken, als dass Sie alle Informationen dazu auf einen Schlag aufnehmen könnten. Gleiches gilt für die Programmierung im Allgemeinen, die mittlerweile ein so weites Feld ist (und manchmal eine wahre Kunst), dass sich heutzutage kein Programmierer mehr in allen Bereichen und Techniken auskennen kann. Als Programmierer müssen Sie daher die Fähigkeit entwickeln, bei Bedarf weiterführende Informationen zu Sprachelementen, Bibliotheken und Techniken selbstständig aufzuspüren. Sich mit dem erreichten Kenntnisstand zufriedenzugeben, ist in einem so dynamischen und schnell entwickelnden Gebiet wie der Programmierung ein sicherer Weg, um über kurz oder lang zurückzufallen. Eine der besten und vernünftigsten Antworten, die man einem Programmierer auf seine Fragen geben kann, lautet daher: „Lies es nach" – und je fortgeschrittener ein Programmierer ist, umso häufiger wird es die einzige Antwort sein, die er bekommt.

Auf der anderen Seite werden Sie feststellen, dass Sie recht gut auf die Arbeit mit beliebigen Containern vorbereitet sind. Hat man nämlich erst einmal die Programmierung mit **vector**, **list** und **map** sowie den Standardalgorithmen, die wir Ihnen in Kapitel 21 vorstellen, verstanden, fällt die Arbeit mit anderen STL- oder STL-kompatiblen Containern in der Regel nicht allzu schwer. Und auch die Einarbeitung in Container, die nicht den Konventionen der STL folgen, oder in Code, der solche Container verwendet, sollte mit dem erworbenen Grundwissen leichtfallen.

Was ist ein Container? Wie die Definition eines STL-Containers aussieht, können Sie den obigen Codebeispielen entnehmen. Was uns noch fehlt ist eine informale Definition, welche die charakteristischen Eigenschaften eines STL-Containers zusammenfasst:

- Eine Sequenz von Elementen: [**begin()**:**end()**)
- Container-Operationen kopieren Elemente. Kopieren erfolgt per Zuweisung oder mittels Kopierkonstruktor.
- Definiert für seinen Elementtyp das Alias **value_type**.
- Definiert die Iteratortypen **iterator** und **const_iterator**. Die Iteratoren stellen die Operationen *****, **++** (Präfix und Postfix), **==** und **!=** mit der passenden Semantik zur Verfügung. Die Iteratoren für **list** unterstützen darüber hinaus noch **--**, damit die Sequenz auch rückwärts durchlaufen werden kann. Man spricht in diesem Fall von einem *bidirektionalen Iterator*. Die Iteratoren für **vector** unterstützen zusätzlich **--**, **[]**, **+** und **-** und werden daher als *Random-Access-Iteratoren* (Iteratoren für wahlfreien Zugriff) bezeichnet (siehe §20.10.1).
- Stellt folgende Memberfunktion zur Verfügung: **insert()** und **erase()**, **front()** und **back()**, **push_back()** und **pop_back()**, **size()** etc.; **vector** und **map** unterstützen zudem die Indizierung (beispielsweise in Form des []-Operators).
- Stellt Vergleichsoperationen (**==**, **!=**, **<**, **<=**, **>** und **>=**) zum Vergleichen der Elemente zur Verfügung. Die Operatoren **<**, **<=**, **>** und **>=** vergleichen lexikografisch, d.h., sie vergleichen die Elemente in der Reihenfolge, in der sie im Container abgelegt sind. Das erste Element wird als Erstes verglichen.

Diese Auflistung dient vor allem dem Überblick. Für weitere Details siehe Anhang B, und wenn Sie an einer exakten und vollständigen Spezifikation interessiert sind, schlagen Sie in dem Buch *Die C++ Programmiersprache* oder dem C++-Standard nach.

Einige Datentypen, genügen zwar nicht ganz den Anforderungen an einen Standardcontainer, stellen aber einen Großteil der Funktionalität zur Verfügung, die von einem Standardcontainer erwartet wird. Die interessantesten Vertreter dieser „Beinahe"-Container sind in ▶ Tabelle 20.3 zusammengefasst.

Tabelle 20.3

Alternative Datenbehälter

„Beinahe"-Container	Beschreibung
T[n] (integriertes Array)	Besitzt weder eine **size()**- noch eine andere Memberfunktion. Wo möglich, sollten Sie Container wie **vector**, **string** oder **array** den integrierten Arrays vorziehen.
string	Kann nur Zeichen speichern. Dafür stellt **string** eine Reihe von Operationen zur Verfügung, die für die Textverarbeitung sehr nützlich sind (z.B. die Konkatenation mit **+** und **+=**). Grundsätzlich sollten Sie den **string**-Typ der Standardbibliothek anderen String-Implementierungen vorziehen.
valarray	Ein numerischer Vektor mit Vektoroperationen. Unterliegt etlichen Beschränkungen, um hochleistungsfähige Implementierungen zu ermöglichen. Verwenden Sie diesen Container nur, wenn Sie viel mit Vektoren rechnen.

Container und Iteratoren

Darüber hinaus gibt es zahlreiche Container, die von freien Programmierern und anderen Organisationen geschrieben wurden und die den Konventionen der STL-Container weitestgehend oder sogar vollständig entsprechen.

Tipp Zu guter Letzt noch einmal unser Appell: Verwenden Sie grundsätzlich den **vector**-Container. Weichen Sie auf andere Container nur aus, wenn es dafür einen guten Grund gibt.

20.10.1 Iterator-Kategorien

Unsere bisherigen Ausführungen könnten den Eindruck erwecken, dass Iteratoren frei austauschbar sind. Dies gilt jedoch nur, solange wir uns auf die elementarsten Operationen – wie z.B. eine Sequenz und dabei jeden Wert genau einmal lesen – beschränken. Für weiterführende Operationen, beispielsweise die Indizierung oder das Durchlaufen in umgekehrter Richtung, benötigen wir besser ausgerüstete Iteratoren.

Tabelle 20.4

Die Iterator-Kategorien der Standardbibliothek

Iterator-Kategorie	Beschreibung
Input-Iterator bzw. Eingabe-Iterator	Wir können uns mit **++** vorwärts bewegen und mit ***** die Werte der Elemente lesen. Diese Art von Iterator wird von **istream** angeboten, siehe §21.7.2. Wenn **(*p).m** gültig ist, kann **p->m** als verkürzte Schreibweise benutzt werden.
Output-Iterator bzw. Ausgabe-Iterator	Wir können uns mit **++** vorwärts bewegen und mit ***** den Elementen Werte zuweisen (schreiben). Diese Art von Iterator wird von **ostream** angeboten, siehe §21.7.2.
Forward-Iterator bzw. Vorwärts-Iterator	Wir können uns durch wiederholte Verwendung von **++** vorwärts bewegen und mit ***** die Werte der Elemente lesen oder schreiben (Letzteres ist natürlich nur möglich, wenn die Elemente nicht **const** sind). Wenn **(*p).m** gültig ist, kann **p->m** als verkürzte Schreibweise benutzt werden.
Bidirectional-Iterator	Wir können uns vorwärts (mit **++**) und rückwärts (mit **--**) bewegen und mit ***** die Werte der Elemente lesen oder schreiben (Letzteres ist natürlich nur möglich, wenn die Elemente nicht **const** sind). Diese Art von Iterator wird von **list**, **map** und **set** angeboten Wenn **(*p).m** gültig ist, kann **p->m** als verkürzte Schreibweise benutzt werden.
Random-Access-Iterator bzw. Iterator mit wahlfreiem Zugriff	Wir können uns vorwärts (mit **++**) und rückwärts (mit **--**) bewegen und mit ***** oder **[]** die Werte der Elemente lesen oder schreiben (Letzteres ist natürlich nur möglich, wenn die Elemente nicht **const** sind). Random-Access-Iterator unterstützen den Indexoperator und können durch Addition oder Subtraktion eines Integer-Wertes nach vorne oder hinten bewegt werden (Operatoren **+** und **-**). Wenn wir zwei Random-Access-Iteratoren auf dieselbe Sequenz voneinander subtrahieren, erhalten wir den Abstand zwischen ihnen. Diese Art von Iterator wird von **vector** angeboten Wenn **(*p).m** gültig ist, kann **p->m** als verkürzte Schreibweise benutzt werden.

An den in ▶ Tabelle 20.4 aufgeführten Operationen können wir ablesen, dass wir überall dort, wo ein Output- oder Input-Iterator verwendet wird, auch einen Forward-Iterator einsetzen können. Ein Bidirectional-Iterator ist in diesem Sinne auch ein Forward-Iterator, und ein Random-Access-Iterator ist auch ein Bidirectional-Iterator, siehe ▶ Abbildung 20.14.

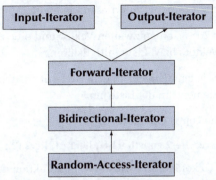

Abbildung 20.14: Hierarchie der Iterator-Kategorien (Beachten Sie, dass die Iterator-Kategorien keine Klassen sind. Folglich handelt es sich hier nicht um eine auf Vererbung beruhende Klassenhierarchie.)

Aufgaben

1. Definieren Sie ein **int**-Array mit zehn Elementen { 0, 1, 2, 3, 4, 5, 6, 7, 8, 9 }.

2. Definieren Sie einen **vector<int>**-Container mit diesen Elementen.

3. Definieren Sie einen **list<int>**-Container mit diesen Elementen.

4. Definieren Sie ein zweites Array, einen zweiten Vektor und eine zweite Liste, die Sie jeweils als Kopie des ersten Arrays, Vektors bzw. Liste initialisieren.

5. Erhöhen Sie den Wert eines jeden Elements in dem Array um 2, den Wert jedes Elements im Vektor um 3 und den Wert jedes Elements in der Liste um 5.

6. Schreiben Sie eine einfache **copy()**-Operation

   template<class Iter1, class Iter2> Iter2 copy(Iter1 f1, Iter1 e1, Iter2 f2);

   die **[f1,e1)** nach **[f2,f2+(e1-f1))** kopiert und wie die Kopierfunktion der Standardbibliothek **f2+(e1-f1)** zurückliefert. Beachten Sie, dass im Falle von **f1==e1** die Sequenz leer ist, sodass es nichts zu kopieren gibt.

7. Verwenden Sie diese **copy()**-Funktion, um das Array in den Vektor und die Liste in das Array zu kopieren.

8. Verwenden Sie die **find()**-Funktion der Standardbibliothek, um festzustellen, ob der Vektor den Wert 3 enthält, und falls ja, geben Sie dessen Position aus; verwenden Sie **find()**, um festzustellen, ob in der Liste der Wert 27 enthalten ist, und falls ja, geben Sie dessen Position aus. Die Position des ersten Elements ist 0, die Position des zweiten Elements ist 1 usw. Beachten Sie, dass **find()** das Ende der Sequenz zurückgibt, wenn der Wert nicht gefunden wurde.

Vergessen Sie nicht, nach jedem Schritt zu testen.

Fragen

1. Warum sieht Code, der von verschiedenen Programmierern geschrieben wurde, oft so unterschiedlich aus? Nennen Sie Beispiele.

2. Zählen Sie ein paar einfache Fragen auf, die wir uns im Zusammenhang mit der Verarbeitung von Daten stellen.

3. Nennen Sie verschiedene Möglichkeiten, Daten zu speichern.

4. Welche grundlegenden Operationen können wir auf eine Sammlung von Datenelementen anwenden?

5. Nennen Sie einige Ideale für die Art und Weise, wie wir unsere Daten speichern.

6. Was ist eine STL-Sequenz?

7. Was ist ein STL-Iterator? Welche Operationen unterstützt er?

8 Wie setzen Sie einen Iterator auf das nächste Element?

9 Wie setzen Sie einen Iterator auf das vorhergehende Element?

10 Was passiert, wenn Sie versuchen, einen Iterator über das Ende einer Sequenz hinaus zu setzen?

11 Welche Arten von Iteratoren können Sie auf das vorhergehende Element setzen?

12 Warum ist es sinnvoll, Daten und Algorithmen getrennt zu halten?

13 Was verbirgt sich hinter dem Akronym STL?

14 Was ist eine verkettete Liste? Wo liegen die grundsätzlichen Unterschiede zu einem Vektor?

15 Was ist ein Knoten (in einer verketteten Liste)?

16 Welche Aufgabe erfüllt **insert()**? Welche **erase()**?

17 Woran können Sie erkennen, ob eine Sequenz leer ist?

18 Welche Operationen hält ein Iterator für eine Liste bereit?

19 Wie iterieren Sie mithilfe der STL über einen Container?

20 Wann würden Sie einen **string**- einem **vector**-Container vorziehen?

21 Wann würden Sie eine Liste einem Vektor vorziehen?

22 Was ist ein Container?

23 Welche Aufgaben übernehmen **begin()** und **end()** bei einem Container?

24 Welche Container stehen Ihnen in der STL zur Verfügung?

25 Was ist eine Iterator-Kategorie? Welche Arten von Iteratoren stellt die STL zur Verfügung?

26 Welche Operationen bietet ein Random-Access-Iterator, die ein Bidirectional-Iterator nicht bietet?

Übungen

1 Wenn Sie die „Testen Sie Ihr Können"-Aufgaben dieses Kapitels noch nicht gelöst haben, holen Sie dies jetzt nach.

2 Bringen Sie das Jack-und-Jill-Beispiel aus §20.1.2 zur Ausführung. Testen Sie Ihr Beispiel mit Eingaben aus einigen kleinen Dateien.

3 Blättern Sie noch einmal zurück zu den Palindrom-Beispielen aus §18.6 und überarbeiten Sie das Jack-und-Jill-Beispiel aus §20.1.2 unter Verwendung der dort vorgestellten Techniken.

4 Suchen Sie die Fehler in dem Jack-und-Jill-Beispiel aus §20.3.1 und beheben Sie sie allein durch Rückgriff auf STL-Techniken.

5 Definieren Sie für **vector** einen Eingabe- und einen Ausgabeoperator (<< und >>).

6 Schreiben Sie in Anlehnung an §20.6.2 eine Suchen-und-Ersetzen-Operation für **Document**-Objekte.

7 Suchen Sie nach dem lexikografisch letzten String in einem unsortierten **vector<string>**-Container.

8 Definieren Sie eine Funktion, die die Anzahl der Zeichen in einem Dokument zählt.

9 Definieren Sie ein Programm, das die Anzahl der Wörter in einem Dokument zählt. Stellen Sie zwei Versionen zur Verfügung: eine, die ein „Wort" als „eine durch Whitespace getrennte Zeichenfolge" definiert und eine andere, die ein „Wort" als „eine Folge von aufeinanderfolgenden alphabetischen Zeichen" interpretiert. Gemäß der ersten Definition sind beispielsweise **alpha.numeric** und **as12b** jeweils ein Wort, während sie gemäß der zweiten Definition jeweils zwei Wörter sind.

10 Erstellen Sie eine Version des Wort-Zähl-Programms, in der der Benutzer die Menge der Whitespace-Zeichen vorgeben kann.

11 Erstellen Sie einen **vector<double>**-Container, dem Sie einen **list<int>**-Container als Pass-by-reference-Parameter übergeben, und kopieren Sie die Elemente der Liste in den Vektor. Stellen Sie sicher, dass die Kopie vollständig und korrekt ist. Geben Sie anschließend die Elemente aufsteigend sortiert aus.

12 Vervollständigen Sie die Definition unserer **list**-Implementierung aus §20.4.1–§20.4.2 und führen Sie das **high**()-Beispiel aus. Reservieren Sie Speicher für ein **Link**-Objekt als Repräsentation des fiktiven Elements hinter dem letzten Element.

13 Eigentlich benötigen wir für Listen kein „reales" **Link**-Objekt hinter dem letzten Element. Ändern Sie Ihre Lösung zu der vorhergehenden Übung und verwenden Sie **0** als Repräsentation eines Zeigers auf das (nicht existente) **Link**-Objekt hinter dem letzten Element (**list<Elem>::end**()). Auf diese Weise kann die Größe einer leeren Liste der Größe eines einzelnen Zeigers entsprechen.

14 Definieren Sie eine einfach verkettete Liste **slist** im Stil von **std::list**. Welche Operationen von **list** können Sie bei **slist** problemlos weglassen, weil diese Liste keine rückwärts gerichteten Zeiger hat?

15 Definieren Sie einen **pvector**-Typ als einen Vektor von Zeigern, dessen Zeiger auf Objekte weisen und dessen Destruktor die einzelnen Objekte mit **delete** zerstört.

16 Definieren Sie einen **ovector**-Typ als einen **pvector**, bei dem die Operatoren * und [] keinen Zeiger, sondern eine Referenz auf das Objekt zurückliefern, auf das das betreffende Element verweist.

17 Definieren Sie einen **ownership_vector**, der wie **pvector** Zeiger auf Objekte verwahrt, die aber nicht automatisch im Besitz des Vektors sind (d.h., der Benutzer soll angeben können, welche Objekte im Besitz des Containers stehen und vom Destruktor mit **delete** zerstört werden). Hinweis: Diese Übung ist einfach, wenn Sie bei Kapitel 13 gut aufgepasst haben.

18 Definieren Sie einen bereichsüberprüften Iterator für **vector** (einen Random-Access-Iterator).

19 Definieren Sie einen bereichsüberprüften Vektor für **list** (einen bidirektionalen Iterator).

20 Wie schnell ist **vector** im Vergleich zu **list**? Führen Sie hierzu ein kleines Zeitmessexperiment durch. Wie Sie die Zeit eines Programms messen, können Sie in §26.6.1 nachlesen. Erzeugen Sie *N* Zufallswerte vom Typ **int** im Bereich [0:*N*). Fügen Sie jeden erzeugten **int**-Wert in einen **vector<int>**-Container ein (der jedes Mal um ein Element anwächst). Sorgen Sie dafür, dass der Vektor sortiert ist (ist der neue Wert größer oder gleich dem vorherigen Wert, wird er danach eingefügt; ist er kleiner als der vorherige Wert, wird er davor eingefügt). Führen Sie jetzt das gleiche Experiment mit einem list<int>-Container durch. Für welche *N*-Werte ist die Liste schneller als der Vektor? Finden Sie eine Erklärung. Dieses Experiment wurde zuerst von John Bentley vorgeschlagen.

Schlüsselbegriffe

Algorithmus	end()	size_type
array-Container	erase()	STL
begin()	insert()	typedef
Container	Iteration	value_type
Doppelt verkettete Liste	Iterator	Verkettete Liste
Einfach verkettete Liste	Leere Sequenz	Zusammenhängend
Element	Sequenz	

Ein persönlicher Hinweis

Angenommen, wir hätten *N* verschiedene Arten von Datencontainern und *M* Dinge, die wir damit machen wollten. Ohne Rückgriff auf eine intelligente Lösung führt uns dies schnell zu *N*∗*M* Codefragmenten. Wenn dann noch die Daten *K* verschiedenen Typen angehören, steigt diese Zahl im Extremfall sogar auf *N*∗*M*∗*K*. Um derartigen Ausuferungen Einhalt zu gebieten, wird in der STL der Elementtyp als Parameter übergeben (wodurch der *K*-Faktor wegfällt) und der Zugriff auf die Daten von den Algorithmen getrennt gehalten (durch den Einsatz von Iteratoren, mit denen man aus jedem beliebigen Algorithmus heraus auf Daten in jedem beliebigen Container zugreifen kann, reduziert sich der Aufwand weiter auf *N*+*M* Codefragmente). Diese Vereinfachung ist von unschätzbarem Wert. Wenn wir zum Beispiel 12 Container und 60 Algorithmen haben, müssten wir nach dem Brute-Force-Ansatz unter Umständen 720 Funktionen definieren, während wir bei dem STL-Ansatz mit nur 60 Funktionen und 12 Iterator-Definitionen auskommen; das heißt, wir haben uns gerade 90% der Arbeit erspart. (Die tatsächliche Arbeitsersparnis dürfte sogar noch größer sein, da viele Algorithmen zwei Iteratoren-Paare übernehmen und die Paare nicht von demselben Typ sein müssen, siehe Übung 6.) Darüber hinaus gibt die STL Konventionen zur Definition von Algorithmen vor, die das Schreiben von korrektem und wieder verwendbarem Code fördern und uns auf lange Sicht weitere Arbeit sparen.

Algorithmen und Maps

21.1 **Algorithmen der Standardbibliothek** 738
21.2 **Der einfachste Algorithmus: find()** 739
      21.2.1 Einige generische Anwendungsbereiche. 741
21.3 **Die allgemeine Suche: find_if()** 742
21.4 **Funktionsobjekte** 744
      21.4.1 Allgemeine Darstellung des Konzepts der Funktionsobjekte 745
      21.4.2 Prädikate für Klassenmember 746
21.5 **Numerische Algorithmen** 747
      21.5.1 Akkumulator. 748
      21.5.2 **accumulate()** – allgemeine Version 749
      21.5.3 Das innere Produkt.................................. 751
      21.5.4 **inner_product()** – allgemeine Version 752
21.6 **Assoziative Container** 752
      21.6.1 Maps 753
      21.6.2 Maps – ein Überblick............................... 755
      21.6.3 Ein weiteres **map**-Beispiel........................... 758
      21.6.4 **unordered_map**....................................... 761
      21.6.5 Sets 763
21.7 **Kopieren**. 765
      21.7.1 Kopieren 765
      21.7.2 Stream-Iteratoren 766
      21.7.3 Mit **set** Ordnung halten 768
      21.7.4 **copy_if** 769
21.8 **Sortieren und suchen** 770

21 Algorithmen und Maps

„In der Theorie ist die Praxis ganz einfach."

– Trygve Reenskaug

Mit diesem Kapitel wollen wir unsere Präsentation der STL und der ihr zugrunde liegenden Konzepte sowie unseren Überblick über die Hilfsmittel der STL abschließen. Der Schwerpunkt dieses Kapitels liegt auf den Algorithmen. Primäres Ziel ist es, Ihnen ungefähr ein Dutzend der nützlichsten Algorithmen vorzustellen, die Ihnen Tage, wenn nicht Monate an Arbeit ersparen werden. Zu jedem Algorithmus werden Anwendungsbeispiele gegeben und die unterstützten Programmiertechniken erläutert. Zweitens wollen wir Sie mit möglichst vielen Hilfsmitteln zum Schreiben eigener eleganter und effizienter Algorithmen vertraut machen – für Situationen, in denen Ihnen das Angebot der Standardbibliothek und anderer verfügbarer Bibliotheken nicht ausreicht. Außerdem stellen wir Ihnen drei weitere Container vor: **map**, **set** und **unordered_map**.

21.1 Algorithmen der Standardbibliothek

Die Standardbibliothek wartet mit ungefähr 60 Algorithmen auf, die Sie in Ihrem Programmiererleben vermutlich alle irgendwann einmal gut gebrauchen können. Konzentrieren wollen wir uns aber auf die Algorithmen, die Sie entweder häufiger benötigen werden oder die für Sie, wenn Sie sie einmal benötigen, von besonders großem Nutzen sind.

Tabelle 21.1

Ausgewählte Algorithmen der Standardbibliothek

Algorithmen	Beschreibung
r=find(b,e,v)	r zeigt auf das erste Vorkommen von v in [b:e).
r=find_if(b,e,p)	r zeigt auf das erste Element x in [b:e), für das p(x) wahr ist (d.h. **true** ergibt).
x=count(b,e,v)	x ist die Anzahl der Vorkommen von v in [b:e).
x=count_if(b,e,p)	x ist die Anzahl der Elemente in [b:e), für die p(x) wahr ist (d.h. **true** ergibt).
sort(b,e)	Sortiert [b:e) unter Verwendung von <.
sort(b,e,p)	Sortiert [b:e) unter Verwendung von p.
copy(b,e,b2)	Kopiert [b:e) nach [b2:b2+(e–b)). Achten Sie darauf, dass hinter b2 noch genügend Elemente folgen.
unique_copy(b,e,b2)	Kopiert [b:e) nach [b2:b2+(e–b)). Kopiert keine nebeneinanderliegenden Duplikate.
merge(b,e,b2,e2,r)	Verbindet zwei sortierte Sequenzen [b2:e2) und [b:e) zu [r:r+(e–b)+(e2–b2)).
r=equal_range(b,e,v)	r ist die Teilsequenz aus dem sortierten Bereich [b:e), deren Elemente alle den Wert v haben; führt im Wesentlichen eine binäre Suche nach v aus.

Ausgewählte Algorithmen der Standardbibliothek *(Forts.)*

Algorithmen	Beschreibung
equal(b,e,b2)	Sind alle Elemente von [b:e) und [b2:b2+(e–b)) gleich?
x=accumulate(b,e,i)	x ist die Summe von i und der Elemente von [b:e).
x=accumulate(b,e,i,op)	Wie der andere **accumulate**-Algorithmus, aber mit dem Unterschied, dass zum Aufaddieren der Summe **op** benutzt wird.
x=inner_product(b,e,b2,i)	x ist das innere Produkt von [b:e) und [b2:b2+(e–b)).
x=inner_product(b,e,b2,i,op,op2)	Wie der andere **inner_product**-Algorithmus, aber mit dem Unterschied, dass **op** und **op2** anstelle von **+** und ***** benutzt werden.

Standardmäßig verwenden diese Algorithmen für Tests auf Gleichheit den ==-Operator und zum Sortieren den Kleiner-als-Operator (<). Außerdem übernehmen sie eine oder mehrere Sequenzen. Eine Eingabesequenz wird dabei durch zwei Iteratoren definiert, eine Ausgabesequenz durch einen Iterator auf ihr erstes Element. Typisch ist auch, dass die Algorithmen durch eine oder mehrere Operationen parametrisiert werden, die als Funktionsobjekte oder als Funktionen definiert werden können. Fehlschläge melden die Algorithmen üblicherweise, indem sie das Ende der Eingabesequenz zurückliefern. So liefert der Algorithmus **find(b,e,v)** zum Beispiel **e** zurück, wenn er **v** nicht findet. Alle Algorithmen der Standardbibliothek sind zusammen in <algorithm> deklariert. Weitere Informationen finden Sie in §B.5; die Literaturhinweise stehen in §20.10.

21.2 Der einfachste Algorithmus: find()

Der einfachste aller nützlichen Algorithmen ist **find()**. Er sucht in einer Sequenz nach einem Element mit einem bestimmten Wert:

```
template<class In, class T>
In find(In first, In last, const T& val)
// sucht das erste Element in [first,last), das gleich val ist
{
    while (first!=last && *first != val) ++first;
    return first;
}
```

Lassen Sie uns kurz einen Blick auf die Definition von **find()** werfen. Natürlich können Sie **find()** auch verwenden, ohne genau zu wissen, wie die Funktion implementiert ist (tatsächlich haben wir **find()** sogar schon verwendet, z.B. in §20.6.2). Die Definition von **find()** veranschaulicht jedoch viele nützliche Design-Ideen und ist deshalb allemal eine kurze Betrachtung wert.

Zunächst wäre zu erwähnen, dass **find()** auf einer Sequenz ausgeführt wird, die durch ein Iteratoren-Paar definiert wird. Gesucht wird dann nach dem Wert **val** in der halboffenen Sequenz [first:last). Der Rückgabewert von **find()** ist ein Iterator, der entweder auf das erste Element der Sequenz mit dem Wert **val** oder auf **last** zeigt. Letzteres – die Rückgabe eines Iterators, der auf das Element hinter dem letzten

Element der Sequenz zeigt – ist das von der Standardbibliothek am häufigsten verwendete Verfahren, um anzuzeigen, dass nichts gefunden wurde. Wir können also find() wie folgt verwenden:

```
void f(vector<int>& v, int x)
{
  vector<int>::iterator p = find(v.begin(),v.end(),x);
  if (p!=v.end()) {
    // x in v gefunden
  }
  else {
    // kein x in v
  }
  // ...
}
```

Hier, wie in den meisten Anwendungsfällen, umfasst die übergebene Sequenz die gesamten Elemente eines Containers (ein STL-**vector**). Den zurückgelieferten Iterator vergleichen wir mit dem Ende der Sequenz, um festzustellen, ob wir unseren Wert gefunden haben.

Nachdem wir wissen, wie wir find() verwenden, können wir auch eine ganze Reihe anderer Algorithmen verwenden, die den gleichen Konventionen wie find() folgen. Bevor wir jedoch fortfahren, uns mehr und mehr Algorithmen und Anwendungsbeispiele anzusehen, wollen wir noch einmal einen Blick auf die Definition von find() werfen:

```
template<class In, class T>
In find(In first, In last, const T& val)
  // sucht das erste Element in [first,last), das gleich val ist
{
  while (first!=last && *first != val) ++first;
  return first;
}
```

Haben Sie die Schleife in dem Code sofort verstanden? Wir nicht. Diese Minimalversion einer Schleife ist effizient und eine direkte Repräsentation des zugrunde liegenden Algorithmus. Doch sie ist nicht einfach zu verstehen – jedenfalls nicht, wenn man nicht bereits ein paar Beispiele dieser Art gesehen hat. Lassen Sie uns den Code etwas ausführlicher formulieren und die beiden Versionen vergleichen:

```
template<class In, class T>
In find(In first, In last, const T& val)
  // sucht das erste Element in [first,last), das gleich val ist
{
  for (In p = first; p!=last; ++p)
    if (*p == val) return p;
  return last;
}
```

Diese beiden Definitionen sind logisch äquivalent und ein wirklich guter Compiler wird für beide Varianten denselben Code erzeugen. In der Praxis sind jedoch viele Compiler nicht gut genug, um die zusätzliche Variable (**p**) zu beseitigen und den Code so umzustellen, dass sämtliche Tests an einer Stelle im Code konzentriert werden. Aber ist das wirklich von Bedeutung? Warum all die Mühe, Ihnen diesen Code näherzubringen? Zum Teil, weil die erste (und vorzuziehende) Version von find() weite Verbreitung gefunden hat und das Verständnis dieser Variante Voraussetzung ist, um fremden Code lesen und verstehen zu

21.2 Der einfachste Algorithmus: find()

können. Zum Teil aber auch, weil genau für diese Art von Funktionen (klein, häufig benötigt, verarbeitet große Datenmengen) die Performance wichtig ist.

> **Testen Sie Ihr Können**
>
> Sind Sie sicher, dass diese beiden Definitionen logisch äquivalent sind? Wieso sind Sie sicher? Versuchen Sie, einen Beweis für ihre Äquivalenz zu finden. Danach führen Sie beide Versionen auf einigen Daten aus. Ein berühmter Informatiker (Don Knuth) hat einmal gesagt: „Ich habe lediglich bewiesen, dass der Algorithmus korrekt ist, ich habe ihn nicht getestet." Auch mathematische Beweise können Fehler enthalten. Um halbwegs sicher sein zu können, müssen Sie daher beides: theoretisch absichern und praktisch testen.

21.2.1 Einige generische Anwendungsbereiche

Der **find()**-Algorithmus ist generisch, d.h., er kann für verschiedene Datentypen verwendet werden. Genau genommen ist er sogar in zweifacher Hinsicht generisch, denn er kann zusammen mit

- jeder den STL-Konventionen folgenden Sequenz und
- jedem Elementtyp

verwendet werden. Sehen wir uns dazu ein paar Beispiele an. (Wenn Sie Schwierigkeiten mit den Beispielen haben, werfen Sie noch einmal einen Blick auf die Abbildungen in §20.4.)

```
void f(vector<int>& v, int x)   // funktioniert für einen Vektor von Integer-Werten
{
  vector<int>::iterator p = find(v.begin(),v.end(),x);
  if (p!=v.end()) { /* wir haben x gefunden */ }
  // ...
}
```

Hier verwendet **find()** die Iterationsoperationen, die von **vector<int>::iterator** zur Verfügung gestellt werden, d.h. ++ (wie in **++first**) verschiebt einfach einen Zeiger auf die nächste Position im Speicher (an der das nächste Element des **vector**-Containers gespeichert ist) und * (wie in ***first**) dereferenziert einen solchen Zeiger. Der Iteratorvergleich (wie in **first!=last**) ist ein Zeigervergleich und der Wertevergleich (wie in ***first!=val**) vergleicht einfach zwei Integer-Werte.

Versuchen wir es als Nächstes mit einem **list**-Container:

```
void f(list<string>& v, string x)   // funktioniert für eine Liste von Strings
{
  list<string>::iterator p = find(v.begin(),v.end(),x);
  if (p!=v.end()) { /* wir haben x gefunden */ }
  // ...
}
```

Hier verwendet **find()** die Iterationsoperationen, die von **list<string>::iterator** zur Verfügung gestellt werden. Die Operatoren haben die vorgeschriebene Bedeutung, sodass die Logik die gleiche ist wie oben für **vector<int>**. Die Implementierung sieht jedoch gänzlich anders aus. In diesem Fall folgt ++ (wie in **++first**) einfach dem zugehörigen Zeiger aus dem Zeiger-Teil des aktuellen **Link**-Knotens zu der Speicherposition, an der das nächste Element in der Liste (der nächste Knoten) abgelegt ist. Und *

(wie in *first) liefert den Wert-Teil eines **Link**-Knotens. Der Iteratorvergleich (wie in *first!=val) ist ein Zeigervergleich von **Link***-Zeigern und der Wertevergleich (wie in *first!=val) vergleicht Strings mithilfe des **string**-Operators !=.

Das zeigt, wie extrem flexibel **find()** ist: Solange wir uns an die einfachen Regeln für den Umgang mit Iteratoren halten, können wir mit **find()** in jeder beliebigen Sequenz nach Elementen suchen – wie auch in jedem Container, den zu definieren wir uns die Mühe machen. So können wir mit **find()** beispielsweise auch nach einem Zeichen in einem **Document**-Objekt (wie in §20.6 beschrieben) suchen:

```
void f(Document& v, char x)    // funktioniert für ein Document von Zeichen (char)
{
    Text_iterator p = find(v.begin(),v.end(),x);
    if (p!=v.end()) { /* wir haben x gefunden */ }
    // ...
}
```

Es ist diese Flexibilität, die die STL-Algorithmen auszeichnet und die sie zu viel nützlicheren Hilfsmitteln macht, als viele auf den ersten Blick vermuten.

21.3 Die allgemeine Suche: find_if()

Eigentlich suchen wir gar nicht so oft nach fest vorgegebenen Werten. Viel öfter sind wir an Werten interessiert, die bestimmte Kriterien erfüllen. Unsere **find**-Operation könnte daher viel nützlicher sein, wenn sie uns erlauben würde, eigene Suchkriterien zu definieren. Vielleicht suchen wir nach einem Wert größer **42** oder wir wollen Strings ohne Berücksichtigung der Groß- und Kleinschreibung vergleichen oder wir suchen nach dem ersten ungeraden Wert oder nach einem Datensatz mit dem Adressfeld "**Kirschbaumweg 17**".

Für die Suche auf Basis benutzerdefinierter Kriterien gibt es in der Standardbibliothek den Algorithmus **find_if()**:

```
template<class In, class Pred>
In find_if(In first, In last, Pred pred)
{
    while (first!=last && !pred(*first)) ++first;
    return first;
}
```

Vergleicht man diesen Code mit der Definition von **find()**, stellt man schnell fest, wie ähnlich sich die beiden Funktionskörper sind. Der einzige Unterschied ist, dass **find()** statt *first!=val den Ausdruck !pred(*first) verwendet. Das bedeutet, dass die Suche beendet wird, sobald das Prädikat **pred()** erfüllt ist (und nicht, wenn ein Element mit einem bestimmten Wert übereinstimmt).

Ein Prädikat ist eine Funktion, die **true** (wahr) oder **false** (falsch) zurückliefert. Prädikate, die an **find_if()** übergeben werden, müssen ein einzelnes Argument übernehmen, da sie in **find_if()** mit **pred**(*first) aufgerufen werden. Ein solches Prädikat zu schreiben, das irgendeine Eigenschaft eines Wertes prüft – wie z.B. „Enthält der String den Buchstaben x?", „Ist der Wert größer als 42?" oder „Ist die Zahl eine ungerade Zahl?" –, ist nicht sonderlich schwer. Der folgende Code sucht beispielsweise die erste ungerade Zahl in einem Vektor von Integer-Werten:

```cpp
bool odd(int x) { return x%2; } // % ist der Modulo-Operator

void f(vector<int>& v)
{
  vector<int>::iterator p = find_if(v.begin(), v.end(), odd);
  if (p!=v.end()) { /* wir haben eine ungerade Zahl gefunden */ }
  // ...
}
```

In diesem Aufruf von **find_if()** wird **odd()** für jedes Element aufgerufen, bis der erste ungerade Wert gefunden wird. (Achten Sie bei der Übergabe von Funktionen als Argument darauf, nicht die runden Klammern () an den Namen anzuhängen, da dies zum Aufruf der Funktion führen würde.)

Auf ähnliche Art und Weise können wir nach dem ersten Element einer Liste suchen, dessen Wert größer als 42 ist:

```cpp
bool larger_than_42(double x) { return x>42; }

void f(list<double>& v)
{
  list<double>::iterator p = find_if(v.begin(), v.end(), larger_than_42);
  if (p!=v.end()) { /* wir haben einen Wert > 42 gefunden */ }
  // ...
}
```

Dieses letzte Beispiel ist jedoch nicht wirklich befriedigend. Was ist, wenn wir als Nächstes nach einem Element größer 41 suchen? Wir müssten eine neue Funktion schreiben. Ein Element größer 19? Noch eine neue Funktion. Es muss einen besseren Weg geben!

Wenn wir gegen einen beliebigen Wert **v** vergleichen wollen, müssen wir dem Prädikat von **find_if()** den Wert **v** irgendwie als implizites Argument übergeben. Wir könnten es mit folgendem Code versuchen (um Namenskonflikten von vornherein aus dem Weg zu gehen, haben wir als Bezeichner **v_val** statt **v** verwendet):

```cpp
double v_val; // der Wert, mit dem das Prädikat larger_than_v() sein Argument
              // vergleicht
bool larger_than_v(double x) { return x>v_val; }

void f(list<double>& v, int x)
{
  v_val = 31;   // weise v_val als Vorbereitung für den nächsten Aufruf von
                // larger_than_v den Wert 31 zu
  list<double>::iterator p = find_if(v.begin(), v.end(), larger_than_v);
  if (p!=v.end()) { /* wir haben einen Wert > 31 gefunden */ }
  v_val = x;    // weise v_val für den nächsten Aufruf von larger_than_v
                // den Wert x zu
  list<double>::iterator q = find_if(v.begin(), v.end(), larger_than_v);
  if (q!=v.end()) { /* wir haben einen Wert > x gefunden */ }
  // ...
}
```

Grausig! Wir sind fest überzeugt, dass Menschen, die solchen Code schreiben, am Ende das bekommen, was sie verdienen. Leid tun uns lediglich die Programmierer, die obigen Code verwenden oder warten müssen. Auch hier gilt: Es muss einen besseren Weg geben!

> ### Testen Sie Ihr Können
>
> Warum sind wir aufgrund der Art und Weise, wie **v** in obigem Code verwendet wird, so echauffiert? Nennen Sie mindestens drei Fälle, in denen obiger Code zu obskuren Fehlern führt. Nennen Sie drei Anwendungen, in denen Sie auf keinen Fall solchen Code vorfinden wollen.

21.4 Funktionsobjekte

Wir möchten also **find_if()** ein Prädikat übergeben, dass die Elemente im Container mit einem Wert vergleicht, den wir in irgendeiner Form als Argument mitgeben können. Konkret möchten wir Code wie den folgenden schreiben:

```
void f(list<double>& v, int x)
{
  list<double>::iterator p = find_if(v.begin(), v.end(), Larger_than(31));
  if (p!=v.end()) { /* wir haben einen Wert > 31 gefunden */ }

  list<double>::iterator q = find_if(v.begin(), v.end(), Larger_than(x));
  if (q!=v.end()) { /* wir haben einen Wert > x gefunden */ }

  // ...
}
```

Offensichtlich muss **Larger_than** etwas sein,

- das wir als Prädikat aufrufen können (vergleichbar **pred(*first)**);
- das einen Wert speichern kann, wie **31** oder **x**, den wir bei Aufruf verwenden können.

Hierfür benötigen wir ein sogenanntes „Funktionsobjekt", d.h. ein Objekt, das sich wie eine Funktion verhalten kann. Warum ein Objekt? Weil Objekte Daten (wie den Wert, mit dem wir vergleichen möchten) speichern können. Zum Beispiel:

```
class Larger_than {
  int v;
public:
  Larger_than(int vv) : v(vv) { }              // speichere das Argument
  bool operator()(int x) const { return x>v; } // vergleiche
};
```

Interessanterweise funktioniert mit dieser Definition das obige Beispiel anstandslos. Wir müssen also nur noch herausfinden, warum. Wenn wir schreiben **Larger_than(31)**, erzeugen wir (offensichtlich) ein Objekt der Klasse **Larger_than**, das in seiner Membervariable **v** den Wert **31** speichert. Zum Beispiel:

find_if(v.begin(),v.end(),Larger_than(31))

Hier übergeben wir das Objekt an den Parameter **pred** von **find_if()**. In **find_if()** erfolgt dann für jedes Element von **v** der Aufruf:

pred(*first)

Dieser Ausdruck wendet auf unser Funktionsobjekt den Aufrufoperator **operator()** an, mit ***first** als Argument. Als Ergebnis wird der Wert des Elements **first** (sprich ***first**) mit **31** verglichen.

Wie dieses Beispiel zeigt, kann man den Funktionsaufruf als einen ganz gewöhnlichen Operator ansehen – den „()-Operator" oder *Funktionsaufrufoperator*. Entsprechend wird die Bedeutung der runden Klammern **()** in dem Ausdruck **pred(*first)** durch die Definition von **Larger_than::operator()** festgelegt – so wie **vector::operator[]** bestimmt, welche Bedeutung der Indizierung in **v[i]** zukommt.

21.4.1 Allgemeine Darstellung des Konzepts der Funktionsobjekte

Funktionsobjekte erlauben es einer „Funktion" sozusagen, die Daten, die sie benötigt, selbst mit sich zu führen. Es handelt sich also ganz offensichtlich um einen sehr allgemeinen, mächtigen und anwendungsfreundlichen Mechanismus. Betrachten wir dazu eine etwas allgemeinere Definition eines Funktionsobjekts:

```
class F {   // abstraktes Beispiel eines Funktionsobjekts
  S s;      // Zustand
public:
  F(const S& ss) :s(ss) { /* Anfangszustand herstellen */ }
  T operator() (const S& ss) const
  {
     // benutzte ss, um etwas mit s zu tun
     // liefere einen Wert von Typ T zurück (T ist meist void, bool oder S)
  }
  const S& state() const { return s; }   // Zustand zurückmelden
  void reset(const S& ss) { s = ss; }    // Zustand setzen
};
```

Ein Objekt der Klasse **F** speichert in seinem Member **s** Daten. (Falls nötig, kann ein Funktionsobjekt mehrere Membervariablen zum Speichern von Daten definieren.) Statt zu sagen, dass etwas Daten enthält, kann man auch davon sprechen, dass es „einen Zustand hat" (*state*). Für Objekte vom Typ **F** können wir den Zustand im Zuge der Objekterzeugung initialisieren und später jederzeit abfragen. Wir haben hier für **F** zwei Operationen definiert: **state()**, um den Zustand auszulesen, und **reset()**, um den Zustand zu verändern. Grundsätzlich steht es uns beim Entwurf eines Funktionsobjekts aber frei, den Zugriff auf den Zustand ganz nach unserem Ermessen zu gestalten. Darüber hinaus können wir Funktionsobjekte unter Verwendung der normalen Funktionsaufrufnotation sowohl direkt als auch indirekt aufrufen. Und wir können Funktionsobjekte mit beliebig vielen Parametern definieren (auch wenn unsere Definition von **F** beim Aufruf nur ein einzelnes Argument übernimmt).

Die STL nutzt zur Parametrisierung vor allem Funktionsobjekte. Über Funktionsobjekte können wir angeben, wonach wir suchen möchten (§21.3), welche Sortierkriterien gelten sollen (§21.4.2), welche arithmetische Operation ein numerischer Algorithmus verwenden soll (§21.5), wann zwei Werte als gleich anzusehen sind (§21.8) und vieles mehr. Funktionsobjekte bedeuten hohe Flexibilität und allgemeine Verwendbarkeit.

Die Verwendung von Funktionsobjekten führt normalerweise zu sehr effizientem Code. Vor allem kleine Funktionsobjekte, die via pass-by-value an Template-Funktionen übergeben werden, garantieren optimale Performance. Die Erklärung ist einfach, dürfte aber alle diejenigen überraschen, die Funktionen bislang direkt als Argumente übergeben haben: In der Regel führt die Übergabe eines Funktionsobjekts zu erheblich kürzerem und schnellerem Code als die Übergabe einer Funktion! Dies gilt jedoch nur, wenn das Objekt klein ist (keine oder maximal ein bis zwei Wort-Einheiten große Daten) oder als Referenz übergeben wird und wenn der Funktionsaufrufoperator mit wenig Code (z.B. ein einfacher Vergleich mit <) und inline definiert ist (d.h., die Definition steht innerhalb der Klasse). Die meisten Beispiele in diesem Kapitel – und in diesem Buch – folgen diesem Muster. Der Hauptgrund für die hohe Leistung der kleinen und einfachen Funktionsobjekte ist der, dass sie genügend Typinformationen für den Compiler bereithalten, um diesem die Erzeugung optimalen Codes zu ermöglichen. Sogar ältere Compiler mit primitiveren Optimierern sind in der Lage, den Vergleich in **Larger_than** in einen einfachen Größer-als-Maschinenbefehl statt einen Funktionsaufruf zu übersetzen. Der Aufruf einer Funktion dauert aber in der Regel 10- bis 50-mal länger als die Ausführung einer einfachen Vergleichsoperation. Außerdem ist der Code für einen Funktionsaufruf um das Mehrfache länger als der Code für einen einfachen Vergleich.

21.4.2 Prädikate für Klassenmember

Wie wir gesehen haben, lassen sich die Algorithmen der Standardbibliothek gut in Kombination mit Sequenzen von Elementen einfacher Typen wie **int** oder **double** verwenden. In einigen Anwendungsbereichen hat man es jedoch weit häufiger mit Containern zu tun, deren Elemente Klassentypen angehören. Betrachten wir dazu eine Technik, die der Schlüssel zu vielen verschiedenen Anwendungen ist: das Sortieren von Datensätzen nach verschiedenen Kriterien.

```
struct Record {
    string name;      // Standardstring, für leichtere Benutzung
    char addr[24];    // alter Stil, in Anpassung an ein Datenbanklayout
    // ...
};
```

```
vector<Record> vr;
```

Manchmal wollen wir **vr** nach den Namen und manchmal nach den Adressen sortieren. Wenn wir nicht beides elegant und effizient lösen können, sind unsere Techniken nur von begrenztem praktischem Nutzen. Zum Glück ist das Sortieren nach verschiedenen Kriterien nicht allzu schwer. So können wir beispielsweise schreiben:

```
// ...
sort(vr.begin(), vr.end(), Cmp_by_name());  // sortiert nach name
// ...
sort(vr.begin(), vr.end(), Cmp_by_addr());  // sortiert nach addr
// ...
```

Cmp_by_name ist ein Funktionsobjekt, das zwei Record-Strukturen anhand ihrer name-Member vergleicht und Cmp_by_addr ist ein Funktionsobjekt, das zwei Record-Strukturen anhand ihrer addr-Member vergleicht. Damit der Benutzer diese Vergleichskriterien übergeben kann, definiert der STL-Algorithmus sort einen optionalen dritten Parameter für das Sortierkriterium. Cmp_by_name() erzeugt ein Cmp_by_name-Objekt, das der sort()-Algorithmus für den Vergleich der Record-Strukturen verwenden kann. Das Ganze sieht ganz okay aus – womit ich sagen will, dass wir nichts dagegen hätten, solchen Code zu warten. Jetzt müssen wir nur noch Cmp_by_name und Cmp_by_addr definieren:

// verschiedene Vergleiche für Record-Objekte:

```
struct Cmp_by_name {
  bool operator()(const Record& a, const Record& b) const
    { return a.name < b.name; }
};

struct Cmp_by_addr {
  bool operator()(const Record& a, const Record& b) const
    { return strncmp(a.addr, b.addr, 24) < 0; } // !!!
};
```

Die Klasse Cmp_by_name ist weitgehend selbsterklärend. Der Funktionsaufrufoperator operator()() vergleicht einfach die name-Strings mithilfe des string-Standardoperators <. Nicht ganz so selbsterklärend ist der Vergleich in Cmp_by_addr, was vor allem daran liegt, dass wir für die Adresse eine ziemlich hässliche Repräsentation gewählt haben: ein Array von 24 Zeichen (nicht nullterminiert). Wir haben dieses Beispiel vor allem aus zwei Gründen gewählt. Zum einen wollten wir demonstrieren, wie man mithilfe eines Funktionsobjekts hässlichen und fehleranfälligen Code verstecken kann. Zum anderen weil mir diese spezielle Repräsentation einst als Herausforderung vorgelegt wurde, als „ein hässliches reales Problem, das die STL nicht lösen kann". Nun ja, die STL konnte es lösen. Die Vergleichsfunktion verwendet die Standard-C-(und C++-)Bibliotheksfunktion strncmp(), die Zeichen-Arrays fester Länger vergleicht und eine negative Zahl zurückliefert, wenn der zweite String lexikografisch nach dem ersten kommt. Sie können das recherchieren, wenn Sie jemals in die Verlegenheit kommen, ähnliche Vergleiche durchführen zu müssen (siehe z.B. §B.10.3).

21.5 Numerische Algorithmen

Die meisten Algorithmen der Standardbibliothek haben mit der Verwaltung von Daten zu tun und können zum Kopieren, Sortieren, Suchen etc. genutzt werden. Neben diesen datenorientierten Algorithmen gibt es noch ein paar numerische Algorithmen, die einerseits die Durchführung numerischer Berechnungen erleichtern und andererseits als Vorlage und Beispiel für die Entwicklung eigener, STL-konformer numerischer Algorithmen dienen können.

In der Standardbibliothek gibt es genau vier numerische Algorithmen im STL-Stil.

Tabelle 21.2

Numerische Algorithmen

Numerischer Algorithmus	Beschreibung
x=accumulate(b,e,i)	Addiert eine Sequenz von Werten; z.B. würde für $\{a,b,c,d\}$ der Wert $a+b+c+d$ berechnet. Der Typ des Ergebnisses x ist der Typ des Anfangswertes i.
x=inner_product(b,e,b2,i)	Multipliziert Wertepaare aus zwei Sequenzen und addiert die Ergebnisse; z.B. würde für $\{a,b,c,d\}$ und $\{e,f,g,h\}$ der Wert $a*e+b*f+c*g+d*h$ berechnet. Der Typ des Ergebnisses x ist der Typ des Anfangswertes i.
r=partial_sum(b,e,r)	Erzeugt eine neue Sequenz mit den immer weiter aufaddierten Summen der ersten n Elemente einer Ausgangssequenz; z.B. würde für $\{a,b,c,d\}$ die Sequenz $\{a, a+b, a+b+c, a+b+c+d\}$ erzeugt.
r=adjacent_difference(b,e,b2,r)	Erzeugt eine neue Sequenz mit den paarweisen Differenzen zwischen den Elementen einer Ausgangssequenz; z.B. würde für $\{a,b,c,d\}$ die Sequenz $\{a, b-a, c-b, d-c\}$ erzeugt.

Die numerischen Algorithmen sind im Header **<numeric>** deklariert. Wir besprechen hier nur die beiden Erstgenannten und überlassen es Ihnen, sich im Bedarfsfall näher über die beiden anderen zu informieren.

21.5.1 Akkumulator

Der einfachste und nützlichste numerische Algorithmus ist **accumulate()**. In seiner Grundform summiert er die Werte in einer Sequenz auf:

```
template<class In, class T> T accumulate(In first, In last, T init)
{
    while (first!=last) {
        init = init + *first;
        ++first;
    }
    return init;
}
```

Gibt man diesem Algorithmus einen Anfangswert **init**, addiert er jeden Wert in der Sequenz [**first:last**] dazu und liefert die Summe zurück. Die Variable **init**, die die Summe aufnimmt, wird oft auch als *Akkumulator* bezeichnet. Ein möglicher Aufruf könnte wie folgt aussehen:

```
int a[] = { 1, 2, 3, 4, 5 };
cout << accumulate(a, a+sizeof(a)/sizeof(int), 0);
```

Die Ausgabe dieses Codes lautet 15, denn 0+1+2+3+4+5 ist 15 (0 ist der Anfangswert). Der Algorithmus **accumulate()** kann für alle Arten von Sequenzen verwendet werden:

21.5 Numerische Algorithmen

```
void f(vector<double>& vd, int* p, int n)
{
    double sum = accumulate(vd.begin(), vd.end(), 0.0);
    int sum2 = accumulate(p,p+n,0);
}
```

Der Typ des Ergebnisses (der Summe) ist der Typ der Variablen, die **accumulate()** für den Akkumulator verwendet. Dies gibt dem Algorithmus eine Flexibilität, die sich gelegentlich als recht nützlich erweist. Zum Beispiel:

```
void f(int* p, int n)
{
    int s1 = accumulate(p, p+n, 0);            // summiere in einen int
    long sl = accumulate(p, p+n, long(0));     // summiere die int-Werte in einen long
    double s2 = accumulate(p, p+n, 0.0);       // summiere die int-Werte in einen double
}
```

Ein **long**-Wert hat auf einigen Computern mehr signifikante Stellen als ein **int**. Ein **double** kann größere (und kleinere) Zahlen repräsentieren als ein **int**, aber möglicherweise mit geringerer Präzision. (Mehr zur Bedeutung von Wertebereichen und Präzision in numerischen Berechnungen in Kapitel 24.)

Ein sehr häufig gebräuchliches Idiom zur Festlegung des Akkumulator-Typs ist es, die Variable, in der das Ergebnis gespeichert wird, auch als Initialisierer zu übergeben:

```
void f(vector<double>& vd, int* p, int n)
{
    double s1 = 0;
    s1 = accumulate(vd.begin(), vd.end(), s1);
    int s2 = accumulate(vd.begin(), vd.end(), s2);      // Hoppla
    float s3 = 0;
    accumulate(vd.begin(), vd.end(), s3);               // Hoppla
}
```

Achten Sie darauf, den Akkumulator korrekt zu initialisieren und das Ergebnis von **accumulate()** einer Variablen zuzuweisen. Beispielsweise wird in dem obigen Code s2 als Initialisierer verwendet, bevor es selbst initialisiert wurde. Das Ergebnis ist deshalb undefiniert. Und im dritten Aufruf übergeben wir s3 via pass-by-value (siehe §8.5.3) an **accumulate()**, aber das Ergebnis wird nirgends zugewiesen; die Kompilierung war eine reine Zeitverschwendung.

21.5.2 accumulate() – allgemeine Version

Der einfache, drei Argumente übernehmende **accumulate()**-Algorithmus erlaubt allein die Addition. Da es aber noch viele weitere nützliche Operationen gibt (Multiplizieren, Subtrahieren etc.), die wir ebenfalls gerne auf eine Sequenz anwenden würden, stellt die STL noch eine zweite Version von **accumulate()** zur Verfügung. Diese Variante besitzt ein viertes Argument, über das wir die zu verwendende Operation selbst festlegen können:

```
template<class In, class T, class BinOp>
T accumulate(In first, In last, T init, BinOp op)
{
    while (first!=last) {
```

```
        init = op(init, *first);
        ++first;
    }
    return init;
}
```

Jede binäre Operation, die zwei Argumente vom Typ des Akkumulators akzeptiert, kann zusammen mit dieser Version von **accumulate()** verwendet werden. Zum Beispiel:

```
array<double,4> a = { 1.1, 2.2, 3.3, 4.4 };   // siehe §20.9
cout << accumulate(a.begin(),a.end(), 1.0, multiplies<double>());
```

Die Ausgabe lautet „35.1384", das Ergebnis von **1.0*1.1*2.2*3.3*4.4** (**1.0** ist der Anfangswert). Der hier übergebene binäre Operator **multiplies<double>** ist ein STL-Funktionsobjekt, mit dem man multiplizieren kann: **multiplies<double>** multipliziert **double**-Werte, **multiplies<int>** multipliziert **int**-Werte usw. Es gibt andere binäre Funktionsobjekte: **plus** (addiert), **minus** (subtrahiert), **divides** (dividiert) und **modulus** (berechnet den Rest). Die Definitionen finden Sie in **<functional>** (§B.6.2).

Beachten Sie, dass für die Produkte von Gleitkommazahlen der neutrale Anfangswert **1.0** lautet.

Wie in unserem **sort()**-Beispiel aus §21.4.2 sind die Daten, an denen wir interessiert sind, in der Regel eher in Klassenobjekten gespeichert als in einfachen integrierten Typen. Beispielsweise könnte es unser Ziel sein, aus den Angaben zu Stückpreis und Anzahl verkaufter Einheiten, die für jeden Artikel in einem eigenen Objekt der Klasse **Record** gespeichert sind, den Gesamtwert aller verkauften Artikel zu berechnen.

```
struct Record {
    double unit_price;
    int units;       // Anzahl der verkauften Einheiten
    // ...
};
```

Wir könnten für **accumulate** einen Operator schreiben, der die Angaben zu Stückpreis (**unit_prize**) und Einheiten (**units**) aus einem **Record**-Element extrahiert, miteinander multipliziert und dann zum Akkumulatorwert addiert:

```
double price(double v, const Record& r)
{
    return v + r.unit_price * r.units;   // berechnet Wert und addiert auf
}
void f(const vector<Record>& vr)
{
    double total = accumulate(vr.begin(), vr.end(), 0.0, price);
    // ...
}
```

Aus „Faulheit" – vor allem aber um zu demonstrieren, dass auch dies möglich ist – haben wir zur Berechnung des Verkaufserlöses eine Funktion anstelle eines Funktionsobjekts verwendet. Funktionsobjekte bevorzugen wir vor allem, wenn

- wir zwischen den Aufrufen einen Wert im Funktionsobjekt speichern möchten oder
- die Funktionsobjekte so klein sind, dass die Inline-Kompilierung die Ausführungsgeschwindigkeit verbessert (sprich das Funktionsobjekt höchstens eine Handvoll einfache Operationen ausführt).

Wäre es uns nicht um die Didaktik gegangen, hätten wir also vermutlich der Argumentation des zweiten Punktes folgend für unser Beispiel ein Funktionsobjekt gewählt.

> **Testen Sie Ihr Können**
>
> Definieren Sie einen **vector<Record>**-Container, initialisieren Sie ihn mit vier Datensätzen Ihrer Wahl und berechnen Sie mithilfe der obigen Funktionen den Gesamtwert.

21.5.3 Das innere Produkt

Nehmen Sie zwei Vektoren, multiplizieren Sie paarweise die Elemente mit dem gleichen Index und addieren Sie die einzelnen Produkte. Als Ergebnis erhalten Sie das sogenannte *innere Produkt* der beiden Vektoren, welches in vielen Bereichen (z.B. in der Physik oder der linearen Algebra; siehe §24.6) eine wichtige Rolle spielt. In der STL ist das innere Produkt wie folgt implementiert (für Leser, die statt wortreicher Erläuterungen lieber Code lesen):

```
template<class In, class In2, class T>
T inner_product(In first, In last, In2 first2, T init)
    // Hinweis: so werden zwei Vektoren multipliziert (das Ergebnis ist ein Skalar)
{
    while(first!=last) {
        init = init + (*first) * (*first2); // multipliziere Elemente paarweise
        ++first;
        ++first2;
    }
    return init;
}
```

Diese Implementierung dehnt das Konzept des inneren Produkts auf beliebige Sequenzen mit Elementen beliebigen Typs aus. Lassen Sie uns als Beispiel einen Aktienindex betrachten. Dazu wählen wir eine Handvoll Unternehmen und weisen ihnen ein „Gewicht" zu. So hatte Alcoa bei unserer letzten Recherche im Dow-Jones-Index ein Gewicht von 2,4808. Um den aktuellen Wert des Index zu erhalten, multiplizieren wir den Aktienpreis eines jeden Unternehmens mit seinem Gewicht und addieren dann die so erhaltenen Werte. Dies ist das innere Produkt der Preise und Gewichte. Ausgedrückt in Code sähe das folgendermaßen aus:

```
// berechnet den Dow-Jones-Index:
vector<double> dow_price;      // Aktienpreise der einzelnen Unternehmen
dow_price.push_back(81.86);
dow_price.push_back(34.69);
dow_price.push_back(54.45);
// ...
list<double> dow_weight;       // Gewichtung der einzelnen Unternehmen im Index
dow_weight.push_back(5.8549);
dow_weight.push_back(2.4808);
dow_weight.push_back(3.8940);
// ...
```

```
double dji_index = inner_product(   // multipliziere (Gewicht,Wert)-Paare und addiere
  dow_price.begin(), dow_price.end(),
  dow_weight.begin(),
  0.0);
cout << "DJI-Wert " << dji_index << '\n';
```

Beachten Sie, dass **inner_product()** zwar zwei Sequenzen, aber insgesamt nur drei Argumente übernimmt: Von der zweiten Sequenz wird nur der Anfang übergeben. Es wird allerdings davon ausgegangen, dass die zweite Sequenz mindestens so viele Elemente aufweist wie die erste. Ist dies nicht der Fall, kommt es zu einem Laufzeitfehler. Ob die zweite Sequenz mehr Elemente enthält als die erste, spielt für **inner_product()** dagegen keine Rolle; die „überzähligen Elemente" werden einfach ignoriert.

Die beiden Sequenzen müssen weder vom gleichen Typ sein, noch müssen die darin enthaltenen Elemente den gleichen Typ aufweisen. Um dies zu demonstrieren, haben wir im obigen Beispiel einen **vector**-Container für die Preise und einen **list**-Container für die Gewichte gewählt.

21.5.4   inner_product() – allgemeine Version

Wie für **accumulate()** gibt es auch für **inner_product()** eine allgemeine Version. Allerdings benötigen wir für **inner_product()** zwei zusätzliche Argumente: eines für die Operation, die genau wie bei **accumulate()** den Akkumulator mit dem neuen Wert kombiniert, und ein zweites Argument für die Operation, die die Elementwerte paarweise kombiniert:

```
template<class In, class In2, class T, class BinOp, class BinOp2 >
T inner_product(In first, In last, In2 first2, T init, BinOp op, BinOp2 op2)
{
  while(first!=last) {
    init = op(init, op2(*first, *first2));
    ++first;
    ++first2;
  }
  return init;
}
```

In §21.6.3 werden wir noch einmal auf das Dow-Jones-Beispiel zurückkommen und Ihnen eine elegantere Lösung präsentieren, die unter anderem auf diesem verallgemeinerten **inner_product()**-Algorithmus beruht.

21.6   Assoziative Container

In einer Auflistung der nützlichsten Container der Standardbibliothek würde vermutlich **map** hinter **vector** den zweiten Rang belegen. Eine Map ist eine geordnete Sequenz von (*Schlüssel*,*Wert*)-Paaren, in der man anhand eines Schlüssels nach einem Wert suchen kann. So könnte zum Beispiel **my_phone_book["Nicholas"]** die Telefonnummer von Nicholas sein. Der einzige potenzielle Rivale zu **map** in der Beliebtheitsskala ist **unordered_map** (siehe §21.6.4) – eine Map, die für Strings als Schlüssel optimiert ist. Datenstrukturen wie **map** und **unordered_map** sind in der Informatik unter verschiedenen Namen bekannt: *assoziative Arrays*, *Hash-Tabellen*, *Rot-Schwarz-Bäume* etc. Fast scheint es, als gäbe es ein ungeschriebenes Gesetz, dass beliebte und nützliche Konzepte immer mehrere Namen tragen müssen.

Wie auch immer, in der Standardbibliothek fassen wir alle diese Datenstrukturen unter der Bezeichnung *assoziative Container* zusammen.

In der Standardbibliothek gibt es acht assoziative Container:

Tabelle 21.3

Assoziative Container

Assoziativer Container	Beschreibung
map	Ein geordneter Container von (*Schlüssel,Wert*)-Paaren
set	Ein geordneter Container von Schlüsseln
unordered_map	Ein nicht geordneter Container von (*Schlüssel,Wert*)-Paaren
unordered_set	Ein nicht geordneter Container von Schlüsseln
multimap	Ein **map**-Container, in dem ein Schlüssel mehrmals auftauchen kann
multiset	Ein **set**-Container, in dem ein Schlüssel mehrmals auftauchen kann
unordered_multimap	Ein **unordered_map**-Container, in dem ein Schlüssel mehrmals auftauchen kann
unordered_multiset	Ein **unordered_set**-Container, in dem ein Schlüssel mehrmals auftauchen kann

Die Deklarationen dieser Container stehen in <map>, <set>, <unordered_map> und <unordered_set>.

21.6.1 Maps

Betrachten wir eine relativ einfache Aufgabe: die Erstellung einer Liste mit Worthäufigkeiten für einen gegebenen Text. Eine naheliegende Herangehensweise an dieses Problem ist, eine Liste der bereits gesehenen Wörter zu führen, zusammen mit der Angabe, wie oft wir jedes dieser Wörter bisher angetroffen haben. Wenn wir ein neues Wort einlesen, prüfen wir zuerst, ob dieses Wort bereits in der Liste ist. Wenn ja, erhöhen wir dessen Zähler um eins, ansonsten fügen wir das Wort in unsere Liste ein und geben ihm den Wert 1. Zur Lösung dieser Aufgabe könnten wir einen **list**- oder **vector**-Container verwenden, aber dann müssten wir für jedes eingelesene Wort einen Suchlauf starten – was sich als recht langsam erweisen könnte. Eine Map hingegen speichert ihre Schlüssel auf eine Art und Weise, die es uns erlaubt, effizient und bequem festzustellen, ob ein Schlüssel bereits vorhanden ist. Das Suchen nach bereits vorhandenen Eintragungen wird damit ziemlich trivial:

```
int main()
{
  map<string,int> words;      // speichere (Wort,Häufigkeit)-Paare

  string s;
  while (cin>>s) ++words[s];  // Hinweis: words verwendet Strings als Indizes

  typedef map<string,int>::const_iterator Iter;
  for (Iter p = words.begin(); p!=words.end(); ++p)
    cout << p->first << ": " << p->second << '\n';
}
```

Der wirklich interessante Teil des Programms ist **++words[s]**. Wie wir an der ersten Zeile von **main()** ablesen können, ist **words** eine Map von **(string,int)**-Paaren, d.h., **words** bildet **string**-Werte auf **int**-Werte ab. Mit anderen Worten: Für einen gegebenen **string** liefert uns **words** den zugehörigen **int**-Wert. Wenn wir also **words** mit einem **string** (ein von unserer Eingabe eingelesenes Wort) indizieren, dann ist **words[s]** eine Referenz auf den zu **s** gehörigen **int**-Wert. Lassen Sie uns das an einem konkreten Beispiel veranschaulichen:

words["sultan"]

Wenn wir den String **"sultan"** zuvor noch nicht gesehen haben, trägt obiger Ausdruck **"sultan"** zusammen mit dem Standardwert für **int** (d.h. **0**) in **words** ein. Danach enthält **words** einen Eintrag (**"sultan"**,**0**). Entsprechend gilt, dass für einen zuvor noch nicht angetroffenen String **"sultan"** der Ausdruck **++words["sultan"]** den String **"sultan"** mit dem Wert **1** verbindet. Im Detail: Die Map stellt fest, dass **"sultan"** nicht gefunden wurde, fügt ein (**"sultan"**,**0**)-Paar ein und inkrementiert dann mit **++** den Wert zu **1**.

Sehen wir uns jetzt noch einmal den Programmcode an: **++words[s]** übernimmt ein Wort, das wir über die Standardeingabe eingelesen haben, und erhöht dessen Wert um eins. Taucht ein Wort das erste Mal auf, erhält es den Wert **1**. Damit sollte nun auch die Bedeutung der Schleife klar sein:

while (cin>>s) ++words[s];

Dieser Code liest über die Standardeingabe (durch Whitespace getrennte) Wörter ein und berechnet die zugehörige Anzahl der Vorkommen. Jetzt müssen wir nur noch die Ausgabe erzeugen. Dabei kommt uns zugute, dass wir eine Map wie jeden anderen STL-Container durchlaufen können. Die Elemente einer **map<string,int>** sind vom Typ **pair<string,int>**. Der erste Member von **pair** wird **first** und der zweite **second** genannt, sodass die Ausgabeschleife folgendermaßen lautet:

typedef map<string,int>::const_iterator Iter;
for (Iter p = words.begin(); p!=words.end(); ++p)
  cout << p–>first << ":" << p–>second << '\n';

typedef (§20.5 und §A.16) dient hier lediglich der besseren Lesbarkeit des Codes. Um unser Programm zu testen, füttern wir es zum Beispiel mit den einleitenden Sätzen zur ersten Ausgabe von *The C++ Programming Language*:

> C++ is a general purpose programming language designed to make programming more enjoyable for the serious programmer. Except for minor details, C++ is a superset of the C programming language. In addition to the facilities provided by C, C++ provides flexible and efficient facilities for defining new types.

Die zugehörige Ausgabe lautet:

C: 1
C++: 3
C,: 1
Except: 1
In: 1
a: 2
addition: 1
and: 1
by: 1
defining: 1

designed: 1
details,: 1
efficient: 1
enjoyable: 1
facilities: 2
flexible: 1
for: 3
general: 1
is: 2
language: 1
language.: 1
make: 1
minor: 1
more: 1
new: 1
of: 1
programmer.: 1
programming: 3
provided: 1
provides: 1
purpose: 1
serious: 1
superset: 1
the: 3
to: 2
types.: 1

Es ist ohne Weiteres möglich, die Groß-/Kleinschreibung oder die Satzzeichen unberücksichtigt zu lassen (siehe Übung 13).

21.6.2 Maps – ein Überblick

Was genau ist eine Map? Es gibt eine Vielzahl von Möglichkeiten, Maps zu implementieren, aber die Map-Implementierungen der STL sind in der Regel balancierte binäre Suchbäume, genauer gesagt Rot-Schwarz-Bäume. Wir werden uns im Folgenden ein wenig mit der Theorie dieser Datenstrukturen befassen, ohne jedoch zu sehr ins Detail zu gehen. Wenn Sie mehr zu diesem Thema wissen möchten, schlagen Sie die oben genannten Fachbegriffe in der einschlägigen Literatur oder im Web nach.

Bäume sind Datenstrukturen, die aus Knoten aufgebaut sind (nicht unähnlich einer Liste, siehe §20.4). Ein solcher Knoten (**Node**) besteht aus einem Schlüssel, dem dazugehörigen Wert und Zeiger auf zwei untergeordnete Knoten (siehe ▶ Abbildung 21.1).

Abbildung 21.1: Modell eines Map-Knotens mit Schlüssel (Key), Wert (Value) und Zeigern auf die untergeordneten Knoten (Node)

▶ Abbildung 21.2 zeigt, wie eine **map<Fruit,int>**-Datenstruktur im Speicher aussehen könnte, nachdem wir die Knoten (Kiwi,100), (Quitte,0), (Pflaume,8), (Apfel,7), (Traube,2345) und (Orange,99) eingefügt haben.

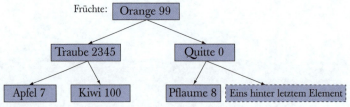

Abbildung 21.2: Beispiel für einen balancierten Baum

Unter der Voraussetzung, dass der Name des **Node**-Members, der den Schlüsselwert enthält, **schluessel** lautet, lässt sich die Grundregel für den Aufbau eines binären Suchbaums wie folgt ausdrücken:

links–>schluessel<schluessel && schluessel<rechts–>schluessel

Das heißt, für jeden Knoten gilt:

- Der Schlüssel des linken Unterknotens ist kleiner als der eigene Schlüssel und
- der eigene Schlüssel ist kleiner als der Schlüssel des rechten Unterknotens.

Tipp Sie können leicht überprüfen, dass diese Beziehung für alle Knoten in dem Baum zutrifft. Dies erlaubt es uns, den Baum von der Wurzel ausgehend abwärts zu durchsuchen. (Es ist etwas kurios, aber in der Informatikliteratur wachsen Bäume von der Wurzel aus abwärts.) In unserem Beispiel lautet der Wurzelknoten (Orange,99). Von diesem ausgehend wandern wir, immer die Schlüssel vergleichend und den Ergebnissen folgend, unseren Weg abwärts im Baum, bis wir entweder das gesuchte Objekt gefunden haben oder den Platz, an dem es sich befinden müsste. Wenn ein Baum so aufgebaut ist, dass – wie in unserem Beispiel – alle Unterbäume, die gleich weit von der Wurzel entfernt sind, auch in etwa gleich viele Knoten enthalten, sprechen wir von einem *balancierten* Baum. Balancierte Bäume minimieren die durchschnittliche Zahl der Knoten, die wir durchlaufen müssen, um einen bestimmten Knoten zu erreichen.

Der **Node**-Typ eines Baums kann zusätzliche Daten enthalten, die der Map helfen, die Balance der Knoten im Baum zu gewährleisten. Wie gesagt, ein Baum ist balanciert, wenn jeder Knoten links und rechts ungefähr gleich viele Nachkommen hat. Für einen Baum mit N Knoten bedeutet dies, dass wir höchstens $log_2(N)$ Knoten besuchen müssen, um einen beliebigen Knoten zu finden. Das ist viel besser als ein durchschnittlicher Wert von $N/2$ Knoten – so viele Knoten müssen wir nämlich im Durchschnitt prüfen, wenn wir die Schlüssel in einer Liste speichern und mit der Suche am Anfang der Liste beginnen (der schlimmste Fall für eine solche lineare Suche wäre N; siehe hierzu auch §21.6.4).

Sehen Sie sich zum Beispiel den unbalancierten Baum aus ▶ Abbildung 21.3 an. Dieser Baum erfüllt ebenfalls das Kriterium, dass der Schlüssel jedes Knotens größer sein soll als der seines linken Unterknotens und kleiner als der seines rechten Unterknotens.

links–>schluessel<schluessel && schluessel<rechts–>schluessel

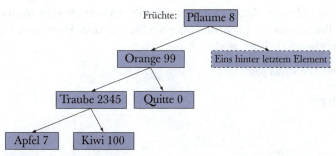

Abbildung 21.3: Beispiel für einen unbalancierten Baum

Im Gegensatz zu der Datenstruktur aus Abbildung 21.2 haben wir es hier mit einem unbalancierten Baum zu tun. Mit dem Effekt, dass wir nun drei „Hüpfer" machen müssen, um den Apfel- oder Kiwi-Knoten zu erreichen – statt zwei wie im balancierten Baum. Und die Unterschiede werden umso signifikanter, umso mehr Knoten sich in einem Baum befinden. Für die Implementierung von Maps werden daher grundsätzlich balancierte Bäume verwendet.

Um mit **map** arbeiten zu können, muss man nicht unbedingt verstehen, wie binäre Suchbäume funktionieren. (Obwohl man von einem professionellen Programmierer wohl erwarten darf, dass er zumindest mit den Grundlagen der von ihm eingesetzten Werkzeuge vertraut ist.) Was man jedoch verstehen sollte, ist, wie die **map**-Schnittstelle aufgebaut ist, die von der Standardbibliothek bereitgestellt wird. Betrachten Sie dazu die folgende, etwas vereinfachte Version:

```cpp
template<class Key, class Value, class Cmp = less<Key> > class map {
    // ...
    typedef pair<Key,Value> value_type;    // eine Map arbeitet mit
                                           // (Schlüssel,Wert)-Paaren

    typedef sometype1 iterator;            // wahrscheinlich ein Zeiger auf einen Baumknoten
    typedef sometype2 const_iterator;

    iterator begin();                      // zeigt auf das erste Element
    iterator end();                        // zeigt eins hinter das letzte Element

    Value& operator[](const Key& k);       // Indexzugriff mit k

    iterator find(const Key& k);           // gibt es einen Eintrag für k?

    void erase(iterator p);                // entferne Element, auf das p zeigt
    pair<iterator, bool> insert(const value_type&);  // füge (Schlüssel,Wert)-Paar ein
    // ...
};
```

Wie **map** tatsächlich definiert ist, können Sie in **<map>** nachlesen. Vermutlich wird der Iterator vom Typ **Node*** sein, aber man kann sich nicht darauf verlassen, die Implementierung, mit der Sie arbeiten, könnte auch einen anderen Typ für **iterator** verwenden.

21 Algorithmen und Maps

Die Ähnlichkeit zu den Schnittstellen für **vector** und **list** (§20.5 und §B.4) ist offensichtlich. Der Hauptunterschied besteht darin, dass die Elemente, über die Sie iterieren, Paare vom Typ **pair<Key,Value>** – einem weiteren nützlichen STL-Typ – sind:

```
template<class T1, class T2> struct pair {
  typedef T1 first_type;
  typedef T2 second_type;

  T1 first;
  T2 second;

  pair() :first(T1()), second(T2()) { }
  pair(const T1& x, const T2& y) :first(x), second(y) { }
  template<class U, class V>
    pair(const pair<U,V>& p) :first(p.first), second(p.second) { }
};

template<class T1, class T2>
pair<T1,T2> make_pair(T1 x, T2 y)
{
  return pair<T1,T2>(x,y);
}
```

Wir haben die komplette Definition von **pair** und der zugehörigen Hilfsfunktion **make_pair()** aus dem Standard kopiert.

Beachten Sie, dass beim Iterieren über eine Map die Elemente in der Reihenfolge angesprochen werden, die von den Schlüsseln definiert wird. Wenn wir zum Beispiel über die Früchte aus unserem Beispiel iterieren, erhalten wir

(Apfel,7) (Traube,2345) (Kiwi,100) (Orange,99) (Pflaume,8) (Quitte,0)

Die Reihenfolge, in der wir diese Früchte eingefügt haben, spielt dabei keine Rolle.

Die **insert()**-Operation hat einen seltsamen Rückgabewert, den wir in einfachen Programmen meistens ignorieren. Er besteht aus einem Iterator auf das (Schlüssel,Wert)-Element und einem booleschen Wert, der **true** ist, wenn das (Schlüssel,Wert)-Paar durch diesen **insert()**-Aufruf eingefügt wurde. Wenn der Schlüssel bereits in der Map vorhanden ist, schlägt das Einfügen fehl und der boolesche Wert ist **false**.

Beachten Sie, dass Sie die Reihenfolge, die von einer Map hergestellt wird, durch die Angabe eines dritten Arguments (**Cmp** in der Map-Deklaration) selbst festlegen können. Zum Beispiel:

map<string, double, No_case> m;

No_case definiert Vergleiche, ohne Berücksichtigung der Groß- und Kleinschreibung (siehe §21.8). Standardmäßig wird die Reihenfolge durch **less<Key>** (d.h. kleiner als) definiert.

21.6.3 Ein weiteres map-Beispiel

Um besser wertschätzen zu können, wie nützlich **map** ist, lassen Sie uns zu unserem Dow-Jones-Beispiel aus §21.5.3 zurückkehren. Der Code aus §21.5.3 war nur unter der Voraussetzung korrekt, dass die Gewichte in ihrem **vector**-Container an den gleichen Positionen stehen wie die zugehörigen

Namen. Diese implizite Grundprämisse kann schnell zu schwer zu erkennenden Fehlern führen – für die sich allerdings auf vielerlei Weisen Abhilfe schaffen lässt. Eine besonders interessante Lösung ist, jedes Gewicht zusammen mit dem Tickersymbol des zugehörigen Unternehmens zu verwahren, z.B. („AA",2.4808). Ein Tickersymbol ist eine Abkürzung für ein börsennotiertes Unternehmen und wird überall dort verwendet, wo eine knappe Repräsentation benötigt wird. In gleicher Manier können wir auch das Tickersymbol des Unternehmens zusammen mit seinem Aktienpreis speichern, z.B. („AA",34.69). Und schließlich haben wir noch die Möglichkeit – für Benutzer, die sich nicht so gut mit dem US-Aktienmarkt auskennen –, das Tickersymbol des Unternehmens zusammen mit dem Namen des Unternehmens abzulegen, z.B. („AA",„Alcoa Inc."). Das heißt, wir könnten drei Maps mit korrespondierenden Werten anlegen.

Zuerst erstellen wir die (Symbol,Preis)-Map:

```
map<string,double> dow_price;
    // Dow-Jones-Industrie-Index (Symbol,Preis);
    // aktuelle Notierungen finden Sie unter www.djindexes.com
dow_price["MMM"] = 81.86;
dow_price ["AA"] = 34.69;
dow_price ["MO"] = 54.45;
// ...
```

Die (Symbol,Gewicht)-Map:

```
map<string,double> dow_weight;  // Dow (Symbol,Gewicht)

dow_weight.insert(make_pair("MMM", 5.8549));
dow_weight.insert(make_pair("AA",2.4808));
dow_weight.insert(make_pair("MO",3.8940));
// ...
```

Wir haben hier **insert()** und **make_pair()** verwendet, um zu demonstrieren, dass die Elemente einer Map wirklich Paare sind. Das Beispiel illustriert aber auch, welchen Wert die Notation hat. Wir jedenfalls finden, dass die Indexnotation wesentlich leichter zu lesen und – auch wenn dies weniger wichtig ist – leichter zu schreiben ist.

Die (Symbol,Name)-Map:

```
map<string,string> dow_name;  // Dow (Symbol,Name)
dow_name["MMM"] = "3M Co.";
dow_name["AA"] = "Alcoa Inc.";
dow_name["MO"] = "Altria Group Inc.";
// ...
```

Mit diesen Maps an der Hand können wir bequem alle möglichen Informationen extrahieren. Zum Beispiel:

```
double alcoa_price = dow_price ["AAA"];    // lies Werte aus einer Map
double boeing_price = dow_price ["BA"];

if (dow_price.find("INTC") != dow_price.end())    // suche einen Eintrag in einer Map
    cout << "Intel ist im Dow\n";
```

21 Algorithmen und Maps

Das Iterieren über eine Map ist nicht schwer. Wir müssen nur daran denken, dass der Schlüssel **first** und der Wert **second** heißt:

```
typedef map<string,double>::const_iterator Dow_iterator;

// gibt den Preis für jedes Unternehmen im Dow-Jones-Index aus:
for (Dow_iterator p = dow_price.begin(); p!=dow_price.end(); ++p) {
   const string& symbol = p–>first;   // das "Ticker"-Symbol
      cout << symbol << '\t'
      << p–>second << '\t'
      << dow_name[symbol] << '\n';
}
```

Manche Berechnungen können wir sogar direkt auf den Maps ausführen. So können wir beispielsweise wie in §21.5.3 den Index berechnen. Dazu müssen wir nur die Aktienwerte und die Gewichte aus den entsprechenden Maps extrahieren und miteinander multiplizieren. Es ist nicht besonders schwer, eine entsprechende Funktion für zwei beliebige **map<string,double>**-Container aufzusetzen:

```
double weighted_value(
   const pair<string,double>& a,
   const pair<string,double>& b
         ) // extrahiert Werte und multipliziert sie
{
   return a.second * b.second;
}
```

Diese Funktion müssen wir dann nur noch in einen passenden Aufruf des **inner_product**-Algorithmus einbauen und wir erhalten den Wert unseres Index:

```
double dji_index =
   inner_product(dow_price.begin(), dow_price.end(),   // alle Unternehmen
         dow_weight.begin(),     // ihre Gewichte
         0.0,                    // Anfangswert
         plus<double>(),         // addiere (wie gehabt)
         weighted_value);        // extrahiere Werte und Gewichte
                                 // und multipliziere
```

Warum sollte jemand diese Daten lieber in Maps als in Vektoren verwalten wollen? In unserem Beispiel haben wir **map** verwendet, weil wir so die Beziehung zwischen den verschiedenen Werten deutlich machen konnten. Das ist ein oft genannter Grund. Ein anderer Grund ist, dass eine **map** ihre Elemente in der von den Schlüsseln definierten Reihenfolge verwahrt. Daher wurden die Symbole, als wir über **dow** iterierten, automatisch in alphabetischer Reihenfolge ausgegeben. Bei einem Vektor hätten wir den Container vorher sortieren müssen. Der häufigste Grund für den Einsatz einer **map** ist jedoch schlichtweg, dass wir über Schlüssel auf die Werte zugreifen können. Für große Sequenzen ist das Nachschlagen in einer sortierten Struktur wie **map** nämlich wesentlich schneller und effizienter als die Suche mit **find()**.

> **Testen Sie Ihr Können**
>
> Versuchen Sie, dieses kleine Beispiel auszuführen. Fügen Sie anschließend ein paar eigene Unternehmen mit erfundenen Gewichten hinzu.

21.6.4 unordered_map

Um ein Element in einem **vector** zu finden, muss **find()** alle Elemente vom Anfang bis zu dem Element mit dem gesuchten Wert (oder bis zum Ende) untersuchen. Im Schnitt sind die Kosten hierfür proportional zu der Länge des **vector**-Containers: N. Wir bezeichnen diese Kosten als $O(N)$.

Um ein Element in einer **map** zu finden, muss der Indexoperator alle Elemente des Baumes von der Wurzel bis zum Element mit dem gesuchten Wert oder bis zum Erreichen eines Blattes untersuchen. Im Schnitt sind die Kosten hierfür proportional zur Tiefe des Baumes. Ein balancierter Binärbaum mit N Elementen hat eine maximale Tiefe von $log_2(N)$. Hier liegen die Kosten bei $O(log_2(N))$. Vergleicht man das zu $O(N)$, sind die Kosten $O(log_2(N))$ – d.h. Kosten proportional $log_2(N)$ – richtig gut.

Tabelle 21.4

Kosten für vector und map

Länge des Vektors/Tiefe des map-Baumes	Werte			
N	15	128	1.023	16.383
$log_2(N)$	4	7	10	14

Die tatsächlichen Kosten hängen allerdings noch davon ab, wie schnell wir auf den gesuchten Wert treffen und wie teuer die Vergleiche und Iterationen sind. In der Regel ist es billiger, einen Zeiger zu inkrementieren (wie dies **find()** für **vector**-Container macht) als ihm nachzugehen (wie es bei der Suche in einer Map geschieht).

Für manche Typen, allen voran Integer-Werte und Zeichenstrings, gibt es sogar noch effizientere Möglichkeiten als die von **map** praktizierte Suche in einem binären Baum. Wir wollen hier nicht allzu sehr ins Detail gehen, aber die Idee dahinter ist, dass für einen gegebenen Schlüssel ein direkter Index in einen **vector**-Container berechnet wird. Dieser Index wird *Hash-Wert* und ein Container, der diese Technik anwendet, *Hash-Tabelle* genannt. Die Anzahl der möglichen Schlüssel ist dabei viel größer als die Anzahl der Einträge in der Hash-Tabelle. Etwa wenn wir – um ein typisches Beispiel anzuführen – mithilfe einer Hash-Funktion, die Milliarden von möglichen Strings auf Indizes in einen Vektor von 1.000 Elementen abbilden. Dies kann recht knifflig sein, lässt sich jedoch relativ gut lösen und ist besonders für die Implementierung umfangreicher Maps sehr hilfreich. Der Hauptvorteil einer Hash-Tabelle ist, dass die Kosten für eine Suche im Schnitt (in etwa) konstant sind, also gleich $O(1)$ – und zwar unabhängig von der Anzahl der Elemente in der Tabelle. Gerade für große Maps (z.B. mit 500.000 Webadressen) ist dies natürlich ein bedeutender Vorzug. Weitere Informationen zu Hash-Zugriffen finden Sie in der Dokumentation zu **unordered_map** (im Web) und in so gut wie jedem Text zu den Grundlagen der Datenstrukturen (suchen Sie nach *Hash-Tabelle* und *Hashing*).

Grafisch lässt sich die Suche in einem (unsortierten) Vektor, einem balancierten Binärbaum und einer Hash-Tabelle wie folgt veranschaulichen:

- Suche in einem unsortierten **vector**:

- Suche in **map** (balancierter Binärbaum):

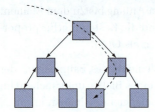

- Suche in **unordered_map** (Hash-Tabelle):

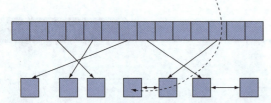

Der STL-Container **unordered_map** wird grundsätzlich mithilfe einer Hash-Tabelle implementiert – so wie der STL-Typ **map** mithilfe eines balancierten Binärbaums und der STL-Typ **vector** mithilfe eines Arrays implementiert wird. Der besondere Verdienst der Standardbibliothek liegt nicht zuletzt darin, dass sie all diese Möglichkeiten, Daten zu speichern und darauf zuzugreifen, zusammen mit den Algorithmen in einem gemeinsamen Framework zusammenfasst. Die Faustregel für die Auswahl eines Containers aus diesem Framework lautet:

- Verwenden Sie primär **vector**, es sei denn, irgendetwas spricht ausdrücklich dagegen.
- Verwenden Sie **map**, wenn Sie anhand von Werten suchen möchten. (Und wenn Ihr Schlüsseltyp eine vernünftige und effiziente Kleiner-als-Operation besitzt.)
- Verwenden Sie **unordered_map**, wenn Sie häufig in einer großen Map-Datenstruktur suchen müssen und nicht darauf angewiesen sind, die Elemente im Container in einer geordneten Reihenfolge zu durchlaufen. (Und wenn Sie eine gute Hash-Funktion für Ihren Schlüsseltyp parat haben.)

Wir werden hier nicht ausführlich auf **unordered_map** eingehen. Sie können eine **unordered_map** mit einem Schlüssel des Typs **string** oder **int** in genau der gleichen Art und Weise verwenden wie eine **map** – nur dass die Elemente beim Iterieren über den Container nicht sortiert sind. Beispielsweise könnten wir die betreffenden Teile des Dow-Jones-Programms aus §21.6.3 wie folgt für die Verwendung eines **unordered_map**-Containers umschreiben:

```
unordered_map<string,double> dow_price;

typedef unordered_map<string,double>::const_iterator Dow_iterator;

for (Dow_iterator p = dow_price.begin(); p!=dow_price.end(); ++p) {
   const string& symbol = p->first;   // das Tickersymbol
      cout << symbol << '\t'
      << p->second << '\t'
      << dow_name[symbol] << '\n';
}
```

Die Suche in **dow** könnte jetzt schneller geworden sein. Für unser Beispiel spielt das allerdings keine besondere Rolle und ein etwaiger Laufzeitunterschied würde sich auch kaum bemerkbar machen, da in dem Dow-Jones-Index nur 30 Unternehmen vertreten sind. (Hätten wir die Preise von allen Unternehmen an der New Yorker Börse berücksichtigt, hätten wir womöglich einen Leistungsunterschied feststellen können.) Ein Unterschied lässt sich jedoch kaum übersehen: Die Ausgabe ist nicht mehr alphabetisch sortiert.

Die nicht sortierten Maps gehören noch nicht lange zum Angebot des C++-Standards und bilden auch noch keinen „vollwertigen Bestandteil", da sie derzeit nur in einem Technical Report definiert sind und nicht in dem eigentlichen Standard. Sie werden allerdings immer besser unterstützt, und wo dies nicht der Fall sein sollte, stößt man meist auf ihre Vorgänger, die dann **hash_map** oder ähnlich heißen.

Testen Sie Ihr Können

Schreiben Sie ein kleines Programm unter Verwendung von **#include<unordered_map>**. Sollte dies nicht funktionieren, bedeutet dies, dass Ihre C++-Implementierung **unordered_map** nicht zur Verfügung stellt. In diesem Fall müssen Sie eine der verfügbaren Implementierungen herunterladen (siehe *www.boost.org*).

21.6.5   Sets

Ein Set, zu deutsch „Menge", kann man sich als eine Map vorstellen, an deren Werten wir nicht interessiert sind, sprich eine Map ohne Werte.

Set-Knoten:

Key first
Node* left
Node* right

Abbildung 21.4: Modell eines Set-Knotens mit Schlüssel (Key) und Zeigern auf die untergeordneten Knoten (Node)

▶ Abbildung 21.5 zeigt, wie die Früchte des **map**-Beispiels aus §21.6.2 bei Speicherung in einem Set aussehen würden.

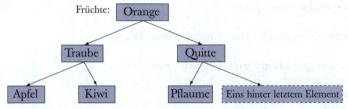

Abbildung 21.5: Aufbau eines Sets

Wofür werden Sets gebraucht? In der Praxis stoßen wir immer wieder auf Probleme, zu deren Lösung wir uns merken müssen, ob wir einen bestimmten Wert bereits gesehen haben – beispielsweise wenn wir Buch darüber führen möchten, welche Früchte verfügbar sind (unabhängig vom Preis), oder wenn wir versuchen, ein Wörterbuch aufzubauen. Auch die Verwaltung einer Gruppe von „Datensätzen" fällt in diesen Bereich. In diesem Falle wären die Elemente dann allerdings Objekte, die „beliebig viele" Informationen enthalten können und daher eine etwas andere Handhabung erfordern. Das heißt, wir müssen uns aus dem Angebot der Member einen herauspicken, den wir als Schlüssel verwenden.

```
struct Fruit {
   string name;
   int count;
   double unit_price;
   Date last_sale_date;
   // ...
};

struct Fruit_order {
   bool operator()(const Fruit& a, const Fruit& b) const
   {
      return a.name<b.name;
   }
};
```

`set<Fruit, Fruit_order> inventory;`

Dieses Beispiel demonstriert nicht nur die Verwendung eines **set**-Containers mit Objekten als Elementen, sondern ist gleichzeitig auch ein erneuter Beleg dafür, wie man mithilfe von Funktionsobjekten das Einsatzgebiet für STL-Komponenten entscheidend ausdehnen kann.

Da **set** keinen Werttyp kennt, unterstützt es auch keine Indexzugriffe (**operator[]()**). Stattdessen müssen wir uns mit „Listenoperationen" wie **insert()** und **erase()** begnügen. Nicht einmal **push_back()** wird von **map** und **set** unterstützt. Der Grund liegt auf der Hand: Nicht der Programmierer, sondern der **set**-Container entscheidet, wo ein neuer Wert eingefügt wird. Verwenden Sie daher stattdessen **insert()**:

```
inventory.insert(Fruit("Quitte",5));
inventory.insert(Fruit("Apfel", 200, 0.37));
```

set hat gegenüber **map** den Vorteil, dass Sie den von einem Iterator zurückgelieferten Wert direkt verwenden können. Denn da es keine (*Schlüssel*,*Wert*)-Paare gibt wie bei **map** (§21.6.3), liefert der Dereferenzierungsoperator einen Wert des Elementtyps:

```
typedef set<Fruit>::const_iterator SI;
for (SI p = inventory.begin(), p!=inventory.end(); ++p) cout << *p << '\n';
```

Dies setzt natürlich voraus, dass Sie für **Fruit** den Operator **<<** definiert haben.

21.7 Kopieren

In §21.2 haben wir noch behauptet, dass **find()** „der einfachste aller nützlichen Algorithmen" ist. Hierüber kann man natürlich geteilter Meinung sein. Viele einfache Algorithmen sind nützlich – selbst solche, die einfach zu schreiben sind. Doch warum sich die Mühe machen, neuen Code zu schreiben, wenn Sie Code (wie einfach er auch sein mag) nutzen können, den bereits andere für Sie geschrieben und debuggt haben? Was die Einfachheit und Nützlichkeit angeht, ist **copy()** wohl einer der stärksten Konkurrenten für **find()**. Die Standardbibliothek stellt drei Versionen von **copy()** bereit.

Tabelle 21.5

Drei Kopieroperationen

Kopieroperationen	Beschreibung
copy(b,e,b2)	Kopiert [b:e) nach [b2:b2+(e-b))
unique_copy(b,e,b2)	Kopiert [b:e) nach [b2:b2+(e-b)); unterdrückt benachbarte Kopien
copy_if(b,e,b2,p)	Kopiert [b:e) nach [b2:b2+(e-b)), aber nur Elemente, die dem Prädikat p entsprechen

21.7.1 Kopieren

Der **copy**-Algorithmus für das normale Kopieren ist folgendermaßen definiert:

```
template<class In, class Out> Out copy(In first, In last, Out res)
{
  while (first!=last) {
    *res = *first;  // kopiere Element
    ++res;
    ++first;
  }
  return res;
}
```

Mithilfe eines Iteratoren-Paars kopiert **copy()** eine Sequenz in eine andere Sequenz, die durch einen Iterator auf ihr erstes Element vertreten wird. Zum Beispiel:

```
void f(vector<double>& vd, list<int>& li)
// kopiert die Elemente einer Liste von int-Werten in einen Vektor von double-Werten
{
  if (vd.size() < li.size()) error("Ziel-Container ist zu klein");
  copy(li.begin(), li.end(), vd.begin());
  // ...
}
```

Man beachte, dass der Typ der Eingabesequenz von **copy()** nicht gleich dem Typ der Ausgabesequenz sein muss. Diese Eigenschaft der STL-Algorithmen ist recht nützlich: Sie lassen sich dadurch auf alle Arten von Sequenzen anwenden, ohne unnötige Annahmen über deren Implementierung anzustellen. Wie Sie sehen, prüfen wir oben selbst, ob in der Ausgabesequenz genügend Platz vorhanden ist, um die kopierten Elemente aufzunehmen. Solche Tests liegen immer in der Verantwortung der Programmierer. Die STL-Algorithmen sind auf maximale Allgemeingültigkeit und optimale Performance ausgelegt. Folglich führen sie standardmäßig weder Bereichsüberprüfungen noch irgendwelche anderen, möglicherweise teuren Tests durch, die den Benutzer vor Fehlern schützen könnten. Manchmal werden Sie sich wünschen, dass sie es täten. Dann sollten Sie daran denken, dass Sie die nötigen Tests jederzeit selbst hinzufügen können.

21.7.2 Stream-Iteratoren

Sicher sind Ihnen schon einmal Formulierungen wie „in die Ausgabe kopieren" oder „von der Eingabe kopieren" begegnet. Für manche Formen der Ein-/Ausgabe ist dies eine ganz brauchbare und vorteilhafte Vorstellung, die mithilfe von **copy** tatsächlich realisiert werden kann.

Zur Erinnerung: Eine Sequenz ist etwas,

- das ein Anfang und ein Ende hat;
- in dem wir mit **++** zum nächsten Element vorrücken können;
- für das wir mit ***** den Wert des aktuellen Elements erhalten.

Eingabe- und Ausgabestreams lassen sich leicht auf diese Weise repräsentieren. Zum Beispiel:

ostream_iterator<string> oo(cout); // an *oo zuweisen bedeutet nach cout schreiben

*oo = "Hello, "; // bedeutet cout << "Hello, "
++oo; // "sich für die nächste Ausgabeoperation bereit machen"
*oo = "World!\n"; // bedeutet cout << "World!\n"

Sie können sich sicher vorstellen, wie dies implementiert ist. Die Standardbibliothek stellt einen Typ **ostream_iterator** zur Verfügung, der genau in diesem Sinne arbeitet, d.h., **ostream_iterator<T>** ist ein Iterator, mit dem Sie Werte vom Typ **T** schreiben können.

Analog finden Sie in der Standardbibliothek den Typ **istream_iterator<T>**, um Werte vom Typ **T** zu lesen:

istream_iterator<string> ii(cin); // *ii zu lesen bedeutet einen String
                                     // von cin zu lesen

string s1 = *ii; // bedeutet cin>>s1
++ii; // "sich für die nächste Eingabeoperation bereit machen"
string s2 = *ii; // bedeutet cin>>s2

Unterstützt durch **ostream_iterator** und **istream_iterator** können wir **copy()** für unsere Ein-/Ausgabe verwenden – beispielsweise um auf die Schnelle ein Wörterbuch anzulegen:

```
int main()
{
    string from, to;
    cin >> from >> to;                       // lies die Namen der Quell- und Zieldatei ein

    ifstream is(from.c_str());               // öffne Eingabestream
    ofstream os(to.c_str());                 // öffne Ausgabestream

    istream_iterator<string> ii(is);         // erstelle Eingabe-Iterator für Stream
    istream_iterator<string> eos;            // Eingabe-Wächter
    ostream_iterator<string> oo(os,"\n");    // erstelle Ausgabe-Iterator für Stream

    vector<string> b(ii,eos);                // b ist ein Vektor, der mit Daten aus der
                                             // Eingabe initialisiert wird
    sort(b.begin() ,b.end());                // sortiere den Puffer
    copy(b.begin() ,b.end() ,oo);            // kopiere Puffer in Ausgabe
}
```

Der Stream-Iterator **eos** steht für das „Ende der Eingabe". Wenn ein **istream**-Stream das Ende der Eingabe (oft als **eof** bezeichnet) erreicht, ist sein **istream_iterator**-Iterator gleich dem Standardwert vom Typ **istream_iterator** (hier **eos** genannt).

Man beachte, dass wir den **vector**-Container mit einem Iteratoren-Paar initialisiert haben. Als Initialisierer für einen Container bedeutet ein Iteratoren-Paar **(a,b)**: „Lies die Sequenz [a:b] in den Container ein." In unserem Fall lauten die Iteratoren **(ii,eos)** – der Anfang und das Ende der Eingabe. Das erspart uns die explizite Verwendung von **>>** und **push_back()**. Von der folgenden Alternative können wir dagegen nur abraten:

```
vector<string> b(max_size);   // Umfang der Eingabe nicht raten!
copy(ii,eos,b.begin());
```

Wer versucht, die maximale Größe der Eingabe zu erraten, liegt in der Schätzung meistens zu niedrig, was wegen des resultierenden Pufferüberlaufs ernsthafte Probleme aufwirft – und zwar sowohl für den Programmierer als auch für seine Benutzer. Darüber hinaus stellen solche Überläufe immer ein Sicherheitsproblem dar.

Testen Sie Ihr Können

Führen Sie zuerst das Programm so aus, wie es ist, und testen Sie es mit einer kleinen Datei von, sagen wir, einigen Hundert Wörtern. Versuchen Sie es dann mit der Version, von der wir *extra abgeraten haben* und die den Umfang der Eingabe abschätzt. Beobachten Sie was passiert, wenn der Eingabepuffer **b** überläuft, und denken Sie daran, dass das Worst-Case-Szenario darin besteht, dass der Überlauf beim Testen ohne negative Auswirkungen bleibt, woraufhin Sie sich entscheiden, das Programm an Ihre Kunden auszuliefern.

Algorithmen und Maps

In unserem kleinen Programm haben wir die Wörter eingelesen und dann sortiert. Das schien uns zum damaligen Zeitpunkt am logischsten, aber warum sollten wir Wörter „an der falschen Stelle ablegen", nur damit wir sie später sortieren müssen? Schlimmer noch: Wir mussten feststellen, dass wir mehrfach vorkommende Wörter ebenso oft speichern und ausgeben, wie sie in der Eingabe erscheinen.

Letzteres Problem können wir dadurch lösen, dass wir statt **copy()** den Algorithmus **unique_copy()** verwenden. Der Algorithmus **unique_copy()** kopiert aufeinanderfolgende identische Werte nur einmal. Wenn wir zum Beispiel den einfachen **copy()**-Algorithmus verwenden, erzeugt das Programm für den Eingabetext

the man bit the dog

die Ausgabe

bit
dog
man
the
the

Würden wir **unique_copy()** verwenden, würde die Ausgabe des Programms dagegen folgendermaßen aussehen:

bit
dog
man
the

> **Tipp** Woher kommen die Zeilenumbrüche? Die Ausgabe mit Trennzeichen ist so geläufig, dass der Konstruktor von **ostream_iterator** es Ihnen erlaubt, (optional) einen String anzugeben, der nach jedem Wert ausgegeben wird:

ostream_iterator<string> oo(os,"\n");   // erzeuge einen Ausgabe-Iterator für Stream

Für Ausgaben, die von Menschen gelesen werden, ist das Zeilenumbruchzeichen eine naheliegende Option. Wir können aber ebenso gut das Leerzeichen als Trennzeichen verwenden:

ostream_iterator<string> oo(os," ");   // erzeuge einen Ausgabe-Iterator für Stream

Dann würde die Ausgabe folgendermaßen aussehen:

bit dog man the

21.7.3 Mit set Ordnung halten

Es gibt sogar einen noch einfacheren Weg, die obige Ausgabe zu erzeugen: Verwenden Sie **set** anstelle von **vector**.

```
int main()
{
    string from, to;
    cin >> from >> to;           // lies die Namen der Quell- und Zieldatei ein

    ifstream is(from.c_str());   // erzeuge Eingabestream
```

```
    ofstream os(to.c_str());        // erzeuge Ausgabestream

    istream_iterator<string> ii(is);        // erstelle Eingabe-Iterator für Stream
    istream_iterator<string> eos;           // Eingabe-Wächter
    ostream_iterator<string> oo(os," ");    // erstelle Ausgabe-Iterator für Stream

    set<string> b(ii,eos);          // b ist ein Set, das mit Daten aus der
                                    // Eingabe initialisiert wird
    copy(b.begin() ,b.end() ,oo);   // kopiere Puffer in die Ausgabe
}
```

Wenn wir Werte in ein Set einfügen, werden Duplikate ignoriert. Außerdem werden die Elemente eines Sets in geordneter Reihenfolge gespeichert, sodass wir auf das Sortieren verzichten können. Wie leicht oder schwer eine Aufgabe zu lösen ist, ist also oftmals nur eine Frage der eingesetzten Werkzeuge.

21.7.4 copy_if

Der copy()-Algorithmus kopiert ohne Einschränkung. Der Algorithmus unique_copy() übergeht Nachfolge-Elemente, die denselben Wert wie ihr Vorgänger haben. Der dritte Kopieralgorithmus, copy_if(), kopiert nur Elemente, für die ein gegebenes Prädikat **true** ist:

```
template<class In, class Out, class Pred>
Out copy_if(In first, In last, Out res, Pred p)
    // kopiere Elemente, die das Prädikat erfüllen
{
    while (first!=last) {
        if (p(*first)) *res++ = *first;
        ++first;
    }
    return res;
}
```

Mithilfe unseres **Larger_than**-Funktionsobjekts aus §21.4 können wir wie folgt alle Elemente einer Sequenz finden, die größer sind als **6**:

```
void f(const vector<int>& v)
    // kopiere alle Elemente mit einem Wert größer 6
{
    vector<int> v2(v.size());
    copy_if(v.begin(), v.end(), v2.begin(), Larger_than(6));
    // ...
}
```

Aufgrund eines mir unterlaufenen Fehlers fehlt dieser Algorithmus im ISO-Standard 1998. Der Fehler wurde inzwischen zwar behoben, aber es gibt immer noch Implementierungen ohne copy_if. Sollten Sie mit einer solchen Implementierung arbeiten, verwenden Sie einfach die Definition aus diesem Abschnitt.

21.8 Sortieren und suchen

Viele Aufgaben erfordern es, dass unsere Daten in einer geordneten Reihenfolge stehen. Um eine solche Ordnung aufzubauen, gibt es grundsätzlich zwei Möglichkeiten: Wir verwenden eine Datenstruktur wie **map** oder **set**, die automatisch eine bestimmte Ordnung herstellt und erhält, oder wir sortieren die Daten. Die nützlichste und am häufigsten verwendete Sortieroperation der STL ist der **sort()**-Algorithmus, auf den wir selbst auch schon einige Male zurückgegriffen haben. Per Voreinstellung verwendet **sort()** den <-Operator als Sortierkriterium, aber wir können ohne Weiteres auch eigene Kriterien definieren:

template<class Ran> void sort(Ran first, Ran last);
template<class Ran, class Cmp> void sort(Ran first, Ran last, Cmp cmp);

Als ein Beispiel dafür, wie man mit eigenen, benutzerdefinierten Sortierkriterien arbeitet, zeigen wir Ihnen, wie man Strings ohne Berücksichtigung der Groß- und Kleinschreibung sortiert:

```cpp
struct No_case { // ist kleinschreibung(x) < kleinschreibung(y)?
  bool operator()(const string& x, const string& y) const
  {
    for (int i = 0; i<x.length(); ++i) {
      if (i == y.length()) return false;    // y<x
      char xx = tolower(x[i]);
      char yy = tolower(y[i]);
      if (xx<yy) return true;               // x<y
      if (yy<xx) return false;              // y<=x
    }

    if (x.length()==y.length()) return false;// x==y
    return true; // x<y (weniger Zeichen in x)
  }
};

void sort_and_print(vector<string>& vc)
{
  sort(vc.begin(),vc.end(),No_case());

  for (vector<string>::const_iterator p = vc.begin(); p!=vc.end(); ++p)
    cout << *p << '\n';
}
```

Ist eine Sequenz erst einmal sortiert, sind wir nicht mehr auf **find()** als Suchoperation angewiesen. Das heißt, wir müssen die Sequenz nicht mehr von vorne beginnend durchsuchen, sondern können die geordnete Reihenfolge dazu nutzen, eine binäre Suche durchzuführen. Eine binäre Suche funktioniert grundsätzlich folgendermaßen:

Angenommen, wir suchen nach dem Wert *x*. Dazu betrachten wir das Element in der Mitte:

— Ist der Wert des Elements gleich *x*, haben wir unseren Wert gefunden!

— Ist der Wert des Elements kleiner als *x*, muss sich das Element mit dem Wert *x* rechts der Mitte befinden, d.h., wir betrachten die rechte Hälfte (und führen auf dieser Hälfte eine binäre Suche aus).

- Ist der Wert von *x* kleiner als der Wert des Elements, muss sich das Element mit dem Wert *x* links der Mitte befinden, d.h., wir betrachten die linke Hälfte (und führen auf dieser Hälfte eine binäre Suche aus).
- Wenn wir (zur Linken oder zur Rechten) das letzte Element erreicht haben, ohne *x* zu finden, gibt es kein Element dieses Wertes.

Für längere Sequenzen ist eine binäre Suche wesentlich schneller als eine lineare Suche mit **find**(). Die STL-Algorithmen für die binäre Suche heißen **search**() und **equal_range**(). Was verstehen wir unter einer „längeren Sequenz"? Das kommt ganz darauf an, aber in der Regel reichen bereits zehn Elemente, damit **search**() seinen Vorteil gegenüber **find**() ausspielen kann. Bei Sequenzen mit 1.000 Elementen ist **search**() um etwa den Faktor 200 schneller als **find**() (siehe §21.6.4). Den Algorithmus **binary_search** gibt es in zwei Varianten:

template<class Ran, class T>
bool binary_search(Ran first, Ran last, const T& val);

template<class Ran, class T, class Cmp>
bool binary_search(Ran first, Ran last, const T& val, Cmp cmp);

Beide Varianten setzen voraus, dass die Eingabesequenz sortiert ist. Ansonsten ist mit diversen „interessanten Vorfällen", wie z.B. Endlosschleifen, zu rechnen. Die Suche mit **binary_search**() prüft lediglich, ob ein bestimmter Wert überhaupt vorhanden ist:

```
void f(vector<string>& vs)   // vs sei sortiert
{
  if (binary_search(vs.begin(),vs.end(),"Sternfrucht")) {
    // es gibt im Container eine Sternfrucht
  }

  // ...
}
```

binary_search() ist ideal, wenn es uns lediglich darum geht festzustellen, ob ein Wert in einer Sequenz vorhanden ist oder nicht. Wenn es uns um das gesuchte Element selbst geht, können wir **lower_bound**(), **upper_bound**() oder **equal_range**() verwenden (§23.4, §B.5.4). In den letzteren Fällen, wenn wir also explizit an dem gesuchten Element interessiert sind, ist der Grund dafür meistens, dass es sich um ein Objekt handelt, das mehr Informationen als nur den Schlüssel enthält, dass es mehrere Elemente mit dem gleichen Schlüssel gibt oder dass wir wissen möchten, welches Element ein Suchkriterium erfüllt hat.

Aufgaben

Führen Sie die folgenden Operationen aus und geben Sie den **vector**-Container am Ende jeder Aufgabe aus.

1 Definieren Sie eine Struktur **struct Item {string name; int iid; double value; /*...*/};** und legen Sie einen **vector<Item>** namens **vi** an, den Sie mit zehn Elementen aus einer Datei füllen.

2 Sortieren Sie **vi** nach **name**.

3 Sortieren Sie **vi** nach **iid**.

4 Sortieren Sie **vi** nach **value**. Geben Sie den Vektor in absteigender Reihenfolge der **value**-Werte aus (d.h. größter Wert zuerst).

5 Fügen Sie ein Objekt **Item("Hufeisen",99,12.34)** und **Item("Canon S400", 9988,499.95)** ein.

6 Entfernen (löschen) Sie zwei Elemente (**Item**-Objekte) anhand von **name** aus **vi**.

7 Entfernen (löschen) Sie zwei Elemente (**Item**-Objekte) anhand von **iid** aus **vi**.

8 Wiederholen Sie die Übung mit einer Liste (**list<Item>**) anstelle eines Vektors (**vector<Item>**).

Versuchen Sie es jetzt mit einer **map**:

1 Definieren Sie eine **map<string,int>** namens **msi**.

2 Fügen Sie zehn (*Name*,*Wert*)-Paare ein, z.B. **msi["vorlesung"]=21**.

3 Geben Sie die (*Name*,*Wert*)-Paare in einem Format Ihrer Wahl nach **cout** aus.

4 Löschen Sie die (*Name*,*Wert*)-Paare aus **msi**.

5 Schreiben Sie eine Funktion, die Wertepaare von **cin** einliest und in **msi** ablegt.

6 Lesen Sie zehn Paare aus der Eingabe und fügen Sie sie in **msi** ein.

7 Geben Sie die Elemente von **msi** nach **cout** aus.

8 Geben Sie die Summe der (ganzzahligen) Werte in **msi** aus.

9 Definieren Sie eine **map<int,string>** namens **mis**.

10 Geben Sie die Werte aus **msi** in **mis** ein. Für jedes Element in **msi** (z.B. "vorlesung",21) sollte es ein Element in **mis** (z.B. 21,"vorlesung") geben.

11 Geben Sie die Elemente von **mis** nach **cout** aus.

Weitere Aufgaben für **vector**:

1 Lesen Sie (mindestens 16) Gleitkommawerte aus einer Datei in einen **vector<double>** namens **vd**.

2 Geben Sie **vd** nach **cout** aus.

3 Erstellen Sie einen Vektor **vi** vom Typ **vector<int>** mit der gleichen Anzahl von Elementen wie **vd**. Kopieren Sie die Elemente von **vd** nach **vi**.

4 Geben Sie die Paare (**vd[i]**,**vi[i]**) nach **cout** aus. Geben Sie jedes Paar in einer eigenen Zeile aus.

5 Geben Sie die Summe der Elemente von **vd** aus.

6 Geben Sie die Differenz zwischen der Summe der Elemente von **vd** und der Summe der Elemente von **vi** aus.

7 Es gibt in der Standardbibliothek einen Algorithmus namens **reverse**, der die Reihenfolge der Elemente in einer Sequenz (Iteratoren-Paar) umkehrt. Kehren Sie **vd** um und geben Sie **vd** nach **cout** aus.

8 Berechnen Sie den Mittelwert der Elemente in **vd** und geben Sie ihn aus.

9 Erstellen Sie einen neuen Vektor **vector<double>** namens **vd2** und kopieren Sie alle Elemente von **vd**, deren Werte kleiner als der Mittelwert sind, nach **vd2**.

10 Sortieren Sie **vd** und geben Sie den Vektor aus.

Fragen

1 Nennen Sie Beispiele für nützliche STL-Algorithmen.

2 Was macht **find()**? Nennen Sie mindestens fünf Beispiele.

3 Was macht **count_if()**?

4 Was verwendet **sort(b,e)** als Sortierkriterium?

5 Wie übernimmt ein STL-Algorithmus einen Container als Eingabeargument?

6 Wie übernimmt ein STL-Algorithmus einen Container als Ausgabeargument?

7 Wie meldet ein STL-Algorithmus zurück, dass er „nichts gefunden" hat oder seine Operation „fehlgeschlagen" ist?

8 Was ist ein Funktionsobjekt?

9 Inwiefern unterscheidet sich ein Funktionsobjekt von einer Funktion?

10 Was ist ein Prädikat?

11 Was macht **accumulate()**?

12 Was macht **inner_product()**?

13 Was ist ein assoziativer Container? Nennen Sie mindestens drei Beispiele.

14 Ist **list** ein assoziativer Container? Warum nicht?

15 Wie ist ein Binärbaum aufgebaut?

16 Was bedeutet es (grob erklärt), wenn ein Baum balanciert ist?

17 Wie viel Platz belegt eine Map für ein Element?

18 Wie viel Platz belegt ein Vektor für ein Element?

19 Warum sollte jemand eine **unordered_map** verwenden wollen, wenn eine (sortierte) Map verfügbar ist?

20 Inwiefern unterscheidet sich **set** von **map**?

21 Inwiefern unterscheidet sich **multi_map** von **map**?

22 Was spricht dafür, auf einen **copy()**-Algorithmus zurückzugreifen, wenn man eigentlich nur „eine einfache Schleife schreiben" müsste?

23 Was ist eine binäre Suche?

Übungen

1 Wenn Sie die „Testen Sie Ihr Können"-Aufgaben dieses Kapitels noch nicht gelöst haben, holen Sie dies jetzt nach.

2 Suchen Sie nach einer zuverlässigen Quelle für eine STL-Dokumentation und listen Sie alle Algorithmen der Standardbibliothek auf.

3 Schreiben Sie eine eigene Implementierung des **count()**-Algorithmus und testen Sie diese.

4 Schreiben Sie eine eigene Implementierung des **count_if()**-Algorithmus und testen Sie diese.

5 Was müssten wir tun, wenn wir nicht **end()** zurückliefern könnten, um „nicht gefunden" zu signalisieren? Stellen Sie Design und Implementierung von **find()** und **count()** so um, dass beide Funktionen Iteratoren auf das jeweils erste und letzte Element übernehmen. Vergleichen Sie Ihre Resultate mit den Standardversionen.

6 In dem Früchte-Beispiel aus §21.6.5 haben wir **Fruit**-Objekte in einen **set**-Container kopiert. Was aber wäre, wenn wir die **Fruit**-Objekte gar nicht kopieren möchten? Wir könnten einen **set<Fruit*>**-Container verwenden. Dazu müssten wir allerdings eine Vergleichsoperation für das Set definieren. Implementieren Sie das Früchte-Beispiel mit **set<Fruit*,Fruit_comparison>**. Diskutieren Sie die Unterschiede zwischen den beiden Implementierungen.

7 Schreiben Sie eine binäre Suchfunktion für **vector<int>**-Container (ohne auf die Standardfunktion zurückzugreifen). Sie können eine beliebige Schnittstelle wählen. Testen Sie Ihre Funktion. Wie sicher sind Sie, dass Ihre binäre Suchfunktion korrekt arbeitet? Schreiben Sie danach eine binäre Suchfunktion für **list<string>**-Container. Testen Sie sie. Wie ähnlich sind sich die beiden binären Suchfunktionen? Wie sehr, glauben Sie, hätten sie sich geähnelt, wenn Sie die STL nicht gekannt hätten?

8 Nehmen Sie das Beispiel zur Worthäufigkeit aus §21.6.1 und ändern Sie es dahingehend, dass die Ausgabe nach Häufigkeit (und nicht nach lexikografischer Reihenfolge) sortiert ist. Außerdem sollen die Ausgabezeilen zuerst die Häufigkeit angeben, also beispielsweise „3: C++" statt „C++: 3".

Übungen

9. Definieren Sie eine Klasse **Order** (Auftrag) mit Membern für Name, Adresse und Daten des Kunden sowie einem **vector<Purchase>**-Container. Die Klasse **Purchase** (Kauf) soll die Member **name** (Produktname), **unit_price** (Stückpreis) und **count** (Anzahl) enthalten. Definieren Sie einen Mechanismus zum Lesen und Schreiben von **Order**-Objekten aus bzw. in Dateien. Definieren Sie einen Mechanismus zum Ausdrucken der Aufträge. Erstellen Sie eine Datei mit mindestens zehn Aufträgen und lesen Sie diese in einen **vector<Order>**-Container ein, den Sie anschließend nach den Namen der Kunden sortieren und in die Datei zurückschreiben. Erstellen Sie eine weitere Datei mit ebenfalls mindestens zehn Aufträgen, von denen mindestens ein Drittel identisch zu denen der ersten Datei sein sollte. Lesen Sie die Aufträge dieser Datei in einen **list<Order>**-Container ein, sortieren Sie den Container nach den Adressen der Kunden und schreiben Sie die Aufträge anschließend zurück in die Datei. Verschmelzen Sie die beiden Dateien mit **std::merge()** zu einer dritten Datei.

10. Berechnen Sie den Gesamtwert der Aufträge in den beiden Dateien der vorhergehenden Übung. Der Wert eines einzelnen Kaufs (**Purchase**) ist natürlich **unit_price*count**.

11. Entwickeln Sie eine grafische Benutzerschnittstelle, über die **Order**-Aufträge in Dateien eingetragen werden können.

12. Entwickeln Sie eine grafische Benutzerschnittstelle, über die Informationen aus einer Datei mit Auftragsdaten abgefragt werden können, z.B. „Suche alle Aufträge von *Joe*", „Suche den Gesamtwert aller Aufträge in der Datei *Hardware*" oder „Listen Sie alle Aufträge in der Datei *Kleider* auf". Hinweis: Entwerfen Sie zuerst eine nicht grafische Schnittstelle und setzen Sie darauf dann die grafische Schnittstelle.

13. Schreiben Sie ein Programm, das eine beliebige Textdatei für die spätere Verwendung in einem Wortabfrageprogramm „aufbereitet". Ersetzen Sie z.B. alle Satzzeichen durch Leerzeichen, schreiben Sie alle Wörter klein, ersetzen Sie Schreibweisen mit Apostroph und entfernen Sie die Pluralendungen (*Schiffe* wird zu *Schiff*). Seien Sie nicht zu ehrgeizig und verzetteln Sie sich nicht. Statt sich also beispielsweise an der äußerst schwierigen Aufgabe zu versuchen, alle möglichen Pluralendungen korrekt zu erkennen, sollten Sie Pluralendungen nur dann entfernen, wenn Sie im Text beide Schreibweisen (Singular und Plural) vorfinden. Führen Sie das Programm auf einer realen Textdatei mit mindestens 5.000 Wörtern aus (z.B. einem Forschungsbericht).

14. Schreiben Sie ein Programm (unter Verwendung der Ausgabe der vorhergehenden Übung), um Fragen zu beantworten wie „Wie oft kommt *Schiff* in einer Datei vor?", „Welches Wort kommt am häufigsten vor?", „Welches Wort ist das längste Wort in der Datei?", „Welches ist das kürzeste?", „Liste alle Wörter auf, die mit einem *s* beginnen", „Liste alle vierbuchstabigen Wörter auf".

15. Entwickeln Sie eine grafische Benutzerschnittstelle für das Programm aus der vorhergehenden Übung.

21 Algorithmen und Maps

Schlüsselbegriffe

accumulate()	find()	Suche
Algorithmus	find_if()	Sequenz
Anwendung: ()	Funktionsobjekt	set
Assoziativer Container	Generisch	sort()
Balancierter Baum	Hash-Funktion	Sortieren
binary_search()	inner_product()	Stream-Iterator
copy()	lower_bound()	unique_copy()
copy_if()	map	unordered_map
equal_range()	Prädikat	upper_bound()

Ein persönlicher Hinweis

Tipp

Die STL ist der Teil der ISO-C++-Standardbibliothek, der den Containern und Algorithmen gewidmet ist. Die von ihr bereitgestellten Basiswerkzeuge sind allgemein verwendbar, flexibel und nützlich und können uns eine Menge Arbeit sparen. Das Rad immer wieder neu zu erfinden, kann zwar Spaß machen, ist aber selten produktiv. Sofern also nicht gerade gewichtige Gründe dagegen sprechen, sollten Sie nicht zögern, sich der Container und Algorithmen der STL zu bedienen. Darüber hinaus ist die STL ein exzellentes Beispiel für generische Programmierung und zeigt, wie konkrete Probleme und konkrete Lösungen zu einer Sammlung von mächtigen und allgemeinen Werkzeugen führen können. Wenn Sie Daten bearbeiten müssen (und die meisten Programmierer müssen dies), kann Ihnen die STL Vorbild und Ideengeber sein.

TEIL IV

Erweiterung des Blickwinkels

22	Ideale und Geschichte	779
23	Textmanipulation	821
24	Numerik	861
25	Programmierung eingebetteter Systeme	893
26	Testen	953
27	Die Programmiersprache C	989

Ideale und Geschichte

22.1 Geschichte, Ideale und Professionalität 780
    22.1.1   Programmiersprachen – Ziele und Philosophien 780
    22.1.2   Programmierideale 782
    22.1.3   Stile/Paradigmen 789

22.2 (Kurze) Geschichte der Programmiersprachen 792
    22.2.1   Die frühsten Sprachen 793
    22.2.2   Die Wurzeln der modernen Sprachen 795
    22.2.3   Die Algol-Familie 800
    22.2.4   Simula 807
    22.2.5   C 809
    22.2.6   C++ 812
    22.2.7   Heute 815
    22.2.8   Informationsquellen 816

22 Ideale und Geschichte

„Wenn jemand sagt, ‚Ich wünsche mir eine Sprache, in der ich nur sagen muss, was ich gerne hätte', gib ihm einen Lutscher."

– Alan Perlis

Dieses Kapitel gibt einen kurzen geschichtlichen Abriss über einige ausgewählte Programmiersprachen und die ihnen zugrunde liegenden Ideale. Diese Ideale und die Sprachen, durch die sie ausgedrückt werden, sind die Grundlage jedes professionellen Arbeitens. Da wir in diesem Buch mit C++ arbeiten, haben wir natürlich C++ und die Sprachen, die C++ geprägt haben, in den Mittelpunkt gestellt. Ziel dieses Kapitels ist es, die in diesem Buch präsentierten Ideen in einen größeren Kontext einzubetten und einmal von einem anderen Blickwinkel aus zu beleuchten. Zu jeder Sprache stellen wir zudem ihre(n) Erfinder vor, denn eine Sprache ist nicht nur ein abstraktes Gebilde, sondern auch eine ganz konkrete Lösung, die Menschen als Antwort auf Probleme ihrer Zeit gefunden hat.

22.1 Geschichte, Ideale und Professionalität

„Geschichte ist Quatsch!" So lautet der legendäre Satz von Henry Ford. Doch auch die gegensätzliche Meinung wird seit der Antike immer wieder zitiert: „Wer die Geschichte nicht kennt, ist dazu verurteilt, sie zu wiederholen." Die Frage ist nur, welche Teile der Geschichte man kennen sollte und welche in Vergessenheit geraten dürfen: „95% von allem ist Schrott" ist ein anderes bedeutendes Zitat (mit dem wir übereinstimmen, obwohl 95% wahrscheinlich zu niedrig angesetzt ist). Der Zusammenhang zwischen Geschichte und gegenwärtiger Programmierpraxis besteht unserer Meinung darin, dass es ohne Kenntnis der historischen Entwicklungen keine Professionalität geben kann. In jedem Arbeitsbereich werden im Laufe der Zeit unzählige plausible Ideen hervorgebracht, die sich dann als nicht praktikabel erweisen. Wer diese Geschichte seines Arbeitsfelds nicht kennt, wem es an dem nötigen Hintergrundwissen fehlt, dem mangelt es bei neuen Ideen häufig an der notwendigen Skepsis. Der „wahre Schatz" der Geschichte sind die Ideen und Ideale, die sich über die Zeit in der Praxis bewährt haben.

Wir wären gerne noch auf die Ursprünge vieler weiterer Ideen, Programmiersprachen und Softwareentwicklungen eingegangen, wie Betriebssysteme, Datenbanken, Grafiken, Vernetzung, das Web, Skripting usw., aber wir müssen die Recherche der Geschichte dieser wichtigen und nützlichen Software- und Programmierbereiche leider Ihnen überlassen. Wir haben kaum genug Platz, um die Ideale und Geschichte der Programmiersprachen angemessen zu behandeln.

Tipp Das eigentliche Ziel jeder Programmiertätigkeit ist und bleibt die Erstellung von nützlichen Systemen. Im Eifer der Diskussion um Programmiersprachen und Programmiertechniken gerät dies leicht in Vergessenheit. Vergessen Sie es nicht! Und wenn Sie eine Gedächtnisstütze brauchen, werfen Sie noch einmal einen Blick in Kapitel 1.

22.1.1 Programmiersprachen – Ziele und Philosophien

Was ist eine Programmiersprache? Welchen Zweck soll eine Programmiersprache erfüllen? Häufig wird die Frage, was eine Programmiersprache ist, wie folgt beantwortet:

- Ein Werkzeug, um Rechnern Anweisungen zu geben
- Eine Notation für Algorithmen
- Ein Mittel der Kommunikation zwischen Programmierern
- Ein Werkzeug zum Experimentieren
- Ein Mittel zur Steuerung computergestützter Geräte
- Eine Möglichkeit, Beziehungen zwischen Konzepten auszudrücken
- Ein Mittel, High-Level-Designs auszudrücken

Unsere Antwort ist „Alles, was oben erwähnt wurde – und mehr!" Mit Programmiersprachen meinen wir hier, wie im Rest des Kapitels, natürlich die allgemeinen Programmiersprachen. Zusätzlich dazu gibt es noch Spezialsprachen und domänenspezifische Sprachen, die enger gefassten und üblicherweise präziser definierten Zielen dienen.

Welche Eigenschaften sind unserer Meinung nach für eine Programmiersprache wünschenswert?

- Portabilität
- Typsicherheit
- Präzise Spezifikation
- Hohe Performance
- Fähigkeit, Ideen sehr präzise auszudrücken
- Alles, was das Debuggen erleichtert
- Alles, was das Testen erleichtert
- Zugriff auf alle Systemressourcen
- Plattformunabhängigkeit
- Läuft auf allen Plattformen
- Jahrzehntelange Stabilität
- Direkte Verbesserungen als Reaktion auf Änderungen in den Anwendungsbereichen
- Leicht zu erlernen
- Schlank
- Unterstützung für weitverbreitete Programmierstile (z.B. objektorientierte Programmierung und generische Programmierung)
- Alles, was der Analyse von Programmen dient
- Viele Features, Elemente und Hilfsmittel
- Unterstützung durch eine große Gemeinde
- Anfängerfreundlich (Studenten, Novizen)
- Umfassende Hilfsmittel für Experten (z.B. Infrastruktur-Designer)
- Viele Werkzeuge zur Softwareentwicklung
- Viele Softwarekomponenten (z.B. Bibliotheken)
- Unterstützung durch eine freie Softwaregemeinschaft
- Unterstützung durch wichtige Plattformanbieter (Microsoft, IBM usw.)

Leider können wir nicht alles gleichzeitig haben. Das ist schade, weil jede dieser „Eigenschaften" objektiv für sich betrachtet gut ist. Jede hat ihre Vorteile und wenn eine Sprache über bestimmte Eigenschaften nicht verfügt, bedeutet dies zusätzliche Arbeit und Komplikationen für die Nutzer. Der Grund, warum wir nicht alles auf einmal haben können, ist gleichermaßen einleuchtend: Verschiedene Eigenschaften schließen sich gegenseitig aus. So können wir beispielsweise nicht 100% Plattformunabhängigkeit fordern und gleichzeitig auf alle Systemressourcen zugreifen wollen, denn ein Programm, das auf eine Ressource zugreift, die nicht auf allen Plattformen zur Verfügung steht, kann unmöglich überall ausgeführt werden. In gleicher Weise lässt sich die Forderung nach einer schlanken Sprache (plus dazugehörigen Werkzeugen und Bibliotheken), die leicht zu erlernen ist, schlecht damit vereinbaren, dass die Sprache gleichzeitig umfangreiche Unterstützung für die Programmierung auf allen Arten von Systemen und in allen Anwendungsbereichen bieten soll.

Tipp Dies ist der Punkt, an dem Ideale ins Spiel kommen und wichtig werden. Ideale haben entscheidenden Einfluss auf die technischen Entscheidungen und Kompromisse, die bei jeder Sprache, Bibliothek, jedem Werkzeug und Programmdesigner anfallen. Ja, auch Sie sind, wenn Sie ein Programm schreiben, ein Designer und müssen Designentscheidungen treffen.

22.1.2 Programmierideale

Das Vorwort zu *Die C++-Programmiersprache* beginnt mit den Worten: „C++ ist eine allgemeine Programmiersprache, die entworfen wurde, um das Programmieren für den ernsthaften Programmierer angenehmer zu machen." Wie bitte? Geht es bei der Programmierung nicht vielmehr um die Auslieferung von Produkten? Um Korrektheit, Qualität und Wartbarkeit? Um Produkteinführungszeit? Um Unterstützung für Softwaretechnik? Das natürlich auch, aber wir sollten den Programmierer nicht vergessen. Betrachten wir ein anderes Beispiel. Don Knuth sagte einmal: „Das Beste am Alto ist, dass er nachts nicht schneller läuft." Der Alto war ein Computer vom Xerox Palo Alto Research Center (PARC) – einer der ersten sogenannten „Personal Computer" (oder Einzelplatzrechner) im Gegensatz zu den gemeinsam genutzten Rechnern, bei denen der Zugriff tagsüber hart umkämpft war.

Programmierwerkzeuge und -techniken existieren, um Programmierern, d.h. Menschen, die Arbeit zu erleichtern und ihnen zu helfen, bessere Ergebnisse zu produzieren. Vergessen Sie das bitte nie. In diesem Zusammenhang werden wir uns im Folgenden überlegen, welche Richtlinien geeignet sind, Programmierern dabei zu helfen, die beste Software mit dem geringsten Aufwand zu entwickeln. Eigentlich hat uns dies schon die ganze Zeit über beschäftigt und wir haben im Verlauf des gesamten Buches immer wieder explizit auf unsere Ziele und Ideale hingewiesen. Der folgende Abschnitt ist also mehr oder weniger eine Zusammenfassung.

Das wichtigste Argument für eine gute Codestrukturierung ist, dass ohne ordentliche Strukturierung der Aufwand für spätere Änderungen und Überarbeitungen unverhältnismäßig groß wird. Anders ausgedrückt: Je besser die Struktur, desto leichter ist es, Änderungen vorzunehmen, Fehler zu suchen und zu beheben, neue Features zu ergänzen, den Code auf eine neue Architektur zu portieren, die Ausführung zu beschleunigen usw. Das ist es, was wir unter „gut" verstehen.

Im Rest dieses Abschnitts werden wir

- uns noch einmal ins Gedächtnis rufen, was wir eigentlich erreichen wollen, was wir von unserem Code erwarten;
- zwei allgemeine Ansätze für die Softwareentwicklung präsentieren und feststellen, dass eine Kombination beider Ansätze besser ist als jeder einzelne Ansatz für sich allein;
- Schlüsselaspekte der Programmstruktur untersuchen, wie sie im Code umgesetzt werden:
  - direkte Umsetzung von Ideen
  - Abstraktion
  - Modularität
  - Konsistenz und Minimalismus

Ideale sind dazu da, angewendet zu werden. Allerdings nicht bloß als schöne Phrasen, mit denen man Managern und Kontrolleuren zu gefallen sucht, sondern als konkrete Zielvorgaben, die uns helfen, unsere Gedanken zu fokussieren und unsere Programme zu strukturieren. Wenn man mit der Arbeit an einem Programm nicht weiterkommt, ist es am besten, man unterbricht die Arbeit für einen Moment und überprüft mit etwas Abstand, ob die Probleme nicht vielleicht daher rühren, dass man von dem einem oder anderem Ideal abgewichen ist. Manchmal führt einen dies direkt zur Lösung. Und wenn man ein Programm evaluiert (vorzugsweise bevor es an die Endnutzer ausgeliefert wird), prüft man immer auch, ob die Ideale eingehalten wurden oder ob es Abweichungen gibt, die später Probleme verursachen könnten. Halten Sie also an den Idealen fest und wenden Sie sie an, wo immer es geht. Aber akzeptieren Sie es auch, wenn praktische Belange (z.B. Leistung und Einfachheit) und die Schwächen der Sprache (keine Sprache ist perfekt) eine vollkommene Annäherung an die Ideale verhindern.

Ideale können uns in konkreten technischen Fragen bei der Entscheidungsfindung anleiten. Nehmen Sie zum Beispiel die Schnittstellen einer Bibliothek. Wie diese Schnittstellen aussehen müssen, kann nicht für jede Schnittstelle individuell und isoliert entschieden werden (§14.1). Das Ergebnis wäre ein riesiges Durcheinander. Stattdessen müssen wir uns auf unsere fundamentalen Grundsätze besinnen, entscheiden, was bei dieser speziellen Bibliothek wichtig ist, und dann einen konsistenten Satz an Schnittstellen entwickeln. Im Idealfall halten wir dann noch die Grundsätze und Kompromisse dieses speziellen Designs in der Dokumentation und in den Kommentaren im Code fest.

Während der Startphase eines Projekts sollten Sie die Ideale durchgehen und untersuchen, wieweit sie mit den Problemen und den ersten Lösungsansätzen korrelieren. Meist entstehen auf diese Weise neue Ideen oder es fallen uns Wege ein, bestehende Ideen zu verbessern. Später, wenn Sie irgendwo im Design- und Entwicklungsprozess stecken geblieben sind, treten Sie einen Schritt zurück und prüfen Sie, wo Ihr Code am weitesten von den Idealen abweicht – denn dies sind die Stellen, wo sich die meisten Fehler verbergen und Design-Probleme häufen. Dies ist eine gute Alternative zu der weitverbreiteten Verfahrensweise, nach Fehlern immer wieder mit den gleichen Techniken an den gleichen Stellen zu suchen. „Der Fehler befindet sich immer dort, wo Sie nicht nachsehen – oder Sie hätten ihn längst gefunden."

22 Ideale und Geschichte

22.1.2.1 Was wir wollen

Grundsätzlich erstreben wir

- *Korrektheit*: Zugegeben, es fällt nicht immer leicht, genau zu definieren, was unter „Korrektheit" zu verstehen ist, aber das gehört zu unserem Job. Und wenn uns vorgegeben wird, was „Korrektheit" für ein gegebenes Projekt zu bedeuten hat – was nicht selten der Fall ist –, so ist es unsere Aufgabe, diese Definition zu interpretieren.

- *Wartbarkeit*: Jedes erfolgreiche Programm ist mit der Zeit Änderungen unterworfen. Es wird auf neue Hardware- und Softwareplattformen portiert, es wird erweitert oder es treten neue Fehler auf, die behoben werden müssen. Aus diesem Grund sollten Programme einfach zu warten sein. Wie dies zu erreichen ist, lesen Sie in den Abschnitten weiter hinten zu den Idealen für die Programmstruktur.

- *Performance*: Performance („Leistung", „Effizienz") ist ein relativer Begriff, d.h., die Performance eines Programms muss seinem Zweck angemessen sein. Es wird oft behauptet, dass effizienter Code zwangsweise low-level sein muss und dass die Verwendung einer guten High-Level-Codestruktur unweigerlich zu ineffizientem Code führt. Unsere persönliche Erfahrung hat dagegen immer wieder gezeigt, dass gerade durch die Berücksichtigung der hier von uns vorgestellten Ideale und Ansätze eine akzeptable Performance erreicht wird. Die STL ist hierfür ein gutes Beispiel, ihr Code ist abstrakt und gleichzeitig sehr effizient. Umgekehrt zeigt sich immer wieder, dass die obsessive Beschäftigung mit maschinennahen Detaillösungen ebenso leicht zu einer schlechten Performance führt wie die Geringschätzung derartiger Details.

- *Pünktliche Lieferung*: Das perfekte Programm mit einem Jahr Verspätung zu liefern, ist nicht sehr befriedigend. Zugegeben, die Erwartungen der Kunden sind meist unrealistisch, doch man sollte zumindest in der Lage sein, qualitativ hochwertige Software in einer angemessenen Zeit abzuliefern. Dass „fristgerecht fertiggestellt" gleichbedeutend sei mit „schlampig implementiert", ist ein Märchen. Ganz im Gegenteil – unserer Meinung nach ist die Bemühung um eine gute Struktur (d.h. Ressourcenverwaltung, Invarianten und Schnittstellendesign), ein testfreundliches Design und die Verwendung geeigneter Bibliotheken (die oft für eine spezielle Anwendung oder einen Anwendungsbereich entworfen wurden) eines der besten Mittel, um Abgabetermine fristgerecht einhalten zu können.

Damit kommen wir wieder auf die Bedeutung der Strukturierung des Codes zurück:

- Programmfehler (und jedes größere Programm weist Fehler auf) lassen sich viel leichter aufspüren, wenn das Programm klar strukturiert ist.

- Das Eindenken in einen Code oder das Einarbeiten notwendig gewordener Anpassungen fällt viel leichter, wenn der Code klar strukturiert ist und nicht aus einer Ansammlung maschinennaher Low-Level-Details besteht.

- Probleme mit der Performance können in High-Level-Programmen (die sich eng an die Ideale halten und über eine wohldefinierte Struktur verfügen) leichter behoben werden als in Programmen, die unsauberen oder Low-Level-Code enthalten. Erstens ist davon auszugehen, dass das High-Level-Programm besser zu verstehen ist, und zweitens wird es vermutlich eine ganze Zeit vor dem Low-Level-Programm zum Testen und Optimieren zur Verfügung stehen.

 Beachten Sie die Forderung nach der Verständlichkeit der Programme. Alles, was dazu beiträgt, dass wir ein Programm schneller verstehen und besser einschätzen können, ist gut. Standardtechniken und systematische Ansätze sind in diesem Sinne grundsätzlich besser als individuelle Speziallösungen – solange der Verzicht auf Individuallösungen nicht zu einer kontraproduktiven Vereinfachung führt.

22.1.2.2 Allgemeine Ansätze

Es gibt zwei Ansätze, um korrekte Software zu schreiben.

- *Bottom-up*: Bei diesem Ansatz wird das System ausschließlich aus Komponenten zusammengesetzt, die erwiesenermaßen korrekt sind.
- *Top-down*: Bei diesem Ansatz wird das System aus Komponenten zusammengesetzt, die nicht notwendigerweise fehlerfrei sein müssen. Dafür werden alle Fehler nachträglich eliminiert.

Interessanterweise entstehen die zuverlässigsten Systeme aus der Kombination dieser beiden – scheinbar gegensätzlichen – Ansätze. Die Erklärung dafür ist einfach: Für große reale Systeme kann keiner der beiden Ansätze die nötige Fehlerfreiheit, Anpassungsfähigkeit und Wartbarkeit garantieren:

- Weder können wir genügend Grundkomponenten erstellen und auf Korrektheit überprüfen, um wirklich alle Fehlerquellen zu beseitigen.
- Noch können wir alle Fehler in den Grundkomponenten (Bibliotheken, Teilsysteme, Klassenhierarchien) ausbügeln, wenn wir sie zum endgültigen System zusammenfügen.

Besser als einer der Ansätze für sich genommen ist daher meist eine sinnvolle Kombination beider Vorgehensweisen: Wir entwickeln (leihen oder kaufen) Komponenten, die von vornherein weitgehend fehlerfrei sind, sodass wir die verbleibenden Probleme durch eine adäquate Fehlerbehandlung und systematisches Testen eliminieren können. Ein weiterer Vorteil dieser Verfahrensweise: Wenn wir im Laufe der Zeit mehr und mehr zuverlässige, gute Komponenten entwickeln, können wir immer größere Teile des Systems aus diesen Komponenten zusammensetzen (und den Anteil des „unsauberen Ad-hoc-Codes" reduzieren).

Testen, d.h. die systematische Suche nach Programmfehlern, ist ein unverzichtbarer Bestandteil moderner Softwareentwicklung, mit dem wir uns in Kapitel 26 noch ausführlicher beschäftigen werden. Eine weitverbreitete Empfehlung lautet: „Testen Sie früh und oft." Um den Aufwand dafür möglichst klein zu halten, wählen wir für unsere Programme Designs, die das Testen vereinfachen und es Fehlern schwer machen, sich in unsauber programmiertem Code zu verstecken.

22.1.2.3 Direkte Umsetzung von Ideen

Wenn wir Ideen und Vorstellungen in Code umsetzen, sollte dies – unabhängig davon, ob wir höheren oder maschinennahen Code schreiben – idealerweise direkt geschehen, damit die ursprüngliche Idee nicht verdeckt wird. Wir können dies noch etwas weiter differenzieren:

- *Repräsentieren Sie Ideen möglichst 1:1 im Code.* So ist es zum Beispiel besser, Argumente durch spezifische Typen (wie z.B. **Month** oder **Color**) zu repräsentieren, als dafür allgemeine Typen zu verwenden (wie z.B. **int**).
- *Repräsentieren Sie unabhängige Ideen im Code durch unabhängige Komponenten.* So kann zum Beispiel der STL-Algorithmus **sort()** bis auf einige wenige Ausnahmen jeden Standardcontainer mit jeder beliebigen Art von Elementen sortieren. Dies verdanken wir dem Umstand, dass die Konzepte „Sortieren", „Sortierkriterien", „Container" und „Elementtyp" unabhängig voneinander sind. Hätten wir es dagegen mit einem **vector**-Container zu tun, der „Objekte verwahrt, die im Freispeicher angelegt werden, die von einer von **Object** abgeleiteten Klasse stammen und die eine Memberfunktion **before()** definieren, welche von **vector::sort()** zur Sortierung der Elemente verwendet wird", hätten wir eine weitaus weniger allgemeine **sort()**-Funktion, da wir Annahmen über die Speicherung der Elemente, die

zugrunde liegende Klassenhierarchie, die verfügbaren Memberfunktionen, die gewünschte Reihenfolge usw. angestellt hätten.

- *Übertragen Sie Beziehungen zwischen Ideen möglichst 1:1 in den Code*. Die am häufigsten vorkommenden Beziehungen, die direkt repräsentiert werden können, sind die Vererbung (z.B. ist ein **Circle** eine Art von **Shape**) und die Parametrisierung (z.B. repräsentiert **vector<T>** das, was allen Vektoren gemeinsam ist, unabhängig von einem bestimmten Elementtyp).

- *Kombinieren Sie die in Code ausgedrückten Ideen nach Belieben – dort, und nur dort, wo Kombinationen sinnvoll sind*. So können wir **sort()** mit einer Vielzahl von Elementtypen und einer Vielzahl von Containern verwenden, allerdings müssen die Elemente **<** unterstützen (wenn sie dies nicht tun, verwenden wir **sort()** mit einem zusätzlichen Argument, welches das Vergleichskriterium angibt), und die von uns sortierten Container müssen Random-Access-Iteratoren (für den wahlfreien Zugriff) unterstützen.

- *Drücken Sie einfache Ideen auf einfache Weise aus*. Wenn die oben aufgeführten Ideale alle konsequent berücksichtigt werden, kann dies unter Umständen zu Code führen, der am Ende zu allgemein ist. Beispielsweise könnten sich Klassenhierarchien ergeben, die eine unnötig komplizierte Taxonomie (Vererbungsstruktur) haben oder deren (an sich) einfache Klassen, jede über sieben oder mehr Parameter verfügen. Um in solchen Fällen den Benutzern die Arbeit zu vereinfachen, versuchen wir, die wichtigsten Einsatzbereiche durch zusätzliche, einfacher zu handhabende Versionen abzudecken. So stellt uns die Standardbibliothek neben der allgemeinen Version **sort(b,e,op)**, die unter Verwendung von **op** sortiert, noch eine vereinfachte Version **sort(b,e)** zur Verfügung, die zum Sortieren implizit den Kleiner-als-Operator verwendet. Wenn wir könnten (und wir werden in C++0x so weit sein, siehe §22.2.6), würden wir auch noch zwei weitere Versionen anbieten: **sort(c)** zum Sortieren eines Standardcontainers unter Verwendung des Kleiner-als-Operators und **sort(c,op)** zum Sortieren eines Standardcontainers mit **op**.

22.1.2.4 Abstraktion

Wir *arbeiten am liebsten auf der höchsten, noch vertretbaren Abstraktionsebene*; das heißt, es ist unser Ideal unsere Lösungen so allgemeingültig wie möglich auszudrücken.

Lassen Sie uns beispielsweise überlegen, wie wir Einträge für ein Telefonbuch (wie man es auf Organizern oder Handys findet) repräsentieren könnten. Die (*Name*,*Wert*)-Paare könnten wir durch einen **vector<pair<string,Value_type>>**-Container repräsentieren. Wenn wir allerdings ausschließlich über Namen auf die einzelnen Einträge zugreifen würden, wäre **map<string,Value_type>** eine besser geeignete, höhere Abstraktionsebene, die uns die Mühe erspart, Zugriffsfunktionen zu schreiben (und zu debuggen). Andererseits ist **vector<pair<string,Value_type>>** bereits eine höhere Abstraktionsebene als zwei Arrays **string[max]** und **Value_type[max]** und hätte gegenüber diesen den Vorteil, dass die Beziehung zwischen den Strings und den zugehörigen Werten implizit verankert ist. Die niedrigste Abstraktionsebene wäre so etwas wie eine Konstruktion aus einem **int** (für die Anzahl der Elemente) plus zwei **void***-Zeigern (die auf irgendeine Form der Repräsentation zeigen, die dem Programmierer, nicht aber dem Compiler bekannt ist). Alle bisherigen Vorschläge konzentrieren sich auf die Repräsentation der Wertepaare statt auf ihre Funktion und könnten daher zu Recht als immer noch nicht weit genug abstrahiert angesehen werden. Die logische Konsequenz wäre, sich enger an der Anwendung zu orientieren und eine

Klasse zu definieren, die ihren Verwendungszweck direkt widerspiegelt. So könnten wir zum Beispiel für unseren Anwendungscode eine Klasse **Phonebook** mit einer Schnittstelle zur bequemen Verwendung definieren. Die **Phonebook**-Klasse selbst könnte mithilfe jeder der oben vorgeschlagenen Repräsentationen implementiert werden.

Der Grund, warum wir die höhere Abstraktionsebene bevorzugen (sofern wir über einen passenden Abstraktionsmechanismus verfügen, der von unserer Sprache ausreichend effizient unterstützt wird), ist, dass die Code-Formulierungen auf dieser Ebene der Art und Weise, wie wir über die gestellten Probleme und ihre Lösungen nachdenken, viel näherkommen als maschinennahe Formulierungen.

Natürlich gibt es immer wieder auch Fälle, in denen auf eine niedrigere Abstraktionsebene zurückgegriffen wird, und die Begründung für diesen Schritt ist typischerweise die bessere „Effizienz". Diesen Schritt sollten Sie jedoch nur unternehmen, wenn es wirklich notwendig ist (§25.2.2). Zumal die Verwendung (primitiverer) maschinennaher Sprachfeatures nicht automatisch zu einer besseren Performance führt. (Manchmal werden auf diese Weise Möglichkeiten zur Optimierung vertan. Im Falle unserer **Phonebook**-Klasse haben wir z.B. die Wahl zwischen – sagen wir – den Implementierungen als **string[max]** plus **Value_type[max]** oder als **map<string,Value_type>**. Für einige Anwendungen wird die erste Implementierung bessere Ergebnisse liefern, für andere die zweite.) Natürlich werden Sie sich bei einer Anwendung, die nur Ihr persönliches Telefonbuchverzeichnis verwaltet, keine allzu großen Gedanken um die Performance machen. Diese Art von Abwägung wird erst interessant, wenn Sie Millionen von Einträgen verwalten und manipulieren müssen. Last but not least müssen Sie bedenken, dass maschinennahe Features den Programmierer viel Zeit kosten; Zeit, die dann bei anderen Gelegenheiten, die Leistung (oder andere Programmfeatures) zu verbessern, fehlt.

22.1.2.5 Modularität

Modularität ist ebenfalls ein Ideal. Es besagt, dass wir bestrebt sein sollten, unsere Systeme aus „Komponenten" (Funktionen, Klassen, Klassenhierarchien, Bibliotheken usw.) zusammenzubauen, die wir getrennt erstellen, analysieren und testen können. Erlaubt das Design und die Implementierung dieser Komponenten dann sogar noch deren Verwendung in mehr als einem Programm (Stichwort „Wiederverwendung") – umso besser. Unter *Wiederverwendung* verstehen wir in diesem Zusammenhang nicht nur die Erstellung neuer Systeme auf der Grundlage von bereits getesteten und schon einmal verwendeten Komponenten, sondern auch das Design und die Verwendung dieser Komponenten. Wir sind auf dieses Thema bereits bei der Besprechung von Klassen, Klassenhierarchien, Schnittstellendesign und generischer Programmierung eingegangen und auch ein großer Teil unserer Anmerkungen zum richtigen „Programmierstil" (siehe §22.1.3) zielte bereits auf Design, Implementierung und Verwendung von potenziell „wiederverwendbaren" Komponenten ab. Beachten Sie aber, dass sich nicht jede Komponente für die Wiederverwendung in anderen Programmen eignet; mancher Code ist einfach zu spezifisch und der Aufwand für seine Überarbeitung (im Hinblick auf eine mögliche Wiederverwendung) zu hoch.

Der modulare Aufbau des Codes sollte wichtige logische Grenzen innerhalb der Anwendung nicht verwischen. Das heißt, wir steigern die Wiederverwendbarkeit nicht, indem wir einfach zwei völlig getrennte Klassen A und B in einer „wiederverwendbaren Komponente" namens C unterbringen. Die Bereitstellung der vereinigten Schnittstelle von A und B in Form von C würde nur unseren Code komplizierter machen.

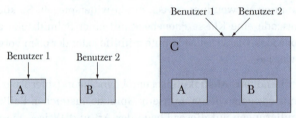

Abbildung 22.1: Die Vereinigung von gänzlich unterschiedlichen Schnittstellen ist kein geeignetes Mittel zur Verbesserung der Wiederverwendbarkeit

In dem Szenario aus ▶ Abbildung 22.1 verwenden sowohl Benutzer 1 als auch Benutzer 2 die Komponente C. Wer nicht in C hineinschaut, könnte vermuten, dass Benutzer 1 und 2 beide davon profitieren, dass sie gemeinsam eine beliebte Komponente nutzen. Schließlich gehören zu den typischen Vorteilen der gemeinsamen Nutzung („Wiederverwendung") effizienteres Testen, weniger Gesamtcode, größere Nutzerbasis u.a. – nur dass dies in diesem Fall eben nicht zutrifft. Unglücklicherweise sind Konstrukte, die auf dem hier etwas vereinfacht dargestellten Phänomen beruhen, gar nicht so selten.

Wie könnte man Abhilfe schaffen? Vielleicht könnte man für A und B eine gemeinsame Schnittstelle bereitstellen (siehe ▶ Abbildung 22.2).

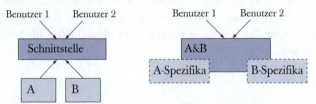

Abbildung 22.2: Zwischenschaltung einer gemeinsamen Schnittstelle zu den Klassen **A** und **B**

Die Diagramme aus Abbildung 22.2 sollen die beiden Konzepte der Vererbung und Parametrisierung versinnbildlichen. In beiden Fällen muss die bereitgestellte Schnittstelle kleiner sein als eine einfache Verschmelzung der beiden Schnittstellen von A und B – oder das Aufsetzen der gemeinsamen Schnittstelle lohnt die Mühe nicht. Mit anderen Worten, A und B müssen über grundlegende Gemeinsamkeiten verfügen, von denen die Benutzer profitieren. Ist es Ihnen aufgefallen? Ganz automatisch sind wir wieder auf das Konzept der Schnittstellen (§9.7, §25.4.2) und implizit auch auf das Konzept der Invarianten (§9.4.3) zurückgekommen.

22.1.2.6 Konsistenz und Minimalismus

Konsistenz und Minimalismus sind Ideale, die primär auf die formale Umsetzung von Ideen in Code abzielen. Wir könnten sie also als reine Äußerlichkeiten abtun und in der weiteren Betrachtung übergehen. Doch dies wäre vorschnell gehandelt. Tatsächlich ist es nämlich äußerst schwierig, für ein schlechtes, chaotisches Design eine elegante Präsentation zu finden. Die Forderung nach Konsistenz und Minimalismus kann daher durchaus auch als Design-Kriterium herangezogen werden und beeinflusst als solches oft sogar noch die kleinsten Details eines Programms:

- Fügen Sie kein Feature hinzu, wenn Sie Zweifel über seinen Nutzen haben.
- Statten Sie ähnliche Programmelemente mit ähnlichen Schnittstellen (und Namen) aus, aber nur, wenn die Ähnlichkeit von grundlegender Natur ist.
- Statten Sie verschiedenartige Programmelemente mit ungleichen Namen (und möglicherweise auch unterschiedlichen Schnittstellenstilen) aus, aber nur, wenn die Unterschiede von grundlegender Natur sind.

Konsistenz in der Namensgebung, im Aufbau der Schnittstellen und im Stil der Implementierung erleichtert die Wartung. Wenn der Code konsistent ist (wie z.B. im Falle der STL, siehe Kapitel 20–21, §B.4–6), müssen sich Programmierer, die sich neu einarbeiten, nicht für jeden Teil des Systems einen eigenen Satz von Konventionen einprägen. Doch nicht immer liegt es in unserer Hand, die gewünschte Konsistenz sicherzustellen (etwa, wenn wir es mit uraltem Code oder Code in einer anderen Sprache zu tun haben). In solchen Fällen kann es ratsam sein, eine Schnittstelle bereitzustellen, die als Mittler zwischen dem inkonsistenten Code und dem Rest des Programms fungiert. Oder wir müssen uns damit abfinden, dass der fremde („seltsame" und „schlechte") Stil alle Teile des Programms infiziert, die auf den inkonsistenten Code zugreifen müssen.

Eine gute Möglichkeit, Minimalismus und Konsistenz sicherzustellen, besteht darin, jede Schnittstelle sorgfältig (und konsistent) zu dokumentieren. Auf diese Weise fallen Inkonsistenzen und Duplikationen früher auf. Vor allem das Dokumentieren von Vorbedingungen, Nachbedingungen und Invarianten erweist sich in der Regel als recht hilfreich, ebenso wie die sorgfältige Behandlung von Ressourcen und Fehlerberichten. Einfachheit ist ohne eine konsistente Fehler- und Ressourcenbehandlung kaum zu erreichen (§19.5).

Einige Programmierer halten KISS („Keep It Simple Stupid", englisch für „Halte es einfach, Dummkopf") für das wichtigste Designprinzip überhaupt. Ja, wir haben sogar schon verlauten hören, KISS wäre das einzig wahre Designprinzip. Wie auch immer, wir für unseren Teil bevorzugen etwas weniger provokative Formulierungen wie „Einfache Dinge einfach halten" oder „Alles sollte so einfach möglich gehalten werden, aber nicht einfacher". Letzteres ist die Übersetzung eines Ausspruchs von Albert Einstein, der auf die Gefahr hinweist, die Dinge zu sehr zu vereinfachen, sodass sie keinen Sinn mehr ergeben und das ganze Design beeinträchtigen. Die Frage, die wir uns stellen müssen, lautet daher: „Einfach – ja, aber für wen und verglichen zu was?"

22.1.3 Stile/Paradigmen

Wenn wir am Design und der Implementierung eines Programms arbeiten, bemühen wir uns um einen möglichst konsistenten Stil. C++ unterstützt vier bedeutende, grundlegende Stilarten:

- Prozedurale Programmierung
- Datenabstraktion
- Objektorientierte Programmierung
- Generische Programmierung

Diese Stile werden manchmal, etwas hochtrabend, als „Programmierparadigmen" bezeichnet. Es gibt noch viele weitere solcher Paradigmen, etwa die funktionale Programmierung, logische Programmierung, regelbasierte Programmierung, Constraint-Programmierung und aspektorientierte Programmierung. Da C++ diese Paradigmen jedoch nicht direkt unterstützt und wir unmöglich alles in einem einzigen Anfängerbuch behandeln können, verzichten wir hier auf eine Besprechung. Versäumen Sie es aber nicht, sich später zu Ihrer Fortbildung selbstständig über diese Themen zu informieren – und vertiefen Sie bei dieser Gelegenheit auch Ihr Wissen über die hier nur kurz vorgestellten folgenden Paradigmen/Stile:

- *Prozedurale Programmierung*: Die Idee, ein Programm aus Funktionen aufzubauen, die Argumente verarbeiten. Beispiele hierfür sind Bibliotheken von mathematischen Funktionen wie **sqrt()** und **cos()**. C++ unterstützt diesen Programmierstil durch das Konzept der Funktionen (Kapitel 8). Die Argumente können nach Bedarf als Wert, Referenz oder **const**-Referenz übergeben werden, was eine höchst nützliche Eigenschaft ist. Die Daten werden häufig in Datenstrukturen (repräsentiert durch **struct**) organisiert. Explizite Abstraktionsmechanismen (wie private Datenmember oder Memberfunktionen einer Klasse) kommen nicht zum Einsatz. Beachten Sie, dass dieser Stil der Programmierung – und der Funktionen – ein integraler Teil aller anderen Stile ist.

- *Datenabstraktion*: Die Idee, für den anvisierten Anwendungsbereich zuerst einen Satz geeigneter Typen zu erstellen und dann ein Programm zu schreiben, das diese Typen verwendet. Ein klassisches Beispiel hierfür sind Matrizen (§24.3–6). Bei diesem Paradigma kommt sehr häufig das Prinzip der expliziten Datenkapselung zur Anwendung (z.B. in Form privater Datenmember einer Klasse). Populäre Beispiele sind die Typen **string** und **vector** aus der Standardbibliothek, die darüber hinaus auch die enge Beziehung zwischen Datenabstraktion und Parametrisierung, wie sie von der generischen Programmierung verwendet wird, demonstrieren. Die Bezeichnung „Abstraktion" leitet sich davon ab, dass der Zugriff auf einen Typ nicht direkt über seine Implementierung erfolgt, sondern über eine Schnittstelle.

- *Objektorientierte Programmierung*: Die Idee, die Typen in Hierarchien zu organisieren, um ihre Beziehungen direkt im Code auszudrücken. Das klassische Beispiel ist die **Shape**-Hierarchie aus Kapitel 14. Dieses Paradigma ist offensichtlich dann besonders wertvoll, wenn die Typen in natürlichen hierarchischen Beziehungen zueinander stehen. Allerdings gibt es eine starke Tendenz zur Überbeanspruchung dieses Paradigmas, d.h., die Leute fassen Typen zu Hierarchien zusammen, die eigentlich gar nicht zusammengehören. Wenn also jemand einen Typ ableitet, fragen Sie nach dem Warum. Was soll durch die Vererbung ausgedrückt werden? Inwiefern ist die Unterscheidung in Basis und Ableitung in diesem speziellen Fall für mich von Nutzen?

- *Generische Programmierung*: Die Idee, konkrete Algorithmen auf eine höhere Abstraktionsebene „zu heben", indem man Parameter hinzufügt, die das repräsentieren, was ausgetauscht werden kann, ohne das Wesen des zugrunde liegenden Algorithmus zu verändern. Ein einfaches Beispiel hierfür ist der Algorithmus **high()** aus Kapitel 20. Komplexere, klassische Beispiele sind die Algorithmen **find()** und **sort()** aus der Standardbibliothek, die mithilfe der generischen Programmierung in sehr allgemeiner Form ausgedrückt wurden. Siehe Kapitel 20–21 und das folgende Beispiel.

> **Tipp** Und jetzt alle zusammen! Oft sprechen die Leute über Programmierstile („Paradigmen"), als ob es sich dabei um einfache, vollständig voneinander getrennte Alternativen handelt: „Entweder programmieren Sie nach dem generischen Paradigma oder Sie programmieren im objektorientierten Stil." In der Praxis werden Sie allerdings nicht umhinkommen, die verschiedenen Stile zu kombinieren,

wenn Sie die Lösung zu einem Problem auf die bestmögliche Weise ausdrücken möchten. Mit „bestmöglich" meinen wir: leicht zu lesen, leicht zu schreiben, leicht zu warten und ausreichend effizient. Betrachten wir hierzu ein Beispiel: Das klassische **Shape**-Beispiel wurde ursprünglich in Simula (§22.2.4) geschrieben und wird allgemein als ein Beispiel objektorientierter Programmierung betrachtet. Eine erste Lösung könnte folgendermaßen aussehen:

```
void draw_all(vector<Shape*>& v)
{
   for(int i = 0; i<v.size(); ++i) v[i]–>draw();
}
```

Dieser Code sieht tatsächlich „ziemlich objektorientiert" aus. Er beruht im Wesentlichen auf einer Klassenhierarchie und einem virtuellen Funktionsaufruf, der zu jedem gegebenen **Shape**-Objekt die richtige **draw**()-Funktion ermittelt: Für ein **Circle**-Objekt ruft er **Circle::draw**() auf und für ein **Open_polyline**-Objekt **Open_polyline::draw**(). Aber der **vector<Shape*>**-Container ist im Grunde ein Konstrukt der generischen Programmierung: Er verwendet einen Parameter (für den Elementtyp), der zur Kompilierzeit aufgelöst wird. Wir könnten das generische Paradigma noch stärker betonen, indem wir für die Iteration über die Elemente im Container einen einfachen STL-Algorithmus verwenden:

```
void draw_all(vector<Shape*>& v)
{
   for_each(v.begin(),v.end(),mem_fun(&Shape::draw));
}
```

Das erste und zweite Argument von **for_each**() definieren eine Sequenz (§B.5.1); das dritte Argument ist eine Funktion, die für jedes Element der Sequenz aufgerufen wird. Der **for_each**()-Algorithmus geht davon aus, dass es sich bei dem dritten Argument um eine normale Funktion (oder ein Funktionsobjekt) handelt, die mit der **f(x)**-Syntax aufgerufen werden kann – und nicht um eine Memberfunktion, die mit der **p->f()**-Syntax aufgerufen werden muss. Aus diesem Grunde verwenden wir die STL-Funktion **mem_fun**() (§B.6.2), die ausdrückt, dass wir eine Memberfunktion aufrufen wollen (die virtuelle Funktion **Shape::draw**()). Der Punkt hier ist, dass **for_each**() und **mem_fun**() als Templates nicht sonderlich objektorientiert sind; sie gehören ganz klar zu der Art von Programmierung, die wir gemeinhin als generisch bezeichnen. Noch bemerkenswerter ist die Tatsache, dass **mem_fun**() eine frei stehende (Template-) Funktion ist, die ein Klassenobjekt zurückliefert. Mit anderen Worten: Sie kann problemlos als einfache Datenabstraktion (keine Vererbung), ja sogar als prozedurale Programmierung (keine Datenkapselung) klassifiziert werden. Wir können also mit Fug und Recht behaupten, dass diese eine Codezeile die Schlüsselaspekte aller vier grundlegenden, von C++ unterstützten Stile in sich vereint und verwendet.

Würden wir aber auch in einem realen Programm Code wie den unserer zweiten Version des „Zeichne alle **Shape**-Objekte"-Beispiels schreiben? Im Wesentlichen macht die zweite Version ja genau dasselbe wie die erste; nur dass wir für die zweite Version sogar noch ein paar Zeichen mehr tippen müssen! Wir könnten damit argumentieren, dass die Schleife durch die Verwendung von **for_each**() statt **for** klarer und weniger fehleranfällig ist. Wirklich überzeugend ist dieses Argument allerdings nicht. Ein besseres Argument ist, dass **for_each**() vermittelt, was getan werden muss (über eine Sequenz iterieren), und nicht, wie es getan werden muss. Das überzeugendste Argument von allen aber lautet: „Es ist nützlich." Die zweite Version bereitet den Weg zu einer Verallgemeinerung (in der besten Tradition der generischen Programmierung), die es uns erlaubt, mehrere Probleme gleichzeitig zu lösen. Warum befinden sich die **Shape**-

Objekte alle in einem **vector**-Container? Warum nicht in einem **list**-Container? Warum nicht in einer allgemeinen Sequenz? Diese Überlegungen führen uns zu einer dritten (noch allgemeineren) Version:

```
template<class Iter> void draw_all(Iter b, Iter e)
{
   for_each(b,e,mem_fun(&Shape::draw));
}
```

Dieser Code lässt sich jetzt auf alle möglichen Sequenzen von **Shape**-Objekten anwenden. Selbst die Elemente eines Arrays von **Shape**-Objekten können jetzt mithilfe von **draw_all()** gezeichnet werden:

```
Point p(0,100);
Point p2(50,50);
Shape* a[] = { new Circle(p,50), new Triangle(p,p2,Point(25,25)) };
draw_all(a,a+2);
```

Da uns kein besserer Begriff dafür eingefallen ist, bezeichnen wir die Programmierung, die die Stile entsprechend der jeweiligen Anforderungen mischt, als *Multiparadigmen-Programmierung*.

22.2 (Kurze) Geschichte der Programmiersprachen

Ganz früher, als die Programmierung noch in den Kinderschuhen steckte, mussten die Programmierer ihren Code noch als Folgen von Nullen und Einsen von Hand in Stein meißeln. Na ja, zumindest im übertragenen Sinne. Auch wenn wir nicht gerade bis in die Steinzeit zurückgehen wollen, so werden wir unseren Überblick doch (fast) ganz vorne beginnen und dann in zügigem Tempo einige der wichtigsten Entwicklungen in der Geschichte der Programmiersprachen vorstellen, soweit diese für die Programmierung mit C++ von Relevanz sind.

Es gibt eine Unmenge von Programmiersprachen und alle zehn Jahre kommen mindestens 2.000 neue hinzu. Diese Rate entspricht in etwa auch der Rate des „Sprachentods". Wir werden in diesem Abschnitt fast 60 Jahre Geschichte der Programmiersprachen abdecken und dabei auf zehn Sprachen näher eingehen. Wenn Sie an weiterführenden Informationen interessiert sind, schlagen Sie unter *http://research.ihost.com/hopl/HOPL.html* nach, wo Sie Links zu allen Artikeln und Aufsätzen der drei ACM-SIGPLAN-HOPL-Konferenzen („History of Programming Languages") finden. Diese Aufsätze wurden von Fachleuten gründlich redigiert und sind deshalb wesentlich vertrauenswürdiger und vollständiger als die durchschnittlichen Informationsquellen im Web. Die Sprachen, die wir hier besprechen, sind alle bei HOPL zu finden. Andere gute Informationsquellen sind die Homepages der nachfolgend erwähnten Informatiker (die meisten von Ihnen haben auf ihren Homepages viele wertvolle Informationen zu ihrer Arbeit veröffentlicht) oder allgemein bekannte Aufsätze. Wenn Sie den vollen Titel eines solchen Aufsatzes kennen, geben Sie ihn in eine Websuchmaschine ein. Die Chancen stehen gut, dass Sie den Aufsatz auf diese Weise finden.

Unsere Präsentationen der einzelnen Sprachen in diesem Kapitel fallen gezwungenermaßen sehr kurz aus: Jede der hier erwähnten Sprachen – und Hunderte der nicht erwähnten – hätte eigentlich ein ganzes Buch verdient. Auch sind wir sehr selektiv in dem, was wir über eine Sprache erzählen. Wir hoffen aber, dass dies ein Ansporn für Sie ist, sich auf eigene Faust weiterzubilden, und Sie nicht denken „Ach, das ist also alles, was es zu der Sprache X zu sagen gibt!" Jede der hier präsentierten Sprachen stellte in ihrer Zeit eine große Errungenschaft dar und hat einen wichtigen Beitrag zu unserer Welt geleistet. Es gibt einfach keine Möglichkeit, um diesen Sprachen auf den wenigen uns zur Verfügung stehenden Seiten gerecht zu werden – aber sie nicht zu erwähnen, wäre noch viel schlimmer. Gerne hätten wir zu jeder Sprache einige Codebeispiele angegeben, doch leider mussten wir auch darauf aus Platzgründen verzichten (siehe Übungen 5 und 6).

Viel zu oft werden Kunstprodukte (zu denen auch die Programmiersprachen zählen) einfach nur in ihrem Istzustand beschrieben oder als das Ergebnis eines anonymen „Entwicklungsprozesses" dargestellt. Den geschichtlichen Tatsachen wird man damit nicht gerecht. Die meisten Sprachen – vor allem diejenigen aus den frühen Entwicklungsjahren – sind das Ergebnis der Ideale, Bemühungen, persönlichen Vorlieben und äußeren Zwängen eines oder (typischerweise) mehrerer Personen. Deswegen stellen wir hier neben den jeweiligen Sprachen auch die Personen vor, die mit der Sprache verbunden sind. Die Sprachen wurden nicht von IBM, Bell Labs oder der Cambridge-Universität etc. entworfen, sondern von Menschen – normalerweise in Zusammenarbeit mit Freunden und Kollegen –, die in diesen Organisationen gearbeitet haben.

Schließlich möchte ich noch auf ein Phänomen hinweisen, das unsere geschichtliche Wahrnehmung häufig verzerrt. Die Fotos berühmter Wissenschaftler und Ingenieure stammen oft aus einer Zeit, als sie bereits berühmt und erfolgreich waren, als sie bereits Mitglied einer Nationalakademie oder der Königlichen Gesellschaft waren, den Ritterorden des Johanniterordens verliehen bekommen hatten, den Turing-Preis erhalten hatten usw. Mit anderen Worten, auf den Fotos sind sie Jahrzehnte älter als zu der Zeit ihrer spektakulären Erfindung. Fast alle gehör(t)en bis ins hohe Alter zu den produktivsten Mitgliedern ihres Berufsstandes. Wenn Sie sich jedoch in die Zeit zurückversetzen, als Ihre liebsten Sprachmittel und Programmiertechniken das Licht der Welt erblickten, versuchen Sie sich einfach einen jungen Mann (es gibt immer noch viel zu wenige Frauen in Wissenschaft und Technik) vorzustellen, der überlegt, ob er genug Geld hat, um seine Freundin in ein anständiges Restaurant einzuladen, oder einen Vater, der überlegt, ob er einen wichtigen Aufsatz zu einer Konferenz einreichen soll, die sich möglicherweise weder zeitlich noch räumlich mit der Ferienplanung einer jungen Familie vereinbaren lässt. Die grauen Bärte, kahlen Köpfe und biedere Kleidung kamen erst viel später.

22.2.1 Die frühsten Sprachen

1948 erschienen die ersten „modernen" elektronischen Computer mit gespeicherten Programmen. Damals verfügte noch jeder Computer über seine eigene Sprache und es gab eine Eins-zu-eins-Entsprechung zwischen der Formulierung eines Algorithmus (zum Beispiel der Berechnung einer Planetenbahn) und den Befehlen für einen bestimmten Rechner. Die Wissenschaftler (meistens waren die Benutzer Wissenschaftler) hatten in der Regel Aufzeichnungen mit mathematischen Formeln vorliegen, die Programme aber bestanden aus einer Liste von Maschinenbefehlen. Die ersten primitiven (Maschinenbefehl-)Listen bestanden aus Dezimal- oder Oktalzahlen, die exakt mit ihrer Repräsentation im Computerspeicher übereinstimmten. Später tauchten dann die ersten Assembler und „Auto-Codes" auf, d.h., die Wissenschaftler entwickelten Sprachen, in denen Maschinenbefehle und Maschinenbausteine (wie die Register) symbolische Namen trugen. So hätte ein Programmierer „LD R0 123" schreiben können, um den Inhalt des Speichers mit der Adresse 123 in das Register 0 zu laden. Allerdings hatte jeder Rechner seinen eigenen Satz an Befehlen und seine eigene Sprache.

Abbildung 22.3: David Wheeler – zu Beginn und später in seiner Karriere

David Wheeler von der University of Cambridge Computer Laboratory repräsentiert wohl am besten die Programmiersprachen-Designer dieser Zeit. Er hat 1948 das erste reale Programm geschrieben, das jemals auf einem speicherprogrammierten Computer ausgeführt wurde (die „Tabelle der Quadratzahlen", die wir aus §4.4.2.1 kennen). Als einer von ungefähr zehn Personen kann er zu Recht behaupten, den ersten Compiler geschrieben zu haben (für einen rechnerspezifischen „Auto-Code"). Er hat den Funktionsaufruf erfunden (ja, auch etwas so offensichtlich Einfaches musste irgendwann einmal erfunden werden). Von ihm stammt auch ein brillanter Artikel aus 1951 über den Entwurf von Bibliotheken. Dieser Aufsatz war seiner Zeit mindestens 20 Jahre voraus! Zusammen mit Maurice Wilkes (recherchieren Sie ihn) und D.J. Gill hat er als Koautor das erste Buch zur Programmierung geschrieben. Er war der Erste, der 1951 in Cambridge sein Informatikstudium als Ph.D. abschloss; außerdem verdanken wir ihm später wichtige Beiträge zu Hardware (Cache-Architektur und frühe LAN-Netze) und Algorithmen (z.B. den Verschlüsselungsalgorithmus TEA (§25.5.6) und die „Burrows-Wheeler-Transformation" (der in bzip2 verwendete Kompressionsalgorithmus)). Zufällig war David Wheeler der Doktorvater von Bjarne Stroustrup – Informatik ist eine junge Disziplin. Ein Teil der wichtigsten Arbeiten David Wheelers sind bereits zu Studienzeiten entstanden. Im Verlauf seiner Karriere hat er es zum Professor an der University of Cambridge und zum Mitglied der Königlichen Gesellschaft (Royal Society) gebracht.

Literaturhinweise

Burrows, M. und David Wheeler. *A Block Sorting Lossless Data Compression Algorithm*. Forschungsbericht 124, Digital Equipment Corporation, 1994.

Bzip2-Link: *www.bzip.org/*.

Cambridge Ring-Website: *http://koo.corpus.cam.ac.uk/projects/earlyatm/cr82*.

Campbell-Kelly, Martin. *David John Wheeler*. Biographical Memoirs of Fellows of the Royal Society, Bd. 52, 2006. (Seine Berufsbiografie.)

EDSAC: *http://en.wikipedia.org/wiki/EDSAC* oder *http://de.wikipedia.org/wiki/Electronic_Delay_Storage_Automatic_Calculator*.

Knuth, Donald. *The Art of Computer Programming*. Addison-Wesley, 1968, und viele Überarbeitungen. Suchen Sie im Index der einzelnen Bände nach „David Wheeler".

TEA-Link: *http://en.wikipedia.org/wiki/Tiny_Encryption_Algorithm* oder *http://de.wikipedia.org/wiki/Tiny_Encryption_Algorithm*.

Wheeler, D. J. *The Use of Sub-routines in Programmes*. Proceedings of the 1952 ACM History National Meeting. (Dies ist der erwähnte Artikel über das Design von Bibliotheken aus dem Jahre 1951.)

Wilkes, M. V., D. Wheeler und D. J. Gill. *Preparation of Programs for an Electronic Digital Computer*. Addison-Wesley, 1951; 2. Auflage, 1957. Das erste Buch zur Programmierung.

22.2.2 Die Wurzeln der modernen Sprachen

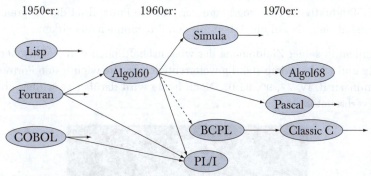

Abbildung 22.4: Darstellung der wichtigsten frühen Sprachen

Die in ▶ Abbildung 22.4 aufgeführten Sprachen sind deshalb von Bedeutung, weil sie weitverbreitet waren (und in einigen Fällen noch sind) oder weil sie die Vorläufer zu wichtigen modernen Sprachen – oft direkte Abkömmlinge mit dem gleichen Namen – sind. In diesem Abschnitt behandeln wir die drei Sprachen Fortran, COBOL und Lisp, auf die die meisten modernen Sprachen zurückzuführen sind.

22.2.2.1 Fortran

Die Einführung von Fortran 1956 war mit Abstand der wichtigste Schritt in der Entwicklung der Programmiersprachen. „Fortran" ist ein Akronym für „Formula Translation", was auf Deutsch „Formel-Übersetzung" heißt. Dahinter verbarg sich die grundlegende Idee, effizienten Maschinencode aus einer Notation zu erzeugen, die eher für Menschen als für Maschinen entworfen wurde. Maßgeblich für die Entwicklung der Fortran-Syntax waren daher die Notationen, die Wissenschaftler und Techniker verwendeten, wenn sie Probleme mithilfe der Mathematik lösen wollten, und nicht die bis dato verwendeten Maschinenbefehle der (damals noch ganz neuen) elektronischen Computer.

Aus heutiger Perspektive kann Fortran als erster Versuch betrachtet werden, eine Anwendungsdomäne direkt in Code zu repräsentieren. Die Notation erlaubte es den Programmierern, die lineare Algebra fast genau so auszudrücken, wie sie es von ihren Fachbüchern her gewohnt waren. Fortran verfügte über Arrays, Schleifen und mathematische Standardfunktionen (unter Verwendung der mathematischen Standardnotation wie **x+y** und **sin(x)**). Es gab eine Standardbibliothek der mathematischen Funktionen, Mechanismen für Eingabe und Ausgabe und die Möglichkeit für die Benutzer, eigene Funktionen und Bibliotheken zu definieren.

Die Notation war größtenteils rechnerunabhängig, sodass es oft nur ganz geringfügiger Änderungen bedurfte, um Fortran von einem Rechner auf einen anderen zu portieren. Mit dieser Sprache war den Entwicklern ein *riesiger* Wurf gelungen, der den damaligen Stand der Forschung revolutionierte. Aus diesem Grund wird Fortran als erste höhere Programmiersprache bezeichnet.

Zu jener Zeit war oberstes Ziel, aus dem Fortran-Quellcode einen möglichst effizienten Maschinencode zu erzeugen: Die Rechner füllten ganze Räume und waren ungeheuer teuer (ein Mehrfaches dessen, was ein Team guter Programmierer im Jahr zusammen verdiente), sie waren (im Vergleich zu heute) schrecklich langsam (z.B. 100.000 Befehle/Sekunde) und hatten so gut wie kaum Speicherkapazität (z.B. 8 KByte). Trotz dieser harten Bedingungen schrieben die Menschen nützliche Programme, die auf diesen Rechnern ausgeführt werden konnten, und Verbesserungen an der Notation (mit dem Ziel die Produktivität der Programmierer und die Portabilität der Programme zu steigern) durften sich keinesfalls negativ auf die Arbeit mit den Programmen auswirken.

Fortran war vor allem in seiner Zieldomäne der wissenschaftlichen und technischen Berechnungen ein riesiger Erfolg und wird seitdem ständig weiterentwickelt. Die wichtigsten Fortran-Versionen tragen die Bezeichnungen II, IV, 77, 90, 95 03. Noch heute wird darüber gestritten, ob Fortran77 oder Fortran90 weiterverbreitet ist.

Abbildung 22.5: John Backus, der Erfinder von Fortran

Die erste Definition und Implementierung von Fortran verdanken wir einem Team bei IBM, das von John Backus angeführt wurde: „Wir wussten nicht, was wir wollten und wie wir es machen sollten. Es hat sich einfach so ergeben." Wie hätte er es auch wissen können? Es hatte zuvor nichts Vergleichbares gegeben, doch mehr oder weniger en passant haben sie die Grundstruktur der Compiler entwickelt oder entdeckt: lexikalische Analyse, syntaktische Analyse, semantische Analyse und Optimierung. Bis zum heutigen Tag ist Fortran führend in der Optimierung von numerischen Berechnungen. Die erste Fortran-Version war außerdem der Vorläufer einer Notation zur Darstellung von Grammatiken: die Backus-Naur-Form (BNF). Diese Form wurde zuerst für Algol60 (§22.2.3.1) verwendet und ist jetzt in den meisten modernen Sprachen zu finden. Wir haben eine BNF-Version für unsere Grammatiken in den Kapiteln 6 und 7 verwendet.

Viel später war John Backus der Wegbereiter für einen ganz neuen Zweig von Programmiersprachen („funktionale Programmierung"), der eher einen mathematischen Ansatz der Programmierung vertrat und nicht den rechnerbasierten Ansatz, der auf dem Lesen und Schreiben von Speicherpositionen beruhte. Beachten Sie, dass die reine Mathematik das Konzept der Zuweisung oder gar der Aktionen nicht kennt. Stattdessen geben Sie „einfach" an, was wahr sein muss unter einem Satz an Bedingungen. Einige der Wurzeln der funktionalen Programmierung finden sich in Lisp (§22.2.2.3) wieder und einige ihrer Ideen sind in die STL eingeflossen (Kapitel 21).

Literaturhinweise

Backus, John. *Can Programming Be Liberated from the von Neumann Style?* Communications of the ACM, 1977. (Sein Vortrag zur Verleihung des Turing-Preises.)

Backus, John. *The History of FORTRAN I, II, and III.* ACM SIGPLAN Notices, Bd. 13 Nr. 8, 1978. Sonderausgabe: History of Programming Languages Conference.

Hutton, Graham. *Programming in Haskell.* Cambridge University Press, 2007. ISBN 0521692695.

ISO/IEC 1539. *Programming Languages – Fortran.* (Der „Fortran 95"-Standard.)

Paulson, L. C. *ML for the Working Programmer.* Cambridge University Press, 1991. ISBN 0521390222.

22.2.2.2 COBOL

COBOL („Common Business-Oriented Language") war für die Wirtschaftsprogrammierung, was Fortran für die wissenschaftliche Programmierung war, und hat – wie Fortran – auch heute noch seine Anhänger. Der Schwerpunkt dieser Programmiersprache lag auf der Datenmanipulation:

- Kopieren
- Speichern und Abfragen (Datenverwaltung)
- Ausgabe (Berichte)

Berechnungen wurden als von untergeordneter Bedeutung betrachtet und das – angesichts der wichtigsten Anwendungsdomänen von COBOL – oft zu Recht. COBOL stand dem „Wirtschaftsenglisch" sehr nahe, was in vielen die Hoffnung nährte, dass Manager eines Tages auch die Aufgaben der Programmierer erledigen könnten. Äußerungen dieser Art sind seit Jahren immer wieder zu hören, vor allem von Managern, die die Kosten für die Programmierung senken wollen. Doch hat sich diese Prophezeiung nie, auch nicht im Entferntesten erfüllt.

COBOL wurde ursprünglich 1959–1960 von einem Komitee namens CODASYL entworfen, um der Forderung nach mehr wirtschaftsorientierter EDV gerecht zu werden. Initiatoren waren das US-Verteidigungsministerium und eine Gruppe von größeren Computerherstellern. Das Design basierte direkt auf der von Grace Hopper erfundenen Programmiersprache FLOW-MATIC. Einer ihrer Beiträge war die Verwendung einer der englischen Sprache sehr nahestehenden Syntax (im Gegensatz zu der mathematischen Notation, die von Fortran eingeführt wurde und heute immer noch vorherrschend ist). Wie Fortran – und alle anderen erfolgreichen Sprachen – wurde COBOL laufend überarbeitet und verbessert. Größere Überarbeitungen gab es 60, 61, 65, 68, 70, 80, 90 und 04.

Grace Murray Hopper hat ihr Mathematikstudium an der Yale-Universität mit Promotion abgeschlossen. Während des 2. Weltkriegs arbeitete sie für die US-Marine an den allerersten Computern. Nach einigen Jahren in der Computerindustrie kehrte sie zur Marine zurück.

Abbildung 22.6: Dr. Grace Murray Hopper

„Konteradmiral Dr. Grace Murray Hopper (US-Marine) war eine bemerkenswerte Frau, die sich als exzellente Wissenschaftlerin der Programmierung der ersten Computergeneration gewidmet hat. Zeitlebens war sie führend in dem Bereich der Softwareentwicklungskonzepte und trug maßgeblich zum Übergang von den primitiven Programmiertechniken zur Verwendung anspruchsvoller Compiler bei. Sie war der festen Überzeugung, dass der Satz ‚Das haben wir schon immer so gemacht' nicht unbedingt ein Grund war, um auch weiterhin daran festzuhalten."

– Anita Borg auf der „Grace Hopper Celebration of Women in Computing"-Konferenz, 1994

Grace Murray Hopper wird oft der Verdienst angerechnet, als Erste den Begriff „Bug" für einen Fehler im Computer geprägt zu haben. Gesichert ist auf jeden Fall, dass sie zu den Ersten gehörte, die diesen Begriff verwendeten, und dass sie einen konkreten Fall dokumentierte (siehe ▶ Abbildung 22.7).

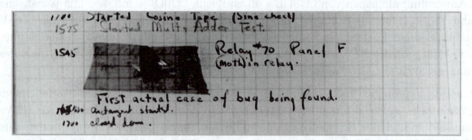

Abbildung 22.7: Wie Sie sehen können, handelte es sich um einen ganz realen „Bug" (englisch für „Insekt") in Form einer Motte, die die Arbeit der Hardware störte. Die meisten modernen Bugs sind eher in der Software zu finden und sind lange nicht so anschaulich.

Literaturhinweise

Eine Biografie über G. M. Hopper: *http://tergestesoft.com/~eddysworld/hopper.htm*.

ISO/IEC 1989:2002. *Information Technology – Programming Languages – COBOL*.

Sammet, Jean E. *The Early History of COBOL*. ACM SIGPLAN Notices, Bd. 13 Nr. 8, 1978. Sonderausgabe: History of Programming Languages Conference.

22.2.2.3 Lisp

Lisp wurde ursprünglich 1958 von John McCarthy am Massachusetts Institute of Technology (MIT) für die symbolische Verarbeitung und die Verarbeitung von verketteten Listen entworfen. (Daher resultiert auch der Name, denn LISP steht für LISt Processing, zu Deutsch: Listen-Verarbeitung.) Anfänglich war Lisp eine Interpreter- und keine Compilersprache und wird auch heute noch oft eher interpretiert als kompiliert. Es gibt Dutzende (wahrscheinlich sogar Hunderte) von Lisp-Dialekten. Es wird sogar oft behauptet, dass Lisp den Plural impliziert. Die derzeit bekanntesten Dialekte sind Common Lisp und Scheme. Die Lisp-Sprachfamilie war (und ist) die Hauptprogrammiersprache der künstlichen Intelligenz (KI), auch wenn die ausgelieferten Produkte oft in C oder C++ geschrieben sind. Eine der wichtigsten Inspirationsquellen von Lisp war das mathematische Konzept des Lambda-Kalküls.

Fortran und COBOL wurden gezielt entworfen, um in ihren jeweiligen Anwendungsbereichen mit konkreten Lösungen zu realen Problemen aufzuwarten. Die Lisp-Gemeinde hingegen befasste sich eher mit der Programmierung an sich und der Eleganz von Programmen. Oft waren diese Bestrebungen erfolgreich. Lisp war die erste Sprache, die ihre Definition von der Hardware trennte und ihre Semantik auf eine Form von Mathematik basierte. Müsste man für Lisp einen spezifischen Anwendungsbereich angeben, so ist dieser auf jeden Fall viel schwerer zu definieren: „KI" oder „symbolische Berechnung" lassen sich nicht so eindeutig auf alltägliche Aufgaben abbilden wie die „Verarbeitung von Wirtschaftsdaten" und die „wissenschaftliche Programmierung". Ideen von Lisp (und der Lisp-Gemeinde) sind in viele moderne Sprachen eingeflossen, vor allem in die funktionalen Sprachen.

Abbildung 22.8: John McCarthy in jungen Jahren und später

John McCarthy hat sein Mathematikstudium – wie man sieht, gibt es einen auffallend großen Anteil an studierten Mathematikern unter den Programmiersprachen-Designern – am California Institute of Technology (Abschluss als Bachelor of Science) und an der Princeton-Universität (Abschluss als Ph.D.) absolviert. Nach seiner bahnbrechenden Arbeit am MIT zog McCarthy 1962 nach Stanford und half, das Stanford-KI-Labor aufzubauen. Ihm wird die Erfindung des Begriffs *künstliche Intelligenz* zugeschrieben – ein Bereich, zu dem er viele Beiträge geleistet hat.

Literaturhinweise

Abelson, Harold und Gerald J. Sussman. *Structure and Interpretation of Computer Programs, Second Edition*. MIT Press, 1996. ISBN 0262011530.

ANSI INCITS 226-1994 (früher ANSI X3.226:1994). *American National Standard for Programming Language – Common LISP*.

McCarthy, John. *History of LISP*. ACM SIGPLAN Notices, Bd. 13 Nr. 8, 1978. Sonderausgabe: History of Programming Languages Conference.

Steele, Guy L. Jr. *Common Lisp: The Language*. Digital Press, 1990. ISBN 1555580416.

Steele, Guy L. Jr. und Richard Gabriel. *The Evolution of Lisp*. Proceedings of the ACM History of Programming Languages Conference (HOPL-2). ACM SIGPLAN Notices, Bd. 28 Nr. 3, 1993.

22.2.3 Die Algol-Familie

In den späten 50ern hatten viele das Gefühl, dass die Programmierung zu kompliziert, zu spezifisch und zu unwissenschaftlich wurde. Sie waren der Meinung, dass die Vielfalt der Programmiersprachen unnötig groß wäre und dass bei der Entwicklung der Sprachen zu wenig Augenmerk auf Allgemeingültigkeit und vernünftige Grundprinzipien gelegt würde. Diese Auffassung wurde seitdem immer wieder vertreten; aber damals kam eine Gruppe von Leuten unter der Federführung des internationalen Dachverbands IFIP (International Federation of Information Processing) für Informatikverbände zusammen und erschuf in nur wenigen Jahren eine neue Sprache, die unseren Denkansatz über Sprachen und ihre Definition revolutionierte. Die meisten modernen Sprachen, einschließlich C++, haben diesen Bemühungen viel zu verdanken.

22.2.3.1 Algol60

Die algorithmische Sprache Algol (*ALGOrithmic Language*), die das Ergebnis der Arbeit der IFIP 2.1-Gruppe war, stellte einen Durchbruch für die modernen Konzepte der Programmiersprachen dar:

- Lexikalischer Gültigkeitsbereich
- Verwendung einer Grammatik, um die Sprache zu definieren
- Klare Trennung der syntaktischen von den semantischen Regeln
- Klare Trennung von Definition und Implementierung der Sprache
- Systematische Verwendung von (statischen, d.h. Kompilierzeit-)Typen
- Direkte Unterstützung der strukturierten Programmierung

Die Vorstellung von einer „allgemeinen Programmiersprache" kam erst mit Algol auf. Vorher zielten die Sprachen auf spezielle Anwendungsfelder ab: Wissenschaft (z.B. Fortran), Wirtschaft (z.B. COBOL), die Manipulation von Listen (z.B. Lisp), Simulationen usw. Von all diesen Sprachen hat Algol60 am meisten mit Fortran gemein.

Leider fand Algol60 im außerakademischen Bereich nie die ihr gebührende Anerkennung und Verbreitung. Die Sprache wurde aus vielen Gründen nicht akzeptiert: Den Fortran-Programmierern war sie „zu langsam", den COBOL-Programmierern bot sie nicht genügend Unterstützung für die Verarbeitung von Wirtschaftsdaten, Lisp-Programmierern war sie nicht flexibel genug, zu seltsam und zu akademisch meinten die meisten Vertreter der Industrie (einschließlich der Manager, die für die Investitionen in neue Entwicklungen zuständig waren) und vielen Amerikanern war sie einfach zu europäisch. Auch wenn ein Großteil der Kritik durchaus berechtigt war – beispielsweise wurden im Algol60-Bericht keine E/A-Mechanismen definiert –, so muss man andererseits sehen, dass zu jener Zeit ähnliche Kritik gegenüber nahezu jeder der damaligen Sprachen angebracht gewesen wäre – und Algol ist zumindest das Verdienst zuzurechnen, in vielen Bereichen neue Standards gesetzt zu haben.

Ein weiteres Problem von Algol60 war, dass niemand wusste, wie man diese Sprache implementiert. Das Problem wurde von einem Team von Programmierern gelöst, das sich um Peter Naur (der Herausgeber des Algol60-Berichts) und Edsger Dijkstra scharte:

Abbildung 22.9: Peter Naur, der Herausgeber des Algol60-Berichts

Peter Naur studierte Astronomie an der Universität von Kopenhagen und arbeitete an der Technischen Universität von Kopenhagen (DTH) und für den dänischen Computerhersteller Regnecentralen. Schon sehr früh (1950–51) lernte er in dem Computerlabor der Cambridge-Universität, England, zu programmieren (in Dänemark gab es zu dieser Zeit noch keine Computer). In seiner späteren außergewöhnlichen Karriere gelang es ihm, die Kluft zwischen Wissenschaft und Wirtschaft zu überbrücken. Er war maßgeblich an der Entwicklung der BNF-Notation („Backus-Naur-Form") zur Beschreibung von Grammatiken beteiligt und ein sehr früher Verfechter der formalen Diskussion über Programme (erst die Fachaufsätze von Peter Naur haben Bjarne Stroustrup um 1971 die Verwendung von Invarianten nahegebracht). Zeitlebens stand Naur der Informatik kritisch gegenüber, immer mit Rücksicht auf die menschlichen Aspekte der Programmierung. Genau genommen könnte man seine spätere Arbeit auch im Bereich der Philosophie ansiedeln (wenn man einmal davon absieht, dass er die herkömmliche akademische Philosophie für absoluten Unsinn hielt). Er war der erste Professor für Datalogi an der Universität von Kopenhagen (der dänische Begriff *datalogi* lässt sich am besten mit „Informatik" übersetzen); Peter Naur hasst den Begriff Computerwissenschaft und hält ihn für eine absolute Fehlbezeichnung, da es in diesem Forschungsbereich nur sekundär um Computer geht.

Abbildung 22.10: Edsger Dijkstra

Ein weiterer berühmter und über lange Jahre produktiver Vertreter der Informatik war Edsger Dijkstra. Er studierte Physik in Leiden. Seine ersten bedeutenden Arbeiten im Computerbereich stammen aus seiner Zeit am Mathematisch Centrum in Amsterdam. Später arbeitete er an verschiedenen Orten, unter anderem an der Technischen Universität Eindhoven, für Burroughs Corporation und an der Universität von Texas (Austin). Neben seiner bahnbrechenden Arbeit über Algol war er auch Vorreiter und starker Verfechter für den Einsatz mathematischer Logik in der Programmierung und den Algorithmen und einer der Designer und Implementierer des THE-Betriebssystems – eines der ersten Betriebssysteme, das Nebenläufigkeit (*concurrency*) erlaubte. THE steht für „Technische Hogeschool Eindhoven" – der Universität, an der Edsger Dijkstra zu dieser Zeit arbeitete. Sein wohl berühmtester Aufsatz *Go-To Statement Considered Harmful* beschäftigte sich mit den Auswirkungen von Goto-Anweisungen und bewies überzeugend, wie problematisch eine unstrukturierte Ablaufsteuerung ist.

Der Algol-Stammbaum ist sehr beeindruckend:

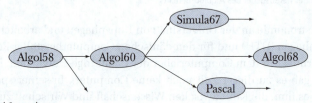

Abbildung 22.11: Der Algol-Stammbaum

Achten Sie auf die Sprachen Simula67 und Pascal. Diese Sprachen waren die Vorläufer von vielen (wahrscheinlich den meisten) modernen Programmiersprachen.

Literaturhinweise

Dijkstra, Edsger W. *Algol 60 Translation: An Algol 60 Translator for the x1 and Making a Translator for Algol 60*. Report MR 35/61. Mathematisch Centrum (Amsterdam), 1961.

Dijkstra, Edsger. *Go-To Statement Considered Harmful*. Communications of the ACM, Bd. 11 Nr. 3, 1968.

Lindsey, C. H. *The History of Algol68*. Proceedings of the ACM History of Programming Languages Conference (HOPL-2). ACM SIGPLAN Notices, Bd. 28 Nr. 3, 1993.

Naur, Peter (Hrsg.). *Revised Report on the Algorithmic Language Algol 60*. A/S Regnecentralen (Kopenhagen), 1964.

Naur, Peter. *Proof of Algorithms by General Snapshots. BIT*, Bd. 6, 1966, S. 310–16. Wahrscheinlich der erste Aufsatz zur Korrektheitsprüfung von Programmen.

Naur, Peter. *The European Side of the Last Phase of the Development of ALGOL 60. ACM SIGPLAN Notices*, Bd. 13 Nr. 8, 1978. Sonderausgabe: History of Programming Languages Conference.

Perlis, Alan J. *The American Side of the Development of Algol. ACM SIGPLAN Notices*, Bd. 13 Nr. 8, 1978. Sonderausgabe: History of Programming Languages Conference.

van Wijngaarden, A., B. J. Mailloux, J. E. L. Peck, C. H. A. Koster, M. Sintzoff, C. H. Lindsey, L. G. L. T. Meertens und R. G. Fisker (Hrsg.). *Revised Report on the Algorithmic Language Algol 68* (Sept. 1973). Springer-Verlag, 1976.

22.2.3.2 Pascal

Die im Algol-Stammbaum aufgeführte Sprache Algol68 war ein großes und ehrgeiziges Projekt, das wie Algol60 vom Algol-Komitee (IFIP-Arbeitsgruppe 2.1) verfolgt wurde. Da es jedoch „ewig" ohne Ergebnis blieb, wurden viele ungeduldig und fingen an zu zweifeln, ob dieses Projekt je erfolgreich abgeschlossen würde. Ein Mitglied des Algol-Komitees, Niklaus Wirth, entschied deshalb einfach, einen eigenen Algol-Nachfolger zu entwerfen und zu implementieren. Im Gegensatz zu Algol68 war diese Sprache – Pascal genannt – eine Vereinfachung von Algol60.

Pascal wurde 1970 fertiggestellt und war tatsächlich relativ einfach, mit der Folge, dass es etwas unflexibel wurde. Oft wurde behauptet, dass es hauptsächlich zu Lehrzwecken entworfen wurde, aber frühe Aufsätze belegen, dass es ursprünglich als Alternative zu Fortran auf den damaligen Supercomputern gedacht war. Pascal war tatsächlich sehr einfach zu lernen und nachdem eine sehr leicht portierbare Implementierung zur Verfügung stand, fand diese Programmiersprache in der Lehre weite Verbreitung. Allerdings stellte sie für Fortran nie eine Bedrohung dar.

Abbildung 22.12: Professor Niklaus Wirth der Eidgenössischen Technischen Hochschule der Schweiz in Zürich – der Erfinder von Pascal (Fotos von 1969 und 2004)

22 Ideale und Geschichte

Niklaus Wirth hat in Berkeley an der Universität von Kalifornien in Elektrotechnik und Informatik promoviert und seitdem eine enge Beziehung zu Kalifornien. Professor Wirth ist wohl der Erste weltweit, der sich als professioneller Sprachdesigner bezeichnen dürfte. In mehr als 25 Jahren hat er folgende Sprachen entworfen und implementiert:

- Algol W
- PL/360
- Euler
- Pascal
- Modula
- Modula-2
- Oberon
- Oberon-2
- Lola (eine Hardwarebeschreibungssprache)

Niklaus Wirth bezeichnet seine Tätigkeit als die unendliche Suche nach Einfachheit. Seine Arbeit war in vieler Hinsicht richtungsweisend. Das Studium dieser Sprachen ist auf alle Fälle der Mühe wert. Professor Wirth ist der einzige, der je zwei Sprachen auf den HOPL-Konferenzen vorgestellt hat.

Am Ende konnte sich das reine Pascal kommerziell nicht durchsetzen, da es zu einfach und zu unflexibel war. Dass es nicht ausgestorben ist, verdankt es primär dem Einsatz von Anders Hejlsberg, der in den 80ern Turbo Pascal entwickelte und implementierte (er ergänzte unter anderem eine flexiblere Argumentübergabe) und später ein C++-ähnliches Objektmodell hinzufügte (allerdings nur mit Einfachvererbung und einem netten Modulmechanismus). Anders Hejlsberg war einer der drei Gründer von Borland. Sein Studium absolvierte er an der Technischen Universität in Kopenhagen, an der Peter Naur gelegentlich Gastvorträge hielt – die Welt ist manchmal ein Dorf. Später entwickelte Anders Hejlsberg Delphi für Borland und C# für Microsoft.

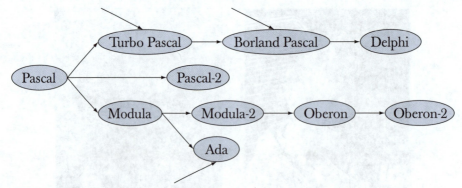

Abbildung 22.13: Der (aus verständlichen Gründen) vereinfachte Pascal-Stammbaum

Literaturhinweise

Borland/Turbo Pascal. *http://en.wikipedia.org/wiki/Turbo_Pascal* und *http://de.wikipedia.org/wiki/Turbo_Pascal*.

Hejlsberg, Anders, Scott Wiltamuth und Peter Golde. *The C# Programming Language, Second Edition*. Microsoft .NET Development Series. ISBN 0321334434.

Wirth, Niklaus. *The Programming Language Pascal*. Acta Informatics, Bd. 1 Heft 1, 1971.

Wirth, Niklaus. *Design and Implementation of Modula*. Software – Practice and Experience, Bd. 7 Nr. 1, 1977.

Wirth, Niklaus. *Recollections about the Development of Pascal*. Proceedings of the ACM History of Programming Languages Conference (HOPL-2). ACM SIGPLAN Notices, Bd. 28 Nr. 3, 1993.

Wirth, Niklaus. *Modula-2 and Oberon*. Proceedings of the Third ACM SIGPLAN Conference on the History of Programming Languages (HOPL-III). San Diego, CA, 2007. *http://portal.acm.org/toc.cfm?id= 1238844*.

22.2.3.3 Ada

Ada war eine Programmiersprache, die ausschließlich auf die Programmierbedürfnisse des US-Verteidigungsministeriums zugeschnitten war. Sie sollte vor allem zuverlässigen und wartbaren Code für die Programmierung eingebetteter Systeme liefern. Ihre direkten Vorläufer sind Pascal und Simula (siehe ▶ Abbildung 22.13). Leiter der mit dem Design von Ada beauftragten Gruppe war Jean Ichbiah – ein ehemaliger Vorsitzender der Simula-Benutzergruppe. Bei Ada lag der Schwerpunkt auf:

- Datenabstraktion (aber keine Vererbung bis 1995)
- Strenge statische Typprüfung
- Direkte Unterstützung der Nebenläufigkeit (Concurrency) in der Sprache

Ada sollte die Verkörperung der modernsten softwaretechnischen Errungenschaften im Bereich der Programmiersprachen werden. Folglich entwickelte das US-Verteidigungsministerium keine Sprache, sondern ein aufwendiges Verfahren zur Entwicklung der Sprache. Eine Vielzahl von Personen und Organisationen waren an diesem Entwurfsprozess beteiligt, der aus einer Reihe von Wettbewerben bestand. Auf diese Weise sollte zunächst die beste Spezifikation und danach die Sprache ermittelt werden, die die Ideen dieser Spezifikation am besten umsetzte. Dieses gewaltige, über 20 Jahre dauernde Projekt (1975–1998) wurde ab 1980 von einer Abteilung namens AJPO (Ada Joint Program Office) geleitet.

1979 erhielt die sich allmählich abzeichnende Sprache den Namen Ada, benannt nach Lady Augusta Ada Lovelace (Tochter des Dichters Lord Byron). Lady Lovelace gilt wohl zu Recht als erste Programmiererin der Neuzeit (sofern man in diesem Zusammenhang von „Neuzeit" sprechen kann), da sie in den 1840ern zusammen mit Charles Babbage (dem Lucasischen Professor für Mathematik in Cambridge – immerhin der Stuhl von Newton!) an einer revolutionären mechanischen Rechenmaschine gearbeitet hatte. Leider war Babbages Rechenmaschine nicht ausgereift genug, um in der Praxis Anwendung zu finden.

Abbildung 22.14: Jean Ichbiah und Lady Augusta Ada Lovelace

Aufgrund des komplizierten und langjährigen Prozesses wird Ada auch als ultimative Design-by-Committee-Sprache bezeichnet, was jedoch vom führenden Designer des Gewinnerteams, Jean Ichbiah von der französischen Firma Honeywell Bull energisch bestritten wird. Allerdings vermute ich (aufgrund seiner eigenen Aussagen), dass er eine bessere Sprache hätte entwickeln können, wenn er durch die Vorschriften und Vorgehensweise nicht so eingeschränkt worden wäre.

Der Einsatz von Ada für militärische Anwendungen wurde viele Jahre lang vom Verteidigungsministerium vorgeschrieben, sodass am Ende der Spruch die Runde machte „Ada ist nicht nur eine gute Idee, es ist Gesetz!" In der Praxis aber ließen sich viele Projekte von der Verwendung von ADA freistellen, um andere Sprachen zu verwenden (in der Regel C++), dass sich der US-Kongress schließlich veranlasst sah, doch noch ein Gesetz zu verabschieden, welches die Verwendung von Ada für die meisten militärischen Anwendungen ausdrücklich gebot. Dieses Gesetz wurde später angesichts der wirtschaftlichen und technischen Entwicklungen aufgehoben. Bjarne Stroustrup gehört daher zu den wenigen Personen, dessen Arbeit von dem US-Kongress ausdrücklich verbannt wurde.

Nachdem das jetzt geklärt ist, möchten wir noch einmal betonen, dass die Sprache Ada viel besser ist als ihr Ruf. Wenn das US-Verteidigungsministerium nicht so streng über die Verwendung von Ada gewacht hätte und nicht so genaue Vorschriften zu ihrer Verwendung erlassen hätte (Standards für Anwendungsentwicklungsprozesse, Softwareentwicklungswerkzeuge, Dokumentation usw.) – so unsere Vermutung –, dann wäre Ada wesentlich mehr Erfolg beschieden gewesen. Auch heute noch spielt Ada eine wichtige Rolle in Anwendungen der Luft- und Raumfahrt und ähnlich fortschrittlichen Anwendungsbereichen von eingebetteten Systemen.

1980 wurde Ada zum Militärstandard erhoben, 1983 zum ANSI-Standard (die erste Implementierung erfolgte in 1983 – drei Jahre *nach* dem ersten Standard!) und 1987 zum ISO-Standard. Dieser ISO-Standard wurde 1995 gründlich überarbeitet (natürlich unter Wahrung der Kompatibilität). Zu den nennenswerten Verbesserungen gehörten mehr Flexibilität in den Nebenläufigkeitsmechanismen und Unterstützung für die Vererbung.

Literaturhinweise

Barnes, John. *Programming in Ada 2005*. Addison-Wesley, 2006. ISBN 0321340787.

Consolidated Ada Reference Manual, bestehend aus dem internationalen Standard (ISO/IEC 8652:1995). *Information Technology – Programming Languages – Ada*, aktualisiert gemäß Änderungen in Technical Corrigendum 1 (ISO/IEC 8652:1995:TC1:2000).

ACM-SigAda-Homepage: *http://www.sigada.org/*.

Whitaker, William A. *ADA – The Project: The DoD High Order Language Working Group*. Proceedings of the ACM History of Programming Languages Conference (HOPL-2). ACM SIGPLAN Notices, Bd. 28 Nr. 3, 1993.

22.2.4 Simula

Simula wurde Anfang bis Mitte der 60er-Jahre von Kristen Nygaard und Ole-Johan Dahl am Norwegischen Informatikzentrum und an der Universität von Oslo entwickelt. Simula gehört zweifelsohne zur Algol-Sprachfamilie. Genau genommen ist Simula fast zur Gänze eine Obermenge von Algol60. Wir haben Simula hier herausgegriffen, weil sie der Ursprung für die meisten grundlegenden Ideen ist, die heute als „objektorientierte Programmierung" bezeichnet werden. Als erste Sprache überhaupt führte Simula die Konzepte „Vererbung" und „virtuelle Funktionen" ein. Die Begriffe *Klasse* für „benutzerdefinierten Typ" und *virtuell* für eine Funktion, die überschrieben und über die Schnittstelle einer Basisklasse aufgerufen werden kann, stammen alle von Simula.

Der Beitrag Simulas beschränkte sich allerdings nicht nur auf Sprachmittel. Die Sprache wartete darüber hinaus mit einem konkreten Konzept zum objektorientierten Design auf, basierend auf der Idee, reale Phänomene in Code zu modellieren:

- Repräsentation von Ideen als Klassen und Klassenobjekte
- Repräsentation von hierarchischen Verbindungen als Klassenhierarchien (Vererbung)

Aus Sicht von Simula war ein Programm nicht mehr ein einzelner Monolith, sondern ein Satz von interagierenden Objekten.

Abbildung 22.15: Kristen Nygaard und Ole-Johan Dahl, die Erfinder von Simula

Kristen Nygaard, der zusammen mit Ole-Johan Dahl (links mit Brille) Simula 67 entwickelt hatte, war in vieler Hinsicht ein Großer – einschließlich seiner Körpergröße, der seine Hingabe und Großzügigkeit allerdings in nichts nachstanden. Ihm verdanken wir die grundlegenden Ideen der objektorientierten Programmierung, vor allem die Vererbung. Über Jahrzehnte beschäftigte er sich mit den damit verbundenen Auswirkungen. Er gab sich niemals zufrieden mit einfachen, kurzfristigen und zu kurz gegriffenen Antworten. Er zeichnete sich durch sein jahrzehntelang hohes soziales Engagement aus. Auch hatte er nicht unwesentlich Anteil daran, dass Norwegen sich aus der Europäischen Union herausgehalten hat – ein in seinen Augen zentralisierter und bürokratischer Albtraum, der unempfänglich sei für die Bedürfnisse eines kleinen Landes am äußersten Rand der Union, d.h. Norwegen. Mitte der 70er arbeitete Kristen Nygaard einige Zeit im Fachbereich Informatik der Universität von Århus, Dänemark (wo Bjarne Stroustrup gerade sein Masterstudium absolvierte).

Kristen Nygaard hat einen Master in Mathematik von der Universität von Oslo. Er starb 2002, nur zwei Monate bevor er (zusammen mit seinem langjährigen Freund Ole-Johan Dahl) mit dem Turing-Preis der ACM ausgezeichnet werden sollte – dem „Nobelpreis der Informatik".

Ole-Johan Dahl war im Vergleich zu Nygaard eher der typische Akademiker. Sein Spezialgebiet waren Spezifikationssprachen und formale Methoden. 1968 wurde er der erste ordentliche Professor für Informatik (Computerwissenschaft) an der Universität von Oslo.

Abbildung 22.16: Kristen Nygaard und Ole-Johan Dahl

August 2000 wurden Dahl und Nygaard vom König von Norwegen das Kommandeurkreuz des St-Olav-Ordens verliehen. Woran man sieht, dass sogar echten Computerfreaks Anerkennung im eigenen Lande widerfahren kann.

Literaturhinweise

Birtwistle, G., O-J. Dahl, B. Myhrhaug und K. Nygaard: *SIMULA Begin*. Studentlitteratur (Lund, Sweden), 1979. ISBN 9144062125.

Holmevik, J. R. *Compiling SIMULA: A Historical Study of Technological Genesis*. IEEE Annals of the History of Computing, Bd. 16 No. 4, 1994, S. 25–37.

Kristen Nygaards Homepage: *http://heim.ifi.uio.no/~kristen/.*

Krogdahl, S. *The Birth of Simula*. Proceedings of the HiNC 1 Conference in Trondheim, Juni 2003 (IFIP WG 9.7, in Zusammenarbeit mit IFIP TC 3).

Nygaard, Kristen und Ole-Johan Dahl. *The Development of the SIMULA Languages.* ACM SIGPLAN Notices, Bd. 13 Nr. 8, 1978. Sonderausgabe: History of Programming Languages Conference.

SIMULA Standard. *DATA processing – Programming languages – SIMULA.* Schwedischer Standard, Stockholm, Schweden (1987). ISBN 9171622349.

22.2.5 C

1970 ging man noch davon aus, dass ernsthafte Systemprogrammierung – insbesondere die Implementierung eines Betriebssystems – nur mit Assembler und nur durch Verzicht auf portierbare Lösungen möglich wäre. Eine Situation, ähnlich der Lage der wissenschaftlichen Programmierung vor der Einführung von Fortran. Dies zu ändern, war eine Herausforderung, der sich verschiedene Einzelpersonen und Gruppen stellten. Am Ende war C (Kapitel 27) von allen Programmiersprachen, die aus diesen Bemühungen entstanden, die bei Weitem erfolgreichste.

Dennis Ritchie entwarf und implementierte die Programmiersprache C im Computerforschungszentrum der Bell Telephone Laboratories in Murray Hill, New Jersey. Die Schönheit von C liegt vor allem in ihrer Schlichtheit. Die Programmiersprache wurde absichtlich sehr einfach gehalten und lehnte sich sehr eng an die fundamentalen Aspekte der Hardware an. Ein Großteil der heutigen Komplexität von C (von der aus Kompatibilitätsgründen das meiste in C++ übernommen wurde) wurde nachträglich zum ursprünglichen Design hinzugefügt – in einigen Fällen sogar gegen den Widerstand von Dennis Ritchie. Ein Teil des Erfolges von C war sicherlich der Tatsache zu verdanken, dass es bereits früh weithin verfügbar war. Aber seine eigentliche Stärke war die direkte Abbildung der Sprachmittel auf die Bausteine der Hardware (siehe §25.4–5). Dennis Ritchie hat C einmal kurz und prägnant als eine „streng typisierte, aber nur ungenügend überprüfte Sprache" beschrieben; das heißt, C hat ein statisches (Kompilierzeit-)Typsystem, und ein Programm, das ein Objekt nicht im Einklang mit dessen Definition verwendet, ist nicht korrekt. Nur leider kann ein C-Compiler dies nicht feststellen. Zur Zeit der Entstehung von C, als der C-Compiler noch in einem Speicherbereich von 48 KByte ausgeführt werden musste, war dies eine sinnvolle Designentscheidung. Kurz nachdem C zur Verfügung stand, gab es aber auch schon Leute, die ein Programm namens lint erfanden, das getrennt vom Compiler die Übereinstimmung mit dem Typsystem sicherstellte.

Abbildung 22.17: Dennis Ritchie früher und heute

Zusammen mit Ken Thompson hat Dennis Ritchie Unix erfunden, das bei weitem einflussreichste Betriebssystem aller Zeiten. C wurde – und wird – mit dem Unix-Betriebssystem in Verbindung gebracht und darüber auch mit Linux und der Open-Source-Bewegung.

Dennis Ritchie ist in den Ruhestand getreten und hat den Lucent Bell Labs den Rücken gekehrt. Mehr als 40 Jahre hat er im Computerforschungszentrum der Bell Laboratories gearbeitet. Er ist Absolvent der Harvard-Universität (Physik) und hat dort in angewandter Mathematik promoviert.

Abbildung 22.18: Doug McIlroy

In den ersten Jahren von C, zwischen 1974 und 1979, haben viele Leute in den Bell Labs das Design von C und dessen Umsetzung beeinflusst. Der meistgeschätzte Kritiker, Diskussionspartner und Ideenspender war Doug McIlroy. Sein Einfluss auf C, C++, Unix und vieles mehr war beträchtlich.

Abbildung 22.19: Brian Kernighan

Brian Kernighan ist ein überragender Programmierer und Autor. Sowohl sein Code als auch seine Prosa zeichnen sich durch außergewöhnliche Klarheit aus. Der Stil dieses Buches ist zum Teil von den Aufgabenabschnitten seines Meisterwerks *Programmieren in C* abgeleitet (auch bekannt als „K&R" nach seinen Koautoren Brian Kernighan und Dennis Ritchie).

22.2 (Kurze) Geschichte der Programmiersprachen

Es reicht nicht, gute Ideen zu haben. Damit diese Ideen Verbreitung finden und umgesetzt werden, müssen sie auf ihre einfachste Form gebracht und so formuliert werden, dass sie von möglichst vielen Menschen der Zielgruppe verstanden werden. Weitschweifige Formulierungen gehören zu den schlimmsten Feinden von Ideen – ebenso wie Verdunklung und zu starke Abstraktion. Puristen spotten oft über die Erfolge einer solchen Popularisierung und ziehen Präsentationen vor, die nur für Experten verständlich sind. Wir sind in dieser Hinsicht anderer Meinung: Eine wertvolle, nicht triviale Idee Anfängern verständlich zu machen, mag schwierig sein; aber es fördert eine breitere Professionalität und nutzt der Gesellschaft.

Tipp

Im Laufe der Jahre hat Brian Kernighan an vielen wichtigen Programmierprojekten und Veröffentlichungen mitgewirkt – beispielsweise den Sprachen AWK (eine frühe Skriptsprache, die nach den Initialen ihrer Autoren Aho, Weinberger und Kernighan benannt wurde) und AMPD („A Mathematical Programming Language").

Zurzeit hat Brian Kernighan eine Professur an der Princeton-Universität. Er ist selbstverständlich ein herausragender Lehrer, der sich darauf spezialisiert hat, komplexe Themen möglichst klar zu vermitteln. Mehr als 30 Jahren lang arbeitete er im Computerforschungszentrum der Bell Laboratories. Bell Labs wurde später zu AT&T Bell Labs und noch später aufgeteilt in AT&T Labs und Lucent Bell Labs. Kernighan hat sein Physikstudium an der Universität von Toronto absolviert und an der Princeton-Universität in Elektrotechnik promoviert.

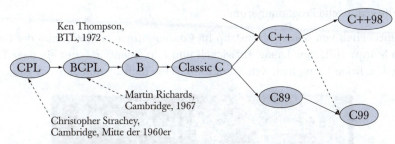

Abbildung 22.20: Stammbaum der C-Sprachenfamilie

Die Ursprünge von C gehen zurück auf das niemals fertiggestellte englische CPL-Projekt, auf die Sprache BCPL (Basic CPL), die Martin Richards als Student der Cambridge-Universität bei seinem Auslandsstudienaufenthalt am MIT entwickelte, und auf eine interpretierte Sprache namens B, die Ken Thompson entwickelte. Später wurde C nach dem ANSI- und dem ISO-Standard zertifiziert und übernahm einige Ideen von C++ (wie z.B. die Überprüfung von Funktionsargumenten und **const**).

CPL war ein Gemeinschaftsprojekt der Cambridge-Universität und des Imperial College of London. Begonnen wurde das Projekt in Cambridge, sodass C offiziell für Cambridge stand. Als das Imperial College an dem Projekt mitarbeitete, wurde das C offiziell als Abkürzung von Combined (zu Deutsch „gemeinsam") interpretiert. In Wahrheit (so wurde uns jedoch gesagt) stand das C immer für Christopher, nach Christopher Strachey, dem Hauptdesigner von CPL.

Literaturhinweise

Brian Kernighans Homepage: *http://cm.bell-labs.com/cm/cs/who/bwk*.

Dennis Ritchies Homepage: *http://cm.bell-labs.com/cm/cs/who/dmr*.

ISO/IEIC 9899:1999. *Programming Languages – C.* (Der C-Standard.)

Link

Kernighan, Brian und Dennis Ritchie. *Programmieren in C*. Carl Hanser Verlag, zweite Auflage 1990. ISBN 3446154973.

Eine Liste der Mitarbeiter im Forschungszentrum der Bell-Labs-Informatik (Bell Labs' Computer Science Research Center): *http://cm.belllabs.com/cm/cs/alumni.html*.

Ritchards, Martin. *BCPL – The Language and Its Compiler*. Cambridge University Press, 1980. ISBN 0521219655.

Ritchie, Dennis. *The Development of the C Programming Language*. Proceedings of the ACM History of Programming Languages Conference (HOPL-2). ACM SIGPLAN Notices, Bd. 28 Nr. 3, 1993.

Salus, Peter. *A Quarter Century of UNIX*. Addison-Wesley, 1994. ISBN 0201547775.

22.2.6 C++

C++ ist eine allgemeine Programmiersprache, die sich auch zur Systemprogrammierung gut eignet. C++

- ist eine bessere Version von C;
- unterstützt die Datenabstraktion;
- unterstützt die objektorientierte Programmierung;
- unterstützt die generische Programmierung.

C++ wurde ursprünglich von Bjarne Stroustrup im Computerforschungszentrum der Bell Telephone Laboratories in Murray Hill, New Jersey, entwickelt und implementiert – nur ein paar Türen entfernt von Dennis Ritchie, Brian Kernighan, Ken Thompson, Doug McIlroy und anderen Unix-Größen.

Abbildung 22.21: Bjarne Stroustrup an seinem Arbeitsplatz

Bjarne Stroustrup hat in seiner Heimatstadt Århus, Dänemark, Mathematik mit Nebenfach Informatik studiert. Nach seinem Masterabschluss ging er nach Cambridge, wo er unter David Wheeler in Informatik promovierte. C++ trug wesentlich dazu bei, dass

- Abstraktionstechniken auch für Mainstream-Projekte bezahlbar und handhabbar wurden;
- objektorientierte und generische Programmiertechniken in Anwendungsbereichen Einzug hielten, in denen Effizienz oberstes Gebot war.

Vor der Einführung von C++ waren diese Techniken (oft leger unter dem Begriff der „objektorientierten Programmierung" zusammengefasst) in der Industrie weitestgehend unbekannt. Wie zu Zeiten der wissenschaftlichen Programmierung vor Fortran und der Systemprogrammierung vor C war der vorherrschende Tenor, dass diese Techniken für den realen Einsatz zu teuer und für normale Programmierer zu kompliziert wären.

Die Arbeiten an C++ begannen 1979 und führten 1985 zu der ersten kommerziellen Version. Nach Abschluss der ersten Design- und Implementierungsphase wurde C++ von Bjarne Stroustrup und seinen Freunden (sowohl vom Bell Labs als auch anderen Orten der Welt) weiterentwickelt, bis 1990 die offizielle Standardisierung begann. Seitdem liegt die Verantwortung für die Pflege und Weiterentwicklung von C++ in den Händen der Standardisierungsgremien: zunächst der internationalen Normungsorganisation ANSI und seit 1991 der internationalen Normungsorganisation ISO. Bjarne Stroustrup war in seiner Funktion als Vorsitzender des wichtigsten Unterkomitees für neue Sprachelemente intensiv an der Standardisierung beteiligt. Der erste internationale Standard (C++98) wurde dann 1998 verabschiedet, der zweite ist in Arbeit (C++0x).

Der wichtigste Beitrag zu C++ – nach den ersten zehn Jahren kontinuierlicher Weiterentwicklung – war die Standardbibliothek (STL) mit ihren Containern und Algorithmen. Sie war das Ergebnis jahrzehntelanger Arbeit von praktisch einer einzigen Person: Alexander Stepanov. Sein Ziel war und ist es, inspiriert von der Schönheit und Dienlichkeit der Mathematik, möglichst allgemeine und effiziente Software zu erstellen.

Abbildung 22.22: Alexander Stepanov

Alexander Stepanov ist der Erfinder der STL und einer der Wegbereiter der generischen Programmierung. Er hat sein Studium an der Universität von Moskau absolviert und sich dort unter anderem mit Robotik und Algorithmen beschäftigt. Er kennt sich mit einer Vielzahl von Sprachen aus (einschließlich Ada, Scheme und C++). Seit 1979 arbeitet er an amerikanischen Universitäten und in der Industrie, unter anderem bei GE Labs, AT&T Bell Labs, Hewlett-Packard, Silicon Graphics und Adobe.

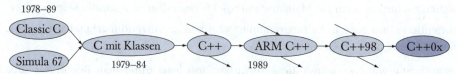

Abbildung 22.23: Der C++-Stammbaum

Ursprünglich strebte Bjarne Stroustrup eine Synthese von C und Simula an, die er als „C mit Klassen" bezeichnete. Mit der Implementierung des Nachfolgeprojekts C++ wurde dieser Ansatz aber sofort verworfen.

Diskussionen über Sprachen drehen sich oft um Eleganz und fortgeschrittene Features. Doch nicht Eleganz und fortgeschrittene Features waren es, die C und C++ zu den zwei erfolgreichsten Sprachen in der Geschichte der Informatik gemacht haben. Ihren Erfolg verdanken beide Sprachen ihrer Flexibilität, Leistung und Stabilität. Bedeutende Softwaresysteme haben über Jahrzehnte Bestand, erschöpfen oft ihre Hardwareressourcen und stehen unerwartet oft völlig veränderten Anforderungen gegenüber. C und C++ waren flexibel genug, um in einer solchen Umgebung Erfolg zu haben. Unser Lieblingszitat von Dennis Ritchie lautet: „Einige Sprachen wurden entwickelt, um einen Standpunkt zu beweisen, andere wurden entworfen, um ein Problem zu lösen." (Wobei er mit „andere" vor allem C meinte.) Bjarne Stroustrup selbst ist bekannt für den Spruch „Selbst ich hätte eine schönere Sprache als C++ entwerfen können". Für C++ – wie auch für C – war nicht abstrakte Schönheit, sondern Nützlichkeit das Ziel (obwohl wir es zu schätzen wissen, wenn Schönheit mit Nützlichkeit einhergeht).

Ich habe oft bedauert, dass ich in diesem Buch keine C++0x-Features verwenden konnte. Es hätte viele Beispiele und Erläuterungen vereinfacht. Mit **unordered_map** (§21.6.4), **array** (§20.9) und **regexp** (§23.5–9) werden allerdings einige Beispiele aus der C++0x-Standardbibliothek vorgestellt. C++0x wird außerdem über eine verbesserte Template-Überprüfung, eine einfachere und allgemeinere Initialisierung und streckenweise eine robustere Notation verfügen. Genaueres hierzu können Sie in meinem HOPL-III-Aufsatz nachlesen.

Literaturhinweise

Alexander Stepanovs Veröffentlichungen: *www.stepanovpapers.com*.

Bjarne Stroustrups Homepage: *www.research.att.com/~bs*.

ISO/IEC 14882:2003. *Programming Languages – C++*. (Der C++-Standard.)

Stroustrup, Bjarne. *A History of C++: 1979–1991*. Proceedings of the ACM History of Programming Languages Conference (HOPL-2). ACM SIGPLAN Notices, Bd. 28 Nr. 3, 1993.

Stroustrup, Bjarne. *The Design and Evolution of C++*. Addison-Wesley, 1994. ISBN 0201543303.

Stroustrup, Bjarne. *Die C++ Programmiersprache (Special Edition)*. Addison-Wesley, 2009. ISBN 978-3-8273-2823-6.

Stroustrup, Bjarne. *C and C++: Siblings, C and C++: A Case for Compatibility* und *C and C++: Case Studies in Compatibility*. The C/C++ Users Journal. Juli, Aug. und Sept. 2002.

Stroustrup, Bjarne. *Evolving a Language in and for the RealWorld: C++ 1991–2006*. Proceedings of the Third ACM SIGPLAN Conference on the History of Programming Languages (HOPL-III). San Diego, CA, 2007. *http://portal.acm.org/toc.cfm?id=1238844*.

22.2.7 Heute

Welche Programmiersprachen werden zurzeit aktiv verwendet und wofür? Diese Frage ist *wirklich schwer* zu beantworten. Der Stammbaum der gegenwärtigen Programmiersprachen ist – selbst in stark reduzierter Form – noch ziemlich überfüllt und unübersichtlich.

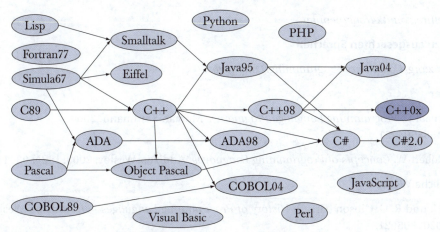

Abbildung 22.24: Der Stammbaum der gegenwärtig verwendeten Programmiersprachen

Die meisten Statistiken im Internet (und anderswo) sind nicht sehr aussagekräftig, da sie Dinge messen, die nur wenig mit der Verwendung einer Sprache zu tun haben, wie beispielsweise die Anzahl der Webbeiträge, in denen der Name einer Programmiersprache auftaucht, den Compiler-Versand, wissenschaftliche Aufsätze, Buchverkäufe usw. All diese Bewertungskriterien favorisieren Neuentwicklungen. Und was ist überhaupt ein Programmierer? Jemand, der jeden Tag mit einer Programmiersprache arbeitet? Oder ein Student, der im Zuge seines Studiums kleine Programme schreibt? Ein Professor, der nur über Programmierung spricht? Ein Physiker, der fast jedes Jahr ein Programm schreibt? Geht ein professioneller Programmierer, der – schon der Definition nach – mehrere Programmiersprachen verwendet, mehrmals in die Statistik ein oder nur einmal? Je nach Statistik werden diese Fragen mal so, mal so beantwortet, glauben Sie mir.

Trotz der Schwierigkeiten fühlen wir uns verpflichtet, Ihnen unsere Einschätzung der Situation mitzuteilen: 2008 gab es ungefähr 10 Millionen professionelle Programmierer auf der Welt. Bei dieser Zahl stützen wir uns auf Daten der IDC (ein Unternehmen, das Daten sammelt), auf Diskussionen mit Verlegern und Compiler-Vertreibern und auf verschiedene Webquellen. Sie können das natürlich infrage stellen, aber wir wissen, dass die Zahl für eine halbwegs vernünftige Definition von „Programmierer" größer als 1 Million und kleiner als 100 Millionen ist. Und mit welchen Sprachen arbeiten sie? Ada, C, C++, C#, COBOL, Fortran, Java, PERL, PHP und Visual Basic decken wahrscheinlich weit mehr als 90% aller Programme ab.

Zusätzlich zu den hier erwähnten Sprachen hätten wir Dutzende oder sogar Hunderte mehr auflisten können. Doch im Rahmen dieses Buches können wir leider nicht allen interessanten und wichtigen Sprachen Gerechtigkeit widerfahren lassen. Falls Sie weitere Informationen benötigen, recherchieren Sie. Ein professioneller Programmierer kennt mehrere Sprachen und lernt bei Bedarf immer wieder neue hinzu. Es gibt nicht die „einzig wahre Sprache" für alle Menschen und alle Anwendungen. Um ehrlich zu sein, alle größeren Systeme, die wir kennen, verwenden mehr als eine Sprache.

22.2.8 Informationsquellen

Zu jeder der von uns vorgestellten Sprache haben wir am Ende Literaturhinweise gegeben. Es gibt aber auch Fachliteratur, die mehrere Sprachen abdeckt:

Link

Weitere Links und Fotos zu den Sprachdesignern

www.angelfire.com/tx4/cus/people/

Beispiele zu ausgesuchten Sprachen

http://dmoz.org/Computers/Programming/Languages/

Fachbücher

Scott, Michael L. *Programming Language Pragmatics*. Morgan Kaufmann, 2000. ISBN 1558604421.

Sebesta, Robert W. *Concepts of Programming Languages*. Addison-Wesley, 2003. ISBN 0321193628.

Geschichtliche Werke

Bergin, T. J. und R. G. Gibson (Hrsg.). *History of Programming Languages – II*. Addison-Wesley, 1996. ISBN 0201895021.

Hailpern, Brent und Barbara G. Ryder (Hrsg.). Proceedings of the Third ACM SIGPLAN Conference on the History of Programming Languages (HOPL-III). San Diego, CA, 2007. http://portal.acm.org/toc.cfm?id=1238844.

Lohr, Steve. *Go To: The Story of the Math Majors, Bridge Players, Engineers, Chess Wizards, Maverick Scientists and Iconoclasts – The Programmers Who Created the Software Revolution*. Basic Books, 2002. ISBN 9780465042265.

Sammet, Jean. *Programming Languages: History and Fundamentals*. Prentice-Hall, 1969. ISBN 0137299885.

Wexelblat, Richard L. (Hrsg.). *History of Programming Languages*. Academic Press, 1981. ISBN 0127450408.

Fragen

1. Welchen Nutzen haben Kenntnisse der Geschichte der Programmierung?
2. Welchen Nutzen haben Programmiersprachen? Nennen Sie Beispiele.
3. Nennen Sie einige fundamentale Eigenschaften von Programmiersprachen, die objektiv gut sind.
4. Was verstehen wir unter Abstraktion? Unter höherer Abstraktionsebene?
5. Wie lauten unsere vier Ideale für höheren Code?
6. Nennen Sie einige potenzielle Vorteile der höheren Programmierung.
7. Was versteht man unter Wiederverwendung und worin liegt ihr Nutzen?
8. Was versteht man unter prozeduraler Programmierung? Nennen Sie ein konkretes Beispiel.
9. Was ist Datenabstraktion? Nennen Sie ein konkretes Beispiel.
10. Was ist objektorientierte Programmierung? Nennen Sie ein konkretes Beispiel.
11. Was ist generische Programmierung? Nennen Sie ein konkretes Beispiel.
12. Was ist Multiparadigmen-Programmierung? Nennen Sie ein konkretes Beispiel.
13. Wann wurde das erste Programm auf einem speicherprogrammierten Computer ausgeführt?
14. Durch welche Arbeit erlangte David Wheeler Berühmtheit?
15. Welchen primären Beitrag leistete die erste Sprache von John Backus?
16. Wie lautete die erste Sprache von Grace Murray Hopper?
17. In welchem Bereich der Computerwissenschaft hat John McCarthy hauptsächlich gearbeitet?
18. Welchen Beitrag hat Peter Naur zu Algol60 geleistet?
19. Durch welche Arbeit erlangte Edsger Dijkstra Berühmtheit?
20. Welche Sprachen hat Niklaus Wirth entwickelt und implementiert?
21. Welche Sprachen hat Anders Hejlsberg entwickelt?
22. Welche Funktion hatte Jean Ichbiah im Ada-Projekt?
23. Für welchen Programmierstil war Simula der Wegbereiter?
24. Wo (außerhalb von Oslo) hat Kristen Nygaard gelehrt?
25. Durch welche Arbeit erlangte Ole-Johan Dahl Berühmtheit?
26. Von welchem Betriebssystem war Ken Thompson der Hauptdesigner?
27. Durch welche Arbeit erlangte Doug McIlroy Berühmtheit?
28. Wie lautet das berühmte Buch von Brian Kernighan?

22 deale und Geschichte

29 Wo hat Dennis Ritchie gearbeitet?

30 Durch welche Arbeit erlangte Bjarne Stroustrup Berühmtheit?

31 Welche Sprachen hat Alex Stepanov für die Entwicklung der Standardbibliothek STL eingesetzt?

32 Nennen Sie zehn Sprachen, die nicht in §22.2 beschrieben werden.

33 Scheme ist ein Dialekt welcher Sprache?

34 Wie lauten die zwei berühmtesten Vorläufer von C++?

35 Wofür steht das C in C++?

36 Ist Fortran ein Akronym? Wenn ja, wofür steht es?

37 Ist COBOL ein Akronym? Wenn ja, wofür steht es?

38 Ist Lisp ein Akronym? Wenn ja, wofür steht es?

39 Ist Pascal ein Akronym? Wenn ja, wofür steht es?

40 Ist Ada ein Akronym? Wenn ja, wofür steht es?

41 Welches ist die beste Programmiersprache?

Übungen

1 Definieren Sie *Programmierung*.

2 Definieren Sie *Programmiersprache*.

3 Schlagen Sie in den Kapiteln dieses Buches die einleitenden Zitate nach. Welche Zitate stammen von Informatikern? Fassen Sie in einem Absatz zusammen, was jeder dieser Wissenschaftler zur Entwicklung der Programmiersprachen beigetragen hat.

4 Schlagen Sie in den Kapiteln dieses Buches die einleitenden Zitate nach. Welche Zitate stammen nicht von Informatikern? Ermitteln Sie für jeden dieser Autoren sein Heimatland und seinen Arbeitsbereich.

5 Schreiben Sie in jeder Sprache, die in diesem Kapitel erwähnt wurde, ein *Hello, World!*-Programm.

6 Suchen Sie sich zu jeder Sprache, die in diesem Kapitel erwähnt wurde, ein bekanntes Fachbuch. Schlagen Sie in jedem Buch das erste vollständige Programm nach und übertragen Sie dieses Programm in all die anderen hier besprochenen Sprachen. Achtung: Diese Übung kann leicht zu einem Projekt mit über 100 Programmen werden.

7 Wir mussten aus verständlichen Gründen auf viele wichtige Sprachen verzichten. Insbesondere sind fast alle Entwicklungen, die nach C++ kamen, unberücksichtigt geblieben. Nennen Sie fünf moderne Sprachen, die Ihrer Meinung nach ebenfalls hätten aufgeführt werden müssen, und schreiben Sie – in Anlehnung an die Sprachbeschreibungen in diesem Kapitel – ungefähr 1½ Seiten zu dreien dieser Sprachen.

| 8 | Wofür wird C++ verwendet und warum? Schreiben Sie einen 10- bis 20-seitigen Bericht.

| 9 | Wofür wird C verwendet und warum? Schreiben Sie einen 10- bis 20-seitigen Bericht.

| 10 | Suchen Sie sich eine Sprache aus (nicht C oder C++) und schreiben Sie einen 10- bis 20-seitigen Bericht über ihre Ursprünge, Ziele und Sprachmittel. Geben Sie viele konkrete Beispiele. Wer verwendet diese Sprache und wozu?

| 11 | Wer hat zurzeit den Lucasischen Lehrstuhl in Cambridge inne?

| 12 | Wer von den in diesem Kapitel erwähnten Sprachdesignern hat einen Abschluss in Mathematik? Wer nicht?

| 13 | Wer von den in diesem Kapitel erwähnten Sprachdesignern hat promoviert? In welchem Bereich? Wer hat nicht promoviert?

| 14 | Wer von den in diesem Kapitel erwähnten Sprachdesignern hat den Turing-Preis verliehen bekommen? Was versteht man darunter? Finden Sie heraus, für welche Leistungen der Turing-Preis den hier erwähnten Gewinnern verliehen wurde.

| 15 | Schreiben Sie ein Programm, das unter Verwendung einer Datei mit (*Name,Jahr*)-Paaren der Form „(Algol,1960)" oder „(C,1974)" die Namen auf einer Zeitschiene aufträgt.

| 16 | Überarbeiten Sie das Programm aus der vorhergehenden Übung so, dass es eine Datei mit (*Name, Jahr,(Vorläufer)*)-Tupeln der Form „(Fortran,1956,())", „(Algol,1960,(Fortran))" und „(C++, 1985, (C,Simula))" einliest und auf einer Zeitschiene aufträgt, mit Pfeilen von den Vorläufern zu den Nachfahren. Verwenden Sie dieses Programm, um verbesserte Versionen der Diagramme aus §22.2.2 und §22.2.7 zu zeichnen.

Schlüsselbegriffe

In diesem Kapitel werden unter den „Schlüsselbegriffen" nur Programmiersprachen, Persönlichkeiten und Organisationen zusammengefasst.

- Sprachen
  - Ada
  - Algol
  - BCPL
  - C
  - C++
  - COBOL
  - Fortran
  - Lisp
  - Pascal
  - Scheme
  - Simula

- Persönlichkeiten
  - Charles Babbage
  - John Backus
  - Ole-Johan Dahl
  - Edsger Dijkstra
  - Anders Hejlsberg
  - Grace Murray Hopper
  - Jean Ichbiah
  - Brian Kernighan
  - John McCarthy
  - Doug McIlroy
  - Peter Naur

- Kristen Nygaard
- Dennis Ritchie
- Alex Stepanov
- Bjarne Stroustrup
- Ken Thompson
- David Wheeler
- Niklaus Wirth

- Organisationen
  - Bell Laboratories
  - Borland
  - Cambridge-Universität (England)
  - ETH (Eidgenössische Technische Hochschule, Schweiz)
  - IBM
  - MIT (Massachussetts Institute of Technology)
  - Norwegisches Computerzentrum
  - Princeton-Universität
  - Stanford-Universität
  - Technische Universität Kopenhagen
  - US-Marine
  - US-Verteidigungsministerium

Ein persönlicher Hinweis

Leider konnten wir die Geschichte der Programmiersprachen und die Ideale, die den Motor für das Streben nach immer besserer Software bildeten, nur kurz und oberflächlich behandeln. Wir bedauern dies sehr, denn wir halten Kenntnisse der Geschichte und ihrer Ideale für wirklich wichtig. Wir hoffen jedoch, dass sich unsere Begeisterung ein wenig auf Sie übertragen hat und dass Sie einen kleinen Eindruck davon gewinnen konnten, wie umfassend und mächtig das Streben nach besserer Software und besserer Programmierung ist, das sich in der Entwicklung und der Implementierung der Programmiersprachen manifestiert. Bei aller Begeisterung für die Geschichte und Theorie der Programmiersprachen dürfen Sie allerdings nicht vergessen, dass das eigentliche Ziel das Programmieren an sich ist – d.h. die Entwicklung von Qualitätssoftware; eine Programmiersprache ist letzten Endes also nur ein Werkzeug – nicht mehr und nicht weniger.

Textmanipulation

23

23.1	**Text**	822
23.2	**Strings**	822
23.3	**E/A-Streams**	826
23.4	**Maps**	827
	23.4.1 Implementierungsdetails	833
23.5	**Ein Problem**	835
23.6	**Die Idee der regulären Ausdrücke**	837
23.7	**Suchen mithilfe regulärer Ausdrücke**	839
23.8	**Syntax der regulären Ausdrücke**	842
	23.8.1 Zeichen und Sonderzeichen	843
	23.8.2 Zeichenklassen	844
	23.8.3 Quantifizierer	844
	23.8.4 Gruppierung	846
	23.8.5 Alternativen	846
	23.8.6 Zeichensätze und -bereiche	847
	23.8.7 Fehler bei regulären Ausdrücken	849
23.9	**Abgleich mit regulären Ausdrücken**	851
23.10	**Literaturhinweise**	856

ÜBERBLICK

23 Textmanipulation

„Nichts ist so offensichtlich, als dass es offensichtlich wäre ... Die Bemühung des Begriffs ‚offensichtlich' ist ein Hinweis auf fehlende logische Argumente."

– Errol Morris

Dieses Kapitel beschäftigt sich hauptsächlich mit dem Extrahieren von Informationen aus Texten. Einen Großteil unseres Wissens speichern wir in Form von Textdokumenten – z.B. Büchern, E-Mails oder (gedruckten) Tabellen. Wenn wir dieses Wissen später am Computer weiterverarbeiten möchten, müssen wir es extrahieren und in irgendeine zweckdienlichere Form bringen. Hierbei helfen uns die **string**-Klassen, **iostream**-Streams und **map**-Container der Standardbibliothek, die im Mittelpunkt dieses Kapitels stehen werden. Daneben führen wir Sie in die regulären Ausdrücke ein (**regex**), mit denen sich Muster in Texten ausdrücken lassen. Zum Schluss zeigen wir Ihnen, wie Sie mithilfe regulärer Ausdrücke gezielt bestimmte vorgegebene Datenelemente (z.B. Postleitzahlen) in einem Text aufspüren und extrahieren und wie Sie mit regulären Ausdrücken das Format von Textdateien überprüfen können.

23.1 Text

Im Grunde sind wir ständig dabei, Texte aufzunehmen und zu verarbeiten. Unsere Bücher sind voller Texte, was wir auf unseren Computerbildschirmen sehen, ist hauptsächlich Text und auch unser Quellcode ist Text. Unsere Kommunikationskanäle (egal welcher Couleur) sind angefüllt mit Wörtern und alles, was zwischen zwei Menschen kommuniziert wird, kann als Text dargestellt werden. Nun gut, realistischerweise muss man eingestehen, dass Bilder und Töne immer noch am besten als Bilder und Töne (d.h. reine Bit-Blöcke) dargestellt werden. Aber fast alles andere ist ein gefundenes Fressen für die computergestützte Textanalyse und Texttransformation.

Da wir **iostream**-Streams und **string**-Objekte bereits seit Kapitel 3 kennen und verwenden, werden hier nur kurz auf sie eingehen. Maps (§23.4) sind für die Textverarbeitung besonders nützlich, weswegen wir uns für sie ein wenig mehr Zeit nehmen und Ihnen anhand eines Beispiels vorführen, wie Maps für die E-Mail-Analyse eingesetzt werden können. Der Rest des Kapitels ist dann der Suche nach Textmustern gewidmet und führt Sie in die Arbeit mit regulären Ausdrücken (§23.5–10) ein.

23.2 Strings

Objekte der Klasse **string** speichern Strings als eine Folge von Zeichen und stellen verschiedene nützliche Operationen zur Verfügung, wie das Hinzufügen eines Zeichens zu einem String, das Ermitteln der Stringlänge und das Aneinanderreihen (Konkatenation) von Strings. Tatsächlich stellt der **string**-Typ der Standardbibliothek noch eine ganze Reihe weiterer Operationen zur Verfügung, von denen die meisten jedoch nur für ziemlich komplizierte Low-Level-Textmanipulationen benötigt werden. Wir begnügen uns daher damit, nur die bekannteren Operationen kurz vorzustellen. Sollten Sie ausführlichere Informationen benötigen oder an einem Überblick über die verfügbaren String-Operationen interessiert sein, finden Sie diese Informationen in Referenzhandbüchern und der entsprechenden Fachliteratur. Die Operationen sind in der Headerdatei **<string>** deklariert (Achtung: nicht **<string.h>**).

Tabelle 23.1

Ausgewählte String-Operationen

String-Operationen	Beschreibung
s1=s2	Weist s2 der Variablen s1 zu. s2 kann ein **string**-Objekt oder ein String im C-Stil (d.h. nullterminiert) sein.
s+=x	Fügt am Ende ein x hinzu. x kann ein Zeichen, ein **string**-Objekt oder ein String im C-Stil (d.h. nullterminiert) sein.
s[i]	Indexzugriff
s1+s2	Verkettung (Konkatenation). Die Zeichen in dem resultierenden String sind eine Kopie der Zeichen aus s1 gefolgt von einer Kopie der Zeichen aus s2.
s1==s2	Vergleich zweier Strings. s1 oder s2 (jedoch nicht beide gleichzeitig) können ein String im C-Stil (d.h. nullterminiert) sein. Gleiches gilt für **!=**.
s1<s2	Lexikografischer Vergleich zweier Strings. s1 oder s2 (jedoch nicht beide gleichzeitig) können ein String im C-Stil (d.h. nullterminiert) sein. Gilt auch für **<=**, **>** und **>=**.
s.size()	Anzahl der Zeichen in s
s.length()	Anzahl der Zeichen in s
s.c_str()	C-Stil-Version der Zeichen in s
s.begin()	Setzt den Iterator auf das erste Zeichen
s.end()	Setzt den Iterator um ein Zeichen hinter das Ende von s
s.insert(pos,x)	Fügt ein x vor der Position s[pos] ein. x kann ein Zeichen, ein **string**-Objekt oder ein String im C-Stil (d.h. nullterminiert) sein. s wird um die Zeichen von x länger.
s.append(pos,x)	Fügt ein x hinter der Position s[pos] ein. x kann ein Zeichen, ein **string**-Objekt oder ein String im C-Stil (d.h. nullterminiert) sein. s wird um die Zeichen von x länger.
s.erase(pos)	Entfernt das Zeichen an der Position s[pos]. Die Größe von s wird um 1 kleiner.
pos=s.find(x)	Sucht nach x in s. x kann ein Zeichen, ein **string**-Objekt oder ein String im C-Stil (d.h. nullterminiert) sein. **pos** ist der Index des ersten gefundenen Zeichens oder **npos** (eine Position außerhalb des Endes von s).
in>>s	Liest ein durch Whitespace abgetrenntes Wort von **in** nach s ein.
getline(in,s)	Liest eine Zeile von **in** nach s ein.
out<<s	Schreibt von s nach **out**.

Die Ein-/Ausgabeoperationen werden in den Kapiteln 10 und 11 behandelt und in §23.3 zusammengefasst. Beachten Sie, dass beim Einfügen von Zeichen in ein **string**-Objekt der String automatisch in der Länge angepasst wird, sodass es nicht zu einem Überlauf kommen kann.

Textmanipulation

Die Operationen **insert()** und **append()** verschieben die Zeichen, um Platz für neue Zeichen zu machen. Die **erase()**-Operation verschiebt die Zeichen im String „nach vorn", um sicherzustellen, dass nach dem Löschen eines Zeichens keine Lücke zurückbleibt.

Der **string**-Typ der Standardbibliothek ist in Wirklichkeit ein Template namens **basic_string**, das eine Vielzahl von Zeichensätzen, z.B. Unicode, mit Tausenden von Zeichen unterstützt (d.h. zusätzlich zu den „normalen Zeichen" auch Zeichen wie £, Ω, ∞, δ, ☺ und ♪). Wenn Sie zum Beispiel mit einem Zeichen-Datentyp arbeiten, dessen Werte Unicode-Zeichen sind und der **Unicode** heißt, können Sie schreiben:

basic_string<Unicode> a_unicode_string;

Der Standardtyp **string**, den wir bisher verwendet haben, ist einfach die **basic_string**-Spezialisierung für den normalen **char**-Typ:

typedef basic_string<char> string; // string bedeutet basic_string<char>

Wir werden hier nicht weiter auf das Thema Unicode eingehen. Sollten Sie Unicode-Zeichen oder -Strings benötigen, informieren Sie sich über die Unicode-Unterstützung von C++ und Sie werden feststellen, dass Unicode-Zeichen oder -Strings (von der Programmiersprache, von **string**, von den **iostream**-Streams oder den regulären Ausdrücken) fast wie ganz gewöhnliche Zeichen und Strings behandelt werden. Wenden Sie sich am besten an jemanden, der bereits etwas Erfahrung in der Programmierung mit Unicode-Zeichen mitbringt; um von Nutzen zu sein, muss Ihr Code nicht nur den Regeln der Sprache, sondern auch einigen Systemkonventionen genügen.

Ein großer Vorzug der Textverarbeitung ist, dass so gut wie alles als eine Folge von Zeichen dargestellt werden kann. So wird zum Beispiel die Zahl **12.333** auf dieser Seite als eine Folge von sechs Zeichen (eingeschlossen von Whitespace-Zeichen) dargestellt. Wenn wir diese Zahl einlesen und darauf irgendwelche arithmetischen Operationen ausführen möchten, müssen wir die Zeichen zuerst in eine Gleitkommazahl umwandeln. Das heißt, wir suchen nach einem Weg, wie wir Werte in **string**-Objekte und **string**-Objekte in Werte umwandeln können. In §11.4 haben wir gelernt, wie ein Integer mithilfe von **stringstream** in einen String umgewandelt wurde. Diese Technik kann auf jeden Typ angewendet werden, der über einen <<-Operator verfügt:

```
template<class T> string to_string(const T& t)
{
  ostringstream os;
  os << t;
  return os.str();
}
```

Zum Beispiel:

string s1 = to_string(12.333);
string s2 = to_string(1+5*6–99/7);

Der Wert von **s1** ist jetzt **"12.333"** und der Wert von **s2** ist **"17"**. Genau genommen kann **to_string()** nicht nur für numerische Werte, sondern für jede Klasse **T** verwendet werden, die über einen <<-Operator verfügt.

Die umgekehrte Umwandlung von **string**-Objekten in numerische Werte ist nicht viel schwerer und genauso nützlich:

```
struct bad_from_string : std::bad_cast
   // Klasse, die Fehler bei der Umwandlung von Strings meldet
{
   const char* what() const   // überschreibe what() von bad_cast
   {
      return "Gescheiterte Umwandlung von string";
   }
};

template<class T> T from_string(const string& s)
{
   istringstream is(s);
   T t;
   if (!(is >> t)) throw bad_from_string();
   return t;
}
```

Zum Beispiel:

```
double d = from_string<double>("12.333");

void tue_etwas(const string& s)
try
{
   int i = from_string<int>(s);
   // ...
}
catch (bad_from_string e) {
   error ("ungueltiger Eingabestring",s);
}
```

Dass **from_string()** etwas komplizierter ist als **to_string()**, liegt daran, dass ein String die Werte vieler Typen repräsentieren kann. Folglich müssen wir angeben, welchen Typ der Wert haben soll, den wir aus dem String extrahieren möchten. Es bedeutet aber auch, dass der String, den wir verarbeiten, nicht notwendigerweise einen Wert des von uns erwarteten Typs repräsentieren muss. Dies wird am folgenden Beispiel deutlich:

int d = from_string<int>("Haeschen in der Grube");   // Hoppla!

Es besteht also die Möglichkeit, dass Fehler auftreten, und für diese haben wir die Ausnahme **bad_from_string** eingerichtet. In §23.9 zeigen wir Ihnen, warum **from_string()** (oder eine ähnliche Funktion) für eine ernsthafte Textverarbeitung so wichtig ist, denn dort möchten wir numerische Werte aus Textfeldern extrahieren. In §16.4.3 haben wir gesehen, wie eine äquivalente Funktion **get_int()** für GUI-Code verwendet wurde.

Beachten Sie, wie ähnlich sich **to_string()** und **from_string()** hinsichtlich ihrer Funktionsweise sind. Genau genommen sind es sich ergänzende Gegenstücke. Sieht man einmal von untergeordneten Details wie Whitespace-Zeichen, Auf-/Abrundung etc. ab, gilt für jeden „vernünftigen Typ **T**" s==to_string(from_string<T>(s))   // für alle s

und

t==from_string<T>(to_string(t))   // für alle t

In diesem Zusammenhang bedeutet „vernünftig", dass für **T** ein Standardkonstruktor, ein **>>**-Operator und ein passender **<<**-Operator definiert sein sollte.

Beachten Sie außerdem, dass die Implementierungen von **to_string()** und **from_string()** für die komplizierte Arbeit jeweils **stringstream** verwenden. Diese Beobachtung hat man sich zunutze gemacht, um eine allgemeine Umwandlungsoperation zwischen zwei beliebigen Typen mit übereinstimmenden **<<**- und **>>**-Operationen zu definieren:

```
struct bad_lexical_cast : std::bad_cast
{
    const char* what() const { return "gescheiterte Umwandlung"; }
};

template<typename Target, typename Source>
Target lexical_cast(Source arg)
{
    std::stringstream interpreter;
    Target result;

    if (!(interpreter << arg)                    // lies Argument in den Stream ein
        || !(interpreter >> result)              // lies Ergebnis aus dem Stream aus
        || !(interpreter >> std::ws).eof())      // ist etwas im Stream verblieben?
            throw bad_lexical_cast();
    return result;
}
```

Die ebenso seltsam anmutende wie raffinierte Zeile **!(interpreter>>std::ws).eof()** liest alle Whitespace-Zeichen, die nach der Extraktion des Ergebnisses noch im **stringstream** verblieben sein könnten. Whitespace-Zeichen sind erlaubt, wohingegen es jedoch keine weiteren Zeichen in der Eingabe geben sollte. Dies können wir überprüfen, indem wir schauen, ob wir das Ende der Datei (End-of-File) erreicht haben. Wenn wir also versuchen, mithilfe von **lexical_cast** einen **int**-Wert aus einem **string**-Objekt zu lesen, werden "**123**" und "**123 **" erfolgreich sein, während "**123 5**" wegen der letzten 5 fehlschlägt.

Diese sehr elegante, wenn auch etwas unglücklich benannte Funktion **lexical_cast** wird von der Boost Library bereitgestellt, die wir für den Abgleich regulärer Ausdrücke in §§23.6–23.9 verwenden. Sie wird auch in zukünftigen Versionen des C++-Standards zu finden sein.

23.3 E/A-Streams

Die oben angesprochene Beziehung zwischen den Strings und den anderen Datentypen führt uns zu den E/A-Streams. Die E/A-Streambibliothek ist nicht nur für die Ein- und Ausgabe zuständig, sondern auch für die Umwandlungen zwischen den Stringformaten und den Datentypen im Speicher. Die E/A-Streams der Standardbibliothek stellen zu diesem Zweck diverse Mechanismen zum Lesen, Schreiben und Formatieren von Zeichenstrings zur Verfügung. Da die **iostream**-Bibliothek bereits in den Kapiteln 10 und 11 beschrieben wurde, fassen wir hier nur das Wesentliche zusammen:

Tabelle 23.2

Stream-Eingabe und -Ausgabe

in>>x	Liest aus **in** nach **x**, gemäß dem Typ von **x**.
out<<x	Schreibt **x** in **out**, gemäß dem Typ von **x**.
in.get(c)	Liest ein Zeichen aus **in** nach **c**.
getline(in,s)	Liest eine Zeile aus **in** und speichert sie im String **s**.

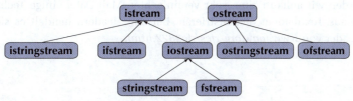

Abbildung 23.1: Hierarchie der in der Standardbibliothek definierten Stream-Klassen (§14.3)

Die Stream-Klassen der Standardbibliothek ermöglichen uns die Eingabe und Ausgabe in und aus Dateien und Strings (und allem, was wir wie eine Datei oder ein String aussehen lassen können, also z.B. eine Tastatur oder ein Bildschirm; siehe Kapitel 10). Speziell die **iostream**-Streams verfügen darüber hinaus – wie bereits in den Kapiteln 10 und 11 beschrieben – über ziemlich ausgeklügelte Formatierungsmöglichkeiten. Die Pfeile in ▶ Abbildung 23.1 zeigen Vererbungsbeziehungen an (siehe §14.3). So kann zum Beispiel ein **stringstream** als ein **iostream**, ein **istream** oder ein **ostream** verwendet werden.

Wie **string** können auch **iostream**-Streams zusammen mit größeren Zeichensätzen wie z.B. Unicode verwendet werden (ohne dass sich dadurch an der grundsätzlichen Handhabung viel ändern würde). Sie sollten sich in solchen Fällen aber an jemanden mit Erfahrung auf dem Gebiet der Ein- und Ausgabe von Unicode wenden, da Ihr Code, um von Nutzen sein zu können, nicht nur den Regeln der Sprache, sondern auch diversen Systemkonventionen genügen muss.

Tipp

23.4 Maps

Assoziative Arrays (Maps, Hash-Tabellen) sind der Schlüssel (das Wortspiel ist beabsichtigt) zu vielen Aufgaben im Bereich der Textverarbeitung. Dies liegt ganz einfach daran, dass es bei der Textverarbeitung meistens um das Sammeln von Informationen geht, die mit Textstrings wie Namen, Adressen, Postleitzahlen, Versicherungsnummern, Berufsbezeichnungen usw. assoziiert sind. Auch wenn einige dieser Textstrings in numerische Werte umgewandelt werden könnten, ist es oft praktischer und einfacher, sie als Text zu behandeln und diesen Text zur Identifizierung heranzuziehen. Das Wortzähl-Programm (§21.6) ist hierfür ein gutes, einfaches Beispiel. Wenn Sie sich in der Verwendung von **map**-Containern noch nicht so sicher fühlen, arbeiten Sie §21.6 noch einmal durch, bevor Sie hier weiterlesen.

23 Textmanipulation

Nehmen wir z.B. die Verarbeitung von E-Mails. Wie oft durchsuchen und analysieren wir E-Mail-Nachrichten und -Protokolle, meist mithilfe irgendeines Programms (wie Thunderbird oder Outlook)? Einer der Vorzüge dieser Programme ist, dass Sie uns in der Regel das Sichten der kompletten, zu den Nachrichten gehörenden Quellenangaben ersparen. Den Programmen stehen diese Informationen (Absender, Empfänger, Übertragungsweg etc.) in Textform im Header der Nachricht zur Verfügung. (Zu jeder vollständigen Nachricht gehört ein solcher Header.) Es gibt Tausende von Programmwerkzeugen, um Header zu analysieren. Die meisten nutzen reguläre Ausdrücke (wie in §23.5–23.9 beschrieben), um die gesuchten Informationen zu extrahieren, und assoziative Arrays, um verwandte Nachrichten zueinander in Beziehung zu setzen, damit wir später die Mail-Datei z.B. nach allen Nachrichten mit demselben Absender, demselben Betreff oder mit Informationen zu einem bestimmten Thema durchsuchen können.

Im Folgenden werden wir anhand einer sehr vereinfachten Mail-Datei einige Techniken zum Extrahieren von Daten aus Textdateien demonstrieren. Bei den Headern handelt es sich allerdings um echte RFC2822-Header von *www.faqw.org/rfcs/rfc2822.html*.

xxx
xxx
———
From: John Doe <jdoe@machine.example>
To: Mary Smith <mary@example.net>
Subject: Hallo
Date: Fri, 21 Nov 1997 09:55:06 –0600
Message–ID: 1234@local.machine.example

Wollte nur mal Hallo sagen.
Also: "Hallo".
———
From: Joe Q. Public <john.q.public@example.com>
To: Mary Smith <@machine.tld:mary@example.net>, , jdoe@test .example
Date: Tue, 1 Jul 2003 10:52:37 +0200
Message–ID: 5678.21–Nov–1997@example.com

Hi an alle.
———
To: "Mary Smith: Personal Account" <smith@home.example>
From: John Doe <jdoe@machine.example>
Subject: Re: Hallo
Date: Fri, 21 Nov 1997 11:00:00 –0600
Message–ID: <abcd.1234@local.machine.tld>
In–Reply–To: <3456@example.net>
References: <1234@local.machine.example> 3456@example.net

Dies ist eine Antwort auf Deine Antwort.
———
———

Um die Datei klein zu halten und die Analyse ein wenig zu vereinfachen, haben wir die Texte der Nachrichten stark verkürzt und jede Nachricht mit einer Zeile beendet, die aus vier Bindestrichen (----) besteht. Für diese Mail-Daten werden wir nun eine kleine Anwendung schreiben, die alle Nachrichten von „John Doe" findet und deren Betreff („Subject") ausgibt. Wenn wir das schaffen, sind wir auch in der Lage, viele andere interessante Dinge zu machen.

Zuerst müssen wir uns überlegen, ob wir wahlfreien Zugriff auf die Daten wünschen oder ob wir die Daten analysieren wollen, während sie im Eingabestream an uns „vorbeiströmen". Wir entscheiden uns für den wahlfreien Zugriff, weil wir in einem realen Programm wahrscheinlich an mehreren Absendern oder mehreren Informationen eines bestimmten Absenders interessiert sind. Außerdem ist es die schwierigere Übung, sodass wir auf diese Weise mehr Techniken, darunter erneut der Gebrauch von Iteratoren, demonstrieren können.

Unsere Grundidee ist es, eine komplette Mail-Datei in eine Struktur (namens **Mail_file**) einzulesen. Diese Struktur soll zum einem die gesamten Zeilen der Mail-Datei speichern (in einem **vector<string>**-Container) und zum anderen Indikatoren, die anzeigen, wo die einzelnen Nachrichten beginnen und enden (in einem **vector<Message>**-Container).

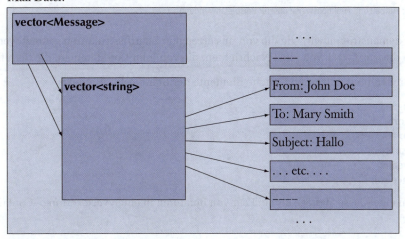

Abbildung 23.2: Zerlegung einer Mail-Datei in eine Struktur

Ergänzt wird diese Konstruktion um Iteratoren und zwei Funktionen **end()** und **begin()**, damit wir die Zeilen und Nachrichten in der gewohnten Weise mittels Iteratoren durchlaufen können. Auf dieser Basis, die für den bequemen Zugriff auf die Nachrichten sorgt, bauen wir unsere Beispielanwendung auf, die zu jedem Absender die zugehörigen Nachrichten zusammenträgt – sodass die gesamten Nachrichten eines Absenders schnell und effizient abrufbar sind:

23 Textmanipulation

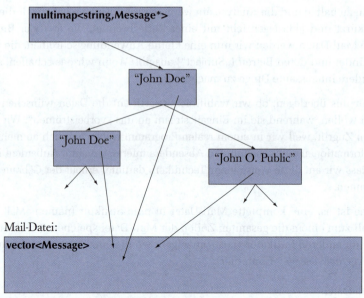

Abbildung 23.3: Aufbau und Funktionsweise unserer Beispielanwendung

Zum Schluss demonstrieren wir, wie die von uns erzeugten Zugriffsstrukturen genutzt werden können, und geben zu diesem Zweck von allen Nachrichten, die von John Doe stammen, die Betreffzeile aus.

Für unsere Anwendung nutzen wir etliche Elemente der Standardbibliothek:

```
#include<string>
#include<vector>
#include<map>
#include<istream>
#include<iostream>
using namespace std;
```

Wir definieren eine Klasse **Message** als ein Paar von Iteratoren in einen **vector<string>**-Container (unseren Zeilen-Vektor):

```
typedef vector<string>::const_iterator Line_iter;

class Message {     // ein Message-Objekt enthält Iteratoren auf die erste und letzte
                    // Zeile einer Nachricht
  Line_iter first;
  Line_iter last;
public:
  Message(Line_iter p1, Line_iter p2) :first(p1), last(p2) { }
  Line_iter begin() const { return first; }
  Line_iter end() const { return last; }
  // ...
};
```

Wir definieren **Mail_file** als eine Struktur, die Textzeilen und Nachrichten verwahrt:

typedef vector<Message>::const_iterator Mess_iter;

```
struct Mail_file {    // ein Mail_file-Objekt speichert alle Zeilen aus einer Datei
                      // und erleichtert den Zugriff auf die Nachrichten
  string name;              // Dateiname
  vector<string> lines;     // die Zeilen in ihrer ursprünglichen Reihenfolge
  vector<Message> m;        // die Nachrichten in ihrer ursprünglichen Reihenfolge

  Mail_file(const string& n); // lies den Inhalt der Datei n in lines ein

  Mess_iter begin() const { return m.begin(); }
  Mess_iter end() const { return m.end(); }
};
```

Beachten Sie, wie wir den Datenstrukturen Iteratoren hinzugefügt haben, damit diese leichter systematisch durchlaufen werden können. Wir werden hier zwar keine Algorithmen der Standardbibliothek einsetzen, aber wenn wir es wollten, wären die dafür nötigen Iteratoren bereits vorhanden.

Für das Suchen und Extrahieren von Informationen in einer Nachricht benötigen wir zwei Hilfsfunktionen:

```
// sucht den Namen des Absenders in einer Nachricht (Message-Objekt);
// liefert im Erfolgsfall true zurück
// wird ein Absender gefunden, wird sein Name in s abgelegt:
bool find_from_addr(const Message* m, string& s);

// liefert, soweit vorhanden, den Betreff (subject) der Nachricht (Message-Objekt)
// zurück; andernfalls " ":
string find_subject(const Message* m);
```

Schließlich können wir den Code aufsetzen, der die Informationen aus der Datei extrahiert:

```
int main()
{
  Mail_file mfile("meine_Maildatei.txt");  // initialisiere mfile aus einer Datei

  // als Erstes die Nachrichten nach Absender geordnet in einer multimap
  // zusammentragen:

  multimap<string, const Message*> sender;

  for (Mess_iter p = mfile.begin(); p!=mfile.end(); ++p) {
    const Message& m = *p;
    string s;
    if (find_from_addr(&m,s))
      sender.insert(make_pair(s,&m));
  }

  // iteriere jetzt durch die multimap
  // und extrahiere die Betreffzeilen (subject) der Nachrichten von John Doe:
```

```
typedef multimap<string, const Message*>::const_iterator MCI;
pair<MCI,MCI> pp = sender.equal_range("John Doe");
for(MCI p = pp.first; p!=pp.second; ++p)
   cout << find_subject(p–>second) << '\n';
}
```

Tipp Lassen Sie uns etwas genauer untersuchen, wie Maps hier eingesetzt werden. Wir haben uns für einen **multimap**-Container (§20.10, §B.4) entschieden, weil wir Nachrichten, die vom selben Absender stammen, an einem Ort zusammenfassen wollten. Mit dem **multimap**-Container aus der Standardbibliothek ist dies möglich (und der Zugriff auf Elemente mit dem gleichen Schlüssel fällt besonders leicht). Nachdem wir uns für einen Container entschieden haben, besteht unsere weitere Aufgabe offensichtlich (und dies ist typisch) aus zwei Teilen:

- Die Map einzurichten
- Mit der Map zu arbeiten

Wir richten den **multimap**-Container ein, indem wir alle Nachrichten durchlaufen und sie mit **insert()** in den **multimap**-Container einfügen:

```
for (Mess_iter p = mfile.begin(); p!=mfile.end(); ++p) {
   const Message& m = *p;
   string s;
   if (find_from_addr(&m,s))
      sender.insert(make_pair(s,&m));
}
```

In einer Map legen wir Schlüssel/Wert-Paare ab, die wir mit **make_pair()** erstellen. Mit unserer „selbst gestrickten" **find_from_addr()**-Funktion suchen wir nach dem Namen des Absenders.

Warum führen wir mit **m** eine Referenz ein und übergeben deren Adresse? Warum verwenden wir nicht direkt **p** und schreiben **find_from_addr(p,s)**? Nun, wir wissen zwar, dass **Mess_iter** sich auf eine **Message** bezieht, doch dies ist keine Garantie dafür, dass **Mess_iter** als Zeiger implementiert ist.

Warum haben wir die **Message**-Objekte zunächst in einem **vector**-Container abgelegt und erst danach einen **multimap**-Container angelegt? Warum haben wir die **Message**-Objekte nicht direkt in einem **map**-Container abgelegt? Die Erklärung ist einfach und fundamental:

- Zuerst richten wir eine allgemeine Struktur ein, die wir vielseitig verwenden können.
- Anschließend setzen wir diese Struktur in einer bestimmten Anwendung ein.

Auf diese Weise bauen wir eine Sammlung von mehr oder weniger wiederverwendbaren Komponenten auf. Hätten wir dagegen in **Mail_file** direkt einen **map**-Container angelegt, hätten wir diesen für die Erledigung anderer Aufgaben jeweils umdefinieren müssen. Außerdem ist unser **multimap**-Container (der bezeichnenderweise den Namen **sender** trägt) nach dem Absender der Nachrichten sortiert. Eine Spezialisierung, die für andere Anwendungen, welche vielleicht nach Empfänger, Zeitstempel, Antworten-, CC- oder Betreff-Feld suchen, nur wenig hilfreich sein dürfte.

Tipp Diese Vorgehensweise, Anwendungen in Stufen (oder *Schichten*, wie die Teile manchmal genannt werden) zu erstellen, kann Design, Implementierung, Dokumentation und Wartung der Programme erheblich vereinfachen. Wichtig hierbei ist, dass jeder Teil nur eine Aufgabe erledigt und das möglichst geradlinig. (Alles auf einmal zu erledigen, würde größter Umsicht und Cleverness bedürfen.) Unser Beispiel zum Extrahieren von Informationen aus einem E-Mail-Header ist nur eine kleine Anwendung. Je größer aber die Programme werden, umso hilfreicher und wichtiger ist es, die Programme zu modularisieren, d.h. getrennte Dinge getrennt zu halten, und Schritt für Schritt aufzubauen.

Um die Informationen zu extrahieren, suchen wir mithilfe der Funktion **equal_range()** (§B4.10) einfach nach allen Einträgen, deren Schlüssel "**John Doe**" lautet. Anschließend iterieren wir durch alle Elemente in der von **equal_range()** zurückgelieferten Sequenz [**first,second**) und extrahieren mit **find_subject()** den gewünschten Betreff:

typedef multimap<string, const Message*>::const_iterator MCI;

pair<MCI,MCI> pp = sender.equal_range("John Doe");

for (MCI p = pp.first; p!=pp.second; ++p)
  cout << find_subject(p–>second) << '\n';

Wenn wir die Elemente eines **map**-Containers durchlaufen (wie in der **for**-Schleife), bewegen wir uns durch eine Folge von Schlüssel/Wert-Paaren. Und wie bei allen Schlüssel/Wert-Paaren vom Typ **pair** hat das erste Element (hier der Schlüssel vom Typ **string**) den Namen **first** und das zweite (hier der Wert vom Typ **Message**) den Namen **second** (§21.6).

23.4.1 Implementierungsdetails

Jetzt müssen wir die Funktionen, die wir verwenden, noch implementieren. Die Versuchung war groß, einen Baum zu retten und Ihnen die Implementierung als Übung zu lassen. Aber wir haben beschlossen, dieses Beispiel vollständig zu besprechen. Der **Mail_file**-Konstruktor öffnet die Datei und erzeugt die Vektoren **lines** und **m**:

```
Mail_file::Mail_file(const string& n)
  // öffnet die Datei namens "n"
  // liest die Zeilen von "n" in lines ein
  // identifiziert in lines die Nachrichten und trägt sie in m ein
  // der Einfachheit halber soll jede Nachricht mit der Zeile "——" enden
{
  ifstream in(n.c_str());   // öffne die Datei
  if (!in) {
    cerr << "keine Datei namens " << n << '\n';
    exit(1);           // beende das Programm
  }
  string s;
  while (getline(in,s)) lines.push_back(s);   // erstelle den Zeilen-Vektor

  Line_iter first = lines.begin();   // erstelle den Nachrichten-Vektor
  for (Line_iter p = lines.begin(); p!=lines.end(); ++p) {
    if (*p == "——") {        // Ende der Nachricht
      m.push_back(Message(first,p));
      first = p+1;          // —— kein Teil der Nachricht
    }
  }
}
```

Die Fehlerbehandlung ist nur rudimentär. Wenn wir dieses Programm an Freunde weiterreichen wollten, gäbe es sicher noch einiges zu verbessern.

> ### Testen Sie Ihr Können
> Wie sähe eine „bessere Fehlerbehandlung" aus? Überarbeiten Sie den Konstruktor von **Mail_file** so, dass er Formatfehler in Verbindung mit der „----"-Zeile abfängt.

Die Funktionen **find_from_addr()** und **find_subject()** sind im Moment noch einfache Platzhalter. Wir kommen auf ihre Implementierung zurück, wenn wir bessere Techniken kennen, um gezielt Informationen in einer Datei zu identifizieren (mithilfe regulärer Ausdrücke §23.6–§23.10):

```
int is_prefix(const string& s, const string& p)
    // ist p der erste Teil von s?
{
    int n = p.size();
    if (string(s,0,n)==p) return n;
    return 0;
}

bool find_from_addr(const Message* m, string& s)
{
    for(Line_iter p = m–>begin(); p!=m–>end(); ++p)
        if (int n = is_prefix(*p,"From: ")) {
            s = string(*p,n);
            return true;
        }
    return false;
}

string find_subject(const Message& m)
{
    for(Line_iter p = m.begin(); p!=m.end(); ++p)
        if (int n = is_prefix(*p,"Subject: ")) return string(*p,n);
    return "";
}
```

Achten Sie auf die Art und Weise, wie wir Teilstrings verwenden: **string(s,n)** erzeugt einen String, der mit dem Zeichen **s[n]** beginnt und den Rest von **s** enthält (**s[n]...s[s.size()-1]**), während **string(s,0,n)** einen String zurückliefert, der aus den Zeichen **s[0]...s[n-1]** besteht. Da diese Operationen komplett neue Strings erzeugen und Zeichen kopieren, sollten sie in Anwendungen, bei denen es auf die Performance ankommt, mit Vorsicht verwendet werden.

Warum sind die beiden Funktionen **find_from_addr()** und **find_subject()** so verschieden? Beispielsweise liefert die eine Funktion einen booleschen Wert und die andere einen String zurück. Sie sind so verschieden, weil wir durch sie zwei unterschiedliche Verfahrensweisen demonstrieren wollten:

- **find_from_addr()** unterscheidet, ob die Suche zu einer Adresszeile ("**From: ...**") mit einer leeren Adresse ("") geführt hat oder ob überhaupt keine Adresszeile gefunden wurde. Im ersten Fall liefert **find_from_addr()** den booleschen Wert **true** zurück (weil eine Adresse gefunden wurde) und setzt **s** auf "" (weil die Adressangabe fehlte). Im zweiten Fall liefert sie **false** zurück (weil es keine Adresszeile gab).
- **find_subject()** liefert "" zurück, wenn die Betreffzeile leer ist oder wenn es keine Betreffzeile gab.

Ist die von **find_from_addr()** getroffene Unterscheidung sinnvoll? Ist sie vielleicht sogar notwendig? Wir sind der Meinung, dass diese Unterscheidung nützlich sein kann und wir uns dessen auf jeden Fall bewusst sein sollten. Es ist eine Unterscheidung, mit der wir es immer wieder zu tun haben, wenn wir nach Informationen in einer Datendatei suchen: Haben wir das Feld gefunden, nach dem wir gesucht haben, und stand darin etwas Nützliches? In einem realen Programm hätten wir die Funktion **find_subject()** ebenfalls im Stil von **find_from_addr()** implementiert, damit die Benutzer auch bei der Suche nach dem Betreff zwischen beiden Fällen unterscheiden können.

Unser Beispielprogramm ist nicht leistungsoptimiert, dürfte aber für die meisten Einsatzbereiche schnell genug sein. So liest das Programm die Eingabedatei nur ein einziges Mal und es verwaltet nur eine Kopie des Dateitextes. Für die Verarbeitung größerer Dateien könnte es sinnvoll sein, den **multimap**-Container durch einen **unordered_multimap**-Container zu ersetzen. Doch ob dies wirklich den gewünschten Effekt bringt, können Sie nur durch Messen herausfinden.

Eine Einführung in die assoziativen Container der Standardbibliothek (**map**, **multimap**, **set**, **unordered_map** und **unordered_multimap**) finden Sie in §21.6.

23.5 Ein Problem

E/A-Streams und **string** helfen uns, Zeichenfolgen zu lesen, zu schreiben, zu speichern und grundlegende Textmanipulationen vorzunehmen. In der Praxis haben wir es aber häufig mit komplexeren Aufgaben zu tun, etwa wenn der Kontext der Strings von Bedeutung ist oder mehrere ähnliche Strings verarbeitet werden müssen. Betrachten wir hierzu ein ganz einfaches Beispiel: Wir wollen eine E-Mail-Nachricht (eine Zeichenfolge) daraufhin untersuchen, ob sie die Abkürzung eines US-Staates und eine Postleitzahl (d.h. zwei Buchstaben gefolgt von fünf Ziffern) enthält:

```
string s;
while (cin>>s) {
  if (s.size()==7
   && isalpha(s[0]) && isalpha(s[1])
   && isdigit(s[2]) && isdigit(s[3]) && isdigit(s[4])
   && isdigit(s[5]) && isdigit(s[6]))
     cout << "gefunden: " << s << '\n';
}
```

In diesem Beispiel ist **isalpha(x)** wahr, wenn **x** ein Buchstabe ist, und **isdigit(x)** ist wahr, wenn **x** eine Ziffer ist (siehe §11.6). Allerdings haften dieser (allzu einfachen) Lösung gleich mehrere Probleme an:

- Sie ist sehr ausschweifend (vier Zeilen, acht Funktionsaufrufe).
- Wir lassen (absichtlich?) alle Postleitzahlen außer Acht, die nicht durch Whitespaces von ihrem Kontext getrennt sind (wie "**TX77845**", **TX77845–1234** und **ATX77845**).

- Wir lassen (absichtlich?) alle Postleitzahlen außer Acht, die durch Leerzeichen von den Buchstaben (zur Angabe des US-Staates) getrennt sind (wie **TX 77845**).
- Wir akzeptieren (absichtlich?) alle Kombinationen aus Postleitzahl und Kleinbuchstaben (wie **tx77845**).
- Wenn wir nach Postleitzahlen in einem ganz anderen Format (wie **CB3 OFD**) suchen wollten, müssten wir den Code komplett neu schreiben.

Es muss einen besseren Weg geben! Bevor wir Ihnen den aber verraten, wollen wir kurz die Probleme beleuchten, mit denen wir zu kämpfen hätten, wenn wir weiterhin den Weg des scheinbar geringsten Widerstandes wählen und mehr Fälle einfach mit mehr Code abzudecken versuchen.

- Wenn wir mehr als ein Format berücksichtigen möchten, müssen wir dazu übergehen, **if**- oder **switch**-Anweisungen hinzuzufügen.
- Wenn wir Groß- und Kleinschreibung berücksichtigen möchten, müssen wir eine explizite Umwandlung (normalerweise in Kleinschreibung) vornehmen oder noch eine **if**-Anweisung hinzufügen.
- Wir müssten irgendwie (aber wie?) den Kontext beschreiben, nach dem wir suchen. Das bedeutet, dass wir es eher mit einzelnen Zeichen und nicht mit Strings zu tun haben, was wiederum bedeutet, dass wir auf viele Vorteile, die uns die **iostream**-Streams bieten (§7.8.2), verzichten müssten.

Wenn Sie möchten, können Sie gerne versuchen, den hierfür nötigen Code hinzuzufügen. Aber Sie werden schnell merken, dass Sie sich auf diese Weise eine Unmenge von **if**-Anweisungen einhandeln, die eine Unmenge von Sonderfällen abfangen. Sogar in diesem einfachen Beispiel müssten Alternativen berücksichtigt werden (z.B. fünf- und neunstellige Postleitzahlen). In vielen anderen Fällen hätten wir es mit Wiederholungen zu tun (z.B. eine beliebige Anzahl von Ziffern gefolgt von einem Ausrufezeichen, wie **123!** oder **123456!**). Und schließlich müssten wir auch noch Präfixe und Suffixe behandeln. Wie bereits erwähnt (siehe §11.1–2): die Bandbreite möglicher Ausgabeformate wird selten durch die Wünsche und Bedürfnisse der Programmierer beschränkt, die es gerne einfach und regelmäßig hätten. Denken Sie nur an die erstaunliche Vielzahl an Möglichkeiten, im Englischen Datumsangaben auszudrücken:

2007–06–05
June 5, 2007
jun 5, 2007
5 June 2007
6/5/2007
5/6/07
...

Spätestens zu diesem Zeitpunkt – wenn nicht sogar früher – ist der erfahrene Programmierer davon überzeugt, dass es einen besseren Weg geben muss (als den normalen Code immer weiter aufzublähen), und beginnt danach zu suchen. Die einfachste und am weitesten verbreitete Lösung basiert auf den sogenannten *regulären Ausdrücken*. Reguläre Ausdrücke sind das A und O vieler Textverarbeitungsoperationen, die Basis des Unix-Befehls *grep* (siehe Übung 8) und ein wesentlicher Bestandteil von Programmiersprachen, die regelmäßig für die Lösung solcher Aufgaben eingesetzt werden (wie AWK, PERL und PHP).

Die von uns hier verwendeten regulären Ausdrücke werden durch eine Bibliothek implementiert, die Teil des nächsten C++-Standards sein wird (C++0x). Diese Bibliothek ist kompatibel zu den regulären Ausdrücken in PERL, was den Vorteil hat, dass Ihnen viele Erläuterungen, Tutorials und Handbücher zur Verfügung stehen, zum Beispiel das Arbeitspapier des C++-Standardkomitees (suchen Sie nach „WG21" im Netz), die Dokumentation **boost::regex** von John Maddock und die meisten PERL-Tutorials. Hier konzentrieren wir uns auf die grundlegenden Konzepte und stellen Ihnen einige der einfachsten und nützlichsten Beispiele für den Einsatz von regulären Ausdrücken vor.

> ### Testen Sie Ihr Können
>
> Die letzten beiden Absätze führten etwas „sorglos" diverse Namen und Akronyme ein, ohne diese näher zu erläutern. Recherchieren Sie im Internet, um herauszufinden, was sich dahinter verbirgt.

23.6 Die Idee der regulären Ausdrücke

Ein regulärer Ausdruck soll – so die grundlegende Idee – ein Muster definieren, nach dem wir dann in einem Text suchen können. Überlegen wir, wie wir das Muster für eine einfache Postleitzahl wie **TX77845** möglichst präzise ausdrücken könnten. Hier unser erster Versuch:

wwddddd

Hier steht **w** für „irgendein Buchstabe" und **d** für „irgendeine Ziffer" – eine ziemlich einfache Notation für ein ziemlich einfaches Beispiel. Versuchen wir es jetzt mit einem neunstelligen Postleitzahlen-Format der Form **TX77845-5629**. Ein erster Ansatz könnte wie folgt aussehen:

wwddddd-dddd

Das sieht ganz okay aus. Aber wie kommt es, dass **d** für „irgendeine Ziffer" steht, während der Bindestrich (**–**) nur den ganz gewöhnlichen Bindestrich repräsentiert? Irgendwie müssen wir anzeigen, dass **w** und **d** eine Sonderstellung einnehmen, denn sie repräsentieren Zeichenklassen und nicht sich selbst (**w** bedeutet „ein **a** oder ein **b** oder ein **c** oder…" und **d** bedeutet „eine **1** oder eine **2** oder eine **3** oder …"). Zur Differenzierung dieses feinen Unterschieds wollen wir vor alle Buchstaben, die für eine Klasse von Zeichen stehen, einen Backslash setzen, wie dies in C++ auch bei Sonderzeichen üblich ist (z.B. bezeichnet **\n** eine neue Zeile in einem String-Literal). Auf diese Weise erhalten wir

\w\w\d\d\d\d\d–\d\d\d\d

Dies sieht zwar hässlich aus, ist aber eindeutig, und der Backslash ist ein Hinweis darauf, dass hier „etwas Ungewöhnliches passiert". Gemäß dieser Notation werden sich wiederholende Zeichen durch Wiederholung ihres Platzhalters repräsentiert. Das kann nicht nur sehr lästig werden, sondern ist auch ziemlich fehleranfällig. Noch mal schnell prüfen: Haben wir wirklich fünf Ziffern vor und vier Ziffern nach dem Bindestrich angegeben? Ja, haben wir. Aber nirgends haben wir direkt **5** oder **4** *erwähnt*, sodass wir zählen mussten, um wirklich sicherzugehen. Um uns die Wiederholung zu ersparen, könnten wir nach jedem Zeichen die Anzahl der Wiederholungen angeben. Zum Beispiel:

\w2\d5-\d4

Allerdings müssten wir mit einer speziellen Syntax kennzeichnen, dass **2**, **5** und **4** in diesem Muster Wiederholungsangaben und nicht einfach nur die alphanumerischen Zeichen **2**, **5** und **4** sind. Deshalb wollen wir die Wiederholungsangaben in geschweifte Klammern ({}) setzen:

\w{2}\d{5}–\d{4}

Dadurch wird **{** zu dem gleichen Sonderfall wie **** (Backslash), doch das lässt sich nicht vermeiden und stellt für uns auch kein größeres Problem dar.

So weit, so gut. Doch noch müssen wir uns mit zwei weiteren komplizierten Details herumschlagen: Die letzten vier Ziffern in der Postleitzahl sind optional. Irgendwie müssen wir ausdrücken, dass wir sowohl **TX77845** als auch **TX77845-5629** akzeptieren. Grundsätzlich gibt es hierfür zwei Möglichkeiten:

\w{2}\d{5} oder \w{2}\d{5}–\d{4}

und

\w{2}\d{5} und optional -\d{4}

Um dies kurz und präzise auszudrücken, müssen wir zuerst einen Weg finden, wie wir unser Muster in Teilmuster zerlegen (gruppieren), bevor wir davon sprechen können, dass **\w{2}\d{5}–\d{4}** aus den Teilen **\w{2}\d{5}** und **–\d{4}** besteht. In der Regel verwenden wir Klammern, um Teilgruppen zu kennzeichnen:

(\w{2}\d{5})(–\d{4})

Jetzt haben wir unser Muster in zwei Teilmuster zerlegt und müssen nur noch festlegen, wie die Teile verarbeitet werden sollen. Die Voraussetzungen dazu erkaufen wir uns, Sie ahnen es, durch Einführung zweier weiterer Sonderzeichen: **(** ist jetzt genauso ein Sonderzeichen wie **** und **{**. Per Konvention wird **|** dazu verwendet, „oder" (Alternativen) auszudrücken, während **?** eine optionale Angabe kennzeichnet. Demzufolge könnten wir jetzt schreiben:

(\w{2}\d{5}) | (\w{2}\d{5}–\d{4})

und

(\w{2}\d{5})(–\d{4})?

Analog zu den geschweiften Klammern zur Angabe der Anzahl (wie in **\w{2}**) setzen wir das Fragezeichen (**?**) als Suffix ein. So ist zum Beispiel (**–\d{4})?** gleichbedeutend mit „optional **–\d{4}**", d.h., wir akzeptieren als optionales Anhängsel vier Ziffern mit einem vorangestellten Bindestrich. Da wir die Klammerung des ersten Teilmusters unserer Postleitzahlangabe (**\w{2}\d{5}**) nicht weiter nutzen, können wir die Klammern auch weglassen:

\w{2}\d{5}(–\d{4})?

Um die in §23.5 gestellte Aufgabe abzuschließen, könnten wir hinter den beiden Buchstaben ein optionales Leerzeichen einfügen:

\w{2} ?\d{5}(–\d{4})?

Das „?" sieht ein bisschen seltsam aus. Es handelt sich natürlich um ein Leerzeichen gefolgt von einem **?**, welches anzeigt, dass das Leerzeichen optional ist. Wenn Sie sichergehen möchten, dass das Leerzeichen nicht für einen Fehler gehalten wird, setzen Sie es in Klammern:

\w{2}( )?\d{5}((–\d{4})?

Wem das immer noch zu undeutlich ist, der könnte eine Notation für Whitespace erfinden, beispielsweise **\s** (**s** für *space*, zu Deutsch „Leerzeichen"). Dann könnten wir schreiben:

\w{2}\s?\d{5}(–\d{4})?

Und was wäre, wenn jemand zwei Leerzeichen hinter den Buchstaben eingibt? Die bisherige Definition des Musters akzeptiert **TX77845** und **TX 77845** aber nicht **TX 77845**. Das ist uns zu wenig. Wir möchten auch in der Lage sein, „null oder mehr Whitespaces" auszudrücken. Aus diesem Grund führen wir das Suffix ***** ein, das für „null oder mehr" steht, und erhalten

\w{2}\s*\d{5}(–\d{4})?

> **Tipp**
>
> Wenn Sie unseren Erläuterungen Schritt für Schritt gefolgt sind, sollte Ihnen die Bedeutung dieses Musters klar sein. Die Notation, die wir dabei für die Musterdefinition verwendet haben, ist logisch und extrem knapp – und wurde von uns keineswegs ganz zufällig so gewählt. Tatsächlich ist die hier verwendete Notation in der Praxis sehr weitverbreitet, äußerst beliebt und für jemanden, der häufiger mit Textverarbeitung zu tun hat, ein absolutes „Muss". Zugegeben, sie mag zwar den Eindruck vermitteln, als ob eine Katze über die Tastatur gelaufen wäre, und wenn man sich auch nur bei einem Zeichen vertippt (auch wenn es nur ein Leerzeichen ist), kann dies die Bedeutung des Musters komplett ändern – doch bitte gewöhnen Sie sich daran. Erstens gibt es zurzeit keine Alternative, die wirklich entscheidend besser wäre, und zweitens erfreut sich diese Notation schon seit langem großer Beliebtheit – genauer gesagt seit ihrer Einführung für den Unix-Befehl *grep* vor über 30 Jahren (und ihre Ursprünge reichen sogar noch weiter zurück).

23.7 Suchen mithilfe regulärer Ausdrücke

In diesem Abschnitt wollen wir mithilfe des Postleitzahlen-Musters aus dem vorangehenden Abschnitt nach Postleitzahlen in einer Datei suchen. Das Programm definiert das Muster, liest dann eine Datei Zeile für Zeile ein und sucht dabei nach dem Muster. Wenn das Programm in einer Zeile auf ein Vorkommen des Musters stößt, gibt es die Zeilennummer und die gefundene Postleitzahl aus:

```cpp
#include <boost/regex.hpp>
#include <iostream>
#include <string>
#include <fstream>
using namespace std;

int main()
{
  ifstream in("datei.txt");      // Eingabedatei
  if (!in) cerr << "Datei nicht gefunden\n";

  boost::regex pat ("\\w{2}\\s*\\d{5}(–\\d{4})?");    // Postleitzahlen-Muster
```

```
    cout << "Muster: " << pat << '\n';

    int lineno = 0;
    string line;      // Eingabepuffer
    while (getline(in,line)) {
      ++lineno;
      boost::smatch matches;     // hier werden mit dem Muster übereinstimmende
                                 // Strings abgelegt
      if (boost::regex_search(line, matches, pat))
        cout << lineno << ": " << matches[0] << '\n';
    }
}
```

Dieser Code bedarf einer ausführlicheren Erläuterung. Betrachten wir zuerst folgende Zeilen:

```
#include <boost/regex.hpp>
...
boost::regex pat ("\\w{2}\\s*\\d{5}(–\\d{4})?");    // Postleitzahlen-Muster
boost::smatch matches;     // hier werden mit dem Muster übereinstimmende
                           // Strings abgelegt
if (boost::regex_search(line, matches, pat))
```

Wir verwenden die **boost**-Implementierung der **regex**-Bibliothek, die demnächst Teil der Standardbibliothek sein wird. Falls diese Bibliothek auf Ihrem System noch nicht installiert ist, müssen Sie dies nachholen. Zur Kennzeichnung der Funktionen aus der **regex**-Bibliothek verwenden wir den voll qualifizierten Namen, d.h. **boost::regex**.

Nun zurück zu unseren regulären Ausdrücken! Betrachten wir folgendes Codefragment:

```
boost::regex pat ("\\w{2}\\s*\\d{5}(–\\d{4})?");
cout << "Muster: " << pat << '\n';
```

Hier definieren wir zuerst ein Muster **pat** (vom Typ **regex**) und schreiben es dann in den Ausgabestream. Beachten Sie bitte, dass wir für die Ausgabe

`"\\w{2}\\s*\\d{5}(–\\d{4})?"`

geschrieben haben. Wenn Sie das Programm ausführen, sehen Sie auf der Konsole:

Muster: \w{2}\s*\d{5}(–\d{4})?

In C++-String-Literalen ist der Backslash das Escape-Zeichen (§A.2.4). Um also ein (einzelnes) \-Zeichen in einem String-Literal auszugeben, müssen Sie \\ schreiben.

Ein **regex**-Muster ist eine Art von **string** und kann deshalb mit << ausgegeben werden. Auf der anderen Seite ist ein **regex**-Muster *mehr als nur* ein **string**-Objekt. Wenn Sie nämlich ein **regex**-Objekt initialisieren (oder ihm etwas zuweisen), wird im Hintergrund ein anspruchsvoller Musterabgleich-Mechanismus initiiert – der allerdings zu komplex ist um ihn im Rahmen dieses Buches besprechen zu können. Sobald wir jedoch ein **regex**-Objekt mit unserem Postleitzahlen-Muster initialisiert haben, können wir diesen Musterabgleich-Mechanismus auf jede Zeile in unserer Datei anwenden:

```
boost::smatch matches;
if (boost::regex_search(line, matches, pat))
    cout << lineno << ": " << matches[0] << '\n';
```

Die Anweisung regex_search(line,matches,pat) durchsucht line nach Textpassagen, die mit dem in pat gespeicherten regulären Ausdruck übereinstimmen. Werden Übereinstimmungen gefunden, werden diese in matches gespeichert. Wenn keine Übereinstimmung gefunden wird, liefert regex_search (line,matches,pat) den Wert false zurück.

Die Variable matches ist vom Typ smatch. Das s steht für „Sub". Genau genommen ist smatch ein Vektor von Übereinstimmungen für Teilmuster. Das erste Element (hier matches[0]) ist die vollständige Übereinstimmung mit dem gesamten Muster. Wir können matches[i] als einen korrekt berechneten String behandeln, wenn i<matches.size() ist. Wenn also – für einen gegebenen regulären Ausdruck – die maximale Anzahl der Teilmuster N ist, ist matches.size()==N+1.

Was aber ist ein Teilmuster? Eine gute erste Antwort ist: „Alles, was in dem Muster in Klammern steht." Betrachten wir "\\w{2}\\s*\\d{5}(-\\d{4})?" näher, fallen uns die Klammern um die vierstellige Erweiterung der Postleitzahl auf. Dies ist das einzige Teilmuster, das wir sehen, sodass wir (zu Recht) vermuten, dass matches.size()==2 ist. Außerdem vermuten wir, dass mittels Indizierung bequem auf diese vier letzten Ziffern zugreifen können. Zum Beispiel:

```
while (getline(in,line)) {
  boost::smatch matches;
  if (boost::regex_search(line, matches, pat)) {
    cout << lineno << ": " << matches[0] << '\n';      // ganze Übereinstimmung
    if (1<matches.size() && matches[1].matched)
      cout << "\t: " << matches[1] << '\n';            // Teilübereinstimmung
  }
}
```

Eigentlich müssten wir 1<matches.size() gar nicht testen, da wir uns das Muster ja genau angeschaut haben und wissen, dass es genau ein Teilmuster gibt. Weil wir aber vorab mit einer Vielzahl von Mustern in pat herumexperimentiert haben, die unterschiedlich viele Teilmuster enthielten, haben wir eine leichte Paranoia verspürt und wollten auf Nummer sicher gehen. Wir können nachprüfen, ob eine Teilübereinstimmung erfolgreich war, indem wir den matched-Member, hier matches[1].matched, untersuchen. Und falls es Sie interessiert: Nicht übereinstimmende Teilmuster matches[i] (für die matches [i].matched den Wert false zurückliefert) werden als leerer String ausgeben. Gleiches gilt für nicht existierende Muster (in unserem Beispiel etwa matches[17]), die wie nicht übereinstimmende Teilmuster behandelt werden.

Wir haben dieses Programm auf eine Datei mit folgenden Daten ausgeführt:

```
address TX77845
ffff tx 77843 asasasaa
ggg TX3456–23456
howdy
zzz TX23456–3456sss ggg TX33456–1234
cvzcv TX77845–1234 sdsas
xxxTx77845xxx
TX12345–123456
```

und folgende Ausgabe erhalten:

Muster: "\w{2}\s*\d{5}(–\d{4})?"
1: TX77845
2: tx 77843
5: TX23456–3456
: –3456
6: TX77845–1234
: –1234
7: Tx77845
8: TX12345–1234
: –1234

Beachten Sie,

- dass wir nicht auf die falsch formatierte Postleitzahl in der mit **ggg** beginnenden Zeile hereingefallen sind (was ist daran falsch?);
- dass wir nur die erste Postleitzahl in der mit **zzz** beginnenden Zeile gefunden haben (wir haben nur nach einem Vorkommen pro Zeile gesucht);
- dass wir die korrekten Anhängsel in den Zeilen 5 und 6 gefunden haben;
- dass wir die Postleitzahl gefunden haben, die zwischen den **xxx** in Zeile 7 „versteckt" war;
- dass wir (leider?) die Postleitzahl gefunden haben, die in **TX12345–123456** „versteckt" war.

23.8 Syntax der regulären Ausdrücke

Bisher haben wir nur ein relativ einfaches Beispiel für den Abgleich mit regulären Ausdrücken betrachtet. Das wollen wir jetzt ändern und uns einen etwas systematischeren und vollständigeren Überblick über die regulären Ausdrücke verschaffen (in der Form, in der sie in der **regex**-Bibliothek verwendet werden).

Die *regulären Ausdrücke* („regexps" oder „regexs") bilden eine eigene kleine Sprache, mit der sich Muster in Zeichenfolgen definieren lassen. Die Sprache ist ebenso mächtig (ausdrucksstark) wie komprimiert, weswegen die Musterdefinitionen oft recht kryptisch wirken. Im Laufe der Zeit wurde die Sprache um viele kleinere Features erweitert und es haben sich mehrere Dialekte herauskristallisiert. Den am weitesten verbreiteten Dialekt (PERL) werden wir Ihnen hier vorstellen. Wir beschränken uns dabei allerdings auf eine (recht große und nützliche) Teilmenge. Sollte Ihnen dies nicht genügen, um die Muster, die Sie benötigen, ausdrücken oder die regulären Ausdrücke anderer verstehen zu können, recherchieren Sie im Web. Dort gibt es eine Vielzahl von Tutorials und Spezifikationen, die allerdings in der Qualität recht unterschiedlich ausfallen. Am leichtesten zu finden sind wahrscheinlich die **boost::regex**-Spezifikation und deren Äquivalent, die Spezifikation des Standardkomitees (in WG21 TR1).

Tipp

Die Bibliothek unterstützt außerdem die Notationen ECMAscript, POSIX, *awk*, *grep* und *egrep* sowie eine Reihe von Suchoptionen. Dies kann sich als extrem nützlich erweisen, wenn Sie ein Muster abgleichen müssen, das in einer anderen Sprache spezifiziert wurde. Sie können diese Optionen nachschlagen, wenn Ihnen die hier beschriebenen grundlegenden Hilfsmittel nicht ausreichen. Denken Sie jedoch immer daran, dass gute Programmierung nicht darauf abzielt, „so viele Features wie möglich einzubauen". Zeigen Sie Mitleid mit den armen Programmierern, die Ihren Code warten und zu diesem Zweck lesen und verstehen müssen (und zu denen Sie vielleicht in ein paar Monaten selbst gehören). Schreiben Sie Code, der nicht unnötig raffiniert ist, und verzichten Sie möglichst auf weitgehend unbekannte Features.

23.8.1 Zeichen und Sonderzeichen

Reguläre Ausdrücke spezifizieren Muster, mit denen man Zeichenfolgen in Strings abgleichen kann. Grundsätzlich steht ein Zeichen in einem Muster beim Abgleich mit einem String für sich selbst. So würde z.B. der reguläre Ausdruck "abc" (das Muster) mit der Zeichenabfolge „abc" aus dem Satz „Gibt es ein abc in diesem Satz?" übereinstimmen.

Die eigentliche Mächtigkeit der regulären Ausdrücke beruht allerdings auf den „Sonderzeichen" und Zeichenkombinationen, denen in einem Muster besondere Bedeutungen zukommen:

Tabelle 23.3

Zeichen mit spezieller Bedeutung

Sonderzeichen	Beschreibung
.	Ein beliebiges einzelnes Zeichen (ein Platzhalter)
[	Zeichenklasse
{	Anzahl
(	Beginn der Gruppierung
)	Ende der Gruppierung
\	Nächstes Zeichen hat eine besondere Bedeutung
*	Null oder mehr
+	Eins oder mehr
?	Optional (einmal oder keinmal)
|	Alternative (oder)
^	Zeilenanfang; Negation
$	Zeilenende

So werden beispielsweise mit

x.y

alle Strings gefunden, die aus drei Zeichen bestehen und mit einem x beginnen und einem y enden – also beispielsweise xxy, x3y und xay. Nicht gefunden werden hingegen yxy, 3xy und xy.

Beachten Sie, dass {...}, *, + und ? Suffix-Operatoren sind. So bedeutet \d+ zum Beispiel „ein oder mehr Dezimalziffern".

Wenn Sie eines der Sonderzeichen in seiner ursprünglichen Bedeutung in einem Muster verwenden wollen, müssen Sie ein Escape-Zeichen (d.h. den Backslash) voranstellen. So ist zum Beispiel + in einem Muster der Eins-oder-mehr-Operator, während \+ ein Pluszeichen ist.

23.8.2 Zeichenklassen

Die am häufigsten verwendeten Zeichengruppen können in knapper Form durch „Sonderzeichen" repräsentiert werden:

Tabelle 23.4

Sonderzeichen für Zeichenklassen

Sonder-zeichen	Beschreibung	Alternative Syntax
\d	Eine Dezimalzahl	[[:digit:]]
\l	Ein kleingeschriebenes Zeichen	[[:lower:]]
\s	Ein Leerzeichen (Leerzeichen, Tabulator etc.)	[[:space:]]
\u	Ein großgeschriebenes Zeichen	[[:upper:]]
\w	Ein Buchstabe (a–z oder A–Z) oder eine Zahl (0–9) oder ein Unterstrich (_)	[[:alnum:]]
\D	Nicht \d	[^[:digit:]]
\L	Nicht \l	[^[:lower:]]
\S	Nicht \s	[^[:space:]]
\U	Nicht \u	[^[:upper:]]
\W	Nicht \w	[^[:alnum:]]

Beachten Sie, dass ein großgeschriebenes Sonderzeichen gleichbedeutend ist mit „nicht die kleingeschriebene Version dieses Sonderzeichens". So bedeutet zum Beispiel \W nicht „ein großgeschriebener Buchstabe", sondern „kein Buchstabe".

Die Einträge in der dritten Spalte (z.B. **[[:digit:]]**) stellen eine alternative Syntax dar (die ausgeschriebene Bezeichner verwendet).

Wie die Bibliotheken zu **string** und **iostream** ist auch die **regex**-Bibliothek für die Verarbeitung von großen Zeichensätzen, wie z.B. Unicode, eingerichtet. Wir erwähnen dies hier, damit Sie wissen, dass es diese Unterstützung gibt und Sie sich im Bedarfsfall Rat und weitere Informationen dazu einholen können. Eine angemessene Behandlung dieses Themas im Rahmen dieses Buches ist leider nicht möglich.

23.8.3 Quantifizierer

Sich wiederholende Muster werden durch spezielle Suffix-Operator, die sogenannten Quantifizierer, ausgedrückt:

Tabelle 23.5

Quantifizierer

Quantifizierer	Beschreibung
{n}	Genau **n**-mal
{n,}	**n**-mal oder öfter
{n,m}	Mindestens **n**-mal und maximal **m**-mal
*	Null oder mehr, identisch mit {0,}
+	Ein oder mehr, identisch mit {1,}
?	Optional (einmal oder keinmal), identisch mit {0,1}

Entsprechend findet das Muster

Ax*

ein **A** gefolgt von null oder mehreren **x**, also beispielsweise

A
Ax
Axx
Axxxxxxxxxxxxxxxxxxxxx

Wenn auf das **A** mindestens ein **x** folgen soll, verwenden Sie + statt *. So stimmt

Ax+

mit allen Vorkommen von **A** überein, auf die mindestens ein **x** folgt, wie z.B.:

Ax
Axx
Axxxxxxxxxxxxxxxxxxxxx

aber nicht

A

Der häufige Fall, dass etwas einmal oder keinmal vorkommt (d.h. optional ist), wird durch ein Fragezeichen ausgedrückt. So werden zum Beispiel mit

\d-?\d

alle zweistelligen Ziffernkombinationen gefunden, auch wenn sie durch einen Bindestrich getrennt sind:

1-2
12

aber nicht

1--2

Um eine genaue Anzahl oder einen bestimmten Bereich anzugeben, setzen Sie geschweifte Klammern:

\w{2}–\d{4,5}

Damit finden Sie genau 2 alphanumerische Zeichen (inklusive Unterstrich), gefolgt von einem Bindestrich (–) gefolgt von vier oder fünf Ziffern, also

**Ab–1234
XX–54321
22–54321**

aber nicht

**Ab–123
?b–1234**

Ja, Ziffern sind auch **\w**-Zeichen.

23.8.4 Gruppierung

Um einen regulären Ausdruck als Teilmuster zu kennzeichnen, fassen Sie ihn mit Klammern zu einer Gruppe zusammen. Zum Beispiel:

(\d*:)

Damit definieren Sie ein Teilmuster aus null oder mehr Ziffern gefolgt von einem Doppelpunkt. Eine solche Gruppe kann als Teil eines umfangreicheren Musters verwendet werden. Zum Beispiel:

(\d*:)?(\d+)

Damit spezifizieren Sie eine optionale und möglicherweise leere Ziffernfolge mit angehängtem Doppelpunkt, gefolgt von einer oder mehreren Ziffern. Bedenkt man, wie schwierig es ist, solche Muster in unserer Sprache zu beschreiben, ist es kein Wunder, dass sich die Leute eine knappere und präzisere Notation dafür ausgedacht haben!

23.8.5 Alternativen

Das „Oder"-Zeichen (|) gibt eine Alternative an. Zum Beispiel:

Subject: (FW:|Re:)?(.*)

Dieser Ausdruck liefert eine E-Mail-Betreffzeile zurück, die optional mit **FW:** oder **Re:** beginnt und dann aus null oder mehr Zeichen besteht:

**Subject: FW: Hello, world!
Subject: Re:
Subject: Norwegian Blue**

Nicht zurückgeliefert werden

**SUBJECT: Re: Papageien
Subject FW: kein Betreff!**

Nicht zulässig ist eine leere Alternative:

(|def)   // Fehler

Wir können jedoch mehrere Alternativen auf einmal angeben:

(bs|Bs|bS|BS)

23.8.6 Zeichensätze und -bereiche

Für die gängigsten Zeichenklassen gibt es vordefinierte Sonderzeichen: Ziffern (\d), alphanumerische Zeichen samt Unterstrich (\w) usw. (§23.8.2). Oft ist es jedoch notwendig oder hilfreich, eigene Zeichenklassen zu definieren – und schwer ist es auch nicht.

Tabelle 23.6

Selbst definierte Zeichenklassen

Zeichenklassen	Beschreibung
[\w @]	Ein alphanumerisches Zeichen, ein Unterstrich, ein Leerzeichen oder ein @
[a–z]	Die Kleinbuchstaben von a bis z
[a–zA–Z]	Die Klein- oder Großbuchstaben von a bis z
[Pp]	Ein klein- oder großgeschriebenes P
[\w\–]	Ein alphanumerisches Zeichen, ein Unterstrich oder ein Bindestrich (der einfache Bindestrich – gibt einen Bereich an)
[asdfghjkl;']	Die Zeichen in der mittleren Reihe einer US-QWERTY-Tastatur
[.]	Ein Punkt
[.[{(*+?^$]	Ein Zeichen mit einer besonderen Bedeutung in einem regulären Ausdruck

In einer Zeichenklassenspezifikation wird der Bindestrich (–) dazu verwendet, einen Bereich anzuzeigen, wie [1–3] (1, 2 oder 3) oder [w–z] (w, x, y oder z). Lassen Sie bei solchen Bereichsangaben besondere Sorgfalt walten: Nicht jede Sprache verfügt über den gleichen Zeichensatz und nicht jede Buchstabencodierung weist die gleiche Reihenfolge auf. Wenn Sie mit Zeichenbereichen arbeiten müssen, die keine Untermenge der Buchstaben und Ziffern des englischen Alphabets sind, sollten Sie die Dokumentation zurate ziehen.

Erfreulicherweise können wir in Zeichenklassenspezifikationen auch die vordefinierten Sonderzeichen verwenden, wie z.B. \w (gleichbedeutend mit „alle alphanumerischen Zeichen plus Unterstrich"). Wie aber können wir dann einen Backslash (\) in eine Zeichenklasse aufnehmen? Indem wir ihm einen zusätzlichen Backslash als Escape-Zeichen voranstellen: \\.

Wenn das erste Zeichen einer Zeichenklassenspezifikation ein ^ ist, wird die Menge der aufgelisteten Zeichen dadurch negiert:

Tabelle 23.7

Negation von Mustern	
Negierte Muster	**Beschreibung**
[^aeiouy]	Kein englischer Vokal
[^\d]	Keine Ziffer
[^aeiouy]	Ein englischer Vokal, ein Leerzeichen oder ein ^

Im letzten regulären Ausdruck war das ^ nicht das erste Zeichen nach dem [, weswegen es nur als Zeichen und nicht als Negationsoperator interpretiert wird. In regulären Ausdrücken können feine Unterschiede große Auswirkungen haben!

Implementierungen der **regex**-Bibliothek stellen darüber hinaus einen Satz an benannten Zeichenklassen zur Verfügung. Wenn Sie zum Beispiel nach einem beliebigen alphanumerischen Zeichen (d.h. einem Buchstaben oder einer Ziffer: **a–z** oder **A–Z** oder **0–9**) suchen, können Sie hierzu den regulären Ausdruck **[[:alnum:]]** verwenden. In diesem Fall ist **alnum** der Name für eine bestimmte Zeichenmenge (die alphanumerischen Zeichen). Entsprechend wäre "[[:alnum:]]+" ein Muster für einen nicht leeren, in Anführungszeichen stehenden String von alphanumerischen Zeichen. Um diesen regulären Ausdruck in einen String zu verpacken, müssen wir vor die Anführungszeichen Escape-Zeichen setzen:

string s = "\"[[:alnum:]]+\"";

Und wenn wir auf der Basis dieses Strings ein **regex**-Objekt erzeugen möchten, müssen wir sowohl den Backslashs als auch noch einmal den Anführungszeichen Escape-Zeichen voranstellen und bei der Objekterzeugung auf den ()-Stil zurückgreifen, da der **regex**-Konstruktor für String-Argumente als **explicit** deklariert ist:

regex s("\\\"[[:alnum:]]+\\\"");

Die Arbeit mit regulären Ausdrücken unterliegt nun einmal gewissen Schreibkonventionen. Wie auch immer, in ▶ Tabelle 23.8 sind die zu **regex** gehörenden Zeichenklassen aufgelistet.

Tabelle 23.8

regex-Zeichenklassen	
Zeichenklassen	**Beschreibung**
alnum	Alle alphanumerischen Zeichen
alpha	Alle alphabetischen Zeichen
blank	Alle Whitespace-Zeichen, die keine Zeilentrennzeichen sind

23.8 Syntax der regulären Ausdrücke

regex-Zeichenklassen (Forts.)

Zeichenklassen	Beschreibung
cntrl	Alle Steuerzeichen
d	Alle Dezimalziffern
digit	Alle Dezimalziffern
graph	Alle grafischen Zeichen
lower	Alle Kleinbuchstaben
print	Alle druckbaren Zeichen
punct	Alle Satzzeichen
s	Alle Whitespace-Zeichen
space	Alle Whitespace-Zeichen
upper	Alle Großbuchstaben
w	Alle alphanumerischen Zeichen plus dem Unterstrich
xdigit	Alle hexadezimalen Ziffernzeichen

Implementierungen von **regex** können noch weitere Zeichenklassen anbieten. Falls Sie sich jedoch entscheiden, eine dieser zusätzlichen, benannten Klassen zu verwenden, sollten Sie sich zuvor erkundigen, ob diese auf die von Ihnen unterstützten Systeme portierbar ist.

23.8.7 Fehler bei regulären Ausdrücken

Was passiert, wenn wir einen illegalen regulären Ausdruck definieren? Betrachten wir dazu folgende Beispiele:

```
regex pat1("(|ghi)");    // fehlende Alternative
regex pat2("[c–a]");     // kein Bereich
```

Wenn wir einem **regex**-Objekt ein Muster zuweisen, wird das Muster intern geprüft. Sollte sich dabei herausstellen, dass der reguläre Ausdruck Syntaxfehler enthält oder zu kompliziert ist, um für Abgleiche verwendet werden zu können, wird eine Ausnahme vom Typ **bad_expression** geworfen.

Nachfolgend finden Sie ein kleines Programm, das Ihnen helfen soll, ein Gefühl für die Arbeit mit regulären Ausdrücken zu bekommen:

```cpp
#include <boost/regex.hpp>
#include <iostream>
#include <string>
#include <fstream>
#include<sstream>
using namespace std;
using namespace boost;   // wenn Sie die boost-Implementierung verwenden
```

Textmanipulation

```cpp
// liest ein Muster und einen Satz Zeilen von der Eingabe
// prüft das Muster und sucht nach Zeilen mit dem Muster

int main()
{
  regex pattern;

  string pat;
  cout << "Muster eingeben: ";
  getline(cin,pat);      // lies Muster

  try {
    pattern = pat;       // hier wird pat überprüft
    cout << "Muster: " << pattern << '\n';
  }
  catch (bad_expression) {
    cout << pat << " ist kein gueltiger regulaerer Ausdruck\n";
    exit(1);
  }

  cout << "Jetzt die Zeilen eingeben:\n";
  string line;    // Eingabepuffer
  int lineno = 0;

  while (getline(cin,line)) {
    ++lineno;
    smatch matches;
    if (regex_search(line, matches, pattern)) {
      cout << "Zeile " << lineno << ": " << line << '\n';
      for (int i = 0; i<matches.size(); ++i)
        cout << "\tmatches[" << i << "]: "
             << matches[i] << '\n';
    }
    else
      cout << "keine Uebereinstimmung\n";
  }
}
```

Testen Sie Ihr Können

Versuchen Sie, das Programm zum Laufen zu bringen, und experimentieren Sie mit verschiedenen Mustern wie **abc**, **x.*x**, **(.*)**, **\([^)]*\)** und **\w+ \w+(Jr\.)?**.

23.9 Abgleich mit regulären Ausdrücken

Es gibt zwei grundlegende Einsatzbereiche für reguläre Ausdrücke:

- *Suche* nach einem String, der mit einem regulären Ausdruck in einem (beliebig langen) Datenstream übereinstimmt – **regex_search()** sucht nach seinem Muster als Teilstring im Stream.

- *Abgleich* eines regulären Ausdrucks mit einem String (bekannter Länge) – **regex_match()** prüft auf vollständige Übereinstimmung von Muster und String.

Die Suche nach den Postleitzahlen in §23.6 war ein Beispiel für eine Suche. Hier wollen wir ein Beispiel für den Abgleich untersuchen. Dazu wollen wir aus nachfolgender ▶ Tabelle 23.9 einige Daten extrahieren:

Tabelle 23.9

Anzahl der Schüler in Bjarne Stroustrups Grundschule im Jahr 2007

KLASSE	ANTAL DRENGE	ANTAL PIGER	ELEVER IALT
0A	12	11	23
1A	7	8	15
1B	4	11	15
2A	10	13	23
3A	10	12	22
4A	7	7	14
4B	10	5	15
5A	19	8	27
6A	10	9	19
6B	9	10	19
7A	7	19	26
7G	3	5	8
7I	7	3	10
8A	10	16	26
9A	12	15	27
0MO	3	2	5
0P1	1	1	2
0P2	0	5	5
10B	4	4	8
10CE	0	1	1
1MO	8	5	13
2CE	8	5	13

Anzahl der Schüler in Bjarne Stroustrups Grundschule im Jahr 2007 *(Forts.)*

KLASSE	ANTAL DRENGE	ANTAL PIGER	ELEVER IALT
3DCE	3	3	6
4MO	4	1	5
6CE	3	4	7
8CE	4	4	8
9CE	4	9	13
REST	5	6	11
Alle klasser	184	202	386

Diese Tabelle wurde einer Webseite entnommen. Sie ist ein typisches Beispiel für die Art von Daten, die wir analysieren müssen:

- Sie weist numerische Datenfelder auf.
- Sie hat Zeichenfelder mit Strings, die nur denen etwas sagen, die den Kontext der Tabelle kennen. (Hier wird dies noch durch die Verwendung von Dänisch betont.)
- Die Zeichenstrings enthalten Leerzeichen.
- Die „Felder" dieser Daten sind durch ein spezielles Trennzeichen – in diesem Fall ein Tabulatorzeichen – getrennt.

Wir haben diese Tabelle gewählt, weil sie „ziemlich typisch" und „nicht zu schwierig" zu verarbeiten ist. Eine Schwierigkeit gibt es aber doch: Wir können mit dem Auge nicht erkennen, wo Leerzeichen und wo Tabulatorzeichen stehen. Diese Unterscheidung müssen wir unserem Code überlassen.

Wir wollen nun anhand dieser Tabelle demonstrieren, wie reguläre Ausdrücke dazu genutzt werden können, um

- zu überprüfen, ob die Tabelle ordentlich angelegt ist (d.h. ob jede Reihe die gleiche Anzahl Felder aufweist);
- zu überprüfen, ob die Zahlen korrekt aufaddiert wurden (die Felder der letzten Zeile sollen ja angeblich die Summen der jeweiligen Spalten enthalten).

Wenn wir das können, sind wir auch für die schwierigsten Aufgaben gerüstet! Wir könnten zum Beispiel eine neue Tabelle erstellen, in der die Reihen mit der gleichen Anfangsziffer (die jeweils die Schulklasse angibt: Erstklässler beginnen mit einer 1) miteinander verbunden werden, oder wir könnten untersuchen, ob die Anzahl der Schüler im Laufe der beobachteten Schuljahre zu- oder abnimmt (siehe Übungen 10 und 11).

Für die Analyse der Tabelle benötigen wir zwei Muster: eines für die Zeile mit den Überschriften und eines für die restlichen Zeilen:

regex header("^[\\w]+(	[\\w]+)*$");
regex row("^[\\w]+(	\\d+)(\\d+)(\\d+)$");

Bevor Sie ob dieser Muster verzweifelnd den Kopf schütteln, denken Sie daran, dass wir die Syntax der regulären Ausdrücke vor allem für ihre Kompaktheit und Zweckmäßigkeit gepriesen haben, und nicht dafür, dass sie für Anfänger besonders leicht zu erlernen wäre. Nicht umsonst wird den regulären Ausdrücken nachgesagt, sie seien eine reine „Schreibsprache". Beginnen wir mit der Überschriftenzeile. Da sie keine Zahlen enthält, könnten wir sie einfach übergehen. Zu Übungszwecken aber werden wir sie dennoch parsen. Sie besteht aus vier Wortfeldern („alphanumerischen Feldern"), die durch Tabulatoren getrennt sind. Da diese Felder Leerzeichen enthalten können, können wir die in ihnen vorkommenden Zeichen nicht allein durch \w repräsentieren. Stattdessen verwenden wir [\w], d.h. ein alphanumerisches Zeichen (Buchstabe, Ziffer, Unterstrich) oder ein Leerzeichen. Um auszudrücken, dass diese Kombination ein oder mehrere Male vorkommen kann, schreiben wir [\w]+. Das erste dieser Zeilen soll am Anfang der Zeile stehen, sodass wir ^[\w]+ erhalten. Das Dach (^) repräsentiert hier den Zeilenanfang. Der Rest der Felder kann ausgedrückt werden als ein Tabulator gefolgt von irgendwelchen \w-Zeichen: (	[\w]+). Diese können in beliebiger Anzahl vorkommen und werden durch ein Zeilenende abgeschlossen: (	[\w]+)*$. Das Dollarzeichen ($) bedeutet „Zeilenende". Um diesen regulären Ausdruck als C++-String-Literal zu schreiben, müssen wir zusätzliche Backslash-Zeichen einfügen und erhalten:

"^[\\w]+(	[\\w]+)*$"

Im Druckbild (weder im Editor noch im Buch) können wir leider nicht wirklich sehen, ob für das Tabulatorzeichen auch wirklich ein Tabulator eingefügt wurde. Hier im Buch sind die Tabulatoren allerdings an den großen Lücken im Schriftsatz zu erkennen.

Damit kommen wir zu dem interessanteren Teil der Übung: das Muster für die Zeilen, aus denen wir die numerischen Daten extrahieren wollen. Das erste Feld lautet wie zuvor: ^([\w]+). Danach folgen genau drei numerische Felder, denen jeweils ein Tabulator vorangeht: (	\d+). Das vollständige Muster sieht daher wie folgt aus:

^[\w]+(	\d+)(\d+)(\d+)$

Oder als String-Literal:

"^[\\w]+(\\d+)(\\d+)(\\d+)$"

Jetzt müssen wir die beiden Muster nur noch korrekt einsetzen. Als Erstes validieren wir das Tabellenlayout:

```
int main()
{
  ifstream in("tabelle.txt");     // Eingabedatei
  if (!in) error("keine Eingabedatei\n");
```

```
  string line;        // Eingabepuffer
  int lineno = 0;

  regex header( "^[\\w ]+(    [\\w ]+)*$");          // Überschriftenzeile
  regex row( "^[\\w ]+(    \\d+)(  \\d+)(  \\d+)$"); // Datenzeile

  if (getline(in,line)) {     // prüfe Überschriftenzeile
    smatch matches;
    if (!regex_match(line, matches, header))
      error("keine Ueberschriften");
  }
  while (getline(in,line)) {   // prüfe Datenzeile
    ++lineno;
    smatch matches;
    if (!regex_match(line, matches, row))
      error("ungueltige Zeile",to_string(lineno));
  }
}
```

Um das Listing kurz zu halten, haben wir die **#include**-Direktiven weggelassen. Da wir die Zeichen jeder einzelnen Zeile überprüfen und validieren wollen, verwenden wir **regex_match()** und nicht **regex_search()**. Der Unterschied zwischen den beiden Funktionen ist, dass **regex_match()** nur dann **true** zurückliefert, wenn jedes Zeichen in der Eingabe korrekt abgeglichen werden konnte, während **regex_search()** die Eingabe nach einen übereinstimmenden Teilstring durchsucht. Achten Sie daher darauf, die beiden Funktionen nicht versehentlich durcheinanderzubringen, oder Sie handeln sich einen möglicherweise nur sehr schwer aufzuspürenden Fehler ein. Trotz dieser Unterschiede verwenden beide Funktionen ihr Muster-Argument (hier **matches**) auf identische Weise.

Jetzt können wir dazu übergehen, die Daten in der Tabelle zu verifizieren. Wir addieren in jeder Reihe die Anzahl der männlichen Schüler (Spalte „DRENGE") mit der Anzahl der weiblichen Schüler (Spalte „PIGER") und prüfen dann, ob das letzte Feld der Reihe („ELEVER IALT") wirklich die Summe der beiden vorhergehenden Felder ist. Die letzte Reihe („Alle klasser") soll die Summen der jeweiligen Spalten angeben. Um dies überprüfen zu können, wandeln wir **row** ein wenig ab. Das heißt, wir deklarieren das Textfeld als Teilmuster, um die Zeile mit „Alle klasser" identifizieren zu können:

```
int main()
{
  ifstream in("tabelle.txt");    // Eingabedatei
  if (!in) error("keine Eingabedatei ");

  string line;        // Eingabepuffer
  int lineno = 0;

  regex header( "^[\\w ]+(    [\\w ]+)*$");
  regex row( "^([\\w ]+)(   \\d+)(  \\d+)(  \\d+)$");

  if (getline(in,line)) {     // prüfe Überschriftenzeile
    boost::smatch matches;
```

```cpp
    if (!boost::regex_match(line, matches, header)) {
      error("keine Ueberschriften ");
    }
  }

  // Spalte Gesamtsumme:
  int boys = 0;
  int girls = 0;

  while (getline(in,line)) {
    ++lineno;
    smatch matches;
    if (!regex_match(line, matches, row))
      cerr << "ungueltige Zeile: " << lineno << '\n';

    if (in.eof()) cout << "Ende erreicht\n";

    // prüfe Reihe:
    int curr_boy = from_string<int>(matches[2]);
    int curr_girl = from_string<int>(matches[3]);
    int curr_total = from_string<int>(matches[4]);
    if (curr_boy+curr_girl != curr_total) error("falsche Reihensumme \n");

    if (matches[1]=="Alle klasser") {     // letzte Zeile
      if (curr_boy != boys) error("falsche Summen fuer Jungen\n");
      if (curr_girl != girls) error("falsche Summe fuer Maedchen\n");
      if (!(in>>ws).eof()) error("Zeichen hinter Summenzeile");
      return 0;
    }
    // aktualisiere Gesamtsumme:
    boys += curr_boy;
    girls += curr_girl;
  }

  error("Zeile mit Spaltensummen konnte nicht gefunden werden");
}
```

Die letzte Reihe unterscheidet sich semantisch insofern von den anderen Reihen, als sie deren Zahlenwerte spaltenweise aufsummiert. Wir identifizieren diese Reihe an ihrem Titel („Alle klasser") und wir haben uns entschieden, nach dieser letzten Zeile keine weiteren Nicht-Whitespace-Zeichen zu akzeptieren (unter Verwendung der Technik aus unserem **lexical_cast()**-Beispiel, siehe §23.2). Wenn die Reihe mit den Spaltensummen nicht gefunden werden konnte, geben wir eine Fehlermeldung aus.

Für die Umwandlung der Feldinhalte in ganze Zahlen haben wir die Funktion **from_string()** aus §23.2 verwendet. Den Test auf erfolgreiche Umwandlung von **string** in **int** konnten wir uns dabei sparen, da wir ja zuvor bereits überprüft haben, dass diese Felder ausschließlich aus Ziffern bestehen.

23.10 Literaturhinweise

Reguläre Ausdrücke sind überaus verbreitet und äußerst nützlich. Es gibt sie in vielen Programmiersprachen und in vielen Formaten. Sie werden von einer eleganten Theorie auf Basis formaler Sprachen und von einer effizienten Implementierungstechnik, die auf endlichen Automaten basiert, unterstützt. Leider ist es im Rahmen dieses Buches nicht möglich, in aller Ausführlichkeit auf reguläre Ausdrücke, ihre Theorie und Implementierung sowie auf die Verwendung von endlichen Automaten im Allgemeinen einzugehen. Da diese Themen jedoch zum Standardrepertoire jedes Informatikstudiums gehören und reguläre Ausdrücke überaus populär sind, dürfte es nicht schwer sein, (im Bedarfsfall oder bei Interesse) weiterführende Informationen zu finden.

Zum Einstieg empfehlen wir:

Aho, Alfred V., Monica S. Lam, Ravi Sethi und Jeffrey D. Ullman. *Compiler: Prinzipien, Techniken und Werkzeuge,* zweite Auflage (häufig auch „The Dragon Book" genannt). Pearson Studium, 2008. ISBN 978-3827370976.

Austern, Matt (Hrsg.). *Draft Technical Report on C++ Library Extensions.* ISO/IEC DTR 19768, 2005. *www.open-std.org/jtc1/sc22/wg21/docs/papers/2005/n1836.pdf.*

Boost.org. Eine Fundgrube für Bibliotheken, die darauf ausgerichtet sind, gut mit der C++-Standardbibliothek zusammenarbeiten. *www.boost.org.*

Cox, Russ. *Regular Expression Matching Can Be Simple and Fast (but Is Slow in Java, Perl, PHP, Python, Ruby, ...). http://swtch.com/~rsc/regexp/regexp1.html.*

Maddock, J. boost::regex-Dokumentation. *www.boost.org/libs/regex/doc/index.html.*

Schwartz, Randal L., Tom Phoenix und Brian D. Foy. *Einführung in Perl,* vierte Auflage. O'Reilly, 2005. ISBN 0596101058.

Aufgaben

1. Finden Sie heraus, ob **regex** Teil Ihrer Standardbibliothek ist. Hinweis: Versuchen Sie es mit **std::regex** und **tr1::regex**.

2. Versuchen Sie, das kleine Programm aus §23.8.7 zum Laufen zu bringen. Eventuell müssen Sie dazu **boost::regex** auf Ihrem Rechner installieren (sofern dies noch nicht geschehen ist) und herausfinden, wie Sie die Projekt- und/oder Befehlszeilen-Optionen setzen müssen, damit die **regex**-Bibliothek eingebunden wird und die **regex**-Header verfügbar sind.

3. Verwenden Sie das Programm aus Aufgabe 2, um die Muster aus §23.7 zu testen.

Fragen

1. Wo begegnen wir „Text"?
2. Welches sind die für die Textanalyse am häufigsten verwendeten Hilfsmittel der Standardbibliothek?
3. Wird mit **insert()** vor oder nach der angegebenen Position eingefügt?
4. Was ist Unicode?
5. Wie führen Sie Konvertierungen zwischen einer **string**-Darstellung und einem anderen Typ durch (beide Richtungen)?
6. Was ist der Unterschied zwischen **cin>>s** und **getline(cin,s)**, wenn **s** ein **string** ist?
7. Listen Sie die Streams der Standardbibliothek auf.
8. Was ist der Schlüssel eines **map**-Containers? Nennen Sie Beispiele für nützliche Schlüsseltypen.
9. Wie iterieren Sie über die Elemente eines **map**-Containers?
10. Was ist der Unterschied zwischen einer **map** und einer **multimap**? Welche nützliche **map**-Operation steht für **multimap** nicht zur Verfügung und warum nicht?
11. Welche Operationen sind für einen Vorwärts-Iterator erforderlich?
12. Was ist der Unterschied zwischen einem leeren Feld und einem nicht existierenden Feld? Nennen Sie zwei Beispiele.
13. Warum benötigt man für die Formulierung regulärer Ausdrücke ein Escape-Zeichen?
14. Wie legen Sie einen regulären Ausdruck in einer **regex**-Variablen ab?
15. Wonach suchen wir mit \w+\s\d{4}? Nennen Sie drei Beispiele. Wie sähe das String-Literal aus, das Sie benutzen, um eine **regex**-Variable mit diesem Muster zu initialisieren?
16. Wie finden Sie (in einem Programm) heraus, ob ein String ein korrekter regulärer Ausdruck ist?
17. Wozu verwenden Sie **regex_search()**?
18. Wozu verwenden Sie **regex_match()**?

19 Wie repräsentieren Sie das Punkt-Zeichen (.) in einem regulären Ausdruck?

20 Wie repräsentieren Sie das Konzept „mindestens drei" in einem regulären Ausdruck?

21 Ist 7 ein \w-Zeichen? Ist der Unterstrich _ ein \w-Zeichen?

22 Wie lautet die Notation für einen Großbuchstaben?

23 Wie geben Sie Ihren eigenen Zeichensatz an?

24 Wie extrahieren Sie den Wert aus einem Integer-Feld?

25 Wie stellen Sie Gleitkommazahlen als regulären Ausdruck dar?

26 Wie extrahieren Sie einen Gleitkommawert aus einer gefundenen Übereinstimmung?

27 Was ist eine Teilübereinstimmung? Wie greifen Sie darauf zu?

Übungen

1 Bringen Sie das Beispiel mit der E-Mail-Datei zum Laufen. Testen Sie es mit einer größeren Datei, die Sie selbst erstellen. Stellen Sie sicher, dass Nachrichten darunter sind, die Fehler auslösen – beispielsweise Nachrichten mit zwei Adresszeilen, mehrere Nachrichten mit der gleichen Adresse und/oder dem gleichen Betreff oder leere Nachrichten. Testen Sie das Programm außerdem mit einer Datei, die keine Nachricht im Sinne der Programmspezifikation enthält – beispielsweise einer großen Datei, die keine -----Zeilen enthält.

2 Fügen Sie dem Programm einen **multimap**-Container hinzu, der die Betreffzeilen speichert. Lassen Sie das Programm über die Tastatur einen Eingabestring entgegennehmen und geben Sie jede Nachricht aus, deren Betreff diesen String enthält.

3 Modifizieren Sie das E-Mail-Beispiel aus §23.4, sodass es reguläre Ausdrücke verwendet, um den Betreff und den Absender zu suchen.

4 Suchen Sie sich eine echte E-Mail-Datei (die richtige E-Mail-Nachrichten enthält) und überarbeiten Sie das E-Mail-Beispiel so, dass es vom Benutzer den Namen eines Absenders anfordert und anschließend die Betreffzeilen aller E-Mails dieses Absenders ausgibt.

5 Suchen Sie sich eine große E-Mail-Datei (Tausende von Nachrichten) und messen Sie mit deren Hilfe die Laufzeit des E-Mail-Programms. Verwenden Sie zuerst einen **multimap**-Container und ersetzen Sie diesen dann durch einen **unordered_multimap**-Container. Beachten Sie, dass unsere Anwendung die implizite Sortierung durch **multimap** gar nicht nutzt.

6 Schreiben Sie ein Programm, das nach Datumsangaben in einer Textdatei sucht. Geben Sie jede Zeile, die zumindest ein Datum enthält, im Format **Zeilennummer: Zeile** aus. Beginnen Sie mit einem regulären Ausdruck für ein einfaches Format, z.B. 12/24/2000 oder 24.12.2000, und testen Sie das Programm damit. Fügen Sie anschließend weitere Formate hinzu.

7 Schreiben Sie ein Programm (ähnlich dem der vorherigen Übung), das in einer Datei nach Kreditkartennummern sucht. Recherchieren Sie, wie die Formate für Kreditkartennummern aussehen.

8 Überarbeiten Sie das Programm aus §23.8.7 so, dass es als Eingaben ein Muster und einen Dateinamen übernimmt. Die Ausgabe des Programms sollte aus den Zeilen bestehen, in denen eine Übereinstimmung mit dem Muster gefunden wurde. Außerdem sollen die ausgegebenen Zeilen durchnummeriert sein (*Zeilennummer: Zeile*). Wird keine Übereinstimmung gefunden, soll keine Ausgabe erfolgen.

9 Mit *eof()* (§B7.2) können Sie feststellen, welche Zeile der Tabelle die letzte ist. Nutzen Sie diese Funktion (oder versuchen Sie es zumindest) um das Tabellenverifizierungprogramm aus §23.9 zu vereinfachen. Achten Sie darauf, Ihr Programm sowohl mit Dateien zu testen, in denen auf die Tabelle noch leere Zeilen folgen, als auch mit Dateien, die nicht mit einem Zeilenumbruch abschließen.

10 Überarbeiten Sie das Tabellenverifizierungprogramm aus §23.9 so, dass eine neue Tabelle angelegt wird, in der die Reihen mit denselben Anfangsziffern verschmolzen sind (die Anfangsziffern geben die Schulklasse an, die 1 steht für Erstklässler).

11 Überarbeiten Sie das Tabellenverifizierungprogramm aus §23.9 so, dass Sie ablesen können, ob die Anzahl der Schüler über die Jahre ab- oder zugenommen hat.

12 In Übung 6 haben Sie ein Programm geschrieben, das nach Zeilen sucht, die Datumsangaben enthalten. Jetzt sollen Sie auf Grundlage dieses Programms ein weiteres Programm schreiben, das alle Datumsangaben findet und in das ISO-Format yyyy/mm/dd umformatiert. Das Programm sollte eine Eingabedatei übernehmen und eine Ausgabedatei erzeugen, die – abgesehen von den geänderten Datumsangaben – zu der Eingabedatei identisch ist.

13 Kann ein Punkt (.) mit '\n' übereinstimmen? Schreiben Sie ein Programm, das Ihnen bei der Beantwortung dieser Frage hilft.

14 Schreiben Sie ein Programm, das – wie das Programm aus §23.8.7 – Muster über die Eingabe einliest, damit Sie mit dem Programm experimentieren können. Das Programm soll die Datei zuerst vollständig in den Speicher einlesen (wobei Zeilenumbrüche durch '\n' repräsentiert werden sollen), damit Sie mit Mustern experimentieren können, die sich über Zeilenumbrüche erstrecken. Testen Sie das Programm und dokumentieren Sie ein Dutzend Testmuster.

15 Beschreiben Sie ein Muster, das nicht als regulärer Ausdruck ausgedrückt werden kann.

16 Nur für Experten: Beweisen Sie, dass das in der vorherigen Übung beschriebene Muster wirklich kein regulärer Ausdruck ist.

Schlüsselbegriffe

multimap	regex_search()	Suche
Muster	Regulärer Ausdruck	Teilmuster
regex_match()	smatch	Übereinstimmung

23 Textmanipulation

Ein persönlicher Hinweis

Leicht erliegt man dem Irrglauben, dass Computer und Programmierung vor allem mit Zahlen zu tun haben, sozusagen eher dem Bereich der Mathematik zuzuordnen sind. Wie Sie sehen, stimmt das nicht. Werfen Sie einen Blick auf Ihren Bildschirm. Er ist voll von Texten und Bildern, und vielleicht läuft nebenbei gerade ein Programm, das Musik abspielt. Entscheidend ist daher, dass man für jede Anwendung, für jede Aufgabe, die richtigen Werkzeuge wählt. Im Falle von C++ bedeutet dies, die richtigen Bibliotheken zu verwenden. Für Textmanipulationen beispielsweise wären dies neben den map-Containern und den Standardalgorithmen vor allem die regex-Bibliothek.

Numerik

24.1 **Einführung** 862
24.2 **Größe, Genauigkeit und Überlauf** 862
      24.2.1   Numerische Grenzwerte 866
24.3 **Arrays** 867
24.4 **Mehrdimensionale Arrays im C-Stil** 868
24.5 **Die Matrix-Bibliothek** 869
      24.5.1   Dimensionen und Zugriff 870
      24.5.2   1D-Matrix 872
      24.5.3   2D-Matrix 876
      24.5.4   Matrix-E/A 878
      24.5.5   3D-Matrix 878
24.6 **Ein Beispiel: lineare Gleichungen** 879
      24.6.1   Klassische Gauß'sche Elimination 881
      24.6.2   Pivotisierung 882
      24.6.3   Testen 883
24.7 **Zufallszahlen** 884
24.8 **Die mathematischen Standardfunktionen** 886
24.9 **Komplexe Zahlen** 887
24.10 **Literaturhinweise** 889

„Für jedes komplexe Problem gibt es eine einfache Lösung. Und sie ist immer falsch."

– H.L. Mencken

Dieses Kapitel verschafft Ihnen ein Überblick über verschiedene wichtige Sprach- und Bibliothekselemente zur Durchführung numerischer Berechnungen und spricht die Problematik der Größe, Genauigkeit und Abrundung (*truncation*) an. Ein Großteil dieses Kapitels ist der Diskussion mehrdimensionaler Arrays gewidmet (sowohl im C-Stil als auch in Form einer *N*-dimensionalen Matrix-Bibliothek). Außerdem behandeln wir Zufallszahlen, die häufig zum Testen sowie für Simulationen und Spiele benötigt werden. Zum Schluss geben wir noch eine Übersicht über die mathematischen Standardfunktionen und gehen kurz auf die Basisfunktionalität der komplexen Zahlen der STL ein.

24.1 Einführung

Manchen Menschen bedeutet die Numerik mitsamt ihren komplexen numerischen Berechnungen einfach alles. In diese Kategorie fallen in der Regel Wissenschaftler, Ingenieure und Statistiker. Für viele andere Menschen ist die Numerik ein manchmal unverzichtbares Mittel zum Zweck. Zu dieser Kategorie zählen zum Beispiel Informatiker, die gelegentlich mit Physikern zusammenarbeiten. Für die meisten Menschen jedoch ist die Numerik, die über die einfache Arithmetik der Integer und Gleitkommazahlen hinausgeht, von eher geringer Bedeutung. Ziel dieses Kapitels ist es, auf programmiersprachliche Details einzugehen, die für die Lösung einfacher numerischer Aufgaben unabdingbar sind. Erwarten Sie von uns jedoch keine ausführliche Einführung in die numerische Analysis oder in die Feinheiten der Gleitkommaoperationen. Diese Themen gehen weit über das hinaus, was wir im Rahmen dieses Buches leisten können, und fallen eher unter die domänenspezifischen Themen der jeweiligen Anwendungsbereiche. Hier präsentieren wir:

- Probleme bei integrierten Typen fester Größe, wie beispielsweise Präzision und Überlauf
- Arrays (Matrizen) – sowohl in Form der in die Sprache integrierte Konzept der mehrdimensionalen Arrays als auch in Form einer **Matrix**-Bibliothek, die für numerische Berechnungen besser geeignet ist
- Eine sehr einfache Beschreibung von Zufallszahlen
- Die mathematischen Funktionen der Standardbibliothek
- Komplexe Zahlen

Der Schwerpunkt liegt auf der **Matrix**-Bibliothek, die den Umgang mit Matrizen (mehrdimensionalen Arrays) zu einem Kinderspiel macht.

24.2 Größe, Genauigkeit und Überlauf

Wenn wir die integrierten Typen und üblichen Rechenmethoden verwenden, werden die Zahlen in Speicherbereichen fester Größe abgelegt. Das heißt, die Integer-Typen (**int**, **long** etc.) sind nur Näherungen an die mathematische Vorstellung eines Integers (ganze Zahl) und die Gleitkommazahlen (**float**, **double**, etc.) sind (nur) Näherungen an die mathematische Vorstellung einer reellen Zahl. Dies hat zur Folge, dass etliche Berechnungen, die wir durchführen, aus mathematischer Sicht ungenau oder falsch sind. Betrachten Sie hierzu folgendes Beispiel:

```
float x = 1.0 / 333;
float sum = 0;
for (int i=0; i<333; ++i) sum+=x;
cout << setprecision(15) << sum << "\n";
```

Wenn wir diesen Code ausführen, erhalten wir nicht 1, wie man etwas naiv annehmen könnten, sondern

0.999999463558197

Etwas in der Art haben wir erwartet. Was Sie hier sehen, ist die Folge eines Rundungsfehlers, der daher rührt, dass die Anzahl der Bits, die für eine Gleitkommazahl im Speicher reserviert wird, fest vorgegeben ist. Folglich können wir den Computer jederzeit „austricksen", indem wir eine Berechnung angeben, die für die Darstellung des Ergebnisses mehr Bits benötigt, als die Hardware zur Verfügung stellt. So kann zum Beispiel die rationale Zahl 1/3 nicht exakt als Dezimalzahl dargestellt werden (egal, wie viele Dezimalstellen wir verwenden). Das Gleiche gilt für 1/333, sodass wir für die Addition von 333 Kopien von **x** (die beste Näherung des Computers an 1/333 als **float**-Wert) einen Wert erhalten, der leicht von 1 abweicht. Rundungsfehler treten bei der Arbeit mit Gleitkommazahlen häufig auf, das lässt sich nicht vermeiden; die Frage ist nur, ob diese Fehler einen signifikanten Einfluss auf das Ergebnis haben.

Prüfen Sie immer, ob Ihre Ergebnisse plausibel sind. Wenn Sie eine Berechnung durchführen, sollten Sie immer eine ungefähre Vorstellung davon haben, in welchem Bereich sich vernünftige Ergebniswerte bewegen, damit Sie nicht irgendwelchen dummen Programm- oder Rechenfehler aufsitzen. Machen Sie sich bewusst, dass Rundungsfehler auftreten können, und wenden Sie sich in Zweifelsfällen an einen Fachmann oder informieren Sie sich über die Anwendung numerischer Rechentechniken.

> ### Testen Sie Ihr Können
> Ersetzen Sie die 333 in dem Beispiel durch 10 und führen Sie das Beispiel dann erneut aus. Welches Ergebnis erwarten Sie? Welches Ergebnis erhalten Sie? Wir haben Sie gewarnt!

Die Tatsache, dass Integer ebenfalls eine feste Größe haben, kann sogar noch dramatischere Auswirkungen haben. Das liegt daran, dass Gleitkommazahlen per Definition Näherungen von (reellen) Zahlen sind und deshalb dazu neigen, an Präzision (d.h. die niedrigstwertigen Bits) zu verlieren, während Integer zum Überlauf neigen (d.h. die höchstwertigen Bits verlieren). Das führt dazu, dass Gleitkommafehler oft hinterhältig sind (und von Anfängern oft nicht bemerkt werden) im Gegensatz zu den eklatanten Integer-Fehlern (die normalerweise auch Anfängern auffallen). Denken Sie daran, dass wir es vorziehen, wenn Fehler sich möglichst früh und auffällig manifestieren, sodass wir sie beheben können.

24 Numerik

Betrachten wir dazu folgendes Integer-Problem:

```
short int y = 40000;
int i = 1000000;
cout << y << "   " << i*i << "\n";
```

Bei der Ausführung erhalten wir

–25536 –727379968

Das war zu erwarten. Was wir hier sehen, sind die Folgen des Überlaufs. Integer-Typen repräsentieren nur (relativ) kleine Integer. Es gibt einfach nicht genug Bits, um jede benötigte Zahl so repräsentieren zu können, dass die Zahlendarstellung einerseits korrekt ist und andererseits nicht der Durchführung effizienter Berechnungen im Wege steht. So kann eine 2 Byte große **short**-Variable nicht die Zahl 40.000 und eine 4 Byte große **int**-Variable nicht die Zahl 1.000.000.000.000 repräsentieren. Die genauen Größen der integrierten Typen von C++ (§A.8) hängen von der Hardware und dem verwendeten Compiler ab. **sizeof(x)** liefert Ihnen die Größe von **x** in Bytes für eine Variable **x** oder einem Typ **x**. Per Definition ist **sizeof(char)==1**.

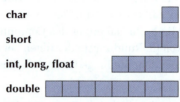

Abbildung 24.1: Größe der Integer-Typen in Byteblöcken (Die angezeigten Größen gelten für Windows unter Verwendung eines Microsoft-Compilers.)

Tipp C++ unterstützt Integer- und Gleitkommazahlen verschiedener Größen. Im Normalfall reichen allerdings die Typen **char, int** und **double**. Auf die anderen Typen sollten Sie nur zurückgreifen, wenn es dafür wirklich gewichtige Gründe gibt. In den meisten (wenn auch nicht allen) Programmen handelt man sich mit den restlichen Integer- und Gleitkommazahltypen mehr Ärger ein, als man Vorteile aus ihnen zieht.

Sie können einer Gleitkommavariablen einen Integer-Wert zuweisen. Wenn der Integer-Wert zu groß ist, um von dem Gleitkommatyp korrekt repräsentiert zu werden, verlieren Sie an Genauigkeit. Zum Beispiel:

```
cout << "Groessen: " << sizeof(int) << ' ' << sizeof(float) << '\n';
int x = 2100000009;   // großer int-Wert
float f = x;
cout << x << ' ' << f << endl;
cout << setprecision(15) << x << ' ' << f << '\n';
```

Auf unserem Rechner haben wir folgendes Ergebnis erhalten:

Groessen: 4 4
2100000009 2.1e+009
2100000009 2100000000

24.2 Größe, Genauigkeit und Überlauf

Die Typen **float** und **int** belegen im Speicher gleich viel Platz (4 Bytes). Ein **float** wird aber als eine Kombination aus Mantisse (normalerweise ein Wert zwischen 0 und 1) und Exponent repräsentiert (*Mantisse*$*10^{exponent}$), weswegen er den größten **int**-Wert nicht exakt repräsentieren kann. (Würde man es versuchen, hätte man ja keinen Platz mehr um die benötigte Mantisse abzuspeichern.) Beispielsweise versucht die Variable **f** aus dem obigen Listing, den Wert **2100000009** so korrekt wie möglich abzuspeichern, muss aber bei der abschließenden **9** passen – und genau aus diesem Grund haben wir die Zahl **2100000009** für dieses Beispiel ausgewählt.

Wenn Sie umgekehrt einer Integer-Variablen eine Gleitkommazahl zuweisen, kommt es zum Abrunden durch Truncation, d.h. der Nachkommaanteil, die Zahlen nach dem Dezimalpunkt, fallen einfach weg. Zum Beispiel:

```
float f = 2.8;
int x = f;
cout << x << ' ' << f << '\n';
```

Der Wert von **x** ist hier **2**. Und nicht **3**, wie manche vielleicht fälschlicherweise erwarten, die an die „4/5-Rundungsregel" gewöhnt sind. Merken Sie sich, dass in C++ **float**-in-**int**-Konvertierungen nicht mit einer Rundung, sondern mit dem Abschneiden der Dezimalstellen verbunden sind.

Wenn Sie Berechnungen durchführen, müssen Sie stets auf mögliche Überläufe oder das Abschneiden von Dezimalstellen achten. Sie müssen sich selbst um diese Probleme kümmern, da C++ sie nicht abfängt. Dazu einige Beispiele:

```
void f(int i, double fpd)
{
  char c = i;       // ja: chars sind wirklich sehr kleine Integer
  short s = i;      // Achtung: ein int passt vielleicht nicht in einen short int
  i = i+1;          // Was, wenn i der größte int-Wert ist?
  long lg = i*i;    // Achtung: ein long muss nicht größer als ein int sein
  float fps = fpd;  // Achtung: ein large double muss nicht in einen float passen
  i = fpd;          // Abschneiden: z.B. 5.7 –> 5
  fps = i;          // die Genauigkeit kann für sehr große int-Werte verloren gehen
}

void g()
{
  char ch = 0;
  for (int i = 0; i<500; ++i)
    cout << int(ch++) << '\t';
}
```

Wenn Sie unsicher sind, prüfen Sie Ihre Werte, führen Sie Tests durch und experimentieren Sie mit unterschiedlichen Ansätzen! Geben Sie nicht einfach auf, aber verlassen Sie sich auch nicht ausschließlich auf die Dokumentation. Vor allem Anfängern passiert es leicht, dass sie die hoch technische Dokumentation zur Numerik missverstehen.

> **Testen Sie Ihr Können**
>
> Führen Sie g() aus. Lassen Sie die Funktion f() die Werte von c, s, i usw. ausgeben. Testen Sie die Funktion mit mehreren verschiedenen Werten.

Die Darstellung von Integer-Werten und ihre Umwandlungen werden in §25.5.3 weiter vertieft. Soweit möglich, ziehen wir es vor, uns auf einige wenige Datentypen zu beschränken, um den Code einfach und übersichtlich zu halten und unnötige Verwirrung zu vermeiden. Wenn Sie zum Beispiel in einem Programm auf **float** verzichten und nur **double** verwenden, schließen Sie damit Probleme durch Konvertierung von **double**-Werten in **float**-Werte weitgehend aus. Aus diesem Grund beschränken wir uns für unsere Berechnungen meistens auf **int**, **double** und **complex** (siehe §24.9), für Zeichen auf **char** und für logische Entitäten auf **bool**. Die restlichen arithmetischen Typen kommen nur zum Einsatz, wenn es unabdingbar ist.

24.2.1 Numerische Grenzwerte

In **<limits>**, **<climits>**, **<limits.h>** und **<cfloat>**, **<float.h>** spezifiziert jede C++-Implementierung, welche Eigenschaften ihre integrierten Typen haben (siehe Liste in §B.9.1). Programmierer können diese Angaben als Grenzwerte in Vergleichen, zum Einrichten von Wächtern und andere Dinge nutzen. Vor allem für Entwickler maschinennaher Tools können diese Angaben extrem wichtig sein. Für normale Anwendungsprogrammierer gilt dagegen, dass der Rückgriff auf diese Angaben in der Regel ein Zeichen dafür ist, dass man zu nah an der Hardware programmiert. Es gibt aber auch Fälle, in denen Anwendungsprogrammierer von den Angaben zu den integrierten Typen profitieren können. Beispielsweise wenn Sie sich über bestimmte Aspekte der Sprachenimplementierung informieren möchten: „Wie groß ist ein **int**?" oder „Sind **char**-Typen mit einem Vorzeichen behaftet?" Eine endgültige und korrekte Antwort hierauf in der Systemdokumentation zu finden, kann oft recht schwierig sein, und der Standard gibt nur die Mindestanforderungen an. Zum Glück ist es nicht schwer, ein Programm zu schreiben, das Ihnen Antworten auf diese Fragen gibt:

```
cout << "Groesse von int in Bytes: " << sizeof(int) << '\n';
cout << "Groesster int-Wert: " << INT_MAX << endl;
cout << "Kleinster int_Wert: " << numeric_limits<int>::min() << '\n';

if (numeric_limits<char>::is_signed)
    cout << "char ist vorzeichenbehaftet\n";
else
    cout << "char ist vorzeichenlos\n";

cout << "char mit kleinstem Wert: " << numeric_limits<char>::min() << '\n';
cout << "kleinster char-Wert: " << int(numeric_limits<char>::min()) << '\n';
```

Wenn Sie Code schreiben, der auf verschiedenen Hardwareplattformen ausführbar sein soll, können diese Informationen unter Umständen extrem nützlich für Sie sein. (Die Alternative wäre normalerweise, die Antworten von Hand im Programm zu codieren – was wiederum die Wartung erschwert.)

Last but not least sei erwähnt, dass Sie mithilfe der Grenzwerte Überlaufe erkennen können.

24.3 Arrays

Ein *Array* ist eine Sequenz von Elementen, die es gestattet, über Indizes (d.h. die Angabe der Position) auf die Elemente zuzugreifen. Andere Bezeichnungen für diese Art von Datenstruktur sind *Feld* und *Vektor*. Unser Hauptinteresse gilt diesmal allerdings nicht den Arrays im Allgemeinen, sondern einer speziellen Art von Array: den multidimensionalen Arrays, deren Elemente selbst wieder Arrays sind und die auch als *Matrizen* bezeichnet werden. Die vielen verschiedenen Bezeichnungen sind übrigens ein Indiz dafür, wie beliebt und nützlich das allgemeine Konzept der Arrays ist. Die Standardtypen **vector** (§B.4), **array** (§20.9) sowie die integrierten Arrays (§A.8.2) sind alle eindimensional. Was also können wir tun, wenn wir zwei Dimensionen benötigen (beispielsweise für eine Matrix)? Oder sieben?

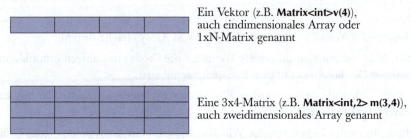

Abbildung 24.2: Layout eines eindimensionalen und eines zweidimensionalen Arrays

Arrays sind aus der Programmierung nicht mehr wegzudenken und für die meisten Berechnungen von grundlegender Bedeutung. Ob Wissenschaft oder Technik, Statistik oder Wirtschaft – wird es bei den Berechnungen interessant, sind mit Sicherheit Arrays im Spiel.

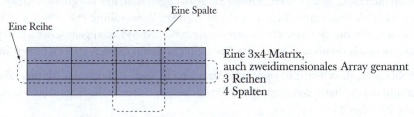

Abbildung 24.3: Ein zweidimensionales Array aus 3 Reihen und 4 Spalten

Im Zusammenhang mit mehrdimensionalen Arrays sprechen wir üblicherweise von Reihen und Spalten. Eine Spalte ist eine Sequenz von Elementen mit der gleichen ersten (x) Koordinate. Eine Reihe ist eine Gruppe von Elementen mit der gleichen zweiten (y) Koordinate (siehe ▶ Abbildung 24.3).

24.4 Mehrdimensionale Arrays im C-Stil

Die in C++ integrierten Arrays können als mehrdimensionale Arrays verwendet werden. Wir betrachten ein mehrdimensionales Array dazu einfach als ein Array von Arrays, d.h. als ein Array, dessen Elemente selbst wieder Arrays sind. Zum Beispiel:

```
int ai[4];            // 1-dimensionales Array
double ad[3][4];      // 2-dimensionales Array
char ac[3][4][5];     // 3-dimensionales Array
ai[1] = 7;
ad[2][3] = 7.2;
ac[2][3][4] = 'c';
```

Dieser Ansatz „erbt" die Vor- und Nachteile des eindimensionalen Arrays:

- Vorteile:
    - Direkte Abbildung auf die Hardware
    - Effizient; geeignet für Low-Level-Operationen
    - Direkte Sprachunterstützung
- Probleme:
    - Mehrdimensionale Arrays im C-Stil sind Arrays von Arrays (siehe unten).
    - Feste Größe (d.h. fest zur Kompilierzeit). Wenn Sie die Größe zur Laufzeit ermitteln und festlegen wollen, müssen Sie das Array auf dem Freispeicher anlegen.
    - Können nicht sauber übergeben werden. Ein Array wird bei dem kleinsten Anlass zu einem Zeiger auf sein erstes Element.
    - Keine Überprüfung des Indexbereichs. Wie üblich, kennt ein Array seine eigene Größe nicht.
    - Keine Array-Operationen, nicht einmal Zuweisung (Kopieren).

Integrierte Arrays werden viel in numerischen Berechnungen verwendet. Sie sind aber auch eine häufige Fehlerursache und sie erhöhen die Komplexität des Codes. Vielen Programmierern bereitet der korrekte Umgang mit den integrierten Arrays Schwierigkeiten oder sie ärgern sich, wenn Sie Code mit integrierten Arrays schreiben oder debuggen müssen. Sollten Sie gezwungen sein, mit integrierten Arrays zu arbeiten, so informieren Sie sich vorab gründlich über deren korrekte Verwendung (z.B. *Die C++-Programmiersprache*, Anhang C). Leider gehören die mehrdimensionalen Arrays zum gemeinsamen Repertoire von C++ und C, sodass es „da draußen" eine Menge Code gibt, in denen diese Arrays zu finden sind.

Das größte Problem ist, dass mehrdimensionale Arrays nicht sauber übergeben werden können, sodass Sie auf Zeiger und die explizite Berechnung von Positionen in einem mehrdimensionalen Array zurückgreifen müssen. Zum Beispiel:

```
void f1(int a[3][5]);              // nur nützlich für [3][5]-Matrizen

void f2(int [ ][5], int dim1);     // 1. Dimension kann eine Variable sein

void f3(int [5][ ], int dim2);     // Fehler: 2. Dimension kann keine Variable sein

void f4(int[ ][ ], int dim1, int dim2);   // Fehler (und würde auch nicht klappen)
```

```
void f5(int* m, int dim1, int dim2)     // seltsam, funktioniert aber
{
  for (int i=0; i<dim1; ++i)
    for (int j = 0; j<dim2; ++j) m[i*dim2+j] = 0;
}
```

Bei f5 übergeben wir m als einen int*-Zeiger, obwohl es sich dabei um ein zweidimensionales Array handelt. Solange die zweite Dimension eine Variable (ein Parameter) sein muss, gibt es keine Möglichkeit, dem Compiler mitzuteilen, dass m ein (dim1,dim2)-Array ist. Wir übergeben daher einfach einen Zeiger auf den Anfang des Speicherbereichs, der das Array enthält. Der Ausdruck m[i*dim2+j] bezeichnet in Wirklichkeit m[i,j], aber da der Compiler nicht weiß, dass m ein zweidimensionales Array ist, müssen wir die Position des Elements m[i,j] selbst berechnen.

Das ist uns alles viel zu kompliziert, zu primitiv und zu fehleranfällig. Hinzukommt, dass die explizite Berechnung der Elementpositionen die Optimierung beeinträchtigt und daher zu einer Verschlechterung der Ausführungsgeschwindigkeit führen kann. Gründe genug also, gar nicht erst näher auf diesen Code einzugehen, sondern sich lieber gleicher einer C++-Bibliothek zuzuwenden, die alle Probleme mit den integrierten Arrays aus dem Wege räumt.

24.5 Die Matrix-Bibliothek

Was erwarten wir von Arrays/Matrizen für numerische Berechnungen?

- „Mein Code sollte möglichst genau den Schreibweisen entsprechen, die in meinem Mathematik- oder Techniklehrbuch über Arrays zu finden sind."
  – Oder über Vektoren und Tensoren.
- Überprüfungen zur Kompilier- und Laufzeit
  – für Arrays aller Dimensionen;
  – für Arrays mit beliebiger Anzahl Elemente in einer Dimension.
- Arrays sind ordentliche Variablen/Objekte,
  – die sauber übergeben werden können.
- Die gewohnten Array-Operationen:
  – Indexzugriff: ()
  – Zerlegung (Slicing): []
  – Zuweisung: =
  – Skalierung: (+=, -=, *=, %= usw.)
  – Kombinierte Vektoroperationen (z.B. res[i]=a[i]*c+b[2])
  – Skalarprodukt (res = Summe von a[i]*b[i], auch bekannt als „inneres Produkt")
- Ganz allgemein: Die Übertragung der konventionellen Vektornotation in Code, den Sie ansonsten mühsam selbst schreiben müssten (der sich aber mindestens genauso effizient ausführen lässt).
- Die Möglichkeit, eigene Erweiterungen vorzunehmen (d.h., die Implementierung basiert nicht auf irgendwelchen „magischen" Konstruktionen).

Die **Matrix**-Bibliothek bietet genau dies, und nur dies. Wenn Sie mehr wollen, etwa fortgeschrittene Array-Funktionen, spezielle Unterstützung für dünn besetzte Arrays, Kontrolle über das Speicherlayout usw., müssen Sie wohl oder übel selbst passenden Code schreiben oder (was vorzuziehen ist) eine Bibliothek verwenden, die Ihren Bedürfnissen eher entspricht. Viele dieser Aufgaben lassen sich jedoch bereits dadurch lösen, dass Sie auf der Basis von **Matrix** Algorithmen und Datenstrukturen erstellen. Die **Matrix**-Bibliothek ist nicht Teil der ISO-C++-Standardbibliothek. Sie können sie aber als *Matrix.h* von der Support-Website zu diesem Buch herunterladen. Alle Komponenten der **Matrix**-Bibliothek sind in dem Namensbereich **Numeric_lib** definiert. Wir haben uns für die Bezeichnung „Matrix" entschieden, weil „Vector" und „Array" in den C++-Bibliotheken noch viel stärker überbeansprucht sind. Die Implementierung der **Matrix**-Bibliothek basiert auf verschiedenen fortgeschrittenen Techniken und wird hier nicht beschrieben.

24.5.1 Dimensionen und Zugriff

Betrachten wir ein einfaches Beispiel:

```
#include "Matrix.h"
using namespace Numeric_lib;

void f(int n1, int n2, int n3)
{
    Matrix<double,1> ad1(n1);      // Elemente sind double-Werte; eine Dimension
    Matrix<int,1> ai1(n1);         // Elemente sind int-Werte; eine Dimension
    ad1(7) = 0;                    // Indexzugriff mit ( ); Fortran-Stil
    ad1[7] = 8;                    // [ ] funktioniert auch; C-Stil

    Matrix<double,2> ad2(n1,n2);   // 2-dimensional
    Matrix<double,3> ad3(n1,n2,n3); // 3-dimensional
    ad2(3,4) = 7.5;                // echter mehrdimensionaler Indexzugriff
    ad3(3,4,5) = 9.2;
}
```

Wenn Sie eine **Matrix** definieren (d.h. ein Objekt der Klasse **Matrix**), geben Sie den Elementtyp und die Anzahl der Dimensionen an. Offensichtlich handelt es sich bei **Matrix** also um ein Template und der Elementtyp und die Anzahl der Dimensionen sind Template-Parameter. Durch die Übergabe zweier Argumente an **Matrix** (z.B. **Matrix<double,2>**) erhalten Sie einen Typ (eine Klasse), von dem Sie durch Übergabe von Argumenten Objekte definieren können, z.B. **Matrix<double,2> ad2(n1,n2)**. Die Argumente geben die Dimensionen an. Demnach ist **ad2** ein zweidimensionales Array mit den Dimensionen **n1** und **n2** – sprich eine **n1**x**n2**-Matrix. Um auf ein Element der Matrix zuzugreifen, verwenden Sie nur einen Index, wenn es sich um ein **Matrix**-Objekt für eine eindimensionale Matrix handelt, zwei Indizes, wenn es sich um eine zweidimensionale Matrix handelt, und so weiter. Das Element muss natürlich von dem deklarierten Elementtyp sein.

Wie im Falle der integrierten Arrays und der **vector**-Container sind unsere **Matrix**-Indizes nullbasiert (und nicht 1-basiert wie die Fortran-Arrays). Die Elemente einer **Matrix** werden also von null bis max durchnummeriert ([0,*max*)), wobei max die Anzahl der Elemente angibt.

24.5 Die Matrix-Bibliothek

Das ist einfach und „wie aus dem Lehrbuch". Wenn Sie damit Probleme haben, ist Ihnen mit einem entsprechenden Mathematiklehrbuch eher gedient als mit einem Programmierhandbuch. Das einzig „Pfiffige" ist, dass Sie die Anzahl der Dimensionen für eine eindimensionale **Matrix** nicht angeben müssen: „eindimensional" ist der Standard. Beachten Sie auch, dass wir sowohl [] (C- und C++-Stil) als auch () (Fortran-Stil) für die Indizierung verwenden können. Dadurch, dass uns beide Indexzugriffe zur Verfügung stehen, können wir besser mit mehreren Dimensionen arbeiten. Die Indexnotation [x] übernimmt immer genau einen Index, der die entsprechende Reihe der **Matrix** zurückliefert. Wenn a eine *n*-dimensionale **Matrix** ist, dann ist a[x] eine *n*–1-dimensionale **Matrix**. Die Indexnotation (x,y,z) übernimmt einen oder mehrere Indizes und liefert das entsprechende Element der **Matrix** zurück. Die Anzahl der Indizes muss dabei mit der Anzahl der Dimensionen übereinstimmen.

Schauen wir einmal, was passiert, wenn wir Fehler machen:

```
void f(int n1, int n2, int n3)
{
  Matrix<int,0> ai0;    // Fehler: keine 0D-Matrizes

  Matrix<double,1> ad1(5);
  Matrix<int,1> ai(5);
  Matrix<double,1> ad11(7);

  ad1(7) = 0;           // Matrix_error-Ausnahme (7 liegt außerhalb der Bereichsgrenzen)
  ad1 = ai;             // Fehler: verschiedene Elementtypen
  ad1 = ad11;           // Matrix_error-Ausnahme (verschiedene Dimensionen)

  Matrix<double,2> ad2(n1);   // Fehler: Länge der 2. Dimension fehlt
  ad2(3) = 7.5;               // Fehler: falsche Anzahl Indizes
  ad2(1,2,3) = 7.5;           // Fehler: falsche Anzahl Indizes

  Matrix<double,3> ad3(n1,n2,n3);
  Matrix<double,3> ad33(n1,n2,n3);
  ad3 = ad33;  // O.K.: gleicher Elementtyp, gleiche Dimensionen
}
```

Gibt es Unstimmigkeiten zwischen der deklarierten Anzahl Dimensionen und ihrer Verwendung, so werden diese zur Kompilierzeit abgefangen. Bereichsfehler fangen wir zur Laufzeit und werfen eine **Matrix_error**-Ausnahme.

Die erste Dimension ist die Reihe und die zweite die Spalte. Entsprechend können wir eine 2D-Matrix (zweidimensionales Array) mit **(Reihe,Spalte)** indizieren. Wir können aber auch die Notation **[Reihe][Spalte]** verwenden, weil der Zugriff auf eine 2D-Matrix mit nur einem Index eine 1D-Matrix zurückliefert, also eine Reihe (siehe ▶ Abbildung 24.4).

Abbildung 24.4: Alternative Indexzugriffe auf ein Matrixelement

Die **Matrix** wird im Speicher in „Reihe zuerst"-Ordnung abgelegt (siehe ▶ Abbildung 24.5).

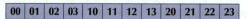

Abbildung 24.5: Layout der Matrix im Speicher

Da **Matrix**-Objekte ihre Dimensionen „kennen", stellt es keine Schwierigkeit dar, die Elemente einer **Matrix**, die als Argument übergeben wurde, anzusprechen:

```
void init(Matrix<int,2>& a)    // initialisiere jedes Element mit
                               // einem charakteristischen Wert
{
  for (int i=0; i<a.dim1(); ++i)
    for (int j = 0; j<a.dim2(); ++j)
      a(i,j) = 10*i+j;
}

void print(const Matrix<int,2>& a)   // gib die Elemente einer Matrix
                                     // Reihe für Reihe aus
{
  for (int i=0; i<a.dim1(); ++i) {
    for (int j = 0; j<a.dim2(); ++j)
      cout << a(i,j) <<'\t';
    cout << '\n';
  }
}
```

dim1() ist also die Anzahl der Elemente in der ersten Dimension, **dim2()** die Anzahl der Elemente in der zweiten Dimension und so weiter. Der Typ der Elemente und die Anzahl der Dimensionen sind Bestandteil des **Matrix**-Typs, sodass wir keine Funktion schreiben können, die jede beliebige **Matrix** als Argument übernimmt (aber wir könnten ein Template dafür schreiben):

void init(Matrix& a);   // Fehler: Elementtyp und Anzahl der Dimensionen fehlt

Beachten Sie außerdem, dass die **Matrix**-Bibliothek keine Matrixoperationen anbietet, etwa für die Addition zweier 4D-**Matrix**-Objekte oder die Multiplikation einer 2D-**Matrix** mit einer 1D-**Matrix**. Elegante und effiziente Lösungen hierfür bereitzustellen, ist derzeit jenseits der Möglichkeiten der Bibliothek. Es lassen sich allerdings auf der **Matrix**-Bibliothek weitere Matrix-Bibliotheken verschiedenster Art aufbauen (siehe Übung 12).

24.5.2 1D-Matrix

Was können wir mit der einfachsten **Matrix**, der eindimensionalen (1D) **Matrix** machen?

Wir können die Anzahl der Dimensionen bei der Deklaration weglassen, weil 1D der Standard ist:

Matrix<int,1> a1(8);   // a1 ist eine 1D-Matrix von int-Werten
Matrix<int> a(8);   // gleichbedeutend mit Matrix<int,1> a(8);

Hier sind **a** und **a1** vom selben Typ (**Matrix<int,1>**). Wir können die Gesamtgröße (die Anzahl der Elemente) und die Größe der Dimension (die Anzahl der Elemente in einer Dimension) abfragen. Für eine 1D-**Matrix** sind die Werte allerdings gleich.

```
a.size();    // Anzahl der Elemente in der Matrix
a.dim1();    // Anzahl der Elemente in der 1. Dimension
```

Wir können die Elemente, so wie sie im Speicher abgelegt sind, anfordern; das heißt, wir können uns einen Zeiger auf das erste Element zurückliefern lassen:

```
int* p = a.data();   // extrahiere Daten als Zeiger auf ein Array
```

Dies ist ganz nützlich, wenn man **Matrix**-Daten an Funktionen im C-Stil übergeben möchte, die Zeigerargumente übernehmen. Der Indexzugriff sieht folgendermaßen aus:

```
a(i);       // i-te Element (Fortran-Stil), aber bereichsüberprüft
a[i];       // i-te Element (C-Stil), bereichsüberprüft
a(1,2);     // Fehler: a ist eine 1D-Matrix
```

Oft möchte man, dass ein Algorithmus nur einen Teil einer **Matrix** verwendet. Einen solchen Teil bezeichnen wir als „Slice" (eine Teil-**Matrix** oder ein Bereich von Elementen) und wir stellen zwei Varianten hierfür zur Verfügung:

```
a.slice(i);     // die Elemente von a[i] bis zum letzten Element
a.slice(i,n);   // die n Elemente von a[i] bis a[i+n–1]
```

Slices und die Ergebnisse von Indexzugriffen können sowohl auf der linken Seite einer Zuweisung als auch auf der rechten stehen. Sie beziehen sich auf die Elemente ihrer **Matrix**, ohne Kopien von diesen zu erstellen. Zum Beispiel:

```
a.slice(4,4) = a.slice(0,4);   // weise der ersten Hälfte von a die zweite Hälfte zu
```

Wenn **a** zum Beispiel anfangs gleich

{ 1 2 3 4 5 6 7 8 }

wäre, erhalten wir durch obige Zuweisung:

{ 1 2 3 4 1 2 3 4 }

Die häufigsten Slices sind die „ersten" und die „letzten Elemente" einer **Matrix**, d.h., **a.slice(0,j)** ist der Bereich [0:j) und **a.slice(j)** ist der Bereich [j:a.size()). Das vorangehende Beispiel ließe sich daher am einfachsten schreiben als:

```
a.slice(4) = a.slice(0,4);   // weise der ersten Hälfte von a die zweite Hälfte zu
```

Die Notation begünstigt also den typischen Einsatzfall. Sie können **i** und **n** so wählen, dass **a.slice(i,n)** nicht mehr im Indexbereich von **a** liegt. Dann bezieht sich der Ergebnis-Slice nur auf die Elemente, die tatsächlich in **a** vorhanden sind. Beispielsweise entspricht **a.slice(i,a.size())** dem Bereich [i:a.size()), während **a.slice(a.size())** und **a.slice(a.size(),2)** leere **Matrix**-Objekte sind. Wir haben diese Konvention der Mathematik entlehnt und sie ist für viele Algorithmen äußerst nützlich. Nehmen Sie z.B. den Ausdruck **a.slice(i,0)**, der nach unserer Konvention ebenfalls eine leere **Matrix** darstellt. Wir würden einen solchen Ausdruck zwar nicht absichtlich schreiben, aber es gibt Algorithmen, die einfacher zu formulieren sind, wenn **a.slice(i,n)** – für **n** gleich **0** – kein zu vermeidender Fehler, sondern eine leere **Matrix** ist.

Zum Kopieren aller Elemente in einer **Matrix** stehen uns die (für C++-Objekte) üblichen Kopieroperationen zur Verfügung:

```
Matrix<int> a2 = a;   // Kopieren durch Initialisierung
a = a2;               // Kopieren durch Zuweisung
```

Die integrierten Operationen können auf alle Elemente in einer **Matrix** angewendet werden:

```
a *= 7;   // Skalierung: a[i]*=7 für jedes i (auch +=, -=, /=, etc.)
a = 7;    // a[i]=7 für jedes i
```

Dies funktioniert für jede Zuweisung und jeden zusammengesetzten Zuweisungsoperator, (=, +=, -=, /=, *=, %=, ^=, &=, |=, >>=, <<=), vorausgesetzt der Elementtyp unterstützt diesen Operator. Statt eines Operators können wir auch eine Funktion auf jedes Element einer **Matrix** anwenden:

```
a.apply(f);     // a[i]=f(a[i]) für jedes Element a[i]
a.apply(f,7);   // a[i]=f(a[i],7) für jedes Element a[i]
```

Die zusammengesetzten Zuweisungsoperatoren und **apply()** modifizieren die Elemente ihres **Matrix**-Arguments. Wenn wir stattdessen als Ergebnis eine neue **Matrix** erzeugen möchten, schreiben wir:

```
b = apply(abs,a);   // erstelle eine neue Matrix mit b(i)==abs(a(i))
```

Hier ist **abs** die Betragsfunktion aus der Standardbibliothek (§24.8). Im Prinzip verhält sich **apply(f,x)** zu **x.apply(f)** wie + zu +=. Zum Beispiel:

```
b = a*7;          // b[i] = a[i]*7 für jedes i
a *= 7;           // a[i] = a[i]*7 für jedes i
y = apply(f,x);   // y[i] = f(x[i]) für jedes i
x.apply(f);       // x[i] = f(x[i]) für jedes i
```

Als Ergebnis erhalten wir **a==b** und **x==y**.

> **Tipp**
>
> In Fortran wird diese zweite **apply**-Funktion auch „Sende"-Funktion genannt und normalerweise als **f(x)** statt als **apply(f,x)** geschrieben. In Fortran steht diese Technik allerdings auch nur für wenige ausgesuchte Funktionen zur Verfügung, während wir diese Option für jede beliebige Funktion anbieten wollten. Aus diesem Grunde benötigten wir einen Namen und unsere Wahl viel auf die (Wieder-)Verwendung von **apply**.

Zur Erhaltung der Symmetrie stellen wir in Analogie zu der Memberfunktion **apply** mit zwei Argumenten (**a.apply(f,x)**) noch eine weitere eigenständige Version zur Verfügung:

```
b = apply(f,a,x);   // b[i]=f(a[i],x) für jedes i
```

Zum Beispiel:

```
double scale(double d, double s) { return d*s; }
b = apply(scale,a,7);   // b[i] = a[i]*7 für jedes i
```

Beachten Sie, dass die „eigenständige" **apply()**-Version eine Funktion übernimmt, die auf der Basis ihres Arguments einen Rückgabewert erzeugt. Die Rückgabewerte verwendet **apply()**, um die Ergebnis-**Matrix** zu initialisieren. In aller Regel verändert diese **apply()**-Version daher nicht die **Matrix**, auf die sie angewendet wird. Im Gegensatz dazu übernimmt die Memberfunktion **apply()** eine Funktion, die ihr Argument ändert, d.h., die Memberfunktion **apply()** ändert die Elemente der **Matrix**, auf die sie angewendet wird. Zum Beispiel:

```
void scale_in_place(double& d, double s) { d *= s; }
b.apply(scale_in_place,7);   // b[i] *= 7 für jedes i
```

Darüber hinaus unterstützt unsere Bibliothek noch verschiedene nützliche Funktionen, wie man sie auch in traditionellen, numerischen Bibliotheken findet:

```
Matrix<int> a3 = scale_and_add(a,8,a2);   // gleichzeitig multiplizieren und addieren
int r = dot_product(a3,a);                // Skalarprodukt
```

> **Tipp**
>
> Die Operation **scale_and_add**() wird auch als *kombinierte Multiplikation-Addition* oder abgekürzt *fma* (für *fused multiply-add*) bezeichnet. Die Definition dafür lautet **result(i)=arg1(i)*arg2+arg3(i)** für jedes **i** in der **Matrix**. Das Skalarprodukt ist auch als inneres Produkt bekannt und wird in §21.5.3 beschrieben. Die Definition dafür lautet **result+=arg1(i)*arg2(i)** für jedes **i** in der **Matrix**, wobei **result** mit 0 beginnt.

Eindimensionale Arrays sind sehr weitverbreitet und können durch integrierte Arrays, **vector**-Container oder **Matrix**-Objekte repräsentiert werden. Entscheiden Sie sich für **Matrix**, wenn Sie die bereitgestellten Matrixoperationen (wie z.B. ***=**) benötigen oder die Matrix mit mehrdimensionalen Matrizen interagieren muss.

> **Tipp**
>
> Den Nutzen einer Bibliothek wie dieser kann man auf verschiedene Weise begründen; beispielsweise könnte man anführen „dass die Bibliothek die Mathematik besser abbildet" oder „dass sie es dem Benutzer erspart, ständig Schleifen schreiben zu müssen, wenn er Aktionen auf allen Elementen einer Matrix ausführen möchte". Auf jeden Fall ist der resultierende Code erheblich kürzer und es gibt weniger Möglichkeiten, Fehler zu machen. Jede der **Matrix**-Operationen – wie Kopieren, Zuweisung an alle Elementen oder Operationen auf allen Elementen – erspart uns das Lesen und Schreiben von Schleifen (und befreit uns von der Unsicherheit, ob die Schleifen auch korrekt formuliert sind).

Matrix stellt zwei Konstruktoren zur Verfügung, mit denen man Daten aus einem integrierten Array in ein **Matrix**-Objekt kopieren kann:

```
void some_function(double* p, int n)
{
   double val[] = { 1.2, 2.3, 3.4, 4.5 };
   Matrix<double> data(p,n);
   Matrix<double> constants(val);
   // ...
}
```

Diese Konstruktoren sind immer dann hilfreich, wenn wir die Daten für die Matrizen in Form von Arrays oder Vektoren von Programmteilen geliefert bekommen, die selbst keine **Matrix**-Objekte verwenden.

Beachten Sie, dass der Compiler für initialisierte Arrays die Anzahl der Elemente selbstständig ableiten kann. Wir müssen daher bei der Definition von **constants** die Anzahl der Elemente (hier **4**) nicht angeben. Sieht der Compiler dagegen nur einen Zeiger, so kann er die Anzahl der Elemente nicht ermitteln. Folglich müssen wir für **data** sowohl den Zeiger (**p**) als auch die Anzahl der Elemente (**n**) angeben.

24.5.3 2D-Matrix

Die Grundidee der **Matrix**-Bibliothek ist, dass sich **Matrix**-Objekte für unterschiedliche Dimensionen kaum voneinander unterscheiden, außer natürlich dort, wo es konkret um die Dimensionen geht. Infolgedessen lässt sich das meiste von dem, was wir über die 1D-**Matrix** gesagt haben, auf die 2D-**Matrix** übertragen:

Matrix<int,2> a(3,4);

```
int s = a.size();       // Anzahl der Elemente
int d1 = a.dim1();      // Anzahl der Elemente in einer Reihe
int d2 = a.dim2();      // Anzahl der Elemente in einer Spalte
int* p = a.data();      // extrahiere Daten als Zeiger auf ein C-Stil-Array
```

Wir können die Gesamtzahl der Elemente und die Anzahl der Elemente der einzelnen Dimensionen abfragen. Wir können uns einen Zeiger zurückliefern lassen, der auf die in **Matrix**-typischer Weise im Speicher angeordneten Elemente zeigt.

Wir können über Indizes auf Elemente zugreifen:

```
a(i,j);     // (i,j)-te Element (Fortran-Stil), aber bereichsüberprüft
a[i];       // i-te Reihe (C-Stil), bereichsüberprüft
a[i][j];    // (i,j)-te Element (C-Stil)
```

Für eine 2D-**Matrix** liefert die Indizierung mit **[i]** die zugehörige 1D-**Matrix**, sprich die **i**-te Reihe. Das bedeutet, dass wir Reihen extrahieren und an Operationen und Funktionen übergeben können, die eine 1D-**Matrix** oder gar ein integriertes Array (**a[i].data()**) erwarten. Beachten Sie, dass **a(i,j)** unter Umständen schneller ist als **a[i][j]**, obwohl dies stark von Compiler und Optimierer abhängt.

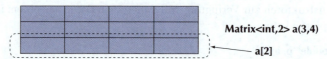

Abbildung 24.6: Indexzugriff mit **[i]** auf eine 2D-Matrix liefert eine 1D-Matrix

Wir können Slices definieren:

```
a.slice(i);     // die Reihen von a[i] bis zur letzten Reihe
a.slice(i,n);   // die Reihen von a[i] bis a[i+n–1]
```

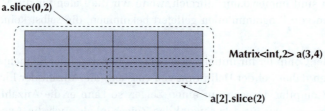

Abbildung 24.7: Slices aus einer 2D-Matrix

Beachten Sie, dass ein Slice von einer 2D-**Matrix** selbst wieder eine 2D-**Matrix** (mit wahrscheinlich weniger Reihen) ist.

24.5 Die Matrix-Bibliothek

Die verteilten Operationen sind die gleichen wie für 1D-**Matrix**-Objekte. Diesen Operationen ist es egal, wie die Elemente organisiert sind. Sie werden einfach auf alle Elemente in der Reihenfolge angewendet, in der die Elemente im Speicher abgelegt sind:

```
Matrix<int,2> a2 = a;   // Kopieren durch Initialisierung
a = a2;                 // Kopieren durch Zuweisung
a *= 7;                 // Skalierung (und +=, –=, /= etc.)
a.apply(f);             // a(i,j)=f(a(i,j)) für jedes Element a(i,j)
a.apply(f,7);           // a(i,j)=f(a(i,j),7) für jedes Element a(i,j)
b=apply(f,a);           // erstelle eine neue Matrix mit b(i,j)==f(a(i,j))
b=apply(f,a,7);         // erstelle eine neue Matrix mit b(i,j)==f(a(i,j),7)
```

Für zweidimensionale Matrizen kann es sehr nützlich sein, eine Operation zum Vertauschen von Reihen zur Hand zu haben. Wir unterstützen daher:

```
a.swap_rows(1,2);   // tauscht Reihen a[1] <–> a[2]
```

Eine Funktion **swap_columns()** gibt es nicht. Wenn Sie eine solche benötigen, müssen Sie sie selbst schreiben (Übung 11). Aufgrund des „Reihe-zuerst"-Layouts sind Reihen und Spalten keine absolut symmetrischen Konzepte. Diese Asymmetrie zeigt sich auch darin, dass **[i]** eine Reihe zurückliefert (es aber keinen Spaltenauswahl-Operator gibt), da in **(i,j)** der erste Index **i** die Reihe auswählt. Die Asymmetrie spiegelt aber auch grundlegende mathematische Eigenschaften wider.

Es scheint unendlich viele „Dinge" zu geben, die zweidimensional sind – und damit prädestiniert für den Einsatz von 2D-**Matrix**-Objekten:

```
enum Piece { none, pawn, knight, queen, king, bishop, rook };
Matrix<Piece,2> board(8,8);         // ein Schachbrett

const int white_start_row = 0;
const int black_start_row = 7;

Piece init_pos[] = {rook, knight, bishop, queen, king, bishop, knight, rook};
Matrix<Piece> start_row(init_pos);  // initialisiere Elemente mit Werten aus init_pos
Matrix<Piece> clear_row(8) ;        // 8 Elemente mit dem Standardwert
```

Die Initialisierung von **clear_row** nutzt aus, dass **none==0** ist und die Elemente standardmäßig mit **0** initialisiert werden. Am liebsten hätten wir geschrieben:

```
Matrix<Piece> start_row
  = {rook, knight, bishop, queen, king, bishop, knight, rook};
```

Doch dies ist erst ab der nächsten C++-Version (C++0x) möglich. Bis dahin müssen wir uns noch eines kleinen Tricks bedienen und zuerst ein Array initialisieren (hier **init_pos**), welches wir dann zur Initialisierung des **Matrix**-Objekts verwenden. Anschließend können wir **start_row** und **clear_row** wie folgt verwenden:

```
board[white_start_row] = start_row;              // setze weiße Figuren zurück
for (int i = 1; i<7; ++i) board[i] = clear_row;  // lösche Mitte des Bretts
board[black_start_row] = start_row;              // setze schwarze Figuren zurück
```

Beachten Sie, dass wir beim Extrahieren von Reihen mithilfe von **[i]** einen L-Wert (§4.3) erhalten. Das heißt, wir können dem Ergebnis von **board[i]** einen Wert zuweisen.

24.5.4 Matrix-E/A

Die E/A-Unterstützung der Matrix-Bibliothek beschränkt sich auf *sehr* einfache E/A-Operationen für ein- und zweidimensionale Matrix-Objekte:

```
Matrix<double> a(4);
cin >> a;
cout << a;
```

Dieser Code liest vier durch Whitespaces getrennte und in geschweiften Klammern stehende double-Werte ein; zum Beispiel:

```
{ 1.2 3.4 5.6 7.8 }
```

Die Ausgabe ist sehr ähnlich, sodass Sie wieder einlesen können, was Sie ausgegeben haben.

Die E/A-Operationen für zweidimensionale Matrix-Objekte lesen bzw. schreiben einfach Folgen von in geschweiften Klammern stehenden, eindimensionalen Matrix-Objekten. Zum Beispiel:

```
Matrix<int,2> m(2,2);
cin >> m;
cout << m;
```

Dieser Code würde z.B. folgende Eingabe lesen:

```
{
{ 1 2 }
{ 3 4 }
}
```

Die Ausgabe sähe nahezu identisch aus.

Die Matrix-Operatoren << und >> wurden von uns hauptsächlich bereitgestellt, um das Schreiben einfacher Programme möglichst einfach zu machen. Für fortgeschrittenere Aufgaben werden Sie diese Operationen vermutlich durch eigene Implementierungen ersetzen müssen. Dies berücksichtigend haben wir die Matrix-Operatoren << und >> in eine eigene Headerdatei *MatrixIO.h* ausgelagert (statt sie in *Matrix.h* aufzunehmen) – damit Sie die Operatoren nicht einbinden müssen, wenn Sie Matrix verwenden möchten.

24.5.5 3D-Matrix

Im Grund genommen ist eine drei- oder höherdimensionale Matrix nichts anderes als eine 2D-Matrix mit zusätzlichen Dimensionen. Betrachten Sie dazu folgenden Code:

```
Matrix<int,3> a(10,20,30);

a.size();           // Anzahl der Elemente
a.dim1();           // Anzahl der Elemente in Dimension 1
a.dim2();           // Anzahl der Elemente in Dimension 2
a.dim3();           // Anzahl der Elemente in Dimension 3
int* p = a.data();  // extrahiere Daten als Zeiger auf ein Array im C-Stil
a(i,j,k);           // (i,j,k)-tes Element (Fortran-Stil), aber bereichsüberprüft
a[i];               // i-te Reihe (C-Stil), bereichsüberprüft
```

```
a[i][j][k];              // (i,j,k)-tes Element (C-Stil)
a.slice(i);              // die Elemente von i bis zum letzten Element
a.slice(i,j);            // die Elemente vom i-ten bis zum j-ten Element
Matrix<int,3> a2 = a;    // Kopieren durch Initialisierung
a = a2;                  // Kopieren durch Zuweisung
a *= 7;                  // Skalierung (und +=, –=, /= etc.)
a.apply(f);              // a(i,j,k)=f(a(i,j,k)) für jedes Element a(i,j,k)
a.apply(f,7);            // a(i,j,k)=f(a(i,j,k),7) für jedes Element a(i,j,k)
b=apply(f,a);            // erstelle eine neue Matrix mit b(i,j,k)==f(a(i,j,k))
b=apply(f,a,7);          // erstelle eine neue Matrix mit b(i,j,k)==f(a(i,j,k),7)
a.swap_rows(7,9);        // tausche Reihen a[7] <–> a[9]
```

Wenn Sie verstanden haben, wie 2D-**Matrix**-Objekte funktionieren, kennen Sie sich auch schon mit 3D-**Matrix**-Objekten aus. So ist **a** hier zum Beispiel 3D, **a[i]** ist 2D (vorausgesetzt **i** liegt im Wertebereich), **a[i][j]** ist 1D (vorausgesetzt **j** liegt im Wertebereich) und **a[i][j][k]** ein **int**-Element (vorausgesetzt **k** liegt im Wertebereich).

Typische Einsatzbereiche für 3D-**Matrix**-Objekte findet man – unserer Gewohnheit entsprechend, die Welt als dreidimensional zu sehen – vor allem in der Modellierung (z.B. bei physikalischen Simulationen im kartesischen Raum):

```
int grid_nx;   // Gitterauflösung; wird zu Beginn festgelegt
int grid_ny;
int grid_nz;
Matrix<double,3> cube(grid_nx, grid_ny, grid_nz);
```

Und wenn wir dann die Zeit als vierte Dimension hinzufügen, erhalten wir einen vierdimensionalen Raum, für den wir eine 4D-**Matrix** benötigen. Und so weiter.

24.6 Ein Beispiel: lineare Gleichungen

Der Code für numerische Berechnungen erschließt sich einem am besten, wenn man die dahinterstehende Mathematik versteht. Oder anders formuliert: Wenn Sie schon mit der Mathematik nichts anfangen können, wird Ihnen der Code in der Regel auch nichts sagen. Wir beginnen diesen Abschnitt daher mit einer kurzen Vorstellung der zugrunde liegenden Mathematik. Für diejenigen unter Ihnen, die über Grundkenntnisse in linearer Algebra verfügen, dürfte das hier gezeigte Beispiel eher trivial sein. Alle anderen sollten diesen Abschnitt einfach als ein Beispiel dafür betrachten, wie die theoretische Lösung aus einem Lehrbuch mit minimaler Umformulierung in Code umgesetzt wird.

Als Beispiel für diesen Abschnitt haben wir eine Aufgabe gewählt, die eine relativ realistische und wichtige Einsatzmöglichkeit für **Matrix** veranschaulicht. Wir wollen einen (beliebigen) Satz an linearen Gleichungen folgender Form lösen:

$$a_{1,1}x_1 + \cdots + a_{1,n}x_n = b_1$$
$$\vdots$$
$$a_{n,1}x_1 + \cdots + a_{m,n}x_n = b_n$$

Hierbei stehen die x für n Unbekannte; a und b sind gegebene Konstanten. Der Einfachheit halber gehen wir davon aus, dass die Unbekannten und Konstanten Gleitkommawerte sind. Ziel ist es, Werte für die

Unbekannten zu finden, die gleichzeitig den n Gleichungen genügen. Diese Gleichungen können kurz und prägnant mithilfe einer Matrix und zweier Vektoren ausgedrückt werden:

$$\mathbf{Ax} = \mathbf{b}$$

Hierbei ist **A** die quadratische $n \times n$-Matrix definiert durch die Koeffizienten:

$$\mathbf{A} = \begin{bmatrix} a_{1,1} & \cdots & a_{1,n} \\ \vdots & \vdots & \vdots \\ a_{n,1} & \cdots & a_{n,n} \end{bmatrix}$$

Die Vektoren **x** und **b** sind die Vektoren der Unbekannten beziehungsweise der Konstanten:

$$\mathbf{x} = \begin{bmatrix} x_1 \\ \vdots \\ x_n \end{bmatrix} \text{ und } \mathbf{b} = \begin{bmatrix} b_1 \\ \vdots \\ b_n \end{bmatrix}$$

Dieses System kann – abhängig von dem Vektor **b** und den Koeffizienten der Matrix **A** – null, eine oder unendlich viele Lösungen haben. Diese zu finden und damit das Gleichungssystem zu lösen, gibt es verschiedene Wege. Wir verwenden hier eine ganz klassische Methode: die Gauß'sche Elimination (siehe Freeman und Phillips, *Parallel Numerical Algorithms*; Stewart, *Matrix Algorithms, Volume I*; und Wood, *Introduction to Numerical Analysis*). Zuerst transformieren wir **A** und **b** so, dass **A** eine obere Halbmatrix (Dreiecksmatrix) bildet, d.h., alle Koeffizienten unterhalb der Diagonale von **A** sind null. Schematisch lässt sich dies folgendermaßen darstellen:

$$\begin{bmatrix} a_{1,1} & \cdots & a_{1,n} \\ 0 & \ddots & \vdots \\ 0 & 0 & a_{n,n} \end{bmatrix} \begin{bmatrix} x_1 \\ \vdots \\ x_n \end{bmatrix} = \begin{bmatrix} b_1 \\ \vdots \\ b_n \end{bmatrix}$$

Das ist nicht allzu schwer. Eine Null für die Position $a(i,j)$ erhalten wir, indem wir die Gleichung für die Reihe i mit einer Konstante multiplizieren, sodass $a(i,j)$ einem anderen Element in Spalte j entspricht, z.B. $a(k,j)$. Danach subtrahieren wir einfach die beiden Gleichungen, sodass $a(i,j)==0$ ist (die restlichen Werte in der Reihe i ändern sich entsprechend).

Wenn wir es schaffen, dass alle diagonalen Koeffizienten ungleich null sind, hat das System eine eindeutige Lösung, die durch „Rückwärtssubstitution" ermittelt werden kann. Die Rückwärtssubstitution beginnt mit der letzten Gleichung, die nun problemlos zu lösen ist:

$$a_{n,n} x_n = b_n$$

Offensichtlich ist $x[n]$ gleich $b[n]/a(n,n)$. Als Nächstes wird die Reihe n aus dem System eliminiert und die Rückwärtssubstitution mit der Berechnung des Wertes von $x[n-1]$ fortgesetzt. Diese Schritte werden wiederholt, bis der Wert für $x[1]$ berechnet ist. Da wir dabei für jedes n durch $a(n,n)$ teilen, müssen die diagonalen Werte ungleich null sein. Wenn dies nicht zutrifft, schlägt die Rückwärtssubstitution fehl, was wiederum den Schluss zulässt, dass das System null oder eine unendliche Anzahl von Lösungen hat.

24.6.1 Klassische Gauß'sche Elimination

Lassen Sie uns jetzt den C++-Code betrachten, mit dem sich all dies ausdrücken lässt. Zuerst vereinfachen wir unsere Notation, indem wir den beiden von uns verwendeten **Matrix**-Typen passende Namen geben:

```
typedef Numeric_lib::Matrix<double, 2> Matrix;
typedef Numeric_lib::Matrix<double, 1> Vector;
```

Als Nächstes drücken wir die von uns gewünschte Berechnung aus:

```
Vector classical_gaussian_elimination(Matrix A, Vector b)
{
  classical_elimination(A, b);
  return back_substitution(A, b);
}
```

Das heißt, wir erstellen Kopien unserer Eingaben **A** und **b** (mithilfe von call-by-value), rufen eine Funktion auf, um das Gleichungssystem zu lösen, und berechnen anschließend das zurückzuliefernde Ergebnis durch Rückwärtssubstitution. Entscheidend ist hier, dass die Art und Weise, wie wir das Problem zerlegt und wie wir die Lösung formuliert haben, direkt dem entspricht, was man in den Lehrbüchern lesen kann. Jetzt müssen wir nur noch die Funktionen **classical_elimination**() und **back_substitution**() implementieren. Auch hierfür finden wir die Lösung in den Lehrbüchern der Mathematik:

```
void classical_elimination(Matrix& A, Vector& b)
{
  const Index n = A.dim1();

  // traversiere von der ersten zur vorletzten Spalte
  // und fülle Nullen in alle Elemente unterhalb der Diagonale:
  for (Index j = 0; j<n–1; ++j) {
    const double pivot = A(j, j);
    if (pivot == 0) throw Elim_failure(j);

    // fülle Nullen in alle Elemente unterhalb der Diagonale der i-ten Reihe:
    for (Index i = j+1; i<n; ++i) {
      const double mult = A(i, j) / pivot;
      A[i].slice(j) = scale_and_add(A[j].slice(j), –mult, A[i].slice(j));
      b(i) –= mult * b(j); // nimm die entsprechende Änderung an b vor
    }
  }
}
```

Das „Pivotelement" ist das Element, das auf der Diagonale der Reihe liegt, die wir gerade bearbeiten. Es muss ungleich null sein, weil wir es als Divisor verwenden. Ist das Pivotelement gleich null, geben wir auf und werfen eine Ausnahme.

```
Vector back_substitution(const Matrix& A, const Vector& b)
{
  const Index n = A.dim1();
  Vector x(n);
```

```cpp
  for (Index i = n – 1; i >= 0; ––i) {
    double s = b(i)–dot_product(A[i].slice(i+1),x.slice(i+1));

    if (double m = A(i, i))
      x(i) = s / m;
    else
      throw Back_subst_failure(i);
  }

  return x;
}
```

24.6.2 Pivotisierung

Wir können das Division-durch-null-Problem umgehen und gleichzeitig eine robustere Lösung erzielen, wenn wir die Reihen so umordnen, dass auf der Diagonale keine Nullen oder kleine Werte mehr liegen. Mit „robuster" meinen wir hier „weniger anfällig für Rundungsfehler". Doch Vorsicht! Während wir sukzessive die Matrix unterhalb der Diagonale mit Nullen füllen, ändern sich noch einmal die Werte. Wir können also nicht einfach vorab die Matrix umordnen und anschließend den klassischen Algorithmus anwenden, sondern müssen vor der Bestimmung eines jeden Pivotelements umordnen:

```cpp
void elim_with_partial_pivot(Matrix& A, Vector& b)
{
  const Index n = A.dim1();

  for (Index j = 0; j < n; ++j) {
    Index pivot_row = j;

    // suche nach einem geeigneten Pivot:
    for (Index k = j + 1; k < n; ++k)
      if (abs(A(k, j)) > abs(A(pivot_row, j))) pivot_row = k;

    // tausche Reihen, wenn wir einen besseren Pivot gefunden haben:
    if (pivot_row != j) {
      A.swap_rows(j, pivot_row);
      std::swap(b(j), b(pivot_row));
    }
    // Elimination:
    for (Index i = j + 1; i < n; ++i) {
      const double pivot = A(j, j);
      if (pivot==0) error("System nicht loesbar: pivot==0");
      const double mult = A(i, j)/pivot;
      A[i].slice(j) = scale_and_add(A[j].slice(j), –mult, A[i].slice(j));
      b(i) –= mult * b(j);
    }
  }
}
```

Durch die Verwendung von **swap_rows()** und **scale_and_multiply()** sieht der Code konventioneller aus und wir ersparen uns das Schreiben einer expliziten Schleife.

24.6.3 Testen

Jetzt müssen wir unseren Code nur noch testen. Zum Glück ist das nicht schwer:

```
void solve_random_system(Index n)
{
  Matrix A = random_matrix(n);   // siehe §24.7
  Vector b = random_vector(n);

  cout << "A = " << A << endl;
  cout << "b = " << b << endl;

  try {
    Vector x = classical_gaussian_elimination(A, b);
    cout << "Die Loesung der klass. Eliminiation ist x = " << x << endl;
    Vector v = A * x;
    cout << " A * x = " << v << endl;
  }
  catch(const exception& e) {
    cerr << e.what() << std::endl;
  }
}
```

Wir können aus drei Gründen in der **catch**-Klausel landen:

- durch einen Fehler im Code (doch optimistisch, wie wir sind, gehen wir davon aus, dass es keine Fehler gibt);
- durch eine Eingabe, die **classical_elimination** zu Fall bringt (wir hätten stattdessen **elim_with_partial_pivot** verwenden sollen);
- durch Rundungsfehler.

Leider ist unser Test nicht ganz so realistisch, wie wir es uns eigentlich wünschen würden. Zu gering ist die Wahrscheinlichkeit, dass sich unter den zufällig generierten Matrizen eine findet, die **classical_elimination** vor echte Probleme stellt.

Um unsere Lösung zu verifizieren, geben wir das Ergebnis von **A*x** aus, das gleich **b** sein sollte (oder – unter Einkalkulation von Rundungsfehlern – zumindest nahe daran). Mögliche Rundungsfehler sind auch der Grund, warum wir nicht einfach geschrieben haben:

if (A*x!=b) error("Substitution ist gescheitert");

Da Gleitkommazahlen nur Näherungen an reale Zahlen sind, müssen wir annähernd richtige Antworten akzeptieren. Allgemein empfiehlt es sich, **==** und **!=** in Verbindung mit den Ergebnissen von Gleitkommaberechnungen zu vermeiden: Gleitkommadarstellungen sind von Natur aus Näherungen.

Die **Matrix**-Bibliothek definiert keine Multiplikation einer Matrix mit einem Vektor. Wir haben diese daher im Programmcode definiert:

```
Vector operator*(const Matrix& m, const Vector& u)
{
    const Index n = m.dim1();
    Vector v(n);
    for (Index i = 0; i < n; ++i) v(i) = dot_product(m[i], u);
    return v;
}
```

Wieder ist es also eine einfache **Matrix**-Operation, die die meiste Arbeit erledigt. Die **Matrix**-Ausgabeoperationen stammen alle, wie in §24.5.4 beschrieben, aus *MatrixIO.h*. Die Funktionen **random_matrix**() und **random_vector**() sind einfache Anwendungen von Zufallszahlen (§24.7) und bleiben Ihnen zur Übung überlassen. **Index** ist ein **typedef**-Synonym (§A.15) für den von der **Matrix**-Bibliothek verwendeten Indextyp. Mit einer **using**-Deklaration haben wir ihn in den Gültigkeitsbereich eingeführt.

using Numeric_lib::Index;

24.7 Zufallszahlen

Wenn Sie jemanden auffordern, Ihnen irgendeine Zahl zu nennen, lautet die Antwort meistens 7 oder 17. Es wurde daher schon vorgeschlagen, diese Zahlen als die „zufälligsten" Zahlen überhaupt anzusehen. Fast nie antwortet dagegen jemand mit 0. Null ist eine so schöne runde Zahl, dass sie nicht als „zufällig" empfunden wird, und deshalb als die „am wenigsten zufällige" Zahl gilt. Aus mathematischer Sicht ist dies jedoch absoluter Blödsinn: Es ist nicht die einzelne Zahl, die zufällig ist. Was wir in der Regel benötigen (und dann als Zufallszahlen bezeichnen), ist vielmehr eine Folge von Zahlen, die einer bestimmten Verteilung gehorchen und bei der wir die nächste Zahl in der Folge nur schwer anhand der vorhergehenden Zahlen vorhersagen können. Am nützlichsten sind solche Zahlen beim Testen (zur Generierung einer größeren Anzahl Testfälle), für Spiele (um sicherzustellen, dass der nächste Spielverlauf sich vom vorherigen unterscheidet) und für Simulationen (um dafür zu sorgen, dass sich eine simulierte Entität – innerhalb der Grenzen bestimmter vorgegebener Parameter – scheinbar „zufällig" verhält).

Theorie und Praxis der Zufallszahlen sind höchst anspruchsvoll, was sozusagen ihrer Bedeutung für die Programmierung entspricht. Wir werden daher nur auf die Grundlagen eingehen, wie sie für einfache Tests und Simulationen benötigt werden. In der Standardbibliothek **<cstdlib>** finden Sie dazu:

```
int rand();              // liefert Werte im Bereich [0:RAND_MAX] zurück
RAND_MAX                 // der größte Wert, den rand() erzeugen kann
void srand(unsigned int); // initialisiert den Zufallszahlengenerator
```

Wiederholte Aufrufe von **rand**() erzeugen eine Pseudo-Zufallsfolge von **int**-Werten, die gleichmäßig in dem Bereich **[0:RAND_MAX]** verteilt sind. Wir bezeichnen die Folge von Werten als pseudo-zufällig, weil sie von einer mathematischen Formel erzeugt wurde, d.h., die Folge wiederholt sich nach einer Weile und ist somit vorhersagbar und nicht absolut zufällig. Mehr noch: Wenn Sie **rand**() mehrfach in einem Programm aufrufen, liefert die Funktion bei jeder Ausführung des Programms die gleiche Folge von Zufallszahlen. Besonders für das Debuggen ist dies sehr hilfreich. Wenn wir unterschiedliche Folgen benötigen, rufen wir **srand()** mit verschiedenen Werten auf. Jeder individuelle Wert, den wir als Argument an **srand()** übergeben, erzeugt seine eigene **rand()**-Folge.

Betrachten wir dazu beispielsweise die Funktion **random_vector()**, die in §24.6.3 verwendet wurde. Ein Aufruf von **random_vector(n)** erzeugt einen Vektor (vom Typ **Matrix<double,1>**), dessen **n** Elemente zufällige Werte aus dem Bereich [**0:n**] enthalten:

```
Vector random_vector(Index n)
{
  Vector v(n);

  for (Index i = 0; i < n; ++i)
    v(i) = 1.0 * n * rand() / RAND_MAX;

  return v;
}
```

Beachten Sie den Faktor **1.0**, der hier sicherstellt, dass eine Gleitkommaberechnung durchgeführt wird. Ohne diesen Faktor würden wir mit **RAND_MAX** eine Integer-Division durchführen und der berechnete Wert wäre – peinlich, peinlich – stets **0**.

Einen ganzzahligen Wert aus einem bestimmten Bereich wie [**0:max**] zu erzeugen, ist etwas schwieriger. Die meisten Programmierer, die vor dieser Aufgabe stehen, versuchen es zunächst mit folgendem Ansatz:

int val = rand()%max;

Früher war dies eine wirklich schlechte Idee. Bei diesem Verfahren werden nämlich nur die niederwertigen Bits der Zufallszahl berücksichtigt und diese Bits wurden von vielen traditionellen Zufallszahlengeneratoren nicht ordentlich randomisiert. Heute scheint sich dies auf vielen Systemen gebessert zu haben. Sofern Sie aber portierbaren Code schreiben möchten, sollten Sie die Berechnung der Zufallszahlen auf jeden Fall in einer Funktion „verstecken":

int randint(int max) { return rand()%max; }

int randint(int min, int max) { return randint(max–min)+min; }

Auf diese Weise können Sie die Definition von **randint()** ersetzen, wenn Sie auf eine schlechte Implementierung von **rand()** stoßen. Für professionelle Software oder wenn Sie eine ungleichmäßige Zufallszahlenverteilung benötigen, sollten Sie eine der sehr guten, frei verfügbaren Zufallszahlen-Bibliotheken verwenden, wie z.B. **Boost::random**. Wenn Sie sich einen Eindruck von der Güte des Zufallszahlengenerators auf Ihrem System verschaffen möchten, führen Sie Übung 10 aus.

Tipp

24.8 Die mathematischen Standardfunktionen

Die mathematischen Standardfunktionen (**cos**, **sin**, **log** usw.) werden von der Standardbibliothek bereitgestellt. Ihre Deklarationen befinden sich in `<cmath>`.

Tabelle 24.1

Mathematische Standardfunktionen

Funktion	Beschreibung
abs(x)	Absolutwert
ceil(x)	Kleinste ganze Zahl >=x
floor(x)	Größte ganze Zahl <=x
sqrt(x)	Quadratwurzel, **x** darf nicht negativ sein
cos(x)	Kosinus
sin(x)	Sinus
tan(x)	Tangens
acos(x)	Arkuskosinus, Ergebnis ist nicht negativ
asin(x)	Arkussinus, das zu 0 nächste Ergebnis wird zurückgeliefert
atan(x)	Arkustangens
sinh(x)	Sinus hyperbolicus
cosh(x)	Kosinus hyperbolicus
tanh(x)	Tangens hyperbolicus
exp(x)	Exponent zur Basis e
log(x)	Natürlicher Logarithmus zur Basis e, **x** muss positiv sein
log10(x)	Logarithmus zur Basis 10

Die mathematischen Standardfunktionen werden für Argumente der Typen **float**, **double**, **long double** und **complex** (§24.9) bereitgestellt. Bei Gleitkommaberechnungen werden Ihnen diese Funktionen von großem Nutzen sein. Wer detaillierte Informationen zu diesen Funktionen benötigt, kann diese in den verschiedensten Quellen recherchieren; am besten beginnen Sie Ihre Suche in der Onlinedokumentation.

Wenn eine mathematische Standardfunktion kein mathematisch gültiges Ergebnis produziert, setzt sie die Variable **errno**. Zum Beispiel:

```
errno = 0;
double s2 = sqrt(-1);
if (errno) cerr << "Irgendetwas ging irgendwo schief";
if (errno == EDOM)   // Domänenfehler
   cerr << "sqrt() ist nicht fuer negative Argumente definiert";
```

```cpp
pow(very_large,2);      // keine gute Idee
if (errno==ERANGE)      // Bereichsfehler
    cerr << "pow(" << very_large << ",2) zu gross fuer einen double-Wert";
```

Wenn Sie wichtige mathematische Berechnungen ausführen, sollten Sie sich nach Erhalt des Ergebnisses auf alle Fälle vergewissern, dass **errno** immer noch den Wert **0** hat. Andernfalls ist etwas schiefgegangen. Lesen Sie in Ihrem Handbuch oder der Onlinedokumentation nach, welche mathematischen Funktionen **errno** setzen und welche Werte sie für **errno** verwenden.

Wie das Beispiel zeigt, drückt **errno** ungleich null lediglich aus, dass etwas schiefgelaufen ist. Es ist daher unbedingt erforderlich, dass Sie den Wert von **errno** anschließend noch gründlicher untersuchen, um die genaue Fehlerursache herauszufinden – zumal es nicht wenige Funktionen gibt, die nicht zur Standardbibliothek gehören, aber ebenfalls **errno** zur Meldung von Fehlern verwenden. Am besten ist es, wenn Sie vor Aufruf einer der Standardbibliotheksfunktionen sicherstellen, dass **errno** gleich null ist, und anschließend gleich testen. Auf diese Weise können Sie sicher sein, dass die **errno**-Werte (in unserem Beispiel **EDOM** und **ERANGE**) auch tatsächlich die erwartete Bedeutung haben. **EDOM** wird bei einem Domänenfehler gesetzt (d.h. ein Problem mit dem Ergebnis) und **ERANGE** bei einem Bereichsfehler (d.h. ein Problem mit den Argumenten).

Die Fehlerbehandlung mit **errno** ist etwas primitiv. Dies liegt daran, dass sie noch aus den Anfangszeiten (anno 1975) der ersten mathematischen Funktionen in C stammt.

24.9 Komplexe Zahlen

In Wissenschaft und Technik wird häufig mit komplexen Zahlen gerechnet. Wir gehen hier davon aus, dass diejenigen unter Ihnen, die mit komplexen Zahlen arbeiten müssen, mit deren mathematischen Eigenschaften vertraut sind, und konzentrieren uns darauf, wie komplexe Zahlen in der ISO-C++-Standardbibliothek repräsentiert werden. Die Deklaration der komplexen Zahlen und die dazugehörigen mathematischen Funktionen stehen in <complex>:

```cpp
template<class Scalar> class complex {
    // eine komplexe Zahl besteht aus zwei skalaren Werten (prinzipiell ein Koordinatenpaar)
    Scalar re, im;
public:
    complex(const Scalar & r, const Scalar & i) :re(r), im(i) { }
    complex(const Scalar & r) :re(r),im(Scalar ()) { }
    complex() :re(Scalar ()), im(Scalar ()) { }

    Scalar real() { return re; }    // Realteil
    Scalar imag() { return im; }    // Imaginärteil

    // Operatoren: = += -= *= /=
};
```

Der Standardbibliothekstyp **complex** unterstützt garantiert die skalaren Typen **float**, **double** und **long double**. Zusätzlich zu den Membern von **complex** und den mathematischen Standardfunktionen (§24.8) stellt <complex> noch eine Reihe von nützlichen Operationen zur Verfügung:

Tabelle 24.2

Operationen für komplexe Zahlen

Operatoren komplexer Zahlen	Beschreibung
z1+z2	Addition
z1-z2	Subtraktion
z1*z2	Multiplikation
z1/z2	Division
z1==z2	Gleichheit
z1!=z2	Ungleichheit
norm(z)	Das Quadrat von abs(z)
conj(z)	Konjugiert komplexe Zahl: Wenn z gleich {re,im} ist, dann ist conj(z) gleich (re,-im)
polar(x,y)	Erstellt eine komplexe Zahl aus gegebenen Polarkoordinaten (rho, theta)
real(z)	Realteil
imag(z)	Imaginärteil
abs(z)	Auch bekannt als rho
arg(z)	Auch bekannt als theta
out<<z	Ausgabe komplexer Zahlen
in>>z	Eingabe komplexer Zahlen

Achtung: Für **complex** gibt es keine Operatoren < oder %.

Grundsätzlich verwenden Sie **complex<T>** genau wie einen integrierten Typen, zum Beispiel **double**:

```
typedef complex<double> dcmplx;   // manchmal ist complex<double>
                                  // zu umständlich
void f(dcmplx z, vector<dcmplx>& vc)
{
  dcmplx z2 = pow(z,2);
  dcmplx z3 = z2*9.3+vc[3];
  dcmplx sum = accumulate(vc.begin(), vc.end(), dcmplx());
  // ...
}
```

Denken Sie daran, dass nicht alle Operationen, die wir von **int** und **double** her kennen, auch für komplexe Zahlen definiert sind. So führt beispielsweise die folgende Zeile zu einem Fehler:

if (z2<z3)   // Fehler: Es gibt keinen <-Operator für komplexe Zahlen

Die Repräsentation (Layout) der komplexen Zahlen aus der C++-Standardbibliothek ist zu den entsprechenden Typen in C und Fortran kompatibel.

24.10 Literaturhinweise

Auch wenn die in diesem Kapitel behandelten Themen wie Rundungsfehler, **Matrix**-Operationen und Arithmetik komplexer Zahlen für sich genommen vielleicht nicht sonderlich interessant sein mögen, so wollten wir dieses Buch doch nicht ausklingen lassen, ohne Ihnen etwas darüber zu erzählen, wie C++ Programmierer unterstützt, die über das zugehörige mathematische Hintergrundwissen verfügen und zur Durchführung numerischer Berechnungen auf die entsprechenden mathematischen Konzepte und Techniken angewiesen sind.

Falls Sie Ihr Wissen in diesen Bereichen ein wenig auffrischen wollen oder Sie einfach nur neugierig sind, können wir Ihnen einige interessante Informationsquellen empfehlen:

Das *MacTutor History of Mathematics*-Archiv unter *http://www-gap.dcs.st-and.ac.uk/~history*

- Ein großartiger Link für alle, die die Mathematik lieben oder sich aus beruflichen Gründen damit beschäftigen müssen
- Ein großartiger Link für alle, die mehr über die Menschen hinter der Mathematik erfahren möchten: Wie heißt z.B. der einzige bedeutende Mathematiker, der eine Olympiamedaille gewonnen hat?
  - Berühmte Mathematiker: Biografien, Errungenschaften
  - Kuriositäten
- Berühmte Kurven
- Berühmte Probleme
- Mathematische Themen
  - Algebra
  - Analysis
  - Zahlen und Zahlentheorien
  - Geometrie und Topologie
  - Mathematische Physik
  - Mathematische Astronomie
  - Die Geschichte der Mathematik
  - ...

Freeman, T. L. und Chris Phillips. *Parallel Numerical Algorithms*. Prentice Hall, 1992.

Gullberg, Jan. *Mathematics – From the Birth of Numbers*. W. W. Norton, 1996. ISBN 039304002X. Eines der amüsantesten Bücher über elementare und praxisorientierte Mathematik. Ein (seltenes) Mathematikbuch, das man nur zum Vergnügen lesen kann, aber auch, um sich über bestimmte Themen wie beispielsweise Matrizen zu informieren.

Knuth, Donald E. *The Art of Computer Programming, Volume 2: Seminumerical Algorithms*, dritte Auflage. Addison-Wesley, 1998. ISBN 0201896842.

Stewart, G. W. *Matrix Algorithms, Volume I: Basic Decompositions*. SIAM, 1998. ISBN 0898714141.

Wood, Alistair. *Introduction to Numerical Analysis*. Addison-Wesley, 1999. ISBN 020194291X.

24 Numerik

Aufgaben

1. Geben Sie die Größe eines **char**-, eines **short**-, eines **int**-, eines **long**-, eines **float**-, eines **double**-, eines **int***- und eines **double***-Objekts aus (verwenden Sie dazu **sizeof**, nicht **<limits>**).

2. Geben Sie die von **sizeof** ermittelten Größen von **Matrix<int>a(10)**, **Matrix<int>b(100)**, **Matrix<double> c(10)**, **Matrix<int,2>d(10,10)**, **Matrix<int,3>e(10,10,10)** aus.

3. Geben Sie für jede der Matrizen aus Aufgabe 2 die Anzahl der Elemente aus.

4. Schreiben Sie ein Programm, das **int**-Werte über **cin** einliest und für jeden **int**-Wert entweder die mit **sqrt()** berechnete Wurzel ausgibt oder „keine Quadratzahl", wenn **sqrt(x)** für ein gegebenes **x** ungültig ist. (Mit anderen Worten, überprüfen Sie die Rückgabewerte von **sqrt()**.)

5. Lesen Sie über die Eingabe zehn Gleitkommawerte ein und legen Sie sie in einem **Matrix<double>**-Objekt ab. **Matrix** kennt keine **push_back()**-Funktion. Achten Sie deshalb darauf, dass Versuche, eine falsche Anzahl **double**-Zahlen einzugeben, abgefangen werden. Geben Sie die **Matrix** aus.

6. Berechnen Sie eine Multiplikationstabelle für [0,n)*[0,m) und repräsentieren Sie diese im Code durch eine 2D-**Matrix**. Lesen Sie **n** und **m** über die Eingabe (**cin**) ein und geben Sie die Tabelle in einem ansprechenden Format aus. (Gehen Sie davon aus, dass **m** klein genug ist, um die Vielfachen von **n** in einer Zeile ausgeben zu können.)

7. Lesen Sie zehn **complex<double>**-Werte über **cin** ein (ja, **cin** unterstützt >> für komplexe Zahlen) und legen Sie sie in einer **Matrix** ab. Berechnen Sie die Summe der zehn komplexen Zahlen und geben Sie sie aus.

8. Lesen Sie sechs **int**-Werte in **Matrix<int,2> m(2,3)** ein und geben Sie die Werte aus.

Fragen

1. Wer führt numerische Berechnungen aus?
2. Was verstehen wir unter „Genauigkeit"?
3. Was verstehen wir unter „Überlauf"?
4. Was ist eine typische Größe für **double**-Werte? Für **int**-Werte?
5. Wie können Sie einen Überlauf feststellen?
6. Wo finden Sie Angaben zu den numerischen Grenzwerten, beispielsweise den größten **int**-Wert?
7. Was ist ein Array? Eine Reihe? Eine Spalte?
8. Was ist ein mehrdimensionales Array im C-Stil?
9. Welche Eigenschaften sind für eine Bibliothek oder eine andere Form der Unterstützung zur Durchführung von Matrixberechnungen wünschenswert?
10. Was ist die Dimension einer Matrix?
11. Wie viele Dimensionen kann eine Matrix haben (in der Theorie/Mathematik)?
12. Was ist ein Slice?
13. Was ist eine „Sende"-Operation? Nennen Sie einige Beispiele.

| 14 | Worin unterscheidet sich die Indizierung im Fortran-Stil von der Indizierung im C-Stil?
| 15 | Wie können Sie eine Operation auf allen Elementen einer Matrix ausführen? Geben Sie Beispiele.
| 16 | Was ist eine „kombinierte" Operation?
| 17 | Definieren Sie den Begriff *Skalarprodukt*.
| 18 | Was versteht man unter „linearer Algebra"?
| 19 | Was ist eine Gauß'sche Elimination?
| 20 | Was ist ein Pivotelement? (In der linearen Algebra? Im wahren Leben?)
| 21 | Was kennzeichnet eine Zufallszahl?
| 22 | Was ist eine gleichmäßige Verteilung?
| 23 | Wo sind die mathematischen Standardfunktionen deklariert? Für welche Argumenttypen sind sie definiert?
| 24 | Was ist der imaginäre Teil einer komplexen Zahl?
| 25 | Was ist die Quadratwurzel von -1?

Übungen

| 1 | Die Funktionen a.apply(f) und apply(f,a) erwarten unterschiedlich konzipierte Funktionen f als erstes Argument (siehe §24.5.2). Schreiben Sie für jede dieser beiden applay()-Funktionen eine Funktion double() und verwenden Sie diese, um die Elementwerte eines Arrays {1 2 3 4 5} zu verdoppeln. Definieren Sie eine einzige double()-Funktion, die sowohl für a.apply(double) als auch apply(double,a) verwendet werden kann. Erläutern Sie, warum es keine gute Idee wäre, jede Funktion so zu schreiben, dass sie von apply() auf diese Weise genutzt werden kann.

| 2 | Wiederholen Sie Übung 1, allerdings mit Funktionsobjekten anstatt mit Funktionen. Hinweis: In *Matrix.h* finden Sie Beispiele.

| 3 | Nur für Fortgeschrittene (für diese Übung benötigen Sie Informationen, die im Rahmen dieses Buches nicht vermittelt werden können): Schreiben Sie eine Funktion apply(f,a), die ein void(T&)-Argument, ein T(const T&)-Argument und deren Funktionsobjekt-Entsprechungen übernehmen kann. Tipp: siehe Boost::bind.

| 4 | Bringen Sie das Programm zur Gauß'schen Elimination zum Laufen. Das bedeutet, vervollständigen und kompilieren Sie es. Testen Sie das Programm anschließend mit einem einfachen Beispiel.

| 5 | Testen Sie das Programm zur Gauß'schen Elimination mit A=={{0 1} {1 0}} und b=={5 6} und beobachten Sie, wie es fehlschlägt. Versuchen Sie es dann mit elim_with_partial_pivot().

| 6 | Ersetzen Sie in dem Programm zur Gauß'schen Elimination die Vektoroperationen dot_product() und scale_and_add() durch Schleifen. Testen Sie das Programm und kommentieren Sie die Verständlichkeit des Codes.

| 7 | Wandeln Sie das Programm zur Gauß'schen Elimination so ab, dass Sie auf die Matrix-Bibliothek verzichten können; d.h., verwenden Sie integrierte Arrays oder vector-Container anstelle von Matrix-Objekten.

8 Animieren Sie die Gauß'sche Elimination.

9 Schreiben Sie die eigenständigen apply()-Funktionen so um, dass sie eine Matrix für den Rückgabetyp der angewendeten Funktion zurückliefern; das heißt, apply(f,a) sollte eine Matrix<R> zurückliefern, wobei R der Rückgabetyp von f ist. Warnung: Für die Lösung benötigen Sie Informationen über Templates, die nicht in diesem Buch zu finden sind.

10 Wie zufällig ist ihre rand()-Funktion? Schreiben Sie ein Programm, das über die Eingabe zwei ganze Zahlen n und d einliest und randint(n) d-mal aufruft. Halten Sie die Ergebnisse fest. Geben Sie aus, wie oft jede Zahl im Bereich [0:n] gezogen wurde und überprüfen Sie, ob die Häufigkeiten ungefähr gleich sind. Versuchen Sie es mit niedrigen Werten für n und niedrigen Werten für d, um festzustellen, ob das Ziehen von nur wenigen Zufallszahlen zu irgendwelchen auffälligen Verzerrungen führt.

11 Schreiben Sie als Pendant zu der Funktion swap_rows() aus §24.5.3 eine Funktion swap_columns(). Dazu müssen Sie die entsprechenden Teile aus der Matrix-Bibliothek gelesen und verstanden haben. Machen Sie sich nicht zu viel Gedanken um die Effizienz: Es ist nicht möglich, swap_columns() so schnell auszuführen wie swap_rows().

12 Implementieren Sie

Matrix<double> operator*(Matrix<double,2>&,Matrix<double>&);

und

Matrix<double,N> operator+(Matrix<double,N>&,Matrix<double,N>&)

Wenn Sie Schwierigkeiten haben, schlagen Sie die mathematischen Definitionen in einem Lehrbuch der Mathematik nach.

Schlüsselbegriffe

Array	Imaginär	Reihe
C	Indexzugriff	sizeof
Dimension	Kombinierte Operation	Skalarprodukt
Elementweise Operation	Komplexe Zahl	Skalierung
errno	Matrix	Slice
Fortran	Mehrdimensional	Spalte
Gleichmäßige Verteilung	Real	Zufallszahl
Größe		

Ein persönlicher Hinweis

Wenn Sie mit der Mathematik auf Kriegsfuß stehen, konnten Sie diesem Kapitel sicherlich nicht allzu viel abgewinnen und werden sich später vermutlich ein Arbeitsgebiet suchen müssen, in dem die hier präsentierten Informationen nur eine untergeordnete Rolle spielen. Wer die Mathematik jedoch mag, weiß hoffentlich zu schätzen, wie genau die fundamentalen Konzepte der Mathematik in Code repräsentiert werden können.

Programmierung eingebetteter Systeme

25

- **25.1 Eingebettete Systeme** 894
- **25.2 Grundlegende Konzepte** 897
  - 25.2.1 Vorhersagbarkeit 899
  - 25.2.2 Ideale 900
  - 25.2.3 Mit dem Scheitern leben 901
- **25.3 Speicherverwaltung** 903
  - 25.3.1 Probleme mit dem Freispeicher 904
  - 25.3.2 Alternativen zum üblichen Freispeicher 907
  - 25.3.3 Pool-Beispiel 908
  - 25.3.4 Stack-Beispiel 909
- **25.4 Adressen, Zeiger und Arrays** 910
  - 25.4.1 Ungeprüfte Umwandlungen 911
  - 25.4.2 Ein Problem: dysfunktionale Schnittstellen .. 911
  - 25.4.3 Eine Lösung: eine Schnittstellenklasse 915
  - 25.4.4 Vererbung und Container 918
- **25.5 Bits, Bytes und Words** 921
  - 25.5.1 Bits und Bitoperationen 921
  - 25.5.2 **bitset** 926
  - 25.5.3 signed und unsigned 927
  - 25.5.4 Bitmanipulation 931
  - 25.5.5 Bitfelder 933
  - 25.5.6 Ein Beispiel: einfache Verschlüsselung 935
- **25.6 Codierstandards** 939
  - 25.6.1 Wie sollte ein Codierstandard aussehen? 940
  - 25.6.2 Beispielregeln 942
  - 25.6.3 Konkrete Codierstandards 947

ÜBERBLICK

25 Programmierung eingebetteter Systeme

„‚Nicht sicher' bedeutet ‚Irgendjemand könnte sterben'."

– Ein Sicherheitsoffizier

*I*n diesem Kapitel befassen wir uns mit der Programmierung eingebetteter Systeme, d.h., wir diskutieren Themen, die primär mit der Programmierung von technischen Geräten zu tun haben, die gar nicht wie gewöhnliche Computer mit Bildschirm und Tastatur aussehen. Im Mittelpunkt unser Betrachtungen werden die Prinzipien, Programmiertechniken, Sprachmittel und Codierstandards stehen, die für eine „hardwarenahe" Arbeit erforderlich sind. Die wichtigsten angesprochen Sprachkonzepte sind die Ressourcen- und Speicherverwaltung, die Verwendung von Zeigern und Arrays sowie die Bitmanipulation. Wir werden großen Wert auf die sichere Verwendung und auf mögliche Alternativen zu den Techniken der maschinennahen Programmierung legen. Was wir dagegen *nicht* beabsichtigen, ist, Ihnen spezielle Rechnerarchitekturen vorzustellen oder Ihnen zu zeigen, wie Sie direkten Zugriff auf die Hardware bekommen; Informationen dieser Art finden Sie in der einschlägigen Fachliteratur oder in Handbüchern. Als Beispiel werden wir einen Verschlüsselungsalgorithmus (inklusive Entschlüsselung) implementieren.

25.1 Eingebettete Systeme

Die meisten Computer sind auf den ersten Blick gar nicht als solche zu erkennen. Sie sind einfach Teil eines größeren Systems oder eines speziellen technischen Geräts. Zum Beispiel:

- *Autos*: Ein modernes Auto kann über Dutzende von Computern verfügen, die zum Beispiel die Benzineinspritzung steuern, die Motorleistung überwachen, das Radio einstellen, die Bremsen kontrollieren, den Reifendruck prüfen, die Scheibenwischer regulieren usw.
- *Telefone*: In jedem Handy befinden sich mindestens zwei Computer, von denen normalerweise einer der Signalverarbeitung dient.
- *Flugzeuge*: Moderne Flugzeuge steuern so ziemlich alles mithilfe von Computern, vom Passagier-Entertainmentsystem bis zur Einstellung der Flügelspitzen für optimale Flugeigenschaften.
- *Kameras*: Es gibt Kameras mit bis zu fünf Prozessoren, bei denen sogar jede Linse über einen eigenen Prozessor verfügt.
- *Kreditkarten* (von der Art „Smartcard")
- *Medizinische Monitore und Kontrollgeräte* (z.B. Computertomografen)
- *Fahrstühle* (Lifte)
- *PDAs* (persönlicher digitaler Assistent)
- *Drucker-Controller*
- *Sound-Systeme*
- *MP3-Player*
- *Küchengeräte* (wie Reiskocher oder Brotbackautomaten)
- *Telefonvermittlungsstellen* (bestehen normalerweise aus Tausenden von speziellen Computern)

- *Pumpen-Controller* (für Wasser- und Ölpumpen usw.)
- *Schweißroboter*: Einige davon werden an schwer zugänglichen oder gefährlichen Stellen eingesetzt.
- *Windkraftanlagen*: Manche erzeugen Leistungen im Megawattbereich und sind über 70 m hoch.
- *Dammtor-Controller*
- *Qualitätsüberwachungssysteme für Fließbänder*
- *Strichcode-Lesegeräte*
- *Automontage-Roboter*
- *Zentrifugen-Controller* (wie sie in vielen medizinischen Analyseverfahren verwendet werden)
- *Festplatten-Controller*

All diese Computer sind Teil eines größeren Ganzen. Solche „großen Systeme" sehen in der Regel nicht aus wie Computer und werden von uns auch nicht als solche betrachtet. Wenn wir ein Auto die Straße entlangfahren sehen, sprechen wir nicht davon, dass uns da gerade ein verteiltes System entgegenkommt. Zwar ist das Auto unter anderem *auch* ein verteiltes Computersystem, aber dieses ist so stark in die mechanischen, elektronischen und elektrischen Teile integriert, dass wir die Computer eigentlich nicht isoliert betrachten können. Die Beschränkungen (hinsichtlich Zeit und Speicherkapazität) und die Anforderungen an die Korrektheit, die das Gesamtsystem den Programmen auferlegt, sorgen dafür, dass das Computersystem nicht von dem umliegenden größeren System betrachtet werden kann. Viele eingebettete Computer steuern reale physikalische Geräte und das korrekte Verhalten des Computers wird als korrekter Betrieb dieses Geräts definiert. Betrachten wir z.B. einen großen Schiffsdieselmotor (siehe ▶ Abbildung 25.1).

Abbildung 25.1: Ein Schiffsdieselmotor mit integrierten Computersystemen

Ist Ihnen der Mann am Kopf des Zylinders Nr. 5 aufgefallen? Dieser Motor ist riesig. Motoren wie dieser treiben die größten Schiffe der Welt an und wenn sie ausfallen, lesen Sie es morgen früh bereits auf der Titelseite Ihrer Zeitung. Auf jedem Zylinderkopf dieses Motors sitzt ein Zylindersteuerungssystem, das aus drei Computern besteht. Jedes Zylindersteuerungssystem ist über zwei unabhängige Netzwerke mit dem Motorsteuerungssystem (drei weitere Computer) verbunden. Das Motorsteuerungssystem wiederum ist mit dem Kontrollraum verbunden, in dem die Ingenieure und Mechaniker über ein besonderes GUI-System mit dem System kommunizieren können. Das ganze System lässt sich außerdem von der Steuerzentrale der Reederei aus via Funk (über Satelliten) fernüberwachen.

Was also ist aus der Sicht eines Programmierers so besonders an den Programmen, die in den Computern dieses Motors ausgeführt werden? Oder um es allgemeiner auszudrücken: Was gilt es zu beachten, was wird bei bestimmten Arten von eingebetteten Systeme wichtig, worum wir uns bei „gewöhnlichen Programmen" kaum kümmern mussten?

- Oft *ist die Zuverlässigkeit ein kritischer Faktor*. Ein Versagen kann dramatische Folgen haben, kann extrem teuer werden (und damit meine ich Milliarden Euro) und kann unter Umständen sogar Leben kosten (das Leben der Menschen an Bord eines solchen Wracks wie auch das Leben der Tiere in der näheren Umgebung).

- Oft *sind die Ressourcen (Speicher, Taktung, Leistung) begrenzt*: Das stellt wahrscheinlich für den Schiffsmotorcomputer kein großes Problem dar, aber denken Sie nur an all die Handys, Sensoren, PDAs, Computer in Raumsonden usw. In unserer Welt, in der 2-GHz-Laptops mit zwei Prozessoren und 2 GB Speicherkapazität der Normalfall sind, weisen kritische Computer in Flugzeugen oder Raumsonden unter Umständen gerade einmal Kenndaten von 60 MHz und 256 KB auf und Kleingeräte müssen mit Taktungen unter 1 MHz und RAM von nur einigen Hundert Wort-Einheiten auskommen. Computerhardware, die gegen Umwelteinflüsse gesichert ist (wie Vibrationen, Stöße, instabile Stromversorgung, Hitze, Kälte, Feuchtigkeit, unbeabsichtigtes Darauftreten usw.), ist in der Regel weitaus langsamer als die Hardware, die in den Laptops von Studenten steckt.

- Oft *sind Echtzeit-Antworten notwendig*: Wenn die Einspritzdüse einen Einspritzzyklus verpasst, kann dies für ein sehr komplexes System zur Erzeugung von 100.000 PS schlimme Folgen haben. Wenn sie mehrere Zyklen verpasst – das heißt, wenn sie für länger als eine Sekunde ausfällt –, können die Propeller, die teilweise bis zu 10 m lang und 130 Tonnen schwer sind, anfangen, sich seltsam zu verhalten. Das kann niemand wollen.

- Oft *muss ein System jahrelang ohne Unterbrechung funktionieren*: Vielleicht wird das System in einem Kommunikationssatelliten ausgeführt, der die Erde umkreist, oder das System ist einfach so billig und in so vielen Kopien vorhanden, dass eine Rückrufaktion zwecks Reparatur den Hersteller ruinieren würde (denken Sie z.B. an MP3-Player, Kreditkarten mit eingebetteten Chips oder Einspritzdüsen für Fahrzeuge). In den Vereinigten Staaten beträgt die vorgeschriebene Ausfallsicherheit für Backbone-Telefonvermittlungsanlagen 20 Minuten in 20 Jahren (da sollten Sie nicht einmal mit dem Gedanken spielen, eine solche Vermittlungsanlage jedes Mal herunterzufahren, wenn Sie deren Programm ändern wollen).

- Oft *ist eine direkte Wartung nicht durchführbar oder mit großen Umständen verbunden*: Sie können die Computer eines großen Schiffs etwa alle zwei Jahre warten, wenn das Schiff zur Reparatur anderer Schiffsteile einen Hafen ansteuert und dort die erforderlichen Computerspezialisten verfügbar sind. Außerplanmäßige direkte Wartung ist jedoch nicht möglich (während sich das Schiff mitten im Pazifik in einem Wirbelsturm befindet, dürfen einfach keine Fehler auftreten). Und jemanden ins Weltall zu schicken, um dort eine den Mars umkreisende Raumsonde zu reparieren, ist selbstverständlich auch nicht möglich.

Es gibt nur wenige Systeme, die allen diesen Beschränkungen unterliegen, aber jedes System, das auch nur einer einzigen dieser Beschränkungen unterworfen ist, sollte besser den Experten überlassen werden. Erwarten Sie aber bitte nicht, dass wir Sie im Zuge dieses Kapitels gleich zum Experten ausbilden könnten; bereits der Versuch wäre nicht nur unklug, sondern absolut verantwortungslos. Unser Ziel ist es, Ihnen zu zeigen, wo die Hauptprobleme liegen und welche grundlegenden Konzepte bei der Lösung dieser Probleme zum Einsatz kommen, damit Sie die Fähigkeiten, die für die Entwicklung eines solchen Systems erforderlich sind, besser würdigen können – und sich eines Tages vielleicht entscheiden, diese wertvollen Fähigkeiten selbst zu erwerben. Eingebettete Systeme sind jedenfalls ein Bereich, in dem ein erfahrener Programmierer sehr viel bewirken kann, und Menschen, die eingebettete Systeme entwickeln und implementieren, zeichnen sich nicht umsonst häufig dadurch aus, dass sie vielen Aspekten unserer technischen Zivilisation kritisch gegenüberstehen.

Ist dies für Programmieranfänger wichtig? Ist es für C++-Programmierer wichtig? Ja und noch einmal ja! Es gibt viel mehr Prozessoren für eingebettete Systeme als für normale PCs. Eine Unmenge von Programmieraufgaben dreht sich um die Programmierung eingebetteter Systeme. Vielleicht fällt auch Ihr erster richtiger Job in diesen Bereich. Die Liste der Beispiele für eingebettete Systeme am Anfang dieses Kapitels beruht jedenfalls auf eigenen Erfahrungen mit C++.

25.2 Grundlegende Konzepte

Die Programmierung von Computern, die Teil eines eingebetteten Systems sind, unterscheidet sich gar nicht so sehr von der normalen Programmierung, sodass die meisten der in diesem Buch vorgestellten Techniken und Ideen auch hier ihre Gültigkeit behalten. Was sich jedoch meistens ändert, ist die Art der Herangehensweise: Auswahl und Einsatz der sprachlichen Mittel hängen viel stärker von den Beschränkungen ab, die mit der Aufgabe einhergehen, und die Hardware muss oft auf der untersten Ebene angesprochen werden:

- *Korrektheit*: Dieser Aspekt wird noch wichtiger. Erliegen Sie nicht der Versuchung, „Korrektheit" als bloßes abstraktes Konzept abzutun. Im Kontext eingebetteter Systeme bedeutet Korrektheit nicht nur, dass ein Programm korrekte Ergebnisse liefern muss, sondern auch, dass es dies zur richtigen Zeit tut, in der richtigen Reihenfolge und ohne verschwenderisch mit den zur Verfügung stehenden Ressourcen umzugehen. Im Idealfall werden die Kriterien für die Korrektheit des Programms vorab genau spezifiziert. Meist kann eine solche Spezifikation aber erst nach einigem Herumexperimentieren fertiggestellt werden. (Oft können kritische Experimente sogar erst durchgeführt werden, nachdem das komplette System, von dem der Computer mit dem Programm nur ein Teil ist, erstellt worden ist.) Die vollständige Definition von Korrektheit für ein eingebettetes System kann extrem schwierig und gleichzeitig extrem wichtig sein. „Extrem schwierig" kann heißen „unmöglich angesichts der verfügbaren Zeit und Ressourcen". Dennoch müssen wir versuchen, mithilfe aller zur Verfügung stehenden Werkzeuge und Techniken unser Bestes zu geben. Glücklicherweise ist die Bandbreite der in den einzelnen Bereichen zur Verfügung stehenden Spezifikationen, Simulationen, Tests und anderer Techniken meist recht umfangreich. „Extrem wichtig" kann heißen „Versagen führt zu Verletzungen oder Ruin".

- *Fehlertoleranz*: Wir müssen sorgfältig festlegen, mit welchen Bedingungen ein Programm fertig werden muss. Ginge es um ein einfaches Übungsprogramm, wie es Studenten schreiben, würden wir es wohl für äußerst unfair erachten, wenn jemand während der Vorstellung des Programms den Netzstecker zieht. Eine unterbrochene Stromversorgung gehört eben nicht zu den Bedingungen, von denen man erwartet, dass eine normale PC-Anwendung ihr gewachsen ist. Bei eingebetteten Systemen sind Stromausfälle hingegen gar nicht so selten und einige müssen damit sogar fertig werden. Beispielsweise könnten kritische Teile eines Systems über zwei unabhängige Stromversorgungen, Netzausfallbatterien usw. verfügen. Schlimmer noch: Von manchen Anwendungen wird erwartet, dass sie sogar dann noch fehlerfrei arbeiten, wenn die Hardware dies nicht mehr tut. Wenn die Betriebszeiten länger und die Umweltbedingungen extremer werden, arbeitet die Hardware einfach nicht immer einwandfrei. Entsprechend werden zum Beispiel bestimmte Telefonvermittlungen und Raumfahrtanwendungen unter der Prämisse geschrieben, dass früher oder später irgendein Bit im Speicher sich „entscheidet", seinen Wert (z.B. von 0 in 1) zu ändern. Oder ein Bit entscheidet plötzlich, dass es den Wert 1 lieber mag, und ignoriert daraufhin alle Versuche, die 1 in 0 zu ändern. Je mehr Speicher vorhanden ist und je länger dieser genutzt wird, umso wahrscheinlicher wird es, dass ein solches Fehlverhalten auftritt. Und wenn Sie den Speicher einer sehr starken Strahlung aussetzen, wie sie außerhalb der Erdatmosphäre zu finden ist, erhöht sich die Fehlerrate noch weiter. Wenn wir an einem System arbeiten (eingebettet oder nicht), müssen wir daher entscheiden, welche Hardwarefehlertoleranz wir implementieren wollen. In den meisten Fällen verlassen wir uns darauf, dass die Hardware wie angegeben funktioniert. Sobald wir es aber mit kritischeren Systemen zu tun haben, müssen wir diese Annahme überdenken.

- *Keine Ausfallzeiten*: Eingebettete Systeme laufen normalerweise sehr lange, ohne dass Änderungen an der Software vorgenommen werden oder ein erfahrener Operator mit Kenntnis der Implementierung eingreift. „Sehr lang" kann heißen Tage, Monate, Jahre oder die Lebensdauer der Hardware. Dies betrifft natürlich nicht nur eingebettete Systeme, unterscheidet diese aber von der großen Mehrheit der „normalen Anwendungen" und von allen (bisher vorgestellten) Beispielen und Übungen in diesem Buch. Der Anspruch „ewig halten zu müssen" bedingt, dass mehr Wert auf korrekte Fehlerbehandlung und Ressourcenverwaltung gelegt wird. Was aber ist eine Ressource? Eine Ressource ist etwas, das auf einem Rechner nur begrenzt zur Verfügung steht; aus einem Programm heraus fordern Sie eine Ressource durch eine explizite Aktion („Ressource anfordern", „allozieren") an und geben sie explizit oder implizit wieder an das System zurück („freigeben", „deallozieren"). Beispiele für Ressourcen sind Speicher, Datei-Handles, Netzwerkverbindungen (Sockets) und Sperren. Ein Programm, das Teil eines langlebigen Systems ist, muss jede angeforderte Ressource freigeben, bis auf die wenigen, die es dauerhaft belegt. Ein Programm, das zum Beispiel jeden Tag vergisst, eine Datei zu schließen, wird auf den meisten Betriebssystemen nicht länger als einen Monat überleben. Ein Programm, das jeden Tag vergisst 100 Bytes freizugeben, verschwendet mehr als 32 KB im Jahr – das reicht, um ein kleines Gerät nach wenigen Monaten zum Absturz zu bringen. Das Unangenehme an solchen Ressourcenlecks ist, dass das Programm monatelang einwandfrei läuft, bevor es plötzlich aufhört zu funktionieren. (Je früher ein Programmabsturz auftritt, umso besser für uns und umso größer die Chancen, dass wir den Fehler beheben können, bevor wir das Programm an unsere Kunden ausliefern.)

- *Echtzeit-Beschränkungen*: Wir können eingebettete Systeme in solche mit harter oder mit weicher Echtzeit unterscheiden. Von *harter Echtzeit* spricht man, wenn eine bestimmte Antwort vor Ablauf einer Frist erfolgen muss. Wenn eine Antwort zwar grundsätzlich vor Ablauf einer Frist erfolgen sollte, wir aber gelegentlich auch die Zeit überschreiten können, sprechen wir von *weicher Echtzeit*. Beispiele für Anwendungen mit weicher Echtzeit sind Autofenster-Steuerungen und Stereoverstärker.

Einem Menschen wird die nur Bruchteile von Sekunden dauernde Verzögerung beim Öffnen und Schließen des Fensters nicht auffallen und nur ein geschultes Ohr wird imstande sein, Verzögerung von einer Millisekunde bei der Tonhöhenregelung zu hören. Ein Beispiel für harte Echtzeit ist eine Einspritzdüse, die genau zur richtigen Zeit relativ zur Bewegung des Kolbens den Treibstoff einspritzen muss. Verschiebt sich der Zündzeitpunkt auch nur für den Bruchteil einer Millisekunde, hat dies Leistungseinbußen zur Folge und der Motor beginnt zu leiden. Größere Verschiebungen könnten zum vollständigen Ausfall des Motors und so zu Unfällen oder Katastrophen führen.

- *Vorhersagbarkeit*: Dies ist ein wichtiges Charakteristikum für den Code eingebetteter Systeme. Der Begriff weckt unterschiedliche Assoziationen, basiert aber im Zusammenhang mit der Programmierung eingebetteter Systeme auf einer genauen technischen Definition: Eine Operation ist *vorhersagbar*, wenn sie bei jeder Ausführung auf einem bestimmten Computer die gleiche Zeit benötigt und wenn auch alle anderen Operationen dieser Art die gleiche Zeit zur Ausführung benötigen. Wenn zum Beispiel **x** und **y** Integer-Werte sind, ist der Zeitaufwand für die Berechnung von **x+y** bei jeder Ausführung gleich groß, ebenso wie der Zeitaufwand für die Berechnung für **xx+yy**, auch wenn **xx** und **yy** zwei andere ganze Zahlen sind. In der Regel können wir geringfügige Variationen in der Ausführungsgeschwindigkeit aufgrund der Rechnerarchitektur (z.B. Unterschiede aufgrund von Caching und Pipelining) ignorieren und uns einfach darauf verlassen, dass es einen festen, konstanten oberen Grenzwert für die benötigte Zeit gibt. Operationen, die (gemäß dieser Definition) nicht vorhersagbar sind, können für harte Echtzeit-Systemen nicht verwendet werden und sollten in anderen Echtzeit-Systemen nur mit größter Vorsicht eingesetzt werden. Ein klassisches Beispiel für eine nicht vorhersagbare Operation ist die lineare Suche in einer Liste (z.B. **find()**), bei der die Anzahl der Elemente nicht bekannt und nur schwer einzugrenzen ist. Nur wenn wir die Zahl der Elemente zuverlässig vorhersagen oder zumindest die maximale Anzahl der Elemente angeben können, ist eine solche Suche in einem harten Echtzeit-System zulässig; d.h., um eine Antwort innerhalb eines vorgegebenen Zeitrahmens *garantieren* zu können, müssen wir für jede mögliche Codefolge, die bis dahin auszuführen ist, die Ausführungszeit berechnen können.

- *Nebenläufigkeit*: Ein eingebettetes System muss normalerweise auf Ereignisse der externen Welt reagieren. Dies führt zu Programmen, die viele Dinge gleichzeitig erledigen müssen, weil sie auf reale Ereignisse reagieren, die gleichzeitig eintreten. Ein Programm, das gleichzeitig mehrere Aktionen ausführt, wird auch als *nebenläufig* oder *parallel* bezeichnet. So faszinierend und wichtig das schwierige Thema der Nebenläufigkeit auch ist, eine angemessene Behandlung ist im Rahmen dieses Buches leider nicht möglich.

25.2.1 Vorhersagbarkeit

Hinsichtlich der Vorhersagbarkeit ist C++ ziemlich gut, wenn auch nicht ganz perfekt. Fast alle Elemente der Programmiersprache C++ sind vorhersagbar (inklusive der virtuellen Funktionsaufrufe). Nicht vorhersagbar sind lediglich:

- die Allokation von Freispeicher mit **new** und **delete** (siehe §25.3)
- Ausnahmen (§19.5)
- **dynamic_cast** (§A.5.7)

Diese Sprachmittel müssen in harten Echtzeit-Anwendungen vermieden werden. Die Probleme mit **new** und **delete** werden in §25.3 noch ausführlich beschrieben, da sie von grundlegender Bedeutung sind. Beachten Sie in diesem Zusammenhang, dass der **string**-Typ der Standardbibliothek und die Standardcontainer (**vector**, **map** usw.) indirekt ebenfalls Freispeicher verwenden – folglich sind auch sie nicht vorhersagbar. Das Problem mit **dynamic_cast** ist nicht sprachinhärent, sondern betrifft aktuelle Implementierungen.

Ausnahmen sind insofern problematisch, als man für ein gegebenes **throw** nicht weiß – zumindest nicht ohne große Codeabschnitte zu analysieren – wann und wo die geworfene Ausnahme auf das dazugehörige **catch** trifft und ob es überhaupt ein solches **catch** gibt. In Programmen für eingebettete Systeme sollten Sie besser sicherstellen, dass ein **catch** vorhanden ist, weil wir uns nicht darauf verlassen können, dass immer ein C++-Programmierer mit einem Debugger zur Hand ist. Das Problem mit den Ausnahmen ließe sich prinzipiell mit einem passenden Werkzeug lösen, das uns für jeden **throw**-Aufruf genau mitteilt, welches **catch** dazu aufgerufen wird und wie lange es dauert, bis die geworfene Ausnahme dorthin gelangt. Da derzeit auf diesem Gebiet aber noch geforscht wird, müssen Sie, wenn Sie auf Vorhersagbarkeit Wert legen, auf die gute alte Fehlerbehandlung zurückgreifen, die auf Rückgabecodes und anderen altmodischen und lästigen, aber vorhersagbaren Techniken basiert.

25.2.2 Ideale

Beim Schreiben eines Programms für eingebettete Systeme besteht immer die Gefahr, dass der Programmierer im Streben nach immer höherer Leistung und Zuverlässigkeit dazu verleitet wird, ausschließlich maschinennahe Sprachmittel zu verwenden. Diese Strategie mag für isolierte, kleinere Codefragmente funktionieren, führt aber schnell dazu, dass das Gesamtdesign undurchschaubar wird, dass die Korrektheit nicht mehr sichergestellt werden kann und dass der Zeit- und Geldaufwand zur Erstellung des Systems steigt.

Unser Ideal ist es nach wie vor, auf der höchsten Abstraktionsebene zu arbeiten, die angesichts der mit dem Problem verbunden Beschränkungen noch vertretbar ist. Lassen Sie sich nicht dazu verleiten, ohne Not Assemblercode zu schreiben – gleichgültig wie wortgewandt er Ihnen angepriesen wird! Wie gehabt sollten Sie Ihre Vorstellungen so direkt wie möglich im Code ausdrücken (soweit es die Beschränkungen erlauben). Wie gehabt, sollten Sie alles versuchen, um Ihren Code möglichst klar, sauber und wartbar zu formulieren. Optimieren Sie erst, wenn Sie müssen. Gute Performance (hinsichtlich Ausführungsgeschwindigkeit und Speicherbedarf) ist für eingebettete Systeme fast immer wichtig, bedeutet aber nicht, dass man aus jedem Codefragment noch das letzte bisschen Leistung quetschen müsste. Der Schlüssel zu einem guten eingebetteten System ist meist, korrekt und schnell genug zu sein; ist es schneller, bedeutet dies in der Regel, dass das System zwischenzeitlich untätig wartet, bis eine weitere Aktion benötig wird. Wer versucht, jede Codezeile so zu schreiben, dass sie möglichst effizient ist, muss viel Zeit aufwenden, macht viele Fehler und verpasst oft die Gelegenheiten zur Optimierung des Codes, da die Algorithmen und Datenstrukturen immer schwerer zu verstehen und zu ändern sind. Beispielsweise führt der Ansatz der „Low-Level-Optimierung" oft dazu, dass Gelegenheiten für die Speicheroptimierung verpasst werden, weil Code, der an vielen Stellen in ähnlicher Form auftaucht, wegen zufälliger Unterschiede nicht gemeinsam genutzt werden kann.

John Bentley, der berühmt für seinen hocheffizienten Code ist, hat zwei „Gesetze der Optimierung" formuliert:

- Erstes Gesetz: Lassen Sie die Finger davon.
- Zweites Gesetz (nur für Experten): Lassen Sie im Moment noch die Finger davon.

Bevor Sie zur Optimierung schreiten, sollten Sie sicherstellen, dass Sie das System verstanden haben. Nur dann können Sie darauf vertrauen, dass es korrekt und zuverlässig arbeitet – oder arbeiten wird. Konzentrieren Sie sich auf Algorithmen und Datenstrukturen. Sobald eine erste Version des Systems läuft, messen Sie sorgfältig und nehmen Sie je nach Bedarf Feinabstimmungen vor. Nicht selten kommt es dabei sogar zu angenehmen Überraschungen, weil sauberer Code manchmal schnell genug ausgeführt wird und auch nicht übermäßig Speicher belegt. Doch verlassen Sie sich nicht darauf, sondern messen Sie. Es kann auch unangenehme Überraschungen geben.

25.2.3 Mit dem Scheitern leben

Stellen Sie sich vor, Sie müssten ein System entwickeln und implementieren, das nicht versagen darf. Mit „nicht versagen" meinen wir in diesem Fall, dass es „ohne Eingriffe einer Person einen Monat lang laufen soll". Gegen welche Art von Versagen oder Gefahren müssen wir uns schützen? Ausschließen können wir wohl, dass die Sonne zu einer Supernova wird, und dass ein Elefant auf unser System tritt, dürfte ebenfalls recht unwahrscheinlich sein. Grundsätzlich gilt aber, dass wir nicht wissen können, was möglicherweise schiefgeht. Was wir jedoch tun können (und sollten), ist, für ein konkretes System Annahmen darüber anzustellen, welche Art von Fehlern häufiger vorkommen als andere. Mögliche Fehlerursachen sind z.B.:

- Stromspitzen/Stromausfall
- Stecker fällt durch Vibrationen aus der Buchse
- System wird von fallenden Trümmern getroffen, die einen Prozessor zerstören
- Das System könnte zu Boden fallen (ein Laufwerk könnte durch den Aufprall zerstört werden)
- Röntgenstrahlen könnten die Werte von Speicherbits in einer Weise ändern, die in der Sprachspezifikation gar nicht vorgesehen ist

In der Praxis sind die sogenannten „vorübergehenden Fehler" (*transient error*) üblicherweise am schwierigsten aufzuspüren. Ein *vorübergehender Fehler* ist ein Fehler, der nicht jedes Mal auftritt, wenn das Programm ausgeführt wird. So haben wir beispielsweise von einem Prozessor gehört, der nur dann ein Fehlverhalten zeigte, wenn die Temperatur über 54 °C lag. Diese Temperaturbedingungen wurden bei der Entwicklung nicht berücksichtigt, weil man davon ausging, dass das System nicht so warm würde. Und dennoch gab es diese Temperaturspitzen, als das System (gelegentlich und ohne Absicht) in der Fabrikhalle abgedeckt wurde. Während der Testphase im Labor ist das nie passiert.

Fehler, die außerhalb des Labors auftreten, sind oft nur sehr schwer zu korrigieren. Sie können sich gar nicht vorstellen, welcher Entwicklungs- und Implementierungsaufwand notwendig war, um den JPL[1]-Ingenieuren zu erlauben, in den Mars-Rovern (die trotz Lichtgeschwindigkeit der Signale immer

---

[1] JPL ist ein Akronym für das „Jet Propulsion Laboratory", einer Forschungseinrichtung, die für die NASA Satelliten und Raumsonden baut und steuert.

noch zwanzig Minuten vom Labor entfernt waren) nach Software- und Hardwarefehlern zu suchen und durch Aktualisierung der Software ein Problem zu beheben, das auch erst einmal verstanden sein musste.

Umfassendes Wissen über die Anwendungsdomäne – das heißt Wissen über das System, seine Umgebung und seinen Einsatz – ist unerlässlich, wenn man ein System entwickeln und implementieren möchte, dass sich durch hohe Fehlertoleranz auszeichnet. Wir werden in diesem Zusammenhang lediglich einige allgemeine Grundsätze ansprechen. Beachten Sie aber, dass jeder dieser Grundsätze bereits Thema von Tausenden von Aufsätzen und Gegenstand von Jahrzehnten intensiver Forschung und Entwicklung war.

- *Beugen Sie Ressourcenlecks vor*: Achten Sie strikt darauf, keine Lecks zu erzeugen. Legen Sie sich genaue Rechenschaft darüber ab, welche Ressourcen Ihr Programm verwendet, und stellen Sie sicher, dass diese nicht verloren gehen. Gibt es ein Leck, wird es Ihr System oder Subsystem über kurz oder lang zum Absturz bringen. Die wichtigsten Ressourcen sind Zeit und Speicher. Darüber hinaus verwenden Programme aber auch noch weitere Ressourcen wie Sperren, Kommunikationskanäle und Dateien.

- *Halten Sie Reserven bereit*: Ist ein System auf das zuverlässige Funktionieren einer Hardwareressource angewiesen (dies kann z.B. ein Computer, ein Ausgabegerät oder ein einfaches Rad sein), muss der Entwickler entscheiden, ob das System über mehr als eine Ressource dieser Art verfügen sollte. Das heißt, es muss entschieden werden, ob man damit leben kann, wenn das Programm aufgrund eines Hardwareausfalls abstürzt, oder ob man ein Ersatzsystem bereitstellt, auf das das Programm im Notfall ausweichen kann. (Das Einspritzdüsen-Steuerungssystem für den oben beschriebenen Schiffsdieselmotor besteht z.B. aus drei gleichwertigen Computern, die an zwei unabhängigen Netzwerken hängen.) Beachten Sie, dass „der Ersatz" nicht unbedingt mit dem Original identisch sein muss (beispielsweise könnte eine Raumsonde über eine starke Primärantenne und eine etwas schwächere Reserveantenne verfügen). Auch kann „der Ersatz" im Normalfall, d.h. wenn das System einwandfrei arbeitet, zur Leistungssteigerung eingesetzt werden.

- *Führen Sie Selbsttests durch*: Sorgen Sie dafür, dass Sie mitbekommen, wenn das Programm (oder die Hardware) nicht mehr ordnungsgemäß arbeitet. Hardwarekomponenten (z.B. Speichergeräte) können hierbei sehr hilfreich sein, da sie sich selbst überwachen, kleinere Fehler korrigieren und größere Fehler melden. Software kann die Konsistenz ihrer Datenstrukturen prüfen, Invarianten verfolgen (§9.4.3) und interne „Plausibilitätschecks" (Assertion) durchführen. Bedauerlicherweise können Selbsttests selbst auch wieder Fehler enthalten und der Code zur Meldung eines Fehlers ist eine gute Gelegenheit, weitere Fehler einzubauen – die vollständige Überprüfung der Fehlerprüfung kann eine echte Herausforderung sein.

- *Verlassen Sie Code, der nicht ordnungsgemäß arbeitet, schnellstmöglich*: Bauen Sie Ihr System modular auf und orientieren Sie die Fehlerbehandlung an den Modulen: Jedes Modul erledigt eine spezielle Aufgabe. Wenn ein Modul entscheidet, dass es nicht in der Lage ist, seine Aufgabe zu erfüllen, kann es dies an ein anderes Modul weitermelden. Halten Sie die Fehlerbehandlung innerhalb eines Moduls möglichst einfach (das erhöht die Wahrscheinlichkeit einer korrekten und effizienten Bearbeitung) und richten Sie ein Modul für die Behandlung schwerer Fehler ein. Ein gutes, zuverlässiges System besteht aus mehreren Modulen und Schichten. Auf jeder Schicht werden schwere Fehler einem Modul der nächsten Schicht gemeldet – am Ende dieser Kette kann die Fehlermeldung sogar an eine Person gehen. Ein Modul, dem ein schwerer Fehler gemeldet wird (d.h. ein Fehler, den ein anderes Modul nicht behandeln konnte), kann dann eine entsprechende Aktion ausführen – z.B. ein Neustart des Moduls veranlassen, das den Fehler entdeckt hat, oder mit einem weniger komplexen (aber robusteren) „Reserve"-Modul weitermachen. Die genaue Definition eines „Moduls" für ein bestimmtes System hängt vom Gesamtdesign des Systems ab, aber man kann sich darunter beispielsweise eine Klasse, eine Bibliothek, ein Programm oder alle Programme auf einem Computer vorstellen.

- *Überwachen Sie Subsysteme*, wenn diese Probleme nicht selbst bemerken oder nicht bemerken können. In einem System, das aus mehreren Schichten besteht, können die höheren Schichten die unteren Schichten überwachen. Viele Systeme, die auf keinen Fall ausfallen dürfen (z.B. Schiffsdieselmotoren oder Kontrollsysteme für Raumstationen), unterhalten wichtige Subsysteme in dreifacher Ausführung. Die Zahl drei wurde nicht nur gewählt, um zwei Reservesysteme in der Hinterhand zu haben, sondern auch um Dissensen darüber, welches Subsystem sich jetzt falsch verhält, mit einer 2:1-Mehrheit lösen zu können. Verdreifachung ist besonders nützlich, wenn eine Organisation in mehrere Schichten zu schwierig ist (z.B. auf der höchsten Ebene eines Systems oder Subsystems, das nicht ausfallen darf).

Wir können noch so viel Arbeit in ein Design stecken und noch so sorgfältig bei der Implementierung sein – irgendwann wird das System Fehler machen. Deshalb müssen Sie jedes System, bevor Sie es an einen Kunden ausliefern, systematisch und sehr gründlich testen (siehe Kapitel 26).

25.3 Speicherverwaltung

Die zwei wichtigsten Ressourcen eines Computers sind Zeit (Ausführungsgeschwindigkeit) und Raum (Speicher für Daten und Code). In C++ gibt es drei Möglichkeiten, um Speicher für Daten zu reservieren (§17.4, §A.4.2):

- *Statischer Speicher*: wird vom Linker reserviert und besteht so lange, wie das Programm ausgeführt wird.
- *Stackspeicher (automatisch)*: wird reserviert, wenn wir eine Funktion aufrufen, und freigegeben, wenn wir aus der Funktion wieder zurückkehren.
- *Dynamischer Speicher (Heap)*: wird mit **new** reserviert und für eine eventuelle Wiederverwendung mit **delete** freigegeben.

Wir werden diese drei Techniken der Speicherzuweisung nun noch einmal aus der Perspektive der Programmierung eingebetteter Systeme beleuchten – mit besonderem Fokus auf den Bedürfnissen von Aufgaben, für die Vorhersagbarkeit unverzichtbar ist (wie bei harten Echtzeit- und sicherheitskritischen Programmen üblich).

Statischer Speicher stellt bei der Programmierung eingebetteter Systeme kein besonderes Problem dar: Alles ist bereits erledigt, bevor mit der Ausführung des Programms begonnen wird und lange bevor ein System installiert ist.

Stackspeicher kann zu einem Problem werden, wenn zu viel davon aufgebraucht wird. Allerdings lässt sich dieses Problem relativ leicht lösen. Die Designer eines Systems müssen lediglich festlegen, dass der Stack bei keiner Programmausführung einen bestimmten Grenzwert überschreitet. In der Regel bedeutet dies, dass wir die Verschachtelung von Funktionsaufrufen beschränken müssen; was wiederum bedeutet, dass wir in der Lage sein müssen nachzuweisen, dass eine Aufrufkette (z.B. **f1** ruft **f2** ruft ... ruft **fn** auf) niemals zu lang wird. In einigen Systemen hat dies zur Ächtung von rekursiven Funktionen geführt – eine Maßnahme, die für manche Systeme und bestimmte rekursive Funktionen sicherlich vernünftig, jedoch nicht zwingend erforderlich ist. Ich *weiß* zum Beispiel, dass für **factorial(10)** die Funktion **factorial** höchstens zehnmal aufgerufen wird. Ein Programmierer, der ein eingebettetes System implementiert, könnte jedoch ebenso gut eine iterative Implementierung von **factorial** (§15.5) vorziehen, um alle Zweifel auszuräumen oder sämtliche Eventualitäten auszuschließen.

Dynamische Speicherallokation ist normalerweise überhaupt nicht oder nur sehr eingeschränkt zulässig. Das heißt, der Gebrauch von **new** ist entweder untersagt oder nur zu Beginn erlaubt und der Gebrauch von **delete** ist ebenfalls verboten. Die wichtigsten Gründe dafür sind:

- *Vorhersagbarkeit*: Die Allokation von Freispeicher ist nicht vorhersagbar. Das heißt, es handelt sich dabei nicht um eine Operation von garantierter konstanter Zeitdauer. Meistens ist sie nicht konstant: In vielen Implementierungen von **new** kann die Zeit, die benötigt wird, um Speicher für ein neues Objekt zu reservieren, dramatisch zunehmen, wenn bereits viele Objekte alloziert und dealloziert wurden.

- *Fragmentierung*: Der Freispeicher kann in „Fragmente zerfallen". Das bedeutet, dass nach der Allokation und Deallokation von Objekten der verbliebene freie Speicher aus vielen kleinen, nicht verwendeten „Lücken" bestehen könnte, die wertlos sind, weil jede Lücke für sich zu klein ist, um ein Objekt der Anwendung aufzunehmen. Folglich kann die Größe des nutzbaren Freispeichers viel kleiner sein als die Größe des ursprünglichen Freispeichers minus der Größe der allozierten Objekte.

Der nächste Abschnitt erläutert, wie es zu diesem inakzeptablen Zustand kommen kann. Fazit ist jedoch, dass wir für harte Echtzeit- oder sicherheitskritische Systeme Programmiertechniken vermeiden müssen, die sowohl **new** als auch **delete** verwenden. Die folgenden Abschnitte erläutern, wie Sie mithilfe von Stacks und Pools Probleme mit dem Freispeicher systematisch umgehen können.

25.3.1 Probleme mit dem Freispeicher

Warum ist die Verwendung von **new** so problematisch? Eigentlich gibt es erst Probleme, wenn **new** und **delete** zusammen verwendet werden. Betrachten Sie dazu das Ergebnis der nachstehend aufgeführten Folge von Allokationen und Deallokationen:

```
Message* get_input(Device&);   // lege eine Nachricht im Freispeicher ab

while(/* ... */) {
  Message* p = get_input(dev);
  // ...
  Node* n1 = new Node(arg1,arg2);
  // ...
  delete p;
  Node* n2 = new Node (arg3,arg4);
  // ...
}
```

25.3 Speicherverwaltung

Bei jedem Schleifendurchgang erzeugen wir zwei **Node**-Objekte und dazu ein **Message**-Objekt, das wir wieder löschen. Code wie dieser könnte durchaus Teil eines größeren Codeabschnitts sein, mit dem eine Datenstruktur auf der Basis von Eingaben aus irgendeinem „Gerät" aufgebaut wird. Betrachtet man den Code, könnte man davon ausgehen, das wir bei jedem Schleifendurchlauf **2*sizeof(Node)**-Bytes an Speicher (plus Freispeicher-Overhead) belegen. Leider gibt es keine Garantie, dass der tatsächliche Speicherverbrauch auf die erwarteten und erwünschten **2*sizeof(Node)**-Bytes beschränkt ist. Im Gegenteil, es ist eher unwahrscheinlich.

Geht man von einem einfachen (aber nicht unrealistischen) Speichermanager aus und nimmt man weiterhin an, dass ein **Message**-Objekt ein wenig größer ist als ein **Node**-Objekt, so kann man sich die Belegung des Freispeichers wie in ▶ Abbildung 25.2 veranschaulichen.

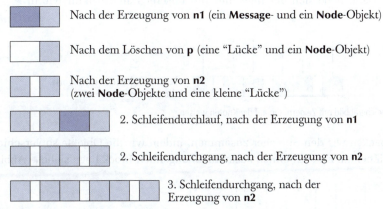

Nach der Erzeugung von **n1** (ein **Message**- und ein **Node**-Objekt)

Nach dem Löschen von **p** (eine "Lücke" und ein **Node**-Objekt)

Nach der Erzeugung von **n2** (zwei **Node**-Objekte und eine kleine "Lücke")

2. Schleifendurchlauf, nach der Erzeugung von **n1**

2. Schleifendurchgang, nach der Erzeugung von **n2**

3. Schleifendurchgang, nach der Erzeugung von **n2**

Abbildung 25.2: Entstehung von Lücken bei der Speicherbelegung (die Farbe Orange steht für das **Message**-Objekt, Grün für die **Node**-Objekte und ein schlichtes Weiß für „die Lücken", d.h. den ungenutzten Speicherplatz)

In Abbildung 25.2 sehen wir ganz deutlich, dass wir bei jedem Speicherdurchlauf nicht mehr nutzbaren Speicherplatz (eine „Lücke") im Freispeicher zurücklassen. Vielleicht handelt es sich dabei nur um einige Byte, doch wenn sich diese Lücken nicht sinnvoll nutzen lassen, sind sie fast so schlimm wie ein Speicherleck – und sogar ein kleines Speicherleck kann irgendwann ein langlebiges Programm zu Fall bringen. Besteht der Freispeicher nur noch aus vielen „Lücken", die zu klein sind, um darin neue Objekte zu allozieren, spricht man von *Speicherfragmentierung*. Irgendwann wird der Freispeichermanager alle Lücken, die groß genug sind, um die vom Programm erzeugten Objekte aufzunehmen, aufgebraucht haben, sodass nur noch die Lücken übrig bleiben, die zu klein sind, um von irgendeinem Nutzen zu sein. Dies stellt für alle länger laufenden Programme, die extensiven Gebrauch von **new** und **delete** machen, ein großes Problem dar. Zumal es schon kritisch wird, wenn die nicht nutzbaren Fragmente den größten Teil des Speichers belegen (was gar nicht so selten vorkommt). Durch die Fragmentierung erhöht sich nämlich der Zeitaufwand für die Ausführung von **new**, da nun unzählige Objekte und Fragmente durchsucht werden müssen, um einen geeignet großen Speicherplatz zu finden. Dies ist eindeutig kein Verhalten, das wir für eingebettete Systeme akzeptieren können. Aber auch für gedankenlos entwickelte nicht eingebettete Systeme kann ein solches Verhalten ein ernstes Problem darstellen.

Warum kann sich nicht „die Sprache" oder „das System" um dieses Problem kümmern? Oder könnten wir unser Programm nicht vielleicht so schreiben, dass es erst gar keine dieser „Lücken" erzeugt? Lassen Sie uns zuerst die nächstliegende Lösung untersuchen: das Verschieben der Node-Objekte, bis der gesamte dazwischenliegende freie Speicher in einem zusammenhängenden Block zusammengefasst ist, der sich wieder für die Zuweisung weiterer Objekte nutzen lässt.

Leider kann „das System" diese Aufgabe nicht übernehmen. Schuld daran ist C++ oder genauer gesagt der Umstand, dass sich C++-Code direkt auf Objekte im Speicher bezieht. So enthalten z.B. die Zeiger n1 und n2 reale Speicheradressen. Würden die Objekte verschoben, auf die diese Zeiger weisen, dann würden die Adressen nicht länger auf die richtigen Objekte verweisen. Zur Verdeutlichung wollen wir uns vorstellen, wir hätten (irgendwo) Zeiger eingerichtet, die auf die von uns erstellten Knoten weisen. Dann ließe sich der relevante Teil unserer Datenstruktur wie in ▶ Abbildung 25.3 darstellen.

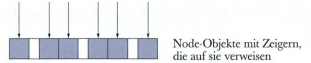
Node-Objekte mit Zeigern, die auf sie verweisen

Abbildung 25.3: Speicherabbild mit Zeigern, die auf die Knoten weisen

Anschließend packen wir den Speicher zusammen, indem wir die Objekte so verschieben, dass der ungenutzte Speicher am Ende in einem zusammenhängenden Block liegt, siehe ▶ Abbildung 25.4.

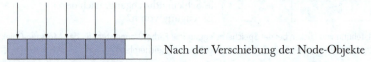
Nach der Verschiebung der Node-Objekte

Abbildung 25.4: Speicherabbild nach der Speicherzusammenfassung

Leider stimmen jetzt, da wir die Objekte verschoben haben, die Zeiger nicht mehr. Warum aktualisieren wir dann nicht einfach die Zeiger? Wir könnten ein externes Tool schreiben, dass diese Aufgabe übernimmt, doch dies setzt detaillierte Kenntnisse über die Datenstruktur voraus. Erschwerend kommt hinzu, dass das System (das C++-Laufzeitsystem) nicht weiß, wo sich die Zeiger befinden; was bedeutet, dass wir auf die Frage „Welche Zeiger in dem Programm weisen zurzeit auf ein bestimmtes Objekt?" keine befriedigende Antwort erhalten. Und selbst wenn sich dieses Problem leicht lösen ließe, wäre dieser Ansatz (auch *compacting garbage collection* genannt, zu Deutsch „Speicherbereinigung mit Verschiebung") nicht immer der richtige. Denn um gut zu funktionieren, um die Zeiger überwachen und die Objekte verschieben zu können, benötigt man in der Regel doppelt so viel Speicher wie der maximale Speicherbedarf des ursprünglichen Programms. Dieser zusätzliche Speicher steht aber nicht in jedem eingebetteten System zur Verfügung. Außerdem ist es sehr schwer solche Speicherbereiniger so zu programmieren, dass sie effizient und gleichzeitig vorhersagbar sind.

Wir könnten die Frage „Wo sind die Zeiger?" natürlich auch nur für unsere eigenen Datenstrukturen beantworten und nur diese zusammenfassen. Das wäre machbar. Einfacher wäre es allerdings, die Fragmentierung von Anfang an zu vermeiden. Für unser Beispiel hieße das lediglich, dass wir zuerst den Speicher für die beiden Node-Objekte und anschließend den Speicher für das Message-Objekt reservieren müssen:

```
while( ... ) {
  Node* n1 = new Node;
  Node* n2 = new Node;
  Message* p = get_input(dev);
  // ... Informationen in Knoten speichern ...
  delete p;
  // ...
}
```

Im Allgemeinen fällt das Umstellen von Code mit dem Ziel, eine Fragmentierung zu vermeiden, allerdings nicht so leicht. Im Gegenteil: Meist gestaltet sich die Umstellung schwierig und lässt sich nicht mit den sonstigen Regeln für guten Code vereinbaren. Aus diesem Grund ziehen wir es vor, die Verwendung von Freispeicher auf Einsatzbereiche zu beschränken, die gar nicht erst zur Fragmentierung führen. Ein Problem vermeiden, ist oft besser, als es zu lösen.

> ### Testen Sie Ihr Können
>
> Vervollständigen Sie das Programm von oben und geben Sie die Adressen und Größen der erzeugten Objekte aus, um festzustellen, ob auf Ihrem Rechner „Lücken" erscheinen und wie sich diese darstellen. Wenn Sie Zeit haben, können Sie zur besseren Veranschaulichung der Vorgänge Speicherskizzen anfertigen.

25.3.2 Alternativen zum üblichen Freispeicher

Wir müssen also darauf achten, dass es nicht zur Fragmentierung des Speichers kommt. Was aber können wir tun? Zunächst einmal ist festzustellen, dass **new** nicht allein für die Fragmentierung verantwortlich ist. Erst im Zusammenspiel mit **delete** werden die Lücken erzeugt. Unsere erste Maßnahme ist daher, **delete** aus unseren Programmen zu verbannen. Dies hat allerdings zur Folge, dass Objekte, die alloziert wurden, für immer Teil des Programms bleiben.

Ohne **delete** ist **new** vorhersagbar; bedeutet das aber, dass alle **new**-Operationen gleich viel Zeit benötigen? Ja, in allen gängigen Implementierungen, obwohl dies nicht vom Standard gefordert wird. In der Regel verfügt ein eingebettetes System über eine Start-Codesequenz, die das System nach dem Start oder Neustart als „Fertig zur Ausführung" einrichtet. Während dieser Zeit können wir beliebig viel Speicher (bis zum zulässigen Maximum) allozieren. Wir könnten uns entscheiden, **new** während dieser Startphase zu verwenden. Alternativ (oder zusätzlich) könnten wir globalen (statischen) Speicher zur zukünftigen Verwendung reservieren. Der Programmstruktur zuliebe sollten Sie zwar möglichst auf globale Daten verzichten, aber für eine Vorabreservierung von Speicher kann dieser Sprachmechanismus durchaus sinnvoll sein. Die genauen Regeln hierfür sollten in einem systemspezifischen Codierstandard festgehalten werden (siehe §25.6).

Es gibt zwei Datenstrukturen, die für eine vorhersagbare Speicherallokation besonders nützlich sind:

- *Stacks*: Ein Stack ist eine Datenstruktur, die es uns gestattet, beliebig viel Speicher zu reservieren (bis zu einem zulässigen Maximum), von dem wir aber immer (nur) die letzte Allokation freigeben können. Das heißt, ein Stack wächst und schrumpft nur an seinem Ende. Es kann nicht zur Fragmentierung kommen, weil es zwischen zwei Allokationen keine „Lücke" gibt.

- *Pools*: Ein Pool ist eine Sammlung von Objekten gleicher Größe. Wir können so lange Speicher für Objekte reservieren und wieder freigeben, wie wir nicht die Größe des Pools überschreiten. Es kann nicht zur Fragmentierung kommen, weil die Objekte alle die gleiche Größe haben.

Sowohl für Stacks als auch für Pools sind Allokation und Deallokation vorhersagbar und schnell.

Für harte Echtzeit- oder kritische Systeme können wir also ganz nach Bedarf Stacks und Pools definieren. Ja, wir können sogar Stacks und Pools verwenden, die von anderen spezifiziert, implementiert und getestet wurden (sofern die Spezifikation unseren Bedürfnissen entspricht).

Beachten Sie, dass die die Container (**vector**, **map** usw.) und der Typ **string** aus der Standardbibliothek nicht verwendet werden dürfen, da sie indirekt **new** verwenden. Sie können standardähnliche Container erstellen (bzw. kaufen oder übernehmen), die vorhersagbar sind, doch auf die Standardcontainer, die Teil Ihrer Implementierung sind, müssen Sie in eingebetteten Systemen verzichten.

Beachten Sie, dass eingebettete Systeme normalerweise sehr strenge Anforderungen an die Zuverlässigkeit stellen. Wenn wir uns also für eine Lösung entscheiden, müssen wir sicherstellen, dass sie nicht durch Einsatz zu vieler maschinennaher Hilfsmittel unseren Programmierstil aufweicht. Es ist äußerst schwierig, die Korrektheit von Code mit vielen Zeigern, expliziten Umwandlungen usw. zu garantieren.

25.3.3 Pool-Beispiel

Ein *Pool* ist eine Datenstruktur, in der wir Objekte eines vorgegebenen Typs allozieren und später deallozieren (freigeben) können. Ein Pool enthält eine maximale Anzahl von Objekten. Diese Zahl wird bei der Einrichtung des Pools festgelegt.

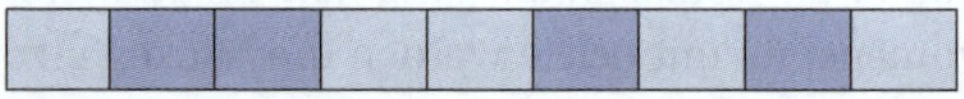

Abbildung 25.5: Aufbau eines Pools (die grünen Bereiche stehen für „allozierte Objekte", die blauen Bereiche für „Speicher, der für die Allokation zur Verfügung steht")

Ein **Pool** lässt sich wie folgt definieren:

```
template<class T, int N>class Pool { // Pool von N Objekten des Typs T
public:
    Pool();                 // erstelle einen Pool mit N Ts
    T* get();               // stelle ein T aus dem Pool zur Verfügung; liefere 0 zurück,
                            // wenn es keine freien Ts gibt
    void free(T*);          // gebe ein T, das mit get() angefordert wurde, an den Pool zurück
    int available() const;  // Anzahl der freien Ts
private:
    // Platz für T[N] und Daten, um zu verfolgen, welche Ts alloziert wurden und
    // welche nicht (z.B. eine Liste der freien Objekte)
};
```

Jedes **Pool**-Objekt wird für Elemente eines bestimmten Typs und eine maximale Anzahl von Elementen definiert:

Pool<Small_buffer,10> sb_pool;
Pool<Status_indicator,200> indicator_pool;

Small_buffer* p = sb_pool.get();
// ...
sb_pool.free(p);

Es obliegt dem Programmierer sicherzustellen, dass ein Pool nie gänzlich aufgebraucht wird. Die genaue Bedeutung von „sicherstellen" hängt von der jeweiligen Anwendung ab. Einige Systeme verlangen, dass der Programmierer den Code so schreibt, dass **get()** nur dann aufgerufen wird, wenn es auch ein freies Objekt gibt. Bei anderen Systemen kann der Programmierer das Ergebnis von **get()** testen und gegebenenfalls, wenn das Ergebnis **0** ist, eine Abhilfemaßnahme einleiten. Ein charakteristisches Beispiel für den letztgenannten Fall ist ein Telefonsystem, das höchstens 100.000 Anrufe gleichzeitig bearbeiten kann. Für jeden Anruf wird eine Ressource, beispielsweise ein Wählpuffer, alloziert. Wenn das System keinen Wählpuffer mehr zur Verfügung hat (d.h., wenn **dial_buffer_pool.get()** den Wert **0** zurückliefert), verweigert das System den Aufbau weiterer Verbindungen (wobei es unter Umständen einige der bestehenden Anrufe „abwürgt", um Platz zu schaffen). Die betroffenen Anrufer können es ja später noch einmal versuchen.

Natürlich ist unser **Pool**-Template nur eine von vielen Möglichkeiten, die allgemeine Idee eines Pools auszudrücken. In Fällen, in denen die Beschränkungen für die Speicherallokation weniger strikt sind, können wir Pools definieren, bei denen die Anzahl der Elemente im Konstruktor angegeben wird oder die Anzahl der Elemente sogar später geändert werden kann, falls wir mehr Objekte benötigen, als wir ursprünglich angegeben haben.

25.3.4 Stack-Beispiel

Ein *Stack* ist eine Datenstruktur, in der wir Speichereinheiten allozieren und die zuletzt allozierte Einheit deallozieren können.

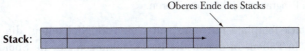

Abbildung 25.6: Aufbau eines Stacks, der nach rechts „wächst" (die dunklen Bereiche stehen für „allozierte Objekte", die helleren Bereiche für „Speicher, der für die Allokation zur Verfügung steht")

Einen Objekt-Stack können wir in der gleichen Weise wie einen Objekt-Pool definieren:

template<class T, int N> class Stack {   // Stack von Objekten des Typs T
  // ...
};

Allerdings arbeiten die meisten Systeme mit Objekten unterschiedlicher Größe. Da sich diese bei entsprechender Implementierung in einem Stack, nicht aber in einem Pool allozieren lassen, zeigen wir Ihnen im Folgenden, wie Sie einen Stack definieren, in dem Sie „rohen" Speicher beliebiger Größe anstelle Objekte fester Größe allozieren können:

```
template<int N>class Stack { // Stack von N Bytes
public:
    Stack();                // erstelle einen Stack von N Bytes
    void* get(int n);       // alloziere n Bytes auf dem Stack;
                            // liefere 0 zurück, wenn kein Platz frei ist
    void free();            // gebe den letzten, von get() zur Verfügung gestellten
                            // Speicherbereich an den Stack zurück
    int available() const;  // Anzahl der verfügbaren Bytes
private:
    // Platz für char[N] und Daten, um zu verfolgen, wo die Grenze zwischen
    // alloziertem und freiem Speicher verläuft und wo nicht (beispielsweise in Form eines
    // Zeigers auf das obere Ende des Stacks)
};
```

Die Memberfunktion **get()** liefert einen **void***-Zeiger zurück, der auf die angeforderte Anzahl von Bytes weist. Unsere Aufgabe ist es, diesen Speicher in die Art von Objekt umzuwandeln, die wir darin speichern möchten. Die Arbeit mit einem solchen Stack sieht daher folgendermaßen aus:

```
Stack<50*1024> my_free_store; // 50 KB Speicherplatz, der als Stack genutzt werden kann

void* pv1 = my_free_store.get(1024);
int* buffer = static_cast<int*>(pv1);

void* pv2 = my_free_store.get(sizeof(Connection));
Connection* pconn = new(pv2) Connection(incoming,outgoing,buffer);
```

Die Verwendung von **static_cast** wird in §17.8 beschrieben. Das Konstrukt **new(pv2)** ist ein sogenanntes „Placement **new**". Es bedeutet: „Erstelle ein Objekt in dem Speicherplatz, auf den **pv2** zeigt". Damit wird keine Allokation vorgenommen. Außerdem wir davon ausgegangen, dass der Typ **Connection** einen Konstruktor besitzt, der die Argumentenliste **(incoming,outgoing,buffer)** akzeptiert. Sollte dies nicht der Fall sein, lässt sich das Programm nicht kompilieren.

Natürlich ist unser **Stack**-Template nur eine von vielen Möglichkeiten, die allgemeine Idee eines Stacks auszudrücken. In Fällen, in denen die Beschränkungen für die Speicherallokation weniger strikt sind, können wir Stacks definieren, bei denen die Anzahl der verfügbaren Bytes im Konstruktor angegeben wird.

25.4 Adressen, Zeiger und Arrays

Nicht jedes eingebettete Systeme muss vorhersagbar sein, aber es gibt keines, dass es sich leisten könnte, unzuverlässig zu sein. Aus diesem Grund versucht man, Sprachmittel und Programmiertechniken zu vermeiden, die sich – bei der Programmierung eingebetteter Systeme wie auch in anderen Bereichen –

als fehleranfällig erwiesen haben. Ganz zuvorderst steht hier natürlich der sorglose Umgang mit Zeigern, speziell

- das explizite (ungeprüfte und unsichere) Umwandeln von Zeigern;
- die Übergabe von Zeigern auf Array-Elemente.

Das erste Problem lässt sich normalerweise relativ einfach dadurch lösen, dass man die Verwendung von expliziten Typumwandlungen (Casts) rigoros einschränkt. Das Zeiger/Array-Problem ist dagegen schon etwas kniffliger, setzt ein tieferes Verständnis der Materie voraus und lässt sich am besten durch den Einsatz (einfacher) Klassen oder Bibliothekselemente (wie **array**, §20.9) umgehen. Entsprechend konzentriert sich dieser Abschnitt vornehmlich auf die Behandlung des letztgenannten Problems.

25.4.1 Ungeprüfte Umwandlungen

Physikalische Ressourcen (z.B. Steuerregister für externe Geräte) und deren elementarste Softwaresteuerungen befinden sich normalerweise an speziellen Adressen in maschinennahen Systemen. Wir müssen diese Adressen in unsere Programme eingeben und wir müssen für die dahinter stehenden Daten einen Typ finden. Zum Beispiel:

Device_driver* p = reinterpret_cast<Device_driver*>(0xffb8);

Siehe hierzu auch §17.8. Dies ist die Art von Programmierung bei der man ein Handbuch oder eine Onlinedokumentation neben sich hat. Die Verbindung zwischen einer Hardwareressource – d.h. der oder den Registeradresse(n) der Ressource (ausgedrückt als ganze, meist hexadezimale Zahl) – und den Zeigern der Software, die die Hardwareressource manipuliert, ist äußerst zerbrechlich und Sie müssen sie ganz auf sich gestellt, ohne Unterstützung seitens des Compilers (schließlich ist dies kein Problem der Programmiersprache) herstellen. Meist in Form einer einfachen (und hässlichen, weil vollständig ungeprüften) **reinterpret_cast**-Umwandlung von einem **int**-Wert in einen Zeigertyp, die dann das entscheidende Bindeglied in der Kette der Verbindungen von der Anwendung zu ihren nicht trivialen Hardwareressourcen bildet.

Grundsätzlich gilt jedoch: Vermeiden Sie explizite Umwandlungen (**reinterpret_cast**, **static_cast** usw., siehe §A.5.7), sofern sie nicht unbedingt erforderlich sind. Solche Umwandlungen (Casts) werden nur selten benötigt, auf jeden Fall viel seltener, als es die meisten Programmierer, die ihre ersten Erfahrungen mit C oder C++ im C-Stil gesammelt haben, vermuten würden.

25.4.2 Ein Problem: dysfunktionale Schnittstellen

Wie bereits erwähnt (§18.5.1), werden Arrays oft in Form von Zeigern auf ein Element (meist das erste Element) an Funktionen übergeben. Dabei „verlieren" die Arrays ihre Größe, da die empfangenden Funktionen nicht wissen, auf wie viele Elemente der Zeiger weist (falls überhaupt Elemente enthalten sind). Dies ist die Ursache von vielen schwer aufzuspürenden und schwer zu behebenden Fehlern. Im Folgenden werden wir einige Beispiele zu diesem Array/Zeigerproblem untersuchen und eine Alternative aufzeigen. Ausgangsbasis soll eine sehr schlechte (aber leider nicht selten anzutreffende) Schnittstelle sein, die wir dann nach und nach verbessern:

25 Programmierung eingebetteter Systeme

```
void poor(Shape* p, int sz)    // schlechtes Schnittstellendesign
{
    for (int i = 0; i<sz; ++i) p[i].draw();
}

void f(Shape* q, vector<Circle>& s0)    // sehr schlechter Code
{
    Polygon s1[10];
    Shape s2[10];
    // initialisiere
    Shape* p1 = new Rectangle(Point(0,0),Point(10,20));
    poor(&s0[0],s0.size());    // Nr. 1 (übergibt das Array aus dem Vektor)
    poor(s1,10);               // Nr. 2
    poor(s2,20);               // Nr. 3
    poor(p1,1);                // Nr. 4
    delete p1;
    p1 = 0;
    poor(p1,1);                // Nr. 5
    poor(q,max);               // Nr. 6
}
```

 Die Funktion **poor()** ist ein Beispiel für schlechtes Schnittstellendesign. Ihre Schnittstelle lässt dem Aufrufer viel Freiraum für Fehler, während der Implementierer praktisch keine Möglichkeit hat, sich gegen solche Fehler zu verteidigen.

Testen Sie Ihr Können

Bevor Sie weiterlesen, versuchen Sie herauszufinden, wie viele Fehler in **f()** enthalten sind. Welche Aufrufe von **poor()** könnten das Programm zum Absturz bringen?

Auf den ersten Blick sehen alle Aufrufe ganz in Ordnung aus, aber meistens ist es Code wie dieser, der dem Programmierer nächtelange Debug-Sitzungen und dem Qualitätsmanager Albträume beschert.

1 Übergabe des falschen Elementtyps, z.B. **poor(&s0[0],s0.size())**. Außerdem könnte **s0** leer und dementsprechend **&s0[0]** falsch sein.

2 Die Verwendung einer „magischen Konstante" (hier korrekt): **poor(s1,10)**. Ebenfalls falscher Elementtyp.

3 Verwendung einer „magischen Konstante" (diesmal zudem falsch): **poor(s2,20)**.

4 Korrekt (leicht zu überprüfen: erster Aufruf **poor(p1,1)**.

5 Die Übergabe eines Nullzeigers: zweiter Aufruf **poor(p1,1)**.

6 Vielleicht korrekt: **poor(q,max)**, was sich jedoch an dem Codefragment nicht ablesen lässt. Um festzustellen, ob **q** auf ein Array mit mindestens **max** Elemente zeigt, müssen wir die Definitionen von **q** und **max** finden und ihre aktuellen Werte ermitteln.

Alle diese Fehler sind von relativ einfacher Natur. Keine subtilen algorithmischen Fehler oder komplizierte Datenstrukturen, die uns Rätsel aufgeben. Hervorgerufen durch die Schnittstelle von **poor()**, die ein Array enthält, das als Zeiger übergeben wird und damit einer ganzen Reihe von Problemen Tür und Tor öffnet. Beachten Sie auch, wie wir durch die Verwendung von „technischen", wenig hilfreichen Namen wie **p1** und **s0** die Probleme zusätzlich verschleiert haben. Aussagekräftige, mnemonische Namen könnten die Lage ein wenig verbessern oder, wenn die Bezeichnungen irreführend sind, weiter verschlimmern.

Theoretisch könnte ein Compiler einige dieser Fehler abfangen (beispielsweise den zweiten Aufruf von **poor(p1,1)**, für den **p1==0** ist). Realistischerweise sollten wir uns allerdings nichts vormachen: Der obige Code wird nur deshalb nicht in die Katastrophe führen, weil der Compiler merkt, dass wir versuchen, Objekte der abstrakten Klasse **Shape** zu definieren. Da dies jedoch in keinem Zusammenhang zu den Schnittstellenproblemen von **poor()** steht, ist dies kein wirklicher Trost. Im Folgenden verwenden wir eine Variante von **Shape**, die nicht abstrakt ist, damit wir nicht von den Schnittstellenproblemen abgelenkt werden.

Wieso ist der Aufruf **poor(&s0[0],s0.size())** ein Fehler? **&s0[0]** bezieht sich auf das erste Element eines Arrays von **Circle**-Objekten: es ist ein **Circle***-Zeiger. Wir erwarten einen **Shape***-Zeiger und übergeben einen Zeiger auf ein Objekt einer Klasse, die von **Shape** abgeleitet wurde (hier ein **Circle***-Zeiger). Dies ist absolut korrekt und zulässig. Ohne diese Art von Umwandlung könnten wir nicht objektorientiert programmieren, d.h. auf Objekte einer Vielzahl von Typen über deren gemeinsame Schnittstelle (hier **Shape**) zugreifen (§14.2). Problematisch wird das Ganze erst dadurch, dass **poor()** seinen **Shape***-Parameter nicht nur als Zeiger, sondern auch als Array verwendet und indiziert:

`for (int i = 0; i<sz; ++i) p[i].draw();`

Das heißt, **poor()** greift auf die Objekte an den Speicherpositionen **&p[0]**, **&p[1]**, **&p[2]** ... zu, siehe ▶ Abbildung 25.7.

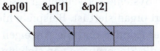

Abbildung 25.7: Indizierung teilt ein Array in „Elemente" auf

Die Speicheradressen, auf die diese Zeiger verweisen, liegen **sizeof(Shape)** Bytes auseinander (§17.3.1). Leider hat der Aufrufer von **poor()** das Pech, dass **sizeof(Circle)** größer ist als **sizeof(Shape)**, siehe ▶ Abbildung 25.8.

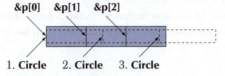

Abbildung 25.8: Verwendete und tatsächliche Grenzen der Array-Elemente

Das bedeutet, dass **poor()** die Funktion **draw()** mit einem Zeiger aufruft, der mitten in die **Circle**-Objekte weist! Dies führt mit großer Sicherheit zu einem unmittelbaren Desaster (Programmabsturz).

Der Aufruf **poor(s1,10)** ist noch tückischer. Er beruht auf einer „magischen Konstante" und wird deshalb bei der Wartung sofort als potenzielle Gefahrenquelle eingestuft. Das eigentliche Problem liegt aber tiefer. Der einzige Grund, warum die Verwendung eines Arrays von **Polygon**-Objekten nicht direkt zu den gleichen Problemen führt wie das Array von **Circle**-Objekten, ist, dass **Polygon** keine Datenmember zu seiner Basisklasse **Shape** hinzugefügt hat (im Gegensatz zu **Circle**, siehe §13.8 und §13.12). Folglich ist **sizeof(Shape)==sizeof(Polygon)** oder allgemeiner ausgedrückt: ein **Polygon**-Objekt hat das gleiche Speicherlayout wie ein **Shape**-Objekt. Mit anderen Worten: Wir haben einfach nur Glück gehabt. Doch schon die kleinste Änderung in der Definition von **Polygon** kann zum Programmabsturz führen. Obwohl der Aufruf **poor(s1,10)** im Moment korrekt scheint, ist er eine schlummernde Bombe und definitiv kein guter Code.

Dies ist auch der Grund für die allgemeine Sprachregel, dass aus „**D** gleich **B**" nicht „**Container<D>** gleich **Container<B>**" folgt (§19.3.3). Zum Beispiel:

```
class Circle : public Shape { /* ... */ };

void fv(vector<Shape>&);
void f(Shape &);

void g(vector<Circle>& vd, Circle & d)
{
   f(d);     // O.K.: implizite Umwandlung von Circle zu Shape
   fv(vd);   // Fehler: keine Umwandlung von vector<Circle> zu vector<Shape>
}
```

 Nun gut, die Verwendung von **poor()** ist also sehr schlechter Code. Heißt dies aber auch, dass solcher Code bei eingebetteten Systemen vorkommt? Anders formuliert, sind diese Probleme auch in Bereichen relevant, in denen es auf Sicherheit und Leistung ankommt? Oder können wir sie einfach als Risikofaktor für Programmierer nicht kritischer Systeme abtun und diesen von der Verwendung abraten? Viele moderne eingebettete Systeme verwenden grafische Oberflächen, die fast immer – wie unser Beispielcode – objektorientiert organisiert ist. Beispiele hierfür sind die iPod-Benutzeroberfläche, die Benutzeroberflächen einiger Handys und die Anzeigen kleinerer und größerer Geräte (einschließlich Flugzeugen). Aber auch die Steuerungen von sich einander ähnelnden Geräten (beispielsweise verschiedener Elektromotoren) können eine klassische Klassenhierarchie bilden. Es ist daher genau diese Art von Code – und besonders diese Art von Funktionsdeklaration –, die uns Sorge bereiten sollte. Was wir also benötigen, ist ein alternativer, sicherer Weg, wie wir Informationen über Datensammlungen übergeben können, ohne uns irgendwelche Probleme einzuhandeln.

Tipp Wir haben nun gesehen, wie gefährlich es ist, ein integriertes Array als Zeiger plus einer Größenangabe an eine Funktion zu übergeben. Doch was sollen wir stattdessen übergeben? Die einfachste Lösung wäre, eine Referenz auf einen Container, beispielsweise vom Typ **vector**, zu übergeben. Dann können die Probleme, die wir für

void poor(Shape* p, int sz);

beobachtet haben, nicht mehr auftreten:

void general(vector<Shape>&);

Wenn Sie in einer Umgebung programmieren, in der z.B. **std::vector** (oder ein äquivalenter Container) akzeptiert wird, verwenden Sie in Ihren Schnittstellen einfach konsistent **vector** (oder den äquivalenten Container). Übergeben Sie niemals ein integriertes Array als Zeiger plus einer Größe.

Wenn Sie sich nicht auf **vector** oder äquivalente Container beschränken können, betreten Sie ein Terrain, das nicht nur schwierig ist, sondern auch nach Lösungen verlangt, die den Einsatz komplizierter Techniken und Sprachmittel erfordern – auch wenn z.B. die Verwendung der von uns bereitgestellten Klasse (**Array_ref**) recht einfach ist.

25.4.3   Eine Lösung: eine Schnittstellenklasse

Leider können wir in vielen eingebetteten Systemen nicht auf **std::vector** zurückgreifen, weil dazu Freispeicher benötigt wird. Wir können dieses Problem entweder durch eine spezielle Implementierung von **vector** oder (noch einfacher) durch die Verwendung eines Containers lösen, der sich wie ein Vektor verhält, aber keine internen Speichermanagement-Techniken besitzt. Bevor wir uns ein Beispiel für eine solche Schnittstellenklasse ansehen, wollen wir überlegen, welche Kriterien sie erfüllen sollte:

- Sie ist eine Referenz auf Objekte im Speicher (sie besitzt keine eigenen Objekte, alloziert keine Objekte, löscht keine Objekte usw.).
- Sie „kennt" ihre Größe (d.h., sie ist potenziell bereichsüberprüft).
- Sie „kennt" den genauen Typ ihrer Elemente (d.h., sie kann nicht die Quelle von Typfehlern sein).
- Sie lässt sich genauso billig übergeben (kopieren) wie ein (Zeiger,Anzahl)-Paar.
- Sie wird *nicht* implizit in einen Zeiger umgewandelt.
- Es ist problemlos möglich, Teilbereiche zu formulieren (aus dem Bereich der durch ein Schnittstellenobjekt repräsentierten Elemente).
- Sie ist so leicht zu verwenden wie integrierte Arrays.

Wir werden uns dem Kriterium „so leicht zu verwenden wie integrierte Arrays" nur annähern können. Wir wollen schließlich nicht, dass die Klasse so leicht zu verwenden ist, dass Fehler wieder wahrscheinlich werden.

Eine solche Klasse sähe beispielsweise folgendermaßen aus:

```
template<class T>
class Array_ref {
public:
    Array_ref(T* pp, int s) :p(pp), sz(s) { }

    T& operator[ ](int n) { return p[n]; }
    const T& operator[ ](int n) const { return p[n]; }

    bool assign(Array_ref a)
    {
        if (a.sz!=sz) return false;
        for (int i=0; i<sz; ++i) { p[i]=a.p[i]; }
        return true;
    }
```

```
    void reset(Array_ref a) { reset(a.p,a.sz); }
    void reset(T* pp, int s) { p=pp; sz=s; }

    int size() const { return sz; }

    // Standardkopieroperationen:
    // Array_ref besitzt keine Ressourcen
    // Array_ref weist keine Referenzsemantik auf
private:
    T* p;
    int sz;
};
```

Die Klasse **Array_ref** ist nahezu minimalistisch:

- Kein **push_back()** (würde Freispeicher erfordern) und kein **at()** (würde Ausnahmen bedingen).
- **Array_ref** ist eine Art von Referenz, sodass beim Kopieren lediglich (**p,sz**) kopiert wird.
- Durch die Initialisierung mit unterschiedlichen Arrays erhalten wir **Array_ref**-Container vom gleichen Typ, aber mit unterschiedlicher Größe.
- Durch die Aktualisierung von (**p,size**) mithilfe von **reset()** können wir die Größe eines bestehenden **Array_ref**-Containers ändern (viele Algorithmen verlangen die Angabe von Teilbereichen).
- Keine Iterator-Schnittstelle (obwohl diese bei Bedarf jederzeit ergänzt werden kann). Genau genommen ist ein **Array_ref**-Container von der Konzeption her einem durch zwei Iteratoren beschriebenen Bereich sehr ähnlich.

Die Klasse **Array_ref** ist nicht Besitzer der Elemente und ist auch nicht für die Speicherverwaltung zuständig. Sie ist einfach ein Mechanismus, um auf eine Sequenz von Elementen zuzugreifen und diese zu übergeben. Darin unterscheidet sie sich von dem Standardbibliothekstyp **array** (§20.9).

Um die Einrichtung von **Array_ref**-Container zu erleichtern, stellen wir einige nützliche Hilfsfunktionen zur Verfügung:

```
template<class T> Array_ref<T> make_ref(T* pp, int s)
{
    return (pp) ? Array_ref<T>(pp,s) : Array_ref<T>(0,0);
}
```

Wenn wir einen **Array_ref**-Container mit einem Zeiger initialisieren, müssen wir explizit eine Größe angeben. Dies ist eindeutig eine Schwachstelle, da wir hier Gefahr laufen können, eine falsche Größe anzugeben. Es eröffnet uns aber auch die Möglichkeit, einen Zeiger zu verwenden, der das Ergebnis einer impliziten Umwandlung von einem Array einer abgeleiteten Klasse in einen Zeiger auf eine Basisklasse ist – wie z.B. die Umwandlung von **Polygon[10]** in **Shape*** (unserer ursprüngliches Schreckensszenario aus §25.4.2). Manchmal muss man einfach dem Programmierer vertrauen.

Wir haben uns entschieden, Nullzeiger mit besonderer Vorsicht einzusetzen (da sie eine häufige Fehlerquelle darstellen) und wollen deshalb auch eine ähnliche Vorsichtsmaßnahme für leere **vector**-Container treffen:

```cpp
template<class T> Array_ref<T> make_ref(vector<T>& v)
{
    return (v.size()) ? Array_ref<T>(&v[0],v.size()) : Array_ref<T>(0,0);
}
```

Die Idee dahinter ist, das Elemente-Array des **vector**-Containers zu übergeben. Warum aber befassen wir uns hier überhaupt mit **vector**, wo doch davon auszugehen ist, dass dieser Container für Systeme, in denen **Array_ref** zum Einsatz kommt, ungeeignet ist? Der Grund ist, dass er größtenteils die gleichen Schlüsseleigenschaften aufweist wie Container, die in solchen Fällen verwendet werden können (z.B. poolbasierte Container, siehe §25.3.3).

Zu guter Letzt unterstützen wir noch die Initialisierung mit integrierten Arrays, für die der Compiler die Größe kennt:

```cpp
template <class T, int s> Array_ref<T> make_ref(T (&pp)[s])
{
    return Array_ref<T>(pp,s);
}
```

Die etwas seltsame Notation T(&pp)[s] deklariert das Argument **pp** als Referenz auf ein Array von **s** Elementen des Typs **T**. Dadurch haben wir die Möglichkeit, ein **Array_ref** mit einem Array zu initialisieren und uns die Größe zu merken. Die Deklaration eines leeren Arrays ist nicht möglich, sodass wir nicht auf null Elemente testen müssen:

```cpp
Polygon ar[0];     // Fehler: keine Elemente
```

Nun können wir versuchen, unser Beispiel mithilfe von **Array_ref** zu überarbeiten:

```cpp
void better(Array_ref<Shape> a)
{
    for (int i = 0; i<a.size(); ++i) a[i].draw();
}

void f(Shape* q, vector<Circle>& s0)
{
    Polygon s1[10];
    Shape s2[20];
    // initialisiere
    Shape* p1 = new Rectangle(Point(0,0),Point(10,20));
    better(make_ref(s0));      // Fehler: Array_ref<Shape> erforderlich
    better(make_ref(s1));      // Fehler: Array_ref<Shape> erforderlich
    better(make_ref(s2));      // O.K. (keine Umwandlung erforderlich)
    better(make_ref(p1,1));    // O.K.: ein Element
    delete p1;
    p1 = 0;
    better(make_ref(p1,1));    // O.K.: keine Elemente
    better(make_ref(q,max));   // O.K. (wenn max O.K. ist)
}
```

Es lassen sich folgende Verbesserungen feststellen:

- Der Code ist einfacher. Der Programmierer muss sich nur äußerst selten über Größen Gedanken machen, und wenn, dann sind diese Angaben an einer bestimmte Stelle (bei der Erzeugung von **Array_ref**) zu finden und nicht über den ganzen Code verstreut.
- Die Typprobleme mit den **Circle[]**-in-**Shape[]**- und **Polygon[]**-in-**Shape[]**-Umwandlungen werden vom Compiler erkannt und verhindert.
- Probleme mit der falschen Anzahl an Elementen für **s1** und **s2** werden implizit behandelt.
- Potenzielle Probleme mit **max** (und anderen Angaben zur Anzahl der Zeiger) treten deutlicher hervor – es ist die einzige Stelle, an der wir die Größe explizit angeben müssen.
- Nullzeiger und leere **vector**-Container werden implizit und systematisch behandelt.

25.4.4 Vererbung und Container

Was wäre, wenn wir eine Sammlung von **Circle**-Objekten als eine Sammlung von **Shape**-Objekten behandeln wollten – d.h., was wäre, wenn wir die Vorzüge der Polymorphie für unsere Funktion **better()** (eine Variante unserer alten Freundin **draw_all()**, siehe §19.3.2, §22.1.3) nutzen wollten? Nun, eigentlich können wir dies gar nicht. In §19.3.3 und §25.4.2 haben wir gesehen, dass das Typsystem sehr gute Gründe dafür hat, ein **vector<Circle>**-Objekt nicht als ein **vector<Shape>**-Objekt zu akzeptieren. Und aus dem gleichen Grund weigert es sich, ein **Array_ref<Circle>**-Objekt als ein **Array_ref<Shape>**-Objekt zu akzeptieren. Falls Sie sich an die Gründe für diese Verweigerungshaltung nicht mehr richtig erinnern können, lesen Sie sich am besten noch einmal §19.3.3 durch. Die Zusammenhänge sind von ziemlich grundlegender Bedeutung, auch wenn uns die Konsequenzen nicht immer Freude bereiten.

Tipp Damit das polymorphe Verhalten zur Laufzeit erhalten bleibt, müssen wir unsere polymorphen Objekte über Zeiger (oder Referenzen) manipulieren: Wo dies nicht geschieht, wie im Aufruf **p[i].draw()** in **better()**, wird die Polymorphie faktisch bereits preisgegeben. Die Verwendung des Punkts statt des Pfeils (->) hätte uns bereits verraten müssen, dass es Probleme mit der Polymorphie geben würde.

Was also können wir tun? Zuerst einmal *müssen* wir Zeiger (oder Referenzen) und nicht direkt Objekte verwenden. Wir werden also versuchen, **Array_ref<Circle*>**, **Array_ref<Shape*>** usw. anstelle von **Array_ref<Circle>**, **Array_ref<Shape>** usw. zu verwenden.

Bleibt allerdings noch das Problem, dass der Compiler uns nicht von **Array_ref<Circle*>** in **Array_ref<Shape*>** umwandeln lässt, weil die Gefahr besteht, dass wir danach in **Array_ref<Shape*>** Elemente abspeichern, die keine **Circle***-Zeiger sind. Es kommen uns allerdings zwei besondere Umstände zu Hilfe, die es uns erlauben, diese Beschränkung zu umgehen:

- Wir sind hier nicht daran interessiert, das **Array_ref<Shape*>**-Objekt zu modifizieren; wir wollen lediglich die **Shape**-Objekte zeichnen! Dies ist ein interessanter und nützlicher Sonderfall, denn unsere Argumentation gegen eine Umwandlung von **Array_ref<Circle*>** in **Array_ref<Shape*>** wird quasi hinfällig, wenn wir das **Array_ref<Shape*>**-Objekt nicht verändern.
- Alle Arrays von Zeigern haben das gleiche Layout (unabhängig von der Art der Objekte, auf die sie zeigen). Wir müssen also keine Layout-Probleme befürchten (siehe §25.4.2).

Das heißt, es wäre also kein Fehler, ein **Array_ref<Circle*>**-Objekt als ein *unveränderliches* **Array_ref<Shape*>**-Objekt zu behandeln. Folglich müssen wir „nur" noch eine Möglichkeit finden, wie sich dies bewerkstelligen lässt.

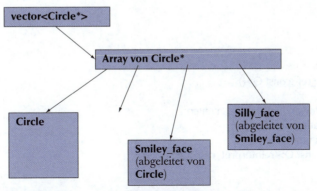

Abbildung 25.9: Ein Array von **Circle***-Zeigern, die auf verschiedene polymorphe Objekte weisen. Logisch gesehen ist es kein Problem dieses Array **von Circle***-Zeigern als ein unveränderliches Array von **Shape***-Zeigern (aus einem **Array_ref**) zu behandeln.

Es sieht ganz so aus, als hätten wir uns auf Expertenterrain verirrt. Dieses Problem ist äußerst kompliziert und mit den bisher vorgestellten Werkzeugen nicht zu lösen. Trotzdem wollen wir uns überlegen, was wir machen müssen, um eine fast perfekte Alternative zu unserem dysfunktionalen, aber allzu beliebten Schnittstellenstil (Zeiger plus Elementzählung; siehe §25.4.2) zu finden. Hüten Sie sich aber davor, sich auf solches Terrain zu begeben, nur um zu beweisen, wie schlau Sie sind. Meistens ist es besser, nach einer geeigneten Bibliothek zu suchen und von der Arbeit und dem Know-how zu profitieren, das die Entwickler der Bibliothek in deren Design, Implementierung und Testen gesteckt haben.

Doch zuerst überarbeiten wir **better()** zu **better2()** – einer Version, die Zeiger verwendet und garantiert, dass wir nicht mit dem Argument-Container „herumspielen":

```
void better2(const Array_ref<Shape*const> a)
{
  for (int i = 0; i<a.size(); ++i)
    if (a[i])
      a[i]->draw();
}
```

Da wir jetzt mit Zeigern arbeiten, testen wir auf Nullzeiger. Und um auszuschließen, dass **better2()** unsere Arrays und Vektoren nicht über irgendwelche unsicheren, von **Array_ref** zur Verfügung gestellten Wege ändert, haben wir der Funktionsdefinition einige **const**-Schlüsselwörter hinzugefügt. Das erste **const** garantiert, dass wir keine ändernden (mutierenden) Operationen wie **assign()** und **reset()** auf unserem **Array_ref**-Objekt durchführen. Das zweite **const** steht hinter dem *, um anzuzeigen, dass wir als Elementtyp konstante Zeiger wünschen (statt Zeiger auf konstante Objekte); d.h., wir stellen sicher, dass wir die Elementzeiger nicht ändern können – selbst dann nicht, wenn die Operationen dafür zur Verfügung stehen.

Bleibt noch das Hauptproblem: Wie drücken wir die Idee aus, dass **Array_ref<Circle*>**

- in etwas wie **Array_ref<Shape*>** (das wir in **better2()** verwenden können),
- genauer gesagt in eine unveränderliche Version von **Array_ref<Shape*>**

umgewandelt werden kann? Wir lösen diese Aufgabe durch Hinzufügen eines geeigneten Umwandlungsoperators zu **Array_ref**:

```
template<class T>
class Array_ref {
public:
  // wie zuvor

  template<class Q>
  operator const Array_ref<const Q>()
  {
    // prüfe implizite Umwandlung von Elementen:
    static_cast<Q>(*static_cast<T*>(0));
    // wandelt Array_ref um:
    return Array_ref<const Q>(reinterpret_cast<Q*>(p),sz);
  }
  // wie zuvor
};
```

Raucht Ihnen schon der Kopf? Im Grunde machen wir eigentlich nur Folgendes:

- Der Operator wandelt für jeden Typ **Q** in den Typ **Array_ref<const Q>** um, vorausgesetzt ein Element des **Array_ref<T>**-Containers kann in ein Element eines **Array_ref<Q>**-Containers umgewandelt werden (wir verwenden das Ergebnis dieser Umwandlung nicht, sondern prüfen nur, ob wir die Elementtypen umwandeln können).

- Wir erstellen einen neuen **Array_ref<const Q>**-Container, wobei wir uns der Brute-Force-Umwandlung mit **reinterpret_cast** bedienen, um einen Zeiger auf den gewünschten Elementtyp zu erhalten. Solche Lösungen haben allerdings oft ihren Preis. In diesem Fall sollten Sie niemals eine **Array_ref**-Umwandlung für eine Klasse vornehmen, die von mehreren Klassen abgeleitet ist (siehe Mehrfachvererbung, §A.12.4).

- Beachten Sie das **const** in **Array_ref<const Q>**: Damit wird sichergestellt, dass wir ein **Array_ref<const Q>** nicht in ein einfaches, veränderbares **Array_ref<Q>** kopieren können.

Wir haben Sie gewarnt: Konstruktionen wie diese bereiten Kopfschmerzen und sollten üblicherweise den Experten vorbehalten bleiben. Der Vorteil dieser **Array_ref**-Version ist jedoch ihre einfache Verwendbarkeit (nur die Definition/Implementierung ist kompliziert):

```
void f(Shape* q, vector<Circle*>& s0)
{
  Polygon* s1[10];
  Shape* s2[20];
  // initialisiere
  Shape* p1 = new Rectangle(Point(0,0),10);
  better2(make_ref(s0));       // O.K.: wandelt um in Array_ref<Shape*const>
  better2(make_ref(s1));       // O.K.: wandelt um in Array_ref<Shape*const>
  better2(make_ref(s2));       // O.K. (keine Umwandlung benötigt)
  better2(make_ref(p1,1));     // Fehler
  better2(make_ref(q,max));    // Fehler
}
```

Der Versuch, Zeiger zu verwenden, führt zu einer Fehlermeldung, weil es sich hierbei um **Shape***-Zeiger handelt, während **better2()** Zeiger vom Typ **Array_ref<Shape*>** erwartet; d.h., **better2()** erwartet etwas, das Zeiger enthält, und nicht den Zeiger selbst. Wenn wir **better2()** Zeiger übergeben wollen, müssen wir sie in einem Container ablegen (z.B. einem integrierten Array oder einem **vector**-Container) und diesen dann übergeben. Für einen einzelnen Zeiger könnten wir den etwas bedenklichen Aufruf **make_ref(&p1,1)** verwenden. Es gibt jedoch keine Lösung für Arrays (mit mehr als einem Element), die ohne die Erzeugung eines Containers mit Zeigern auf Objekten auskäme.

Zusammengefasst lässt sich sagen, dass wir einfache, sichere, leicht zu verwendende und effiziente Schnittstellen erzeugen können, die die Schwächen der Arrays kompensieren. Das war das Hauptziel dieses Abschnitts. „Jedes Problem kann auf einer höheren Abstraktionsebene gelöst werden" ist ein Zitat von David Wheeler, das schon als „erstes Gesetz der Informatik" vorgeschlagen wurde. Und genau auf diese Weise haben wir dieses Schnittstellenproblem gelöst.

25.5 Bits, Bytes und Words

Wir haben bereits über Hardwarespeicherkonzepte wie Bits, Bytes und Words (Wörter) gesprochen. Im Allgemeinen haben wir bei der Programmierung mit diesen Konzepten allerdings kaum zu tun. Stattdessen denken wir in Objekten, die einem speziellen Typ angehören, wie **double**, **string**, **Matrix** oder **Simple_window**. In diesem Abschnitt aber wollen wir eine Programmierebene betrachten, auf der wir uns intensiver mit den Gegebenheiten des zugrunde liegenden physikalischen Speichers befassen müssen.

Sollten Sie unsicher sein, ob Ihr Wissen über die binäre und hexadezimale Darstellung von ganzen Zahlen ausreicht, wäre dies der richtige Zeitpunkt, um sich noch einmal Anhang §A.2.1.1 anzusehen.

25.5.1 Bits und Bitoperationen

Stellen Sie sich ein Byte als eine Folge von 8 Bit vor:

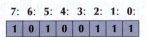

Abbildung 25.10: Ein Byte besteht aus 8 Bit

Beachten Sie die Konvention, die Bits eines Bytes von rechts (dem niedrigstwertigen Bit) nach links (dem höchstwertigen Bit) zu nummerieren. Eine Wort-Einheit können Sie sich analog als eine Folge von 4 Byte vorstellen:

Abbildung 25.11: Ein Wort besteht aus 4 Byte

Auch hier nummerieren wir wieder von rechts nach links, d.h. vom niedrigstwertigen zum höchstwertigen Byte. Diese Darstellungen spiegeln die Realität allerdings nur vereinfacht und unvollständig wider. Beispielsweise gab es früher sogar Computer, bei denen ein Byte 9 Bit umfasste (allerdings haben wir seit über zehn Jahren keinen Vertreter dieser Gattung mehr gesehen), und nicht selten stößt man auf Rechner, auf denen ein Wort nur 2 Byte lang ist. Solange Sie jedoch daran denken, Ihre Systemdokumentation zu konsultieren, bevor Sie von den „8 Bit" und den „4 Byte" ausgehen, sollten Sie aus dem Schneider sein.

Für Code, der portierbar sein soll, sollten Sie mithilfe von <limits> (§24.2.1) sicherstellen, dass Ihre Annahmen hinsichtlich der Größen korrekt sind.

Wie repräsentieren wir einen Satz von Bits in C++? Die Antwort hängt davon ab, wie viele Bits wir benötigen und welche Arten von Operationen wir darauf bequem und effizient ausführen wollen. Beispielsweise können wir die Integer-Typen als einen Satz von Bits betrachten und einsetzen:

- **bool** – 1 Bit, belegt aber ein ganzes Byte
- **char** – 8 Bit
- **short** – 16 Bit
- **int** – normalerweise 32 Bit, aber viele eingebettete Systeme verfügen über Integer-Werte von 16 Bit
- **long int** – 32 oder 64 Bit

Die angegebenen Größen sind der Normalfall, aber einzelne Implementierungen können auch andere Größen verwenden, sodass Sie testen sollten, wenn Sie sicher sein müssen. Neben den Integer-Typen gibt es in der Standardbibliothek noch spezielle Hilfsmittel für den Umgang mit Bits:

- **std::vector<bool>** – wenn wir mehr als 8*sizeof(long) Bits benötigen
- **std::bitset** – wenn wir mehr als 8*sizeof(long) Bits benötigen
- **std::set** – eine ungeordnete Sammlung von benannten Bits (siehe §21.6.5)
- Eine Datei: sehr viele Bits (siehe §25.5.6)

Schließlich können wir zur Repräsentation von Bits noch folgende Sprachmittel verwenden:

- Aufzählungen (**enum**); siehe §9.5
- Bitfelder, siehe §25.5.5

Diese Vielzahl an Möglichkeiten, „Bits" zu repräsentieren, hängt damit zusammen, dass letztlich alles im Computerspeicher aus Bitfolgen besteht und man es daher als wichtig erachtete, den Programmierern verschiedene Wege zur Verfügung zu stellen, diese Bits zu betrachten, zu benennen und Operationen auf ihnen auszuführen. Beachten Sie, dass die integrierten Sprachmittel alle von Sätzen mit fester Bitanzahl (z.B. 8, 16, 32 und 64) ausgehen, sodass der Computer logische Bitmanipulationen unter Rückgriff auf elementare, direkt von der Hardware unterstützte Operationen mit optimaler Geschwindigkeit ausführen kann. Im Gegensatz dazu arbeiten die Bibliothekselemente alle mit einer beliebigen Anzahl von Bits. Diese Flexibilität kann die Leistung beeinträchtigen, doch die tatsächlichen Effizienzeinbußen müssen keineswegs so gravierend sein, wie der ein oder andere es vielleicht befürchten mag. Meistens sind die

Bibliothekselemente so optimiert, dass sie für Bitsätze, die sich effektiv auf die zugrunde liegende Hardware abbilden lassen, eine effiziente Ausführung garantieren.

Wir beginnen mit den Integer-Typen. Für Bitmanipulationen auf Integer-Typen hält C++ im Wesentlichen die bitweisen logischen Operationen bereit, die direkt von der Hardware implementiert sind. Diese Operationen werden auf jedes einzelne Bit ihrer Operanden angewendet.

Tabelle 25.1

Bitweise Operationen

Operator	Bezeichnung	Beschreibung
|	Oder	Bit **n** von **x|y** ist 1, wenn Bit **n** von **x** oder Bit **n** von **y** 1 ist.
&	Und	Bit **n** von **x&y** ist 1, wenn Bit **n** von **x** und Bit **n** von **y** 1 sind.
^	Exklusives Oder	Bit **n** von **x^y** ist 1, wenn Bit **n** von **x** oder Bit **n** von **y** 1 ist, aber nicht, wenn beide 1 sind.
<<	Linksverschiebung	Bit **n** von **x<<s** entspricht **n+s** von **x**.
>>	Rechtsverschiebung	Bit **n** von **x>>s** entspricht **n-s** von **x**.
~	Komplement	Bit **n** von **~x** ist das Gegenteil von Bit **n** von **x**.

Vielleicht finden Sie es etwas seltsam, dass das „Exklusive Oder" (^, manchmal auch „Xor" genannt) zu den grundlegenden Operationen zählt. Es handelt sich dabei jedoch um eine der wesentlichen Operationen in vielen Grafik- und Verschlüsselungsprogrammen.

Der Compiler wird den bitweisen logischen Operator << nicht mit dem Ausgabeoperator verwechseln. Doch wie sieht es mit Ihnen aus? Um Verwirrung zu vermeiden, sollten Sie daran denken, dass ein Ausgabeoperator einen *ostream*-Stream als linken Operanden hat, während bei einem bitweisen logischen Operator hier eine ganze Zahl, d.h. ein Integer steht.

Beachten Sie auch, dass **&** und **|** von **&&** und **||** grundsätzlich verschieden sind, da sie auf jedem einzelnen Bit ihrer Operanden operieren (§A.5.5) und ein Ergebnis produzieren, das ebenso viele Bits wie ihre Operanden aufweist. Im Gegensatz dazu liefern **&&** und **||** nur die booleschen Werte **true** und **false** zurück.

Lassen Sie uns dies anhand einiger Beispiele veranschaulichen. Normalerweise drücken wir Bitmuster mithilfe der hexadezimalen Notation aus.

Tabelle 25.2

Hexadezimalzahlen und Bitmuster für ein halbes Byte (4 Bit)

Hex-Code	Bits	Hex-Code	Bits
0x0	0000	0x8	1000
0x1	0001	0x9	1001
0x2	0010	0xa	1010
0x3	0011	0xb	1011
0x4	0100	0xc	1100
0x5	0101	0xd	1101
0x6	0110	0xe	1110
0x7	0111	0xf	1111

Für die Zahlen von 0 bis 9 hätten wir auch die Dezimalnotation verwenden können, aber die Hexadezimalzahlen helfen uns daran zu denken, dass wir es mit Bitmustern zu tun haben. Für Bytes und Words ist die hexadezimale Notation klar besser geeignet. Zum Beispiel:

Tabelle 25.3

Die Bits eines Bytes können durch zwei Hexadezimalziffern ausgedrückt werden

Hex-Byte	Bits
0x00	0000 0000
0x0f	0000 1111
0xf0	1111 0000
0xff	1111 1111
0xaa	1010 1010
0x55	0101 0101

Die folgenden Listingfragmente verdeutlichen den Einsatz der bitweisen logischen Operationen. (Das Schlüsselwort **unsigned**, siehe §25.5.3, dient dazu die Beispiele so einfach wie möglich zu halten.)

25.5 Bits, Bytes und Words

```
unsigned char a = 0xaa;
unsigned char x0 = ~a;   // Komplement von a
```

a:	1	0	1	0	1	0	1	0	0xaa
~a:	0	1	0	1	0	1	0	1	0x55

```
unsigned char b = 0x0f;
unsigned char x1 = a&b;   // a und b
```

a:	1	0	1	0	1	0	1	0	0xaa
b:	0	0	0	0	1	1	1	1	0xf
a&b:	0	0	0	0	1	0	1	0	0xa

```
unsigned char x2 = a^b;   // Exklusives Oder: a xor b
```

a:	1	0	1	0	1	0	1	0	0xaa
b:	0	0	0	0	1	1	1	1	0xf
a^b:	1	0	1	0	0	1	0	1	0xa5

```
unsigned char x3 = a<<1;   // Linksverschiebung um 1
```

a:	1	0	1	0	1	0	1	0	0xaa
a<<1:	0	1	0	1	0	1	0	0	0x54

Beachten Sie, dass von rechts eine 0 „nachgeschoben" wird, um das Byte aufzufüllen. Das ganz linke Bit (Bit 7) verschwindet einfach.

```
unsigned char x4 == a>>2;   // Rechtsverschiebung um 2
```

a:	1	0	1	0	1	0	1	0	0xaa
a>>2:	0	0	1	0	1	0	1	0	0x2a

Beachten Sie, dass von links zwei Nullen „nachgeschoben" werden, um das Byte aufzufüllen. Die beiden ganz rechten Bits (Bit 1 und Bit 0) verschwinden einfach.

Bitmuster zu zeichnen ist eine gute Übung, um schnell ein Gefühl für Bits und Bitoperationen zu bekommen, aber es kann auch schnell langweilig werden. Nachstehend finden Sie daher ein kleines Programm, das ganze Zahlen in ihre Bitdarstellungen umwandelt.

```
int main()
{
  int i;
  while (cin>>i)
    cout << dec << i << "=="
      << hex << "0x" << i << "=="
      << bitset<8*sizeof(int)>(i) << '\n';
}
```

Um die einzelnen Bits der ganzen Zahl auszugeben, verwenden wir den **bitset**-Typ aus der Standardbibliothek:

bitset<8*sizeof(int)>(i)

Ein **bitset**-Container ist eine feste Anzahl von Bits. In diesem Fall verwenden wir die Anzahl von Bits in einem **int**: **8*sizeof(int)** – und initialisieren das **bitset** mit unserem Integer **i**.

> ### Testen Sie Ihr Können
>
> Bringen Sie dieses Beispiel zum Laufen und probieren Sie verschiedene Werte aus, um ein Gefühl für binäre und hexadezimale Repräsentationen zu bekommen. Wenn Sie die Repräsentation von negativen Werten etwas verwirrt, lesen Sie §25.5.3 und versuchen Sie es danach erneut.

25.5.2 bitset

Die STL-Template-Klasse **bitset** aus **<bitset>** wird verwendet, um Bitfolgen („Bitsets") zu repräsentieren und zu manipulieren. Jeder **bitset**-Container, im Folgenden kurz Bitset genannt, hat eine feste Größe, die bei der Einrichtung angegeben wird:

```
bitset<4> flags;
bitset<128> dword_bits;
bitset<12345> lots;
```

Neu erzeugte Bitsets werden standardmäßig mit „lauter Nullen" initialisiert, es sei denn Sie geben – wie es in der Praxis meist der Fall ist – einen Initialisierer an. Als Initialisierer für Bitsets werden vorzeichenlose Integer oder Strings von Nullen und Einsen verwendet. Zum Beispiel:

```
bitset<4> flags = 0xb;
bitset<128> dword_bits(string("1010101010101010"));
bitset<12345> lots;
```

In diesem Beispiel besteht **lots** aus lauter Nullen und **dword_bits** aus 112 Nullen gefolgt von 16 Bits, die wir explizit angegeben haben. Wenn Sie bei der Initialisierung einen String angeben, der außer **'1'** und **'0'** noch andere Zeichen enthält, wird eine **std::invalid_argument**-Ausnahme geworfen:

```
string s;
cin>>s;
bitset<12345> my_bits(s); // wirft womöglich die Ausnahme std::invalid_argument
```

Wir können auf Bitsets die bereits bekannten Bitmanipulationsoperatoren anwenden. Angenommen **b1**, **b2** und **b3** sind Bitsets:

```
b1 = b2&b3;     // Und
b1 = b2|b3;     // Oder
b1 = b2^b3;     // Xor
b1 = ~b2;       // Komplement
b1 = b2<<2;     // Linksverschiebung
b1 = b2>>3;     // Rechtsverschiebung
```

In Bitoperationen (bitweisen logischen Operationen) verhalten sich Bitsets wie **unsigned int**-Werte (§25.5.3) einer beliebigen benutzerdefinierten Größe. Was Sie mit einem **unsigned int** anstellen können (mit Ausnahme der arithmetischen Operationen), können Sie auch mit einem **bitset**-Container tun. Besonders nützlich sind Bitsets aber für die Ein- und Ausgabe:

```
cin>>b;              // lies ein Bitset aus der Eingabe
cout<<bitset<8>('c');  // gib das Bitmuster für das Zeichen 'c' aus
```

Beim Lesen in einen **bitset**-Container sucht der Eingabestream ausschließlich nach Nullen und Einsen. So würde z.B. von der Eingabe:

10121

nur der Anfang „101" eingelesen und „21" würde ungelesen im Stream verbleiben.

Die Bits eines Bitsets werden wie üblich von rechts nach links nummeriert (vom niedrigstwertigen zum höchstwertigen Bit, siehe ▶ Abbildung 25.12).

7:	6:	5:	4:	3:	2:	1:	0:
1	0	1	0	0	1	1	1

Abbildung 25.12: Der numerische Wert von Bit 7 ist 2^7

Für die Bitsets ist die Nummerierung mehr als eine Konvention, **bitset** unterstützen auch den indizierten Zugriff auf die Bits:

```
int main()
{
  const int max = 10;
  bitset<max> b;
  while (cin>>b) {
    cout << b << '\n';
    for (int i =0; i<max; ++i) cout << b[i]; // umgekehrte Reihenfolge
    cout << '\n';
  }
}
```

Wenn Sie mehr über **bitset** wissen wollen, können Sie Ihre Onlinedokumentation und Handbücher konsultieren oder Sie besorgen sich einschlägige Fachliteratur, die sich an fortgeschrittenere Leser wendet.

25.5.3 signed und unsigned

Wie die meisten Sprachen unterstützt C++ sowohl vorzeichenbehaftete (*signed*) als auch vorzeichenlose (*unsigned*) ganze Zahlen. Die Darstellung vorzeichenloser ganzer Zahlen im Speicher ist trivial: bit0 bedeutet 1, bit1 bedeutet 2, bit2 bedeutet 4 usw. Vorzeichenbehaftete ganze Zahlen stellen jedoch ein Problem dar: Wie können wir zwischen positiven und negativen Zahlen unterscheiden? C++ lässt den Hardware-Designern zwar einige Wahlfreiheit, aber fast alle Implementierungen verwenden die Zweierkomplementdarstellung. Das ganz linke (d.h. das höchstwertige) Bit dient dabei als „Vorzeichenbit". Ist es auf 1 gesetzt, ist die Zahl negativ.

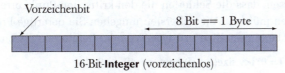

Abbildung 25.13: Repräsentation vorzeichenbehafteter ganzer Zahlen

Die Zweierkomplementdarstellung wird nahezu universell verwendet. Es lohnt sich daher, einen genaueren Blick auf sie zu werfen. Um Papier zu sparen, beschränken wir uns dabei auf 4-Bit-Integer:

Positive Zahlen	0	1	2	4	7
	0000	0001	0010	0100	0111
Negative Zahlen	1111	1110	1101	1011	1000
	-1	-2	-3	-5	-8

Die Bitmuster der Zahlen –(x+1) können auch als Komplement der Bits in **x** beschrieben werden (meist durch **~x** symbolisiert, siehe §25.5.1).

Bisher haben wir nur vorzeichenbehaftete ganze Zahlen (z.B. **int**) verwendet. Besser wäre es jedoch, etwas differenzierter vorzugehen:

- Verwenden Sie vorzeichenbehaftete Integer (z.B. **int**) für Zahlen.
- Verwenden Sie vorzeichenlose Integer (z.B. **unsigned int**) für Bitsätze.

Dies ist keine schlechte Faustregel. Sie ist nur nicht immer leicht einzuhalten, weil manche Programmierer für bestimmte arithmetische Berechnungen vorzeichenlose Integer vorziehen und wir gelegentlich gezwungen sind, deren Code zu verwenden. So liefert z.B. **v.size()** für **vector**-Container aus historische Gründen – die auf die Anfänge von C zurückgehen, als Integer-Werte noch 16 Bit groß waren und es auf jedes Bit ankam – auch heute noch einen vorzeichenlosen Integer zurück. Zum Beispiel:

vector<int> v;
// ...
for (int i = 0; i<v.size(); ++i) cout << v[i] << '\n';

Ein „wohlwollender" Compiler wird uns hier vielleicht davor warnen, dass wir vorzeichenbehaftete (hier **i**) und vorzeichenlose (hier **v.size()**) Werte mischen. Denn die gemeinsame Verwendung von vorzeichenbehafteten und vorzeichenlosen Variablen kann gravierende Folgen haben. So könnte zum Beispiel die Schleifenvariable **i** überlaufen; d.h., **v.size()** könnte größer sein als der größte vorzeichenbehaftete Integer. Dann würde **i** irgendwann den höchsten positiven ganzzahligen Wert erreichen, der in einem vorzeichenbehafteten **int** dargestellt werden kann (2 hoch der um 1 verminderten Anzahl Bits in einem **int** minus 1, z.B. $2^{15}-1$). Folglich ergäbe das nächste **++** nicht mehr den nächsthöheren Integer, sondern einen negativen Wert – und die Schleife würde nie beendet! Jedes Mal, wenn wir den höchsten Integer erreicht hätten, würden wir wieder bei dem kleinsten negativen **int**-Wert beginnen. Für 16-Bit-Integer stellt eine solche Schleife ein (sicherlich sehr großes) Problem dar, wenn **v.size()** 32∗1.024 oder größer ist. Bei 32-Bit-Integern tritt das Problem erst auf, wenn **i** den Wert 2∗1.024∗1.024∗1.024 erreicht hat.

Technisch gesehen sind die meisten Schleifen in diesem Buch deshalb nachlässig programmiert und hätten Probleme verursachen können. Mit anderen Worten: Für eingebettete Systeme hätten wir entweder sicherstellen müssen, dass die Schleifen nie den kritischen Punkt erreichen, oder eine andere Form der Schleife wählen müssen. Am sichersten umgehen Sie derartige Probleme aber, indem Sie entweder den von **vector** bereitgestellten **size_type**-Typ oder Iteratoren verwenden:

for (vector<int>::size_type i = 0; i<v.size(); ++i) cout << v[i] << '\n';

for (vector<int>::iterator p = v.begin(); p!=v.end(); ++p) cout << *p << '\n';

Da size_type garantiert vorzeichenlos ist, hat die erste Version ein Bit mehr zur Verfügung als die int-Version oben. Dies kann den entscheidenden Unterschied ausmachen, erweitert aber den Handlungsspielraum lediglich um ein einziges Bit (was die Anzahl der auszuführenden Iterationen verdoppelt). Für Schleifen mit Iteratoren gibt es keinerlei derartigen Beschränkungen.

> **Testen Sie Ihr Können**
>
> Das folgende Beispiel mag zwar recht harmlos aussehen, ist aber eine Endlosschleife:
>
> ```
> void infinite()
> {
>   unsigned char max = 160;    // sehr groß
>   for (signed char i=0; i<max; ++i) cout << int(i) << '\n';
> }
> ```
>
> Führen Sie das Beispiel aus und erklären Sie es.

Grundsätzlich gibt es zwei Gründe, vorzeichenlose Integer zur Repräsentation normaler ganzer Zahlen zu verwenden (statt als Bitsätze und auf +, -, * und / zu verzichten):

- Um das zusätzlich gewonnene Bit für einen höheren Wertebereich zu nutzen;
- Um die logische Eigenschaft auszudrücken, dass die ganze Zahl nicht negativ sein kann.

Ersteres nutzen Programmierer, wenn sie vorzeichenlose Schleifenvariablen verwenden.

Das Problem beim Vermischen von vorzeichenbehafteten und vorzeichenlosen Typen ist, dass diese in C++ (wie in C) auf immer wieder überraschende und leider nur schwer zu merkende Weisen ineinander umgewandelt werden:

```
unsigned int ui = –1;
int si = ui;
int si2 = ui+2;
unsigned ui2 = ui+2;
```

Überraschenderweise ist die erste Initialisierung erfolgreich und **ui** erhält danach den Wert 4.294.967.295, den vorzeichenlosen 32-Bit-Integer, der dieselbe Darstellung (Bitmuster) hat wie der vorzeichenbehafteten Integer -1 („alles Einsen"). Einige Menschen finden das ganz praktisch und verwenden -1 als Kurzform für „alles Einsen", andere halten dies für ein Problem. Die gleiche Regel gilt für die Umwandlung von vorzeichenlos in vorzeichenbehaftet, sodass **si** den Wert -1 erhält. Wie wir erwarten würden, erhält **si2** den Wert 1 (**-1+2==1**). Dass allerdings **ui2** ebenfalls dieses Ergebnis erhält, sollte Sie eigentlich etwas verwundern: Warum sollte **4294967295+2** gleich 1 sein? Betrachten wir 4.294.967.295 einmal als Hexadezimalzahl (**0xffffffff**) und wir werden gleich klarer sehen: 4.294.967.295 ist der größte vorzeichenlose 32-Bit-Integer, sodass 4.294.967.297 nicht als ein 32-Bit-Integer dargestellt werden kann – unabhängig davon ob er ein Vorzeichen hat oder nicht. Also sprechen wir davon, dass **4294967295+2** zu einem Überlauf führt oder – um genauer zu sein – dass vorzeichenlose Integer der modularen Arithmetik folgen; d.h., die Arithmetik von 32-Bit-Integern ist eine Modulo-32-Arithmetik.

Tipp

Ist so weit alles klar? Auch wenn Sie dies jetzt bejahen, so hoffen wir Sie doch davon überzeugt zu haben, dass das Herumspielen mit dem Extrabit der vorzeichenlosen Integer ein Spiel mit dem Feuer ist. Es führt nur unnötig zu Verwirrung und ist darum eine potenzielle Fehlerquelle.

Was passiert, wenn ein Integer überläuft?

```
Int i = 0;
while (++i) print(i);  // gib i als einen Integer gefolgt von einem Leerzeichen aus
```

Welche Folge von Werten wird hier ausgegeben? Offensichtlich hängt dies von der Definition von **Int** ab (nein, in diesem Fall ist die Verwendung des großen *I* kein Rechtschreibfehler). Wenn **Int** ein Integer-Typ mit einer begrenzten Anzahl von Bits ist, wird es irgendwann zu einem Überlauf kommen. Ist **Int** zudem vorzeichenlos (z.B. **unsigned char**, **unsigned int** oder **unsigned long long**), verwendet ++ die modulare Arithmetik, sodass wir nach der größten darzustellenden Zahl den Wert 0 erhalten (und die Schleife wird beendet). Ist **Int** hingegen ein vorzeichenbehafteter Integer (z.B. **signed char**), werden die Zahlen plötzlich negativ und bewegen sich wieder auf 0 zu (wo die Schleife endet). So erhalten wir beispielsweise für einen Wert vom Typ **signed char** 1 2 ... 126 127 -128 -127 ... -2 -1.

Was genau passiert, wenn ein Integer überläuft? Die Antwort ist, dass wir fortfahren, als ob wir genügend Bits zur Verfügung hätten, aber den Teil des Ergebnisses verwerfen, der nicht in den Integer passt, in dem wir unser Ergebnis speichern. Auf diese Weise verlieren wir die ganz linken (höchstwertigen) Bits. Der gleiche Effekt zeigt sich auch bei der Zuweisung:

```
int si = 257;          // passt nicht in ein char
char c = si;           // implizite Umwandlung in ein char
unsigned char uc = si;
signed char sc = si;
print(si); print(c); print(uc); print(sc); cout << '\n';

si = 129;              // passt nicht in ein vorzeichenbehaftetes char
c = si;
uc = si;
sc = si;
print(si); print(c); print(uc); print(sc);
```

Dieser Code erzeugt die Ausgabe:

```
257    1      1      1
129    -127   129    -127
```

Das Ergebnis lässt sich dadurch erklären, dass 257 um zwei größer ist als der größte Wert, der in 8 Bit passt (255 besteht aus „8 Einsen") und 129 um zwei größer als der größte Wert, der in 7 Bit passt (127 besteht aus „7 Einsen"), sodass in beiden Fällen das Vorzeichenbit gesetzt wird. Nebenbei bemerkt: Dieses Programm zeigt, dass **char**-Werte auf unserem Rechner keine Vorzeichen haben (**c** verhält sich wie **uc** und unterscheidet sich von **sc**).

25.5 Bits, Bytes und Words

> **Testen Sie Ihr Können**
>
> Zeichnen Sie die Bitmuster auf ein Stück Papier und versuchen Sie dann, ebenfalls auf Papier, herauszufinden, wie die Antwort für si=128 lauten könnte. Führen Sie dann das Programm aus und stellen Sie fest, ob der Rechner Ihnen recht gibt.

Nur am Rande: Warum haben wir für das obige Beispiel die Funktion print() eingeführt? Hätte man nicht einfach cout verwenden können:

cout << i << ' ';

Das Problem mit cout ist, dass der Wert von i als Zeichen statt als ganze Zahl ausgegeben wird, wenn i von einem char-Typ ist. Um also alle Integer-Typen gleich zu behandeln, haben wir Folgendes definiert:

template<class T> void print(T i) { cout << i << '\t'; }

void print(char i) { cout << int(i) << '\t'; }

void print(signed char i) { cout << int(i) << '\t'; }

void print(unsigned char i) { cout << int(i) << '\t'; }

Zusammenfassend lässt sich sagen, dass Sie vorzeichenlose Integer-Typen genauso verwenden können wie vorzeichenbehaftete (einschließlich der normalen Arithmetik). Trotzdem sollten Sie sie vorzeichenlose Integer-Typen möglichst vermeiden, da sie mit vielen Fallstricken verbunden sind und die resultierende Codefragmente fehleranfällig sind.

- Weichen Sie möglichst niemals auf vorzeichenlose Integer-Typen aus, um ein weiteres Bit zur Verfügung zu haben.
- Wer ein zusätzliches Bit benötigt, benötigt bald ein weiteres.

Leider können Sie vorzeichenlose Berechnungen nicht gänzlich vermeiden:

- Die Container der Standardbibliothek verwenden vorzeichenlose Integer für den indizierten Zugriff auf die Elemente.
- Einige Menschen mögen Berechnungen mit vorzeichenlosen ganzen Zahlen.

25.5.4 Bitmanipulation

Warum manipulieren wir eigentlich Bits? Vorab sei erst einmal angemerkt, dass die meisten Programmierer die direkte Bitmanipulation tunlichst vermeiden. Denn das „Hantieren mit Bits" ist maschinennah und fehleranfällig, sodass man jede sich bietende Alternative dankbar ergreifen sollte. Auf der anderen Seite sind Bits zu grundlegend und zu nützlich, als dass man sie gänzlich ignorieren könnte. Sollte dies etwas negativ und entmutigend klingen, liegt das voll in unserer Absicht. Trotzdem gibt es Menschen, die es förmlich *lieben*, mit Bits und Bytes herumzuspielen. Es ist daher durchaus angebracht, noch einmal darauf hinzuweisen, dass das Herumspielen mit Bits – selbst wenn Sie daran Gefal-

Programmierung eingebetteter Systeme

len finden – nur etwas für Notfälle ist und dass Sie Bitmanipulationen keinesfalls über Ihren ganzen Code verstreuen sollten. Schon John Bentley warnte eindrücklich vor den Gefahren der Programmierung auf Bit- und Byte-Ebene: „People who play with bits will be bitten" und „People who play with bytes will be bytten".

Wann also manipulieren wir Bits? Manchmal sind die realen Objekte, die wir in unserer Anwendung repräsentieren, letztlich nichts anderes als Bits oder Bitsammlungen, sodass auch einige der natürlichen Operationen unserer Anwendungsdomäne Bitoperationen sind. Beispiele für solche Domänen sind Hardware-Indikatoren („Flags"), Low-Level-Kommunikation (bei der wir Werte verschiedener Typen aus Bytestreams extrahieren müssen), Grafiken (bei denen wir Bilder aus mehreren Bildebenen zusammensetzen müssen) oder die Verschlüsselung von Daten (siehe nächster Abschnitt).

Sehen wir uns z.B. an, wie wir (Low-Level-)Informationen aus einem Integer extrahieren (vielleicht weil wir sie – ganz wie bei der binären E/A – als Bytes übertragen wollen):

```
void f(short val) // Annahme: 16-Bit, 2-Byte short Integer
{
    unsigned char left = val&0xff;            // ganz linkes (niederstwertiges) Byte
    unsigned char right = (val>>8)&0xff;      // ganz rechtes (höchstwertiges) Byte
    // ...
    bool negative = val&0x8000;               // Vorzeichenbit
    // ...
}
```

Operationen wie diese kommen recht häufig vor. Sie werden als „Schieben und Maskieren" (*shift and mask*) bezeichnet. Wir „schieben" (mittels << oder >>), bis die Bits, die wir berücksichtigen wollen, am ganz rechten Rand der Wort-Einheit stehen, wo wir sie leicht manipulieren können. Wir „maskieren" mithilfe von Und (**&**) und einem Bitmuster (hier **0xff**), um die Bits, die wir nicht in dem Ergebnis wollen, zu eliminieren (auf Null setzen).

Wenn wir Bits sprechende Namen zuteilen möchten, verwenden wir meist Aufzählungen. Zum Beispiel:

```
enum Printer_flags {
    acknowledge=1,
    paper_empty=1<<1,
    busy=1<<2,
    out_of_black=1<<3,
    out_of_color=1<<4,
    // ...
};
```

Diese Definition weist jedem Enumerator ein eindeutiges Vielfaches von 2 zu:

out_of_color	16	0x10	0001 0001
out_of_black	8	0x8	0000 1000
busy	4	0x4	0000 0100
paper_empty	2	0x2	0000 0010
acknowledge	1	0x1	0000 0001

Werte wie diese haben den Vorteil, dass sie unabhängig voneinander kombiniert werden können:

unsigned char x = out_of_color | out_of_black;   // x wird 24 (16+8)
x |= paper_empty;   // x wird 26 (24+2)

Beachten Sie, wie **|=** als „ein Bit setzen" (oder „ein paar Bits setzen") gelesen werden kann. Entsprechend kann **&** gelesen werden als „Ist ein Bit gesetzt?". Zum Beispiel:

if (x & out_of_color) {   // ist out_of_color gesetzt? (ja)
// ...
}

Wir können **&** trotzdem weiterhin zum Maskieren verwenden:

unsigned char y = x &(out_of_color | out_of_black);   // y wird 24

Jetzt besitzt **y** Kopien der **x**-Bits von den Positionen 4 und 3 (**out_of_color** und **out_of_black**).

Wenn Sie, was durchaus häufiger vorkommt, **enum** als Bitsatz verwenden, benötigen Sie auch eine Umwandlung, mit der Sie das Ergebnis einer bitweisen logischen Operation „wieder zurück in" die Aufzählung schreiben können:

Flags z = Printer_flags(out_of_color | out_of_black); // der Cast ist notwendig

Das Cast ist deshalb erforderlich, weil der Compiler nicht wissen kann, ob das Ergebnis von **out_of_color|out_of_black** ein gültiger Wert für eine **Flags**-Variable ist. Die Skepsis des Compilers ist berechtigt, denn schließlich hat kein Enumerator einen Wert 24 (**out_of_color|out_of_black**). In diesem Fall wissen wir aber, dass die Zuweisung sinnvoll ist (auch wenn der Compiler es nicht weiß).

25.5.5 Bitfelder

Einer der Bereiche, in denen wir es häufiger mit Bits zu tun haben, ist wie bereits erwähnt die Schnittstelle zur Hardware. Die Elemente dieser Schnittstelle sind typischerweise als eine Kombination aus Bits und Zahlen verschiedener Größen definiert. Die einzelnen „Bits und Zahlen" sind in der Regel benannt und stehen an genau festgelegten Positionen eines Worts, gemeinhin als *Geräteregister* (*device register*) bezeichnet. Zur Repräsentation solcher fester Layouts verfügt C++ über ein besonderes Sprachelement: die sogenannten *Bitfelder*. Betrachten wir dazu das Konzept der Speicherseitenzahlen, wie es vom Seitenmanager des Betriebssystems verwendet wird.

Abbildung 25.14: Diagramm aus dem Handbuch eines Betriebssystems

Das 32-Bit-Wort aus ▶ Abbildung 25.14 besteht aus zwei numerischen Feldern (eines mit 22 Bit und eines mit 3 Bit) und vier Flags (von jeweils 1 Bit). Die Größen und Positionen dieser Datenabschnitte stehen fest. Es gibt sogar ein ungenutztes (und unbenanntes) „Feld" in der Mitte. Als **struct** lässt sich dies wie folgt ausdrücken:

Programmierung eingebetteter Systeme

```c
struct PPN {              // R6000 Physikalische Seitennummer (Physical Page Number)
    unsigned int PFN : 22 ;       // Seitenrahmennummer (Page Frame Number)
    int : 3 ;                     // nicht genutzt
    unsigned int CCA : 3 ;        // Cache-Coherency-Algorithmus
    bool nonreachable : 1 ;
    bool dirty : 1 ;
    bool valid : 1 ;
    bool global : 1 ;
};
```

Wir mussten erst das Handbuch konsultieren, um festzustellen, ob **PFN** und **CCA** als vorzeichenlose Integer interpretiert werden sollten. Aber ansonsten konnten wir den Aufbau dieses **struct** direkt vom Diagramm ablesen. Bitfelder füllen ein Wort von links nach rechts. Die Anzahl der Bits für jedes Bitfeld geben Sie als Integer-Wert nach dem Doppelpunkt an. Die absolute Position (z.B. Bit 8) anzugeben, ist allerdings nicht möglich. Wenn Sie mehr Bits mit Bitfeldern „verbrauchen" als in einem Wort zur Verfügung stehen, werden die Felder, die nicht mehr hineinpassen, auf das nächste Wort übertragen. Das ist hoffentlich in Ihrem Sinne. Sobald ein Bitfeld definiert ist, kann es genauso verwendet werden wie jede andere Variable:

```c
void part_of_VM_system(PPN * p )
{
  // ...
  if (p->dirty) {    // Inhalt geändert
    // kopiere auf Festplatte
    p->dirty = 0;
  }
  // ...
}
```

Bitfelder erleichtern vor allem den Zugriff auf Informationen, die sich in der Mitte eines Worts befinden. Statt umständlich Verschieben und Maskieren zu müssen, könnten wir z.B. aus einer gegebenen **PPN** namens **pn** die **CCA** wie folgt extrahieren:

unsigned int x = pn.CCA; // extrahiere CCA

Hätten wir ein **int** namens **pni** für die Repräsentation der Bits verwendet, hätten wir stattdessen schreiben müssen:

unsigned int y = (pni>>4)&0x7; // extrahiere CCA

Dieser Code verschiebt **pn** zuerst so weit nach rechts, dass die Bits zu **CCA** ganz links stehen, dann alle anderen Bits mit **0x7** maskiert (d.h., es bleiben nur die drei letzten Bits gesetzt). Wenn Sie den Maschinencode betrachten, werden Sie höchstwahrscheinlich feststellen, dass der erzeugte Code für beide Varianten identisch ist.

Der „Akronym-Salat" (**CCA**, **PPN**, **PFN**) ist typisch für Code auf dieser Ebene und ist aus dem Kontext gerissen meist nur schwer zu verstehen.

25.5.6 Ein Beispiel: einfache Verschlüsselung

Als Beispiel für die Manipulation von Daten auf der Bit- und Byte-Ebene wollen wir uns an einen einfachen Verschlüsselungsalgorithmus heranwagen: den Tiny Encryption Algorithm (kurz TEA), der erstmals von David Wheeler von der Cambridge-Universität formuliert wurde (§22.2.1). Der Algorithmus ist erfreulich kurz, gewährt aber einen ausgezeichneten Schutz gegen unerwünschte Entschlüsselung.

Analysieren Sie den Code nicht allzu genau (es sei denn, es ist unumgänglich und Sie sind auf Kopfschmerzen vorbereitet). Wir präsentieren den Code hier nur, damit Sie einen kleinen Eindruck davon bekommen, wie realer Code zur Bitmanipulation in der Praxis aussieht. Wenn Sie sich näher mit Verschlüsselungsalgorithmen befassen wollen, benötigen Sie weiterführende Fachliteratur. Zusätzliche Informationen und Varianten dieses Algorithmus in anderen Sprachen finden Sie auf der Website *http://en.wikipedia.org/wiki/Tiny_Encryption_Algorithm* und auf der TEA-Website von Professor Simon Shepherd, Bradford-Universität, England. Der Code ist allerdings nicht selbsterklärend (keine Kommentare!).

Link

Der Grundgedanke, der hinter der Verschlüsselung/Entschlüsselung (auch Chiffrierung/Dechiffrierung genannt) steht, ist einfach: Nehmen wir an, ich hätte einen Text vorliegen, den ich Ihnen schicken möchte, der aber von niemandem sonst gelesen werden soll. Also wandle ich den Text so um, dass ungebetene Schnüffler, die nicht genau wissen, nach welchen Regeln ich den Text unlesbar gemacht habe, den Text nicht mehr entziffern können – Ihnen aber gebe ich Informationen an die Hand, mit deren Hilfe Sie die Umwandlung problemlos rückgängig machen können. Dies bezeichnet man als Verschlüsselung. Zur Verschlüsselung verwende ich einen Algorithmus (der, davon muss man ausgehen, auch nicht geladenen Lauschern bekannt sein dürfte) und einen String, den sogenannten „Schlüssel". Sie und ich, wir beide haben den gleichen Schlüssel (der den nicht geladenen Lauschern hoffentlich unbekannt ist). Wenn Sie den verschlüsselten Text erhalten, entschlüsseln Sie ihn mithilfe des „Schlüssels", d.h., Sie stellen den „Ursprungstext", so wie ich ihn gesendet habe, wieder her.

Der TEA übernimmt als Argumente ein Array von zwei vorzeichenlosen **long**-Werten (**v[0]**,**v[1]**), die acht zu verschlüsselnde Zeichen repräsentieren, ein Array von zwei vorzeichenlosen **long**-Werten (**w[0]**,**w[1]**), in die die verschlüsselte Ausgabe geschrieben wird, und ein Array von vier vorzeichenlosen **long**-Werten (**k[0]**...**k[3]**), die den Schlüssel darstellen:

```
void encipher(
  const unsigned long *const v,
  unsigned long *const w,
  const unsigned long * const k)
{
  unsigned long y = v[0];
  unsigned long z = v[1];
  unsigned long sum = 0;
  unsigned long delta = 0x9E3779B9;
  unsigned long n = 32;
  while(n— > 0) {
    y += (z << 4 ^ z >> 5) + z ^ sum + k[sum&3];
    sum += delta;
    z += (y << 4 ^ y >> 5) + y ^ sum + k[sum>>11 & 3];
  }
  w[0]=y; w[1]=z;
}
```

Beachten Sie, dass alle Daten vorzeichenlos sind, sodass wir bitweise Operationen darauf ausführen können, ohne Überraschungen durch negative Zahlen befürchten zu müssen. Die meiste Arbeit wird von Verschiebungen (<< und >>), dem Exklusiven Oder (^) und dem bitweisen Und (&) erledigt sowie der normalen (vorzeichenlosen) Addition. Der Code wurde speziell für Rechner geschrieben, auf denen ein **long**-Wert 4 Byte enthält, und er ist übersät mit „magischen" Konstanten (z.B. wird davon ausgegangen, dass **sizeof(long)** gleich 4 ist). Grundsätzlich ist dies kein guter Stil, aber dieser Code ist so kurz und prägnant, dass er auf ein einziges Blatt Papier passt. Die zugrunde liegende mathematische Formel passt sogar auf die Rückseite eines Briefumschlags und kann – wie es ursprünglich beabsichtigt war – von Programmierern mit gutem Gedächtnis ohne Schwierigkeiten auswendig gelernt werden. (David Wheeler entwickelte diesen Algorithmus, um auf seinen Reisen Daten ohne Hilfe von Notizen, Laptop etc. verschlüsseln zu können.) Der Code ist aber nicht nur kurz, er ist auch schnell. Die Variable **n** bestimmt die Anzahl der Iterationen: Je höher die Anzahl der Iterationen, desto stärker die Verschlüsselung. Soweit wir wissen, ist der TEA für **n==32** noch nie geknackt worden.

Die zugehörige Entschlüsselungsfunktion sieht wie folgt aus:

```
void decipher(
    const unsigned long *const v,
    unsigned long *const w,
    const unsigned long * const k)
{
    unsigned long y = v[0];
    unsigned long z = v[1];
    unsigned long sum = 0xC6EF3720;
    unsigned long delta = 0x9E3779B9;
    unsigned long n = 32;
    // sum = delta<<5, allgemein sum = delta * n
    while(n-- > 0) {
        z -= (y << 4 ^ y >> 5) + y ^ sum + k[sum>>11 & 3];
        sum -= delta;
        y -= (z << 4 ^ z >> 5) + z ^ sum + k[sum&3];
    }
    w[0]=y; w[1]=z;
}
```

Wie der TEA-Algorithmus dazu benutzt werden kann, eine Datei zu erzeugen, die über eine unsichere Verbindung geschickt werden kann, demonstriert der folgende Code:

```
int main() // Sender
{
    const int nchar = 2*sizeof(long);   // 64 Bit
    const int kchar = 2*nchar;          // 128 Bit

    string op;
    string key;
    string infile;
    string outfile;
    cout << "Geben Sie die Namen fuer Ein- u. Ausgabedatei und den Schluessel ein:\n";
    cin >> infile >> outfile >> key;
```

```cpp
    while (key.size()<kchar) key += '0'; // Schlüssel auffüllen
    ifstream inf(infile.c_str());
    ofstream outf(outfile.c_str());
    if (!inf || !outf) error("unguueltiger Dateiname");

    const unsigned long* k =
      reinterpret_cast<const unsigned long*>(key.data());

    unsigned long outptr[2];
    char inbuf[nchar];
    unsigned long* inptr = reinterpret_cast<unsigned long*>(inbuf);
    int count = 0;

    while (inf.get(inbuf[count])) {
      outf << hex;       // hexadezimale Ausgabe
      if (++count == nchar) {
        encipher(inptr,outptr,k);
        // fülle mit führenden Nullen auf:
        outf << setw(8) << setfill('0') << outptr[0] << ' '
           << setw(8) << setfill('0') << outptr[1] << ' ';
        count = 0;
      }
    }

    if (count) {    // auffüllen
      while(count != nchar) inbuf[count++] = '0';
      encipher(inptr,outptr,k);
      outf << outptr[0] << ' ' << outptr[1] << ' ';
    }
}
```

Dreh- und Angelpunkt dieses Codes ist die **while**-Schleife. Der Rest dient nur zur Unterstützung. Die **while**-Schleife liest Zeichen in den Eingabepuffer **inbuf**. Wenn sich in dem Puffer acht Zeichen angesammelt haben – wie vom TEA benötigt –, übergibt die Schleife die Zeichen an **encipher()**. Der TEA-Algorithmus ist übrigens keineswegs auf Zeichen festgelegt; tatsächlich weiß er gar nicht, was er verschlüsselt, sodass man ihn ebenso gut zur Verschlüsselung von Fotos oder Telefongesprächen verwenden kann. Alles, was den TEA interessiert, ist, dass ihm genau 64 Bit (zwei vorzeichenlose **long**-Werte) übergeben werden, aus denen er 64 verschlüsselte Bit erzeugen kann. Also nehmen wir einen Zeiger auf den Puffer **inbuf** und wandeln ihn in einen Zeiger vom Typ **unsigned long*** um, den wir dann an den TEA übergeben. Das Gleiche machen wir für den Schlüssel. Da der TEA die ersten 128 Bit (vier vorzeichenlose **long**-Werte) des Schlüssels verwendet, füllen wir die Eingabe des Benutzers gegebenenfalls auf, um sicherzustellen, dass auch tatsächlich 128 Bit vorhanden sind. Die letzte Anweisung füllt das Ende des Textes mit Nullen auf, um – wie vom TEA gefordert – auf ein Vielfaches von 64 Bit (8 Byte) zu kommen.

Wie übermitteln wir den verschlüsselten Text? Grundsätzlich haben wir hier die freie Wahl, solange wir nicht vergessen, dass wir es mit „reinen Bits" und nicht mit ASCII- oder Unicode-Zeichen zu tun haben (weswegen wir die Bits nicht wie normalen Text behandeln können). Eine mögliche Option wäre die binäre E/A (siehe §11.3.2), eine andere Möglichkeit – für die wir uns in diesem Fall entschieden haben – wäre die resultierenden Wort-Einheiten als Hexadezimalzahlen auszugeben:

Programmierung eingebetteter Systeme

```
5b8fb57c 806fbcce 2db72335 23989d1d 991206bc 0363a308
8f8111ac 38f3f2f3 9110a4bb c5e1389f 64d7efe8 ba133559
4cc00fa0 6f77e537 bde7925f f87045f0 472bad6e dd228bc3
a5686903 51cc9a61 fc19144e d3bcde62 4fdb7dc8 43d565e5
f1d3f026 b2887412 97580690 d2ea4f8b 2d8fb3b7 936cfa6d
6a13ef90 fd036721 b80035e1 7467d8d8 d32bb67e 29923fde
197d4cd6 76874951 418e8a43 e9644c2a eb10e848 ba67dcd8
7115211f dbe32069 e4e92f87 8bf3e33e b18f942c c965b87a
44489114 18d4f2bc 256da1bf c57b1788 9113c372 12662c23
eeb63c45 82499657 a8265f44 7c866aae 7c80a631 e91475e1
5991ab8b 6aedbb73 71b642c4 8d78f68b d602bfe4 d1eadde7
55f20835 1a6d3a4b 202c36b8 66a1e0f2 771993f3 11d1d0ab
74a8cfd4 4ce54f5a e5fda09d acbdf110 259a1a19 b964a3a9
456fd8a3 1e78591b 07c8f5a2 101641ec d0c9d7e1 60dbeb11
b9ad8e72 ad30b839 201fc553 a34a79c4 217ca84d 30f666c6
d018e61c d1c94ea6 6ca73314 cd60def1 6e16870e 45b94dc0
d7b44fcd 96e0425a 72839f71 d5b6427c 214340f9 8745882f
0602c1a2 b437c759 ca0e3903 bd4d8460 edd0551e 31d34dd3
c3f943ed d2cae477 4d9d0b61 f647c377 0d9d303a ce1de974
f9449784 df460350 5d42b06c d4dedb54 17811b5f 4f723692
14d67edb 11da5447 67bc059a 4600f047 63e439e3 2e9d15f7
4f21bbbe 3d7c5e9b 433564f5 c3ff2597 3a1ea1df 305e2713
9421d209 2b52384f f78fbae7 d03c1f58 6832680a 207609f3
9f2c5a59 ee31f147 2ebc3651 e017d9d6 d6d60ce2 2be1f2f9
eb9de5a8 95657e30 cad37fda 7bce06f4 457daf44 eb257206
418c24a5 de687477 5c1b3155 f744fbff 26800820 92224e9d
43c03a51 d168f2d1 624c54fe 73c99473 1bce8fbb 62452495
5de382c1 1a789445 aa00178a 3e583446 dcbd64c5 ddda1e73
fa168da2 60bc109e 7102ce40 9fed3a0b 44245e5d f612ed4c
b5c161f8 97ff2fc0 1dbf5674 45965600 b04c0afa b537a770
9ab9bee7 1624516c 0d3e556b 6de6eda7 d159b10e 71d5c1a6
b8bb87de 316a0fc9 62c01a3d 0a24a51f 86365842 52dabf4d
372ac18b 9a5df281 35c9f8d7 07c8f9b4 36b6d9a5 a08ae934
239efba5 5fe3fa6f 659df805 faf4c578 4c2048d6 e8bf4939
31167a93 43d17818 998ba244 55dba8ee 799e07e7 43d26aef
d5682864 05e641dc b5948ec8 03457e3f 80c934fe cc5ad4f9
0dc16bb2 a50aa1ef d62ef1cd f8fbbf67 30c17f12 718f4d9a
43295fed 561de2a0
```

Testen Sie Ihr Können

Der Schlüssel lautete **bs**. Wie lautete der ursprüngliche Text?

Jeder Sicherheitsexperte würde Ihnen strikt davon abraten, den Ursprungstext zusammen mit den verschlüsselten Text zu speichern oder Informationen über die Füllzeichen, die Art des Schlüssels etc. preiszugeben. Aber dies ist nun einmal ein Programmierbuch und kein Buch über Computersicherheit.

Zum Testen haben wir den verschlüsselten Text eingelesen und wieder in den Originaltext zurückverwandelt. (Es ist immer hilfreich, wenn man einen einfachen Test auf Korrektheit durchführen kann.)

Der entscheidende Part des Entschlüsselungsprogramms sieht wie folgt aus:

```
unsigned long inptr[2];
char outbuf[nchar+1];
outbuf[nchar]=0;    // Abschlusszeichen
unsigned long* outptr = reinterpret_cast<unsigned long*>(outbuf);
inf.setf(ios_base::hex ,ios_base::basefield);    // hexadezimale Eingabe

while (inf>>inptr[0]>>inptr[1]) {
  decipher(inptr,outptr,k);
  outf<<outbuf;
}
```

Achten Sie auf die Verwendung von

inf.setf(ios_base::hex ,ios_base::basefield);

um die hexadezimalen Zahlen zu lesen. Bei der Entschlüsselung ist es der Ausgabepuffer **outbuf**, den wir mittels eines Casts als reine Bits behandeln.

Ist unser TEA-Programm ein typisches Beispiel für die Programmierung eines eingebetteten Systems? Nicht direkt. Aber Sie werden sich sicher vorstellen können, dass ein solcher Algorithmus überall dort eingesetzt wird, wo private Daten geschützt oder finanzielle Transaktionen durchgeführt werden müssen – und dies betrifft auch viele eingebettete Systeme. Auf alle Fälle aber weist unsere TEA-Implementierung viele Charakteristika auf, die auch guten Code für eingebettete Systeme auszeichnen: Er basiert auf einem wohlverstandenen (mathematischen) Modell, das uns an seine Korrektheit glauben lässt, er ist kurz, er ist schnell und er arbeitet direkt auf der Hardwarearchitektur. Der Schnittstellenstil von **encipher()** und **decipher()** entspricht zwar nicht unbedingt unserer Idealvorstellung, aber da **encipher()** und **decipher()** sowohl als C- als auch als C++-Funktionen entworfen wurden, konnten nur C++-Sprachmittel verwendet werden, die auch von C unterstützt werden. Die vielen „magischen Konstanten" rühren von der direkten Umsetzung der mathematischen Formel.

25.6 Codierstandards

Fehler können unzählige Ursachen haben. Die gravierendsten und am schwersten zu behebenden Fehler sind Fehler, die auf Fehlentscheidungen im grundlegenden Design zurückgehen, beispielsweise in der allgemeinen Fehlerbehandlungsstrategie, in der Übereinstimmung (bzw. Nichtübereinstimmung) mit bestimmten Standards, in den verwendeten Algorithmen, der Repräsentation der Daten usw. Auf diese Art von Problemen werden wir hier jedoch *nicht* näher eingehen. Stattdessen konzentrieren wir uns auf Fehler, die ihre Ursache in schlecht geschriebenem Code haben, d.h. in Code, der es versäumt, die zugrunde liegenden Ideen klar auszudrücken, oder der die Mittel der Programmiersprache in einer Weise einsetzt, dass Fehler eher provoziert als verhindert werden.

Codierstandards versuchen diesen letztgenannten Problemen durch die Definition eines „Firmen- oder Haus-Stils" zu begegnen, der die Programmierer anhält, nur die Teilmenge der C++-Sprache zu nutzen, die für eine gegebene Anwendung als geeignet angesehen wird. So könnte zum Beispiel ein

Codierstandard für die Programmierung eingebetteter Systeme die Verwendung von **new** verbieten. Außerdem versucht ein Codierstandard sicherzustellen, dass Code, an dem zwei oder mehr Programmierer arbeiten, möglichst konsistent ist – zumindest konsistenter als Code, dessen Programmierer ihren jeweils eigenen, individuellen Stil verwendet hätten. So könnte ein Codierstandard z.B. für Schleifen die Verwendung von **for**-Anweisungen vorschreiben (und damit **while**-Anweisungen verbannen). Ziel ist die Vereinheitlichung des Codes, die in größeren Projekten vor allem für die spätere Wartung von Bedeutung ist. Beachten Sie aber, dass ein Codierstandard immer nur auf eine spezielle Art der Programmierung und nur auf bestimmte Programmierer abzielt. Es gibt keinen Codierstandard, der für alle C++-Anwendungen und C++-Programmierer gleichermaßen geeignet wäre.

Codierstandards adressieren also Probleme, die durch die Art und Weise entstehen, wie wir unsere Lösungen ausdrücken – und nicht etwa Probleme, die auf die Komplexität der Aufgabe zurückzuführen sind, die wir mit unserer Anwendung lösen sollen. Man könnte es also auch so ausdrücken, dass Codierstandards eher nachfolgend entstehende als inhärente Komplexitäten beseitigen sollen.

Die Hauptursachen für solche nachfolgend entstehende Komplexitäten sind:

- *Überschlaue Programmierer*, die sich an komplizierten Lösungen ergötzen oder Features verwenden, die sie nicht verstehen.
- *Unwissende Programmierer*, die nicht die am besten geeigneten Sprach- und Bibliothekselemente verwenden.
- *Unnötige Abweichungen im Programmierstil*, die dazu führen, dass Code für gleiche Aufgaben immer wieder anders aussieht und die Wartungsprogrammierer verwirrt.
- *Ungeeignete Programmiersprache*, was dazu führt, dass Sprachfeatures verwendet werden, die nur unzureichend für einen bestimmten Anwendungsbereich oder eine bestimmte Programmierergruppe geeignet sind.
- *Unzureichender Einsatz von Bibliotheken*, was zu vielen Ad-hoc-Manipulationen von maschinennahen Ressourcen führt.
- *Ungeeignete Codierstandards*, die den Programmierern unnötige Mehrarbeit aufbürden oder die Auswahl der besten Lösung zu einer oder mehreren Klassen von Problemen verbieten – und so selbst die Art von Problemen verursachen, die sie eigentlich lösen sollten.

25.6.1 Wie sollte ein Codierstandard aussehen?

Ein guter Codierstandard sollte Programmierer dabei unterstützen, guten Code zu schreiben; d.h., er sollte dem Programmierer helfen, Antworten auf viele kleine Fragen zu finden, die er ansonsten mit hohem Zeitaufwand von Fall zu Fall entschieden hätte. Es gibt in diesem Zusammenhang ein altes Ingenieurssprichwort, das besagt, dass Form befreiend ist. Im Idealfall sollte ein Codierstandard Vorschriftcharakter haben, d.h., er sollte vorgeben, was gemacht werden soll. So einleuchtend dies klingt, gibt es doch viele Codierstandards, die lediglich aus einer Liste von Verboten bestehen, ohne jegliche Anleitung, was zu tun ist, nachdem all diese Verbote eingehalten wurden. Immer nur Vorschriften, was man nicht machen soll, sind aber selten hilfreich und wecken häufig Aversionen.

Die Regeln eines guten Codierstandards sollten überprüfbar sein, vorzugsweise von einem Programm. Das heißt, nachdem wir den Code geschrieben haben, sollten wir mit einem kurzen Blick auf den Code die Frage beantworten können: „Habe ich irgendeine Regel meines Codierstandards verletzt?"

Ein guter Codierstandard sollte seine Regeln logisch begründen können. Programmierer sollten nicht einfach mit dem Spruch abgefertigt werden: „Das haben wir immer schon so gemacht!" Diesen Spruch werden sie mit Sicherheit übel nehmen. Schlimmer noch: Fast alle Programmierer beginnen früher oder später Codierstandards zu untergraben, wenn sie diese für sinnlos halten oder der Meinung sind, dass der Codierstandard sie davon abhält, gute Arbeit zu leisten. Erwarten Sie jedoch nicht, dass Ihnen alles an einem Codierstandard gefällt. Sogar der beste Codierstandard ist nur ein Kompromiss und die meisten verbieten bestimmte Praktiken, die im Verdacht stehen, Probleme zu verursachen. So stiften zum Beispiel inkonsistente Regeln bei der Namensgebung häufig Verwirrung. Aber unterschiedliche Menschen haben nun einmal unterschiedliche Vorlieben; einige mögen bestimmte Namenskonventionen, die andere wiederum rigoros ablehnen. Ich zum Beispiel finde die KamelSchreibweise für Identifizierer extrem hässlich und ziehe den Unterstrich_Stil als die sauberere und besser lesbare Version vor. Viele teilen meine Meinung, aber es gibt auch viele durchaus vernünftige Menschen, die anderer Meinung sind. Was mal wieder zeigt, dass kein Namensstandard jeden voll zufriedenstellt. Aber in diesem Fall, wie in vielen anderen, ist ein konsistenter Stil definitiv besser als gar kein Standard.

Zusammenfassend lässt sich sagen:

- Ein guter Codierstandard wird für eine spezielle Anwendungsdomäne und eine spezielle Gruppe von Programmierern entwickelt.
- Ein guter Codierstandard hat sowohl Vorschrift- als auch Verbotscharakter.
    - Die Empfehlung einiger grundlegender Bibliothekselemente ist oft die effektivste Verwendung von Vorschriften.
- Ein Codierstandard besteht aus einem Satz Regeln, die festlegen, wie der Code aussehen sollte:
    - Typischerweise mit Regeln zur Namensgebung und Einrückung; z.B. „Verwenden Sie das Stroustrup-Layout".
    - Typischerweise mit Eingrenzung der sprachlichen Mittel; z.B. „Verwenden Sie weder **new** noch **throw**".
    - Typischerweise mit Regeln für die Kommentierung; z.B. „Jede Funktion muss mit einem erläuternden Kommentar versehen werden".
    - Oft mit der Forderung, bestimmte Bibliotheken einzubinden; z.B. „Verwenden Sie <iostream> anstelle von <stdio.h>" oder „Verwenden Sie vector und string anstelle der integrierten Arrays und Strings im C-Stil".
- Die meisten Codierstandards zielen darauf ab, folgende Eigenschaften zu fördern:
    - Zuverlässigkeit
    - Portabilität
    - Wartbarkeit
    - Testbarkeit
    - Wiederverwertbarkeit
    - Erweiterbarkeit
    - Lesbarkeit

- Ein guter Codierstandard ist besser als gar kein Standard. Wir würden niemals ohne Codierstandard ein Großprojekt starten, an dem mehrere Personen über mehrere Jahre arbeiten.
- Ein schlechter Codierstandard kann schlechter sein als gar kein Standard. C++-Codierstandards, die die Programmierung auf einen C-Teilsatz beschränken, richten sogar Schaden an. Leider sind schlechte Codierstandards gar nicht so selten.
- Alle Codierstandards stoßen bei den Programmierern auf Ablehnung, sogar die guten. Die meisten Programmierer wollen ihren Code am liebsten so schreiben, wie sie es gewohnt sind.

25.6.2 Beispielregeln

Damit Sie einen kleinen Einblick in den Aufbau von Codierstandards bekommen, möchten wir Ihnen nachfolgend einige Regeln auflisten. Natürlich haben wir dazu Regeln gewählt, die unserer Meinung nach für Sie von Nutzen sind. Andererseits haben wir jedoch noch keinen realen Codierstandard gesehen, der weniger als 35 Seiten umfasste, die meisten sind wesentlich länger. Aus diesem Grund werden wir Ihnen hier auch keinen kompletten Regelsatz präsentieren. Außerdem wird jeder gute Codierstandard für einen bestimmten Anwendungsbereich und für eine bestimmte Programmierergruppe entwickelt. Das heißt, wir erheben keinen Anspruch auf universelle Gültigkeit.

Die Regeln sind nummeriert und enthalten eine (kleine) Begründung. Viele Regeln werden zum leichteren Verständnis von Beispielen begleitet. Wir unterscheiden zwischen *Empfehlungen*, die ein Programmierer gelegentlich ignorieren kann, und *festen Regeln*, die befolgt werden müssen. In einem realen Regelsatz kann eine feste Regel normalerweise (nur) mit schriftlicher Erlaubnis eines Supervisors aufgehoben werden. Jede Verletzung einer Empfehlung oder einer festen Regel muss von einem Kommentar im Code begleitet werden. Eine feste Regel ist an einem großgeschriebenen R vor der Nummer zu erkennen, eine Empfehlung an einem kleingeschriebenen r.

Die Regeln gliedern sich wie folgt:

- Allgemein
- Präprozessor
- Namensgebung und Layout
- Klassenregeln
- Funktions- und Ausdrucksregeln
- Harte Echtzeit
- Kritische Systeme

Die Regeln für „Harte Echtzeit" und „Kritische Systeme" gelten nur für Projekte, die auch als solche klassifiziert sind.

Im Vergleich zu einem guten realen Codierstandard ist unsere Terminologie etwas ungenau (was ist z.B. mit „kritisch" gemeint?) und die Regeln sind viel zu knapp. Ähnlichkeiten zwischen diesen und den JSF++-Regeln (§25.6.3) sind kein Zufall. Ich habe an der Formulierung der JSF++-Regeln mitgearbeitet. Allerdings halten sich die Codebeispiele in diesem Buch nicht an die unten aufgeführten Regeln – der Code im Buch ist schließlich kein kritischer eingebetteter Systemcode.

Allgemeine Regeln

R100: Eine Funktion oder Klasse soll nicht mehr als 200 logische Quellcodezeilen umfassen (ohne Kommentare).
Grund: Lange Funktionen und lange Klassen sind in der Regel komplexer und deshalb schwieriger zu verstehen und zu testen.

r101: Eine Funktion oder Klasse sollte nicht länger als eine Bildschirmseite sein und nur einen logischen Zweck erfüllen.
Grund: Wenn ein Programmierer immer nur einen Teil einer Funktion oder Klasse sieht, ist die Wahrscheinlichkeit höher, dass er ein Problem übersieht. Eine Funktion, die versucht, mehrere logische Funktionen in sich zu vereinigen, ist mit Sicherheit länger und komplexer als eine einfache Funktion.

R102: Jeglicher Code soll dem ISO/IEC-14882:2003-Standard für C++ entsprechen.
Grund: Spracherweiterungen oder Abweichungen von ISO/IEC 14882 sind wahrscheinlich nicht so stabil, weniger gut spezifiziert und schränken unter Umständen die Portabilität ein.

Präprozessor-Regeln

R200: Es sollen keine Makros verwendet werden, außer zur Quellcodesteuerung mit **#ifdef** und **#ifndef**.
Grund: Makros halten sich nicht an die Gültigkeitsbereich- und Typ-Regeln. Die Verwendung von Makros ist nicht direkt beim Lesen von Quelltext ersichtlich.

R201: **#include** soll nur verwendet werden, um Headerdateien (*.h) einzubinden.
Grund: Mittels **#include** wird auf Schnittstellendeklarationen zugegriffen – und nicht auf Implementierungsdetails.

R202: Die **#include**-Direktiven sollen stets vor anderen Deklarationen stehen, die nicht den Präprozessor betreffen.
Grund: Eine **#include**-Direktive mitten in der Datei wird eher vom Leser übersehen und kann zu Inkonsistenzen führen, wenn ein Name an verschiedenen Orten unterschiedlich aufgelöst wird.

R203: Headerdateien (*.h) sollen keine Nicht-**const**-Variablendeklarationen und keine Funktionsdeklarationen enthalten, die nicht inline oder Templates sind.
Grund: Headerdateien sollten Schnittstellendeklarationen und keine Implementierungsdetails enthalten. Allerdings werden Konstanten oft als Teil der Schnittstelle betrachtet. Einige sehr einfache Funktionen müssen aus Performance-Gründen inline sein (und damit auch in den Headern stehen) und aktuelle Template-Implementierungen erfordern vollständige Template-Definitionen in den Headerdateien.

Namensgebung und Layout

R300: In ein und derselben Quelltextdatei soll ein konsistenter Einrückungsstil verwendet werden.
Grund: Lesbarkeit und Stil.

R301: Jede neue Anweisung soll auf einer neuen Zeile beginnen.
Grund: Lesbarkeit.

Beispiel:

```
int a = 7; x = a+7; f(x,9); // Verletzung
int a = 7;    // O.K.
x = a+7;      // O.K.
f(x,9);       // O.K.
```

Beispiel:

if (p<q) cout << *p; // Verletzung

Beispiel:

if (p<q)
  cout << *p; // O.K.

R302: Identifizierer sollen aussagekräftige Namen erhalten.

Identifizierer können geläufige Abkürzungen und Akronyme enthalten.
Konventionell angewendet sind **x**, **y**, **i**, **j** etc. deskriptiv und zulässig.
Verwenden Sie den **anzahl_elemente**-Stil (nicht **AnzahlElemente**).
Verwenden Sie nicht die Ungarische Notation.
(Nur) Typ-, Template- und Namensbereichbezeichnungen beginnen mit einem Großbuchstaben.
Vermeiden Sie unnötig lange Name.

Beispiel: **Geraete_treiber** und **Puffer_pool**.

Grund: Lesbarkeit.

Anmerkung: Identifizierer, die mit einem Unterstrich beginnen, sind der Sprachimplementierung durch den C++-Standard vorbehalten und somit verboten.

Ausnahme: Wenn eine zugelassene Bibliothek verwendet wird, können die Namen dieser Bibliothek verwendet werden.

Ausnahme: Makronamen, die für **#include**-Wächter verwendet werden.

R303: Identifizierer sollen sich nicht allein in den folgenden Punkten unterscheiden:

– Verwendung der Groß- und Kleinschreibung

– Vorhandensein/Fehlen des Unterstrichzeichens

– Vertauschen des Buchstabens *O* mit der Ziffer 0 oder dem Buchstaben *D*

– Vertauschen des Buchstabens *I* mit der Ziffer 1 oder dem Buchstaben *l*

– Vertauschen des Buchstabens *S* mit der Ziffer 5

– Vertauschen des Buchstabens *Z* mit der Ziffer 2

– Vertauschen des Buchstabens *n* mit dem Buchstaben *h*

Beispiel: **Head** und **head**   // Verletzung

Grund: Lesbarkeit.

R304: Kein Identifizierer soll nur aus Großbuchstaben und Unterstrichen bestehen.

Beispiel: **BLUE** und **BLUE_CHEESE** // Verletzung

Grund: Die Schreibweise in Großbuchstaben ist mehr oder weniger den Makros vorbehalten, die in den **#include**-Dateien für zugelassene Bibliotheken verwendet werden.

Funktions- und Ausdrucksregeln

R400: Identifizierer in einem inneren Gültigkeitsbereich sollen nicht mit Identifizierern im äußeren Gültigkeitsbereich identisch sein.

Beispiel:

int var=9; { int var=7; ++var; } // Verletzung: var verdeckt var

Grund: Lesbarkeit.

R401: Deklarationen sollen im kleinstmöglichen Gültigkeitsbereich erfolgen.

Grund: Wenn Initialisierung und Verwendung eng aufeinanderfolgen, reduziert dies potenzielle Verwirrung; Variablen, die ihren Gültigkeitsbereich verlassen, geben ihre Ressourcen frei.

R402: Variablen sollen initialisiert werden.

Beispiel:

int var; // Verletzung: var ist nicht initialisiert

Grund: Nicht initialisierte Variablen sind eine häufige Fehlerquelle.

Ausnahme: Ein Array oder ein Container, der direkt mit Eingaben gefüllt wird, muss nicht initialisiert werden.

R403: Es sollen keine Casts vorgenommen werden.

Grund: Casts sind eine häufige Fehlerquelle.

Ausnahme: **dynamic_cast** kann verwendet werden.

Ausnahme: Die Casts im neuen Stil können verwendet werden, um Hardwareadressen in Zeiger und **void***-Zeiger, die aus programmexternen Quellen (z.B. einer GUI-Bibliothek) stammen, in Zeiger eines geeigneten Typs umzuwandeln.

R404: Integrierte Arrays sollten nicht in Schnittstellen verwendet werden; d.h., es wird davon ausgegangen, dass ein Zeiger als Funktionsargument auf ein einzelnes Element zeigt. Verwenden Sie **Array_ref**, um Arrays zu übergeben.

Grund: Arrays werden als Zeiger übergeben, wodurch der aufgerufenen Funktion die Information über die Anzahl der Elemente fehlt. Außerdem kann die Kombination einer impliziten Array-in-Zeiger-Umwandlung und einer impliziten Ableitung-in-Basis-Umwandlung zu einer Korruption des Speichers führen.

Klassenregeln

R500: Verwenden Sie **class** für Klassen ohne öffentliche (**public**) Datenmember. Verwenden Sie **struct** für Klassen ohne private Datenmember. Verwenden Sie keine Klassen mit öffentlichen und privaten Klassenmembern.

Grund: Klarheit.

R501: Wenn eine Klasse einen Destruktor oder einen Member von einem Zeiger- oder Referenztyp enthält, muss sie einen Kopierkonstruktor besitzen und der Zuweisungsoperator muss definiert oder verboten sein.

Grund: Ein Destruktor gibt in der Regel eine Ressource frei. Die Standardkopiersemantik macht selten „das Richtige" für Zeiger und Referenz-Member oder für eine Klasse mit einem Destruktor.

R502: Wenn eine Klasse eine virtuelle Funktion enthält, muss sie auch einen virtuellen Destruktor definieren.

Grund: Eine Klasse verfügt über eine virtuelle Funktion, damit diese über eine Basisklassenschnittstelle verwendet werden kann. Eine Funktion, die ein Objekt nur als Objekt dieser Basisklasse kennt, könnte es löschen. Daher müssen abgeleitete Klassen die Chance bekommen, (in ihren Destruktoren) etwaige Aufräumarbeiten zu erledigen.

R503: Ein Konstruktor, der ein einziges Argument übernimmt, muss als **explicit** deklariert werden.

Grund: Um überraschende implizite Umwandlungen zu vermeiden.

Harte Echtzeit-Regeln

R800: Es sollen keine Ausnahmen verwendet werden.

Grund: Laufzeit nicht vorhersehbar.

R801: **new** soll nur beim Starten verwendet werden.

Grund: Laufzeit nicht vorhersehbar.

Ausnahme: Placement-**new** (mit der Standardbedeutung) kann für Speicher verwendet werden, der vom Stack alloziert wurde.

R802: **delete** soll nicht verwendet werden.

Grund: Laufzeit nicht vorhersehbar; kann zur Fragmentierung führen.

R803: **dynamic_cast** soll nicht verwendet werden.

Grund: Laufzeit nicht vorhersehbar (bei normaler Implementierungstechnik).

R804: Die Standardbibliothekscontainer – außer **std::array** – sollen nicht verwendet werden.

Grund: Laufzeit nicht vorhersehbar (bei normaler Implementierungstechnik).

Regeln für kritische Systeme

R900: Inkrement- und Dekrementoperationen sollen nicht als Teilausdrücke verwendet werden.

Beispiel:

int x = v[++i]; // Verletzung

Beispiel:

++i;
int x = v[i];   // O.K.

Grund: So eine Inkrementoperation wird leicht übersehen.

R901: Code sollte sich nicht auf die niedrigeren Prioritätsregeln stützen (wobei hier alle Prioritäten unter denen der arithmetischen Ausdrücke als „niedrig" anzusehen sind).

Beispiel:

x = a*b+c; // O.K.

Beispiel:

if(a<b || c<=d) // Verletzung, besser Klammern (a<b) und (c<=d)

Grund: In Code, der von Programmierern mit einem schwachen C/C++-Hintergrund geschrieben wurde, ist es in der Vergangenheit immer wieder zu Fehlern infolge falscher Interpretation der Prioritätsregeln gekommen.

Wir haben die Regeln nicht durchgehend nummeriert, sondern Lücken gelassen, sodass wir neue Regeln hinzufügen können, ohne die Nummerierung der bestehenden Regeln ändern zu müssen. Außerdem ist so die allgemeine Klassifikation an der Nummerierung zu erkennen. Viele identifizieren die Regeln häufig bereits anhand der Nummer, sodass bei einer Neunummerierung mit großem Widerstand seitens der Benutzer zu rechnen sein dürfte.

25.6.3 Konkrete Codierstandards

Es gibt viele C++-Codierstandards. Die meisten sind firmenintern und nicht weitverbreitet. In vielen Fällen dürfte dies von Vorteil sein, außer vielleicht für die Programmierer dieser Unternehmen. Im Folgenden finden Sie eine Liste der Standards, die recht nützlich sein können – sofern sie in den Bereichen eingesetzt werden, für die sie konzipiert wurden.

Henricson, Mats und Erik Nyquist. *Industrial Strength C++: Rules and Recommendations*. Prentice Hall, 1996. ISBN 0131209655. Besteht aus einem Satz an Regeln, die von einem Telekommunikationsunternehmen definiert wurden. Leider sind die Regeln bereits etwas veraltet: Das Buch wurde vor dem ISO-C++-Standard herausgegeben. Vor allem Templates werden nicht in dem Maße berücksichtigt, wie dies bei modernen Regeln der Fall ist.

Lockheed Martin Corporation. *Joint Strike Fighter Air Vehicle Coding Standards for the System Development and Demonstration Program*. Dokumentnummer 2RDU00001 Rev C. Dezember 2005. Umgangssprachlich auch als „JSF++" bezeichnet. Hierbei handelt es sich um einen Satz an Regeln, die bei Lockheed-Martin Aero für die Software von Luftfahrzeugen (sprich „Flugzeugen") entwickelt wurden. Diese Regeln wurden von und für Programmierer geschrieben, die Software entwickeln, von denen das Leben vieler Menschen abhängt (*www.research.att.com/~bs/JSF-AV-rules.pdf*).

Programming Research. C++-Codierstandard mit hoher Integrität. Handbuch Version 2.4 (*www.programmingresearch.com*).

Sutter, Herb und Andrei Alexandrescu. *C++ Coding Standards: 101 Rules, Guidelines, and Best Practices*. Addison-Wesley, 2004. ISBN 0321113586. Dahinter verbirgt sich eher ein „Meta-Codierstandard", d.h., anstelle von speziellen Regeln bietet das Werk Hinweise darauf, welche Regeln gut sind und warum.

Beachten Sie, dass Codierstandards kein Ersatz sind für gute Kenntnis des Anwendungsbereichs, der Programmiersprache und der entsprechenden Programmiertechnik. Bei den meisten Anwendungen – und mit Sicherheit fast immer bei der Programmierung eingebetteter Systeme – müssen Sie auch Ihr Betriebssystem und/oder Hardwarearchitektur kennen. Wenn Sie C++ für die maschinennahe Codierung benötigen, werfen Sie einen Blick in den Bericht des ISO-C++-Komitees zur Performance (ISO/IEC TR 18015 *www.research.att.com/~bs/performanceTR.pdf*). „Performance" steht dabei primär für die „Programmierung eingebetteter Systeme".

In der Welt der eingebetteten Systeme gibt es eine Vielzahl von Sprachdialekten und firmeninternen, geschützten Sprachen. Wo immer möglich sollten Sie aber die standardisierte Sprache (wie ISO C++), standardisierte Werkzeuge und Bibliotheken verwenden. Damit halten Sie Ihre Lernkurve flach und erhöhen die Wahrscheinlichkeit, dass Ihre Arbeit Bestand hat.

Aufgaben

1 Führen Sie folgenden Code aus:

`int v = 1; for (int i = 0; i<sizeof(v)*8; ++i) { cout << v << ' '; v <<=1; }`

2 Führen Sie den Code noch einmal aus, aber deklarieren Sie **v** diesmal als **unsigned int**.

3 Definieren Sie **short unsigned int**-Variablen mit folgenden hexadezimalen Literalen:
   a. Jedes Bit gesetzt
   b. Das niedrigste (niedrigstwertige) Bit gesetzt
   c. Das höchste (höchstwertige) Bit gesetzt
   d. Das niedrigste Byte ganz gesetzt
   e. Das höchste Byte ganz gesetzt
   f. Jedes zweite Bit gesetzt (und das niedrigste Bit 1)
   g. Jedes zweite Bit gesetzt (und das niedrigste Bit 0)

4 Geben Sie jeden Wert als Dezimal- und als Hexadezimalzahl aus.

5 Führen Sie die Aufgaben 3 und 4 mit Bitmanipulationsoperationen (|, &, <<) und (nur) den Literalen 1 und 0 aus.

Fragen

1 Was ist ein eingebettetes System? Nennen Sie zehn Beispiele, von denen mindestens drei nicht in diesem Kapitel erwähnt sein sollten.

2 Was ist das Besondere an eingebetteten Systemen? Nennen Sie fünf häufig geäußerte Charakteristika.

3 Definieren Sie Vorhersagbarkeit im Kontext eingebetteter Systeme.

4 Warum ist es unter Umständen schwierig, eingebettete Systeme zu warten und zu reparieren?

5 Warum ist es unter Umständen eine schlechte Idee, ein System zur Verbesserung der Leistung zu optimieren?

6 Warum ziehen wir höhere Abstraktionsebenen einem maschinennahen Code vor?

7 Was sind vorübergehende (transiente) Fehler? Warum fürchten wir diese so besonders?

8 Wie können wir ein fehlertolerantes System entwickeln?

9 Warum können wir nicht jeden Absturz verhindern?

10 Was ist Domänenwissen? Nennen Sie Beispiele für Anwendungsdomänen.

11 Warum benötigen wir Domänenwissen, um eingebettete Systeme zu programmieren?

12 Was ist ein Subsystem? Nennen Sie Beispiele.

Fragen

13 Welche drei Arten von Speicher gibt es aus der Sicht der Programmiersprache C++?

14 Wann würden Sie am liebsten Freispeicher verwenden?

15 Warum ist es in der Regel nicht ratsam, Freispeicher in einem eingebetteten System zu verwenden?

16 Wann können Sie problemlos *new* in einem eingebetteten System verwenden?

17 Wo liegt das potenzielle Problem bei der Verwendung von *std::vector* in eingebetteten Systemen?

18 Wo liegt das potenzielle Problem bei der Verwendung von Ausnahmen in eingebetteten Systemen?

19 Was ist ein rekursiver Funktionsaufruf? Warum vermeiden einige Programmierer von eingebetteten Systemen diese Aufrufe grundsätzlich? Was verwenden sie stattdessen?

20 Was versteht man unter „Speicherfragmentierung"?

21 Was ist ein Speicherbereiniger?

22 Was ist ein Speicherleck? Warum kann es ein Problem bedeuten?

23 Was ist eine Ressource? Nennen Sie Beispiele.

24 Was ist ein Ressourcenleck und wie können wir Ressourcenlecks systematisch verhindern?

25 Warum können wir nicht einfach Objekte im Speicher von einer Position an eine andere verschieben?

26 Was ist ein Stack?

27 Was ist ein Pool?

28 Warum führt die Verwendung von Stacks und Pools nicht zur Speicherfragmentierung?

29 Warum ist *reinterpret_cast* notwendig? Warum mögen wir es nicht?

30 Warum sind Zeiger als Funktionsargumente so gefährlich? Nennen Sie Beispiele.

31 Welche Probleme können sich durch die Verwendung von Zeigern und Arrays ergeben? Nennen Sie Beispiele.

32 Welche Alternativen gibt es zu der Verwendung von Zeigern (auf Arrays) in Schnittstellen?

33 Wie lautet das erste Gesetz der Informatik?

34 Was ist ein Bit?

35 Was ist ein Byte?

36 Wie viele Bits sind normalerweise in einem Byte enthalten?

37 Welche Operationen können wir auf einem Bitsatz ausführen?

38 Was ist ein Exklusives Oder und wozu dient es?

39 Wie können wir einen Satz (eine Folge, was immer) von Bits darstellen?

25 Programmierung eingebetteter Systeme

40 Wie nummerieren wir normalerweise die Bits in einem Wort?

41 Wie nummerieren wir normalerweise die Bytes in einem Wort?

42 Was ist ein Wort (in der Programmierung)?

43 Wie viele Bits sind normalerweise in einem Wort enthalten?

44 Wie lautet der Dezimalwert von 0xf7?

45 Welche Bitfolge verbirgt sich hinter 0xab?

46 Was ist ein bitset und wann benötigen Sie es?

47 Wie unterscheidet sich ein unsigned int-Wert von einem signed int-Wert?

48 Wann würden Sie einen unsigned int-Wert einem signed int-Wert vorziehen?

49 Wie würden Sie eine Schleife schreiben, wenn die Anzahl der Elemente, die durchlaufen werden sollen, sehr hoch ist?

50 Wie lautet der Wert eines unsigned int-Wertes nach der Zuweisung von -3?

51 Welche Gründe gibt es, um direkt mit Bits und Bytes zu arbeiten (statt mit höheren Typen)?

52 Was ist ein Bitfeld?

53 Wofür werden Bitfelder verwendet?

54 Was versteht man unter Verschlüsselung (Chiffrierung)? Wozu benötigen wir sie?

55 Können Sie ein Foto verschlüsseln?

56 Wofür steht die Abkürzung TEA?

57 Wie geben wir eine Zahl in Hexadezimalschreibweise aus?

58 Was ist Sinn und Zweck eines Codierstandards? Nennen Sie Gründe für die Verwendung eines Codierstandards.

59 Warum gibt es keinen universellen Codierstandard?

60 Nennen Sie einige Eigenschaften eines guten Codierstandards.

61 Wann kann ein Codierstandard Schaden anrichten?

62 Erstellen Sie eine Liste von mindestens zehn Codierregeln, die Ihnen zusagen (die Sie nützlich fanden). Warum sind sie nützlich?

63 Warum sollten wir Identifizierer nicht komplett in Großbuchstaben schreiben?

Übungen

1 Wenn Sie die „Testen Sie Ihr Können"-Aufgaben dieses Kapitels noch nicht gelöst haben, holen Sie dies jetzt nach.

2 Erstellen Sie eine Liste mit Wörtern, die in hexadezimaler Notation buchstabiert werden können. Lesen Sie 0 als *o* und 1 als *l*. Zum Beispiel „Fell" oder „Bad". Löschen Sie netterweise alle vulgären Ausdrücke aus der Liste.

3 Initialisieren Sie einen vorzeichenbehafteten 32-Bit-Integer mit den folgenden Bitmustern und geben Sie das Ergebnis aus: alles Nullen, alles Einsen, abwechselnd Einsen und Nullen (links mit einer Eins beginnend), abwechselnd Nullen und Einsen (links mit einer Null beginnend), das Muster 110011001100..., das Muster 001100110011..., das Muster aus alternierenden Alles-Einser-Bytes und Alles-Nullen-Bytes (beginnend mit einem Alles-Einser-Byte), das Muster aus Alles-Einser-Bytes und Alles-Nullen-Bytes (beginnend mit einem Alles-Nullen-Byte). Wiederholen Sie die Übung mit einem vorzeichenlosen 32-Bit-Integer.

4 Ergänzen Sie den Taschenrechner aus Kapitel 7 um die bitweisen logischen Operatoren &, |, ^ und ~.

5 Schreiben Sie eine Endlosschleife und führen Sie sie aus.

6 Schreiben Sie eine Endlosschleife, die nur schwer als solche zu erkennen ist. Es wird auch eine Schleife akzeptiert, die nicht wirklich unendlich ist, weil sie beendet wird, nachdem sie eine Ressource vollständig aufgebraucht hat.

7 Schreiben sie die Hexadezimalwerte von 0 bis 400. Schreiben Sie die Hexadezimalwerte von -200 bis 200.

8 Schreiben Sie die numerischen Werte von jedem Zeichen auf Ihrer Tastatur.

9 Berechnen Sie die Anzahl der Bits in einem **int**-Wert und stellen Sie fest, ob **char** in Ihrer Implementierung vorzeichenbehaftet oder vorzeichenlos ist – ohne irgendwelche Standardheader (wie **<limits>**) oder Dokumentationen zu verwenden.

10 Sehen Sie sich noch einmal das Bitfeld-Beispiel aus §25.5.5 an. Schreiben Sie ein Programm, das eine **PPN** initialisiert, dann die einzelnen Feldwerte liest und ausgibt und anschließend jeden Feldwert (durch Zuweisung an das Feld) ändert und das Ergebnis ausgibt. Wiederholen Sie diese Übung, aber speichern Sie die **PPN**-Information in einem vorzeichenlosen 32-Bit-Integer und verwenden Sie die Operatoren zur Bitmanipulation (§25.5.4), um auf die Bits in dem Wort zuzugreifen.

11 Wiederholen Sie die vorangehende Übung, aber verwalten Sie die Bits in einem **bitset<32>**.

12 Schreiben Sie den unverschlüsselten Text des Beispiels aus §25.5.6 auf.

13 Verwenden Sie den TEA-Algorithmus (§25.5.6), um „sicher" zwischen zwei Computern zu kommunizieren (E-Mail-Austausch als Minimallösung wird akzeptiert).

14 Implementieren Sie einen einfachen Vektor, der maximal *N* Elemente enthalten kann, die aus einem Pool alloziert werden. Testen Sie ihn für *N*==1.000 und Integer-Elemente.

15 Messen Sie die Zeit (§26.6.1), die es dauert, um 10.000 Objekte zufälliger Größe (zwischen 0 und 1.000 Byte: [1000:0]) mit **new** zu allozieren. Messen Sie dann die Zeit, die für das Deallozieren mit **delete** benötigt wird. Messen Sie zweimal, einmal für das Deallozieren in der umgekehrten Reihenfolge der Allokation und einmal für das Deallozieren in beliebiger Reihenfolge. Führen Sie die gleichen Schritte für die Allokation von 10.000 500 Byte großen Objekten aus einem Pool durch und für deren Freigabe. Anschließend führen Sie die gleichen Schritte für die Allokation von 10.000 Objekten zufälliger Größe (zwischen 0 und 1.000 Byte: [1.000:0]) auf dem Stack durch und geben Sie dann diese (in umgekehrter Reihenfolge) wieder frei. Vergleichen Sie die Messwerte. Führen Sie jede Messung mindestens dreimal aus, um sicherzustellen, dass die Ergebnisse konsistent sind.

16 Stellen Sie 20 Regeln für den Codierstil auf (kopieren Sie nicht nur die Regeln aus §25.6). Wenden Sie sie auf ein kürzlich geschriebenes Programm an, das länger als 300 Zeilen ist. Schreiben Sie einen kurzen Kommentar (1 bis 2 Seiten) zu Ihren Erfahrungen bei der Anwendung dieser Regeln. Haben Sie Fehler im Code gefunden? Wurde der Code verständlicher? Wurden Teile des Codes unverständlicher? Ändern Sie jetzt ausgehend von diesen Erfahrungen Ihren Satz an Regeln.

17 In §25.4.3 und §25.4.4 haben wir eine Klasse **Array_ref** eingeführt, die den Anspruch erhob, den Zugriff auf die Elemente eines Arrays einfacher und sicherer zu machen. Vor allem haben wir behauptet, die Vererbung korrekt zu behandeln. Versuchen Sie auf verschiedenen Wegen einen **Rectangle***-Zeiger mithilfe eines **Array_ref<Shape*>**-Containers, aber ohne Casts oder anderen Operationen mit undefiniertem Verhalten, in einen **vector<Circle*>**-Container einzufügen. Dies sollte eigentlich nicht möglich sein.

Schlüsselbegriffe

Adresse	Exklusives Oder	Speicherleck
Bit	Harte Echtzeit	Technische Kleingeräte
Bitfeld	Codierstandard	**unsigned**
bitset	Pool	Verschlüsselung
Echtzeit	Ressource	Vorhersagbarkeit
Eingebettetes System	Speicherbereiniger	Weiche Echtzeit

Ein persönlicher Hinweis

Geht es bei der Programmierung eingebetteter Systeme nur um das Manipulieren von Bits? Keineswegs. Vor allem dann nicht, wenn Sie den Rückgriff auf Bitmanipulationen, die ja immer die Korrektheit gefährden, konsequent zu minimieren versuchen. Doch irgendwo in einem System muss auf Bit- und Byte-Ebene operiert werden. Die Frage ist nur wo und wie. In den meisten Systemen kann und sollte der Low-Level-Code jedenfalls lokal gehalten werden. Zum Abschluss möchten wir noch anmerken, dass einige der interessantesten Systeme, mit denen wir zu tun haben, eingebettet sind. Und auch einige der interessantesten und faszinierendsten Programmieraufgaben finden sich in diesem Bereich.

Testen

26.1	**Worum geht es uns?**	954
	26.1.1 Warnung	955
26.2	**Beweise**	956
26.3	**Testen**	956
	26.3.1 Regressionstests	957
	26.3.2 Unit-Tests	958
	26.3.3 Algorithmen und Nicht-Algorithmen	965
	26.3.4 Systemtests	972
	26.3.5 Klassen testen	976
	26.3.6 Annahmen aufspüren, die nicht standhalten	979
26.4	**Testfreundliches Design**	981
26.5	**Debuggen**	982
26.6	**Performance**	982
	26.6.1 Zeitmessungen	984
26.7	**Literaturhinweise**	985

26 Testen

„Ich habe lediglich bewiesen, dass der Code korrekt ist, ich habe ihn nicht getestet."

– Donald Knuth

In diesem Kapitel geht es um das Testen von Anwendungen und um korrektheitsorientiertes, defensives Design – zwei sehr komplexe und umfangreiche Themen, die wir notgedrungen nur in Ansätzen behandeln können. Unser oberstes Ziel ist es, Ihnen verschiedene praktische Konzepte und Techniken zum Testen von Programmkomponenten wie Funktonen oder Klassen vorzustellen. Wir diskutieren den Einsatz von Schnittstellen und die Auswahl von Tests zu ihrer Überprüfung. Wir werden aufzeigen, wie wichtig es ist, Systeme so zu planen, dass sie einfach getestet werden können, und wie viel Arbeit man sich sparen kann, wenn man bereits ab den ersten Stadien des Entwicklungszyklus testet. Korrektheitsnachweise und Performance-Überlegungen werden ebenfalls, wenn auch nur relativ knapp, angesprochen.

26.1 Worum geht es uns?

Lassen Sie uns ein kleines Experiment durchführen. Implementieren Sie eine binäre Suche. Fangen Sie gleich an! Warten Sie nicht bis zum Ende dieses Kapitels, warten Sie nicht bis zum nächsten Abschnitt. Es ist wichtig, dass Sie es **jetzt** angehen.

Bei der binären Suche wird eine sortierte Sequenz ausgehend von der Mitte durchsucht:

- Wenn das mittlere Element gleich dem gesuchten Element ist, sind wir fertig.
- Wenn das mittlere Element kleiner als das ist, wonach wir suchen, setzen wir die binäre Suche in der rechten Hälfte fort.
- Wenn das mittlere Element größer als das ist, wonach wir suchen, setzen wir die binäre Suche in der linken Hälfte fort.
- Als Ergebnis erhalten wir eine Rückmeldung, ob die Suche erfolgreich war, und so etwas wie einen Index, Zeiger, Iterator oder Ähnliches, das es uns erlaubt, das Element, sofern ein Element gefunden wurde, zu bearbeiten.

Als Vergleichskriterium (Sortierkriterium) verwenden Sie bitte „kleiner als" (<). Die Wahl der zu durchsuchenden Datenstruktur, der Aufrufkonventionen und der Form der Ergebnisrückgabe sei dagegen ganz Ihnen überlassen, nur ... schreiben Sie den Suchcode selbst. In diesem speziellen Fall wäre der Rückgriff auf eine bestehende Implementierung eines anderen Autors äußerst kontraproduktiv, selbst bei angemessener Beschäftigung mit dem Code. Dies gilt auch für die Algorithmen der Standardbibliothek (binary_search oder equal_range), die ansonsten in den meisten Fällen unsere erste Wahl wären. Nehmen Sie sich so viel Zeit, wie Sie benötigen.

Nachdem Sie nun Ihre binäre Suchfunktion geschrieben haben (falls nicht, gehen Sie zurück zum vorangehenden Absatz), wie können Sie sicher sein, dass Ihre Suchfunktion korrekt arbeitet? Falls Sie es nicht bereits getan haben, sollten Sie jetzt aufschreiben, warum Sie überzeugt sind, dass Ihr Code korrekt ist. Wie viel Vertrauen haben Sie in Ihre Begründung? Gibt es Argumente in Ihrer Beweisführung, die Sie selbst für schwach halten?

Dies war ein fast schon banal einfaches Stück Code. Es implementiert einen sehr häufig benötigten und allgemein bekannten Algorithmus. Der Quelltext Ihres Compilers liegt dagegen in einer Größenordnung von ungefähr 200.000 Codezeilen, Ihr Betriebssystem basiert auf 10 bis 50 Millionen Zeilen Code und der sicherheitskritische Code in dem Flugzeug, mit dem Sie in Ihren nächsten Urlaub oder zur nächsten Konferenz fliegen, umfasst vermutlich 500.000 bis 2 Millionen Codezeilen. Bereitet Ihnen dies Unbehagen? Wie gut lassen sich die Techniken, die Sie für Ihre binäre Suchfunktion verwendet haben, auf die Dimensionen realer Software übertragen?

Bedenkt man, wie viel komplexen Code es gibt, dann ist es umso erstaunlicher, dass die überwiegende Zahl der Programme die meiste Zeit über korrekt arbeiten. (Dabei zählt die Software auf einem mit Spielen überschwemmten Privat-PC nicht unbedingt als „kritisch".) Noch wichtiger: Moderne sicherheitsrelevante Software arbeitet praktisch die ganze Zeit über korrekt. Oder können Sie sich erinnern, dass es in den letzten zehn Jahren einen Flugzeugabsturz oder einen Verkehrsunfall gegeben hätte, der durch fehlerhafte Software verursacht worden wäre? Und die Geschichten über Bankensoftware, die durch Schecks über 0,00 € heillos durcheinandergebracht wird, liegen mittlerweile lange zurück. Solche Dinge kommen heute nicht mehr vor. Dabei wird Software von Leuten wie uns geschrieben. Sie wissen, dass Ihnen Fehler unterlaufen; uns allen unterlaufen Fehler. Wie also können gewöhnliche Programmierer nahezu fehlerfreie Programme schreiben?

Die Antwort ist, dass „wir" gelernt haben, wie man zuverlässige Systeme aus unzuverlässigen Teilen erstellt. Wir geben uns die größte Mühe, jedes Programm, jede Klasse und jede Funktion korrekt und fehlerfrei zu implementieren. Doch im ersten Ansatz gelingt uns das fast nie. Dann beginnen wir mit dem Debuggen, Testen und Ändern des ursprünglichen Designs, um so viele Fehler wie möglich zu finden und auszumerzen. Trotzdem werden in nicht trivialen Systemen danach immer noch Fehler stecken. Wir wissen das, aber wir können sie trotzdem nicht finden – oder um genau zu sein, wir können sie in der Zeit und mit dem Aufwand, den zu betreiben wir bereit sind, nicht finden. Dann überarbeiten wir das Design des Systems ein weiteres Mal, damit es auch auf unerwartete und „unmögliche" Ereignisse vorbereitet ist. Das Endergebnis ist ein System, das bemerkenswert sicher und zuverlässig ist. Beachten Sie jedoch, dass diese Systeme immer noch Fehler enthalten können (was bei den meisten der Fall ist) und gelegentlich nicht so gut funktionieren, wie wir es uns vorstellen. Aber wenigstens stürzen sie nicht ab und erfüllen stets zumindest in minimaler Form ihren Dienst. Ein Telefonsystem könnte sich zum Beispiel in Spitzenzeiten außerstande sehen, für jeden Anruf eine Verbindung herzustellen. Es wird aber immer in der Lage sein, viele Anrufe zu verbinden.

Wir könnten an dieser Stelle natürlich lang und breit darüber philosophieren, ob ein Fehler, den wir vorauszuahnen glauben, überhaut ein echter Fehler ist. Doch wir tun dies nicht. Es ist für Systementwickler viel profitabler und produktiver sich einfach darauf zu konzentrieren, die Systeme zuverlässiger zu machen.

26.1.1 Warnung

Testen ist weites Feld. Es gibt diverse Lehrmeinungen, wie Tests durchzuführen sind, und in den verschiedenen Industriezweigen und Bereichen der Anwendungsentwicklung haben sich unterschiedliche Traditionen und Standards herausgebildet. Das ist nicht weiter verwunderlich, schließlich benötigt man für PC-Spiele nicht die gleichen Qualitäts- und Sicherheitsstandards wie für Software der Luft- und Raumfahrttechnik. Nachteilig dabei sind allerdings die verwirrenden Unterschiede in der Terminologie und den eingesetzten Werkzeugen. Betrachten Sie dieses Kapitel als eine Quelle von Ideen und Idealen – Ideen für das Testen eigener, privater Projekte und Ideale für das Testen von Großsystemen. (Das Testen von Großsystemen basiert auf einer solchen Vielzahl von Kombinationen aus Werkzeugen und Organisationsstrukturen, dass eine ausführliche Beschreibung im Rahmen dieses Buches kaum sinnvoll wäre.)

26.2 Beweise

Einen Augenblick! Warum mühen wir uns mit aufwendigen Tests herum? Warum beweisen wir nicht einfach, dass unsere Programme korrekt sind? Schließlich bemerkte bereits Edsger Dijkstra so treffend lakonisch: „Durch Testen kann man das Vorhandensein von Fehlern nachweisen, nicht ihre Abwesenheit." Daraus ergibt sich zwangsläufig der Wunsch die Korrektheit von Programmen zu beweisen – ganz so wie einen mathematischen Satz.

Unglücklicherweise liegen Korrektheitsbeweise für nicht triviale Programme (abgesehen von einigen sehr eingeschränkten Anwendungsfeldern) außerhalb der derzeitigen technischen Möglichkeiten, die Beweise können selbst Fehler enthalten (davor sind nicht einmal die Beweise der Mathematiker gefeit) und das gesamte Feld der Korrektheitsbeweise ist eigentlich eher etwas für fortgeschrittene Programmierer. Also verzichten wir auf die Korrektheitsbeweise und bemühen uns stattdessen redlich, unsere Programme so zu strukturieren, dass wir über sie diskutieren und uns von ihrer Korrektheit überzeugen können. Daneben testen wir (§26.3) und versuchen, unseren Code so zu organisieren, dass er auf nicht aufgedeckte Fehler stabil reagiert (§26.4).

26.3 Testen

In §5.11 haben wir das Testen als „einen systematischen Weg zum Aufspüren von Fehlern" beschrieben. Jetzt schauen wir uns die dabei zum Einsatz kommenden Techniken an.

Allgemein unterscheidet man zwischen *Unit-* und *Systemtests*. Eine „Unit" kann eine Funktion oder eine Klasse sein, die Teil eines vollständigen Programms ist. Wenn wir solche Einheiten isoliert testen, wissen wir, wo wir beim Auftauchen eines Fehlers nach der Ursache suchen müssen. Jeder auftretende Fehler muss in der getesteten Unit liegen (oder dem Code, den wir zum Durchführen des Tests geschrieben haben). Im Gegensatz dazu steht beim Systemtest das gesamte System im Fokus und tritt ein Fehler auf, so wissen wir zuerst einmal nicht mehr, als dass der Fehler „irgendwo im System" liegen muss. Typischerweise gehen Fehler, die wir – nach Abschluss gründlicher Unit-Tests – im Zuge eines Systemtests aufspüren auf unerwünschte Interaktionen zwischen den einzelnen Units zurück. Sie sind schwerer aufzuspüren als Fehler in den einzelnen Units und meist auch aufwendiger zu beheben.

Da eine Unit (sagen wir eine Klasse) aus anderen Units (sagen wir Funktionen und anderen Klassen) bestehen kann und ein System (sagen wir ein E-Commerce-System) aus anderen Systemen (sagen wir einer Datenbank, einer GUI, einem Netzwerksystem und einem Auftragsprüfsystem), ist die Unterscheidung in Unit- und Systemtests nicht immer so klar, wie man erwarten könnte. Die Grundidee ist aber, dass wir uns durch gründliches Testen unserer Units Arbeit sparen – und unseren Endanwendern Ärger.

Ein Weg sich dem Testen zu nähern besteht darin, jedes nicht triviale Systeme als eine Komposition aus einzelnen Einheiten zu betrachten, die ihrerseits wieder aus kleineren Untereinheiten zusammengesetzt sind. Beim Testen beginnen wir dann mit den kleinsten Einheiten, dann testen wir die Einheiten, die aus diesen zusammengesetzt sind, und arbeiten uns auf diese Weise hoch, bis wir das gesamte System getestet haben. Das „System" ist aus dieser Sicht nichts anderes als die größte Einheit (bis wir sie als Baustein für ein noch größeres System verwenden).

Wenden wir uns also zunächst dem Testen einzelner Units zu (Funktionen, Klassen, Klassenhierarchien oder Templates). Tester unterscheiden zwischen Whitebox-Testen (bei dem Sie sich die Implementierungsdetails der getesteten Einheit ansehen können) und Blackbox-Testen (bei dem Sie lediglich die Schnittstelle der getesteten Einheit sehen). Wir sollten diese Unterscheidung allerdings nicht zu dogmatisch betrachten. Schauen Sie unbedingt in die Implementierung des getesteten Codes hinein, nur behalten Sie im Hinterkopf, dass diese jederzeit umgeschrieben werden könnte, weswegen Sie Ihre Tests nicht von Details abhängig machen sollten, die nicht in der Schnittstelle garantiert sind. Tatsächlich besteht die Grundidee des Testens darin, die Schnittstelle mit allem Möglichen zu konfrontieren, um zu sehen, ob sie vernünftig reagiert.

Der Umstand, dass irgendjemand (möglicherweise Sie selbst) den Code, den Sie getestet haben, verändern könnte, bringt uns zu den Regressionstests. Grundsätzlich gilt, dass Sie nach jeder Änderung am Code erneut testen müssen, um sicher zu sein, dass der Code auch nach der Änderung noch funktioniert. Wenn Sie also eine Unit verbessern, müssen Sie danach erneut die zugehörigen Unit-Tests darüber laufen lassen und, bevor Sie das komplette System an jemand anderes weitergeben (oder es selbst konkret einsetzen), müssen Sie noch einmal den kompletten Systemtest durchführen.

Das erneute Ausführen einer solchen kompletten Testserie über ein System bezeichnet man als *Regressionstest*, weil dabei meist Tests ausgeführt werden, die bereits früher Fehler aufgedeckt haben, um zu sehen, ob diese Fehler immer noch behoben sind. Falls nicht, hat sich das System zurückentwickelt (*regress*) und muss erneut korrigiert werden.

26.3.1 Regressionstests

Der Aufbau einer umfangreichen Sammlung von Tests, die sich beim Aufspüren von Fehlern bewährt haben, ist ein wichtiger Schritt auf dem Weg zu einer effektiven Testsuite für ein System. Angenommen Sie hätten Kunden und diese senden Ihnen Fehlerberichte zu. Werfen Sie deren Fehlerberichte niemals weg! Professionelle Programmierer bauen dafür sogar spezielle Bugtracker-Systeme ein. Wie auch immer, ein Fehlerbericht bedeutet entweder, dass es in dem System einen Fehler gibt oder dass ein Kunde eine falsche Vorstellung von Ihrem System hat. Beide Informationen sind für Sie wichtig.

Die meisten Fehlerberichte enthalten viele unwesentliche Informationen, weswegen der erste Schritt zur Behebung des Fehlers üblicherweise darin besteht, ein minimales System einzurichten, das den berichteten Fehler erzeugt. Der größte Teil des betroffenen Codes, insbesondere Bibliotheks- und Anwendungscode, der mit dem Fehler nichts zu tun hat, wird dazu ausgeklammert. Das resultierende minimale Testprogramm hilft uns, den Fehler im Code des Systems aufzuspüren, und wir nehmen es daher in unsere Regressionstestsuite auf. Das minimale Programm erhalten wir, indem wir immer mehr Code eliminieren, bis der Fehler verschwindet. Dann fügen wir das zuletzt entfernte Codestück wieder ein und entfernen einen anderen Codeabschnitt, bis es keine Kandidaten zur weiteren Reduzierung mehr gibt.

Hunderte oder vielleicht Zehntausende von Tests durchzuführen, die auf alte Fehlerberichte zurückgehen, scheint keine sehr systematische Vorgehensweise zu sein. Tatsächlich bedeutet es aber, dass wir uns gezielt die gesammelten Erfahrungen der Anwender und Entwickler zunutze machen. Die Regressionstestsuite ist ein wichtiger Teil des institutionellen Gedächtnisses eines Entwicklerteams. Gerade bei größeren Systemen kann man nicht erwarten, dass die ursprünglichen Entwickler jederzeit verfügbar sind, um Details des Designs und der Implementierung zu erklären. Darüber hinaus sorgt die Regressionsuite dafür, dass das System nicht allmählich mutiert, sondern genau das Verhalten beibehält, auf das sich Entwickler und Anwender als das korrekte Verhalten des Systems geeinigt haben.

26.3.2 Unit-Tests

Okay, genug geredet! Versuchen wir uns an einem konkreten Beispiel: Testen wir eine binäre Suche. Hier die zugehörige Spezifikation aus dem ISO-Standard (§25.3.3.4):

```
template<class ForwardIterator, class T>
bool binary_search(ForwardIterator first , ForwardIterator last ,
        const T& value );

template<class ForwardIterator, class T, class Compare>
bool binary_search(ForwardIterator first , ForwardIterator last ,
        const T& value , Compare comp );
```

Requires: The elements e of [first ,last) are partitioned with respect to the expressions e < value and !(value < e) or comp (e, value) and !comp (value, e). Also, for all elements e of [first , last), e < value implies !(value < e) or comp (e, value) implies !comp (value, e).

Returns: true if there is an iterator i in the range [first ,last) that satisfies the corresponding conditions: !(*i < value) && !(value < *i) or comp (*i, value) == false && comp (value , *i) == false.

Complexity: At most log(last − first) + 2 comparisons.

Niemand hat behauptet, dass formale Spezifikationen (okay, halbformale) für Uneingeweihte leicht zu lesen sind. Wenn Sie aber unserer dringenden Empfehlung vom Anfang dieses Kapitels Folge geleistet und zur Übung eine binäre Suche entworfen und implementiert haben, werden Sie mittlerweile eine ziemlich gute Vorstellung davon haben, was eine binäre Suche macht und wie man sie testen könnte. Diese (Standard-)Version übernimmt als Argumente ein Paar Vorwärts-Iteratoren (§20.10.1) und einen Wert und liefert **true** zurück, wenn der Wert in dem Bereich liegt, den die Iteratoren definieren. Die Iteratoren müssen eine sortierte Sequenz definieren. Das Vergleichskriterium (Sortierkriterium) ist <. Die zweite Version von **binary_search**, die ein Vergleichskriterium als zusätzliches Argument entgegennimmt, überlassen wir Ihnen als Übung.

Weiterhin behandeln wir hier nur Fehler, die nicht vom Compiler abgefangen werden, sodass Fälle wie die folgenden nicht unser Problem sind:

```
binary_search(1,4,5);   // Fehler: ein int ist kein Vorwärts-Iterator
vector<int> v(10);
binary_search(v.begin(),v.end(),"7");   // Fehler: kann in einem Vektor von
                                        // int-Werten nicht nach einem String suchen
binary_search(v.begin(),v.end());       // Fehler: Angabe des Wertes vergessen
```

Wie können wir **binary_search()** *systematisch* testen? Es dürfte unmittelbar einsichtig sein, dass wir die Funktion nicht mit jedem denkbaren Argument testen können, denn dies hieße, jede denkbare Sequenz von jedem denkbaren Werttyp zu testen – also eine unendliche Anzahl von Tests! Wir müssen also eine Auswahl treffen. Dazu benötigen wir Richtlinien, die uns helfen, die richtigen Tests auszuwählen:

- Tests auf *wahrscheinliche Fehler* (und damit den größten Teil möglicher Fehler finden)
- Tests auf *schwere Fehler* (und damit die Fehler mit dem größten Schadenspotenzial finden)

Als „schwer" stufen wir Fehler ein, die schlimme Folgen zeitigen können. Dies ist natürlich immer noch eine ziemlich subjektive Einschätzung, kann aber für ein spezifisches Programm konkretisiert werden. Betrachtet man zum Beispiel die binäre Suche als isolierten Algorithmus, so sind alle Fehler gleich schwer. Wird **binary_search** dagegen in einem Programm verwendet, in dem alle von der Suche zurückgelieferten Ergebnisse zweimal sorgfältig gegengeprüft werden, ist es weitaus eher zu verschmerzen, wenn von **binary_search** ein falsches Ergebnis zurückgeliefert wird, als wenn sich die Funktion in einer Endlosschleife aufhängt und überhaupt nicht zurückkehrt. In so einem Fall würden wir weit mehr Zeit darauf verwenden, **binary_search** in eine Endlosschleife (respektive eine sehr lange Schleife) zu zwingen, als die Funktion zum Zurückliefern einer falschen Antwort zu provozieren. Dass wir hier von „zwingen" und „provozieren" sprechen, deutet schon daraufhin, dass man beim Testen manchmal sehr trickreich vorgehen muss. Testen ist – unter anderem – auch eine Übung in angewandtem kreativen Denken mit dem Ziel, „einen gegebenen Code dazu zu bringen, sich inkorrekt zu verhalten". Die besten Tester sind daher nicht nur systematisch in ihrer Vorgehensweise, sondern auch ziemlich abwegig in ihrem Denken (im besten Sinne natürlich).

26.3.2.1 Die Teststrategie

Wie können wir **binary_search** knacken? Zuerst werfen wir einen Blick auf die Bedingungen für den Einsatz von **binary_search**, d.h., welche Art von Argumenten die Funktion erwartet. Zu unserem Leidwesen als Tester wird in den Anforderungen deutlich darauf hingewiesen, dass **[first,last]** eine sortierte Sequenz sein muss. Folglich liegt es in der Verantwortung des Aufrufers dies sicherzustellen und wir müssen fairerweise darauf verzichten, **binary_search** durch Übergabe einer unsortierten Eingabe oder einer Sequenz **[first,last]** mit **last<first** in Bedrängnis zu bringen. Beachten Sie aber auch, dass die Anforderungen für **binary_search** nichts darüber sagen, wie die Funktion reagiert, wenn ihr Argumente übergeben werden, die nicht den Anforderungen genügen. An anderer Stelle im Standard heißt es, dass die Funktion in solchen Fällen eine Ausnahme werfen kann, sie muss es aber nicht. Wir sollten dies im Kopf behalten, wenn wir den Einsatz von **binary_search** testen, da Aufrufer, die es versäumen den Anforderungen einer Funktion wie **binary_search** zu genügen, eine potenzielle Fehlerquelle sind.

Für **binary_search** können wir uns folgende Arten von Fehler vorstellen:

- Kehrt niemals zurück (z.B. aufgrund einer Endlosschleife)
- Stürzt ab (z.B. wegen einer ungültigen Dereferenzierung oder einer unendlichen Rekursion)
- Wert wird nicht gefunden, obwohl er in der Sequenz vorhanden ist
- Wert wird gefunden, obwohl er nicht in der Sequenz vorhanden ist

Darüber hinaus erinnern wir uns an folgende „Gelegenheiten" für Bedienungsfehler durch den Aufrufer:

- Die übergebene Sequenz ist nicht sortiert (z.B. {2,1,5,-7,2,10}).
- Die Sequenz ist keine gültige Sequenz (z.B. **binary_search(&a[100],&a[50],77)**).

Wie könnte ein Fehler aussehen, der bei einem so einfachen Aufruf wie **binary_search(p1,p2,v)** auftritt? Fehler treten oftmals in Zusammenhang mit „Spezialfällen" auf. Für Sequenzen (beliebiger Art) bedeutet dies, dass wir uns den Anfang und das Ende stets besonders gut ansehen. Außerdem sollten wir nie versäumen, auf eine leere Sequenz zu testen. Schauen wir uns also ein paar Integer-Arrays an, die wie gefordert korrekt sortiert sind:

```
{ 1,2,3,5,8,13,21 }             // eine "normale Sequenz"
{ }                             // die leere Sequenz
{ 1 }                           // nur ein Element
{ 1,2,3,4 }                     // gerade Anzahl an Elementen
{ 1,2,3,4,5 }                   // ungerade Anzahl an Elementen
{ 1, 1, 1, 1, 1, 1 }            // alle Elemente identisch
{ 0,1,1,1,1,1,1,1,1,1,1,1 }     // ein anderes Element am Anfang
{ 0,0,0,0,0,0,0,0,0,0,0,1 }     // ein anderes Element am Ende
```

Manche Testsequenzen lässt man am besten von einem Programm erzeugen:

vector<int> v1;
for (int i=0; i<100000000; ++i) v.push_back(i);   // eine sehr große Sequenz

- Verschiedene Sequenzen mit einer zufälligen Anzahl Elemente
- Verschiedene Sequenzen mit zufälligen, aber immer noch sortierten Elementen

Diese Vorgehensweise ist nicht ganz so systematisch, wie wir es uns wünschen würden. Schließlich haben wir die Testsequenzen sozusagen „einfach herausgepickt". Unsere Auswahl war allerdings nicht ganz willkürlich, sondern beruhte auf einigen relativ allgemeinen Regeln, die sich für Wertemengen bewährt haben:

- Die leere Menge
- Kleine Mengen
- Große Mengen
- Mengen mit extremer Verteilung
- Mengen, wo die „interessanten Dinge" am Ende passieren
- Mengen mit doppelten Elementen
- Mengen mit gerader und ungerader Anzahl von Elementen
- Mengen mit Zufallszahlen

Die Zufallssequenzen testen wir nur, um zu sehen, ob wir mit etwas, woran wir selbst nicht gedacht haben, einen Glückstreffer landen (d.h. einen Fehler finden). Es ist eine Brute-Force-Technik, aber relativ billig, gemessen in unserer Arbeitszeit.

Warum „gerade" und „ungerade"? Nun, viele Algorithmen teilen ihre Eingabesequenzen auf, beispielsweise in zwei Hälften, und möglicherweise hat der Programmierer bei der Aufteilung nur den Fall einer geraden bzw. ungeraden Zahl von Elementen berücksichtigt. Ganz allgemein gilt, dass jede Aufspaltung einer Sequenz dazu führt, dass der Punkt, an dem die Teilung erfolgt, zum Ende einer Teilsequenz wird – und am Ende einer Sequenz treten ja, wie wir wissen, besonders häufig Fehler auf.

Grundsätzlich suchen wir nach

- Extremfällen (groß, klein, ungewöhnliche Verteilung der Eingabewerte etc.)
- Grenzzuständen (irgendetwas nahe an einem Limit)

Was damit im Einzelnen gemeint ist, hängt von dem jeweiligen Programm ab, das wir testen.

26.3.2.2 Ein einfaches Testgeschirr („Test Harness")

Wir unterscheiden zwei Kategorien von Tests: Tests, die erfolgreich sein sollen (z.B. das Suchen nach einem Wert in einer Sequenz), und Tests, die scheitern sollen (z.B. das Suchen nach einem Wert in einer leeren Sequenz). Für jede unserer Sequenzen wollen wir nun einige verschiedene Tests aus beiden Kategorien erstellen. Wir beginnen mit den einfachsten und offensichtlichsten Tests und verbessern diese dann schrittweise, bis wir zum Schluss eine Testreihe haben, die gut genug ist für unser **binary_search**-Beispiel:

```
int a[] = { 1,2,3,5,8,13,21 };
if (binary_search(a,a+sizeof(a)/sizeof(*a),1) == false) cout << "gescheitert";
if (binary_search(a,a+sizeof(a)/sizeof(*a),5) == false) cout << "gescheitert";
if (binary_search(a,a+sizeof(a)/sizeof(*a),8) == false) cout << "gescheitert";
if (binary_search(a,a+sizeof(a)/sizeof(*a),21) == false) cout << "gescheitert";
if (binary_search(a,a+sizeof(a)/sizeof(*a),-7) == true) cout << "gescheitert";
if (binary_search(a,a+sizeof(a)/sizeof(*a),4) == true) cout << "gescheitert";
if (binary_search(a,a+sizeof(a)/sizeof(*a),22) == true) cout << "gescheitert";
```

Das Aufsetzen dieser Tests ist wegen des vielen sich wiederholenden Codes etwas mühsam und stupide, aber für den Anfang soll es uns genügen. Tatsächlich bestehen viele einfache Tests aus nichts anderem als einer langen Liste von Aufrufen wie diesen. Diese etwas naive Herangehensweise hat überdies den Vorteil, so einfach zu sein, dass selbst Programmierer, die neu zum Testteam hinzugekommen sind, in der Lage sind, der Testreihe weitere Tests hinzufügen. Nichtsdestotrotz gibt es durchaus Verbesserungsmöglichkeiten. Beispielsweise gibt unsere bisherige Testreihe keinen Aufschluss darüber, welche Tests gescheitert sind. Das müssen wir ändern:

```
int a[] = { 1,2,3,5,8,13,21 };
if (binary_search(a,a+sizeof(a)/sizeof(*a),1) == false) cout << "1 ist gescheitert";
if (binary_search(a,a+sizeof(a)/sizeof(*a),5) == false) cout << "2 ist gescheitert";
if (binary_search(a,a+sizeof(a)/sizeof(*a),8) == false) cout << "3 ist gescheitert";
if (binary_search(a,a+sizeof(a)/sizeof(*a),21) == false) cout << "4 ist gescheitert";
if (binary_search(a,a+sizeof(a)/sizeof(*a),-7) == true) cout << "5 ist gescheitert";
if (binary_search(a,a+sizeof(a)/sizeof(*a),4) == true) cout << "6 ist gescheitert";
if (binary_search(a,a+sizeof(a)/sizeof(*a),22) == true) cout << "7 ist gescheitert";
```

Geht man davon aus, dass wir es am Ende mit einigen Dutzenden Tests zu tun haben werden, stellt dies bereits eine große Verbesserung dar. Beim Testen von echten Softwaresystemen arbeiten wir oft mit mehreren Tausenden Tests, sodass es unverzichtbar ist, genau anzugeben, welche Tests gescheitert sind.

Bevor wir weitergehen, noch ein Wort zu den (halbsystematischen) Tests: Für die Tests mit korrekten Werten haben wir einige von den Enden der Sequenz und einige „aus der Mitte" ausgewählt. Da die Sequenz nicht sehr groß ist, hätten wir auch alle Werte testen können, doch in der Praxis ist dies meist keine realistische Option. Für die Tests mit falschen Werten haben wir einen von jedem Ende und einen aus der Mitte gewählt. Um es noch einmal zu wiederholen, dies ist keine wirklich systematische Vorgehensweise, aber wir können dahinter bereits ein Muster erkennen, das sehr nützlich ist, wenn wir es mit Sequenzen von Werten oder Wertebereichen zu tun haben – und dies ist nicht selten der Fall.

Was stört an diesen ersten Tests?

- Wir haben wiederholt den gleichen Code niedergeschrieben.
- Wir haben die Tests von Hand nummeriert.
- Die Ausgabe ist recht minimalistisch (und daher nicht sehr hilfreich).

Nachdem wir über diese Punkte eine Zeit nachgedacht haben, entschließen wir uns, unsere Tests als Daten in einer Datei zu speichern. Jeder Test soll eine Identifikationsnummer enthalten, den zu suchenden Wert, die zu durchsuchende Sequenz und das erwartete Ergebnis, also beispielsweise:

{ 27 7 { 1 2 3 5 8 13 21} 0 }

Dies ist der Test Nummer **27**. Er sucht in der Sequenz **{1,2,3,5,8,13,21}** nach dem Wert **7** und erwartet als Ergebnis **0** (was **false** bedeutet). Warum schreiben wir die Testeingaben in eine Datei, statt sie direkt im Code des Testprogramms unterzubringen? Zugegeben, in unserem Fall hätte man die Tests auch direkt in den Programmcode aufnehmen können. Meistens haben wir es aber mit umfangreicheren Testreihen zu tun, und größere Datensammlungen in einer Quelltextdatei unterzubringen, führt oft ins Chaos. Hinzukommt, dass wir häufig Programme zum Erzeugen der Testfälle einsetzen, und diese Programm speichern ihre maschinengenerierten Testfälle typischerweise in Dateien. Der letzte Punkt schließlich ist, dass wir jetzt ein Testprogramm schreiben können, das wir mit vielen verschiedenen Testfalldateien ausführen können:

```
struct Test {
  string label;
  int val;
  vector<int> seq;
  bool res;
};

istream& operator>>(istream& is, Test& t);   // verwende das beschriebene Format

int test_all()
{
  int error_count = 0;
  Test t;
  while (cin>>t) {
    bool r = binary_search( t.seq.begin(), t.seq.end(), t.val);
```

```
      if (r !=t.res) {
        cout << "Gescheitert: Test " << t.label
          << " binary_search: "
          << t.seq.size() << " Elemente, val==" << t.val
          << " –> " << t.res << '\n';
        ++error_count;
      }
    }
    return error_count;
  }

  int main()
  {
    int errors = test_all();
    cout << "Anzahl Fehler: " << errors << "\n";
  }
```

Und so sehen, basierend auf den oben aufgeführten Sequenzen, einige passende Testeingaben aus:

```
{ 1.1 1 { 1 2 3 5 8 13 21 } 1 }
{ 1.2 5 { 1 2 3 5 8 13 21 } 1 }
{ 1.3 8 { 1 2 3 5 8 13 21 } 1 }
{ 1.4 21 { 1 2 3 5 8 13 21 } 1 }
{ 1.5 -7 { 1 2 3 5 8 13 21 } 0 }
{ 1.6 4 { 1 2 3 5 8 13 21 } 0 }
{ 1.7 22 { 1 2 3 5 8 13 21 } 0 }

{ 2 1 { } 0 }

{ 3.1 1 { 1 } 1 }
{ 3.2 0 { 1 } 0 }
{ 3.3 2 { 1 } 0 }
```

Hier wird auch deutlich, warum wir zur Identifizierung der Tests keine Zahl, sondern eine String-Marke verwendet haben: Die Strings gestatten uns ein weitaus flexibleres „Nummerierungssystem" – hier ein dezimales System, das einzelne Test für ein und dieselbe Sequenz unterscheiden kann. Ein noch ausgeklügelteres System könnte es uns ersparen, die Sequenzen wiederholt in der Testdatei anzugeben.

26.3.2.3 Zufällige Sequenzen

Wenn wir Werte für unsere Tests aussuchen, versuchen wir schlauer zu sein als die Implementierer (nicht selten wir selbst) und wählen Werte aus Bereichen, die bekanntermaßen fehlerträchtig sind (z.B. komplizierte Folgen von Bedingungen, das Ende von Sequenzen, Schleifen etc.). Genau auf diese Punkte haben wir uns aber auch beim Schreiben oder Debuggen des Codes konzentriert. Es ist daher gut möglich, dass wir beim Entwerfen unserer Tests logische Fehler aus dem Programmentwurf wiederholen und folglich das eine oder andere Problem komplett übersehen. Dies ist einer der Gründe, warum es sinnvoll ist, zum Ausarbeiten der Tests jemanden heranzuziehen, der nicht aus dem Entwicklerteam stammt. Daneben gibt es aber auch eine Technik, die hier sehr hilfreich sein kann: Erzeugen Sie einfach eine (große) Anzahl zufälliger Werte. Die folgende Funktion demonstriert, wie dies aussehen könnte. Sie benutzt randint() aus §24.7 und *std_lib_facilities.h*, um eine Testbeschreibung zu generieren und an cout auszugeben:

```cpp
void make_test(const string& lab, int n, int base, int spread)
  // gibt eine Testbeschreibung (lab) nach cout aus
  // erzeugt eine Sequenz von n Elementen, mit base als Ausgangspunkt
  // der durchschnittliche Abstand zwischen den Elementen beträgt spread
{
  cout << "{ " << lab << " " << n << " { ";
  vector<int> v;
  int elem = base;
  for (int i = 0; i<n; ++i) {    // erstelle Elemente
    elem+= randint(spread);
    v.push_back(elem);
  }

  int val = base+ randint(elem–base);   // erstelle Suchwert
  bool found = false;
  for (int i = 0; i<n; ++i) {          // gib Elemente aus und stelle fest, ob val
    if (v[i]==val) found = true;       // gefunden wurde
    cout << v[i] << " ";
  }
  cout << "} " << found << " }\n";
}
```

Beachten Sie, dass wir nicht(!) **binary_search** verwendet haben, um nachzusehen, ob der zufällige Wert **val** in der Zufallssequenz enthalten ist. Keinesfalls dürfen wir Code, den wir testen, dazu heranziehen, den korrekten Wert des Tests zu bestimmen.

Alles in allem ist **binary_search** kein besonders gut geeignetes Beispiel zur Demonstration des Brute-Force-Zufallszahlen-Ansatzes. Wir bezweifeln stark, dass dieser Ansatz irgendwelche Fehler findet, die nicht bereits von unseren „handgefertigten" Tests aufgespürt werden. In vielen anderen Fällen ist diese Technik aber sehr hilfreich. Erzeugen wir also ein paar Zufallstests:

```cpp
int no_of_tests = randint(100);        // erstelle ungefähr 50 Tests
for (int i = 0; i<no_of_tests; ++i) {
  string lab = "rand_test_";
  make_test(lab+to_string(i),          // to_string aus §23.2
    randint(500),                       // Anzahl der Elemente
    0,                                  // Ausgangspunkt base
    randint(50));                       // Abstand spread
}
```

Auf Zufallszahlen basierende, maschinengenerierte Tests sind besonders nützlich, wenn wir die kumulierenden Effekte mehrerer Operationen testen müssen, bei denen das Ergebnis einer Operation davon abhängt, wie vorangehende Operationen behandelt wurden – kurz gesagt, wenn ein System einen Zustand hat, siehe §5.2.

Dies ist auch der Grund, warum Zufallszahlen für **binary_search** nur bedingt nützlich sind: Die Suche in einer Sequenz ist von anderen Suchen in derselben Sequenz unabhängig. Immer vorausgesetzt, die Implementierung von **binary_search** enthält keine kapitalen Dummheiten, wie z.B. Manipulationen an der Sequenz. Für diese Fälle stehen uns aber bessere Tests zur Verfügung (siehe Übung 5).

26.3.3 Algorithmen und Nicht-Algorithmen

Als Beispiel diente uns bisher die Implementierung einer binären Suche in Form von **binary_search()** – also ein sauber definierter Algorithmus mit

- dezidierten Anforderungen an seine Eingaben;
- einem wohldefinierten Effekt auf die Eingaben (in diesem Fall kein Effekt);
- ohne Abhängigkeiten von Objekten, die nicht Teil der Eingabe sind;
- ohne ernsthafte Einschränkungen durch die Umgebung (also z.B. keine Vorgaben bezüglich Laufzeit, Speicher oder gemeinsam verwendeten Ressourcen).

Darüber hinaus sind die Vor- und Nachbedingungen (§5.10) für die Funktion explizit angegeben oder liegen klar auf der Hand. Mit anderen Worten, **binary_search** ist der Traum eines jeden Testers. Die Realität aber sieht meist anders aus, mit unsauber programmiertem Code und nachlässigen Dokumentationen, die (bestenfalls) aus einem hastig verfassten Text und ein paar Diagrammen bestehen.

Einen Augenblick! Was ist denn das für eine Logik? Wie können wir über Korrektheit und Testen sprechen, wenn uns keine präzisen Angaben darüber vorliegen, was der Code tun soll? Das Problem dabei ist, dass vieles, was in einem Programm getan werden muss, sich nicht in klaren mathematischen Formeln wiedergeben lässt. Und in vielen Fällen, da dies zumindest theoretisch möglich wäre, scheitert es daran, dass die notwendige Mathematik die Fähigkeiten der Programmierer, die den Code schreiben oder testen, übersteigt. So bleibt uns nur das Ideal einer absolut präzisen Spezifikation und die Erkenntnis, dass wir uns in der Realität meist mit dem abfinden müssen, was ein gewöhnlicher Programmierer (wie wir) unter Zeitdruck und realen Bedingungen abzuliefern imstande ist.

Stellen Sie sich also vor, Sie müssten eine unsauber dokumentierte Funktion testen, d.h.:

- *Eingaben*: Die Anforderungen an die (expliziten oder impliziten) Eingaben für die Funktion sind nicht so präzise angegeben, wie wir es uns wünschen würden.
- *Ausgaben*: Die (expliziten oder impliziten) Ausgaben sind nicht so präzise angegeben, wie wir es uns wünschen würden.
- *Ressourcen*: Die Verwendung der diversen Ressourcen (Zeit, Speicher, Dateien) ist nicht so ausführlich dokumentiert, wie wir es uns wünschen würden.

Mit „explizit oder implizit" meinen wir, dass wir nicht nur auf die formalen Parameter und den Rückgabewert achten müssen, sondern auch auf mögliche Effekte auf globale Variablen, **iostream**-Streams, Dateien, Speicherallokation auf dem Heap etc. Was ist in solchen Fällen zu tun? Zunächst einmal lässt sich feststellen, dass eine solche Funktion fast immer zu lang ist – andernfalls hätten wir ihre Bedingungen und Effekte präziser angeben können. Vielleicht reden wir über eine Funktion, die fünf Seiten Code umspannt oder auf sehr komplizierte und undurchsichtige Weise auf verschiedene „Hilfsfunktionen" zurückgreift. Sie halten fünf Seiten für eine Funktion für viel? Zweifelsohne, aber wir haben schon Funktionen gesehen, die viel, viel länger waren – und leider sind solche Funktionsungetüme keine Seltenheit.

Wenn es unser eigener Code wäre und wir die Zeit dazu hätten, würden wir daher als Erstes die Funktion in mehrere kleine Funktionen aufteilen, die unserem Ideal einer gut dokumentierten Funktion weitaus näher kommen, und anschließend diese Funktionen testen. Für die weiteren Ausführungen wollen wir aber davon ausgehen, dass es uns allein um das Testen der Software geht – also dem systematischen Aufspüren von möglichst vielen Fehlern – und nicht um das (bloße) Korrigieren der gefundenen Fehler.

Wonach also suchen wir? Unsere Aufgabe als Tester ist es, Fehler zu finden. Und wo verbergen sich die meisten Fehler? Was kennzeichnet Code, der höchstwahrscheinlich Fehler enthält?

- Subtile Abhängigkeiten von „anderem Code": Halten Sie Ausschau nach der Verwendung von globalen Variablen, nicht konstanten Referenzargumenten, Zeigern etc.
- Ressourcenverwaltung: Halten Sie Ausschau nach Speicheroperationen (**new** und **delete**), Zugriffe auf Dateien, Sperren etc.
- Schleifen: Prüfen Sie Endbedingungen (wie für **binary_search()**).
- **if**- und **switch**-Verzweigungen: Achten Sie auf Fehler in der Logik.

26.3.3.1 Abhängigkeiten

Werfen Sie einen Blick auf die folgende (mehr oder weniger sinnlose) Funktion:

```
int do_dependent(int a, int& b)    // unsauber programmierte Funktion
    // undisziplinierte Verwendung von Abhängigkeiten
{
    int val ;
    cin>>val;
    vec[val] += 10;
    cout << a;
    b++;
    return b;
}
```

Zum Testen von **do_dependent**() genügt es nicht, einfach ein paar Argumentsätze zu synthetisieren und nachzuschauen, was die Funktion damit macht. Wir müssen auch berücksichtigen, dass die Funktion globale Variablen wie **cin**, **cout** und **vec** verwendet. Dabei können wir noch froh sein, dass die Abhängigkeit von globalen Variablen im Falle unserer kleinen Beispielfunktion sofort ins Auge springt und sich nicht, wie es in der Praxis häufiger vorkommt, in einer größeren Menge Code versteckt. Zwar gibt es Software, die beim Aufspüren solcher Abhängigkeiten helfen kann, doch leider sind die entsprechenden Programme weder einfach zu bedienen noch allgemein verfügbar.

Beim Testen von **do_dependent**() müssen wir auf folgende Punkte achten:

- Die Eingaben der Funktion:
    - der Wert **a**
    - der Wert von **b** und der **int**-Wert, auf den **b** verweist
    - die Eingabe von **cin** (nach **val**) und der Zustand von **cin**
    - der Zustand von **cout**
    - der Wert von **vec**, insbesondere der Wert von **vec[val]**
- Die Ausgaben der Funktion:
    - der Rückgabewert
    - der **int**-Wert, auf den **b** verweist (und der von uns inkrementiert wurde)
    - der Zustand von **cin** (beachte Streamstatus und Formatstatus)

- der Zustand von **cout** (beachte Streamstatus und Formatstatus)
- der Zustand von **vec** (wir haben **vec[val]** einen Wert zugewiesen)
- jegliche Ausnahme, die **vec** geworfen haben könnte (**vec[val]** könnte außerhalb des gültigen Bereichs sein)

Das ist eine lange Liste. Tatsächlich ist die Liste sogar länger als die Funktion, die mit ihrer Hilfe getestet werden soll. Dies erklärt auch unsere Abneigung gegen globale Variablen und unsere Sorgen bezüglich nicht konstanter Referenzen (und Zeiger). Wie angenehm sind dagegen doch Funktionen, die sich darauf beschränken, ihre Argumente zu lesen und ihr Ergebnis als **return**-Wert zurückzugeben, wie viel einfacher zu verstehen und wie viel leichter zu testen.

Nachdem die Ein- und Ausgaben identifiziert sind, gleicht die weitere Vorgehensweise dem Testen der **binary_search**()-Funktion. Wir generieren für die Eingabewerte Tests (sowohl für die expliziten als auch die impliziten Eingaben) und prüfen, ob sie die gewünschten Ausgaben erzeugen (explizite wie implizite Ausgaben). Im Falle von **do_dependent**() würden wir wohl mit einem sehr großen Wert für **val** und anschließend einem negativen Wert für **val** beginnen und schauen, was passiert. Angesichts der Art und Weise, wie **vec** in der Funktion verwendet wird, sollte sich dahinter besser ein Vektor mit integrierter Bereichsüberprüfung verbergen – falls nicht, können wir so auf einfachste Weise äußerst schwerwiegende Fehler hervorrufen. Wir lesen natürlich auch nach, was die Dokumentation über die verschiedenen Ein- und Ausgaben sagt, aber da es sich um eine unsauber dokumentierte Funktion handelt, haben wir wenig Hoffnung, dass die Spezifikation in diesem Punkt vollständig oder genau ist. Wir fahren also fort, die Funktion auseinanderzunehmen (d.h. Fehler aufzuspüren), und beginnen, Fragen zur Korrektheit zu stellen. Nicht selten führen die Tests und Fragen am Ende zu einem Neuentwurf.

26.3.3.2 Ressourcenverwaltung

Betrachten Sie die folgende, ebenfalls rein didaktischen Zwecken dienende Funktion:

```
void do_resources1(int a, int b, const char* s)    // unsauber programmierte Funktion
    // undisziplinierte Verwendung von Ressourcen
{
    FILE* f = fopen(s,"r");          // öffne Datei (C-Stil)
    int* p = new int[a];             // alloziere etwas Speicher
    if (b<=0) throw Bad_arg();       // werfe eventuell eine Ausnahme
    int* q = new int[b];             // alloziere etwas mehr Speicher
    delete[] p;                      // dealloziere den Speicher, auf den p zeigt
}
```

Wenn wir **do_resources1**() testen, müssen wir sicherstellen, dass sich die Funktion jeder Ressource, die sie reserviert, auch wieder korrekt entledigt, indem sie die Ressource entweder freigibt oder an eine andere Funktion weiterreicht.

Im Falle der vorliegenden Funktion ist offensichtlich, dass

- die mit **s** bezeichnete Datei nicht geschlossen wird;
- der für **p** reservierte Speicher nicht freigegeben wird, wenn **b<=0** ist oder das zweite **new** eine Ausnahme wirft;
- der für **q** reservierte Speicher nicht freigegeben wird, wenn **0<=b** ist.

Darüber hinaus sollten wir stets die Möglichkeit in Betracht ziehen, dass ein Versuch, die Datei zu öffnen, scheitern kann. Um diese miserable Leistung zu vollbringen, haben wir bewusst einen sehr altmodischen Programmierstil verwendet (**fopen()** ist der Standard-C-Weg zum Öffnen von Dateien). Wir könnten die Arbeit der Tester etwas einfacher gestalten, indem wir die Funktion wie folgt implementieren:

```
void do_resources2(int a, int b, const char* s)   // nicht mehr ganz so unsaubere
{                                                 // Funktion
    ifstream is(s);                  // öffne Datei
    vector<int>v1(a);                // erzeuge Vektor (mit eigenem Speicher)
    if (b<=0) throw Bad_arg();       // wirf eventuell eine Ausnahme
    vector<int> v2(b);               // erzeuge noch einen Vektor (mit eigenem Speicher)
}
```

Jetzt steht jede Ressource im Besitz eines Objekts mit einem Destruktor, der sie freigibt. Sich zu überlegen, wie eine Funktion einfacher (und sauberer) implementiert werden könnte, ist manchmal ein guter Weg, um Ideen für das Testen der Funktion zu bekommen. Die RAII-Technik („Ressourcen-Akquisition ist Initialisierung") aus §19.5.2 bietet eine allgemeine Strategie für diese Art von Problemen mit der Ressourcenverwaltung.

Zum Testen der Ressourcenverwaltung gehört aber nicht nur, dass man prüft, ob jeder allozierte Speicher auch wieder freigegeben wird. Manchmal stammen die Ressourcen aus anderen Quellen (z.B. einem Argument) und manchmal werden die Ressourcen von der Funktion weitergereicht (z.B. als **return**-Wert). Was korrekt und was ein Fehler ist, lässt sich dabei oft nur schwer entscheiden:

```
FILE* do_resources3(int a, int* p, const char* s)   // unsauber programmierte Funktion
    // undisziplinierte Ressourcenübergabe
{
    FILE* f = fopen(s,"r");
    delete p;
    delete var;
    var = new int[27];
    return f;
}
```

Ist es korrekt, dass **do_resources3()** die (vermutlich) geöffnete Datei als **return**-Wert zurückliefert? Ist es korrekt, dass **do_resources3()** den Speicher löscht, auf den das Argument **p** verweist? Außerdem haben wir noch einen ziemlich gemeinen Gebrauch der globalen Variablen **var** (offenbar ein Zeiger) hinzugefügt.

Das Hinein- und Hinausreichen von Ressourcen in und aus einer Funktion sind grundsätzlich weitverbreitete und nützliche Techniken. Um sie aber testen zu können, benötigen wir Informationen über die zugrunde liegende Ressourcenverwaltungsstrategie. In wessen Besitz stehen die Ressourcen? Wer soll sie löschen/freigeben? Diese Fragen sollten von der Dokumentation klar beantwortet werden. (Träume weiter.) Unabhängig von der Güte der Dokumentation bleibt aber festzustellen, dass die Übergabe von Ressourcen ein fruchtbarer Boden für Fehler und ein verlockendes Ziel für Tester ist.

Ist Ihnen aufgefallen, wie kompliziert das Beispiel zur Ressourcenverwaltung durch die von uns (absichtlich zu diesem Zweck) eingebaute globale Variable wurde? Wenn wir anfangen, mehrere typische Quellen für Fehler zu kombinieren, werden die Dinge schnell ziemlich unübersichtlich. Als Programmierer versuchen wir solche Konstellationen zu vermeiden, für Tester sind sie eine leichte Beute.

26.3.3.3 Schleifen

Mit Schleifen haben wir uns schon bei der Besprechung der Funktion **binary_search()** beschäftigt. Grundsätzlich treten die meisten Fehler an den Schleifenenden auf:

- Ist alles sauber initialisiert, wenn wir in die Schleife eintreten?
- Wird die Schleife ordnungsgemäß mit dem letzten Fall (meist das letzte Element) beendet?

Das folgende Beispiel demonstriert, wo wir fehlgehen können:

```
int do_loop(vector<int>& v)   // unsauber programmierte Funktion
                              // undiszipliniert formulierte Schleife
{
  int i;
  int sum;
  while(i<=vec.size()) sum+=v[i];
  return sum;
}
```

Der Code enthält drei offensichtliche Fehler. (Welche Fehler sind dies?) Darüber hinaus wird ein guter Tester sofort die Gefahr eines Überlaufs bei der Addition zu **sum** konstatieren.

- Viele Schleifen operieren auf Daten und können einen Überlauf verursachen, wenn sie große Eingaben hereingereicht bekommen.

Ein berühmter und besonders hässlicher Fehler, der Pufferüberlauf, fällt in die Kategorie derjenigen Fehler, die durch systematische Anwendung der zwei Schlüsselfragen für Schleifen aufgedeckt werden können:

```
char buf[MAX];    // Puffer fester Größe

char* read_line()  // so nachlässig formuliert, dass es schon gefährlich ist
{
  int i = 0;
  char ch;
  while(cin.get(ch) && ch!='\n') buf[i++] = ch;
  buf[i+1] = 0;
  return buf;
}
```

Natürlich würde kein nur halbwegs verantwortungsbewusster Programmierer solchen Code schreiben! (Warum nicht? Was ist so falsch an **read_line()**?) Traurigerweise ist Code wie dieser aber erstaunlich weitverbreitet und kommt in vielen verschiedenen Varianten vor, wie z.B.:

```
// gefährlich nachlässig:
gets(buf);           // lies eine Zeile in buf
scanf("%s",buf);     // lies eine Zeile in buf
```

Schlagen Sie **gets()** und **scanf()** in Ihrer Dokumentation nach und vermeiden Sie sie wie die Pest. Diese Funktionen sind gefährlich, weil die über sie induzierten Pufferüberläufe Hackern als Hintertür in den Computer dienen können. Einige Implementierungen warnen genau aus diesem Grund vor dem Gebrauch von **gets()** und den verwandten Funktionen.

26.3.3.4 Verzweigungen

Wo immer eine Entscheidung zu treffen ist, besteht die Möglichkeit, die falsche Entscheidung zu treffen. Das macht **if**- und **switch**-Anweisungen zu begehrten Zielen für Tester. Die beiden häufigsten Fehler, nach denen wir Ausschau halten, sind:

Tipp
- Wurden alle möglichen Fälle abgedeckt?
- Sind die verschiedenen Fälle mit den richtigen Aktionen verbunden?

Betrachten Sie dazu die folgende rein didaktische Funktion:

```cpp
void do_branch1(int x, int y)   // unsauber programmierte Funktion
  // undisziplinierte Verwendung von if
{
  if (x<0) {
    if (y<0)
      cout << "stark negativ\n";
    else
      cout << "leicht negativ\n";
  }
  else if (x>0) {
    if (y<0)
      cout << "stark positiv\n";
    else
      cout << "leicht positiv\n";
  }
}
```

Der erste Fehler, der ins Auge springt, ist, dass wir den Fall für **x** gleich **0** „vergessen" haben. Bei Vergleichen gegen null (wie auch in Tests auf positive oder negative Werte) wird die Gleichheit mit null öfters vergessen oder mit dem falschen Fall kombiniert (beispielsweise als negativ eingestuft). Daneben enthält der Code noch einen weiteren, subtileren, jedoch kaum weniger verbreiteten Fehler: Die Aktionen für **(x>0 && y<0)** und **(x>0 && y>=0)** wurden „irgendwie" vertauscht. Solche Fehler entstehen meist durch Cut-and-Paste-Operationen.

Je komplizierter eine einzelne **if**-Anweisung oder eine Kombination aus mehreren **if**-Anweisungen ist, umso höher die Wahrscheinlichkeit, dass sich darin Fehler verbergen. Für uns als Tester bedeutet dies, dass wir uns den Code gründlich ansehen und achtgeben, dass jeder Zweig getestet wird. Für **do_branch1()** ergäbe sich somit folgende Testreihe:

do_branch1(–1,–1);
do_branch1(–1, 1);
do_branch1(1,–1);
do_branch1(1,1);
do_branch1(–1,0);
do_branch1(0,–1);
do_branch1(1,0);
do_branch1(0,1);
do_branch1(0,0);

Nachdem wir also zuvor festgestellt haben, dass **do_branch**() mithilfe von **<** und **>** gegen **0** vergleicht, ist dies also letztlich nichts anderes als der zugehörige Brute-Force-Ansatz „Teste alle Möglichkeiten durch". Um etwaige falsche Aktionen für positive Werte von **x** aufzuspüren, müssen wir diese Aufrufe nur noch mit den gewünschten Ausgaben kombinieren.

Das Testen von **switch**-Anweisungen läuft in etwa genauso ab.

```
void do_branch1(int x, int y)   // unsauber programmierte Funktion
  // undisziplinierte Verwendung von switch
{
  if (y<0 && y<=3)
    switch (x) {
    case 1:
      cout << "eins\n";
      break;
    case 2:
      cout << "zwei\n";
    case 3:
      cout << "drei\n";
    }
}
```

Hier sind uns vier klassische Fehler unterlaufen:

- Wir führen die Bereichsüberprüfung für die falsche Variable durch (**y** statt **x**).
- Wir haben eine **break**-Anweisung vergessen, was zur falschen Behandlung von **x==2** führt.
- Wir haben den **default**-Fall vergessen (in der falschen Annahme, die **if**-Anweisung würde ihn überflüssig machen).
- Wir haben **y<0** geschrieben, meinten aber **0<y**.

Als Tester halten wir immer nach nicht behandelten Fällen Ausschau. Doch es geht uns nicht darum, gefundene Mängel auszugleichen. Zu schnell schleichen sich die Probleme über die Hintertür wieder ein. Als Tester ist es unsere Aufgabe, Tests zu schreiben, die Fehler systematisch aufspüren. Würden wir den obigen Code einfach nur korrigieren, könnte es sehr gut sein, dass uns dabei ebenfalls ein Fehler unterläuft, sodass das ursprüngliche Problem entweder nicht gelöst oder ein neuer Fehler eingebaut wird. Wenn wir also den Code vorab gründlich untersuchen, geht es nicht vorrangig darum Fehler zu entdecken (obwohl dies stets hilfreich ist), sondern darum, eine geeignete Testreihe zu entwickeln, mit der etwaige Fehler möglichst vollständig aufgespürt werden können.

Beachten Sie, dass Schleifen ein implizites **if** beinhalten, welches testet, ob das Ende der Schleife erreicht wurde. Schleifen zählen also ebenfalls zu den Verzweigungen. Wenn wir Programme untersuchen, die Verzweigungen enthalten, ist die erste Frage stets: „Haben wir alle Verzweigungen behandelt (getestet)?" Erstaunlicherweise ist dies in echtem Code nicht immer möglich (weil in echtem Code eine Funktion nach Bedarf von anderen Funktion aufgerufen wird und nicht auf alle möglichen Weisen). Tester werden daher häufig gefragt: „Wie sieht deine Testabdeckung aus?" Und die Antwort sollte möglichst lauten: „Wir haben die meisten Fälle abgedeckt", gefolgt von einer Erklärung, warum die restlichen Fälle so schwer zu testen sind. Eine 100%ige Abdeckung wäre der Idealfall.

26.3.4 Systemtests

Größere Systeme zu testen, ist fast immer eine Aufgabe für Experten. Die Computer, die Telefonsysteme kontrollieren, werden zum Beispiel in speziell konstruierten Räumen getestet, in denen Regale voll von Computern den Datenverkehr von Zehntausenden von Anrufern simulieren. Solche Testsysteme kosten Millionen und beschäftigen ganze Teams von kompetenten und erfahrenen Ingenieuren. Einmal in Betrieb genommen, wird von einem Hauptvermittlungsrechner erwartet, dass er 20 Jahre lang ununterbrochen seinen Dienst tut und in dieser Zeit höchstens 20 Minuten ausfällt (egal aus welchen Gründen, Stromausfälle, Flutkatastrophen und Erdbeben eingerechnet). Es dürfte einleuchten, dass eine ausführliche Darstellung des Testens solcher Systeme im Rahmen dieses Buches nicht möglich ist – vermutlich wäre es einfacher, einem Physikstudenten aus dem ersten Semester beizubringen, wie Kurskorrekturen für eine Marssonde berechnet werden. Wir werden uns aber bemühen, Ihnen hilfreiche Tipps für das Testen kleinerer Projekte zu geben und Ihnen eine Vorstellung davon zu vermitteln, wie größere Systeme getestet werden.

Tipp Vor allen Dingen dürfen Sie nicht vergessen, dass es beim Testen vorrangig um das Aufspüren von Fehlern geht – besonders der Fehler, die häufig auftreten oder schweren Schaden anrichten. Es ist also nicht einfach damit getan, eine möglichst große Zahl von Tests niederzuschreiben und auszuführen. Stattdessen ist ein gewisses Verständnis für das zu testende System erforderlich. Mehr noch als für Unit-Tests gilt, dass das Aufsetzen effizienter Systemtests ohne Kenntnis der Anwendung und des

Tipp Anwendungsgebiets kaum möglich ist. Zur Entwicklung eines Systems gehören mehr als Programmiersprachen- und Informatikkenntnisse; nahezu ebenso wichtig ist es, das Anwendungsgebiet und die Leute zu kennen, die die Anwendung benutzen. Dies ist übrigens etwas, das uns immer wieder motiviert, mit Code zu arbeiten: viele interessante Anwendungen zu sehen und interessante Leute zu treffen.

Um ein komplettes System testen zu können, muss es zuvor aus seinen Einzelteilen (Units) zusammengesetzt werden. Dies kann erhebliche Zeit beanspruchen, weswegen viele Systemtests nur einmal am Tag laufen (meist in der Nacht, wenn die Entwickler eigentlich schlafen sollten), nachdem die Unit-Tests alle abgeschlossen wurden. Regressionstests spielen hier eine entscheidende Rolle, denn zu den Programmteilen, in denen wir am ehesten Fehler finden, gehören neben dem neu hinzugekommenen Code vor allem die Abschnitte, in denen bereits zuvor Fehler aufgetreten sind. Es ist daher unverzichtbar, die Sammlung alter Tests (Regressionstests) erneut auszuführen. Ohne Regressionstests ist es nahezu unmöglich, ein größeres System stabil zu bekommen. Wir würden neue Fehler ebenso schnell einbauen, wie wir alte Fehler entfernen.

Wie Sie sehen, gehen wir hier wie selbstverständlich davon aus, dass wir jedes Mal, wenn wir Fehler ausmerzen, unabsichtlich neue Fehler einfügen. Wir hoffen natürlich, dass die Zahl neuer Fehler kleiner ist als die Zahl der behobenen Fehler und dass die Auswirkungen der neuen Fehler weniger gravierend sein mögen. Doch bevor wir nicht unsere Regressionstests ausgeführt und neue Test für den hinzugekommenen Code aufgesetzt haben, müssen wir davon ausgehen, dass unser System (aufgrund unserer Fehlerkorrekturen) instabil ist.

26.3.4.1 GUIs testen

Stellen Sie sich vor, Sie sitzen vor einem Bildschirm und versuchen einen möglichst systematischen Ansatz zum Testen eines Programms mit ausgefeilter grafischer Benutzerschnittstelle (GUI) zu finden. Wo klicke ich mit der Maus? Und in welcher Reihenfolge? Welche Werte gebe ich ein? Und in welcher Reihenfolge? In den meisten Fällen dürfte dies hoffnungslos sein. Es gibt so viele Möglichkeiten, dass es vermutlich sinnvoller wäre, einige Dutzend Tauben zu leihen und diese nach eigenem Gutdünken auf den Bildschirm hacken zu lassen (für Vogelfutter tun Tauben alles). Im Übrigen ist es gar nicht so unüblich und oft auch notwendig, eine größere Zahl „gewöhnlicher Anwender ohne Vorkenntnisse" anzuheuern und zu beobachten, wo sie „hacken". Eine systematische Herangehensweise ist dies allerdings nicht. Eine praxistaugliche Lösung muss auf verschiedenen wiederholbaren Testreihen basieren. Dazu ist es in der Regel nötig, eine Schnittstelle zu entwerfen, die die GUI umgeht.

Warum ist es notwendig, eine menschliche Person vor die GUI-Anwendung zu setzen und sie „hacken" zu lassen? Der Grund ist einfach, dass Tester unmöglich jede denkbare Interaktion eines hinterhältigen, schusseligen, naiven, erfahrenen oder eiligen Anwenders mit der GUI voraussehen können. Selbst nach Durchführung der ausgeklügelsten systematischen Tests brauchen wir immer noch reale Menschen, die das System ausprobieren. Bei komplexen Systemen finden diese erfahrungsgemäß nahezu immer etwas, worauf kein noch so erfahrender Designer, Implementierer oder Tester kommen würde. Oder wie ein unter Programmierern verbreitetes Sprichwort sagt: „Erstelle ein narrensicheres System und die Natur erzeugt einen besseren Narren."

Für das Testen ist es also ideal, wenn die GUI sich darauf beschränkt, Aufrufe zusammenzustellen, die sich an eine wohldefinierte Schnittstelle zum „eigentlichen" Hauptprogramm richten. Mit anderen Worten: Die GUI übernimmt einfach die Ein- und Ausgabe und jedwede signifikante Datenverarbeitung geschieht isoliert davon. Dies vorausgesetzt können wir eine alternative, nicht grafische Schnittstelle aufsetzen, siehe ▶ Abbildung 26.1.

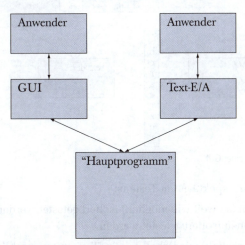

Abbildung 26.1: System mit einer zusätzlichen textbasierten E/A-Schnittstelle

Danach können wir – wie zuvor bei den Unit-Tests (§26.3.2) – für das „Hauptprogramm" Skripte generieren oder schreiben und das „Hauptprogramm" getrennt von der GUI testen, siehe ▶ Abbildung 26.2.

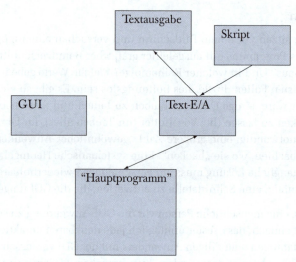

Abbildung 26.2: Verwendung der textbasierten E/A-Schnittstelle zum Testen

Interessanterweise können wir mit diesem Aufbau auch halbsystematische Tests der GUI durchführen: Dazu führen wir die Skripte unter Verwendung der Text-E/A-Schnittstelle aus und beobachten den Effekt auf die GUI (die Ausgabe des Hauptprogramms wird zu diesem Zweck an die Text-E/A- und die GUI-Schnittstelle gesendet). Wir könnten sogar noch weitergehen und die „Hauptanwendung" beim Testen der GUI ganz umgehen, indem wir Textbefehle vorsehen, die mittels eines zwischengeschalteten Text-zu-GUI-Befehlsübersetzers „direkt" an die GUI gesendet werden, siehe ▶ Abbildung 26.3.

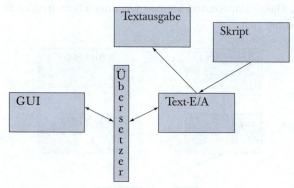

Abbildung 26.3: System zum Testen einer GUI

Dies illustriert zwei wichtige Aspekte guten Testens:

- Teile eines Systems sollten (so weit wie möglich) isoliert getestet werden. Nur „Units" mit klar definierten Schnittstellen können isoliert getestet werden.
- Tests sollten (so weit wie möglich) wiederholbar sein. Tests mit menschlicher Beteiligung sind grundsätzlich nicht wiederholbar.

Es ist überdies ein Beispiel für das „testfreundliche Design", das wir bereits angesprochen haben. Manche Programme sind wesentlich einfacher zu testen als andere. Wenn wir von Anfang an, beginnend mit dem ersten Entwurf, auch die Belange der Tester berücksichtigen, erhalten wir Systeme, die besser organisiert und leichter zu testen sind (§26.2). Besser organisiert? Betrachten Sie dazu das Diagramm aus ▶ Abbildung 26.4.

Abbildung 26.4: Modell eines einfachen, geradlinigen Systems

Das Diagramm aus Abbildung 26.4 ist eindeutig einfacher als die vorangehenden Diagramme. Wir können mit der Arbeit an diesem System beginnen, ohne uns vorab große Gedanken machen zu müssen – wo immer wir mit dem Anwender kommunizieren müssen, nutzen wir einfach unsere bevorzugte GUI-Bibliothek. Höchstwahrscheinlich werden wir auch insgesamt weniger Code schreiben müssen, als für unsere hypothetische Anwendung mit sowohl textbasierter als auch grafischer E/A-Schnittstelle erforderlich wäre. Wie also soll es da möglich sein, dass die Anwendung mit expliziter Schnittstelle und zusätzlichen Teilen besser organisiert ist als eine „einfache, geradlinige" Anwendung, in der die GUI-Logik über den Code verteilt ist?

Nun, wenn wir zwei Schnittstellen haben, müssen wir die Schnittstelle zwischen „Hauptprogramm" und E/A sorgfältiger definieren. Letzten Endes läuft es darauf hinaus, dass wir eine allgemeine E/A-Schnittstellenschicht definieren müssen (analog zu dem „Übersetzer", den wir benutzt haben, um die GUI isoliert von dem „Hauptprogramm" zu testen):

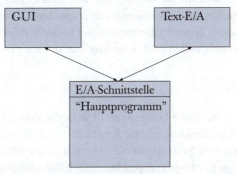

Abbildung 26.5: Modell eines komplexeren, aber besser organisierten Systems

Wir haben bereits ein Beispiel für ein solches Design gesehen: die Klassen der Grafikschnittstelle aus den Kapiteln 13 bis 16, die das jeweilige „Hauptprogramm" (d.h. den Code, den Sie schreiben) von dem Standard-GUI-System (FLTK, Windows, Linux-GUI, was auch immer) trennen. Mit diesem Design sind wir frei, jedes beliebige E/A-System zu verwenden.

Tipp

Ist das wichtig? Wir halten es für enorm wichtig. Erstens erleichtert es das Testen, und ohne systematisches Testen kann man kaum ernsthaft von Korrektheit sprechen. Zweitens offeriert es Portabilität. Stellen Sie sich folgendes Szenario vor: Sie haben eine kleine Firma gegründet und ihr erstes Softwareprodukt geschrieben – für Apple-Computer, weil Sie zufällig für diese eine Vorliebe hegen. Langsam stellt sich der Erfolg ein und Sie bemerken, dass die meisten Ihrer potenziellen Kunden ihre Programme auf Windows-Maschinen und nicht Mac-basierten Linux-Systemen ausführen. Was tun Sie? Im Falle der „einfachen" Codeorganisation, bei der die (Apple-Mac-)GUI-Befehle über den gesamten Code verstreut sind, müssen Sie praktisch alles neu schreiben. Das ist ganz okay, denn da der Code nur flüchtig getestet wurde, enthält er höchstwahrscheinlich sowieso noch viele verborgene Fehler. Anders sähe es aus, wenn das „Hauptprogramm" die GUI auf Distanz hält (um systematische Tests zu erleichtern). In diesem Fall müssen Sie lediglich eine Schnittstelle zwischen Ihren Schnittstellenklassen und der neuen, zusätzlichen GUI einrichten (analog der „Übersetzer"-Komponente aus dem Diagramm), während der überwiegende Teil des Programmcodes unverändert bleiben kann:

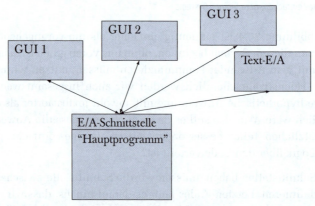

Abbildung 26.6: Modell eines Systems, das mehrere alternative GUIs unterstützt

Dieses Design ist ein typisches Beispiel für den Einsatz von „schlanken" Schnittstellen zur Isolierung einzelner Programmteile – ähnlich der Verwendung von „Schichten", die wir in §12.4 gesehen haben. Durch frühe Berücksichtigung der Testanforderungen steigt also der Anreiz, ein Programm in klar voneinander abgegrenzte Bereiche aufzuteilen (mit Schnittstellen, die zum Testen genutzt werden können).

26.3.5 Klassen testen

Technisch gesehen fällt das Testen von Klassen eigentlich in die Kategorie der Unit-Tests. Da Klassen aber meist über mehrere Memberfunktionen und Zustände verfügen, nimmt das Testen von Klassen in vielen Aspekten die Gestalt von Systemtests an. Dies gilt umso mehr, wenn wir eine Basisklasse testen, für die unterschiedliche Kontexte (vorgegeben durch die verschiedenen abgeleiteten Klassen) zu berücksichtigen sind. Werfen wir dazu noch einmal einen Blick auf die **Shape**-Klasse aus §14.2:

```
class Shape {    // behandelt Farbe und Stil; speichert eine Folge von Linien
public:
   void draw() const;              // berücksichtige Farbe u. zeichne Linien
   virtual void move(int dx, int dy);   // verschiebe die Form um +=dx und +=dy
```

```cpp
  void set_color(Color col);
  Color color() const;

  void set_style(Line_style sty);
  Line_style style() const;

  void set_fill_color(Color col);
  Color fill_color() const;

  Point point(int i) const;           // Nur-Lese-Zugriff auf points
  int number_of_points() const;

  virtual ~Shape() { }
protected:
  Shape();
  virtual void draw_lines() const;    // zeichne die Linien
  void add(Point p);                  // addiere points den Punkt p hinzu
  void set_point(int i,Point p);      // points[i]=p;
private:
  vector<Point> points;               // wird nicht von allen Formen verwendet
  Color lcolor;                       // Farbe für Linien und Zeichen
  Line_style ls;
  Color fcolor;                       // Füllfarbe

  Shape(const Shape&);                // Kopieren verhindern
  Shape& operator=(const Shape&);
};
```

Wie würden wir vorgehen, um diese Klasse zu testen? Untersuchen wir zuerst, was – aus der Sicht eines Testers – **Shape** von **binary_search()** unterscheidet:

- **Shape** enthält mehrere Funktionen.
- Ein **Shape**-Objekt hat keinen festen Zustand (wir können Punkte hinzufügen, die Farbe ändern etc.); d.h., der Effekt einer Funktion kann das Verhalten einer anderen Funktion beeinflussen.
- **Shape** enthält virtuelle Funktionen; d.h., das Verhalten eines **Shape**-Objekts (wenn über einen Zeiger oder eine Referenz angesprochen) hängt davon ab, ob eine Klasse von **Shape** abgeleitet wurde und wenn ja, wie diese Klasse definiert ist.
- **Shape** ist kein Algorithmus.
- Eine Änderung an einem **Shape**-Objekt kann Auswirkungen auf die Darstellung am Bildschirm haben.

Der letzte Punkt ist besonders unangenehm. Er bedeutet letzten Endes, dass wir jemanden vor den Bildschirm setzen müssen, der überprüft, ob sich ein **Shape**-Objekt wie gewünscht verhält. Der Erstellung systematischer, wiederholbarer und kostengünstiger Tests ist dies natürlich nicht gerade dienlich. Wie in §26.3.4, Abschnitt „GUIs testen", angesprochen, nehmen wir häufig Umwege in Kauf, um derartigen Problemen zu entgehen. Im vorliegenden Fall wollen wir aber einfach davon ausgehen, dass ein wachsamer Beobachter vor dem Bildschirm sitzt, der sofort Alarm schlägt, wenn die Bildschirmausgabe nicht den Erwartungen entspricht.

Nun zu einem wichtigen Detail: Anwender können Punkte hinzufügen, aber nicht entfernen. Anwender oder **Shape**-Objekte können Punkte lesen, aber nicht verändern. Für den Tester sind dies wertvolle Informationen, denn alles, was keine Änderungen vornehmen kann (oder sollte), erleichtert uns die Arbeit.

Was können wir testen und was nicht? Um **Shape** vollständig zu testen, müssen wir versuchen, die Klasse sowohl isoliert als auch in Kombination mit einer Reihe von abgeleiteten Klassen zu testen. Um aber überprüfen zu können, dass **Shape** mit einer bestimmten abgeleiteten Klasse korrekt zusammenarbeitet, müssen wir zuvor die abgeleitete Klasse testen.

Wir notieren, dass der Zustand eines **Shape**-Objekts grundsätzlich auf vier Membervariablen beruht:

vector<Point> points;
Color lcolor;   // Farbe für Linien und Zeichen
Line_style ls;
Color fcolor;   // Füllfarbe

Alles, was wir einem **Shape**-Objekt antun können, ist diese Membervariablen zu ändern und zu beobachten, was passiert. Erfreulicherweise können wir die Membervariablen nur auf dem Weg über die Schnittstelle ändern, die von den Memberfunktionen definiert wird.

Die einfachste Form eines **Shape** ist ein **Line**-Objekt. Wir beginnen daher einfach mit der Erzeugung eines **Line**-Objekts und nehmen an diesem alle uns möglichen Änderungen vor:

```
Line ln(Point(10,10), Point(100, 100));
ln.draw();              // nachsehen, ob das Objekt erscheint

// die Punkte überprüfen:
if (ln.number_of_points() != 2) cerr << "falsche Anzahl Punkte";
if (ln.point(0)!=Point(10,10)) cerr<< "falscher Punkt 1";
if (ln.point(1)!=Point(100,100)) cerr<< "falscher Punkt 2";

for (int i=0; i<10; ++i) {      // nachsehen, ob das Objekt verschoben wird
   ln.move(i+5,i+5);
   ln.draw();
}

for (int i=0; i<10; ++i) {      // nachsehen, ob das Objekt an den Ausgangspunkt
                                // zurückgesetzt wird
   ln.move(i–5,i–5);
   ln.draw();
}
if (point(0)!=Point(10,10)) cerr<< "nach Verschieben falscher Punkt 1";
if (point(1)!=Point(100,100)) cerr<< "nach Verschieben falscher Punkt 2";

for (int i = 0; i<100; ++i) {   // nachsehen, ob die Farbe korrekt geändert wird
   ln.set_color(Color(i*100));
   if (ln.color() != i*100) cerr << "Fehler in set_color";
   ln.draw();
}

for (int i = 0; i<100; ++i) {   // nachsehen, ob der Stil korrekt geändert wird
```

```
    ln.set_style(Line_style(i*5));
    if (ln.style() != i*5) cerr << "Fehler in set_style";
    ln.draw();
}
```

Grundsätzlich werden dadurch bereits Erzeugung, Verschiebung, Farb- und Stilzuweisung getestet. In der Realität würden wir unsere Testfälle allerdings weitaus vorsichtiger (und mit mehr List und Tücke) auswählen, als wir es für **binary_search**() getan haben. Außerdem würden wir zweifelsohne zu dem Schluss kommen, dass es eine bessere Lösung wäre, die auszuführenden Tests in Form von Beschreibungen aus einer Datei einzulesen. Und einen besseren Weg zur Meldung der gefundenen Fehler würden wir sicher auch finden.

Über kurz oder lang würden wir zudem feststellen, dass die Änderungen an dem **Shape**-Objekt zu schnell für das menschliche Auge sind. Wir können dieses Problem auf zwei verschiedenen Wegen lösen:

- Wir bremsen das Programm so weit ab, dass ein Mensch den Änderungen folgen kann.
- Wir finden eine Repräsentation für **Shape**, die von einem Programm gelesen und analysiert werden kann.

Was bis hierher noch gänzlich fehlt, sind Tests für **add(Point)**. Dafür würden wir vermutlich ein **Open_polyline**-Objekt verwenden.

26.3.6 Annahmen aufspüren, die nicht standhalten

In der Spezifikation von **binary_search** war ganz klar festgehalten, dass die Sequenz, die wir durchsuchen, sortiert sein muss. Viele Möglichkeiten für wunderbar gemeine Unit-Tests wurden uns dadurch geraubt. Doch offensichtlich gibt es Wege, schlechten Code zu schreiben, für die wir keine Tests aufgesetzt haben (abgesehen von den Systemtests). Können wir unser Wissen über die „Units" eines Systems (Funktionen, Klassen etc.) dazu nutzen, bessere Tests zu entwerfen?

Leider lautet die Antwort auf diese Frage „nein". Als reine Tester können wir den Code nicht ändern. Um aber Verletzungen der in einer Schnittstellenspezifikation angeführten Vorbedingungen (Präkonditionen) aufspüren zu können, muss man die Einhaltung dieser Bedingungen entweder vor jedem Aufruf oder als Teil der Implementierung, die von den einzelnen Aufrufen ausgeführt wird, prüfen (siehe §5.5). Falls wir unseren eigenen Code testen, können wir natürlich entsprechende Tests einfügen. Wenn wir nur der Tester sind, aber die Leute, die den Code schreiben, auf uns hören (was nicht immer der Fall ist), können wir sie über die nicht geprüften Bedingungen informieren und sie überzeugen, dass die Bedingungen geprüft werden müssen.

Betrachten wir noch einmal die Funktion **binary_search**: Wir können weder prüfen, ob die Eingabesequenz [first:last] wirklich eine Sequenz noch ob sie sortiert ist (§26.3.2). Wir könnten allerdings eine Funktion schreiben, die dies überprüft:

```
template<class Iter, class T>
bool b2(Iter first, Iter last, const T& value)
{
    // prüfen, ob [first:last) eine Sequenz ist:
    if (last<first) throw Bad_sequence();
```

```
// prüfen, ob die Sequenz sortiert ist:
if (2<last–first)
    for (Iter p = first+1; p<last; ++p)
        if (*p<*(p–1)) throw Not_ordered();

// wenn alles O.K. ist, binary_search aufrufen:
return binary_search(first,last,value);
}
```

Auf der anderen Seite gibt es Gründe, warum **binary_search** ohne diese Tests implementiert wurde, unter anderem:

- Der Test **last<first** kann nicht für einen Vorwärts-Iterator durchgeführt werden; so verfügt der Iterator für **std::list** beispielsweise über keinen Operator **<** (§B.3.2). Grundsätzlich gilt, dass es keinen Königsweg gibt, um zu überprüfen, ob ein Paar von Iteratoren eine Sequenz definiert (bei **first** zu starten und zu hoffen, dass man irgendwann auf **last** trifft, ist keine gute Idee).

- Es ist viel teurer, die Sequenz zu scannen, um nachzuprüfen, ob die Werte sortiert sind, als **binary_search** auszuführen. (Schließlich ist es ja gerade der Sinn und Zweck von **binary_search**, die Sequenz auf der Suche nach dem Wert nicht – wie es **std::find** tut – blind Element für Element durchlaufen zu müssen.)

Was können wir also tun? Wir könnten in unseren Tests **binary_search** durch **b2** ersetzen (allerdings nur für Aufrufe von **binary_serarch** mit Random-Access-Iteratoren). Alternativ könnten wir den Implementierer von **binary_search** bitten, Code einzufügen, den der Tester aktivieren kann:

```
template<class Iter, class T>    // Warnung: enthält Pseudocode
bool binary_search (Iter first, Iter last, const T& value)
{
    if (test enabled) {
        if (Iter ist ein Eandom-Access_Tterator) {
            // prüfen, ob [first:last) eine Sequenz ist:
            if (last<first) throw Bad_sequence();
        }

        // prüfen, ob die Sequenz sortiert ist:
        if (first!=last) {
            Iter prev = first;
            for (Iter p = ++first; p!=last; ++p, ++ prev)
                if (*p<*prev) throw Not_ordered();
        }
    }

    // jetzt binary_search durchführen
}
```

Da die Bedeutung von **test enabled** davon abhängt, wie der Testcode arrangiert wird (für ein bestimmtes System in einer bestimmten Organisation), haben wir es bei Pseudocode belassen. Wenn Sie Ihren eigenen Code testen, könnten Sie dafür einfach eine Variable **test_enabled** verwenden. Den Test, ob es sich um einen Random-Access-Iterator handelt, haben wir ebenfalls in Pseudocode formuliert („Iter ist ein Random-Access-Iterator"), da wir uns noch nicht mit „Iterator-Traits" beschäftigt haben. Sollten Sie einen solchen Test wirklich benötigen, schlagen Sie das Thema *Iterator-Traits* in einem weiter fortgeschrittenen C++-Lehrbuch nach.

26.4 Testfreundliches Design

Wenn wir mit der Arbeit an einem Programm beginnen, so tun wir dies natürlich in der Absicht, am Ende eine vollständige und fehlerfreie Anwendung abzuliefern. Da dieses Ziel nur zu erreichen ist, wenn wir das Programm auch testen, versuchen wir dies beim Programmentwurf zu berücksichtigen – und zwar vom ersten Tag an. Viele gute Programmierer folgen dem Motto, „möglichst früh und oft zu testen" und schreiben keine einzige Zeile Code, ohne sich zuvor Gedanken darüber gemacht zu haben, wie sie den Code testen könnten. Sich früh mit dem Testen zu befassen, hilft Ihnen, Fehler von vornherein zu vermeiden (und verbliebene Fehler später zu finden). Wir schließen uns dieser Philosophie an. Manche Programmierer gehen sogar so weit, dass Sie zuerst Unit-Tests aufsetzen, bevor Sie eine Unit implementieren.

Das Beispiel aus dem ersten Abschnitt von §26.3.2 und die Beispiele aus §26.3.3 illustrieren die folgenden Grundgedanken:

- Verwenden Sie wohldefinierte Schnittstellen, damit Sie Tests für den Einsatz dieser Schnittstellen schreiben können.
- Überlegen Sie sich einen Weg, wie Sie Operationen in Textform darstellen können, sodass sie gespeichert, analysiert und wiederholt ausgeführt werden können. Dies gilt auch für Ausgabeoperationen.
- Betten Sie Tests auf ungeprüfte Annahmen („Assertions") in den aufrufenden Code ein, damit Sie problematische Argumente vor der Durchführung der Systemtests abfangen können.
- Minimieren Sie Abhängigkeiten und erzeugen Sie keine versteckten Abhängigkeiten.
- Verwenden Sie eine klare Strategie für die Ressourcenverwaltung.

Philosophisch betrachtet könnte man dies als die Ausdehnung von Unit-Test-Techniken auf Teilsysteme und komplette Systeme ansehen.

Wäre es nicht wegen der Performance, könnten wir die Tests für die (andernfalls) ungeprüften Annahmen (Anforderungen, Vorbedingungen) die ganze Zeit über aktiviert lassen. Meist aber gibt es gute Gründe, diese Annahmen nicht systematisch zu überprüfen. Beispielsweise konnten wir sehen, wie kompliziert und teuer es ist nachzuprüfen, ob eine Sequenz sortiert ist (weitaus teurer als das eigentliche Sortieren mit binary_search()). Aus diesen Gründen ist es empfehlenswert, Systeme so zu entwerfen, dass wir entsprechende Tests selektiv an- und ausschalten können. Nicht selten kann man sogar eine mehr oder weniger große Zahl kostengünstiger Tests ständig – d.h. auch in der finalen Version, die ausgeliefert wird – angeschaltet zu lassen. Manchmal passieren eben nicht für möglich gehaltene Dinge und dann würden wir lieber durch eine spezifische Fehlermeldung als durch einen simplen Absturz darüber informiert werden.

26.5 Debuggen

Debuggen ist eine Frage der Technik und der Einstellung. Wobei die Einstellung der wichtigere Aspekt ist. Lesen Sie auch noch einmal die zugehörigen Ausführungen in Kapitel 5 und beachten Sie den Unterschied zwischen Debuggen und Testen. Beide finden Fehler, doch das Debuggen ist viel stärker auf konkrete Fälle bezogen, zielt typischerweise auf das Beheben bekannter Fehler ab und ist näher an der Implementierung. Was immer wir tun können, um das Verhältnis von Debuggen zu Testen in Richtung Testen zu verschieben, sollten wir tun. Es wäre zwar übertrieben zu sagen, dass wir es lieben zu testen, aber wir hassen es definitiv zu debuggen. Gute und frühe Unit-Tests sowie ein testfreundliches Design helfen, das Debuggen zu minimieren.

26.6 Performance

Ein fehlerfreies Programm muss noch lang kein nützliches Programm sein. Und selbst wenn es genügend Funktionalität anbietet, um sinnvoll eingesetzt werden zu können, muss es, um wirklich nützlich zu sein, auch eine angemessene Performance aufweisen. Ein gutes Programm sollte „ausreichend effizient" sein, d.h., es sollte – vorausgesetzt alle benötigten Ressourcen sind verfügbar – für seine Operationen nicht zu lange brauchen. Das bedeutet nicht, dass ein Programm so schnell wie möglich sein muss: Absolute Effizienz ist uninteressant und obsessives Streben nach schnellstmöglichem Code behindert häufig den Entwicklungsprozess durch unnötig komplizierten Code (der zu mehr Fehlern und höherem Debug-Aufwand führt) und macht die Wartung (inklusive Portierung und Performace-Tuning) schwierig und teuer.

Wie aber kann man wissen, wann ein Programm (oder eine Unit des Programms) „effizient genug" ist? In der Theorie kann man es nicht wissen und in der Praxis ist die Hardware oft so schnell, dass sich für viele Programme die Frage nach der Effizienz gar nicht stellt. Wir haben schon Softwareprodukte gesehen, die im Debug-Modus (also ungefähr 25-mal langsamer als notwendig) kompiliert und ausgeliefert wurden, um bessere Mittel zur Fehlerdiagnose zur Verfügung zu haben, wenn nach der Auslieferung Fehler auftreten (was selbst den besten Code treffen kann, wenn er auf dem Zielrechner mit Code koexistieren muss, der „woanders" entwickelt wurde).

Folglich lautet die Antwort auf die Frage, wann ein Programm effizient genug ist: „Messe, wie viel Zeit für die interessanteren Testfälle benötigt wird." Dazu müssen Sie Ihre Endanwender natürlich kennen, damit Sie abschätzen können, welche Testfälle diese als „interessant" erachten würden und wie viel Zeit für diese Testfälle akzeptierbar wäre. Rein logisch gehen wir so vor, dass wir die Laufzeit unserer Tests mit einer Stoppuhr messen und darauf achten, dass keiner der Tests übermäßig viel Zeit benötigt. Für die praktische Durchführung greifen wir dann auf Funktionen wie **clock()** zurück (§26.6.1), die für uns die Zeit stoppen, und vergleichen die gemessenen Zeiten mit Schätzwerten, die wir für vernünftig halten. Alternativ oder zusätzlich können wir die Laufzeiten der Tests aufzeichnen und mit früheren Testläufen vergleichen. Auf diese Weise erhalten wir eine Art Regressionstest zur Laufzeitmessung.

Einige der schlimmsten Performance-Fehler haben ihre Ursache in schlecht konzipierten Algorithmen und können durch Testen aufgespürt werden. Dies ist auch ein Grund, warum wir mit großen Datenmengen testen – um ineffiziente Algorithmen zu entdecken. Nehmen Sie zum Beispiel an, eine Anwendung soll die Elemente aus den Reihen einer Matrix aufaddieren (mithilfe der **Matrix**-Bibliothek aus Kapitel 24). Irgendjemand hat dazu eine passende Funktion geschrieben:

```
double row_sum(Matrix<double,2> m, int n);   // Summe der Elemente in m[n]
```

Nun verwendet jemand diese Funktion, um einen **vector**-Container mit den aufaddierten Summen zu erzeugen, wobei **v[n]** die Summe der Elemente aus den ersten **n** Reihen ist:

```
double row_accum(Matrix<double,2> m, int n)   // Summe der Elemente in m[0:n]
{
   double s = 0;
   for (int i=0; i<n; ++i) s+=row_sum(m,i);
   return s;
}

// berechne die akkumulierten Summen der Reihen von m:
vector<double> v;
for (int i = 0; i<m.dim1(); ++i) v.push_back(row_accum(m,i+1));
```

Dies könnte Teil eines Unit-Tests sein oder zusammen mit der Anwendung im Zuge eines Systemtests ausgeführt werden. In beiden Fällen passiert etwas Merkwürdiges, wenn die Matrix sehr groß wird: Im Wesentlichen steigt die Laufzeit mit dem Quadrat der Größe von **m**. Warum? Wir addieren hier zunächst alle Elemente in der ersten Reihe. Dann addieren wir alle Elemente in der zweiten Reihe (wobei wir erneut die Elemente der ersten Reihe durchgehen). Anschließend addieren wir die Elemente der dritten Reihe (wobei wir erneut alle Elemente der ersten und zweiten Reihe durchgehen) und so weiter.

Wenn Sie dieses Beispiel für drastisch halten, dann überlegen Sie einmal, was passieren würde, wenn **row_sum()** seine Daten aus einer Datenbank beziehen würde. Das Lesen von der Festplatte ist um ein Tausendfaches langsamer als das Lesen im Arbeitsspeicher.

Sie könnten natürlich einwerfen: „Niemand würde so etwas Dummes tun!" Sorry, aber wir haben schon viel schlimmeren Code gesehen – was auch daran liegt, dass Algorithmen mit einer derart armseligen Performance, wenn sie erst einmal im Anwendungscode vergraben sind, nur noch schwer auszumachen sind. Oder ist Ihnen das Performance-Problem aufgefallen, als Sie sich den Code das erste Mal angesehen haben? Ein Problem kann sehr schwer aufzuspüren sein, wenn man nicht ganz gezielt nach dieser Art Problem sucht. Hier ein reales Beispiel, das auf einem Server gefunden wurde:

```
for (int i=0; i<strlen(s); ++i) { /* tue etwas mit s[i] */ }
```

Meist ist **s** nur eine String von ca. 20.000 Zeichen.

Nicht alle Performance-Probleme gehen auf das Konto schlecht konzipierter Algorithmen. Tatsächlich ist (wie in §26.3.3 ausgeführt wurde) ein Großteil des Codes, den wir schreiben, nicht algorithmisch. Solche „nicht algorithmischen" Performance-Probleme fallen typischerweise unter die allgemeine Klassifikation „schlechtes Design". Hierzu zählen:

- Wiederholte Berechnung von Daten (siehe z.B. das Beispiel von oben zur Aufaddierung der Reihen)
- Wiederholte Überprüfung der gleichen Fakten (beispielsweise wenn die Gültigkeit eines Indexwerts jedes Mal überprüft wird, wenn er in einer Schleife verwendet wird, oder wenn ein Argument wiederholt überprüft wird, wenn es unverändert von Funktion zu Funktion weitergereicht wird)
- Wiederholte Zugriffe auf die Festplatte (oder das Internet)

Beachten Sie das (wiederholte) „wiederholt". Offensichtlich meinen wir „unnötig wiederholt", aber der eigentliche Punkt ist, dass etwas sich erst dann zu einem Performance-Problem auswächst, wenn wir es viele Male hintereinander tun. Wir sind alle für das Überprüfen von Funktionsargumenten und Schleifenvariablen. Aber wenn wir denselben Wert eine Million Mal überprüfen, können diese wiederholten Überprüfungen die Performance erheblich verlangsamen. Wenn wir – durch Messungen – feststellen, dass die Performance beeinträchtig ist, sehen wir nach, ob wir eine dieser wiederholten Aktionen beseitigen können. Tun Sie dies aber nur, wenn Sie sicher sind, dass die Performance wirklich ein Problem darstellt. Übereilte Optimierungen sind Quelle vieler Fehler und kosten meist unnötig viel Zeit.

26.6.1 Zeitmessungen

Woher wissen wir, dass ein Codefragment schnell genug ist? Woher wissen wir, wie lange eine Operation dauert? In vielen Fällen brauchen Sie nur auf die Uhr zu schauen (sei dies nun eine Stoppuhr, Wanduhr oder Ihre Armbanduhr). Dies ist weder sehr wissenschaftlich noch sonderlich exakt, aber wenn Sie mit diesem Ansatz nicht weiterkommen, heißt dies meist, dass das Programm schnell genug ist. Es ist nicht gut, sich allzu sehr in Performance-Optimierungen zu verbeißen.

Wenn Sie kleine Zeitintervalle messen müssen oder nicht mit der Stoppuhr in der Hand vor dem Computer sitzen können, müssen Sie sich von Ihrem Computer helfen lassen; er kennt die genaue Zeit und kann sie Ihnen mitteilen. Auf einem Unix-System beispielsweise brauchen Sie einem Befehl nur **time** voranzustellen, um mittels des Systems die gemessene Ausführungszeit auszugeben. So können Sie mit **time** z.B. herausfinden, wie lange es dauert, die C++-Quelldatei *x.cpp* zu kompilieren. Normalerweise kompilieren Sie wie folgt:

g++ x.cpp

Um die Kompilierzeit zu messen, fügen Sie einfach **time** hinzu:

time g++ x.cpp

Dieser Aufruf kompiliert *x.cpp* und gibt die gemessene Zeit auf den Bildschirm aus. Dies ist ein einfacher und effektiver Weg, die Laufzeit von kleinen Programmen zu messen. Denken Sie daran, immer mehrfach zu messen, da andere Aktivitäten auf Ihrer Maschine die Laufzeitmessung beeinträchtigen können. Wenn Sie ungefähr die gleiche Antwort dreimal erhalten, können Sie davon ausgehen, dass das Ergebnis vertrauenswürdig ist.

Wie aber sieht es aus, wenn Sie etwas messen möchten, dass nur einige Millisekunden dauert? Was, wenn Sie für einen Teil eines Programms Ihre eigenen, detaillierten Laufzeitmessungen vornehmen möchten? In solchen Fällen können Sie die Funktion **clock()** aus der Standardbibliothek verwenden. Um mit **clock()** die von einer Funktion **do_something()** verbrauchte Zeit zu messen, gehen Sie wie folgt vor:

```
#include <ctime>
#include <iostream>
using namespace std;

int main()
{
  int n = 10000000;        // wiederhole do_something() n-mal

  clock_t t1 = clock();    // Anfangszeit
```

984

```
if (t1 == clock_t(–1)) {   // clock_t(–1) bedeutet "clock() funktioniert nicht"
  cerr << "Sorry, keine Zeitnahme\n";
  exit(1);
}

for (int i = 0; i<n; i++) do_something();    // Messschleife

clock_t t2 = clock();       // Endzeit
if (t2 == clock_t(–1)) {
  cerr << "Sorry, Zeitspanne nicht messbar\n";
  exit(2);
}

cout << "do_something(), " << n << " -mal aufgerufen, benoetigte "
  << double(t2–t1)/CLOCKS_PER_SEC << " Sekunden"
  << " (Messgenauigkeit: "
  << CLOCKS_PER_SEC << "-tel Sekunde)\n";
}
```

Die clock()-Funktion liefert ein Ergebnis vom Typ clock_t zurück. Die explizite Konvertierung double(t2-t1) vor der Division ist notwendig, weil clock_t ein Integer-Wert sein könnte. Wann genau die Zeitmessung mit clock() startet, hängt von der jeweiligen Implementierung ab. Die Funktion clock() ist dazu gedacht, Zeitintervalle innerhalb einer einzelnen Ausführung eines Programms zu messen. Für die von clock() zurückgelieferten Werte t1 und t2 ist double(t2-t1)/CLOCKS_PER_SEC der beste Näherungswert, den das System für die zwischen den Aufrufen vergangene Zeit in Sekunden liefern kann. Die Definition von CLOCKS_PER_SEC („Uhrticks pro Sekunde") finden Sie in <ctime>.

Wenn clock() für einen Prozessor nicht angeboten wird oder ein Zeitintervall zu lang für die Messung ist, gibt clock() den Wert clock_t(-1) zurück.

Die clock()-Funktion ist dazu gedacht, Intervalle von einigen Sekunden oder auch nur dem Bruchteil einer Sekunde zu messen. Wenn z.B., wie es häufiger der Fall ist, clock_t ein vorzeichenbehafteter 32-Bit-Integer-Wert und CLOCKS_PER_SEC gleich 1.000.000 ist, können wir mit clock() Intervalle von 0 bis über 2.000 Sekunden (etwa eine halbe Stunde) in Mikrosekunden messen.

Denken Sie aber auch hier daran, dass Sie keinen Laufzeitmessungen trauen, die nicht dreimal ungefähr das gleiche Ergebnis zeitigen. Was heißt „ungefähr das gleiche"? „Mit weniger als 10% Abweichung" scheint eine vernünftige Grenze. Vergessen Sie auch nicht, *wie schnell* moderne Computer sind: 1.000.000.000 Befehle pro Sekunde sind nicht ungewöhnlich. Das bedeutet, dass Sie nur dann etwas messen können, wenn Sie es mehrere Zehntausend Male wiederholen oder es um einen sehr langsamen Vorgang geht, wie z.B. das Schreiben auf Festplatte oder eine Verbindung zum Web. Im letzteren Fall benötigen Sie nur ein paar Hundert Wiederholungen, aber dafür läuft so viel ab, dass Sie Schwierigkeiten haben dürften, die Ergebnisse richtig zu interpretieren.

26.7 Literaturhinweise

Stone, Debbie, Caroline Jarrett, MarkWoodroffe und Shailey Minocha. *User Interface Design and Evaluation*. Morgan Kaufmann, 2005. ISBN 0120884364.

Whittaker, James A. *How to Break Software: A Practical Guide to Testing*. Addison-Wesley, 2003. ISBN 0321194330.

Aufgaben

Bringen Sie den Test von **binary_search** zum Laufen:

1 Implementieren Sie für die **Test**-Klasse aus §26.3.2.2 den Eingabeoperator.

2 Erstellen Sie eine Testdatei mit den Sequenzen aus §26.3:

    a. { 1,2,3,5,8,13,21}   // eine "normale Sequenz"
    b. { }
    c. { 1 }
    d. { 1,2,3,4 }   // gerade Anzahl an Elementen
    e. {1,2,3,4,5 }   // ungerade Anzahl an Elementen
    f. { 1, 1, 1, 1, 1, 1, 1 }   // alle Elemente identisch
    g. { 0,1,1,1,1,1,1,1,1,1,1,1 }   // anderes Element am Anfang

    h. { 0,0,0,0,0,0,0,0,0,0,0,0,1 }   // anderes Element am Ende

3 Erstellen Sie, wie in §26.3.2.3 skizziert, ein Programm, das folgende Sequenzen erzeugt:

    a. Eine sehr große Sequenz (was würden Sie als „sehr groß" ansehen, und warum?)

    b. Zehn Sequenzen mit einer zufälligen Anzahl Elemente

    c. Zehn Sequenzen mit 0, 1, 2 ... 9 zufälligen, aber sortierten Elementen

4 Wiederholen Sie diese Tests für String-Sequenzen wie z.B. { **Bohr Darwin Einstein Lavoisier Newton Turing** }.

Fragen

1 Erstellen Sie eine Liste von verschiedenen Anwendungen und geben Sie für jede Anwendung kurz an, was schlimmstenfalls passieren kann, wenn es in dem Programm einen Fehler gibt, z.B.: Flugzeugsteuerung – Absturz: 231 Tote; Gesamtschaden von 500 Mio. Euro.

2 Warum beweisen wir nicht einfach, dass unsere Programme korrekt sind?

3 Worin besteht der Unterschied zwischen Unit- und Systemtests?

4 Was versteht man unter Regressionstests und warum sind sie von Bedeutung?

5 Was ist der Zweck des Testens?

6 Warum überprüft **binary_search** nicht, ob die gestellten Anforderungen eingehalten werden?

7 Wenn wir nicht auf alle möglichen Fehler hin prüfen können, nach welchen Arten von Fehlern suchen wir dann?

8 Wo treten Fehler im Code auf, der eine Sequenz von Elementen bearbeitet?

9 Warum ist es eine gute Idee, mit großen Werten zu testen?

10 Warum repräsentieren wir Tests meist als Daten und seltener als Code?

11 Warum und wann verwenden wir vermehrt Tests, die auf zufälligen Werten basieren?

12. Warum ist es so schwierig, Programme mit einer **GUI** zu testen?

13. Was ist nötig, um eine „Unit" isoliert zu testen?

14. Welche Verbindung besteht zwischen Testbarkeit und Portabilität?

15. Warum ist das Testen einer Klasse schwieriger als das Testen einer Funktion?

16. Warum ist es wichtig, dass Tests wiederholbar sind?

17. Was kann ein Tester tun, wenn er feststellt, dass eine „Unit" auf ungeprüften Annahmen (Vorbedingungen) beruht?

18. Was kann ein Designer/Implementierer tun, um das Testen zu verbessern?

19. Was unterscheidet das Testen vom Debuggen?

20. Wann spielt die Performance eine Rolle?

21. Geben Sie zwei (oder mehr) Beispiele, wie man (mühelos) schwerwiegende Performance-Probleme verursacht.

Übungen

1. Führen Sie den **binary_search**-Algorithmus, den Sie in §26.1 erstellt haben, mit den in §26.3.2 vorgestellten Tests aus.

2. Sorgen Sie dafür, dass Sie **binary_search** mit beliebigen Elementtypen testen können. Testen Sie den Algorithmus dann mit **string**- und Gleitkommasequenzen.

3. Wiederholen Sie die Programmierübung aus §26.3.2 mit der **binary_search**-Version, die ein Vergleichskriterium übernimmt. Erstellen Sie eine Liste der neuen Fehlergefahrenquellen, die sich durch das zusätzliche Argument ergeben.

4. Entwickeln Sie ein Format für Testdaten, welches Ihnen gestattet, mithilfe einer einmal definierten Sequenz mehrere Tests auszuführen.

5. Fügen Sie dem Testsatz für **binary_search** Tests hinzu, mit denen Sie den (unwahrscheinlichen) Fehler fangen können, dass **binary_search** die Sequenz ändert.

6. Überarbeiten Sie das Taschenrechnerprogramm aus Kapitel 7 so, dass es Eingaben aus einer Datei entgegennimmt und die Ausgaben in eine Datei schreibt (oder nutzen Sie die Betriebssystembefehle zur Umleitung von Ein- und Ausgaben). Planen Sie dann einen halbwegs umfassenden Test für das Programm.

7. Testen Sie den „einfachen Texteditor" aus §20.6.

8. Erweitern Sie die Grafikschnittstellenbibliothek aus den Kapiteln 12–15 um eine textbasierte Schnittstelle. So soll beispielsweise der Text „Circle(Point(0,1),15)" einen Aufruf **Circle(Point(0,1),15)** erzeugen. Verwenden Sie diese Textschnittstelle, um in Kindermanier ein zweidimensionales Haus mit einem Dach, zwei Fenstern und einer Tür zu zeichnen.

9 Erweitern Sie die Grafikschnittstellenbibliothek um ein textbasiertes Ausgabeformat. So soll beispielsweise bei Aufruf von **Circle(Point(0,1),15)** der Text „Circle(Point(0,1),15)" in einen Ausgabestream geschrieben werden.

10 Verwenden Sie die textbasierte Schnittstelle aus Übung 9, um einen besseren Test für die Grafikschnittstellenbibliothek zu schreiben.

11 Messen Sie die Zeit für das Summen-Beispiel aus §26.6, wobei **m** nacheinander eine quadratische Matrix mit den Dimensionen 100, 10.000, 1.000.000 und 10.000.000 sein soll. Verwenden Sie zufällige Elementwerte aus dem Bereich [−10:10]. Schreiben Sie neuen Code für die Berechnung von **v**, der auf einem effizienteren Algorithmus basiert (nicht $O(n^2)$), und vergleichen Sie die gemessenen Werte.

12 Schreiben Sie ein Programm, das zufällige Gleitkommawerte erzeugt und diese mit **std::sort()** sortiert. Messen Sie, wie lange es dauert, 500.000 **double**-Werte respektive 5.000.000 **double**-Werte zu sortieren.

13 Wiederholen Sie das Experiment aus der vorherigen Übung, aber mit Zufallsstrings variabler Länge (aus dem Bereich [0:100]).

14 Wiederholen Sie die vorherige Übung, aber verwenden Sie einen **map**-Container und keinen Vektor, sodass Sie sich das Sortieren sparen können.

Schlüsselbegriffe

Annahmen	Regression	Unit-Test
Ausgaben	Systemtest	Verwendung von Ressourcen
Beweis	Testabdeckung	Verzweigungen
Blackbox-Testen	Testen	Vorbedingungen
clock()	Testfreundliches Design	Whitebox-Testen
Eingaben	Testgeschirr („Test Harness")	Zustand
Nachbedingungen	Timing	

Ein persönlicher Hinweis

Als Programmierer träumen wir davon, wunderbare Programme zu schreiben, die vom ersten Augenblick an wie gewünscht arbeiten. Die Realität sieht leider anders aus: Weder ist es einfach, fehlerfrei laufende Programme zu schreiben, noch fällt es leicht, Programme, die von uns (und unseren Kollegen) ständig verbessert werden, funktionstüchtig zu erhalten. Tests – und ein von Beginn an testorientiertes Design – tragen entscheidend dazu bei, dass die Programme, die wir ausliefern, korrekt arbeiten. Wann immer sich ein weiterer Tag in unserer hochtechnisierten Welt zu Ende neigt, sollten wir einen Moment inne halten und der (häufig vergessenen) Tester gedenken.

Die Programmiersprache C

27.1 C und C++: Geschwister 990
    27.1.1 C/C++-Kompatibilität 992
    27.1.2 C++-Features, die in C fehlen 993
    27.1.3 Die C-Standardbibliothek 995

27.2 Funktionen 996
    27.2.1 Keine Überladung von Funktionsnamen 996
    27.2.2 Typprüfung von Funktionsargumenten 996
    27.2.3 Funktionsdefinitionen 998
    27.2.4 C von C++ aus und C++ von C aus aufrufen 1000
    27.2.5 Zeiger auf Funktionen 1002

27.3 Kleinere Sprachunterschiede 1003
    27.3.1 Namensbereich des **struct**-Tags 1003
    27.3.2 Schlüsselwörter 1004
    27.3.3 Definitionen 1005
    27.3.4 Typumwandlungen im C-Stil 1006
    27.3.5 Umwandlung von **void*** 1007
    27.3.6 **enum** 1008
    27.3.7 Namensbereiche 1009

27.4 Freispeicher 1009

27.5 C-Strings 1011
    27.5.1 C-Strings und **const** 1013
    27.5.2 Byte-Operationen 1014
    27.5.3 Ein Beispiel: **strcpy()** 1014
    27.5.4 Eine Stilfrage 1015

27.6 Eingabe/Ausgabe: stdio 1015
    27.6.1 Ausgabe 1016
    27.6.2 Eingabe 1017
    27.6.3 Dateien 1018

27.7 Konstanten und Makros 1019

27.8 Makros 1020
    27.8.1 Funktionsähnliche Makros 1021
    27.8.2 Syntax-Makros 1022
    27.8.3 Bedingte Kompilierung 1023

27.9 Ein Beispiel: aufdringliche Container 1024

27 Die Programmiersprache C

„C ist eine stark typisierte, aber nur schwach überprüfte Programmiersprache."

— Dennis Ritchie

Dieses Kapitel gibt eine kurze Übersicht über die Programmiersprache C und ihre Standardbibliothek aus der Sicht eines C++-Programmierers. Es listet die C++-Features auf, die in C fehlen, und zeigt Beispiele dafür, wie ein C-Programmierer diese Features kompensieren kann. Außerdem werden die Inkompatibilitäten von C zu C++ angesprochen und die C/C++-Interoperabilität diskutiert. Zur Veranschaulichung dienen Beispiele zur E/A, Listenmanipulation, Speicherverwaltung und Stringmanipulation.

27.1 C und C++: Geschwister

Die Programmiersprache C wurde von Dennis Ritchie an den Bell Laboratories entwickelt und implementiert. Ihre große Popularität verdankt sie nicht zuletzt dem Buch *Die C-Programmiersprache* von Brian Kernighan und Dennis Ritchie (allgemein auch als „K&R" bezeichnet) – die wohl beste Einführung in C und eines der Standardwerke zur Programmierung (§22.2.5). Der Text der ursprünglichen C++-Definition war eine Überarbeitung der 1980 von Dennis Ritchie formulierten Definition von C. Nach dieser Spaltung haben sich die beiden Sprachen individuell weiterentwickelt. Inzwischen wird auch C (wie C++) durch einen ISO-Standard definiert.

Da wir C primär als eine Teilmenge von C++ betrachten, reduziert sich die Beschreibung von C auf zwei Punkte:

- In welchen Bereichen ist C keine Teilmenge von C++?
- Welche C++-Features fehlen in C und durch welche Hilfsmittel und Techniken kann man sie ersetzen?

Historisch betrachtet sind das moderne C und das moderne C++ Geschwister. Beide sind direkte Abkömmlinge des „klassischen C", des durch die erste Auflage des K&R-Werkes *Die C-Programmiersprache* so populär gewordenen C-Dialekts plus Strukturzuweisungen und Aufzählungen.

Heutzutage wird fast ausschließlich mit C89 gearbeitet (der C-Version, die auch in der zweiten Auflage von K&R beschrieben wurde). Darum wollen wir hier ebenfalls diese Version zugrunde legen. Es ist zwar immer noch Code im „klassischen C" in Umlauf und auch Programmbeispiele in C99 findet man hin und wieder, aber jemandem, der sich mit C++ und C89 auskennt, sollte dies eigentlich keine Probleme bereiten.

Sowohl C als auch C++ erblicken das Licht der Welt im Computer Science Research Center der Bell Labs in Murray Hill, New Jersey (eine Zeit lang war mein Büro nur wenige Türen von den Büros von Dennis Ritchie und Brian Kernighan entfernt).

27.1 C und C++: Geschwister

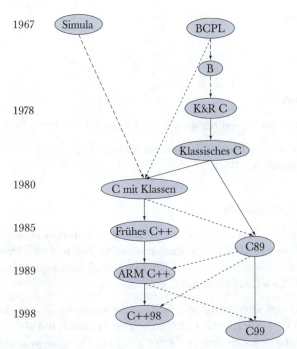

Abbildung 27.1: Der Stammbaum von C/C++

Abbildung 27.2: Das Computer Science Research Center der Bell Labs in Murray Hill, New Jersey

Beide Sprachen werden inzwischen von ISO-Komitees definiert und überwacht. Und für beide gibt es eine Vielzahl von passenden Implementierungen. Oft unterstützt eine Implementierung sogar beide Sprachen und bedient sich eines Compilerschalters oder der Endung der Quelldateien, um die gewünschte Sprache einzustellen. Beide Sprachen stehen auf mehr Plattformen zur Verfügung als irgendeine andere Sprache. Beide wurden vornehmlich für die anspruchsvolle Hardware- und Systemprogrammierung entwickelt und in diesen Bereichen werden sie auch heute noch vielfach verwendet:

- Betriebssystem-Kernel
- Gerätetreiber
- Eingebettete Systeme
- Compiler
- Kommunikationssysteme

Zwischen äquivalenten C- und C++-Programmen gibt es so gut wie keine Performance-Unterschiede.

Wie C++ ist auch C sehr weitverbreitet. Zusammen bilden die C- und C++-Programmierer die größte Softwareentwicklergemeinde der Welt.

27.1.1 C/C++-Kompatibilität

Nicht selten wird auf „C/C++" verwiesen. Dazu sei nur gesagt, dass es eine solche Sprache nicht gibt und dass die Verwendung von „C/C++" normalerweise ein Zeichen von Unwissenheit ist. Wir verwenden „C/C++" nur im Zusammenhang mit C/C++-Kompatibilitätsproblemen und wenn wir über die große gemeinsame C/C++-Gemeinde sprechen.

C++ ist zum großen Teil eine Obermenge von C. Bis auf einige sehr wenige Ausnahmen haben Konstrukte, die es sowohl in C als auch in C++ gibt, in beiden Sprachen die gleiche (semantische) Bedeutung. Bei der Entwicklung von C++ wurde darauf geachtet, „so nahe wie möglich an C zu bleiben, aber nicht näher". Damit wollte man

- den Übergang erleichtern und
- die Koexistenz gewährleisten.

Die meisten Inkompatibilitäten sind darauf zurückzuführen, dass die Typprüfung bei C++ strenger ist.

Folgendes Beispiel ist legaler C-Code, aber kein legales C++. Dies liegt daran, dass als Bezeichner ein C++-Schlüsselwort verwendet wird, das es in C nicht gibt (siehe §27.3.2).

int class(int new, int bool); /* C, aber kein C++ */

Beispiele für Konstrukte, die in beiden Sprachen legal sind, aber unterschiedliche Semantik haben, sind schwerer zu finden. Dennoch gibt es sie:

int s = sizeof('a'); /* sizeof(int) liefert meist 4 in C und 1 in C++ */

Der Typ eines Zeichenliterals wie **'a'** ist in C **int** und in C++ **char**. Allerdings gilt für eine **char**-Variable **ch** in beiden Sprachen, dass **sizeof(ch)==1**.

Informationen zu Kompatibilität und Sprachunterschieden sind nicht besonders aufregend. Es gibt keine netten neuen Programmiertechniken, die man lernen kann. Vielleicht gefällt Ihnen ja **printf()** (§27.6), aber bis auf diese Ausnahme und einigen (schwachen) Ansätzen, Humor zu zeigen, ist dieses Kapitel knochentrocken. Das Kapitel hat vor allem ein Ziel: dass Sie am Ende imstande sind, im Notfall C-Code zu lesen und zu schreiben. Dazu gehört auch, Sie auf die Gefahren hinzuweisen, die einem erfahrenen C-Programmierer direkt ins Auge springen, aber einen C++-Programmierer normalerweise unerwartet treffen. Wir hoffen, dass Sie lernen, diese Gefahren möglichst unfallfrei zu umschiffen.

Die meisten C++-Programmierer haben irgendwann in ihrem Leben mit C-Code zu tun, genauso wie die meisten C-Programmierer sich mit C++-Code auseinandersetzen müssen. Der Stoff in diesem Kapitel dürfte einem C-Programmierer größtenteils vertraut sein, einige Informationen setzen allerdings „Expertenwissen" voraus. Wir differenzieren nicht, sondern beschreiben einfach, was in realem Code häufig zu finden ist, und das aus einem einfachen Grund: Die Meinungen, was genau unter „Expertenwissen" fällt, divergieren. Vielleicht sind genaue Kenntnisse der Kompatibilitätsprobleme lediglich ein billiger Weg, sich ungerechtfertigterweise den Ruf zuzulegen, C-Experte zu sein. Doch denken Sie immer daran: Wahres Expertenwissen erwirbt man nur durch den ständigen Einsatz einer Sprache (in diesem Falle C), und nicht durch das Erlernen esoterischer Sprachregeln (die bei den Kompatibilitätsproblemen angeführt werden).

Literaturhinweise

ISO/IEC 9899:1999. *Programming Languages – C*. Definiert C99; die meisten Implementierungen implementieren C89 (oft mit einigen Erweiterungen).

ISO/IEC 14882:2003-04-01 (zweite Auflage). *Programming Languages – C++*. Aus Programmierersicht ist dieser Standard identisch zu der Version 1997.

Kernighan, Brian W. und Dennis M. Ritchie. *Die C-Programmiersprache*. Prentice Hall, 1988. ISBN 0131103628.

Stroustrup, Bjarne. *Learning Standard C++ as a New Language*. C/C++ Users Journal, Mai 1999.

Stroustrup, Bjarne. *C and C++: Siblings, C and C++: A Case for Compatibility* und *C and C++: Case Studies in Compatibility*. The C/C++ Users Journal, Juli, Aug. und Sept. 2002.

27.1.2 C++-Features, die in C fehlen

Aus der Sicht eines C++-Programmierers gibt es eine ganze Reihe von Features, die in C (d.h. C89) fehlen:

- Klassen und Memberfunktionen
  - Verwenden Sie stattdessen **struct** und globale Funktionen.
- Abgeleitete Klassen und virtuelle Funktionen
  - Verwenden Sie stattdessen **struct**, globale Funktionen und Zeiger auf Funktionen (§27.2.3).
- Templates und Inline-Funktionen
  - Verwenden Sie stattdessen Makros (§27.8).
- Ausnahmen
  - Verwenden Sie stattdessen Fehlercodes, Fehlerrückgabewerte usw.
- Funktionsüberladung
  - Geben Sie jeder Funktion einen eindeutigen Namen.
- **new/delete**
  - Verwenden Sie stattdessen **malloc()/free()** und trennen Sie den Initialisierungscode von den Aufräumarbeiten.

- Referenzen
  - Verwenden Sie stattdessen Zeiger.
- **const** in konstanten Ausdrücken
  - Verwenden Sie stattdessen Makros.
- Deklarationen in **for**-Anweisungen und Deklarationen als Anweisungen
  - Stellen Sie in einem Block alle Deklarationen nach oben oder legen Sie für jeden Satz an Definitionen einen neuen Block an.
- **bool**
  - Verwenden Sie stattdessen **int**.
- **static_cast**, **reinterpret_cast** und **const_cast**
  - Verwenden Sie stattdessen Typumwandlungen im C-Stil, z.B. **(int)a** anstelle von **static<int>(a)**.
- **//**-Kommentare
  - Verwenden Sie stattdessen **/*...*/**-Kommentare.

Es gibt eine Unmenge an C-Code, der überaus nützlich ist. Diese Liste ist nur ein weiterer Beweis, dass kein Sprachfeature absolut unersetzbar ist. Die meisten Sprachfeatures – und dies gilt sogar für C – dienen ausschließlich der Bequemlichkeit des Programmierers. Denn schließlich kann man jedes Programm – vorausgesetzt der Programmierer bringt genügend Zeit, Intelligenz und Geduld mit – auch in Assembler schreiben. Beachten Sie außerdem, dass sowohl C als auch C++ auf einem Maschinenmodell fußen, das einer realen Maschine sehr nahe kommt, und sich daher bestens eignen, eine Vielzahl von Programmierstilen zu emulieren.

Der Rest dieses Kapitels erläutert, wie Sie auch ohne die oben aufgeführten Features nützliche Programme schreiben können. Unser vielleicht wichtigster Ratschlag für den Einsatz von C lautet dabei:

- Emulieren Sie die Programmiertechniken, die von den fehlenden C++-Features bereitgestellt werden, mit den in C zur Verfügung stehenden Möglichkeiten.
- Wenn Sie in C schreiben, verwenden Sie die C-Teilmenge von C++.
- Verwenden Sie Compilerwarnstufen, die die Überprüfung der Funktionsargumente sicherstellen.
- Verwenden Sie für große Programme *lint* (siehe Abschnitt „Typprüfung von Funktionsargumenten").

Viele Details der Inkompatibilitäten zwischen C und C++ sind ziemlich obskur und eher technischer Natur. Glücklicherweise müssen Sie sich diese Details aber nicht alle merken, um C-Code lesen und schreiben zu können:

- Der Compiler wird Sie darauf aufmerksam machen, wenn Sie ein C++-Feature verwenden, das es in C nicht gibt.
- Wenn Sie den oben genannten Regeln folgen, werden Sie kaum auf etwas treffen, das in C etwas anderes bedeutet als in C++.

Dadurch, dass eine ganze Reihe von C++-Hilfsmitteln fehlen, gewinnen andere Hilfsmittel in C an Bedeutung:

- Arrays und Zeiger
- Makros

- typedef
- sizeof
- Typumwandlungen

Ein paar Beispiele hierzu werden Sie in diesem Kapitel noch sehen.

Ich habe für C++ die //-Kommentare aus dem C-Vorläufer BCPL, übernommen, weil ich es satt hatte, immer Kommentare in /*...*/ einzuschließen. Die //-Kommentare werden von den meisten C-Dialekten, einschließlich C99, akzeptiert, sodass Sie sie wahrscheinlich problemlos verwenden können. Hier werden wir /*...*/-Kommentare ausschließlich in reinen C-Beispielen verwenden. C99 übernahm noch einige weitere C++-Features (führte allerdings auch einige Features ein, die zu C++ nicht kompatibel waren). Wir werden uns hier aber auf C89 beschränken, da diese Programmiersprache wesentlich weiter verbreitet ist.

27.1.3 Die C-Standardbibliothek

Elemente der C++-Bibliothek, die auf Klassen und Templates basieren, stehen in C naturgemäß nicht zur Verfügung. Hierzu gehören:

- vector
- map
- set
- string
- Die STL-Algorithmen: z.B. **sort()**, **find()** und **copy()**
- **iostream**-Streams
- regex

Um diese zu kompensieren, gibt es eine Reihe von C-Bibliotheken, die auf Arrays, Zeiger und Funktionen basieren. Die wichtigsten Teile der C-Standardbibliothek sind:

- **<stdlib.h>**: Allgemeine Hilfsmittel (z.B. **malloc()** und **free()**, siehe §27.4)
- **<stdio.h>**: Standard-Ein-/Ausgabe (siehe §27.6)
- **<string.h>**: Manipulation und Speicherverwaltung von Strings im C-Stil (siehe §27.5)
- **<math.h>**: Mathematische Standardfunktionen (für Gleitkommazahlen, siehe §24.8)
- **<errno.h>**: Fehlercodes für **<math.h>** (siehe §24.8)
- **<limits.h>**: Größen und Integer-Typen (siehe §24.2)
- **<time.h>**: Datum und Uhrzeit (siehe §26.6.1)
- **<assert.h>**: Debug-Assertionen (siehe §27.9)
- **<ctype.h>**: Zeichenklassifikation (siehe §11.6)
- **<stdbool.h>**: Boolesche Makros

Eine vollständige Beschreibung finden Sie guten C-Lehrbüchern, wie dem von K&R. All diese Bibliotheken (und Headerdateien) gibt es auch in C++.

27.2 Funktionen

In C gilt:

- Es kann nur eine Funktion eines gegebenen Namens geben.
- Die Typprüfung der Funktionsargumente ist optional.
- Es gibt keine Referenzen (und damit auch keine Möglichkeit, Werte als Referenz zu übergeben).
- Es gibt keine Memberfunktionen.
- Es gibt keine Inline-Funktionen (außer in C99).
- Es gibt eine alternative Syntax für Funktionsdefinitionen.

Von diesen Punkten abgesehen, unterscheidet sich die Programmierung mit Funktionen nicht allzu sehr von dem, was Sie von C++ her kennen. Lassen Sie uns nun untersuchen, was dies konkret bedeutet.

27.2.1 Keine Überladung von Funktionsnamen

Betrachten Sie folgenden Code:

```
void print(int);           /* als int ausgeben */
void print(const char*);   /* als String ausgeben */   /* Fehler! */
```

Die zweite Deklaration ist nicht zulässig, da es nicht zwei Funktionen mit dem gleichen Namen geben darf. Sie müssen sich also zwei verschiedene Funktionsnamen ausdenken. Zum Beispiel:

```
void print_int(int);              /* als int ausgeben */
void print_string(const char*);   /* als String ausgeben */
```

Dies wird gelegentlich auch als Vorteil betrachtet: Schließlich kann man jetzt nicht mehr aus Versehen die falsche Funktion verwenden, um einen Integer auszugeben! Wir sehen dies allerdings anders. Denn abgesehen davon, dass wir das obige Argument nicht gelten lassen, erschwert das Fehlen von überladenen Funktionen die Implementierung von generischen Konzepten, da die generische Programmierung davon ausgeht, dass semantisch ähnliche Funktionen den gleichen Namen tragen.

27.2.2 Typprüfung von Funktionsargumenten

Betrachten Sie folgenden Code:

```
int main()
{
  f(2);
}
```

Ein C-Compiler wird diesen Code akzeptieren: In C müssen Sie eine Funktion nicht deklarieren, bevor Sie sie aufrufen. (Sie können und sollten dies aber tun!) Vielleicht gibt es irgendwo eine Definition von f(), vielleicht steht diese in einer anderen Übersetzungseinheit – falls nicht, wird sich der Linker beschweren.

Wenn Sie Pech haben, sieht die Definition in der anderen Quelldatei wie folgt aus:

```c
/* andere_datei.c: */

int f(char* p)
{
  int r = 0;
  while (*p++) r++;
  return r;
}
```

Einen solchen Fehler wird der Linker nicht melden. Stattdessen erhalten Sie einen Laufzeitfehler oder irgendein zufälliges Ergebnis.

Wie lassen sich solche Probleme vermeiden? Eine praktikable Antwort ist die konsistente Verwendung von Headerdateien. Wenn die Funktionen, die Sie aufrufen oder definieren, in Headerdateien deklariert sind, die Sie konsequent bei Bedarf per #include einbinden, können Sie auf diesem Wege die Typprüfung sicherstellen. In großen Programmen kann sich dies allerdings als überaus schwierig erweisen. Deshalb lassen sich die meisten C-Compiler so einrichten, dass sie Warnungen ausgeben, wenn nicht deklarierte Funktionen aufgerufen werden. Nutzen Sie diese Möglichkeit! Auch gibt es seit den Anfängen von C eine Reihe von Programmen, die allgemein unter der Bezeichnung *lint* firmieren und mit denen Sie alle möglichen Inkonsistenzen aufdecken können. Verwenden Sie *lint* für jedes größere, nicht triviale C-Programm. Sie werden feststellen, dass *lint* Sie automatisch zu einem C-Stil führt, der aussieht, als würden Sie mit einer Teilmenge von C++ arbeiten. (Dies ist nicht allzu verwunderlich, schließlich war eine der Beobachtungen, die zu der Entwicklung von C++ führten, gerade dass der Compiler viele der von *lint* vorgenommenen Überprüfungen ohne Probleme selbst vornehmen könnte – wenn auch nicht alle.)

Tipp

Sie können auch in C dafür Sorge tragen, dass Funktionsargumente überprüft werden. Deklarieren Sie dazu einfach eine Funktion und geben Sie (wie in C++) die Argumenttypen mit an. Solch eine Deklaration wird auch als *Funktionsprototyp* bezeichnet. Hüten Sie sich allerdings vor Funktionsdeklarationen, die keine Argumente angeben; hierbei handelt es sich *nicht* um Funktionsprototypen und sie erlauben auch keine Überprüfung der Funktionsargumente:

```c
int g(double);      /* Prototyp — wie C++-Funktionsdeklaration */
int h();            /* kein Prototyp — die Argumenttypen sind nicht spezifiziert */

void my_fct()
{
  g();              /* Fehler: fehlendes Argument */
  g("asdf");        /* Fehler: fehlerhafter Argumenttyp */
  g(2);             /* O.K.: 2 wird in 2.0 umgewandelt */
  g(2,3);           /* Fehler: ein Argument zu viel */

  h();              /* O.K. für den Compiler! Kann zu unerwarteten Ergebnissen führen */
  h("asdf");        /* O.K. für den Compiler! Kann zu unerwarteten Ergebnissen führen */
  h(2);             /* O.K. für den Compiler! Kann zu unerwarteten Ergebnissen führen */
  h(2,3);           /* O.K. für den Compiler! Kann zu unerwarteten Ergebnissen führen */
}
```

Tipp: Die Deklaration von **h()** gibt keinen Argumenttyp an. Das bedeutet aber nicht, dass **h()** keine Argumente akzeptiert. Es ist vielmehr gleichzusetzen mit „Akzeptiere jede Kombination von Argumenten und hoffe, dass diese für die aufgerufene Funktion korrekt ist". Ein guter Compiler würde hierfür eine Warnung ausgeben, *lint* würde das Problem ebenfalls erkennen.

Tabelle 27.1

Verwendung von void in C++ und C

C++	Entsprechung in C
void f(); // vorzuziehen	void f(void);
void f(void);	void f(void);
void f(...); // akzeptiere alle Argumente	void f(); /* akzeptiere alle Argumente */

Es gibt spezielle Regeln dafür, wie Argumente umzuwandeln sind, wenn kein Funktionsprototyp im Gültigkeitsbereich zu finden ist. So werden zum Beispiel **char**- und **short**-Werte in **int**-Werte umgewandelt und **float**-Werte in **double**-Werte. Wer wissen möchte, was beispielsweise mit einem **long**-Wert geschieht, sollte ein gutes C-Fachbuch konsultieren. Unsere Empfehlung lautet einfach: Rufen Sie keine Funktionen ohne Prototypen auf.

Denken Sie immer daran: Auch wenn der Compiler zulässt, dass ein Argument des falschen Typs übergeben wird (beispielsweise ein **char*** an einen Parameter vom Typ **int**), ist die Verwendung eines solchen Arguments ein Fehler. Wie sagte schon Dennis Ritchie: „C ist eine stark typisierte, aber schwach überprüfte Programmiersprache."

27.2.3 Funktionsdefinitionen

Sie können Funktionen genau wie in C++ definieren; solche Definitionen sind zugleich Funktionsprototypen:

```
double square(double d)
{
  return d*d;
}

void ff()
{
  double x = square(2);        /* O.K.: wandle 2 in 2.0 um und rufe Fkt. auf */
  double y = square();         /* fehlendes Argument */
  double y = square("Hello");  /* Fehler: falscher Argumenttyp */
  double y = square(2,3);      /* Fehler: zu viele Argumente */
}
```

Die Definition einer Funktion ohne Argumente ist kein Funktionsprototyp:

void f() { /* tue etwas */ }

void g()
{
  f(2);   /* O.K. in C; Fehler in C++ */
}

Der Umstand, dass in C

void f();   /* kein Argumenttyp angegeben */

gleichbedeutend ist mit „**f()** kann eine beliebige Anzahl von Argumenten eines beliebigen Typs übernehmen", hat mich sehr befremdet. Deshalb führte ich eine neue Notation ein, in der „nichts" explizit durch das Schlüsselwort **void** ausgedrückt wurde (*void* ist ein vierbuchstabiges Wort, das „nichts" bedeutet):

void f(void); /* akzeptiert keine Argumente */

Allerdings bereute ich dies schon bald, und zwar nicht nur, weil es seltsam aussieht und absolut überflüssig ist, wenn konsistent auf die Überprüfung der Argumenttypen geachtet wird, sondern vor allem weil Dennis Ritchie (der Vater von C) und Doug McIlroy (die letzte Schiedsinstanz in Sachen Stilfragen am Bell Labs Computer Science Research Center, siehe §22.2.5) es als Unding abtaten. Leider fand dieses Unding in der C-Gemeinde schnell weite Verbreitung. Sie sollten es jedoch nicht in C++ verwenden, wo es nicht nur sehr hässlich ist, sondern logisch auch absolut überflüssig.

int old_style(p,b,x) char* p; char b;
{
  /* ... */
}

Diese althergebrachte Definition stammt aus der Zeit vor C++ und ist kein Prototyp. Standardmäßig ist ein Argument ohne Typangabe ein Integer. Demzufolge ist **x** ein **int**-Parameter von **old_style()**. Wir können **old_style()** folgendermaßen aufrufen:

```
old_style();              /* O.K.: alle Argumente fehlen */
old_style("hallo", 'a', 17);  /* O.K.: alle Argumente sind vom richtigen Typ */
old_style(12, 13, 14);    /* O.K.: 12 ist der falsche Typ, */
                          /* doch vielleicht verwendet old_style() p nicht */
```

Der Compiler sollte diese Aufrufe akzeptieren (doch hoffentlich für den ersten und dritten eine Warnung ausgeben).

Zur Überprüfung der Funktionsargumente empfehlen wir:

- Verwenden Sie konsistent Funktionsprototypen (verwenden Sie Headerdateien).
- Verwenden Sie Compilerwarnstufen, die die Überprüfung der Funktionsargumente sicherstellen.
- Verwenden Sie *lint*.

Als Ergebnis werden Sie Code erhalten, der auch in C++ Bestand hätte.

27.2.4 C von C++ aus und C++ von C aus aufrufen

Sie können Dateien, die mit einem C-Compiler kompiliert wurden, zusammen mit Dateien linken, die mit einem C++-Compiler kompiliert wurden – vorausgesetzt die beiden Compiler sind dafür ausgelegt. So können Sie zum Beispiel die aus C und C++ erzeugten Objektdateien linken, wenn diese mit dem GNU-C- und C++- Compiler (GCC) kompiliert wurden. Sie können dazu aber auch den Microsoft-C- und C++-Compiler (MSC++) verwenden. Hiervon wird häufig Gebrauch gemacht, nicht zuletzt weil Ihnen dann mehr Bibliotheken zur Verfügung stehen, als dies bei Beschränkung auf eine der beiden Sprachen der Fall wäre.

C++ bietet eine strengere Typprüfung als C. Vor allem prüfen C++-Compiler und -Linker, dass die beiden Funktionen **f(int)** und **f(double)** konsistent definiert und verwendet werden – auch wenn sie in verschiedenen Quelldateien liegen. Ein C-Linker prüft dies nicht. Um eine in C definierte Funktion von C++ aus aufzurufen (und vice versa), müssen wir dem Compiler eine entsprechende Information mitliefern:

// C-Funktionen von C++ aus aufrufen:

extern "C" double sqrt(double);   // als C-Funktion linken

void my_c_plus_plus_fct()
{
   double sr = sqrt(2);
}

Mit dem Zusatz **extern "C"** wird der Compiler angewiesen, die C-Linkerkonventionen zu verwenden. Doch abgesehen davon ist aus Sicht von C++ alles wie gehabt. Normalerweise entspricht die C++-Standardfunktion **sqrt(double)** sogar der C-Standardfunktion **sqrt(double)**. Es sind keine Änderungen am C-Programm vonnöten, um eine Funktion von C++ aus aufzurufen. C++ übernimmt einfach die C-Linkerkonvention.

Wir können aber auch **extern "C"** verwenden, um eine C++-Funktion von C aus aufrufbar zu machen:

// C++-Funktion, die von C aus aufrufbar ist:

extern "C" int call_f(S* p, int i)
{
   return p–>f(i);
}

In einem C-Programm können wir jetzt die Memberfunktion **f()** wie folgt indirekt aufrufen:

/* rufe C++-Funktion von C aus auf: */

int call_f(S* p, int i);
struct S* make_S(int,const char*);

void my_c_fct(int i)
{
   /* ... */

```
    struct S* p = make_S(x, "foo");
    int x = call_f(p,i);
    /* ... */
}
```

Für eine erfolgreiche Ausführung ist es in C weder nötig (noch möglich), C++ explizit zu erwähnen.

Der Vorteil dieser Interoperabilität liegt auf der Hand: Sie können Code, der in C geschrieben wurde, problemlos mit C++-Code mischen. Vor allem können C++- bzw. C-Programme die Bibliotheken der jeweilig anderen Programmiersprache nutzen. Außerdem weisen die meisten Programmiersprachen (allen voran Fortran) eine Schnittstelle auf, um C-Code aufzurufen bzw. um aus C-Code aufgerufen zu werden.

In den obigen Beispielen sind wir davon ausgegangen, dass C und C++ gemeinsam das Klassenobjekt teilen können, auf das **p** zeigt. Das gilt für die meisten Klassenobjekte. Wenn Sie zum Beispiel mit einer Klasse wie

```
// in C++:
class complex {
  double re, im;
public:
  // die üblichen Operationen
};
```

zu tun haben, genügt es unter Umständen, wenn Sie Zeiger auf die Objekte an den C-Code übergeben bzw. aus diesem zurückliefern. Sie können in einem C-Programm sogar, mithilfe einer passenden Deklaration, auf **re** und **im** zugreifen:

```
/* in C: */
struct complex {
  double re, im;
  /* keine Operationen */
};
```

> **Tipp**
>
> Die Layout-Regeln einer Sprache können ziemlich komplex sein und die Layout-Regeln für den Austausch zwischen Sprachen können sogar bereits bei der Spezifikation Schwierigkeiten bereiten. Im Falle von C und C++ gilt, dass Sie integrierte Typen sowie Klassen (**struct**-Typen) ohne virtuelle Funktionen zwischen C und C++ übergeben können. Wenn eine Klasse **virtual**-Funktionen enthält, sollten Sie nur Zeiger auf ihre Objekte übergeben und die eigentliche Manipulation dem C++-Code überlassen. Die Funktion **call_f()** hat uns hierfür bereits ein Beispiel geliefert: Wenn **f()** virtuell ist, demonstriert das Beispiel, wie eine virtuelle Funktion aus C aufgerufen werden kann.

Die einfachste und sicherste Form der gemeinsamen Verwendung von Typen ist aber – neben der Beschränkung auf die integrierten Typen – die Definition einer Struktur in einer gemeinsamen C/C++-Headerdatei. Diese Strategie setzt der Verwendung von C++ allerdings sehr enge Grenzen, sodass wir uns nicht darauf beschränken wollen.

27.2.5 Zeiger auf Funktionen

Welche Möglichkeiten haben wir, wenn wir in C objektorientierte Techniken (§14.2–§14.4) einsetzen wollen? Im Grunde genommen benötigen wir eine Alternative zu den virtuellen Funktionen. Die meisten Leser werden jetzt wahrscheinlich zuerst an eine Struktur mit einem „Typ-Feld" denken, das beschreibt, welche Art von Form (**Shape**) ein gegebenes Objekt repräsentiert. Zum Beispiel:

```
struct Shape1 {
  enum Kind { circle, rectangle } kind;
  /* ... */
};

void draw(struct Shape1* p)
{
  switch (p–>kind) {
  case circle:
    /* als Kreis zeichnen */
    break;
  case rectangle:
    /* als Rechteck zeichnen */
    break;
  }
}

int f(struct Shape1* pp)
{
  draw(pp);
  /* ... */
}
```

Dies funktioniert zwar, hat jedoch zwei Haken:

- Für jede „pseudo-virtuelle" Funktion (wie **draw()**) müssen wir eine neue **switch**-Anweisung schreiben.
- Jedes Mal, wenn wir eine neue Art von Form hinzufügen, müssen wir alle „pseudo-virtuellen" Funktionen (wie **draw()**) ändern und einen neuen **case**-Fall zu der **switch**-Anweisung hinzufügen.

Das zweite Problem ist besonders hässlich, denn es bedeutet, dass unsere Benutzer unsere „pseudo-virtuellen" Funktionen ziemlich oft ändern müssen, sodass wir die Funktionen nicht über eine Bibliothek zur Verfügung stellen können. Die effektivste Alternative arbeitet mit Zeigern auf Funktionen:

```
typedef void (*Pfct0)(struct Shape2*);
typedef void (*Pfct1int)(struct Shape2*,int);

struct Shape2 {
  Pfct0 draw;
  Pfct1int rotate;
  /* ... */
};

void draw(struct Shape2* p)
```

```
{
   (p->draw)(p);
}

void rotate(struct Shape2* p, int d)
{
   (p->rotate)(p,d);
}
```

Hier kann **Shape2** genauso wie **Shape1** verwendet werden.

```
int f(struct Shape2* pp)
{
   draw(pp);
   /* ... */
}
```

Mit ein wenig Extraarbeit muss ein Objekt nicht für jede pseudo-virtuelle Funktion einen eigenen Funktionszeiger bereithalten. Stattdessen kann es einen Zeiger auf ein Array von Funktionszeigern halten (ähnlich der Implementierung von virtuellen Funktionen in C++). Das Hauptproblem bei der Umsetzung dieses Konzepts in realen Programmen besteht darin, all diese Funktionszeiger richtig zu initialisieren.

27.3 Kleinere Sprachunterschiede

Dieser Abschnitt präsentiert Beispiele zu kleineren C/C++-Unterschieden – die Programmierern, die noch nie von ihnen gehört haben, durchaus Schwierigkeiten bereiten können. Für einige dieser Unterschiede gibt es feste Ausgleichskonstruktionen, die die Programmierung nicht unerheblich beeinflussen.

27.3.1 Namensbereich des **struct**-Tags

In C liegen die Namen von **struct**-Typen (es gibt kein Schlüsselwort **class**) in einem eigenen Namensbereich, getrennt von den anderen Bezeichnern. Deshalb muss dem Namen eines **struct**-Typs (dem sogenannten Struktur-Tag) das Schlüsselwort **struct** vorangestellt werden. Zum Beispiel:

```
struct pair { int x,y; };
pair p1;          /* Fehler: kein Bezeichner "pair" im Gültigkeitsbereich */
struct pair p2;   /* O.K. */
int pair = 7;     /* O.K.: das Struktur-Tag pair liegt nicht im Gültigkeitsbereich */
struct pair p3;   /* O.K.: das Struktur -Tag pair wird nicht durch die int-Variable verdeckt */
pair = 8;         /* O.K.: "pair" bezieht sich auf die int-Variable */
```

Erstaunlicherweise funktioniert dies, dank eines fehlgeleiteten Kompatibilitäts-Hack, auch in C++. In C ist die Definition einer Variable (oder einer Funktion) unter dem gleichen Namen wie ein **struct**-Typ ein recht häufig vorzufindendes Idiom, wenn auch keines, das wir empfehlen.

Tipp: Wenn Sie nicht vor jedem Strukturnamen das Schlüsselwort **struct** setzen wollen, verwenden Sie am besten ein **typedef** (§20.5). Das folgende Idiom ist ziemlich gebräuchlich:

```
typedef struct { int x,y; } pair;
pair p1 = { 1, 2 };
```

Grundsätzlich lässt sich feststellen, dass **typedef** in C weiter verbreitet und auch nützlicher ist als in C++. Was natürlich damit zu tun hat, dass Sie in C nicht die Möglichkeit haben, neue Typen mit dazugehörigen Operationen zu definieren.

In C werden die Namen verschachtelter **struct**-Typen im gleichen Gültigkeitsbereich definiert wie der **struct**-Typ, in den sie eingebettet sind. Zum Beispiel

```
struct S {
  struct T { /* ... */ };
  /* ... */
};
```

struct T x; /* O.K. in C (nicht in C++) */

In C++ würden Sie schreiben:

S::T x; // O.K. in C++ (nicht in C)

Wenn möglich, verzichten Sie in C auf eine Verschachtelung von **struct**-Typen, da deren Gültigkeitsbereichsregeln nicht dem entsprechen, was man intuitiv (und vernünftigerweise) erwarten würde.

27.3.2 Schlüsselwörter

In C++ gibt es viele Schlüsselwörter, die in C fehlen, weil C die betreffende Funktionalität nicht unterstützt. Diese Schlüsselwörter können in C prinzipiell als Bezeichner verwendet werden.

Tabelle 27.2

C++-Schlüsselwörter, die in C keine Schlüsselwörter sind					
and	and_eq	asm	bitand	bitor	bool
catch	class	compl	const_cast	delete	dynamic_cast
explicit	export	false	friend	inline	mutable
namespace	new	not	not_eq	operator	or
or_eq	private	protected	public	reinterpret_cast	static_cast
template	this	throw	true	try	typeid
typename	using	virtual	wchar_t	xor	xor_eq

Verwenden Sie diese Namen nicht als Bezeichner in C, oder Ihr Code ist nicht C++-kompatibel. Wenn Sie einen dieser Namen in einer Headerdatei verwenden, ist dieser Header von C++ aus nicht mehr zu verwenden.

Einige C++-Schlüsselwörter sind in C Makros.

Tabelle 27.3

C++-Schlüsselwörter, die in C Makros sind								
and	and_eq	bitand	bitor	bool	compl	false		
not	not_eq	or	or_eq	true	wchar_t	xor	xor_eq	

Diese C-Makros sind definiert in **<iso646.h>** und **<stdbool.h>** (**bool**, **true**, **false**). Nutzen Sie es nicht aus, dass es sich in C um Makros handelt.

27.3.3 Definitionen

In C++ gibt es mehr Stellen als in C, um Definitionen unterzubringen. Zum Beispiel:

```
for (int i = 0; i<max; ++i) x[i] = y[i];    // Definition von i in C nicht erlaubt

while (struct S* p = next(q)) {             // Definition von p in C nicht erlaubt
  /* ... */
}

void f(int i)
{
  if (i< 0 || max<=i) error("Bereichsfehler");
  int a[max];   // Fehler: Deklaration nach Anweisung in C nicht erlaubt
  /* ... */
}
```

C (C89) erlaubt zum Beispiel keine Deklarationen als Initialisierer in **for**-Anweisungen, nicht in Bedingungen und nicht nach vorangehender Anweisung in einem Block. Stattdessen müssen wir schreiben:

```
int i;
for (i = 0; i<max; ++i) x[i] = y[i];

struct S* p;
while (p = next(q)) {
  /* ... */
}

void f(int i)
{
  if (i< 0 || max<=i) error("Bereichsfehler");
  {
    int a[max];
    /* ... */
  }
}
```

In C++ ist eine nicht initialisierte Deklaration eine Definition; in C ist sie einfach eine Deklaration, sodass es zwei davon geben kann:

int x;
int x; /* definiert oder deklariert in C einen einzelnen Integer x; Fehler in C++ */

In C++ darf eine Entität nur genau einmal definiert sein. Dies wird noch interessanter, wenn die beiden Integer in verschiedenen Übersetzungseinheiten stehen:

/* in Datei x.c: */
int x;

/* in Datei y.c: */
int x;

Weder ein C- noch ein C++-Compiler wird den Code in *x.c* oder *y.c* beanstanden. Wenn jedoch *x.c* und *y.c* als C++-Code kompiliert werden, wird der Linker einen Fehler bezüglich „doppelter Definition" melden. Wenn *x.c* und *y.c* als C-Code kompiliert werden, akzeptiert der Linker das Programm und geht (gemäß den C-Regeln korrekterweise) davon aus, dass es nur ein **x** gibt, das für den Code in *x.c* und *y.c* gilt. Wenn Sie in Ihrem Programm eine globale Variable **x** gemeinsam nutzen wollen, geben Sie dies explizit an:

/* in Datei x.c: */
int x = 0;   /* die Definition */

/* in Datei y.c: */
extern int x;   /* eine Deklaration, keine Definition */

Besser ist es jedoch, wenn Sie eine Headerdatei verwenden:

/* in Datei x.h: */
extern int x;   /* eine Deklaration, keine Definition */

/* in Datei x.c: */
#include "x.h"
int x = 0;   /* die Definition */

/* in Datei y.c: */
#include "x.h"
/* die Deklaration von x steht in der Headerdatei */

Noch besser ist es, wenn Sie globale Variablen gänzlich vermeiden.

27.3.4 Typumwandlungen im C-Stil

In C (und C++) können Sie mit folgender Minimalnotation einen Wert **v** explizit in einen Typ **T** konvertieren:

(T)v

Diese *Umwandlung im C-Stil* oder *Umwandlung im alten Stil* wird bevorzugt von Tippmuffeln oder Denkfaulen verwendet, weil sie so kurz ist und man nicht wissen muss, was erforderlich ist, um aus einem v ein T zu machen. Andererseits wird dieser Umwandlungsstil zu Recht von Wartungsprogrammierern gefürchtet, da die Umwandlung kaum als solche zu erkennen ist und die Absicht des ursprünglichen Programmierers gänzlich im Dunkeln lässt. In C++ wurden daher Umwandlungen eingeführt (*Umwandlungen im neuen Stil* oder *Umwandlungen im Template-Stil*, siehe §A.5.7), um die explizite Typumwandlung direkt erkennbar (hässlicher Code) und spezifisch zu machen. In C haben Sie jedoch keine andere Wahl:

```
int* p = (int*)7;     /* Bitmuster neu interpretieren: reinterpret_cast<int*>(7) */
int x = (int)7.5;     /* Nachkommastellen abschneiden: static_cast<int>(7.5) */

typedef struct S1 {   /* ... */ } S1;
typedef struct S2 {   /* ... */ } S2;
S2 a;
const S2 b;           /* nicht initialisierte const-Werte sind in C erlaubt */

S1* p = (S1*)&a;      /* Bitmuster neu interpretieren: reinterpret_cast<S1*>(&a) */
S2* q = (S2*)&b;      /* const entfernen: const_cast<S2*>(&b) */
S1* r = (S1*)&b;      /* entferne const und ändere Typ; wahrscheinlich ein Bug */
```

Obwohl wir, selbst in C, nur ungern zur Verwendung von Makros (§27.8) raten, stellen diese zumindest eine Möglichkeit dar, wie Sie Ihre Intention deutlicher ausdrücken können:

```
#define REINTERPRET_CAST(T,v) ((T)(v))
#define CONST_CAST(T,v) ((T)(v))

S1* p = REINTERPRET_CAST (S1*,&a);
S2* q = CONST_CAST(S2*,&b);
```

Damit verfügen Sie zwar noch nicht über eine Typprüfung, wie es **reinterpret_cast** und **const_cast** bieten, aber zumindest springen die inhärent hässlichen Operationen nun ins Auge und die Absicht des Programmierers wird deutlich.

27.3.5 Umwandlung von void*

In C kann **void*** als rechter Operand einer Zuweisung an eine Variable oder einer Initialisierung einer Variablen eines beliebigen Zeigertyps verwendet werden. In C++ ist dies nicht möglich. Zum Beispiel:

```
void* alloc(size_t x);   /* alloziere x Bytes */

void f (int n)
{
  int* p = alloc(n*sizeof(int));   /* O.K. in C; Fehler in C++ */
  /* ... */
}
```

Hier wird das **void***-Ergebnis von **alloc()** implizit in ein **int*** umgewandelt. In C++ müssten wir diese Zeile wie folgt umschreiben:

```
int* p = (int*)alloc(n*sizeof(int));   /* O.K. in C und C++ */
```

Wir haben die Umwandlung im C-Stil (§27.3.4) verwendet, damit sie sowohl in C als auch in C++ gültig ist.

 Warum ist die implizite Umwandlung von **void*** in **T*** nicht zulässig? Weil solche Umwandlungen potenziell unsicher sind:

```
void f()
{
  char i = 0;
  char j = 0;
  char* p = &i;
  void* q = p;
  int* pp = q;    /* unsicher; legal in C, Fehler in C++ */
  *pp = –1;       /* überschreibe Speicher beginnend ab &i */
}
```

In diesem Fall können wir nicht einmal sicher sein, welcher Speicher überschrieben wird. Vielleicht **j** oder ein Teil von **p**? Vielleicht aber auch ein Speicherbereich, der für den Aufruf von **f()** (dem Stackframe von **f**) zuständig ist? Doch egal, welche Daten überschrieben werden, ein Aufruf von **f()** bringt Ärger.

Beachten Sie, dass die (umgekehrte) Umwandlung von **T*** in **void*** absolut sicher ist; hierfür lassen sich – im Gegensatz zu oben – keine hässlichen Beispiele konstruieren, und außerdem ist eine solche Umwandlung sowohl in C als auch C++ erlaubt.

Leider sind die impliziten **void***-in-**T***-Umwandlungen in C weitverbreitet und verursachen wahrscheinlich die meisten C/C++-Kompatibilitätsprobleme in realem Code (§27.4).

27.3.6 enum

In C können Sie einer Aufzählung (**enum**) einen **int**-Wert ohne Umwandlung zuweisen. Zum Beispiel:

```
enum color { red, blue, green };
int x = green;        /* O.K. in C und C++ */
enum color col = 7;   /* O.K. in C; Fehler in C++ */
```

Dies hat zur Folge, dass wir in C auf Variablen von Aufzählungstypen Inkrement- oder Dekrementoperation (**++** und **--**) ausführen können. Auch wenn dies in manchen Fällen bequem ist, birgt es doch eine Gefahr:

```
enum color x = blue;
++x;  /* x wird green; Fehler in C++ */
++x;  /* x wird 3; Fehler in C++ */
```

Das „Heraustreten" der Enumeratoren aus dem Wertebereich der Aufzählung kann gewollt sein, kann aber ein Fehler sein.

Beachten Sie außerdem, dass die Namen von Aufzählungen wie die Struktur-Tags in ihrem eigenen Namensbereich stehen. Das bedeutet, dass Sie jedes Mal das Schlüsselwort **enum** voranstellen müssen, wenn Sie eine Aufzählung verwenden:

```
color c2 = blue;        /* Fehler in C: color nicht im Gültigkeitsbereich; O.K. in C++ */
enum color c3 = red;    /* O.K. */
```

27.3.7 Namensbereiche

Es gibt in C keine Namensbereiche (zumindest nicht im C++-Sinne des Wortes). Was aber machen Sie, wenn Sie Namenskonflikte in großen C-Programmen vermeiden wollen? Normalerweise werden dann Prä- oder Suffixe verwendet:

```
/* in bs.h: */
typedef struct bs_string { /* ... */ } bs_string;   /* Bjarnes String */
typedef int bs_bool ;                               /* Bjarnes boolescher Typ */

/* in pete.h: */
typedef char* pete_string;                          /* Petes String */
typedef char pete_bool ;                            /* Petes boolescher Typ */
```

Diese Technik ist so populär, dass es normalerweise keine gute Idee ist, ein- oder zweibuchstabige Präfixe zu wählen.

27.4 Freispeicher

In C fehlen die beiden Operatoren **new** und **delete** für die Arbeit mit Objekten. Um Freispeicher nutzen zu können, verwenden Sie daher spezielle Funktionen für die Speicherverwaltung. Die wichtigsten Funktionen sind in der Standardheaderdatei **<stdlib.h>** definiert:

```
void* malloc(size_t sz);            /* alloziere sz Bytes */
void free(void* p);                 /* dealloziere den Speicher, auf den p zeigt */
void* calloc(size_t n, size_t sz);  /* alloziere n*sz mit 0 initialisierte Bytes */
void* realloc(void* p, size_t sz);  /* realloziere den Speicher, auf den p zeigt,
                                       auf einen Speicherbereich der Größe sz */
```

typedef size_t ist ein vorzeichenloser Typ, der ebenfalls in **<stdlib.h>** definiert ist.

Warum liefert **malloc()** einen **void***-Zeiger zurück? Der Grund ist, dass **malloc()** keine Ahnung hat, welche Art von Objekt Sie in dem Speicherbereich ablegen wollen. Die Initialisierung fällt damit in Ihren Aufgabenbereich. Zum Beispiel:

```
struct Pair {
  const char* p;
  int val;
};

struct Pair p2 = {"Apfel",78};
struct Pair* pp = (struct Pair*) malloc(sizeof(Pair));  /* alloziere */
pp–>p = "Birne";  /* initialisiere */
pp–>val = 42;
```

Beachten Sie, dass wir weder in C noch in C++

```
*pp = {"pear", 42};   /* Fehler: weder C noch C++98 */
```

schreiben können. In C++ würden wir allerdings einen Konstruktor für **Pair** definieren und schreiben:

```
Pair* pp = new Pair("Birne", 42);
```

In C (nicht jedoch C++; siehe §27.3.4) können Sie sich die Umwandlung vor **malloc()** sparen, wovon wir allerdings abraten:

int* p = malloc(sizeof(int)*n); /* zu vermeiden */

Es ist allerdings anzumerken, dass es recht populär ist, auf die Umwandlung zu verzichten. Erstens spart es Tipparbeit und zweitens fängt es den seltenen Fehler, dass vor der Verwendung von **malloc()** (unzulässigerweise) vergessen wurde, **<stdlib.h>** einzubinden. Nachteilig ist, dass auf diese Weise möglicherweise der einzige visuelle Hinweis verschwindet, anhand dessen man sehen könnte, ob die Größe richtig oder falsch berechnet wurde.

p = malloc(sizeof(char)*m); /* wahrscheinlich ein Bug — kein Platz für m int-Werte */

 Verwenden Sie keine **malloc()**/**free()**-Funktionen in C++-Programmen; **new**/**delete** bedürfen keiner Umwandlung, sind für die Initialisierung (Konstruktoren) und Aufräumarbeiten (Destruktoren) zuständig, melden Fehler bei der Speicherallokation (über Ausnahmen) und sind fast genauso schnell. Löschen Sie kein Objekt mit **delete**, für das mit **malloc()** Speicher reserviert wurde, beziehungsweise geben Sie kein Objekt mit **free()** frei, das mit **new** alloziert wurde, wie in:

```
int* p = new int[200];
// ...
free(p);   // Fehler


X* q = (X*)malloc(n*sizeof(X));
// ...
delete q;  // Fehler
```

Unter Umständen funktioniert dies. Aber es kommt kein portabler Code dabei heraus. Außerdem beschwören Sie durch das Vermischen von Freispeichermanagement im C- und C++-Stil bei Objekten mit Konstruktoren und Destruktoren die Katastrophe förmlich herauf.

Zum Vergrößern des Puffers wird normalerweise die Funktion **realloc()** verwendet:

```
int max = 1000;
int count = 0;
int c;
char* p = (char*)malloc(max);
while ((c=getchar())!=EOF) {    /* einlesen: ignoriere Zeichen in eof-Zeile */
  if (count==max-1) {           /* Puffer muss vergrößert werden */
    max += max;                 /* verdopple die Puffergröße */
    p = (char*)realloc(p,max);
    if (p==0) quit();
  }
  p[count++] = c;
}
```

Eine Erläuterung der C-Eingabeoperationen finden Sie in §27.6.2 und §B.10.2.

 Die Funktion **realloc()** kann die alte Allokation in einen neu reservierten Speicherplatz verschieben, muss es aber nicht. Und denken Sie nicht einmal daran, **realloc()** für Speicher zu verwenden, der mit **new** zugewiesen wurde.

Unter Verwendung der C++-Standardbibliothek würde der (halbwegs) äquivalente Code wie folgt lauten:

```
vector<char> buf;
char c;
while (cin.get(c)) buf.push_back(c);
```

Wer sich eingehender mit Eingabe- und Allokationsstrategien auseinandersetzen möchte, dem sei der Aufsatz *Learning Standard C++ as a New Language* empfohlen (siehe Literaturhinweise in §27.1).

27.5 C-Strings

In C ist ein String (der in der C++-Literatur oft als *C-String* oder *C-Stil-String* bezeichnet wird) ein nullterminiertes Array von Zeichen. Zum Beispiel:

```
char* p = "asdf";
char s[ ] = "asdf";
```

Abbildung 27.3: Beispiele für einen C-String

In C haben wir keine Memberfunktionen, können keine Funktionen überladen und keine Operatoren (wie **==**) für ein **struct** definieren. Daraus folgt, dass wir eine Reihe von Nicht-Memberfunktionen benötigen, um C-Strings zu manipulieren. Die C- und C++-Standardbibliotheken stellen diese Funktionen über den Header **<string.h>** zur Verfügung.

```
size_t strlen(const char* s);              /* zählt die Zeichen */
char* strcat(char* s1, const char* s2);    /* kopiert s2 an das Ende von s1 */
int strcmp(const char* s1, const char* s2); /* vergleicht lexikografisch */
char* strcpy(char* s1, const char* s2);    /* kopiert s2 in s1 */

char* strchr(const char *s, int c);        /* sucht c in s */
char* strstr(const char *s1, const char *s2); /* sucht s2 in s1 */

char* strncpy(char*, const char*, size_t n);  /* strcpy, max. n Zeichen */
char* strncat(char*, const char, size_t n);   /* strcat mit max. n Zeichen */
int strncmp(const char*, const char*, size_t n); /* strcmp mit max. n Zeichen */
```

Es gibt zwar noch weitere Funktionen, aber diese sind die mit Abstand nützlichsten und am häufigsten eingesetzten. Wir wollen daher kurz demonstrieren, wie sie verwendet werden.

Wir können Strings vergleichen. Der Gleichheitsoperator (**==**) vergleicht Zeigerwerte, während die Standardbibliotheksfunktion **strcmp()** die Werte von C-Strings vergleicht:

```
const char* s1 = "asdf";
const char* s2 = "asdf";

if (s1==s2) {   /* s1 und s2 zeigen auf dasselbe Array */
                /* (in der Regel nicht wirklich das, was man eigentlich möchte) */
}

if (strcmp(s1,s2)==0) {  /* s1 und s2 enthalten die gleichen Zeichen */
}
```

Die Funktion **strcmp**() führt einen dreistufigen Vergleich ihrer beiden Argumente durch: Übergibt man ihr wie oben die beiden Werte **s1** und **s2**, liefert **strcmp(s1,s2)** den Wert null zurück, wenn sie eine perfekte Übereinstimmung feststellt. Liegt **s1** lexikografisch vor **s2**, wird eine negative Zahl zurückgeliefert, und liegt **s1** lexikografisch hinter **s2**, ist der Rückgabewert eine positive Zahl. Der Begriff *lexikografisch* bedeutet hier „wie in einem englischen Wörterbuch"[1]. Zum Beispiel:

strcmp("Hund","Hund")==0
strcmp("Affe","Dodo")<0   /* "Affe" kommt im Wörterbuch vor "Dodo" */
strcmp("Schwein","Kuh")>0   /* "Schwein" kommt im Wörterbuch nach "Kuh" */

Der Wert des Zeigervergleichs **s1==s2** ist nicht notwendigerweise immer 0 (**false**). Eine Implementierung könnte sich entschließen, für alle Kopien eines Zeichenliterals denselben Speicher zu verwenden. In diesem Falle würden wir die Antwort 1 (**true**) erhalten. Grundsätzlich ist **strcmp**() die richtige Wahl, um C-Strings zu vergleichen.

Die Länge eines C-Strings können wir mit **strlen**() ermitteln:

int lgt = strlen(s1);

Beachten Sie, dass **strlen**() die Zeichen ohne die abschließende Null zählt. In unserem Beispiel ist **strlen(s1)==4**, aber es werden 5 Bytes benötigt, um **"asdf"** zu speichern. Dieser kleine Unterschied ist die Ursache vieler Um-eins-daneben-Fehler.

Wir können einen C-String mitsamt seinem abschließenden Nullzeichen in einen anderen String kopieren:

strcpy(s1,s2);   /* kopiere die Zeichen von s2 nach s1 */

Dabei ist es unsere Aufgabe sicherzustellen, dass der Zielstring (Array) über genügend Speicher verfügt, um die Zeichen des Quellstrings aufzunehmen.

Die Funktionen **strncpy**(), **strncat**() und **strncmp**() sind Varianten von **strcpy**(), **strcat**() und **strcmp**(), die maximal **n** Zeichen berücksichtigen, wobei **n** das dritte Argument ist. Beachten Sie jedoch, dass für den Fall, dass mehr als **n** Zeichen in dem Quellstring sind, **strncpy**() die abschließende Null nicht mitkopiert, sodass das Ergebnis kein gültiger C-String ist.

Die Funktionen **strchr**() und **strstr**() suchen im String, der ihnen als erstes Argument übergeben wurde, nach dem zweiten Argument und liefern einen Zeiger auf das erste Zeichen einer gefundenen Übereinstimmung zurück. Wie **find**() suchen sie im String von links nach rechts.

Es ist schon erstaunlich, wie viel man mit diesen einfachen Funktionen erreichen kann und wie schnell sich dabei Fehler einschleichen. Betrachten wir dazu ein einfaches Beispiel, bei dem ein Benutzername mit einem @-Zeichen und einer Adresse verbunden (konkateniert) wird. Unter Verwendung von **std::string** könnte der Code dafür wie folgt aussehen:

string s = id + '@' + addr;

Unter Verwendung der Standardfunktion für C-Strings können wir dies folgendermaßen ausdrücken:

---

1 Im Deutschen ist zu beachten, dass gemäß dem ASCII-Code der Zeichen Großbuchstaben immer „größer" sind als Kleinbuchstaben und Umlaute „größer" als normale Buchstaben.

27.5 C-Strings

```
char* cat(const char* id, const char* addr)
{
  int sz = strlen(id)+strlen(addr)+2;
  char* res = (char*) malloc(sz);
  strcpy(res,id);
  res[strlen(id)+1] = '@';
  strcpy(res+strlen(id)+2,addr);
  res[sz−1]=0;
  return res;
}
```

Haben wir alles richtig gemacht? Wer gibt den String, der von **cat()** zurückgeliefert wird, mit **free()** wieder frei?

Testen Sie Ihr Können

Testen Sie die Funktion **cat()**. Warum **2**? Wir haben in **cat()** einen Anfängerfehler eingebaut. Finden und entfernen Sie ihn. Wir haben „vergessen", unseren Code zu kommentieren. Fügen Sie passende Kommentare ein, die von jemandem mit Kenntnissen der C-String-Standardfunktionen verstanden werden.

27.5.1 C-Strings und const

Betrachten Sie folgenden Code:

```
char* p = "asdf";
p[2] = 'x';
```

Dieser Code ist im Gegensatz zu C++ in C zulässig. In C++ ist ein String-Literal eine Konstante, ein unveränderlicher Wert, sodass **p[2]= 'x'** (um den Wert, auf den verwiesen wird, in **"axdf"** umzuwandeln) nicht zulässig ist. Leider gibt es nur sehr wenige Compiler, die die unerwünschte Zuweisung an **p** abfangen. Wenn Sie Glück haben, erhalten Sie einen Laufzeitfehler, aber verlassen Sie sich nicht darauf. Schreiben Sie stattdessen lieber

```
const char* p = "asdf";   // über p kann nicht in "asdf" geschrieben werden
```

Diese Empfehlung gilt sowohl für C als auch für C++.

In der C-Version von **strchr()** gibt es ein ähnliches, noch schwerer aufzuspürendes Problem, das wir an folgendem Beispiel veranschaulichen wollen:

```
char* strchr(const char* s, int c);   /* finde c in konstantem s (kein C++) */
```

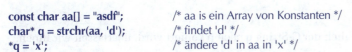

```
const char aa[] = "asdf";      /* aa is ein Array von Konstanten */
char* q = strchr(aa, 'd');     /* findet 'd' */
*q = 'x';                      /* ändere 'd' in aa in 'x' */
```

Dieser Code ist weder in C noch in C++ zulässig, aber C-Compiler können ihn nicht fangen. Manchmal wird Code dieser Art als *Transmutation* bezeichnet: Er wandelt **const**-Werte in Nicht-**const**-Werte um und verletzt so alle vernünftigen Annahmen über den Code.

In C++ wird das Problem dadurch gelöst, dass die Standardbibliothek **strchr()** anders deklariert:

```
char const* strchr(const char* s, int c);    // finde c in konstantem s
char* strchr(char* s, int c);                 // finde c in s
```

Das Gleiche gilt für **strstr()**.

27.5.2 Byte-Operationen

In weit zurückliegender Zeit (Anfang 1980), als **void*** noch nicht erfunden war, bedienten sich die C- (und C++-)Programmierer der String-Operationen, um Bytes zu manipulieren. Inzwischen sind die Standardbibliotheksfunktionen für die grundlegenden Speichermanipulationen über **void***-Parameter und -Rückgabetypen, die den Benutzer warnen, dass er dabei ist, im Wesentlichen untypisierten Speicher direkt zu manipulieren.

```
/* kopiert n Bytes von s2 nach s1 (wie strcpy): */
void* memcpy(void* s1, const void* s2, size_t n);

/* kopiert n Bytes von s2 nach s1 ( [s1:s1+n) kann überlappen mit [s2:s2+n) ): */
void* memmove(void* s1, const void* s2, size_t n);

/* vergleicht n Bytes von s2 mit s1 (wie strcmp): */
int memcmp(const void* s1, const void* s2, size_t n);

/* findet c (umgewandelt in unsigned char) in den ersten n Bytes von s: */
void* memchr(const void* s, int c, size_t n);

/* kopiert c (umgewandelt in unsigned char)
   in jedes der ersten n Bytes aus dem Speicherbereich, auf den s zeigt: */
void* memset(void* s, int c, size_t n);
```

Sie sollten diese Funktionen in C++ nicht verwenden. Vor allem **memset()** konterkariert in der Regel die Garantien der Konstruktoren.

27.5.3 Ein Beispiel: strcpy()

Die Definition von **strcpy()** ist berühmt-berüchtigt als Beispiel für den knappen Stil, der in C (und C++) möglich ist:

```
char* strcpy(char* p, const char* q)
{
    while (*p++ = *q++);
    return p;
}
```

Den Nachweis, warum hiermit tatsächlich der C-String **q** nach **p** kopiert wird, überlassen wir Ihnen.

Testen Sie Ihr Können

Ist diese Implementierung von **strcpy()** korrekt? Erklären Sie warum.

Wenn Sie dies nicht erklären können, sind Sie in unseren Augen kein C-Programmierer (wie kompetent Sie auch immer in anderen Programmiersprachen sein mögen). Jede Sprache hat ihre Eigenheiten und dies ist eine von C.

27.5.4 Eine Stilfrage

In der seit Langem geführten, oft heftigen Debatte um die größtenteils unwichtige Stilfrage, wie die Deklaration eines Zeigers aussehen sollte, haben wir uns für die folgende Schreibweise entschieden:

char* p;   // p ist ein Zeiger auf char

d.h., wir deklarieren einen Zeiger nicht so:

char *p;   /* p ist etwas, das man dereferenzieren kann, um einen char zu erhalten */

Die Position des Leerzeichens ist dem Compiler eigentlich vollkommen egal, nicht so jedoch den Programmierern. Unser Stil (der allgemein in C++ üblich ist) legt die Betonung auf den Typ der deklarierten Variablen, während der andere Stil (der eher in C üblich ist) den Schwerpunkt auf die Verwendung der Variablen legt. Beachten Sie dabei, dass wir davon abraten, mehrere Variablen auf einmal in einer einzigen Deklaration zu deklarieren:

char c, *p, a[177], *f();   /* legal, aber verwirrend */

Solche Deklarationen findet man in älterem Code häufiger. Verwenden Sie stattdessen lieber mehrere Zeilen und nutzen Sie den zusätzlichen Platz nach den kurzen Deklarationen, um Kommentare und Initialisierer einzufügen.

char c = 'a';   /* Abschlusszeichen für das Einlesen mit f() */
char* p = 0;   /* letztes Zeichen, das von f() gelesen wurde */
char a[177];   /* Eingabepuffer */
char* f();   /* liest in den Puffer a; liefert Zeiger auf das erste gelesene
                           Zeichen zurück */

Achten Sie außerdem darauf, aussagekräftige Namen zu wählen.

27.6 Eingabe/Ausgabe: stdio

Es gibt in C keine **iostream**-Streams, weshalb wir die E/A-Standardfunktionen von C verwenden, die in <stdio.h> – allgemein auch als „stdio" bekannt – definiert sind. Die Entsprechungen zu **cin** und **cout** lauten in stdio **stdin** und **stdout**. Stdio und **iostream**-Streams können in einem Programm (für die gleichen E/A-Streams) gemeinsam verwendet werden, doch raten wir davon ab. Wenn Sie das Gefühl haben, keine andere Möglichkeit zu haben, als die beiden Formen zu mischen, informieren Sie sich in einem Fachbuch für Fortgeschrittene über stdio und die **iostream**-Streams (besonders **ios_base::sync_with_stdio**()).

27.6.1 Ausgabe

Die am häufigsten verwendete und nützlichste Funktion in **stdio** ist **printf()**. Im einfachsten Fall gibt **printf()** einen (C-Stil-)String aus:

```
#include<stdio.h>

void f(const char* p)
{
  printf("Hello, World!\n");
  printf(p);
}
```

Dieser Code ist nicht besonders aufregend. Interessant wird es erst dadurch, dass **printf()** eine beliebige Anzahl von Argumenten übernehmen kann, wobei der erste String steuert, ob und wie die zusätzlichen Argumente ausgegeben werden. Die Deklaration von **printf()** in C sieht folgendermaßen aus:

```
int printf(const char* format, ... );
```

Die Punkte (...) bedeuten „und optional weitere Argumente". Wir können **printf()** also auch wie folgt aufrufen:

```
void f1(double d, char* s, int i, char ch)
{
  printf("double %g string %s int %d char %c\n", d, s, i, ch);
}
```

In diesem Beispiel bedeutet **%g** „Gib eine Gleitkommazahl im Standardformat aus", **%s** „Gib einen C-String aus", **%d** „Gib einen Integer unter Verwendung von Dezimalzahlen aus" und **%c** „Gib ein Zeichen aus". Jeder dieser Formatspezifizierer wird auf das jeweils nächste, noch nicht verwendete Argument angewendet, d.h., **%g** gibt **d** aus, **%s** gibt **s** aus, **%d** gibt **i** aus und **%c** gibt **ch** aus. Eine vollständige Liste der **printf()**-Formate finden Sie in §B.10.2.

Leider ist **printf()** nicht typensicher:

```
char a[] = { 'a', 'b' };        /* keine abschließende 0 */

void f2(char* s, int i)
{
  printf("goof %s\n", i);       /* nicht behandelter Fehler */
  printf("goof %d: %s\n", i);   /* nicht behandelter Fehler */
  printf("goof %s\n", a);       /* nicht behandelter Fehler */
}
```

Der Effekt der letzten **printf()**-Funktion ist interessant: Sie gibt jedes Byte im Speicher ab der Position **a[0]** aus, bis sie auf eine 0 trifft. Da können schnell eine Menge Zeichen zusammenkommen.

Diese fehlende Typensicherheit ist einer der Gründe, warum wir lieber mit **iostream**-Streams arbeiten als mit stdio, auch wenn stdio in C und C++ identisch funktioniert. Der andere Grund ist, dass die stdio-Funktionen nicht erweiterbar sind: Sie können **printf()** nicht so erweitern, dass die Funktion danach Werte ihrer eigenen Typen ausgibt (dies geht nur mit den **iostream**-Streams). So gibt es zum Beispiel keine Möglichkeit, einen eigenen Formatspezifizierer **%Y** für die Ausgabe von Variablen des Typs **struct Y** zu definieren.

Von **printf()** gibt es eine nützliche Variante, die einen Dateideskriptor als erstes Argument übernimmt:

int fprintf(FILE* stream, const char* format, ...);

Zum Beispiel:

fprintf(stdout,"Hello, World!\n");   // exakt wie printf("Hello, World!\n");
FILE* ff = fopen("Meine_Datei","w");   // öffne Meine_Datei zum Schreiben
fprintf(ff,"Hello, World!\n");   // schreibe "Hello,World!\n" in Meine_Datei

Datei-Handles werden in §27.6.3 beschrieben.

27.6.2 Eingabe

Zu den wichtigsten stdio-Funktionen gehören:

int scanf(const char* format, ...);   /* liest aus stdin und formatiert Eingabe*/
int getchar(void);   /* liest ein Zeichen aus stdin */
int getc(FILE* stream);   /* liest ein Zeichen aus einem Stream */
char* gets(char* s);   /* liest Zeichen aus stdin */

Der einfachste Weg, einen Zeichenstring zu lesen, führt über **gets()**. Zum Beispiel:

char a[12];
gets(a); /* lies so lange in das Zeichen-Array ein, auf das a weist, bis die
             Eingabe '\n' lautet */

Schreiben Sie niemals solchen Code! Betrachten Sie **gets()** als tabu. Zusammen mit ihrer nahen Verwandten **scanf("%s")** war diese Funktion eine der Hauptursachen für ein Viertel aller erfolgreichen Hackerangriffe; und beide stellen immer noch ein großes Sicherheitsproblem dar. Wie können Sie in dem trivialen Beispiel sicher sein, dass höchstens elf Zeichen eingegeben werden, bevor eine neue Zeile beginnt? Sie können nicht sicher sein. Aus diesem Grund führt **gets()** fast immer zu einer Korruption des Speichers (der Bytes nach dem Puffer) und Speicherkorruption ist eines der Hauptwerkzeuge von Code-Hackern. Und erliegen Sie nicht dem Irrglauben, dass Sie eine maximale Puffergröße abschätzen könnten, die „für alle Fälle groß genug" ist. Vielleicht ist die „Person" am anderen Ende des Eingabestreams ein Programm, das alle Ihre so vernünftigen Kriterien ad absurdum führt.

Die Funktion **scanf()** liest ein Argument formatiert ein – so wie **printf()** ein Argument formatiert ausgibt. Wie **printf()** kann sie sehr bequem zu verwenden sein:

```
void f()
{
  int i;
  char c;
  double d;
  char* s = (char*)malloc(100);
  /* lies in Variablen, die als Zeiger übergeben werden: */
  scanf("%i %c %g %s", &i, &c, &d, s);
  /* %s überspringt führenden Whitespace und wird durch Whitespace abgeschlossen */
}
```

Wie **printf()** ist auch **scanf()** nicht typensicher. Die Formatzeichen und die Argumente (alles Zeiger) müssen anzahlmäßig genau übereinstimmen oder Sie können zur Laufzeit mit unvorhersehbaren Überraschungen rechnen. Beachten Sie außerdem, dass das Einlesen mit **%s** in **s** zu einem Überlauf führen kann. Verwenden Sie niemals **gets()** oder **scanf("%s")**!

 Wie können wir nun aber Zeichen sicher einlesen? Wir können eine Form von **%s** verwenden, die die Anzahl der eingelesenen Zeichen begrenzt. Zum Beispiel

char buf[20];
scanf("%19s",buf);

Da wir Platz für die abschließende 0 brauchen, können wir damit maximal 19 Zeichen in den Puffer **buf** lesen. Dennoch bleibt das Problem, was wir machen, wenn jemand mehr als 19 Zeichen eingibt. Die „zusätzlichen" Zeichen verbleiben im Eingabestream, wo sie von späteren Eingabeoperationen „gefunden" werden.

Diese Probleme mit **scanf()** legen nahe, dass es oft klüger und einfacher ist, **getchar()** zu verwenden. Normalerweise werden Zeichen mit **getchar()** wie folgt eingelesen:

while((x=getchar())!=EOF) {
  /* ... */
}

EOF ist ein stdio-Makro, das gleichzusetzen ist mit „Ende der Datei" (siehe auch §27.4).

Die Alternative der C++-Standardbibliothek zu **scanf("%s")** und **gets()** weist diese Probleme nicht auf:

string s;
cin >> s;   // lies ein Wort
getline(cin,s); // lies eine Zeile

27.6.3 Dateien

In C (oder C++) können Dateien mit **fopen()** geöffnet und mit **fclose()** geschlossen werden. Diese Funktionen befinden sich zusammen mit der Repräsentation eines Datei-Handles **FILE** und dem **EOF**-Makro in der Headerdatei **<stdio.h>**:

FILE *fopen(const char* filename, const char* mode);
int fclose(FILE *stream);

Grundsätzlich verwenden Sie Dateien wie folgt:

void f(const char* fn, const char* fn2)
{
  FILE* fi = fopen(fn, "r");   /* öffne fn zum Lesen */
  FILE* fo = fopen(fn2, "w");   /* öffne fn zum Schreiben */

  if (fi == 0) error("konnte Eingabedatei nicht oeffnen");
  if (fo == 0) error("konnte Ausgabedatei nicht oeffnen");

  /* lies mithilfe der stdio-Eingabefunktionen, z.B. getc(), aus einer Datei */
  /* schreib mithilfe der stdio-Ausgabefunktionen, z.B. fprintf(), in eine Datei */

```
  fclose(fo);
  fclose(fi);
}
```

Bedenken Sie jedoch, dass es in C keine Ausnahmen gibt: Wie können wir also sicherstellen, dass die Dateien auch bei Auftreten eines beliebigen Fehlers geschlossen werden?

27.7 Konstanten und Makros

In C ist eine **const**-Variable niemals eine Kompilierzeit-Konstante:

```c
const int max = 30;
const int x;   /* const nicht initialisiert: zulässig in C (Fehler in C++) */

void f(int v)
{
  int a1[max];   /* Fehler: Array-Grenze ist nicht konstant (zulässig in C++) */
                 /* (max ist in konstanten Ausdrücken nicht erlaubt!) */
  int a2[x];     /* Fehler: Array-Grenze ist nicht konstant */

  switch (v) {
  case 1:
    /* ... */
    break;
  case max:      /* Fehler: case-Marke ist keine Konstante (zulässig in C++) */
    /* ... */
    break;
  }
}
```

Die technische Erklärung für dieses Verhalten ist, dass in C (nicht in C++) eine Konstante implizit aus anderen Übersetzungseinheiten erreichbar ist:

```c
/* Datei x.c: */
const int x;   /* Initialisierung erfolgt woanders */

/* Datei xx.c: */
const int x = 7;   /* dies ist die echte Definition */
```

In C++ wären dies zwei verschiedene Objekte, die in ihrer jeweiligen Datei **x** hießen. C-Programmierer tendieren daher dazu, zur Repräsentation von symbolischen Konstanten auf Makros statt auf **const** zurückzugreifen:

```c
#define MAX 30

void f(int v)
{
  int a1[MAX];   /* O.K. */

  switch (v) {
```

```
      case 1:
        /* ... */
        break;
      case MAX:      /* O.K. */
        /* ... */
        break;
    }
}
```

 Der Name des Makros **MAX** wird durch die Zeichen **30** ersetzt, die dem Wert des Makros entsprechen; d.h., die Anzahl der Elemente von **a1** ist **30** und der Wert in der zweiten **case**-Marke ist **30**. Wie es allgemein üblich ist, schreiben wir das Makro **MAX** ausschließlich in Großbuchstaben. Diese Namenskonvention trägt dazu bei, die durch Makros verursachten Fehler gering zu halten.

27.8 Makros

 Bei der Verwendung von Makros ist größte Vorsicht geboten: In C gibt es keine wirklich effektive Möglichkeit, Makros zu vermeiden, aber ihre Verwendung bereitet einige ernst zu nehmenden Schwierigkeiten, da sie nicht den üblichen Gültigkeits- und Typregeln in C (oder C++) gehorchen. Makros sind eine Form der Textsubstitution; siehe auch §A.17.2.

Wie können wir uns also vor den potenziellen Problemen der Makros schützen, abgesehen davon, dass wir (auf C++-Alternativen ausweichen und) ihre Verwendung stark einschränken.

- Schreiben Sie alle Makros ausschließlich in Großbuchstaben (**EIN_MAKRO**).
- Schreiben Sie nichts anderes in Großbuchstaben, es sei denn, es ist ein Makro (**EIN_MAKRO**).
- Geben Sie einem Makro niemals einen kurzen oder „niedlichen" Namen wie **max** oder **min**.
- Hoffen Sie, dass sich auch alle anderen an diese einfache und verbreitete Konvention halten.

Die Hauptanwendungsbereiche für Makros sind:
- Definition von „Konstanten"
- Definition von funktionsähnlichen Konstrukten
- „Verbesserungen" an der Syntax
- Steuerung der bedingten Kompilierung

Darüber hinaus gibt es noch eine Vielzahl anderer, weniger bekannter Einsatzbereiche.

Wir sind der Meinung, dass Makros eindeutig überstrapaziert werden. Doch leider gibt es in C zu den Makros keine vernünftigen Alternativen, die alle Einsatzbereich adäquat abdecken könnten. Manchmal ist es sogar in C++-Programmen schwierig, Makros zu vermeiden (vor allem, wenn Sie portable Programme schreiben müssen, die mit sehr alten Compilern kompiliert oder auf Plattformen ausgeführt werden, die ungewöhnlichen Beschränkungen unterworfen sind).

Deshalb möchten wir uns schon einmal bei all denjenigen entschuldigen, die die unten beschriebenen Techniken als „schmutzige Tricks" abtun und der Meinung sind, dass diese in gehobenen Programmierkreisen am besten nicht erwähnt werden sollten. Wir vertreten jedoch die Ansicht, dass sich ein Programmierer an der Realität orientieren muss und dass die folgenden (sehr einfach gehaltenen) Beispiele zur richtigen und falschen Anwendung von Makros Programmieranfängern viele Stunden des Kummers ersparen können. Unwissenheit schützt eben nicht vor Schaden.

27.8.1 Funktionsähnliche Makros

So sieht ein mehr oder weniger typisches funktionsähnliches Makro aus:

```
#define MAX(x, y) ((x)>=(y)?(x):(y))
```

Wir schreiben **MAX** komplett in Großbuchstaben, um es von den vielen gleichnamigen Funktionen (in verschiedenen Programmen) abzugrenzen. Wie zu sehen ist, unterscheidet sich ein Makro stark von einer Funktion: Es gibt keine Argumenttypen, keinen Anweisungsblock, keine Rückgabeanweisung usw. Außerdem drängt sich die Frage auf, wozu all diese Klammern dienen? Betrachten wir dazu folgendes Beispiel:

```
int aa = MAX(1,2);
double dd = MAX(aa++,2);
char cc = MAX(dd,aa)+2;
```

Dieser Code wird erweitert zu:

```
int aa = ((1)>=( 2)?(1):(2));
double dd = ((aa++)>=(2)?( aa++):(2));
char cc = ((dd)>=(aa)?(dd):(aa))+2;
```

Wären „all die Klammern" nicht gewesen, hätte die letzte Zeile nach der Erweiterung folgendermaßen ausgesehen:

```
char cc = dd>=aa?dd:aa+2;
```

Dies zeigt, dass **cc** leicht einen ganz anderen Wert hätte annehmen können als in Anbetracht der Definition von **cc** logischerweise zu erwarten gewesen wäre. Wenn Sie ein Makro definieren, sollten Sie immer daran denken, jede Verwendung eines Arguments als Ausdruck in Klammern zu setzen.

Auf der anderen Seite könnten nicht einmal alle Klammern der Welt die zweite Erweiterung retten. Dort wurde dem Makroparameter **x** der Wert **aa++** zugewiesen und, da **x** in **MAX** zweimal verwendet wird, wird **aa** womöglich zweimal inkrementiert. Übergeben Sie daher einem Makro niemals ein Argument, das Nebenwirkungen hat.

Wie es so geht, hat nun irgendein Schlaumeier ein Makro wie dieses definiert und in einer häufig verwendeten Headerdatei gespeichert. Darüber hinaus hat er das Makro **max** und nicht **MAX** genannt, sodass in der folgenden Definition aus dem Header der C++-Standardbibliothek

```
template<class T> inline T max(T a,T b) { return a<b?b:a; }
```

max mit den Argumenten **T a** und **T b** erweitert wird. Danach sieht der Compiler folgenden Code:

```
template<class T> inline T ((T a)>=( T b)?( T a):( T b)) { return a<b?b:a; }
```

Die Fehlermeldungen des Compilers sind „interessant", aber nicht sehr hilfreich. Im Notfall können Sie mit **undef** sicherstellen, dass kein Makro definiert ist:

```
#undef max
```

Zum Glück war dieses Makro nicht wirklich wichtig. Die Zahl der Makros in den populäreren Headerdateien geht aber in die Zehntausende. Sie können deren Definitionen nicht einfach alle aufheben, ohne großen Schaden anzurichten.

Nicht alle Makroparameter werden als Ausdrücke verwendet. Sehen Sie dazu

```
#define ALLOC(T,n) ((T*)malloc(sizeof(T)*n))
```

Hierbei handelt es sich um ein reales Beispiel, das sehr nützlich sein kann, um Fehler zu vermeiden, die aus einer nicht gegebenen Übereinstimmung zwischen dem beabsichtigten Typ einer Allokation und dessen Verwendung in einer **sizeof**()-Funktion resultieren:

```
double* p = malloc(sizeof(int)*10);   /* potenzieller Fehler */
```

Leider ist es nicht ganz einfach, ein Makro zu schreiben, das gleichzeitig erkennt, wenn der Speicher ausgeht. Der folgende Code kann diese Aufgabe erfüllen, sofern Sie **error_var** und **error()** irgendwo entsprechend definiert haben:

```
#define ALLOC(T,n) (error_var = (T*)malloc(sizeof(T)*n), \
           (error_var==0)\
           ?(error("Speicherallokation gescheitert"),0)\
           :error_var)
```

Die Zeilenabschlüsse mit \ sind kein Problem des Drucksatzes, sondern die übliche Schreibweise, um bei einer Makrodefinition die Zeilen umzubrechen. In C++ ziehen wir die Verwendung von **new** vor.

27.8.2 Syntax-Makros

Sie können Makros auch dazu nutzen, das Aussehen des Quellcodes an Ihre Vorstellungen anzupassen. Zum Beispiel:

```
#define forever for(;;)
#define CASE break; case
#define begin {
#define end }
```

Von einer solchen Verwendung können wir nur dringlichst abraten! *Viele* haben sich daran schon versucht. Am Ende mussten sie (oder diejenigen, die ihren Code warten) feststellen:

- Es gibt unzählige Programmierer, die Ihre Vorstellung von einer besseren Syntax nicht teilen.
- Die „verbesserte" Syntax entspricht nicht dem Standard, was immer wieder zu Überraschungen führt und unnötig Verwirrung stiftet.
- Der Einsatz der „verbesserten" Syntax kann zu seltsamen Kompilierfehler führen.
- Was Sie sehen, ist nicht mehr das, was der Compiler sieht. Für seine Fehlermeldungen benutzt der Compiler aber das Vokabular, das er kennt (und im Quellcode sieht) – nicht Ihres.

Verzichten Sie darauf, das Aussehen Ihres Codes mit syntaktischen Makros „aufzupolieren". Ihnen und Ihren besten Freunden mag das ja gefallen, aber die Erfahrung hat gelehrt, dass Sie in der großen Programmierergemeinde nur eine winzig kleine Minderheit sind und dass am Ende irgendjemand Ihren Code umschreiben muss (vorausgesetzt der Code überlebt).

27.8.3 Bedingte Kompilierung

Angenommen, Sie haben zwei Versionen einer Headerdatei, z.B. eine für Linux und eine für Windows. Wie können Sie im Code zwischen den beiden Versionen wählen? Eine verbreitete Möglichkeit lautet:

```
#ifdef WINDOWS
   #include "mein_windows_header.h"
#else
   #include "mein_linux_header.h"
#endif
```

Wenn jemand **WINDOWS** definiert hat, bevor der Compiler auf diesen Code trifft, wird die folgende Zeile ausgeführt:

```
#include "mein_windows_header.h"
```

Andernfalls kommt diese Zeile zur Ausführung:

```
#include "mein_linux_header.h"
```

Der **#ifdef WINDOWS**-Test kümmert sich nicht darum, wie **WINDOWS** definiert ist, er prüft nur, ob **WINDOWS** überhaupt definiert ist.

Die meisten größeren Systeme (einschließlich aller Betriebssystemvarianten) verfügen über vordefinierte Makros, gegen die Sie prüfen können. Folgendermaßen testen Sie zum Beispiel, ob Sie als C++ oder als C kompilieren:

```
#ifdef __cplusplus
   // in C++
#else
   /* in C */
#endif
```

Ein ähnliches Konstrukt, das oft auch als „Include-Wächter" (*include guard*) bezeichnet wird, soll verhindern, dass eine Headerdatei zweimal per **#include** eingebunden wird:

```
/* mein_windows_header.h: */
#ifndef MEIN_WINDOWS_HEADER
#define MEIN_WINDOWS_HEADER
   /* hier stehen die Headerinformationen */
#endif
```

Der **#ifndef**-Test prüft, ob irgendetwas nicht definiert ist; d.h., **#ifndef** ist das Pendant zu **#ifdef**. Logischerweise unterscheiden sich die Makros, die zur Steuerung der Quellcode-Ausführung verwendet werden, sehr von den Makros, mit denen wir Einfluss auf das Aussehen des Quellcodes nehmen. Beide verwenden nur zufällig die gleichen zugrunde liegenden Mechanismen.

27.9 Ein Beispiel: aufdringliche Container

Die Container der C++-Standardbibliothek – wie **vector** und **map** – gehören zu den unaufdringlichen Containern; d.h., die Typen der Elemente müssen keine Daten enthalten. Aus diesem Grunde eignen sie sich für fast alle Typen (integrierte wie benutzerdefinierte), solange diese Typen kopiert werden können. Es gibt aber noch eine andere Form von Container, der in C und C++ weitverbreitet ist: der *aufdringliche* (*intrusive*, d.h. besondere Anforderungen stellende) Container. Anhand einer unaufdringlichen Liste wollen wir veranschaulichen, wie in C Strukturen (**struct**), Zeiger und Freispeicher verwendet werden.

Dazu wollen wir eine doppelt verkettete Liste mit neun Operationen definieren:

```
void init(struct List* lst);         /* initialisiert lst als leere Liste */
struct List* create();               /* erstellt eine neue leere Liste im Freispeicher */
void clear(struct List* lst);        /* gibt alle Elemente von lst frei */
void destroy(struct List* lst);      /* gibt alle Elemente von lst und dann lst frei */

void push_back(struct List* lst, struct Link* p);   /* fügt p am Ende von lst ein */
void push_front(struct List*, struct Link* p);      /* fügt p am Anfang von lst ein */

/* fügt q vor p in lst ein: */
void insert(struct List* lst, struct Link* p, struct Link* q);
struct Link* erase(struct List* lst, struct Link* p);   /* löscht p aus lst */

/* liefert Knoten n Positionen vor oder hinter p zurück: */
struct Link* advance(struct Link* p, int n);
```

Die Idee ist, diese Operationen so zu definieren, dass ihre Benutzer ausschließlich mit **List***- und **Link***-Zeigern arbeiten müssen. Auf diese Weise können die Implementierungen der Funktionen bei Bedarf radikal geändert werden, ohne dass deren Benutzer davon betroffen sind. Wie Sie sehen, ist die Namensgebung von der STL beeinflusst. **List** und **Link** können in bekannt einfacher Manier definiert werden:

```
struct List {
   struct Link* first;
   struct Link* last;
};

struct Link {   /* Knoten für doppelt verkettete Liste */
   struct Link* pre;
   struct Link* suc;
};
```

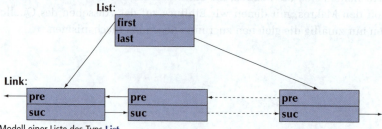

Abbildung 27.4: Modell einer Liste des Typs **List**

Da es nicht in unserer Absicht liegt, Ihnen besonders raffinierte Repräsentationstechniken oder clevere Algorithmen vorzustellen, werden wir hier auch nicht damit anfangen. Beachten Sie aber, dass die Daten, die in den **Link**-Knoten verwahrt werden (die Elemente einer **List**) nirgends erwähnt werden. Wenn wir noch einmal die obigen Funktionen betrachten, stellen wir fest, dass wir mit **Link** und **List** fast so etwas wie ein Paar abstrakte Klassen definieren. Die Daten für die **Link**-Knoten werden später nachgeliefert. **Link*** und **List*** werden manchmal als „Handles auf opake Typen" bezeichnet; d.h., durch die Verwendung von **Link***- und **List***-Zeigern in unseren Funktionen können wir die Elemente einer **List** manipulieren, ohne etwas über die interne Struktur von **Link** oder **List** zu wissen.

Für die Implementierung unserer **List**-Funktionen müssen wir zuerst mit **#include** einige Headerdateien der Standardbibliothek einbinden:

#include<stdio.h>
#include<stdlib.h>
#include<assert.h>

Da C keine Namensbereiche kennt, müssen wir uns keine Gedanken um **using**-Deklarationen oder **using**-Direktiven machen. Eher sollten wir uns darüber Gedanken machen, dass wir einige sehr häufig benutzte, kurze Namen gewählt haben (**Link**, **insert**, **init** usw.), sodass diese Funktionen nicht „so wie sie sind" außerhalb unseres Demoprogramms verwendet werden können.

Die Initialisierung ist einfach, aber beachten Sie die Verwendung von **assert()**:

```
void init(struct List* lst)    /* initialisiert *lst als leere Liste */
{
  assert(lst);
  lst->first = lst->last = 0;
}
```

Wir haben uns entschieden, auf eine Laufzeit-Fehlerbehandlung für ungültige Zeiger auf Listen zu verzichten. Das Einzige, was wir tun, ist mit **assert()** einen (Laufzeit-)Systemfehler auszugeben, der im Falle eines Null-Listenzeigers den Namen der Datei und die Zeilennummer der fehlgeschlagenen **assert()**-Überprüfung auszugeben. Beachten Sie, dass es sich bei **assert()** um ein Makro handelt, das in **<assert.h>** definiert ist, und dass die Überprüfung nur während des Debuggens stattfindet. Wo Ausnahmen nicht zur Verfügung stehen, ist es gar nicht so leicht zu entscheiden, wie mit fehlerhaften Zeigern zu verfahren ist.

Die Funktion **create()** erstellt einfach eine **List** auf dem Freispeicher. Es ist eine Art Kombination aus Konstruktor (**init()** für die Initialisierung) und **new** (**malloc()** für die Allokation).

```
struct List* create()    /* erstellt eine neue leere Liste */
{
  struct List* lst = (struct List*)malloc(sizeof(struct List));
  init(lst);
  return lst;
}
```

Die Funktion **clear()** geht davon aus, dass alle **Link**-Knoten auf dem Freispeicher erzeugt wurden, und gibt sie mit **free()** wieder frei.

```c
void clear(struct List* lst)   /* gibt alle Elemente von lst frei */
{
  assert(lst);
  {
    struct Link* curr = lst->first;
    while(curr) {
      struct Link* next = curr->suc;
      free(curr);
      curr = next;
    }
    lst->first = lst->last = 0;
  }
}
```

Beachten Sie, wie wir die Liste mithilfe des **Link**-Members **suc** durchlaufen. Da es nicht sicher ist, auf ein Member eines **struct**-Objekts zuzugreifen, nachdem dieses Objekt mit **free()** freigegeben wurde, führen wir die Variable **next** ein. In dieser speichern wir unsere Position in der **List**, während wir mit **free()** das **Link**-Objekt freigeben.

Für Listen, deren **Link**-Knoten wir nicht ausnahmslos auf dem Freispeicher angelegt haben, sollten wir **clear()** besser nicht aufrufen, da **clear()** in diesem Fall großen Schaden anrichten würde.

Die Funktion **destroy()** ist mehr oder weniger das genaue Pendant zu **create()** – eine Art Kombination aus Destruktor und **delete**.

```c
void destroy(struct List* lst)   /* gibt alle Elemente von lst und dann lst frei */
{
  assert(lst);
  clear(lst);
  free(lst);
}
```

Beachten Sie, dass wir keine Vorkehrungen treffen, um eine Aufräumfunktion (Destruktor) für die durch die **Link**-Knoten repräsentierten Elemente aufzurufen. Dieses Design ist folglich keine absolut getreue Imitation der von C++ gewohnten Techniken oder Allgemeingültigkeit – es kann dies nicht leisten und sollte dies wahrscheinlich auch nicht versuchen.

Die Funktion **push_back()**, mit der ein **Link** als neuer letzter **Link** hinzugefügt wird, ist ziemlich geradlinig aufgebaut:

```c
void push_back(struct List* lst, struct Link* p)   /* fügt p am Ende von lst ein */
{
  assert(lst);
  {
    struct Link* last = lst->last;
    if (last) {
      last->suc = p;   /* füge p nach last ein */
      p->pre = last;
    }
    else {
      lst->first = p;  /* p ist das erste Element */
      p->pre = 0;
```

```
    }
    lst->last = p;          /* p ist das neue letzte Element */
    p->suc = 0;
  }
}
```

All dies hätten wir jedoch niemals richtig hinbekommen, wenn wir nicht zur Veranschaulichung ein paar Kästchen und Pfeilen auf unsere Notizblöcke gezeichnet hätten. Beachten Sie, dass wir vergessen haben, den Fall zu berücksichtigen, dass das Argument **p** gleich null ist. Übergeben Sie den Wert **0** anstelle eines Zeigers auf einen **Link**-Knoten und dieser Code wird kläglich versagen. Dabei ist der Code nicht inhärent schlecht, er hat nur eben *nicht* den Standard eines auslieferfertigen Programms. Er dient vor allem dem Zweck, häufig verwendete und nützliche Techniken (und in diesem Fall auch einen typischen Fehler und Mangel) zu veranschaulichen.

Die **erase()**-Funktion sieht folgendermaßen aus:

```
struct Link* erase(struct List* lst, struct Link* p)
/*
  löscht p aus lst;
  liefert einen Zeiger auf den Knoten nach p zurück
*/
{
  assert(lst);
  if (p==0) return 0;    /* erase(0) zulässig */
  if (p == lst->first) {
    if (p->suc) {
      lst->first = p->suc;        /* der Nachfolger wird Erster */
      p->suc->pre = 0;
      return p->suc;
    }
    else {
      lst->first = lst->last = 0; /* die Liste wird geleert */
      return 0;
    }
  }
  else if (p == lst->last) {
    if (p->pre) {
      lst->last = p->pre;         /* der Vorgänger wird Letzter */
      p->pre->suc = 0;
    }
    else {
      lst->first = lst->last = 0; /* die Liste wird geleert */
      return 0;
    }
  }
  else {
    p->suc->pre = p->pre;
    p->pre->suc = p->suc;
    return p->suc;
  }
}
```

Die restlichen Funktionen überlassen wir Ihnen als Übung, da wir sie für unseren (allzu einfachen) Test nicht benötigen. Allerdings müssen wir uns jetzt mit dem großen Rätsel dieses Designs auseinandersetzen: Wo sind die Daten in den Elementen dieser Liste? Wie implementieren wir z.B. eine einfache Liste von Namen, die durch C-Strings repräsentiert werden? Betrachten Sie dazu folgenden Code:

```
struct Name {
  struct Link lnk;   /* das Link-Objekt, das die List-Operationen benötigt */
  char* p;           /* der Namensstring */
};
```

So weit, so gut, obwohl es immer noch ein Rätsel ist, wie wir den **Link**-Member verwenden. Aber da wir wissen, dass eine Liste ihre **Link**-Knoten am liebsten im Freispeicher ablegt, schreiben wir schon einmal eine Funktion, die **Name**-Objekte auf dem Freispeicher erzeugt:

```
struct Name* make_name(char* n)
{
  struct Name* p = (struct Name*)malloc(sizeof(struct Name));
  p->p = n;
  return p;
}
```

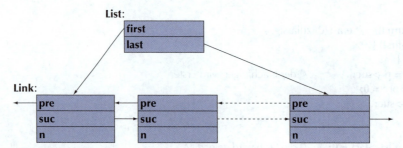

Abbildung 27.5: Modell der Liste mit Daten

Diese Funktion können wir jetzt wie folgt verwenden:

```
int main()
{
  int count = 0;
  struct List names;   /* erstelle eine Liste */
  struct List* curr;
  init(&names);

  /* erstelle einige Namen und füge sie der Liste hinzu: */
  push_back(&names,(struct Link*)make_name("Norah"));
  push_back(&names,(struct Link*)make_name("Annemarie"));
  push_back(&names,(struct Link*)make_name("Kris"));
```

```
/* entferne den zweiten Namen (mit Index 1): */
erase(&names,advance(names.first,1));
curr = names.first;    /* gib alle Namen aus */
for (; curr!=0; curr=curr->suc) {
  count++;
  printf("element %d: %s\n", count, ((struct Name*)curr)->p);
 }
}
```

Wir haben also ein klein wenig „geschummelt" und uns eines Casts bedient, um einen **Name***-Zeiger wie einen **Link***-Zeiger verwenden zu können. Auf diese Weise weiß der Benutzer vom „Bibliothekstyp" **Link**, aber die „Bibliothek" weiß nichts über den „Anwendungstyp" **Name**. Ist das erlaubt? Ja, ist es: In C (und C++) können Sie einen Zeiger auf eine Struktur als einen Zeiger auf ihr erstes Element behandeln und umgekehrt.

Dieses **List**-Beispiel ist, so wie es geschrieben ist, ganz offensichtlich nicht nur gültiges C, sondern auch gültiges C++.

Testen Sie Ihr Können

Ein weitverbreiteter Spruch, den sich C-Programmierer immer wieder von C++-Programmierern anhören müssen, lautet: „Alles, was du kannst, kann ich viel besser!" Schreiben Sie deshalb das **List**-Beispiel mithilfe von C++ so um, dass es kürzer und leichter zu verwenden ist. Achten Sie darauf, dass der Code nicht langsamer und die Objekte nicht größer werden.

Die Programmiersprache C

Aufgaben

1 Schreiben Sie ein „Hello, World!"-Programm in C, kompilieren Sie es und führen Sie es aus.

2 Definieren Sie zwei Variablen mit den Werten „Hello" und „World!"; hängen Sie diese Variablen mit einem Leerzeichen dazwischen aneinander und geben Sie sie als **Hello World!** aus.

3 Definieren Sie eine C-Funktion, die einen Parameter **p** vom Typ **char*** und einen Parameter **x** vom Typ **int** übernimmt und deren Werte im folgenden Format ausgibt: **p ist "foo" und x ist 7**. Rufen Sie diese Funktion mit einigen Argumentpaaren auf.

Fragen

Im Folgenden meinen wir mit C den ISO-Standard C89.

1 Ist C++ eine Teilmenge von C?

2 Wer hat C erfunden?

3 Nennen Sie ein bedeutendes Fachbuch zu C.

4 In welcher Organisation wurden C und C++ erfunden?

5 Warum ist C++ (fast) kompatibel zu C?

6 Warum ist C++ nur *fast* kompatibel zu C?

7 Nennen Sie ein Dutzend C++-Features, die es in C nicht gibt.

8 Welcher Organisation „gehören" C und C++?

9 Nennen Sie sechs Komponenten der C++-Standardbibliothek, die in C nicht verwendet werden können.

10 Welche Komponenten der C-Standardbibliothek können in C++ verwendet werden?

11 Wie können wir erreichen, dass die Typen der Funktionsargumente in C überprüft werden?

12 Welche C++-Features, die sich auf Funktionen beziehen, fehlen in C? Nennen Sie mindestens drei und geben Sie Beispiele.

13 Wie rufen Sie eine C-Funktion von C++ aus auf?

14 Wie rufen Sie eine C++-Funktion von C aus auf?

15 Welche Typen haben in C und C++ kompatible Layouts? Beispiele genügen.

16 Was ist ein Struktur-Tag?

17 Nennen Sie 20 C++-Schlüsselwörter, die keine Schlüsselwörter in C sind.

18 Ist „**int x;**" in C++ eine Definition? Und in C?

19 Was ist eine Typumwandlung im C-Stil und warum ist sie gefährlich?

20 Was verbirgt sich hinter **void*** und inwiefern unterscheidet es sich in C und C++?

21 Inwiefern unterscheiden sich Aufzählungen in C und C++?

22 Was machen Sie in C, um Linker-Probleme durch populäre, häufig benutzte Namen zu vermeiden?

23 Welches sind die drei am häufigsten verwendeten C-Funktionen für die Programmierung mit Freispeicher?

24 Wie sieht die Definition eines C-Strings aus?

25 Inwiefern unterscheiden sich **==** und **strcmp()** für C-Strings?

26 Wie kopieren Sie C-Strings?

27 Wie ermitteln Sie die Länge eines C-Strings?

28 Wie kopieren Sie ein großes Array mit Integer-Werten?

29 Was ist so praktisch an **printf()**? Welche Probleme und Beschränkungen gibt es bei der Arbeit mit **printf()**?

30 Warum sollten Sie niemals **gets()** verwenden? Was können Sie stattdessen verwenden?

31 Wie öffnen Sie in C eine Datei zum Lesen?

32 Was ist der Unterschied zwischen **const** in C und **const** in C++?

33 Warum mögen wir keine Makros?

34 Wo werden Makros in der Regel eingesetzt?

35 Was ist ein Include-Wächter?

Übungen

Bei diesen Übungen empfiehlt es sich, alle Programme sowohl mit einem C- als auch einem C++-Compiler zu kompilieren. Wenn Sie nur einen C++-Compiler verwenden, enthält Ihr Code am Ende vielleicht Features, die es in C nicht gibt, und wenn Sie nur einen C-Compiler verwenden, bleiben unter Umständen Typfehler unentdeckt.

1 Implementieren Sie Versionen von **strlen()**, **strcmp()** und **strcpy()**.

2 Vervollständigen Sie das Beispiel der aufdringlichen Liste aus §27.9 und testen Sie es (verwenden Sie alle darin definierten Funktionen).

3 Verbessern Sie das Beispiel der aufdringlichen Liste aus §27.9 so gut Sie können, damit es sich einfach benutzen lässt. Fangen und behandeln Sie so viele Fehler wie möglich. Es ist nur fair, wenn Sie dazu die Details der **struct**-Definitionen ändern, Makros verwenden usw.

4 Wenn Sie es noch nicht gemacht haben, schreiben Sie jetzt eine C++-Version von dem Beispiel der aufdringlichen Liste aus §27.9 und testen Sie sie, indem Sie alle darin definierten Funktion verwenden.

5 Vergleichen Sie die Ergebnisse der Übungen 3 und 4.

6 Ändern Sie die Repräsentation von **Link** und **List** aus §27.9, ohne die durch die Funktionen bereitgestellte Benutzerschnittstelle zu ändern. Allozieren Sie die **Link**-Knoten in einem **Link**-Array und sorgen Sie dafür, dass die Member **first**, **last**, **pre** und **suc int**-Werte sind (Indizes in das Array).

7 Welches sind die Vor- und Nachteile von aufdringlichen Containern verglichen zu den (unaufdringlichen) C++-Standardcontainern. Erstellen Sie eine Liste der Für und Wider.

8 Wie sieht die lexikografische Reihenfolge auf Ihrem Rechner aus? Geben Sie jedes Zeichen auf Ihrer Tastatur zusammen mit seinem Integer-Wert aus. Geben Sie anschließend die Zeichen in der Reihenfolge ihrer Integer-Werte aus.

9 Lesen Sie über **stdin** eine Sequenz von Wörtern ein und schreiben Sie sie in lexikografischer Reihenfolge nach **stdout**. Verwenden Sie nur C-Hilfsmittel, einschließlich der C-Standardbibliothek. Hinweis: Die Sortierfunktion von C lautet **qsort()**; schlagen Sie sie irgendwo nach. Alternativ können Sie die Wörter beim Einlesen in eine sortierte Liste einfügen. In der C-Standardbibliothek gibt es keine vordefinierte Listenimplementierung.

10 Erstellen Sie eine Liste der C-Sprachfeatures, die von C++ oder von „C mit Klassen" übernommen wurden (§27.1).

11 Erstellen Sie eine Liste der C-Sprachfeatures, die *nicht* von C++ übernommen wurden.

12 Implementieren Sie eine (C-String, **int**)-Wertetabelle zum Nachschlagen, mit Operationen wie **find(struct table*, const char*)**, **insert(struct table*, const char*, int)** und **remove(struct table*, const char*)**. Die Repräsentation der Tabelle könnte ein Array eines **struct**-Paares oder ein Paar von Arrays (**const char*[]** und **int***) sein; die Wahl liegt bei Ihnen. Wählen Sie außerdem passende Rückgabetypen für Ihre Funktionen. Dokumentieren Sie Ihre Designentscheidungen.

13 Schreiben Sie in C ein Programm, das das Gleiche macht wie der Code **string s; cin>>s;**. Das heißt, definieren Sie eine Eingabeoperation, die eine beliebig lange Sequenz von durch Whitespace getrennten Zeichen in ein nullterminiertes **char**-Array einliest.

14 Schreiben Sie eine Funktion, die ein Array von **int**-Werten als Eingabe übernimmt und das kleinste und größte Element ermittelt. Sie sollte außerdem den Median- und den Mittelwert berechnen. Verwenden Sie ein **struct**, um alle Ergebnisse im Rückgabewert unterbringen zu können.

15 Simulieren Sie in C die einfache Vererbung. Statten Sie jede „Basisklasse" mit einem Zeiger auf ein Array von Funktionszeigern aus (um virtuelle Funktionen durch eigenständige Funktionen simulieren zu können, die als erstes Argument einen Zeiger auf ein „Basisklassen"-Objekt übernehmen; siehe §27.2.3). Implementieren Sie die „Ableitung", indem Sie die „Basisklasse" zum Typ des ersten Members der abgeleiteten Klasse machen. Initialisieren Sie für jede Klasse das Array der „virtuellen Funktionen". Um Ihre Konzeption zu testen, implementieren Sie eine Version des „traditionellen **Shape**-Beispiels", bei der die **draw()**-Funktion der Basis- und der abgeleiteten Klasse jeweils nur den Namen ihrer Klasse ausgibt. Verwenden Sie nur C-Sprachfeatures und die C-Standardbibliothek.

16 Verwenden Sie Makros, um die Implementierung in der vorhergehenden Übung zu verbergen (bzw. die Notation dafür zu vereinfachen).

Schlüsselbegriffe

#define	Dennis Ritchie	Opaker Typ
#ifdef	Dreiwegevergleich	printf()
#ifndef	FILE	strcpy()
Aufdringlich	fopen()	Struktur-Tag
Bedingte Kompilierung	Formatstring	Überladung
Bell Laboratorium	K&R	Unaufdringlich
Brian Kernighan	Kompatibilität	Verkettung
C/C++	Lexikografisch	void
C-Stil-Umwandlung	Makro	void*
C-String	malloc()	

Ein persönlicher Hinweis

Wir haben bereits darauf hingewiesen, dass Kompatibilitätsfragen nicht besonders aufregend sind. Doch es gibt eine Unmenge C-Code da draußen (Milliarden von Codezeilen), und sollten Sie eines Tages C-Code lesen oder schreiben müssen, so sind Sie durch das Studium dieses Kapitels bestens gerüstet. Wir persönlich ziehen C++ vor und die Ausführungen in diesem Kapitel verraten zum Teil auch, warum dem so ist. Und bitte unterschätzen Sie nicht das Beispiel zu der aufdringlichen Liste – sowohl aufdringliche Listen als auch opake Typen sind wichtige und mächtige Techniken (und zwar in C und C++).

TEIL V

Anhang

A	Sprachübersicht	1037
B	Zusammenfassung der Standardbibliothek	1091
C	Erste Schritte mit Visual Studio	1151
D	FLTK-Installation	1157
E	GUI-Implementierung	1163

Sprachübersicht

A.1	Allgemein	1038
A.2	Literale	1040
A.3	Bezeichner	1044
A.4	Gültigkeitsbereich, Speicherklasse und Lebensdauer	1045
A.5	Ausdrücke	1048
A.6	Anweisungen	1060
A.7	Deklarationen	1062
A.8	Integrierte Typen	1063
A.9	Funktionen	1067
A.10	Benutzerdefinierte Typen	1070
A.11	Aufzählungen	1071
A.12	Klassen	1071
A.13	Templates	1083
A.14	Ausnahmen	1086
A.15	Namensbereiche	1087
A.16	Aliase	1088
A.17	Präprozessor-Direktiven	1089

A Sprachübersicht

„Sei vorsichtig mit Deinen Wünschen, sie könnten in Erfüllung gehen."

– Altes Sprichwort

Dieser Anhang fasst noch einmal die wichtigsten Sprachelemente von C++ zusammen. Er ist sehr selektiv und richtet sich vor allem an Anfänger, die die Themen dieses Buches vertiefen möchten. Das Ziel war Prägnanz, nicht Vollständigkeit.

A.1 Allgemein

Dieser Anhang hat Referenzcharakter und muss nicht wie die vorherigen Kapitel von Anfang bis Ende gelesen werden. Er beschreibt (mehr oder weniger) systematisch die Schlüsselelemente der Programmiersprache C++, ist allerdings keine vollständige Referenz, sondern nur eine Zusammenfassung, deren Aufbau und Schwerpunkte auf Studentenfragen basieren. Für nähere Erläuterungen werden Sie in der Regel in dem entsprechenden Kapitel nachlesen müssen.

Der Anhang versucht nicht, es mit der Präzision des Standards aufzunehmen oder sich dessen Terminologie anzueignen. Dafür legt er mehr Wert auf Verständlichkeit. Für weiterführende Informationen sei Ihnen das Stroustrup-Werk *Die C++-Programmiersprache* empfohlen – und vergessen Sie auch nicht Ihre Onlinedokumentation. (Die offizielle Definition von C++, der ISO-C++-Standard, ist für Programmiereinsteiger eher ungeeignet.) Wenn Sie diesen Anhang bereits zurate ziehen, während Sie noch an den ersten Kapiteln arbeiten, müssen Sie damit rechnen, dass Ihnen vieles vorerst rätselhaft erscheint, bis es in den späteren Kapiteln erläutert wird.

Die Elemente der Standardbibliothek werden in Anhang B beschrieben.

Der Standard für C++ wird von einem Komitee definiert, das unter der Schirmherrschaft der ISO (Internationalen Standardisierungsorganisation) arbeitet, in Zusammenarbeit mit nationalen Standardisierungsorganen wie dem INCITS (Vereinigte Staaten), BSI (Vereinigtes Königreich) und AFNOR (Frankreich). Die aktuelle Definition ist „ISO/IEC 14882:2003 *Standard for Programming Language C++*". Sie ist sowohl elektronisch verfügbar wie auch gedruckt als Buch: *The C++ Standard*, herausgegeben von Wiley, ISBN 0470846747.

A.1.1 Terminologie

Der C++-Standard definiert, was ein C++-Programm ist und was die verschiedenen Konstrukte bedeuten:

- *Konform*: Ein C++-Programm, das dem Standard entspricht, wird als *konform* (oder umgangssprachlich *legal* oder *gültig*) bezeichnet.
- *Implementierungsabhängig*: In der Regel hängt ein Programm von bestimmten Eigenschaften ab (z.B. der Größe eines int oder dem numerischen Wert von 'a'), die nur für einen gegebenen Compiler, ein Betriebssystem, eine spezielle Rechnerarchitektur usw. wohldefiniert sind. Diese implementierungsabhängigen Features sind im Standard aufgeführt und müssen in der Implementierungsdokumenta-

tion beschrieben werden. Viele finden sich in den Standardheaderdateien wieder (beispielsweise in <limits>, siehe §B.1.1). Konform zu sein, ist daher nicht das Gleiche wie auf alle C-Implementierungen portierbar zu sein.

- *Unspezifiziert*: Die Bedeutung von einigen Konstrukten ist *unspezifiziert, undefiniert* oder *nicht konform, ohne aber eine Diagnose zu erfordern*. Selbstverständlich sollte man diese Features am besten vermeiden. Dieses Buch jedenfalls vermeidet sie. Zu den unspezifizierten Features, die Sie vermeiden sollten, gehören

  – Inkonsistente Definitionen in getrennten Quelldateien (verwenden Sie konsequent Headerdateien, um die Konsistenz sicherzustellen; siehe §8.3);

  – Die gleiche Variable wiederholt in einem Ausdruck zu lesen *und* zu schreiben (das Standardbeispiel hierzu ist **a[i]=++i;**);

  – Viele Verwendungen von expliziten Typumwandlungen (Casts), besonders von **reinterpret_cast**.

A.1.2 Programmstart und -beendigung

Jedes C++-Programm muss über genau eine globale Funktion namens **main()** verfügen. **main()** ist der Einstiegspunkt in die Programmausführung. Der Rückgabetyp von **main()** ist **int** (**void** ist *keine* konforme Alternative). Der von **main()** zurückgelieferte Typ ist der Rückgabewert des Programms an „das System". Einige Systeme ignorieren diesen Wert, aber eine erfolgreiche Programmbeendigung wird durch den Rückgabewert null angezeigt, während ein fehlgeschlagenes Programm einen Wert ungleich null oder eine nicht gefangene Ausnahme zurückgibt (obwohl nicht gefangene Ausnahmen als schlechter Stil betrachtet werden).

int main();   // keine Argumente
int main(int argc, char* argv[]);   // argv[] enthält argc Strings im C-Stil

Die Definition von **main()** muss nicht explizit einen Wert zurückliefern. Versäumt sie es, explizit einen Wert zurückzuliefern – läuft der Code also einfach bis zum Ende der Funktion durch –, liefert die Funktion null zurück. Das kürzeste C++-Programm sieht demnach folgendermaßen aus:

int main() { }

Wenn Sie ein Objekt im globalen Gültigkeitsbereich (Namensbereich) mit einem Konstruktor und einem Destruktor definieren, wird der Konstruktor logisch „vor **main()**" ausgeführt und der Destruktor logisch „nach **main()**" (technisch gesehen ist die Ausführung dieser Konstruktoren Teil des Aufrufs von **main()** und die Ausführung der Destruktoren Teil der Rückkehr aus **main()**). Wann immer möglich, sollten sie auf globale Objekte verzichten, besonders wenn es sich um globale Objekte mit nicht trivialer Konstruktor- und Destruktordefinition handelt.

A.1.3 Kommentare

Was durch Code ausgedrückt werden kann, sollte auch durch Code ausgedrückt werden. Für zusätzliche Informationen, die sich nicht gut durch Code ausdrücken lassen, stellt C++ dem Programmierer zwei Arten von Kommentaren zur Verfügung:

```
// dies ist ein Zeilenkommentar

/*
  dies ist ein
  Blockkommentar
*/
```

Blockkommentare werden vornehmlich für mehrzeilige Kommentare verwendet, obwohl es immer auch Programmierer gibt, die hierfür ebenfalls einzeilige Kommentare vorziehen.

```
// dies ist ein
// mehrzeiliger Kommentar,
// der sich über drei Zeilenkommentare erstreckt
```

`/* dies ist eine einzelne Kommentarzeile, die in einen Blockkommentar gefasst ist */`

Kommentare sind ein wichtiges Mittel, um den Zweck des Codes zu dokumentieren; siehe auch §7.6.4.

A.2 Literale

Literale repräsentieren die Werte der verschiedenen Typen. So repräsentiert z.B. das Literal **12** den Integer-Wert „zwölf". **"Morgen"** repräsentiert den Zeichenstring *Morgen* und **true** den booleschen Wert *true*.

A.2.1 Integer-Literale

Es gibt drei Arten von Integer-Literalen:

- Dezimal: eine Folge von dezimalen Ziffern
  Dezimale Ziffern: 0, 1, 2, 3, 4, 5, 6, 7, 8 und 9
- Oktal: eine Folge von oktalen Ziffern, die mit **0** beginnen
  Oktale Ziffern: 0, 1, 2, 3, 4, 5, 6 und 7
- Hexadezimal: eine Folge von hexadezimalen Ziffern, die mit **0x** oder **0X** beginnen
  Hexadezimale Ziffern: 0, 1, 2, 3, 4, 5, 6, 7, 8, 9, a, b, c, d, e, f, A, B, C, D, E und F

Ein Suffix **u** oder **U** kennzeichnet ein Integer-Literal als **unsigned** (vorzeichenlos (§25.5.3)) und ein Suffix **l** oder **L** kennzeichnet es als **long**, zum Beispiel **10u** oder **123456UL**.

A.2.1.1 Zahlensysteme

Normalerweise schreiben wir unsere Zahlen in dezimaler Notation; d.h., 123 steht für 1 Hunderter plus 2 Zehner plus 3 Einer oder $1*100+2*10+3*1$ bzw. $1*10^2+2*10^1+3*10^0$. Ein anderer Begriff für „dezimal" ist „zur Basis 10". Die 10 ist hier im Grunde austauschbar, d.h., wir haben es letztlich mit einem Sonderfall der allgemeinen Formel $1*basis^2+2*basis^1+3*basis^0$ zu tun, für die $basis==10$ ist. Es gibt viele Theorien, warum unser Zahlensystem auf 10 basiert. Für eine dieser Theorien, die einen Zusammenhang zu unseren zehn Fingern herstellt, finden sich sogar Belege in einigen natürlichen Sprachen: Symbole wie 0, 1 und 2, die in einem positionalen Zahlensystem direkt für einen Wert stehen, werden im Englischen als „digits" (Ziffern) bezeichnet, „digit" ist aber das lateinische Wort für „Finger".

Gelegentlich werden andere Basen verwendet. Positive Integer-Werte werden im Computerspeicher üblicherweise zur Basis 2 dargestellt (es ist relativ einfach, 0 und 1 zuverlässig durch unterschiedliche physikalische Materialzustände auszudrücken), während Menschen, die sich mit hardwarenahen Problemen befassen, gelegentlich auf Zahlensysteme zur Basis 8, öfter sogar noch zur Basis 16 zurückgreifen, um sich auf den Inhalt des Speichers zu beziehen.

Betrachten wir einmal das hexadezimale Zahlensystem. Zunächst müssen wir für die sechzehn Werte von 0 bis 15 Namen finden. Normalerweise verwenden wir dazu 0, 1, 2, 3, 4, 5, 6, 7, 8, 9, A, B, C, D, E, F, wobei A den Dezimalwert 10, B den Dezimalwert 11 und so weiter hat:

A==10, B==11, C==12, D==13, E==14, F==15

Damit können wir jetzt den Dezimalwert 123 in hexadezimaler Notation als 7B schreiben. Zur Erläuterung sei hinzugefügt, dass die hexadezimale Schreibweise 7B gleichbedeutend ist mit 7*16+11, was dezimal dem Wert 123 entspricht. Wäre der hexadezimale Ausgangswert 123, wäre dies gleichbedeutend mit $1*16^2+2*16+3$ (1*256+2*16+3), was dem Dezimalwert 291 entspräche. Wenn Sie nie mit nicht dezimalen Integer-Repräsentationen zu tun hatten, empfehlen wir Ihnen wärmstens, zur Übung einige dezimale Zahlen in hexadezimale Zahlen und umgekehrt umzuwandeln. Beachten Sie, dass eine hexadezimale Ziffer eine sehr einfache Übereinstimmung mit einem Binärwert hat:

Tabelle A.1

Hexadezimal- und Binärwerte im Vergleich

Hexadezimalwerte	Binärwerte
0	0000
1	0001
2	0010
3	0011
4	0100
5	0101
6	0110
7	0111
8	1000
9	1001
A	1010
B	1011
C	1100
D	1101
E	1110
F	1111

Dies erklärt auch, warum die hexadezimale Schreibweise so populär ist. In ihr kann beispielsweise der Wert eines Bytes einfach durch zwei hexadezimale Ziffern ausgedrückt werden.

In C++ sind Zahlen (glücklicherweise) immer Dezimalzahlen, es sei denn, es wird etwas anderes angegeben. Um zu kennzeichnen, dass eine Zahl hexadezimal ist, verwenden wir das Präfix **0X** („*X* steht für hex"). Demzufolge ist also **123==0X7B** und **0X123==291**. Sie können das **x** auch kleinschreiben, ohne dass sich an der Behauptung etwas ändert; d.h. **123==0x7B** und **0x123==291**. Analog können Sie für die hexadezimalen Ziffern die Kleinbuchstaben **a**, **b**, **c**, **d**, **e** und **f** verwenden, zum Beispiel **123==0x7b**.

Als oktal bezeichnet man die Schreibweise zur Basis 8. Hierzu benötigen wir nur acht oktale Ziffern: **0**, **1**, **2**, **3**, **4**, **5**, **6**, **7**. In C++ beginnen die Zahlen des oktalen Zahlensystems immer mit einer führenden **0**, sodass **0123** nicht der Dezimalzahl 123 entspricht, sondern $1*8^2+2*8+3$, was nach Adam Riese $1*64+2*8+3$ oder (dezimal) 83 ergibt. Umgekehrt ist die Oktalzahl 83 (oder besser **083**) gleichzusetzen mit $8*8+3$ oder (dezimal) 67. In der C++-Notation ist also **0123==83** und **083==67**.

Das binäre Zahlensystem verwendet die Basis 2; d.h., wir benötigen nur zwei Ziffern: **0** und **1**. In C++ können wir Zahlen zur Basis 2 nicht direkt repräsentieren. Nur Zahlen zur Basis 8 (oktal), zur Basis 10 (dezimal) und zur Basis 16 (hexadezimal) werden direkt als Literale sowie Ein- und Ausgabeformate unterstützt. Nichtsdestotrotz sind Kenntnisse der Binärzahlen sehr nützlich, auch wenn wir sie nicht direkt in C++-Text repräsentieren können. So entspricht die (dezimale) Zahl **123**:

$1*2^6+1*2^5+1*2^4+1*2^3+0*2^2+1*2+1$,

was gleichbedeutend ist mit $1*64+1*32+1*16+1*8+0*4+1*2+1$ oder (binär) 1111011.

A.2.2 Gleitkommaliterale

Ein *Gleitkommaliteral* enthält einen Dezimalpunkt (**.**), einen Exponenten (z.B. **e3**) oder ein Gleitkommasuffix (**d** oder **f**). Zum Beispiel:

```
123        // int (kein Dezimalpunkt, Suffix oder Exponent)
123.       // double: 123,0
123.0      // double
.123       // double: 0,123
0.123      // double
1.23e3     // double: 1230,0
1.23e-3    // double: 0,00123
1.23e+3    // double: 1230,0
```

Gleitkommaliterale sind in der Regel vom Typ **double**, es sei denn ein Suffix gibt etwas anderes vor, zum Beispiel:

```
1.23    // double
1.23f   // float
1.23L   // long double
```

A.2.3 Boolesche Literale

Die Literale vom Typ **bool** lauten **true** und **false**. Der Integer-Wert von **true** ist **1**, der Integer-Wert von **false** ist **0**.

A.2.4 Zeichenliterale

Ein *Zeichenliteral* ist ein Zeichen, das in einfachen Anführungszeichen steht, z.B. **'a'** oder **'@'**. Darüber hinaus gibt es noch diverse Sonderzeichen:

Tabelle A.2

Sonderzeichen

Bezeichnung	ASCII-Name	C++-Name
Newline / Neue Zeile	NL	\n
Horizontaler Tabulator	HT	\t
Vertikaler Tabulator	VT	\v
Backspace / Rückschritt	BS	\b
Carriage-Return / Wagenrücklauf	CR	\r
Form-Feed / Seitenvorschub	FF	\f
Alarm	BEL	\a
Backslash / Rückstrich	\	\\
Fragezeichen	?	\?
Einfacher Anführungsstrich	'	\'
Doppelter Anführungsstrich	"	\"
Oktalzahl	ooo	\ooo
Hexadezimalzahl	hhh	\hhh

Die Sonderzeichen werden im C++-Code durch ihren in Anführungsstriche gestellten C++-Namen repräsentiert, zum Beispiel **'\n'** für neue Zeile oder **'\t'** für Tabulator.

Der Zeichensatz umfasst die folgenden sichtbaren Zeichen:

abcdefghijklmnopqrstuvwxyz
ABCDEFGHIJKLMNOPQRSTUVWXYZ
0123456789
!@#$%^&*()_+|~`{}[]:";'<>?,./

In portierbarem Code können Sie nur auf diesen Satz sichtbarer Zeichen vertrauen. Der Wert eines Zeichens – wie z.B. der Wert von **'a'** (für **a**) – ist implementierungsabhängig (kann jedoch beispielsweise mit **cout<<int('a')** schnell ermittelt werden).

A.2.5 String-Literale

Ein *String-Literal* besteht aus einer Folge von Zeichen in doppelten Anführungsstrichen, z.B. **"Knuth"** oder **"King Canute"**. Ein Zeilenumbruch kann nicht Teil eines Strings sein; verwenden Sie stattdessen das Sonderzeichen **\n**, um eine neue Zeile in einem String zu repräsentieren.

```
"King
Canute "              // Fehler: neue Zeile in einem String-Literal
"King\nCanute"        // O.K.: korrekte Schreibweise für einen Zeilenumbruch
                      // im String-Literal
```

Zwei String-Literale, die nur durch Whitespace getrennt sind, werden als ein String-Literal interpretiert. Zum Beispiel:

```
"King" "Canute"       // äquivalent zu "KingCanute" (kein Leerzeichen)
```

Beachten Sie, dass in String-Literalen Sonderzeichen wie **\n** vorkommen können.

A.2.6 Das Zeigerliteral

Es gibt nur ein *Zeigerliteral*: den Nullzeiger **0**. Jeder konstante Ausdruck, der zu **0** ausgewertet wird, kann als Nullzeiger verwendet werden. Zum Beispiel:

```
t* p1 = 0;            // O.K.: Nullzeiger
int* p2 = 2–2;        // O.K.: Nullzeiger
int* p3 = 1;          // Fehler: 1 ist ein int, kein Zeiger
int z = 0;
int* p4 = z;          // Fehler: z ist keine Konstante
```

Genau genommen wird hierbei der Wert **0** implizit in einen Nullzeiger umgewandelt. Der Nullzeiger wird wie **0** normalerweise (wenn auch nicht immer) als ein Bitmuster dargestellt, das nur aus Nullen besteht.

In C++ (jedoch nicht in C, deshalb Achtung vor C-Headern) ist **NULL** als **0** definiert, sodass Sie Folgendes schreiben können:

```
int* p4 = NULL;   // (bei der richtigen Definition von NULL) der Nullzeiger
```

In C++0x wird der Nullzeiger durch das Schlüsselwort **nullptr** ausgedrückt. Aber so lange empfehlen wir, nur **0** als Nullzeiger zu verwenden.

A.3 Bezeichner

Ein *Bezeichner* ist eine Zeichenfolge, die mit einem Buchstaben oder einem Unterstrich beginnt und anschließend null oder mehr (Groß- oder Klein-)Buchstaben, Ziffern oder Unterstriche enthält.

```
int foo_bar;     // O.K.
int FooBar;      // O.K.
int foo bar;     // Fehler: Leerzeichen sind in einem Bezeichner nicht zulässig
int foo$bar;     // Fehler: das Zeichen $ ist in einem Bezeichner nicht zulässig
```

Bezeichner, die mit einem Unterstrich beginnen oder einen doppelten Unterstrich enthalten, sind für die Verwendung durch die Implementierung reserviert: Vermeiden Sie diese. Zum Beispiel:

```
int _foo;       // nicht verwenden
int foo_bar;    // O.K.
int foo__bar;   // nicht verwenden
int foo_;       // O.K.
```

A.3.1 Schlüsselwörter

Schlüsselwörter sind Bezeichner, die von der Sprache selbst verwendet werden, um Sprachkonstrukte auszudrücken.

Tabelle A.3

Schlüsselwörter (reservierte Bezeichner)

and	and_eq	asm	auto	bitand	bitor
bool	break	case	catch	char	class
compl	const	const_cast	continue	default	delete
do	double	dynamic_cast	else	enum	explicit
export	extern	false	float	for	friend
goto	if	inline	int	long	mutable
namespace	new	not	not_eq	operator	or
or_eq	private	protected	public	register	reinterpret_cast
return	short	signed	sizeof	static	static_cast
struct	switch	template	this	throw	true
try	typedef	typeid	typename	union	unsigned
using	virtual	void	volatile	wchar_t	while
xor	xor_eq				

A.4 Gültigkeitsbereich, Speicherklasse und Lebensdauer

Jeder Name in C++ (mit der bedauernswerten Ausnahme der Präprozessor-Direktiven, siehe §A.17) existiert in einem Gültigkeitsbereich; das heißt, der Name kann nur in einem bestimmten Teil des Programmtextes benutzt werden. Daten (Objekte) werden irgendwo im Speicher abgelegt; die Art des Speichers, in dem ein Objekt gespeichert wird, ist seine *Speicherklasse*. Die Lebensdauer eines Objekts erstreckt sich vom Punkt der ersten Initialisierung bis zur endgültigen Zerstörung.

A.4.1 Gültigkeitsbereich

Es gibt fünf Arten von *Gültigkeitsbereichen* (§8.4):

- *Globaler Gültigkeitsbereich*: Ein Name ist global, wenn er nicht in einem Sprachkonstrukt (z.B. einer Klasse oder Funktion) deklariert ist.
- *Namensbereich*: Ein Name gehört einem Namensbereich an, wenn er in einem Namensbereich und nicht innerhalb eines eingeschlossenen Sprachkonstrukt (z.B. einer Klasse oder Funktion) deklariert ist. Technisch gesehen ist der globale Gültigkeitsbereich ein Namensbereich mit „leerem Namen".
- *Lokaler Gültigkeitsbereich*: Ein Name ist lokal, wenn er in einer Funktion deklariert ist (dies schließt Funktionsparameter mit ein).
- *Klassenbereich*: Ein Name gehört einem Klassenbereich an, wenn es der Name eines Klassenmembers ist.
- *Anweisungsbereich*: Der Gültigkeitsbereich eines Namens ist eine Anweisung, wenn der Name im (..)-Teil einer **for**-, **while**-, **switch**- oder **if**-Anweisung deklariert ist.

Der Gültigkeitsbereich einer Variablen erstreckt sich (nur) bis zum Ende der Anweisung, innerhalb der sie definiert ist. Zum Beispiel:

```
for (int i = 0; i<v.size(); ++i) {
            // hier kann i verwendet werden
}
if (i < 27)  // das i der for-Anweisung ist hier nicht mehr gültig
```

Klassen- und Namensbereiche haben Namen, sodass wir auf ihre Member „von außerhalb" Bezug nehmen können:

```
void f();   // im globalen Gültigkeitsbereich

namespace N {
  void f()  // im Namensbereich N
  {
    int v;   // im lokalen Gültigkeitsbereich
    ::f();   // rufe die globale Funktion f() auf
  }
}

void f()
{
  N::f();   // rufe die Funktion f() von N auf
}
```

Was würde passieren, wenn Sie **N::f()** oder **::f()** aufriefen? Siehe hierzu auch §A.15.

A.4.2 Speicherklassen

Es gibt drei *Speicherklassen* (§17.4):

- *Automatischer Speicher*: Variablen, die in Funktionen definiert sind (einschließlich Funktionsparameter), werden im automatischen Speicher (d.h. „auf dem Stack") abgelegt – es sei denn, sie wurden explizit als *static* deklariert. Automatischer Speicher wird reserviert, wenn eine Funktion aufgerufen wird, und dealloziert, wenn ein Aufruf zurückkehrt. Wenn also eine Funktion (direkt oder indirekt) von sich selbst aufgerufen wird, können mehrere Kopien der automatischen Daten existieren: eine für jeden Aufruf (§8.5.8).

- *Statischer Speicher*: Variablen, die im globalen Gültigkeitsbereich oder in einem Namensbereich deklariert sind, werden im statischen Speicher angelegt, zusammen mit Variablen, die explizit in Funktionen und Klassen als *static* deklariert wurden. Der Linker reserviert den statischen Speicher, „bevor das Programm mit der Ausführung beginnt".
- *Freispeicher* (*Heap*): Objekte, die mit **new** erzeugt wurden, werden auf dem Freispeicher angelegt.

Zum Beispiel:

```
vector<int> vg(10);        // wird einmal, im Zuge des Programmstarts
                           // erzeugt ("vor main()")

vector<int>* f(int x)
{
  static vector<int> vs(x);   // wird nur beim ersten Aufruf von f() erzeugt
  vector<int> vf(x+x);        // wird bei jedem Aufruf von f() erzeugt
  for (int i=1; i<10; ++i) {
    vector<int> vl(i);        // wird in jeder Iteration erzeugt
    // ...
  } // v1 wird hier zerstört (in jeder Iteration)

  return new vector<int>(vf); // wird auf dem Freispeicher als Kopie von vf erzeugt
} // vf wird hier zerstört

void ff()
{
  vector<int>* p = f(10);     // nimm Vektor von f() entgegen
  // ...
  delete p;                   // lösche den Vektor aus f
}
```

Die Variablen im statischen Speicher, **vg** und **vs**, werden bei Beendigung des Programms zerstört („nach **main()**"), vorausgesetzt sie wurden erzeugt.

Klassenmember werden nicht auf diese Weise angelegt. Wenn Sie irgendwo ein Objekt anlegen, werden die nicht statischen Member dort ebenfalls angelegt (mit der gleichen Speicherklasse wie das Klassenobjekt, zu dem sie gehören).

Code wird separat von den Daten gespeichert. So werden zum Beispiel Memberfunktionen *nicht* in jedem Objekt ihrer Klasse gespeichert; stattdessen wird zusammen mit dem restlichen Code des Programms für jede Memberfunktion genau eine Kopie gespeichert.

Siehe hierzu auch §14.3 und §17.4.

A.4.3 Lebensdauer

Bevor ein Objekt (legal) verwendet werden kann, muss es initialisiert sein. Diese Initialisierung kann explizit durch einen Initialisierer erfolgen oder implizit durch einen Konstruktor oder durch eine Regel für die Standardinitialisierung von integrierten Typen. Die Lebensdauer eines Objekts endet an einem Punkt, der durch den Gültigkeitsbereich und die Speicherklasse vorgegeben ist (siehe z.B. §17.4 und §B.4.2):

- *Lokale (automatische) Objekte* werden erzeugt, wenn/falls der Ausführungsthread sie erreicht; am Ende des Gültigkeitsbereichs werden sie zerstört.
- *Temporäre Objekte* werden durch einen speziellen Teilausdruck erzeugt und am Ende des Gesamtausdrucks zerstört. Ein Gesamtausdruck ist ein Ausdruck, der kein Teilausdruck eines anderen Ausdrucks ist.
- *Namensbereichsobjekte und statische Klassenmember* werden zu Beginn des Programms erzeugt („vor **main()**") und am Ende des Programms zerstört („nach **main()**").
- *Lokale statische Objekte* werden erzeugt, wenn/falls der Ausführungsthread sie erreicht, und (sofern sie erzeugt wurden) am Ende des Programms zerstört.
- *Freispeicherobjekte* werden durch **new** erzeugt und optional mit **delete** zerstört.

Ein temporäres Objekt, das an eine lokale oder Namensbereich-Referenz gebunden ist, lebt so lange wie die Referenz. Zum Beispiel:

```cpp
const char* string_tbl[] = { "Mozart", "Grieg", "Haydn", "Chopin" };
const char* f(int i) { return string_tbl[i]; }
void g(string s){}

void h()
{
    const string& r = f(0);   // binde temporären String an r
    g(f(1));                  // erstelle temporären String und übergebe ihn
    string s = f(2);          // initialisiere s aus temporären String
    cout << "f(3):" << f(3)   // erstelle temporären String und übergebe ihn
        <<" s: " << s
        << " r: " << r << '\n';
}
```

Das Ergebnis ist:

f(3): Chopin s: Haydn r: Mozart

Die temporären **string**-Objekte, die für die Aufrufe **f(1)**, **f(2)** und **f(3)** erzeugt wurden, werden am Ende des Ausdrucks, in dem sie erzeugt wurden, wieder zerstört. Das temporäre Objekt, das für **f(0)** erzeugt wurde, ist an **r** gebunden und „lebt" bis zum Ende von **h()**.

A.5 Ausdrücke

Dieser Abschnitt fasst die C++-Operatoren zusammen. Zur besseren Lesbarkeit verwenden wir mnemonische Abkürzungen wie **m** für Membername, **T** für Typname, **p** für einen Ausdruck, der einen Zeiger liefert, **x** für einen Ausdruck, **v** für einen Lvalue-Ausdruck (L-Wert) und **lst** für eine Argumentenliste.

A.5 Ausdrücke

Der Ergebnistyp einer arithmetischen Operationen wird durch die normalen arithmetischen Umwandlungen (§A.5.2, Abschnitt „Umwandlungen") bestimmt. Die Beschreibungen in diesem Unterkapitel beziehen sich allein auf die integrierten Operatoren, nicht auf irgendwelche Operatoren, die Sie selbst definieren. Wenn Sie allerdings eigene Operatoren definieren sollten, empfehlen wir Ihnen, sich an die semantischen Regeln der hier beschriebenen integrierten Operationen zu halten (§9.6).

Tabelle A.4

Gültigkeitsbereichauflösung

Operator	Beschreibung
N::m	m befindet sich im Namensbereich N; N ist der Name eines Namensbereichs oder einer Klasse.
::m	m befindet sich im globalen Namensbereich.

Beachten Sie, dass Namensbereiche verschachtelt sein können, sodass auch Zugriffe wie N::C::m möglich sind (siehe hierzu auch §8.7).

Tabelle A.5

Postfix-Ausdrücke

Ausdruck	Beschreibung
x.m	Memberzugriff; x muss ein Klassenobjekt sein.
p->m	Memberzugriff; p muss auf ein Klassenobjekt zeigen; äquivalent zu (*p).m.
p[x]	Indexzugriff; äquivalent zu *(p+x).
f(lst)	Funktionsaufruf: ruft f mit der Argumentenliste lst auf.
T(lst)	Konstruktion: erstellt ein T-Objekt unter Berücksichtigung der Argumentenliste lst.
v++	(Post-)Inkrement; der Wert von v++ ist der Wert von v vor der Inkrementierung.
v--	(Post-)Dekrement; der Wert von v-- ist der Wert von v vor der Dekrementierung.
typeid(x)	Laufzeit-Typidentifizierung für x.
typeid(T)	Laufzeit-Typidentifizierung für T.
dynamic_cast<T>(x)	Zur Laufzeit überprüfte Umwandlung von x nach T.
static_cast<T>(x)	Zur Kompilierzeit überprüfte Umwandlung von x nach T.
const_cast<T>(x)	Ungeprüfte Umwandlung, die const beim Typ von x ergänzt oder entfernt, um T zu erhalten.
reinterpret_cast<T>(x)	Ungeprüfte Umwandlung von x nach T durch Uminterpretation des Bitmusters von x.

Sprachübersicht

Der Operator **typeid** und seine Anwendungsbereiche werden in diesem Buch nicht besprochen. Hierfür sollten Sie ein Fachbuch für Fortgeschrittene zurate ziehen. Beachten Sie, dass Umwandlungen nicht ihr Argument ändern. Stattdessen erzeugen sie ein Ergebnis ihres Typs, das irgendwie mit dem Argumentwert übereinstimmt (siehe §A.5.7).

Tabelle A.6

Unäre Ausdrücke

Ausdruck	Beschreibung
sizeof(T)	Die Größe von **T** in Bytes
sizeof(x)	Die Größe eines Objekts vom Typ des Objekts **x** in Bytes
++v	(Prä-)Inkrement; äquivalent zu **v+=1**
--v	(Prä-)Dekrement; äquivalent zu **v-=1**
~x	Komplement von **x**; **~** ist eine bitweise Operation
!x	Nicht **x**; liefert **true** oder **false** zurück
&v	Adresse von **v**
*p	Inhalt eines Objekts, auf das **p** zeigt
new T	Erstellt ein **T**-Objekt auf dem Freispeicher
new T(lst)	Erstellt ein **T**-Objekt auf dem Freispeicher und initialisiert es mit **lst**
new(lst)T	Konstruiert ein **T**-Objekt an einer Position, die von **lst** vorgegeben wird
new(lst)T(lst2)	Konstruiert ein **T** an einer Position, die von **lst** vorgegeben wird, und initialisiert es mit **lst2**
delete p	Gibt das Objekt frei, auf das **p** zeigt
delete[] p	Gibt das Array von Objekten frei, auf das **p** zeigt
(T)x	C-Stil-Umwandlung; wandelt **x** in **T** um

Beachten Sie, dass das Objekt (bzw. die Objekte), auf das **p** in **delete p** und **delete[] p** zeigt, mit **new** angelegt worden sein muss (siehe §A.5.6). Beachten Sie außerdem, dass **(T)x** viel unspezifischer – und deshalb viel fehleranfälliger – ist als die spezifischeren Umwandlungsoperatoren (siehe §A.5.7).

Tabelle A.7

Memberauswahl

Operator	Beschreibung
x.*ptm	Der Member von **x**, der durch den Memberzeiger **ptm** identifiziert wird
p->*ptm	Der Member von ***p**, der durch den Memberzeiger **ptm** identifiziert wird

A.5 Ausdrücke

Dieses Thema wird in diesem Buch nicht besprochen. Ziehen Sie hierfür ein Fachbuch für Fortgeschrittene zurate.

Tabelle A.8

Multiplikative Operatoren

Operator	Beschreibung
x*y	Multipliziert x mit y
x/y	Dividiert x durch y
x%y	Modulo (Rest) von x durch y (nicht für Gleitkommatypen)

Der Effekt von x/y und x%y ist undefiniert, wenn y==0. Der Effekt von x%y ist implementierungsabhängig, wenn x oder y negativ ist.

Tabelle A.9

Additionsoperatoren

Operator	Beschreibung
x+y	Addiert x und y
x-y	Subtrahiert y von x

Tabelle A.10

Verschiebungsoperatoren

Operator	Beschreibung
x<<y	Verschiebt x nach links um y Bitpositionen
x>>y	Verschiebt x nach rechts um y Bitpositionen

Die Verwendung der (integrierte) Operatoren >> und << zum Verschieben von Bits wird in §25.5.4 beschrieben. Wenn ihre ganz linken Operatoren **iostream**-Streams sind, werden diese Operatoren für die Ein-/Ausgabe verwendet (siehe Kapitel 10 und 11).

Sprachübersicht

Tabelle A.11

Relationale Operatoren

Operator	Beschreibung
x<y	x kleiner als y; liefert einen **bool**-Wert zurück
x<=y	x kleiner gleich y
x>y	x größer als y
x>=y	x größer gleich y

Das Ergebnis eines relationalen Operators ist ein **bool**-Wert.

Tabelle A.12

Gleichheitsoperatoren

Operator	Beschreibung
x==y	x ist gleich y; liefert einen **bool**-Wert zurück
x!=y	x ist nicht gleich y

Beachten Sie, dass **x!=y** gleich **!(x==y)** ist. Das Ergebnis eines Gleichheitsoperators ist ein **bool**.

Tabelle A.13

Bitweises Und

Operator	Beschreibung
x&y	Bitweise Und-Verknüpfung von x und y

Beachten Sie, dass **&** (wie **^**, **|**, **~**, **>>** und **<<**) einen Satz von Bits liefert. Wenn zum Beispiel **a** und **b** vorzeichenlose Zeichen (**unsigned char**) sind, dann ist **a&b** ein vorzeichenloses Zeichen, dessen einzelne Bits das Ergebnis einer bitweisen Und-Verknüpfung (**&**) der entsprechenden Bits in **a** und **b** sind (siehe §A.5.5).

A.5 Ausdrücke

Tabelle A.14

Bitweises Xor

Operator	Beschreibung
x^y	Bitweise Exklusives-Oder-Verknüpfung von x und y

Tabelle A.15

Bitweises Oder

Operator	Beschreibung
x|y	Bitweise Oder-Verknüpfung von x und y

Tabelle A.16

Logisches Und

Operator	Beschreibung
x&&y	Logisches Und; liefert **true** oder **false** zurück; wertet y nur aus, wenn x wahr ist

Tabelle A.17

Logisches Oder

Operator	Beschreibung
x||y	Logisches Oder; liefert **true** oder **false** zurück; wertet y nur aus, wenn x falsch ist

Siehe §A.5.5.

Tabelle A.18

Bedingter Ausdruck

Ausdruck	Beschreibung
x?y:z	Wenn x **true** ist, ist das Ergebnis y, andernfalls ist das Ergebnis z

Zum Beispiel:

template<class T> T& max(T& a, T& b) { return (a>b)?a:b; }

Der „Fragezeichen-Doppelpunkt-Operator" wird in §8.4 erläutert.

Tabelle A.19

Zuweisungsoperatoren

Zuweisung	Beschreibung
v=x	Weist v den Wert x zu; das Ergebnis ist das resultierende v
v*=x	In etwa v=v*(x)
v/=x	In etwa v=v/(x)
v%=x	In etwa v=v%(x)
v+=x	In etwa v=v+(x)
v-=x	In etwa v=v-(x)
v>>=x	In etwa v=v>>(x)
v<<=x	In etwa v=v<<(x)
v&=x	In etwa v=v&(x)
v^=x	In etwa v=v^(x)
v|=x	In etwa v=v|(x).

Mit „in etwa v=v*(x)" meinen wir, dass v*=x denselben Wert liefert, nur dass v lediglich einmal ausgewertet wird. So bedeutet **v[++i]*=7+3** zum Beispiel **(++i, v[i]=v[i]*(7+3))** und nicht **(v[++i]=v[++i]*(7+3))** (was undefiniert wäre; siehe §8.6.1).

Tabelle A.20

Throw-Ausdruck

Ausdruck	Beschreibung
throw x	Wirft den Wert von x

Der Typ eines **throw**-Ausdrucks ist **void**.

Tabelle A.21

Komma-Ausdruck

Ausdruck	Beschreibung
x,y	Führe x aus, dann y; das Ergebnis ist y

In den einzelnen Tabellen werden jeweils Operatoren der gleichen Priorität aufgelistet. Die Reihenfolge der Tabellen spiegelt die Priorität der Operatoren wider: Operatoren in den vorderen Tabellen haben eine höhere Priorität als Operatoren aus den Tabellen weiter hinten. So ist zum Beispiel **a+b*c** gleichbedeutend mit **a+(b*c)** und nicht mit **(a+b)*c**, da der Multiplikationsoperator * eine höhere Priorität hat als der Additionsoperator +. Entsprechend ist ***p++** gleichzusetzen mit ***(p++)** und nicht mit **(*p)++**. Unäre Operatoren und Zuweisungsoperatoren sind rechtsassoziativ; alle anderen linksassoziativ. So entspricht **a=b=c** zum Beispiel **a=(b=c)** und **a+b+c** entspricht **(a+b)+c**.

Ein L-Wert ist ein Ausdruck, der ein Objekt bezeichnet, das prinzipiell geändert werden (wobei ein L-Wert vom Typ **const** offensichtlich durch das Typsystem gegen Änderungen geschützt ist) und dessen Adresse ermittelt werden kann. Das Gegenstück zum L-Wert ist der R-Wert; hierbei handelt es sich um einen Ausdruck, der etwas bezeichnet, das nicht geändert oder dessen Adresse nicht ermittelt werden kann – wie z.B. ein Wert, der aus einer Funktion zurückgeliefert wird (**&f(x)** ist ein Fehler, weil **f(x)** ein R-Wert ist).

A.5.1 Benutzerdefinierte Operatoren

Die hier definierten Regeln gelten für integrierte Typen. Wenn ein benutzerdefinierter Operator verwendet wird, wird der Ausdruck einfach in einen Aufruf der entsprechenden benutzerdefinierten Operatorfunktion umgewandelt, und die Regeln für den Funktionsaufruf legen fest, was passiert. Zum Beispiel:

```
class Mine { /* ... */ };
bool operator==(Mine, Mine);

void f(Mine a, Mine b)
{
   if (a==b) {  // a==b ist gleichbedeutend mit operator==(a,b)
     // ...
   }
}
```

Ein benutzerdefinierter Typ ist eine Klasse (§A.12, Kapitel 9) oder eine Aufzählung (§A.11, §9.5).

A.5.2 Automatische Typumwandlung

Datentypen für ganze Zahlen und Gleitkommazahlen (§A.8) können in Zuweisungen und Ausdrücken beliebig gemischt werden. Soweit möglich, werden die Werte dabei so umgewandelt, dass es zu keinem Informationsverlust kommt. Leider werden aber auch Umwandlungen, die mit einem Werteverlust einhergehen, automatisch durchgeführt.

A.5.2.1 Promotionen

Die automatischen Umwandlungen, die einen Wert erhalten, werden allgemein als Promotionen bezeichnet. Bevor eine arithmetische Operation durchgeführt wird, erfolgt eine *Integer-Promotion*, um aus kürzeren ganzzahligen Werten **int**-Werte zu erzeugen. Dies spiegelt die ursprüngliche Absicht dieser Promotionen wider: die Operanden in die „natürliche" Größe für arithmetische Operationen zu bringen. Die Umwandlung von **float** nach **double** wird ebenfalls als Promotion betrachtet.

Promotionen werden als Teil der üblichen arithmetischen Umwandlungen verwendet (siehe Abschnitt „Umwandlungen").

A.5.2.2 Umwandlungen

Die fundamentalen Typen können auf vielfältige Art und Weise ineinander umgewandelt werden. Doch nicht jede Umwandlung ist wünschenswert. Grundsätzlich sollten Sie beim Schreiben von Code stets darauf achten, undefiniertes Verhalten und Umwandlungen, die stillschweigend Informationen verlieren (§3.9 und §25.5.3), zu vermeiden. Ein Compiler kann zu vielen fragwürdigen Umwandlungen Warnungen ausgeben.

- *Ganzzahlige Umwandlungen*: Ein ganzzahliger Datentyp kann in einen anderen ganzzahligen Datentyp umgewandelt werden. Ein Aufzählungswert kann in einen ganzzahligen Datentyp umgewandelt werden. Wenn der Zieltyp **unsigned** ist, hat der resultierende Wert genauso viele Bits aus der Quelle, wie in das Ziel passen (höherwertige Bits werden, falls notwendig, ignoriert). Wenn das Ziel **signed** ist, bleibt der Wert erhalten, wenn er in dem Zieltyp dargestellt werden kann. Ansonsten ist der Wert implementierungsspezifisch. Beachten Sie, dass **bool** und **char** Integer-Typen sind.

- *Gleitkomma-Umwandlungen*: Ein Gleitkommawert kann in einen anderen Gleitkommatyp umgewandelt werden. Wenn der Quellwert exakt im Zieltyp dargestellt werden kann, ist das Ergebnis der ursprüngliche Wert. Wenn der Quellwert zwischen zwei benachbarten Zielwerten liegt, wird einer der beiden als Ergebnis verwendet. Ansonsten ist das Verhalten undefiniert. Beachten Sie, dass die Umwandlung von **float** nach **double** als Promotion betrachtet wird.

- *Umwandlungen von Zeigern und Referenzen*: Jeder Zeiger auf einen Objekttyp kann implizit in **void*** umgewandelt werden (§17.8, §27.3.5). Ein Zeiger (eine Referenz) auf eine abgeleitete Klasse kann implizit in einen Zeiger (eine Referenz) einer zugänglichen und eindeutigen Basisklasse umgewandelt werden (§14.3). Ein konstanter Ausdruck (§A.5, §4.3.1), der zu 0 ausgewertet wird, kann implizit in jeden Zeigertyp umgewandelt werden. Ein **T***-Zeiger kann implizit in einen **const T***-Zeiger umgewandelt werden. Entsprechend kann eine **T&**-Referenz implizit in eine **const T&**-Referenz umgewandelt werden.

- *Boolesche Umwandlungen*: Zeiger, ganze Zahlen und Gleitkommawerte können implizit in **bool**-Werte umgewandelt werden. Ein Wert ungleich null wird in **true**, der Wert null in **false** umgewandelt.

- *Umwandlungen zwischen Gleitkomma- und ganzen Zahlen*: Wenn eine Gleitkommazahl in eine ganze Zahl umgewandelt wird, wird der Teil hinter dem Komma ignoriert. Mit anderen Worten, eine derartige Umwandlung schneidet den Nachkommateil ab. Falls der abgeschnittene Wert nicht im Zieltyp dargestellt werden kann, ist das Verhalten undefiniert. Konvertierungen von ganzen Zahlen in Gleitkommazahlen sind, sofern es die Hardware erlaubt, mathematisch korrekt. Wenn der ganzzahlige Wert nicht exakt als Wert des Gleitkommadatentyps dargestellt werden kann, verliert der Wert an Genauigkeit.

- *Übliche arithmetische Umwandlungen*: Folgende Umwandlungen werden für Operanden von binären Operatoren durchgeführt, um sie auf einen gemeinsamen Typ zu bringen, der dann auch als Ergebnistyp verwendet wird:
    - Falls ein Operand den Typ **long double** hat, wird auch der andere Operand in **long double** umgewandelt. Andernfalls wird, sofern einer der Operanden **double** ist, der andere in **double** umgewandelt. Andernfalls wird, sofern einer der Operanden **float** ist, der andere in **float** umgewandelt. Ansonsten wird für beide Operanden eine ganzzahlige Promotion durchgeführt.
    - Falls dann einer der Operanden den Typ **unsigned long** hat, wird auch der andere in **unsigned long** umgewandelt. Andernfalls wird, sofern einer der Operanden **long int** und der andere **unsigned int** ist, entweder der **unsigned int** in **long int** umgewandelt (falls **long int** alle Werte von **unsigned int** darstellen kann) oder es werden beide in **unsigned long int** umgewandelt. Andernfalls wird, sofern einer der Operanden **long** ist, auch der andere in **long** umgewandelt. Andernfalls wird, sofern einer der Operanden **unsigned** ist, auch der andere in **unsigned** umgewandelt. Andernfalls sind beide Operanden **int**-Werte.

Offensichtlich ist es am besten, nicht allzu oft auf komplizierte Kombinationen von Typen zurückzugreifen, um den Bedarf an impliziten Umwandlungen so gering wie möglich zu halten.

A.5.2.3 Benutzerdefinierte Umwandlungen

Zusätzlich zu den Standardpromotionen und -umwandlungen kann ein Programmierer Umwandlungen für benutzerdefinierte Typen definieren. Ein Konstruktor, der nur ein Argument übernimmt, definiert eine Umwandlung von seinem Argumenttyp in seinen Typ. Falls der Konstruktor als **explicit** deklariert ist (siehe §18.3.1), erfolgt die Umwandlung nur, wenn der Programmierer diese explizit anfordert. Ansonsten kann die Umwandlung implizit erfolgen.

A.5.3 Konstante Ausdrücke

Ein *konstanter Ausdruck* ist ein Ausdruck, der zur Kompilierzeit ausgewertet werden kann und nur **int**-Operanden enthält. (Das ist zwar eine leichte Vereinfachung, aber für die meisten Zwecke sollte diese Definition genügen.) Zum Beispiel:

```
const int a = 2*3;
const int b = a+3;
```

An bestimmten Stellen im Code müssen konstante Ausdrücke verwendet werden: Dazu gehören Array-Grenzen, **case**-Marken, Initialisierer für Aufzählungen und ganzzahlige Template-Argumente. Zum Beispiel:

```
int var = 7;
switch (x) {
case 77:    // O.K.
case a+2:   // O.K.
case var:   // Fehler (var is kein konstanter Ausdruck)
            // ...
};
```

A.5.4 sizeof

In **sizeof(x)** kann **x** entweder ein Typ oder ein Ausdruck sein. Falls **x** ein Ausdruck ist, ist der Wert von **sizeof(x)** gleich der Größe des resultierenden Objekts. Falls **x** ein Typ ist, ist **sizeof(x)** die Größe eines Objekts vom Typ **x**. Die Größen werden in Bytes gemessen. Per Definition ist **sizeof(char)==1**.

A.5.5 Logische Ausdrücke

C++ stellt logische Operatoren für ganzzahlige Datentypen bereit:

Tabelle A.22

Bitweise logische Operationen

Operation	Beschreibung
x&y	Bitweise Und-Verknüpfung von x und y
y|y	Bitweise Oder-Verknüpfung von x und y
x^y	Bitweise Exklusives-Oder-Verknüpfung von x und y

Tabelle A.23

Logische Operationen

Operator	Beschreibung
x&&y	Logisches Und; liefert **true** oder **false** zurück; wertet y nur aus, wenn x wahr ist
x||y	Logisches Oder; liefert **true** oder **false** zurück; wertet y nur aus, wenn x falsch ist

Die bitweisen Operatoren führen ihre Operationen auf jedem Bit ihrer Operanden aus, während die logischen Operatoren (**&&** und **||**) eine **0** als den Wert **false** behandeln und alles andere als den Wert **true**. Die Definitionen der Operationen sind:

&	0	1
0	0	0
1	0	1

|	0	1
0	0	1
1	1	1

^	0	1
0	0	0
1	1	0

A.5.6 new und delete

Speicher auf dem Freispeicher (dynamischer Speicher, Heap) wird mit **new** reserviert und mit **delete** (für einzelne Objekte) oder **delete[]** (für ein Array) wieder freigegeben. Wenn kein Speicherplatz mehr vorhanden ist, wirft **new** eine Ausnahme vom Typ **bad_alloc**. Eine erfolgreiche **new**-Operation reserviert mindestens 1 Byte und liefert einen Zeiger auf das reservierte Objekt zurück. Der Typ des anzulegenden Objekts wird nach **new** angegeben. Zum Beispiel:

```
int* p1 = new int;         // lege ein (nicht initialisiertes) int-Objekt an
int* p2 = new int(7);      // lege ein int-Objekt an, das mit 7 initialisiert wird
int* p3 = new int[100];    // lege 100 (nicht initialisierte) int-Objekte an
// ...
delete p1;     // gib einzelnes Objekt frei
delete p2;
delete[] p3;   // gib Array frei
```

Wenn Sie mit **new** Objekte eines integrierten Typs anlegen, werden diese nur dann initialisiert, wenn Sie einen Initialisierer angeben. Wenn Sie mit **new** Objekte einer Klasse mit einem Konstruktor anlegen, wird ein Konstruktor aufgerufen; der Standardkonstruktor wird aufgerufen, sofern Sie keinen Initialisierer angeben (§17.4.4).

delete ruft für seinen Operanden den Destruktor auf, sofern vorhanden. Beachten Sie, dass ein Destruktor virtuell sein kann (§A.12.3, Abschnitt „Destruktoren").

A.5.7 Casts

Es gibt vier Typumwandlungsoperatoren:

Tabelle A.24

Typumwandlungsoperatoren

Operator	Beschreibung
x=dynamic_cast<D*>(p)	Versucht, **p** in einen **D***-Zeiger umzuwandeln (liefert eventuell 0 zurück)
x=dynamic_cast<D&>(*p)	Versucht, ***p** in eine **D&**-Referenz umzuwandeln (wirft eventuell eine **bad_cast**-Ausnahme)
x=static_cast<T>(v)	Wandelt **v** in ein **T**-Objekt um, falls ein **T**-Objekt umgekehrt in den Typ von **v** umgewandelt werden kann
x=reinterpret_cast<T>(v)	Wandelt **v** in ein **T**-Objekt um, das durch das gleiche Bitmuster dargestellt werden kann
x=const_cast<T>(v)	Wandelt **v** in ein **T**-Objekt um, wobei **const** dem Typ hinzugefügt oder aus ihm entfernt wird
x=<T>(v)	C-Stil-Cast: Führt einen beliebigen Cast im alten Stil durch
x=(T)v	Funktionaler Cast: Führt einen beliebigen Cast im alten Stil durch

Der dynamische Cast wird normalerweise für die Navigation in einer Klassenhierarchie verwendet, bei der **p** ein Zeiger auf eine Basisklasse ist und **D** von dieser Basisklasse abgeleitet wird. Es wird **0** zurückgeliefert, wenn **v** kein **D***-Zeiger ist. Wenn Sie wünschen, dass **dynamic_cast** eine Ausnahme (**bad_cast**) wirft, anstatt **0** zurückzuliefern, wandeln Sie in eine Referenz statt in einen Zeiger um. Der dynamische Cast ist der einzige Cast, der eine Laufzeitprüfung durchführt.

Der statische Cast wird für Umwandlungen verwendet, die „aller Voraussicht nach unkritisch sein sollten", d.h. in Fällen, wo **v** das Ergebnis einer impliziten Umwandlung von **T** hätte sein können (siehe §17.8).

Ein **reinterpret_cast** wird verwendet, um ein Bitmuster umzuinterpretieren. Es gibt keine Garantie auf Portabilität. Am besten geht man davon aus, dass **reinterpret_cast**-Umwandlungen grundsätzlich nicht portierbar sind. Ein typisches Beispiel ist die Umwandlung eines **int**-Wertes in einen Zeiger, um eine Rechneradresse in ein Programm einzuführen (siehe §17.8 und §25.4.1).

Die C-Stil- und funktionalen Casts können jede Umwandlung durchführen, die auch durch **static_cast** oder **reinterpret_cast**, kombiniert mit **const_cast**, erreicht werden können.

Am besten versuchen Sie, Casts weitestgehend zu vermeiden. In den meisten Fällen ist ihre Verwendung nur ein Zeichen für schlechten Programmierstil. Ausnahmen zu dieser Regel finden Sie in §17.8 und §25.4.1. Die C-Stil- und funktionalen Casts haben die hässliche Eigenschaft, dass Sie nicht genau verstehen müssen, was der Cast eigentlich bewirkt (§27.3.4). Bevorzugen Sie die benannten Casts, wenn Sie eine explizite Typumwandlung nicht vermeiden können.

A.6   Anweisungen

Im Folgenden finden Sie ein Grammatik der C++-Anweisungen ($_{opt}$ steht für „optional"):

Anweisung:
   Deklaration
   { *Anweisung-Liste$_{opt}$* }
   try { *Anweisung-Liste$_{opt}$* } *Handler-Liste*
   Ausdruck$_{opt}$;
   Auswahlanweisung
   Schleifenanweisung
   Label-Anweisung
   Steueranweisung

Auswahlanweisung:
   if (*Bedingung*) *Anweisung*
   if (*Bedingung*) *Anweisung* **else** *Anweisung*
   switch (*Bedingung*) *Anweisung*

Schleifenanweisung:
   while (*Bedingung*) *Anweisung*
   do *Anweisung* **while** (*Ausdruck*) ;
   for (*for-init-Anweisung Bedingung$_{opt}$* ; *Ausdruck$_{opt}$*) *Anweisung*

Label-Anweisung:
   case *konstanter Ausdruck* : *Anweisung*
   default : *Anweisung*
   Bezeichner : *Anweisung*

Steueranweisung:
   break ;
   continue ;
   return *Ausdruck$_{opt}$* ;
   goto *Bezeichner* ;

Anweisung-Liste:
Anweisung Anweisung-Liste$_{opt}$

Bedingung:
   Ausdruck
   Typspezifizierer-Deklarator = *Ausdruck*

for-init-Anweisung:
   Ausdruck$_{opt}$;
   Typspezifizierer-Deklarator = *Ausdruck* ;

Handler-Liste:
   catch (*Ausnahme-Deklaration*) { *Anweisung-Liste$_{opt}$* }
   Handler-Liste Handler-Liste$_{opt}$

Beachten Sie, dass eine Deklaration eine Anweisung ist und dass es keine Zuweisungsanweisung oder Prozeduraufrufanweisung gibt. Anweisungen und Funktionsaufrufe sind Ausdrücke. Für weiterführende Informationen:

- Iteration (**for** und **while**), siehe §4.4.2
- Auswahl (**if**, **switch**, **case** und **break**), siehe §4.4.1. Eine **break**-Anweisung verlässt die nächste umschließende **switch**-, **while**, **do**- oder **for**-Anweisung; d.h., die nächste Anweisung, die ausgeführt wird, ist die Anweisung, die auf die umschließende Anweisung folgt.
- Ausdrücke, siehe §A.5, §4.3
- Deklarationen, siehe §A.7, §8.2
- Ausnahmen (**try** und **catch**), siehe §5.6, §19.4

Im Folgenden finden Sie ein Beispiel, das lediglich zu Anschauungszwecken eine Reihe von Anweisungen enthält (was macht der Code?):

```
int* f(int p[], int n)
{
  if (p==0) throw Bad_p(n);
  vector<int> v;
  int x;
  while (cin>>x) {
    if (x==terminator) break;   // verlässt die while-Schleife
```

```
    v.push_back(x);
}
for (int i = 0; i<v.size() && i<n; ++i) {
  if (v[i]==*p)
     return p;
  else
     ++p;
}
return 0;
}
```

A.7 Deklarationen

Eine *Deklaration* besteht aus drei Teilen:

- Dem Namen der zu deklarierenden Entität
- Dem Typ der zu deklarierenden Entität
- Dem Anfangswert der zu deklarierenden Entität (meistens optional)

Folgendes können wir deklarieren:

- Objekte von integrierten und benutzerdefinierten Typen (§A.8)
- Benutzerdefinierte Typen (Klassen und Aufzählungen) (§A.10–§A.11, Kapitel 9)
- Templates (Klassen-Templates und Funktions-Templates) (§A.13)
- Aliase (§A.16)
- Namensbereiche (§A.15, §8.7)
- Funktionen (einschließlich Memberfunktionen und Operatoren (§A.9, Kapitel 8)
- Enumeratoren (Werte für Aufzählungen) (§A.11, §9.5)
- Makros (§A.17.2, §27.8)

A.7.1 Definitionen

Eine Deklaration, die eine Initialisierung vornimmt, Speicher reserviert oder auf irgendeine andere Weise alle Informationen bereitstellt, um einen Namen in einem Programm zu verwenden, wird eine Definition genannt. Jeder Typ, jedes Objekt und jede Funktion in einem Programm muss genau einmal definiert sein. Zum Beispiel:

```
double f();              // eine Deklaration
double f() { /* ... */ }; // (auch) eine Definition
extern const int x;      // eine Deklaration
int y;                   // (auch) eine Definition
int z = 10;              // eine Definition mit expliziter Initialisierung
```

const-Variablen müssen initialisiert werden. Dies wird dadurch sichergestellt, dass für const-Variablen ein Initialisierer gefordert wird, außer die Deklaration enthält das Schlüsselwort extern (was darauf hinweist, dass der Initialisierer irgendwo anders, in der Definition, steht) oder der zugrunde liegende Typ besitzt einen Standardkonstruktor (§A.12.3). Klassenmember, die als const deklariert werden, müssen in jedem Konstruktor mit einem Memberinitialisierer initialisiert werden (§A.12.3).

A.8 Integrierte Typen

C++ verfügt über eine große Menge an fundamentalen Typen und Typen, die mithilfe von Modifizierern aus fundamentalen Typen erzeugt werden können.

Tabelle A.25

Integrierte Typen

Operator	Beschreibung
bool x	x ist ein boolescher Wert (true und false).
char x	x ist ein Zeichen (normalerweise 8 Bit).
short x	x ist ein kurzer ganzzahliger Wert (normalerweise 16 Bit).
int x	x ist vom Standardtyp für ganze Zahlen.
float x	x ist eine Gleitkommazahl (ein „short double").
double x	x ist eine Gleitkommazahl doppelter Präzision.
void* p	p ist ein Zeiger auf rohen Speicher (Speicher eines unbekannten Typs).
T* p	p ist ein Zeiger auf T.
T *const p	p ist ein konstanter (unveränderlicher) Zeiger auf T.
T a[n]	a ist ein Array von n T-Objekten.
T& r	r ist eine Referenz auf T.
T f(argumente)	f ist eine Funktion, die argumente übernimmt und T zurückliefert.
const T x	x ist eine konstante (unveränderliche) Version von T.
long T x	x ist ein long T.
unsigned T x	x ist ein vorzeichenloses (unsigned) T.
signed T x	x ist ein vorzeichenbehaftetes (signed) T.

T steht hier für irgendeinen Typ, d.h., wir können Typen wie **long unsigned int**, **long double**, **unsigned char** oder **const char*** (Zeiger auf ein konstantes Zeichen) generieren. Allerdings ist das System nicht vollkommen allgemein: So gibt es zum Beispiel keinen **short double** (das wäre ein **float**), keinen **signed bool** (das würde keinen Sinn ergeben), keinen **short long int** (das wäre redundant) und keinen **long long long long int**. Einige Compiler stellen sich schon auf den C++0x-Standard ein und akzeptieren **long long int** (zu lesen als „sehr lange ganze Zahl"). Ein **long long** hält mindestens 64 Bit.

Die *Gleitkommatypen* lauten **float**, **double** und **long double**. Sie sind die Annäherung von C++ an reale Zahlen.

Die *ganzzahligen Typen* (manchmal auch *integrale Typen* genannt) lauten **bool**, **char**, **short**, **int**, **long** und (in C++0x) **long long** und ihre vorzeichenlosen Varianten. Beachten Sie, dass an vielen Stellen, an denen ein ganzzahliger Typ oder Wert erforderlich ist, auch ein Aufzählungstyp oder -wert verwendet werden kann.

Die Größen der integrierten Typen werden in §3.8, §17.3.1 und §25.5.1 besprochen, Zeiger und Arrays in den Kapiteln 17 und 18 und Referenzen in §8.5.4–§8.5.6.

A.8.1 Zeiger

Ein *Zeiger* ist die Adresse eines Objekts oder einer Funktion. Zeiger werden in Variablen von Zeigertyp gespeichert. Ein gültiger Objektzeiger enthält die Adresse eines Objekts:

```
int x = 7;
int* pi = &x;   // pi zeigt auf x
int xx = *pi;   // *pi ist der Wert des Objekts, auf das pi zeigt, d.h. 7
```

Ein ungültiger Zeiger ist ein Zeiger, der nicht die Adresse eines Objekts hält:

```
int* pi2;       // nicht initialisiert
*pi2 = 7;       // undefiniertes Verhalten
pi2 = 0;        // der Nullzeiger (pi2 ist immer noch ungültig)
*pi2 = 7;       // undefiniertes Verhalten

pi2 = new int(7);   // jetzt ist pi2 gültig
int xxx = *pi2;     // gut: xxx wird 7
```

Ungültige Zeiger sollten möglichst immer den Nullzeiger (**0**) enthalten, sodass wir die Zeiger wie folgt testen können:

```
if (p2 == 0) { // "wenn ungültig"
          // *p2 nicht verwenden
}
```

Oder einfach

```
if (p2) { // "wenn gültig"
       // *p2 verwenden
}
```

Siehe hierzu auch §17.4 und §18.5.4.

Die Operationen für (Nicht-**void**-)Objektzeiger sind in ▶ Tabelle A.26 aufgelistet.

Tabelle A.26

Zeigeroperationen

Operator	Beschreibung
*p	Dereferenzierung/Indirektion
p[i]	Dereferenzierung/Indexzugriff
p=q	Zuweisung und Initialisierung
p==q	Gleichheit
p!=q	Ungleichheit
p+i	Addition einer ganzen Zahl
p-i	Subtraktion einer ganzen Zahl
p-q	Distanz: Subtraktion von Zeigern
++p	Prä-Inkrement (vorwärts)
p++	Post-Inkrement (vorwärts)
--p	Prä-Dekrement (rückwärts)
p--	Post-Dekrement (rückwärts)
p+=i	Rückt **i** Elemente nach vorne
p-=i	Rückt **i** Elemente nach hinten

Denken Sie daran, dass jede Form von Zeigerarithmetik (z.B. **++p** und **p+=7**) nur für Zeiger in ein Array (im Sinne eines Speicherfelds) zulässig ist und dass der Effekt der Dereferenzierung eines Zeigers undefiniert ist, wenn der Zeiger aus dem Array heraus zeigt (und wahrscheinlich wird dies weder vom Compiler noch vom Laufzeitsystem der Sprache überprüft). Die Vergleiche **<, <=, >, >=** können für Zeiger desselben Typs in dasselbe Objekt oder Array verwendet werden.

Die einzigen zulässigen Operationen für einen **void***-Zeiger sind Kopieren (Zuweisung und Initialisierung), Casten (Typumwandlung) und Vergleichen (**==, !=, <, <=, >** und **>=**).

Zeiger auf Funktionen (§27.2.5) können nur kopiert und aufgerufen werden. Zum Beispiel:

```
typedef void (*Handle_type)(int);
void my_handler(int);
Handle_type handle = my_handler;
handle(10);     // äquivalent zu my_handler(10)
```

A.8.2 Arrays

Ein *Array* ist eine zusammenhängende Folge von Objekten (Elementen) eines gegebenen Typs und fester Länge:

int a[10];   // 10 int-Werte

Wenn ein Array global ist, werden seine Elemente mit dem Standardwert des jeweiligen Typs initialisiert. Der Wert von **a[7]** ist dann beispielsweise **0**. Wenn das Array lokal ist (eine Variable deklariert in einer Funktion) oder mit **new** angelegt wurde, werden die Elemente von integrierten Typen nicht initialisiert und die Elemente von Klassentypen werden so initialisiert, wie es die Konstruktoren der Klasse vorgeben.

Der Name eines Arrays wird implizit in einen Zeiger auf sein erstes Element umgewandelt. Zum Beispiel:

int* p = a;   // p zeigt auf a[0]

Auf Arrays und Zeiger, die auf ein Element in einem Array weisen, kann der Indexoperator [] angewendet werden. Zum Beispiel:

a[7] = 9;
int xx = p[6];

Array-Elemente werden durchnummeriert, wobei das erste Element die Position 0 hat (siehe §18.5).

Arrays sind nicht bereichsüberprüft, und da sie oft als Zeiger übergeben werden, sind die Informationen, die für eine Bereichsüberprüfung benötigt werden, nicht immer für den Benutzer verfügbar. Ziehen Sie daher **vector** vor.

Die Größe eines Arrays ist die Summe der Größe seiner Elemente. Zum Beispiel:

int a[max];   // sizeof(a); i.e. sizeof(int)*max

Sie können ein Array von einem Array (ein zweidimensionales Array), ein Array von einem Array von einem Array usw. (mehrdimensionale Arrays) definieren und verwenden. Zum Beispiel:

double da[100][200][300];   // 300 Elemente vom Typ
                           // 200 Elemente vom Typ
                           // 100 Typ double
da[7][9][11] = 0;

Der nicht triviale Einsatz von mehrdimensionalen Arrays ist schwierig und fehleranfällig (siehe §24.4). Wenn Sie die Wahl haben, sollten Sie eine **Matrix**-Bibliothek vorziehen (wie die aus Kapitel 24).

A.8.3 Referenzen

Eine *Referenz* ist ein Alias (alternativer Name) für ein Objekt:

int a = 7;
int& r = a;
r = 8;   // a wird 8

Referenzen werden vor allem als Funktionsparameter verwendet, um das Kopieren zu umgehen:

```
void f(const string& s);
// ...
f("Das Kopieren dieses Strings könnte teuer sein, besser eine Referenz benutzen");
```

Siehe §8.5.4–6.

A.9 Funktionen

Eine *Funktion* ist ein benanntes Stück Code, das einen (möglicherweise leeren) Satz an Argumenten übernimmt und optional einen Wert zurückliefert. Bei der Deklaration der Funktion wird zuerst der Rückgabetyp gefolgt von dem Funktionsnamen gefolgt von der Parameterliste angegeben:

```
char f(string, int);
```

Hier ist **f** eine Funktion, die einen String und eine ganze Zahl übernimmt und ein Zeichen zurückliefert. Wenn die Funktion nur deklariert wird, wird die Deklaration mit einem Semikolon abgeschlossen. Wenn die Funktion definiert wird, folgt auf die Argumentdeklaration der Funktionsrumpf:

```
char f(string s, int i) { return s[i]; }
```

Der Funktionsrumpf muss ein Block (§8.2) oder ein **try**-Block (§5.6.3) sein.

Eine Funktion, für die ein Rückgabewert deklariert wurde, muss auch einen Wert (mit **return**) zurückliefern:

```
char f(string s, int i) { char c = s[i]; }   // Fehler: kein Wert zurückgeliefert
```

Die Ausnahme zu dieser Regel bildet die Funktion **main()** (§A.1.2). Wenn Sie eine Funktion schreiben möchten, die keinen Wert zurückliefert (auch hier bildet **main()** die einzige Ausnahme), deklarieren Sie die Funktion einfach als **void**; d.h., verwenden Sie **void** als „Rückgabetyp":

```
void increment(int& x) { ++x; }   // O.K.: kein Rückgabewert erforderlich
```

Der Aufruf einer Funktion erfolgt mithilfe des ()-Operators, dem sogenannten Aufruf- oder Anwendungsoperator, dem eine passende Liste von Argumenten zu übergeben ist:

```
char x1 = f(1,2);    // Fehler: das erste Argument von f() muss ein String sein
string s = "Die Schlacht von Hastings";
char x2 = f(s);      // Fehler: f() erfordert zwei Argumente
char x3 = f(s,2);    // O.K.
```

Ausführliche Informationen zu den Funktionen finden Sie in Kapitel 8.

A.9.1 Auflösung von Überladungen

Die *Auflösung von Überladungen* ist der Vorgang, bei dem auf Basis eines Argumentsatzes die aufzurufende Funktion ausgewählt wird. Zum Beispiel:

```
void print(int);
void print(double);
void print(const std::string&);

print(123);     // verwende print(int)
print(1.23);    // verwende print(double)
print("123");   // verwende print(const string&)
```

A Sprachübersicht

Es ist die Aufgabe des Compilers, gemäß den Sprachregeln die richtige Funktion auszuwählen. Um den komplizierten Beispielen gerecht zu werden, sind die Sprachregeln leider ebenfalls sehr kompliziert. Hier präsentieren wir Ihnen eine vereinfachte Version.

Das Finden der richtigen Version aus einer Menge von überladenen Funktionen wird durch Suchen nach einer besten Übereinstimmung zwischen den Typen der Argumentausdrücke und den Parametern (formalen Argumenten) der Funktion durchgeführt. Um sich unserer Vorstellung von einer sinnvollen Auswahl anzunähern, wird eine Serie von Kriterien nacheinander ausprobiert:

1. Genaue Übereinstimmung; das heißt, eine Übereinstimmung ohne oder nur mit trivialen Konvertierungen (zum Beispiel Array-Name in Zeiger, Funktionsname in Funktionszeiger und **T** in **T const**).

2. Übereinstimmung mit Promotionen; das heißt integrale Promotionen (**bool** nach **int**, **char** nach **int**, **short** nach **int** und ihre **unsigned**-Gegenstücke, siehe §A.8) und **float** nach **double**.

3. Übereinstimmung mit Standardkonvertierungen, zum Beispiel **int** nach **double**, **double** nach **int**, **double** nach **long double**, **Derived*** nach **Base*** (§14.3), **T*** nach **void*** (§17.8), **int** nach **unsigned int** (§25.5.3).

4. Übereinstimmung mit benutzerdefinierten Umwandlungen (§A.5.2, Abschnitt „Benutzerdefinierte Umwandlungen").

5. Übereinstimmung mit der Ellipse **...** in einer Funktionsdeklaration (§A.9.3).

Wenn zwei Übereinstimmungen auf der höchsten Stufe gefunden werden, auf der es eine Übereinstimmung gibt, wird der Aufruf als mehrdeutig abgelehnt. Die Auflösungsregeln sind hauptsächlich deshalb so ausführlich, weil die vielen C- und C++-Regeln für integrierte numerische Typen berücksichtigt werden mussten (§A.5.3).

Bei der Auflösung einer Überladung, die auf mehreren Argumenten basiert, suchen wir zuerst die beste Übereinstimmung für jedes Argument. Wenn eine Funktion für kein Argument eine schlechtere Übereinstimmung ist als die anderen übereinstimmenden Funktionen, aber für ein Argument eines bessere Übereinstimmung ist als all die anderen Funktionen, dann wird diese Funktion ausgewählt. Ansonsten ist der Aufruf mehrdeutig. Zum Beispiel:

```
void f(int, const string&, double);
void f(int, const char*, int);

f(1,"hallo",1);         // O.K.: Aufuf von f(int, const char*, int)
f(1,string("hallo"),1.0);  // O.K.: Aufruf von f(int, const string&, double)
f(1,"hello",1.0);       // Fehler: mehrdeutig
```

Im letzten Aufruf entspricht das Argument **"hallo"** einem **const char*** ohne Umwandlung und einem **const string&** nur mit Umwandlung. Andererseits entspricht das Argument **1.0** einem **double** ohne Umwandlung, aber **int** nur mit einer Umwandlung, sodass keine **f()**-Funktion zu einer besseren Übereinstimmung führt als die andere.

Wenn diese vereinfachten Regeln nicht mit dem übereinstimmen, was Ihr Compiler meldet und was Sie für richtig und logisch halten, prüfen Sie erst, ob Ihr Code nicht unnötig kompliziert ist. Wenn ja, vereinfachen Sie Ihren Code, wenn nicht, konsultieren Sie eine Referenz für Fortgeschrittene.

A.9.2 Vorgabeargumente

Eine allgemeine Funktion benötigt oft mehr Argumente als für die meisten Einsatzfälle wirklich nötig sind. Um dem vorzubeugen, kann ein Programmierer Vorgabeargumente (*default arguments*) bereitstellen, die verwendet werden, wenn der Aufrufer einer Funktion für einen Parameter kein Argument mitgibt. Zum Beispiel:

```cpp
void f(int, int=0, int=0);
f(1,2,3);
f(1,2);    // ruft f(1,2,0) auf
f(1);      // ruft f(1,0,0) auf
```

Nur die hinten stehenden Parameter können einen Vorgabewert übernehmen und nur die hinteren Argumente können entsprechend im Aufruf ausgelassen werden. Zum Beispiel:

```cpp
void g(int, int =7, int);    // Fehler: Vorgabe nicht für Parameter am Ende
f(1,,1);                     // Fehler: zweites Argument fehlt
```

Die Überladung kann eine Alternative zu der Verwendung von Vorgabeargumenten sein (und umgekehrt).

A.9.3 Unspezifizierte Argumente

Es ist möglich, eine Funktion zu spezifizieren, ohne die Anzahl oder die Typen ihrer Argumente anzugeben. Dies wird durch eine Ellipse (...) ausgedrückt, was so viel heißt wie „und möglicherweise weitere Argumente". Betrachten wir dazu die Deklaration der wohl bekanntesten C-Funktion, **printf()**, und einige ihrer Aufrufe (§27.6.1, §B.10.2):

```cpp
void printf(const char* format ...);    // übernimmt einen Formatstring und evtl. mehr

int x = 'x';
printf("hello, world!");
printf("gib ein Zeichen '%c' aus\n",x);   // gibt den int-Wert x als char aus
printf("gib einen String \"%s\" aus",x);  // schießt sich selbst in den Fuß
```

Die „Formatspezifizierer" in dem Formatstring – hier **%c** und **%s** – legen fest, ob und auf welche Weise weitere Argumente verwendet werden. Wie gezeigt, kann dies zu hässlichen Typfehlern führen. In C++ sollten unspezifizierte Argumente am besten vermieden werden.

A.9.4 Bindespezifikationen

C++-Code wird oft zusammen mit C-Code in einem Programm verwendet; das heißt, Teile eines Programms sind in C++ geschrieben (und werden von einem C++-Compiler kompiliert) und andere Teile sind in C geschrieben (und werden von einem C-Compiler kompiliert). Als Hilfestellung definiert C++ für solche Fälle sogenannte *Bindespezifikationen*, mit denen ein Programmierer ausdrücken kann, dass eine Funktion beim Binden den C-Konventionen folgt. Eine C-Bindespezifikation kann vor die Funktionsdeklaration gesetzt werden:

```cpp
extern "C" void callable_from_C(int);
```

Alternativ kann sie sich auch auf alle Deklarationen in einem Block beziehen:

```
extern "C" {
  void callable_from_C(int);
  int and_this_one_also(double, int*);
  /* ... */
}
```

Einzelheiten hierzu finden Sie in §27.2.3.

C kennt keine Funktionsüberladung, sodass Sie aus einem Satz überladenen C++-Funktionen immer nur einer Version eine C-Bindespezifikation voranstellen können.

A.10 Benutzerdefinierte Typen

Ein Programmierer hat zwei Möglichkeiten, neue (benutzerdefinierte) Typen zu erzeugen: als Klasse (**class**, **struct** oder **union**, siehe §A.12) oder als Aufzählung (**enum**, siehe §A.11).

A.10.1 Überladen von Operatoren

Für die meisten Operatoren kann ein Programmierer neue Funktionen definieren, damit sie Operanden von einem oder mehreren benutzerdefinierten Typen akzeptieren. Es ist nicht möglich, die Standardbedeutung eines Operators für integrierte Typen zu ändern oder neue Operatoren(namen) einzuführen. Der Name eines benutzerdefinierten („überladenen") Operators setzt sich zusammen aus dem Operator selbst und dem vorangestellten Schlüsselwort **operator**. So lautet zum Beispiel der Name einer Funktion, die + definiert, **operator+**:

Matrix operator+(const Matrix&, const Matrix&);

Beispiele finden Sie unter **std::ostream** (Kapitel 10–11), **std::vector** (Kapitel 17–19, §B.4), **std::complex** (§B.9.3) und **Matrix** (Kapitel 24).

Mit Ausnahme der folgenden Operatoren können alle Operatoren überladen werden:

?: . .* :: sizeof typeid

Funktionen, die die folgenden Operatoren definieren, müssen Member einer Klasse sein:

= [] () –>

Alle anderen Operatoren können als Memberfunktionen oder freistehende Funktionen definiert werden.

Beachten Sie, dass für jeden benutzerdefinierten Typ standardmäßig **=** (Zuweisung und Initialisierung), **&** (Adresse von) und **,** (Komma) definiert sind.

Überladen Sie Operatoren nur im Bedarfsfall und halten Sie sich an die Konventionen.

A.11 Aufzählungen

Eine *Aufzählung* definiert einen Typ mit einem Satz von benannten Werten (*Enumeratoren*):

enum Color { green, yellow, red };

Per Definition ist der Wert des ersten Enumerators 0, sodass **green==0** ist; die Werte erhöhen sich um jeweils eins, sodass **yellow==1** und **red==2** ist. Es ist aber auch möglich, den Wert eines Enumerators explizit zu definieren:

enum Day { Monday=1, Tuesday,Wednesday };

Hier erhalten wir **Monday==1**, **Tuesday==2** und **Wednesday==3**.

Beachten Sie, dass der Gültigkeitsbereich der Enumeratoren nicht ihre Aufzählung ist, sondern der übergeordnete Gültigkeitsbereich:

```
int x = green;        // O.K.
int y = Color::green; // Fehler
```

Enumeratoren und Aufzählungswerte lassen sich implizit in ganze Zahlen umwandeln, während sich ganze Zahlen nicht automatisch in Aufzählungstypen umwandeln lassen:

```
int x = green;     // O.K.: implizite Color-nach-int-Umwandlung
Color c = green;   // O.K.
c = 2;             // Fehler: keine implizite int-nach-Color-Umwandlung
c = Color(2);      // O.K.: (ungeprüfte) explizite Umwandlung
int y = c;         // O.K.: implizite Color-nach-int-Umwandlung
```

Eine ausführliche Besprechung der Aufzählungen finden Sie in §9.5.

A.12 Klassen

Eine Klasse ist ein Typ, für den der Benutzer die Repräsentation seiner Objekte und die Operationen definiert, die auf diesen Objekten ausgeführt werden dürfen:

```
class X {
public:
  // Benutzerschnittstelle
private:
  // Implementierung
};
```

Variablen, Funktionen oder Typen, der innerhalb einer Klassendeklaration definiert werden, werden als Member dieser Klasse bezeichnet. Eine ausführliche Besprechung der Klassen finden Sie in Kapitel 9.

A.12.1 Memberzugriff

Ein **public**-Member erlaubt allen Benutzern den Zugriff, während ein **private**-Member nur für die Member der Klasse zugänglich ist:

```cpp
class Date {
public:
  // ...
  int next_day();
private:
  int y, m, d;
};

void Date::next_day() { return d+1; }   // O.K.

void f(Date d)
{
  int nd = d.d+1;   // Fehler: Date::d ist private
  // ...
}
```

Eine Struktur (**struct**) ist eine Klasse, in der alle Member standardmäßig **public** sind:

```cpp
struct S {
  // Member (public, sofern nicht explizit als private deklariert)
};
```

Einzelheiten zum Memberzugriff einschließlich einer Besprechung von **protected** finden Sie in §14.3.4.

Auf die Member eines Objekts kann über eine Variable und den Punktoperator (.) zugegriffen werden oder über einen Zeiger und den Pfeiloperator (->):

```cpp
struct Date {
  int d, m, y;
  int day() const { return d; }    // innerhalb der Klasse definiert
  int month() const;               // nur deklariert; woanders definiert
  int year() const;                // nur deklariert; woanders definiert
};

Date x;
x.d = 15;                // Zugriff über Variable
int y = x.day();         // Aufruf über Variable
Date* p = &x;
p->m = 7;                // Zugriff über Zeiger
int z = p->month();      // Aufruf über Zeiger
```

Member einer Klasse können über den Bereichsauflösungsoperator (::) angesprochen werden:

```cpp
int Date::year() const { return y; }   // Definition außerhalb der Klasse
```

Innerhalb einer Memberfunktion können wir andere Member über ihren unqualifizierten Namen ansprechen:

```cpp
struct Date {
  int d, m, y;
  int day() const { return d; }
  // ...
};
```

Die unqualifizierten Namen beziehen sich auf den Member des Objekts, für den die Memberfunktion aufgerufen wurde:

```
void f(Date d1, Date d2)
{
  d1.day();  // greift auf d1.d zu
  d2.day();  // greift auf d2.d zu
  // ...
}
```

A.12.1.1 Der this-Zeiger

Wenn wir das Objekt, für das die Memberfunktion aufgerufen wurde, explizit angeben möchten, können wir den vordefinierten Zeiger **this** verwenden:

```
struct Date {
  int d, m, y;
  int month() const { return this->m; }
  // ...
};
```

Eine Memberfunktion, die als konstant deklariert wurde (eine **const**-Memberfunktion), kann den Wert eines Members des Objekts, für das sie aufgerufen wurde, nicht ändern:

```
struct Date {
  int d, m, y;
  int month() const { ++m; }    // Fehler: month() ist const
  // ...
};
```

Weitere Informationen zu **const**-Memberfunktionen finden Sie in §9.7.4.

A.12.1.2 Friends

Einer Funktion, die nicht Member einer Klasse ist, kann über eine **friend**-Deklaration Zugriff auf alle Member der fremden Klasse gewährt werden. Zum Beispiel:

```
// benötigt Zugriff auf Matrix- und Vector-Member:
Vector operator*(const Matrix&, const Vector&);

class Vector {
  friend
  Vector operator*(const Matrix&, const Vector&);   // gewähre Zugriff
  // ...
};

class Matrix {
  friend
  Vector operator*(const Matrix&, const Vector&);   // gewähre Zugriff
  // ...
};
```

Dies ist, wie hier zu sehen, vor allem bei Funktionen der Fall, die auf zwei Klassen zugreifen müssen. Die **friend**-Deklaration kann aber auch dazu verwendet werden, um eine Zugriffsfunktion bereitzustellen, die nicht mit der Memberzugriffssyntax aufgerufen werden sollte. Zum Beispiel:

```
class Iter {
public:
  int distance_to(const iter& a) const;
  friend int difference(const Iter& a, const Iter& b);
  // ...
};

void f(Iter& p, Iter& q)
{
  int x = p.distance_to(q);  // Aufruf mit der Membersyntax
  int y = difference(p,q);   // Aufruf mit "mathematischer" Syntax
  // ...
}
```

Beachten Sie, dass eine Funktion, die als **friend** deklariert wurde, nicht gleichzeitig **virtual** sein kann.

A.12.2 Klassenmemberdefinitionen

Klassenmember, bei denen es sich um Integer-Konstanten, Funktionen oder Typen handelt, können entweder *innerhalb oder außerhalb der Klasse* definiert und initialisiert werden:

```
struct S {
  static const int c = 1;
  static const int c2;

  void f() { }
  void f2();

  struct SS { int a; };
  struct SS2;
};
```

Die Member, die nicht innerhalb der Klasse definiert wurden, müssen „an anderer Stelle" definiert werden:

```
const int S::c2 = 7;

void S::f2() { }

struct S::SS2 { int m; };
```

Die **static const int**-Member stellen hierbei einen Sonderfall dar. Sie definieren symbolische Integer-Konstanten und belegen daher keinen Speicher im Objekt. Nicht statische Datenmember benötigen keine separate Definition, können gar nicht separat definiert werden und können in der Klasse nicht mit Initialisierern definiert werden:

```
struct X {
  int x;
  int y = 7;              // Fehler: nicht statische Datenmember können
                          // innerhalb der Klasse keine Initialisierer haben
  static int z = 7;       // Fehler: nicht konstante Datenmember können
                          // innerhalb der Klasse keine Initialisierer haben
  static const string ae = "7"; // Fehler: nicht integraler Typ kann
                          // innerhalb der Klasse keine Initialisierer haben
  static const int oe = 7;   // O.K.: static const und integraler Typ
};

int X::x = 7;             // Fehler: nicht statische Datenmember können nicht außerhalb der
                          // Klasse definiert werden
```

Wenn Sie die Initialisierung der nicht statischen, nicht konstanten Datenmember sicherstellen möchten, tun Sie dies in den Konstruktoren.

Funktionsmember belegen keinen Platz in den Objekten:

```
struct S {
  int m;
  void f();
};
```

Hier ist **sizeof(S)==sizeof(int)**. Obwohl diese Übereinstimmung nicht vom Standard garantiert wird, gilt sie für alle uns bekannten Implementierungen. Denken Sie aber daran, dass Klassen mit virtuellen Funktionen, über einen „verborgenen" Member verfügt, der die virtuellen Aufrufe möglich macht (§14.3.1).

A.12.3 Konstruktion, Destruktion und Kopieren

Was es bedeutet, ein Objekt einer Klasse zu *initialisieren*, legen Sie fest, indem Sie einen oder mehrere *Konstruktoren* definieren. Ein Konstruktor ist eine Memberfunktion, die denselben Namen wie die Klasse trägt und keinen Rückgabetyp hat:

```
class Date {
public:
  Date(int yy, int mm, int dd) :y(yy), m(mm), d(dd) { }
  // ...
private:
  int y,m,d;
};
```

```
Date d1(2006,11,15);   // O.K.: Initialisierung erfolgt über Konstruktor
Date d2;               // Fehler: keine Initialisierer
Date d3(11,15);        // Fehler: fehlerhafte Initialisierer (drei erforderlich)
```

Datenmember können über eine Initialisiererliste im Konstruktor initialisiert werden (Basisklassen- und Memberinitialisierungsliste). Die Member werden in der Reihenfolge initialisiert, in der sie in der Klasse deklariert sind.

Sprachübersicht

Konstruktoren werden normalerweise dazu verwendet, um die Invariante einer Klasse einzurichten und Ressourcen zu belegen (§9.4.2–3).

Klassenobjekte werden „von unten nach oben" konstruiert, d.h. ausgehend vom Basisklassenobjekt (§13.3.1) in der Reihenfolge der Deklaration, gefolgt von den Membern in der Reihenfolge der Deklaration, gefolgt von dem Code im Konstruktor selbst. Damit ist sichergestellt, dass jedes Objekt vor seiner Verwendung erzeugt wird – es sei denn, der Programmierer versucht sich in irgendwelchen äußerst unkonventionellen Konstruktionen.

Konstruktoren mit nur einem Argument, die nicht als **explicit** deklariert sind, definieren implizite Umwandlungen von ihrem Argumenttyp in den Typ ihrer Klasse:

```cpp
class Date {
public:
  Date(string);
  explicit Date(long);        // verwende eine Integercodierung des Datums
                              // ...
};

void f(Date);

Date d1 = "June 5, 1848";           // O.K.
f("June 5, 1848");                  // O.K.

Date d2 = 2007*12*31+6*31+5;        // Fehler: Date(long) ist explicit
f(2007*12*31+6*31+5);               // Fehler: Date(long) ist explicit

Date d3(2007*12*31+6*31+5);         // O.K.
Date d4 = Date(2007*12*31+6*31+5);  // O.K.
f(Date(2007*12*31+6*31+5));         // O.K.
```

Sofern eine Klasse keine Basisklassen oder Member enthält, für die explizite Argumente benötigt werden, und sofern Sie keine anderen Konstruktoren besitzt, wird für die Klasse automatisch ein Standardkonstruktor erzeugt. Dieser Standardkonstruktor initialisiert jede Basisklasse und jeden Member, der über einen Standardkonstruktor verfügt (Member ohne Standardkonstruktor werden nicht initialisiert). Zum Beispiel:

```cpp
struct S {
  string name, address;
  int x;
};
```

Diese Struktur **S** hat einen impliziten Konstruktor **S()**, der **name** und **address**, aber nicht **x** initialisiert.

A.12.3.1 Destruktoren

Was es bedeutet, ein Objekt einer Klasse *aufzulösen* (beispielsweise wenn es seinen Gültigkeitsbereich verlässt), legen Sie fest, indem Sie einen *Destruktor* definieren. Der Name eines Destruktors setzt sich zusammen aus dem Komplement-Operator ~ gefolgt vom Klassennamen:

```
class Vector {                                        // Vektor von double-Werten
public:
  explicit Vector(int s) : sz(s), p(new double[s]) { }  // Konstruktor
  ~Vector() { delete[] p; }                           // Destruktor
                                                      // ...
private:
  int sz;
  double* p;
};

void f(int ss)
{
  Vector v(s);
                                                      // ...
}                                                     // bei der Rückkehr aus f() wird v aufgelöst;
                                                      // der Destruktor von Vector wird für v aufgerufen
```

Destruktoren, die die Destruktoren der Member einer Klasse aufrufen, können vom Compiler generiert werden. Klassen, die als Basisklasse genutzt werden, benötigen normalerweise einen **virtual**-Destruktor (siehe §17.5.2).

Der Destruktor wird in der Regel dazu verwendet, „Aufräumarbeiten" zu erledigen und Ressourcen freizugeben. Klassenobjekte werden „von oben nach unten" zerstört. Begonnen wird mit dem Code im Destruktor selbst, gefolgt von den Membern in der Reihenfolge ihrer Deklaration, gefolgt von den Basisklassenobjekten in der Reihenfolge ihrer Deklaration, d.h. in umgekehrter Reihenfolge der Konstruktion (siehe oben).

A.12.3.2 Kopieren

Sie können definieren, was es bedeutet, ein Objekt einer Klasse zu kopieren:

```
class Vector {                                        // Vektor von double-Werten
public:
  explicit Vector(int s) : sz(s), p(new double[s]) { }  // Konstruktor
  ~Vector() { delete[] p; }                           // Destruktor
  Vector(const Vector&);                              // Kopierkonstruktor
  Vector& operator=(const Vector&);                   // Kopierzuweisung
                                                      // ...
private:
  int sz;
  double* p;
};

void f(int ss)
{
  Vector v(s);
  Vector v2 = v;                                      // benutze Kopierkonstruktor
                                                      // ...
  v = v2;                                             // benutze Kopierzuweisung
                                                      // ...
}
```

Wenn Sie keinen Kopierkonstruktor und keine Kopierzuweisung definieren, erzeugt der Compiler für Sie automatisch Kopieroperationen, die elementweise kopieren (siehe auch §14.2.4 und §18.2).

A.12.4 Abgeleitete Klassen

Eine Klasse kann von anderen Klassen abgeleitet werden. In einem solchen Fall erbt sie die Member der Klassen, von denen sie abgeleitet wurde (ihren Basisklassen):

```
struct B {
  int mb;
  void fb() { };
};

class D : B {
  int md;
  void fd();
};
```

Hier enthält **B** die beiden Member **mb** und **fb()**, während **D** vier Member besitzt: **mb**, **fb()**, **d** und **fd()**.

Wie die Member können auch Basisklassen **public** oder **private** sein:

```
Class DD : public B1, private B2 {
    // ...
};
```

Hier werden die **public**-Member von **B1** zu **public**-Membern von **DD**, während die **public**-Member von **B2** zu **private**-Membern von **DD** werden. Eine abgeleitete Klasse hat keine Sonderzugriffsrechte auf die Member ihrer Basisklassen, sodass **DD** keinen Zugriff auf die **private**-Member von **B1** oder **B2** hat.

Wenn eine Klasse mehr als eine direkte Basisklasse (wie **DD**) hat, spricht man von *Mehrfachvererbung*.

Ein Zeiger auf eine abgeleitete Klasse **D** kann implizit in einen Zeiger auf ihre Basisklasse **B** umgewandelt werden, vorausgesetzt **B** ist zugänglich und in **D** nicht mehrdeutig. Zum Beispiel:

```
struct B { };
struct B1: B { };   // B ist eine public-Basisklasse von B1
struct B2: B { };   // B ist eine public-Basisklasse von B2
struct C { };
struct DD : B1, B2, private C { };

DD* p = new DD;
B1* pb1 = p;   // O.K.
B* pb = p;     // Fehler: mehrdeutig: B1::B oder B2::B
C* pc = p;     // Fehler: DD::C ist private
```

Entsprechend kann auch eine Referenz auf eine abgeleitete Klasse implizit in den Typ einer nicht mehrdeutigen und zugänglichen Basisklasse umgewandelt werden.

Die Member einer Klasse können unter Verwendung der Memberinitialisierer-Syntax **:Member(Initialisierungswert)** initialisiert werden (siehe §A.12.3). Nur die ureigenen Member einer Klasse, nicht die Member ihrer Basisklassen, können auf diese Weise initialisiert werden. Eine Basisklasse kann mit der gleichen Syntax initialisiert werden, zum Beispiel:

```
struct Base {
  int mb;
  Base(int i) : mb(i) { }
};

struct Derived : Base {
  int md;
  Derived(int y) : md(y) { }                  // Fehler: Base wurde nicht initialisiert
  Derived(int x, int y) : md(y), mb(x) { }    // Fehler: Basisklassenmember können
                                              // nicht auf diese Weise von einem abg.
                                              // Konstruktor aus initialisiert werden
  Derived(int x, int y) :Base(y), md(x) { }   // O.K.
};
```

Initialisierer, die zum Initialisieren einer Basisklasse verwendet werden, bezeichnet man als Basis- oder Basisklasseninitialisierer.

Weitere Informationen zu abgeleiteten Klassen finden Sie in §14.3. Wenn Sie mehr über den Zugriffsspezifizierer **protected** wissen möchten, ziehen Sie ein Fachbuch oder eine Referenz für Fortgeschrittene zurate.

A.12.4.1 Virtuelle Funktionen

Eine *virtuelle Funktion* ist eine Memberfunktion, die eine Aufrufschnittstelle zu Funktionen mit gleichem Namen und gleichen Argumenttypen in abgeleiteten Klassen definiert. Beim Aufruf einer virtuellen Funktion wird die Funktion aufgerufen, die für die am weitesten abgeleitete Klasse definiert wurde. Man spricht davon, dass die abgeleitete Klasse die virtuelle Funktion in der Basisklasse *überschreibt*.

```
class Shape {
public:
  virtual void draw();    // "virtuell" bedeutet "kann überschrieben werden"
  virtual ~Shape() { }    // virtueller Destruktor
                          // ...
};

class Circle : public Shape {
public:
  void draw();            // überschreibe Shape::draw
  ~Circle();              // überschreibe Shape::~Shape()
                          // ...
};
```

Im Grunde definieren die virtuellen Funktionen einer Basisklasse (hier **Shape**) eine Aufrufschnittstelle zu der abgeleiteten Klasse (hier **Circle**):

```
void f(Shape& s)
{
  // ...
  s.draw();
}

void g()
{
  Circle c(Point(0,0), 4);
  f(c); // ruft die draw-Funktion von Circle auf
}
```

Beachten Sie, dass **f()** nichts von irgendwelchen **Circle**-Objekten weiß, sondern nur **Shape**-Objekte kennt. Objekte von Klassen mit mindestens einer virtuellen Funktion enthalten einen zusätzlichen Zeiger, der es ihnen ermöglicht, den Satz an überschreibenden Funktionen zu finden (siehe §14.3).

Eine Klasse mit virtuellen Funktionen benötigt in der Regel, wie **Shape** in unserem Beispiel, einen virtuellen Destruktor (siehe §17.5.2).

A.12.4.2   Abstrakte Klassen

Eine abstrakte Klasse ist eine Klasse, die nur als Basisklasse verwendet werden kann. Sie können von einer abstrakten Klasse keine Objekte erzeugen:

```
Shape s;         // Fehler: Shape ist abstrakt

class Circle : public Shape {
public:
  void draw();   // überschreibe Shape::draw
                 // ...
};

Circle c(p,20);  // O.K.: Circle ist nicht abstrakt
```

Die geläufigste Vorgehensweise, eine Klasse „abstrakt" zu machen, besteht darin, zumindest eine rein virtuelle Funktion zu definieren. Eine *rein virtuelle Funktion* ist eine virtuelle Funktion, die überschrieben werden muss:

```
class Shape {
public:
  virtual void draw() = 0;    // =0 bedeutet "rein"
                              // ...
};
```

Siehe hierzu auch §14.3.5.

Der seltenere, aber ebenso effektive Weg, eine Klasse abstrakt zu machen, besteht darin, alle ihre Konstruktoren als **protected** zu deklarieren.

A.12.4.3 Generierte Operationen

Wenn Sie eine Klasse definieren, werden standardmäßig mehrere Operationen für die Objekte der Klasse definiert:

- Standardkonstruktor
- Kopieroperationen (Kopierzuweisung und Kopierinitialisierung)
- Destruktor

Diese Operationen sind (wiederum standardmäßig) so definiert, dass sie rekursiv auf jede Basisklasse und jedes Member angewendet werden. Die Konstruktion erfolgt von unten nach oben, d.h. Basisklassen vor Membern. Die Destruktion erfolgt von oben nach unten, d.h. Member vor Basisklassen. Die Member und Basisklassen werden in der Reihenfolge ihres Auftretens konstruiert und in umgekehrter Reihenfolge aufgelöst. Auf diese Weise kann sich der Konstruktor- und Destruktorcode immer auf wohldefinierte Basisklassen- und Memberobjekte verlassen. Zum Beispiel:

```
struct D : B1, B2 {
  M1 m1;
  M2 m2;
};
```

In der Annahme, dass **B1**, **B2**, **M1** und **M2** definiert sind, können wir jetzt schreiben:

```
void f()
{
  D d;           // Standardinitialisierung
  D d2 = d;      // Kopierinitialisierung
  d = D();       // Standardinitialisierung gefolgt von Kopierzuweisung
}              // d und d2 werden hier zerstört
```

So ruft zum Beispiel die Standardinitialisierung von **d** vier Standardkonstruktoren in folgender Reihenfolge auf: **B1::B1()**, **B2::B2()**, **M1::M1()** und **M2::M2()**. Wenn einer dieser Konstruktoren nicht existiert oder nicht aufgerufen werden kann, schlägt die Konstruktion von **d** fehl. Die Auflösung von **d** ruft vier Destruktoren in der Reihenfolge auf: **M2::~M2()**, **M1::~M1()**, **B2::~B2()** und **b1::~B1()**. Wenn einer dieser Destruktoren nicht existiert oder nicht aufgerufen werden kann, schlägt die Auflösung von **d** fehl. Jeder dieser Konstruktoren und Destruktoren kann benutzerdefiniert oder vom Compiler generiert sein.

Der implizite (vom Compiler generierte) Standardkonstruktor wird nicht definiert (d.h. wird nicht generiert), wenn einen Klasse bereits einen benutzerdefinierten Konstruktor besitzt.

A.12.5 Bitfelder

Bitfelder sind ein Mechanismus, um viele kleine Werte in ein Wort zu packen oder um einem von außen vorgegebenen Bitlayoutformat (beispielsweise einem Geräteregister) zu entsprechen. Zum Beispiel:

```
struct PPN {
  unsigned int PFN : 22;
  int : 3;              // nicht verwendet
```

```
    unsigned int CCA : 3;
    bool nonreacheable : 1;
    bool dirty : 1;
    bool valid : 1;
    bool global : 1;
};
```

Die Bitfelder werden von links nach rechts in ein Wort gepackt, was in dem Wort zu dem Bitlayout aus ▶ Abbildung A.1 führt (siehe §25.5.5).

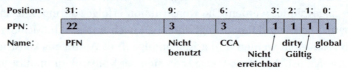

Abbildung A.1: Bitlayout in einem Wort

Bitfelder müssen nicht benannt werden; die Benennung ist aber Voraussetzung dafür, dass Sie auf ein Bitfeld direkt zugreifen können.

Überraschenderweise führt das Packen von vielen kleinen Werten in ein einzelnes Wort nicht notwendigerweise zur Einsparung von Speicherplatz. Tatsächlich ist es in der Regel sogar so, dass durch den Einsatz von Bitfeldern mehr Speicherplatz benötigt wird als bei Verwendung eines **char** oder **int** zur Darstellung auch nur eines einzigen Bits. Dies liegt daran, dass es mehrere Befehle erfordert (die irgendwo im Speicher abgelegt werden müssen), um ein Bit aus einem Wort zu extrahieren oder um ein einzelnes Bit in ein Wort zu schreiben, ohne andere Bits im Wort zu verändern. Versuchen Sie also nicht, Bitfelder zum Einsparen von Speicherplatz zu benutzen, es sei denn, Sie benötigen eine Unmenge von Objekten mit winzigen Datenfeldern.

A.12.6 Unions

Eine Union ist eine Klasse, bei der die Speicherreservierung aller Member an der gleichen Adresse beginnt. Eine Union kann immer nur ein Element zurzeit enthalten, und wenn ein Member gelesen wird, muss es dasselbe sein, das zuletzt geschrieben (gespeichert) wurde. Zum Beispiel:

```
union U {
  int x;
  double d;
}

U a;
a.x = 7;
int x1 = a.x;   // O.K.
a.d = 7.7;
int x2 = a.x;   // Hoppla
```

Die Regel, die besagt, dass Lesen und Schreiben konsistent sein müssen, wird vom Compiler nicht überwacht. Aber Sie sind ja gewarnt!

A.13 Templates

Ein *Template* ist eine Klasse oder eine Funktion, die durch einen Satz von Typen und/oder Integer-Werten parametrisiert wird:

```
template<class T>
class vector {
public:
   // ...
   int size() const;
private:
   int sz;
   T* p;
};

template<class T>
int vector<T>::size() const
{
   return sz;
}
```

In der Argumentenliste eines Templates steht **class** für Typ; **typename** ist eine gleichwertige Alternative. Eine Memberfunktion einer Template-Klasse ist implizit eine Template-Funktion mit denselben Template-Argumenten wie ihre Klasse.

Ganzzahlige Template-Argumente müssen konstante Ausdrücke sein:

```
template<typename T, int sz>
class Fixed_array {
public:
   T a[sz];
   // ...
   int size() const { return sz; };
};

Fixed_array<char,256> x1;   // O.K.
int var = 226;
Fixed_array<char,var> x2;   // Fehler: nicht konstantes Template-Argument
```

A.13.1 Template-Argumente

Argumente für eine Template-Klasse werden überall dort angegeben, wenn der Name des Templates verwendet wird:

```
vector<int> v1;      // O.K.
vector v2;           // Fehler: fehlendes Template-Argument
vector<int,2> v3;    // Fehler: zu viele Template-Argumente
vector<2> v4;        // Fehler: Typ als Template-Argument erwartet
```

Die Argumente für Template-Funktionen werden normalerweise von den Funktionsargumenten abgeleitet:

```
template<class T>
T find(vector<T>& v, int i)
{
   return v[i];
}

vector<int> v1;
vector<double> v2;
// ...
int x1 = find(v1,2);   // T von find() ist int
int x2 = find(v2,2);   // T von find() ist double
```

Es ist möglich, eine Template-Funktion zu definieren, aus deren Funktionsargumenten sich nicht die zugehörigen Template-Argumente ableiten lassen. In solchen Fällen müssen wir die fehlenden Template-Argumente explizit (wie für Klassen-Templates) angeben. Zum Beispiel:

```
template<class T, class U> T* make(const U& u) { return new T(u); }
int* pi = make<int>(2);
Node* pn = make<Node>(make_pair("hello",17));
```

Dies funktioniert, wenn ein **Node**-Objekt durch ein **pair<const char *,int>**-Objekt initialisiert werden kann (§B.6.3). Bei einer expliziten Argumentspezialisierung können nur die jeweils letzten Template-Argumente weggelassen werden (um vom Compiler abgeleitet und ergänzt zu werden).

A.13.2 Template-Instanzierung

Eine Version eines Templates für einen bestimmten Satz von Template-Argumenten wird *Spezialisierung* genannt. Der Prozess, bei dem aus einem Template und einem Satz Argumenten eine Spezialisierung generiert wird, wird als *Template-Instanzierung* bezeichnet. Normalerweise erzeugt der Compiler eine Spezialisierung aus einem Template und einem Satz Template-Argumenten. Daneben kann der Programmierer eigene, typspezifische Spezialisierungen definieren. Dies ist normalerweise der Fall, wenn ein allgemeines Template für einen bestimmten Satz von Argumenten ungeeignet ist. Zum Beispiel:

```
template<class T> struct Compare {        // allgemeiner Vergleich
   bool operator()(const T& a, const T& b) const
   {
      return a<b;
   }
};

template<> struct Compare<const char*> {  // Vergleich für C-Strings
   bool operator()(const char* a, const char* b) const
   {
      return strcmp(a,b)==0;
   }
};
```

```
Compare<int> c2;                        // allgemeiner Vergleich
Compare<const char*> c;                 // Vergleich für C-Strings
bool b1 = c2(1,2);                      // verwende den allgemeinen Vergleich
bool b2 = c("asd","dfg");               // verwende den Vergleich für C-Strings
```

Bei Funktionen wird etwas Ähnliches durch Überladung erreicht:

```
template<class T> bool compare(const T& a, const T& b)
{
   return a<b;
}

bool compare (const char* a, const char* b)   // Vergleich für C-Strings
{
   return strcmp(a,b)==0;
}

bool b3 = compare(2,3);                 // verwende allgemeinen Vergleich
bool b4 = compare("asd","dfg");         // verwende den Vergleich für C-Strings
```

Die getrennte Kompilierung der Templates (d.h. Deklarationen in den Headerdateien und die eindeutigen Definitionen in den *.cpp*-Dateien) erzeugt keinen portablen Code. Wenn also ein Template in mehreren *.cpp*-Dateien verwendet werden muss, sollten Sie die komplette Definition in eine Headerdatei auslagern.

A.13.3 Template-Membertypen

Templates können Member enthalten, die Typen sind, und sie können Member enthalten, die keine Typen sind (wie Membervariablen und Memberfunktionen). Dies bedeutet, dass es grundsätzlich nicht einfach festzustellen ist, ob sich ein Membername auf einen Typ oder auf einen Nicht-Typ bezieht. Aus sprachtechnischen Gründen muss der Compiler dies aber wissen, sodass wir gelegentlich diese Information ergänzen müssen. Zu diesem Zweck verwenden wir das Schlüsselwort **typename**. Zum Beispiel:

```
template<class T> struct Vec {
   typedef T value_type;                // ein Membertyp
   static int count;                    // eine Membervariable
                                        // ...
};

template<class T> void my_fct(Vec<T>& v)
{
   int x = Vec<T>::count;               // standardmäßig wird davon ausgegangen, dass die
                                        // Namen von Membern sich auf Nicht-Typen beziehen
   v.count = 7;                         // ein einfacherer Weg, sich auf einen
                                        // Nicht-Typ-Member zu beziehen
   typename Vec<T>::value_type xx = x;  // "typename" wird hier benötigt
                                        // ...
}
```

Eine ausführliche Beschreibung der Templates finden Sie in Kapitel 19.

A.14 Ausnahmen

Ausnahmen werden verwendet (zusammen mit einer **throw**-Anweisung), um einen Aufrufer über einen Fehler zu informieren, der nicht lokal behandelt werden kann. Folgendermaßen reichen wir z.B. **Bad_size** aus **Vector** heraus:

```
struct Bad_size {
  int sz;
  Bad_size(int s) : ss(s) { }
};

class Vector {
  Vector(int s) { if (s<0 || maxsize<s) throw Bad_size(s); }
  // ...
};
```

Normalerweise werfen wir als Ausnahme einen Typ, der speziell für die Repräsentation einer bestimmten Art von Fehler definiert wurde. Ein Aufrufer kann eine Ausnahme fangen:

```
void f(int x)
{
  try {
    Vector v(x);    // kann eine Ausnahme werfen
                    // ...
  }
  catch (Bad_size bs) {
    cerr << "Vector mit ungueltiger Groesse (" << bs.sz << ")\n";
                    // ...
  }
}
```

Eine spezielle Klausel („catch all") kann benutzt werden, um alle Ausnahmen zu fangen:

```
try {
              // ...
} catch (...) {    // fängt alle Ausnahmen
              // ...
}
```

In der Regel ist die RAII-Technik (*Resource Acquisition Is Initialization*) besser – d.h. einfacher, leichter und zuverlässiger – als die Verwendung von expliziten **try**- und **catch**-Blöcken (siehe §19.5).

Eine **throw**-Anweisung ohne ein Argument (also einfach: **throw;**) wirft die aktuelle Ausnahme erneut. Zum Beispiel:

```
try {
              // ...
} catch (Some_exception& e) {
              // lokale Aufräumarbeiten
  throw;      // lass meinen Aufrufer den Rest machen
}
```

Sie können für Ihre Ausnahmen eigene Typen definieren. Sie können aber auch die (wenigen) Ausnahmetypen verwenden, die in der Standardbibliothek definiert sind (siehe §B.2.1). Nur integrierte Typen sollten Sie niemals für Ausnahmen verwenden. (Falls irgendjemand anders die gleiche Idee hatte, könnten ihre Ausnahmen mit seinen verwechselt werden.)

Wenn eine Ausnahme geworfen wurde, sucht das Laufzeit-Supportsystem von C++ im „Aufrufstack" nach einer catch-Klausel mit einem Typ, der dem Typ des geworfenen Objekts entspricht, d.h., es durchsucht die try-Anweisungen der Funktion, die die Ausnahme geworfen hat, dann die Funktion, die die Funktion mit der geworfenen Ausnahme aufgerufen hat, dann die Funktion, die die Funktion aufgerufen hat, die die Funktion aufgerufen hat usw., bis es eine Übereinstimmung findet. Wenn keine Übereinstimmung gefunden wird, wird das Programm beendet. In jeder Funktion, die von der Suche nach der übereinstimmenden catch-Klausel betroffen ist, und in jedem betroffenen Gültigkeitsbereich werden Destruktoren für die Aufräumarbeiten aufgerufen. Dieser Prozess wird als *stack unwinding* („Stack-Abwicklung") bezeichnet.

Objekte werden als erzeugt betrachtet, sobald ihr Konstruktor seine Arbeit erledigt hat, und sie werden aufgelöst, wenn ihr Gültigkeitsbereich im Zuge des Stack-Unwinding oder aus anderen Gründen verlassen wird. Dies garantiert, dass teilweise konstruierte Objekte (bei denen nur einige Member oder Basisklassen konstruiert wurden) sowie Arrays und Variablen in einem Gültigkeitsbereich korrekt gehandhabt werden. Unterobjekte werden zerstört, wenn, aber nur wenn sie konstruiert wurden.

Werfen Sie keine Ausnahme, die zum Verlassen eines Destruktors führt. Dies impliziert, dass ein Destruktor niemals scheitern sollte. Zum Beispiel:

```
X::~X() { if (in_a_real_mess()) throw Mess(); }   // niemals solchen Code schreiben!
```

Der Hauptgrund für diesen drakonischen Rat ist folgender: Wenn ein Destruktor während des Stack-Unwinding eine Ausnahme wirft (und nicht selbst fängt), können wir nicht mehr wissen, welche Ausnahme zu behandeln ist. Scheuen Sie daher keine Mühe um zu vermeiden, dass ein Destruktor durch das Werfen einer Ausnahme verlassen wird. Wir zumindest kennen kein systematisches Verfahren, wie man korrekten Code schreibt, der dies zulassen könnte. Vor allem gibt es keine Garantie, dass die Komponenten der Standardbibliothek in einem solchen Fall noch funktionieren.

A.15 Namensbereiche

Namensbereiche gruppieren verwandte Deklarationen und werden verwendet, um Namenskonflikte zu vermeiden:

```
int a;

namespace Foo {
  int a;
  void f(int i)
  {
    a+= i;        // dies ist das a von Foo (Foo::a)
  }
}
```

```
void f(int);

int main()
{
  a = 7;         // dies ist das globale a (::a)
  f(2);          // dies ist das globale f (::f)
  Foo::f(3);     // dies ist das f von Foo
  ::f(4);        // dies ist das globale f (::f)
}
```

Namen (Bezeichner) können durch die Angabe ihres Namensbereichs (z.B. **Foo::f(3)**) oder durch **::** für den globalen Gültigkeitsbereich (z.B. **::f(2)**) explizit qualifiziert werden.

Die Namen aus einem Namensbereich (im nachfolgenden Beispiel der Namensbereich der Standardbibliothek **std**) können mit einer einzigen Namensbereich-Direktive alle zusammen direkt verfügbar gemacht werden (sodass keine explizite Qualifizierung mehr erforderlich ist):

using namespace std;

Seien Sie jedoch sparsam mit der Verwendung der **using**-Direktiven. Denn die bequemere Notation, die Ihnen die **using**-Direktive eröffnet, müssen Sie mit der Gefahr von Namenskonflikten erkaufen. Vor allem sollten Sie **using**-Direktiven in Headerdateien vermeiden.

Einen einzelnen Namen aus einem Namensbereich können Sie über eine Namensbereichdeklaration verfügbar machen.

```
using Foo::g;
g(2);   // das ist g aus Foo (Foo::g)
```

Weitere Informationen zu den Namensbereichen finden Sie in §8.7.

A.16 Aliase

Wir können für einen Namen einen *Alias* definieren, d.h., wir können einen symbolischen Namen definieren, der genau dasselbe bedeutet wie das, worauf er sich bezieht (für die meisten Anwendungen des Namens):

```
typedef int* Pint;                      // Pint bedeutet Zeiger auf int

namespace Long_library_name { /* ... */ }
namespace Lib = Long_library_name;      // Lib bedeutet Long_library_name

int x = 7;
int& r = x;                             // r bedeutet x
```

Eine Referenz (§8.5.5, §A.8.3) ist ein Laufzeitmechanismus, der sich auf Objekte bezieht. Die Aliase **typedef** (§20.5, §27.3.1) und **namespace** sind Kompilierzeitmechanismen, die sich auf Namen beziehen. Vor allem **typedef** führt nicht einen neuen Typ ein, sondern nur einen neuen Namen für einen Typ. Zum Beispiel:

```cpp
typedef char* Pchar;    // Pchar ist ein Name für char*
Pchar p = "Idefix";     // O.K.: p ist ein char*
char* q = p;            // O.K.: p und q sind beide char*s
int x = strlen(p);      // O.K.: p ist ein char*
```

A.17 Präprozessor-Direktiven

Zu jeder C++-Implementierung gehört ein Präprozessor. Im Prinzip wird der Präprozessor vor dem eigentlichen Compiler ausgeführt und wandelt den Quellcode in das um, was der Compiler sieht. In der Realität ist diese Aktion in den Compiler integriert und uninteressant, sofern sie keine Probleme verursacht. Jede Zeile, die mit einem # beginnt, ist eine Präprozessor-Direktive.

A.17.1 #include

Wir haben bereits ausgiebig vom Präprozessor Gebrauch gemacht, um Headerdateien einzubinden. Zum Beispiel:

```cpp
#include "file.h"
```

Diese Direktive teilt dem Präprozessor mit, den Inhalt der Datei *file.h* an dem Punkt im Quelltext einzukopieren, an der die Direktive steht. Bei Standardheaderdateien können wir auch <....> anstelle von "..." verwenden.

```cpp
#include<vector>
```

Dies ist die empfohlene Notation für die Einbindung von Standardheadern.

A.17.2 #define

Der Präprozessor implementiert eine Form der Zeichenmanipulation, die als Makrosubstitution bezeichnet wird. Mit ihrer Hilfe können wir beispielsweise wie folgt einen Namen für einen Zeichenstring definieren:

```cpp
#define FOO bar
```

Wo immer jetzt **FOO** steht, wird es durch **bar** ersetzt:

```cpp
int FOO = 7;
int FOOL = 9;
```

Der Compiler sieht dann:

```cpp
int bar = 7;
int FOOL = 9;
```

Beachten Sie, dass der Compiler schlau genug ist, um nicht den **FOO**-Teil im Namen **FOOL** durch **bar** zu ersetzen.

Sie können auch Makros definieren, die Parameter übernehmen:

```cpp
#define MAX(x,y) (((x)>(y))?(x) : (y))
```

und folgendermaßen verwenden:

```
int xx = MAX(FOO+1,7);
int yy = MAX(++xx,9);
```

Dieser Code wird erweitert zu

```
int xx = (((bar+1)>( 7))?(bar+1) : (7));
int yy = (((++xx)>( 9))?(++xx) : (9));
```

Beachten Sie, dass die Klammern notwendig waren, um das richtige Ergebnis für **FOO+1** zu erzielen. Außerdem wurde **xx** zweimal in einer sehr unauffälligen Weise inkrementiert. Makros sind immens populär – vor allem weil C-Programmierer hierzu nur wenig Alternativen haben. Normale Headerdateien enthalten Tausende von Makros. Also seien Sie gewarnt!

Wenn Sie Makros verwenden müssen, halten Sie sich an die Konvention, Makronamen **NUR_IN_GROSSBUCHSTABEN** zu schreiben. Diese Schreibweise sollte ausschließlich den Makros vorbehalten bleiben. Doch verlassen Sie sich nicht darauf, dass andere sich an diesen guten Rat halten. Wir haben zum Beispiel ein Makro namens **max** in einer eigentlich zuverlässigen Headerdatei gefunden.

Weitere Informationen hierzu finden Sie in §27.8.

Zusammenfassung der Standardbibliothek

B.1 Überblick 1092
B.2 Fehlerbehandlung 1097
B.3 Iteratoren 1099
B.4 Container 1102
B.5 Algorithmen 1111
B.6 Hilfskomponenten 1120
B.7 E/A-Streams 1123
B.8 Stringmanipulation 1130
B.9 Numerik 1135
B.10 C-Funktionen der Standardbibliothek 1139
B.11 Andere Bibliotheken 1150

B Zusammenfassung der Standardbibliothek

„Alles, was komplex ist, sollte möglichst unsichtbar sein."

– David J. Wheeler

Dieser Anhang fasst die wichtigsten Hilfsmittel der C++-Standardbibliothek zusammen. Er ist selektiv und richtet sich an Anfänger, die sich einen Überblick über die Komponenten der Standardbibliothek verschaffen und die Themen dieses Buches vertiefen wollen.

B.1 Überblick

Dieser Anhang hat Referenzcharakter und muss nicht wie die vorherigen Kapitel von Anfang bis Ende gelesen werden. Er beschreibt (mehr oder weniger) systematisch die wichtigsten Elemente der C++-Standardbibliothek. Er bildet jedoch keine vollständige Referenz, sondern nur eine Zusammenfassung mit diversen Schlüsselbeispielen. Für nähere Erläuterungen werden Sie daher in der Regel in den entsprechenden Kapiteln nachlesen müssen. Beachten Sie auch, dass dieser Anhang keine Nachahmung des Standards ist, weder in Hinblick auf dessen Präzision noch die dort verwendete Terminologie. Für weiterführende Informationen sei Ihnen das Stroustrup-Werk *Die C++-Programmiersprache* empfohlen. Die vollständige Definition von C++ ist der ISO-C++-Standard, der allerdings weder für Programmiereinsteiger geschrieben wurde noch für diese geeignet ist. Und vergessen Sie auch nicht, Ihre Onlinedokumentation zu nutzen.

Welchen Nutzen hat Zusammenfassung, die selektiv – und folglich mehr oder weniger unvollständig – ist? Zum einem können Sie in ihr auf die Schnelle eine bekannte Operation nachschlagen, zum anderen können Sie einen bestimmten Abschnitt überfliegen, um sich darüber zu informieren, welche Operationen Ihnen für die Erledigung einer konkreten Aufgabe zur Verfügung stehen. Unter Umständen müssen Sie danach noch an anderer Stelle ausführlichere Erläuterungen einholen, aber das sollte in Ordnung sein und – nachdem Sie nun eine konkrete Vorstellung davon haben, wonach Sie suchen müssen – keine Schwierigkeit mehr bereiten. Zusätzlich enthält dieser Anhang Querverweise auf den Lernstoff der einzelnen Kapitel. Summa summarum bietet dieser Anhang einen kompakten Überblick über die Hilfsmittel der Standardbibliothek. Versuchen Sie bitte nicht, sich die hier präsentierten Informationen alle einzuprägen, das ist nicht der Sinn der Sache. Der Anhang soll Ihnen ja gerade stupides und selten ganz fehlerfreies Auswendiglernen ersparen.

Suchen Sie in diesem Anhang nach nützlichen Hilfsmitteln – anstatt sie selbst zu erfinden. Die Standardbibliothek mit all ihren Hilfsmitteln (vor allem denen, die in diesem Anhang beschrieben werden) ist schon sehr vielen Programmierern eine große Hilfe gewesen. Die Komponenten der Standardbibliothek sind mit großer Wahrscheinlichkeit sorgfältiger entwickelt, sauberer implementiert, besser dokumentiert und portabler als alles, was Sie in beschränkter Zeit entwickeln und implementieren können. Wenn möglich, sollten Sie deshalb den Komponenten der Standardbibliothek stets vor „selbstgestrickten" Lösungen den Vorzug geben. Ihr Code wird dadurch auch für andere leichter verständlich.

Sind Sie eine leicht zu beeindruckende Person, wird Sie bereits die reine Menge der Bibliothekselemente einschüchtern. Doch keine Sorge, ignorieren Sie einfach, was Sie nicht benötigen. Wenn Sie eine Person sind, die Wert auf Details legt, werden Sie feststellen, dass viele Angaben fehlen. Doch Vollständigkeit fällt in das Ressort von Handbüchern für Fortgeschrittene und Ihrer Onlinedokumentation. In beiden Fällen werden Sie auf vieles stoßen, das Ihnen rätselhaft vorkommt, vielleicht sogar Ihr Interesse weckt. Scheuen Sie sich deshalb nicht, eigene Forschungen anzustellen.

B.1.1 Headerdateien

Die Schnittstellen zu den Komponenten der Standardbibliothek sind in Headerdateien definiert. In ▶ Tabelle B.1 sind auch einige Headerdateien aufgeführt, die nicht Teil des C++-1998-ISO-Standards sind, die aber Teil des nächsten Standards sein werden und bereits allgemein verfügbar sind. Diese sind durch den Zusatz C++0xx gekennzeichnet. Ihre Verwendung erfordert unter Umständen die Installation und/oder Verwendung eines anderen Namensbereichs als **std** (z.B. **tr1** oder **boost**). Nutzen Sie diesen Abschnitt, um sich einen Überblick über die verfügbaren Header zu verschaffen und leichter zu erraten, wo eine Komponente definiert oder beschrieben sein könnte.

Tabelle B.1

Die STL (Container, Iteratoren und Algorithmen)

Header	Beschreibung
<algorithm>	Algorithmen; sort(), find() etc. (§B.5, §21.1)
<array>	Arrays fester Größe (C++0x) (§20.9)
<bitset>	Arrays mit bool-Werten (§25.5.2)
<deque>	Warteschlange mit zweiseitigem Zugriff
<functional>	Funktionsobjekte (§B.6.2)
<iterator>	Iteratoren (§B.4.4)
<list>	Doppelt verkettete Liste (§B.4, §20.4)
<map>	(Schlüssel,Wert)-map und multimap (§B.4, §21.6.1–3)
<memory>	Allokatoren für Container
<queue>	queue und priority_queue
<set>	set und multiset (§B.4, §21.6.5)
<stack>	Stack
<unordered_map>	HashMaps (C++0x) (§21.6.4)
<unordered_set>	HashSets (C++0x)
<utility>	Operatoren und pair (§B.6.3)
<vector>	vector (dynamisch erweiterbar) (§B.4, §20.8)

Tabelle B.2

E/A-Streams

Header	Beschreibung
<iostream>	E/A-Stream-Objekte (§B.7)
<fstream>	Dateistreams (§B.7.1)
<sstream>	Stringstreams (§B.7.1)
<iosfwd>	Deklarationen (keine Definitionen) von diversen E/A-Stream-Komponenten
<ios>	Basisklassen für E/A-Streams
<streambuf>	Streampuffer
<istream>	Eingabestreams (§B.7)
<ostream>	Ausgabestreams (§B.7)
<iomanip>	Formatierung und Manipulatoren (§B.7.6)

Tabelle B.3

Stringmanipulation

Header	Beschreibung
<string>	**string** (§B.8.2)
<regex>	Reguläre Ausdrücke (C++0x) (Kapitel 23)

Tabelle B.4

Numerik

Header	Beschreibung
<complex>	Komplexe Zahlen und Arithmetik (§B.9.3)
<random>	Zufallszahlenerzeugung (C++0x)
<valarray>	Numerische Arrays
<numeric>	Generische Numerik-Algorithmen, z.B. **accumulate()** (B.9.5)
<limits>	Numerische Grenzwerte (B.9.1)

Tabelle B.5

Utility und Sprachunterstützung

Header	Beschreibung
<exception>	Ausnahmetypen (§B.2.1)
<stdexcept>	Ausnahmenhierarchie (§B.2.1)
<locale>	Kulturspezifische Formatierung
<typeinfo>	Standardtypinformationen (von **typeid**)
<new>	Allokations- und Deallokationsfunktionen

Tabelle B.6

C-Standardbibliotheken

Header	Beschreibung
<cstring>	Stringmanipulation im C-Stil (§B.10.3)
<cstdio>	Ein-/Ausgabe im C-Stil (§B.10.2)
<ctime>	**clock()**, **time()** etc. (§B.10.5)
<cmath>	Mathematische Standardfunktionen für Gleitkommawerte (§B.9.2)
<cstdlib>	Diverse Funktionen, z.B.: **abort()**, **abs()**, **malloc()**, **qsort()** etc. (Kapitel 27)
<cerrno>	Fehlerbehandlung im C-Stil (§24.8)
<cassert>	assert-Makro (§27.9)
<clocale>	Kulturspezifische Formatierung
<climits>	Numerische Grenzwerte im C-Stil (§B.9.1)
<cfloat>	Gleitkomma-Grenzwerte im C-Stil (§B.9.1)
<cstddef>	Unterstützung der Sprache C; **size_t** etc.
<cstdarg>	Makros für variable Argumentverarbeitung
<csetjmp>	**setjmp()** und **longjmp()** (dringend vermeiden!)
<csignal>	Signalbehandlung
<cwchar>	Wide Characters
<cctype>	Zeichenklassifizierung (§B.8.1)
<cwctype>	WideChar-Klassifizierung

B Zusammenfassung der Standardbibliothek

Zu jeder Headerdatei der C-Standardbibliothek gibt es auch eine Version ohne **c** im Namen und mit einem hinten angehängten *.h*, wie **<time.h>** für **<ctime>**. Die *.h*-Versionen definieren globale Namen anstelle von Namen im Namensbereich **std**.

Einige, wenn auch nicht alle Komponenten, die in diesen Headern definiert sind, werden in den folgenden Abschnitten und den vorausgegangenen Kapiteln beschrieben. Wenn Sie weitere Informationen benötigen, sollten Sie Ihre Onlinedokumentation oder ein C++-Fachbuch für Fortgeschrittene konsultieren.

B.1.2 Namensbereich std

Die Hilfsmittel der Standardbibliothek sind im Namensbereich **std** definiert. Um sie zu nutzen, bedarf es der expliziten Qualifikation, einer **using**-Deklaration oder einer **using**-Direktive:

std::string s;   // explizite Qualifikation

using std::vector;   // using-Deklaration
vector<int>v(7);

using namespace std;   // using-Direktive
map<string,double> m;

In diesem Buch haben wir für **std** die **using**-Direktive verwendet. Grundsätzlich sollten Sie die **using**-Direktive aber nur sparsam einsetzen (siehe §A.15).

B.1.3 Notation

Die vollständige Beschreibung selbst einer noch so einfachen STL-Operation wie einem Konstruktor oder einem Algorithmus kann mehrere Seiten füllen. Folglich verwenden wir einen extrem verkürzten Stil der Präsentation. Zum Beispiel:

Tabelle B.7

Notationsbeispiele

Beispiel	Beschreibung
p=op(b,e,x)	**op** macht etwas mit dem Bereich [**b**:**e**) und **x** und liefert **p** zurück.
foo(x)	**foo** macht etwas mit **x**, liefert aber kein Ergebnis zurück.
bar(b,e,x)	Hat **x** etwas mit [**b**:**e**) zu tun?

Wir versuchen die Wahl unserer Bezeichner mnemonisch zu halten: Jeweils abhängig vom Kontext sind **b,e** Iteratoren, die einen Bereich angeben, **p** ein Zeiger (*pointer*) oder ein Iterator und **x** irgendein Wert. Ob eine Funktion kein Ergebnis oder ein boolesches Ergebnis zurückgibt, kann in dieser Notation nur der Beschreibung entnommen werden (sodass Verwechslungen möglich sind, wenn man es darauf anlegt). Für Operationen, die einen booleschen Wert zurückliefern, endet die Beschreibung üblicherweise mit einem Fragezeichen.

Wenn Algorithmen wie üblich das Ende einer Eingabesequenz zurückliefern, um „Operation gescheitert", „nicht gefunden" usw. anzuzeigen (§B.3.1), wird dies in der Beschreibung nicht noch einmal explizit erwähnt.

B.2 Fehlerbehandlung

Die Standardbibliothek besteht aus Komponenten, die über einen Zeitraum von 40 Jahren entwickelt wurden. Aus diesem Grunde sind Stil und Ansätze der Fehlerbehandlung nicht konsistent.

- C-Stil-Bibliotheken bestehen aus Funktionen, von denen viele die globale Variable **errno** setzen, um anzuzeigen, dass ein Fehler aufgetreten ist (siehe §24.8).
- Viele Algorithmen, die auf einer Sequenz von Elementen operieren, liefern einen Iterator auf die Position Eins-hinter-dem-letzten-Element, um anzuzeigen, dass nichts gefunden wurde oder die Operation gescheitert ist.
- Die Bibliothek der E/A-Streams meldet Fehler über den Stream-Zustand zurück und kann (falls der Benutzer dies anfordert) Ausnahmen werfen (siehe §10.6, §B.7.2).
- Einige Komponenten der Standardbibliothek wie **vector**, **string** und **bitset** werfen Ausnahmen, um Fehler anzuzeigen.

Die Standardbibliothek ist so ausgelegt, dass für alle Komponenten „die grundlegende Garantie" gewährleistet ist (siehe §19.5.3); das heißt, auch wenn eine Ausnahme geworfen wird, geht keine Ressource (z.B. Speicher) verloren und keine Invariante für eine STL-Klasse wird gebrochen.

B.2.1 Ausnahmen

Einige STL-Hilfsmittel melden Fehler, indem sie Ausnahmen werfen.

Tabelle B.8

Ausnahmen der Standardbibliothek	
	Beschreibung
bitset	Wirft die Ausnahmen **invalid_argument**, **out_of_range**, **overflow_error**.
dynamic_cast	Wirft die Ausnahme **bad_cast**, wenn keine Umwandlung durchgeführt werden kann.
iostream	Wirft die Ausnahme **ios_base::failure**, wenn Ausnahmen aktiviert sind.
new	Wirft die Ausnahme **bad_alloc**, wenn kein Speicher reserviert werden kann.
regex	Wirft die Ausnahme **regex_error**.
string	Wirft die Ausnahmen **length_error**, **out_of_range**.
typeid	Wirft die Ausnahme **bad_typeid**, wenn kein **type_info** zurückgeliefert werden kann.
vector	Wirft die Ausnahme **out_of_range**.

Diese Ausnahmen sind in jedem Code zu finden, der direkt oder indirekt diese Komponenten verwendet. Grundsätzlich sollten Sie irgendwo in Ihrem Code (z.B. in **main()**) eine der Wurzelklassen der STL-Ausnahmenhierarchie (z.B. **exception**) fangen, es sei denn, Sie *sind sicher*, dass keine der Komponenten so verwendet wird, dass sie eine Ausnahme werfen kann.

Wir raten stark davon ab, integrierte Typen wie **int** und C-Strings als Ausnahmen zu werfen (**throw**). Werfen Sie stattdessen lieber Objekte von Typen, die speziell zur Verwendung als Ausnahmen definiert wurden. Hierfür kann beispielsweise eine Klasse verwendet werden, die von der STL-Klasse **exception** abgeleitet wurde:

```
class exception {
public:
  exception();
  exception(const exception&);
  exception& operator=(const exception&);
  virtual ~exception();
  virtual const char* what() const;
};
```

Die Funktion **what()** ist dafür gedacht, dem Ausnahmen-Handler einen String zurückzuliefern, der etwas über den auslösenden Fehler verrät.

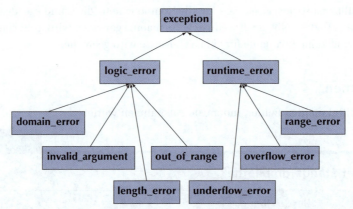

Abbildung B.1: Die Hierarchie der in der Standardbibliothek definierten Ausnahmeklassen spiegelt die Klassifikation der Ausnahmen wider

Eigene Ausnahmen können Sie durch Ableitung von einer der Ausnahmen der Standardbibliothek definieren:

```
struct My_error : runtime_error {
  My_error(int x) : interesting_value(x) { }
  int interesting_value;
  const char* what() const { return "Mein_Fehler"; }
};
```

B.3 Iteratoren

Iteratoren sind der Klebstoff, der die Algorithmen der Standardbibliothek mit ihren Daten verbindet. Man könnte aber auch sagen, dass Iteratoren der Mechanismus sind, mit dem die Abhängigkeit eines Algorithmus von den Datenstrukturen, auf denen er operiert, minimiert wird (§20.3).

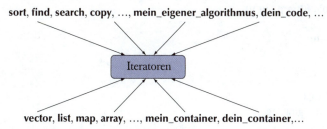

Abbildung B.2: Iteratoren als Bindeglieder zwischen Algorithmus und Daten

B.3.1 Iterator-Modell

Iteratoren sind Zeigern insofern ähnlich, als sie Operationen für den indirekten Zugriff (z.B. * für die Dereferenzierung) und für das Springen zu einem neuen Element (z.B. ++ für das Springen zum nächsten Element) bereitstellen. Eine Folge bzw. Sequenz von Elementen wird definiert durch zwei Iteratoren, die einen halboffenen Bereich umschließen [**begin:end**):

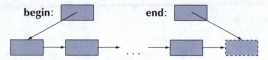

Abbildung B.3: Definition einer Sequenz von Elementen durch ein Iteratoren-Paar

In ▶ Abbildung B.3 zeigt **begin** auf das erste Element der Folge und **end** auf die Position eins hinter dem letzten Element. Lesen Sie nie aus ***end**, schreiben Sie nie nach ***end**. Beachten Sie, dass für die leere Sequenz gilt **begin==end**; d.h., [**p:p**) ist die leere Sequenz für jeden Iterator **p**.

Zum Lesen einer Sequenz bedient sich ein Algorithmus in der Regel zweier Iteratoren (**b,e**), mit denen dann mittels **++** iteriert wird, bis das Ende erreicht ist:

```
while (b!=e) {        // benutze != anstelle von <
                      // tue etwas
   ++b;               // gehe zum nächsten Element
}
```

Algorithmen, die in einer Sequenz nach etwas suchen, liefern in der Regel das Ende der Sequenz zurück, um anzuzeigen, dass kein entsprechendes Element gefunden wurde. Zum Beispiel:

```
p = find(v.begin(),v.end(),x);   // suche nach x in v
if (p!=v.end()) {
        // x gefunden bei p
}
else {
        // x nicht gefunden in [v.begin():v.end())
}
```

Siehe hierzu auch §20.3.

Algorithmen, die in eine Sequenz schreiben, übernehmen oft nur einen einzigen Iterator auf ihr erstes Element. In diesem Fall liegt es in der Verantwortung des Programmierers, nicht über das Ende der Sequenz hinaus zu schreiben. Zum Beispiel:

```
template<class Iter> void f(Iter p, int n)
{
    while (n>0) *p++ = —n;
}

vector<int> v(10);
f(v.begin(),v.size());    // O.K.
f(v.begin(),1000);        // das gibt Ärger
```

Einige Implementierungen der Standardbibliothek führen Bereichsüberprüfungen durch. Diese Implementierungen würden für den letzten Aufruf von **f()** eine Ausnahme werfen. Sie dürfen sich aber nicht darauf verlassen, wenn Ihr Code portierbar sein soll; viele Implementierungen prüfen nicht.

Eine Übersicht der Operationen auf Iteratoren finden Sie in ▶ Tabelle B.9.

Tabelle B.9

Iterator-Operationen

Operator	Beschreibung
++p	Prä-Inkrement: sorgt dafür, dass **p** auf das nächste Element in der Sequenz oder auf die Position eins hinter das letzte Element zeigt („ein Element vor gehen"); der Ergebniswert ist **p+1**.
p++	Post-Inkrement: sorgt dafür, dass **p** auf das nächste Element in der Sequenz oder auf eins hinter das letzte Element zeigt („ein Element vor gehen"); der Ergebniswert ist **p** (vor dem Inkrementieren).
—p	Prä-Dekrement: sorgt dafür, dass **p** auf das vorherige Element zeigt („ein Element zurück gehen"); der Ergebniswert ist **p–1**.
p—	Post-Dekrement: sorgt dafür, dass **p** auf das vorherige Element zeigt („ein Element zurück gehen"); der Ergebniswert ist **p** (vor dem Dekrementieren).
*p	Zugriff (Dereferenzierung): ***p** bezieht sich auf das Element, auf das **p** zeigt.
p[n]	Zugriff (Indexzugriff): **p[n]** bezieht sich auf das Element, auf das **p+n** zeigt; äquivalent zu ***(p+n)**.
p–>m	Zugriff (Memberzugriff); äquivalent zu **(*p).m**.
p==q	Gleichheit: wahr, wenn **p** und **q** auf dasselbe Element oder wenn beide auf eins hinter das letzten Element zeigen.
p!=q	Ungleichheit: **!(p==q)**
p<q	Zeigt **p** auf ein Element, das vor dem Element liegt, auf das **q** zeigt?
p<=q	p<q || p==q
p>q	Zeigt **p** auf ein Element, das hinter dem Element liegt, auf das **q** zeigt?
p>=q	p>q || p==q

Iterator-Operationen *(Forts.)*

Operator	Beschreibung
p+=n	Vorrücken um **n**: sorgt dafür, dass **p** auf das **n**-te Element hinter dem Element zeigt, auf das bisher gezeigt wurde.
p–=n	Vorrücken um **–n**: sorgt dafür, dass **p** auf das **n**-te Element vor dem Element zeigt, auf das bisher gezeigt wurde.
q=p+n	**q** zeigt auf das **n**-te Element hinter dem, auf das **p** zeigt.
q=p–n	**q** zeigt auf das **n**-te Element vor dem, auf das **p** zeigt; danach gilt **q+n==p**.
advance(p,n)	Vorrücken wie bei **p+=n**; **advance()** kann auch dann verwendet werden, wenn **p** kein Random-Access-Iterator ist; es können **n** Schritte (durch eine Liste) nötig sein.
x=difference(p,q)	Abstand: wie **q–p**; **difference()** kann auch dann verwendet werden, wenn **p** kein Random-Access-Iterator ist; es können **n** Schritte (durch eine Liste) nötig sein.

B.3.2 Iterator-Kategorien

Die Standardbibliothek stellt fünf Arten von Iteratoren zur Verfügung, die sogenannten fünf „Iterator-Kategorien".

Tabelle B.10

Iterator-Kategorien

Iterator	Beschreibung
input iterator	Wir können mit **++** vorwärts iterieren und jedes Element mit ***** einmal lesen. Wir können die Iteratoren mit **==** und **!=** vergleichen. Diese Art von Iterator wird von **istream** angeboten (siehe §21.7.2).
output iterator	Wir können mit **++** vorwärts iterieren und jedes Element mit ***** einmal schreiben. Diese Art von Iterator wird von **ostream** angeboten (siehe §21.7.2).
forward iterator	Wir können wiederholt mit **++** vorwärts iterieren und mit ***** Elemente lesen und schreiben (sofern die Elemente nicht **const** sind). Zeigt er auf ein Klassenobjekt, kann er mit **->** auf einen Member zugreifen.
bidirectional iterator	Wir können (mit **++**) vorwärts und (mit **--**) rückwärts iterieren und mit ***** Elemente lesen und schreiben (sofern die Elemente nicht **const** sind). Diese Art von Iterator wird von **list**, **map** und **set** angeboten.
randomaccess iterator	Wir können (mit **++** oder **+=**) vorwärts und (mit **--** oder **-=**) rückwärts iterieren und mit ***** oder **[]** Elemente lesen und schreiben (sofern die Elemente nicht **const** sind). Wir können auf den Index zugreifen, mit **+** einen Integer zum Random-Access-Iterator addieren und mit **–** einen Integer subtrahieren. Wir können den Abstand zwischen zwei Random-Access-Iteratoren auf dieselbe Sequenz ermitteln, indem wir einen vom anderen subtrahieren. Wir können mit **<**, **<=**, **>** und **>=** Iteratoren vergleichen. Diese Art von Iterator wird von **vector** angeboten.

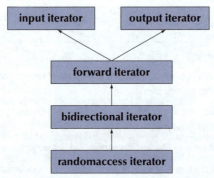

Abbildung B.4: Logische Hierarchie der Iteratoren (§20.8)

Da Iterator-Kategorien keine Klassen sind, ist zu beachten, dass die Hierarchie aus ▶ Abbildung B.4 keine Klassenhierarchie darstellt, die durch Ableitung implementiert wurde. Für fortgeschrittene Anwendungen der Iterator-Kategorien schlagen Sie in einer Referenz unter **iterator_traits** nach.

Jeder Container stellt Iteratoren einer speziellen Kategorie zur Verfügung:

- **vector** – Random-Access (wahlfreier Zugriff)
- **list** – bidirektional
- **deque** – Random-Access (wahlfreier Zugriff)
- **bitset** – kein Iterator
- **set** – bidirektional
- **multiset** – bidirektional
- **map** – bidirektional
- **multimap** – bidirektional
- **unordered_set** – vorwärts
- **unordered_multiset** – vorwärts
- **unordered_map** – vorwärts
- **unordered_multimap** – vorwärts

B.4 Container

Ein Container verwahrt eine Sequenz von Objekten. Die Elemente der Sequenz sind von dem Membertyp **value_type**. Die nützlichsten Container sind in den nachstehenden Tabellen aufgeführt.

Tabelle B.11

Sequenzcontainer

Container	Beschreibung
array<T,N>	Array fester Größe mit N Elementen vom Typ T (C++0x)
deque<T>	Warteschlange mit zweiseitigem Zugriff
list<T>	Doppelt verkettete Liste
vector<T>	Dynamisches Array mit Elementen vom Typ T

Tabelle B.12

Assoziative Container

Container	Beschreibung
map<K,V>	Map, die eine Abbildung von K nach V erzeugt; eine Sequenz von (K,V)-Paaren
multimap<K,V>	Map, die eine Abbildung von K nach V erzeugt; doppelte Schlüssel erlaubt
set<K>	Set (Menge) von K-Objekten
multiset<K>	Set (Menge) von K-Objekten (doppelte Schlüssel erlaubt)
unordered_map<K,V>	Map, die eine Abbildung von K nach V erzeugt und eine Hash-Funktion verwendet (C++0x)
unordered_multimap<K,V>	Map, die eine Abbildung von K nach V erzeugt und eine Hash-Funktion verwendet; doppelte Schlüssel erlaubt (C++0x)
unordered_set<K>	Set (Menge) von K-Objekten, das eine Hash-Funktion verwendet (C++0x)
unordered_multiset<K>	Set (Menge) von K-Objekten, das eine Hash-Funktion verwendet; doppelte Schlüssel erlaubt (C++0x)

Tabelle B.13

Containeradapter

	Beschreibung
priority_queue<T>	Priority-Queue (Prioritätenwarteschlange)
queue<T>	Queue (Warteschlange) mit push() und pop()
stack<T>	Stack mit push() und pop()

Diese Container sind in <vector>, <list> usw. definiert (siehe §B.1.1). Die Sequenzcontainer sind aufeinanderfolgend allozierte oder verkettete Listen von Elementen ihres Typs value_type (T in der Notation oben). Die assoziativen Container sind verkettete Strukturen (Bäume) mit Knoten ihres Typs value_type (pair(K,V) in der Notation oben). Die Sequenzen eines set-, map- oder multimap-Containers werden nach ihren Schlüsselwerten (K) sortiert. Die Sequenzen eines unordered_*-Containers haben keine bestimmte Reihenfolge. Ein multimap-Container unterscheidet sich von einem map-Container dadurch, dass Schlüsselwerte mehrmals vorkommen dürfen. Containeradapter sind Container mit besonderen Operationen, die aus anderen Containern konstruiert werden.

Wenn Sie unsicher sind, verwenden Sie vector. Grundsätzlich sollten Sie, sofern nichts Gravierendes dagegenspricht, immer vector verwenden.

Ein Container bedient sich eines Allokators, um Speicher zu reservieren und wieder freizugeben (§19.3.6). Allokatoren werden in diesem Buch nicht behandelt. Wenn Sie Informationen dazu benötigen, müssen Sie ein Fachbuch für Fortgeschrittene konsultieren. Standardmäßig verwendet ein Allokator new und delete, wenn er für seine Elemente Speicher reservieren oder freigeben muss.

Dort, wo es sinnvoll ist, gibt es Zugriffsoperationen in zwei Versionen: eine für konstante und eine für nicht konstante Objekte (§18.4).

In diesem Abschnitt werden die am häufigsten benötigten und die nicht ganz so häufig benötigten Member der Standardcontainer aufgeführt. Ausführlichere Informationen zu deren Gebrauch finden Sie in Kapitel 20. Member, die für einen bestimmten Container nur selten verwendet werden, wie z.B. die splice()-Operation von list, werden nicht aufgeführt (auch hier sei Ihnen die weiterführende Fachliteratur ans Herz gelegt).

Einige Datentypen bieten viel, aber nicht alles, was ein Standardcontainer bieten muss. Diese bezeichnen wir manchmal als „Beinahe-Container". Die interessantesten sind in ▶ Tabelle B.14 aufgeführt.

Tabelle B.14

„Beinahe-Container"	
„Beinahe-Container"	Beschreibung
T[n] Integrierte Arrays	Weist weder size() noch andere Memberfunktionen auf. Verwenden Sie lieber einen Container wie string, vector oder array, wenn Sie die Wahl haben.
string	Enthält nur Zeichen, definiert aber für die Textmanipulation nützliche Operationen wie Konkatenation (+ und +=). Ziehen Sie den Standard-string den anderen Strings vor.
valarray	Ein numerischer Vektor mit Vektoroperationen, aber vielen Einschränkungen, die High-Performance-Implementierungen fördern. Verwenden Sie diesen Container nur, wenn Sie viel mit Vektorarithmetik zu tun haben.

B.4.1 Überblick

Die Standardcontainer und ihre Operationen lassen sich, wie in ▶ Abbildung B.5 zu sehen, hierarchisch anordnen.

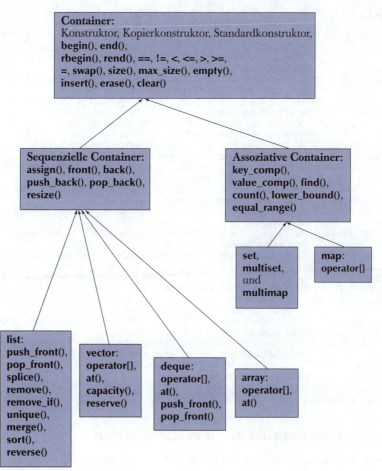

Abbildung B.5: Standardcontainer und ihre Operationen

B.4.2 Membertypen

Ein Container definiert einen Satz an Membertypen:

Tabelle B.15

Membertypen

	Beschreibung
value_type	Typ der Elemente
size_type	Typ für Indexzugriff, Elementanzahl usw.
difference_type	Typ für Iterator-Abstände
iterator	Verhält sich wie **value_type***
const_iterator	Verhält sich wie **const value_type***
reverse_iterator	Verhält sich wie **value_type***
const_reverse_iterator	Verhält sich wie **const value_type***
reference	value_type&
const_reference	const value_type&
pointer	Verhält sich wie **value_type***
const_pointer	Verhält sich wie **const value_type***
key_type	Typ des Schlüssels (nur assoziative Container)
mapped_type	Typ für **mapped_value** (nur assoziative Container)
key_compare	Typ des Vergleichkriteriums (nur assoziative Container)
allocator_type	Typ zur Speicherverwaltung

B.4.3 Konstruktoren, Destruktoren und Zuweisungen

Container stellen eine Reihe von Konstruktoren und Zuweisungsoperationen zur Verfügung. Beispiele für einen Container **C** (z.B. **vector<double>** oder **map<string,int>**) finden Sie in ▶ Tabelle B.16.

Tabelle B.16

Konstruktoren, Destruktoren und Zuweisungen

Konstruktor, Destruktor, Zuweisung	Beschreibung
C c;	c ist ein leerer Container.
C()	Erzeugt einen leeren Container.

Konstruktoren, Destruktoren und Zuweisungen *(Forts.)*

Konstruktor, Destruktor, Zuweisung	Beschreibung
C c(n);	c wird mit n Elementen initialisiert, die ihren Standardwert enthalten (nicht für assoziative Container).
C c(n,x);	c wird mit n Kopien von x initialisiert (nicht für assoziative Container).
C c(b,e);	c wird mit Elementen aus [b:e) initialisiert.
C c(c2);	c ist eine Kopie von c2.
~C()	Zerstört C und alle darin enthaltenen Elemente (wird normalerweise implizit aufgerufen).
c1=c2	Kopierzuweisung; kopiert alle Elemente von c2 nach c1; nach der Zuweisung gilt: c1==c2.
c.assign(n,x)	Weist n Kopien von x zu (nicht für assoziative Container).
c.assign(b,e)	Weist aus [b:e) zu.

Man beachte, dass die Konstruktoren und die elementweise Kopierzuweisung für einige Container und Elementtypen eine Ausnahme werfen können.

B.4.4 Iteratoren

Ein Container kann als eine Sequenz betrachtet werden, deren Elemente entweder in der vom Iterator des Containers vorgegebenen Reihenfolge oder in der umgekehrten Reihenfolge angeordnet sind. In assoziativen Containern basiert die Reihenfolge auf dem Vergleichskriterium des Containers (standardmäßig <).

Tabelle B.17

Iteratoren

Operation	Beschreibung
p=c.begin()	p zeigt auf das erste Element von c.
p=c.end()	p zeigt auf die Position eins hinter dem letzten Element von c.
p=c.rbegin()	p zeigt auf das erste Element in der umgekehrten Reihenfolge von c.
p=c.rend()	p zeigt auf die Position eins hinter dem letzten Element in der umgekehrten Reihenfolge von c.

B.4.5 Elementzugriff

Auf einige Elemente kann direkt zugegriffen werden.

Tabelle B.18

Elementzugriff

Operation	Beschreibung
c.front()	Referenz auf das erste Element von c
c.back()	Referenz auf das letzte Element von c
c[i]	Referenz auf Element i von c; ungeprüfter Indexzugriff (nicht für list)
c.at(i)	Referenz auf Element i von c; geprüfter Indexzugriff (nur vector und deque)

Einige Implementierungen – vor allem Debug-Versionen – führen immer eine Bereichsprüfung durch. Wer portablen Code schreibt, sollte sich jedoch nicht darauf verlassen, dass eine Bereichsprüfung Korrektheit garantiert oder dass eine nicht durchgeführte Bereichsprüfung die Leistung verbessert. Wenn diese Themen für Sie wichtig sind, sollten Sie Ihre Implementierungen überprüfen.

B.4.6 Stack- und Warteschlangenoperationen

Die Standardcontainer **vector** und **deque** bieten effiziente Operationen für das Ende ihrer Elementsequenzen. In **list** und **deque** finden Sie die äquivalenten Operationen für den Anfang der Sequenzen.

Tabelle B.19

Stack- und Warteschlangenoperationen

Operation	Beschreibung
c.push_back(x)	Fügt x an das Ende von c.
c.pop_back()	Entfernt letztes Element aus c.
c.push_front(x)	Fügt x in c vor dem ersten Element ein (nur list und deque).
c.pop_front()	Entfernt erstes Element aus c (nur list und deque).

Die beiden Operationen **push_front()** und **push_back()** kopieren ein Element in einen Container. Das hat zur Folge, dass die Größe des Containers (um eins) zunimmt. Wenn der Kopierkonstruktor des Elementtyps eine Ausnahme werfen kann, kann eine **push**-Operation fehlschlagen.

Die **pop**-Operationen liefern keinen Wert zurück. Würden sie es doch tun, könnte ein Kopierkonstruktor, der eine Ausnahme wirft, die Implementierung ernsthaft komplizieren. Verwenden Sie **front()** und **back()** (§B.4.5), um auf Stack- und Queue-Elemente zuzugreifen. Wir haben hier nicht alle Anforderungen aufgeführt; überlegen Sie selbst, welche Anforderungen noch zu berücksichtigen sind (Ihr Compiler wird sich schon melden, wenn Sie danebenliegen) oder ziehen Sie eine ausführlichere Dokumentation zurate.

B.4.7 Listenoperationen

Container stellen auch Listenoperationen zur Verfügung.

Tabelle B.20

Listenoperationen

Operation	Beschreibung
q=c.insert(p,x)	Fügt **x** vor **p** ein.
q=c.insert(p,n,x)	Fügt **n** Kopien von **x** vor **p** ein.
q=c.insert(p,first,last)	Fügt die Elemente aus [**first**:**last**) vor **p** ein.
q=c.erase(p)	Entfernt Element an Position **p** aus **c**.
q=c.erase(first,last)	Löscht [**first**:**last**) aus **c**.
c.clear()	Löscht alle Elemente aus **c**.

Bei **insert()**-Funktionen weist das Ergebnis **q** auf das zuletzt eingefügte Element. Bei **erase()**-Funktionen weist **q** auf das Element, das dem gelöschten Element folgte.

B.4.8 Größe und Kapazität

Die Größe wird durch die Anzahl der Elemente im Container angegeben. Die Kapazität eines Containers ist die Anzahl der Elemente, die er enthalten kann, ohne dass Speicher reserviert werden muss.

Tabelle B.21

Größe und Kapazität

Operation	Beschreibung
x=c.size()	**x** ist die Anzahl der Elemente von **c**.
c.empty()	Ist **c** leer?
x=c.max_size()	**x** ist die maximale Anzahl von Elementen in **c**.
x=c.capacity()	**x** ist der Speicher, der für **c** reserviert wurde (nur **vector** und **string**).
c.reserve(n)	Reserviert für **c** Speicher für **n** Elemente (nur **vector** und **string**).
c.resize(n)	Ändert die Größe von **c** in **n** (nur **vector**, **string**, **list** und **deque**).

Wenn die Größe oder die Kapazität geändert wird, können die Elemente an neue Speicherpositionen verschoben werden. Dies hat zur Folge, dass Iteratoren (ebenso wie Zeiger und Referenzen) auf Elemente ungültig werden (beispielsweise, weil sie noch auf die alte Speicherposition zeigen).

B.4.9 Weitere Operationen

Container können kopiert (§B.4.3), verglichen und vertauscht werden.

Tabelle B.22

Vergleichen und Tauschen

Operation	Beschreibung
c1==c2	Sind die korrespondierenden Elemente von c1 und c2 gleich?
c1!=c2	Sind die korrespondierenden Elemente von c1 und c2 ungleich?
c1<c2	Kommt c1 lexikografisch vor c2?
c1<=c2	Kommt c1 lexikografisch vor c2 oder sind beide gleich?
c1>c2	Kommt c1 lexikografisch nach c2?
c1>=c2	Kommt c1 lexikografisch nach c2 oder sind beide gleich?
swap(c1,c2)	Vertauscht die Elemente von c1 und c2.
c1.swap(c2)	Vertauscht die Elemente von c1 und c2.

Wenn Container mit einem Operator (z.B. <) verglichen werden, werden ihre Elemente mit dem äquivalenten Elementoperator (d.h. <) verglichen.

B.4.10 Operationen für assoziative Container

Assoziative Container erlauben die Suche mit Schlüsseln.

Tabelle B.23

Assoziative Container-Operationen

Operation	Beschreibung
c[k]	Bezieht sich auf das Element mit dem Schlüssel k (Container mit eindeutigen Schlüsseln).
p=c.find(k)	p zeigt auf das erste Element mit dem Schlüssel k.
p=c.lower_bound(k)	p zeigt auf das erste Element mit dem Schlüssel k.
p=c.upper_bound(k)	p zeigt auf das erste Element dessen Schlüssel größer als k ist.
pair(p1,p2)=c.equal_range(k)	[p1,p2) sind die Elemente mit dem Schlüssel k.

Assoziative Container-Operationen *(Forts.)*	
Operation	**Beschreibung**
r=c.key_comp()	**r** ist eine Kopie des Schlüssel-Vergleichsobjekts.
r=c.value_comp()	**r** ist eine Kopie des **mapped_value**-Vergleichsobjekts. Wird kein Schlüssel gefunden, wird **c.end()** zurückgeliefert.

Der erste Iterator des Paares, das von **equal_range** zurückgeliefert wird, ist **lower_bound** und der zweite ist **upper_bound**. Um also beispielsweise den Wert auszugeben, den die Elemente mit dem Schlüssel "Marian" aus einem **multimap<string,int>**-Container haben, können Sie schreiben:

```
string k = "Marian";
typedef multimap<string,int>::iterator MI;
pair<MI,MI> pp = m.equal_range(k);
if (pp.first!=pp.second)
   cout << "Elemente mit dem Wert ' " << k << " ':\n";
else
   cout << "Kein Element mit dem Wert ' " << k << " '\n";
for (MI p = pp.first; p!=pp.second; ++p) cout << p->second << '\n';
```

Wir hätten genauso gut schreiben können:

```
pair<MI,MI> pp = make_pair(m.lower_bound(k),m.upper_bound(k));
```

Doch hätte die Ausführung dieses Codes doppelt so lange gedauert. Die Algorithmen **equal_range**, **lower_bound** und **upper_bound** stehen auch für sortierte Sequenzen zur Verfügung (§B.5.4). Die Definition von **pair** finden Sie in §B.6.3.

B.5 Algorithmen

In der Headerdatei **<algorithm>** sind ungefähr 60 Standardalgorithmen definiert. Sie alle operieren auf Sequenzen, die durch ein Iteratoren-Paar (für die Eingaben) oder einen einzelnen Iterator (für Ausgaben) definiert sind.

Beim Kopieren, Vergleichen usw. von zwei Sequenzen wird die erste Sequenz durch ein Iteratoren-Paar [**b:e**] repräsentiert, während die zweite Sequenz nur durch einen einzelnen Iterator **b2** definiert wird, der als Start einer Sequenz betrachtet wird, die genügend Elemente enthält, damit der Algorithmus seine Aufgabe erfüllen kann, also z.B. so viele Elemente wie die erste Sequenz: [**b2:b2+(e-b)**].

Einige Algorithmen wie z.B. **sort** benötigen Random-Access-Iteratoren, während viele andere, wie **find**, ihre Elemente nur der Reihe nach lesen, sodass ein Vorwärts-Iterator ausreicht.

Viele Algorithmen folgen der Konvention, das Ende einer Sequenz zurückzuliefern, um anzuzeigen, dass kein entsprechendes Element gefunden wurde. Wir werden dies daher nicht für jeden Algorithmus extra erwähnen.

B.5.1 Nichtmodifizierende Sequenzalgorithmen

Ein nichtmodifizierender Algorithmus liest einfach die Elemente einer Sequenz, ohne die Sequenz umzustellen oder die Werte der Elemente zu ändern.

Tabelle B.24

Nichtmodifizierende Sequenzalgorithmen

Algorithmus	Beschreibung
f=for_each(b,e,f)	Führe **f** für jedes Element in [**b**:**e**) aus; liefere **f** zurück.
p=find(b,e,v)	**p** zeigt auf das erste Vorkommen von **v** in [**b**:**e**).
p=find_if(b,e,f)	**p** zeigt auf das erste Element in [**b**:**e**), sodass **f**(*****p**) wahr ist.
p=find_first_of(b,e,b2,e2)	**p** zeigt auf das erste Element in [**b**:**e**), sodass *****p**==*****q** für irgendein **q** in [**b2**:**e2**).
p=find_first_of(b,e,b2,e2,f)	**p** zeigt auf das erste Element in [**b**:**e**), sodass **f**(*****p**,*****q**) wahr ist für irgendein **q** in [**b2**:**e2**).
p=adjacent_find(b,e)	**p** zeigt auf das erste **p** in [**b**:**e**), sodass *****p**==*****(p+1)** wahr ist.
p=adjacent_find(b,e,f)	**p** zeigt auf das erste **p** in [**b**:**e**), sodass **f**(*****p**,*****(p+1)**) wahr ist.
equal(b,e,b2)	Sind alle Elemente von [**b**:**e**) und [**b2**:**b2+(e–b)**) gleich?
equal(b,e,b2,f)	Sind alle Elemente von [**b**:**e**) und [**b2**:**b2+(e–b)**) gleich, wenn **f**(*****p**,*****q**) als Test verwendet wird?
pair(p1,p2)=mismatch(b,e,b2)	(**p1**,**p2**) zeigt auf das erste Elementpaar in [**b**:**e**) und [**b2**:**b2+(e–b)**), für das gilt **!**(*****p1**==*****p2**).
pair(p1,p2)=mismatch(b,e,b2,f)	(**p1**,**p2**) zeigt auf das erste Elementpaar in [**b**:**e**) und [**b2**:**b2+(e–b)**), für das gilt **!f**(*****p1**,*****p2**).
p=search(b,e,b2,e2)	**p** zeigt auf das erste *****p** in [**b**:**e**), sodass *****p** gleich einem Element in [**b2**:**e2**) ist.
p=search(b.e,b2,e2,f)	**p** zeigt auf das erste *****p** in [**b**:**e**), sodass **f**(*****p**,*****q**) wahr ist für ein Element *****q** in [**b2**:**e2**).
p=find_end(b,e,b2,e2)	**p** zeigt auf das letzte *****p** in [**b**:**e**), sodass *****p** gleich einem Element in [**b2**:**e2**) ist.
p=find_end(b,e,b2,e2,f)	**p** zeigt auf das letzte *****p** in [**b**:**e**), sodass **f**(*****p**,*****q**) wahr ist für ein Element *****q** in [**b2**:**e2**).
p=search_n(b,e,n,v)	**p** zeigt auf das erste Element in [**b**:**e**), für welches gilt, dass jedes Element in [**p**:**p+n**) den Wert **v** hat.
p=search_n(b,e,n,v,f)	**p** zeigt auf das erste Element in [**b**:**e**), für welches gilt, dass **f**(*****q**,**v**) wahr ist für jedes Element *****q** in [**p**:**p+n**).
x=count(b,e,v)	**x** ist die Anzahl der Vorkommen von **v** in [**b**:**e**).
x=count_if(b,e,v,f)	**x** ist die Anzahl der Elemente in [**b**:**e**), sodass **f**(*****p**,**v**).

Beachten Sie, dass nichts die an **for_each** übergebene Operation daran hindert, die Elemente zu ändern. Dies wird als zulässig erachtet. Hingegen ist es nicht akzeptabel, eine Operation, die die von ihr untersuchten Elemente ändert, an irgendeinen anderen Algorithmus (z.B. **count** oder **==**) zu übergeben.

bool odd(int x) { return x&1; }

int n_even(const vector<int>& v)   // zählt die Anzahl der geraden Werte in v
{
  return v.size()–count_if(v.begin(),v.end(),odd);
}

B.5.2 Modifizierende Sequenzalgorithmen

Die modifizierenden Algorithmen (auch als *mutierende Sequenzalgorithmen* bezeichnet) können die Elemente ihrer Argumentsequenzen ändern (was sie oft auch tun).

Tabelle B.25

Modifizierende Sequenzalgorithmen

Algorithmus	Beschreibung
p=transform(b,e,out,f)	Wendet *p2=f(*p1) auf jedes *p1 in [b:e) an und schreibt in das entsprechende *p2 aus [out:out+(e–b)); p=out+(e–b).
p=transform(b,e,b2,out,f)	Wendet *p3=f(*p1,*p2) auf jedes Element *p1 in [b:e) und dessen korrespondierendes Element *p2 in [b2:b2+(e–b)) an und schreibt nach *p3 aus [out:out+(e–b)); p=out+(e–b).
p=copy(b,e,out)	Kopiert [b:e) nach [out:p).
p=copy_backward(b,e,out)	Kopiert [b:e) nach [out:p); beginnt mit dem letzten Element.
p=unique(b,e)	Verschiebt die Elemente in [b:e) so, dass aus [b:p) benachbarte Duplikate entfernt werden (== definiert, was ein „Duplikat" ist).
p=unique(b,e,f)	Verschiebt die Elemente in [b:e) so, dass aus [b:p) benachbarte Duplikate entfernt werden (f definiert, was ein „Duplikat" ist).
p=unique_copy(b,e,out)	Kopiert [b:e) nach [out:p); benachbarte Duplikate werden nicht kopiert.
p=unique_copy(b,e,out,f)	Kopiert [b:e) nach [out:p); benachbarte Duplikate werden nicht kopiert (f definiert, was ein „Duplikat" ist).
replace(b,e,v,v2)	Ersetzt alle Elemente *q in [b:e), für die gilt *q==v, durch v2.
replace(b,e,f,v2)	Ersetzt alle Elemente *q in [b:e), für die gilt f(*q), durch v2.
p=replace_copy(b,e,out,v,v2)	Kopiert [b:e) nach [out:p) und ersetzt alle Elemente *q in [b:e), für die gilt *q==v, durch v2.
p=replace_copy(b,e,out,f,v2)	Kopiert [b:e) nach [out:p) und ersetzt alle Elemente *q in [b:e), für die gilt f(*q), durch v2.
p=remove(b,e,v)	Verschiebt Elemente *q in [b:e) so, dass für die Elemente in [b:p) gilt: !(*q==v).

Modifizierende Sequenzalgorithmen *(Forts.)*

Algorithmus	Beschreibung
p=remove(b,e,v,f)	Verschiebt Elemente *q in [b:e) so, dass für die Elemente in [b:p) gilt: !f(*q).
p=remove_copy(b,e,out,v)	Kopiert Elemente aus [b:e), für die gilt !(*q==v), nach [out:p).
p=remove_copy_if(b,e,out,f)	Kopiert Elemente aus [b:e), für die gilt !f(*q,v), nach [out:p).
reverse(b,e)	Dreht die Reihenfolge der Elemente in [b:e) um.
p=reverse_copy(b,e,out)	Kopiert [b:e) nach [out:p) in umgekehrter Reihenfolge.
rotate(b,m,e)	Rotiert die Elemente: Behandelt [b:e) als Kreis, bei dem das erste Element direkt auf das letzte folgt. Verschiebt *b nach *m und verschiebt allgemein *(b+i) nach *((b+(i+(e−m))%(e−b)).
p=rotate_copy(b,m,e,out)	Kopiert [b:e) in eine rotierte Sequenz [out:p).
random_shuffle(b,e)	Mischt die Elemente von [b:e) mittels eines gleichverteilenden Zufallszahlengenerators.
random_shuffle(b,e,f)	Mischt die Elemente von [b:e) mit einer Verteilung, die f als Zufallszahlengenerator verwendet.

Ein Misch-Algorithmus (Shuffle) mischt seine Sequenz fast genauso, wie wir einen Stapel Karten mischen würden; d.h., nach dem Mischen befinden sich die Elemente in einer zufälligen Reihenfolge, deren „Zufälligkeit" durch die Verteilung definiert ist, die der verwendete Zufallszahlengenerator erzeugt.

Wir möchten Sie daran erinnern, dass all diese Algorithmen nicht wissen, ob ihre Argumentsequenz ein Container ist, sodass sie keine Elemente hinzufügen oder entfernen können. Für einen Algorithmus wie **remove** bedeutet dies z.B., dass er seine Eingabesequenz nicht einfach durch Löschen von Elementen verkürzen kann; daher er die Elemente entfernt, indem er sie an den Anfang der Sequenz schiebt:

```
typedef vector<int>::iterator VII;

void print_digits(const string& s, VII b, VII e)
{
  cout << s;
  while (b!=e) { cout << *b; ++b; }
  cout << '\n';
}

void ff()
{
  int a[] = { 1,1,1, 2,2, 3, 4,4,4, 3,3,3, 5,5,5,5, 1,1,1 };
  vector<int> v(a,a+sizeof(a)/sizeof(int));
  print_digits("all: ",v.begin(), v.end());

  vector<int>::iterator pp = unique(v.begin(),v.end());
  print_digits("head: ",v.begin(),pp);
```

```
    print_digits("tail: ",pp,v.end());

    pp=remove(v.begin(),pp,4);
    print_digits("head: ",v.begin(),pp);
    print_digits("tail: ",pp,v.end());
}
```

Die resultierende Ausgabe lautet:

all: 1112234443335555111
    head: 1234351
    tail: 443335555111
    head: 123351
    tail: 1443335555111

B.5.3 Utility-Algorithmen

Technisch gesehen sind diese nützlichen Algorithmen ebenfalls modifizierende Sequenzalgorithmen, aber wir hielten es für besser, sie separat aufzuführen, damit sie nicht übersehen werden.

Tabelle B.26

Utility-Algorithmen

Algorithmus	Beschreibung
swap(x,y)	Vertauscht x und y.
iter_swap(p,q)	Vertauscht *p und *q.
swap_ranges(b,e,b2)	Vertauscht die Elemente von [b:e] und [b2:b2+(e–b)).
fill(b,e,v)	Weist v jedem Element von [b:e] zu.
fill_n(b,n,v)	Weist v jedem Element von [b:b+n] zu.
generate(b,e,f)	Weist f() jedem Element von [b:e] zu.
generate_n(b,n,f)	Weist f() jedem Element von [b:b+n] zu.
uninitialized_fill(b,e,v)	Initialisiert alle Elemente in [b:e] mit v.
uninitialized_copy(b,e,out)	Initialisiert alle Elemente in [out:out+(e–b)] mit dem entsprechenden Element aus [b:e].

Uninitialisierte Sequenzen sollten nur auf der untersten, maschinennahen Programmierebene Verwendung finden, beispielsweise zur Implementierung von Containern. Elemente, die Ziele von **uninitialized_fill** und **uninitialized_copy** sind, müssen entweder von einem integrierten Typ oder uninitialisiert sein.

B.5.4 Sortieren und Suchen

Sortieren und Suchen sind fundamentale Operationen, die von Programmierern in allen möglichen Variationen benötigt werden. Vergleiche werden dabei standardmäßig mit dem <-Operator durchgeführt und auf Gleichheit eines Wertepaares **a** und **b** wird statt mit dem Operator **==** mit **!(a<b)&&!(b<a)** getestet.

Tabelle B.27

Sortier- und Suchalgorithmen

Algorithmus	Beschreibung
sort(b,e)	Sortiert [**b**:**e**).
sort(b,e,f)	Sortiert [**b**:**e**) unter Verwendung von **f(*p,*q)** als Suchkriterium.
stable_sort(b,e)	Sortiert [**b**:**e**) und behält die Reihenfolge gleicher Elemente bei.
stable_sort(b,e,f)	Sortiert [**b**:**e**) unter Verwendung von **f(*p,*q)** als Suchkriterium und behält die Reihenfolge gleicher Elemente bei.
partial_sort(b,m,e)	Sortiert [**b**:**e**), um [**b**:**m**) in die richtige Reihenfolge zu bringen; [**m**:**e**) muss nicht sortiert werden.
partial_sort(b,m,e,f)	Sortiert [**b**:**e**) unter Verwendung von **f(*p,*q)** als Suchkriterium, um [**b**:**m**) in die gewünschte Reihenfolge zu bringen; [**m**:**e**) muss nicht sortiert werden.
partial_sort_copy(b,e,b2,e2)	Sortiert genug von [**b**:**e**), um die **e2–b2** ersten Elemente nach [**b2**:**e2**) zu kopieren.
partial_sort_copy(b,e,b2,e2,f)	Sortiert genug von [**b**:**e**), um die **e2–b2** ersten Elemente nach [**b2**:**e2**) zu kopieren; verwendet **f** als Vergleich.
nth_element(b,e)	Legt das **n**-te Element von [**b**:**e**) an seiner korrekten Position ab.
nth_element(b,e,f)	Legt das **n**-te Element von [**b**:**e**) an seiner korrekten Position ab; verwendet **f** als Vergleich.
p=lower_bound(b,e,v)	**p** zeigt auf das erste Vorkommen von **v** in [**b**:**e**).
p=lower_bound(b,e,v,f)	**p** zeigt auf das erste Vorkommen von **v** in [**b**:**e**); verwendet **f** als Vergleich.
p=upper_bound(b,e,v)	**p** zeigt auf den ersten Wert größer als **v** in [**b**:**e**).
p=upper_bound(b,e,v,f)	**p** zeigt auf den ersten Wert größer als **v** in [**b**:**e**); verwendet **f** als Vergleich.
binary_search(b,e,v)	Befindet sich **v** in der sortierten Sequenz [**b**:**e**)?
binary_search(b,e,v,f)	Befindet sich **v** in der sortierten Sequenz [**b**:**e**); verwendet **f** als Vergleich?
pair(p1,p2)=equal_range(b,e,v)	[**p1**,**p2**) ist die Teilsequenz von [**b**:**e**), deren Elemente den Wert **v** haben; im Grunde eine Binärsuche nach **v**.
pair(p1,p2)=equal_range(b,e,v,f)	[**p1**,**p2**) ist die Teilsequenz von [**b**:**e**), deren Elemente den Wert **v** haben; unter Verwendung von **f** als Vergleich; im Grunde eine Binärsuche nach **v**.
p=merge(b,e,b2,e2,out)	Vereinigt zwei sortierte Sequenzen [**b2**:**e2**) und [**b**:**e**) zu [**out**:**p**).

Sortier- und Suchalgorithmen *(Forts.)*

Algorithmus	Beschreibung
p=merge(b,e,b2,e2,out,f)	Vereinigt zwei sortierte Sequenzen [b2:e2) und [b:e) zu [out,out+p); verwendet **f** als Vergleich.
inplace_merge(b,m,e)	Vereinigt zwei sortierte Teilsequenzen [b:m) und [m:e) zu einer sortierten Sequenz [b:e).
inplace_merge(b,m,e,f)	Vereinigt zwei sortierte Teilsequenzen [b:m) und [m:e) zu einer sortierten Sequenz [b:e); verwendet **f** als Vergleich.
p=partition(b,e,f)	Legt Elemente, für die **f(*p1)** wahr ist, in [b:p) ab und alle anderen Elemente in [p:e).
p=stable_partition(b,e,f)	Legt Elemente, für die **f(*p1)** wahr ist, in [b:p) ab und alle andere Elemente in [p:e), wobei die relative Reihenfolge beibehalten wird.

Zum Beispiel:

```
vector<int> v;
list<double> lst;
v.push_back(3); v.push_back(1);
v.push_back(4); v.push_back(2);
lst.push_back(0.5); lst.push_back(1.5);
lst.push_back(2); lst.push_back(2.5);    // lst ist sortiert
sort(v.begin(),v.end());                  // sortiere v
vector<double> v2;
merge(v.begin(),v.end(),lst.begin(),lst.end(),back_inserter(v2));
for (int i = 0; i<v2.size(); ++i) cout << v2[i] << ", ";
```

Insert-Iteratoren werden in §B.6.1 besprochen. Die Ausgabe lautet:

0.5, 1, 1.5, 2, 2, 2.5, 3, 4,

Die Algorithmen **equal_range**, **lower_bound** und **upper_bound** werden genauso verwendet wie ihre Namensvettern für assoziative Container (siehe §B.4.10).

B.5.5 Mengen-Algorithmen

Diese Algorithmen behandeln eine Sequenz als eine Menge von Elementen und decken die einfachen Mengenoperationen ab. Die Eingabesequenzen sollten sortiert sein, die Ausgabesequenzen sind ebenfalls sortiert.

Tabelle B.28

Mengen-Algorithmen

Algorithmus	Beschreibung
includes(b,e,b2,e2)	Sind alle Elemente von [b2:e2) auch in [b:e) enthalten?
includes(b,e,b2,e2,f)	Sind alle Elemente von [b2:e2) auch in [b:e) enthalten? Verwendet f als Vergleich.
p=set_union(b,e,b2,e2,out)	Erstellt eine sortierte Sequenz [out:p) aus Elementen, die in [b:e) oder [b2:e2) liegen.
p=set_union(b,e,b2,e2,out,f)	Erstellt eine sortierte Sequenz [out:p) aus Elementen, die in [b:e) oder [b2:e2) liegen; verwendet f als Vergleich.
p=set_intersection(b,e,b2,e2,out)	Erstellt eine sortierte Sequenz [out:p) aus Elementen, die sowohl in [b:e) als auch in [b2:e2) liegen.
p=set_intersection(b,e,b2,e2,out,f)	Erstellt eine sortierte Sequenz [out:p) aus Elementen, die sowohl in [b:e) als auch in [b2:e2) liegen; verwendet f als Vergleich.
p=set_difference(b,e,b2,e2,out)	Erstellt eine sortierte Sequenz [out:p) aus Elementen, die in [b:e), aber nicht in [b2:e2) liegen.
p=set_difference(b,e,b2,e2,out,f)	Erstellt eine sortierte Sequenz [out:p) aus Elementen, die in [b:e), aber nicht in [b2:e2) liegen; verwendet f als Vergleich.
p=set_symmetric_difference(b,e,b2,e2,out)	Erstellt eine sortierte Sequenz [out:p) aus Elementen, die in [b:e) oder [b2:e2), aber nicht in beiden liegen.
p=set_symmetric_difference(b,e,b2,e2,out,f)	Erstellt eine sortierte Sequenz [out:p) aus Elementen, die in [b:e) oder [b2:e2), aber nicht in beiden liegen; verwendet f als Vergleich.

B.5.6 Heap-Algorithmen

Ein Heap ist eine Datenstruktur, die dafür sorgt, dass das Element mit dem höchsten Wert immer an erster Stelle steht. Die Heap-Algorithmen erlauben es den Programmierern, eine Random-Access-Sequenz als Heap zu behandeln.

Tabelle B.29

Heap-Operationen

Algorithmus	Beschreibung
make_heap(b,e)	Organisiert eine Sequenz so um, dass sie als Heap verwendet werden kann.
make_heap(b,e,f)	Organisiert eine Sequenz so um, dass sie als Heap verwendet werden kann; verwendet f als Vergleich.
push_heap(b,e)	Fügt ein Element in den Heap ein (an seine richtige Position).
push_heap(b,e,f)	Fügt ein Element in den Heap ein; verwendet f als Vergleich.

Heap-Operationen *(Forts.)*

Algorithmus	Beschreibung
pop_heap(b,e)	Entfernt das größte (erste) Element aus dem Heap.
pop_heap(b,e,f)	Entfernt ein Element aus dem Heap; verwendet **f** als Vergleich.
sort_heap(b,e)	Sortiert den Heap.
sort_heap(b,e,f)	Sortiert den Heap; verwendet **f** als Vergleich.

Der Hauptzweck eines Heaps ist es, schnell Elemente hinzufügen zu können und schnell Zugriff auf das Element mit dem höchsten Wert zu erhalten. Heaps werden vor allem dazu eingesetzt, Priority-Queues zu implementieren.

B.5.7 Permutationen

Permutationen werden verwendet, um Kombinationen der Elemente einer Sequenz zu erzeugen. So lauten beispielsweise die Permutationen für **abc** folgendermaßen: **abc**, **acb**, **bac**, **bca**, **cab** und **cba**.

Tabelle B.30

Permutationen

Algorithmus	Beschreibung
x=next_permutation(b,e)	Macht [**b**:**e**) zur nächsten Permutation in lexikografischer Reihenfolge.
x=next_permutation(b,e,f)	Macht [**b**:**e**) zur nächsten Permutation in lexikografischer Reihenfolge; verwendet **f** als Vergleich.
x=prev_permutation(b,e)	Macht [**b**:**e**) zur vorherigen Permutation in lexikografischer Reihenfolge.
x=prev_permutation(b,e,f)	Macht [**b**:**e**) zur vorherigen Permutation in lexikografischer Reihenfolge; verwendet **f** als Vergleich.

Der Rückgabewert (**x**) von **next_permutation** ist **false**, wenn [**b**:**e**) bereits die letzte Permutation enthält (in unserem Beispiel **cba**). In diesem Fall wird die erste Permutation (hier **abc**) zurückgeliefert. Der Rückgabewert von **prev_permutation** ist **false**, wenn [**b**:**e**) bereits die erste Permutation enthält (in unserem Beispiel **abc**). In diesem Fall wird die letzte Permutation (hier **cba**) zurückgeliefert.

B.5.8 min und max

Wertevergleiche sind in vielen Kontexten nützlich.

Tabelle B.31

min- und max-Algorithmen

min und max	Beschreibung
x=max(a,b)	x ist der größere Wert von a und b.
x=max(a,b,f)	x ist der größere Wert von a und b; verwendet f als Vergleich.
x=min(a,b)	x ist der kleinere Wert von a und b.
x=min(a,b,f)	x ist der kleinere Wert von a und b; verwendet f als Vergleich.
p= max_element(b,e)	p zeigt auf das größte Element von [b:e).
p=max_element(b,e,f)	p zeigt auf das größte Element von [b:e); verwendet f für den Elementvergleich.
p=min_element(b,e)	p zeigt aus das kleinste Element von [b:e).
p=min_element(b,e,f)	p zeigt aus das kleinste Element von [b:e); verwendet f für den Elementvergleich.
lexicographical_compare(b,e,b2,e2)	Ist [b:e)<[b2:e2)?
lexicographical_compare(b,e,b2,e2,f)	Ist [b:e)<[b2:e2)? Verwendet f für den Elementvergleich.

B.6 Hilfskomponenten

Die Standardbibliothek stellt verschiedene Komponenten bereit, die die Beutzung der Algorithmen aus der Standardbibliothek leichter machen.

B.6.1 Insert-Iteratoren

Wenn mithilfe eines Iterators in einen Container geschrieben wird, bedeutet dies, dass die Elemente eines nach dem anderen durch den Iterator überschrieben werden. Dies bedeutet aber auch, dass die Gefahr eines Überlaufs und eines unerlaubten Speicherzugriffs besteht. Zum Beispiel:

```
void f(vector<int>& vi)
{
  fill_n(vi.begin(), 200,7 );   // weise 7 an vi[0]..[199] zu
}
```

Falls **vi** weniger als 200 Elemente hat, führt dies zu Problemen.

In **<iterator>** stellt die Standardbibliothek drei Iteratoren zur Verfügung, mit denen Elemente in einen Container hinzugefügt werden, anstatt alte Elemente zu überschreiben. Es gibt drei Funktionen, um diese Insert-Iteratoren zu erzeugen.

Tabelle B.32
Funktionen zum Erzeugen von Insert-Iteratoren

Iterator	Beschreibung
r=back_inserter(c)	*r=x führt zur Ausführung von c.push_back(x).
r=front_inserter(c)	*r=x führt zur Ausführung von c.push_front(x).
r=inserter(c,p)	*r=x führt zur Ausführung von c.insert(p,x).

In **inserter(c,p)** muss **p** ein gültiger Iterator für den Container **c** sein. Naturgemäß wächst ein Container jedes Mal, wenn über einen Insert-Iterator ein Wert in ihn hinein geschrieben wird. Beim Schreiben mit einem Inserter wird mit **push_back(x), c.push_front()** oder **insert()** ein neues Element in die Sequenz eingefügt, anstatt ein existierendes Element zu überschreiben. Zum Beispiel:

```
void g(vector<int>& vi)
{
   fill_n(back_inserter(vi), 200,7 );    // füge 200-mal 7 an das Ende von vi ein
}
```

B.6.2 Funktionsobjekte

Viele Standardalgorithmen übernehmen Funktionsobjekte (oder Funktionen) als Argumente, um ihre Arbeitsweise zu steuern. Häufige Einsatzbereiche sind Vergleichskriterien, Prädikate (Funktionen, die einen booleschen Wert zurückliefern) und arithmetische Operationen. In **<functional>** stellt die Standardbibliothek einige häufig genutzte Funktionsobjekte zur Verfügung.

Tabelle B.33
Prädikate

Prädikate	Beschreibung
p=equal_to<T>()	p(x,y) bedeutet x==y, wenn x und y vom Typ T sind.
p=not_equal_to<T>()	p(x,y) bedeutet x!=y, wenn x und y vom Typ T sind.
p=greater<T>()	p(x,y) bedeutet x>y, wenn x und y vom Typ T sind.
p=less<T>()	p(x,y) bedeutet x<y, wenn x und y vom Typ T sind.
p=greater_equal<T>()	p(x,y) bedeutet x>=y, wenn x und y vom Typ T sind.
p=less_equal<T>()	p(x,y) bedeutet x<=y, wenn x und y vom Typ T sind.
p=logical_and<T>()	p(x,y) bedeutet x&&y, wenn x und y vom Typ T sind.
p=logical_or<T>()	p(x,y) bedeutet x||y, wenn x und y vom Typ T sind.
p=logical_not<T>()	p(x) bedeutet !x, wenn x vom Typ T ist.

Zusammenfassung der Standardbibliothek

```
vector<int> v;
// ...
sort(v.begin(),v.end(),greater<int>());   // sortiere v in absteigender Reihenfolge
```

Beachten Sie, dass **logical_and** und **logical_or** immer ihre beiden Argumente auswerten, was bei **&&** und **||** nicht der Fall ist.

Tabelle B.34

Arithmetische Operationen

	Beschreibung
f=plus<T>()	f(x,y) bedeutet x+y, wenn x und y vom Typ T sind.
f=minus<T>()	f(x,y) bedeutet x–y, wenn x und y vom Typ T sind.
f=multiplies<T>()	f(x,y) bedeutet x*y, wenn x und y vom Typ T sind.
f=divides<T>()	f(x,y) bedeutet x/y, wenn x und y vom Typ T sind.
f=modulus<T>()	f(x,y) bedeutet x%y, wenn x und y vom Typ T sind.
f=negate<T>()	f(x) bedeutet –x, wenn x vom Typ T ist.

Tabelle B.35

Adapter

Adapter	Beschreibung
f=bind2nd(g,y)	f(x) bedeutet g(x,y).
f=bind1st(g,x)	f(y) bedeutet g(x,y).
f=mem_fun(mf)	f(p) bedeutet p–>mf().
f=mem_fun_ref(mf)	f(r) bedeutet r.mf().
f=not1(g)	f(x) bedeutet !g(x).
f=not2(g)	f(x,y) bedeutet !g(x,y).

B.6.3 pair

In **<utility>** stellt die Standardbibliothek einige nützliche Komponenten bereit, darunter das Template **pair**:

```
template <class T1, class T2>
  struct pair {
    typedef T1 first_type;
    typedef T2 second_type;
    T1 first;
    T2 second;

    pair();   // Standardkonstruktor
    pair(const T1& x , const T2& y );

         // Kopieroperationen
    template<class U , class V > pair(const pair<U , V >& p );
  };

template <class T1, class T2>
  pair<T1,T2> make_pair(T1 x, T2 y) { return pair<T1,T2>(x,y); }
```

Die Funktion **make_pair**() macht die Verwendung von **pair** ganz einfach. Hier z.B. die Skizze einer Funktion, die einen Ergebnis- und einen Fehlerwert zurückliefert:

```
pair<double,error_indicator> my_fct(double d)
{
  errno = 0;        // den globalen C-Stil-Indikator zurücksetzen
                    // diverse Berechnungen mit d, die x ergeben
  error_indicator ee = errno;
  errno = 0;        // den globalen C-Stil-Indikator zurücksetzen
  return make_pair(x,ee);
}
```

Dieses nützliche Beispiel kann folgendermaßen verwendet werden:

```
pair<int,error_indicator> res = my_fct(123.456);
if (res.second==0) {
  // verwende res.first
}
else {
  // Hoppla: Fehler
}
```

B.7 E/A-Streams

Die E/A-Streambibliothek unterstützt die formatierte und unformatierte gepufferte Ein- und Ausgabe von Text und numerischen Werten. Die Definitionen der E/A-Stream-Komponenten finden Sie in **<istream>**, **<ostream>** usw. (siehe §B.1.1).

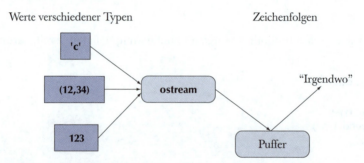

Abbildung B.6: Ein ostream-Stream wandelt typisierte Objekte in einen Stream von Zeichen um (Bytes)

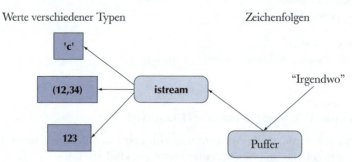

Abbildung B.7: Ein istream-Stream wandelt einen Stream von Zeichen (Bytes) in typisierte Objekte um

Ein **iostream** ist ein Stream, der sowohl als **istream** als auch als **ostream** agieren kann. Die Puffer in den Diagrammen sind Streampuffer (**streambuf**). Konsultieren Sie ein Fachbuch von gehobenem Niveau, wenn Sie jemals eine Abbildung von einem **iostream**-Stream zu einer neuen Art von Gerät, Datei oder Speicher definieren müssen.

Es gibt drei Standardstreams.

Tabelle B.36

Standard-E/A-Streams

Stream	Beschreibung
cout	Die Standardzeichenausgabe (in der Regel der Bildschirm)
cin	Die Standardzeicheneingabe (in der Regel die Tastatur)
cerr	Die Standardfehlerausgabe (ungepuffert)

B.7.1 Hierarchie der E/A-Streams

Ein **istream** kann mit einem Eingabegerät (z.B. einer Tastatur), einer Datei oder einem **string** verbunden sein. Entsprechend kann ein **ostream** mit einem Ausgabegerät (z.B. einem Textfenster), einer Datei oder einem **string** verbunden sein.

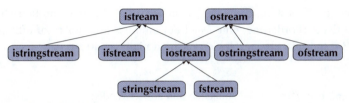

Abbildung B.8: Klassenhierarchie der E/A-Streams

Ein Stream kann entweder durch einen Konstruktor oder durch den Aufruf von **open()** geöffnet werden.

Tabelle B.37

Möglichkeiten einen Stream zu öffnen

Streamtypen	Beschreibung
stringstream(m)	Erstellt einen leeren Stringstream im Modus **m**.
stringstream(s,m)	Erstellt einen Stringstream im Modus **m**, der den String **s** enthält.
fstream()	Erstellt einen Dateistream zum späteren Öffnen.
fstream(s,m)	Öffnet eine Datei namens **s** im Modus **m** und erstellt einen Dateistream für die Datei.
fs.open(s,m)	Öffnet eine Datei namens **s** im Modus **m** und verbindet sie mit **fs**.
fs.is_open()	Ist **fs** geöffnet?

Bei Dateistreams ist der Name der Datei ein C-String.

Sie können eine Datei auf verschiedene Arten und Weisen öffnen:

Tabelle B.38

Streammodi zum Öffnen von Dateien

Streammodi	Beschreibung
ios_base::app	Anhängen (d.h., es wird am Ende der Datei eingefügt)
ios_base::ate	„Am Ende" (öffnen und gleich ans Ende gehen)
ios_base::binary	Binärmodus – Achtung, systemspezifisches Verhalten!
ios_base::in	Zum Lesen
ios_base::out	Zum Schreiben
ios_base::trunc	Kürzt die Datei auf die Länge 0

B Zusammenfassung der Standardbibliothek

Wie genau eine Datei geöffnet wird, hängt bei jedem Modus zusätzlich vom Betriebssystem ab. Wenn das Betriebssystem der Aufforderung, eine Datei auf eine bestimmte Art zu öffnen, nicht nachkommen kann, ist das Ergebnis ein Stream, dessen Zustand nicht **good()** ist.

Ein Beispiel:

void my_code(ostream& os);   // my_code kann jeden ostream verwenden

ostringstream os;   // o für "output"
ofstream of("my_file");
if (!of) error("couldn't open 'my_file' for writing");
my_code(os);   // verwende einen String
my_code(of);   // verwende eine Datei

Siehe §11.3.

B.7.2 Fehlerbehandlung

Ein **iostream** kann einen der folgenden vier Zustände annehmen.

Tabelle B.39

Stream-Zustände

Streamstatus	Beschreibung
good()	Die Operationen waren erfolgreich.
eof()	Wir sind am Ende der Eingabe angekommen („end of file").
fail()	Etwas Unerwartetes ist eingetreten (z.B. haben wir nach einer Ziffer gesucht und **'x'** gefunden).
bad()	Etwas Unerwartetes und Schlimmes ist eingetreten (z.B. Fehler beim Lesen des Laufwerks).

X x;   // ein "Eingabepuffer", der einen Wert vom Typ X aufnehmen kann
while (cin>>x) {
    // tue etwas mit x
}
    // hier landen wir, wenn >> kein anderes X aus cin lesen konnte

B.7.3 Eingabeoperationen

Die Eingabeoperationen sind in **<istream>** deklariert. Lediglich die Eingabeoperationen zum Lesen aus Strings stehen in einem eigenen Header. Sie befinden sich in **<string>**.

Tabelle B.40

Formatierte Eingabe

Operation	Beschreibung
in >> x	Liest aus **in** nach **x** gemäß dem Typ von **x**.
getline(in,s)	Liest eine Zeile aus **in** in den String **s**.

Sofern nichts anderes angegeben ist, liefert eine **istream**-Operation eine Referenz auf ihren **istream**-Stream zurück, sodass wir Operationen „verketten" können (z.B. **cin>>x>>y;**).

Tabelle B.41

Unformatierte Eingabe

Operation	Beschreibung
x=in.get()	Liest ein Zeichen aus **in** und liefert seinen Integer-Wert zurück.
in.get(c)	Liest ein Zeichen aus **in** nach **c**.
in.get(p,n)	Liest höchstens **n** Zeichen aus **in** in das Array, das an Position **p** beginnt.
in.get(p,n,t)	Liest höchstens **n** Zeichen aus **in** in das Array, das an Position **p** beginnt; betrachtet **t** als Abschlusszeichen.
in.getline(p,n)	Liest höchstens **n** Zeichen aus **in** in das Array, das an Position **p** beginnt; entfernt Abschlusszeichen aus **in**.
in.getline(p,n,t)	Liest höchstens **n** Zeichen aus **in** in das Array, das an Position **p** beginnt; betrachtet **t** als Abschlusszeichen; entfernt Abschlusszeichen aus **in**.
in.read(p,n)	Liest höchstens **n** Zeichen aus **in** in das Array, das an Position **p** beginnt;
x=in.gcount()	**x** ist die Anzahl der Zeichen, die bei der letzten unformatierten Eingabeoperation auf **in** gelesen wurden.

Die Funktionen **get()** und **getline()** setzen ein **0** an das Ende der Zeichenfolge (sofern vorhanden), die nach **p[0]**... geschrieben werden; **getline()** entfernt das Abschlusszeichen (**t**) aus der Eingabe, wenn es darauf stößt, während **get()** dies nicht macht. **read(p,n)** schreibt keine **0** hinter die eingelesenen Zeichen in das Array. Offensichtlich sind die Operatoren für die formatierten Eingaben einfacher zu verwenden und weniger fehleranfällig als die für die unformatierten Eingaben.

B.7.4 Ausgabeoperationen

Die Ausgabeoperationen sind in **<ostream>** deklariert. Lediglich die Ausgabeoperationen zum Schreiben in Strings stehen in einem eigenen Header. Sie befinden sich in **<string>**.

Tabelle B.42

Ausgabeoperationen

Operation	Beschreibung
out << x	Schreibt x nach out gemäß dem Typ von x.
out.put(c)	Schreibt das Zeichen c nach out.
out.write(p,n)	Schreibt die Zeichen p[0]..p[n–1] nach out.

Sofern nichts anderes angegeben, liefert eine ostream-Operation eine Referenz auf ihren ostream zurück, sodass wir Operationen „verketten" können (z.B. cout<<x<<y;).

B.7.5 Formatierung

Das Format der Streamein- und -ausgabe wird durch eine Kombination aus Objekttyp, Stream-Zustand, Locale-Informationen (siehe <locale>) und expliziten Operationen gesteuert. In den Kapiteln 10 und 11 finden Sie dazu reichliche Erläuterungen. Hier führen wir lediglich die Standardmanipulatoren auf (Operationen, die den Zustand eines Streams ändern), da sie die einfachste Möglichkeit darstellen, Einfluss auf die Formatierung zu nehmen.

Locale-Formatierung ist ein fortgeschrittenes Thema und kann im Rahmen dieses Buches leider nicht besprochen werden.

B.7.6 Standardmanipulatoren

Die Standardbibliothek stellt Manipulatoren für die verschiedenen Formatzustände und Zustandsänderungen zur Verfügung. Die Standardmanipulatoren sind in <ios>, <istream>, <ostream>, <iostream> und <iomanip> (für Manipulatoren, die Argumente übernehmen) definiert.

Tabelle B.43

E/A-Manipulatoren

Manipulator	Beschreibung
s<<boolalpha	Verwende symbolische Darstellung von true und false (für Ein- und Ausgabe).
s<<noboolalpha	s.unsetf(ios_base::boolalpha)
s<<showbase	Verwende bei der Ausgabe für oct das Präfix 0 und für hex das Präfix 0x.
s<<noshowbase	s.unsetf(ios_base::showbase)
s<<showpoint	Setze immer den Dezimalpunkt.
s<<noshowpoint	s.unsetf(ios_base::showpoint)

E/A-Manipulatoren *(Forts.)*

Manipulator	Beschreibung
s<<showpos	Setze + vor positive Zahlen.
s<<noshowpos	s.unsetf(ios_base::showpos)
s>>skipws	Überspringe Whitespace/Trennzeichen.
s>>noskipws	s.unsetf(ios_base::skipws)
s<<uppercase	Verwende Großbuchstaben in numerischen Ausgaben, z.B. **1.2E10** und **0X1A2** anstelle von **1.2e10** und **0x1a2**.
s<<nouppercase	**x** und **e** anstelle von **X** und **E**.
s<<internal	Fülle auf, wo im Formatmuster vorgesehen.
s<<left	Fülle nach dem Wert auf.
s<<right	Fülle vor dem Wert auf.
s<<dec	Integer-Basis ist 10.
s<<hex	Integer-Basis ist 16.
s<<oct	Integer-Basis ist 8.
s<<fixed	Gleitkommaformat dddd.dd.
s<<scientific	Wissenschaftliches Format d.ddddEdd.
s<<endl	Gib '\n' aus und leere den Stream.
s<<ends	Gib '\0' aus.
s<<flush	Leere den Stream.
s>>ws	Überlies Whitespace-Zeichen.
s<<resetiosflags(f)	Lösche die Flags **f**.
s<<setiosflags(f)	Setze die Flags **f**.
s<<setbase(b)	Gib Integer zur Basis **b** aus.
s<<setfill(c)	Definiere **c** als Füllzeichen.
s<<setprecision(n)	Präzision ist **n** Ziffern.
s<<setw(n)	Nächstes Feld hat **n** Zeichen.

Jede dieser Operationen liefert eine Referenz auf ihren ersten Stream-Operanden **s**. So erzeugt:

cout << 1234 << ',' << hex << 1234 << ',' << oct << 1234 << endl;

zum Beispiel

1234,4d2,2322

und

cout << '(' << setw(4) << setfill('#') << 12 << ") (" << 12 << ")\n";

erzeugt

(##12) (12)

Um explizit das allgemeine Ausgabeformat für Gleitkommazahlen zu setzen, schreiben Sie

b.setf(ios_base::fmtflags(0), ios_base::floatfield)

Siehe Kapitel 11.

B.8 Stringmanipulation

In der Standardbibliothek finden Sie die Operationen zur Klassifizierung der Zeichen in <cctype>, die Strings mit den zugehörigen Operationen in <string>, die Operationen zum Abgleichen regulärer Ausdrücke in <regex> (C++0x) und die Unterstützung für C-Strings in <cstring>.

B.8.1 Klassifizierung von Zeichen

Die Zeichen aus dem grundlegenden Ausführungszeichensatz können mit den Operationen aus ▶ Tabelle B.44 klassifiziert werden.

Tabelle B.44

Zeichenklassifizierung

Operation	Beschreibung
isspace(c)	Ist c ein Whitespace (' ', '\t', '\n' etc.)?
isalpha(c)	Ist c ein Buchstabe ('a'...'z', 'A'...'Z')? (Achtung: kein '_')
isdigit(c)	Ist c eine Dezimalziffer ('0'...'9')?
isxdigit(c)	Ist c eine Hexadezimalziffer (Dezimalziffer oder 'a'...'f' oder 'A'...'F')?
isupper(c)	Ist c ein Großbuchstabe?
islower(c)	Ist c ein Kleinbuchstabe?
isalnum(c)	Ist c ein Buchstabe oder eine Dezimalziffer?
iscntrl(c)	Ist c ein Steuerzeichen (ASCII 0...31 und 127)?
ispunct(c)	Ist c weder ein Buchstabe noch eine Ziffer noch ein Whitespace noch ein unsichtbares Steuerzeichen?
isprint(c)	Ist c druckbar (ASCII ' '...'~')?
isgraph(c)	Ist c isalpha()	isdigit()	ispunct()? (Achtung: kein Leerzeichen)

Darüber hinaus finden Sie in der Standardbibliothek zwei nützliche Funktionen, mit denen Sie die Unterschiede zwischen der Groß- und Kleinschreibung aufheben können.

Tabelle B.45

Operationen zur Aufhebung der Groß-/Kleinschreibung

Operation	Beschreibung
toupper(c)	c oder der zu c äquivalente Großbuchstabe
tolower(c)	c oder der zu c äquivalente Kleinbuchstabe

Erweiterte Zeichensätze wie Unicode werden unterstützt, können aber aus Platzgründen im Rahmen dieses Buches nicht behandelt werden.

B.8.2 Strings

Die String-Klasse der Standardbibliothek, **string**, ist eine Spezialisierung des allgemeinen String-Templates **basic_string** für den Zeichentyp **char**; d.h., **string** ist eine Folge von **char**-Zeichen.

Tabelle B.46

String-Operationen

Operation	Beschreibung
s=s2	Weist s den String s2 zu; s2 kann ein String oder ein C-String sein.
s+=x	Hängt x an das Ende von s an; x kann ein Zeichen, ein String oder ein C-String sein.
s[i]	Indexzugriff
s+s2	Konkatenation; das Ergebnis ist ein neuer String mit den Zeichen von s gefolgt von den Zeichen aus s2.
s==s2	Vergleich von String-Werten; s oder s2, aber nicht beide können ein C-String sein.
s!=s2	Vergleich von String-Werten; s oder s2, aber nicht beide können ein C-String sein.
s<s2	Lexikografischer Vergleich von String-Werten; s oder s2, aber nicht beide können ein C-String sein.
s<=s2	Lexikografischer Vergleich von String-Werten; s oder s2, aber nicht beide können ein C-String sein.
s>s2	Lexikografischer Vergleich von String-Werten; s oder s2, aber nicht beide können ein C-String sein.
s>=s2	Lexikografischer Vergleich von String-Werten; s oder s2, aber nicht beide können ein C-String sein.
s.size()	Anzahl der Zeichen in s
s.length()	Anzahl der Zeichen in s
s.c_str()	C-String-Version (nullterminiert) der Zeichen in s
s.begin()	Iterator auf das erste Zeichen

String-Operationen *(Forts.)*

Operation	Beschreibung
s.end()	Iterator auf die Position eins hinter das Ende von **s**
s.insert(pos,x)	Fügt **x** vor **s[pos]** ein; **x** kann ein Zeichen, ein String oder ein C-String sein.
s.append(pos,x)	Fügt **x** nach **s[pos]** ein; **x** kann ein Zeichen, ein String oder ein C-String sein.
s.erase(pos)	Entfernt das Zeichen in **s[pos]**.
s.push_back(c)	Hängt das Zeichen **c** an.
pos=s.find(x)	Sucht nach **x** in **s**; **x** kann ein Zeichen, ein String oder ein C-String sein; **pos** ist der Index des ersten gefundenen Zeichens, oder **npos** (eine Position eins hinter dem Ende von **s**).
in>>s	Liest ein Wort aus **in** nach **s**.

B.8.3 Reguläre Ausdrücke

Die Bibliothek der regulären Ausdrücke ist noch nicht Teil der Standardbibliothek, was sich jedoch bald ändern wird. Da sie bereits weite Verbreitung gefunden hat, führen wir sie hier mit auf. Ausführliche Informationen dazu finden Sie in Kapitel 23. Die wichtigsten **<regex>**-Funktionen sind:

- Das *Suchen* nach einem String, der mit einem regulären Ausdruck übereinstimmt, in einem (beliebig langen) Stream von Daten – wird unterstützt durch **regex_search()**.
- Das *Abgleichen* eines regulären Ausdrucks mit einem String (bekannter Größe) – wird unterstützt durch **regex_match()**.
- Das *Ersetzen* bei Übereinstimmung des Musterabgleichs – wird unterstützt durch **regex_replace()** (wird in diesem Buch nicht beschrieben, siehe weiterführende Literatur).

Das Ergebnis einer **regex_search()**- oder **regex_match()**-Operation ist eine Sammlung von Übereinstimmungen, die üblicherweise durch ein **smatch**-Objekt repräsentiert werden:

```
regex row( "^[\\w ]+(    \\d+)( \\d+)( \\d+)$");    // Datenzeile

while (getline(in,line)) {  // prüfe Datenzeile
  smatch matches;
  if (!regex_match(line, matches, row))
    error("ungueltige Zeile", lineno);

  // prüfe Reihe:
  int field1 = from_string<int>(matches[1]);
  int field2 = from_string<int>(matches[2]);
  int field3 = from_string<int>(matches[3]);
  // ...
}
```

Die Syntax der regulären Ausdrücke basiert auf Zeichen mit einer speziellen Bedeutung (Kapitel 23).

Tabelle B.47

Sonderzeichen der regulären Ausdrücke

Sonderzeichen	Beschreibung
.	Jedes einzelne Zeichen (ein „Platzhalter")
[	Zeichenklasse
{	Anzahl
(	Anfang Gruppierung
)	Ende Gruppierung
\	Nächstes Zeichen hat eine besondere Bedeutung
*	Null oder mehr
+	Eins oder mehr
?	Optional (null oder eins)
|	Alternativ (oder)
^	Anfang der Zeile; Negation
$	Ende der Zeile

Tabelle B.48

Wiederholungen

Wiederholungen	Beschreibung
{ n }	Genau **n**-mal
{ n, }	**n**-mal oder mehr
{n,m}	Mindestens **n**- und höchstens **m**-mal
*	Null oder mehr, d.h. {0,}
+	Eins oder mehr, d.h. {1,}
?	Optional (null oder eins), d.h. {0,1}

Tabelle B.49

Zeichenklassen

Zeichenklassen	Beschreibung
alnum	Jedes alphanumerische Zeichen oder der Unterstrich
alpha	Jedes alphabetische Zeichen
blank	Jedes Whitespace-Zeichen, das kein Zeilenumbruch ist
cntrl	Jedes Steuerzeichen
d	Jede Dezimalziffer
digit	Jede Dezimalziffer
graph	Jedes grafische Zeichen
lower	Jeder Kleinbuchstabe
print	Jedes druckbare Zeichen
punct	Jedes Satzzeichen
s	Jedes Whitespace-Zeichen
space	Jedes Whitespace-Zeichen
upper	Jeder Großbuchstabe
w	Jedes Wortzeichen (alphanumerische Zeichen)
xdigit	Alle Hexadezimalziffern

Für einige Zeichenklassen gibt es eine verkürzte Notation.

Tabelle B.50

Abkürzungen für Zeichenklassen

Zeichenklassen	Beschreibung	
\d	Dezimalziffer	[[:digit:]]
\l	Kleinbuchstabe	[[:lower:]]
\s	Whitespace (Leerzeichen, Tabulator usw.)	[[:space:]]
\u	Großbuchstabe	[[:upper:]]
\w	Buchstabe, Dezimalziffer oder Unterstrich (_)	[[:alnum:]]
\D	Nicht \d	[^[:digit:]]
\L	Nicht \l	[^[:lower:]]
\S	Nicht \s	[^[:space:]]

Abkürzungen für Zeichenklassen *(Forts.)*		
Zeichenklassen	**Beschreibung**	
\U	Nicht \u	[^[:upper:]]
\W	Nicht \w	[^[:alnum:]]

B.9 Numerik

Die C++-Standardbibliothek stellt die absoluten Basiskomponenten zur Durchführung mathematischer (wissenschaftliche, technische usw.) Berechnungen zur Verfügung.

B.9.1 Numerische Grenzwerte

Jede C++-Implementierung definiert, welche Kenndaten und Eigenschaften die integrierten Typen in der Implementierung haben. Programmierer können diese Eigenschaften dazu nutzen, um gegen Grenzwerte zu prüfen, Wächter zu setzen usw.

Von <limits> erhalten wir **numeric_limits<T>** für jeden integrierten oder Bibliothekstyp **T**. Außerdem kann ein Programmierer **numeric_limits<X>** für einen benutzerdefinierten numerischen Typ **X** definieren. Zum Beispiel:

```
class numeric_limits<float> {
public:
  static const bool is_specialized = true;

  static const int radix = 2;            // Basis des Exponenten (hier binär)
  static const int digits = 24;          // Anzahl der Ziffern in der Mantisse im
                                         // radix-System
  static const int digits10 = 6;         // Anzahl der Ziffern in der Mantisse im
                                         // 10er-System

  static const bool is_signed = true;
  static const bool is_integer = false;
  static const bool is_exact = false;

  static float min() { return 1.17549435E–38F; }     // Beispielwert
  static float max() { return 3.40282347E+38F; }     // Beispielwert

  static float epsilon() { return 1.19209290E–07F; } // Beispielwert
  static float round_error() { return 0.5F; }        // Beispielwert

  static float infinity() { return /* ein Wert */; }
  static float quiet_NaN() { return /* ein Wert */; }
  static float signaling_NaN() { return /* ein Wert */; }
  static float denorm_min() { return min(); }
```

```
    static const int min_exponent = –125;              // Beispielwert
    static const int min_exponent10 = –37;             // Beispielwert
    static const int max_exponent = +128;              // Beispielwert
    static const int max_exponent10 = +38;             // Beispielwert

    static const bool has_infinity = true;
    static const bool has_quiet_NaN = true;
    static const bool has_signaling_NaN = true;
    static const float_denorm_style has_denorm = denorm_absent;
    static const bool has_denorm_loss = false;

    static const bool is_iec559 = true;                // konform zu IEC-559
    static const bool is_bounded = true;
    static const bool is_modulo = false;
    static const bool traps = true;
    static const bool tinyness_before = true;

    static const float_round_style round_style = round_to_nearest;
};
```

In **<limits.h>** und **<float.h>** finden wir Makros, die die Schlüsseleigenschaften von ganzen und Gleitkommazahlen angeben.

Tabelle B.51

Makros für die Wertebereiche von Zahlen

Makro	Beschreibung
CHAR_BIT	Anzahl der Bits in einem **char** (normalerweise 8)
CHAR_MIN	Minimaler **char**-Wert
CHAR_MAX	Maximaler **char**-Wert (normalerweise 127, wenn das **char** ein Vorzeichen hat, und 255, wenn nicht)
INT_MIN	Kleinster **int**-Wert
INT_MAX	Größter **int**-Wert
LONG_MIN	Kleinster **long int**-Wert
LONG_MAX	Größter **long int**-Wert
FLT_MIN	Kleinster positiver **float**-Wert (z.B. **1.175494351e–38F**)
FLT_MAX	Größter **float**-Wert (z.B. **3.402823466e+38F**)
FLT_DIG	Anzahl der Präzisionsziffern (z.B. 6)
FLT_MAX_10_EXP	Größter dezimaler Exponent (z.B. 38)
DBL_MIN	Kleinster **double**-Wert
DBL_MAX	Größter **double**-Wert (z.B. **1.7976931348623158e+308**)
DBL_EPSILON	Kleinster Wert, für den gilt:**1.0+DBL_EPSILON != 1.0**

B.9.2 Mathematische Standardfunktionen

Die Standardbibliothek stellt die geläufigsten mathematischen Funktionen (definiert in <cmath> und <complex>) zur Verfügung:

Tabelle B.52

Mathematische Standardfunktionen

Funktion	Beschreibung
abs(x)	Absolutwert
ceil(x)	Kleinster Integer >= x
floor(x)	Größter Integer <= x
sqrt(x)	Quadratwurzel; x darf nicht negativ sein.
cos(x)	Kosinus
sin(x)	Sinus
tan(x)	Tangens
acos(x)	Arkuskosinus; Ergebnis ist nicht negativ.
asin(x)	Arkussinus; zurückgeliefertes Ergebnis nähert sich 0.
atan(x)	Arkustangens
sinh(x)	Sinus hyperbolicus
cosh(x)	Kosinus hyperbolicus
tanh(x)	Tangens hyperbolicus
exp(x)	Exponentialfunktion zur Basis e
log(x)	Natürlicher Logarithmus zur Basis e; x muss positiv sein.
log10(x)	Logarithmus zur Basis 10

Für jede Funktion gibt es verschiedene Versionen, die Argumente vom Typ **float**, **double**, **long double** und **complex** übernehmen. Der Rückgabetyp ist jeweils gleich dem Typ des Arguments.

Wenn eine mathematische Standardfunktion kein mathematisch korrektes Ergebnis zurückliefern kann, setzt sie die Variable **errno**.

B.9.3 Komplexe Zahlen

Die Standardbibliothek definiert für komplexe Zahlen folgende Datentypen: **complex<float>**, **complex<double>** und **complex<long double>**. Ein **complex<Scalar>**-Typ, bei dem **Scalar** irgendein anderer Typ ist, der aber ebenfalls die normalen arithmetischen Operationen unterstützt, funktioniert zwar, ist aber nicht unbedingt portierbar.

```
template<class Scalar> class complex {
                            // komplexe Zahlen sind skalare Wertepaare (Koordinatenpaare)
    Scalar re, im;
public:
    complex(const Scalar & r, const Scalar & i) :re(r), im(i) { }
    complex(const Scalar & r) :re(r),im(Scalar ()) { }
    complex() :re(Scalar ()), im(Scalar ()) { }

    Scalar real() { return re; }      // Realteil
    Scalar imag() { return im; }      // Imaginärteil

                            // Operatoren: = += –= *= /=
};
```

Als Ergänzung zu den Membern von **complex** stellt **<complex>** noch eine größere Zahl nützlicher Operationen zur Verfügung.

Tabelle B.53

Operatoren komplexer Zahlen

Operation	Beschreibung
z1+z2	Addition
z1–z2	Subtraktion
z1*z2	Multiplikation
z1/z2	Division
z1==z2	Gleichheit
z1!=z2	Ungleichheit
norm(z)	Quadrat von **abs**(z)
conj(z)	Konjugierte: wenn **z** gleich {re,im} ist, dann ist **conj**(z) gleich {re,–im}.
polar(x,y)	Erstellt eine komplexe Zahl aus Polarkoordinaten (rho,theta).
real(z)	Realteil
imag(z)	Imaginärteil
abs(z)	Auch bekannt als rho.
arg(z)	Auch bekannt als theta.
out << z	Komplexe Ausgabe
in >> z	Komplexe Eingabe

Die mathematischen Standardoperationen (§B.9.2) stehen auch für komplexe Zahlen zur Verfügung. Allerdings sollten Sie beachten, dass **complex** weder < noch % bereitstellt (siehe auch §24.9).

B.9.4 Valarrays

Standardmäßig ist ein Valarray ein eindimensionales numerisches Array; d.h., es bietet arithmetische Operationen für einen Arraytyp (wie **Matrix** in Kapitel 24) sowie Unterstützung für **slice()** und **stride()**.

B.9.5 Generische Numerik-Algorithmen

Die Algorithmen aus **<numeric>** stellen allgemeine Versionen einiger des Öfteren benötigten Operationen auf Sequenzen von numerischen Werten zur Verfügung.

Tabelle B.54

Numerische Algorithmen

Operation	Beschreibung
x = accumulate(b,e,i)	**x** ist die Summe von **i** und den Elementen von [**b**:**e**).
x = accumulate(b,e,i,f)	**accumulate**, aber mit **f** anstelle von **+**.
x = inner_product(b,e,b2,i)	**x** ist das innere Produkt von [**b**:**e**) und [**b2**:**b2**+(**e**–**b**)), d.h., die Summe von **i** und (*p1)*(*p2) für alle **p1** in [**b**:**e**) und alle entsprechenden **p2** in [**b2**:**b2**+(**e**–**b**)).
x = inner_product(b,e,b2,i,f,f2)	**inner_product**, aber mit **f** und **f2** anstelle von **+** beziehungsweise *.
p=partial_sum(b,e,out)	Element **i** von [**out**:**p**) ist die Summe der Elemente **0**…**i** von [**b**:**e**).
p=partial_sum(b,e,out,f)	**partial_sum**, aber unter Verwendung von **f** anstelle von **+**.
p=adjacent_difference(b,e,out)	Element **i** von [**out**:**p**) ist *(**b**+**i**)–*(**b**+**i**–1) für **i**>0; wenn **e**–**b**>0, dann ist *out gleich *b.
p=adjacent_difference(b,e,out,f)	**adjacent_difference**, unter Verwendung von **f** anstelle von –.

B.10 C-Funktionen der Standardbibliothek

Die Standardbibliothek für die Sprache C ist bis auf einige kleinere Änderungen komplett in die C++-Standardbibliothek inkorporiert worden. Die C-Standardbibliothek verfügt über einige Funktionen, die sich über die Jahre in einer Vielzahl von Kontexten als nützlich erwiesen haben – vor allem in der maschinennahen Programmierung. Diese Funktionen haben wir hier in folgende gängige Kategorien zusammengefasst:

- Ein-/Ausgabe im C-Stil
- C-Strings
- Speicher
- Datum und Uhrzeit
- Etc.

B Zusammenfassung der Standardbibliothek

Es gibt weitaus mehr C-Standardbibliotheksfunktionen, als wir hier vorstellen können. Falls Sie weiterführende Informationen zu den Funktionen benötigen, empfehlen wir Ihnen zum Vertiefen das hervorragende Buch von Kernighan und Ritchie, *Die C-Programmiersprache*.

B.10.1 Dateien

Das Ein-/Ausgabesystem von <stdio> basiert auf „Dateien". Eine Datei (ein FILE*-Zeiger) kann sich dabei auf eine Datei oder auf einen der Standard-Ein-/Ausgabestreams stdin, stdout und stderr beziehen. Die Standardstreams sind direkt verfügbar, andere Dateien müssen erst geöffnet werden.

Tabelle B.55

Dateien öffnen und schließen

Operation	Beschreibung
f=fopen(s,m)	Öffnet einen Dateistream für eine Datei namens s im Modus m.
x=fclose(f)	Schließt den Dateistream f; liefert im Erfolgsfall 0 zurück.

Ein „Modus" ist ein String, der eine oder mehrere Direktiven enthält, die angeben, wie eine Datei zu öffnen ist.

Tabelle B.56

Dateimodi

Modus	Beschreibung
"r"	Lesen
"w"	Schreiben (alte Inhalte verwerfen)
"a"	Anhängen (am Ende einfügen)
"r+"	Lesen und Schreiben
"w+"	Lesen und Schreiben (alte Inhalte verwerfen)
"b"	Binär; zu verwenden mit einem oder mehreren anderen Modi

Auf einem konkreten System kann es noch weitere Optionen geben. Einige Optionen können zudem kombiniert werden. So versucht zum Beispiel fopen("foo", "rb"), eine Datei namens foo zum binären Lesen zu öffnen. Die E/A-Modi sollten für stdio und iostream-Streams die gleichen sein (§B.7.1).

B.10.2 Die printf()-Familie

Die wohl populärsten C-Standardbibliotheksfunktionen sind die Ein-/Ausgabefunktionen. Insbesondere die formatierte Ausgabefunktion **printf()** ist weitverbreitet (auch in C++-Programmen) und wurde von vielen Programmiersprachen übernommen. (Grundsätzlich empfehlen wir jedoch die **iostream**-Streams, da diese Bibliothek typensicher und erweiterbar ist.)

Tabelle B.57

Die Funktionen der printf()-Familie

Funktion	Beschreibung
n=printf(fmt,args)	Schreibt den „Formatstring" **fmt** nach **stdout** und fügt die Argumente **args** wie angegeben ein.
n=fprintf(f,fmt,args)	Schreibt den „Formatstring" **fmt** in die Datei **f** und fügt die Argumente **args** wie angegeben ein.
n=sprintf(s,fmt,args)	Schreibt den „Formatstring" **fmt** in den C-String **s** und fügt die Argumente **args** wie angegeben ein.

Für alle drei Funktionen ist **n** die Anzahl der geschriebenen Zeichen bzw. eine negative Zahl, wenn die Ausgabe fehlgeschlagen ist. Der Rückgabewert von **printf()** wird allerdings fast immer ignoriert.

Die Deklaration von **printf()** lautet:

int printf(const char* format...);

Mit anderen Worten, die Funktion übernimmt einen C-String (normalerweise ein String-Literal), gefolgt von einer beliebigen Anzahl von Argumenten eines beliebigen Typs. Die Bedeutung dieser „zusätzlichen Argumente" wird durch Konvertierungsangaben wie **%c** (als Zeichen ausgeben) oder **%d** (als Dezimalwert ausgeben) im Formatstring gesteuert. Zum Beispiel:

```
int x = 5;
const char* p = "asdf";
printf("Der Wert von x ist '%d' und der Wert von p ist '%s'\n",x,p);
```

Das Zeichen, welches auf das **%**-Zeichen folgt, legt fest, wie das Argument zu behandeln ist. Das erste **%** bezieht sich auf das erste „zusätzliche Argument" (**%d** bezieht sich hier also auf **x**) und das zweite **%** auf das zweite „zusätzliche Argument" (**%s** bezieht sich hier also auf **p**) und so weiter. Die Ausgabe unseres **printf()**-Aufrufs lautet demnach:

Der Wert von x ist '5' und der Wert von p ist 'asdf'

gefolgt von einem Zeilenumbruch.

Generell kann die Übereinstimmung zwischen einer **%**-Konvertierungsrichtlinie und dem Datentyp, auf den sie angewendet wird, nicht geprüft werden, und selbst dort, wo sie geprüft werden könnte, wird die Prüfung in der Regel unterlassen. Zum Beispiel:

printf("Der Wert von x ist '%s' und der Wert von p ist '%d'\n",x,p);   // Hoppla

B Zusammenfassung der Standardbibliothek

Die Menge der Konvertierungsangaben ist ziemlich umfangreich und bietet ein großes Maß an Flexibilität (und Möglichkeiten der Verwechslung). Hinter dem % können folgende Zeichen stehen:

Tabelle B.58

Formatierung mit printf()

Zeichen	Beschreibung
-	Ein optionales Minuszeichen, welches bewirkt, dass der umgewandelte Wert im Ausgabefeld linksbündig ausgegeben wird.
+	Ein optionales Pluszeichen, welches bewirkt, dass ein vorzeichenbehafteter Datentyp immer mit einem Plus- oder Minuszeichen beginnt.
0	Eine optionale Null, die bewirkt, dass führende Nullen zum Auffüllen eines numerischen Wertes verwendet werden. Wurde ein – oder eine Präzision spezifiziert, wird diese 0 ignoriert.
#	Ein optionales Doppelkreuz, das bewirkt, dass Gleitkommawerte immer mit einem Dezimalpunkt geschrieben werden (auch wenn keine Ziffern ungleich Null folgen), dass nachfolgende Nullen ausgegeben werden und dass oktale Werte mit 0 und hexadezimale Werte mit 0x oder 0X beginnen.
d	Ein optionaler Ziffernstring, der eine Feldbreite angibt. Hat der umgewandelte Wert weniger Zeichen als die Feldbreite, wird mit Leerzeichen links (oder rechts, wenn linksbündig eingeschaltet wurde) gefüllt. Falls die Feldbreite mit 0 beginnt, wird mit Nullen statt mit Leerzeichen aufgefüllt.
.	Ein optionaler Punkt, der dazu dient, die Feldbreite von einem nachfolgenden Ziffernstring zu trennen.
dd	Ein optionaler Ziffernstring, der die Genauigkeit angibt. Das ist entweder die Anzahl der Ziffern nach dem Dezimalpunkt bei der e- oder f-Konvertierung oder die maximale Anzahl von Zeichen bei der Ausgabe eines Strings.
*	Die Feldbreite oder Genauigkeit darf statt einem Ziffernstring auch ein Stern sein. In dem Fall gibt ein Integer-Argument die Feldbreite oder Genauigkeit an.
h	Ein optionales h gibt an, dass das folgende d, o, x oder u zu einem short-Integer korrespondiert.
l	Ein optionales l (der Buchstabe l) gibt an, dass das folgende d, o, x oder u zu einem long-Integer korrespondiert.
L	Ein optionales L gibt an, dass das folgende e, E, g, G oder f zu einem long double-Argument korrespondiert.
%	Veranlasst die Ausgabe des Zeichens %. Es wird kein Argument verwendet.
c	Ein Zeichen, das die Art der Konvertierung angibt. Folgende Zeichen können verwendet werden: d Das Integer-Argument wird dezimal ausgegeben. i Das Integer-Argument wird dezimal ausgegeben. o Das Integer-Argument wird oktal ausgegeben. x Das Integer-Argument wird hexadezimal ausgegeben. X Das Integer-Argument wird hexadezimal ausgegeben.

Formatierung mit printf() *(Forts.)*

Zeichen	Beschreibung
f	Das **float**- oder **double**-Argument wird in eine dezimale Notation im Stil [-]*ddd.ddd* umgewandelt. Die Anzahl der Ziffern nach dem Dezimalpunkt ist gleich der spezifizierten Genauigkeit. Falls notwendig, wird die Zahl gerundet. Falls die Genauigkeit fehlt, werden sechs Ziffern verwendet. Falls die Genauigkeit explizit **0** ist und **#** nicht angegeben wird, werden weder Dezimalpunkt noch Nachkommastellen ausgegeben.
e	Das **float**- oder **double**-Argument wird in eine dezimale Notation im wissenschaftlichen Stil [-]*d.ddde+dd* oder [-]*d.ddde-dd* umgewandelt, wobei eine Ziffer vor dem Dezimalpunkt steht und die Anzahl der Ziffern nach dem Dezimalpunkt gleich der spezifizierten Genauigkeit ist. Falls notwendig, wird die Zahl gerundet. Falls die Genauigkeit fehlt, werden sechs Ziffern verwendet. Falls die Genauigkeit explizit **0** ist und **#** nicht angegeben wird, werden weder Dezimalpunkt noch Nachkommastellen ausgegeben.
E	Wie **e**, aber mit großem **E** für den Exponenten.
g	Das **float**- oder **double**-Argument wird im Stil **d**, **f** oder **e** ausgegeben, je nachdem, womit die größte Genauigkeit bei kleinstem Platzbedarf erreicht wird.
G	Wie **g**, aber mit großem **E** für den Exponenten.
c	Das Zeichen-Argument wird ausgegeben. Nullzeichen werden ignoriert.
s	Das Argument wird als String (**char**) interpretiert, und es werden alle Zeichen des Strings bis zum Nullzeichen oder bis zur Anzahl der Genauigkeit ausgegeben. Falls die Genauigkeit allerdings 0 ist oder fehlt, werden alle Zeichen bis Null ausgegeben.
p	Das Argument wird als Zeiger interpretiert. Die Darstellung ist implementierungsabhängig.
u	Das vorzeichenfreie Integer-Argument wird dezimal ausgegeben.
n	Die Anzahl der Zeichen, die bisher von dem **printf()**-, **fprintf()**- oder **sprintf()**-Aufruf ausgegeben wurden, wird in das **int**-Objekt geschrieben, auf welches das zugehörige Argument (ein Zeiger auf **int**) verweist.

Eine zu kleine oder gar nicht angegebene Feldbreite führt niemals dazu, dass Zeichen abgeschnitten werden. Füllzeichen werden nur verwendet, wenn die Feldbreite größer ist als die Anzahl der Zeichen des Wertes.

Da C keine benutzerdefinierten Typen im Stile von C++ kennt, gibt es keine Möglichkeiten Ausgabeformate für benutzerdefinierte Typen wie **complex**, **vector** oder **string** zu definieren.

Die C-Standardausgabe **stdout** entspricht **cout**. Die C-Standardeingabe **stdin** entspricht **cin**. Die C-Standardfehlerausgabe **stderr** entspricht **cerr**. Diese Übereinstimmung zwischen der C-Standard-E/A und den C++-E/A-Streams ist so eng, dass sich die C-Stil-E/A und die E/A-Streams einen Puffer teilen können. So können zum Beispiel **cout**- und **stdout**-Operationen zusammen verwendet werden, um einen einzelnen Ausgabestream zu erzeugen (das kommt in gemischten C- und C++-Code gar nicht so selten vor). Diese Flexibilität hat natürlich ihren Preis. Wer auf die Performance achten muss, sollte **stdio**- und **iostream**-Operationen für einen einzelnen Stream nicht mischen und vor der ersten E/A-Operation **ios_base::sync_with_stdio(false)** aufrufen.

Die **stdio**-Bibliothek stellt als Pendant zu **printf()** die Funktion **scanf()** zur Verfügung. Die Funktion **scanf()** ist eine Eingabeoperation, die den Stil von **printf()** nachahmt. Zum Beispiel:

int x;
char s[buf_size];
int i = scanf("Der Wert von x ist '%d' und der Wert von s ist '%s'\n",&x,s);

Hier versucht **scanf()** einen Integer-Wert in **x** und eine Folge von Nicht-Whitespace-Zeichen in **s** einzulesen. Zeichen, die keine Formatzeichen sind, geben an, dass die Eingabe dieses Zeichen enthalten soll. Zum Beispiel würde für

Der Wert von x ist '123' und der Wert von s ist 'string '\n"

den Wert **123** in **x** und die Zeichenfolge „string " gefolgt von einer **0** in **s** eingelesen. Wenn der Aufruf von **scanf()** erfolgreich war, ist der Ergebniswert (**i** im Aufruf oben) die Anzahl der Argumentzeiger, denen zugewiesen wurde (in unserem Beispiel hoffentlich 2), andernfalls **EOF**. Diese Art, die Eingabe zu spezifizieren ist sehr fehleranfällig (was würde z.B. passieren, wenn Sie in der Eingabezeile das Leerzeichen nach „string" vergessen hätten?). Alle Argumente an **scanf()** müssen Zeiger sein. Wir raten Ihnen dringend von der Verwendung von **scanf()** ab.

Wie aber sollten wir dann Eingabe einlesen, wenn wir verpflichtet sind, **stdio** zu verwenden? Eine häufige Antwort lautet „Verwenden Sie die Standardbibliotheksfunktion **gets()**":

// sehr gefährlicher Code:
char s[buf_size];
char* p = gets(s);   **// lies eine Zeile in s ein**

Der Aufruf **p=gets(s)** liest Zeichen in **s** ein, bis er auf einen Zeilenumbruch oder das Dateiende trifft oder eine Null nach dem letzten Zeichen steht, das in **s** geschrieben wird. Wenn das Ende der Datei erreicht ist oder ein Fehler auftritt, wird **p** auf **NULL** (d.h. **0**) gesetzt; ansonsten wird es auf **s** gesetzt. Verwenden Sie niemals **gets(s)** oder deren ungefähre Entsprechung (**scanf("%s",s)**)! Jahrelang waren diese Funktionen die Hauptangriffsziele von Virusentwicklern! Wenn Sie eine Eingabe bereitstellen, die den Eingabepuffer überlaufen lässt (in diesem Falle **s**), laufen Sie Gefahr, dass das Programm aufgebrochen wird und der Computer von einem Angreifer übernommen werden kann. Die Funktion **sprintf()** leidet unter ähnlichen Pufferüberlaufproblemen.

Die Bibliothek **stdio** stellt auch einfache und nützliche Funktionen zum Lesen und Schreiben von Zeichen zur Verfügung.

Tabelle B.59

stdio-Zeichenfunktionen

	Beschreibung
x=getc(st)	Liest ein Zeichen aus dem Eingabestream **st**; liefert den numerischen Wert des Zeichens zurück; **x==EOF**, wenn das Ende der Datei erreicht wurde oder ein Fehler auftritt.
x=putc(c,st)	Schreibt das Zeichen **c** in den Ausgabestream **st**; liefert den numerischen Wert des geschriebenen Zeichens zurück; **x==EOF**, wenn ein Fehler auftritt.
x=getchar()	Liest ein Zeichen aus **stdin**; liefert den numerischen Wert des Zeichens zurück; **x==EOF**, wenn das Ende der Datei erreicht wurde oder ein Fehler auftritt.
x=putchar(c)	Schreibt das Zeichen **c** nach **stout**; liefert den numerischen Wert des geschriebenen Zeichens zurück; **x==EOF**, wenn ein Fehler auftritt.
x=ungetc(c,st)	Stellt das Zeichen **c** zurück in den Eingabestream **st**; liefert den numerischen Wert des zurückgestellten Zeichens zurück; **x==EOF**, wenn ein Fehler auftritt.

Man beachte, dass das Ergebnis dieser Funktionen ein **int**-Wert ist (und kein **char**, sonst wäre es nicht möglich, **EOF** zurückzuliefern). Eine typische Eingabeschleife im C-Stil sieht beispielsweise wie folgt aus:

```
int ch; /* kein char ch; */
while ((ch=getchar())!=EOF) { /* tue etwas */ }
```

Führen Sie nicht hintereinander zwei **ungetc(c)** auf einen Stream aus. Das Ergebnis ist undefiniert und (deshalb) nicht portierbar.

Es gibt weitere **stdio**-Funktionen. Wenn Sie mehr über diese Funktionen wissen möchten, nehmen Sie ein gutes Fachbuch wie z.B. das von K&R zur Hand.

B.10.3 C-Strings

Ein C-String (oder C-Stil-String) ist ein nullterminiertes Array von Zeichen. Dieses Konzept eines Strings wird von einem Satz Funktionen unterstützt, die in <cstring> definiert sind (oder in <string.h>; jedoch nicht – Achtung! – in <string> und <cstdlib>). Diese Funktionen operieren auf C-Strings über **char***-Zeiger (**const char***-Zeiger bei Speicher, der nur gelesen wird).

Tabelle B.60

Operationen für C-Strings

Operation	Beschreibung
x=strlen(s)	Zählt die Anzahl der Zeichen (ohen die abschließende 0).
p=strcpy(s,s2)	Kopiert s2 nach s; [s:s+n) und [s2:s2+n) dürfen nicht überlappen; p=s; die abschließende 0 wird kopiert.
p=strcat(s,s2)	Kopiert s2 an das Ende von s; p=s; die abschließende 0 wird kopiert.
x=strcmp(s, s2)	Vergleicht lexikografisch: wenn s<s2, dann ist x negativ; wenn s==s2, dann ist x==0; wenn s>s2, dann ist x positiv.
p=strncpy(s,s2,n)	strcpy; maximal n Zeichen; das Kopieren der abschließenden 0 kann fehlschlagen; p=s.
p=strncat(s,s2,n)	strcat; maximal n Zeichen; das Kopieren der abschließenden 0 kann fehlschlagen; p=s.
x=strncmp(s,s2,n)	strcmp; maximal n Zeichen.
p=strchr(s,c)	Veranlasst, dass p auf das erste c in s zeigt.
p=strrchr(s,c)	Veranlasst, dass p auf das letzte c in s zeigt.
p=strstr(s,s2)	Veranlasst, dass p auf das erste Zeichen von s zeigt, das einen Teilstring einleitet, der gleich s2 ist.
p=strpbrk(s,s2)	Veranlasst, dass p auf das erste Zeichen von s zeigt, das auch in s2 gefunden wird.
x=atof(s)	Extrahiert einen double aus s.
x=atoi(s)	Extrahiert einen int aus s.
x=atol(s)	Extrahiert einen long int aus s.
x=strtod(s,p)	Extrahiert einen double aus s; setzt p auf das erste Zeichen nach dem double.
x=strtol(s,p)	Extrahiert einen long int aus s; setzt p auf das erste Zeichen nach dem long.
x=strtoul(s,p)	Extrahiert einen unsigned long int aus s; setzt p auf das erste Zeichen nach dem long.

Beachten Sie, dass in C++ **strchr()** und **strstr()** dupliziert sind, um sie typensicher zu machen (die C++-Versionen können einen **const char***-Zeiger nicht wie ihre C-Schwestern in einen **char***-Zeiger verwandeln, siehe auch §27.5).

Die Funktionen zum Extrahieren von Zahlen suchen in ihrem C-String-Argument nach einer in der üblichen Weise formatierten Darstellung einer Zahl – wie z.B. **"124"** oder **" 1.4"**. Wenn eine solche Darstellung nicht gefunden wird, liefert die Extraktionsfunktion **0** zurück. Zum Beispiel:

int x = atoi("fortytwo");   /* x wird 0 */

B.10.4 Speicher

Die Funktionen zur Speichermanipulation operieren auf „rohem Speicher" (ohne Typinformationen). Der Zugriff erfolgt über **void***-Zeiger (**const void***-Zeiger bei Speicher, der nur gelesen wird).

Tabelle B.61

Speicheroperationen in C

Operation	Beschreibung
q=memcpy(p, p2, n)	Kopiert **n** Bytes aus **p2** nach **p** (wie **strcpy**); [**p**:**p**+**n**] und [**p2**:**p2**+**n**] dürfen sich nicht überlappen; **q=p**.
q=memmove(p,p2,n)	Kopiert **n** Bytes aus **p2** nach **p**; **q=p**.
x=memcmp(p,p2,n)	Vergleicht **n** Bytes aus **p2** mit den äquivalenten **n** Bytes aus **p** (wie **strcmp**).
q=memchr(p,c,n)	Sucht **c** (umgewandelt in ein **unsigned char**) in **p**[0]...**p**[**n**–1] und lässt **q** auf dieses Element zeigen; **q=0**, wenn **c** nicht gefunden wird.
q=memset(p,c,n)	Kopiert **c** (umgewandelt in ein **unsigned char**) in jedes Element von **p**[0]...[**n**–1]; **q=p**.
p=calloc(n,s)	Reserviert **n*s** Bytes, die mit **0** initialisiert sind, auf dem Freispeicher; **p=0**, wenn **n*s** Bytes nicht reserviert werden konnten.
p=malloc(s)	Reserviert **s** nicht initialisierte Bytes auf dem Freispeicher; **p=0**, wenn nicht **s** Bytes reserviert werden konnten.
q=realloc(p,s)	Reserviert **s** Bytes auf dem Freispeicher; **p** muss ein Zeiger sein, der von **malloc()** oder **calloc()** zurückgeliefert wurde; wenn möglich, wird der Speicherplatz, auf den **p** zeigt, erneut verwendet; wenn dies nicht möglich ist, werden alle Bytes aus dem Bereich, auf den **p** zeigt, in einen neuen Bereich kopiert; **q=0**, wenn nicht **s** Bytes reserviert werden konnten.
free(p)	Gibt den Speicher frei, auf den **p** zeigt; **p** muss ein Zeiger sein, der von **malloc()**, **calloc()** oder **realloc()** zurückgeliefert wurde.

Beachten Sie, dass **malloc()** usw. keine Konstruktoren und **free()** keine Destruktoren aufrufen. Verwenden Sie diese Funktionen nicht für Typen mit Konstruktoren oder Destruktoren. Auch **memset()** sollte nie für einen Typ mit einem Konstruktor verwendet werden.

Die **mem***-Funktionen finden Sie in **<cstring>** und die Allokationsfunktionen in **<cstdlib>**.

Sehen Sie hierzu auch §27.5.2.

B.10.5 Datum und Uhrzeit

In **<ctime>** finden Sie mehrere Typen und Funktionen, die mit Datum und Uhrzeit zu tun haben.

Tabelle B.62

Datums- und Zeittypen

Operation	Beschreibung
clock_t	Ein arithmetischer Typ für kurze Zeitintervalle (vielleicht nur Intervalle von einigen Minuten)
time_t	Ein arithmetischer Typ für große Zeitintervalle (vielleicht Jahrhunderte)
tm	Eine Struktur für Datums- und Zeitangaben (ab dem Jahr 1900)

```
struct tm {
  int tm_sec;     // Sekunde der Minute [0:61]; 60 und 61 sind Schaltsekunden
  int tm_min;     // Minute der Stunde [0,59]
  int tm_hour;    // Stunde des Tages [0,23]
  int tm_mday;    // Tag des Monats [1,31]
  int tm_mon;     // Monat des Jahres [0,11]; 0 bedeutet Januar
                  // (Achtung: nicht [1:12])
  int tm_year;    // Jahr seit 1900; 0 bedeutet 1900 und 102 bedeutet 2002
  int tm_wday;    // Tage seit Sonntag [0,6]; 0 bedeutet Sonntag
  int tm_yday;    // Tage seit 1. Januar [0,365]; 0 bedeutet 1. Januar
  int tm_isdst;   // Stunden der Sommerzeit
};
```

Datums- und Uhrzeitfunktionen:

```
clock_t clock();                         // Anzahl der Uhrticks seit Beginn des Programms

time_t time(time_t* pt);                 // aktuelle Kalenderzeit
double difftime(time_t t2, time_t t1);   // t2–t1 in Sekunden

tm* localtime(const time_t* pt);         // lokale Zeit für *pt
tm* gmtime(const time_t* pt);            // Greenwich Mean Time (GMT) tm für *pt, oder 0

time_t mktime(tm* ptm);                  // time_t für *ptm, oder time_t(–1)

char* asctime(const tm* ptm);            // C-Stringdarstellung für *ptm
char* ctime(const time_t* t) { return asctime(localtime(t)); }
```

Ein Beispiel für das Ergebnis eines Aufrufs von **asctime()** ist **"Sun Sep 16 01:03:52 1973\n"**.

Hier ein Beispiel dafür, wie **clock** verwendet werden kann, um die Ausführungszeit einer Funktion zu messen (**do_something**()):

```
int main(int argc, char* argv[])
{
  int n = atoi(argv[1]);

  clock_t t1 = clock();      // Startzeit
```

B.10 C-Funktionen der Standardbibliothek

```
if (t1 == clock_t(–1)) {              // clock_t(–1) bedeutet "clock() funktioniert nicht"
  cerr << "Sorry, keine Uhr verfügbar\n";
  exit(1);
}
for (int i = 0; i<n; i++) do_something();   // Messschleife

clock_t t2 = clock();                 // Endzeit
if (t2 == clock_t(–1)) {
  cerr << "sorry, clock overflow\n";
  exit(2);
}
cout << n << " Aufrufe von " << "do_something()" << " benoetigten "
  << double(t2–t1)/CLOCKS_PER_SEC << " Sekunden"
  << " (Messgenauigkeit: " << CLOCKS_PER_SEC
  << " -tel einer Sekunde)\n";
}
```

Die explizite Umwandlung von **double(t2-t1)** vor der Division ist notwendig, da **clock_t** ein Integer-Wert sein könnte. Für die Werte **t1** und **t2**, die von **clock()** zurückgeliefert werden, ist **double(t2-t1)/CLOCKS_PER_SEC** die beste Annäherung des Systems an die Zeit in Sekunden zwischen zwei Aufrufen.

Wenn **clock()** für einen Prozessor nicht zur Verfügung steht oder wenn ein Zeitintervall zu lang war, um es zu messen, liefert **clock()** den Wert **clock_t(-1)** zurück.

B.10.6 Weitere Funktionen

In **<cstdlib>** finden wir noch einige weitere Funktionen:

Tabelle B.63

Weitere Funktionen aus stdlib etc.

Operation	Beschreibung
abort()	Beendet das Programm „anormal".
exit(n)	Beendet das Programm mit dem Wert **n**; **n==0** bedeutet erfolgreiche Beendigung.
system(s)	Führt den C-String als Befehl aus (systemabhängig).
qsort(b,n,s,cmp)	Sortiert ein Array ab Position **b** mit **n** Elementen der Größe **s** unter Verwendung der Vergleichsfunktion **cmp**.
bsearch(k,b,n,s,cmp)	Sucht nach **k** in dem sortierten Array ab Position **b** mit **n** Elementen der Größe **s** unter Verwendung der Vergleichsfunktion **cmp**.
d=rand()	**d** ist eine Pseudo-Zufallszahl im Bereich [0:RAND_MAX].
srand(d)	Startet eine Folge von Pseudo-Zufallszahlen unter Verwendung von **d** als seed (Initialwert für Zufallsgenerator).

Die von **qsort()** und **bsearch()** verwendete Vergleichsfunktion (**cmp()**) muss folgenden Typ haben:

int (*cmp)(const void* p, const void* q);

Das heißt, die Sortierfunktion, die ihr Array einfach nur als eine Folge von Bytes sieht, kennt keine Typinformationen. Der zurückgelieferte Integer-Wert ist

- negativ, wenn ***p** als kleiner als ***q** betrachtet wird;
- null, wenn ***p** als gleich ***q** betrachtet wird;
- positiv, wenn ***p** als größer als ***q** betrachtet wird.

Beachten Sie, dass **exit()** und **abort()** keine Destruktoren aufrufen. Wenn Sie wollen, dass Destruktoren für konstruierte automatische und statische Objekte (§A.4.2) aufgerufen werden, müssen Sie eine Ausnahme werfen.

Weitere Standardbibliotheksfunktionen finden Sie in dem Werk von K&R oder anderen namhaften Sprachreferenzen.

B.11 Andere Bibliotheken

Bei der Suche nach einem bestimmten Hilfsmittel in der Standardbibliothek gibt es immer wieder Fälle, in denen Sie nicht das finden, was Sie wirklich benötigen. Verglichen mit der Vielzahl der Herausforderungen, denen ein Programmierer sich stellen muss, und der großen Anzahl an Bibliotheken in der Welt, ist die C++-Standardbibliothek wirklich winzig. Es gibt viele weitere Bibliotheken für

- grafische Benutzeroberflächen
- fortgeschrittene mathematische Berechnungen
- Datenbankzugriff
- Netzwerke
- XML
- Datum und Uhrzeit
- Dateisystemmanipulation
- 3D-Grafik
- Animation
- etc.

Diese Bibliotheken sind wie gesagt nicht Teil des Standards. Dies bedeutet nicht, dass sie von schlechterer Qualität sein müssen (verfallen Sie bitte nicht dem Glauben, dass die einzigen nützlichen Bibliotheken diejenigen wären, die zur Standardbibliothek gehören), aber Sie müssen im Internet nach ihnen suchen oder Freunde und Kollegen fragen.

Erste Schritte mit Visual Studio

- C.1 Ein Programm zur Ausführung bringen 1152
- C.2 Visual Studio installieren 1152
- C.3 Ein Programm erzeugen und ausführen 1152
- C.4 Später 1155

ÜBERBLICK

C

C Erste Schritte mit Visual Studio

„Das Universum ist nicht nur seltsamer, als wir es uns vorstellen; es ist sogar seltsamer, als wir es uns vorstellen können."

– J. B. S. Haldane

Dieser Anhang erläutert die Schritte, die notwendig sind, um ein Programm mit Microsoft Visual Studio aufzurufen, zu kompilieren und auszuführen.

C.1 Ein Programm zur Ausführung bringen

Bevor Sie ein Programm ausführen können, müssen Sie alle dazugehörigen Dateien zusammenbringen (sodass eine Datei, die eine andere aufruft, diese auch findet – z.B. wenn Ihre Quellcodedatei eine Headerdatei einbindet). Anschließend müssen Sie den Compiler sowie den Linker aufrufen (um zumindest die C++-Standardbibliothek einzubinden) und schließlich das Programm ausführen. Hierfür gibt es diverse Möglichkeiten, Programmierwerkzeuge (einschließlich Entwicklungsumgebungen) und unterschiedliche Konventionen, die auf den verschiedenen Systemen (z.B. Windows und Linux) zu beachten sind. Alle Beispiele in diesem Buch lassen sich jedoch problemlos auf allen größeren Systemen unter Verwendung der derzeit gängigen Programmierwerkzeuge ausführen. Dieser Anhang erläutert, wie Sie bei einem der bedeutenderen Systeme, Visual Studio von Microsoft, vorgehen.

Wir persönlich finden kaum etwas frustrierender, als das erste Programm auf einem neuen, uns fremden System erfolgreich zur Ausführung zu bringen. Scheuen Sie sich also nicht, im Bedarfsfall um Hilfe zu bitten. Achten Sie jedoch darauf, dass derjenige, der Ihnen hilft, Ihnen zeigt, wie es geht – statt Ihnen einfach nur die Arbeit abzunehmen.

C.2 Visual Studio installieren

Visual Studio ist eine interaktive Entwicklungsumgebung (IDE) für Windows. Wenn Visual Studio auf Ihrem Rechner noch nicht installiert ist, können Sie eine Kopie erwerben und bei der Installation den mitgelieferten Anweisungen folgen oder Sie können die kostenlose Visual-C++-Express-Version von *www.microsoft.com/express/download* herunterladen und installieren. Die Beschreibung der folgenden Schritte basiert auf der Visual Studio 2008 Express Edition. Andere Versionen können leicht davon abweichen.

C.3 Ein Programm erzeugen und ausführen

Folgende Schritte sind erforderlich:

1. Ein neues Projekt anlegen.
2. Dem Projekt eine neue C++-Quellcodedatei hinzufügen.
3. Ihren Quellcode eingeben.

4 Eine ausführbare Datei erstellen.
5 Das Programm ausführen.
6 Das Programm speichern.

C.3.1 Ein neues Projekt anlegen

In Visual Studio versteht man unter einem Projekt eine Sammlung von Dateien, die zusammen erforderlich sind, um unter Windows ein Programm (oder auch Anwendung genannt) zu erzeugen und auszuführen.

1 Öffnen Sie die Visual C++ IDE, indem Sie auf das Symbol für die Microsoft Visual C++ 2008 Express Edition klicken oder wählen Sie das Programm über START/PROGRAMME/VISUAL C++ 9.0 EXPRESS EDITION/MICROSOFT VISUAL C++ 2008 EXPRESS EDITION.

2 Öffnen Sie das Menü DATEI, wählen Sie die Option NEU und klicken Sie im Untermenü auf PROJEKT.

3 Wählen Sie als Projekttyp den Eintrag VISUAL C++.

4 Wählen Sie im VORLAGEN-Fenster den Eintrag WIN32-KONSOLENANWENDUNG.

5 Geben Sie im NAME-Eingabefeld einen Namen für Ihr Projekt ein, z.B. *Hello,World!*.

6 Wählen Sie ein Verzeichnis für Ihr Projekt aus. Eigentlich spricht nichts gegen das vorgegebene Verzeichnis *C:\Dokumente und Einstellungen\Ihr Name\Meine Dokumente\Visual Studio 2008\Projekte*.

7 Klicken Sie auf OK.

8 Danach sollte der WIN32-Anwendungsassistent erscheinen.

9 Klicken Sie auf der linken Seite des Dialogfeldes auf ANWENDUNGSEINSTELLUNGEN.

10 Aktivieren Sie unter ZUSÄTZLICHE OPTIONEN den Eintrag LEERES PROJEKT.

11 Klicken Sie auf FERTIG STELLEN. Alle Compilereinstellungen sollten damit für Ihr Konsolenprojekt initialisiert sein.

C.3.2 Die Headerdatei std_lib_facilities.h verwenden

Wir empfehlen, dass Sie in Ihren ersten Programmen die von uns zur Verfügung gestellte Headerdatei *std_lib_facilities.h* zu verwenden. Legen Sie ein Kopie davon in dem Verzeichnis ab, das Sie in §C.3.1, Schritt 6, ausgewählt haben. (Achten Sie darauf, die Datei als Text und nicht als HTML-Datei zu speichern.) Um auf diese Datei zuzugreifen, müssen Sie sie wie folgt in Ihr Programm einbinden:

```
#include "../../std_lib_facilities.h"
```

Mit „../../" teilen Sie dem Compiler mit, dass Sie den Header in *C:\Dokumente und Einstellungen\Ihr Name\Meine Dokumente\Visual Studio 2008\Projekte* abgelegt haben, sodass er von allen Ihren Projekten verwendet werden kann. Hätten Sie den Header direkt in das Projektverzeichnis Ihrer Quellcodedatei kopiert, müssten Sie für jedes Projekt eine eigene Kopie anlegen.

C.3.3 Dem Projekt eine C++-Quellcodedatei hinzufügen

In Ihrem Programm benötigen Sie zumindest eine, oft sogar viele Quellcodedateien:

1 Klicken Sie in der Menüleiste auf das Symbol NEUES ELEMENT HINZUFÜGEN (normalerweise das zweite Symbol von links). Damit öffnen Sie das Dialogfeld NEUES ELEMENT HINZUFÜGEN. Wählen Sie in der Kategorie VISUAL C++ den Eintrag CODE.

2 Wählen Sie im Vorlagen-Fenster das Symbol C++-DATEI (.CPP). Geben Sie den Namen Ihrer Programmdatei (*Hello,World!*) in dem NAME-Eingabefeld ein und klicken Sie auf HINZUFÜGEN.

Damit haben Sie eine leere Quellcodedatei erzeugt. Jetzt können Sie damit beginnen, Ihren Quellcode einzutippen.

C.3.4 Quellcode eingeben

Jetzt können Sie entweder den Quellcode von Hand in die IDE eintippen oder aus einer anderen Quelle hierhin kopieren.

C.3.5 Ein ausführbares Programm erstellen

Wenn Sie der Meinung sind, dass Sie den Quellcode für Ihr Programm ordnungsgemäß und vollständig eingegeben haben, wählen Sie im Menü ERSTELLEN den Eintrag PROJEKTMAPPE ERSTELLEN oder klicken Sie auf das dreieckige nach rechts weisende Symbol von der Liste der Symbole oben in der IDE. Daraufhin wird die IDE versuchen, Ihr Programm zu kompilieren und zu linken. Falls dieser Schritt erfolgreich war, sollten Sie folgende Meldung im AUSGABE-Fenster erhalten:

Erstellen: 1 erfolgreich, Fehler bei 0, 0 aktuell, 0 übersprungen

Andernfalls erhalten Sie eine Reihe von Fehlermeldungen. Debuggen Sie daraufhin das Programm und ERSTELLEN Sie es erneut.

Wenn Sie das dreieckige Symbol verwendet haben, wird die Ausführung des Programms automatisch gestartet, wenn keine Fehler zu verzeichnen waren. Wenn Sie das Programm über das Menüelement ERSTELLEN/PROJEKTMAPPE ERSTELLEN kompiliert und gelinkt haben, müssen Sie die Programmausführung, wie in §C.3.6 beschrieben, explizit anstoßen.

C.3.6 Das Programm ausführen

Nachdem Sie alle Fehler eliminiert haben, führen Sie das Programm aus, indem Sie im DEBUG-Menü den Befehl STARTEN OHNE DEBUGGING aufrufen.

C.3.7 Das Programm speichern

Klicken Sie hierzu im Menü DATEI auf den Eintrag ALLE SPEICHERN. Falls Sie dies vergessen haben und versuchen, die IDE zu schließen, werden Sie von der IDE daran erinnert, dass das Projekt noch nicht gespeichert wurde.

C.4 Später

Die IDE verfügt über eine fast unendliche Zahl an Features und Optionen. Machen Sie sich darüber am Anfang nicht allzu viele Gedanken – oder Sie verlieren den Überblick. Wenn Sie irgendwann ein Projekt derart in den Sand setzen, dass es sich äußerst seltsam verhält, fragen Sie einen erfahrenen Freund oder Kollege um Hilfe oder beginnen Sie von vorn und starten Sie ein neues Projekt. Nach und nach können Sie sich dann mit den ganzen Features und Optionen vertraut machen.

FLTK-Installation

D.1 Einführung 1158
D.2 Das FLTK herunterladen 1158
D.3 Das FLTK installieren 1159
D.4 Das FLTK in Visual Studio verwenden 1160
D.5 Testen, ob alles funktioniert 1160

D FLTK-Installation

„Wenn der Code und die Kommentare nicht übereinstimmen, dann sind wahrscheinlich beide falsch."

– Norm Schryer

Dieser Anhang beschreibt, wie Sie das FLTK-Grafik-/GUI-Toolkit herunterladen, installieren und linken.

D.1 Einführung

Als Grundlage für die Präsentation unserer Grafik- und GUI-Themen haben wir das Fast Light Toolkit (abgekürzt FLTK, gesprochen „full tick") gewählt, weil es portabel, relativ einfach, einigermaßen verbreitet und ziemlich leicht zu installieren ist. Wir werden beschreiben, wie Sie das FLTK unter Microsoft Visual Studio installieren, denn diese Kombination wird von unseren Studenten am meisten verwendet und ist am schwierigsten einzurichten. Wenn Sie ein anderes System verwenden (wie es auch bei unseren Studenten hin und wieder vorkommt), schauen Sie einfach in den Hauptordner (Verzeichnis) der heruntergeladenen Dateien (§D.3) nach Anweisungen zu dem von Ihnen favorisierten System.

Wenn Sie eine Bibliothek benutzen möchten, die nicht Teil des ISO-C++-Standards ist, müssen Sie (oder jemand anders) diese Bibliothek zuerst herunterladen und installieren, und Sie müssen wissen, wie Sie die Bibliothek von Ihrem eigenen Code aus korrekt ansprechen. Das ist selten völlig trivial und da ohne entsprechende Erfahrung das Herunterladen und Installieren selbst der besten Bibliothek ziemlich frustrierend sein kann, ist die Installation des FLTK für Sie mit Sicherheit eine gute Übung. Sollten Sie dabei auf Probleme stoßen, zögern Sie nicht, andere um Rat zu fragen, die bereits über mehr Erfahrung verfügen. Aber überlassen Sie diesen nicht die ganze Arbeit, sondern lernen Sie von ihnen.

Beachten Sie, dass die hier angegebenen Dateien und Vorgehensweisen sich aufgrund verschiedener Umstände von den auf Ihrem System tatsächlich notwendigen Schritten leicht unterscheiden können – vielleicht ist in der Zwischenzeit eine neue Version des FLTK herausgekommen oder Sie verwenden eine andere Visual-Studio-Version als in §D.4 beschrieben oder Sie arbeiten mit einer völlig anderen C++-Implementierung.

D.2 Das FLTK herunterladen

Bevor Sie anfangen, stellen Sie erst einmal fest, ob das FLTK-Toolkit nicht bereits auf Ihrem Rechner installiert ist (siehe §D.5). Wenn es noch nicht vorhanden ist, müssen Sie zuerst die Dateien auf Ihren Computer laden:

1 Gehen Sie zu *http://fltk.org*. (Im Notfall können Sie eine Kopie von der Website zu unseren Büchern *www.stroustrup.com/Programming/FLTK* herunterladen.)

2 Klicken Sie im Navigationsmenü auf DOWNLOAD.

3 Wählen Sie in der Liste die aktuelle *FLTK 1.1.x*-Downloaddatei und entscheiden Sie sich auf der nächsten Seite für eine Mirror-Website.

4 Wählen Sie den Ordner, in dem Sie die komprimierte Downloaddatei speichern wollen, und laden Sie die Datei herunter.

Die heruntergeladene Datei liegt im *.zip*-Format vor. Dabei handelt es sich um ein komprimiertes Format, mit dem man unter anderem eine größere Menge von Dateien effizient über das Netz übertragen kann. Um diese Datei zu „entzippen" und die eigentlichen Dateien zu erhalten, benötigen Sie ein spezielles Programm auf Ihrem Rechner – unter Windows beispielsweise WinZip oder 7-Zip. Falls Sie einen Linux- oder Mac-Rechner benutzen, können Sie auch die Datei im *.tar.gz*-Format herunterladen.

D.3 Das FLTK installieren

Wenn Sie unseren Anweisungen nicht folgen können, kann dies eigentlich nur einen von zwei Gründen haben: Irgendetwas wurde geändert, seitdem wir diese Anleitung geschrieben und getestet haben (ja, auch das kann vorkommen), oder Sie stehen mit den Fachbegriffen auf Kriegsfuß (in diesem Fall können wir Ihnen leider nicht helfen). Im letzteren Fall sollten Sie sich einen Freund suchen, der Ihnen hilft. Falls Sie einen Linux- oder Mac-Rechner benutzen, sollten Sie die FLTK-Installationsanleitung durchlesen (Sie müssen wahrscheinlich im FLTK-Verzeichnis nur **make** gefolgt von **make install** oder **sudo make install** ausführen).

1 Entzippen Sie die heruntergeladene Datei und öffnen Sie den Hauptordner *fltk-1.1.?*. Öffnen Sie einen der Visual-C++-Ordner (vorzugsweise *visualc*) und laden Sie die Datei *fltk.dsw* in Visual Studio. Wenn die Abfrage erscheint, ob Sie die alten Projektdateien aktualisieren wollen, wählen Sie JA, ALLE.

2 Wählen Sie aus dem Menü ERSTELLEN den Befehl PROJEKTMAPPE ERSTELLEN. Das kann einige Minuten dauern. Der Quellcode wird in statische Link-Bibliotheken kompiliert, sodass Sie den FLTK-Quellcode nicht jedes Mal neu kompilieren müssen, wenn Sie ein neues Projekt starten. Wenn der Prozess abgeschlossen ist, schließen Sie Visual Studio.

3 Öffnen Sie unter dem FLTK-Hauptverzeichnis den Ordner *lib*. Kopieren Sie alle *.lib*-Dateien außer *README.lib* (es sollten sieben sein) nach *C:\Program Files\Microsoft Visual Studio\Vc\lib*. (Bitte nicht nur verschieben!)

4 Gehen Sie zurück zu dem FLTK-Hauptverzeichnis und kopieren Sie den Ordner *FL* nach *C:\Program Files\Microsoft Visual Studio\Vc\include*.

Experten werden Ihnen erklären, dass es bessere Möglichkeiten gibt, eine Installation durchzuführen, als in die Ordner *C:\Programme\Microsoft Visual Studio\Vc\lib* und *C:\Programme\Microsoft Visual Studio\Vc\include* zu kopieren. Das stimmt, aber wir wollen Sie hier nicht zu einem VS-Experten machen. Experten, die mit unserer Beschreibung nicht zufrieden ist, sollen Ihnen selbst die besseren Alternativen zeigen und erklären.

D.4 Das FLTK in Visual Studio verwenden

1 Erstellen Sie in Visual Studio wie gewohnt ein neues Projekt, jedoch mit einer kleinen Änderung: Entscheiden Sie sich für ein WIN32-PROJEKT anstelle einer KONSOLENANWENDUNG, wenn Sie Ihren Projekttyp auswählen. Stellen Sie sicher, dass Sie ein leeres Projekt anlegen. Ansonsten erzeugt der Software-Assistent für Ihr Projekt ein Codegerüst, das Sie weder benötigen noch verstehen.

2 Klicken Sie im Hauptmenü von Visual Studio auf PROJEKT und wählen Sie in dem aufklappenden Menü den Eintrag EIGENSCHAFTEN.

3 Klicken Sie im Dialogfeld EIGENSCHAFTENSEITEN im linken Menü auf den Ordner LINKER. Damit öffnen Sie ein Untermenü, in dem Sie den Eintrag EINGABE anklicken. In dem nun rechts angezeigten Eingabefeld ZUSÄTZLICHE ABHÄNGIGKEITEN geben Sie folgenden Text ein:

fltkd.lib wsock32.lib comctl32.lib fltkjpegd.lib fltkimagesd.lib

(Der folgende Schritt ist unter Umständen überflüssig, weil er inzwischen zum Standard gehört.)

Tippen Sie in dem Eingabefeld BIBLIOTHEK IGNORIEREN den folgenden Text ein:

libcd.lib

4 (Dieser Schritt ist unter Umständen überflüssig, weil /MDd jetzt der Standard ist. Überdies ist es eventuell erforderlich, dem Projekt zuerst eine Quelldatei hinzuzufügen.) Im linken Menü desselben EIGENSCHAFTENSEITEN-Fensters klicken Sie auf C/C++, um das zugehörige Untermenü zu öffnen. Klicken Sie auf das Element CODEGENERIERUNG. Ändern Sie rechts im LAUFZEITBIBLIOTHEK-Listenfeld die aktuelle Auswahl zu MULTITHREADED-DEBUG-DLL (/MDD). Klicken Sie auf OK, um das EIGENSCHAFTENSEITEN-Fenster zu schließen.

D.5 Testen, ob alles funktioniert

Erzeugen Sie eine einzelne neue *.cpp*-Datei in Ihrem neu erstellten Projekt und geben Sie den folgenden Code ein. Er sollte sich anstandslos kompilieren lassen.

```
#include <FL/Fl.h>
#include <FL/Fl_Box.h>
#include <FL/Fl_Window.h>

int main()
{
  Fl_Window window(200, 200, "Fenstertitel");
  Fl_Box box(0,0,200,200,"Hi, das heißt, Hallo Welt!");
  window.show();
  return Fl::run();
}
```

Falls Sie einen Linux- oder Mac-Rechner haben, können Sie die Datei mit folgendem Kommando kompilieren:

fltk-config --compile test.cpp

Falls es Probleme gibt:

- „Compilerfehler wegen nicht zu öffnender .*h*-Datei": Ihr Problem hat vermutlich mit der Installation zu tun. Achten Sie auf Schritt 4, wo Sie Ihre Headerdateien (.*h*) in das Verzeichnis kopieren, in dem Ihr Compiler per Voreinstellung nach ihnen sucht.
- „Linkerfehler wegen nicht zu öffnender .*lib*-Datei": Ihr Problem hat vermutlich mit der Installation zu tun. Achten Sie besonders auf Schritt 3, wo Sie Ihre Link-Bibliotheken (.*lib*) in das Verzeichnis kopieren, in dem Ihr Compiler per Voreinstellung nach ihnen sucht.
- „Linkerfehler wegen nicht aufgelösten externen Symbolen": Ihr Problem hat vermutlich mit der Projektkonfiguration zu tun.

Sollte Ihnen dies als Hilfe nicht reichen, wenden Sie sich an einen Freund oder Kollegen.

GUI-Implementierung

E.1   **Callback-Implementierung** 1164
E.2   **Widget-Implementierung** 1165
E.3   **Window-Implementierung** 1166
E.4   Vector_ref 1167
E.5   **Ein Beispiel: Widgets manipulieren** 1168

E GUI-Implementierung

„Wenn Sie verstehen, was Sie tun, wird sich auch alles andere finden."

– Bill Fairbank

Dieser Anhang beschreibt die Implementierungsdetails von Callbacks, **Window**, **Widget** und **Vector_ref**. Weil wir in Kapitel 16 noch nichts über Zeiger und Zeigerumwandlungen wussten, ohne die eine tiefer gehende Analyse dieser Implementierungsdetails nicht möglich ist, haben wir die besagten Erläuterungen in diesen Anhang ausgelagert.

E.1 Callback-Implementierung

Callbacks haben wir wie folgt implementiert:

void Simple_window::cb_next(Address, Address addr)
  // ruft Simple_window::next() für das Fenster an der Adresse pw auf
{
  reference_to<Simple_window>(addr).next();
}

Wenn Sie die Ausführungen aus Kapitel 17 verstanden und verinnerlicht haben, dürfte es ziemlich offensichtlich für Sie sein, dass sich hinter **Address** der Typ **void*** verbergen muss. Und natürlich muss **reference_to<Simple_window>(addr)** irgendwie aus dem **void***-Zeiger namens **addr** eine Referenz auf ein **Simple_window**-Objekt erzeugen. Ohne das Wissen aus Kapitel 17 wäre dies alles allerdings keineswegs so „offensichtlich" – außer natürlich für jemanden, der bereits entsprechende eigene Programmiererfahrung mitbringt. Auf jeden Fall sollten wir uns aber noch einmal genauer ansehen, wie hier mit Adressen programmiert wird.

Wie in §A.17 beschrieben, bietet C++ eine Möglichkeit, einen Typ zu benennen. Zum Beispiel:

typedef void* Address; // Address ist ein Synonym für void*

Das bedeutet, dass der Name **Address** jetzt anstelle von **void*** verwendet werden kann. Wir haben uns hier für „Address" als Name entschieden, um zu betonen, dass eine Adresse übergeben wurde, und um die Tatsache zu verbergen, dass **void*** der Typ für Zeiger auf Objekte mit unbekanntem Typ ist.

Somit nimmt **cb_next()** als Argument einen **void***-Zeiger namens **addr** entgegen und konvertiert diesen – irgendwie – ohne Umschweife in eine **Simple_window&**-Referenz:

reference_to<Simple_window>(addr)

Dabei ist **reference_to** eine Template-Funktion (§A.13):

template<class W>W& reference_to(Address pw)
  // behandelt eine Adresse als eine Referenz auf ein W
{
  return *static_cast<W*>(pw);
}

Die Operation, die uns einen **void***-Zeiger in eine **Simple_window&**-Referenz umwandelt, haben wir hier also als Template-Funktion implementiert. Die Typumwandlung **static_cast** ist in §17.8 beschrieben.

Der Compiler hat keine Möglichkeit, unsere Annahme, dass **addr** auf ein **Simple_window**-Objekt zeigt, zu überprüfen. Die Regularien der Sprache verlangen vom Compiler aber, dass er in diesem Falle dem Programmierer vertraut. Und zum Glück liegen wir mit unserer Annahme richtig. Dass wir richtig liegen, wissen wir, weil die FLTK-Bibliothek uns einen Zeiger zurückgibt, den wir ihr selbst zuvor übergeben haben. Und da wir den Typ des Zeigers bei der Übergabe an FLTK kannten, können wir jetzt **reference_to** verwenden, um ihn „wiederherzustellen". Dies ist kompliziert, nicht abgesichert, aber auf niederen Systemebenen gar nicht mal so selten.

Haben wir erst einmal eine Referenz auf **Simple_window**, können wir sie verwenden, um eine Memberfunktion von **Simple_window** aufzurufen. Zum Beispiel (§16.3):

```
void Simple_window::cb_next(Address, Address pw)
  // ruft Simple_window::next() für das Fenster an der Adresse pw auf
{
  reference_to<Simple_window>(pw).next();
}
```

Wir nutzen die unschöne Callback-Funktion **cb_next()** hier einfach dazu, die notwendige Typumwandlung vorzunehmen und die ganze normale Memberfunktion **next()** aufzurufen.

E.2 Widget-Implementierung

Unsere **Widget**-Schnittstellenklasse sieht folgendermaßen aus:

```
class Widget {
  // Widget ist ein Handle für ein FL_widget - es ist *kein* FL_widget
  // wir versuchen, unsere Schnittstellenklassen in angemessener Distanz von FLTK zu halten
public:
  Widget(Point xy, int w, int h, const string& s, Callback cb)
    :loc(xy), width(w), height(h), label(s), do_it(cb)
  { }

  virtual ~Widget() { }   // Destruktor

  virtual void move(int dx,int dy)
    { hide(); pw->position(loc.x+=dx, loc.y+=dy); show(); }
  virtual void hide() { pw->hide(); }
  virtual void show() { pw->show(); }

  virtual void attach(Window&) = 0;   // jedes Widget definiert mindestens
                                      // eine Aktion für ein Fenster

  Point loc;
  int width;
  int height;
  string label;
  Callback do_it;
protected:
  Window* own;       // jedes Widget gehört zu einem Window
  Fl_Widget* pw;     // ein Widget "kennt" sein Fl_Widget
};
```

Beachten Sie, dass unser **Widget** festhält, welches sein FLTK-Widget ist und mit welchem **Window** es verbunden ist. Beachten Sie, dass wir dafür Zeiger benötigen, da ein **Widget** im Laufe seiner Lebensdauer mit verschiedenen **Window**-Objekten verbunden werden kann. Eine Referenz oder ein benanntes Objekt würde nicht ausreichen. (Warum nicht?)

Das Widget hat eine Position (**loc**), eine rechteckige Form (**width** und **height**) und einen Titel (**label**). Interessant daran ist, dass es auch über eine Callback-Funktion (**do_it**) verfügt – sie verbindet die Bildschirmdarstellung eines **Widget** mit einem Codefragment. Die Bedeutung der Operationen **move**(), **show**(), **hide**() und **attach**() sollte selbsterklärende sein.

Widget wurde als Implementierungsklasse entworfen, die Benutzer nicht oft zu Augen bekommen sollten, aber sie wirkt noch unfertig – ein wahrscheinlicher Kandidat für eine Überarbeitung. Insbesondere die vielen öffentlichen Membervariablen scheinen verdächtig und „selbsterklärende" Operationen sollten immer noch ein zweites Mal auf möglicherweise übersehene Feinheiten untersucht werden.

Widget definiert einige virtuelle Funktionen und kann als Basisklasse verwendet werden. Es besitzt daher einen virtuellen Destruktor (§17.5.2).

E.3 Window-Implementierung

Wann verwenden wir Zeiger und wann verwenden wir stattdessen Referenzen? Dieser allgemeinen Frage gehen wir in §8.5.6 nach. Hier wollen wir lediglich festhalten, dass einige Programmierer Zeiger bevorzugen und dass wir Zeiger benötigen, wenn wir zu unterschiedlichen Zeiten auf verschiedene Objekte zeigen wollen.

Bis jetzt haben wir Ihnen **Window**, eine der zentralsten Klassen unserer Grafik- und GUI-Bibliothek, weitgehend vorenthalten. (Die vielleicht wichtigsten Gründe dafür waren, dass die Klasse einen Zeiger verwendet und dass die FLTK-gestützte Implementierung Freispeicher benötigt.) Hier nun die Definition aus *Window.h*:

```
class Window : public Fl_Window {
public:
    // lässt das System die Position bestimmen:
    Window(int w, int h, const string& title);
    // obere linke Ecke ist in xy:
    Window(Point xy, int w, int h, const string& title);

    virtual ~Window() { }

    int x_max() const { return w; }
    int y_max() const { return h; }

    void resize(int ww, int hh) { w=ww, h=hh; size(ww,hh); }

    void set_label(const string& s) { label(s.c_str()); }

    void attach(Shape& s) { shapes.push_back(&s); }
    void attach(Widget&);
```

```
    void detach(Shape& s);      // lösche s aus shapes
    void detach(Widget& w);     // lösche w aus dem Fenster
                                // (deaktiviert Callbacks)

    void put_on_top(Shape& p);  // lege p über andere Formen
protected:
    void draw();
private:
    vector<Shape*> shapes;      // Formen, die mit dem Fenster verbunden sind
    int w,h;                    // Fenstergröße

    void init();
};
```

Wenn der Benutzer dem Fenster mittels **attach()** eine Form (**Shape**-Objekt) hinzufügt, wird intern in **shapes** ein Zeiger auf die Form gespeichert, sodass das Fenster die Form zeichnen kann. Die Verwendung eines Zeigers ist hier unumgänglich, damit wir später die Form mittels **detach()** bei Bedarf wieder entkoppeln können. Da Formen, die mittels **attach()** mit dem Fenster verbunden wurden, grundsätzlich weiter im Besitz des Benutzercodes verbleiben sollen, übergeben wir **Window** nur Referenzen auf die Formen. **Window::attach()** wandelt sein Argument daher in einen Zeiger um, den es speichern kann. Wie Sie sehen, ist **attach()** ziemlich trivial; **detach()** hingegen ist dagegen schon etwas komplizierter. In *Window.cpp* finden wir:

```
voidWindow::detach(Shape& s)
  // die zuletzt verbundene Form wird als Erstes freigegeben
{
    for (unsigned int i = shapes.size(); 0<i; —i)
        if (shapes[i–1]==&s) shapes.erase(&shapes[i–1]);
}
```

Die Memberfunktion **erase()** löscht (*erase*) einen Wert aus einem Vektor und vermindert die Größe des Vektors um eins (§20.7.1).

Window ist als Basisklasse konzipiert und verfügt somit über einen virtuellen Destruktor (§17.5.2).

E.4 Vector_ref

Im Grunde simuliert **Vector_ref** einen **vector**-Container mit Referenzen. Sie können **Vector_ref**-Container mit Referenzen oder Zeigern initialisieren:

- Wenn **Vector_ref** ein Objekt als Referenz übergeben wird, wird davon ausgegangen, dass das Objekt im Besitz des Aufrufers bleibt, der weiterhin für die Überwachung seiner Lebensdauer verantwortlich ist (beispielsweise, wenn das Objekt in einer Variablen des Gültigkeitsbereichs gespeichert ist).

- Wenn **Vector_ref** ein Objekt als Zeiger übergeben wird, wird davon ausgegangen, dass es mit **new** alloziert wurde und dass **Vector_ref** dafür zuständig ist, es zu löschen.

Die Elemente werden als Zeiger – und nicht als Kopien der Objekte – in **Vector_ref** gespeichert und haben Referenzsemantik. Dank dieses Verhaltens können Sie beispielsweise ein **Circle**-Objekt in einem **Vector_ref<Shape>**-Container ablegen, ohne Slicing befürchten zu müssen.

```cpp
template<class T> class Vector_ref {
  vector<T*> v;
  vector<T*> owned;
public:
  Vector_ref() {}
  Vector_ref(T* a, T* b = 0, T* c = 0, T* d = 0);

  ~Vector_ref() { for (int i=0; i<owned.size(); ++i) delete owned[i]; }

  void push_back(T& s) { v.push_back(&s); }
  void push_back(T* p) { v.push_back(p); owned.push_back(p); }

  T& operator[](int i) { return *v[i]; }
  const T& operator[](int i) const { return *v[i]; }

  int size() const { return v.size(); }
};
```

Der Destruktor von **Vector_ref** löscht jedes Objekt, das ihm als Zeiger übergeben wird.

E.5 Ein Beispiel: Widgets manipulieren

Nachfolgend sehen Sie ein vollständiges Programm, das viele der angebotenen **Widget-/Window**-Features nutzt, allerdings nur rudimentär kommentiert ist. Leider findet man derartig unzureichend kommentierte Programme in der Praxis relativ häufig. Betrachten Sie es daher als willkommene Übung, das Programm zur Ausführung zu bringen und zu erläutern.

Wenn Sie es ausführen, scheint es vier Schaltflächen zu definieren:

```cpp
#include "../GUI.h"
using namespace Graph_lib;

class W7 : public Window {
  // vier Wege, wie man eine Schaltfläche verschieben kann:
  // zeigen/verbergen, Position ändern, neu erzeugen, verbinden/freigeben
public:
  W7(int h, int w, const string& t);

  Button* p1; // zeigen/verbergen
  Button* p2;
  bool sh_left;

  Button* mvp; // verschieben
  bool mv_left;

  Button* cdp; // erzeugen/zerstören
  bool cd_left;

  Button* adp1; // aktivieren/deaktivieren
  Button* adp2;
  bool ad_left;
```

```
    void sh(); // Aktionen
    void mv();
    void cd();
    void ad();

    static void cb_sh(Address, Address addr)    // Callbacks
      { reference_to<W7>(addr).sh(); }
    static void cb_mv(Address, Address addr)
      { reference_to<W7>(addr).mv(); }
    static void cb_cd(Address, Address addr)
      { reference_to<W7>(addr).cd(); }
    static void cb_ad(Address, Address addr)
      { reference_to<W7>(addr).ad(); }
};
```

Allerdings hat ein **W7** (**Window**-Experiment Nummer 7) in Wirklichkeit sechs Schaltflächen; zwei sind nur verborgen:

```
W7::W7(int h, int w, const string& t)
  :Window(h,w,t),
  sh_left(true), mv_left(true), cd_left(true), ad_left(true)
{
  p1 = new Button(Point(100,100),50,20,"anzeigen",cb_sh);
  p2 = new Button(Point(200,100),50,20,"verbergen",cb_sh);

  mvp = new Button(Point(100,200),50,20,"verschieben",cb_mv);

  cdp = new Button(Point(100,300),50,20,"erzeugen",cb_cd);

  adp1 = new Button(Point(100,400),50,20,"aktivieren",cb_ad);
  adp2 = new Button(Point(200,400),80,20,"deaktivieren",cb_ad);

  attach(*p1);
  attach(*p2);
  attach(*mvp);
  attach(*cdp);
  p2->hide();
  attach(*adp1);
}
```

Es gibt vier Callback-Funktionen. Jede sorgt dafür, dass die Schaltfläche, die Sie drücken, verschwindet und eine neue erscheint. Dies wird jedoch auf vier verschiedenen Wegen erreicht:

```
voidW7::sh()  // verbirgt die Schaltfläche, zeigt eine andere an
{
  if (sh_left) {
    p1->hide();
    p2->show();
  }
  else {
    p1->show();
    p2->hide();
```

```
    }
    sh_left = !sh_left;
}

void W7::mv() // verschiebt die Schaltfläche
{
    if (mv_left) {
        mvp->move(100,0);
    }
    else {
        mvp->move(-100,0);
    }
    mv_left = !mv_left;
}

void W7::cd()  // löscht die Schaltfläche und erzeugt eine neue
{
    cdp->hide();
    delete cdp;
    string lab = "erzeugen";
    int x = 100;
    if (cd_left) {
        lab = "löschen";
        x = 200;
    }
    cdp = new Button(Point(x,300), 50, 20, lab, cb_cd);
    attach(*cdp);
    cd_left = !cd_left;
}

void W7::ad()  // entkoppelt die Schaltfläche vom Fenster und verbindet den Ersatz
{
    if (ad_left) {
        detach(*adp1);
        attach(*adp2);
    }
    else {
        detach(*adp2);
        attach(*adp1);
    }
    ad_left = !ad_left;
}

int main()
{
    W7 w(400,500,"Maulwurf");
    return gui_main();
}
```

Dies Programm demonstriert die grundlegenden Möglichkeiten, Widgets zu einem Fenster hinzuzufügen und daraus zu entfernen – oder nur so zu tun, als ob.

Glossar

„Ein paar wohlgewählte Worte sagen oft mehr als tausend Bilder."

– Anonym

Ein *Glossar* ist eine kurze Erläuterung der in einem Text verwendeten Begriffe. Unser Glossar ist recht kurz gehalten und umfasst nur die Begriffe, die wir – speziell beim Einstieg in die Programmierung – für am wichtigsten erachten. Wenn Sie hier einen Begriff nicht finden, schlagen Sie ihn im Index oder den „Schlüsselbegriffe"-Abschnitten der Kapitel nach. Ein etwas ausführlicheres C++-spezifisches Glossar finden Sie unter *www.research.att.com/~bs/glossary.html*. Darüber hinaus gibt es noch eine riesige Zahl von speziellen Glossaren (unterschiedlichster Qualität) im Internet. Bitte beachten Sie, dass ein Begriff mehrere verwandte Bedeutungen haben kann (die wir gelegentlich anführen) und dass die meisten hier aufgeführten Begriffe in anderen Kontexten ebenfalls (mehr oder weniger) ähnliche Bedeutungen haben können. So definieren wir zum Beispiel den Begriff *abstrakt* nicht im Sinne der modernen Malerei, Rechtswissenschaft oder Philosophie.

A

Abgeleitete Klasse (derived class): Eine Klasse, die von einer oder mehr Basisklassen abgeleitet ist.

Abrundung (truncation): Verlust an Informationen bei der Umwandlung von einem Typ in einen anderen, der den umzuwandelnden Wert nicht genau repräsentieren kann.

Abstrakte Klasse: Eine Klasse, von der nicht direkt Objekte erzeugt werden können. Wird oft verwendet, um eine Schnittstelle zu abgeleiteten Klassen zu definieren. Eine Klasse wird dadurch abstrakt, dass sie eine rein virtuelle Funktion oder einen **protected**-Konstruktor erhält.

Abstraktion: Eine Beschreibung, die selektiv und absichtlich Details (z.B. Implementierungsdetails) ignoriert (verbirgt); selektive Ignoranz.

Abwägen (trade-off): Das Ergebnis des Abwägens verschiedener Design- und Implementierungskriterien.

Adresse: Ein Wert, der es uns ermöglicht, ein Objekt im Speicher des Computers zu finden.

Algorithmus: Ein Verfahren oder eine Formel zum Lösen eines Problems; eine endliche Folge von Rechenschritten, um ein Ergebnis zu produzieren.

Alias: Eine alternative Möglichkeit, Bezug auf ein Objekt zu nehmen; oft ein Name, ein Zeiger oder eine Referenz.

Anforderung (requirement): (1) Eine Beschreibung des gewünschten Verhaltens eines Programms oder Teile davon; (2) eine Beschreibung der Annahmen, die eine Funktion oder ein Template über ihre jeweiligen Argumente anstellt.

Annäherung: Etwas (z.B. ein Wert oder ein Design), das dem Ideal (dem idealen Wert oder dem perfekten Design) möglichst nahekommt.

Glossar

Anwendung: Ein Programm oder eine Sammlung von Programmen, die von den Benutzern als Entität betrachtet wird.

Anwendungsfall (use case): Eine spezielle (normalerweise einfache) Verwendung eines Programms, mit der man die Funktionalität testet und den Zweck des Programms demonstriert.

Argument: Ein Wert, der einer Funktion oder einem Template übergeben wird; der Zugriff darauf erfolgt über einen Parameter.

Array: Eine homogene Folge von Elementen, die normalerweise nummeriert sind, z.B. [0:max].

Assertion: Eine Anweisung, die in ein Programm eingefügt wird, um zu postulieren (*assert*), dass etwas an dieser Stelle im Programm immer wahr, d.h. true sein muss.

Ausführbare Datei (executable): Ein Programm, das bereit ist, auf einem Computer ausgeführt zu werden.

Ausgabe (output): Werte, die durch eine Berechnung erzeugt werden (z.B. ein Funktionsergebnis oder eine Zeile mit Zeichen, die auf dem Bildschirm ausgegeben werden).

B

base class, siehe Basisklasse.

Basisklasse (base class): Eine Klasse, die als Basis für eine Klassenhierarchie verwendet wird. In der Regel weist eine Basisklasse eine oder mehr virtuelle Funktionen auf.

Berechnung (computation): Die Ausführung von Code, der in der Regel eine Eingabe übernimmt und irgendein Ergebnis liefert.

Bereich (range): Eine Folge von Werten, die durch einen Anfangspunkt und einen Endpunkt beschrieben werden kann. Zum Beispiel umfasst [0:5) die Werte 0, 1, 2, 3 und 4.

Bibliothek (library): Eine Sammlung von Typen, Klassen, Funktionen usw., die einen Satz an Hilfsmittel (Abstraktionen) implementieren, die potenziell in mehr als einem Programm verwendet werden.

Bit: Die grundlegende Maßeinheit in der Informatik. Ein Bit kann den Wert 0 oder 1 annehmen.

Bug: Ein Fehler in einem Programm.

Byte: Die Grundeinheit der Adressierung in den meisten Computern. Ein Byte enthält in der Regel 8 Bits.

C

class, siehe Klasse.

Code: Ein Programm oder Teil eines Programms; zweideutig, da Code sowohl für Quellcode als auch Objektcode verwendet wird.

Compiler: Ein Programm, das Quellcode in Objektcode umwandelt.

computation, siehe Berechnung.

Container: Ein Objekt, das Elemente (andere Objekte) enthält.

D

Datei: Ein auf dem Computer befindlicher Container mit permanenten Informationen.

Daten: Werte, die für die Berechnung verwendet werden.

Debuggen: Das Suchen nach und Entfernen von Fehlern aus einem Programm. Verläuft in der Regel weitaus weniger systematisch als das Testen.

Definition: Die Deklaration einer Entität, durch die alle Informationen bereitgestellt werden, die notwendig sind, um ein Programm mithilfe dieser Entität zu vervollständigen. Vereinfacht ausgedrückt: eine Deklaration, die Speicher reserviert.

Deklaration: Die Angabe eines Namens inklusive Typ in einem Programm.

derived class, siehe Abgeleitete Klasse.

Design: Eine Gesamtbeschreibung, wie eine Software arbeiten sollte, um ihre Spezifikation zu erfüllen.

Destruktor: Eine Operation, die implizit aufgerufen wird, wenn ein Objekt aufgelöst wird (z.B. am Ende des Gültigkeitsbereichs). Oft werden dabei Ressourcen freigegeben.

E

Eingabe: Werte, die für eine Berechnung benötigt werden (z.B. Funktionsargumente und Zeichen, die über die Tastatur eingegeben werden).

Einheit (unit): (1) Eine Standard-Maßeinheit, die einem Wert eine Bedeutung gibt (z.B. km für Entfernung); (2) ein hervorgehobenes (benanntes) Teil eines größeren Ganzen.

encapsulation, siehe Kapselung.

Endlosrekursion (infinite recursion): Eine Rekursion, die erst endet, wenn dem Rechner der Speicherplatz ausgeht, um die Aufrufe zu verwalten. In der Realität ist eine solche Rekursion niemals unendlich, sondern wird durch irgendeinen Hardwarefehler beendet.

Endlosschleife (infinite loop): Eine Schleife, bei der die Endbedingung niemals wahr wird (siehe Iteration).

executable, siehe Ausführbare Datei.

F

Feature-Inflation: Die Tendenz, überflüssige Funktionalität „nur für den Notfall" im Code einzubauen.

Fehler: Eine Diskrepanz zwischen den begründeten Erwartungen an das Programmverhalten (festgehalten z.B. in der Anforderungsspezifikation oder dem Benutzerhandbuch) und dem tatsächlichen Verhalten des Programms.

floating-point number, siehe Gleitkommazahl.

Funktion: Eine benannte Codeeinheit, die aus verschiedenen Teilen eines Programms aufgerufen werden kann; eine logische Berechnungseinheit.

G

Generische Programmierung: Ein Programmierstil, der den Schwerpunkt auf das Design und die effiziente Implementierung von Algorithmen legt. Ein generischer Algorithmus funktioniert für alle Argumenttypen, die seine Anforderungen erfüllen. In C++ basiert die generische Programmierung meist auf Templates.

Gleitkommazahl (floating-point number): Die Annäherung eines Computers an eine reale Zahl, wie z.B. 7,93 oder 10,78e-3.

Gültigkeitsbereich (scope): Der Bereich eines Programmtexts (Quellcode), in dem auf einen Namen Bezug genommen werden kann.

H

Header: Eine Datei, die Deklarationen enthält und dazu dient, den verschiedenen Teilen eines Programms Schnittstellen zur gemeinsamen Nutzung zur Verfügung zu stellen.

hiding, siehe Verbergen.

I

Ideal: Die perfekte Version dessen, wonach wir streben. Gewöhnlich müssen wir abwägen und uns mit einer Annäherung zufriedengeben.

Implementierung: (1) Das Schreiben und Testen von Code. (2) Der Code, der ein Programm implementiert.

infinite loop, siehe Endlosschleife.

infinite recursion, siehe Endlosrekursion.

Information Hiding: Die Trennung von Schnittstelle und Implementierung, sodass Implementierungsdetails, um die sich der Benutzer nicht kümmern muss, verborgen bleiben und eine Abstraktion erzielt wird.

Initialisierung: Weist einem Objekt seinen ersten (Anfangs-)Wert zu.

Integer: Eine ganze Zahl, wie 42 und -99.

interface, siehe Schnittstelle.

Invariante: Etwas, das an einer bestimmten Stelle (oder Stellen) eines Programms immer wahr (d.h. true) sein muss; wird normalerweise verwendet, um den Zustand (Satz an Werten) eines Objekts oder den Zustand einer Schleife vor der ersten Ausführung ihres Schleifenrumpfs zu beschreiben.

Iteration: Die wiederholte Ausführung eines Codefragments (siehe Rekursion).

Iterator: Ein Objekt, das ein Element einer Sequenz identifiziert.

K

Kapselung (encapsulation): Etwas, das privat bleiben soll (z.B. Implementierungsdetails), wird vor unautorisiertem Zugriff geschützt.

Klasse (class): Ein benutzerdefinierter Typ, der Membervariablen, Memberfunktionen und Membertypen enthalten kann.

Komplexität: Ein schwer zu definierender Begriff (oder Maß) für die Schwierigkeit, eine Lösung zu einem Problem zu finden, bzw. für die Lösung selbst. Manchmal wird *Komplexität* verwendet, um (einfach) die Anzahl der Operationen zu schätzen, die für die Ausführung eines Algorithmus benötigt werden.

Konkrete Klasse: Klasse, von der Objekte erzeugt werden können.

Konstante: Ein Wert, der (in einem gegebenen Gültigkeitsbereich) nicht verändert werden kann; unveränderlich.

Konstruktor: Eine Operation, die ein Objekt initialisiert („konstruiert"). In der Regel postuliert ein Konstruktor eine Invariante und belegt Ressourcen, die für ein zu verwendendes Objekt benötigt werden (und dann normalerweise von einem Destruktor wieder freigegeben werden).

Korrektheit: Ein Programm oder ein Programmteil ist korrekt, wenn es seiner Spezifikation entspricht. Leider kann eine Spezifikation unvollständig oder inkonsistent sein oder sie erfüllt nicht die begründeten Erwartungen der Benutzer. Um akzeptablen Code zu erzeugen, müssen wir manchmal mehr machen, als nur der formalen Spezifikation zu folgen.

Kosten: Der Aufwand (z.B. in Form von Programmierzeit, Laufzeit oder Speicherplatz) für die Erstellung eines Programms oder für dessen Ausführung. Im Idealfall sollten die Kosten eine Funktion der Komplexität sein.

L

Lebensdauer (lifetime): Die Zeit von der Initialisierung eines Objekts bis zu dem Punkt, an dem es nicht mehr nutzbar ist (weil es gelöscht wird, sein Gültigkeitsbereich verlassen wurde oder das Programm endet).

library, siehe Bibliothek.

lifetime, siehe Lebensdauer.

Linker: Ein Programm, das Objektcodedateien und Bibliotheken zu einem ausführbaren Programm zusammenbindet.

Literal: Eine Notation, die direkt einen Wert angibt, wie z.B. 12 für den Integer-Wert „Zwölf".

loop, siehe Schleife.

M

mutable, siehe Veränderlich.

Glossar

N

Nachbedingung (post-condition): Eine Bedingung, die beim Verlassen eines Codefragments (beispielsweise einer Funktion oder Schleife) halten muss.

Nicht initialisiert: Der (undefinierte) Zustand eines Objekts, bevor es initialisiert wird.

O

Objekt: (1) Ein initialisierter Speicherbereich eines bekannten Typs, der einen Wert dieses Typs enthält; (2) ein Speicherbereich.

Objektcode: Ausgabe eines Compilers, die als Eingabe für den Linker dient (damit der Linker ausführbaren Code erzeugt).

Objektdatei: Datei, die Objektcode enthält.

Objektorientierte Programmierung: Ein Programmierstil, der den Schwerpunkt auf das Design und die Verwendung von Klassen und Klassenhierarchien legt.

Operation: Etwas, das eine Aktion ausführen kann, z.B. eine Funktion oder ein Operator.

output, siehe Ausgabe.

overflow, siehe Überlauf.

overload, siehe Überladen.

override, siehe Überschreiben.

P

Paradigma: Ein etwas hochtrabender Begriff für den Design- oder Programmierstil; seine Verwendung impliziert oft (fälschlicherweise), dass es ein Paradigma gäbe, das besser sei als alle anderen.

Parameter: Eine Deklaration einer expliziten Eingabe in eine Funktion oder ein Template. Wird eine Funktion aufgerufen, kann sie auf die Argumente über die Namen ihrer Parameter zugreifen.

pointer, siehe Zeiger.

post-condition, siehe Nachbedingung.

pre-condition, siehe Vorbedingung.

Programm: Code (unter Umständen verbunden mit Daten), der ausreichend vollständig ist, um von einem Computer ausgeführt zu werden.

Programmiersprache: Eine Sprache, um Programme zu formulieren.

Programmierung: Die Kunst, Lösungen zu Problemen in Code auszudrücken.

Pseudocode: Die Beschreibung einer Berechnung, die in einer informellen Notation anstatt in einer Programmiersprache aufgesetzt ist.

pure virtual function, siehe Rein virtuelle Funktion.

Q

Quellcode (source code): Code, der von einem Programmierer entwickelt wurde und (im Prinzip) von anderen Programmierern gelesen werden kann.

Quellcodedatei: Eine Datei, die Quellcode enthält.

R

RAII (Ressourcen-Akquisition ist Initialisierung): Eine grundlegende Technik für die Ressourcenverwaltung auf der Grundlage von Gültigkeitsbereichen.

range, siehe Bereich.

Referenz: (1) Ein Wert, der den Speicherort eines typisierten Werts im Speicher beschreibt; (2) eine Variable, die einen solchen Wert hält.

Regulärer Ausdruck (regular expression): Eine Notation für Muster in Zeichenstrings.

Rein virtuelle Funktion (pure virtual function): Eine virtuelle Funktion, die in einer abgeleiteten Klasse überschrieben werden muss.

Rekursion: Der Vorgang, wenn eine Funktion sich selbst aufruft (siehe auch Iteration).

requirement, siehe Anforderung.

Ressource: Etwas, das angefordert und später wieder freigegeben werden muss, wie z.B. ein Datei-Handle, eine Sperre oder Speicher.

rounding, siehe Runden.

Runden (rounding): Die Umwandlung eines Wertes in den mathematisch nächsten Wert eines weniger präzisen Typs.

S

Schleife (loop): Ein Codefragment, das wiederholt ausgeführt wird; in C++ normalerweise eine **for**- oder eine **while**-Anweisung.

Schnittstelle (interface): Eine Deklaration oder ein Satz Deklarationen, die angeben, wie ein Codeteil (z.B. eine Funktion oder eine Klasse) aufgerufen werden können.

scope, siehe Gültigkeitsbereich.

Sequenz: Elemente, die in linearer Reihenfolge besucht werden können.

Software: Eine Sammlung von Codeteilen und den damit verbundenen Daten; wird oft synonym zu „Programm" verwendet.

source code, siehe Quellcode.

Spezifikation: Eine Beschreibung dessen, was ein Codefragment machen sollte.

Standard: Die offiziell vereinbarte Definition von etwas, z.B. einer Programmiersprache.

state, siehe Zustand.

Stil: Ein Satz an Techniken für die Programmierung, die zu einer konsistenten Verwendung von Sprachfeatures führen; manchmal in einer sehr restriktiven Weise verwendet, die sich auf elementare Regeln zur Namensgebung und zur Code-Anordnung beschränkt.

String: Eine Folge von Zeichen.

Subtyp: Abgeleiteter Typ; ein Typ, der alle Eigenschaften eines anderen Typs hat und möglicherweise eigene hinzufügt.

Supertyp: Basistyp; ein Typ, der eine Untermenge der Eigenschaften eines anderen Typs enthält.

System: (1) Ein Programm oder ein Satz an Programmen zur Ausführung einer Aufgabe auf einem Computer; (2) eine Kurzform für Betriebssystem, d.h. die grundlegende Ausführungsumgebung und die Tools für einen Computer.

T

Template: Eine Klasse oder eine Funktion, die durch einen oder mehr Typen oder (Kompilierzeit-)Werte parametrisiert wird; das grundlegende C++-Sprachkonstrukt zur Unterstützung der generischen Programmierung.

Testen: Die systematische Suche nach Fehlern in einem Programm.

trade-off, siehe Abwägen.

trunction, siehe Abrundung.

Typ: Etwas, das einen Satz an möglichen Werten und einen Satz an Operationen für ein Objekt definiert.

U

Überladen (overload): Die Definition von zwei Funktionen oder Operatoren des gleichen Namens aber mit unterschiedlichen Argument- (Operanden-)Typen.

Überlauf (overflow): Erzeugt einen Wert, der nicht in dem dafür vorgesehenen Ziel gespeichert werden kann.

Überschreiben (override): Die Definition einer Funktion in einer abgeleiteten Klasse unter demselben Namen und mit den gleichen Argumenttypen wie eine virtuelle Funktion aus der Basisklasse, sodass die Funktion über die von der Basisklasse definierte Schnittstelle aufgerufen werden kann.

unit, siehe Einheit.

use case, siehe Anwendungsfall.

V

Variable: Ein benanntes Objekt eines gegebenen Typs; enthält einen Wert, sofern es initialisiert wurde.

Veränderlich (mutable): Das Gegenteil von unveränderlich, konstant und invariabel.

Verbergen (hiding): Technik, bei der verhindert wird, dass ein bestimmte Information direkt zu sehen oder zu verwenden ist. Beispielsweise kann ein Name in einem inneren (eingebetteten) Gültigkeitsbereich verhindern, dass der gleiche Name aus einem äußeren (umschließenden) Gültigkeitsbereich direkt verwendet werden kann.

Virtuelle Funktion (virtual function): Eine Memberfunktion, die in einer abgeleiteten Klasse überschrieben werden kann.

Vorbedingung (pre-condition): Eine Bedingung, die beim Eintritt in ein Codefragment (beispielsweise einer Funktion oder Schleife) halten muss.

W

Wert: Ein Satz an Bits im Speicher, die gemäß eines Typs interpretiert werden.

Wort (word): Eine grundlegende Speichereinheit eines Computers; normalerweise die Einheit, die einen Integer enthält.

Z

Zeiger (pointer): (1) Ein Wert, der dazu dient, ein typisiertes Objekt im Speicher zu identifizieren; (2) eine Variable, die einen solchen Wert hält.

Zustand (state): Ein Satz an Werten.

Literaturverzeichnis

Aho, Alfred V., Monica S. Lam, Ravi Sethi und Jeffrey D. Ullman. *Compilers: Principles, Techniques, and Tools*, zweite Auflage (auch bekannt unter dem Namen „The Dragon Book"). Addison-Wesley, 2007. ISBN 0321547985.

Aho, Alfred V., Monica S. Lam, Ravi Sethi und Jeffrey D. Ullman. *Compiler: Prinzipien, Techniken und Werkzeuge*, zweite Auflage. Pearson Studium, 2008. ISBN 3827370973.

Andrews, Mike und James A. Whittaker. *How to Break Software: Functional and Security Testing of Web Applications and Web Services*. Addison-Wesley, 2006. ISBN 0321369440.

Austern, Matthew H. *Generic Programming and the STL: Using and Extending the C++ Standard Template Library*. Addison-Wesley, 1999. ISBN 0201309564.

Austern, Matt (Hrsg.). *Draft Technical Report on C++ Standard Library Extensions*. ISO/IEC PDTR 19768. www.open-std.org/jtc1/sc22/wg21/docs/papers/2005/n1836.pdf.

Bergin, Thomas J. und Richard G. Gibson (Hrsg.). *History of Programming Languages – Volume 2*. Addison-Wesley, 1996. ISBN 0201895021.

Blanchette, Jasmin und Mark Summerfield. *C++ GUI Programming with Qt 4*. Prentice Hall, 2006. ISBN 0131872493.

Blanchette, Jasmin und Mark Summerfield. *C++ GUI Programmierung mit Qt 4*. Addison-Wesley, 2008. ISBN 3827327296.

Boost.org. *A Repository for Libraries Meant to Work Well with the C++ Standard Library*. www.boost.org.

Cox, Russ. *Regular Expression Matching Can Be Simple and Fast (but Is Slow in Java, Perl, PHP, Python, Ruby, …)*. http://swtch.com/~rsc/regexp/regexp1.html.

dmoz.org. http://dmoz.org/Computers/Programming/Languages.

Freeman, T. L. und Chris Phillips. *Parallel Numerical Algorithms*. Prentice Hall, 1992. ISBN 0136515975.

Gamma, Erich, Richard Helm, Ralph Johnson und John M. Vlissides. *Design Patterns: Elements of Reusable Object-Oriented Software*. Addison-Wesley, 1994. ISBN 0201633612.

Gamma, Erich, Richard Helm, Ralph Johnson und John M. Vlissides. *Entwurfsmuster: Elemente wiederverwendbarer objektorientierter Software*. Addison-Wesley, 2009. ISBN 3827328241.

Goldthwaite, Lois (Hrsg.). *Technical Report on C++ Performance*. ISO/IEC PDTR 18015. www.research.att.com/~bs/performanceTR.pdf.

Gullberg, Jan. *Mathematics – From the Birth of Numbers*. W. W. Norton, 1996. ISBN 039304002X.

Hailpern, Brent und Barbara G. Ryder (Hrsg.). *Proceedings of the Third ACMSIGPLAN Conference on the History of Programming Languages (HOPL-III)*. San Diego, CA, 2007. http://portal.acm.org/toc.cfm?id=1238844.

Literaturverzeichnis

Henricson, Mats und Erik Nyquist. *Industrial Strength C++: Rules and Recommendations.* Prentice Hall, 1996. ISBN 0131209655.

ISO/IEC 9899:1999. *Programming Languages – C.* Der C-Standard.

ISO/IEC 14882:2003. *Programming Languages – C++.* Der C++-Standard.

Kernighan, Brian W. und Dennis M. Ritchie. *The C Programming Language.* Prentice Hall, erste Auflage, 1978; zweite Auflage, 1988. ISBN 0131103628.

Kernighan, Brian W. und Dennis M. Ritchie. *Programmieren in C (ANSI C).* Hanser Verlag, zweite Auflage, 1990. ISBN 3446154971.

Knuth, Donald E. *The Art of Computer Programming, Volume 2: Seminumerical Algorithms*, dritte Auflage. Addison-Wesley, 1998. ISBN 0201896842.

Koenig, Andrew (Hrsg.). *The C++ Standard.* ISO/IEC 14882:2002. Wiley, 2003. ISBN 0470846747.

Koenig, Andrew und Barbara E. Moo. *Accelerated C++: Practical Programming by Example.* Addison-Wesley, 2000. ISBN 020170353X.

Langer, Angelika und Klaus Kreft. *Standard C++ IOStreams and Locales: Advanced Programmer's Guide and Reference.* Addison-Wesley, 2000. ISBN 0201183951.

Lippman, Stanley B., Josée Lajoie und Barbara E. Moo. *C++ Primer.* Addison-Wesley, 2006. ISBN 382732274X. (Nur die vierte Auflage verwenden.)

Lockheed Martin Corporation. *Joint Strike Fighter Air Vehicle Coding Standards for the System Development and Demonstration Program.* Dokumentnummer 2RDU00001 Rev C. Dezember 2005. Allgemein bekannt unter der Bezeichnung „JSF++". www.research.att.com/~bs/JSF-AV-rules.pdf.

Lohr, Steve. *Go To: The Story of the Math Majors, Bridge Players, Engineers, Chess Wizards, Maverick Scientists and Iconoclasts – The Programmers Who Created the Software Revolution.* Basic Books, 2002. ISBN 9780465042265.

Maddoc, J. *boost::regexp documentation.* www.boost.org und www.boost.org/doc/libs/1_36_0/libs/regex/doc/html/index.html.

Meyers, Scott. *Effective STL: 50 Specific Ways to Improve Your Use of the Standard Template Library.* Addison-Wesley, 2001. ISBN 0201749629.

Meyers, Scott. *Effektiv C++ programmieren: 50 Möglichkeiten zur Verbesserung Ihrer Programme.* Addison-Wesley, 2005. ISBN 3827322982.

Meyers, Scott. *Effective C++: 55 Specific Ways to Improve Your Programs and Designs*, dritte Auflage. Addison-Wesley, 2005. ISBN 0321334876.

Meyers, Scott. *Effektiv C++ programmieren: 55 Möglichkeiten, Ihre Programme und Entwürfe zu verbessern*, dritte Auflage. Addison-Wesley, 2008. ISBN 3827326904.

Musser, David R., Gillmer J. Derge und Atul Saini. *STL Tutorial and Reference Guide: C++ Programming with the Standard Template Library*, zweite Auflage. Addison-Wesley, 2001. ISBN 0201379236.

Programming Research. *High-integrity C++ Coding Standard Manual Version 2.4.* www.programmingresearch.com.

Richards, Martin. *BCPL – The Language and Its Compiler.* Cambridge University Press, 1980. ISBN 0521219655.

Ritchie, Dennis. „The Development of the C Programming Language". *Proceedings of the ACM History of Programming Languages Conference (HOPL-2). ACM SIGPLAN Notices*, Bd. 28 Nr. 3, 1993.

Salus, Peter. *A Quarter Century of UNIX.* Addison-Wesley, 1994. ISBN 0201547775.

Sammet, Jean. *Programming Languages: History and Fundamentals.* Prentice Hall, 1969. ISBN 0137299885.

Schmidt, Douglas C. und Stephen D. Huston. *C++ Network Programming, Volume 1: Mastering Complexity with ACE and Patterns.* Addison-Wesley, 2002. ISBN 0201604647.

Schmidt, Douglas C. und Stephen D. Huston. *C++ Network Programming, Volume 2: Systematic Reuse with ACE and Frameworks.* Addison-Wesley, 2003. ISBN 0201795256.

Schwartz, Randal L., Tom Phoenix und Brian D. Foy: *Learning Perl*, vierte Auflage. O'Reilly, 2005. ISBN 0596101058.

Schwartz, Randal L., Tom Phoenix und Brian D. Foy: *Einführung in Perl*, fünfte Auflage. O'Reilly, 2009. ISBN 3897218879.

Scott, Michael L. *Programming Language Pragmatics.* Morgan Kaufmann, 2000. ISBN 1558604421.

Sebesta, Robert W. *Concepts of Programming Languages*, sechste Auflage. Addison-Wesley, 2003. ISBN 0321193628.

Shepherd, Simon. „The Tiny Encryption Algorithm (TEA)". *www.tayloredge.com/reference/Mathematics/ TEA-XTEA.pdf* und *http://143.53.36.235:8080/tea.htm*.

Stepanov, Alexander. *www.stepanovpapers.com.*

Stewart, G. W. *Matrix Algorithms, Volume I: Basic Decompositions.* SIAM, 1998. ISBN 0898714141.

Stone, Debbie, Caroline Jarrett, Mark Woodroffe und Shailey Minocha. *User Interface Design and Evaluation.* Morgan Kaufmann, 2005. ISBN 0120884364.

Stroustrup, Bjarne. „A History of C++: 1979–1991". *Proceedings of the ACM History of Programming Languages Conference (HOPL-2). ACM SIGPLAN Notices*, Bd. 28 Nr. 3, 1993.

Stroustrup, Bjarne. *The Design and Evolution of C++.* Addison-Wesley, 1994. ISBN 0201543303.

Stroustrup, Bjarne. „Learning Standard C++ as a New Language". *C/C++ Users Journal*, Mai 1999.

Stroustrup, Bjarne. *The C++ Programming Language (Special Edition).* Addison-Wesley, 2000. ISBN 0201700735.

Stroustrup, Bjarne. *Die C++ Programmiersprache (Special Edition).* Addison-Wesley, 2000. ISBN 3827328233.

Stroustrup, Bjarne. „C and C++: Siblings"; „C and C++: A Case for Compatibility"; und „C and C++: Case Studies in Compatibility". *The C/C++ Users Journal*, Juli, Aug. und Sept. 2002.

Stroustrup, Bjarne. „Evolving a Language in and for the Real World: C++ 1991–2006". *Proceedings of the Third ACM SIGPLAN Conference on the History of Programming Languages (HOPL-III)*. San Diego, CA, 2007. *http://portal.acm.org/toc.cfm?id=1238844*.

Stroustrup, Bjarne. Homepage des Autors: *www.research.att.com/~bs*.

Sutter, Herb. *Exceptional C++: 47 Engineering Puzzles, Programming Problems, and Solutions*. Addison-Wesley, 2000. ISBN 0201615622.

Sutter, Herb. *Exceptional C++: 47 technische Denkaufgaben, Programmierprobleme und ihre Lösungen*. Addison-Wesley, 2000. ISBN 3827317118.

Sutter, Herb und Andrei Alexandrescu. *C++ Coding Standards: 101 Rules, Guidelines, and Best Practices*. Addison-Wesley, 2004. ISBN 0321113586.

University of St. Andrews. The MacTutor History of Mathematics archive. *http://wwwgap.dcs.st-and.ac.uk/~history*.

Wexelblat, Richard L. (Hrsg.). *History of Programming Languages*. Academic Press, 1981. ISBN 0127450408.

Whittaker, James A. *How to Break Software: A Practical Guide to Testing*. Addison-Wesley, 2003. ISBN 0321194330.

Wood, Alistair. *Introduction to Numerical Analysis*. Addison-Wesley, 1999. ISBN 020134291X.

Bildnachweis

Seite 61	Digitaluhr von Casio. Quelle: *www.casio.com*.
Seite 61	Analoguhr von Casio. Quelle: *www.casio.com*.
Seite 62	MAN-Schiffsdieselmotor 12K98ME; MAN Burgmeister&Waine. Quelle: MAN Diesel A/S, Kopenhagen, Dänemark.
Seite 62	Emma Maersk; das weltweit größte Containerschiff. Quelle: A. P. Møller – Maersk A/S.
Seite 63	Digitale Telefonschaltzentrale. Quelle: Alamy Images.
Seite 63	Sony-Ericsson W-902 Handy mit MP3-Player, Telefon und Internetkonnektivität. Quelle: *www.sonyericsson.com*.
Seite 65	Handelsparkett der New Yorker Börse an der Wall Street. Quelle: Alamy Images.
Seite 65	Darstellung von Teilen des Internet-Backbones von Stephen G. Eick. Quelle: S. G. Eick.
Seite 65	CAT-Scanner. Quelle: Alamy Images.
Seite 65	Computergestützte Chirurgie. Quelle: Da Vinci Surgical Systems, *www.intuitivesurgical.com*.
Seite 66	Normaler Computerarbeitsplatz (linker Bildschirm ist mit einem Unix-Rechner verbunden, rechter Bildschirm gehört zu einem Windows-Laptop). Quelle: Bjarne Stroustrup.
Seite 66	Computerregale einer Serverfarm. Quelle: Istockphoto.
Seite 68	Blick aus dem Mars-Rover. Quelle: NASA, *www.nasa.gov*.
Seite 794	Das EDSAC-Team 1949. Maurice Wilkes Mitte, David Wheeler ohne Krawatte. Quelle: Cambridge University Computer Laboratory.
Seite 794	David Wheeler bei einer Vorlesung, ca. 1974. Quelle: University of Cambridge Computer Laboratory.
Seite 796	John Backus 1996. Copyright: Louis Fabian Bachrach. Weitere Fotos bekannter Computerpioniere finden Sie in Christopher Morgan: Wizards and Their Wonders: Portraits in Computing. ACM Press. 1997. ISBN 0-89791-960-2.
Seite 798	Grace Murray Hopper. Quelle: Computer History Museum.
Seite 798	Die Motte („bug") von Grace Murray Hopper. Quelle: Computer History Museum.
Seite 799	John C. McCarthy, 1967, an der Stanford Universität. Quelle: Stanford University.
Seite 799	John C. McCarthy, 1996. Copyright: Louis Fabian Bachrach.
Seite 801	Peter Naur fotografiert von Brian Randell in München 1968 während ihrer gemeinsamen Arbeit an dem Bericht, der Software-Engineering als eigenständige Disziplin den Weg ebnete. Veröffentlicht mit Genehmigung von Brian Randell.
Seite 801	Peter Naur, Ölgemälde von Duo Duo Zhuang 1995. Veröffentlicht mit Genehmigung von Erik Frøkjær.
Seite 802	Edsger Dijkstra. Quelle: Wikimedia Commons.

Bildnachweis

Seite 803	Niklaus Wirth. Quelle: N. Wirth.
Seite 803	Niklaus Wirth. Quelle: N. Wirth.
Seite 806	Jean Ichbiah. Quelle: Ada Information Clearinghouse.
Seite 806	Lady Lovelace, 1838. Vintage Print. Quelle: Ada Information Clearinghouse.
Seite 807	Kristen Nygaard und Ole-Johan Dahl, ca. 1968. Quelle: Universität von Oslo.
Seite 808	Kristen Nygaard, ca. 1996. Quelle: Universität von Oslo.
Seite 808	Ole-Johan Dahl, 2002. Quelle: Universität von Oslo.
Seite 809	Dennis M. Ritchie und Ken Thompson, ca. 1978. Copyright: AT&T Bell Labs.
Seite 809	Dennis M. Ritchie, 1996. Copyright: Louis Fabian Bachrach.
Seite 810	Doug McIlroy, ca. 1990. Quelle: Gerard Holzmann.
Seite 810	Brian W. Kernighan, ca. 2004. Quelle: Brian Kernighan.
Seite 812	Bjarne Stroustrup, 1996. Quelle: Bjarne Stroustrup.
Seite 813	Alex Stepanov, 2003. Quelle: Bjarne Stroustrup.
Seite 991	Das Murray Hill Research Center von AT&T Bell Labs, ca. 1990. Copyright: AT&T Bell Labs.

Register

^ (Exklusives Oder, bitweise logische Operationen) 923, 1053, 1058
^ (Negation, reguläre Ausdrücke) 843, 1133
^ (Zeilenanfang, reguläre Ausdrücke) 843
^= (Exklusives Oder und Zuweisung, bitweise logische Operationen) 1054
, (Komma-Operator) 1055
, Indexzugriff (in C) 871
: (Basisklasse und Memberinitialisierung) 325, 481, 553
:: (Bereichsauflösung) 1072
:: (Gültigkeitsbereichsauflösung) 308, 325, 1049
! (Nicht) 1050
!= (Nicht gleich) 1052, 1065
!= (Ungleich) 100, 823
? (optional, reguläre Ausdrücke) 838, 843, 845, 1133
?: (bedingter Ausdruck) 331, 1053
. (Memberzugriff) 318, 602, 1049, 1072
. (Platzhalter, reguläre Ausdrücke) 843, 1133
'...' (Ellipse, ungeprüfte Argumente) 1069
'...' (Zeichenliteral) 97
() (Ausdrücke) 124
() (Funktionsaufruf) 300, 745, 1063
() (gruppieren, reguläre Ausdrücke) 838, 843, 846, 1133
[(Zeichenklasse) 843, 1133
[] delete 1050
{} (Bereich, reguläre Ausdrücke) 838, 843, 1133
{} (Block) 83
* (Dereferenzierungsoperator) 589
* (Multiplikation) 100, 1051
* (null oder mehr Vorkommen, reguläre Ausdrücke) 839, 843, 845, 1133
* (Zeiger auf, in Deklarationen) 583, 1063
*= (Multiplikation und Zuweisung) 100, 1054
*const (unveränderlicher Zeiger) 1063
/ (Division) 100, 101, 129, 1051
/*...*/ (Blockkommentar) 257
// (Zeilenkommentar) 82
/= (Division und Zuweisung) 100, 1054
\ (Backslash) 1043
\ (Escape-Zeichen, reguläre Ausdrücke) 837, 843, 847, 1133
& (Adresse von-Operator) 584, 1050
& (Referenz) 293, 1063
& (Und, bitweise logische Operationen) 923, 1052, 1058
&& (logisches Und) 1053, 1058

&= (Und und Zuweisung, bitweise logische Operationen) 1054
(Präprozessor-Direktive) 1089
% (Ausgabe-Formatspezifizierer) 1141
% (Modulo) 100, 101, 250, 1051
%= (Modulo und Zuweisung) 100, 1054
- (Bereichsangabe, reguläre Ausdrücke) 847
- (Subtraktion, Zahlen) 100, 1065
- (Subtraktion, Zeiger) 1065
- (Subtraktion) 1051
-- (Dekrement) 100, 1049, 1050, 1100
+ (Addition) 100, 1051
+ (eins oder mehr Vorkommen, reguläre Ausdrücke) 843, 845, 1133
+ (Verkettung) 100, 102, 823, 1131
++ (Inkrement) 100, 105, 1050, 1100
+= (Addition und Zuweisung) 100, 1054
+= (anhängen) 100, 823, 1131
+= (vorrücken) 1065
< (Kleiner als) 739, 1052
<...> (Template, Argumente und Parameter) 664
<< (Ausgabe, complex) 888, 1138
<< (Ausgabe) 81, 100, 372, 823, 827, 1128
<< (Linksverschiebung, bitweise logische Operationen) 923, 1051
<<= (Linksverschiebung und Zuweisung, bitweise logische Operationen) 1054
<= (Kleiner als oder gleich) 100, 1052
-= (Subtraktion und Zuweisung) 100, 1054, 1101
-= (zurückrücken) 1065
= (Zuweisung) 100, 102, 823, 1054
== (Gleich) 100, 1052
> (Größer als) 100, 1052
-> (Memberzugriff) 602, 1049, 1072, 1100
>= (Größer als oder gleich) 100, 1052
>> (Eingabe, complex) 888, 1138
>> (Eingabe) 95, 97, 100, 373, 823, 827, 1127
>> (Rechtsverschiebung, bitweise logische Operationen) 923, 1051
>>= (Rechtsverschiebung und Zuweisung, bitweise logische Operationen) 1054
| (Alternative, reguläre Ausdrücke) 838, 843, 846, 1133
| (Oder, bitweise logische Operationen) 923, 1053, 1058
|= (Oder und Zuweisung, bitweise logische Operationen) 933, 1054
|| (logisches Oder) 1053, 1058
~ (Destruktoren) 595

~ (Komplement, bitweise logische Operationen) 923, 1050
$ (Zeilenende, reguläre Ausdrücke) 843, 1133
0 (Null)
 Präfix 390, 392
 printf()-Formatspezifizierer 1142
 Zeiger 593
0x-Präfix 390, 392

A

\a (Alarm) 1043
a (Anhängen, Dateimodus) 1140
Abgeleitete Klassen 506
 Basisklassen 1078
 Mehrfachvererbung 1078
 Objekt-Layout 507
 private-Basisklassen und -Member 511
 protected-Basisklassen und -Member 512
 public-Basisklassen und -Member 512
 Überblick 506, 1078
 Vererbung 1078
 virtuelle Funktionen 1079
 Zugriffskontrolle 511
Abhängigkeiten testen 966
Ableitung von Klassen 506
abort() 1149
abs() (Absolutwert) 886, 1137
abs() (rho (complex)) 888, 1138
Abschätzen, Ergebnisse 179
Abschlusszeichen angeben 374
Absolutwert (abs()) 886
Abstrakte Klassen 497
 erzeugen 498, 512, 1080
 Klassenhierarchie 512
 Shape-Beispiel 498
Abstraktion 122, 786
accumulate() 739, 748, 1139
Achsen-Beispiel 528, 541
acos() (Arkuskosinus) 886, 1137
Ada (Programmiersprache) 805
Adapter
 bind1st() 1122
 bind2nd() 1122
 Funktionsobjekte 1122
 mem_fun_ref() 1122
 mem_fun() 1122
 not1() 1122
 not2() 1122
Adaptoren
 Container 1103
 priority_queue 1103
 queue 1103
 stack 1103

add() 456, 493, 609
Addition + 1051
Additionsoperatoren 1051
Ad-hoc-Polymorphie 667
adjacent_difference() 748, 1139
adjacent_find() 1112
Adressen 584, 910
advance() 609, 718, 1101
Aktivierungsdatensatz 301
Aktuelles Objekt 327
Algol60 (Programmiersprache) 800
Algol-Familie (Programmiersprachen) 800
<algorithm> 1093
Algorithmen 667
 Argumente an numerische Algorithmen übergeben 1139
 Headerdateien 1093
 integrierte Arrays 725
 numerische 1139
 testen 965
 und Container 704
Algorithmen, numerische 747
 accumulate() 748, 1139
 adjacent_difference() 748, 1139
 inner_product() 748, 751, 1139
 partial_sum() 748, 1139
Algorithmen, STL 1111
 accumulate() 739
 binary_search() 771
 copy_if() 765, 769
 copy() 738, 765, 768
 count_if() 738
 count() 738
 Elemente summieren 739
 Elemente vergleichen 738
 equal_range() 738, 771
 equal() 739
 find_if() 742
 find() 738, 739
 Heap 1118
 inner_product() 739
 lower_bound() 771
 max 1120
 Mengen 1117
 merge() 738
 min 1120
 modifizierende Sequenzalgorithmen 1113
 nichtmodifizierende Sequenz-algorithmen 1112
 Permutationen 1119
 random_shuffle() 1114
 search() 771
 sort() 738, 770

sortieren 1116
sortierte Sequenzen verbinden 738
suchen 1116
unique_copy() 738, 765, 768
upper_bound() 771
utility 1115
Wertevergleiche 1119
Aliase 295, 1088
allocator_type 1106
Allokation von Speicher
    allocator_type 1106
    bad_alloc-Ausnahme 1059
    C und C++ 1009
    calloc() 1147
    eingebettete Systeme 907
    Freispeicher (Heap) 588
    malloc() 1009, 1147
    new 1059
    Pools 908
    realloc() 1010
    Stacks 907, 909
alnum (Zeichenklasse, reguläre Ausdrücke) 848, 1134
alpha (Zeichenklasse, reguläre Ausdrücke) 848, 1134
Alternativen (reguläre Ausdrücke) 846
Altersstruktur-Beispiel 536
    Daten einlesen 537
    Graph 541
    Layout 539
    Skalierung 540
Analyse (Entwicklungsprozess) 70, 198
and (Synonym für **&**) 1004, 1005
and_eq (Synonym für **&=**) 1004, 1005
Anführungszeichen, einfache 97
Anhängen
    += (Strings) 823
    append() 823
    Dateien 397, 1140
Annahmen testen 979
Anweisungen 85, 129
    {}-Klammern 83
    Ausdrucksanweisungen 129
    Auswahlanweisungen 130
    Blöcke 138
    for-Anweisungen 139
    Grammatik 1060
    if-Anweisungen 130
    leere Anweisung 130
    Schleifen 136
    Semikolon 129, 130
    switch-Anweisungen 133
    while-Anweisungen 136

Anwendungsdomänen 490
Anwendungsfälle (use cases) 200
Anzeigemodell 421
append() 1132
app-Modus 396, 1125
Approximation 530
arg() (theta (complex)) 888, 1138
Argumente
    Bereichsfehler 171
    Deduktion 671
    formale 141, 289
    Funktionen 1069
    pass-by-const-reference 292
    pass-by-reference 294
    pass-by-value 291
    Templates 1083
    Typumwandlung 299
    überprüfen 299
    ungeprüfte 997, 1069
    unzulässige 170
    vorgegebene 525
Arithmetisches if 284, 331
Arkuskosinus (**acos()**) 886
Arkussinus (**asin()**) 886
Arkustangens (**atan()**) 886
<array> 1093
array (Sequenzcontainer) 1103
Arrays
    assoziative 827
    auf Elemente zugreifen 870
    Bereichsprüfung 635
    C-Strings 640
    debuggen 641
    dereferenzieren 635
    Elemente nummerieren 635
    initialisieren 592, 640
    integrierte 725
    kopieren 639
    mehrdimensionale 867, 868, 1066
    Namen in Zeiger umwandeln 638
    nullterminierte 640
    Palindrom-Beispiel 645
    Übergabe von Zeigern an Array-Elemente 911
    vector-Alternative 915
    Zeiger auf Elemente 636
    Zuweisung 639
asin() (Arkussinus) 886, 1137
asm (Schlüsselwort zum Einfügen von Assemblerbefehlen) 1004
Assembler 793
assign() 1107

Register

Assoziative Container 752, 1103
    E-Mail-Analyse 828
    map 753
    multimap 753, 832
    multiset 753
    Operationen 1110
    set 753
    unordered_map 753
    unordered_multimap 753
    unordered_multiset 753
    unordered_set 753
at() (bereichsüberprüfte Indexoperation)
    675, 1108
atan() (Arkustangens) 886, 1137
ate-Modus 396, 1125
atof() 1146
atoi() 1146
atol() 1146
attach() vs. **add()** 493
Auffüllen, Ein-/Ausgabe in C 1142
Aufräumarbeiten 251
    Code-Layout 255
    Funktionen 254
    Kommentare 256
    symbolische Konstanten 252
Aufrufstack 303
Aufzählungen 329, 1071
    enum 1008
    Enumeratoren 329, 1071
    Gültigkeitsbereich 330
    Namen der Enumeratoren 330
    Nummerierung der Enumeratoren 329
    Typumwandlung in **int** 330
    Werte überprüfen 330
Ausdrücke 124, 1048
    Auswertungsreihenfolge 305
    Codierstandards 944
    gruppieren 124
    Gültigkeitsbereichsauflösung 1049
    konstante 125, 1056, 1057
    L-Wert 124, 1055
    magische Konstanten 252, 705
    Operatoren 126, 1048
    parsen 211
    Priorität 1055
    Promotion 128, 1056
    R-Wert 124, 1055
    Speicherverwaltung 1059
    Taschenrechner-Beispiel 217
    Typumwandlung 128, 1056, 1059
    übliche arithmetische Umwandlungen 1057
    unäre 1050
    Werte erhalten 1056

Ausdrucksanweisungen 129
Ausführbarer Code 84
Ausgabe
    331, 372, 823, 827, 888, 1128, 1138
    cerr 174
    Felder 395
    Formatierung 388
    Formatspezifizierer % 1141
    ganze Zahlen 389
    Genauigkeit 393
    Gleitkommazahlen 392
    Manipulatoren 390
    Quellen 121
    testen 965
    über **ostream** 356
    Zeilenumbruch 96
Ausgabe-Formatspezifizierer (**printf()**) 1142
Ausgabegeräte 354
Ausgabe-Iterator 730, 1101
Ausgabeoperationen 1127
Ausnahmen 170, 1086, 1097
    benutzerdefinierte Typen 1087
    Bereichsfehler 171
    Bereichsprüfung für **vector** 675
    C und C++ 993
    catch 170, 1086
    cerr 174
    der Standardbibliothek 1097
    Destruktoren 1087
    eingebettete Systeme 899
    erneut werfen 683, 1086
    fangen 170, 175, 1086
    GUI 572
    No-throw-Garantie 684
    out_of_range 172
    RAII (Resource Acquisition Is Initialization)
        1086
    Stack abbauen 1087
    throw 170, 1054, 1086
    try 170
    Überblick 170
    werfen 170, 679, 1086
Auswahlanweisungen 130
Auswertungsreihenfolge
    Ausdrücke 305
    Programme 304
auto_ptr 684
Auto-Code 793
Automatischer Speicher 587
Axis-Beispiel 431, 449

B

b (binär, Dateimodus) 1140
Babbage, Charles 805
back_inserter() 1121
back() (letztes Element) 716, 1108
Backus, John 796
Backus-Naur-Form (BNF-Form) 796, 801
bad_alloc-Ausnahme 1059
bad() (Streamstatus) 363, 1126
Balancierte Bäume 756
basic_string 824
Basisklasse und Memberinitialisierer 481
Basisklassen
    abgeleitete Klassen 1078
    abstrakte Klassen 497, 512, 1080
    Beschreibung 506
    initialisieren 553
    Klassenhierarchie 512
    Objekt-Layout 507
    Schnittstelle 512
    Shape-Beispiel 497
    überschreiben 510
    virtuelle Funktionen 508
    virtueller Funktionsaufruf 503
    vptr 507
    vtbl 507
    Zugriffskontrolle 511
BCPL (Programmiersprache) 811
Bedingte Kompilierung 1023
Bedingter Ausdruck 284, 1053
Beendigung, von Programmen 1039
begin()
    Iterator 1107
    String-Operation 823, 1131
    vector 703
Beinahe-Container 729, 1104
Beispiele siehe Programmbeispiele
Bentley, John 901, 932
Benutzerdefinierte Operatoren 1055
Benutzerdefinierte Umwandlungen 1057
Benutzerschnittstellen
    GUI 550
    Konsole 550
    Webbrowser 551
Bereiche, Zeiger 590
Bereichsüberprüfung
    Arrays 635
    at() 675
    Ausnahmen 675
    Design-Überlegungen 676
    Effizienz 677
    Einschränkungen 677

    Kompatibilität 677
    Makros 678
    optionale Überprüfung 677
    Überblick 675
    vector 675
    Zeiger 635
Beschriftung
    Grafik 528
Bezeichner 1044
Bibliotheken 86
    Bedeutung für das Debuggen 183
    Verwendung für 199
Bidirektionaler Iterator 730, 1101
Bildschirm
    beschriften 432
    darauf zeichnen 430
    Layout der grafischen Darstellung 539
Binäre E/A 398
Binäres Zahlensystem 1042
Binärsuche 738, 755, 771
binary_search() 771, 1116
binary-Modus 396, 1125
bind1st()-Adapter 1122
bind2nd()-Adapter 1122
Bindespezifikationen 1069
Bindung, dynamische 506
bitand (Synonym für &) 1004, 1005
Bitfelder 922, 933, 1081
bitor (Synonym für |) 1004
Bits 110
    Aufzählungen 922
    Bitfelder 922
    bool 922
    char 922
    Größe 921
    Integer-Typen 922
    manipulieren 931
    vorzeichenbehaftet 927
    vorzeichenlos 927
    Zweierkomplement 927
bitset 926
    Aufbau 926
    Ausnahmen 1097
    bitweise logische Operationen 926
    Ein-/Ausgabe 927
<bitset> 1093
Bitweise logische Operationen 923, 1058
    Exklusives Oder ^ 923, 1053, 1058
    Exklusives Oder und Zuweisung ^= 1054
    Komplement ~ 923
    Linksverschiebung 923
    Linksverschiebung und Zuweisung 1054
    Oder | 923, 1053, 1058

Oder und Zuweisung |= 933, 1054
Rechtsverschiebung >> 923
Rechtsverschiebung und
  Zuweisung >>= 1054
Und & 923, 1052, 1058
Und und Zuweisung &= 1054
Blackbox-Testen 957
blank (Zeichenklasse, reguläre Ausdrücke) 848, 1134
Blöcke 138
  {}-Klammern 83
  Gültigkeitsbereiche 287
Blockkommentar 257
BNF-Form (Backus-Naur-Form) 796, 801
bool 97, 1004, 1005
boolalpha-Manipulator 1128
Boolesche Umwandlungen 1056
Borland 804
Bottom-up-Ansatz 785
break (in switch-Anweisung) 134, 136
bsearch() 1149
Buchstaben, identifizieren 266, 404
Bugs 181
Button-Beispiel 560
  einen Klick feststellen 554
  mit Menüs verbinden 567
  Weiter 430, 551
Byte-Operationen, C-Strings 1014
Bytes 110

C

.cpp-Dateien 84, 281
C (Programmiersprache) 809, 990
  C-Linkerkonventionen 1000
  fehlende Sprachmittel 993
  struct 1003
C und C++ 990
  Casts im alten/neuen Stil 1006
  C-Linkerkonventionen 1000
  const 1019
  Definitionen 1005
  Ein-/Ausgabe 1015
  enum 1008
  fehlende Sprachmittel 993
  Freispeicher 1009
  Funktionen 996
  Kompatibilität 992
  Konstanten 1019
  Layout-Regeln 1001
  Makros 1019
  malloc() 1009
  Namensbereiche 1009
  opake Typen 1025
  Performance 992
  realloc() 1010
  Schlüsselwörter 1004
  Sprachunterschiede 1003
  Stammbaum 991
  struct-Verschachtelungen 1004
  Typprüfung 999
  Typumwandlung im alten/neuen Stil 1006
  void 998
  void* 1007
c_str() 359, 1131
C# (Programmiersprache) 804
C++ (Programmiersprache) 812
  Codierstandards 947
  Schlüsselwörter 108, 1004
Callback-Funktionen 554
Callback-Implementierung 1164
calloc() 1147
capacity() 659, 1109
case-Marken 134
<cassert> 1095
Casts
  C und C++ 994
  const_cast 603, 1059
  dynamic_cast 899, 1059
  funktionale 1059
  im alten/neuen Stil 1006
  im C-Stil 1006, 1059
  im Template-Stil 1006
  lexical_cast 826
  nicht verwandter Typen 603
  Operatoren 1059
  reinterpret_cast 603, 911
  static_cast 603, 911, 1059
catch 170, 1004
cb_next()-Beispiel 554
<cctype> 1095, 1130
ceil() 886, 1137
C-Ein-/Ausgabe (**stdio**)
  fprintf() 1017
  getchar() 1017
  gets() 1017
  printf() 1016
  scanf() 1017
  stdin 1015
  stdout 1015
cerr 174, 1124, 1144
<cerrno> 1095
<cfloat> 1095
char 97
CHAR_BIT (Wertebereich-Makro) 1136
CHAR_MAX (Wertebereich-Makro) 1136

CHAR_MIN (Wertebereich-Makro) 1136
cin 95
    >> (Eingabe) 95, 97
    Standardzeicheneingabe 355, 1124
    Whitespace 98
Circle-Beispiel 474, 499
    vs. Ellipse 477
class 205, 317
clear() 363, 1109
<climits> 1095
<clocale> 1095
clock_t 1148
clock() 984
clone()-Beispiel 505
close() (Dateien) 360
Closed_polyline-Beispiel 462, 464
<cmath> 886, 1095, 1137
cntrl (Zeichenklasse, reguläre Ausdrücke) 849, 1134
COBOL (Programmiersprache) 797
CODASYL-Komitee 797
Code
    bereinigen 251
    Bibliotheken 199
    generischer 493
    Ideale 784
    Layout 255
    Pseudocode 201
    Testabdeckung 971
Code-Editor 87
Code-Schichten 554
Codespeicher 587
Codierstandards 939
    allgemeine Regeln 943
    Aufbau 940
    Ausdrücke 944
    Beispielregeln 942
    C++ 947
    Funktionen 944
    Gründe 940
    harte Echtzeit-Regeln 946
    Ideale 941
    Klassenregeln 945
    konkrete 947
    Layout 943
    Namensgebung 943
    Präprozessor-Regeln 943
    Regeln für kritische Systeme 946
Color-Beispiel 433, 456
    füllen 438, 466
    Transparenz 458
Common Lisp (Programmiersprache) 799

Compiler 84, 87
    bedingte Kompilierung 1023
    Klein- und Großschreibung 107
    Kompilierfehler 86, 160, 183
    Syntaxprüfung 84
    Übersetzungseinheiten 163
compl (Synonym für ~) 1004, 1005, 1045
complex
    888, 1138
    - (subtrahieren (minus)) 888, 1138
    != (nicht gleich (Ungleichheit)) 888
    != (ungleich) 1138
    * (multiplizieren) 888, 1138
    / (dividieren) 888, 1138
    + (addieren (plus)) 888, 1138
    == (gleich) 888, 1138
    >> (Eingabe) 888, 1138
    abs() (rho) 888, 1138
    arg() (theta) 888, 1138
    conj() (Konjugierte) 888, 1138
    imag() (Imaginärteil) 888, 1138
    norm() (Quadrat von abs()) 888, 1138
    polar() (Polarkoordinaten) 888, 1138
    Quadrat von **abs()** 888, 1138
    real() (Realteil) 888, 1138
    rho (Polarkoordinaten) 888, 1138
    theta (Polarkoordinaten) 888, 1138
    Zahlentypen 1137
<complex> 1094, 1137, 1138
Computer 61
    CAD/CAM 62
    EDV 66
    im täglichen Leben 61
    Karten 64
    Mars-Rover 68
    Medizin 65
    Schifffahrt 62
    Serverfarmen 66
    Telekommunikation 63
conj() (Konjugierte (complex)) 888, 1138
const
    C und C++ 994, 1019
    Deklaration 279
    Initialisierer 279
    Memberfunktionen 339, 1073
    Parameter 293, 297
    Strings im C-Stil 1013
    symbolische Konstanten 252
    Typ 1063
    Überladung 633
const_cast 603, 1004, 1049
const_iterator 1106

Register

Container
    assoziative 827, 1103, 1110
    Beinahe-Container 729, 1104
    capacity() 1109
    Destruktoren 1106
    eingebettete Systeme 918
    Elementzugriff 1108
    Headerdateien 1093
    in nebeneinanderliegenden Bereichen
        speichern 720
    intrusive 1024
    Iteratoren 1107
    Iterator-Kategorien 730
    Konstruktoren 1106
    kopieren 1110
    Listenoperationen 1109
    Membertypen 1106
    nicht intrusive 1024
    Operationen, Überblick 1105
    Sequenzcontainer 1103
    size() 1109
    Stackoperationen 1108
    Standardbibliothek 1102
    Standardcontainer 727
    tauschen 1110
    Templates 669
    und Algorithmen 704
    vector 144
    vergleichen 1110
    Warteschlangenoperationen 1108
    Zuweisungen 1106
Containeradaptoren 1103
Convenience-Funktionen 341
copy_backward() 1113
copy_if() 765, 769
copy() 738, 765, 768, 1113
cos() (Kosinus) 886, 1137
cosh() (Kosinus hyperbolicus) 1137
count_if() 738, 1112
count() 738, 1112
cout
    Hello-World-Programm 81
    Standardausgabe 355, 1124
<csetjmp> 1095
<csignal> 1095
C-Standardbibliothek
    C-Strings 1145
    Headerdateien 1095
    Speicher 1147
<cstdarg> 1095
<cstddef> 1095
<cstdio> 1095
<cstdlib> 1095, 1147, 1149

<cstring> 1095, 1130, 1147
C-Strings 640, 1145
    als Befehl ausführen (**system()**) 1149
    Byte-Operationen 1014
    const 1013
    kopieren 1012
    lexikografischer Vergleich 1012
    Operationen 1146
    strcat() (verketten) 1012
    strchr() 1014
    strcmp() 1011, 1012
    strcpy() (kopieren) 1012, 1014
    strlen() 1012
    strncat() 1012
    strncmp() 1012
    strncpy() (kopieren) 1012
    vergleichen 1011
    Zeigerdeklaration 1015
<ctime> 1095, 1147
Cursor 81
<cwchar> 1095
<cwctype> 1095

D

\D (keine Ziffer, reguläre Ausdrücke) 844, 1134
\d (Dezimalzahl, reguläre Ausdrücke) 844, 1134
d (Zeichenklasse, reguläre Ausdrücke) 849, 1134
Dahl, Ole-Johan 808
Date-Beispiel 320, 342
Datei-E/A 357
    close() 360
    Darstellungen umwandeln 382
    Dateien öffnen 360
    Dateien schließen 360, 1140
    Festlegen der Schreib- und Leseposition
        in Dateien 400
    Modi 1140
    open() 360
    Testen nach dem Öffnen 360
Dateien 357, 396
    C und C++ 1018
    Festlegen der Schreib- und Leseposition 400
    öffnen und schließen
        (Ein-/Ausgabe in C) 1140
    Öffnungsmodi 396
    Streams 357
Dateien lesen
    Abschlusszeichen angeben 374
    Beispiel 360
    binäre E/A 398
    bis zum Ende der Datei 374
    Darstellungen umwandeln 382

Einleseschleifen 374
einzelne Schritte 358
fstream-Typ 358
ifstream-Typ 358
istream-Typ 357, 398
Repräsentation im Speicher 376
strukturierte Dateien 375
strukturierte Werte 378
symbolische Darstellungen 382
Dateien öffnen 358
   app-Modus (anhängen) 396
   ate-Modus (am Ende) 396
   Binärdateien 397
   binary-Modus 396
   Dateistreams 358
   Ein-/Ausgabe in C 1140
   in-Modus (zum Lesen) 396
   nicht existente Dateien 397
   out-Modus (zum Schreiben) 396
   schlägt fehl 397
   Testen nach dem Öffnen 360
   trunc-Modus (trunkieren) 396
Dateien schreiben 358
   anhängen 397
   Beispiel 360
   binäre E/A 398
   fstream-Typ 358
   ofstream-Typ 359
   ostream-Typ 357, 398
Daten
   Code allgemein halten 696
   einheitlicher Zugriff 696
   grafische Darstellung 536
   skalieren 540
   verarbeiten (Überblick) 694
Datenabstraktion 790
Datenmember 495
Datum und Zeit 1147
DBL_EPSILON (Wertebereich-Makro) 1136
DBL_MAX (Wertebereich-Makro) 1136
DBL_MIN (Wertebereich-Makro) 1136
Deallokation 593
Debuggen 180
   Bugs 181
   GUI-Code 571
   Invarianten 184
   Konsolenfenster anzeigen 184
   Konstruktoren 630
   logische Fehler 176
   Nachbedingungen 187
   Testen 982
   Tipps 182
   transient bugs 591

   Vorbedingungen 185
   vorübergehende Fehler 591
   Widgets 572
   Zeiger und Arrays 641
dec-Manipulator 391, 1129
default-Marken 134
#define 1089
Definitionen 95, 276, 1062
   außerhalb der Klasse 1074
   C und C++ 1005
   Funktionen 289
   innerhalb der Klasse 1074
   Memberfunktionen 324
   Unterschied zu Deklaration 277
Deklarationen 86, 275, 1062
   Arten von 279
   Bestandteile 1062
   C und C++ 994
   Definition 1062
   extern 277
   Funktionen 288, 1067
   in Headerdateien verwalten 281
   Klassen 318
   Namen 275
   Reihenfolge 234
   Unterschied zu Definition 277
   Variablen 279
   Vorwärts- 278
Deklarationsoperatoren
   () (Funktion von) 1063
   * (Zeiger auf) 1063
   & (Referenz auf) 1063
delete
   C und C++ 993, 1004
   Deallokation von Freispeicher 594
   in unären Ausdrücken 1050
   Speicher freigeben 1059
Delphi (Programmiersprache) 804
<deque> 1093
deque, Warteschlange mit zweiseitigem
   Zugriff 1103
dereferenzieren 635
Dereferenzierungsoperator 589
Design
   testfreundliches 981
Design (Entwicklungsprozess) 70, 198
Destruktoren 1076
   Ausnahmen 682
   Container 1106
   debuggen 630
   erforderliche 628
   essenzielle Operationen 627
   generieren 597

löschen 595
RAII 682
Ressourcen freigeben 682
Standard 1081
und Freispeicher 598
virtuell 599
Dezimale Integer-Literale 1040
Dezimales Zahlensystem 389, 1040
Dezimalzeichen (**isdigit**()) 404
Dienste und Sprachunterstützung, Headerdateien 1095
difference() 1101
digit (Zeichenklasse, reguläre Ausdrücke) 849, 1134
Dijkstra, Edsger 802, 956
Dimensionen, Matrizen 870
Direkter Ausdruck von Ideen 785
Divide and Conquer 123
divides() 1122
Division
  / 1051
  durch null 222
  Integer-Divisionen 129
Doppelt verkettete Listen 607, 707
double 97
draw_lines()-Beispiel
  Closed_polyline 463
  Marked_polyline 478
  Open_polyline 461
  Polygon 464
  Rectangle 469
  Shape 501
draw()-Beispiel
  Füllfarbe 502
  Liniensichtbarkeit 502
  Shape 501
Druckbares Zeichen identifizieren 405
d-Suffix 1042
dynamic_cast 899, 1004, 1049, 1097
Dynamische Bindung 506

E

E/A-Fehler
  bad() (Streamstatus) 363
  beheben 363
  Ende der Datei 363
  eof() (Streamstatus) 363
  fail() (Streamstatus) 363
  Fehlerbehandlung 1126
  good() (Streamstatus) 363
  ios_base 365
  Streamstatus 362

unerwartete Fehler 362
unget() 364
E/A-Streams 1123
  >> (Eingabe) 827
  Ausgabeoperationen 1127
  Ausgabestreams 355
  Ausnahmen werfen 1126
  cerr-Standardfehlerausgabe 1124, 1144
  cin-Standardeingabe 355, 1124, 1144
  cout-Standardeingabe 355, 1124, 1144
  Eingabeoperationen 1126
  Eingabestreams 355
  Fehlerbehandlung 1126
  formatierte Eingabe 1127
  Formatierung 1128
  fstream 396, 401, 1125
  get() 827
  getline() 827
  Headerdateien 1094
  ifstream 396, 1125
  iostream-Bibliothek 355, 1124
  istream 355, 1123
  istream_iterator 766
  istringstream 1124
  Iteratoren 766
  Klassenhierarchie 827, 1124
  ofstream 396, 1124
  ostream 355, 1123
  ostream_iterator 766
  ostringstream 396, 1124
  Standardeingabestream 355
  Standardmanipulatoren 391, 1128
  Standardstreams 1124
  Status 1126
  Streammodi 1125
  Streampuffer (**streambuf**) 1124
  Streamstatus 362
  stringstream 401, 1125
  unformatierte Eingabe 1127
Echtzeit-Antworten 896
EDSAC 136
Effizienz (Software) 784
Eigene Trennzeichen 406
Ein-/Ausgabe
  Gerätetreiber 354
  istream 355
  ostream 355
  Pufferung 356, 413
  Strings 826
  Text in GUI 560
  Trennzeichen 406
  Unterschiede der natürlichen Sprache 413
  Whitespace 404, 406

Ein-/Ausgabe in C (stdio)
%, Ausgabe-Formatspezifizierer 1142
Abschneiden der Ausgabe 1143
Auffüllen 1142
Ausgabeformate, benutzerdefinierte
Typen 1144
Ausgabe-Formatspezifizierer 1142
Dateien öffnen und schließen 1140
Dateimodi 1140
fprintf() 1017, 1141
getc() 1145
getchar() 1017, 1145
gets() 1017, 1144
printf() 1016, 1141
scanf() 1017, 1144
sprintf() 1141
stderr 1144
stdin 1015, 1144
stdout 1015, 1144
Einfach verkettete Listen 607, 707
Einfacher Texteditor (Beispiel) 713
Einfügen in Strings 823, 1132
Eingabe 94
  >> 95, 97
  >> (benutzerdefiniert) 373
  >> (complex) 888, 1138
  >> (formatiert) 1127
  >> (Text/Strings) 823, 827, 1132
  abschicken 95
  Aufforderung zur 95, 200, 242
  binäre E/A 397
  C und C++ 1017
  cin 95
  eine Reihe von Werten 363
  einen einzelnen Wert 366
  einlesen 95
  einzelne Zeichen 403
  ganze Zahlen 391
  Gleitkommazahlen 203
  istringstream 401
  mehrere Wörter einlesen 98
  potenzielle Probleme 366
  Problem aufteilen 368
  Quellen 120
  stringstream 401
  Taschenrechner-Beispiel 200, 242
  testen 965
  Trennung von Kommunikation und
    Funktion 371
  Typen 97
  über **istream** 356
  unzulässige 173
  Whitespace 98

wieder zurückstellen 226
zeilenorientiert 402
Zeilenumbruch 95
Eingabeaufforderung 200, 242
Eingabegeräte 354
Eingabe-Iterator 730, 1101
Eingabeoperationen 1126
Eingabestreams 355
Eingebaute Typen siehe integrierte Typen
Eingebettete Systeme
  Allokation von Speicher 903
  Ausnahmen 899
  begrenzte Ressourcen 896
  Beispiele 894
  Codierstandards 939
  Container 918
  delete-Operator 899, 904, 907
  dynamic_cast 899
  Echtzeit-Antworten 896
  Echtzeit-Beschränkungen 898
  Fehlerbehandlung 901
  Fehlertoleranz 897
  Fragmentierung 904, 905
  Freispeicher (Heap) 904
  harte Echtzeit 898
  Ideale 900
  Korrektheit 897
  lange Laufzeit 896
  Nebenläufigkeit 899
  new-Operator 899, 904, 907
  Ressourcenlecks 898
  Speicherallokation 903, 907
  Speicherverwaltung 903
  Vorhersagbarkeit 899
  Wartung 896
  weiche Echtzeit 898
  Zuverlässigkeit 896
Einleseschleifen 374
Einstein, Albert 789
Ellipse-Beispiel 476, 477
empty() 1109
end()
  Iterator 1107
  String-Operation 823, 1132
  vector 704
Ende der Datei siehe EOF
endl-Manipulator 1129
Endlosrekursion 218
ends-Manipulator 1129
Entschlüsselungsalgorithmus 935
Entwicklungsprozess 70, 198
  Analysephase 70, 198
  Designphase 70, 198

1197

Implementierungsphase 70, 198
Testphase 70
enum 329, 1008
Enumeratoren 329
EOF 104
　　Dateistreams 374
　　E/A-Fehler 363
　　Eingabe 104
　　stringstream 401
eof() (Streamstatus) 363, 1126
EOF-Makro 1018
equal_range() 738, 771
equal_to() 1121
equal() 739, 1112
erase()
　　(Listenoperation) 609, 721, 1109
　　(String-Operation) 823, 1132
errno (Fehlerindikator) 886, 1137
error()-Beispiel 166
exception 174
<exception> 1095
exit() (ein Programm beenden) 1149
exp() (natürlicher Exponent) 886, 1137
explicit 1004
Explizite Konstruktoren 629
extern 277, 1000

F

f/F-Suffix 1042
fail() (Streamstatus) 363, 1126
Fakultät 531
false 1004, 1005
Fangen, von Ausnahmen 170, 175
Fast Light Toolkit siehe FLTK
fclose() 1018, 1140
Feature-Inflation 209
Feedback 71
Fehler 158
　　durch Einengung 176
　　Hardwarefehlermeldungen 165
　　Kompilierfehler 160, 183
　　Laufzeitfehler 164
　　Linkerfehler 163
　　logische 160, 176
　　mangelhafte Spezifikation 160
　　nicht deklarierte Bezeichner 275
　　non-errors 163
　　Quellen 160
　　Regressionstests 957
　　Rundungsfehler 863
　　Syntaxfehler 161
　　transient 901

Typfehler 162
unerwartete Argumente 160
unerwartete Eingaben 160
unerwarteter Zustand 160
unvollständige Programme 160
vorhersagbare 901
vorübergehende 591, 901
Fehlerbehandlung
　　E/A-Streams 1126
　　Festlegen der Schreib- und Leseposition
　　　　in Dateien 400
　　GUI 572
　　Hardwareersatz 902
　　mathematische Fehler 886
　　modulare Systeme 902
　　reguläre Ausdrücke 849
　　Ressourcenlecks 902
　　Self-Checks 902
　　STL (Standardbibliothek) 1097
　　Subsysteme überwachen 903
　　Taschenrechner-Beispiel 244
　　transiente Fehler 901
　　vorhersagbare Fehler 901
　　vorübergehender Fehler 901
　　Wiederaufnahme der Programm-
　　　　ausführung 258
Fehlerdiagnose (Templates) 668
Felder (Formatierung) 395
Fenster
　　Beispiel 552
　　erzeugen 552
FILE 1018
fill_n() 1115
fill() 1115
find_end() 1112
find_first_of() 1112
find_if() 742
find() 738
　　(Knoten finden) 609
　　assoziative Container-Operationen 1110
　　generische Anwendungsbereiche 741
　　nichtmodifizierende Sequenz-
　　　　algorithmen 1112
　　String-Operation 823, 1132
fixed-Format 394
fixed-Manipulator 393, 1129
Flaches Kopieren 626
<float.h> 866, 1136
floor() 886, 1137
FLT_DIG (Wertebereich-Makro) 1136
FLT_MAX (Wertebereich-Makro) 1136
FLT_MAX_10_EXP (Wertebereich-Makro) 1136
FLT_MIN (Wertebereich-Makro) 1136

FLTK
    aktuellen Stil wiederherstellen 502
    auf Benutzeraktionen warten 557, 565
    Code-Portabilität 426
    Color 458
    color() 469
    fill_color() 469
    herunterladen 1158
    im Grafikcode 442
    in Visual Studio 1160
    installieren 1159
    Linien zeichnen 459, 463
    Portabilität 1158
    Rechtecke zeichnen 469
    testen 1160
    Umrandungen 469
flush-Manipulator 1129
fma (fused multiply-add) 875
fopen() 1018, 1140
for_each() 1112
for-Anweisungen 139
Ford, Henry 780
Formale Argumente *siehe* Parameter
Formatierung
    Felder 395
    Genauigkeit 393
    Groß-/Kleinschreibung 404
    Manipulatoren 1128
    Whitespace 404
Fortran (Programmiersprache) 298, 795
    Array-Indizierung 871
    Indexzugriff 871
Forward-Iterator 730, 1101
fprintf() 1017, 1141
Fragmentierung (eingebettete Systeme) 904, 905
free() (Deallokation) 1009, 1147
Freispeicher (Heap) 587
    Allokation 588
    C und C++ 1009
    Deallokation 593
    delete 594, 596
    eingebettete Systeme 904
    Lecks 595
    new 588
    Objekte (Lebensdauer) 1048
    Speicherbereinigung 595
    Speicherklassen 1047
    Speicherlecks 594
friend 1004, 1073
from_string() 825
front_inserter() 1121
front(), erstes Element 1108
fstream() 1125

<fstream> 1094
fstream-Typ 358
Füllfarben-Beispiel 466, 502
Function-Beispiel 449, 525
<functional> 1093
Funktionale Programmierung 797
Funktionen 83, 140
    Aktivierungsdatensatz 301
    Anweisungen 83
    Argumente 289
    auf Klassenmember zugreifen 1073
    aufrufen 1067
    Bindespezifikationen 1069
    C und C++ 996
    Callback 554
    Codierstandards 944
    Definition 141
    Deklaration 143, 288, 1067
    einheitlicher Stil 492
    friend-Deklaration 1073
    generischer Code 493
    grafische Darstellung 520
    Gründe für Argumentüberprüfung 168
    Hilfsfunktionen 341
    in abgeleiteten Klassen 503, 506
    in Basisklassen 506
    Inline 993
    lokale **static**-Variablen 306
    mathematische *siehe* Mathematische Standardfunktionen
    Memberfunktionen 317, 324
    Nachbedingungen 187
    Name 83
    Overriding 503
    Parameter 141, 289
    Parameterliste 83
    parametrisierte 667
    Prädikat 742
    pseudo-virtuelle 1002
    rein virtuelle 498, 512
    rekursive 303, 546
    return 290
    Rückgabetyp 83, 288
    Rückgabewert 231, 290, 1067
    Rumpf 83
    Stack 303
    Templates 667
    überladen 526, 993
    Überladungsauflösung 1067
    überschreiben 503, 1079
    virtuelle 503, 1002, 1079
    void 289
    Vorbedingungen 185

    Vorgabeargumente 525, 1069
    Wert zurückliefern 290
    wichtige mathematische 528
    Zeiger 1002
    Zugriffsfunktionen 498
    zurückkehren lassen 291
Funktionsähnliche Makros 1021
Funktionsaufrufe 288
    ()-Operator 745
    doppeldeutige 1068
    Implementierung 300
    pass-by-const-reference 292
    pass-by-reference 294
    pass-by-value 291
    Speicher 587
Funktionsobjekte 744
    Adapter 1122
    allgemeines Konzept 745
    arithmetische Operationen 1122
    Parametrisierung 745
    Prädikate 746, 1121
fused multiply-add (fma) 875

G

Ganze Zahlen *siehe* Integer
Gauß'sche Elimination 881
gcount() 1127
Genauigkeit, numerische 393
general-Format 394
general-Manipulator 393
generate_n() 1115
generate() 1115
Generische Programmierung 666, 790
Generischer Code 493
Geometrische Formen 434
Gerätetreiber 354
get() 1127
getc() 1145
getchar() 1018, 1145
getline() 402, 1127
    String-Operation 823, 827
gets() 1017
GIF-Bilder 483
Gitter zeichnen 454, 458
Gleich **==** 1052
Gleichheit **==**
    complex 1138
    Container 1110
    string 1131
Gleichheitsoperatoren 1052
Gleitkommaliterale 1042

Gleitkommazahlen 97, 863
    Abschneiden der Dezimalstellen
        (Truncation) 865
    Ausgabeformatierung 392
    Eingabe 203
    fixed-Format 394
    Genauigkeit 393
    general-Format 394
    Integer zuweisen 864, 865
    integrale Typumwandlungen 1057
    Literale 204, 1042
    Mantisse 865
    Modulo 221, 250
    runden 393
    scientific-Format 394
    Typumwandlungen 1056
    und reelle Zahlen 863
Globale Gültigkeitsbereiche 1046
Globale Variablen
    Änderung durch Funktionen 286
    Initialisierung 305
    Speicher 587
good() (Streamstatus) 363, 1126
Grafik 420
    Anzeigemodell 421
    anzeigen 482
    auf dem Bildschirm zeichnen 430
    aus Dateien laden 440
    Bedeutung 420
    beschriften 528
    Bilder aus Dateien 440
    Bildschirmkoordinaten 427
    Codierungen 483
    Formate 483
    Formen füllen 438
    geometrische Formen 434
    GIF 483
    Grafikbibliotheken 484
    Graphen 434
    GUI-Klassen 448
    Headerdateien 429
    JPEG 483
    Kontrolle an das GUI-System übergeben 430
    Linienstil 438
    Punkte 434
    Schnittstellen 448
    Skalenstriche 528, 541
    Teilbereich auswählen 483
Grafik, Designprinzipien
    add() vs. **attach()** 493
    Breite/Höhe angeben 493
    einheitlicher Stil 492
    generischer Code 493

geschützte Membervariablen 495
Implementierungsvererbung 513
Klassendiagramm 506
Klassengröße 492
Namensgebung 493
objektorientierte Programmierung 513
öffentliche Daten 495
Operationen 492
private 495
private Daten 495
protected 495
public 495
Schnittstellenvererbung 513
Typen 490
Veränderbarkeit 495
Zugriffskontrolle 495
Grafik, GUI-Klassen
   Button 450
   In_box 450
   Menu 450
   Out_box 450
   Simple_window 430, 450
   Widget 558, 1165
   Window 450, 1166
Grafik, Schnittstellenklassen
   Axis 431, 449, 528
   Circle 474, 499
   Closed_polyline 462
   Color 456
   Ellipse 476
   Function 449, 524
   Image 482
   Line 452, 453
   Line_style 458
   Lines 499
   Mark 480
   Marked_polyline 478
   Marks 479, 499
   Open_polyline 461, 499
   Point 434, 451
   Polygon 434, 463, 499
   Rectangle 436, 465, 499
   Shape 450, 455, 496, 513
   Text 438, 472
Grafik-Beispiel
   Graph.h 429
   Headerdateien 429
   main() 429
   Simple_window.h 430
   wait_for_button() 430
   Window.h 429
Grafische Benutzerschnittstelle siehe GUI

Grafische Darstellung
   von Daten 536
   von Funktionen 520
Grammatiken 209
   für die deutsche Sprache 214
   für Token 210
   Nichtterminale 215
   Produktionen 215
   Regeln 215
   Terminale 215
graph (Zeichenklasse, reguläre Ausdrücke) 849, 1134
Graph_lib-Namensbereich 429
Graph.h 429
Graphen
   Achsen 431
   Koordinaten 434
   Punkte beschriften 478
   zeichnen 433
greater_equal() 1121
greater() 1121
Grenzwerte 866
Groß-/Kleinschreibung
   formatieren 404
   islower() 404
   tolower() 405
   toupper() 405
   Umwandlung 405
Größe
   Bits 921
   Byte 921
   Container 1109
   von Zahlen 862
   Word 921
Größer als > 1052
Größer als oder gleich >= 1052
Gruppieren regulärer Ausdrücke 838, 843, 846
GUI
   allgemeine Probleme 571
   auf Benutzeraktionen warten 557, 565
   Ausnahmen 572
   Beispiele 562
   Benutzerschnittstelle 550
   Callback-Funktionen 554
   Callback-Implementierung 1164
   cb_next()-Beispiel 554
   Code-Schichten 554
   Debuggen 571
   Fehlerbehandlung 572
   Fenster-Beispiel 562
   FLTK 426
   Kontrolle übergeben 430
   Koordinaten, Bildschirme 427

next()-Beispiel 556
Pixel 427
Portabilität 426
Softwareschichten 554
Standardbibliothek 426
testen 973
Toolkit 426
Umkehrung der Steuerung 565
Vector_ref-Beispiel 1167
Vektor mit Referenzen 1167
wait_for_button()-Beispiel 557
Warteschleifen 557
Widget-Beispiel 558, 1165, 1168
Window-Beispiel 1166
Gültige Programme 1038
Gültigkeitsbereiche 283, 1046
  :: (Auflösung) 308, 325
  Anweisung 284, 1046
  Arten von 283
  Auflösung 1049
  Blöcke 287
  Enumeratoren (von Aufzählungen) 330
  globaler Gültigkeitsbereich 283, 1046
  Klassen 1046
  Klassenbereich 283
  lokale Klassen 287
  lokaler Gültigkeitsbereich 284, 1046
  Memberfunktionen 286
  Memberklassen 286
  Namensbereich 283, 307, 1046
  namespace 287
  Speicherklassen 1046
  using-Direktive 308
  verlassen 285, 304
  Verschachtelung 286

H

.h-Dateien 84, 281
Halboffene Sequenzen 703
Hardwarefehler 165
Harte Echtzeit 898, 946
Hashing 762
Hash-Tabelle 761
Header 281
Headerdateien 281
  Algorithmen 1093
  Container 1093
  C-Standardbibliothek 1095
  Dateierweiterung 281
  Deklarationen verwalten 281
  E/A-Streams 1094
  einbinden 1089

  Grafik 429
  in Quellcode einfügen 282
  Iteratoren 1093
  Numerik 1094
  Standardbibliothek 1093
  std_lib_facilities.h 1153
  Stringmanipulation 1094
  Utility und Sprachunterstützung 1095
Heap 903
Heap-Algorithmen 1118
Hejlsberg, Anders 804
Hexadezimale Ziffern 404
Hexadezimales Zahlensystem 389, 1040
hex-Manipulator 391, 1129
Hilfsfunktionen 341
Hopper, Grace Murray 181, 797

I

IBM 796
Ichbiah, Jean 806
Ideale
  Abstraktion 786
  Bottom-up-Ansatz 785
  Codestruktur 784
  Codierstandards 941
  direkter Ausdruck von Ideen 785
  Effizienz 784
  eingebettete Systeme 900
  KISS 789
  Konsistenz 788
  Korrektheit 784
  Leistung 784
  Minimalismus 788
  Modularität 787
  pünktliche Lieferung 784
  Top-down-Ansatz 785
  Überblick 783
  Wartbarkeit 784
if-Anweisungen 130
#ifdef 1023
#ifndef 1023
ifstream-Typ 358
imag() (Imaginärteil (complex)) 888, 1138
Image-Beispiel 482
Imaginärteil 888, 1138
Implementierung
  als Teil des Entwicklungsprozesses 70, 198
  Vererbung 513
  von Klassen 318
Implementierungsvererbung 513
Implizite Umwandlungen 629
In_box-Beispiel 560
#include 282

includes() 1118
include-Wächter 1023
Indexoperator 589
Indexzugriff 632, 675, 754, 1049, 1110
    () (in Fortran) 871
    Arrays 635, 870
    at() (bereichsüberprüft) 675, 1108
    Matrix-Beispiel 871, 876
    string 823, 1131
    Vektor 589, 602, 632
    Zeiger 1065
Informatik 60
Initialisierung 103
    Argumente 299
    Arrays 592, 640
    Date-Beispiel 322
    globale Variablen 281, 305
    Klassenmember 281
    Konstanten 279, 1063
    lokale Variablen 281
    Member 206, 325
    Menüs 567
    Reihenfolge 305
    Standard 1048
    Standardkonstruktor 280
    Variablen 102, 279, 280, 305
    Zeiger 592, 642
Inkrementoperator
    Überladung 331
    Variablen 105
inline 1004
Inline-Funktionen 327, 993
in-Modus 396, 1125
inner_product() 739, 748, 751, 1139
Inneres Produkt (Matrizen) 875
inplace_merge() 1117
Input-Iterator 730, 1101
insert()
    Listenoperation 609, 721, 1109
    map-Container 759
    String-Operation 823, 1132
inserter() 1121
Insert-Iteratoren 1120
Installation
    FLTK 1159
    Visual Studio 1152
Instanzierung, Templates 1084
int 94, 110
INT_MAX (Wertebereich-Makro) 1136
INT_MIN (Wertebereich-Makro) 1136
Integer 94
    Ausgabeformatierung 389
    dezimale 389

Eingabeformatierung 391
    einlesen 391
    Gleitkommazahlen zuweisen 864, 865
    hexadezimale 389
    Literale 1040
    oktale 389
    Typumwandlungen 1056
    vorzeichenbehaftet vs. vorzeichenlos 927
    Zahlenbasen 389
Integer-Division 101, 129
Integrale Promotion 1056
Integrierte Typen 316, 1063
    Arrays 725, 1066
    Ausnahmen 1087
    bool 97, 110, 1063
    char 97, 110, 862, 1063
    double 97, 110
    Gleitkomma 862, 1063
    int 94, 109, 110, 862, 1063
    Integer 927
    Referenzen 294, 1066
    Zeiger 584, 1064
internal-Manipulator 1129
Intrusive Container 1024
Invarianten 324
    Debuggen 184
    dokumentieren 789
    Polygon-Beispiel 465
    Standardkonstruktoren 627
    und Strukturen 319
<iomanip> 1094, 1128
<ios> 1094, 1128
<iosfwd> 1094
<iostream> 1094, 1128
iostream
    Ausnahmen 1097
    Bibliothek 355
    C und C++ 1015
    Puffer 413
is_open() 1125
isalnum() (Zeichenklassifizierung) 404, 1130
isalpha() (Zeichenklassifizierung) 266, 404, 1130
iscntrl() (Zeichenklassifizierung) 404, 1130
isdigit() (Zeichenklassifizierung) 404, 1130
isgraph() (Zeichenklassifizierung) 405, 1130
islower() (Zeichenklassifizierung) 404, 1130
ISO-Standard 1038
isprint() (Zeichenklassifizierung) 405, 1130
ispunct() (Zeichenklassifizierung) 404, 1130
isspace() (Zeichenklassifizierung) 404, 1130
istream 355, 1123
    >> (benutzerdefiniert) 373
    >> (Texteingabe) 823, 1126

Register

binäre E/A 398
Datei-E/A (**fstream**) 357, 1125
get() liest ein einzelnes Zeichen 404
getline() 402, 1127
mit Eingabegerät verbinden 1124
Stringstreams 401
unformatierte Eingabe 402, 1127
zusammen mit stdio 1015
<istream> 1094, 1123, 1126, 1128
istream_iterator 766
istringstream 401
isupper() (Zeichenklassifizierung) 404, 1130
isxdigit() (Zeichenklassifizierung) 404, 1130
iter_swap() 1115
Iteration 136
    Laufvariable 137
    Schleifenvariable 137
    verkettete Listen 709
    Zeichen vergleichen 719
<iterator> 1093, 1120
iterator (Membertyp) 1106
Iteratoren 703, 1099
    Ausgabe-Iterator 730, 1101
    Bidirectional-Iterator 730, 1101
    Container 1107
    Eingabe-Iterator 730, 1101
    Forward-Iterator 730, 1101
    Headerdateien 1093
    Input-Iterator 730, 1101
    Insert-Iteratoren 1120
    Iterator mit wahlfreiem Zugriff 730, 1101
    Kategorien 1101
    leere Listen 710
    Operationen 704, 1100
    Output-Iterator 730, 1101
    Random-Access-Iterator 730, 1101
    Sequenz von Elementen 1099
    verbinden Code und Daten 704
    vergleichen 703
    Vorwärts-Iterator 1101
    vs. Zeiger 1099

J

JPEG-Bilder 483

K

Kapselung 506
keep_window_open()-Beispiel 184
Kernighan, Brian 810, 990
key_comp() 1111
KISS 789

Klammern
    () (Ausdrücke) 124
    {} (Blöcke) 83
Klassen 317
    abgeleitete 506
    ableiten 509
    abstrakte 497, 498, 512, 1080
    Basisklassen 506
    Bereichsauflösung 325
    Codierstandards 945
    const-Memberfunktionen 339, 1073
    Date-Beispiel 342
    definieren 1071
    Deklaration 318
    Destruktoren 1076, 1081
    friend-Deklaration 1073
    generierte Operationen 1081
    Hierarchien 512
    Implementierung 318
    Kapselung 506
    konkrete 498
    Konstruktoren 322, 1075, 1081
    kopieren 1077, 1081
    Laufzeitpolymorphie 506
    lokale 287
    Member 317
    Memberfunktionen 317, 324
    Memberinitialisierung 281
    Memberklassen 286
    Membervariablen 317
    Memberzugriffssyntax 318
    Objekte kopieren 335
    Objekt-Layout 507
    Operatorenüberladung 331
    parametrisierte 667
    private 318, 506, 511, 1071
    protected 497, 506, 511
    public 318, 511, 1071
    Schnittstellen 318, 513, 1071
    Standardkonstruktoren 337
    Subklassen 506
    Superklassen 506
    Templates 667
    testen 976
    this-Zeiger 1073
    Union 1082
    unqualifizierter Name 1072
    Ursprünge 807
    Vererbung 506, 513
    verwandte Klassen gruppieren 512
    Zugriffsfunktionen 498
Klassenbereich 1046

Klassenmember 1071
   :: (Bereichsauflösung) 1072
   . (Memberzugriff) 1072
   -> (Memberzugriff) 1072
   Allokation an derselben Adresse 1082
   Bitfelder 1081
   Definition 1074
   Definition außerhalb der Klasse 1074
   Definition innerhalb der Klasse 1074
   Initialisiererliste 206
   static const int 1074
   Token-Beispiel 205
   Zugriff 205
Klassenschnittstellen 332
   Argumenttypen 333
   const-Memberfunktionen 339
   Destruktoren 332
   Hilfsfunktionen 341
   Konstruktoren 332
   kopieren 335
   Minimalität 332
   Standardkonstruktoren 336
   Vollständigkeit 332
Klassen-Templates 666
Klein- und Großschreibung 107
Kleiner als 1052
Kleiner als oder gleich 1052
Knuth, Don 782
Komma-Operator (,) 1055
Kommentare 256
   Block /*...*/ 257, 1040
   C und C++ 994
   sinnvolle 182
   Zeilen- 1040
Kompatibilität
   C und C++ 992
Kompilierfehler 160, 183
Kompilierte Sprachen 84
Komplexe Zahlen 887, 1137
Konforme Programme 1038
Konjugierte 888, 1138
Konkatenation
   + (Strings) 823, 1131
   += (Strings) 823, 1131
Konkrete Klassen 498
Konsistenz (Programmierideal) 788
Konsole
   Benutzerschnittstelle 550
   Ein-/Ausgabe 550
Konsolenfenster 184
Konstante Ausdrücke 1057
Konstanten *siehe* const 339
   Deklaration 279

   magische 126
   symbolische 125
Konstruktoren 206, 322, 1075
   Ausnahmen 682
   Container 1106
   debuggen 630
   essenzielle Operationen 627
   explizite 629
   Fehlerbehandlung 682
   implizite Umwandlungen 629
   Initialisierung der Basisklassen und Member 481, 553
   kopieren 622
   Memberinitialisierung 325
   Standard 627, 1081
   Standardkonstruktoren 280, 337
   Token-Beispiel 206
Kontrollanweisungen
   Auswahlanweisungen 130
   bedingter Ausdruck 284
   Schleifen 136
Koordinaten
   Bildschirme 427
   Graphen 434
Kopieren 621
   Arrays 639
   Container 1110
   C-Strings 1012
   E/A-Streams 766
   flaches 626
   Objekte 504
   Objekte von Klassen 335
   Sequenzen 738, 765
   Strings im C-Stil 1012
   tiefes 626
   vector 621, 1107
Kopierkonstruktor 504, 622, 627
Korrektheit (Software) 784
Kosinus, **cos**() 886
Kritische Systeme, Codierstandards 946

L

\L (keine Kleinschreibung, reguläre Ausdrücke) 844, 1134
\l (kleingeschriebenes Zeichen, reguläre Ausdrücke) 844, 1134
l/L-Suffix 1040
Laufvariable 137
Laufzeitfehler 86, 164
   Behandlung durch aufgerufene Funktion 167
   Behandlung durch Aufrufer 166
   melden 168

Laufzeitpolymorphie 506
Layout-Regeln 943, 1001
Lebensdauer
    Freispeicherobjekte 1048
    lokale (automatische) Objekte 1048
    Namensbereichsobjekte 1048
    Objekte 1048
    statische Klassenmember 1048
    temporäre Objekte 1048
Lecks 594
Leere Anweisungen 130
left-Manipulator 1129
Legale Programme 1038
length() 1131
Lesen
    eine Reihe von Werten 363
    einen einzelnen Wert 366
    potenzielle Probleme 366
    Problem aufteilen 368
    Token 206, 232
    Trennung von Kommunikation und Funktion 371
    Zahlen 233
less_equal() 1121
less() 1121
lexical_cast 826
lexicographical_compare() 1120
<limits.h> 866, 1136
<limits> 866, 1094, 1135
Line_style-Beispiel 458
Lineare-Gleichungen-Beispiel 881
    back_substitution() 881
    classical_elimination() 881
    Pivotisierung 882
    Testen 883
Line-Beispiel 452
Line-Beispiel
    vs. **Lines**-Beispiel 454
Lines_window-Beispiel 562, 570, 572
Lines-Beispiel 453, 499
    vs. **Line**-Beispiel 454
Linien zeichnen
    einzelne Linien 452
    Linienstile 458
    mehrere Linien 453
    Sichtbarkeit 502
    Stile 438, 459
Link-Beispiel 608
Linker 86
Linkerfehler 86, 163
Linkerkonventionen, C 1000
lint (Programmierwerkzeug zur Code-Analyse) 809

Lisp (Programmiersprache) 799
list 1105
    add() 609
    advance() 609
    erase() 609
    find() 609
    insert() 609
    Sequenzcontainer 1103
<list> 1093
Listen
    back() 716
    Beispiele 607
    Container 1109
    doppelt verkettete 607, 707
    Eigenschaften 720
    einfach verkettete 607, 707
    Elemente einfügen 609, 721
    Elemente entfernen 609
    Elemente löschen 721
    erase() 721
    insert() 721
    Iteration 709, 716
    Knoten finden 609
    Knotenmanipulation 609
    leere 710
    letztes Element referenzieren, **back()** 716
    Link-Beispiel 608, 613
    n-tes Element ermitteln 609
    Operationen 708
    this-Zeiger 611
    verkettete 706
Literale 97, 1040
    dezimale Integer 1040
    d-Suffix 1042
    f/F-Suffix 1042
    Gleitkommazahlen 204, 1042
    hexadezimale Integer 1040
    Integer 1040
    l/L-Suffix 1040
    magische Konstanten 252, 705
    Nullzeiger, 0 1044
    oktale Integer 1040
    Sonderzeichen 1043
    Strings 1044
    u/U-Suffix 1040
    unsigned 1040
    Zahlensysteme 1040
    Zeichen 97, 99, 1043
<locale> 1095
log() (natürlicher Logarithmus) 886, 1137
log10() 886, 1137
logical_and() 1121
logical_not() 1121

logical_or() 1121
Logische Fehler 86, 160, 176
Logische Operationen 1058
Logisches Oder || 1053, 1058
Logisches Und && 1053, 1058
Lokale 413
Lokale Gültigkeitsbereiche 1046
Lokale Klassen 287
long int 922
LONG_MAX (Wertebereich-Makro) 1136
LONG_MIN (Wertebereich-Makro) 1136
Lovelace, Augusta Ada 805
lower (Zeichenklasse, reguläre Ausdrücke) 849, 1134
lower_bound() 771, 1110, 1116
L-Wert 124, 1055

M

Maddock, John 837
Magische Konstanten 252, 705
main()
    Argumente für 1039
    globale Objekte 1039
    Programm starten 1039
    Rückgabewert 83, 1039
make_heap() 1118
make_pair() 759, 1123
make_vec() 683
Makros 1020
    #define 1089
    #ifdef 1023
    #ifndef 1023
    #include 1023, 1089
    bedingte Kompilierung 1023
    CHAR_BIT 1136
    CHAR_MAX 1136
    CHAR_MIN 1136
    DBL_EPSILON 1136
    DBL_MAX 1136
    DBL_MIN 1136
    define() 1021
    Einsatzbereiche 1020
    FLT_DIG 1136
    FLT_MAX 1136
    FLT_MAX_10_EXP 1136
    FLT_MIN 1136
    funktionsähnliche 1021
    include-Wächter 1023
    INT_MAX 1136
    INT_MIN 1136
    LONG_MAX 1136
    LONG_MIN 1136
    Namenskonventionen 1020
    Syntax 1022
    Wertebereiche 1136
Makrosubstitution 1089
malloc() 1009, 1147
Manipulatoren 390, 391, 1128
    boolalpha 1128
    dec 1129
    endl 1129
    ends 1129
    fixed 1129
    flush 1129
    hex 1129
    internal 1129
    left 1129
    noskipws 1129
    oct 1129
    resetiosflags() 1129
    right 1129
    scientific 1129
    setbase() 1129
    setfill() 1129
    setiosflags() 1129
    setprecision() 1129
    setw() 1129
    showbase 1128
    showpoint 1128
    showpos 1129
    skipws 1129
    uppercase 1129
    vollständige Liste 1128
    ws 1129
Mantisse 865
map (assoziatives Array) 753, 1093
    balancierte Bäume 756
    Baumstruktur 755
    binäre Suchbäume 755
    Elemente suchen 753, 1110
    E-Mail-Beispiel 828
    erase() 1109
    insert() 758, 759, 1109
    Iteratoren 1103
    make_pair() 758, 759
    Rot-Schwarz-Bäume 755
    vs. set 764
    Worthäufigkeit ermitteln 753
<map> 753, 1093
Mark-Beispiel 480
Marked_polyline-Beispiel 478
Marks-Beispiel 479, 499
Maschinencode 84
Mathematische Standardfunktionen 886, 1137

abs() (Absolutwert) 886
acos() (Arkuskosinus) 886
asin() (Arkussinus) 886
atan() (Arkustangens) 886
ceil() (Aufrunden) 886
cos() (Kosinus) 886
errno (Fehlerindikator) 886
exp() (natürlicher Exponent) 886
Fehlerbehandlung 886
floor() (Abrunden) 886
log() (natürlicher Logarithmus) 886
log10() (dekadischer Logarithmus) 886
sin() (Sinus) 886
sinh() (Sinus hyperbolicus) 886
sqrt() (Quadratwurzel) 886
tan() (Tangens) 886
tanh() (Tangens hyperbolicus) 886
Matrix-Bibliothek
    () (Indexzugriff (in Fortran)) 871
    apply() 874
    auf Array-Elemente zugreifen 871
    clear_row() 877
    Dimensionen 870
    Ein-/Ausgabe 878
    gleichzeitige Multiplikation-Addition 875
    Indexzugriff 871, 876
    Initialisierung 877
    inner_product 875
    mehrdimensionale Matrizen 870
    Reihen 871, 877
    scale_and_add 875
    Sendefunktionen 874
    Skalarprodukt 875
    slice() 873, 876
    Spalten 871, 877
    start_row() 877
    swap_columns() 877
    swap_rows 877
Matrizen
    dreidimensionale (3D) 878
    eindimensionale (1D) 872
    inneres Produkt 875
    Skalarprodukt 875
    slice() 872
    zweidimensionale (2D) 876
max_element() 1120
max_size() 1109
max() 1120
McCarthy, John 799
McIlroy, Doug 810, 999
Mehrdimensionale Matrizen 870
Mehrfachvererbung 1078

mem_fun_ref()-Adapter 1122
mem_fun()-Adapter 1122
Member 317
    :: (Bereichsauflösung) 325, 1049
    . (Punkt) 318, 1050
    Allokation an derselben Adresse 1082
    Definition 1071, 1074
    Definition außerhalb der Klasse 1074
    Definition innerhalb der Klasse 1074
    static const int 1074
    Zugriffssyntax 318
Memberauswahl, Ausdrücke 1050
Memberfunktionen 317
    const 339
    Definition 324
    Definition außerhalb der Klasse 325
    Definition innerhalb der Klasse 326
    Gültigkeitsbereiche 286
    Inline-Funktionen 327
    rein virtuelle 512
    Token-Beispiel 206
    virtuelle 503
Memberklassen 286
Membertypen 1106
Membervariablen 317
    Initialisierung 325
    Token-Beispiel 206
Memberzugriff
    :: (Bereichsauflösung) 308, 1072
    . (Punkt) 1072
    -> (Pfeiloperator) 602, 1072
    Notation 205
    Operatoren 602
    this-Zeiger 1073
    über unqualifizierten Namen 1072
memchr() 1147
memcmp() 1147
memcpy() 1147
memmove() 1147
<memory> 1093
memset() 1147
Mengen-Algorithmen 1117
Menu-Beispiel 561, 567
Menüs 561
    hinzufügen 567
    initialisieren 567
    Pop-up-Menü 568
    Schaltflächen 561
    Sichtbarkeit 570
merge() 738, 1116
min_element() 1120
min() 1120
Minimalismus (Programmierideal) 788

minus() 1122
mismatch() 1112
Modalwert 155
Modifizierende Sequenzalgorithmen 1113
Modularität (Programmierideal) 787
Modulo-Operation 221, 250
modulus() 1122
move() 504, 559
multimap 753, 832, 1103
Multiparadigmen-Programmierung 792
multiplies() 1122
Multiplikation * 1051
Multiplikative Operatoren 1051
multiset 753, 1103
Musterabgleich
    - (Bereichsangabe) 847
    ^ (Negation) 843, 1133
    ^ (Zeilenanfang) 843
    ? (optional) 838, 843, 845, 1133
    . (Platzhalter) 843, 1133
    () (gruppieren) 838, 843, 846, 1133
    {} (Anzahl) 838, 843
    {} (Bereich) 1133
    * (null oder mehr Vorkommen) 839, 843, 845, 1133
    \ (Backslash-Zeichen) 847
    \ (Escape-Zeichen) 837, 843, 847, 1133
    + (eins oder mehr Vorkommen) 843, 845, 1133
    | (oder, Alternative) 838, 843, 846, 1133
    $ (Zeilenende) 843, 1133
    benannte Zeichenklassen 848
    Bereichsangaben 847
    Fehlerbehandlung 849
    matches 841
    Quantifizierer 844
    regex 1132
    smatch 841
    suchen 835
    Teilmuster 838, 841
    Zeichensätze 847
mutable 1004

N

\n (Zeilenumbruch) 96, 1043
Nachbedingungen 187, 965
Nachrichten, anzeigen 561
Namen 107
    aussagekräftige 108
    Enumeratoren (von Aufzählungen) 330
    erlaubte Zeichen 107
    Gültigkeit verlieren 285
    reservierte 108
    Sichtbarkeit 283
    Überladung 164
    Unterstriche 107
    using-Deklaration 308
    using-Direktive 308
    vollqualifizierte 308
Namensbereiche 283, 307, 1009, 1087
    :: (Bereichsauflösung) 308
    Direktiven 1088
    für die STL 1096
    Graph_lib 429
    Gültigkeitsbereiche 1046
    Objekte, Lebensdauer 1048
    std 308
    using-Deklaration 308
    using-Direktive 308
    vollqualifizierte Namen 308
Namensgebung
    Codierstandards 943
    Makros 1020
    Operationen 493
Namenskonflikte 284
namespace 287, 1004
narrow_cast-Beispiel 176
Natürliche Sprache, Unterschiede 413
Natürlicher Exponent, exp() 886
Naur, Peter 801
Nebenläufigkeit 899
negate() 1122
new 588, 592, 1004
    1095
    Ausnahmen 1097
    Beispiel 588
    C und C++ 993
    Objekte anlegen 1050
    und delete 1059
<new> 1095
next_permutation() 1119
Nicht gleich != (Ungleichheit) 1052
Nicht intrusive Container 1024
Nicht konforme Konstrukte 1039
Nicht spezifizierte Konstrukte 1039
Nicht-Algorithmen testen 965
Nichtmodifizierende Sequenzalgorithmen 1112
Nichtterminale, Grammatiken 215
noboolalpha 1128
norm() (Quadrat von abs() (complex)) 888, 1138
noshowbase 391, 1128
noshowpoint 1128
noshowpos 1129
noskipws 1129
not (Synonym für !) 1004, 1005

not_eq (Synonym für !=) 1004, 1005
not_equal_to() 1121
not1()-Adapter 1122
not2()-Adapter 1122
nouppercase 1129
nth_element() 1116
Nullzeichen 640
Nullzeiger 593, 641, 1044
<numeric> 1094, 1139
Numerik 862
    Absolutwerte 886
    arithmetische Funktionsobjekte 1122
    complex 1137
    Gleitkommazahlen-Rundungsfehler 863
    Grenzwerte 866
    größten Integer kleiner gleich x suchen 886
    Headerdateien 1094
    Integer und Gleitkommazahlen 864
    Integer-Überlauf 862
    kleinsten Integer größer gleich x suchen 886
    Mantisse 865
    mathematische Standardfunktionen
        886, 1137
    Matrix-Bibliothek 869
    mehrdimensionale Arrays 868
    numeric_limits 1135
    numerische Algorithmen 1139
    Plausibilitätsprüfung 863
    Präzision 862
    rand() 884
    reelle Zahlen 863
    Reihen 867
    Rundungsfehler 863
    sizeof() 864
    Spalten 867
    srand() 885
    Truncation 865
    Überlauf 862
    valarray 1139
    Wertebereich-Makros 1136
    Zufallszahlen 884
Nygaard, Kristen 808

O

.o-Dateien 84
.obj-Dateien 84
\ooo (oktales Zeichenliteral) 1043
Objektbezug 327
Objekte 94
    abschneiden 505
    aktuelles 327
    erzeugen 206

    kopieren 335, 1077, 1081
    Layout im Speicher 507
    Lebensdauer 1048
    Shape-Beispiel 497
    sizeof() 586
    Slicing 505, 669
    Speicherbelegung 320
    temporäre 1048
    Typ 94
    unbenannte 470
    Zustand 317, 324
Objektorientierte Programmierung
    für Grafiken 513
    Paradigma 790
    vs. generische Programmierung 667
    Wurzeln 807
oct-Manipulator 391, 1129
Offene Formen 461
Öffnungsmodi 396
ofstream 359
Oktales Zahlensystem 389, 1040
Opake Typen 1025
Open_polyline-Beispiel 461, 499
open() 1125
    Dateien 360
Operationen, Listen 609
operator 1004
Operatoren 99, 126
    100, 1051, 1052, 1054
    -- (Dekrement) 100, 1049, 1050
    - (Subtraktion) 100, 1051
    ^ (bitweises Exklusives Oder) 1053, 1058
    ^= (Exklusives Oder und Zuweisung) 1054
    , (Komma-Operator) 1055
    :: (Gültigkeitsbereichsauflösung) 1049
    ! (Nicht) 1050
    != (Nicht gleich) 1052
    != (Ungleich) 100
    ?: (arithmetisches if) 1053
    ?: (bedingter Ausdruck) 331
    . (Memberzugriff) 1049, 1050
    * (Multiplikation) 100, 1051
    * (zeigt auf unäre Objektinhalte) 1050
    *= (Multiplikation und Zuweisung) 100, 1054
    / (Division) 100, 101, 129, 1051
    /= (Division und Zuweisung) 100, 1054
    & (bitweises Und) 1052, 1058
    & (unär) Adresse von 584, 1050
    && (logisches Und) 1053, 1058
    &= (Und und Zuweisung) 1054
    % (Modulo) 100, 101, 250, 1051
    %= (Modulo und Zuweisung) 100, 1054
    + (Addition) 100, 1051

\+ (Verkettung) 100, 102
++ (Inkrement) 100, 105, 1049, 1050
+= (Addition und Zuweisung) 100, 1054
+= (Anhängen) 100
-= (Subtraktion und Zuweisung) 100, 1054
= (Zuweisung) 100, 102, 1054
== (Gleich) 100, 1052
> (Größer als) 100, 1052
-> (Memberzugriff) 1049
>= (Größer als oder gleich) 100, 1052
>> (Eingabe) 95, 97, 100
>> (Rechtsverschiebung) 1051
>>= (Rechtsverschiebung und Zuweisung) 1054
| (bitweises Oder) 1053, 1058
|= (Oder und Zuweisung) 1054
|| (logisches Oder) 1053, 1058
~ (Komplement) 1050
Additionsoperatoren 1051
Ausdrücke 1048
benutzerdefinierte 1055
bitweise logische Operationen 923
const_cast 1049, 1059
delete 1050, 1059
dynamic_cast 1049, 1059
Gleichheit 1052
komplexe Zahlen 888
multiplikative 1051
new 1050, 1059
Priorität 125
reinterpret_cast 1049, 1059
relationale 1052
sizeof 1050, 1058
static_cast 1049, 1059
throw 1054
typeid 1049
Überladung 331
verketten 202
Operatoren komplexer Zahlen 1138
Operatorenüberladung 331
    Ausgabeoperator 331
    benutzerdefinierte Typen 1070
    Beschränkungen 331
    Inkrementoperator 331
    überladungsfähige Operatoren 331
or (Synonym für |) 1004, 1005
or_eq (Synonym für |=) 1004, 1005
ostream 355, 1123
    372, 823, 827, 1127
    binäre E/A 398
    Datei-E/A, fstream 357, 1125
    mit Ausgabegerät verbinden 1124
    Stringstreams 401
    zusammen mit **stdio** 1015

<ostream> 1094, 1123, 1127, 1128
ostream_iterator 766
ostringstream 401
out_of_range 172
out-Modus 396, 1125
Output-Iterator 730, 1101
Overriding 503, 510

P

pair 1123
    Sequenzelemente lesen 1110
    sortieren 1116
    suchen 1116
Palindrom-Beispiel 644
Paradigmen 789
Parameter 289, 605
    const 293, 297
    initialisieren 299
    Parameterliste 141
    Referenzen 297
    Templates 664, 670
    Typen 333
    verzichten auf 289
Parametrische Polymorphie 667
Parametrisierung, Funktionsobjekte 745
Parser 211
partial_sort_copy() 1116
partial_sort() 1116
partial_sum() 748, 1139
partition() 1117
Pascal (Programmiersprache) 803
Pass-by-const-reference 292
Pass-by-reference 294
Pass-by-value 291
Performance
    C und C++ 992
    messen 984
    Testen 982
Permutationen 1119
Pivotisierung 882
Pixel 427
Platzhalter, reguläre Ausdrücke 1133
plus() 1122
pointer 1106
polar() (Polarkoordinaten (complex)) 888, 1138
Polarkoordinaten 888
Polygon-Beispiel 434, 463, 499
    Invarianten 465
    vs. **Closed_polyline** 464
Polyline-Beispiel
    geschlossen 462
    mit Markierung 478
    offen 461
    vs. Rechtecke 436

Register

Polymorphie
    ad hoc 667
    eingebettete Systeme 918
    Laufzeit 506
    parametrische 667
    Templates 667
Pools
    Beispiel 908
    eingebettete Systeme 908
pop_back() 1108
pop_front() 1108
pop_heap() 1119
Pop-up-Menüs 568
Portabilität
    C++ 1038
    FLTK 426
post-conditions 187, 965
Post-Dekrement -- 1049, 1065
Postfix-Ausdrücke 1049
Post-Inkrement ++ 1049, 1065
Prä-Dekrement -- 1050, 1065
Prädikate 742
    Funktionsobjekte 1121
    Klassenmember 746
Prä-Inkrement ++ 1050, 1065
Präprozessor 282, 1089
Präprozessor-Direktive
    #define (Makrosubstitution) 1089
    #ifdef 1023
    #ifndef 1023
    #include 1089
    Headerdateien einbinden 1089
Präzision, numerische 862
pre-conditions 185, 965
prev_permutation() 1119
print (Zeichenklasse, reguläre Ausdrücke)
    849, 1134
printf() 1016
printf()-Familie 1141
    % (Ausgabe-Formatspezifizierer) 1142
    Abschneiden der Ausgabe 1143
    Auffüllen 1142
    Ausgabeformate, benutzerdefinierte
        Typen 1144
    Formatspezifzierer 1142
    fprintf() 1141
    gets() 1144
    printf() 1141
    scanf() 1144
    sprintf() 1141
    stderr 1144
    stdin 1144
    stdout 1144

Priorität
    in Ausdrücken 1055
    Operatoren 125
priority_queue (Containeradaptor) 1103
private 318, 1004
    Abschnitt 318
    Basisklassen 512
    Implementierungsdetails 229
    Member 495, 506, 511
Problemanalyse 196
Problemstellung 198
Produktionen, Grammatiken 215
Programmbeispiele
    Altersstruktur der japanischen
        Bevölkerung 536
    Date 320, 342
    Dow-Jones-Index 758
    einfacher Texteditor 713
    Exponentialfunktion 530
    Gauß'sche Elimination 881
    größtes Element finden 705
    lineare Gleichungen 879, 881
    Matrix 879
    Palindrome 644
    Schülertabelle abgleichen 851
    Sequenzen 705
    Taschenrechner 196
    Temperaturablesungen 375
    Temperaturwerte 147
    Token 204
    Verschlüsselungsalgorithmus (TEA) 935
    Wörterbuch 149
    Worthäufigkeit ermitteln 753
    Wortwiederholungen löschen 104
    Wortwiederholungen nummerieren 106
Programme 80
    Anwendungsfälle (use cases) 200
    Aufräumarbeiten 251
    ausführen (Visual Studio) 1154
    Ausführung starten 1039
    Auswertungsreihenfolge 304
    beenden 228, 1039
    beenden mit **abort()** 1149
    beenden mit **exit()** 1149
    debuggen 87, 180
    E-Mail-Analyse 828
    erstes 81
    gültige 1038
    Headerdateien 83
    Implementierung 1038
    include-Direktiven 82
    Kompilierung 84
    konforme 1038

legale 1038
linken 86
main()-Funktion 83
nicht konforme Konstrukte 1039
nicht spezifizierte Konstrukte 1039
Startpunkt 83
Struktur 234
testen 188
Übersetzungseinheiten 163
unterteilen 199
Wiederaufnahme nach Fehler 258
Programmierer
    Anzahl weltweit 815
    Kommunikationsfähigkeit 58
    Teamfähigkeit 58
    Vorurteile 57
Programmierideale 69
    Abstraktion 122, 786
    Bezahlbarkeit 69
    Bottom-up-Ansatz 785
    Codestruktur 784
    direkter Ausdruck von Ideen 785
    Effizienz 784
    KISS 789
    Klassenschnittstellen 332
    Konsistenz 788
    korrekte Ansätze 785
    Korrektheit 69, 784
    Leistung 784
    Minimalismus 788
    Modularität 787
    Nützlichkeit 69
    Paradigmen 789
    Philosophien 780
    pünktliche Lieferung 784
    Stile 789
    Top-down-Ansatz 785
    Überblick 783
    Wartbarkeit 69, 784
    wünschenswerte Eigenschaften 781
    Ziele 780
    Zuverlässigkeit 69
Programmiersprachen
    Ada 805
    Algol60 800
    Algol-Familie 800
    Assembler 793
    Auto-Code 793
    BCPL 811
    C 809
    C# 804
    C++ 812
    COBOL 797
    Common Lisp 799
    Delphi 804
    erste 793
    Fortran 795
    Lisp 799
    Pascal 803
    Scheme 799
    Simula 807
    Statistik 815
    Turbo Pascal 804
Programmierstile 789
Programmierumgebungen 87
Programmierung
    CODASYL-Komitee 797
    Datenabstraktion 790
    erste moderne speicherprogrammierte Computer 793
    erste Programmiersprachen 793
    funktionale 797
    generische 666, 790
    geschichtlicher Überblick 792
    Klassen (Ursprünge) 807
    Multiparadigmen 792
    objektorientierte 790
    Philosophien 780
    prozedurale 790
    Vererbung (Ursprünge) 807
    virtuelle Funktionen (Ursprünge) 807
    Ziele 780
Programmorganisation
    Abstraktion 122
    Divide and Conquer 123
    Headerdateien 281
Projekte, in Visual Studio anlegen 1153
Promotionen 1056
protected 495, 506, 1004
Prototyp 200
Prozedurale Programmierung 790
Pseudocode 201
Pseudo-virtuelle Funktionen 1002
public 1004
    Abschnitt 318
    Schnittstelle 229, 499
Puffer 356
    iostream 413
    Token_stream-Beispiel 260
    Überlauf 646, 767, 969
punct (Zeichenklasse, reguläre Ausdrücke) 849, 1134
Punct_stream-Beispiel 408
Punkt-Beispiel 451
Pünktliche Lieferung (Software) 784
Punktoperator 602

push_back()
    Stackoperation 1108
    String-Operation 1132
    vector 660
    Warteschlangenoperation 1108
push_front() 1108
push_heap() 1118
put() 1128
putback() (**Token_Stream**-Beispiel) 226
putc() 1145
putchar() 1145

Q

qsort() 1149
Quadratwurzel **sqrt()** 886
Quantifizierer (reguläre Ausdrücke) 844
Quellcode 84
<queue> 1093
queue (Containeradaptor) 1103

R

\r (Wagenrücklauf) 1043
r (Lesen, Dateimodus) 1140
r+ (Lesen und Schreiben, Dateimodus) 1140
RAII (Resource Acquisition Is Initialization) 682, 685, 968, 1086
rand() 884, 1149
<random> 1094
random_shuffle() 1114
Random-Access-Iterator 730, 1101
rbegin() 1107
read() (unformatierte Eingabe) 1127
real() (Realteil (complex)) 888, 1138
realloc() 1010, 1147
Realteil 888, 1138
Rectangle-Beispiel 436, 465, 499
Reelle Zahlen 863
Referenzen 293, 294
    Aliase 295
    als Parameter 297
    auf Argumente 293
    auf erstes **vector**-Element 1108
    auf letztes **vector**-Element 1108
    Unterschiede zu Zeigern 604
Referenzsemantik 627
Regeln, Grammatiken 215
<regex> 1094, 1130
regex_error Ausnahmen 1097
regex_match() 854, 1132
regex_search() 854, 1132
Regressionstests 957

Reguläre Ausdrücke 836, 837, 1132
    - (Bereichsangabe) 847
    ^ (Negation) 843, 1133
    ^ (Zeilenanfang) 843
    ? (optional) 838, 843, 845, 1133
    . (Platzhalter) 843, 1133
    () (gruppieren) 838, 843, 846, 1133
    {} (Anzahl) 838, 843, 1133
    * (null oder mehr Vorkommen) 839, 843, 845, 1133
    \ (Backslash-Zeichen) 847
    \ (Escape-Zeichen) 837, 843, 847, 1133
    \d (Dezimalzahl) 844, 1134
    \D (keine Ziffer) 844, 1134
    \L (keine Kleinschreibung) 844, 1134
    \l (kleingeschriebenes Zeichen) 844, 1134
    \S (kein Leerzeichen) 844, 1134
    \s (Leerzeichen) 844, 1134
    \u (großgeschriebenes Zeichen) 844, 1134
    \U (keine Großschreibung) 844, 1135
    \w (Buchstabe, Zahl oder Unterstrich) 844, 1134
    \W (weder Buchstabe noch Zahl noch Unterstrich) 844, 1135
    + (eins oder mehr Vorkommen) 843, 845, 1133
    | (oder, Alternative) 838, 843, 846, 1133
    $ (Zeilenende) 843, 1133
    benannte Zeichenklassen 848
    Bereichsangaben 847
    Fehlerbehandlung 849
    Kurznotation 1134
    matches 841
    Musterabgleich 842
    Operatoren 1132
    Quantifizierer 844
    regex_match() 1132
    regex_search() 1132
    smatch 841
    Sonderzeichen 843, 1133
    Syntax 842
    Teilmuster 838, 841
    Wiederholungen 1133
    Zeichenklassen 844, 1134
    Zeichensätze 847
Reihen, Matrizen 871, 877
Rein virtuelle Funktionen 498
reinterpret_cast 603, 1004, 1049, 1059
Rekursion 303
    Definition 218
    Destruktor 601
    Endlosrekursion 218
    Fakultät 546

Relationale Operatoren 1052
remove_copy_if() 1114
remove_copy() 1114
remove() 1113
rend() 1107
replace_copy() 1113
replace() 1113
reserve() 659, 725, 1109
Reservierung von Speicher siehe Allokation
resetiosflags()-Manipulator 1129
resize() 660, 1109
Ressourcen testen 966, 967
Ressourcenlecks 898, 902
Ressourcenverwaltung 967
    auto_ptr 684
    Beispiele 679
    Fehlerbehandlung 684
    make_vec() 683
    Probleme 680
    RAII 682, 685
    Zusicherungen 683
Rest % (Modulo) 1051
return 290
reverse_copy() 1114
reverse_iterator 1106
reverse() 1114
rho, Polarkoordinaten 888, 1138
Richards, Martin 811
right-Manipulator 1129
Ritchie, Dennis 809, 990, 999
rotate_copy() 1114
rotate() 1114
Rot-Schwarz-Bäume 752, 755
Rückgabetyp 289
Rückgabewerte 290
    Funktionen 1067
    return 290
    Typ 288
    void 231
Runden 393
    Gleitkommazahlen 393
    Rundungsfehler 863
runtime_error 174
Runtime-Dispatch 506
R-Wert 124, 1055

S

\S (kein Leerzeichen, reguläre Ausdrücke) 844, 1134
\s (Leerzeichen, reguläre Ausdrücke) 844, 1134
s (Zeichenklasse, reguläre Ausdrücke) 849, 1134
scanf() 1017, 1144

Schaltflächen-Beispiel 551, 560
    einen Klick feststellen 554
    mit Menüs verbinden 567
    Weiter 551
Scheme (Programmiersprache) 799
Schleifen 136
    Abbruchbedingung 137
    Laufvariable 137
    Schleifenvariable 137
    testen 969
Schlüsselwörter 108, 1004, 1045
Schnittstelle
    öffentliche 318, 499
    Vererbung 513
    von Klassen 318
Schnittstellenvererbung 513
Schriftarten für Grafiken 473
scientific-Format 394
scientific-Manipulator 393, 1129
search_n() 1112
search() 771, 1112
Semikolon 85, 129, 130
Sende-Funktionen 874
Sequenzcontainer 1103
Sequenzen 703
    halboffene 703
    leere 710
set 753
<set> 753, 1093
set_difference() 1118
set_intersection() 1118
set_symmetric_difference() 1118
set_union() 1118
set, vs. **map** 764
setbase()-Manipulator 1129
setfill()-Manipulator 1129
setiosflags()-Manipulator 1129
setprecision()-Manipulator 394, 1129
Sets 763
setw()-Manipulator 1129
Shape-Beispiel 496
    abstrakte Klassen 497
    als Basisklasse 452, 497
    clone() 505
    draw_lines() 501
    draw() 501
    Formen beschneiden 505
    Füllfarbe 502
    Implementierungsvererbung 513
    Liniensichtbarkeit 502
    mit dem Fenster verbinden 543
    move() 504
    number_of_points() 456

Register

Objekte kopieren 504
Objekt-Layout 507
objektorientierte Programmierung 513
point() 456
Schnittstellenvererbung 513
Veränderbarkeit 504
virtuelle Funktionen 507, 508
virtueller Funktionsaufruf 503
Zugriffskontrolle 498
short 922
showbase-Manipulator 391, 1128
showpoint-Manipulator 1128
showpos-Manipulator 1129
Shuffle-Algorithmen 1114
Sicherheit, Typ- 110
Sichtbarkeit
    Menüs 570
    von Namen 283
    Widgets 559
Simple_window 430
Simple_window.h 430
Simula (Programmiersprache) 807
sin() (Sinus) 886, 1137
sinh() (Sinus hyperbolicus) 886, 1137
Sinus (**sin()**) 886
Sinus hyperbolicus (**sinh()**) 886
size_type 712, 1106
size()
    Stringlänge 823, 1131
    vector 146, 1109
sizeof() 586, 1050, 1058
Skalarprodukt 751, 875
Skalenstriche 528, 541
Skalierung 540
skipws-Manipulator 1129
slice() 873, 876
Slicing 669
    Matrizen 876
    Objekte 505
smart pointer 690
smatch 841
Software 55
    Bezahlbarkeit 69
    Entwicklungsprozess 70, 198
    Ideale 69
    Korrektheit 69
    Nützlichkeit 69
    Wartbarkeit 69
    Zuverlässigkeit 69
Softwareschichten 554
Sonderzeichen 1043
sort_heap() 1119

sort() 148, 738, 770, 1116
Sortieralgorithmen 1116
space (Zeichenklasse, reguläre Ausdrücke) 849, 1134
Spalten, Matrizen 871
Speicher
    Adressen 584
    automatischer 587, 1047
    bad_alloc-Ausnahme 1059
    Belegung 587
    Bereinigung mit Verschiebung 906
    Bit 921
    Byte 921
    C-Standardbibliotheksfunktionen 1147
    Deallokation 593
    dynamischer 903
    freigeben 1059
    Freispeicher 587, 1047
    für Code 587
    für Funktionsaufrufe 587
    für globale Variablen 587
    für Text 587
    Heap 903
    Lecks 594, 595
    Objektgröße ermitteln 586
    Objekt-Layout 507
    sizeof() 586
    Speicherklassen 1046
    Stack 903
    Stackspeicher 587
    statischer 587, 903, 1047
    Word 921
    Zeiger 584
Speicherallokation
    bad_alloc-Ausnahme 1059
    eingebettete Systeme 907
    nebeneinander 720
    Pools 908
    Stacks 907
Speicherbereinigung 595, 906
Speicherfragmentierung 905
Speicherklassen 1046
    automatische Speicherung 1047
    Freispeicher (Heap) 1047
Speicherprogrammierte Computer 793
Spezialisierung 1084
sprintf() 1141
sqrt() 101, 886, 1137
srand() 885, 1149
<sstream> 1094
stable_partition() 1117
stable_sort() 1116

Stack 587
    abbauen 1087
    Beispiel 909
    Container-Operationen 1108
    eingebettete Systeme 903, 907, 909
    Funktionen 303
<stack> 1093
stack (Containeradaptor) 1103
Standard, ISO 1038
Standardausgabe 1124
Standardausgabestream siehe cout
Standardbibliothek
    C 995
    Datum und Zeit 1147
    E/A-Streams 1123
    Header 1093
    std-Namensbereich 308
    STL 813
    time 984
    Zeit 1147
Standardeingabestream *siehe* cin
Standardfehlerausgabe 1124
Standardkonstruktoren 280, 337, 627
Standardzeicheneingabe 1124
static const 335
static_cast 603, 1004, 1049
Statische Klassenmember, Lebensdauer 1048
Statischer Speicher 587, 1047
    eingebettete Systeme 903
    lokale static-Variablen 306
    static 306
    static const 335
    static const int-Member 1074
std (Namensbereich) 308, 1096
std_lib_facilities.h 82, 1153
<stdexcept> 1095
stderr 1144
stdin 1015, 1144
stdio (Standard-E/A in C) 1144
    Ausgabe 1015
    Eingabe 1017
    EOF-Makro 1018
    fclose() 1018
    FILE 1018
    fopen() 1018
    getchar() 1018
    gets() 1017, 1144
    printf() 1016, 1141
    scanf() 1017, 1144
    stderr 1144
    stdin 1015, 1144
    stdout 1015, 1144
stdout 1015, 1144

Stepanov, Alexander 702, 704, 813
Steuerungsumkehr 565
Steuerzeichen, iscntrl() 404
STL (Standardbibliothek) 699, 813
    Arrays 725
    Berechnungen vs. Daten 699
    Ideale 699
    Namensbereich std 1096
STL-Algorithmen 1111
    Heap 1118
    max() 1120
    Mengen 1117
    min() 1120
    modifizierende Sequenzalgorithmen 1113
    nichtmodifizierende Sequenz-
       algorithmen 1112
    Permutationen 1119
    sortieren 1116
    suchen 1116
    utility 1115
    Wertevergleiche 1119
STL-Container 727, 1102
    assoziative 1103, 1110
    Beinahe-Container 729, 1104
    Containeradaptoren 1103
    Destruktoren 1106
    Elementzugriff 1108
    Größe 1109
    Iteratoren 1107
    Iterator-Kategorien 730, 1101
    Kapazität 1109
    Konstruktoren 1106
    kopieren 1110
    Listenoperationen 1109
    Membertypen 1106
    Operationen, Überblick 1105
    Sequenzcontainer 1103
    Stackoperationen 1108
    tauschen 1110
    vergleichen 1110
    Warteschlangenoperationen 1108
    Zuweisungen 1106
STL-Funktionsobjekte 1121
    Adapter 1122
    arithmetische Operationen 1122
    Insert-Iteratoren 1120
    Prädikate 1121
STL-Iteratoren 1099
    Beschreibung 704
    Definition 703, 1099
    Kategorien 1101
    leere Listen 710
    Operationen 1100

Register

Sequenz von Elementen 1099
Standardoperationen 704
vs. Zeiger 1099
STL-Stringmanipulation
    Operationen 1131
    reguläre Ausdrücke 1132
    Zeichenklassifikation 1130
str(), extrahiert Strings 402
strcat() 1012, 1146
strchr() 1014, 1146
strcmp() 1011, 1012, 1146
strcpy() 1012, 1014, 1146
streambuf 413, 1124
<streambuf> 1094
Streammodi 1125
Streampuffer 1124
Streams
    Ausgabe 356, 388
    Dateien 357, 396
    Eingabe 356, 391
    Manipulatoren 390
    Streamstatus 362
    Stringstreams 401
Streamtypen 1125
string 94, 822, 1131
    != (Ungleichheit) 823
    + (Verkettung, Konkatenation) 823
    += (Anhängen) 100, 823
    = (Zuweisung) 103, 823
    == (Gleichheit) 823
    >> (Eingabe) 823
    append() (Zeichen anhängen) 823
    Ausnahmen 1097
    c_str() (Umwandlung von C++ in C) 823
    erase() (Zeichen löschen) 823
    find() (Zeichen suchen) 823
    getline() (Zeilen einlesen) 823
    insert() (Zeichen einfügen) 823
    length() (Anzahl Zeichen) 823
    Operationen 823
    size() (Stringlänge) 823
    Standardbibliothek 824
<string> 1094, 1126, 1127, 1130
string vs. **vector** 723
String-Literal 1044
Strings 81
    + (Verkettung, Konkatenation) 1131
    = (Zuweisung) 1131
    Anzahl der Zeichen 823
    basic_string 824
    Beinahe-Container 1104
    c_str() (Umwandlung von C++ in C-Stil) 359
    Eigenschaften 720
    from_string 825

    Groß-/Kleinschreibung 405
    im C-Stil 359, 640, 1011, 1145
    Länge 823
    lexical_cast 826
    Literale 81
    nullterminiert 640
    Operationen 823, 1131
    Operatoren 101
    Palindrom-Beispiel 644
    Stringlänge 1131
    stringstream 824
    to_string 824
    Umwandlung von C++ in C 823
    Umwandlung von Strings in Werte 824
    Umwandlung von Werten in Strings 824
    Vergleiche 1131
    verketten 102
    Whitespaces 826
    Zeichen anhängen 823
    Zeichen einfügen 823
    Zeilen einlesen 823
    Zuweisung 103
Strings im C-Stil 1011
    atof() 1146
    atoi() 1146
    atol() 1146
    Byte-Operationen 1014
    const 1013
    kopieren 1012
    lexikografischer Vergleich 1012
    strcat() 1012, 1146
    strchr() 1014, 1146
    strcmp() 1011, 1012, 1146
    strcpy() 1012, 1014, 1146
    strlen() 1012, 1146
    strncat() 1012, 1146
    strncmp() 1012, 1146
    strncpy() 1012, 1146
    strpbrk() 1146
    strrchr() 1146
    strstr() 1146
    strtod() 1146
    strtol() 1146
    strtoul() 1146
    vergleichen 1011
    Zeigerdeklaration 1015
stringstream 401, 824, 1125
strlen() 1012, 1146
strncat() 1012, 1146
strncmp() 1012, 1146
strncpy() 1012, 1146
Stroustrup, Bjarne 812, 990
strpbrk() 1146
strrchr() 1146

strstr() 1146
strtod() 1146
strtol() 1146
strtoul() 1146
struct 319, 1003
Struktur 319, 320
    Datenstrukturen siehe Container
    struct 320
    von Programmen 234
Strukturierte Dateien 375
Subsysteme überwachen 903
Subtraktion - 1051
Suchalgorithmen 1116
swap_ranges() 1115
swap() 296, 1110, 1115
Swapping 296
switch-Anweisungen 133
    break 134, 136
    case-Marken 134
    default-Marke 134
Symbolische Darstellungen, lesen 382
Symbolische Konstanten 252
Symboltabelle 265
Syntaxanalysator 211
Syntaxfehler 161
Syntax-Makros 1022
system() 1149
Systemtests 972

T

tan(), Tangens 886, 1137
tanh() (Tangens hyperbolicus) 886, 1137
Taschenrechner-Beispiel 196
    Analyse und Design 198
    Eingaben 200, 242
    expression() 216, 217
    Fehlerbehandlung 244
    get_token() 216
    main() 223
    negative Zahlen 248
    primary() 216, 222
    term() 216, 221
    Token_stream 226
    Variablen 261
    Vorschau-Problem 225
Tauschen
    Bereiche 1115
    Container 1110
    Elemente 1115
    Reihen 877, 883
    Spalten 877
TEA (Tiny Encryption Algorithm –
    Verschlüsselungsalgorithmus) 794, 935

Teilmuster 838, 841
Teilstrings 834
template 1004
Templates 664, 1083
    Argumente 1083
    Container 669
    Deduktion von Argumenten 671
    Fehlerdiagnose 668
    Funktionen 667
    generische Programmierung 666
    Instanzierung 666, 1084
    Integer-Parameter 670
    Klassen 666, 667
    kompilieren 668
    Membertypen 1085
    Parameter 664, 670
    parametrische Polymorphie 667
    Schwächen 668
    Spezialisierung 666, 1084
    Typgenerator 666
    Typname 1085
    Typparameter 664
    Vererbung 669
Temporäre Objekte 1048
Terminale, Grammatiken 215
Testen 188
    Abhängigkeiten 966
    Algorithmen 965
    als Teil des Entwicklungsprozesses 70
    Ausgaben 965
    Beweise 956
    binäre Suche 958
    Blackbox 957
    Debuggen 982
    Eingaben 965
    falsche Annahmen 979
    Fehlerberichte 957
    FLTK 1160
    GUI 973
    Klassen 976
    Nicht-Algorithmen 965
    offizielle Spezifikation 958
    Performance 982
    RAII 968
    Regressionstests 957
    Ressourcen 966, 967
    Ressourcenverwaltung 967
    Schleifen 969
    Strategie 959
    systematisch 959
    Systemtests 972
    Testabdeckung 971
    testfreundliches Design 981

Register

Testgeschirr 961
Units 958
Verzweigungen 970
Vor- und Nachbedingungen 965
Whitebox 957
Zeit messen 984
zufällige Sequenzen 963
Zustand 964
Text
    aus Dateien extrahieren 828, 835
    Ein-/Ausgabe (GUI) 560
    E-Mail-Analyse 828, 835
    Implementierungsdetails 833
    in Grafiken 472
    Muster suchen 835, 839
    Teilstrings 834
    Worthäufigkeit ermitteln 753
Text-Beispiel 438, 472
Textspeicher 587
theta, Polarkoordinaten 888, 1138
this-Zeiger 327, 611, 662, 1073
Thompson, Ken 810
throw 170, 1004
Tiefes Kopieren 626
time_t 1148
Tiny Encryption Algorithm (TEA) 794, 935
tm 1148
to_string 824, 827
Token 203
Token_stream-Beispiel 226
Token-Beispiel 204
tolower() 405, 1131
Top-down-Ansatz 785
toupper() 405, 1131
transform() 1113
Transparenz 458, 467
Trennzeichen, eigene 406
true 1004, 1005
Truncation (Abschneiden von Dezimalstellen)
    Ein-/Ausgabe in C 1143
    Gleitkommazahlen 865
trunc-Modus 396, 1125
try 170
try-catch 1004
Turbo Pascal (Programmiersprache) 804
typedef 712
typeid 1004, 1049, 1097
<typeinfo> 1095
Typen 94, 109
    Aliase 712
    Aufzählungen 329
    benutzerdefinierte 316, 1070
    bool 110, 922

char 110, 922
    Darstellung von Objekten 507
double 110
    Grafikklassen 490
int 109
    integrierte *siehe* integrierte Typen
    Klassen 317
long int 922
    parametrisierte 667
    Repräsentation von Objekten 320
short 922
    Sinn der Typdefinition 316
    Speicherbelegung 110
    Strukturen 319, 320
    Typsicherheit 110
    Umwandlungen 111
typename 1004
Typfehler 162
Typgeneratoren 666
Typname 1085
Typprüfungen, C und C++ 999
Typsicherheit 110
    Bereichsfehler 590
    einengende Umwandlungen 112
    implizite Umwandlungen 112
    sichere Umwandlungen 111
    unsichere Umwandlungen 112
    Zeiger 590, 641
Typumwandlungen
    Argumente 299
    Aufzählungen 330
    C und C++ 994
    const_cast 603, 1059
    dynamic_cast 1059
    einengende 112
    explizite 603
    funktionale 1059
    im alten/neuen Stil 1006
    im C-Stil 1006, 1059
    im Template-Stil 1006
    implizite 629
    int in Zeiger 586
    Operatoren 1059
    Promotion 128
    reinterpret_cast 603, 911, 1059
    sichere 111
    static_cast 603, 911, 1059
    Strings in Werte 824
    ungeprüfte 911
    unsichere 112
    Werte in String 824
    Zeiger 586, 603

Typumwandlungen, implizite
    benutzerdefinierte 1057
    boolesche 1056
    Compilerwarnungen 1056
    Gleitkommazahlen 1056
    Integer 1056
    integrale Promotion 1056
    Promotion 1056
    übliche arithmetische 1057
    Werte erhalten 1056
    Zeiger und Referenzen 1056

U

\U (keine Großschreibung, reguläre Ausdrücke) 844, 1135
\u (großgeschriebenes Zeichen, reguläre Ausdrücke) 844, 1134
u/U-Suffix 1040
Überladung 1067
    Alternativen 526
    C und C++ 993
    für **const**-Objekte 633
    Inkrementoperator 331
    Operatoren 331
Überladungsauflösung 1067
Überlauf 862
Überschreibung 503, 510, 1079
Übersetzungseinheiten 86, 163
Übliche arithmetische Umwandlungen 1057
UDTs 316, 1070
Umkehrung der Steuerung 565
Umwandlung
    Darstellung 382
    Groß-/Kleinschreibung 405
Unäre Ausdrücke 1050
Unbenannte Objekte 470
Ungeprüfte Umwandlungen 911
unget() 364
ungetc() 1145
Ungleichheit **!=** 1052
    complex 1138
    Container 1110
    string 1131
uninitialized_copy() 1115
uninitialized_fill() 1115
Union 1082
unique_copy() 738, 765, 768, 1113
unique() 1113
Unit-Tests 958
    binäre Suche 958
    offizielle Spezifikation 958
    Strategie 959
    Testgeschirr 961
    zufällige Sequenzen 963
<unordered_map> 753, 1093
unordered_map 753
    Hashing 761
    Iteratoren 1103
unordered_multimap 753, 1103
unordered_multiset 753, 1103
<unordered_set> 753, 1093
unordered_set 753, 1103
unsetf() 392
Unterstriche 107
upper (Zeichenklasse, reguläre Ausdrücke) 849, 1134
upper_bound() 771, 1110, 1116
uppercase-Manipulator 1129
using-Deklaration 308
using-Direktive 308
Utilities, STL
    Funktionsobjekte 1121
    Insert-Iteratoren 1120
    make_pair() 1123
    pair 1123
<utility> 1093, 1123
Utility-Algorithmen 1115

V

\v (vertikaler Tabulator) 1043
<valarray> 1094
valarray 1104, 1139
value_comp() 1111
value_type 1106
Variablen 94, 96
    = (Zuweisung) 102
    Auflösung 304
    Definition 96
    Deklaration 279
    Eingabe 94
    globale 281, 286, 305
    Initialisierer 279, 280
    Initialisierung 102, 103
    Klein- und Großschreibung 107
    konstante 279, 339
    lokale 281
    Namen 107
    static 306
    Taschenrechner-Beispiel 261
    Typ 96
<vector> 1093
vector (Container)
    Größe 582
    Vector_ref 1167
    vs. **string** 723

vector (Standardbibliothek) 144
    != (Ungleichheit) 1110
    == (Gleichheit) 1110
    Anfangsgröße 145
    assign() 1107
    at() (geprüfter Indexzugriff) 1108
    back() (Referenz auf letztes Element) 1108
    begin() (Iterator auf erstes Element) 1107
    capacity() 1109
    const_iterator 1106
    Destruktoren 1107
    Elementtyp 145
    end() (eins hinter dem letzten Element) 1107
    erase() (Elemente entfernen) 1109
    front() (Referenzen auf erstes Element) 1108
    Größe 146
    Indizierung 144
    insert() (Elemente einfügen) 1109
    iterator 1106
    Konstruktoren 1106
    Membertypen 1106
    push_back() 146, 1108
    size_type 1106
    size() (Anzahl Elemente) 146, 1109
    value_type 1106
    Zuweisungen 1106
Vector_ref-Beispiel 1167
vector-Beispiel 580, 654
    . (Zugriff) 602
    = (Zuweisung) 661
    Allokatoren 673
    at(), bereichsüberprüfte Indexoperation 675
    Ausnahmen 675
    Darstellung 658
    Elemente einfügen (**insert()**) 723
    Elemente löschen (**erase()**) 723
    Elementtyp als Parameter 664
    explizite Konstruktoren 629
    Größe ändern 657
    Indexzugriff 589, 602, 632
    Kopieren 621
    Punktoperator 602
    push_back() 660, 674
    reserve() 659, 674, 685
    resize() 660, 674
    Überladung für const-Objekte 633
    Vererbung 669
Veränderbarkeit 495
    Shape-Beispiel 498
    und Kopieren 504
Verbundanweisung 138

Vererbung
    abgeleitete Klassen 1078
    Definition 506
    eingebettete Systeme 918
    Implementierung 513
    Klassendiagramm 506
    mehrfache 1078
    Schnittstellen 513
    Templates 669
    Ursprünge 807
    Zeiger vs. Referenzen 607
Vergleich
    Container 1110
    lexicographical_compare() 1120
    lexikografischer (<) 823, 1131
    lexikografischer (<=) 1131
    lexikografischer (>) 1131
    lexikografischer (>=) 1131
    lexikografischer (Strings im C-Stil) 1012
    min-/max-Algorithmen 1120
    string 823
    Strings im C-Stil 1011
Verkettete Listen 706
Verkettung
    + (Strings) 823
    += (Strings) 823
    Strings 102
    von Operatoren 202
Verschachtelungen (**struct**) 1004
Verschiebungsoperatoren 1051
Verschlüsselungsalgorithmus (TEA) 794, 935
Verweise 293
Verzweigungen testen 970
virtual 1004
Virtuelle Destruktoren 599
Virtuelle Funktionen 1002
    abgeleitete Klassen 1079
    Definition 503, 509
    Objekt-Layout 507
    pseudo-virtuell 1002
    rein virtuelle 512
    Shape-Beispiel 507
    Tabellen 507
    überschreiben 510
    Ursprünge 807
    vptr 507
    vtbl 507
    Zeiger 507
Visual C++ 87
Visual Studio
    FLTK 1160
    installieren 1152
    neues Projekt anlegen 1153

Programm erstellen und ausführen 1152
Programm kompilieren 1154
Programm speichern 1155
Quelldatei zum Projekt hinzufügen 1154
void 231, 289
C und C++ 998
void* 602, 1007, 1063
Vollqualifizierte Namen 308
Vorbedingungen 185, 965
Vorgabeargumente 525
Vorschau-Problem 225
Vorwärtsdeklarationen 278
Vorwärts-Iterator 730, 1101
Vorzeichenbit 927
vptr (virtueller Funktionszeiger) 507
vtbl (virtuelle Funktionstabelle) 507

W

\W (weder Buchstabe noch Zahl noch Unterstrich, reguläre Ausdrücke) 844, 1135
\w (Buchstabe, Zahl oder Unterstrich, reguläre Ausdrücke) 844, 1134
w (Schreiben, Dateimodus) 1140
w (Zeichenklasse, reguläre Ausdrücke) 849, 1134
w+ (Schreiben und Lesen, Dateimodus) 1140
wait_for_button()-Beispiel 557
wait() 557, 565
Wartbarkeit (Software) 784
Warteschlangenoperationen 1108
Warteschleifen 557
wchar_t 1004, 1005
Webbrowser, Benutzerschnittstelle 551
Weiche Echtzeit 898
Werfen, von Ausnahmen 170
Wertebereich-Makros 1136
Wertesemantik 627
Wheeler, David 136, 794, 935
while-Anweisungen 136
Whitebox-Testen 957
Whitespace 98
  formatieren 406
  identifizieren 404
  Strings 826
  ws-Manipulator 1129
Widget-Beispiel 551, 558
  debuggen 572
  hide() 559
  Implementierung 1165
  In_box() 560
  Linien zeichnen 562
  Menu 561, 567
  move() 559
  Out_box() 560
  praktisches Beispiel 1168
  put_on_top() 1167
  Schaltfläche 430
  show() 559
  Sichtbarkeit 559
  Textein-/-ausgabe 560
  Umkehrung der Steuerung 565
Wilkes, Maurice 794
Window.h 429
Window-Beispiel 427, 429
  erzeugen 430
  Implementierung 1166
  Leinwand 427
  Linien zeichnen 562
  mit Weiter-Schaltfläche 430
  put_on_top() 1167
  verschwinden 572
  Zeichenbereich 427
Wirth, Niklaus 804
write(), unformatierte Ausgabe 1128
ws-Manipulator 1129

X

xdigit (Zeichenklasse, reguläre Ausdrücke) 849, 1134
\xhhh (hexadezimales Zeichenliteral) 1043
xor_eq, Synonym für ^= 1004, 1005
xor, Synonym für ^ 1004, 1005

Z

Zahlensysteme
  binär 1042
  dezimal 389, 1040
  hexadezimal 389, 1040
  oktal (zur Basis 8) 389, 1040
Zeichen
  char 97
  identifizieren 404
  Literale 97
Zeichenklassen (reguläre Ausdrücke)
  \D 844
  \d 844, 849, 1134
  \L 844
  \l 844
  \S 844
  \s 844, 849, 1134
  \U 844
  \u 844
  \W 844
  \w 844, 849, 1134

alnum 848, 1134
alpha 848, 1134
benannte 848
blank 848, 1134
cntrl 849, 1134
digit 849, 1134
graph 849, 1134
lower 849, 1134
print 849, 1134
punct 849, 1134
regex_match() vs. regex_search() 854
space 849, 1134
upper 849, 1134
xdigit 849, 1134
Zeichenklassifizierung 404, 1130
Zeichenliterale 1043
Zeiger
- (Subtraktion) 1065
*-Zeiger auf (in Deklarationen) 583, 1063
-> (Memberzugriff) 1049
Arithmetik 637
Array-Namen in Zeiger umwandeln 638
auf Array-Elemente 635
auf das aktuelle Objekt (**this**) 611
auf Funktionen 1002
auf Klassenobjekte 601
auf lokale Variablen 643
auf nicht existierende Elemente 642
benutzerdefinierte Schnittstellenklasse 915
Bereiche 590
debuggen 641
Definition 583
Deklaration im C-Stil 1015
dekrementieren (--) 637
Dereferenzierungsoperator * 589
gelöscht mit **delete** 642
Größe ermitteln 586
initialisieren 592, 642
inkrementieren (++) 637
intelligente 690
Listen-Beispiel 607
literal (**0**) 1044
NULL-Makro 1144
Nullzeiger 593, 641, 1044
Out-of-Range-Zugriffe 591
Palindrom-Beispiel 646
Pfeiloperator 602
Polymorphie 918
Punktoperator 602
Semantik 627
this-Zeiger 611, 662
Unterschiede zu Referenzen 604
unveränderlicher (**const**) 1063

vector-Alternative 915
Vererbung 607
void* 602
vs. Iteratoren 1099
zum Lesen und Schreiben 589
Zeilen, identifizieren 715
Zeilenorientierte Eingabe 402
Zeilenumbruch 96
Zeit 1147
Zufallszahlen 884
Zugriffsfunktionen 498
Zugriffskontrolle 495, 506
Basisklassen 511
Kapselung 506
Membervariablen 495
private 506, 511
protected 506
public 511
Shape-Beispiel 498
und Kopieren 504
Zugriffssteuerung
private 318
public 318
Zusicherungen 1095
Zustand
als Fehlerquelle 160
testen 964
von Objekten 317, 324
Zuverlässigkeit, Software 896
Zuweisungen 627
=-Operator 102, 823
an sich selbst 662
Arrays 639
Ausdrücke 1054
Container 1106
Initialisierung 103
Operatoren 624
Strings 1131
Vektorgröße ändern 661
zusammengesetzte 105, 1054
Zuweisungsoperatoren (zusammengesetzte) 1054
^= 1054
*= 1054
/= 1054
&= 1054
%= 1054
+= 1054, 1101
-= 1054, 1101
>>= 1054
|= 1054
Zweierkomplement 927